교육심리학

교육실제를 보는 창 제8판

Educational Psychology
Windows on Classrooms

Paul Eggen
Don Kauchak 지음

신종호·김동민·김정섭·김종백
도승이·김지현·서영석 옮김

Allyn & Bacon
Boston New York San Francisco
Mexico City Montreal Toronto London Madrid Munich Paris
Hong Kong Singapore Tokyo Cape Town Sydney

◆ 역자 소개 ◆

신종호(jshin21@snu.ac.kr)
서울대학교 교육학과 교수

김동민(dminkim@cau.ac.kr)
중앙대학교 교육학과 교수

김정섭(creativejin@pusan.ac.kr)
부산대학교 교육학과 교수

김종백(jbkim@hongik.ac.kr)
홍익대학교 교육학과 교수

도승이(doseung2@skku.edu)
성균관대학교 교육학과 교수

김지현(mongsanga@hongik.ac.kr)
홍익대학교 교육학과 교수

서영석(seox0004@yonsei.ac.kr)
연세대학교 교육학과 교수

교육심리학: 교육실제를 보는 창
Educational Psychology: Windows on Classrooms(8th ed.)

2015년 8월 20일 1판 1쇄 발행
2022년 8월 10일 1판 4쇄 발행

지은이 • Paul Eggen · Don Kauchak
옮긴이 • 신종호 · 김동민 · 김정섭 · 김종백 · 도승이 · 김지현 · 서영석
펴낸이 • 김진환
펴낸곳 • (주) 학지사
04031 서울특별시 마포구 양화로 15길 20 마인드월드빌딩
대표전화 • 02)330-5114 팩스 • 02)324-2345
등록번호 • 제313-2006-000265호

홈페이지 • http://www.hakjisa.co.kr
페이스북 • https://www.facebook.com/hakjisabook

ISBN 978-89-997-0728-5 93370

정가 26,000원

역자와의 협약으로 인지는 생략합니다.
파본은 구입처에서 교환해 드립니다.

출판미디어기업 학지사
간호보건의학출판 **학지사메디컬** www.hakjisamd.co.kr
심리검사연구소 **인싸이트** www.inpsyt.co.kr
학술논문서비스 **뉴논문** www.newnonmun.com
교육연수원 **카운피아** www.counpia.com

Allyn & Bacon
is an imprint of
PEARSON

8판 역자 서문

2006년에 출판된 『교육심리학: 교육실제를 보는 창』(6판)이 나온 지 어느덧 5년이 지나갔다. 그동안 교육현장에 나타난 새로운 변화와 함께 이를 대상으로 이루어진 많은 교육심리학 연구들이 있었고, 이를 반영하여 출판된 개정판(8판)이 바로 이번 책이다.

개정판의 가장 큰 특징은 크게 세 가지로 요약할 수 있다.

첫째, 교육심리학 분야에서 최근 관심을 끌고 있는 연구들이 추가되었다는 것이다. 예를 들어, 교육심리학과 관련된 뇌과학 연구들이 보다 보강되었으며, 인지학습연구와 관련하여 최근 논의되고 있는 교수–학습이론들이 보완되었다.

둘째, 교육심리학 이론과 교육현장의 연계가 보다 더 강화되었음을 볼 수 있다. 단순히 이론을 아는 것에 그치는 것이 아니라 이론을 살아 있는 지식으로 자기 것화할 수 있도록 풍부한 교육현장의 문제와 이를 어떻게 다루어야 하는가에 대한 실제적 지침이 강화되었다.

셋째, 이 책을 통해 교육심리학을 공부하는 학생들이 보다 쉽게 교육심리학 이론과 연구들을 이해할 수 있도록 구체적 설명이 강화되었다.

이전 판과 모든 것이 달라졌다고 할 정도로 이번 개정판은 내용이 보다 체계화되고 내실화되었다고 할 수 있다. 이 때문에 역자들이 모든 내용을 거의 모두 새롭게 번역해야 하는 수고로움을 감내했음을 조심스럽게 말씀드리고 싶다.

이 개정판이 나오기까지 지원과 관심을 기울여 준 학지사 김진환 사장님과 김순호 부장님께 감사드린다. 또한 개정판에 편집 작업에 수고를 아끼지 않은 서울대학교 인지학습연구회 대학원생에게 감사드리며, 특히 김경은, 김은하, 신상인, 이혜원, 정은경, 김명섭, 연은모 학생의 노고에 말로 표현할 수 없는 감사의 마음을 전한다.

2011년

역자 일동

6판 역자 서문

교육심리학은 교수-학습을 중심으로 한 심리적 현상을 체계적으로 연구하고, 이를 바탕으로 교수-학습과정을 개선하는 데 실제적 도움을 주려고 노력하는 학문분야라고 볼 수 있다. 따라서 교육심리학은 교수-학습을 둘러싼 제 심리적 현상을 연구하고자 하는 사람들뿐만 아니라, 이를 교육현장 개선에 적용하고자 하는 현장교사 또는 예비교사들이 반드시 알아야 할 학문이다. 역자들이 이번에 공동으로 번역하게 된 Eggen과 Kauchak의 『교육심리학: 교육실제를 보는 창』은 바로 교육심리학을 공부하고자 하는 사람들뿐만 아니라, 장차 교사가 되고자 하는 사람들의 교육심리학과 관련된 지적 필요를 충족시켜 줄 수 있는 가장 좋은 책이라 생각된다.

이 책의 특징은 다른 교육심리학 교재와는 달리 단순한 이론의 소개에 그치는 것이 아니라, 이를 교육실제와 어떻게 연계시킬 수 있는지를 구체적으로 보여 준다는 것이다. 각 장의 첫 부분에는 사례가 제시되어 있는데, 이는 사례를 통해 각 장에서 배우게 될 내용들이 교육실제와 어떻게 연계될 수 있는지를 생각해 보게 하는 데 많은 도움을 준다. 뿐만 아니라 각 장의 마지막 부분에 제시된 사례분석 과제는 각 장에서 학습한 중요 개념들을 실제 장면에 적용해 볼 수 있도록 함으로써, 개념에 대한 이해를 보다 구체화하고 이를 실제와 연관시켜 다시 정리해 보는 중요한 기회를 제시해 준다. 따라서 이 책에 제시된 이들 사례들을 교수자가 잘 활용한다면 교육현장과 연계하여 학생들이 재미있고 실제적으로 교육심리학 내용들을 학습할 수 있도록 도울 수 있을 것이다.

이 책이 갖는 두 번째 특징은 최근 교육심리학 이론과 연구결과들을 포함하고 있다는 것이다. 이 책은 교육심리학 분야에서 이루어지고 있는 최근 논의들과 중요한 연구들을 소개함으로써 보다 정확한 이해를 형성할 수 있도록 구성되어 있다는 것이다. 특히, 최신 이론과 연구결과의 소개는 교육심리학을 공부하고자 하는 학생들에게 많은 도움이 될 것으로 생각된다.

이 책을 교육심리학 교재로 활용해 수업을 운영할 교수자들에게는 다음 두 가지 내용이 포함된 수업용 CD가 제공된다. 첫째, 수업용 CD에는 각 장의 주요 내용을 담고 있는 파워포인트 수업자료가 포함되어 있다. 수업용 CD에 포함된 파워포인트 자료를 이용해 수업을 진행함으로써 추가로 수업자료를 준비해야 하는 부담을 가지지 않아도 되며, 필요시 파워포인트 자료를 교수자 본인이 자신의 수업에 맞게 수정하여 사용할 수 있도록 하였다. 둘째, 수업용 CD에는 각 장의 사례분석 과제의 모범 답안이 포함되어 있다. 이는 사례분석 과제를 수업 중 또는 수업 후 활동과제로 활용하는 경우 교수자가 추가적 부담을 가지지 않고서도 사례분석 과제를 소개하고 지도할 수 있도록 돕기 위한 것이다.

이 책을 번역하면서 역자들은 이 책이 가지고 있는 특징들을 반영하는 우리나라 교육심리학 책이 하루 빨리 나왔으면 하는 바람을 가져본다. 역자들이 이 책에 제시된 외국 사례들을 우리 사례와 가능한 한 유사하게 바꾸어 번역하려고 최선의 노력을 다하였지만, 교수-학습 활동이 이루어지는 상황적 맥락이 각 나라마다 다르다는 점을 고려할 때, 우리나라 교육현장에서 실제 나타나고 있는 사례들을 중심으로 책을 구성하여 소개하는 것도 교육심리학자들의 중요한 과제가 될 것으로 생각한다.

끝으로 이 책을 완성하여 출판하기까지 많은 도움을 준 학지사 김진환 사장님, 편집부 최임배 부장님 그리고 편집부 안선영 선생님에게 감사의 말씀을 전한다. 또한 이 책의 수정 과정에 헌신적인 노력을 기울여 준 서울대학교 교육학과 인지학습연구회 대학원생(장유진, 유승민, 최효식, 권희경, 신태섭, 곽은아, 심정아, 김희선, 김윤근, 김용남, 이현주, 김주리, 양이, 오사사, 이해연)들에게 말로 표현할 수 없는 감사의 말을 전한다.

2006년

역자 일동

저자 서문

우리가 『교육심리학: 교육실제를 보는 창』을 집필하는 핵심적 목표는 언제나 교사들이 실제 교육현장에서 교육심리학을 사용할 수 있도록 준비시키기 위함이다. 또한 교육심리학을 실제 학급, 즉 일상적 교사와 학생 간의 관계에 적용하기 위해서다. '적용', 이 단어가 이 책을 설명하는 가장 중요한 단어다. 부제목인 『교육실제를 보는 창』은 교육심리학의 이론과 연구를 실제 교실활동에 적용하고자 하는 우리의 목적을 잘 나타낸다. 이 책의 모든 개념은 교실 상황의 관점에서 소개된다. 우리는 교육심리학을 유치원부터 고등학교까지의 교수-학습 상황에 최대한 적용하고자 하였다. 이것이 매 장이 실제 교실의 예로 시작하고 이 예를 사용하여 개념을 설명하는 이유다. 또, '이론과 실제의 연결' 이나 '교실 연계' 와 같은 부분에서 초등학교, 중학교, 그리고 고등학교와 관련된 예를 통해 풍부한 교수법 안내를 제공하고 있다. 이것 역시 이 책의 모든 내용의 원동력 같은 역할을 한다.

우리는 학교현장에서 많은 시간을 보냈고, 지금도 많은 시간을 보내고 있으며, 교육심리학에 대한 심도 있는 이해와 이를 적용하는 능력이 뛰어난 교사가 되기 위한 기본이 되어야 함을 잘 알고 있다. 우리는 『교육심리학: 교육실제를 보는 창』이 독자 여러분에게 실행 가능한 지식을 제공해 주고, 이 지식이 앞으로 독자 여러분과 학생들에게 도움이 될 것이라고 믿고 있다.

교육심리학 분야에서 가장 많이 사용되고 있는 교재인 이 책의 주 목적은 직접적인 사례연구를 통해 교수-학습의 실제를 파악하고, 교사들이 교육심리학 이론을 수업에 적용하는 예를 통해 모든 학생의 학습을 향상시키는 데 있다.

실제 사례들 모든 장은 교육심리학의 적용을 보여 주는 간단한 사례연구로 시작된다. 각 장의 내용과 사례의 연관성을 반복적으로 제공하기 위해 사례는 그 장 전체에 걸쳐 전반적으로 소개된다.

초등학교, 중학교 및 고등학교 수준에서 교실에 적용 각 장에 제시된 '교실 연계' 는 특정한 학습과 교수 상황에 적용하기 위한 전략들을 제공한다. 각 전략은 우리가 체험한 초 · 중등학교 교실에서의 경험을 바탕으로 구성된 예시와 함께 제시되었다.

이론에서 실제로 이 부분은 이 책에서 소개한 이론과 연구를 학생들에게 적용하기 위한 구체적인 안내를 제공한다. 이러한 안내가 교실 상황에서 적용되는 과정을 묘사하는 사례가 포함되어 있다.

이 책은 학생들의 학습을 향상시키기 위해 '안내된 학습 시스템' 을 사용하는데, 이 시스템에서는 구성 개요와 그에 맞는 학습목표를 제시하고, 하나의 개념의 소개를 마칠 때마다 '이해점검활동' 으로 주요 개념을 확인하고, 각 장의 요약이 학습목표를 기준으로 구성되는 것을 포함한다.

구성 개요와 학습목표의 명확한 제시 이전 발행본들과 동일하게 이번 개정판에도 각 장은 학습목표로 시작이 되고, 각각의 학습목표는 각 장의 주요 제목들과 연계되어 있다. 학습목표와 구성 개요를 체계적으로 제시함으로써 주요 개념이 명확히 파악되어 학생들의 학습을 극대화시킬 수 있도록 하였다.

이해 점검 활동 학습목표와 연관된 '이해점검활동' 문제들은 각 장의 주요 섹션의 끝에 제시되어 있어 각 섹션의 주요 개념을 강조한다. '이해점검활동' 문제들은 학생들이 능동적인 인지활동을 할 수 있도록 촉구하고, 형성된 피드백을 통해 학생들의 이해를 보다 깊게 할 수 있게 한다. '이해 점검 활동'의 피드백은 부록 A에 제시되어 있다.

학습목표별 요약 각 장의 마지막에 있는 '학습목표별 요약' 은 학습목표를 다시 언급하고 각 장의 중요 개념을 요약한다. 학습목표를 기준으로 각 장의 요약을 구성하여 학생들에게 주요 개념이 무엇인지를 강조하고 있다.

개정판의 새로운 점

이론과 연구에 대한 범위 확장

이론과 적용은 서로 상승적인 관계에 있다. 이론은 실행할 수 있는 지식을 제공하고, 적용은 이론이 학급에서 어떻게 적용되는지 보여 준다. 독자들에게 탄탄한 개념적 기반을 제공해 주기 위한 우리의 지속적인 노력의 일환으로 적용에 대한 관심을 유지하면서도, 이 책이 가장 최근의 이론과 연구를 반영하도록 하였다. 이번 개정판에서 추가적으로 포함시킨 내용은 다음과 같다.

- 대뇌 피질과 사고, 문제풀이, 그리고 언어에 있어 대뇌 피질의 역할에 대한 논의를 포함한 최근 뇌 연구동향
- 브론펜브레너(Bronfenbrenner)의 발달의 생태학적 이론
- 지식형성과 관련된 사회적 과정
- 사회문화적 관점과 신피아제(Neo-Piagetian) 관점을 포함한 인지발달과 관련된 새로운 이론들
- 학생의 다양성이 발달, 학습, 동기 등에 대한 우리의 이해에 미치는 영향
- 형식적, 비형식적 평가를 포함한 학습을 위한 평가와 동일한 언어를 사용하지 않는 학생들을 평가하는 것과 관련된 이슈들
- 기억과 관련된 가장 최근 관점들과 이들이 교수-학습에 시사하는 점
- 질적 연구, 그리고 과학적 연구에 대한 논란

본 개정판의 추가된 부분

- 이론에서 실제로: 학급에서의 학습, 발달 그리고 동기에 이론을 적용하는 것은 어려울 수 있다. 이미 이 책에서 많이 포함하고 있는 방법과 관련된 내용에 더해 '이론에서 실제로'라는 부분을 추가하였다. 이 부분은 매 장마다 포함되어 있고, 교사가 어떻게

교육심리학을 학생들이 학습하고 발달하도록 도움을 주는 데 사용할 수 있는지 보여 주고 있다.

- **다양성의 탐색**: 학생의 다양성은 급격히 증가되고 있다. 우리는 전체적으로 다양성에 대한 범위를 확장하였다. 매 장에 '다양성의 탐색' 이라는 새로운 부분은 다양성이 교수–학습에 미치는 영향과, 교사가 어떻게 다양성을 모든 학생의 학습을 증진시키도록 사용할 수 있는지를 보여 준다.
- **학교급별 적용**: 초등학생, 중학생, 고등학생은 모두 다르게 사고하며 서로 다른 사회적, 정서적 필요를 가지고 있다. 교사가 이러한 차이를 반영하도록, 매 장의 '학교급별 적용' 부분은 각 장의 내용을 학생의 발달 단계에 맞추어 적절하게 사용하도록 안내하는 역할을 한다.
- **웹 자료실**: 새로운 온라인 학습도구인 '웹 자료실' 은 각 장의 목표를 잘 숙지하도록 문제를 제공한다. '복습' '실행' '심화' 과제들은 학생들의 더 깊은 이해를 돕고, '활용 및 적용' 과제는 각 장의 개념을 적용하는 방법을 배우게 하고, '교수방법 익히기' 와 '기질(disposition)' 은 교육심리학의 핵심적 이론과 개념을 적용하도록 상호적 실천의 기회를 제공한다. 이전에 책과 함께 제공되던 DVD 세트에 있던 실제 학생들과 학급 상황을 녹화한 영상은 이제 '웹 자료실' 에서 확인할 수 있다.

총 목차

차 례 Contents

제3장 ♥ 성격, 사회성, 도덕성 발달 108

제4장 ♥ 학습자 다양성 158

1

교육심리학

전문지식 기반의 개발

chapter outline 구성 개요

교육심리학과 전문가 되기
- 전문성의 특징

학생들을 가르치기 위해 필요한 전문지식
- 교과내용에 대한 지식
- 특정 교과내용을 전달하기 위한 교수방법에 대한 지식
- 일반 교수법에 대한 지식
- 학습자와 학습에 대한 지식
  - 학교급별 적용: 학습자와 학습에 대한 지식
- 전문지식: 혁신과 책무성

교육심리학 전문지식을 획득하기 위해 알아두어야 할 연구방법
- 기술연구
- 상관연구
- 실험연구
- 질적 연구
- 교육에서의 과학기반연구
- 현장연구
- 연구와 이론의 발달
  - 이론에서 실제로: 교실에서 연구 수행하기

교육심리학에서 사례연구의 이용

learning objectives 학습목표

이 장의 공부를 마치고 나면, 여러분은 다음과 같은 것을 할 수 있어야 한다.

1. 전문성의 특징에 대해 설명하고, 교사의 실제 행동에 나타난 전문성 특징에는 어떤 것들이 있는지 분석할 수 있다.
2. 전문적 교사가 가지는 다양한 종류의 지식에 대해 설명하고, 교사의 실제 행동에 나타난 전문지식의 예를 확인할 수 있다.
3. 다양한 유형의 연구방법에 대해 설명하고, 각 유형의 실제적 적용을 분석할 수 있다.
4. 교육심리학을 현실 상황에 적용시키는 사례연구의 의미에 대해 설명할 수 있다.

“까다로운, 도전적인, 흥미로운, 보람된”이라는 말은 가르치는 행위를 묘사해 주는 다양한 형용사 중의 몇 개다. 다음의 사례를 읽으면서 이들 묘사에 대해 생각해 보아라. 그리고 교육심리학이 교수에 대한 특징, 실제 사례에서 교사의 경험과 어떤 관련이 있는지 생각해 보자.

강변중학교에서 1학년 수학을 가르치는 김 교사가 교무실로 들어오자, 김 교사의 가까운 친구이기도 한 베테랑 교사 정 교사가 인사를 건넸다.

“안녕하세요, 김 선생님, 잘 지내고 있어요?”

“저의 마지막 차시 수업이 저를 정말 힘들게 해요. 학생들은 수학적 공식과 관련해서는 아무 문제가 없는 것 같아요. 그런데 수학 문제를 말로 풀어 써 놓으면 아무것도 하지 못해요. 그저 공식만을 외우려 할 뿐이죠.” 김 교사가 대답했다.

“저 개인적으로는 수학에 대한 지식도 많고, 이 학교에 처음 왔을 때만 해도 잘 가

르칠 수 있을 것이라고 생각했어요. 그런데 지금은 잘 모르겠어요. 저는 교과내용을 정말 열심히 설명했지만, 몇몇 학생은 그저 멍한 얼굴로 앉아 있을 뿐이에요.

그리고 아름이라는 학생이 있거든요. 그 아이는 제가 하는 모든 것을 방해해요. 전문 상담 선생님께도 보내 보았고, 아름이의 어머니와도 이야기해 보았어요. 유일하게 효과적이었던 방법은 그 아이를 따로 불러서 선생님을 왜 이렇게 힘들게 하는지 솔직히 물어보았던 일이에요."

"김 선생님은 이제 진정한 교사가 되어 가고 있군요." 정 교사가 미소를 지으며 말했다.

"우리가 겪는 문제에 대한 쉬운 해답은 거의 없어요. 하지만 그러한 문제가 곧 우리에게 도전적인 문제이고, 우리가 잘 풀어 나가기만 하면 정말 보람찬 일이 되죠.

아름이 학생과 같은 경우에 말이죠. 그 아이는 선생님 말고 함께 이야기를 나눌 만한 어른이 없었을 수도 있고, 단지 그 아이에게 관심을 가져 줄 누군가가 필요했을 수도 있어요."

"그리고 수업시간에 멍하게 앉아 있는 학생들에 대해서 저는 대학교에서 도움이 될 만한 강의를 하나 듣고 있어요. 그 강의에서 강사는 수업시간에 모든 아이를 참여시키는 것을 강조해요. 그리고 모든 아이에게 말할 기회를 동등하게 주는 것이 얼마나 중요한지 계속 강조해요.

제가 했던 수업을 예로 들어 볼게요. 소수와 백분위에 대해 복습하는 시간이었는데, 저는 12온스짜리 콜라 캔 한 개와 20온스짜리 병, 그리고 6개들이 캔으로 포장된 콜라를 가져왔어요. 저는 학생들을 두 명씩 짝을 지어 가장 현명한 방법으로 콜라를 구입하는 방법을 알아내도록 시켰어요. 저는 학생들이 함께 문제를 풀 수 있도록 도와주었고, 테이블을 만들어 각 조의 답을 비교해 볼 수 있도록 했어요. 학생들은 수학이 어떻게 실생활과 연결되어 있는지 알게 되는 것 같았어요. 그리고 학생들은 수업시간에 이름이 불리는 것에 점점 익숙해졌고, 나중에는 이름이 불려 대답하게 되는 것을 정말 좋아하게 되었어요. 이것이 제가 한 가장 중요한 일 중 하나죠.

그때를 생각해 보면, 저는 때로는 학생들이 문제를 해결할 수 있을 때 너무 빨리 개입하기도 했고, 다른 때에는 학생들이 헤매도록 그냥 내버려 두어서 시간을 낭비하게 하기도 했어요. 그리고 다음 시간에 다시 시도해 보곤 했죠."

"저는 인정하기는 싫지만, 제가 대학교에서 배운 몇몇 수업에서 정 선생님이 사용하신 방법을 알려 주기는 했어도, 재미있겠다고 생각했을 뿐, 실제 교수 상황에서 적용할 수 있을 것이라고 생각하지 않았어요."

"그 당시에는 실제 상황과 연결지을 수 없었겠죠. 이해하지 못하는 실제 학생들과 수업을 하고 있었던 것이 아니었으니까요. 계속해서 열심히 노력하세요. 김 선생님은 교수 상황에서 정말 필요한 '프로'가 되어 가고 있으니까요." 정교사가 미소를 지으며 말했다.

인간의 교수와 학습을 강조하는 학문 영역인 **교육심리학**(Berliner, 2006)의 세계로 오신 것을 환영합니다. 다음의 세 가지 질문에 유의하여 이 영역에서 연구하고자 하는 내용을 살펴봅시다.

교육심리학(Educational psychology)
인간의 교수와 학습에 관심을 갖는 학문적 영역

- '전문가'가 된다는 것의 의미는 무엇인가?
- 정 교사와 김 교사의 예에서 그들이 전문가라는 것을 보여 주는 특징에는 어떠한 것들이 있는가?
- 당신이 가르치는 상황에서 경험하는 수많은 요구와 도전을 만족시키고 가르침의 보람과 흥미를 높이기 위해 교육심리학이 어떤 도움을 줄 수 있는가?

우리는 이 장에서 앞의 질문을 포함하여 교수-학습과 관련한 또 다른 질문에 대답할 수 있을 것이다. 먼저, 교사의 전문성과 이에 대한 교육심리학의 역할에 대해 논의해 보도록 하자.

교육심리학과 전문가 되기

교사의 전문성과 학생의 학습에 끼치는 교사 전문성의 영향력은 최근 교육계에서 점점 더 많은 관심을 받고 있다. 정책 입안자들은 교사 자격의 기준을 더 강화하고 있으며, 교사들에게 더 많은 지식을 알고 더 많은 일을 해내는 전문가가 될 것을 요구하고 있다(Bransford, Darling-Hammond & LePage, 2005; Darling-Hammond & Baratz-Snowdon, 2005). 전문성이 무엇을 의미하는지 살펴보자.

전문성의 특징

전문성의 정의는 다양하지만 대부분의 정의에는 다음과 같은 특징이 포함된다(Ingersoll, 2003).

- 윤리적 행동을 포함한 학습자에 대한 헌신
- 복잡하고 불분명한 상황에서의 의사결정능력
- 반성적인 실행

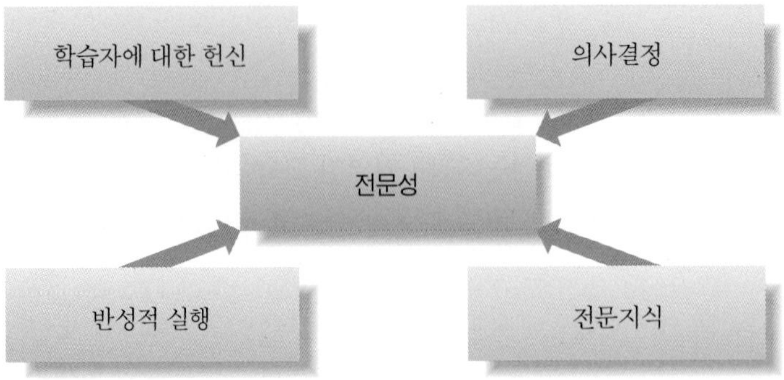

[그림 1-1] 전문성의 특징

• 총체적인 전문지식

앞의 특징들은 우리의 첫 번째 질문인 "전문가가 된다는 것은 무엇을 의미하는가?"에 대한 대답을 할 수 있도록 도와준다. 전문성의 특징은 [그림 1-1]에 정리되어 있고, 이제부터 논의할 것이다.

학습자에 대한 헌신

김 교사와 정 교사는 모두 그들의 학생에 대한 헌신적인 측면에서 전문성을 보여 주었다. 김 교사는 그의 마지막 차시 수업에 대한 걱정과 그를 힘들게 하는 학생인 아름이에 대해 이야기하는 것으로 대화를 시작했다.

전문성이 부족한 사람이었다면 수학 시간에 학생들이 말로 기술된 문제 해결에 어려움을 겪는 현상을 무시했을 것이고, 아름이의 경우에서도 그저 구제 불능의 아이라는 시각으로 학생이 주는 방해를 무시하고 더는 문제 삼지 않았을 것이다.

정 교사 또한 학생들에게 헌신적이었고, 그녀의 경험으로 인해서 그녀는 김 교사보다 더 다듬어진 조언을 줄 수 있었다. 예를 들어, 그녀는 학생들의 참여와 동기를 높이기 위해서 교수 방법을 수정했고, 추가적인 강의를 듣고 공부함으로써 전문성을 향상시키기 위해 노력했다.

몇몇 저자는 헌신을 전문적인 돌봄(professional caring)이라고 묘사한다. 전문가는 그들의 직업을 단지 일로만 보지 않고, 아이들을 돌보는 것에 모든 것을 투자하는 소명(calling)으로 본다(Kramer, 2003: 23).

의사결정

전문가들은 또한 복잡하고 불분명한 상황에서의 의사결정 능력을 갖추고 있다. 정 교사가 김 교사에게 해 준 조언을 보면 이러한 특징이 잘 나타나 있다. "우리가 부딪히는 문제에 대한 쉬운 답은 거의 없어요. 그러나 그것이 바로 도전적인 일이 되면서 우리가 잘 해결했을 때 보람을 주는 일이 되는 이유죠."

소수와 백분위를 배우는 그녀의 수업에서 정 교사는 다음과 같은 의사결정을 내렸다.

- 수업에 대한 학습목표
- 학생들의 학습목표 달성에 도움이 되는 전략
- 수업시간에 활용할 수 있는 예
- 수업시간에 이행할 활동의 절차
- 호명할 학생과 호명 순서
- 학생들에게 물어볼 구체적인 질문
- 학생들이 질문에 대답한 경우와 그렇지 못한 경우에 대처할 반응

교사들은 믿을 수 없는 만큼의 많은 의사결정을 내린다. 한 연구에 따르면 교사는 하루에 800건의 의사결정을 내린다(Jackson, 1986)고 한다. 그리고 어느 누구도 교실 내에서 교사들이 의사결정을 하는 데에 도움을 줄 수 없다. 교사 스스로 의사결정을 내려야 한다. 그러나 그들은 전문지식과 경험을 쌓아 감에 따라 일상적이고 효율적으로 결정을 내리는 법을 배운다(Berliner, 1994, 2000).

반성적 실행

우리가 내리는 모든 전문적 결정은 학습과 학습자의 발달을 높이도록 이루어져야 한다. 따라서 의사결정 과정은 한 가지 단순한 질문에 중점을 두어야 한다. "이 결정이 학습을 가능한 한 많이 증가시켰는가?" 만약 그렇다면 그 결정은 좋은 것이었고, 그렇지 않다면 우리는 추후에 의사결정을 수정해야 한다.

앞의 질문이 간단하기는 하지만 대답하기에 결코 쉽지 않은 것은 교사들은 그들의 업무 효율성 면에서 피드백을 거의 받지 못하기 때문이다. 행정가들이 교사들을 관찰하는 횟수는 일 년에 몇 번밖에 되지 않고, 교사들은 학생들과 학부모들로부터 모호하고 개략적인 피드백만을 받는다. 게다가 학교에서 동료장학(피어코칭, peer-coaching)이나 멘토링 프로그램을 실시하지 않는 이상, 교사들은 실제 동료들로부터 아무런 피드백도 받지 못한다. 전문성을 향상시키기 위해서 교사들은 자신의 수업을 평가함으로써 자신들이 내린 의사결정이 학생들의 학습을 최대화시켰는지에 대한 질문에 대답할 수 있어야 한다.

교육을 통해 자기평가 수행능력이 향상될 수 있지만, 여전히 우리는 자신의 행동을 비판적으로 검토하는 것이 필요하다. 이것이 바로 반성적 실행이라는 아이디어의 핵심이다. **반성적 실행**이란 자신의 교수 상황에서 이루어지는 비판적인 자기 관찰 수행 과정이라고 할 수 있다(Clarke, 2006).

반성적 실행 (Reflective practice)
교수 상황에서 이루어지는 비판적 자기 관찰 수행과정

연구 결과에 따르면 반성적 실행은 교사들이 학생들의 개인 차에 더욱 민감한 관심을 갖도록 하고(Berrill & Whalen, 2007), 그들의 수업이 학습에 끼치는 영향력에 대해 더 잘 인식하도록 한다(Gimbel 2008). 예를 들어, 정 교사의 조언에서와 같이 "제 수업에 대해 생각해 볼 때, 제가 때로는 너무 빨리 개입하기도 하고, 다른 때에는 학생들이 너무 오랫동안 헤매도록 그냥 내버려 두는 것을 깨닫게 돼요. 그리고 다음 시간에 다시 시도해 보곤 하죠."라는 말은 반성이 무엇인지, 그녀의 수업에 대한 반성의 영향력은 어떠한지에 대해 잘 설명해 준다.

반성을 통해 자신의 행동을 향상시키는 능력은 자신의 경험과 전문지식에 달려 있다(Helsing, 2007). 다음으로 전문지식에 대해 더 자세히 살펴보자.

전문지식

전문가들은 불분명한 상황에서 의사결정을 내리고, 그들의 결정이 교수 상황을 향상시켰는지 반성적으로 성찰해 본다. 정 교사와 같은 전문가는 직관이나 기분, 감정에 의해 결정을 내리고 반성적으로 생각하기보다는 방대한 양의 전문지식에 근거하여 의사결정과 반성의 과정을 거친다(Hogan, Rabinowitz, & Craven, 2003). 예를 들어, 수업시간에 모든 학생을 동등하게 부른다는 그녀의 결정은 이러한 실행이 학생의 성취를 높인다는 연구 결과에 근거를 둔 것이다. 또한 수업을 구성하기 위해서 콜라 캔을 사용하는 그녀의 결정은 실생활의 적용이 학습과 동기를 높인다는 연구 결과와 이론에 근거를 둔 것이다(Putnam & Borko, 2000). 김 교사의 전문지식이 부족하다는 사실은 그가 겪는 어려움의 일부에 대해 잘 설명해 준다. 전문지식에 근거한 의사결정과 반성적 사고에 대한 근거로 전문지식을 사용하는 것은 전문성의 핵심적 특징이다.

> 총체적 지식의 풍부한 구성과 접근성의 축적은 개인이 전문가적 사고와 행동을 할 수 있도록 해 준다. 교수에 대한 연구에서 전문성에 대한 이해는 연구자들이 교사의 전문적 지식과 조직에 대해 높은 관심을 갖도록 한다(Borko & Putnam, 1996: 674).

이것이 여러분이 교육심리학을 배우는 이유다. 교육심리학은 여러분이 학생들의 학습을 최대화하는 의사결정을 내리도록 해 주는 전문지식의 근거를 마련해 준다. 또한 교육심리학은 우리가 이 장의 처음에 던졌던 세 번째 질문인 "당신이 가르치는 상황에서 경험하는 수많은 요구와 도전을 만족시키고 가르침의 보람과 흥미를 높이기 위해 교육심리학이 어떤 도움을 줄 수 있는가?"에 대한 답을 할 수 있도록 도와준다. 여러분이 더 많은 전문지식을 갖출수록 교수 상황과 관련한 많은 요구와 도전을 더 높은 수준으로 만족시킬 수 있을 것이고, 가르치는 것의 즐거움과 보람을 더 잘 활용할 수 있을 것이다. 전문지식의 기반에 대해 다음 부분에서 더 자세히 살펴보도록 하자.

◈ 이해 점검 활동

1.1 전문성의 특징에 대해 설명하라.

1.2 김 교사와 정 교사의 대화에서 김 교사가 보여 주는 전문성의 특징 세 가지를 찾아보라.

1.3 김 교사와 정 교사의 대화에서 정 교사가 보여 주는 전문성의 특징에 대해 설명하라.

1.4 전문성의 특징을 토대로 김 교사와 정 교사의 전문적 행동 수준의 주요 차이점을 설명하라.

학생들을 가르치기 위해 필요한 전문지식

앞에서 전문가의 중요한 요소로서 지식의 중요성을 강조했다. 이제 전문지식에 관해 더 자세히 살펴보고자 한다.

우선 다음에 제시된 '학습 및 교수에 관한 자기지식 점검표'를 확인해 보라. 점검표는 학생과 교사, 그리고 학습방법에 관한 내용으로 구성되어 있다. 점검표에 제시된 각 항목에 대해 '참' 또는 '거짓'으로 스스로 답해 보도록 하자.

[학습 및 교수에 관한 자기지식 점검표]

① 초등학교 학생들의 사고는 구체적이고 만질 수 있는 것에 한정되어 있는 반면, 중학교와 고등학교 학생들의 사고는 추상적인 특성을 갖는다.

② 일반적으로 학생들은 배울 주제에 관해 자신이 현재 얼마나 알고 있는지를 이해할 수 있다.

③ 지능 전문가들은 사실에 관한 지식(예: "브라질이 있는 대륙은?")을 개인의 지적 능력을 나타내는 하나의 지표로 간주한다.

④ 효과적인 교수(teaching)는 본질적으로 간명하고 체계적인 방법으로 학생들에게 정보를 제시하는 과정이다.

⑤ 수학과 같이 교과내용을 전공한 예비교사들이 비전공 예비교사보다 자신들이 가르치는 내용에 대해 학생들의 수준에서 명확한 예를 더 잘 제시할 수 있다.

⑥ 학생들의 학습동기를 증진시키기 위하여 교사들은 가능한 한 많은 칭찬을 하는 것이 좋다.

⑦ 질서 정연한 학급분위기를 만들고 유지하려면 학생들의 문제행동이 발생했을 때 이를 빨리 제지하는 것이 제일 중요하다.

⑧ 일반적으로 예비교사들은 이미 현장에 있는 교사들보다 자신들이 학생들을 더 잘 가르칠 수 있다고 믿는다.

⑨ 주로 교사들은 가르치면서 가르치는 것에 대해 배운다. 즉, 가르치는 경험은 가르치는 방법을 학습하기 위한 기본 조건이라고 할 수 있다.

⑩ 시험을 자주 치르는 학생들이 그렇지 않은 학생들보다 일반적으로 부정적인 학습태도를 가지고 있고 깊게 배우지 못하는 경향이 있기 때문에 시험은 학습에 부정적인 영향을 끼친다고 할 수 있다.

당신은 어떻게 답을 했는지 한 번 확인해 보자. 각 항목에 대한 답은 다음 문단에 약술되어 있다. 답을 읽을 때 이 답들은 학생들을 비롯한 사람들을 일반적으로 묘사하고 있는 것이며, 예외적인 경우도 있을 수 있음을 기억하도록 하자.

① *초등학교 학생들의 사고는 구체적이고 만질 수 있는 것에 한정되어 있는 반면, 중학교와 고등학교 학생들의 사고는 추상적인 특성을 갖는다.*

답은 거짓이다. 지금까지의 연구들은 중학교, 고등학교, 심지어 대학생들조차도 상당한 정도의 경험과 전문성을 가지고 있는 분야에 한해서만 추상적 사고를 효과적으로 수행할 수 있다고 보고하고 있다(P. Alexander, 2006; M. Cole, Cole, & Lightfoot, 2005). 이 책 2장에서 다루고 있는 학생들의 인지발달을 공부하고 나면 추상적 사고능력 발달에 대한 전문지식이 앞으로 여러분 자신의 교수활동에 어떤 도움을 줄 수 있을지 이해할 수 있을 것이다.

② *일반적으로 학생들은 배울 주제에 관해 자신이 현재 얼마나 알고 있는지를 이해할 수 있다.*

답은 거짓이다. 우리가 일반적으로 생각하는 것과 달리 학생들, 특히 어린 학생들은 자신이 무엇을 알고 있는지를 제대로 평가하지 못한다(Hacker, Bol, Horgan, & Rakow, 2000; Schommer, 1994). 자신의 학습방법과 무엇을 알고 있는지에 대한 학생 자신의 인식은 이후 학습과정에 영향을 끼치며, 이 책에서 다룰 인지학습이론은 왜 그러한 현상이 나타나는지를 이해하는 데 많은 도움을 줄 것이다(인지학습이론은 7~9장에서 논의될 것임).

③ *지능 전문가들은 사실에 관한 지식(예: "브라질이 있는 대륙은?")을 개인의 지적 능력을 나타내는 하나의 지표로 간주한다.*

답은 참이다. 오늘날 가장 많이 사용되는 지능검사 중 하나인 아동용 웩슬러 지능검사 4판(Wechsler, 1993)은 이 예와 비슷한 문항을 포함하고 있다. 이 검사에는 사실에 관한 지식을 묻는 문항들이 포함되어 있다. 4장에서 다룰 지능이론은 이 문제뿐만 아니라 학습자의 능력과 관련한 다양한 쟁점을 포함하고 있다.

④ *효과적인 교수(teaching)는 본질적으로 간명하고 체계적인 방법으로 학생들에게 정보를 제시하는 과정이다.*

답은 거짓이다. 우리가 이 책을 통해 학습에 관한 이해를 형성해 감에 따라 단순히 정보를 학생들에게 설명하는 것은 학생들의 이해를 증진시키는 데 효과적이지 않음을 확인할 수 있다(Bransford, Brown, & Cocking, 2000; R. Mayer, 2008). 학습자는 자신이 이미 알고 있는 내용을 기반으로 내용에 대한 자신의 이해를 구성해 가며, 이때 학생들의 감정, 믿음, 기대 등이 학습과정에 영향을 끼친다(Bruning, Schraw, Norby, & Ronning, 2004; Schunk, Pintrich, & Meese, 2008). (우리는 8장에서 학생들이 자신의 이해를 구성해 가는 과정에 대해 보다 구체적으로 다룰 것이다.)

⑤ *수학과 같이 교과내용을 전공한 예비교사들이 비전공 예비교사보다 자신들이 가르치는 내용에 대해 학생들의 수준에서 명확한 예들을 더 잘 제시할 수 있다.*

답은 거짓이다. 교수활동과 관련하여 가장 널리 받아들이고 있는 잘못된 믿음 가운데 하나가 교과내용에 대한 지식이 효과적으로 가르치는 데 필요한 모든 것이라는 생각이다. 이와 관련하여 '학생들이 이해할 수 있는 방식으로, 예를 들어 수학 개념을 가르치는 활동에서 수학 전공자가 비전공자에 비해 더 낫지 않다.' 는 것을 지지하는 연구 결과가 있다(National Center for Research on Teacher Learning, 1993). 교과내용에 대한 지식이 필수적이긴 하지만, 어떻게 교과내용을 학생들에게 보다 의미 있게 전달할 수 있는가 하는 것은 다른 종류의 지식을 필요로 한다(Darling-Hammond & Baratz-Snowdon, 2005). (우리는 지식을 학생들이 이해하기 쉬운 방식으로 만드는 방법에 대해 2장, 6~9장, 13장에서 자세히 논할 것이다.)

⑥ *학생들의 학습동기를 증진시키기 위하여 교사들은 가능한 한 많은 칭찬을 하는 것이 좋다.*

정답은 거짓이다. 적절하게 칭찬을 활용하는 것은 중요한 의미를 가지나, 지나친 칭찬은 오히려 칭찬의 신뢰성을 훼손시키는 결과를 가져온다. 이 같은 일은 특히 특정 상황에서 주어지는 칭찬이 적절한지를 판단할 수 있는 고학년 학생들에게서 흔히 볼 수 있다. 이들은 자신들이 쉬운 과제를 성공적으로 끝마쳤을 때 교사로부터 칭찬을 받은 경우 교사가 자신의 능력을 낮게 평가하고 있다고 해석한다(Schunk et al., 2008). 학습동기이론에 관한 이 책의 10장과 11장은 여러분이 이러한 현상을 이해하는 데 도움을 줄 것이며, 이 장들을 읽음으로써 학습동기에 영향을 끼치는 요인에 대해 체계적으로 이해할 수 있을 것이다.

⑦ *질서 정연한 학급분위기를 만들고 유지하려면 학생들의 문제행동이 발생했을 때 이를 빨리 제지하는 것이 제일 중요한다.*

답은 거짓이다. 학급관리는 예비교사뿐만 아니라 교직에 입문한 지 얼마 되지 않은 신임교사들이 가장 관심을 갖는 주제 중 하나다. 지금까지의 연구에 따르면 학급관리는 문제행동이 발생한 후 이에 대응하는 방식보다는 문제가 발생하지 않도록 사전에 예방하는 방법을 통해 보다 효과적으로 이루어질 수 있다고 한다(Brophy,

2006b; Emmer, Evertson, & Worsham, 2006; Evertson, Emmer, & Worsham, 2006). (학급관리에 대한 자세한 내용은 12장에서 다룰 것이다.)

⑧ *일반적으로 예비교사들은 이미 현장에 있는 교사들보다 자신들이 학생들을 더 잘 가르칠 수 있다고 믿는다.*

답은 참이다. 예비교사들은 일반적으로 긍정적이고 낙관적인 생각을 가지고 있다. 이들은 현직에 있는 교사들보다 자신이 아이들을 가르치고 지도하는 일을 더 잘 할 수 있다고 믿는다(Feiman-Nemser, 2001; Ingersoll & Smith, 2004). 하지만 이들이 교직에 실제 입문했을 때 여러 문제를 혼자 해결해야 하는 상황에 직면하게 되고, 이 때문에 심리적 충격을 받기도 한다(Grant, 2006; S. Johnson & Birkeland, 2003).

⑨ *주로 교사들은 가르치면서 가르치는 것에 대해 배운다. 즉, 가르치는 경험은 가르치는 방법을 학습하기 위한 충분조건이라고 할 수 있다.*

답은 거짓이다. 경험은 가르치는 방법을 학습하기 위한 필요조건은 될 수 있지만, 충분조건은 될 수 없다(Darling-Hammond & Bransford, 2005; Helsing, 2007). 많은 경우 경험은 동일한 행동과 절차를 그 효과성과 관계없이 반복하여 적용하도록 하는 문제를 만들어 낼 수 있다. 학습 및 학습자에 관한 지식이 경험과 결합될 때 교사로서의 전문성이 더 높아질 수 있다.

⑩ *시험을 자주 치르는 학생들이 그렇지 않은 학생들보다 일반적으로 부정적인 학습태도를 가지고 있고 깊게 배우지 못하는 경향이 있기 때문에 시험은 학습에 부정적인 영향을 끼친다고 할 수 있다.*

답은 거짓이다. 평가에 관한 연구를 종합해 보면, 자신이 얼마나 이전보다 많이 향상되고 있는지를 확인하고 필요한 경우 교육 프로그램을 제공받을 수 있도록 실시하는 형성평가를 자주 실시하는 것은 학습에 긍정적인 영향을 끼친다(Bransford et al., 2000; Stiggins, 2007; Stiggins & Chappuis, 2006). (우리는 14장과 15장에서 평가활동 및 평가가 학습에 끼치는 영향에 대해 구체적으로 논의할 것이다.)

살펴본 항목들은 교사들이 학생들의 학습을 돕기 위해 필요한 여러 지식을 간단하게 제공한다. 이 지식을 좀 더 자세히 검토해 보자. 지금까지의 연구들은 적어도 네 가지 유형의 지식이 전문적인 교수활동에 필수적이라고 제안하고 있다.

- 교과내용에 대한 지식
- 특정한 교과내용을 전달하기 위한 교수방법에 대한 지식
- 일반적인 교수방법에 대한 지식
- 학습자와 학습에 대한 지식(Darling-Hammond & Baratz-Snowdon, 2005; Shulman, 1987)

교과내용에 대한 지식

자신이 이해하지 못한 것을 잘 가르칠 수는 없다. 이 주장은 그 자체로 명백한 것처럼 들릴 수 있으며, 실제로 교사들이 무엇을 알고 있느냐와 그 내용을 가르치는 방법 간의 관계에 대한 연구가 많이 이루어져 왔다(Bransford et al., 2005; Darling-Hammond & Baratz-Snowdon, 2005; Shulman, 1986). 예를 들어, 미국 독립전쟁에 관해 효과적으로 가르치기 위하여, 세계사 교사는 미국 독립전쟁에 관한 기본적 사실뿐만 아니라 독립전쟁 이전의 영국과의 식민지 관계, 당시 식민지였던 미국의 특성 등과 같은 독립전쟁과 관련한 다른 역사적 측면에 대해서도 잘 알고 있어야 한다. 이 같은 일은 어떤 교과영역에서 어떤 내용을 가르친다 할지라도 똑같이 적용될 수 있다.

특정 교과내용을 전달하기 위한 교수방법에 대한 지식

교과 교수법 지식은 특정 교과의 내용을 배우기 쉽거나 어렵게 하는 것이 무엇인지를 아는 것뿐만 아니라, 특정 교과의 내용을 학습자가 쉽게 이해할 수 있도록 하기 위해 어떻게 가르칠 것이냐를 아는 것이다(Darling-Hammond, 2005; Shulman, 1986). 어떤 전문가들은 학생의 동기를 이해하는 것 또한 교과교수법 지식의 일부라고 제안한다(Brophy, 2004; McCaughtry, 2004).

교과 교수법 지식
(Pedagogical content knowledge)
특정 교과의 내용을 배우기 쉽거나 어렵게 하는 것이 무엇인지를 아는 것뿐만 아니라, 특정 교과의 내용을 학습자가 쉽게 이해할 수 있도록 하기 위해 어떻게 가르칠 것이냐를 아는 것

교과내용에 대한 지식과 교과 교수법 지식은 밀접한 관련이 있지만, 두 지식이 동일한 것은 아니다. 예를 들어, 교과내용에 대한 지식이 미국 독립혁명을 이끈 요인을 이해하는 것이라고 한다면, 교과 교수법에 대한 지식은 학생들이 이를 쉽게 이해할 수 있도록 내용을 어떻게 설명할 것인가를 아는 것을 말한다. 학습하는 주제가 의미 있으려면, 두 지식 모두 필요하다(Loughran, Mulhall, & Berry, 2004; Segall, 2004).

교과 교수법 지식의 역할에 대해 설명하기 위해, 5학년 학생들에게 $1/4 \times 1/3 = 1/12$과 같은 분수의 곱셈에 대해 어떻게 이해할 수 있도록 가르칠 것인가를 한번 생각해 보자. 이것은 이해하기 쉽지 않고, 가르치기도 쉽지 않다. 두 수의 곱은 각 수보다 크다(예: $6 \times 5 = 30$)는 경험이 있지만, 분수의 곱셈에서는 더 작아진다. 그 결과, 학생들은 이해하지 못한 채로 과정을 단순하게 암기하게 된다.

이제 다음 활동을 해 보자. 종이 한 장을 세 부분으로 접고, 다음 그림에서 보는 것처럼 중앙의 1/3 부분에 사선을 긋도록 해 보자.

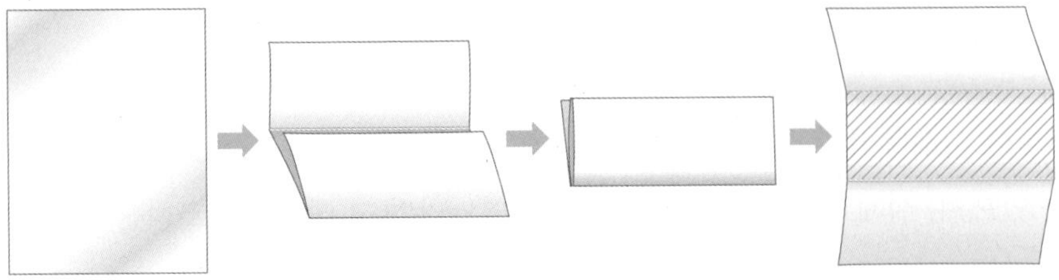

다음으로 사선이 그어진 부분이 밖으로 드러나도록 종이를 다시 삼등분하여 접는다.

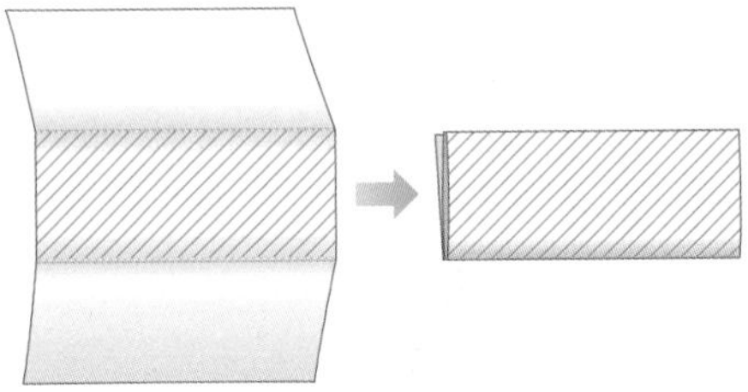

그다음 종이를 반으로 두 번에 걸쳐 접으면 사선이 그어진 부분의 1/4만이 보인다. 이때 사선이 보이는 부분에 반대 방향으로 다시 사선을 긋는다. 그다음 종이를 펼치면 다음 그림의 마지막 부분과 같은 모양이 될 것이다.

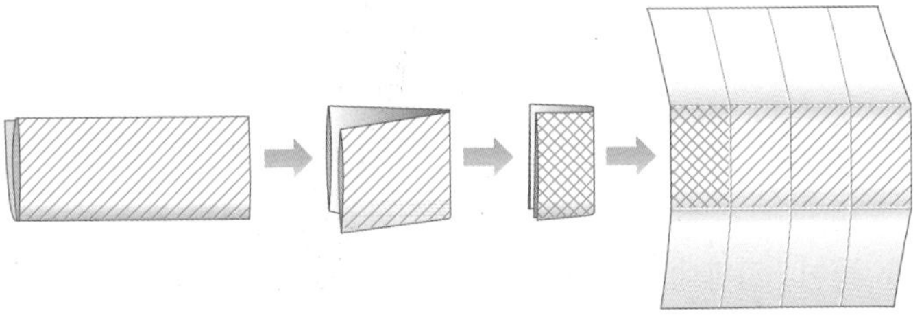

이 활동을 통해 교사들은 학생들에게 '$1/4 \times 1/3 = 1/12$(종이에서 격자무늬로 표시된 부분)'이 된다는 것을 구체적으로 보여 줄 수 있다. 이 예는 학생들로 하여금 두 분수의 곱셈의 결과 더 작은 수를 얻게 되는 것을 알게 하며, 또한 그들이 이해한 것을 현실에 적용할 수 있도록 돕는다(R. Mayer, 2008). 이것이 바로 교과 교수법 지식이 중요한 이유다. 이와 같이 구체적인 예들이나 활동을 활용하지 않는 경우 학생들은 단순히 교사가 전달하는 내용을 암기하려 할 것이며, 따라서 내용에 대한 이해가 뒤따르지 않을 수 있다(Bransford et al., 2000; Donovan & Bransford, 2005).

교사들은 다음과 같은 방식으로 교과내용을 표현하고 전달하는 것을 고려할 수 있다.

- 구체적 예(example)의 활용: 이 책의 14장 시작 부분에 제시된 사례를 보면, 5학년 수학 교사가 같은 값을 갖는 분수들을 설명하기 위해 초콜릿 조각을 사용하고 있다. 또한 2장 시작하는 사례에서 8학년 물리학 교사가 컵 속에 솜을 압축시켜 밀도(density)의 개념을 설명하고 있다.

- 시범 보이기(demonstration): 이 책의 2장 마지막 부분에 제시된 사례를 보면 공기가 공간을 차지하고 압력을 갖는다는 것을 물을 이용해 시범을 보여 주고 있다. 13장의 첫 부분에 소개된 사례에서 한 중학교 교사는 판자 위에서 미는 것과 책상 위에서 사물을 입으로 부는 것으로 에너지 개념을 설명한다.
- 사례연구(case study)의 활용: 사례연구는 복잡한 주제나 설명하기 쉽지 않은 내용을 효과적으로 전달하는 데 사용할 수 있는 방법이다. 예를 들어, 교사는 내적 갈등(internal conflict)이라는 개념을 다음 사례를 가지고 설명할 수 있을 것이다. "영희는 무엇을 해야 할지 결정을 내리지 못하고 있다. 친구들과 함께 다음 주에 여행을 떠날 것인지, 아니면 장학금을 받을 수 있도록 그다음 주에 있는 시험을 위해 열심히 공부해야 할지 갈등하고 있다" (Siegel, 2002).
- 은유(metaphor)의 활용: 역사교사는 민족주의(nationalism) 개념을 자신이 다니고 있는 학교에 대한 학생들의 애정, 학교에 대해 학생들이 말하는 방식, 그리고 학생들의 활동을 통해 은유로써 설명할 수 있을 것이다.
- 시뮬레이션(simulation)의 활용: 사법부의 활동을 보다 구체적으로 이해할 수 있도록 모의재판 상황을 만들어 수업을 진행할 수 있으며, 초기 민주국가의 형성과정을 이해할 수 있도록 모의국회를 만들어 국민의 대표로서 역할놀이를 수행하도록 수업장면을 구성할 수도 있다.
- 모형(model)의 활용: 과학교과에서 교사는 핵과 전자의 구성을 학생들이 시각화하여 이해할 수 있도록 원자 모형을 사용할 수 있을 것이다. 또한 이 책의 7장에 있는 정보처리모형은 머릿속에서 일어나는 정보의 저장과 인출 과정을 보다 구체적으로 이해하도록 도와주는 모형의 예다.

이상의 내용을 고려해 볼 때 '학습 및 교수에 관한 자기지식 점검표'에 제시된 5번 문항의 답이 거짓인 이유를 이해할 수 있을 것이다. 수학을 전공했다고 해서 분수 곱셈과 같은 사례를 잘 만들어 낼 수 있다고 할 수 없으며, 역사를 전공했다고 해서 민족주의에 대한 은유로서 학교에서의 학생들의 활동을 생각해 낼 수 있을 것이라 할 수 없다. 능력 있는 교사가 되기 위해서는 교과내용에 대한 지식뿐만 아니라 내용을 보다 효과적으로 표현하고 전달하기 위한 방법에 대해 알고 있어야 한다. 이러한 능력 중 하나라도 가지고 있지 못한 경우 단순히 교과서에 있는 내용을 말만 바꾸어 전달하거나 학생들에게 무의미한 내용을 일방적으로 전달하는 교사가 될 뿐이다.

일반 교수법에 대한 지식

교과내용에 대한 지식이나 교과 교수법 지식은 영역 특수적인(domain specific) 성격을

일반교수법 지식(General pedagogical knowledge)
특정한 내용이나 교과를 넘어서서 일반적인 교수전략이나 학급관리와 관련된 지식

갖는다. 즉, 이들 지식은 특정 내용 영역의 지식(예, 분수 곱셈, 밀도, 민족주의, 사법체제)과 밀접한 관계를 갖는다고 할 수 있다. 반면, 일반 교수법 지식은 특정한 내용이나 교과를 넘어서서 일반적인 교수전략이나 학급관리와 관련된 지식을 포함하는 개념으로 정의할 수 있다(Borko & Putnam, 1996; Darling-Hammond & Bransford, 2005).

교수전략

교수전략은 일반 교수법에 대한 지식에서 매우 중요한 요소다. 학령에 따른 수업내용뿐만 아니라, 학생들을 어떻게 참여시킬 것인지, 그들의 이해를 어떻게 확인할 것인지, 수업을 어떻게 부드럽게 진행할 것인지 등에 대해서도 알아야 한다(Good & Brophy, 2008). 교사는 학생들과 명료하게 대화해야 하며, 피드백을 제공해야 하며, 학습을 최대로 끌어올릴 수 있는 다양한 기술을 구사하여야 한다. 이러한 교수전략에 대해서는 13장에서 자세히 다루도록 한다.

학급관리

학급관리 역시 일반 교수법에 대한 지식에서 중요한 요소다. 교사는 학생들이 학습활동에 보다 많은 주의를 기울일 수 있도록 교실환경을 효과적으로 구성하는 방법을 알고 있어야만 한다(Emmer et al., 2006; Everston et al., 2006). 이러한 환경을 조성하는 것은 교사가 어떻게 규칙과 과정을 계획하고, 보충하며, 검토하는지, 조직을 어떻게 구성하는지, 그리고 잘못된 행동을 어떻게 교정하는지 등에 대한 지식을 필요로 한다. 이를 고려할 때 앞에서 제시한 '학습 및 교수에 관한 자기지식 점검표'의 7번 문항의 답이 왜 거짓인지를 이해할 수 있을 것이다. 문제행동이 발생하기까지 학급관리를 위해 교사가 아무 일도 적극적으로 사전에 수행하지 않는다면, 질서정연하게 학습활동에 몰입할 수 있는 학급분위기를 만들어 내는 것은 불가능하다고 볼 수 있다. 문제행동을 사전에 예방하도록 학급분위기를 만들어야지, 문제행동이 발생한 다음, 이를 처리하는 방식으로 학급이 운영되어서는 안 된다. 학급관리와 관련해서는 이 책 12장에서 보다 구체적으로 다룰 예정이다.

학습자와 학습에 대한 지식

학습자 및 학습에 대한 지식은 교사가 알아야 할 가장 중요한 지식 가운데 하나다(Borko & Putnam, 1996: 675). 학습자와 학습에 관한 지식이 교사의 가르치는 행동 및 방법에 어떠한 영향을 미치는지에 대해 간단하게 살펴보자.

학습자에 관한 지식

'학습 및 교수에 관한 자기지식 점검표' 에 제시된 1, 2, 6번 문항은 학습자에 관한 지

식을 묻는 문항으로, 가르치는 방법에 대해 중요한 시사점을 제시하고 있다. 예를 들면, 1번 문항과 관련하여 우리는 학생들이 추상적인 내용을 학습하기 위해 구체적인 예를 필요로 한다는 것을 알 수 있다. 이는 저학년 학생뿐만 아니라 고학년 학생들에게도 적용된다. 인지발달에 대해 다루고 있는 이 책의 2장을 통해 우리는 학습자에 대한 이해가 교수법에 대한 우리의 지식을 어떻게 확장시켜 줄 수 있는지를 볼 수 있으며, 또한 학습자에 대한 이해는 분수 곱셈의 예에서처럼 내용에 대한 의미 있는 표현방식을 교사들이 생각해 보도록 하는 데 도움을 준다.

2번 문항을 통해 우리는 학습자들이 자신의 학습 정도나 학습방법에 대해 타당하게 평가하지 못한다는 것을 볼 수 있다. 메타인지(metacognition) 발달에 대한 내용을 다루고 있는 7장을 통해 우리는 학생들이 자신에 대해 보다 잘 알 수 있도록 도움을 제공하는 방법과 학습활동에 보다 전략적으로 접근해 가도록 하는 방법에 대해 알 수 있을 것이다(Bruning et al., 2004).

또한 6번 문항은 교사가 학생들과 상호작용하는 방식에 대해 중요한 시사점을 제공한다. 직관적으로 교사가 학생들에게 칭찬을 가능한 한 많이 제공하는 것이 긍정적이며 효과적이라고 생각할 수 있다. 하지만 10장과 11장에서 살펴볼 동기(motivation)에 관한 연구와 이론은 왜 이 방법이 바람직하지 않은지에 대해 우리가 분명히 이해할 수 있도록 도와줄 것이다.

학습에 관한 지식

우리가 사람들이 학습하는 방식을 보다 구체적으로 이해하게 되면, '학습 및 교수에 관한 자기지식 점검표' 의 4번 문항 답이 왜 거짓인지를 알 수 있게 된다. 예를 들어, 사람들은 자신이 듣거나 읽은 내용을 단순히 녹음기처럼 기억하지는 않는다. 오히려 제시된 정보를 이해하기 위한 노력의 일환으로 사람들은 나름의 입장에서 내용을 해석하는 활동을 수행한다(Bransford et al., 2000; Mayer, 2002). 이러한 과정이 일어나는 동안 의미가 왜곡될 수 있으며, 때때로 심각한 내용의 변환이 있을 수 있다.

한 연구를 통해 학생들이 실제 언급했던 다음 진술문을 살펴보도록 하자.

> "달의 모양이 다르게 보이는 것은 구름이 달을 가리기 때문이다."
> "코트는 불처럼 열을 만들어 냄으로써 우리를 따뜻하게 해 준다."
> "한 각이 135도인 삼각형은 이상한 삼각형이다."

진술문에 나타난 학생들의 이 같은 생각들은 교사가 수업시간에 설명한 내용을 있는 그대로 받아들인 학습의 결과라고 보기 어렵다. 오히려 이 같은 생각은 학생들이 자신이 이전에 알고 있는 내용이나 경험을 바탕으로 새롭게 들은 내용을 자신의 입장에서 재해석한

학교급별 적용 Developmentally appropriate

학습자와 학습에 대한 지식

모든 연령의 학생들에게 적용할 수 있는 학습자와 학습에 관한 지식이 있기 하지만, 여전히 연령에 따른 발달의 차이는 분명히 존재한다. 발달 차이란 성숙과 다양한 경험의 차이에서 비롯되는 사고, 기억, 감정, 사회적 관계의 다양한 차이를 말한다.

학습에서 발달의 중요성으로 인해 이번 제8판에서는 '학교급별 적용'이라는 새로운 항목을 추가하였다. '학교급별 적용'에서는 다양한 발달 수준에 있는 학생들의 능력과 요구에 부응할 수 있는 교사들의 수업전략을 설명하고자 한다. 여기에서는 각 단원의 내용을 초등학생, 중학생, 고등학생별로 나누어 이들의 다양한 학습에 적용할 수 있는 방법을 설명하고자 한다.

어떻게 수도꼭지에 그 많은 물이 들어 있을까?

어린 학생들의 사고는 나이 많은 학생들의 사고와는 다르다. 예를 들어, 이 그림을 보도록 하자. 어떻게 이 모든 물이 수도꼭지 안에 들어 있는지 궁금해할 수 있다는 것은 어린아이들의 사고 특징이라고 할 수 있다. 물론 나이 많은 학생들은 우리가 볼 수 없는 많은 수도관이 이어져 있다는 사실을 알게 된다. 어린 학생들의 개인적·사회적 특징 역시 나이 많은 학생들과 다르다. 우리는 이러한 특징을 이후 장들에서 계속 살펴볼 것이다.

성숙과 다양한 경험을 통해 사고와 사회적 기술, 그리고 다른 특징이 어린아이들과는 다르게 나타난다. 예를 들어, 중학생들은 수업에서 토론되고 있는 내용들이 이해하기 어렵다는 것을 깨닫고 손을 들어 설명을 요청하기도 한다. 중학생들과 어린 학생들 간에는 이 외에도 많은 차이가 존재한다.

초등학생과 중학생의 차이와 마찬가지로, 고등학생과 다른 학교급 학생 간에도 다양한 차이가 존재한다. 예를 들면, 많은 고등학생들은 성숙한 모습을 보이기 시작하며, 어린 학생들과는 달리 개인적·사회적 주제와 관련되어 성인 수준으로 효과적으로 말할 수 있게 된다. 그들은 비록 새롭고 어려운 사례를 이해하기 위해 구체적인 사례를 필요로 하지만, 어린 학생들보다는 추상적인 사고를 잘할 수 있다.

'교실과의 연계'는 이후 2장부터 15장까지 포함된 또 다른 항목이다. '교실과의 연계' 역시 발달단계에 따라 구성되어 있으며, 각 장의 주제를 학생들의 발달단계별로 적용하는 데 도움을 줄 수 있도록 구성되어 있다.

것이라고 할 수 있다.

지금까지 제시한 예들은 '지혜를 왜 가르칠 수 없는지' (Bransford, 1993: 6), 그리고 '교과내용을 열심히 설명만 하는 것이 왜 충분하지 않은지' 를 단적으로 보여 준다. 숙련된 교사들은 가르치는 것이 단순히 설명하는 것 이상이라는 것을 잘 알고 있으며, 학습활동을 촉진하기 위해 학습이 일어나는 과정에 대해 충분한 이해를 가지고 있는 사람들이라고 볼 수 있다(학습과정에 대한 자세한 내용은 이 책의 6장부터 9장에서 다룰 것이다).

이제 '학습 및 교수에 관한 자기지식 점검표' 의 9번 문항이 왜 거짓인지를 이해할 수 있을 것이다. 경험이라는 것이 가르치는 활동에서 중요한 요인이지만, 교사들이 경험을 통해 성공적으로 가르치기 위해 필요한 모든 지식을 알기는 어렵다. 앞에서도 이야기했듯이 여러분이 교육심리학을 공부하는 이유도 이와 관련이 있다고 볼 수 있다.

전문지식: 혁신과 책무성

교사의 지식과 전문성에 대한 현재의 초점은 학생들의 학습을 증대시키기 위한 교수활동과 교사 훈련의 변화를 제안하는 교육개혁의 한 측면에서 이해할 수 있다. 학생들의 학습과 책무성을 위한 기준을 설정하는 것은 최근의 **교육혁신**운동의 중요한 요소라고 할 수 있다. **책무성**이란 학생들에게 구체화된 기준을 달성했는지를 증명하도록 요구하고 교사들에게는 학생의 수행에 대한 책임감을 지도록 하는 과정이라고 할 수 있다(기준에 관해서는 13장에서 자세히 다루며, 책무성과 표준화된 시험에 관해서는 15장에서 다룰 것이다).

교육혁신(Reforms)

학생들의 학습을 증대시키기 위한 교수활동과 교사 훈련 등의 변화 운동

책무성(Accountability)

학생들에게 구체화된 기준을 달성했는지를 증명하도록 요구하고 교사들에게는 학생들의 수행에 대한 책임감을 갖도록 하는 활동

◈ 이해 점검 활동

2.1 전문적인 교사들이 지니고 있는 다양한 종류의 지식에 대해 예를 들어 설명하라.

2.2 앞 사례에서 학생들에게 문제풀이를 가르치는 데 있어 교수법 지식이 부족함을 드러낸 김 교사의 발언을 살펴보자. 왜 그 발언이 그의 교수법 지식의 부족함을 드러냈는지 설명해 보자.

2.3 생물교사가 포장용 에어랩(air wrap)을 놓은 후 또 다른 에어랩을 그 위에 얹어 놓고, 학생들에게 세포가 조직으로 어떻게 이루어지는지를 보여 주고 있다. 이러한 교사의 활동은 교사의 어떤 유형의 지식이 잘 드러난 경우라 할 수 있는가?

교육심리학 전문지식을 획득하기 위해 알아두어야 할 연구방법

지금까지 우리는 교사들이 학생들을 가르치기 위해 알아야 할 다양한 지식에 대해 생

각해 보았다. 이 같은 지식은 어떻게 만들어지며 축적되는가, 그리고 예비교사, 현직교사, 교육전문가로서 우리는 어떻게 이 같은 지식을 습득할 수 있는가?

이러한 질문에 대한 한 가지 대답은 '실천의 지혜(wisdom of practice)' 라고도 하는 경험(experience)이다(Berliner, 2000; Munby, Russel, & Martin, 2001; Richardson & Placier, 2001). 효과적인 교사교육 프로그램은 개념적이고 이론적인 지식을 학교 내에서 실제 경험과 통합함으로써 '실천의 지혜' 와 관련한 기초적인 내용을 획득하도록 구성된다.

연구결과물(Research)

현상에 대해 제기되는 질문에 대해 경험적 대답을 하기 위해 체계적으로 수행되는 정보의 수집 및 분석과정 또는 활동

교사가 전문지식을 얻게 되는 두 번째 원천은 **연구결과물**이라고 할 수 있다. 연구는 현상에 대해 제기되는 질문에 대해 경험적 대답을 하기 위해 체계적으로 수행되는 정보의 수집 및 분석과정 또는 활동이라고 할 수 있다. 즉, 연구는 전문가가 자신의 지식기반을 확장하기 위해 활용하는 과정 또는 활동이라고 할 수 있다(Gall, Gall, & Borg, 2007; Van Horn, 2008). 예를 들어, "교사의 질문이 학생들에게 어떤 영향을 미칠까?"에 대한 질문에 답하기 위해 연구자들은 질문의 수, 질문의 유형, 질문의 종류 등을 조사할 수 있다. 학생들을 향한 교사들의 질문이 갖는 영향력은 교육심리학의 중요한 화두다.

연구는 교사들이 교육활동과 관련한 의사결정을 내릴 때 사용할 수 있는 중요한 정보를 제공한다.

연구는 여러 형태로 진행된다. 이 장에서 우리는 교육심리학에서 흔히 사용되고 있는 다섯 가지 연구방법에 대해 알아보도록 하자.

- 기술연구
- 상관연구
- 실험연구
- 질적 연구
- 현장연구

기술연구

기술연구(Descriptive research)

상황 혹은 현상에 대한 특징이나 상태를 기술하기 위해 설문, 조사, 면접, 관찰 등을 이용하는 연구

기술연구는 용어 자체가 의미하는 바와 같이 상황 혹은 현상에 대한 특징이나 상태를 기술하기 위해 설문, 조사, 면접, 관찰 등을 이용하는 연구를 말한다(B. Johnson & Christensen, 2008). 예를 들어, '학생들이 얼마나 많이 학습을 하는가?' 는 모든 교육자가 직면하게 되는 질문이다. 이 답을 해결하기 위해 전국 학업성취도 평가를 통해 초등학교 4학년, 중학교 2학년, 고등학교 3학년 학생들의 수학 및 읽기 능력 점수를 매 2년마다 수집할 수 있을 것이다(Manzo, 2008). 전국 단위 학업성취 평가에 대한 옹호론자들은 이러한 연구가 ① 학교에서의 교육 프로그램의 효과성을 평가할 수 있고, ② 학생들의 학업성취 수준을 확인할 수 있으며, ③ 다른 나라와 비교할 수 있는 기준을 제공할 수 있다는 장점 등을 제안한다(Yeager, 2007).

그러나 이 같은 전국 단위 학업성취 평가에 대한 반대도 만만치 않다. 예를 들어, 몇몇 비판가는 전국 규모의 시험이 획일화된 교육과정을 야기할 수 있다고 걱정한다(Nichols & Berliner, 2005). 또한 비판가들은 고등학교 3학년 학생들의 낮은 참여, 장애를 가진 학생들에 대한 배제 등의 문제를 우려하기도 한다. 또한 이러한 학업성취 평가가 학생들의 비판적 사고, 사회적 기술, 문학 및 예술작품에 대한 감상 능력, 수행준비능력 등과 같은 중요한 요소를 희생한 채 지식 획득에만 강조점을 두고 있는지에 대해 비판을 제기한다(Manzo, 2008).

또 다른 기술연구의 방법으로는 교육현안에 대한 사람들의 태도를 조사하는 설문을 들 수 있다. 예를 들어, 2007년 미국 연구자들은 NCLB(No Child Left Behind) 정책에 대한 태도와 책무성에 대해서 설문조사를 실시한 바 있다. 응답자의 26%는 이 정책이 학생들에게 도움을 준다고 말한 반면, 27%의 사람들은 이를 부정적으로 평가하였으며, 41%의 사람들은 별 다른 차이를 느끼지 못했다고 말하였다(L. Rose & Gallup, 2007). 현재 미국에서 이슈가 되고 있는 공립학교 학생들의 학업성취도 평가에 대해서도 응답자의 43%가 성취도 평가가 지나치게 강조되고 있다고 주장한 반면, 15%는 성취도 평가가 충분히 이루어지고 있지 않다고 말하였다고 한다. 이러한 기술연구는 학교정책을 다루는 지역교육청뿐만 아니라 국가 단위에서의 중앙정부의 의사결정에 영향을 끼칠 수 있다.

관찰 또한 기술연구에서 자주 사용되는 연구방법이다. 관찰방법을 활용하여 인지발달을 연구한 피아제(Piaget, 1952, 1959)의 연구는 교육심리학에서 가장 중요한 연구 중 하나라고 할 수 있다. 피아제는 자신의 자녀들에 대한 관찰을 통해 아동의 사고능력이 어떻게 발달해 가는지에 대한 연구를 수행한 바 있다. 피아제 자신의 관찰연구와 후학들의 관련 연구를 통해 우리는 10세 아동이 5세 아동보다 더 많은 것을 알고 있다는 것을 넘어서 질적으로 다른 방식의 사고를 한다는 것을 알게 되었다. 이 같은 우리의 이해는 모두 피아제와 그의 동료들이 체계적인 기술연구를 통해 얻은 연구 결과 덕분이라고 할 수 있다(피아제의 인지발달 이론에 관한 구체적 내용은 2장에서 다룰 것이다).

기술연구의 평가

현재까지 수많은 연구가 수행되었고 그 연구 결과가 우리 주위에 존재한다. 미래 교육전문가 또는 교사들은 이 연구들을 평가할 수 있는 기본 능력을 갖추고 있어야 한다. 이는 연구 자체의 타당성에 대한 평가를 위해서뿐만 아니라 교육장면에 연구 결과를 올바르게 적용하기 위해서도 필요하다. 먼저, 우리가 알고 있어야 할 중요한 사실은 같은 결과를 보고하고 있는 연구가 많은 경우 그 연구 결과에 대한 기본적인 신뢰도는 높다고 할 수 있다는 것이다(Chatterji, 2008; H.Cooper, 2006).

이 외에도 기술연구에서는 다음 두 가지 요인을 추가적으로 중요하게 고려해야 한다. 첫째, 연구에 참여한 사람들이 자세히 기술되어야 한다(J. H. McMillan, 2008). 이 같은 정보는 연구를 통해 확인된 결과를 어떤 대상자들에게 적용할 수 있는지를 논문을 읽는 독자가 판단하는 데 중요한 정보로 활용할 수 있다. 참고로 갤럽 설문조사에서의 응답자에 대한 인구학적 분류에 대한 상세한 분석을 제공한다(L. Rose & Gallup, 2007).

둘째, 자료 수집을 위해 사용된 도구가 자세히 검토되어야 한다. 예를 들어, 직접적인 방식으로 질문이 주어졌는가? 아니면 편파적 반응을 유도하도록 질문이 계획되었는가? 일반적으로 갤럽 설문조사는 독자들에게 실제로 사용한 질문을 제공함으로써 독자들이 자료가 타당한 방법으로 수집되었는가를 판단할 수 있도록 해 준다.

기술연구는 교육 조건에 관련하여 가치 있는 정보를 제공해 준다. 그러나 우리가 미래를 예측할 수 있도록 해 주거나, 변인 간의 관계를 설명해 주지는 않는다. 일반적으로 예측을 위해 변인 간 관계를 확인하기 위해서는 상관이라는 연구방법을 적용할 수 있다.

상관연구

다음에 제시된 변인 간에 유의미한 관련이 있는지를 생각해 보자.

- 학생들의 대학입학시험 점수와 내신점수 간의 관계
- 운전 중의 휴대전화 사용과 교통사고 간의 관계
- 학생들의 신장과 학점 간의 관계
- 학생들의 결석 일수와 학점 간의 관계

상관(Correlation)
정적이든 부적이든 둘 혹은 그 이상의 변인 간에 존재하는 관련성

상관은 정적이든 부적이든 둘 혹은 그 이상의 변인 간에 존재하는 관련성으로 정의된다. 앞의 예에서 변인은 대학입학시험 점수와 내신점수, 휴대전화 사용과 자동차 사고, 신장과 학점, 결석 일수와 학점 등을 말한다. 첫 번째와 두 번째 경우는 변인이 정적으로 상관되어 있는 경우다. 즉, 대학입학시험 점수가 높을수록 학점이 높게 나타나고, 휴대전화 사용이 많을수록 교통사고가 더 많이 발생한다. 세 번째 경우는 상관이 없는 경우다. 즉, 신장과 학점 간에는 아무런 관련성이 존재하지 않는다. 네 번째 경우는 부적인 상관이 존재하는 경우다. 즉, 학생들이 학교에 결석을 많이 할수록 학점이 낮아지는 경향이 존재한다.

상관연구 (Correlation research)
인과관계를 의미하지 않은 채 연구자가 한 변인의 변화가 다른 변인의 변화와 관련이 있다고 생각하는 둘 이상의 변인 간 관계를 살펴보는 연구방법

우리가 교수-학습과 관련하여 알고 있는 많은 것은 원인-결과 관계를 의미하지 않은 채 연구자가 한 변인의 변화가 다른 변인의 변화에 따른다고 생각하는 둘 이상의 변인 간 관계를 살펴본 상관연구 결과에 근거한 것이 많다. 일반적으로 상관방법을 적용한 많은 연구는 교사의 행동과 학생의 학업성취 간 관련성을 확인하고자 수행한 것들이 대부분이다. 예를 들어, 연구자들은 교사들이 던지는 질문의 수와 학생들의 학업성취 간에 정적 상관이 있음을 확인한 바 있다(Shuell, 1996). 연구자들은 또한 가르치는 행동과 직접적으로 연결되어 있지 않은 비교수적 활동 시간(예를 들어, 역할 정하기, 과제물 나눠 주기, 절차 설명하기 등)과 학생들의 학업성취 간에는 부적 상관이 있음을 확인하기도 했다(Brophy & Good, 1986). 이

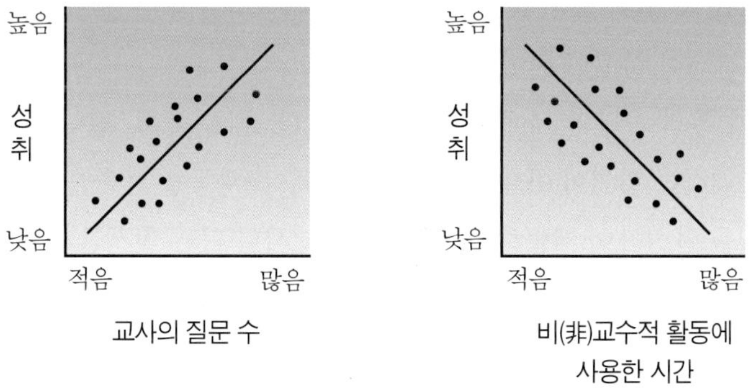

[그림 1-2] 정적 상관(왼쪽)과 부적 상관(오른쪽)의 예

들 변인 간의 정적 혹은 부적 상관을 그래프로 나타내면 [그림 1-2]와 같다.

상관은 통계적 수치에 의해 나타낼 수 있으며, 완전한 정적 상관을 갖는 경우 1을, 완전한 부적 상관을 갖는 경우 -1의 수치를 갖게 된다. 간단한 예로 속도와 거리 간 상관은 1의 값을 갖는다. 즉, 차로 여행을 한다고 가정하면, 차의 속도를 증가시키면 증가된 속도에 비례하여 이동거리가 늘어나게 되는 관계에 있기 때문이다. 한편 대부분의 변인 간의 상관은 완전 상관계수인 1 또는 -1보다 작은 값을 갖게 된다. 예를 들어, 수업 시 교사가 묻는 질문의 수와 학생들의 학업성취 간에는 약 .5 정도의 상관이, 비교수적 활동에 보내는 시간과 학업성취 간에는 약 -.4 정도의 상관이 있는 것으로 보고되고 있다(Good & Brophy, 1986; Shuell, 1996).

상관연구는 한 변인의 정보를 우리가 아는 경우 다른 변인을 예측하게 해 준다는 측면에서 가치 있는 연구방법이다(B. Johnson & Christensen, 2008; J. H. McMillan, 2008). 예를 들어, 교사의 질문과 학생들의 학업성취 간에 정적 상관이 존재하기 때문에, 교사가 일방적으로 강의를 하는 교실에서보다 학생들에게 질문을 많이 하는 교실에서 학생들이 더 많은 것을 배울 수 있을 것이라고 예측할 수 있다. 이로 인해 교사 효과성을 평가하기 위한 많은 도구가 학생들에 대한 교사의 질문활동에 초점을 두고 있는 것이다.

상관연구의 평가

앞서 설명한 기술연구와 마찬가지로 상관연구에도 제한점이 존재한다. 상관연구의 가장 중요한 제한점은 상관연구가 두 변인 간 관계를 기술할 뿐이지, 한 변인이 다른 변인의 변화를 가져오는 인과관계를 의미하지는 않는다는 것이다(Gall et al., 2007; J. H. McMillan, 2008).

내신점수와 대학입학시험 점수 간 관계를 생각해 보자. 분명히 높은 내신점수가 높은 대학입학시험 점수를 가져오는 원인이라고는 할 수 없다. 대신 공부에 투자한 시간, 학습전략, 일반적인 학습능력과 같은 요인이 내신점수와 대학입학시험 점수에 영향을 끼치는 원인이라고 할 수 있을 것이다. 또한 휴대전화 사용 자체가 사고의 원인은 아니다. 운전 중 다른 곳으로의 주의 분산이 사고의 원인인 것이다.

똑같은 논리가 부적 상관의 예에도 적용될 수 있다. 예를 들어, 결석일수 그 자체가 낮은 교과 성적을 초래하는 원인이 아닐 수 있다. 이 경우 교과목을 학습할 수 있는 기회를 잃어버리는 것, 과제를 완성하여 제출하지 못하는 것, 교사나 다른 학생들과 긍정적인 관계를 형성할 수 있는 기회를 상실하는 것 등이 낮은 교과 성적을 가져오는 보다 직접적인 원인이라고 할 수 있다.

실험연구

실험연구(Experimental Research)
한 변인을 체계적으로 조작하는 것이 다른 변인의 변화를 가져오는지를 확인함으로써 두 변인 간의 인과관계를 확인하는 연구방법

무선배정(Random assignment)
연구 내에서의 개인이 각 집단에 속할 확률이 동일하도록 하기 위한 연구설계방법

상관연구가 현재의 상황에서 변인 간의 관련성을 확인하는 연구라면(예, 교사의 질문 행동과 학생들의 성취 간의 관계), **실험연구**는 한 변인을 체계적으로 조작하는 것이 다른 변인의 변화를 가져오는지를 확인함으로써 두 변인 간의 인과관계를 확인하는 연구라고 할 수 있다(H. Cooper, 2006). 일반적으로 실험연구는 상관연구 결과를 기반으로 계획된다. 교사의 질문과 학생들의 학업성취 간 관계에 대한 예를 가지고 살펴보자.

이전 상관연구를 확장하여 수행되는 실험연구에서는 연구자들이 교사들을 실험집단과 통제집단으로 무선적으로 배정하게 된다. **무선배정**은 각 개인이 실험집단과 통제집단에 속하게 될 확률이 모두 같다는 것을 의미하며, 이 방법은 실험집단과 통제집단이 서로 비교 가능한 집단이라는 것을 보증하기 위해 사용되는 실험방법이다. 연구자는 실험집단에 속하게 된 교사들을 학생들이 답을 제대로 하지 못하는 경우 어떻게 단서를 제공하는 것이 좋은지에 대한 교육 프로그램을 제공하고, 수업하는 과정에서 단서 제공과 관련한 행동을 체계적으로 수행하도록 훈련시킨다. 이를 통해 연구자들은 '교사들의 단서 제공 행동'이라는 변인을 조작하게 된다. 반면 통제집단에 속하게 된 교사들에게는 아무런 교육 프로그램을 제공하지 않으며, 일상적인 방식으로 수업을 진행하도록 요구한다. 연구자는 수업이 끝난 후 실험집단과 통제집단의 학생들에게 학업성취검사를 실시하게 되고, 실험집단과 통제집단 학생들의 학업성취검사 점수를 비교하게 된다. 이때 실험집단 학생들이 통제집단 학생들보다 상대적으로 높은 점수를 나타내는 경우, 수업장면에서 교사가 학생들에게 질문을 제공하고 질문에 대해 노력할 수 있도록 적절한 단서를 제공하는 것이 보다 나은 학업성취 결과를 초래한다고 말할 수 있게 되는 것이다. 실제 이 같은 결과는 앤더슨과 에버트슨, 브롭피(Anderson, Evertson & Brophy, 1979)의 실험연구를 통해 확인된 바 있다.

실험연구의 평가

기술연구나 상관연구와 마찬가지로 실험연구 결과도 비판적인 관점을 유지하면서 읽을 필요가 있다. 실험연구 논문을 읽을 때에는 다음과 같은 요인을 고려할 필요가 있다.

- 실험집단과 통제집단의 비교 가능성
- 연구 결과에 영향을 끼치는 외생변인(extraneous variable)의 통제 여부
- 표본(sample)의 크기
- 독립변인 조작과정에 관한 분명한 설명

앞에서 언급한 앤더슨과 동료들(Anderson et al., 1979)의 연구를 예로 들어 보자. 교사의 질문과 단서 제공 행동이 상대적으로 높은 학업성취를 가져온다는 결론은 실제 수업을 실시하기 전에 실험집단과 통제집단의 구성이 유사하다는 것을 가정할 수 있을 때 가능하다. 예를 들어, 만일 실험집단의 학생들이 통제집단의 학생들보다 원래 높은 지적 능력을 가지고 있는 집단이라면 수업 후 두 집단 간의 학업성취 차이가 교사의 체계적인 질문과 단서 제공 행동에서 초래되었다고 말하기 어렵다. 마찬가지로 실험집단에 참여한 교사들이 통제집단에 참여한 교사들보다 교수활동 수행능력에 보다 높은 전문성을 가지고 있었다면, 교사의 체계적인 질문과 단서 제공 행동이 학업성취 수준을 높였다고 결론 내릴 수는 없다.

무선배정과 적절한 표본 크기를 갖추고 실험연구를 수행하면 실험집단과 통제집단의 비교 가능성을 상대적으로 보다 많이 확보할 수 있다. 예를 들면, 60명의 교사를 실험집단과 통제집단에 각각 30명씩 무선배정하는 것이 20명의 교사를 각각 10명씩 무선배정하는 것보다 실험집단과 통제집단 간에 교사들의 전문성 수준이 유사하게 통제되었다고 말할 수 있기에 타당성이 보다 높은 연구설계라 할 수 있다.

마지막으로 실험연구에서는 실험집단에 제시된 처치가 무엇인지가 구체적으로 기술되어야만 한다. 예를 들어, 앤더슨과 동료들(Anderson et al., 1979) 연구의 경우 실험집단에 속한 교사들이 학생들에게 질문과 단서를 어떻게 제시하도록 훈련받았는지를 구체적으로 명시하고 있어야 한다는 것이다. 처치에 대한 명확한 기술은 연구의 타당성을 증가시킬 뿐만 아니라 유사한 연구를 반복해야 할 때 유용한 정보로 활용할 수 있다.

질적 연구

다음과 같은 연구 보고서를 작성한다고 상상해 보자.

> 어느 조용한 이른 아침, 초록색 소나무가 담요처럼 뒤덮고 붉은색 찰흙 같은 밭이 덕지덕지 붙어 있는 언덕을 안개가 부드럽게 감싸안는다. 해는 높이 떠오를수록 안개를 태워 없애고 푸른 하늘은 날갯짓을 해 방직공장 굴뚝에서 나오는 연기들을 날려 없앤다. 여기는 캐롤라이나의 피드먼트 고원이다(Heath, 1983: 19).

만약 당신이 양적 연구방법에 대해서만 훈련받았다면, 이 글을 본 당신의 첫 반응은

질적 연구
(Qualitative research)

단어나 그림 등의 숫자가 아닌 자료 형태를 이용해 복잡한 교육현상을 '총체적으로' 기술하고자 하는 연구방법

"연구 결과인가? 그렇다면 숫자는 어디 있어?"일 것이다. **질적 연구**는 그 이름이 암시하듯 글과 그림과 같은 비수치적인 데이터를 통해 전체적인 양상 속에서 복잡한 교육현상을 기술하고자 하는 방법이다(B. Johnson & Christensen, 2008). 방금 당신은 교육계의 고전적인 연구인 실리 브리스 히스(Shirley Brice Heath)의 「Ways with Words」의 한 구절을 읽었다. 이것은 미국 남동부에 있는 두 지역의 언어와 문학의 발달을 질적 연구방법으로 조사한 것이다. 이 연구는 가난한 변두리 공단지역 아이들이 학교 안과 밖에서 어떻게 읽고, 말하고, 쓰는지를 숫자나 통계적인 수치 없이 그 성장 과정을 섬세하게 기술한다. 이 연구방법에서의 생생한 사진과 같은 묘사는 실제 상황 속에서의 삶과 학습을 보여 주기에 가치가 있다.

질적 연구는 양적 연구와 몇 가지 점에서 다르다(〈표 1-1〉 참조). 질적 연구는 어떤 특정한 현상에 대해 전체적으로 기술하는 것이 목적이다. 어떤 것은 양적으로 측정되기 어렵고 지나치게 단순화되거나 무시할 만한 것으로 여겨진다. 질적 연구는 심층적인 인터뷰, 현장기록, 인공적인 산물, 혹은 히스(Heath, 1983)의 연구처럼 책, 신문, 잡지에 기반을 두고 이루어진다. 데이터를 분석할 때 질적 연구자는 양적 연구자처럼 패턴이나 주제를 분석하지만 연구 상황과 참여자에 대한 자세한 묘사를 이야기를 풀어 내듯 서술하여 보고서를 작성한다. 반대로 양적 연구자들은 상관관계, 평균 비교, 효과 크기와 같은 통계적인 결과물을 산출해 낸다(L. Gay, Mills, & Airasian, 2006). 교수법에 대한 전통적인 질적 연구인 First-Year Teacher(Bullough, 1989)는 질적 연구의 이러한 특징을 잘 보여 준다. 이 연구에서 연구자의 목표는 교사의 관점에서 신입교사가 경험하는 것을 구체적으로 묘사하는 것이었다. 연구자는 한 중학교 국어교사를 관찰하고 인터뷰하며 강의 계획서나 과제물과 같은 부수적인 자료를 수집하기 위해 1년의 시간을 들였다고 한다.

우리는 이 연구를 통해 신입교사가 만나게 되는 어려움 등을 포함해 실제적인 경험의 장면을 접할 수 있다. 다른 질적 연구와 같이 이 연구자는 연구대상자인 한 국어교사의 경험을 모든 신입교사가 겪는 현상으로 일반화하지는 않는다. 대신 연구자는 한 교사의 경험을

표 1-1
table

양적 연구과 질적 연구의 비교

	질적 연구	양적 연구
목 표	어떤 복잡한 현상에 대한 전체적인 묘사	어떤 현상에 대한 정확한 수치화
데이터 형식	심층적 인터뷰, 현장기록, 인공적 산물, 개방적 인터뷰	형식적인 평가도구를 사용한 수치 데이터
데이터 조사	패턴이나 주제를 분석함	가능성과 발생 확률을 다루는 통계방법을 활용
보고서 형식	연구 상황과 참여자에 대한 자세한 기술을 다룬 서술적 보고서	상관관계, 평균 비교, 통계적인 효과 크기를 다룬 통계적 보고서

가능한 한 자세하게 묘사해 독자들이 교사의 경험에 대해 각자 나름의 결론을 낼 수 있도록 한다.

질적 연구와 양적 연구 중 어느 것이 더 좋다고 생각하는가? 질적 연구자, 양적 연구자 각자 자신의 방식을 지지하기 때문에 이 질문에 대한 답에는 논란이 많다(H. Cooper, 2006; Eckardt, 2007; Nesbit & Hadwin, 2006).

교육에서의 과학기반연구

과학기반연구
(Scientifically based research
묘사나 질적 연구방법을 대신해 과학적 접근의 전통적인 방식인 실험연구를 강조한 연구

과학기반연구라는 개념은 묘사나 질적 연구방법을 대신해 과학적 접근의 전통적 방식인 실험연구를 강조하는 것이다. 미국 교육부는 "무선실험연구(randomized experiment)와 같이 엄격한 방식을 사용한 타당성 있는 연구를 확대하고 이런 연구 결과물을 활용해 교육정책 입안을 강력히 지지한다"(Salvin, 2008: 5)고 입장을 표명한 바 있다.

그러나 '과학기반' 이라는 말은 때때로 무선설계(randomized design)를 이용한 실험연구만을 의미하는 것으로 잘못 해석되기도 한다(Liston, Whitcomb, & Borko, 2007). 실험연구는 교수-학습에 관해 의미 있는 연구 결과물을 양산해 온 반면, 다른 연구방법을 배재함으로써 교수-학습에 관한 우리의 관점을 좁히고 왜곡시켰다.

실험연구를 강조하는 연구자들은 대부분 교육과 의학 간의 유사성을 주장하는 사람들이다(Riehl, 2006). 교육과 의학 영역은 둘 다 복잡한 상황 속에 놓인 사람들을 돕고 있으며, 양 영역의 전문가들은 종종 덜 완벽한 연구 결과에 의지해 의사결정을 해야만 한다. 실험연구를 강조하는 사람들은 의학계에서 성공한 무선연구기법이 교육에서 최고의 의사결정을 내리는 데 필요한 연구 결과 도출에도 적용되어야 할 주요한(때로는 유일한) 기법이 되어야 한다고 주장한다. 하지만 교육과 의학은 영역의 성격이 다르다. 수천 명의 학생을 무선적으로 서로 다른 교육환경에 배정할 수 있는 가능성은 낮다고 할 수 있다(Sloane, 2008).

대부분의 교육전문가들은 다양한 방법을 활용한 연구가 필요하다고 주장한다(Ball & Forzine, 2007). 교육에서의 연구는 교육자들에게 의미 있는 질문에서 시작하여야 하며, 연구방법은 제기된 질문에 대한 최선의 답을 찾는 것이어야 한다(Slavin, 2008). 교육연구는 교수-학습 현상에 대한 문제의 답을 찾기 위한 도구이고, 연구문제를 명료화하기 이전에 연구방법을 선택한다면 제시된 문제에 대한 효과적인 조사방법을 선택하기 어려울 수 있다(H. Cooper, 2006). 그러므로 앞으로의 교육연구자들은 '과학기반' 접근법을 비판적 시각으로 바라보고 스스로 다음과 같은 질문을 해 보아야 한다.

- 연구조사가 명확하고 중요한 문제를 다루고 있는가?
- 연구조사방법이 그 문제를 규명하는 데 적절한가?
- 연구 결과가 데이터에 의해 정당화되는가?

이 질문들에 대해 긍정적인 대답이 나올 때만이 연구와 그 연구방법이 타당할 수 있다(H. Cooper, 2006).

현장연구

현장연구(Action research)

특정한 학교나 학급과 관련한 문제에 대해 해답을 얻기 위해 설계, 실시되는 응용연구의 한 형태

이 장의 앞부분에서 우리는 교육심리학 연구에서 교사들의 지식이 전문성의 중요한 요소라는 것을 확인했다. 다른 사람들의 연구를 이해하고 비판적으로 살펴보는 것은 교사들이 자신의 지식을 확장하는 하나의 방법이라고 할 수 있다. 교사들이 자신의 지식을 확장하는 또 다른 방법으로서 자신이 수업을 하고 있는 학급에서 직접 연구를 수행해 보는 것을 생각해 볼 수 있다. **현장연구**는 특정한 학교나 학급과 관련한 문제에 대해 해답을 얻기 위해 설계, 실시되는 응용연구의 한 형태라고 할 수 있다(A. P. Johnson, 2005). 현장연구는 교사들, 학교행정가들 또는 다른 교육전문가들에 의해 수행될 수 있으며, 기술연구, 상관연구, 실험연구, 질적 연구방법 등을 활용하여 이루어질 수 있다. 교사들은 현장연구를 수행함으로써(그리고 연구 결과를 타인과 공유할 때) 연구가 무엇인지에 대해 배울 수 있을 뿐만 아니라 어떻게 이론과 실제가 연계될 수 있는지에 대해서도 이해할 수 있게 된다(Blumenreich & Falk, 2006). 현장연구의 주 목적은 특정한 학급 또는 학교 내에서 실제 교육 수준을 향상시키는 것이다(J. H. McMillan, 2008). 또한 현장연구는 학습과 교수에 관한 지식체계 확장에 교육전문가로서 교사들의 참여를 확대해 줄 뿐만 아니라, 교사들의 전문성을 확장시키는 데 중요한 공헌을 한다고 볼 수 있다.

현장연구는 교사들이 자신의 교실에서 일어나는 학습문제를 연구할 수 있는 기회를 제공하며, 이를 다른 교사와 공유하는 기회를 갖게 한다.

연구와 이론의 발달

연구 결과가 축적됨에 따라 전반적인 연구 결과의 패턴이 드러난다. 예를 들어, 지금까지 수행된 수많은 관찰연구를 통해 연구자들은 어린아이들의 사고가 지각(perception)에 의해 많은 영향을 받는다고 결론 내리게 되었다(Piaget, 1970, 1977; Wadsworth, 2004). 예를 들어, 초등학교 1학년 학생들에게 그림처럼 입구가 아래로 향한, 물이 담긴 컵의 입구에 종이카드가 붙어 있는 그림을 보여 주고 그림카드가 붙어 있는 이유가 무엇인지를 물어보자. 대부분의 학생은 지각적으로 명백하게 확인할 수 있는 물체인 물이 그림카드를 붙잡고 있기 때문이라고 이야기하는 것을 볼 수 있다. 하지만 실제는 대기압이 그림카드를 컵에 붙어 있도록 하는 요인이며, 이 사례를 통해 아이들이 눈에 보이지 않는 요인인 대기압이 그 원인이라고 생각하기가 상대적으로 어렵다는 것을 확인할 수 있다.

"어린아이들의 사고는 지각에 의해 지배적인 영향을 받는다."는 진술문은 수많은 연구가 일관되게 보고한 연구 결과를 요약하는 것이기 때문에 우리는 이를 '원리(principle)'라고 한다. 연구 결과에 근거한 원리의 예를 추가적으로 제시하면 다음과 같다.

- 간헐적으로 보상을 받는 행동이 항시 보상을 받는 행동보다 보상이 주어지지 않는 상황에서 훨씬 오랫동안 유지된다.
- 사람들은 다른 사람에게서 관찰한 행동을 모방하는 경향이 있다.
- 사람들은 세상이 질서와 균형, 그리고 예측 가능한 상황이 되도록 노력한다.

추가적인 연구가 수행됨에 따라 서로 관련된 원리가 형성되기 시작하고, 이것이 다시 추가적인 연구로 이어진다. 연구를 통해 지식이 축적됨에 따라 '이론'이 점차 형성되기 시작한다. 이론은 관찰을 통해 이뤄지며, 실제 세계의 현상을 설명하고 앞으로의 사건을 예측할 수 있게 하는 관련된 원리들의 집합체다(Cooper, 2006). 한편, 일상적 상황에서는 이론이라는 용어가 보다 느슨한 형태로 사용되는 것을 볼 수 있다. 예를 들어, 일상적 대화에서 우리는 주제와 관련해 "그 내용에 대해서는 나 나름의 이론이 있지."라고 언급하는 것을 볼 수 있다. 이 경우 이 말을 한 사람은 그 내용에 대해 일종의 설명을 할 수 있다는 것을 의미할 뿐이다. 과학에서 말하는 '이론'은 보다 정확한 정의(definition)에 의해 규정된다.

이론(Theory)

관찰을 통해 이뤄지며, 실제 세계의 현상을 설명하고 앞으로의 사건을 예측할 수 있게 하는 관련된 원리들의 집합체

이론은 연구 결과를 조직화하는 데 도움을 주며, 교사들에게 가치 있는 지침을 제공한다(Gall et al., 2007). 예를 들어, 교육심리학의 원리 가운데 하나는 보상받은 행동은 출현 빈도가 증가한다는 것이다. 이와 관련한 또 다른 원리로서 지속적으로 보상을 받은 행동보다 간헐적으로 보상을 받은 행동이 보상이 더 이상 주어지지 않는 상황에서 더 오랫동안 지속

이론에서 실제로

교실에서 연구 수행하기

만약 당신이 당신의 학급을 현장연구하기로 했다면 다음의 지침이 연구 계획을 세우고 수행하는 데 도움이 될 것이다(A. P. Johnson, 2005).

① 당신에게 중요한 문제가 무엇인지 진단하고 그것을 명확하게 규정하라.
② 연구조사를 체계적으로 계획하고 수행하라.
③ 자신의 교실에서 발행하는 문제를 해결하기 위해 연구 결과를 적용하라.
④ 연구 결과를 통해 후속연구를 계획하라.

중학교 2학년 영어교사인 태 교사가 이 지침을 어떻게 학급에 적용하는지 살펴보자.

태 교사는 숙제에 관한 문제로 토론을 벌이는 동료교사와 함께 교무실에 앉아 있다.

"우리 반 학생들은 숙제를 안 해 와."

김 교사가 먼저 말을 꺼냈다.

"나는 그 문제를 이렇게 해결했어. 그냥 숙제를 내지 않는 거야." 백 교사가 대답했다.

"나는 즉석에서 해결할 수 있는 과제를 내고 수업이 끝나면 바로 해서 제출하도록 해. 그게 전부야. 나는 숙제로 학생들과 씨름하는 데 지쳤어."

"나는 숙제가 학습에 크게 도움이 되지 않는다는 것을 들은 적이 있어요."라고 서 교사가 덧붙여 말했다.

이 대화들은 태 교사에게 의문을 남겼고, 태 교사는 숙제의 효과를 좀 더 체계적으로 연구해 보기로 결심했다. 그녀는 세 번째 평가 기간이 시작되는 일주일 뒤에 실험을 시작했다. 그녀는 매일 숙제를 냈고 숙제를 완벽하게 한 학생에게는 2점, 부분적으로 한 학생에게는 1점, 최소한의 것만 하거나 하나도 하지 않은 학생에게는 0점을 줬다. 그녀는 각 숙제마다 가장 참여율이 낮은 내용은 토론을 통해 아이들과 다시 그 내용을 공부하는 시간을 가졌다. 그녀는 매주 금요일마다 퀴즈를 봤고, 이후에 중간고사와 기말고사도 보았다. 그녀는 숙제의 효과와 퀴즈나 시험성적 간의 관계를 살펴보고자 했고, 학년이 끝나고 그 결과를 분석하기 시작했다. 각 학생 모두는 숙제 점수와 퀴즈 성적, 그리고 두 번에 걸친 시험성적을 가지고 있었다. 태 교사는 교육청에 연락해 조사 결과를 분석하는 것을 도와달라고 요청했고, 숙제성적과 퀴즈점수 간에 .55의 상관관계가, 숙제와 시험성적 간에는 .44의 상관관계가 있다는 것을 알아냈다.

"이해할 수 없어."

다음 대화시간에 태 교사가 김 교사와 백 교사에게 말했다.

"나는 왜 숙제와 시험의 상관관계가 숙제와 퀴즈의 상관관계보다 낮은지는 이해할 수 있어. 하지만 왜 둘 다 더 높은 수치가 나오지 않은 걸까?"

"글쎄요." 김 교사가 대답했다.

"태 선생님은 학생들에게 숙제를 한 대가로 2점, 1점 혹은 0점만 주고 등수를 매기지는 않았잖아요. 내 생각에는 몇몇 학생은 등수를 매기지 않는다는 점에서 진지하게 생각하지 않은 것 같아요."

"그런데 숙제와 퀴즈, 시험이 서로 긍정적으로 상호 관련이 되어 있는 것을 보니 숙제가 없는 편이 낫다고 생각했던 내 입장을 바꾸는 것이 좋을 것 같네요." 백 교사가 말했다.

"맞아요, 나도 계속 숙제를 낼 거예요." 태 교사가 고개를 끄덕였다.

"하지만 숙제를 내는 방식은 바꾸는 게 좋을 것 같아요. 일이 많아지긴 하겠지만 가을에 시작하는 다음 학기에도 이 실험을 다시 해서 비슷한 결과가 나오는지 살펴보겠어요. 이번에는 등수를 매기기 쉬운 방법으로 숙제 내는 방식을 바꿀 예정이에요. 숙제를 등수 매기는 방식으로 바꾼 다음 상관관계를 살펴보는 거야."

"좋은 생각이에요." 김 교사가 고개를 끄덕였다.

"아이들이 만약 숙제가 학습에 있어 중요하다는 것을 깨닫는다면 좀 더 적극적으로 참여할 거고, 학생들이 숙제를 하지 않는 문제가 나아질 거예요."

이제 태 교사가 현장연구를 수행하기 위해 안내지침을 따른 과정에 대해 살펴보자. 그녀는 맨 처음 지침에 따라 그녀에게 가장 중요한 문제가 무엇인지를 규명했다(즉, 숙제와 퀴즈와 시험의 상관관계). 개인적으로 의미 있는 문제가 무엇인지를 규명하는 것은 교사들의 연구 동기를 고취시킨다(Mills, 2002; Quiocho & Ulanoff, 202).

그녀는 연구를 체계적으로 설계하고 수행함으로써 두 번째 지침을 따랐으며, 연구의 수행과정이 매우 효과적이었다는 것이 중요한 특징이다. 학교체제는 현장연구에 필요한 여분의 시간과 자원을 거의 제공하지 않으므로 현장연구 수행 시 교사의 시간이 과도하게 빼앗기지 않도록 하는 것은 중요하다(Bransford et al., 2001)

태 교사와 동료들은 조사 결과를 즉시 적용함으로써 세 번째 지침을 따랐다. 예를 들어, 백 교사의 경우 다음 학기 동안에는 숙제를 내기로 계획했다. 태 교사의 첫 번째 연구는 또한 즉시 다음 연구를 촉발시킴으로써 네 번째 지침을 따랐다. 그녀는 숙제에 점수를 부여하는 방식을 달리 함으로써 숙제와 퀴즈, 시험 간의 상관관계가 더욱 높아질지에 대한 연구를 계획했다(우리는 13장에서 숙제의 효과에 대한 기존 연구에 대해 살펴볼 것이다).

아마도 태 교사와 동료들은 더 추가적으로 유용한 정보를 얻을 것이다. 앞에서 말했듯이, 연구에 참여하는 것은 교사로서의 전문성이 신장되는 기분을 느끼게 한다. 현장연구의 중요한 기능 중 하나는 교사가 전문적으로 성장할 수 있게 도와준다는 것이다.

그리고 잘 수행된 현장연구 결과는 전문가협회에서 언급되거나 전문학술지에 실리기도 한다. 이것은 지식이 전문화되는 발달과정상의 두 가지 중요한 특징인 대중화와 다른 연구와 통합을 가능하게 하는 것으로 그 의의가 크다고 할 수 있다(J. Hiebert, Gallimore, & Stigler, 2002).

된다는 것을 들 수 있다(Baldwin & Baldwin, 2001; B. Skinner, 1957). 나아가 보상을 너무 많이 주게 되면 보상 효과가 떨어지게 된다. 이 같은 원리는 교실 수업 상황에 적용할 수 있다. 교사의 질문에 학생들이 답을 하는 경우 이에 대해 교사가 칭찬을 하게 되면 학생들이 질문에 대답하는 행동을 증가시킬 수 있다. 이때 칭찬을 매번 주는 것보다 간헐적으로 주는 것이 학생들의 답하기 행동을 보다 오랫동안 유지시킬 수 있다. 또한 칭찬을 너무 지나치게 과장해서 하는 경우 오히려 학생들의 대답하기 행동은 감소할 수 있다(R. Ryan & Deci,1996).

이와 같은 원리는 경험이 행동에 미치는 영향을 연구하는 행동주의(behaviorism) 학습이론의 한 부분이다. 앞에서 언급한 행동주의 원리들은 전체 이론의 아주 작은 한 부분이며, 자세한 행동주의 학습이론 내용은 6장에서 다루게 될 것이다. 어떤 이론이든지 간에 이론은 수많은 연구에 근거한 원리를 통합하는 포괄적인 지식체(body of knowledge)라고 할 수 있다.

이론은 최소한 다음 두 가지 측면에서 유용하다. 첫째, 이론은 행동과 사건에 대한 체계적 설명을 가능하게 한다. 예를 들어, 38쪽에 제시된 만화를 살펴보자. "어린아이들의 사고는 지각에 의해 지배적인 영향을 받는다."는 원리를 포함하는 피아제의 인지발달이론은 왜 아이가 그렇게 생각하는지에 대해 설명할 수 있게 한다. 만화에 있는 소년은 눈에 보이는 물과 수도꼭지에 관심의 초점을 맞추고 있으며, 따라서 모든 물이 수도꼭지에 들어 있다고 생각하고 있는 것이다. 마찬가지로 왜 사람들이 카지노에서 슬롯머신에 매달려 도박을 하는지에 대한 이유를 행동주의이론을 통해 설명할 수 있다. 그 이유는 카지노에 있는 사람들이 간헐적 강화를 받고 있으며, 이것이 상금이 좀처럼 터지지 않음에도 불구하고 슬롯머신을 계속해서 하게 되는 원인이라는 것이다.

둘째, 이론이 갖는 가치는 이론이 행동과 사건의 예측을 가능하게 해 준다는 점이다. 예를 들어, 학습동기이론의 하나인 귀인이론에 근거해 우리는 자신의 성적을 자신이 통제할 수 있다고 믿는 학생들이 자신의 성적이 운이나 교사의 마음에 의해 주로 결정된다고 믿는 학생보다 더 열심히 노력할 것으로 예측할 수 있다.

앞서 언급한 인지발달이론, 행동주의이론, 귀인이론을 포함해 교육심리학 이론은 교사와 학생의 행동을 설명하고 예측하는 데 활용할 수 있으며, 이론을 통해 우리는 학습과 교수에 대해 보다 분명한 이해를 할 수 있다.

◈ 이해 점검 활동

3.1 연구조사활동의 주요 세 가지 방법을 서술하라.

3.2 교사 효능감이 높은 한 교사(즉, 자신이 교사로서 학생들에게 긍정적인 영향을 끼칠 수 있다고 믿는 사람)가 교사 효능감이 낮은 교사보다 학생들의 학업성취도를 높일 수 있다(Bruning et al., 2004)는 연구 결과가 있다. 이 연구 결과를 뒷받침하기 위해 이 연구는 기술연구, 상관연구 혹은 실험연구 중 어느 연구방법에 의해 이루어지는 것이 가장 바람직한가?

3.3 태 교사와 동료들은 숙제를 하는 것이 학업성취도를 높인다는 결론을 내렸다. 이것이 타당한 결론인가?

교육심리학에서 사례연구의 이용

교사가 전문적으로 의사결정을 내리기 위해 다루는 다양한 형태의 정보와 지식은 가르치는 것을 배우는 사람들을 위해서나 그런 사람들을 돕기 위해 교재를 쓰는 사람 모두에게 중요한 의미를 포함하고 있다. 학습자와 학습에 대한 지식은 우리에게 "모든 연령대의 학습자들에게 학습내용을 보다 구체적이고 실생활과 연계하여 제시하는 것이 학습활동을 보다 의미 있게 만든다."는 사실을 상기시킨다.

사례연구(Case studies)
교실에서 발생하는 실제 교수-학습 상황에 대한 이야기

사례연구는 교육심리학에 나오는 주제에 대한 구체적인 실례를 제시해 주는 효과적인 방법 중 하나다. 사례연구는 이 장의 앞부분에 나온 것과 같이 교실에서 발생하는 실제 교수-학습 상황에 대한 이야기다. 사례연구는 예비교사가 교직생활을 시작할 때 발생할 수 있는 사건에 대해 준비할 수 있도록 도와줄 것이다(Fishman & Davis, 2006; Putnam & Borko, 2000). 법학이나 의학과 같이 오래된 전문 분야에서와 마찬가지로 교육 분야에서도 사례를 점차 많이 활용하는 것을 볼 수 있다. 사례연구는 아이디어를 명확히 하고 그것을 어떻게 교실에 적용할지를 보여 주는 데 그 가치가 있다. 예비교사들은 사례를 통해 더 많은 정보를 얻을 수 있을 뿐만 아니라 그들만의 독특한 교수 상황에 연구 결과를 적용하기 더욱 쉬울 것이다(Moreno & Valdez, 2007).

이 책에서 제시되고 있는 각 장의 도입과 마지막 부분의 사례는 다른 목적을 가진다. 앞부분에 제시된 사례는 각 장의 주제를 반영한 실제 교실 상황을 소개하는 것이다. 주제가 논의될수록 우리는 종종 사례를 다시 언급할 것이며 개념을 보다 명확하게 하기 위해서 일부 예에서는 사례의 대화 부분을 직접적으로 인용할 것이다. 우리는 또한 각 장마다 중간중간에 짧은 사례를 제시하여 이 책의 내용을 보다 더 실제와 잘 연결시킬 수 있도록 노력했다.

각 장의 마지막 부분에 있는 사례는 '전문성을 발전시키기' 라는 추가적인 목적을 가진다. 비판적 사고, 의사결정, 반성적 사고를 촉진시키기 위해 이 책에서는 여러분에게 마지막 부분에 제시된 사례를 분석하고 각 장에 소개된 내용을 기반으로 사례에서 소개되고 있는 교사의 행동이 얼마나 효과적인지를 평가하도록 하였다. 사례에 포함된 교사의 행동은 효과적인 경우도 있고 그렇지 않은 경우도 있다. 각 장에 제시된 사례는 실제 교실 상황에서 발생하는 문제의 복잡성을 잘 보여 주며 각 장에서 배운 내용을 실제와 연결시켜 이해하는 시각을 제공해 줄 것이다(Siegel, 2002).

우리는 이 안내가 여러분에게 이 책을 통해 공부하는 것과 관련한 학습 틀을 제공할 수 있기를 바란다. 이 책을 구성하는 각 장의 제목과 학습목표를 종합하여 제시하면 〈표 1-2〉와 같다.

◈ 이해 점검 활동

4.1 사례연구가 실제 세계에서 교육심리학을 어떻게 보다 의미 있게 하는지 설명하라.

4.2 비디오 사례연구가 서술형 자료에 비해 더 나은 장점을 설명하라.

표 1-2 table

이 책의 구성

부와 장	목표
제1장 교육심리학과 전문가 되기	전문성을 신장시키기 위한 지식의 역할에 대한 이해
제1부 학습자	
제2장 인지발달과 언어	학습자의 지적 능력과 언어능력이 어떻게 발달하는지에 대한 이해
제3장 성격, 사회성, 정서발달	학습자의 성격, 사회성, 도덕적 추론 능력이 어떻게 발달하는지에 대한 이해
제4장 개인 차	문화·사회경제적 지위, 성이 학습에 어떻게 영향을 미치는지에 대한 이해
제5장 특수아동과 영재아동	학습자의 특수성이 학습에 어떻게 영향을 미치는지에 대한 이해
제2부 학습	
제6장 행동주의와 사회인지학습이론	행동주의이론과 사회인지학습이론의 관점에서 본 학습에 대한 이해
제7장 학습에 대한 인지적 관점	인지적 관점에서 본 학습에 대한 이해
제8장 지식의 구성	이해의 구성과정에 대한 이해
제9장 복잡한 인지과정	개념학습과 문제해결학습에 대한 이해 및 전략적 학습자로서의 개인의 능력 발달에 대한 이해
제3부 학습	
제10장 학습동기이론	학습동기이론 및 연구가 어떻게 교실상황에서 이용될 수 있는지에 대한 이해
제11장 교실에서의 학습동기	기본적인 동기원리를 어떻게 교실상황에 적용할 수 있는지에 대한 이해
제12장 생산적인 학습환경의 구성: 교실관리	학습중심의 교실을 어떻게 만들고 학습자의 자기조절능력을 어떻게 개발할 것인가에 대한 이해
제13장 생산적인 학습환경의 구성: 교수모형의 원리	다양한 학습전략의 계획, 실행을 어떻게 할 것인지에 대한 이해
제14장 교실학습에 대한 평가	교실상황에서 학생들의 학습을 증진시키기 위해 교사들이 어떻게 평가방법을 활용할 수 있는지에 대한 이해
제15장 표준화 검사를 활용한 평가	학생들의 학습을 증진시키기 위해 어떻게 표준화 검사를 활용할 수 있는지에 대한 이해

✾ 학습목표별 요약

1. 전문성의 특징과 함께 교사들의 전문성이 갖는 특징을 설명하라.
   - 전문가들은 타인에게 봉사하는 역할을 수행하며, 그들의 행동은 전문가 윤리 지침을 따른다.
   - 교사들은 연구설계를 할 때 그들의 전문지식을 사용함으로써 전문가로서의 특징을 보인다.
   - 교사는 자신의 현장연구과정을 반성하고, 복잡한 실제 교육 상황 속에서 의사결정을 할 때도 전문성을 나타내 보인다.
2. 교사들이 소유한 각기 다른 지식의 종류를 기술하고, 교사의 전문지식의 사례를 설명하라.
   - 교사가 자신이 가르치는 주제를 완벽하게 이해하고 이를 학습자에게 이해시키기 위해 교수법을 사용할 때 교사가 가지고 있는 전문성이 드러나게 된다.
   - 교사들의 일반 교수법 지식은 그들이 학습환경을 구성

하고 학생들의 학습을 촉진시키기 위한 교수전략을 적용할 때 분명히 드러나게 된다.

• 교사들의 학습자와 학습에 대한 지식은 그들이 학생들이 참여할 수 있는 학습활동을 계획하고, 이들의 학습동기를 유발하며, 발달단계에 적절한 교수법을 사용할 때 잘 드러난다.

3. 다양한 종류의 연구방법을 설명하고, 이들 연구방법의 적용 사례를 분석하라.

• 기술연구는 인터뷰, 관찰, 상황을 묘사하는 조사활동으로 이루어진다. 상관연구는 두 변인 간의 상관관계를 살펴보는 연구다. 실험연구는 원인과 결과를 알아보기 위해 변인을 조작하는 연구방법이다.

• 교사들이나 학교관계자들은 학교나 학급과 관련한 문제에 답하기 위해 현장연구를 수행한다.

4. 교육심리이론을 실제 상황과 연결시키기 위해 사례연구를 어떻게 사용하는 것이 보다 의미 있을지 설명하라.

• 지금까지 연구들은 같은 주제일지라도 그 내용을 추상적으로 기술하는 것보다는 실제 문맥을 통해 제시할 때 보다 의미 있는 학습을 촉진한다고 보고한다.

• 글 또는 동영상으로 제시되는 사례연구는 실제 교실의 현장감을 담고 있기 때문에 교육심리이론을 보다 의미 있게 만든다.

✎ 전문성 발달: 자격증 시험 대비 연습

다음 소개되는 사례는 서로 다른 학년의 학생들을 가르치고 있는 네 명의 교사에 대한 이야기다. 첫 번째 교사인 백 교사는 유치원 교사이며, 아이들과 정원 가꾸기에 대해 이야기를 나누고 있다. 두 번째 교사인 차 교사는 중학교 과학교사이며, 중학교 1학년생들에게 생물시간에 대칭(symmetry)에 대한 개념을 설명하고 있다. 세 번째 교사인 조 교사는 고등학교 화학교사이며, 고등학교 1학년 학생들에게 찰스의 법칙(Charles's law)을 가르치고 있다. 마지막으로 네 번째 교사인 박 교사는 고등학교 역사교사이며 고등학교 2학년 학생들과 베트남 전쟁에 대한 이야기를 나누고 있다.

다음에 제시된 사례들을 읽으면서 각 교사가 가지고 있는 지식과 교수활동과 관련한 의사결정 유형의 차이에 대해 생각해 보자.

백 교사는 아이들을 반원 형태로 자신을 보고 마룻바닥에 앉도록 하였다. 의자에 앉아 백 교사는 "지난번에 정원 가꾸기에 대해 이야기한 것 기억하죠? 누가 그 이야기의 제목을 말해 볼까? 선희가 이야기해 볼까?" 라고 수업을 시작하였다.

" '다 함께' 라는 이야기였어요." 라고 선희가 조용한 목소리로 대답했다.

"그래, '다 함께' 라는 이야기였어." 라고 백 교사가 말했다.

"이야기 속에서 어떤 일이 있었지? ……안희가 이야기해 볼래?"

"다 같이 정원을 만들었어요." 라고 안희가 이야기했다.

"모두들 정원에 꽃을 심었지. 그리고 한 소년의 아버지가 아이들이 꽃을 심는 것을 도와주셨어." 라고 백 교사는 웃으며 말했다.

백 교사는 계속해서 지난 시간에 이야기한 식물과 토양에 관한 이야기를 다시 해 주었고, 집에 가서 부모님과 함께 꽃이나 식물을 심어 보았는지를 물어보았다.

이 말을 듣고 범수는 "저는요, 부모님이 마당에 씨를 심는 것을 도와드렸어요. 씨를 땅에 묻은 다음 제가 거름을 위에 올려놓았어요." 라고 자신의 이야기를 꺼냈다.

"유진이는 어떤 식물을 심었니?"

"저는 많은 식물을 마당에 심었어요. 토마토, 당근……."

"선희는 무엇을 심었지?"

"저는 마당에 상추를 심었어요."

"태수는 무엇을 심었지?"

"저는 작은 나무를 심었어요."

"철수는 무엇을 심었지?"

"저는 콩을 심었어요."

"지난번에 읽은 '다 함께'라는 이야기에 대해 좀 더 이야기해 볼까? 정원을 가꾸기 위해 사람들이 무슨 일을 해야만 했지? ……희경이가 이야기해 볼까?" 라고 백 교사가 이야기했다.

"정원에 있는 꽃과 식물에 물을 주었어요."

"병철이가 또 어떤 일들을 했는지 이야기해 볼까?"

"정원에 있는 잡초들을 뽑았어요."

"정원에 있는 잡초를 뽑았구나." 라고 백 교사는 놀라운 표정을 지으며 병철이가 한 이야기를 반복하였다.

"만일 잡초를 정원에 그냥 놓아두면 어떤 일이 생길까? ……혜진이가 이야기해 볼까?"

"정원의 흙을 다치게 할 거예요."

"흙이라는 말 대신에 어떤 말을 쓸 수 있을까?"

"토양이라는 말을 쓸 수 있어요" 라고 몇몇 아이가 동시에 이야기했다.

"여러분 중 흙놀이하는 것을 좋아하는 사람?"

대부분의 아이가 손을 들었다.

"흙에서 노는 것을 대부분 좋아하는 것을 보니 정원 가꾸는 일도 모두 재미있어 하겠네." 라고 백 교사가 웃으며 아이들에게 이야기했다.

"저는 진흙에서 노는 것을 더 좋아해요." 라고 태수가 이야기했다.

"태수는 진흙에서 노는 것을 더 좋아하는구나." 라고 백 교사가 웃으며 말했다.

다음으로 동물 대칭에 대한 수업을 진행하고 있는 차 교사의 교실을 들여다보자.

차 교사는 대칭에 관한 설명을 시작하고 있었다. 그는 불가사리를 예로 들며 방사선형 대칭에 대해 이야기한 후, 좌우 대칭에 관한 이야기로 화제를 막 돌리려 하고 있었다.

"지금까지 이야기한 대칭과 더불어 또 다른 대칭의 유형이 있습니다. 진우야, 이리로 나와서 여기에 서 보렴." 차 교사가 말하였다.

진우는 교실 앞으로 나와서 발판 위에 올라섰다. "여러분이 보기에 진우의 몸이 대칭이라고 생각합니까?" 라고 차 교사가 물었다.

학생들을 그렇지 않다는 뜻으로 고개를 저었다.

다음 차 교사는 진우의 팔을 양쪽으로 뻗도록 한 다음에 다시 물었다.

"이번에는 진우의 몸 형태가 방사선형의 대칭이라고 생각합니까? ……정수는 어떻게 생각하니?"

"아니라고 생각해요."

"왜 그렇게 생각하는지 설명해 볼래?"

"저기 중앙부에서 밖으로 뻗어 나오는 것이 아니잖아요" 라고 정수가 진우의 몸을 가리키며 이야기했다.

"자, 지금부터 또 다른 유형의 대칭에 대해 이야기하도록 하자." 라고 말하고 난 후, 차 교사는 두 팔을 양쪽으로 뻗고 있는 진우 곁으로 다가갔다.

"누가 이 같은 유형의 대칭을 무엇이라 하는지 말할 수 있는 사람? ……영록이가 이야기해 볼까?"

"일종의 대칭 형태인데……." 라고 영록이가 머뭇거리며 대답했다.

"맞아, 어느 한 유형의 대칭이야." 라고 차 교사가 웃으며 말했다.

"이 유형을 좌우 대칭이라고 한단다. 좌우 대칭은 유기체의 모양이 양쪽으로 이분되는 형식을 말하고, 이때 양분된 두 쪽은 똑같게 일관성을 갖는다. 진우의 몸을 내가 머리 부분에서 아래로 이분하게 되면, 양쪽 부분은 정확하게 일치하게 되지. 또는 내가 만일 진우의 왼쪽 부분을 천으로 가리고 오른쪽 부분을 보여 준 다음 2시간 후에 나머지 부분을 보여 준다면 여러분은 본 사람이 누구인지 알 수 있을까요?" 라고 고개를 끄덕이고 있는 학생들을 향해 차 교사는 말했다.

"양쪽이 정확하게 일치하기 때문에 누구인지 알 수 있지." 라고 차 교사가 다시 한 번 말하였다.

"다음 시간에 우리는 유기체가 대칭형으로 생긴 것이 환경 속에서 기능하는 데 어떠한 영향을 끼치는지 같이 살펴보도록 하겠습니다."

다음으로는 조 교사의 화학수업 시간을 보자.

조 교사는 학생들이 찰스의 기체의 법칙을 이해하기를 원하고 있다. 기체의 법칙은 기압이 일정할 때 공기의 온도가 증가하면 공기의 부피가 증가한다는 법칙을 말한다. 열이 공기 팽창을 가져온다는 것을 보여 주기 위해 조 교사는 같은 양의 공기가 들어 있는 세 개의 풍선을 서로 다른 세 개의 용기에 담는 실험을 준비했다. 첫 번째 풍선은 끓는 물이 들어 있는 용기에 넣었고, 두 번째 풍선은 교실 온도 정도의 물이 들어 있는 용기에, 그리고 마지막 풍선은 얼음이 담겨 있는 용기에 넣었다.

"먼저 첫 번째 용기에 들어 있는 물의 온도는 물이 끓는 온도인 섭씨100도 정도입니다. 그리고 두 번째 용기에 들어있는 물의 온도는 현재 실내온도와 비슷하고, 세 번째 용기는 얼음이 담겨져 있으므로 약 섭씨 0도 정도라고 생각할 수 있습니다."라고 조 교사가 학생들에게 용기를 가리키며 현 상황을 설명하였다.

조교사는 칠판에 오늘 수업 내용에 대해 쓰면서 "오늘 수업에서는 찰스의 기체 법칙에 관해 살펴보고자 합니다."라고 이야기했다.

"칠판에 오늘 배울 내용을 쓰고 이에 대해 구체적인 이야기를 하기 전에 각 용기에 들어 있는 풍선에 어떤 변화가 생기는지를 살펴봅시다. 각 용기의 온도와 관련하여 풍선의 크기에 차이가 있는 것처럼 보이나요?"

"뜨거운 물이 담겨 있는 용기의 풍선이 더 커 보여요." 라고 선영이가 대답했다.

"다른 두 용기에 담겨 있는 풍선의 크기에는 차이가 있어 보이나요?"라고 조 교사가 다시 물었다.

"얼음이 담겨 있는 용기의 풍선이 가장 작게 보이네요."라고 선영이가 대답했다.

"하지만 얼음용기에 있는 풍선 크기와 실온의 물이 담긴 용기의 풍선 크기의 차이는 뜨거운 물의 용기에 있는 풍선 크기와 실온의 물이 담긴 용기의 풍선 크기의 차이만큼이나 크지는 않죠."라고 조 교사가 이야기했다.

"우리가 지금 본 것들을 가지고 생각해 볼 때 기온을 높이게 되면 공기의 부피가 어떻게 될 것 같나요?"

"증가해요."라고 몇몇 학생이 말하였다.

조 교사는 '기온의 상승은 부피의 증가를 가져온다.' 고 칠판에 적었다. 그리고 계속해서 이 경우 풍선에 들어 있는 공기의 양은 변하지 않으며, 기압은 본질적으로 일정하게 유지된다는 점을 강조하여 설명했다.

"자, 누가 우리가 지금까지 해 온 이야기를 정리하여 찰스의 기체의 법칙에 대해서 말해 볼까?"

"만일 기압과 공기의 양이 일정하다면 기온의 증가는 부피의 증가를 가져옵니다."라고 효식이가 대답했다.

조 교사는 간단하게 찰스의 기체 법칙에 대해 다시 설명하였고, 그 공식을 칠판에 적었다. 그리고 학생들에게 법칙에 대한 이해와 공식을 활용해 일련의 문제를 풀도록 하였다.

마지막으로 박 교사의 베트남 전쟁에 관한 수업을 살펴보자.

"베트남 전쟁에 대해 이해하려면 배경이 되는 역사적 상황을 먼저 살펴볼 필요가 있습니다. 베트남은 1880년대에 프랑스의 식민지가 되었으나, 1900년대 중반부에 베트남 국민이 수행한 독립선생은 남베트남의 작은 도시인 디엔비엔푸(Dien Bien Phu)라는 곳을 제외하고 프랑스의 베트남 통제권을 상실하게 만듭니다."라고 말하면서 박 교사는 수업을 시작하였다.

박 교사는 1954년 여름에 프랑스가 항복을 하게 되고 이에 따라 전후 양국 간에 회담이 진행되었다고 설명하였다. 이 회담은 베트남을 남북으로 분단하는 결과를 가져왔으며, 이에 따라 남과 북 양쪽에서의 자유선거가 준비되기 시작하였다.

"하지만 자유선거는 치러지지 않았어요. 1956년 남베트남의 지도자인 응오딘지엠(Ngo Dinh Diem)은 남베트남의 지도자는 자신이며, 따라서 남베트남에서는 자유선거란 없다고 선언하게 됩니다. 그리고 만일 북베트남이 원한다면 그쪽에서만 자체적으로 선거를 치르도록 선언합니다."

계속해서 박 교사는 도미노 이론을 근거로 당시의 상황을 설명하였다. 당시 남베트남, 캄보디아, 라오스, 태국, 미얀마 그리고 심지어 인도까지도 공산주의의 위협에 있다고 생각되었으며, 어느 한 국가가 공산주의 국가가 된다면 다른 국가들도 공산화되는 것은 자명하다는 위기의식이 있었음을 학생들에게 말해 주었다. 또한 이러한 공산주의로부터의 위협을 막는 것이 바로 북베트남과 맞서는 것이었음을 말해 주었다.

"바로 이러한 내용이 우리가 이야기하고자 하는 본 단원의 주 내용입니다. 베트남 전쟁은 역사적으로 볼 때 프랑스로부터 이어받은 공산주의로부터 위협을 막기 위한 전쟁이라고 할 수 있으며, 이 전쟁을 통해 미국인들이 한 해 12,000명에서 15,000명까지 죽게 됩니다. 이 이야기에 대해 모레부터 살펴볼 것이며, 여러분은 내일 도서관에서 수업과 관련한 자료를 스스로 찾아보는 시간을 갖도록 하겠습니다."라고 박 교사가 말했다.

단답형 질문

1. 앞의 사례에서 백 교사가 보여 준 지식은 어떤 유형의 지식인가?
2. 앞의 사례에서 차 교사가 보여 준 지식은 어떤 유형의 지식인가?
3. 앞의 사례에서 조 교사가 보여 준 지식은 어떤 유형의 지식인가?
4. 앞의 사례에서 박 교사가 보여 준 지식은 어떤 유형의 지식인가?

중요 개념

과학기반연구(Scientifically based research)
교과 교수법 지식(Pedagogical content knowledge)
교육심리학(Educational psychology)
기술연구(Descriptive research)
무선배정(Random assignment)
반성적 실행(Reflective practice)
발달상 차이(Developmental differences)
사례연구(Case studies)
상관관계(Correlation)
상관연구(Correlational research)
실험연구(Experimental research)
연구(Research)
이론(Theory)
일반 교수법 지식(General pedagogical knowledge)
질적 연구(Qualitative research)
책무성(Accountability)
혁신(Reforms)
현장연구(Action research)

2

인지발달과 언어

chapter outline 구성 개요

발달이란 무엇인가
- 발달의 원리
- 인간의 뇌와 인지발달

피아제의 인지발달이론
- 평형화 기제
- 조직화와 적응: 도식의 발달
- 발달에 영향을 끼치는 요인
- 피아제 인지발달의 단계
  - 이론에서 실제로: 피아제 이론을 교실에 적용하기
- 피아제 이론의 의의
- 인지발달에 대한 최근의 관점

발달의 사회문화적 관점: 비고츠키 이론
- 문화적 맥락 안에서의 학습과 인지발달
- 근접발달영역
- 발판: 상호적인 교수 지원
  - 이론에서 실제로: 비고츠키의 공헌-교수전략
- 지식 구성에 대한 피아제와 비고츠키의 관점

언어발달
- 언어발달이론
- 초기 언어발달
- 학령기 언어발달
  - 다양성 탐색: 영어를 모국어로 하지 않는 사람들의 언어발달
  - 학교급별 적용: 학습자의 연령에 따른 인지발달과 언어발달의 촉진방법

learning objectives 학습목표

이 장의 공부를 마치고 나면, 여러분은 다음과 같은 것을 할 수 있어야 한다.

1. 인지발달에 대해 설명하고, 교사들이 인지발달에 대해 이해하는 것이 중요한 이유를 설명할 수 있다.
2. 피아제의 인지발달이론의 개념을 사용하여 교실과 일상생활에서 일어나는 사건을 설명할 수 있다.
3. 비고츠키의 사회문화적 이론을 사용하여 언어, 문화, 교수 지원이 인지발달에 어떻게 영향을 끼치는지 설명할 수 있다.
4. 언어발달이론을 사용하여 아동의 언어에 나타나는 반복되는 양식을 설명할 수 있다.

학생이 자신이 살고 있는 세상에 대해 생각하는 방식은 개인의 성숙도에 따라 다르며 경험은 학생의 세계관에 훨씬 더 중요한 영향을 끼친다. 개인의 성숙과 경험에 따라 세계관이 다르게 형성된다는 것을 염두에 두고 다음의 사례연구에서 나타나는 학생의 사고를 살펴보자.

어느 금요일 아침, 중학교 2학년 과학을 가르치는 노 교사가 온갖 인상을 찌푸리며 교무실로 들어왔다.

"무슨 일 있었어요?" 동료인 연 교사가 물었다.

"가장 절망스러운 수업을 마치고 오는 길이에요." 노교사가 대답했다.

"며칠 전에 3차시 수업에서 학생들이 기본적인 과학 개념을 이해하지 못한다고 말했잖아요? 오늘은 밀도에 대해 배웠는데, 학생들이 그저 공식만 외워서 문제를 풀려고 할 뿐 개념을 제대로 이해하지는 못했어요. 학생들이 질량, 무게, 부피와 같은 기본적인 개념을 모두 혼동하고 있었어요. 학생들은 질량, 무게, 밀도가 모두 같은 것이라고 생각하고 있었죠. 즉, 물체가 크면 클수록 밀도도 더 높아진다는 거예요. 그 수업은 정말 악몽 같았어요."

"그 또래의 아이들이 원래 그렇다는 것 알잖아요. 스스로 생각하는 것에 익숙하지 않을 뿐이죠." 연 교사가 말했다.

"그것도 문제의 일부분이긴 하지만 그보다 더 심각한 문제가 있어요." 노 교사는 고개를 저으며 말했다. "학생들은 그저 정의 몇 개와 공식 몇 개를 외우기만 할 뿐 그 외에는 아무것도 하지 않아요. 그러니 그런 학생들에게 우리가 무엇을 기대할 수 있겠어요?"

노 교사와 연 교사의 대화는 이 장 후반부에서 더 살펴보기로 하고, 이제 다음의 질문에 대해 생각해 보기로 하자.

- 왜 노 교사의 학생들은 밀도와 같은 기본 개념을 이해하는 데 어려움을 겪는가?
- 학생들이 겪는 어려움에 대해 노 교사는 구체적으로 무엇을 할 수 있을까?
- 학생들의 사고방식에 대한 이해가 교사의 효율성을 어떻게 높일 수 있을까?

인지발달이론에 대한 학습을 통해 여러분은 이들 질문에 답하기 위한 도움을 얻을 수 있을 것이며, 이 장에서는 인지발달이론이 교수 상황에 어떻게 적용될 수 있는지 확인할 수 있을 것이다.

발달이란 무엇인가

발달(Development)
유년기부터 성인기까지 인간에게 일어나는 변화

신체적 발달(Psysical development)
몸의 크기, 형태, 기능의 변화

개인적 · 사회적 · 정서적 발달(Personal, Social, and Emotional development)
우리의 성격, 다른 사람과 상호작용하는 방식, 감정을 다루는 능력의 변화

여러분의 초등학교와 중학교 시절을 생각해 보자. 여러분이 그때에는 할 수 없었던 일 중에 지금 할 수 있는 일에는 어떤 것들이 있는가? 여러분에게는 어떤 친구들이 있었는가? 여러분의 고등학교 시절은 어떠했는가? 여러분이 학교를 졸업한 이후로 여러분의 사고는 어떻게 변해 왔는가?

이러한 물음은 발달의 개념과 연관되어 있다. 발달이란 유년기부터 성인기에 이르기까지 인간에게 일어나는 변화를 뜻한다. 신체적 발달은 우리 몸의 크기, 형태, 기능의 변화를 가리키고, 개인적 · 사회적 · 정서적 발달은 우리의 성격, 다른 사람들과 상호작용하는 방식,

감정을 다루는 능력의 변화를 의미한다.

이 장에서는 인지발달, 즉 학습, 성숙, 경험의 결과에 따라 나타나는 사고의 변화에 대해 살펴보기로 한다([그림 2-1]). 인지발달에 대한 학습을 통해 여러분은 어린아이의 사고와 나이가 더 많은 학생 또는 성인의 사고가 어떻게 다른지 이해할 수 있을 것이다. 또한 풍부한 경험을 가진 학생의 사고와 제한된 경험을 가진 학생의 사고가 왜 다른지 이해하는 데도 인지발달이론이 도움이 될 것이다.

인지적 발달(Cognitive development)
학습, 성숙, 경험의 결과에 따라 나타나는 사고의 변화

발달의 원리

모든 사람과 모든 형태의 발달에 적용될 수 있는 세 가지 일반적인 원리가 있다.

다양한 경험은 학습자의 발달을 돕는다.

- 발달은 유전과 환경, 두 가지 요인에 의해 모두 영향을 받는다. 유전적인 요인에 의해 결정되며 각 개인의 연령에 따라 일어나는 변화인 성숙은 발달에 중요한 영향을 끼친다. 고등학생은 초등학생이나 중학생보다 인지적으로 더 성숙하고, 인지적 성숙도에 대한 차이는 저학년 학생들에게 미적분이나 물리를 가르치지 않는 이유를 설명할 수 있도록 해 준다. 유전적 요인이 상당 부분 고정적인 영향을 끼치기는 하지만, 학습자의 경험 또한 발달에 중요한 요인이다. 유전적 특징은 한 개인의 성취 상한선을 정해 놓지만, 환경은 특정 범위 내에서 한 개인이 어디에 속하는지를 결정한다.

성숙(Maturation)
유전적 요인에 의해 결정, 각 개인의 연령에 따라 일어나는 변화

- 발달은 비교적 순차적이고 예측 가능한 형태로 이루어진다. 발달심리학자들은 일반적으로 발달이 체계적으로 이루어진다는 데 동의한다(Lerner, 2006). 우리는 말하기 전에 옹알이를 하고, 걷기 전에 기며, 밀도나 민주주의와 같은 추상적인 개념을 배우기 전에 코끼리나 자동차와 같은 구체적인 개념을 배운다.
- 사람들은 각기 다른 속도로 발달한다. 아동기에서 청소년기로, 청소년기에서 성인기로의 발달은 일반적으로 순서대로 진행되지만, 발달 속도는 개개인마다 매우 다양하

[그림 2-1] 인간의 인지발달에 영향을 끼치는 요인

다. "그 아이는 실력이 뒤늦게 나타날 거예요." 혹은 "그 아이는 왜 그렇게 철이 안 드는지 모르겠어요."라는 말을 누구나 한 번쯤은 들어 보았을 것이다. 이런 말이 바로 발달 속도의 개인 차를 잘 표현해 주는 것이다.

이러한 원리를 염두에 두고 이제 인지발달에 대해 중점적으로 다루어 보자. 먼저 인지 · 발달과정에서 뇌의 역할에 대한 연구를 살펴보자.

인간의 뇌와 인지발달

우리의 인지발달은 뇌의 생리학적 변화에 의해서 큰 영향을 받는다. 최근에 신경과학 분야에서는 뇌영상 촬영기법이 개발되었는데, 이 기법을 통해 인지발달이 일어날 때 뇌에서는 어떤 변화가 일어나는지 연구할 수 있게 되었다(Craig, 2003; Nelson, Thomas, & DeHaan, 2006). 이러한 변화에 대한 이해는 여러분이 학생들의 인지발달을 더 잘 이끌어 내는 데 도움이 될 것이다.

뇌의 생리기능에 대한 연구

뉴런(Neuron)
세포체, 수상돌기, 축색돌기로 이루어진 신경세포. 뇌의 학습능력을 만들어 냄

수상돌기(Dendrite)
뉴런에 속하는 가지와 같은 구조. 세포체로부터 뻗어 나가고 다른 뉴런으로부터 메시지를 전달받음

축색돌기(Axons)
밖으로 나가는 메시지를 다른 뉴런으로 전달하는 뉴런의 구성요소

시냅스(Synapses)
한 뉴런에서 다른 뉴런으로 메시지 전달을 가능하게 하는 뉴런 사이의 매우 작은 틈

인간의 뇌는 믿을 수 없을 만큼 복잡하다. 인간의 뇌는 1,000~2,000억 개의 신경세포로 구성되어 있다고 추정되며, 이러한 신경세포를 **뉴런**이라고 한다(Berninger & Richards, 2002; Merzenich, 2001). 뉴런은 뇌의 학습 단위다. [그림 2-2]에서와 같이 한 개의 뉴런은 세포체인 여러 개의 **수상돌기**로 이루어져 있고, 이 수상돌기는 마치 가지와 같은 구조를 가지고 있다. 즉, 수상돌기는 세포체로부터 여러 개가 뻗어져 나가고, 다른 뉴런으로부터 메시지를 전달받는다. 한편, **축색돌기**는 세포체 밖으로 빠져나가는 메시지를 다른 뉴런으로 전달해 준다(Craig, 2003).

뉴런은 사실상 서로 맞닿아 있지 않다. 대신 메시지를 전달하는 뉴런과 뉴런 사이에 있는 아주 작은 틈인 **시냅스**라는 곳을 건너서 신호가 전달된다. 전기자극이 축색돌기로 보내지면 시냅스를 건너갈 수 있는 화학물질이 자극받고, 결국 근접해 있는 뉴런의 수상돌기가 자극을 받게 된다. 뉴런과 뉴런 사이의 빈번한 정보 전달은 뉴런 사이에 물리적인 관계가 끊임없이 성립되도록 해 준다(P. Howard, 2000).

연구자들은 한때 우리가 필요한 모든 뉴런을 이미 가지고 태어난다고 생각했지만, 최근의 연구는 뉴런은 인간의 생애 전반을 걸쳐 생성된다고 지적한다(Halpern, 2008). 각각의 뉴런에는 약 2,500개의 시냅스가 있고, 인지발달은 뉴런과 뉴런 사이의 시냅스 연결이 새로 생성되거나 소멸되는 경우에 모두 일어난다(Bruer & Greenough, 2001; Byrnes, 2001b). 동물 연구에 의한 근거에 따르면, 학습경험은 뉴런의 수와 한 뉴런당 발생하는 시냅스의 연결을 증가시킨다(Berninger & Richards, 2002; Halpern, 2008). 예를 들어, 미로와 물체 조작의 경

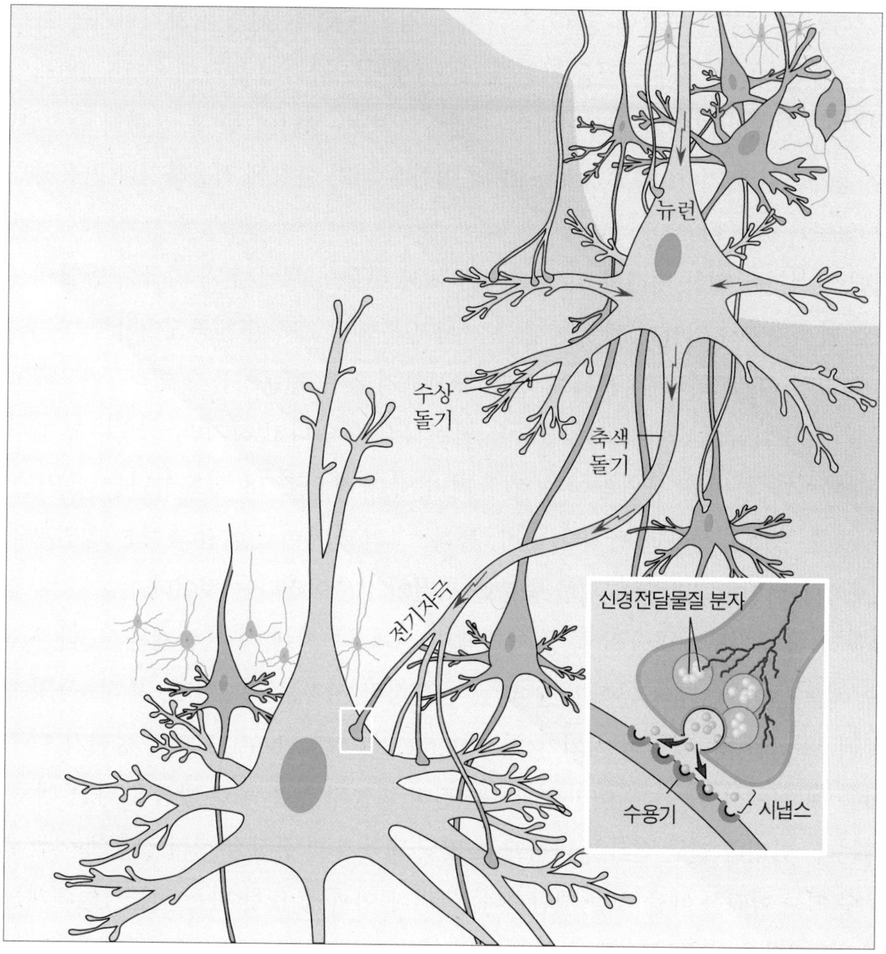

[그림 2-2] 뇌의 생리기능에 대한 이해

험이 주어진 쥐의 경우, 그렇지 않은 환경에서의 쥐보다 25% 더 많은 시냅스가 만들어졌고, 그 수가 유지되었다(Nelson et al., 2006). 연령 또한 뇌의 발달에 중요한 요인이다. 실험에 따르면, 더 어린 쥐의 뇌 발달이 나이가 많은 쥐의 뇌보다 경험을 통해 얻게 되는 자극에 더 민감하게 반응하였다. 이 연구는 경험이 인지발달에 매우 중요한 영향을 끼친다는 주장을 뒷받침해 준다(Bransford et al., 2000).

생애 발달 초기 3년 동안에는 성인의 수준을 훨씬 능가하는 새로운 시냅스가 매우 많이 형성된다. 심리학자들은 이후의 삶에서 필요한 것보다 더 많은 시냅스들이 출생 이후 3년 동안 만들어지는 것을 통해 아이들이 다양한 환경에 적응할 수 있게 되는 것이라고 믿는다(Bruer & Greenough, 2001). 이후 아이들이 그들의 환경에서 점차 질서정연한 패턴을 경험함에 따라 시냅스의 상당수가 불필요하게 되고, 수초 형성(myelination)과 신경망 가지치기(synaptic pruning)라는 두 가지 중요한 과정이 뇌 안에서 일어나게 된다(Nelson et al., 2006). 수초 형성이 발생하는 경우는 뉴런이 구조를 갖출 수 있도록 세포가 뉴런 주변에 자라날 때, 축색돌기를 감싸서 축색돌기가 전기신호를 빠르고 효율적으로 처리하도록 하는 지방질 막

(myelin, 수초)을 세포가 만들어 낼 때의 두 가지 경우가 있다. 신경망 가지치기는 자주 사용되지 않는 시냅스를 제거하는 것을 말한다. 2~3세에는 각각의 뉴런에 약 15,000개의 시냅스가 있지만, 신경망 가지치기로 인하여 시냅스의 수는 성인이 된 후 급격히 감소한다. 이러한 '사용하거나 잃거나(use it or lose it)'의 법칙은 뇌가 환경에 적응하거나 반응하면서 발달할 수 있도록 해 준다.

시냅스 연결에 대한 이해와 뇌 기반 연구에서 동물의 생애 초기 자극이 발달의 중요한 요인으로 밝혀지면서 인간의 생애 발달 초기에 전문화된 교육이 제공되어야 한다는 주장이 지지를 얻고 있다. 그러나 이 문제에 대해 확신하지 않는 전문가들도 있다. 연구에 따르면 생애 발달 초기 자극의 박탈이 인지발달을 지연시킬 수 있다고 하지만, 그렇다고 해서 발달을 자극하는 데 값비싼 장난감이나 컴퓨터가 추가적으로 더 필요하다는 증거는 없다(Nelson et al., 2006). 항아리 단지나 냄비, 블록, 그리고 아이들을 잘 돌보는 성인과의 대화만으로도 정상적인 인지발달을 위한 충분한 조건이 갖추어진다는 것이다.

결정적 시기가 인지발달의 특정 영역에도 존재하는지에 대한 문제는 또 다른 논쟁적 주제다. 예를 들어, 인간의 언어 학습에 있어 결정적 시기는 존재한다. 특히, 특정 언어의 발음을 배우는 데에는 결정적 시기가 있다(Bortfeld & Whitehurst, 2001). 성인기 이후에 다른 언어를 배우는 성인들은 원어민들에게는 전혀 힘들지 않은 특정 발음을 하는 데 큰 어려움을 겪는다. 이러한 연구 결과를 바탕으로 몇몇 교육자는 결정적 시기 전후에 이들 기능을 가르칠 수 있는 학교를 세울 것을 제안한다. 그러나 이 주장 또한 다른 전문가들에게는 조심스럽게 검토되어야 할 주장일 뿐이다.

유아기에 방대한 양의 시냅스가 만들어진다고 해서 문화적으로 특정한 지식과 기술을 이 시기에 가르치기 시작해야 한다는 것을 의미하지는 않는다. 이와는 반대로 문화적으로 특정한 지식과 기술을 학습하기 위한 민감한 시기는 아직까지 밝혀지지 않았다(Berk, 2003: 186).

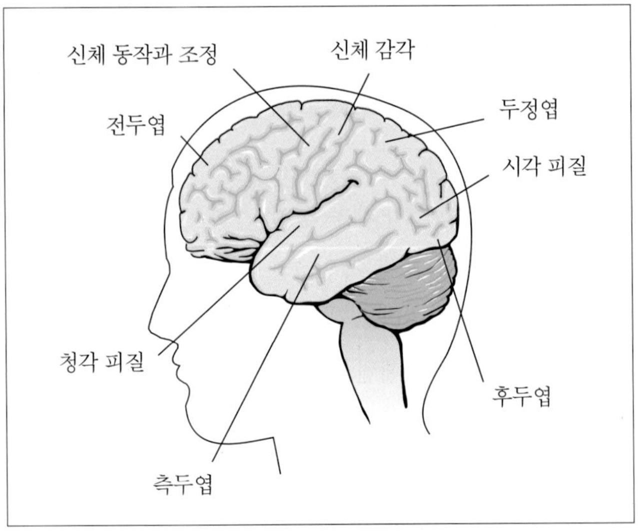

[그림 2-3] 대뇌 피질

대뇌 피질

대뇌의 바깥 덮개인 대뇌 피질은 인간의 사고, 문제해결, 언어를 특징짓는 부분이다(Nelson et al., 2006, [그림 2-3] 참조). 비례적으로 인간의 대뇌 피질이 다른 동물의 대뇌 피질보다 훨씬 더 크다는 것은 놀랄 만한 일이 아니다. 대뇌 피질에는 가장 많은 수의 뉴런과 시냅스가 있다.

대뇌 피질은 뇌의 다른 부분보다 더 천천히 발달

되며, 대뇌 피질의 각 부분은 각각 다른 속도로 성숙되어 간다. 신체적 움직임을 조정하는 부분이 가장 먼저 발달되면, 이어서 시각과 청각을 주관하는 부분, 마지막으로 상위 명령 사고를 통제하는 전두엽이 발달된다. 전두엽은 의사결정, 위험 감수, 욕구 충족의 지연, 충동적 행동의 조절에 주요한 역할을 한다. 전두엽은 20세가 될 때까지 완전히 발달되지 않을 수도 있다.

전두엽의 발달은 인간 행동의 몇 가지 측면을 설명하는 데 도움이 된다. 예를 들면, 2세 아이들이 유난히 생떼를 부리는 것, 10대들의 과속, 음주운전, 약물 사용, 무방비 상태의 성 관계 등 충동적이고 때때로 위험하기까지 한 행동은 전두엽의 발달과 관련지어 설명할 수 있다. 청소년들이 성인의 신체 조건을 갖추었다 할지라도, 위험성을 평가하거나 분별력 있는 결정을 내리는 능력은 여전히 발달 중에 있다. 따라서 규정과 제한은 결정을 단순화시켜 줌으로써 10대들이 혼란한 시기를 잘 통과할 수 있도록 도와준다.

뇌 이미지 연구는 주의력결핍 과잉행동장애(ADHD)를 가진 학생들의 경우 뇌 피질이 더 천천히 발달한다고 말한다(Shaw & Rapoport, 2007). 이 연구는 아마 ADHD를 가진 많은 학생이 겪고 있는 문제가 그들의 10대 시절에 왜 더 커지는지 설명해 줄 수 있을 것이다.

좌뇌와 우뇌의 피질은 각각 다른 기능을 가지고 있다(Byrnes, 2001a). 우뇌는 신체의 왼쪽 부위를 통제하고, 반대로 좌뇌는 신체의 오른쪽 부위를 통제한다. 게다가 대부분의 사람의 경우 좌뇌는 언어와 논리적 사고를 통제하고, 우뇌는 정보(특히, 시각적 이미지)를 의미 있는 구조로 통합하는 역할을 한다.

그러나 좌뇌와 우뇌의 기능을 구분하는 반구 특성화(hemispheric specialization)는 교육 분야에서 지금까지 많은 사람에 의해 잘못 해석되어 왔고, 이로 인해 "그 사람은 우뇌형 사고가예요." 또는 "이 과제는 좌뇌형 사고방식을 필요로 해요."라는 표현이 나오게 되었다. 좌뇌와 우뇌의 독립적인 특징에도 불구하고, 이들 두 반구는 뉴런에 의해 연결되어 있고, 기능 또한 통합적으로 작용한다. 학교에서 수행되는 대부분의 인지적 과제는 좌뇌와 우뇌의 통합적 기능이 필요하다(N. Carlson, 1999). 전문가들은 일반적으로 좌뇌와 우뇌에 대해 가르치려는 시도가 지나치게 단순화되었을 뿐만 아니라 잘못 알려져 있다고 지적한다(Byrnes & Fox, 1998; Stanovich, 1998).

뇌 연구의 의의

뇌 연구를 교수 상황에 직접 적용하려는 '뇌 기반 학습'은 한쪽으로는 지지자(예, Craig, 2003; Walsh & Bennet, 2004)가 있고, 다른 한쪽으로는 비평가(예, Coles, 2004; A. Davis, 2004; Willis, 2007)가 존재하는 현실에서 볼 수 있듯이 논쟁적인 문제다. 지지자들은 학습과 발달을 최대화하기 위해서 결정적 시기를 이용해야 한다고 주장한다(Willis, 2006). '뇌 기반 학습' 지지자들은 또한 안내된 발견(guided discovery), 문제해결(problem solving), 실물학습(hands-on learning)과 같은 의도적 연습과 전략의 중요성을 강조한다.

반면, '뇌 기반 학습' 비평가들은 결정적 시기는 인간에게 존재할 수 있지만, 인간의 뇌는 전 생애를 걸쳐 일어나는 자극으로부터 이득을 얻는 막강한 능력을 보유하고 있다고 주장한다(Bransford et al., 2000; Willingham, 2006). 게다가 읽기와 수학 같은 전통적인 교과목과 관련된 발달에는 결정적 시기에 대한 증거가 없다. 비평가들은 더 나아가 '뇌 기반 학습' 지지자들이 강조하는 의도적 연습과 적극적인 학습전략은 수년간 이미 널리 사용되어 왔고, 그러한 학습활동에 '뇌 기반' 이라는 이름을 붙이는 것에는 의미가 없다고 주장한다(Shaywitz & Shaywitz, 2004; Zull, 2004). "뇌 기반 학습 옹호자들은…… (단지) 활동적인 학습과 구성주의적 방법을 선호하는 진보적인 교육 원리를 재구성했을 뿐이다(Jorgenson, 2003: 365).

비평가들의 입장은 다음의 인용 절과 같이 요약할 수 있다.

> "신경과학은 단지 현 시대에서 교육 분야에 제공되는 원리의 가장 광범위한 개요만 가지고 있을 뿐이다. 그리고 많은 경우에 있어서 그 원리는 교육자들이 이미 알고 있는 전략을 제안할 뿐이다(D' Arcangelo, 2000: 71).

그러나 연구에서 일관되게 지적되는 것은 건강한 환경에서 일어나는 자극은 정상적인 인지발달에 필수적이며, 부모와 교사는 그 과정에 주요한 역할을 한다는 것이다. 현재로서는 사람들이 어떻게 학습하고 발달하는지를 연구하는 분야인 인지과학은 이 시대를 살아가는 교사들에게 가장 가치 있는 제안을 제공한다. 이러한 연구에 대해서는 이 교재 전체에 걸쳐 자세하게 논의할 것이다.

◈ 이해 점검 활동

1.1 발달에 대해 설명하고, 인지발달에 대한 이해가 교사들에게 왜 중요한지 설명하라.

1.2 발달의 기본적인 원리를 설명하시오. 발달의 기본적인 원리가 교사들에게 왜 중요한가?

1.3 뇌의 신체적인 발달이 인지발달에 어떻게 영향을 끼치는가?

피아제의 인지발달이론

이 절을 시작하기 위해 다음의 문제를 곰곰이 생각해 보자.

당신은 똑같은 두 액체 용기를 가지고 있다. 그림에서 볼 수 있듯, 한 내용물을 세 번째 용기에 붓는다. 이제 첫 번째 용기의 액체 양과 세 번째 용기의 액체 양은 같은가, 다른가?

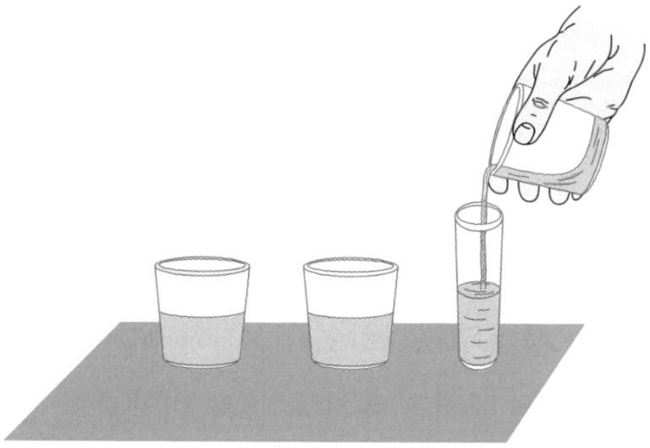

이 과제는 우스워 보일 수 있다. 단지 한 용기의 내용물을 다른 용기에 부었기 때문에 그 양은 분명히 같다. 하지만 1920년대에 피아제는 아이들의 사고를 시험하기 위해 이것과 같은 문제를 사용했다. 예를 들어, 그는 4~5세의 어린 아이들이 세 번째 용기에 더 많은 액체가 들어 있다고 결론짓는 반면, 그보다 나이가 많은 어린이들은 그 양이 분명히 같다고 말하는 것을 발견했다. 이러한 아이들의 사고 차이는 피아제에게 매력적으로 다가왔고, 그 결과 많이 언급되는 이론 중의 하나인 피아제의 인지발달이론이 만들어졌다(Inhelder & Piaget, 1958; Piaget, 1952, 1959, 1980). 이 절에서는 그의 이론을 검토해 보자.

장 피아제(Jean Piaget, 1896~1980)는 스위스에서 태어났으며, 생물학에 관심이 있는 조숙한 아이였다. 젊었을 때 그는 비네지능검사의 창시자인 알프레드 비네(Alfred Binet)가 경영하는 학교에서 학생들을 가르쳤고, 어린아이들이 어떤 질문에 대해 일관되게 틀린 답을 제시한다는 사실에 흥미를 가지게 되었다. 점차적으로 그는 어린이들의 사고과정이 성인의 사고과정과 선천적으로 다르다고 결론짓고, 어린이들에게 나타나는 사고의 발달에 초점을 두기 시작하였다. 그의 연구는 그의 세 자녀에 대한 자세한 관찰을 통해 시작되었다. 초기에 그의 생각은 잘 받아들여지지 않았는데, 왜냐하면 그의 연구과정은 과학적으로 엄밀하지 못한 것처럼 보였기 때문이었다. 그의 생각이 받아들여지고 주목을 끌게 되었을 때, 그는 발달심리학 분야를 바꾸어 놓았다. 피아제는 60권 이상의 저서와 수백 편의 논문을 남겼다.

평형화 기제

무엇인가를 이해하지 못했을 때 당황한 적이 있는가? 여러분은 세상이 예측 가능하기를 원하는가? 여러분은 교사가 수업의 요구사항과 성적평가방식을 구체적으로 말해 주는 수업에서 더 편안함을 느끼는가? 대부분의 사람에게 이 질문에 대한 대답은 '그렇다' 이다.

사람들은 그들의 경험을 이해하기를 바라며, 이해, 질서, 확실성을 향한 본성을 가지고 있다. 이 발견은 철학에서부터 유명한 매체에 이르기까지의 여러 출처에서 널리 수용된다(예, van Gelder, 2005). "우리는 과거, 현재, 미래에 관하여 묻는다. 우리는 상상할 수 있는 모든 주제를 조사한다. 인간은 긴 시간에 걸쳐서뿐만 아니라 짧은 순간 내에서도 발생하는, 혹은 발생하지 않는 것들을 이해하기를 원한다" (Marinoff, 2003: 3).

피아제(1952, 1959, 1980)는 이러한 욕구를 평형화 기제(drive for equilibrium)로 설명하였는데, **평형화**는 기존의 이해(우리에게 이해가 되는 우리의 경험)를 통해 새로운 경험을 설명

평형화(Equilibrium)
기존의 이해를 통해 새로운 경험을 설명할 수 있는 인지적 상태

할 수 있는 인지적 상태다. 만약 우리가 새로운 경험을 설명할 수 있게 되면, 우리는 평형화 상태를 유지하게 된다. 하지만 만약 우리가 새로운 경험을 설명할 수 없다면, 우리의 평형화 상태는 깨지게 되고 이후 평형화 상태를 회복하도록 동기화된다. 평형화 상태를 회복함으로써 우리의 이해가 진전되며, 이를 통해 인지발달이 일어나는 것이다.

평형화 기제는 양날의 검일 수 있다. 예를 들어, 노 교사의 학생들은 질량과 밀도의 개념을 동일시함으로써 평형화 상대에 도달하였다. 8장과 9장에서 보게 될 텐데, 사람들의 평형화 욕구는 왜 사람들이 잘못된 상식을 유지하며, 왜 비판적인 생각이 종종 어려운 것인가를 이해하는 데 도움을 준다.

조직화와 적응: 도식의 발달

평형화 상태를 얻고 유지하기 위해, 사람들은 조직화와 적응이라는 서로 관련된 두 가지 과정을 사용한다.

평형화 획득: 조직화과정

도식(Schemes)

세계에 대한 구조화된 이해를 나타내는 정신적 조작

조직화(Organization)

경험을 이해하기 위해 도식을 만들고 사용하는 과정

경험한 것을 이해하고 평형상태에 이르기 위해 사람들은 **도식**을 만들어 내는데, 도식은 세계에 대한 구조화된 이해를 나타내는 정신적 조작이다. 경험을 이해하기 위해 도식을 만들고 사용하는 과정을 **조직화**라고 한다. 예를 들어, 차를 운전하는 것을 배울 때 차의 시동을 걸고, 교통신호와 법규를 이해하고, 운전과 관련한 일상적인 결정을 하는 것과 같은 일련의 경험을 갖게 된다. 이러한 경험을 조직하고 이해함에 따라 우리는 '운전하기' 도식을 발달시키게 된다.

앞서 액체가 든 용기 예에서 볼 수 있듯, 구조화한 도식은 연령의 증가에 따라 변화한다. 유아는 물체에 손을 뻗고 잡는 것과 같은 심동적인 도식(psychomotor scheme)을 발달시킨다. 취학 아동들은 분류나 비율 추리와 같은 좀 더 추상적인 도식을 발달시킨다. 피아제는 유아의 대상 영속성(object permanance) 도식(볼 수 없을 때도 물체는 여전히 존재한다는 생각)이나 어린 아동의 양 보존(conservation of volume) 도식(이전 예에서 보았듯 다른 모양의 용기에 담아도 액체의 양은 변하지 않는다는 생각) 등과 같은 좁은 범위의 추상적인 조작을 언급할 때 도식의 개념을 사용했다(Piaget, 1952). 하지만 교사들과 몇몇 연구자(예, Wadsworth, 2004)는 피아제의 생각을 확장하여 분모가 다른 분수끼리의 덧셈 도식과 같은 내용과 관련한 도식까지 포함하는 것이 유용하다고 생각하였다. 운전하기 도식을 생각해 보면, 도식을 구성하는 각각은 세계에 대한 우리의 이해를 나타내며, 인지학습이론에 초점을 맞춘 장에서는(7~9장) 도식은 스키마(Schema)로서 기술될 것이다.

평형화 유지: 적응과정

새로운 경험을 할 때 기존의 도식은 적절하지 못할 수 있다. 즉, 우리가 가지고 있는 도식은 새로운 경험을 설명할 수 없어서 우리의 인지적 평형상태가 깨질 수 있다. 평형상태를 회복하기 위해서 우리는 **적응**이라고 하는 과정을 거치게 된다. 적응이란 평형화를 유지하기 위해 도식과 새로운 경험을 서로 조정하는 과정이다. 예를 들어, 여러분이 자동변속기로 운전을 배우고 수동변속기의 차를 구입하게 된다면, 여러분은 기존의 '운전하기' 도식을 적응시켜야만 한다.

적응(Adaptation)
평형화를 유지하기 위해 도식과 새로운 경험을 서로 조정하는 과정

적응은 조절과 동화의 두 가지 상대되는 과정으로 구성된다(Byrnes, 2001a). **조절**이란 새로운 경험에 대한 반응으로 기존의 도식이 수정되는 적응의 한 형태다. 예를 들어, 수동변속기로 운전하는 것을 배울 때 원래 가지고 있던 운전하기 도식을 수정하고 새로운 수동변속기 운전하기 도식을 생성하게 된다. 원래 가지고 있던 운전하기 도식을 조절하게 된 것이다. **동화**는 조절기능과 반대되는 과정이다. 동화는 새로운 경험을 기존의 도식에 통합시키는 적응의 한 형태다. 예를 들어, 일단 수동변속기 승용차 운전을 배우고 나면 당신은 아마도 수동변속기의 트럭도 운전할 수 있게 될 것이다. 동화와 조절의 관계와 평형화에 대한 설명이 [그림 2-4]에 제시되어 있다.

조절(Accommodation)
새로운 경험에 대한 반응으로 기존의 도식이 수정되고 새로운 도식이 만들어지는 적응의 한 형태

동화(Assimilation)
새로운 경험이 기존의 도식에 통합되는 적응의 한 형태

발달에 영향을 끼치는 요인

이전 단락에서 보았듯이, 경험은 발달에 핵심이다. 새로운 경험에는 조절이 요구될 수 있고, 조절을 통해서 도식이 수정되고 사고의 발달이 이루어진다. 물리적 세계에 대한 경험과 사회적 경험의 두 형태는 발달에서 중요한 기능을 수행한다.

물리적 세계의 경험

물리적 세계의 경험이 발달에 어떻게 영향을 끼치는지 살펴보기 위해 운전하기 도식을 다시 생각해 보자. 운전 경험을 통해 운전 도식의 조정이 이루어지고, 이를 통해 운전능력은 발달된다. 어린아이에게는 성숙이 중요하지만, 나이 든 학생과 성인에게는 경험이 핵심이다. 경험 없이 발달은 일어날 수 없다.

인지발달에서 경험이 중요한 역할을 수행한다는 점을 통해 2장 시작 부분에서 제기했던 첫 번째 질문에 답을 할 수 있을 것이다. "노 교사의 학생들은 왜 밀도와 같은 기초적인 개념 이해에 어려움을

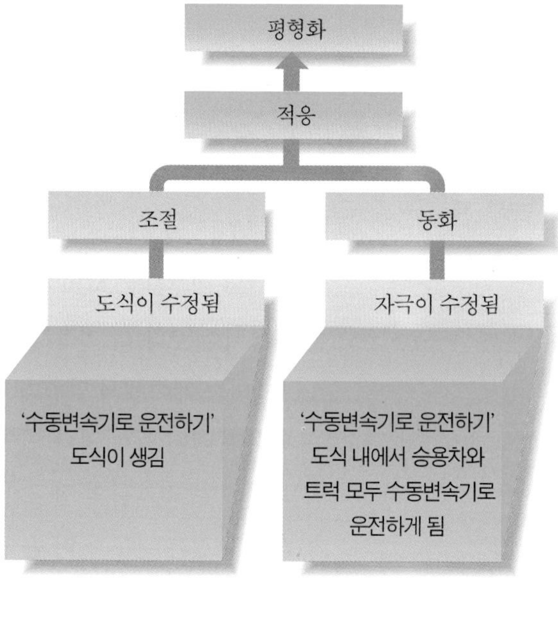

[그림 2-4] 적응의 과정을 통해 평형화를 유지하기

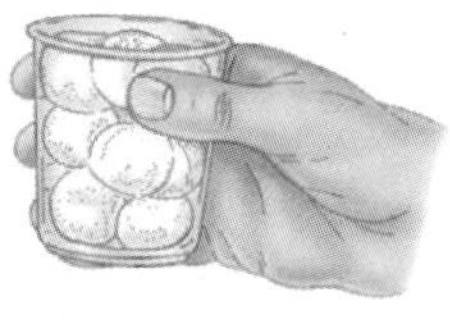

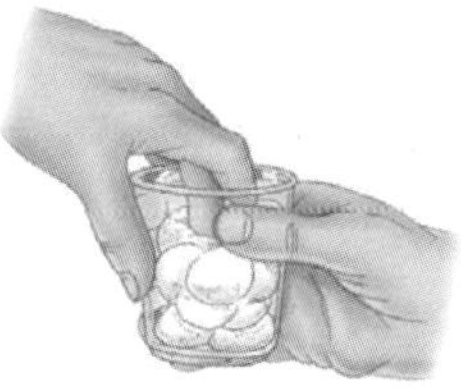

겪는가?" 이 개념을 이해하기 위해 필요한 직접적이고, 구체적 경험이 부족했기 때문이었다. 예를 들어, 우리 중 대다수는 밀도＝질량/부피(d＝m/v) 공식을 사용해 왔고, 숫자에 묶여 별 의미 없는 정답을 얻는 데 급급했다.

노 교사가 이 문제에 어떠한 반응을 보였는가를 보기 위해 금요일에 있었던 토론 이후에 그녀가 화요일에 연 교사와 함께 가졌던 대화를 살펴보자.

"그건 뭔가요?" 연 교사는 노 교사가 솜뭉치가 가득 찬 플라스틱 컵을 들고 교무실로 들어오는 것을 보며 묻는다.

"멋진 수업을 했어요."라고 노 교사가 말했다.

"일전에 수업에서 학생들이 질량과 밀도와 같은 기초적인 개념도 잘 이해하지 못해서 절망적인 느낌이 들었다고 한 것 기억나시죠? 아이들은 공식을 외워서 문제를 풀려고만 했어요. 기초적인 것이기는 하지만, 이 문제로 주말에 고민을 좀 해 보았는데, 다른 것을 시도해 보기로 결정했어요."

"이걸 보세요." 말을 이어 나가며 노 교사는 컵 안의 솜뭉치를 누르면서 말을 이었다.

"이전보다 지금 솜뭉치의 밀도가 높아졌어요." 그러고 나서 노교사는 솜에서 손을 떼면서 말했다.

"이제는 이전보다 솜뭉치의 밀도가 더 낮아졌고요."

"나무로 크기가 다른 조각 몇 개를 만들었어요. 그러고는 나뭇조각들의 밀도를 추측해 보았죠. 어떤 아이들은 큰 나뭇조각의 밀도가 더 클 것이라고 생각했어요. 하지만 그 후에 우리는 나뭇조각들의 무게와 부피를 재고, 밀도를 계산해 보았어요. 결과를 논의하면서 아이들은 '크기'라는 것이 밀도에 영향을 미치는 하나의 요인에 불과하다는 사실을 차츰 이해하기 시작했지요."

노 교사는 더욱 신이 나서 말을 이었다.

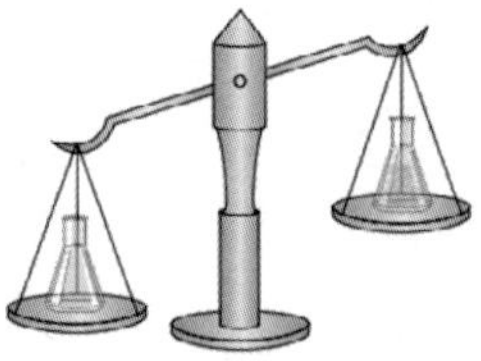

"오늘 아침에는 아이들에게 똑같은 양의 물과 식물성 기름을 작은 병에 담아 양팔저울 위에 올려 보게 했어요. 저울이 물 쪽으로 기울자 아이들은 물의 질량이 더 크다는 것을 확인하게 되었고, 이를 기반으로 물의 밀도가 높다는 사실을 알게 되었지요. 저울에 무게를 달기 전 아이들에게 어느 것의 밀도가 더 높을지 추측해 보게 했을 때는 대부분의 아이가 기름이라고 대답했어요. 그 이유에 대해 얘기를 나눌 때 아이들은 기름이 물보다 더 걸쭉하기 때문이라고 얘기했지요."

그녀는 계속해서 말했다.

"뿌듯했던 일이 하나 있었는데요. 규민이는 과학을 싫어하는 아이인데 기름이 물 위에 뜨는 것을 보고 기름의 밀도가 더 작다는 것을 이해했어요. 그 아이는 그날 배운 것인 '밀도가 작은 물질은 밀도가 더 큰 물질 위에 뜬다.'는 사실에 대해 굉장히 흥미진진해했답니다."

"밀도의 개념을 확장한 또 다른 일도 있었어요. 우리는 심지어 인구 밀도까지 생각했고, 줄들이 촘촘히 연결된 그물망과 그렇지 않은 그물망을 서로 비교해 보기도 했지요. 밀도라는 개념을 다른 것과 어떻게 연계시킬지를 생각했어요. 아이들은 정말로 학습에 푹 빠져 있었어요. 이 같은 일들이 때때로 있기 때문에 교사로서 계속 노력할 수 있는 것 같아요."

이 내용은 2장 시작에서 제기됐던 두 번째 질문인 "구체적으로 노 교사는 학생들의 노력에 어떻게 반응할 수 있나?"에 대해서도 답을 제시한다. 그녀는 밀도라는 개념을 학생들이 이해하기 위해 필요한 분명하고 구체적인 경험을 제공하였고, 궁극적으로 그것은 학생들의 발달을 촉진하였다. 이제 그녀의 학생들은 호수에서보다 바다에서 왜 더 쉽게 사람들이 물에 뜰 수 있는지, 열기구가 왜 올라갈 수 있는지 등을 더 잘 설명할 수 있게 되었다. 그들의 사고가 완전하게 발달된 것을 보여 주는 결과들이다.

사회적 경험

피아제는 또한 발달에서 다른 사람들과 상호작용하는 과정인 **사회적 경험**의 역할을 강조하였다(Wadsworth, 2004). 사회적 경험을 통해 학습자는 다른 사람의 도식에 맞서 자신의 도식을 시험해 보게 된다. 다른 사람의 도식과 자신의 도식이 비슷하면 사람들은 평형화 상태를 계속해서 유지한다. 만약 그렇지 않으면 인지적 평형은 깨지게 되고, 학습자는 자신의 도식을 적응시키고자 노력할 것이며, 이를 통해 인지발달이 일어나게 되는 것이다.

사회적 경험
(Social experience)
다른 사람들과 상호작용하는 과정

학생들의 변화, 발전하는 이해를 이끄는 노 교사의 역할은 이러한 사회적 경험의 차원에서 필수적이다. 학생들 대부분은 사물이 가라앉거나 뜨는 것을 본 경험이 있었을 것인데, 사회적 상호작용을 통해 노 교사는 이러한 경험을 부력에 영향을 주는 요인에 관한 전반적인 원리와 연결짓도록 도왔다.

웹 자료실

발달에서 경험의 역할을 검토하기 위해 www.myeducationlab.com의 2장 '활동과 적용'의 'Developmental Differences: Studying Properties of Air in First Grade'를 보라. 그리고 이어지는 물음에 답하라.

발달에서 사회적 상호작용이 필수적이라는 인식은 교육과 아동양육방법에 큰 영향을 미쳤다. 예를 들어, 부모는 어린 자녀들이 놀이집단을 통해 다른 아이들과 상호작용하도록 환경을 구성하는 데 관심을 가지며, 학교에서는 협동학습을 조성하고, 교사들은 학생들이 집단 내에서 실험하고 문제를 해결하도록 지도한다. 이러한 활동이 발달에 도움이 된다는 사실은 사회적 상호작용의 가치를 설명해 준다.

피아제 인지발달의 단계

피아제 이론 중 가장 널리 알려진 것은 아마도 인지발달 단계에 대한 그의 설명일 것이다. 피아제의 단계들은 각기 다른 연령의, 다른 경험을 가진 아동의 일반적인 사고양식의 차이를 설명해 준다. 각 단계의 특징을 배우게 될 때 다음의 생각을 명심하기 바란다.

사회적 경험은 학습자들이 그들의 도식을 다른 사람들의 도식과 비교함으로써 그들의 도식을 살펴보도록 돕는다.

• 한 단계에서 다른 단계로의 이동은 사고의 질적인 변

화를 의미한다. 즉, 아동이 자신의 경험에 대해 생각하는 방식(way)의 변화를 의미하지, 단순히 지식의 양이 변화했음을 의미하는 것이 아니다.

- 아동은 계속해서 점진적으로 발달하며, 한 단계에서의 경험은 다음 단계로의 이행에 필요한 기초를 제공한다(P. Miller, 2002).
- 비록 발달 속도가 다르더라도 모든 사람은 보다 나중의 단계로 나아가기 전에 이전 단계를 거쳐야 한다. 이는 나이가 더 많은 아동이나 성인도 만약 어떤 영역에서 인지발달을 위한 경험을 충분히 하지 못한 경우 어린 아동과 같은 방식으로 정보를 처리할 수 있다는 것을 의미한다.
- 각 단계마다 대략적인 나이 특성이 있다 하더라도 개인은 각기 다른 속도로 인지발달 단계를 거친다. 따라서 같은 나이의 아동이라 하더라도 서로 다른 단계에 놓여 있을 수 있다(Brainerd, 2003; P. Miller, 2002).

피아제의 발달단계와 그 특징이 〈표 2-1〉에 요약되어 있으며, 각각의 단계에 대해 다음 절에서 구체적으로 설명하고자 한다.

감각운동기 초기의 아동은 물체를 정신적으로 표상하지 못한다. 이러한 아동에게 물체는 눈에 보이지 않으면 존재하지 않는 것으로 인식한다. 그러나 감각운동기 후기가 되면 아

표 2-1 table

피아제의 발달단계와 그 특징

단계	특징	예
감각운동기 (0~2세)	목표지향 행동	뚜껑을 열면 인형이 튀어나오는 상자의 뚜껑을 연다.
	대상 영속성(대상을 기억에 표상하기)	부모의 등 뒤에 숨어 있는 물체를 찾는다.
전조작기 (2~7세)	언어능력의 급격한 성장과 언어 사용의 과잉 일반화	"엄마, 할아버지가 식사하시고, (동생인) 철수도 식사를 하셔."
	상징적 사고	차의 창 밖을 가리키며 '트럭!'이라고 말한다.
	지각에 의해 지배됨	세면대의 모든 물은 수도꼭지에서 나온다고 생각한다(1장의 만화 참조).
구체적 조작기 (7~11세)	구체적 물체를 논리적으로 조작함	저울에서 평형을 이룬 두 물체는 하나가 다른 것보다 부피가 크더라도 질량은 같다고 결론짓는다.
	분류와 서열화를 함	그릇을 부피가 큰 순서로 배열한다.
형식적 조작기 (11세~성인)	추상적이고 가상적 문제를 해결함	제2차 세계대전에서 영국이 패했다면 어떤 결과가 나타났을지 생각한다.
	조합적인 사고를 함	세 가지 종류의 고기, 치즈, 빵을 가지고 몇 가지 샌드위치가 만들어질 수 있는지 체계적으로 생각할 수 있다.

동은 사물이 자기 자신과 분리되어 존재한다는 이해인, **대상 영속성**을 획득한다. 이 단계의 아동은 또한 모방능력이 발달하는데, 이는 다른 사람들을 관찰함으로써 학습할 수 있게 해주는 중요한 능력의 출현이라고 할 수 있다.

대상 영속성(Object permanence)
사물이 자기 자신과 분리되어 존재한다는 이해

전조작기(2～7세)

전조작기(preoperation stage)는 지각이 아동의 사고를 지배하는 시기다. 이 단계의 명칭은 '조작(operation)' 혹은 정신적 활동이라는 개념에서 만들어진 것이다. 예를 들어, 개, 고양이, 곰 등 다른 종류의 동물을 분류할 수 있는 아동은 정신적 조작을 수행한다고 할 수 있다.

전조작기를 거치는 아동은 많은 극적인 변화를 보인다. 예를 들어, 이 시기의 아동은 언어에서 급격한 발달을 보이는데, 이는 상징을 사용하는 능력의 성장을 반영하는 것이다. 이 단계에 있는 아이들은 또한 매우 많은 개념을 배운다. 예를 들어, 어떤 아이는 새롭게 형성한 개념을 연습하는 것을 기뻐하면서 '트럭', '말', '나무' 등을 말할 것이다. 하지만 이 단계에서 개념과 관련한 이해능력의 발달은 구체적인 대상에 한정된다. 즉, '트럭', '말', '나무'는 현재 눈에 보이거나, 아이가 있는 현 상황과 관련되어 나타나는 언어행동이다. 이 단계의 아동은 공정성, 민주주의, 에너지 등과 같이 추상적인 개념을 획득하지는 못한다.

보존 **보존**은 모양이나 나뉜 조각의 개수와 상관없이 항상 어떤 물질의 양이나 수가 일정하게 유지된다는 것이다. 보존 개념을 확인하는 많은 과제를 통해 전조작기 아동의 사고 특징을 확인할 수 있다. 피아제의 업적을 논하기 위해 도입했던 액체를 담은 그릇 용기의 사례는 보존과제의 한 예가 될 수 있다. 수많은 다른 과제도 존재하지만, [그림 2-5]는 두 가지의 보존과제를 약술하고 있다.

보존(Conservation)
모양이나 나뉜 조각의 개수와 상관없이 항상 어떤 물질의 양이나 수가 일정하게 유지된다는 것

[그림 2-5]에서 전조작기 아동들이 '보존' 개념을 아직 제대로 갖고 있지 못함을 보여준다. 즉, 그들에게 액체의 양, 동전의 수, 진흙의 양은 더하거나 빼지 않고도 변화할 수 있다고 받아들인다. 69쪽에 나와 있는 액체의 사례를 통해 어떻게 이러한 일이 일어나는지 살펴보자.

첫째, 아이들은 그릇용기에서 액체의 높이에 중심을 두는 경향이 있다. **중심화**는 사물이나 사건의 지각적으로 가장 두드러지는 특징에 집중하고, 다른 중요한 측면은 간과하는 경향성이다. 액체에서 높이는 지각적으로 가장 두드러진 특징이며, 그래서 전조작기 아동은 길고, 좁은 그릇용기에 더 많은 액체가 담겨 있다고 결론 내리게 된다. 둘째, 어린 아동들에게는 한 상태에서 다른 상태로 변화하는 과정을 정신적으로 기록하는 능력인 **변형**이 결여되어 있다. 아동들은 세 번째 그릇용기에 액체를 쏟아 붓는 과정을 정신적으로 기록하지 못한다. 그들은 세 번째 그릇용기를 새롭고 다른 것으로 본다. 셋째, 전조작기 아동에게는 현재의 상태에서 이전 상태로 되돌리는 과정을 정신적으로 추적하는 능력인 **가역성**이 결여되

중심화(Centration or centrating)
사물이나 사건의 지각적으로 가장 두드러지는 특징에 집중하고, 다른 중요한 측면은 간과하는 경향성

변형(Transformation)
한 상태에서 다른 상태로 변화하는 과정을 정신적으로 기록하는 능력

보존개념을 형성하지 못한 아동은 겉모양에 영향을 받아 처음에 동일한 점토조각이었다고 하더라도 납작해진 점토조각과 공 모양이 된 점토조각의 양이 다르다고 생각한다.

보존과제	실험보조자의 초기 제시	실험보조자가 변화를 주어 제시	전조작기 아동의 전형적인 대답
수	실험보조자는 아동에게 사물이 두 줄로 놓여 있는 것을 보여 준다. 아동은 각 줄에 같은 수의 사물이 있다는 것에 동의한다. 	아동이 지켜보는 동안 실험보조자는 두 줄 중 아랫줄에 놓여 있는 사물을 흩어 놓는다. 그런 후 실험보조자는 아동에게 두 줄에 동일한 수의 사물이 놓여 있는지 혹은 어느 한 줄에 더 많은 사물이 놓여 있는지를 묻는다. 	전조작기 아동은 흩어진 사물이 속한 줄에 더 많은 사물이 포함되어 있다고 대답한다. 이때 아동은 수는 무시하고 길이에 집중하기 때문에 이러한 반응이 나타나게 되는 것이다.
양	실험보조자는 진흙 두 덩어리를 아동에게 보여 준다. 아동은 각 진흙 덩어리의 양이 동일하다고 동의한다. (만약 아동이 동일한 양이라고 동의하지 않는다면, 실험보조자는 아동에게 두 덩어리의 양이 동일해지도록 한 덩어리에서 다른 덩어리로 진흙을 옮기게 한다. 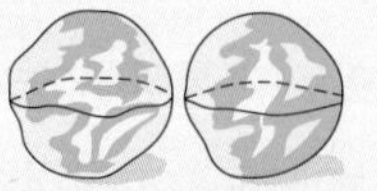	실험보조자는 아동이 지켜보는 동안, 진흙 한 덩어리를 납작하고 길게 만든다. 그런 후 실험보조자는 아동에게 두 덩어리가 같은 양인지, 아니면 한 덩어리의 양이 더 많은지를 묻는다. 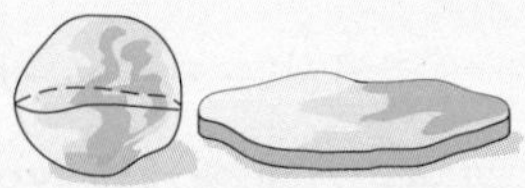	전조작기 아동은 납작하게 길어진 덩어리가 더 많은 진흙 덩어리라고 대답한다. 아동은 길이에 집중한 것이다.

[그림 2-5] 수와 양의 보존과제

어 있는데, 이는 한 그릇용기에서 다른 그릇용기로 액체를 쏟아 붓는 과정을 정신적으로 되돌릴 수 있는 것과 같은 능력이다. 액체를 더하지도 빼지도 않았음에도 불구하고 왜 전조작기 아동이 높고, 좁은 용기에 더 많은 액체가 담겨 있다고 생각하는지에 관하여 중심화의 경향성과 변형, 그리고 가역성이 중요한 설명을 제공한다.

가역성(Reversibility)
현재의 상태에서 이전의 상태로 되돌리는 과정을 정신적으로 추적하는 능력

자기중심성 자기중심성은 다른 사람이 자기가 세상을 보는 대로 본다고 믿는 경향성인데, 이는 전조작기 아동의 또 다른 특징이다. 자기중심적인 사람은 다른 사람들의 관점에서 보는 세상을 고려하지 못한다. 한 예로, 의자 하나를 앞쪽에서 바라보고 있는데, 반대편에 앉은 사람에게 그 의자는 어떻게 보일지 묘사해 볼 것을 요구했다고 가정해 보자. 앞서 보았던 피아제의 보존과제처럼 이 과제는 사실상 쉬운 과제다. 또 다른 유명한 실험인 피아제와 인헬더(Piaget & Inhelder, 1956)에서는 어린 아동들에게 세 개의 산으로 이루어진 모형을 보여 주고, 반대편에 놓여 있는 인형에게는 그 모형이 어떻게 보일지 묘사해 볼 것을 요구했다. 그 결과 아동은 인형의 관점을 그들 자신의 관점과 동일하도록 하여 상황을 묘사하였다.

자기중심성(Egocentrism)
다른 사람이 자기가 세상을 보는 대로 본다고 믿는 경향성

구체적 조작기(7~11세)

구체적 조작기(concrete operation stage)는 구체적인 대상에 대해 논리적으로 사고하는 능력을 특징으로 하는 시기이며, 이는 아동의 사고능력 발달에서 또 다른 중요한 발달적 증거가 된다(Flavell, Miller, & Miller, 2002). 예를 들어, 앞의 수 보존과제에서 구체적 조작기에 있는 아동은 '줄을 길게 만들었다.' 나 '동전을 흩어 놓았다.' 는 것을 알기에 수는 동일해야 한다고 본다. 논리적으로 사고하는 능력이 나타난 것이다.

구체적 조작기의 아동은 또한 전조작기 사고를 하는 아동의 자기중심성을 일부 극복하게 된다. 그들은 다른 사람의 관점을 더 잘 이해할 수 있게 되며, 동화책 주인공뿐만 아니라 친구의 관점과 역할을 수용할 수 있게 된다.

웹 자료실
피아제의 유명한 보존과제에 학생들이 어떤 반응을 보이는가를 검토하기 위해, www. myeducationlab. com의 2장 '활동 및 적용'의 'Examining Learner Thinking: Piaget' s Conservation Tasks' 를 보라. 그리고 이어지는 물음에 답하라.

분류와 서열화 분류와 서열화는 구체적 조작기에 발달하는 두 가지 논리적 조작이며(Piaget, 1977), 이 두 가지 모두는 수 개념을 이해하는 데 필수적이다(Siegler, 1991). **분류**는 사물을 잘 알려진 특징에 기초하여 묶는 과정이다. 5세 이전의 아동은 단순하게 묶는 활동은 할 수 있는데, 예를 들어 원 모양의 보드지를 흰 원과 검은 원으로 분류할 수 있다. 그러나 검은 사각형이 추가되면, 이들은 검은 사각형을 검은 원 범주에 같은 사례로서 포함시킨다. 색을 중심으로 하여 검은 원과 검은 사각형이라는 새로운 하위분류를 하지 않는 것이다. 7세가 되면 아동들은 이러한 하위분류를 만들 수 있지만, 더 복잡한 분류체계에 놓이면 여전히 어려움을 겪는다.

분류(Classification)
사물을 잘 알려진 특징에 기초하여 묶는 과정

서열화는 대상을 길이, 무게, 부피 등이 큰 혹은 작은 순서대로 배열하는 능력이다.

서열화(Seriation)
대상을 길이, 무게, 부피 등이 큰 혹은 작은 순서대로 배열하는 능력

이행성(Transitivity)
제3의 사물과의 관계성을 매개로 두 사물 간의 관계를 유추하는 능력

일단 아동이 서열화 능력을 획득하고 나면, **이행성**을 습득할 수 있다. 이행성은 제3의 사물과의 관계성을 매개로 두 사물 간의 관계를 유추하는 능력이다. 예를 들어, 다음과 같은 세 개의 막대가 있다. 실험자는 다음과 같이, 아동에게 막대 1과 막대 2를 보여 준다.

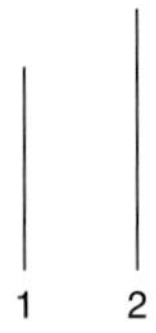

이제 실험자는 막대 2를 빼고, 막대 1과 막대 3을 보여 준다.

그런 후 "막대 2와 막대 3 중에서 어느 것이 더 긴가?" 라고 묻는다.

구체적 조작기에 있는 아동은 막대 2가 막대 3보다 더 길다고 결론짓는다. 왜냐하면 막대 2는 막대 1보다 길며, 막대 1은 막대 3보다 길기 때문에, 막대 2는 막대 3보다 길어야 한다고 추론하기 때문이다. 이는 이행성을 보여 주는 예다.

전조작기 아동에 비해 극적인 진보가 있었다 하더라도, 구체적 조작기 아동의 사고는 여전히 제한되어 있다. 예를 들어, 이들은 "해가 날 때 건초를 말려라." 라는 속담을 문자 그대로 해석하여 "어두워지기 전에 농작물을 모아들여야 한다." 와 같은 결론에 도달한다.

이제 형식적 조작기에 있는 아동의 특성에 대해 살펴보자.

형식적 조작기(11세~성인)

당신은 현재 소풍을 위한 샌드위치를 만들고 있는 중이다. 당신에게는 세 종류의 빵, 네 종류의 고기, 세 종류의 치즈가 있다. 얼마나 다양한 종류의 샌드위치를 만들 수 있겠는가?

구체적 조작기(formal operational stage)의 아동도 논리적일 수 있음에도 불구하고, 이들의 사고는 실제의 것, 경험할 수 있는 것에만 한정되어 있다. 이와는 대조적으로, 형식적 조작기의 사고를 하는 아동은 가상의 것에 대해, 심지어 불가능한 것에 대하여도 논리적으로 생각할 수 있다. 형식적 조작기 동안 학습자는 추장적인 문제를 검토할 수 있는데, 이러한 능력은 이전 단계의 아동이 할 수 없었던, 개인이 접하는 세상에 관한 보다 확장된 사고의 가능성을 열어 준다.

형식적 사고의 특징 형식적 사고는 세 가지 특징을 지닌다(P. Miller, 2002).

- 추상적으로 사고한다.

- 체계적으로(조직적으로) 사고한다.
- 가설에 근거하여 사고한다.

형식적 조작기의 학습자들은 추상적이고 가설적 생각을 논리적으로 생각할 수 있다.

추상적인 사고의 한 예로 형식적 조작기 아동은 "해가 날 때 건초를 말려라."라는 속담에 대해 "기회가 있을 때 기회를 잡아라."와 같이 더 추상적인 것을 의미하는 것으로 이를 해석한다. 추상적이고 가설적인 것을 고려할 수 있는 능력은 문자와 기호와 같은 상징을 통해 이루어지는 대수학(algebra)에 대한 의미 있는 이해를 가능케 한다. 구체적 조작기 아동에게 'x+2x = 9'와 같은 대수학 문제는 다음과 같이 구체적으로 제시될 때에만 의미 있는 것으로 이해된다.

> 정호가 과자 몇 개를 먹었다. 정호의 여동생은 그 두 배를 먹었다. 그들은 합쳐서 9개를 먹었다. 각 사람은 몇 개를 먹었는가?

이와 반대로, 형식적 조작기의 학습자들은 대수학 방정식 자체에 관해 앞서 이행성 문제를 "A가 B보다 크고, B가 C보다 크면, A는 C보다 크다."와 같이 풀어 내었듯 일반화할 수 있다.

형식적 사고를 하는 아동은 또한 체계적으로 사고하며, 결론을 내리는 데 있어 변인을 분리시키고 통제할 필요를 인식할 수 있다. 형식적 사고를 하는 아동은 빵의 종류를 택하고, 고기와 치즈의 조합을 열거함으로써 샌드위치 문제를 체계적으로 풀 수 있다. 하지만 구체적 사고를 하는 아동은 의도적으로 문제를 트집 잡는다(예를 들어, "당신은 통밀 빵과 체더치즈를 곁들인 쇠고기 구이를 만들 수 있다는 말인가요. 그리고 당신은 스위스 치즈와 호밀 빵에 살라미 소시지를 얹을 수도 있다는 말이군요").

형식적 조작기의 학생들은 또한 가설에 근거하여 사고할 수 있다. 예를 들어, 미국의 역사를 공부하는 학생들이 "미국의 독립전쟁에서 영국이 승리했다면 어떤 일이 발생했을까?"에 대해 생각하기 위해서는 가설적으로 사고해야만 한다. 생물학을 공부하는 학생들은 우성 유전자와 열성 유전자를 다르게 조합했을 때 나타날 결과를 생각할 수 있어야 하고, 미술을 공부하는 학생들은 그림을 그릴 때 다양한 원근화법과 빛(sources)을 상상해야만 한다.

노 교사의 학생들이 밀도의 개념을 이해하는 데 어려움을 겪은 것은 이 학생들에게 형식적 사고가 필요함을 보여 준다. 학생들이 추상적으로 사고할 수 없을 때, 이를 무조건 암기하려 하거나 좌절감에 빠져 포기해 버린다.

형식적 조작기의 사고: 연구 결과들 중 · 고등학교 교실의 많은 수업내용은 형식적 사고를 요구한다. 예를 들어, 밀도를 이해하는 데에는 형식적 조작이 요구되며, 노 교사의 학생들은 그 개념과 관련하여 형식적 조작을 하지 못한 것이 분명하다. 더 나아가 우리는 중심화(centering)를 어린 학생들 사고의 특성으로 생각할 수 있음에도 불구하고 좀 더 나이 든 학생에게서나 심지어 성인에게서조차 중심화 특성을 보게 된다. 예를 들어, 노 교사의 학생들은 중학교 2학년이었지만, 그들은 기름의 걸쭉함에 주목하였고, 기름이 물보다 밀도가 높다고 결론을 내렸다. 많은 성인도 또한 그렇게 한다. 물이 더 밀도가 높다는 것을 증명하는 구체적인 경험을 하기까지 그들은 이러한 믿음을 지속시키는 경향이 있다.

중 · 고등학교의 교육과정은 딜레마에 빠져 있다. 왜냐하면 노교사의 학생들의 사례에서 보듯이, 연구들은 대부분의 중 · 고등학생들의 사고가 여전히 구체적 조작기에 머무르고 있다는 것을 보여 주고 있기 때문이다(몇몇 연구에서는 심지어 전조작기에 머무르고 있다는 것을 보여 주기도 했다)(P. Alexander, 2006; M. Cole, Cole, & Lightfoot, 2005). 추가 연구에서는 거의 절반의 대학생들이 형식적 조작기 단계에서 일관되게 추론하지 못하며, 특별히 그들의 전공을 넘어서는 영역에서는 더욱 그러하다는 것을 보여 준다(De Lisi & Straudt, 1980; Wigfield, Eccles, & Pintrich, 1996). 성인을 포함해 많은 사람이 실제 특정 내용에 관하여 형식적 조작기 단계에 전혀 도달하지 못하는 경우도 있다(Niaz, 1997).

이러한 발견은 특히 중 · 고등학교에서, 심지어 대학교에서도 교사들에게 중요한 함의를 지닌다. 학교장면에서 구체적인 경험을 하지 못한 많은 학생은 종종 추상적인 수준에서 생각하도록 요구받는다. 효과적인 교사들은 노 교사가 그녀의 학생들에게 그러했던 것처럼 그들에게 구체적인 경험을 제공하여야 한다. 이 책에서 제시된 많은 예는 당신이 교육심리학을 이해할 수 있도록 구체적인 경험을 제공하기 위한 노력이다. 이러한 경험 없이는 대부분의 경우 학생들이 내용을 이해하지 못하고 단순히 암기하는 것에 그치게 될 것이다.

구체적인 경험은 학생들에게 기존의 도식을 수정함으로써 추상적인 개념을 배울 기회를 제공한다.

피아제 이론의 의의

다른 모든 이론과 마찬가지로 피아제 이론과 연구도 비판을 받아 왔다. 피아제 연구의 의의를 찾기 위해 우리는 그의 이론에 대한 비판과 함께 장점을 살펴보고자 한다. 다음은 피아제 이론에 대한 몇 가지 비판이다.

- 모든 유형의 과제에 영향을 끼치는 단계들이 존재한다는 피아제의 설명은 타당하지 않다

이론에서 실제로

피아제 이론을 교실에 적용하기

피아제 이론은 교사들이 교수를 설계하고 실행할 때 학생의 발달적 필요를 염두에 두어야 한다고 제안한다. 그러한 교사들의 노력에 다음 원리가 일종의 지침이 될 수 있을 것이다.

① 추상적 개념이나 원리를 설명해 주는 구체적인 경험을 제공하라.
② 학생들이 구체적인 표상을 추상적인 개념과 연결시킬 수 있도록 도와주어라.
③ 학생들이 자신의 이해를 말로 표현하고 다듬는 것을 돕기 위해 사회적 상호작용을 이용하라.
④ 현재보다 높은 발달단계로 나아가기 위한 발달적 교량의 기능을 갖도록 학습경험을 설계하라.

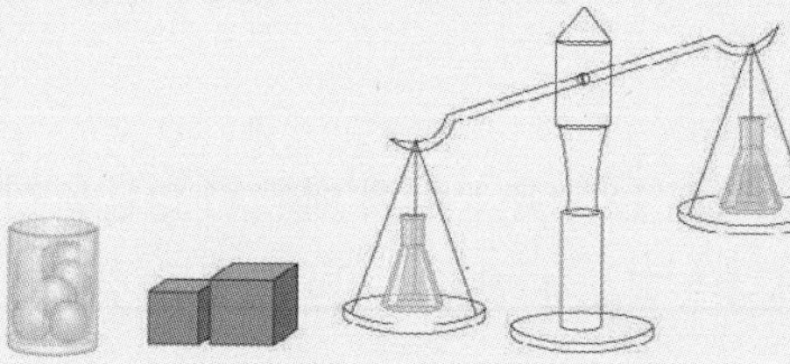

이 지침들이 노 교사에게 어떻게 적용되고 있는지 살펴보자. 그녀는 밀도의 개념을 설명할 때, 처음의 두 가지 원리를 적용했다. 예를 들어, 솜뭉치가 찬 컵, 나뭇조각, 물과 기름의 균형을 보였고, 그물망과 인구 밀도에 대해서 논의했다.

하지만 노 교사는 단순히 개념을 증명하여 설명하는 데 그치지 않았다. 상세한 논의를 통해 예들과 증명을 결합시켰다. 이러한 논의 없이는 규빈이가 밀도가 높은 물질 위에 밀도가 상대적으로 더 낮은 물질이 떠오를 것이라는 결론을 내릴 수 없었을 것이다. 노 교사는 이러한 상호작용을 이끌어 낼 때 사회적 상호작용을 사용하라는 세 번째 원리를 적용하고 있음을 볼 수 있다.

논의와 더불어 학생들의 증가된 이해는 학생들이 인구 밀도, 부력과 같은 추가적인 개념을 이해할 수 있도록 준비시킨다. 이로 인해, 열기구, 기름 탱크와 같은 확장된 아이디어들을 더 잘 설명할 수 있게 된다. 이러한 연결 다리는 발달의 연결 다리로서 학습경험을 설계하라는 네 번째 원리를 적용한 것이다.

(K.Fischer & Bidell, 2006; Halford & Andrews, 2006; Siegler, 2006). 예를 들어, 구체적 조작기의 사고발달은 전형적으로 크기의 보존개념과 함께 시작되며, 다른 유형의 과제로 이후 진행되며, 마지막으로 양의 보존개념으로 끝마치게 된다. 또한 발달심리학자들은 서로 질적으로 구별되는 인지발달단계보다는 일반적인 발달의 경향성(trend)이 인지발달을 더 잘 설명한다고 생각한다(Halford & Andrews, 2006, Rogoff, 2003).

- 피아제는 어린 아동의 능력을 과소평가했다. 실제 상황에서는 유사한 과제를 아동이 할 수 있는 능력을 가지고 있음에도 불구하고 피아제의 과제 실행과 관련해 아동에게 주어지는 추상적인 지시와 요구사항이 주어진 과제를 제대로 해내지 못하게 하는 원인이 된다는 것이다(Z. Chen & Siegler, 2000; Siegler, 2006). 예를 들어, 세 살짜리

아동에게 보다 단순화된 수 보존과제를 주었을 때, 전조작기에 있는 아동이지만 이를 성공적으로 해낸다고 한다.

- 피아제는 좀 더 연령이 높은 아동의 능력을 과대평가했다. 예를 들어, 중 · 고등학교의 교사들은 종종 학생들이 추상적인 현상에 대해 논리적으로 사고할 수 있다고 생각하지만, 실제로는 그렇지 못할 때가 많다(Flavell et al., 2002).
- 아동의 논리적 능력은 피아제가 제안한 것보다 구체적 영역에서의 경험과 지식에 더 강하게 의존한다(P. Alexander, 2006; M. Cole et al., 2005). 예를 들어, 학생들은 적절한 경험이 있는 경우 비율추리 문제를 풀 수 있지만, 그러한 경험이 없는 경우 문제를 풀지 못한다(Fujimura, 2001).
- 피아제 이론은 발달에 있어서 문화의 영향을 적절하게 고려하지 못했다(M. Cole et al., 2005). 문화는 아동이 겪게 되는 경험의 종류, 그들이 발달시키게 되는 가치, 그들이 사용하는 언어, 성인이나 다른 사람들과 상호작용하는 방식을 결정짓는다(Rogoff, 2003). (발달에서의 문화의 역할은 이 장 다음 절에서 논의될 비고츠키 연구에서 살펴볼 것이다.)

이러한 한계점에도 불구하고, 피아제의 연구는 교육 분야에 매우 큰 영향을 끼쳐 왔다. 예를 들어, 교육자들은 학습을 학습자들이 수동적으로 정보를 받아들이는 것으로 보는 대신 그들이 그들 자신의 이해를 구성해 나가는 적극적인 과정으로 본다.

피아제의 연구는 또한 교육과정에도 영향을 끼쳤다(Tanner & Tanner, 2007). 이제 수업은 구체적 경험이 먼저 제시되고 추상적 개념을 나중에 다루는 방식으로 조직화되고 있다. 과학에서 '실제(hands-on)' 경험이 강조되며, 수학에서도 구체물의 사용이 강조된다. 언어교과의 경우에도 아이들이 경험한 것에 관하여 글을 쓰도록 하고 있다. 또한 사회 과목의 경우에도 아동이 자신의 이웃에 대해 먼저 학습하도록 하고, 이를 점차 확대해 도시, 문화, 마지막으로 국가에 대해 알아가도록 교육과정이 구성되어 있다.

요약하자면, 피아제 이론의 일부는 현재 비판을 받고 있지만, 경험에 대한 강조와 학습자가 적극적으로 이해를 만들어 가는 과정으로서의 학습을 이해하는 그의 생각은 많은 지지를 받고 있다. 피아제는 여전히 교육과정과 교수방법에 지대한 영향을 끼치고 있다.

인지발달에 대한 최근의 관점

이 장에서 살펴왔듯, 피아제가 연구를 수행한 지 오래되었고, 후속 연구들은 그의 이론을 지지하거나 수정하기를 시도해 왔다. 예를 들어, 학생들이 사용하는 구체적인 전략 관점에서 최근 연구는 환경으로부터 받아들이는 정보를 학생들이 이전보다 더 효율적으로 처리하는 것을 인지발달로 보고자 한다.

신피아제 이론(Neo-piagetian theory)
피아제의 단계적 접근을 수용하지만 정보처리 효율성과 능력 차원에서 발달적인 변화를 설명하려고 시도하는 이론

신피아제이론은 피아제의 단계적 접근을 수용하지만, 정보처리 효율성과 능력 차원에서 발달적인 변화를 설명하려고 시도한다. 이 분야에서 가장 저명한 연구자인 Robbie Case (1992, 1998)는 한 단계에서 다음 단계로의 이동을 설명하기 위해 구체적인 정보처리전략의 습득을 중시하였다. 예를 들어, 아이가 물을 가지고 놀 때 높고 긴 컵에서 낮고 넓은 컵으로 부어진 물의 수면이 더 낮아 보일 수 있다는 것을 알게 된다. 이러한 경험이 여러 번 반복됨에 따라 이 지식은 자동화되고, 결국 아동의 인지적 레퍼토리의 한 부분이 된다. 양의 보존개념이 다른 질량이나 수의 보존개념과 이후 결합됨에 따라 전체적인 보존개념의 구조가 형성된다는 것이다.

신피아제이론은 동화와 조절에 관해 더 명확한 설명을 제공함으로써 발달에 관한 우리의 이해에 기여한다. 다른 용기에 물을 붓는 것과 같은 구체적인 과제를 해 보는 것은 자동화를 이끄는 동화의 한 형태다. 자동화단계에 있는 아동은 더 이상 과제의 수행 결과에 대해 의식적으로 생각하지 않아도 된다. 자동화는 이후 물을 이용한 보존과 다른 물질을 이용한 보존 사이의 연결을 생각할 기억 공간을 비워 준다. 아이가 이러한 같은 연결을 마쳤을 때 더 종합적인 새 도식을 구성하게 되며, 세상이 어떻게 작동하는지에 관해 더 완벽하고 정확한 이해를 갖게 된다. 이는 조절의 한 형태라고 할 수 있다. 이러한 정보처리 관점은 보존개념이 왜 서로 다른 영역에서 함께 나타나지 않는지, 그리고 보존개념이 경험에 왜 의존하게 되는지를 설명하는 데 유용성을 제공한다. 또한 이 관점은 구체적인 영역별 보존개념이 이후 어떻게 전체적인 보존 도식으로 통합되는지를 설명해 준다.

정보처리이론(Information procesing theory)
기억하기나 문제해결과 같은 인지적 과제를 해내기 위해 학습자들이 사용하는 복잡한 전략의 관점에서 인지발달을 설명하는 이론

정보처리이론은 인지적 과제를 해내기 위해 학습자들이 사용하는 복잡한 전략의 관점에서 인지발달을 설명한다(Kuhn & Franklin, 2006; Munakata, 2006). 예를 들어, 15초 동안 다음의 목록을 보고 나서 얼마나 많은 항목을 기억할 수 있는지 확인해 보라.

사과	곰	고양이	포도
망치	배	오렌지	소
의자	소파	끌	등
톱	식탁	코끼리	펜치

대부분의 성인은 목록을 가구, 과일, 도구, 동물과 같은 범주로 조직화하고, 구체적인 항목을 기억하기 위해서 이 범주를 사용한다 (Pressley & Hilden, 2006). 이에 비해 어린아이들은 개별 항목을 반복하는 것과 같은 덜 효과적인 전략을 사용하는 경향이 있다. 단순히 항목을 반복하는 것은 비효율적인 전략이며, 어린 학생들은 정보를 기억함에 있어서 이 같은 전략을 사용함으로써 낮은 결과를 나타내 보인다. 인지학습이론에 대해서 논의하는 7~9장에서 전략 사용과 관련하

구체적인 과제를 해 보는 것은 자동화를 이끄는 동화의 한 형태다.

여 더 상세하게 보게 될 것이다.

교실에의 적용

발달에 대한 피아제 관점을 교실에 적용하기

1. 구체적인 경험은 인지발달에 필수적이다. 특히, 추상적인 개념을 새로 소개할 때 구체적인 사례를 제시하라.
   - 초등학교: 교사가 학생들을 동물원에 데려감으로써 동물에 관한 단원을 시작한다. 대부분의 시간을 동물원에서 보낼 계획이다.
   - 중학교: 영어교사가 학생들에게 그들이 읽고 있는 소설에 대한 역할극을 해 보게 한다. 그 후 등장인물의 느낌과 정서에 대해 논의한다.
   - 고등학교: 사회교과 교사가 학생들이 법제도를 이해하는 데 도움을 주기 위해 학생들이 모의재판을 해 보도록 한다. 활동이 끝나면 모의재판 참가자들이 각각 다른 관점에서 그 과정에 대해 논의하게 한다.

2. 사회적 상호작용은 인지발달에 큰 영향을 준다. 학생들의 현재 발달 수준을 평가하기 위해 상호작용을 이용하고, 학생들을 더 발전된 수준의 사고과정에 노출시켜라.
   - 초등학교: 5학년 과학 담당 교사가 빛의 굴절에 대한 설명을 마친 후 학생들에게 그들이 이해하고 있는 바를 설명하도록 시킨다. 나머지 학생들에게는 설명하는 학생들에게 질문을 하게끔 격려한다.
   - 중학교: 학년 초에 과학교사가 학생들에게 변인의 통제와 비율적인 사고를 요하는 과제에 대한 예비시험을 실시한다. 이 정보를 이용하여 협동학습 과제를 위한 모둠을 짜는데, 같은 조에 서로 다른 발달 수준의 학생들을 배치한다. 그는 칠판 앞에서 소리 내어 생각하기 시범을 보이고 학생들이 모둠 내에서 그와 같이 하게 한다.
   - 고등학교: 수학교사가 학생들에게 칠판에 기하학 증명 문제를 풀면서 그들의 추론과정을 설명하도록 시킨다. 교사는 학생들에게 그들의 생각을 명료하게 하는 질문을 던지고 다른 학생들도 그와 같이 할 것을 장려한다.

3. 학습과제가 학습자의 발달 수준과 맞거나 조금 넘어설 때 인지발달이 일어난다. 사고할 때 발달 수준에 적합한 연습을 제공하라.
   - 초등학교: 교사가 두 명씩 짝을 이룬 아이들에게 다양한 모양의 도형을 나누어 준다. 교사는 학생들에게 도형을 분류하게 하고, 각 쌍에게 그들이 분류한 것을 설명하게 한다. 그러는 동안 교사는 아이들의 설명에 따라 자석판에 도형을 똑같이 분류한다. 교사는 다른 학생들에게 도형의 분류가 맞는지, 또 다르게 분류할 수 있는지를 물어본다. 학생들이 다른 제안을 하면 그 설명에 따라 교사는 같은 과정을 반복한다.
   - 중학교: 수학교사가 학생들에게 m2+2m+1의 다항식을 인수분해하게 한다. 그리고 다음과 같이 묻는다.
     "만약 중간 항에 2가 없어도 이 다항식을 인수분해할 수 있을까?"
   - 고등학교: 역사교사가 사람들이 종종 경제적 이유로 이민을 간다고 설명한다. 그리고 다음과 같이 묻는다.
     "김상철 씨는 우리 사회에서 상류층에 속하는데, 최근 호주로 이민을 가려고 해요. 그 이유는 무엇일까요?"
     학생들은 이 사례와 또 다른 사례를 이용해 자신들이 형성한 가설을 얼마나 일반화할 수 있는지를 검증한다.

◈ 이해 점검 활동

2.1 오늘날 교실에서 볼 수 있는 학생들이 실제 참여하는 학습활동은 피아제 이론의 적용이다. 직접 손으로 만지는 경험적인 활동이 그의 이론을 어떻게 응용한 것인지를 구체적으로 설명해 보라.

2.2 중심화, 변형, 가역성의 개념을 사용해서, 전조작기 아동이 [그림 2-5]에서의 동전, 진흙 과제에서 왜 수나 양을 '보존'하지 못하는지를 설명하라.

2.3 다음의 이야기를 읽고 조절과 동화, 평형화, 경험, 조직화, 도식 개념이 그 이야기 내에서 어떻게 설명되어 있는지를 한 단락으로 설명하라.

당신은 맥킨토시 컴퓨터로 워드프로그램을 배웠고, 이 프로그램의 다양한 조작을 수행하는 데 익숙하다. 하지만 대학교에 가게 되었는데, 모든 컴퓨터가 윈도 시스템으로 운영되는 것이었다. 윈도 시스템을 학습하기 위해 친구에게 도움을 요청했고, 이후 윈도용 워드프로그램을 사용하는 것에도 익숙해졌고 다양한 작업을 수행할 수 있게 되었다.

발달의 사회문화적 관점: 비고츠키 이론

피아제(1952)는 아동을 스스로가 아이디어를 탐색하고, 이를 경험을 통해 적극적으로 검증하는 존재로 보았다. 반면 러시아 심리학자인 비고츠키(Lev Vygotsky)는 아동의 인지발달에서 사회문화적 요인을 강조하는 대안적인 견해를 제시하고 있다. **사회문화적 발달이론**은 아동의 인지발달에 대해 사회문화적 영향과 함께 언어의 역할을 강조한다(Vygotsky, 1978, 1986).

사회문화적 발달이론 (Sociocultural theory of development)

문화적 맥락 속에 내포된 사회적 상호작용과 언어가 개인의 인지발달에 미치는 영향을 강조하는 이론

문화적 맥락 안에서의 학습과 인지발달

이 내용을 시작하기에 앞서, 문화적 맥락 속에 내포된 사회적 상호작용과 언어에 의해 인지발달이 촉진되는 두 예를 살펴보자.

비고츠키(1896~1934)는 제정 러시아의 벨라루스에서 태어났다. 비고츠키는 어렸을 때 기존의 생각에 도전하고 더욱 깊은 이해를 촉진하는 사고방법인 소크라테스 문답법을 사용하는 개인 교사로부터 교육을 받았다. 이러한 교육경험을 통해 비고츠키는 인지발달은 언어와 개인의 사회문화적 환경에 큰 영향을 받는다는 결론을 냈다. 그의 저서인 『사고와 언어』는 그가 결핵으로 사망하던 해에 러시아에서 출간되었다. 하지만 이 책은 1962년까지 영어로 번역되지 않았기 때문에 사후 오랫동안 비고츠키의 이론은 발달심리학에 영향을 미치지 못했다.

혜숙은 그녀의 네 살배기 딸 지혜를 무릎에 앉힌 채 『무엇이든 할 수 있는 작은 엔진』이라는 동화책을 읽어 주고 있었다.

"나는 할 수 있다고 생각해, 나는 할 수 있다고 생각해." 혜숙은 감정을 실어 동화를 읽어 주었다.

"너는 왜 '작은 엔진'이 '나는 할 수 있다고 생각해, 나는 할 수 있다고 생각해.'를 반복하여 말한다고 생각하니?"

이야기 속의 사건에 대해 말하며 그녀가 딸에게 물었다.

"우리는 노력하고, 노력하고, 또 노력해야 하니까요." 지혜는 조금 머뭇거리다 엄마의 격려를 받고 대답했다.

얼마 후 지혜는 유치원에서 두 명의 학급 친구들과 함께 과제를 하게 되었다.

"모르겠어." 친구인 미숙이가 불평했다.

"이건 너무 어려워."

"아냐, 우린 해낼 수 있어. 우린 좀 더 노력해야 해."라고 지혜가 말했다.

알래스카에 살고 있는 정호와 그의 아버지는 밖을 내다보고 신선한 눈이 땅을 온통 뒤덮고 있는 것을 보았다.

"아, 아름답구나." 그의 아버지는 열중하여 밖을 관찰하였다.

"이블릭(iblik), 특히 햇빛이 비칠 때 사냥하기에 가장 좋은 눈이지."

"이블릭이 뭐죠?" 정호가 물었다.

"그것은 부드럽고 새로운 눈이란다. 결정이 없지."

아버지는 눈을 한 움큼 집어 손가락 사이로 쉽게 빠져나가는 것을 보여 주며 말했다.

"바다표범들이 그것을 좋아한단다. 바다표범들은 바다에서 나와 그 위에서 일광욕을 즐기지. 그럼 우린 작살만 있으면 된단다. 오늘 우리 사냥은 괜찮겠구나."

얼마 뒤 정호는 친구인 유성이와 눈 위에서 하이킹을 하다 지표면을 온통 뒤덮고 있는 신선한 눈을 보았다.

"빨리 돌아가서 집에서 작살을 가져오자." 정호는 소리 높여 말했다.

"오늘은 바다표범들이 밖으로 나와 찾기 쉬울 거야."

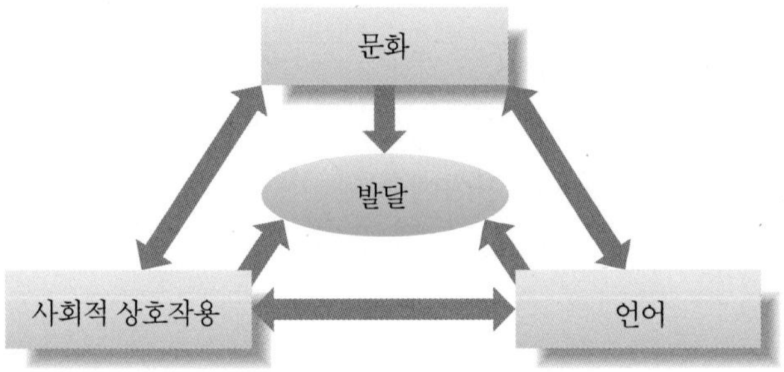

[그림 2-6] 문화적 맥락에서 학습과 발달

사회적 상호작용과 인지발달

사회적 상호작용이 인지적 불평형(disrupting equilibrium)을 유발하는 기제이며, 이후 학습자는 동화와 조절을 통해 도식을 형성하고 인지발달이 이뤄진다고 생각한 피아제(1910, 1977)와는 달리, 비고츠키(1978, 1986)는 사회적 상호작용이 학습과 인지발달을 가져오는 직접적 요인이라고 생각했다. 사회적 상호작용이 어떻게 인지발달에 영향을 끼치는지를 살펴보기 위해 앞에 제시된 두 사례를 같이 보도록 하자.

첫째, 각 사례에서 학습은 각 사회적 상황이라는 맥락 속에서 직접적으로 발생하였다. 지혜는 엄마가 책을 읽고 이야기해 주는 과정에서 인내심을 배웠고 정호는 그의 아버지와 함께 생활하면서 사냥에 대해 배웠다. 비고츠키의 견해에 다르면, 개인의 인지능력은 사회적 상호작용에 의해 발달한다.

둘째, 아동은 또래 간의 상호작용과 사회적으로 경험과 지식이 더 많은 다른 사람들, 특히 어른과의 상호작용을 통해 혼자서는 얻지 못했을 이해체계를 발달시켜 나감을 볼 수 있었다. 이러한 이해체계는 개념과 상징(수와 언어) 같은 **인지도구**를 통해 발달하며, 이것은 사람들이 사고할 수 있게 하고 문제를 해결하고 문화 안에서 상호작용할 수 있도록 하는 실제 도구로 기능한다. 예를 들어, 알래스카 서쪽 베링 해 지역에 사는 유픽족은 얼음과 관련해 물결무늬 얼음(wavy ice), 해안가 얼음(shore fast ice), 작은 조각 얼음(small cakes of ice), 작고 얇은 얼음(thin ice overlapped like shingles) 등을 포함한 99개의 다른 개념을 사용한다(Block, 2007). 이러한 개념은 그들이 자신의 문화권 내에서 생활할 수 있게 도와준다. 서구문화에서는 컴퓨터, 아이팟, 인터넷 그리고 많은 다른 도구가 우리가 효율적으로 생활할 수 있게 도와주는 도구로서 기능한다.

인지도구(Cognitive tool)

사람들이 생각하고, 문화 안에서 기능하도록 하는 실제적 도구와 함께 쓰이는 개념과 상징(숫자와 언어)

비고츠키는 아동이 스스로 문화적 지식을 새롭게 창조해 낼 필요는 없다고 보았다. 이러한 지식은 수천 년에 걸쳐 축적되었으므로 사회적 상호작용을 통해 내면화하면 되는 것이다(Leont'ev, 1981). **내면화**는 학습자가 외부적 · 사회적 활동을 내면의 인지처리과정에 의해 통합하는 과정을 말한다.

내면화(Internalization)

학습자가 외부의 사회적 활동과 내면의 인지적 과정을 결합할 때 거치는 과정

> 아이의 문화적 발달은 두 개의 측면에서 나타난다. 첫 번째는 사람들 사이에서 발생하는 사회적 측면에서이고, 두 번째는 아이의 내면에서 발생하는 개인적 측면에서다. 이것은 자발적인 관심과 논리적인 기억, 그리고 개념 형성에 동일하게 작용한다. 모든 고차원적인 기능들은 개인 간의 실제적인 관계에서 발생한다(Vygotsky, 1978: 57).

내면화는 아이의 내적 세계와 외부 세계를 연결하는 고리를 형성하고 인지발달의 기본적인 기제가 된다. 앞에 제시된 예시의 두 아동은 특수한 문화적 지식을 내면화했다. 지혜는 인내심의 가치를 배웠고, 정호는 훌륭한 사냥의 조건에 대해 배웠다. 이후 그들은 자신들이 학습한 것을 다른 복잡한 문화적 맥락 안에 통합시켰다. 예를 들어, 지혜는 하던 것을 그만두고 싶어 하는 미숙이를 격려해 줬고, 정호는 유성이와 눈 위에서 하이킹을 하다가 오늘이 사냥하기 좋은 조건임을 간파했다. 자신이 학습한 것이 새로운 문화적 맥락으로 통합되

는 현상은 인지가 발달하고 있음을 의미한다. 지혜와 정호는 어른의 말을 수동적으로 듣기만 하지 않았다. 그들은 상호작용의 역동적인 참여자였다. 활동(activity)은 사회문화이론의 핵심적인 개념이다(Roth & Lee, 2007). 비고츠키는 아이들이 보다 많이 알고 있는 사람들과의 활동과 의미 있는 상호작용 속에서 배운다고 믿었다. 활동은 대화가 발생할 수 있는 기저를 제공하고 아이들은 활동에 의해 유도된 대화를 통해 생각을 교환하고, 이를 통해 인지발달이 이루어진다.

언어와 인지발달

비고츠키의 이론에서 언어는 매우 중심적 역할을 하며, 인지발달에서 적어도 세 가지 역할을 수행한다. 첫째, 사회적 상호작용을 통해 언어는 다른 이들이 이미 가지고 있는 지식에 접근할 수 있게 한다.

둘째, 언어는 문제를 해결하고 세계에 대해 생각할 수 있게 하는 인식의 도구를 학습자에게 제공한다. 예를 들어, 정호가 이블릭(iblik)에 대해 배웠을 때 그는 그것이 어떻게 발음되고, 어떤 뜻을 가진 단어인지 바로 알지 못했다. 그는 그것이 부드럽고, 새롭고, 결정이 없으며, 사냥에 성공할 확률을 높여 주는 무엇임을 아버지와의 대화를 통해 배웠다.

셋째, 언어는 개인적 사고에서 중요한 기능을 수행한다. 언어는 우리 자신의 생각을 조절하고 반영하는 수단을 제공한다(J. Byrnes, 2001a; Winsler & Naglieri, 2003). 우리는 자기 자신과 대화를 나눈다. 예를 들어, 우리는 화가 나거나 좌절했을 때 투덜거리며 불확실한 상황에서 자신에게 말을 한다. "앗, 타이어가 펑크 났네. 어떻게 하지? 잭은 트렁크에 있나? 그래! 잭으로 차를 올리기 전에 타이어 나사를 느슨하게 해 두어야겠군."

아동 역시 그들 자신에게 말한다. 자유 시간에 보육원이나 유치원에 들어가면서 우리는 아이들이 특별한 화자 없이 중얼거리는 것을 들을 수 있다. 좀 더 가까이에서 듣는다면, 우리는 아이가 어떤 일을 시도하면서 혼잣말을 하고 있음을 알 수 있을 것이다. "음…… 어느 단추가 어디로 가야 하지? ……차라리 바닥에서부터 시작해서 가장 아래에 있는 첫 번째 단추를 저기에 끼워야겠다." 비고츠키는 이러한 막연한 대화가 내재화된 사적 언어의 선구적 역할을 한다고 믿었다.

사적 언어 (Private speech)
사고와 행동을 유도하는 혼잣말

비고츠키는 이 내면에서 자유롭게 흘러나오는 말을 내면화의 선도자인 사적 언어라고 생각했다. 이것은 자신의 생각과 행동을 이끌기 위해 스스로에게 말하는 일종의 자기말(self-talk)이다. 피아제(1926)는 어린아이들에게서 이러한 언어 행동을 발견하고 '자기중심적 언어(egocentric speech)' 라고 명명했다. 하지만 비고츠키는 언뜻 보아 의미 없이 중얼거리는 것으로 보일 수 있는 것이 자기조절(self-regulation)의 시작을 의미한다고 생각했다. 사적 언어는 새로운 정보를 암기하는 과정("내가 그 숫자를 반복한다면, 나는 그것을 외울 수 있을 거야."), 문제해결과정("어디 보자, 이 문제가 어떤 종류의 답을 묻고 있는 거지?")과 같은 복잡한 인지기술의 토대를 제공한다. 발달이 진행될수록 사적 언어는 점차 적어지지만 여전히 중요한 요소로 남는다.

문화와 인지발달

문화는 비고츠키의 발달에 대한 개념 중 세 번째로 중요한 개념으로 발달이 일어나는 상황적 맥락을 제공한다(Glassman, 2001). 문화의 역할은 정호와 그의 아버지의 예에서 가장 구체적으로 묘사된다. 이들이 상호작용하는 과정에서 이블릭이라는 알래스카 문화에서의 독특한 개념을 사용하는 것은 이들의 사고와 의사소통 모두에 중요한 메커니즘을 제공한다.

근접발달영역

앞에서 보았듯이 아동은 더 많은 지식을 가진 사람과 상호작용하는 경험을 통해 일종의 교육적 혜택을 얻을 수 있다. 하지만 모든 형태의 상호작용이 동일하게 효과적인 것은 아니다. 학습자는 근접발달영역 안에서 상호작용할 때 가장 큰 혜택을 얻을 수 있다. **근접발달영역**이란 아동이 혼자서는 할 수 없지만 자신보다 유능한 타인의 도움을 받으면 할 수 있는 과제의 범위를 말한다. 따라서 이 영역은 아이들과 상호작용하는 성인이 아동의 발달을 촉진시킬 수 있는 학습상황을 나타낸다(Glassman & Wang, 2004; Gredler & Shields, 2004). 비고츠키(1978)는 이것을 "타인의 도움 없이 문제를 해결할 수 있는 현재 발달단계와 성인의 안내나 보다 우수한 동료와의 협동을 통해 문제를 해결할 수 있는 잠재적 발달단계 사이의 거리"라고 설명한다(p. 86). 학습자들은 그들이 숙달해야 하는 각 과제에 대하여 근접발달영역을 가지고 있으며, 다른 이의 실질적 도움을 받기 위해서는 그 영역 안에 있어야 한다.

> **근접발달영역(Zone of proximal development)**
> 한 개인이 혼자 해결할 수 없지만 다른 사람의 도움을 받아 해결할 수 있는 과제의 범위

발판: 상호적인 교수 지원

부모나 교사와 같이 더 많이 아는 타인은 학습자가 근접발달영역에서 시도해야 될 과제를 수행할 때 필수적인 역할을 담당한다. 예를 들어, 어린아이가 걸음마를 배울 때 아이의 부모는 종종 아이 뒤에서 따라 걷거나 걸음걸이가 불안할 때는 손을 잡아 준다. 아이들이 발달할수록 부모는 한 손만 잡아 주거나 이후에는 아이 혼자 걸을 수 있게 해 준다. 이와 같은 사례는 아이들이 혼자서는 완수할 수 없는 과제를 해결할 수 있게 해 주는 도움인 **발판 또는 비계**(scaffolding)의 개념을 잘 설명해 준다(Puntambekar & Hubscher, 2005; D. Wook, Bruner, & Ross, 1976).

> **발판 또는 비계(scaffolding)**
> 아동이 독립적으로 할 수 없는 과제를 완성하도록 하는 도움

아장아장 걷는 아이의 걷기능력 발달이 부모의 도움으로 증진되었던 것과 같이 학생들의 발달은 교사의 지원을 통해 증진될 수 있다(Rogoff, 2003; Lutz, Guthrie, & Davis, 2006). 이러한 교수 지원이 없으면 발달은 지체된다. 하지만 효과적인 발판은 학습자가 자기 스스

로 발전할 수 있을 만큼의 도움만을 제공하는 것임을 유념해야 한다. 즉, 도움을 준 사람은 아버지였지만 실제로 걸은 사람은 아이였음을 기억해야 한다. 따라서 학습자를 위해 과제를 대신 해 주는 것은 발달을 지체시키는 일이다.

다양한 교수 발판의 유형을 제시하면 〈표 2-2〉와 같다.

표 2-2 table

교수 발판의 유형

발판의 유형	예
모델링	미술교사가 학생들로 하여금 새로운 화법을 사용하여 그림을 그리도록 말하기 전에 먼저 시범을 보인다.
소리 내어 생각하기	한 물리교사가 칠판에 운동량 문제를 풀면서 자신의 생각을 소리 내어 말한다.
질문	물리교사가 학생들에게 중요한 시점에서 관련 질문을 던짐으로써 학생들이 문제를 보다 구체적으로 이해할 수 있게 한다.
수업자료 조정하기	한 초등학교 체육교사가 농구 슛 하는 기술을 가르치는 동안 농구대의 높이를 낮췄다가 학생들이 능숙해짐에 따라 농구대의 높이를 높인다.
조언과 단서	취학 전 아동들이 신발끈 묶는 것을 배울 때 유치원 교사가 줄을 엇갈려 가면서 끼우도록 옆에서 필요한 힌트를 준다.

이론에서 실제로

비고츠키의 공헌: 교수전략

피아제의 연구와 함께 비고츠키의 연구는 교수원리에 시사하는 바가 크다. 이것을 적용하는 데 다음에 제시된 교수원리들이 지침이 될 수 있다.

① 문화적으로 적절한 맥락 속에서 학습활동이 이루어지도록 하라.
② 학생들이 서로 사회적 상호작용을 할 수 있도록 하고 자신의 이해를 언어로 설명하도록 장려하라.
③ 학습자의 근접발달영역 내에 있는 학습활동을 만들어라.
④ 학습과 발달을 촉진시키기 위해 발판(scaffolding)을 제공하라.

그럼, 이 원리들이 어떻게 7학년 교사인 권 교사의 수업에 적용되고 있는지를 살펴보자.

권 교사는 똑같은 아이팟(iPod)에 관한 두 가지 신문 광고를 가지고 수학수업을 시작했다. 테크월드사는 다음과 같이 광고했다.

"이 지역에서 가장 싼 가격입니다."

경쟁사인 컴퓨월드사는 고객들에게 쿠폰을 제공하며 다음과 같이 광고했다.

"이 쿠폰을 가져오시면 원래 저렴한 가격에서 15%를 추가로 할인해 드립니다."

권 교사가 물었다.

"그렇다면 여러분은 어느 곳에서 아이팟을 사겠어요?"

권 교사는 "우리는 어떻게 싼 곳을 알아낼 수 있을까?"라고 다시 묻는다.

논의가 더 진행된 후 학생들은 15%가 할인된 가격이 얼마인지를 알아야 한다고 결정했다.

이해를 점검하기 위해 권 교사는 먼저 소수와 백분율에 대해 복습했다. 학생들을 세 명씩 한 모둠이 되게 구성하고, 학생들에게 새로운 두 개의 문제를 주었다. 첫 번째 문제는 다음과 같다.

한 게임 가게에 45개의 비디오 게임을 가지고 있다. 주인은 이 중 유행이 지난 25개의 게임을 세일했다. 몇 퍼센트의 비디오 게임이 세일 중인가?

학생들이 모둠활동을 하는 것을 둘러보던 중, 권 교사는 희경, 효식, 정아가 있는 모둠이 힘들어하는 것을 보았다. 희경이는 문제를 신속하게 풀고 있었고, 효식이는 소수와 백분율을 구하는 데 분수값이 필요하다는 것을 알고 있었지만 소수 계산을 힘들어했다. 정아는 문제에 어떻게 접근해야 하는지를 몰라 빈 종이만 바라보며 앉아 있었다.

"자, 이런 문제들에서 백분율을 어떻게 계산하는지 이야기해 보자."

권 교사가 그 모둠 앞에 쪼그리고 앉아 말했다.

"희경이가 첫 번째 문제를 어떻게 풀었는지 설명하면 우리가 그대로 따라할게. 그러고 나서 다음 문제는 다른 사람에게 시킬 거야."

희경이가 시작했다.

"네, 이 문제는 비디오 게임의 몇 퍼센트가 할인되는지를 묻는 문제예요. 저는 어떻게 분수로 만들 수 있을까를 먼저 생각했어요. 그러고 나서 그것을 가지고 소수를 만들었고, 백분율로 만들었죠. ……음, 저는 그렇게 풀었어요. ……여기까지요."

그리고 희경이는 자신이 어떻게 문제를 풀었는지 시범을 보였다.

"좋아, 이번에는 이 문제를 풀어 보자."

권 교사가 말했다.

"태섭이는 햄스터를 키웠는데 그것들을 애완동물 가게에 팔려고 해. 그에게는 열두 마리가 있는데 아홉 마리를 팔았어. 그럼 몇 퍼센트를 판 것일까?"

권 교사가 이어 말했다.

"가장 먼저 알아야 할 값은 태섭이가 판 것을 분수로 나타내는 것이야. 자, 여기서 왜 분수로 나타내야 할까? 효식이가 말해 볼래?"

"음…… 저기…… 만약에요. ……일단 분수값을 구하게 되면요, 다음에 소수를 만들 수 있고 또 다음에 퍼센트를 만들 수 있어요."

"좋아, 그럼 태섭이가 판 것을 분수로 나타내면 얼마지? ……정아가 대답해 볼래?"

"…… 12분의…… 9요."

권 교사가 미소 지으며 말했다.

"잘했어. 그럼 효식아, 분수를 가지고 어떻게 소수를 만들지?"

효식이가 머뭇거리며 대답했다.

"음…… 9를 12로 나누면 돼요."

"잘했어." 권 교사가 미소 지었다. 그리고 그가 지켜보는 동안 효식이는 금세 0.75라는 값을 얻었다. 정아 역시 주저하며 시작했지만 개념을 파악하기 시작했다.

모든 모둠이 주어진 세 문제를 다 풀고 난 뒤 권 교사는 학생들을 다시 모아 몇 명의 학생들에게 설명을 하도록 시켰다. 학생들이 자신의 설명을 말로 풀어 내는 데 어려움이 생길 때면 그는 학생들의 생각과 설명에 길잡이가 될 만한 질문을 던져 주었다.

그런 다음 그는 처음의 아이팟 문제로 다시 돌아와 학생들이 백분율에 관해 알고 있는 지식을 아이팟 문제에 적용해 보게 하였다.

비고츠키의 이론에 기초한 교수원리를 수업에 적용하려고 노력한 권 교사의 시도를 좀 더 자세히 들여다보자. 그는 학생들의 실생활과 관련된 문제로 수업을 하라는 첫 번째 원리를 적용했다. 아이팟은 우리 문화의 일부분이고 쇼핑은 중학교 학생들에게 익숙한 활동이기 때문에 권 교사의 문제는 실제로 접할 수 있는 문제다.

2번째 원리에 따라 그의 학생들은 사회적 상호작용을 했고 그들의 이해를 언어로 설명했다. 그리고 권 교사는 각 학생들의 근접발달영역에서 학습이 이뤄질 수 있도록 조절했다. 이 원리를 수행하기 위해, 서로 다른 이해 수준에 있는 희경, 효식, 정아와 다 함께 문제를 다시 살펴보았다. 희경이는 교사의 도움 없이도 문제를 풀 수 있었다. 그래서 권 교사는 희경이에게 좀 더 난이도 있는 단계인 그녀의 풀이방법을 설명하게 했다. 효식이는 권 교사의 도움을 받아 문제를 해결할 수 있었고, 이것은 효식이의 근접발달영역에 있는 과제였다. 하지만 정아의 근접발달영역은 더 낮았다. 그래서 권 교사는 정아의 영역에 맞게 자신의 전략을 수정해야 했다. 정아는 문제에 어떻게 접근해야 하는지도 몰랐다. 하지만 권 교사는 정아에게 분수의 정의를 묻고 햄스터를 분수로 표현하는 방법을 찾게 함으로써 문제를 풀게 했다. 권 교사는 정아의 근접발달영역을 찾기 위해 교수법을 수정하고 이런 발판을 바탕으로 정아의 발달을 촉진할 수 있었다.

권 교사의 교수법은 간단해 보이지만 사실 이것은 굉장히 섬세한 작업이다. 학생들을 관찰하고 귀 기울임으로써 권 교사는 학생들의 현재 이해 수준을 판단하고 그들의 학습활동이 근접발달영역 내에 있게끔 수정하는 것이다.

권 교사는 질문을 통해 희경, 효식, 정아 모두에게 발판을 제공하며 4개의 원리를 수업에 적용시켰다. 그리고 그는 학생들이 스스로 발달할 수 있을 만큼의 도움만을 제공했다. 효과적인 발판은 학습자의 역량과 학습수행능력에 맞게 교수 상황에서 요구되는 사항을 조절한다 (Puntambekar & Hübscher, 2005). [그림 2-7]은 학생들의 근접발달영역과 권 교사가 제공한 발판의 관계를 나타낸다.

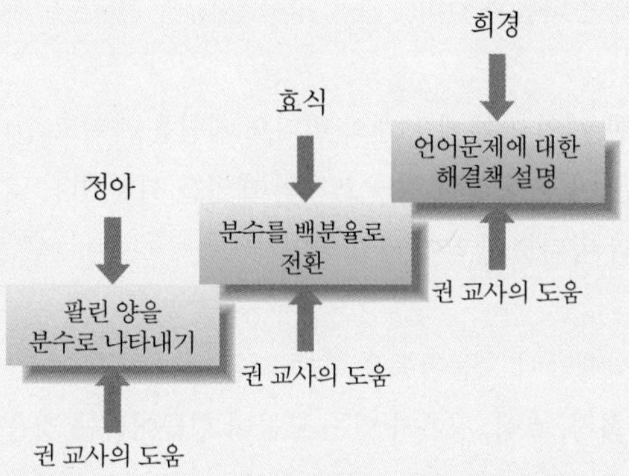

[그림 2-7] 세 개의 근접발달영역에서 발판 과제

지식 구성에 대한 피아제와 비고츠키의 관점

인지발달에 대한 피아제와 비고츠키의 설명에는 중요한 유사점과 차이점이 있다 (Fowler, 1994). 예를 들어, 두 관점 모두 지식은 다른 사람들로부터 수동적으로 전달받는 것이 아니라 그들 스스로가 적극적으로 구성하는 것이라는 입장을 채택하고 있다. 하지만 지식이 구성되는 과정에 대해서는 다른 시각을 가지고 있다. 피아제는 개인이 스스로 자신의 지식을 구성한다고 생각한 반면, 비고츠키는 사회적 상호작용을 통해 생긴 지식이 개인에 의해 내면화된다고 보았다.

두 관점은 모두 언어와 사회적 상호작용의 중요성은 인정하지만 발달과정상 각각의 역할에 대해서는 다르게 설명하고 있다. 피아제에게는 언어와 사회적 상호작용이 평형상태를 깨뜨리고 지식을 재구성하는 기제로 작용한다. 비고츠키에게는 언어와 사회적 상호작용이 사회적 환경 속에서 지식을 구성하는 직접적 역할을 담당한다(Rogoff, 2003).

두 관점은 교사가 가능한 한 강의와 설명을 지양하고 학생들이 인지적 사고를 적극적으로 사용할 수 있는 활동에 참여하게 해야 한다고 말한다. 〈표 2-3〉은 피아제와 비고츠키의 발달 관점을 비교해 놓았다.

웹 자료실

중학교 교사가 학생들의 인지적 발달을 돕기 위해 기울이는 노력을 보려면 www.myeducationlab.com 2장 '활동과 적용'의 부분을 보라. 그리고 이어지는 질문에 답하라.

표 2-3 table

지식 구성에 대한 피아제와 비고츠키의 관점 비교

	피아제	비고츠키
기본적인 물음	모든 문화에서 새로운 지식은 어떻게 만들어지는가?	특정 문화 내에서 지식의 도구가 어떻게 전달되는가?
언어의 역할	상징적 사고의 발달을 돕는다. 하지만 지적 기능 수준을 질적으로 높여 주지는 않는다.	사고, 문화전달, 자기조절을 위한 필수적인 기제다. 지적 기능 수준을 질적으로 높여 준다.
사회적 상호작용	도식을 검증하고 확인하는 수단을 제공한다.	언어를 습득하고 생각을 문화적으로 교환하는 수단을 제공한다.
학습자에 대한 관점	사물과 개념을 적극적으로 조작한다.	사회적 맥락과 상호작용에 적극적이다.
교수에 주는 시사점	평형화를 깨뜨리는 경험을 계획하라.	발판을 제공하라. 상호작용을 안내하라.

◈ 이해 점검 활동

3.1 당신이 수학교사라고 가정해 보자. 학생들이 수학공부에 보다 적극적으로 참여하도록 촉진시키기 위해 이 장의 '언어와 발달' 부분에서는 어떤 것을 제안했는가?

3.2 미국 문화에서는 '얼음'에 대한 개념이 단순하다. 반면 유픽의 에스키모인들은 얼음에 대한 99개의 다른 개념을 가지고 있다. 비고츠키의 이론을 이용해 왜 이런 차이가 발생하는지 설명하라. 이 차이점을 학습자의 발달과 어떻게 연관지을 수 있겠는가?

3.3 당신이 새로운 워드프로그램을 익히는 데 실패했다고 가정해 보자. 이후 친구가 도와주자 새로운 워드프로그램을 잘 해냈다. 하지만 친구가 떠나자 당신은 다시 문제에 빠져 버렸다. 당신의 근접발달영역과 당신 친구의 근접발달영역의 차이를 설명하라. 이 차이점을 학습자의 발달과 어떻게 연관지을 수 있겠는가?

교실에의 적용

비고츠키의 발달이론을 교실에 적용하기

1. 인지발달은 문화적으로 의미 있는 과제에서 발생한다. 교수활동을 구성할 때 의미 있는 활동과 실제 과제를 사용하라.
- 초등학교: 4학년 교사가 학생들에게 학급 출석에 대한 그래프를 그리게 함으로써 그래프 그리는 방법을 가르친다. 남학생과 여학생에 대한 정보가 기록되었고, 몇 주간의 데이터가 나오면 그 패턴에 대해 논의한다.
- 중학교: 과학교사가 학교 날씨에 대한 일일 기록을 이용해 날씨 단원에 대한 수업을 구성한다. 매일 학생들은 기온을 재고, 구름이 낀 정도와 강수량을 관찰하고, 수집된 데이터를 달력에 기록하며, 데이터를 그래프로 나타낸다. 그러고는 실제 날씨와 신문의 기상 보도를 비교한다.
- 고등학교: 사회교사가 학생들이 정치 투표와 선거과정을 이해하도록 도움을 주고자 한다. 국가 선거에 앞서 학생들에게 그들의 부모와 다른 학생을 대상으로 여론 조사를 하게 한다. 그 뒤 학생들의 조사 결과를 실제 선거 결과와 비교해 보도록 한다.

2. 발판 또는 비계는 학생이 근접발달영역에서 발전할 수 있도록 도와주는 교수 지원을 말한다. 바람직한 교사는 학생들이 각자의 영역에서 발전할 수 있도록 충분한 발판을 제공한다.
- 초등학교: 학생들이 쓰는 것을 처음 배울 때 한 교사는 아이들에게 점선으로 글자의 윤곽선을 주고 글자 크기에 맞추어 가운데에 선이 그어진 종이를 준다. 학생들이 좀 더 잘 쓰게 되면 이런 도움을 주지 않는다.
- 중학교: 과학교사가 학생들이 실험보고서 작성을 배우는 것을 돕기 위해 학급 전체와 함께 실험을 하고 학급활동으로 자유롭게 보고서를 쓰도록 한다. 그 뒤 교사는 필수적인 내용을 포함하는, 실험 결과를 체계적으로 보고하는 데 사용되는 형식을 가르쳐 준다. 이후 교사는 학생들에게 실험 결과를 보고할 때 알맞은 형식을 따르도록 상기시킨다.
- 고등학교: 미술교사가 자신의 작품과 슬라이드를 보여 주고, 다른 학생들의 작품도 보여 주면서 원근법 단원의 수업을 시작한다. 학생들이 자신의 그림 그리기 작업을 하는 동안 교사는 개별적인 피드백을 제공하고, 후에 완성된 그림을 학급 전체와 공유하여 원근법이 각 그림에 어떻게 적용되어 있는지를 논의하게 한다.

3. 비고츠키는 사회적 상호작용이 인지발달의 주요 요인이라고 말했다. 학생들의 상호작용을 촉진시킬 수 있도록 학급활동을 구조화하라.
- 초등학교: 5학년 학생들이 작문 과제를 마친 뒤, 교사는 학생들이 쓴 글을 서로 공유하게 한다. 그 과정을 돕기 위해 자신들이 쓴 글에 대해 논의하는 데 사용할 수 있는 중심적인 질문을 준다. 그 뒤 학생들은 자신들의 논의 내용을 바탕으로 교사에게 글을 제출하기 전에 다시 자신의 글을 고쳐 쓴다.
- 중학교: 영어교사가 수업시간에 배우는 문학작품에 대한 논의를 위해 모둠별 협동학습을 이용한다. 교사는 각 모둠에게 미리 마련된 질문 목록에 답하도록 시키는데, 그 질문은 모둠원들에게 작품에서 제기된 이유에 대한 모둠의 입장을 갖도록 요구한다. 학생들이 모둠 안에서 논의를 하고 난 뒤에는 그들의 관점을 전체 학급과 공유하도록 한다.
- 고등학교: 고등학교 생물 수업시간에 학생들은 모둠활동으로 시험을 준비한다. 각 시험 전에 교사가 시험 범위를 알려 주면 각 모둠은 주요 주제마다 문제를 하나씩 만들어야 한다.

언어발달

생후 5세가 되는 시기에 기적이 일어난다. 태어날 때에는 의사소통능력이 제한되어 있던 아이가 학교에 입학할 때에는 언어를 자유자재로 구사한다. 전문가들은 6세 아동이 8,000~14,000개 단어를 알고 있으며, 6학년의 경우 어휘가 80,000단어까지 확장된다고 추정한다(Biemiller, 2005). 주목할 만한 것은 학령기가 되면 아동은 이러한 단어를 읽고, 대화하고, 배운 내용에 관하여 글을 쓰는 과정에서 사용할 수 있게 된다는 것이다.

모든 형태의 발달과 마찬가지로 경험은 언어발달에 필수적이다. 학교에서의 성공을 조사해 온 연구들은 일관되게 가정에서의 초기 언어 경험이 이후 학교에서의 성공에 기초를 제공한다고 제안한다(C. Sonw & Kang, 2006).

언어발달을 이해하는 것은 적어도 두 가지 이유 때문에 중요하다. 첫째로, 언어는 읽기와 쓰기 학습에 필수적이고, 모든 형태의 인지발달에 촉매 역할을 한다(E. H. Hiebert & Kamil, 2005). 학생들이 언어를 발달시킴에 따라 추상적인 개념을 학습하는 능력 또한 발달한다.

언어발달이론

생득이론
(Nativist theory)
유전적 측면에 초점을 맞추고 있으며, 모든 인간은 유전적으로 언어를 배우도록 설계되어 있다고 주장하는 언어발달이론

언어습득장치
(Language acquisition device: LAD)
아동으로 하여금 언어를 다루는 규칙을 이해하고 학습할 수 있게 해 주는 생득적 장치

언어발달이론은 서로 차이를 보이는데, 이러한 차이는 유전과 환경에 대한 강조에서 나타난다.

생득이론은 유전적인 측면에 초점을 맞추고 있으며, 그렇기 때문에 모든 인간이 유전적으로 언어를 배우도록 설계되어 있다고 주장하는 이론이다. 언어 경험 또는 자극에 대한 노출은 이러한 발달을 촉진시킨다. 생득이론의 창시자인 놈 촘스키(Noam Chomsky, 1972, 1976)는 생득적이며, 유전적으로 통제되는 **언어습득장치**(LAD)가 아동으로 하여금 언어를 다루는 규칙을 학습하게 한다고 주장한다. 아이들이 언어 자극에 노출됨에 따라 언어습득장치는 영어 의문문의 경우 주어가 동사 뒤에 나오는 것과 같은 언어를 지배하는 문법 규칙의 패턴을 분석한다.

언어발달은 경험과 언어연습 기회에 의해 촉진된다.

다른 이론은 환경에 대해서 보다 강조하는 입장을 취한다. 행동주의는 아동이 소리와 말을 실제로 해 보이고, 이를 성인이 강화하는 과정을 통해 언어발달이 이루어진다고 설명한다(B. Skinner, 1953, 1957).

두 살짜리 어린아이가 공을 주우며 "고~"라고 말한다.
아이의 엄마가 환하게 웃으며 말한다. "잘했어, 공 줄까."
아이가 "고~"라고 하며 엄마를 따라한다.
엄마가 "잘했어!"라고 다시 말한다.

엄마가 '잘했어!' '옳지!' 라고 말하면 아동이 말하려는 노력이 강화되고, 이 과정을 통해 시간이 지나면서 언어가 발달한다는 것이다(행동주의는 6장에서 다룬다).

사회인지이론은 언어학습 및 발달에서 모델링, 성인의 언어행동에 대한 아동의 모방을 강조한다(Bandura, 1986, 1989). 아이들은 풍부한 언어 환경 안에서 성장한다. 1세에서 3세까지의 아이들은 평균적으로 하루에 5,000개에서 7,000개의 단어를 듣는다고 알려져 있다(Tomasello, 2006). 아이들이 언어를 학습하는 과정에서 성인들은 아이들의 올바른 언어발달을 위한 교정적인 피드백을 제공한다. 예를 들어,

"아빠에게 쿠키 좀 줘."
"쿠키, 아빠."
"잘했어. 신혜가 아빠에게 쿠키를 줘."

아버지는 언어표현의 시범을 보였고, 신혜는 그것을 따라하려고 시도하며, 아버지는 딸의 시도에 대해 "잘했어. 신혜가 아빠에게 쿠키를 줘."라고 말하면서 언어표현을 보다 정교화하도록 피드백을 제공한다.

비고츠키의 사회문화이론은 언어발달에 대한 대안적인 관점을 제시한다. 아동은 일상의 상호작용 속에서 언어를 연습함으로써 이를 학습하는데, 이는 일상 활동에 삽입되어 있기 때문에 노력 없이 일어나는 것처럼 보인다. 어린아이의 언어발달을 돕는 과정에서 어른들은 그들의 언어를 아이들의 근접발달영역 내에서 일어나도록 조절해야 한다(Tamis-LeMonda, Bornstein, & Baumwell, 2001). 유아어(baby talk)나 모성어(motherese)는 메시지의 중요한 측면을 단순화하고 부각시키기 위해 간단한 단어나 짧은 문장, 억양 등을 이용한다(Baringa, 1997). 이러한 조절은 의사소통과 언어발달을 촉진하는 언어적 발판의 한 형태다. 아이들이 언어기술을 발달시킴에 따라 부모들은 보다 긴 단어나 훨씬 복잡한 문장을 사용하는데, 이는 아이들의 근접발달영역 내에서 이루어져야 한다.

초기의 언어발달

언어발달은 사실상 요람에서부터 시작된다. 어른들이 아이의 소리 내기(gurgling)나 목 울림(cooing)을 격려하기 위해 "오!" "아!" "똑똑하기도 하지!"라고 말해 주는 것으로 언어

발달이 시작되는 것이다. 1～2세경에 처음으로 하게 되는 말들은 일어문(holophrases)인데, 이는 아이들에게 완전한 문장과 같은 의미를 가지며, 보통 한두 단어로 된 발화를 말한다. 예를 들어,

"엄마 차."	저것은 엄마의 차다.
"바나나."	바나나 먹고 싶어요.
"가지 마!"	이렇게 무서운 보모와 나만 남겨 두고 가지 마세요.

아이들은 또한 의미를 전달하기 위해 억양을 사용하는 것을 배운다. 예를 들어, 똑같은 단어라도 다음과 같이 다르게 말하면 부모에게는 전혀 다른 메시지가 된다.

"쿠키."	저것은 쿠키예요.
"쿠키!"	쿠키 주세요.

억양을 다르게 쓴다는 것은 아이들이 언어를 의사소통의 도구로 사용하기 시작했다는 것을 나타낸다.

언어발달과정에는 크게 두 가지 형태가 나타나며, 이는 언어발달의 전 과정에 지속된다. 과잉 일반화는 아동이 어떤 단어를 너무 넓은 범위로 일반화하여 사용할 때 일어난다. 예를 들어, '차' 라는 단어를 버스, 트럭, 기차에도 사용하는 것이 그 예다(Gelman & Kalish, 2006). 이에 비해 과소 일반화는 더 드문 현상인데, 아동이 어떤 단어를 너무 좁은 범위에만 사용할 때 일어난다. 일반적인 고양이가 아닌, 자신이 가지고 있는 고양이에게만 '고양이' 라고 하는 것이 그 예다. 이 모두 언어발달에서 전형적으로 일어나며, 대부분의 경우 듣기와 말하기를 통해 수정된다. 예를 들어, 부모들은 "아니야, 그건 트럭이야. 봐, 바퀴가 더 많고 큰 상자가 위에 있잖아." 라고 말하며 아이들의 언어발달에 개입한다.

과잉 일반화 (Overgeneralization)
아동이 한 단어를 해당 범위 이상으로 넓게 사용하는 언어 패턴

과소 일반화 (Undergeneralization)
아동이 한 단어를 지나치게 좁은 범위로 사용하는 언어 패턴

어린 아이들은 다른 사람과의 의사소통과 세상에 대한 사고에 있어서 어떻게 언어가 사용되는지에 대한 나름의 이해를 가지고 학교생활을 한다. 이러한 기본능력으로서의 언어능력의 중요성은 학습, 특히 읽기와 쓰기에 관한 학습에서 큰 의미를 지닌다.

학령기 언어발달

언어는 학교에서의 학습에 중요한 역할을 수행한다. 학생들이 언어기술을 발달시키고, 이를 학습도구로 활용하고 있기 때문이다. 요약하면 인지와 언어발달은 밀접한 관계가 있다.

어휘발달

여러분은 이 장을 읽기 전까지 중심화, 대상 영속성, 가역성, 근접발달영역 등의 의미를 알지 못했을 것이다. 하지만 지금은 알고 있을 것이다. 이들 용어를 통해 표현되는 개념은 여러분이 인지발달을 이해하는 데 도움이 되는 지식기반의 일부를 형성해 주고, 이들 용어에 친숙해짐으로써 인지발달에 대한 자신의 이해를 깊게 할 수 있을 것이다. 영역 특수적인 어휘의 획득뿐만 아니라, 학생들은 논리, 공평함, 아름다움 등과 같은 추상적 개념을 이해한다. 이러한 어휘들은 그들의 세계관을 넓히고 삶을 풍요롭게 하는 기능을 수행한다.

의미론(Semantics)

단어의 의미와 이들 간의 결합에 관한 이론

단어의 의미와 이들 간의 결합에 대해 다루는 의미론은 언어발달에 있어 중요한 역할을 한다. 아이들은 약 10,000개의 단어를 알고 있는 상태에서 초등학교에 입학한다. 그리고 그들은 매일 20개가량의 새로운 단어를 획득하면서, 학교를 졸업할 때까지 8배 이상의 단어를 숙달하게 된다(Biemiller, 2005; S. Waxman & Lidz, 2006)!

이러한 엄청난 능력은 적어도 두 가지 방법으로 달성된다. 하나는 주요 개념에 초점을 두는 명시적 수업(explicit instruction)을 통한 것이다. 명시적 수업은 특히 전문적 용어를 소개할 때, 정확한 정의가 요구될 때, 그리고 용어들이 우연히 학습되지 않을 때 등에 유용하다(Reutzel & Cooter, 2008).

맥락, 대화, 혹은 문어(written language) 등을 통해 새로운 단어를 학습하는 두 번째 방법이다. 읽기는 특히 새로운 어휘학습에 있어서 중요한 의미를 지니는데, 그 이유는 문어가 구어보다 훨씬 더 많은 어휘를 포함하고 있기 때문이다(Nagy & Scott, 2000).

교사들은 구체적으로 수업시간에 용어들을 강조하고 이들 용어의 의미를 잘 나타내 주는 예들을 제공함으로써 학생들의 어휘력을 증진시키는 데 도움을 줄 수 있다(Peregoy & Boyle, 2005; Reutzel & Cooter, 2008). 효과적인 교과서는 중요 개념에 고딕체 사용하기, 정의 제공하기, 단원 말미에 주요 개념 열거하기 등으로 학생들의 개념 이해를 도울 수 있다. 교사들은 또한 토론과 질문 시에 학생들이 새로운 언어를 사용할 수 있도록 장려해 줌으로써 학생들의 언어발달을 촉진시킬 수 있다. 질문하기, 소그룹 활동, 글쓰기 등은 모두 언어발달의 효과적인 방법들이다.

구문의 발달

구문(Syntax)

단어들의 결합을 통하여 의미 있는 문장을 구성하는 규칙

단어는 언어의 구성요소다. 그러나 집이 단순히 벽돌의 합이 아닌 것처럼 언어발달은 단어 학습 그 이상을 의미한다. 다시 말해 언어발달은 구문의 이해, 즉 단어들의 결합을 통하여 의미 있는 문장을 구성하는 규칙에 대한 이해를 포함한다.

문법규칙의 학습은 연습을 통해 천천히 이루어진다(Tomasello, 2006). 학령기 동안 아이들은 점진적으로 다양하고 복잡한 언어규칙을 학습한다. 여기에는 수동태나 복문 등이 포함된다. 6세경에는 더 복잡한 문장 형식을 사용하기 시작하는데, 이 시기에는 다른 측면의 인지발달도 병행하여 일어난다. 예를 들어, "진숙이가 돈을 냈어요."와 "진숙이가 친구

에게 나가라고 했어요."라는 문장을 "진숙이가 친구에게 나가라고 하고, 자신이 돈을 냈어요."라는 문장으로 결합하여 말할 수 있다. 이와 같이 더 복잡한 문장을 사용할 수 있는 능력은 정보 간의 관계를 이해하는 아동의 능력이 발달하고 있음을 보여 주는 것이다.

교사들은 학생들이 읽고, 듣고, 다양한 문법 형태를 연습하게 함으로써 그들의 구문발달을 촉진시킬 수 있다. 또한 교사는 학생들이 배운 새로운 언어규칙을 말하고 쓸 수 있도록 장려해야 한다.

학습을 위한 언어의 사용

언어는 모든 과목을 학습하는 데 필수적이다. 그리고 이는 듣기, 읽기, 쓰기 활동 등을 통해서 일어난다.

학습의 많은 부분은 듣기활동을 통해 이루어진다(Cuban, 1993). 그러나 학생, 특히 어린 학생의 경우에는 이에 능숙하지 못하다. 어린 학생들은 잘 듣는 것이란 그저 끼어들지 않고 조용히 앉아 있는 것이라고 생각한다(McDevitt, Spivey, Sheehan, Lennon, & Story, 1990). 그들은 듣는 것이 능동적인 활동이라는 것을 알지 못하며, 수업시간에 질문을 하는 것이 허용되며 이를 통해 자신의 이해를 더 구체화할 수 있다는 것을 깨닫지 못한다.

이 같은 문제는 듣기활동의 중요성을 강조함으로써 해결할 수 있다(예, 나는 여러분이 주의 깊게 듣기를 바라요. 왜냐하면 우리는 이 주제를 이해하기를 원하니까요). 뿐만 아니라 당신은 수업 중 혹은 이후에 학생들이 얼마나 잘 들었는지를 확인하고, 듣기활동이 학습을 위한 것이라는 사실을 인식시켜 주기 위해 학생들에게 질문을 던질 수 있다. 학생들이 질문하는 것을 장려하는 것과 그들에게 질문하는 것이야말로 효과적인 학습자가 하는 일이라는 것을 주지시키는 것 또한 필요하다.

읽기활동 역시 학습에서 중요한 언어적 도구다. 2~3학년이 되면서 읽기의 강조점은 '읽기 위해 학습하는 것'에서 '학습하기 위해 읽는 것'으로 변화하게 된다(Reutzel & Cooter, 2008). 듣기와 마찬가지로 학생들은 읽기 또한 능동적이고 이해를 목표로 하는 의도적 활동이라는 것을 학습할 필요가 있다.

듣기와 읽기 활동 간에 또 다른 공통점이 있다. 이 둘 모두 선행지식에 의존하는데, 학생들은 새로운 정보를 이해하기 위하여 이를 이미 알고 있는 것과 연계시켜야만 한다(R. Mayer, 2008). 뿐만 아니라 자기 질문(예, 여기에서 내가 무엇을 배우려고 하지?)과 요약하기 등과 같은 이해점검 전략은 읽기활동을 수동적 활동으로부터 인지적으로 능동적 과정으로 변화시킨다. 마지막으로 '내가 방금 읽은 것을 이해하는가?' 등의 질문과 같은 학습자의 인식이 필수적이다. 많은 아이들은 수동적으로 읽는다. 그래서 그들은 자신이 읽은 것을 거의 이해하지 못했다는 사실을 깨닫지 못한다.

웹 자료실

인지발달이 교실에 어떻게 적용되는지 알아보기 위해, www.myeducationlab.com에 접속하고, 2장 '교수기술과 성향 개발'의 'Const-ructing Knowledge of Balance Beams' 사례를 확인하라.

마지막으로 쓰기활동 또한 학습에서 중요한 언어적 도구다. 구체적 주제에 관해 글을 쓴 사람이면 누구라도 경험했겠지만, 글쓰기는 인지적 노력이 요구되는, 개인의 이해를 증진시키는 효과적인 도구라고 할 수 있다. 듣기 및 쓰기 활동과 마찬가지로, 효과적인 글쓰기는 학습자들이 그들의 학습과정에서 능동적 · 목적지향적 · 전략적이 되기를 요구한다. 효과적인 교사는 학생들에게 이해 증진을 위한 글쓰기의 기회를 많이 제공한다.

다양성 탐색

영어를 모국어로 하지 않는 사람들의 언어발달

미국의 한 자료에 의하면 약 15%의 학령기 아동들이 영어가 모국어가 아닌 가정에서 자라고 있으며, 이 숫자는 점점 증가하고 있는 것으로 파악되었다(U.S. Bureau of the Census, 2004). 절반이 넘는 이러한 '영어 학습자' 들은 낮은 수행 수준을 보이며, 그들은 읽고 쓰는 활동을 하는 과정에서 새로운 언어학습이라는 과제에 직면하고 있다(C. Snow et al., 2005).

그러나 모든 영어 학습자들이 그러한 것은 아니다. 그들은 교실에서 활용되는 언어적 배경이나 기술 등에서 상당한 차이를 보인다. 어떤 아이들은 책과 신문을 접하기 쉽거나, 부모들과 자주 대화를 나누는 등의 언어적으로 풍부한 가정환경을 배경으로 한다. 반면 어떤 아이들은 양 부모가 모두 일을 하거나, 언어발달의 기회가 제한된 가정환경에서 성장하기도 한다.

영어 학습자들은 두 개 언어를 사용하고 있다. 그리고 두 개 언어를 사용하는 가정에서 아이들에게 이들 모두를 가르치는 것은 큰 노력을 필요로 하지 않는다(Genese, 2004; Hakuta, 1999). 그러나 영어가 모국어가 아닌 가정에서 아이들이 성장을 한다면, 영어를 사용하는 일은 그들에게 어려운 일이다.

학습자가 어릴수록 외국어의 발음을 학습하는 것이 용이하다. 특히 외국어와 모국어가 근본적으로 차이가 있을 때 더욱 그러하다. 그러나 이러한 어린 시기의 학습의 장점은 청소년기와 성인기의 인지적 능력에 의해 상쇄된다. 요컨대, 모든 연령의 개인은 적절한 교육 프로그램이 제공되면 제2외국어를 모두 학습할 수 있다.

이러한 교수 프로그램은 언어발달을 위한 효과적 활동과 크게 다르지 않다. 그러나 적어도 세 가지 중요한 요소가 강조된다. 첫째로, 영어를 배우고 있는 아이들을 여유 있게 대할 필요가 있다. 조바심을 낸다거나 비판하는 것은 감정적인 장벽을 만들고, 아이들로 하여금 자신이 열등하고 학교에서 환영받지 못할 것이라고 생각하게끔 만든다. 둘째로, 외국어 발달을 촉진시킬 때 보다 명료하게 설명할수록 좋다. 아이들이 언어학습에서 명료한 참조점을 지닌다면, 언어발달은 더욱 쉽게 이루어진다. 마지막으로 모든 아이는 언어발달을 위해 실제로 언어를 사용할 필요가 있다.

교실에의 적용

학급에서의 언어발달 촉진

1. 언어발달은 언어를 듣고 사용할 수 있는 기회에 달려 있다. 학생들에게 교실에서 언어를 사용할 수 있는 활동을 제공하라.
   - 초등학교: 4학년 교사는 분모가 다른 두 분수의 덧셈 문제를 해결한 학생에게 다음과 같이 말할 수 있다.

     "좋아. 우리에게 풀이과정을 정확히 말해 보렴. 배운 단어를 포함하는 것도 잊지 말자."
   - 중학교: 2학년 역사교사는 미국 혁명을 다루는 수업에서 학생들에게 다음과 같이 말할 수 있다.

     "좋아. 지금부터 우리가 다루었던 미국, 프랑스, 러시아 혁명 등을 이야기해 보자."
   - 고등학교: 물리교사는 힘과 가속을 다루는 수업에서 다음과 같이 말할 수 있다.

     "우리가 지금까지 다루었던 내용을 물체에 작동하는 합력(net force)을 통해서 설명해 보자."

2. 언어발달은 정서적 지지를 제공받는 환경에서 학생들이 연습하는 것이 중요함을 보여 준다. 학생들이 언어를 연습할 때에 편안함을 느낄 수 있는 분위기를 조성하자.
   - 초등학교: 3학년 학생이 그가 어떻게 문제를 풀었는지 설명하려고 노력할 때, 교사는 다음과 같이 말할 수 있다.

     "좋아. 우리 모두 자기 스스로를 표현하는 것이 쉽지 않아. 하지만 네가 많이 연습할수록 너에게 도움이 될 거야."
   - 중학교: 미국, 프랑스, 러시아 혁명을 설명하려고 노력하는 학생들을 보며 킥킥대는 다른 학생들에게 교사는 다음과 같이 말할 수 있다.

     "우리는 친구가 자신의 생각을 설명할 때에는 정중하게 있어야 해. 우린 서로를 지지하기 위해 지금 여기에 있는 거야."
   - 고등학교: "나는 합력에 대해서는 알고 있지만, 이것을 정확히 말하기 어렵네요."라고 말하는 학생에게 교사는 다음과 같이 말할 수 있다.

     "괜찮아. 우리 모두에게도 쉽지 않아. 네가 할 수 있는 만큼만 해. 그리고 나중에 거기서부터 다시 생각해 보자."

3. 이해심 많은 교사는 바람직한 언어발달에 있어서 필수적인 역할을 수행한다. 학생들이 언어에 어려움을 겪을 때 발판을 제공하자.
   - 초등학교: 자신이 어떻게 최소공배수를 찾았는지 설명하는 데 어려움을 보이는 학생이 "최소공배수를 찾으려고 노력했어요. 그런데……"라고 말할 때, 교사는 다음과 같이 말할 수 있다.

     "최소공배수를 찾으려고 시도를 했잖아. 괜찮아."
   - 중학교: 미국, 프랑스, 러시아 혁명의 차이를 설명하기를 주저하는 학생에게 교사는 다음과 같이 말할 수 있다.

     "우선, 세 혁명의 공통점을 이야기해 보렴."
   - 고등학교: 어려움을 겪는 학생들에게 교사는 다음과 같이 말할 수 있다.

     "괜찮아. 그 대신 물체에 작용하는 두 힘에 대해서 확인해 보자."

◈ 이해 점검 활동

4.1 아이들은 그들의 친구와 대화를 하며 다음과 같이 영어로 이야기한다. 'Mine is gooder.' 어떠한 언어획득이론이 'gooder'의 사용을 설명할 수 있는가?

4.2 'gooder'의 사용은 과소 혹은 과잉 일반화의 예인지 설명하라.

4.3 어휘와 구문의 발달은 어떻게 다른가? 학교교육에서 더 중요한 것은 무엇인지 설명하라.

학교급별 적용 *Developmentally appropriate*

학습자의 연령에 따른 인지발달과 언어발달의 촉진방법

이 장 전체에 나와 있듯이 발달상의 차이는 가르치는 방법에 대한 함의점을 지닌다. 여기에서 우리는 몇몇 내용을 요약하고자 한다.

초등학생들의 활동

아이들은 많은 개념을 배운다. 그러나 그들은 추상적인 의미와 실제 세계를 연결해 주는 구체적인 사례를 필요로 한다. 효과적인 교사들은 분수를 설명하기 위한 사각형의 사탕, 외골격을 설명하기 위한 실제, 공동체의 개념을 설명하기 위한 이웃과의 경험 등과 같은 구체적 사례를 사용할 수 있다.

초등학생들은 근접발달영역에 놓여 있는 그들에게 도움을 주는 많은 양의 발판이 필요하다. 효과적인 교사들은 성공을 위한 충분한 도움을 제공한다. 그리고 발달이 진행됨에 따라 발판을 서서히 줄여 간다.

언어발달은 초등학생들에게 중요한 목표다. 최대한 많이 글을 쓸 수 있는 전체 혹은 소집단 활동의 참여는 초등학생들에게 언어발달에 필수적인 연습의 기회를 제공한다.

중학생들의 활동

비록 중학생들이 형식적 조작기에 접어들었다고 하더라도, 그들의 사고는 구체적 조작기에 머물러 있는 경우가 많다. 그로 인해 그들은 노 교사가 중학교 2학년 학생들이 밀도라는 개념을 어려워할 때 제공했던 것과 같은, 추상적인 사고를 의미 있게 만들기 위한 구체적 경험을 필요로 한다.

중학생들은 대수학과 같이 추상적인 주제를 다룰 때 많은 양의 발판을 필요로 한다. 그리고 그들의 생각을 말로 표현하는 것을 연습할수록, 그들의 학습은 보다 효과적일 수 있다.

사회적인 상호작용은 중학생들에게 더욱 중요하다. 잘 계획된 그룹활동은 학생들 간에 서로 다른 인지적 관점을 경험하는 기회를 제공한다는 점에서 효과적이다. 소그룹 활동을 계획할 때 효과적인 교사는 그룹 구성원들이 발달적 · 문화적으로 다양하며, 이를 통해 서로 간에 학습할 수 있는 풍부한 기회를 제공해 줄 수 있도록 그룹을 만들어야 한다.

고등학생들의 활동

비록 고등학생들이 형식적 조작기에 있다 하더라도, 추상적인 사고능력은 학습자의 선행지식과 경험에 달려 있다. 새로운 개념이 제시될 때 고등학생들은 아직도 구체적 사례를 필요로 한다. 비록 널리 사용되고 있지만, 강의식 수업은 토론과 상호작용을 촉진하는 수업활동보다 비효과적이다.

글쓰기는 언어와 사고기술 모두를 증가시킬 수 있는 중요한 기회다. 학생들의 어휘학습에 도움을 주고 문법적인 유창성을 발전시키기 위해 짧은 글쓰기 과제를 활용하는 것은 효과적이다. 글쓰기는 언어기술을 발달시키고, 보다 깊은 이해를 촉진시키며, 학생들에게 대학생활을 준비하게끔 한다.

✾ 학습목표별 요약

1. 발달을 정의하고, 교사들이 인지발달을 이해하는 것이 왜 중요한지를 설명하라.

- 발달은 사람이 유아에서 어른으로 성장하면서 발생하는 물리적 · 인지적 · 사회적 · 정서적 변화다.
- 발달은 유전과 환경 모두에 의존한다는 것, 계속적이고 순차적으로 일어난다는 것, 그리고 개인마다 다른 속도로 발달한다는 것 등을 특징으로 한다.
- 발달을 이해하는 것은 교사들에게 중요한데, 이는 교사들로 하여금 그들의 수업이 학생들의 발달단계에 따른 서로 다른 특성과 요구를 충족시켜 주도록 하기 때문이다.

2. 교실과 일상을 설명하기 위해 피아제의 인지발달이론에서 다루어지는 개념을 활용하라.

- 피아제의 개념은 왜 사람들이 순서와 확실성을 원하는지, 그리고 새로운 환경에 따라 어떻게 그들의 사고가 변화하는지를 설명하는 데 도움을 준다.
- 피아제에 따르면 사람들은 그들의 경험을 세상을 이해하고 평형화를 유지하는 데 도움을 주는 도식으로 조직화한다. 받아들일 수 있는 경험은 이전의 도식에 동화된다. 반면 그렇지 못한 경험은 평형화를 위해 도식의 조절을 필요로 한다.
- 발달은 성숙과 물리적 · 사회적 경험에 의해 영향을 받는다.
- 연령이 높아짐에 따라 아동들은 일반적인 사고양식의 단계에 따라 발달한다. 단계를 통한 발달은 학습자가 정보를 처리하고 자신의 경험을 사고하는 방식이 질적으로 달라진다는 것을 의미한다. 즉, 단순한 지식의 축적만이 이루어지는 것은 아니다.

3. 언어, 문화, 도구적 지원이 학습자 발달에 어떻게 영향을 끼치는지 설명하기 위해 비고츠키의 사회문화이론을 활용하라.

- 비고츠키는 인지발달을 사회적 상호작용, 언어, 문화의 상호작용으로 설명하였다.
- 사회적 상호작용은 아이들 스스로는 불가능한 이해를 가능하게 해 주는 심리적 기제를 제공한다.
- 언어는 문화적 교류, 의사소통, 사고의 반성 등을 위해 사용되는 도구다.
- 사회적 상호작용과 언어는 발달을 촉진하는 도구인 언어를 사용하는 문화적 맥락과 연계되어 있다.

4. 아이들의 언어 패턴을 설명하기 위해 언어발달이론을 활용하라.

- 행동주의는 아이들이 강화를 받는다는 것을 통해 언어발달을 설명하고 있으며, 사회인지이론은 모델의 언어를 모방하는 것에 초점을 두고 언어발달을 설명한다.
- 생득주의자는 아이들에게는 유전적인 기제가 내재되어 있음을 주장한다.
- 사회문화적 이론은 언어는 근접발달영역 내에서의 단계적 연습에 의해 발달된다고 주장한다.
- 아이들은 한두 단어를 발화하는 것으로부터 과잉 일반화 및 과소 일반화 단계를 거쳐 복잡한 구문구조를 지닌 정교한 언어를 생산하는 단계에 도달한다.
- 학령기 동안의 언어발달은 단어의 의미(의미론), 문법(구문론), 그리고 듣기, 읽기, 쓰기 등을 통한 '학습을 위한 언어'의 사용에 초점을 두고 있다.

✎ 전문성 발달: 자격증 시험 대비 연습

이 장에서 우리는 노 교사가 밀도에 대한 학습을 돕기 위해 학생들의 발달에 대한 자신의 이해를 어떻게 이용하였는지를 살펴보았다. 이제 학생들에게 공기의 특성에 대해 설명하는 나 교사의 이야기를 살펴보자. 다음의 사례를 읽고 이어지는 질문에 답하라.

나 교사는 과학수업을 시작하기 위해 1학년 학생들을 작은 책상 앞 카펫 위로 모이게 했다. 학생들이 모두 모이고 나서 어항에 물을 채우고 학생들에게 보이는 것을 말해 보라고 했다.

"이제 이 컵을 물속에 거꾸로 넣을 거예요. 그럼 무슨 일이 생길까요? ……모윤아?"

"음…… 물이 컵 속으로 들어갈 거예요."

"아니요, 계속 젖지 않은 채로 남아 있을 거예요." 라며 숙희가 반박했다. 그러자 나 교사는 다음과 같이 말했다.

"물이 컵 속으로 들어갈 거라고 생각하는 사람은 손을 들어보세요. ……됐어요. 그럼 이번에는 컵이 계속 젖지 않은 채로 남아 있을 거라고 생각하는 사람 손 들어 보세요. ……그럼, 어떻게 될지 모르겠다고 생각하는 사람은? ……자, 그럼 우리가 그 답을 확인해 봅시다.

먼저 우리는 컵이 마른 상태라는 것을 확인해야 해요. 태선, 네가 모르겠다고 했으니까 손으로 컵 안을 만져 봐서 도와주면 좋겠구나. 어때? 마른 상태니?"

"네." 태선이가 손을 컵 안에 넣은 후 대답했다.

그런 다음 나 교사는 다음 그림과 같이 거꾸로 뒤집은 컵을 물속에 넣는 동안 학생들에게 주의 깊게 관찰하도록 했다.

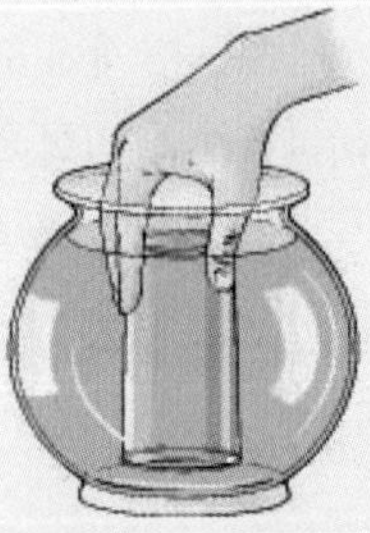

나 교사는 컵을 물속에서 조심스럽게 빼낸 후 태선이에게 안을 확인해 보도록 하였다.

"안이 어떠니?"

"젖어 있어요"

나 교사는 순간적으로 당황해했다. 실험이 효과가 있고 공기가 공간을 차지한다는 것을 학생들이 이해하기 시작하려면 컵 안은 말라 있어야 했다. 잠시 생각하다 그녀가 말했다.

"숙희야, 네가 와서 만져 보고 어떤 느낌인지 말해 주렴."

숙희가 컵을 만져 보더니 다음과 같이 말했다.

"바깥은 젖어 있는데, 안은 말라 있어요."

"젖어 있다고!" 태선이가 주장했다.

걱정스러운 눈빛으로 나 교사가 말했다.

"아, 지금보다 타당한 방법으로 이 문제를 어떻게 풀어야 할지 알아내야 해요."

그녀는 계속 말했다.

"이 컵을 마르게 하고 다시 시작해 봅시다. 이번에는 종이타월을 컵 속에 넣을 거예요."

그녀는 종이타월을 똘똘 뭉친 뒤 컵 바닥으로 밀어 넣었다.

"만약 물이 컵 안으로 들어간다면 종이타월이 어떻게 될까요?"

학생들은 종이타월이 젖어 있을 거라는 데 동의했다.

그녀는 학생들이 볼 수 있도록 컵을 들었다.

"좋아요. 컵은 지금 마른 상태예요. 위쪽에는 종이타월이 있어요. 우리는 이 컵을 다시 물속에 넣고 어떤 일이 일어나는지 볼 거예요."

그녀가 컵을 다시 물속에 넣고 몇 초 후에 다시 빼는 동안 학생들은 주의 깊게 관찰했다.

"미화야, 이리로 와서 종이타월을 살펴보고, 젖어 있는지 말라 있는지 말해 주렴."

미화는 종이타월을 만져 보고 잠시 생각한 뒤 말했다.

"말라 있어요"

"왜 말라 있을까? 왜 말라 있는지 알려 줄 수 있는 사람은 손을 들어 보자. 재희야, 어떻게 생각하니?"

"종이는 안에 있었고, 물은 밖에 있어서일까요?"

"하지만 왜 물이 컵 안으로 들어가지 않았을까? 무엇이 물이 바깥에 있도록 했을까? 영수?"

"물의 막이요."

"물의 막이라……." 나 교사가 진지하게 말했다.

"물은 전부 컵 밖에 있었어. 어떻게 안으로는 안 들어갔을까?"

"그 속에 공기가 들어 있으니까요." 누군가가 조용한 목소리로 대답했다.

"공기! 공기가 물을 바깥에 있도록 만든 거니?" 나 교사가 말했다.

"자, 이전에 숙희가 수영장에서 수영하면서 컵을 물속에 넣었더니 마른 상태로 유지되었다가 컵을 기울이나 물이 안으로 들어갔다고 말한 적이 있어. 그럼 선생님이 컵을 물속에 넣었다가 그것을 기울이면 무슨 일이 생길 것 같니? ……대식?"

"젖게 될 거예요."

나 교사는 종이를 빼고 컵을 다시 어항에 넣었다.

"자, 봅시다. 이제 아주 주의 깊게 살펴보세요. 어떻게 되고 있죠?"

나 교사는 거꾸로 된 컵을 천천히 기울여 기포가 빠져나가게 하며 질문했다.

"애화?"

"기포가 생겼어요"

"애화야, 그 기포는 무엇으로 만들어진 거지?"

"그건 공기방울이에요."

"이제 컵을 살펴보자. 어떻게 보이니?"

나 교사는 물속에서 거꾸로 된 채 반만 물로 채워진 컵을 가리키며 물었다.

"아래쪽 반은 물이야. 위쪽 반은 무엇일까?"

"말라 있어요."

"위쪽에 뭐가 있는 거지?"

"공기요."

"그래. 공기가 위에 있어. 자, 이 공기를 어떻게 밖으로 나오게 할 수 있을까?

"좀 더 기울이면 돼요." 몇몇 학생이 대답했다.

나 교사가 컵을 기울이자, 공기방울이 표면 위로 떠올랐다.

"숙희, 어떻게 그렇게 되는 걸까? 컵을 기울일 때 공기를 나가게 미는 것은 무엇일까?"

"음…… 물이요." 숙희가 말했다.

나 교사는 더 많은 기포가 나오도록 컵을 기울이면서 말했다.

"그러면 이런 식으로 기울일 때 공기를 밀어내는 것이 뭐라고요?"

"물이요." 학생들이 일제히 대답했다.

나 교사는 학생들을 모둠으로 나누었다. 4~5명으로 이루어진 각 모둠에서 학생들은 물통, 컵, 카드, 종이타월을 이용해 그들 스스로 실험을 해 보게 했다. 각 학생이 실험을 해 볼 기회를 가진 뒤, 나 교사는 아이들을 다시 불러 모아 학생들이 알아낸 것에 대해 검토하고 전체 내용을 요약하여 말해 주었다.

단답형 질문

이 장에서 다룬 주요 내용과 앞에서 제시한 사례 내용을 서로 연결시켜 다음 질문에 대한 답을 구체적으로 작성하라.

1. 나 교사의 학생들은 인지발달단계 중 어느 단계에 있는가? 나 교사의 가르침은 그 단계에 효과적이었는가?
2. 나 교사의 수업에서 물이라는 매개가 중요했던 이유는 무엇인가? 이것은 피아제의 인지발달단계와 어떤 관련이 있는가?
3. 숙희와 태선이가 컵 속의 상태에 대해 다른 의견을 제시했을 때 나 교사는 어떻게 대응했는가? 그녀가 할 수 있었을 다른 대안에는 어떤 것들이 있겠는가? 이러한 대안의 장점과 단점은 무엇인가?
4. 나 교사는 학생들의 근접발달영역을 고려하여 수업을 설계하였는가? 그 이유를 설명해 보자. 나 교사는 어떤 형태의 발판(비계)를 제공하였는가? 그 발판은 효과적이었는가?

중요 개념

가역성(Reversibility)
개인적 · 사회적 · 정서적 발달(Personal, Social, and Emotional development)
과소 일반화(Undergeneralization)
과잉 일반화(Overgeneralization)
구문(Syntax)
근접발달영역(Zone of proximal development)
내면화(Internalization)
뉴런(Neuron)
대상 영속성(Object permanence)
도식(Scheme)
동화(Assimilation)
발달(Development)
발판 또는 비계(scaffolding)
변형(Transformation)
보존(Conservation)
분류(Classification)
사적 언어(Private speech)
사회문화적 발달이론(Sociocultural theory of development)
사회적 경험(Social experience)
생득이론(Nativist theory)
서열화(Seriation)
성숙(Maturation)
수상돌기(Dendrite)
시냅스(Synapses)
신체적 발달(Psysical development)
신피아제 이론(Neo-piag etian theory)
언어습득장치(Language acquisition device: LAD)
의미론(Semantics)
이행성(Transitivity)
인지도구(Cognitive tools)
인지적 발달(Cognitive development)
자기중심성(Egocentrism)
적응(Adaptation)
정보처리이론(Information procesing theory)
조절(Accommodation)
조직화(Organization)
중심화(Centration or centrating)
축색돌기(Axons)
평형화(Equilibrium)

3

성격, 사회성, 도덕성 발달

chapter outline 구성 개요

브론펜브레너의 생물생태학적 발달이론
- 미시체계: 근접(Proximal)이 발달에 끼치는 영향
- 브론펜브레너의 모형에서 추가적인 체계들
- 이론에 대한 평가

정체성과 자기개념의 발달
- 에릭슨의 심리사회적 발달단계론
- 정체성의 발달
- 자기개념의 발달
  - 이론에서 실제로: 교실에서의 정체성과 자기개념 발달 촉진
  - 다양성 탐색: 민족적 정체성과 자긍심

사회성 발달
관점 수용: 상대방의 생각과 감정 이해하기

사회적 문제해결력

학교폭력

- 이론에서 실제로: 교실에서 사회성 발달 촉진하기

도덕성, 사회적, 책임감 및 자기통제의 발달
- 도덕적 발달에 대한 관심의 증가
- 도덕적, 관습적, 개인적 영역
- 피아제의 도덕성 발달이론
- 콜버그의 도덕성 발달이론
- 도덕성 발달에서 정서적 요인
- 학습 맥락: 도시환경에서의 성격, 사회성, 도덕성 발달 촉진
  - 이론에서 실제로: 교실에서의 도덕성 발달 촉진
  - 학교급별 적용: 각 연령에 따른 성격, 사회성, 도덕성 발달

learning objectives 학습목표

이 장의 공부를 마치고 나면, 여러분은 다음과 같은 것을 할 수 있어야 한다.

1. 생물생태학적 모형의 구성요소를 설명하고, 그것들이 발달에 어떻게 영향을 끼치는가를 설명하라.
2. 학습자 행동을 설명하기 위해 심리사회성, 정체성, 자기개념 발달 개념을 활용하라.
3. 사회성 발달의 주된 구성요소를 설명하고 교사가 교실에서 사회성 발달을 어떻게 촉진시킬 수 있겠는가를 설명하라.
4. 윤리적 문제에 대한 사람들의 반응 다양성을 설명하기 위해 도덕발달이론을 활용하라.

만약 누군가가 당신에게 어떤 사람인지를 설명해 보라고 요구한다면, 당신은 무엇을 말할 것인가? 친구를 만들고 유지하기 위해 사람들은 무엇을 할 수 있는가? 어떤 사람이 도덕적인가 아닌가를 어떻게 알 수 있는가? 이 장에서 우리는 성격, 사회성, 도덕성 발달을 살펴봄으로써, 이러한 질문을 검토할 것이다. 다음의 사례연구를 읽을 때, 이러한 발달이 학생들의 학습에 어떠한 영향을 끼칠 것인가를 자문해 보라.

"휴." 중학교 영어교사인 안 교사는 교무실 소파에 털썩 앉으며 피곤한 듯 한숨을 쉰다.

"오늘 힘들었어?" 안 교사의 친구인 이 교사가 묻자, 안 교사는 몸을 일으켜 세우며 "응, 오늘도 정호 일이야."

"아무래도 그 애는 잘 가르칠 자신이 없어. 학교에서 아무것도 하려 들지 않고, 학교 전체에 대한 생각이 부정적이야. 그 애 어머니와도 얘기해 봤는데, 태어났을 때부터 다루기 힘들었대. 다른 애들하고도 잘 못 지내는데, 그 얘기를 하면 그 애는 늘 다른 아이들이 이유 없이 자기를 못살게 군다고 해. 정호가 앞으로 어떤 사람이 될지 걱정이야. 그 애 자신도 자기가 잘못된 방향으로 가고 있다는 것을 아는 것 같은데, 문제는 고치려고 하질 않아."

"나도 잘 알지." 이 교사가 대답했다.

"나도 작년에 정호의 반에서 영어를 가르쳤잖아. 다루기 힘들고 굉장히 소극적이었어. 부모님이 이혼해서, 아버지가 떠나 버리고, 어머니가 데리고 있거든. 가끔 마음을 열 때도 있었는데, 금방 말이 안 통하더라고……. 근데 정호 남동생은 정호와 정말 달라. 그 애는 진지하고 협조적이야. 그리고 모든 사람과 잘 지내거든…… 같은 가정에, 같은 환경인 데도 말이야."

"정호도 영리한 아이야." 안 교사가 말을 이었다.

"그런데, 정호는 일이 있을 때, 그걸 하려고 하지 않고 피하려고만 해. 난 그 애를 돕고 싶고, 도울 수 있을 것도 같아. ……하지만 그 방법을 모르겠어."

이 장을 시작하면서, 세 가지 추가 질문에 대해 생각해 보자.

- 정호와 정호 남동생이 왜 그렇게 다른지를 어떻게 설명할 수 있겠는가?
- 정호의 태도는 학업성취에 어떤 영향을 미칠 것인가?
- 정호가 다른 학생들과 잘 어울리지 못하는 이유는 무엇이라고 생각하는가?

성격 발달(Personal development)
성격에서 연령과 연관된 변화를 의미하며, 환경에 반응하는 개인의 방식

사회성 발달(Social development)
다른 사람과 상호작용하고 잘 지내는 능력에 있어서 사람들이 보이는 변화

도덕성 발달(Moral development)
정직, 공정, 다른 사람에 대한 존경과 같은 친사회적인 행동과 특질에서의 변화

성격 발달은 사람들의 성격에서 연령과 연관된 변화를 의미하며, 환경에 반응하는 개인의 방식이다. 사회성 발달은 다른 사람과 상호작용하고 잘 지내는 능력에 있어서 사람들이 보이는 변화를 설명하고, 도덕성 발달은 정직, 공정, 다른 사람에 대한 존경과 같은 친사회적인 행동과 특질에서의 변화

> **브론펜브레너**(1917~2005)는 러시아에서 태어났지만, 6세 때 미국으로 건너갔다. 전통적인 심리학자로서 교육받았음에도 불구하고, 그는 아동심리학, 사회학, 인류학에 초점을 두고 자신의 이론을 확장시켰고, 인간발달에 관한 생태학의 아버지로 알려지게 되었다. 그는 연구에서 발견한 것을 우리의 삶 속에 적용하는 것의 중요성을 강조했고, 저소득층 어린이들과 가족을 위한 미국연방정부 프로그램인 헤드 스타트(Head Start)를 만들어 내는 데 지대한 영향을 주었다. 그는 죽기 전까지 코넬 대학에서 연구와 교육을 수행하였다.

를 설명한다. 각각은 학습과 학교에서의 만족, 이후의 삶에서 효과적으로 생활하는 능력에 영향을 미친다. 이러한 형태의 발달을 촉진하는 것은 교사로서의 역할 중 일부다.

코넬 대학의 저명한 심리학자인 유리 브론펜브레너(Urie Bronfenbrenner)는 각 발달에 영향을 주는 요인에 대해 설명하는 이론을 발전시켰다. 다음 절에서는 그의 이론을 살펴볼 것이다.

브론펜브레너의 생물생태학적 발달이론

인지발달은 유전자와 사람들의 경험 모두의 영향을 받는다. 성격, 사회성, 도덕성 발달에서도 마찬가지다. 브론펜브레너의 생물생태학적(Bioecological) 모형은 이러한 발달에 영향을 주는 요인에 대한 종합적이면서 유용한 설명을 제공해 준다(Bronfenbrenner & Morris, 2006). 이론의 명칭 중 '생물(bio)'이라는 요소는 발달에 유전적 영향이 있음을 보여 준다. '생태학적(ecological)' 요소는 "발달은 다양한 환경과 그 환경 간의 상호작용으로 발산되는 힘의 함수다."(Bronfenbrenner & Morris, 2006: 817)라는 점을 나타내 주는 것이다. [그림 3-1]에서 볼 수 있듯이, 이러한 환경적 영향은 가족, 또래와 교회, 학교와 같은 사회적 기관, 개인의 공동체와 문화를 포함한다.

개인은 브론펜브레너 모형의 중심에 있고, 그들의 발달은 유전적 배경과 환경에 의해 이루어진다. 예를 들어, 유전은 우리가 사회적 · 물리적 자극에 반응하는 방식에 영향을 주는 상대적으로 안정적이고 고유한 특성인 **기질**뿐만 아니라, 건강이나 체격과 같은 신체적 특질에 영향을 준다. 개인은 모험성, 행복, 분노, 신뢰와 같은 특질 면에서 다르며, 이러한 차이는 오래도록 지속된다(E. O' Connor & McCartney, 2007). 같은 가정환경에서 자란 형제자매라 할지라도 매우 다른 성격을 발달시킨다. 이러한 유전적 영향에 관한 지식은 앞의 사례에서 정호와 정호의 남동생에 관한 우리의 질문에 답하도록 돕는다. 그들은 같은 가정에서 자랐음에도 불구하고, 그들의 서로 다른 유전자는 다른 기질로 나타나고 있다고 할 수 있다. 다음에서 우리는 발달에 미치는 환경적 영향에 대해 살펴볼 것이다.

기질(Temperament)

우리가 사회적 · 물리적 자극에 반응하는 방식에 영향을 주는 상대적으로 안정적이고 고유한 특성

미시체계: 근접(Proximal)이 발달에 끼치는 영향

아동 가까이에 있는 사람과 활동인 **미시체계**는 발달에 가장 강력한 영향을 주는 환경이다. 미시체계는 영향력이 증가하고 있는 텔레비전 및 인터넷 같은 매체뿐만 아니라(Comstock & Scharrer, 2006), 가족, 또래, 학교, 아이의 이웃을 포함한다(Pomerantz & Dong, 2006; Weigel, Martin, & Bennett, 2005).

미시체계(Microsystem)

브론펜브레너의 생물생태학적 이론에서 아동 가까이에 있는 사람과 활동

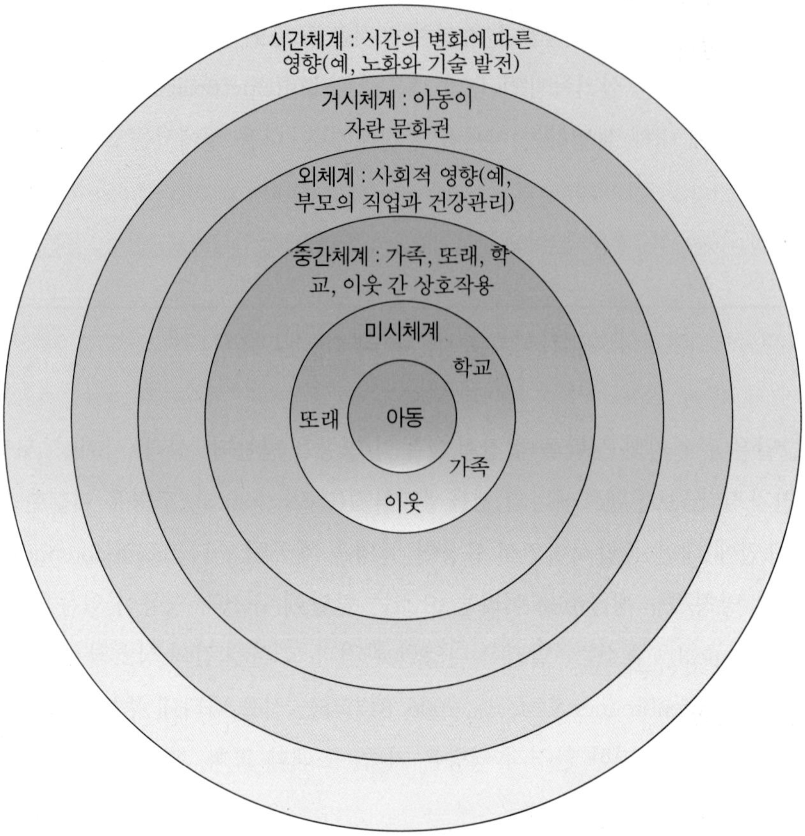

[그림 3-1] 브론펜브레너의 인간발달의 생물생태학적 모형

부모

부모나 다른 보호자들은 자녀의 성격발달에 주된 영향을 미친다(Landry, Smith, & Swank, 2006; Soenens et al., 2007). 이 사실은 직관적으로 충분히 이해할 수 있고 널리 수용되고 있으며, 특히 어린 자녀가 그들의 부모와 보내는 시간을 고려할 때 놀랄 만한 일이 아니다. 전문가들은 18세까지 아이들은 깨어 있는 시간의 90% 정도를 학교가 아닌 부모의 지도를 받게 된다고 추정한다(Kamil & Walberg, 2005).

양육 방식 (Parenting style)
아이들을 훈육하고 아이들과 상호작용하는 일반적인 방식

연구에 의하면 어떤 양육 방식은 다른 방식에 비해 자녀가 더 건강한 성격을 발달시키도록 돕는데(Baumrind, 1991), 여기서 **양육 방식**이라 함은 아이들을 훈육하고 아이들과 상호작용하는 일반적인 방식을 말한다. 어린 시절의 양육 방식의 영향은 자녀가 대학생이 될 때까지 계속되어서 자녀의 동기, 성적, 교사와의 관계에 영향을 끼친다고 한다(W. A. Collins, Maccoby, Steinberg, Hetherington, & Bornstein, 2000).

연구자들은 부모가 그들의 자녀와 관계하는 방식에서 두 가지 측면, 즉 기대(expectation)와 반응(responsiveness)에 차이가 있음을 발견하였다. 어떤 부모는 자녀에 대해 높은 기대를 갖고, 자녀가 그것을 달성하도록 요구한다. 반면, 다른 부모는 자녀에게 기대하

표 3-1
table

양육 방식과 성격발달의 패턴

상호작용 방식	부모의 성격	자녀의 성격
권위 있는(authoritative)	자녀에게 확고하나 세심하게 배려함. 규칙에 대해 이유를 설명하고 일관성 있게 이를 적용함. 기대가 높음.	자기존중감이 높음. 확신이 있고 안정적임. 도전적이고 학교생활이 성공적임.
권위주의적인(authoritatian)	자녀가 압력에 순응하도록 요구함. 규칙에 대해 설명하지 않으며 대화를 주고받으려 하지 않음.	움츠러들어 있음. 자신의 문제해결보다 부모를 만족시키는 일에 대해 더 많이 걱정함. 반항적이고 사회적 기술이 부족함.
허용적인(permissive)	자녀에게 무제한의 자유를 허용함. 제한적으로 기대하고 자녀에게 요구하는 바가 거의 없음.	미성숙하고 자기통제가 부족함. 충동적이고 동기가 없음.
무관심한(uninvolved)	자녀의 삶에 거의 관심과 기대가 없음.	자기통제와 장기목표가 부족함. 쉽게 좌절하고 비순종적임.

는 바가 거의 없고 그들에게 거의 영향을 끼치려고 하지 않는다. 또한 반응적인(responsive) 부모는 자녀를 수용하고 자주 그들과 상호작용하는 반면, 비반응적인(nonresponsive) 부모는 자녀를 거부하고, 자녀에 대해 부정적인 경향이 있다. 부모가 비반응적일 때 자녀는 부모의 높은 기대가 공정하지 않다고 보며, 흔히 반항적 행동을 한다. 학자들은 기대와 반응을 축으로 해 네 가지 양육 방식을 정의하고, 그와 관련한 성격발달을 제안한 바 있다. 이는 〈표 3-1〉에 요약되어 있다.

〈표 3-1〉과 같이 높은 기대와 반응을 나타내는 권위 있는(authoritative) 양육 방식은 건강한 성격발달을 돕는 데 가장 효과적이다. 학생들은 자신의 삶에서 도전, 체계, 조력을 필요로 하는데, 권위 있는 부모는 그것들을 제공한다. 지원하는 동안에 권위 있는 부모는 또한 아이들이 자신의 행동을 이끄는 가치와 목표를 발달시키도록 격려한다(Soenens et al., 2007).

다른 양육 방식은 각각 자녀들의 발날상에 문제를 조래한다. 예를 들어, 권위주의적인 부모는 엄격하고 비반응적이어서, 극단적인 경우 아이들은 낮은 자존감을 가지며 공격적인 대처 행동을 보일 수 있다(Maughan & Cicchetti, 2002). 또한 부모가 높은 기대를 가지고 있지만 비반응적이라면, 아이들은 이 기대가 공정하지 않다고 보고 반항한다. 허용적인 부모는 감정적으로 반응적이기는 하지만 자녀에 대한 높은 기대를 세우고 유지하지 못한다. 무관심한 부모는 자유방임적이어서 어떠한 기대나 감정적 지지도 제공하지 않는다.

건강한 부모-자녀 관계는 자녀가 자립심, 유능감, 소속감을 갖게 함으로써 성격발달을 돕는다(chris tenson & Havsy, 2004). 그러한 관계는 또한 자신의 행동을 현재의 가치와 목표에 근거해 통제할 수 있는 능력과 관련한 책임감의 발달을 돕는다.

문화는 양육 방식에 밀접한 관련을 지닌다. 예를 들어, 교사에게 모든 책임을 위임하는 푸에르토리코 부모들은 아이를 돌보지 않는 무관심한 부모로서 교사들에게 인식된다(Harry, 1992). 하지만 이들 부모는 교사가 자신의 아이들에게 따뜻하게 대해 주고 체계를 제공해 줄 것을 원한다. 즉, 무관심한 것이 아니다. 따라서 유능한 교사는 이러한 문화적 차이를 잘 이해하고 부모들과 성공적으로 협력하도록 노력해야 한다.

다른 성인들, 일반적으로 교사들 또한 학생들의 성격발달에 영향을 끼친다. 유능한 교사들의 상호작용 방식은 유능한 부모의 상호작용 방식과 비슷하고, 부모의 권위 있는 양육 방식은 교사들에게 추천되는 학급경영 방식과 매우 유사하다(Emmer, Evertson, & Worsham, 2006; Evertson, Emmer & Worsham, 2006).

또래관계

중 · 고등학교 때 친구들을 떠올려 보자. 오늘날의 여러분에게 그들은 어떠한 영향을 주었는가? 특별히 청소년 시기에 또래관계는 부모나 보호자 다음으로 성격발달에 큰 영향을 준다. 이러한 영향은 세 가지 형태로 존재한다(Eisenberg, Fabes, & Spinrad, 2006; Rubin, Bukowski, & Parker, 2006).

웹 자료실

학생들의 발달에 또래관계가 끼치는 영향을 살펴보기 위해, www.myeducationlab.com에서 MyEducationLab에 접속하고, 3장 '활동 및 적용'으로 가서 에피소드 'Friendships'를 보라. 그리고 이어지는 물음에 답하라.

- 태도와 가치(Attitude and Value): 또래들은 학교에서 해야 하는 일의 중요성에서부터 시작하여 옳고 그른 것의 정의에 이르기까지 다양한 주제에 관한 태도와 가치를 나눈다(Kidron & Fleischman, 2006). 연구에 의하면, 친구 선택은 성적과 파괴적 행동, 학교 참여에 관한 교사의 평정에 영향을 준다(Benson et al., 2006; Rubin et al., 2006). 예를 들어, 학생들이 학구적인 친구들을 선택한다면, 그들의 성적은 향상될 것이다. 공격적인 친구들을 선택했다면, 그들의 성적은 떨어지고 행동상의 문제가 많아질 것이다.
- 사회성 발달(Social Development): 이 장 나중에서 보게 되겠지만, 아이들의 사회적 기술은 시간이 지남에 따라 발달한다. 또래관계, 특별히 친한 친구들은 사회적 기술을 연습할 기회를 제공하고 피드백을 준다.
- 정서적 지지(Emotional Support): 건강하고 행복한 사람이 되는 것은 쉽지 않은데, 오늘날의 복잡한 세계는 이 과정이 더 어렵도록 한다. 친구들은 때때로 지지와 일시적 정체성을 제공하는 소규모의 또래관계인 패거리를 통해 정서적인 지지와 정체성 모두를 제공한다.

패거리(Clique)

지지와 일시적 정체성을 제공하는 소규모의 또래관계

미시체계 내에서 아동의 이웃과 학교는 다른 중요한 영향 요인이다. 어떤 이웃은 안전하고 애정 어린 돌봄과 나눔을 베푸는 반면, 어떤 이웃은 위험할 수 있다(Fauth, Roth, & Brooks-Gunn, 2007; Stewart, Stewart, & Simons, 2007). 이웃과 마찬가지로 학교도 아동을 잘 보살피며 지원하거나, 또는 무익하고 인간미가 전혀 없을 수도 있다(Kozol, 2005; Mawhinney & Sagan, 2007).

브론펜브레너의 모형에서 추가적인 체계

브론펜브레너의 모형에 따르면, 개인과 미시체계는 함께 묶이며, 환경에서의 다른 체계에 의해 영향을 받는다. 중간체계는 미시체계 요소 간의 상호작용으로 구성되고, 이들 요소가 어떻게 효과적으로 함께 작용하는가에 따라 건강한 발달이 이루어지게 된다. 예를 들어, 연구에 의하면 효과적인 교사는 아이의 교육에 부모를 포함시킴으로써 미시체계의 두 가지 중요한 요소를 연결한다(Epstein, 2001). 비슷한 방식으로 효과적인 학교들은 발달하는 아이들을 위해 웹 공동체를 만들어 지원하기도 한다(Comer, Joyner, & Ben-Avie, 2004).

중간체계(Mesosystem)
브론펜브레너의 이론에서 아동의 미시체계 요소 간의 상호작용과 연관성

외체계는 부모의 직업, 건강관리, 다른 사회적 서비스와 같은, 미시체계와 중간체계 모두에 영향을 주는 사회적 영향을 포함한다. 예를 들어, 부모의 직업은 가족의 안정성과 부모가 아이들과 보내는 시간의 양에 영향을 끼칠 수 있다. 지역사회의 건강과 법 서비스, 광역 공동체, 학교체계는 외체계의 또 다른 요소다. 이웃과 마찬가지로, 학교체계는 발달을 촉진하는 정도에 있어 서로 다르다(Biddle & Berliner, 2002; Kober, 2006). 학교의 재정이 건전할수록 양호교사, 심리학자, 상담교사를 학생들에게 제공할 수 있고, 작은 규모의 학급은 교사들로 하여금 아이들을 개인으로서 알 수 있도록 환경을 제공한다. 소규모 학교에서는 교사들이 수업에 더 많은 시간을 쏟을 수 있고, 학급관리에는 상대적으로 시간을 덜 사용할 수 있다(J. Finn, Gerber, & Boyd-Zaharias, 2005; Peevely, Hedges, & Nye, 2005).

외체계(Exosystem)
생물생태학적 이론에서 미시체계와 중간체계 모두에 영향을 주는 사회적 영향

브론펜브레너의 모형에서 네 번째 수준인 거시체계는 아이가 속하여 자란 문화이며, 문화는 모든 다른 체계에 영향을 미친다. 예를 들어, 어떤 문화는 자율성과 독립성을 강조하는 반면, 어떤 문화는 순종을 강조한다(Chao, 1994, 2001).

거시체계(Macrosystem)
발달하는 아이에게 영향을 미치는 브론펜브레너 모형의 네 번째 수준으로 발달에 미치는 문화적 영향을 포함

거시체계는 사회가 아이에게 갖는 가치와 건강발달을 위해 필요한 자원을 반영한다. 우리나라에서 모든 아이를 위한 건강관리 서비스를 제공하는 것이 한 예다. 다치거나 병든 아이들은 건강한 아이들에 비해 인지적으로, 개인적으로, 사회적으로 발달하기 어렵다.

시간체계는 생물생태학적 모형의 마지막 수준이다. 용어에 내포되어 있듯이 이 체계는 시간 종속적이며 발달에 영향을 끼치는 변화를 포함한다. 예를 들어, 가족구성원이 나이가 들면서 새로운 사람들을 만나게 되고, 다양한 사회적 기관을 경험하게 된다. 또한 이전과는 달리 이제는 인터넷과 같은 기술에 강한 영향을 받는 세계에 우리는 살고 있다. 오늘날의 아이들은 그들의 조부모나 부모 시대와는 다른 세계에서 자라나고 있는 것이다.

시간체계(Chronosystem)
일시적이거나 시간 종속적인 발달에 미치는 영향을 포함하는 생물생태학적 이론에서의 마지막 수준

교실에의 적용

브론펜브레너의 생물생태학적 이론을 교실에 적용하기

1. 브론펜브레너의 생물생태학적 이론은 다른 체계들이 발달에 어떻게 영향을 미치는지를 개인적 수준에서 시작하여 가족과 사회적 요인에 이르기까지 확장하여 설명한다. 학생들의 발달에 미치는 외부적 영향을 연계해 보라.
   - 초등학교: 3학년 교사가 학기 초에 학생들과 그들의 가족에 대해 알려고 노력한다. 학생 기록을 읽고, 이전 해의 교사들과 대화를 나누며, 부모-교사 상담 때 부모와 동반하여 학생을 불러들인다. 이때, 교사는 부모가 아이와 어떻게 상호작용하는지를 관찰하고 이를 정서적 지원을 제공하려 할 때 정보로 사용한다.
   - 중학교: 열악한 지역의 중학교 교사들은 많은 아이가 적절한 의료 보호를 받지 못하고 있음을 본다. 교사들은 학교상담가, 사회복지사와 학생들의 중간체계, 외체계를 위한 자원에 관하여 대화를 나누게 된다.
   - 고등학교: 한 역사교사는 학습내용과 학생들의 삶을 연결시키려고 노력한다. 학생들의 거시체계와 시간체계와 관련지음으로써 교사는 사회적 요인이 직업과 학교교육 측면에서 미래의 삶에 어떻게 영향을 미치는가를 학생들에게 이해시키고자 한다.

이론에 대한 평가

브론펜브레너의 이론은 인간 발달에 미치는 영향에 관해 우리의 이해를 돕는다. 우리는 발달이 유전과 환경 모두의 영향을 받는다는 것을 알며, 브론펜브레너의 이론은 이러한 영향을 종합적인 모형으로 통합시키고 있다. 게다가 브론펜브레너의 이론은 아동을 둘러싼 다양한 환경요인이 발달에 영향을 미친다는 것을 상기시켜 준다(E.O'Connor & McCartney, 2007).

하지만 이 모형에도 약점이 있다. 발달에서 인지의 역할을 고려하지 않는 것이 아마도 이 이론의 첫 번째 약점일 것이다. 다음 장에서 보게 되겠지만, 아이들이 자기 스스로와 다른 사람과의 관계에 대해 생각하는 방식 또한 성격, 사회성, 도덕성 발달에 영향을 미친다. 게다가 이 모형은 제2장 피아제 인지발달이론에서 살펴본 것처럼 발달단계라는 아이디어

◈ 이해 점검 활동

1.1 생물생태학적 모형의 구성요소를 설명하고, 그것이 발달에 어떻게 영향을 미치는지 설명하라.

1.2 왜 미시체계가 발달에 가장 강력한 영향을 주는 것인가?

1.3 브론펜브레너의 생물생태학적 이론에서 교사와 학교의 영향은 어떻게 반영되었는가?

를 고려하지 않고 있다.

정체성과 자기개념의 발달

학교와 일상생활에 있어 개인의 반응은 보편적으로 그들의 자기개념과 결합된 정체성의 영향을 받는다. 정체성은 자기 자신에 대한 지각(sense), 개인이 자신의 존재에 대해 이해하는 것, 삶에서 원하는 것이다. 자기개념은 개인이 자신의 신체적 · 사회적 · 학업 능력에 대한 인지적 평가를 말한다. 여기에서 우리는 정체성과 자기개념이 어떻게 발달하고 이 발달이 교수법에 어떤 의미를 갖는지 살펴볼 것이다. 우선 정체성에 대해 살펴보자.

정체성(Identity)
개인이 자기 자신 및 자기 존재의 의미, 삶에서 자신이 추구하는 것에 대한 인식

자기개념(Self-concept)
자신의 신체적 · 사회적 · 학업 능력에 대한 인지적 평가

에릭슨의 심리사회적 발달단계론

당신은 삶에서 어디로 향하고 있습니까? 당신은 긍정적인 진로 위에 있다고 생각합니까? 당신은 누군가 특별한 사람과 관계를 맺고 있습니까? 에릭 에릭슨(Erik Erikson, 1902~1994)은 발달심리학자이자 정신분석가다. 그는 고객들과 마주하며 이러한 문제에 고심했고 이들 문제를 '정체성 위기'라 부르며 개인적으로 일생을 두고 연구했다(Cross, 2001). 연구 결과를 바탕으로 그는 '심리사회적(psychosocial)' 발달이론을 발전시키게 된다. 심리사회적이란 용어는 정체성의 통합과 인간 행동의 근원적 동기는 사회적이고 다른 사람과 연결되길 원하는 욕구를 반영한 것이란 믿음으로 도출되었다(Erikson, 1968, 1980). 그의 이론은 인간의 전 생애에 걸쳐 발달적 변화가 일어난다는 관점에서 독창적이라 할 수 있다.

에릭슨은 모든 인간은 기본적으로 같은 욕구를 갖고 있다고 보았다. 성격발달은 이러한 욕구를 채우는 과정에서 일어나고, 사회적 환경, 특히 양육자가 제공하는 보살핌과 지원의 질에 영향을 받는다고 보았다. 발달은 단계별로 진행되고, 각 단계별로 특징적인 과제와 위기가 존재하는데, 이는 발달의 기회를 제공하는 심리사회적인 도전을 의미한다. 각 단계의 심리사회적 도전을 건강하게 해결하면, 다음 단계에서도 문제해결이 건강하게 이루어질 가능성이 높다. 발달단계는 〈표 3-2〉에 요약되어 있다.

위기(Crisis)
발달과정상 나타나는 사회심리적인 도전 및 갈등

애릭 에릭슨(1902~1994)은 정체성이라는 주제에 흥미를 가졌는데, 어린 시절에서 배경을 찾을 수 있다. 독일에서 태어났고, 혼외관계의 자녀였기에 그의 출생 환경은 숨겨졌다. 그의 삶과 그의 이론 모두에서 정체성의 발달은 큰 관심사 중 하나였다. 그는 지그문트 프로이트의 딸인 안나프로이트와 함께 일했는데, 심리분석가가 되기까지의 그의 흥미에 불을 붙인 사람이었다. 1930년대 독일에 나치가 주도권을 잡기 시작한 무렵, 그는 미국으로 이주했고, 보스턴에서 아동심리분석가로 일했으며, 이후에 예일과 버클리 대학교의 교수가 되었다. 그는 캘리포니아 원주민 부족인 유로크(Yuroks)와 수(Sioux) 족의 아이들을 포함하여, 다양한 문화에 대해 연구하였으며, '정체성 위기'라는 용어를 만들어 낸 사실로도 유명하다.

표 3-2
table
에릭슨의 발달단계

신뢰감 대 불신감 (출생~1년)	신뢰감은 유아가 지속적으로 애정 어린 보살핌을 받을 때 형성된다. 불신감은 예상하지 못한 결과나 냉정한 보살핌을 받을 때 생긴다.
자율성 대 회의감 및 수치심 (1~3세)	자율성은 유아가 새롭게 형성된 사고능력과 심동기술을 이용해 세상을 탐구할 때 발달한다. 부모는 이러한 탐구를 격려하고, 피할 수 없는 실수를 받아 주면서 자녀의 자율성을 키워 준다.
주도성 대 죄책감 (3~6세)	주도성은 야망과 책임감에 대한 것으로, 새로운 일을 찾아 나서고 도전해 보려는 아동의 시도를 성인이 격려하고 보상해 줄 때 발달한다. 아동을 지나치게 통제하거나 비판하면 아동은 자신의 행동에 대해 죄책감을 느끼게 된다.
근면성 대 열등감 (6~12세)	학교와 가정은 학생이 도전적 과제에서 성공함으로써 유능감을 키울 수 있는 기회를 제공한다. 반면 반복된 실패는 열등감을 갖게 한다.
정체감 대 역할 혼돈 (12~18세)	청소년들은 명확한 한계 내의 자유로운 분위기 속에 다양한 역할을 실험한다. 역할 혼돈은 가정에서 필요한 조건을 제공하지 못하거나 지나치게 통제할 때, 혹은 다양한 역할 속에서 개인을 탐구할 기회를 제공하지 못할 때 발생한다.
친밀감 대 고립감 (성인 초기)	친밀감은 자기 자신을 다른 사람과 융합할 수 있을 때 발달한다. 초기의 실망과 정체성 발달의 결여는 정서적 고립감을 유발한다.
생산성 대 침체감 (중년기)	생산성은 성인이 자녀 양육, 생산적 일, 사회와 타인에 대해 공헌을 통해 더 나은 다음 세대가 되도록 노력할 때 발생한다. 이 시기에 다른 사람의 복지에 기여하는 일에 대해 무능하다면 무관심과 자아도취가 나타난다.
자아통합감 대 절망감 (노년기)	자아통합감은 최선을 다해 인생을 살아 왔고 죽음의 불가피함을 받아들이며, 인생에 대한 후회가 적을 때 생긴다. 이와 반대로 이미 한 일 또는 하지 않은 일에 대한 자책감과 남은 인생이 많지 않다는 느낌을 강하게 갖게 하고, 이는 절망으로 이어질 수 있다.

한 단계에서 위기를 긍정적으로 해결한 사람은 다음 단계의 위기를 더 잘 해결할 수 있다. 에릭슨은 이 과정이 항상 이상적이지만은 않다고 생각했다. 예를 들어, 인간에 대한 신뢰를 배우는 것은 바람직하지만 우리는 모든 상황에서 모든 사람을 믿을 수는 없다. 하지만 심리사회적 발달이 건강하게 이루어질 경우 이후 각 단계를 긍정적으로 해결할 가능성이 높아진다. 만약 특정 단계에서 위기를 긍정적으로 해결하지 못하면 개인은 그 위기를 다시 해결하기 위해 종종 이전 단계로 되돌아가게 된다.

에릭슨 이론에 대한 평가

에릭슨의 이론은 1960년대와 1970년대에는 인기가 많고 영향력이 있었으나, 그 이후 발달 이론가들 사이에서 최소한 세 가지 측면에서 비판을 받고 있다. 첫째, 일부 연구자들은 에릭슨이 성격, 정서 및 사회성 발달에서 문화가 차지하는 역할을 간과하고 있다는 주장을 제기한다. 가령, 어떤 문화권에서는 아동의 자립과 주도성을 부정적으로 보는데, 이는 그들이 처한 환경 내 위험에서 아동을 보호하기 위해서다(Dennis, Cole, Zahn-Waxler, & Mizuta, 2002).

둘째, 비평가들은 청소년들, 특히 여성의 경우 친밀감의 확립이 정체감 형성과 함께 일어나거나, 심지어 앞서 일어나기도 한다고 지적한다(Kroger, 2002). 이것은 정체성 형성 이후 친밀감을 형성한다는 에릭슨의 주장에 반대된다.

셋째, 다음 절에서 정체성 발달에 대해 논의하겠지만 많은 사람이 에릭슨이 제안한 것처럼 빨리 정체성을 형성하지는 않는다.

에릭슨의 이론은 직관적으로 이해 가능하고 우리가 주위 사람들에게서 보는 행동의 많은 부분을 설명해 준다. 가령, 이 장의 앞부분에 제시된 사례에서 좋지 않은 태도를 가지고 있는 정호의 경우가 그것이다. 다른 친구들이 그를 아무 이유 없이 괴롭힌 것에 대한 정호의 주장을 그가 신뢰감과 불신감의 단계에서 긍정적으로 문제를 해결하지 못했기 때문이라고 설명할 수 있다. 이것은 그가 자율성, 주도성, 근면성을 제대로 발달시키지 못하게 하며, 그가 왜 자신의 일을 제대로 하지 못하는지를 설명해 준다. 우리는 긍정적인 생각, 열린 마음, 세상을 더 좋은 곳으로 만들고자 하는 건강한 의지를 가지고 있는 존경할 만한 사람들을 만나 왔다. 반면, 사람들이 자신을 이용하려고 하거나, 근본적으로 악하다고 생각하는 사람들도 만났다. 우리는 또한 재능 있는 사람들이 주도성이 부족하거나 또는 심지어 마약 복용으로 인해 무기력한 상태로 전락하는 것을 보기도 한다. 또한 매사에 무관심하고 삶에 의욕이 없는 사람을 보기도 한다. 에릭슨의 이론은 이러한 문제에 대한 우리의 이해를 돕는다.

심리사회적 발달의 지원

교사는 어린아이들의 주도성을 강화하고 격려하며 심리사회적 발달을 도울 수 있다. 초등학교 시기에 교사는 근면성과 열등감의 위기를 긍정적으로 해결하도록 유능감을 키워 줄 수 있으며, 이를 위해 도전적 경험과 지지, 피드백을 제공할 수 있다.

사춘기의 청소년들은 그들과 사춘기의 불확실성을 공감하면서 허용 가능한 행동 범위의 한계를 확실히 규정지어 주는 확고하고 애정 어린 교사를 필요로 한다(Rudolph et al., 2001). 이 장이 시작할 때 제시된 사례에서처럼 정호의 선생님들은 정호가 자신의 마음을 터놓을 수 있게 도와주었다. 가장 중요한 것은 선생님들이 정호에게 다가가고 있다는 것을 본인에게 알려 주려는 세심함이다. 이것은 청소년 시기에 가장 중요한 부분이다.

유아기의 아이들과 초등학생들에게는 독립심과 자주성을 발달시킬 수 있는 기회가 제공되어야 한다.

정체성의 발달

정체성 발달의 또 다른 관점은 개인이 자신의 삶의 방식과 진로 선택을 통해 내가 누구인지를 정의하려고 하는 개인적 노력에 주목한다. 부모와 다양한 사회적 경험은 이 과정에 영향을 끼친다(Trawick-Smith, 2003). 예를 들어, 청소년들은 종종 자신을 또래 집단과 동일시하려고 하며 옷 입는 방식과 헤어스타일을 빠르게 닮아 가고자 한다(McCleo & Yates, 2006). 중학교에서 흔히 볼 수 있는 여자아이들의 짧은 티셔츠와 남자아이들의 배기팬츠, 거꾸로 쓴 모자는 이런 '일시적인 정체성'을 보여 준다. 하지만 결국 아이들은 보다 자신에게 집중한 자아를 형성하고 인생의 목표에 대해 인식하게 된다.

정체성 발달에 있어 진로 선택

학습자들의 직업 선택을 위한 시도 역시 그들의 정체성 발달에 영향을 끼친다. 예를 살펴 보자.

네 명의 고 3 학생들이 졸업 후 계획에 대해 이야기하고 있었다.

"난 간호대에 갈 생각이야." 희진이가 말했다.

"난 병원에서 파트타임으로 일해 봤는데 사람들과 일하고 다른 사람을 돕는 것이 정말 좋았어. 한때는 의사가 되고 싶었지만, 그 많은 스트레스를 감당할 자신이 없어. 진학상담도 받았거든. 화학과 다른 과학 과목을 공부할 수 있을 것 같아. 한번 해 봐야지."

"난 내가 뭘 하고 싶은지 잘 모르겠어." 선주가 말을 꺼냈다.

"수의학을 할까 싶기도 하고, 교사가 되는 것에 대해서도 생각해 봤어. 동물병원에서 일해 봤는데, 정말 좋았거든. 그런데 평생 할 수 있을지는 잘 모르겠어. 우리 부모님 친구 중에 선생님들이 계신데 그분들 말씀을 들어봐야지 나는 잘 모르겠어."

"나도 그래 봤으면 좋겠다……." 성진이가 대답했다.

"하지만 난 가을학기부터 대학에서 학업에 전념하게 될 거야. 변호사가 되려고 해. 최소한 우리 부모님이 바라시는 거고. 괜찮은 직업이고 돈도 많이 벌 수 있잖아."

"성진아, 어떻게 그렇게 결정할 수 있니?" 수미가 놀라며 말했다.

"넌 변호사가 되고 싶지 않다고 전에 그렇게 말했잖아. 난 아직 내 미래를 결정하고 싶지 않아. 아직 열여덟 살밖에 안 됐잖아. 당분간 더 깊이 생각해 볼 거야."

양육자와의 대화는 청소년기의 아이들에게 자신의 정체성을 재정립할 수 있는 기회를 제공한다.

청소년들이 그들의 정체성과 고군분투할 때 두 가지 과정이 발생한다(Luyckx, Goossens, & Soenens, 2006). 첫 번째 과정은 '정체성 형성'으로, 확신이나 신념에 기반을 둔 헌신을 포함한다. 이것은 "사람들과 일하고 다른 사람을 돕는 것이 정말 좋았어"라는 희진이의 말에서 확인할 수 있다. 두 번째 과정은 '평가'로, 청소년들이 대안적인 정체성을 고려하고 각 대안에 대한 장단점을 저울질할 때 발생한다. 예를 들어, 당신은 진로를 선택할 때 자신에게 교사가 되고 싶어서 지원하는 것인지 아니면 일선 회사에 입사하는 대신 선택하는 것은 아닌지 물어본 적이 있을 것이다. 이런 신중함이 여러 대안 사이에서 평가를 내리는 과정이다.

정체성 발달을 연구하기 위해 연구자들은 청소년들을 인터뷰했고 청소년들의 정체감 발달 상태를 〈표 3-3〉에 정리한 바와 같이 네 가지 유형으로 분류했다(Marcia, 1980, 1987, 1999). 이 유형들은 그들의 건전한 결과를 도출하는 능력 여부에 따라 달라진다. 예를 들어, 정체성 유예는 건강한 상태이고 정체성 성취로 이어질 수 있다. 반면 정체성 혼돈은 대부분의 어린 청소년들이 속해 있는 유형으로 여러 개의 진로 사이에서 무계획적인 선택을 하는 상태를 말한다. 만약 이 상태가 계속된다면 무관심과 혼돈이 야기될 것이다(Berzonsky & Kuk, 2000). 정체성 폐쇄는 또 다른 비생산적인 상태로 청소년들이 자신의 미래에 대해 철저하게 검토하지 않고 다른 사람, 특히 부모의 목표와 가치를 그대로 따를 때 일어난다. 많은 청소년은 정체성 성취에 도달하기 전에 정체성 유예와 정체성 혼돈의 과정을 겪는다. 교사와 다른 성인들은 청소년들을 힘들게 하는 요인에 대해 개방적으로 토론하며 도울 수 있다.

에릭슨의 연구와 달리, 연구자들은 정체성 성취가 고등학교 과정보다는 고등학교 이후에 나타난다고 한다(Berzonsky & Kuk, 2000; Marcia, 1980, 1987). 이러한 지연은 대학생의

표 3-3 table

정체성 발달의 단계

단계	설명
정체성 혼돈 (Identity diffusion)	개인이 명확한 선택을 내리지 못했을 때 나타난다. 여러 가지 인생 경로에 있어 무계획적인 선택이나 행동으로 묘사된다. 선택하는 것을 어려워하고 개인은 발달과정상 선택을 내릴 준비가 되어 있지 않다.
정체감 폐쇄 (Identity foreclosure)	개인이 부모님과 같은 다른 사람의 가치체계(position)를 성급하게 채택할 때 나타난다. 이것은 다른 사람의 정체성에 기반을 둔 것이므로 개인이 원하지 않은 가치체계다.
정체성 유예 (Identity moratorium)	개인이 양식을 결정하는 데 있어 휴식을 취하거나 보류할 때 나타난다. 장기간 정체성 형성을 위한 노력이 연기된다.
정체감 성취 (Identity achievement)	개인이 일련의 위기를 경험하고 의사결정을 했을 때 나타난다. 정체성 형성은 목표나 방향을 위한 노력에 영향을 끼친다.

경우에도 두드러지게 나타나는데, 그들은 인생에서 무엇을 할 것인지에 대해 생각해 볼 시간이 더 남아 있기 때문이다.

연구 결과는 청소년기 경험의 불확실성은 정체성 형성보다는 증가된 의존성과 연관된다는 것을 보여 준다(Bettis & Adams, 2005; McLeod & Yates, 2006). 청소년기 초기에 절정에 다다르게 되는 부모, 교사, 다른 성인들과의 대립은 청소년들이 책임감을 수용하고 성인들이 새로운 관계를 어떻게 조율해야 할지를 깨달으면서 감소한다. 초기 청소년기의 혼란은 왜 중학교나 고등학교 초기 학생들을 가르치는 것이 특별히 어려운 것인지를 설명해 준다.

성 정체성

성 정체성(Sexual identity)

성적 성향과 관련해 자기 자신이 어떤 사람인지에 대해 스스로 내린 정의

성적 성향(Sexual orientation)

개인이 낭만적으로, 성적으로 이끌리는 성

성 정체성은 학생들이 자신의 성적 경향성과 관련해 스스로 내린 정의로, 정체성을 형성하는 또 다른 중요한 요인이다. 성 정체성은 학생들이 옷과 친구를 선택하는 것에서부터 궁극적으로 추구하는 직업을 선택하는 데까지 영향을 미친다(Ruble, Martin, & Berenbaum, 2006). **성적 성향**은 개인이 낭만적으로 성적으로 이끌리는 성으로, 성 정체성의 중요한 측면이다.

동성애자 학생들(같은 성별의 학생에게 성적 경향성이 향하는 학생들)은 학교 인구의 3～10% 정도를 차지하는 것으로 추정되며, 이런 성적 경향성은 그러한 학생 중 일부에게는 굉장히 힘들고 혼란스러운 것이 된다(Macionis, 2006). 동성애 요인을 정확하게 밝히려는 시도로는, 일부는 유전적이라는 의견과 일부는 학습과 선택에 기인한 것이라는 의견이 있는데, 이는 현재 사회적 논쟁거리가 되고 있다(Gollnick & Chinn, 2006). 연구자들은 확실한 유전적 요인을 제안한다. 예를 들어, 만약 일란성 쌍둥이 중 한 명이 동성애자라면 다른 한 명이 동성애자일 확률은 이란성 쌍둥이보다 높다는 것이다(Bailey, 1993).

연구자들은 동성애자들이 자신이 누구인지를 인식하는 과정을 3단계로 나눠 설명한다. 첫째, 그들은 자신이 다른 아이들과 같지 않다는 사실을 천천히 지속적으로 인식한다. 둘째는 혼란을 느낀다. 이 단계는 청소년기에 나타나며 동성애자들은 점점 드러나는 그들의 성적 취향을 인식하고 사회적 지원과 역할 모델을 찾는다.

마지막으로 세 번째 단계에서 게이와 레즈비언 청소년 대다수는 그들이 동성애자라는 사실을 받아들이고 가까이 있는 사람들과 공감하고 싶어 한다.

한 게이 남자가 자신의 경험을 다음과 같이 말했다.

> 나는 항상 약간 다른 것처럼 보였다. 나는 한 번도 여자아이들에게 흑심을 품은 적이 없었고 점점 나이를 먹을수록 이런 감정들이 나를 두렵게 했다. 나는 내가 남자 친구들에게 신체적으로 매력적으로 보이려 하고 그들 때문에 흥분하는 것을 알아챘다. 나는 그것에 대해 말할 사람을 찾지 못하고 그냥 내 안에 감춰 두었다. 나는 항상 절망적이었다. 오랜 시간이 흐른 뒤에야 나는 이 사실을 받아들였다. 내 친구들은 모두 내

가 게이라는 것을 알고 그것은 이제 큰 문제가 되지 않는다(Jim Pepperling, Personal Communication, January 28, 2008).

자기개념의 발달

여러분은 얼마나 운동을 잘하는가? 얼마나 인기가 있는가? 친구와 비교했을 때 얼마나 똑똑한가?

이 질문에 대한 여러분의 대답은 신체적 · 사회적 · 지적 능력에 대한 자신의 인지적 평가인 자기개념(self-concept)을 나타낸다(Schunk, Pintrich, & Meece, 2008). 자신이 운동을 잘 한다고 대답했다면 당신은 긍정적인 신체적 자기개념을 가졌다고 말할 수 있고, 자신이 사람들과 잘 어울린다고 대답했다면 당신은 긍정적인 사회적 자기개념을 가졌다고 말할 수 있다. 또 자신이 지적으로 유능하다고 생각하는 사람은 높은 지적 자기개념을 갖고 있다고 할 수 있다. 연구자들은 건강한 자기개념 형성이 사회적 · 정서적 발달의 중심이 된다고 말한다(Davis-Kean & Sandler, 2001).

자기개념과 자기존중감

자기개념과 자기존중감은 흔히 혼동되어 쓰이는데, 사실 상당히 다른 개념이다. 자기개념은 인지적인 자기이해인데 반해, **자기존중감** 또는 **자기가치**는 자신에 대한 정서적인 반응이나 평가다(Schunk et al., 2008). 높은 자기존중감을 가진 사람은 자신이 본래 가치 있는 사람이라고 생각한다.

자기존중감 혹은 자기가치 (Self-esteem or Self-worth)
자기 자신에 대한 정서적인 반응이나 평가

청소년기의 낮은 자기존중감은 어른이 되었을 때 좋지 못한 건강, 범죄 행동, 제한적인 경제관념을 예측하는 중요한 변인이다(Baumeister, Campbell, Krueger, & Vohs, 2005; Trzesniewski et al., 2006).

어린 아동은 높은 자기존중감과 긍정적인, 때로는 비현실적일 정도로 긍정적인 자기개념을 갖고 있는 경향이 있는데, 그 이유는 사회적으로 타인과의 비교 경험이 부족하고 부모로부터 많은 지지를 받기 때문일 것이다(Stipek, 2002). 일반적으로 자기존중감은 초등학교에서 중학교로 가는 동안 떨어지는 경향이 있다(Eccles et al., 1989; Eccles et al., 2003). 이런 감소는 여성과 남성 모두에서 보이며 중학교에의 학습 위주의 관계와 사춘기의 신체적 변화를 포함한 몇 가지 이유로 인해 발생한다. 자기존중감은 고등학교 시기 동안 다시 증가하며 여성보다는 남성에서 보다 큰 증가세를 보인다(Twenge & Campbell, 2001).

자기개념은 다른 사람들과의 상호작용을 통해, 또래와 비교를 통해 자신의 수행을 보다 정확하게 평가할 수 있게 됨으로써 보다 더 현실적이 된다(Schunk et al., 2008). 청소년기가 시작되면서 자기개념과 형성단계에 있는 정체성은 서로 상호 영향을 끼친다. 각자는 서로에게 영향을 끼치며 둘은 다시 함께 자기존중감에 영향을 끼친다.

학생들은 자신의 경험과 자신이 받은 피드백에 근거해 학업적 자아개념을 형성한다.

자기개념과 학업성취

일반적인 자기개념과 학업성취와의 관계는 어느 정도 있지만, 관련성 정도는 약하고 신체적 자기개념은 사실상 학업성취와 관련이 없다(Marsh & Ayotte, 2003; Schunk et al., 2008). 이는 현실을 통해 짐작할 수 있는 결과다. 우리는 학업 면에서 출중하지만 내성적인 학생과 성적은 평균 정도이지만 또래에게 인기가 많은 학생을 볼 수 있다.

학업성취와 학업적 자기개념은 보다 안정된 정적 관계를 갖고, 이들은 상호 의존적 관계를 갖는다(Choi, 2005). 즉, 서로는 서로가 향상될 수 있도록 이끈다(Chapmanm Tunmer & Prochnow, 2000). 이것은 모든 학습경험이 성공적일 수 있다거나 성공적이어야 한다는 것을 의미하지는 않는다. 하지만 유능한 교사는 학생들이 자신의 실패를 극복하면서 배울 수 있도록 돕는다(Dweck, 2005).

특정 과목의 자기개념과 그 과목의 학업성취 간에는 특히 더 높은 상관관계가 있다(Choi, 2000). 연구자들은 수학, 영어처럼 다른 과목 간에는 다른 자기개념이 존재하며 시간이 지날수록 점점 그 구별이 명확해진다는 것을 발견했다(Marsh & Ayott, 2003; Yeung et al., 2000). 우리는 흔히 "나는 영어는 잘하는데 수학은 잘 못해"라는 말을 들었을 것이다. 하지만 몇몇 연구 결과에 의하면 자신이 지각하는 능력은 실제 능력과 다를 수 있다고 한다. 특히, 자신의 능력에 대한 사회적 기대가 낮을 때, 예를 들어 여성은 수학을 잘 못한다는 인식이 있을 때 자신의 능력을 과소평가하게 된다(D.A. Cole et al., 2001; Herbert & Stipek, 2005).

교육과정외 활동

연구자들은 교육과정외 활동(이하 과외활동)이 긍정적인 자기개념 형성에 도움이 된다

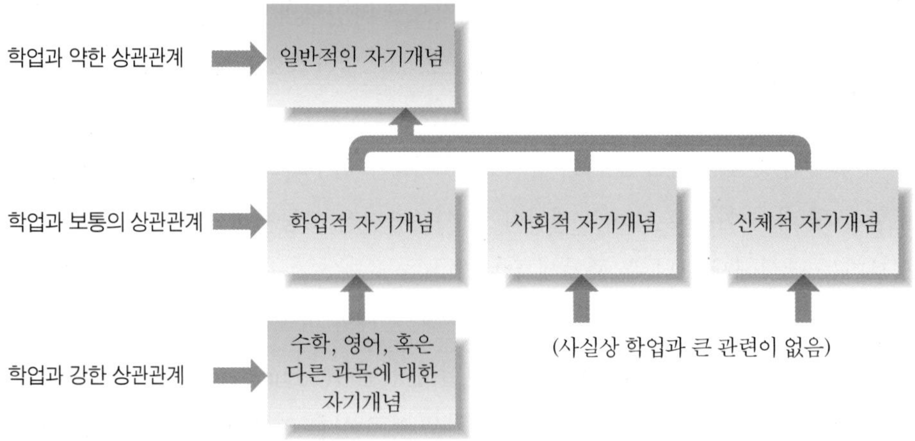

[그림 3-2] 자기개념의 여러 다른 차원과 학업성취와의 관계

고 말한다(Mahoney, Larson & Eccles, 2005) 이런 활동들은 학생들에게 안정감과 지지적인 환경, 다른 사람들과 상호작용할 수 있는 기회를 주며, 이런 활동들은 자기개념과 자기존중감 둘 다를 강화시킨다(Deutsch & Hirsch, 2001; Fredericks & Eccles, 2006).

[그림 3-2]에는 자기개념의 요소와 학업성취 간 관계가 예시되어 있다.

이론에서 실제로

교실에서의 정체감과 자기개념 발달 촉진

교사는 학생들의 학업적 자기개념에 큰 영향을 끼친다. 교사는 학습활동과 평가를 계획하고 학생들에게 피드백을 제공하는데, 학생들은 그 피드백을 통해 스스로의 학업적 능력을 평가하게 된다. 다음의 원칙은 학생의 심리사회적 발달 및 자기개념의 발달을 위해 노력하는 교사들에게 유용한 안내가 될 것이다.

① 보다 학습 중심적인 학급 분위기를 형성하고 학생들의 참된 관심사에 대해 대화하라.
② 학생들의 책임감을 향상시키기 위해 일정한 권위를 가지고 상호작용하라.
③ 학생이 보여 주는 자립성과 주도성에 대해 적절한 보상을 제공하라.
④ 모든 학습자에게 적당히 높은 기대감을 갖고 그들의 능력이 향상되고 있다는 것을 알려 줘라.
⑤ 배우는 과정과 학생의 개별적인 성장을 강조하는 평가체계를 설계하라.

이제 이 원칙들이 중학교 2학년 영어교사인 정 교사가 학생들을 지도하는 데 어떤 도움을 주는지 살펴보자.

"시험지를 나눠 주겠어요." 정 교사는 금요일에 그 전 날 보았던 쪽지시험지를 학생들에게 나누어 주었다.

"여러분이 자랑스러워요. 모두 다 실력이 향상되었고, 특히 작문에서 그랬어요. 문법, 철자, 구두점이 모두 향상되었고, 표현력도 늘었어요. 선생님이 여러분에게 기대를 많이 하고 있다는 걸 알았을 거예요. 여러분은 선생님이 낸 과제를 잘 따라와 주었어요."

"여러분 일기장에 성적을 꼭 적어 놓도록 하세요. 그리고 얼마나 실력이 향상되었는지 확인하고 그것도 적어 놓으세요."

"선생님, 누가 성적이 가장 많이 올랐어요?"

재연이가 질문했다.

"누가 가장 많이 올랐는가는 별로 중요하지 않아요." 정 교사는 부드럽게 말했다.

"선생님이 전에 말했듯이, 우리는 모두 함께 노력해 나가야 해요. 선생님은 최선을 다해 여러분을 도우려 하고, 여러분 각자는 자신의 공부에 대해 책임을 져야 합니다. 그러니까 각자 스스로 실력이 향상되도록 최선을 다해야 합니다. 그래서 여러분 성적을 시험지의 제일 마지막 장에 써 놓은 거예요. 그건 여러분 자신만 알아야 하는 것이고 다른 사람은 알 필요가 없기 때문이죠. 여러분은 학습에 대한 이해를 높이기 위해 각자 노력할 뿐이지, 자기가 옆에 사람보다 더 잘했는지 못했는지는 신경 안 써도 돼요."

정 교사는 그러고 나서 시험문제 가운데 학생들이 어려워했던 문제에 대해 추가적인 예를 제시해 주며 설명해 주었다. 그리고 다음과 같이 말하면서 학생들과의 이야기를 마쳤다.

"이런 시험들이 어려웠다는 걸 잘 알고 있어요. 하지만 이번 학년이 시작할 무렵을 떠올려 보면, 여러분의 실력이 점점 향상되고 있다는 걸 알 수 있을 겁니다. 지금 우리가 목표하는 게 바로 그거죠, 실력 향상 말이에요."

"자, 이제, 잠깐 시간을 내서 학급회의를 하려고 합니다."

정 교사는 이야기의 주제를 바꾸며 말했다.

"여러분 중 한 사람이 지난주 금요일에 선생님한테 와서 어떤 학생들이 서로를 대하는 태도에 대해 걱정하고 갔어요. 그 학생은 관련된 학생의 이름은 밝히지 않았고, 진심으로 걱정이 되어서 말한 것이었어요. 그래서 그 학생을 자랑스럽게 생각해요. 선생님은 우리 학급을 더 나은 학급으로 만들기 위해 주도적으로 행동하는 학생들을 좋아합니다.

그리고 선생님 역시 그 학생의 걱정에 동의해요. 예를 들어, 복도를 걸어가는 학생의 발을 걸어 넘어지게 하는 걸 본 적이 있고, 분수 옆을 지나가는 학생에게 물을 튀기는 학생들도 본 적이 있어요. 그리고 교실 바닥에 휴지가 점점 더 많이 보이고요.

솔직히 말하면, 여러분 중 일부에게 실망했어요. 우리가 함께 공부하는 교실을 깨끗하고 정돈된 곳으로 만들기 위해 서로서로 노력해야 합니다. 그래서 오늘 여러분의 의견을 듣고 싶군요. 이 문제를 어떻게 해결해 볼까요?"

많은 학생이 의견을 제안했고 그중에는 규칙을 어기는 학생들을 학급에서 추방 조치하자는 것에서부터 그런 학생들과 대화를 나누자는 것과 기존의 규칙에 새로운 조항을 추가하자는 의견 등이 나왔다. 학생들은 선생님이 학급규칙을 공정하게 집행하려고 했다는 데에 의견이 일치했지만, 몇몇 사례에서는 지나치게 관대했다고 지적했다. 정 교사는 자신이 그랬을 가능성을 인정했고 학생들이 스스로 책임을 갖고 지켜야 한다는 생각에서 그렇게 했다고 말했다.

토의를 끝내면서 학생들은 책임감을 두 배로 갖고 규칙을 지킬 것에 동의했고, 선생님은 규칙을 공정하고 일관성 있게 집행하겠다고 약속했다.

이제 학생들의 성격 및 자기개념의 발달을 돕기 위한 정 교사의 노력을 좀 더 자세히 살펴보자. 첫째, 정 교사는 퀴즈에 대한 피드백을 제공하면서 학생들의 이해력을 향상시키려고 했으며 개별 학생들과 문제에 대해 상호작용했다. 그들이 가장 좋아하는 교사상에 대해 물으면 학생들은 다음과 같이 대답했다.

그들을 인격적으로 대해 주고 과제를 잘할 수 있도록 도와주는 선생님…… 하지만 학생들은 자신들의 행동에 대해 선생님이 분명히 의사를 표현하고 제지를 가해 주는 것이 좋다고 말했다. 학생들은 이런 행동을 선생님이 자신들을 돌봐주는 것이라고 여겼다(Brophy, 2004: 29-30).

둘째, 정 교사는 행동수칙에 대해 자상하면서도 엄격한 태도를 취하고, 학생들의 의견을 학급규칙과 절차에 반영함으로써 권위 있는(authoritative) 상호작용 방식을 보여 주었다. 한계 내에서 독립성을 존중해 주는 권위 있는 학급경영 방식은 정체성을 확립하기 시작하는 중학교 2학년 학생들에게 특히 중요한 행동방식이다.

셋째, 정 교사는 어떤 심리사회적 도전도 완전하게 해결되지는 않는다는 것을 깨닫고 중학교 2학년인 학생들이지만 자립, 주도성과 같은 이전 단계와 관련한 행동발달에 대해서도 관심과 보상을 제공하고 있음을 볼 수 있다.

넷째, 정 교사는 여러 가지 방법으로 학생들의 근면성과 긍정적인 학업적 자기개념의 신장을 돕고 있다. 그가 했던 "나는 여러분이 자랑스러워요." "여러분 모두 실력이 향상되었군요." "선생님이 여러분에게 기대를 많이 하고 있다는 걸 알았을 거예요." "여러분은 선생님이 낸 과제를 잘 따라와 주었어요."와 같은 말은 그가 학생에게 높은 기대를 갖고 있음과 능력의 향상을 강조하고 있음을 보여 준다.

마지막으로, 정 교사는 학습을 강조하고 경쟁은 중시하지 않았는데, 이런 그의 태도는 재연이의 말에 대답했던 "누가 가장 많이 올랐는가는 별로 중요하지 않아요."와 "각자 스스로 실력이 향상되도록 최선을 다해야 합니다."에서 찾을 수 있다. 또 그는 실력이 향상된 학생에게 점수를 부과하는 평가체제를 채택함으로써 학생들의 능력 향상에 주안점을 두고 있다.

연구 결과들은 학생들의 학업적 자기개념을 발달시키기 위한 정 교사의 방법을 지지하는 것으로 나타난다. 자기개념을 향상시키는 다른 방법으로 소수민족 학생들이 다문화 자료를 이용해 공부하거나 여름 캠프 실시, 조력

집단의 활용, 감수성 훈련 등이 있을 수 있다. 하지만 이런 접근들은 두 가지 측면에서 효율적이지 못하다. 첫째, 그들은 학업적 자기개념과는 별 상관이 없는 글로벌 자기개념에 초점을 맞추고 있다. 둘째, 자기개념을 높이기 위해서는 실력이 향상되고 있다는 증거를 보여야 한다(Baumeister, Campbell, Krueger, & Vohs, 2005; O'Mara, Marsh, Craven, & Debus, 2006).

학생들이 긍정적인 정체성과 자기개념을 형성할 수 있도록 돕는 것은 쉬운 일이 아니다. 그리고 정 교사와 같은 노력이 모든 학생에게, 언제나 성공적인 것은 아니다. 하지만 교사는 시간과 노력을 통해 이 중요한 발달영역에서 차이를 만들 수 있을 것이다.

다양성 탐색

민족적 정체성과 자긍심

마리아 로블은 어머니의 손을 꼭 잡고 미국인들이 다니는 학교 문을 처음으로 열고 들어갔다. 몸집이 큰 남자아이와 여자아이들이 복도를 걷는 것을 보며 어머니는 마리아가 긴장했음을 알 수 있었다.

모녀가 유치원 교실에 들어갔을 때 아빌라 선생님이 미소를 지으며 인사하러 나왔다.

"Hola. ¿Cómo te llamas, nina?"(안녕, 꼬마야, 이름이 뭐니?)라고 마리아의 모국어인 스페인어로 아빌라 선생님이 물었다.

마리아는 여전히 긴장했지만 어머니의 얼굴을 바라본 후, 긴장을 풀었다.

"Dile tu nombre."(이름을 말해 드리렴.) 어머니가 마리아의 손을 꼭 잡아 주며 웃으며 재촉했다.

"……마리아." 마리아가 주저하며 대답했다.

어머니가 빨리 다시 말했다, "Maria Robles. Yo soy su madre."(마리아 로블이에요. 저는 엄마입니다.)

아빌라 선생님은 출석부를 본 후, 마리아의 이름을 찾고 표시했다. 그 후 스페인어로 그들을 교실로 안내하고 남녀 아이들에게 인사하도록 했다. 음악이 들려 왔다. 마리아는 교실 구석에서 장난감을 가지고 놀고 있는 친구들을 발견했다.

"Maria, ven acquí y juega con nosotros."(마리아, 이리 와서 우리랑 놀자.)

마리아는 잠시 주저하다가 괜찮을지 물어보기 위해 어머니를 바라보았다. 어머니가 미소를 짓고 고개를 끄덕이자, 마리아는 친구들에게로 달려갔다.

교사들은 학생들이 민족에 대해 적극적으로 인식하고 가치를 부여할 수 있도록 하며 문화적 강점이 다른 학생들을 학교에 데려옴으로써 민족적 자긍심과 긍정적인 자기존중감이 형성이 되는 것을 도울 수 있다.

민족성과 자기존중감

우리는 모두 자신의 가치에 대해 알고 싶어 한다. 다른 사람들이 우리를 좋아할까? 다른 사람들이 우리를 똑똑하다고 생각할까? 또는 아름답다거나 잘생겼다고 생각할까? 다른 사람들과의 상호작용은 우리의 믿음을 형성하고, 학교는 긍정적인 자기개념과 자기존중감을 형성하는 데 중요한 요인이 된다.

특히 소수민족 아동 또는 청소년의 경우, 문화 역시 자기존중감 형성 과정에서 중요한 역할을 한다. 연구자들은 소수 민족 집단 학생들의 자기존중감은 개인적 · 집단적 차원의 요소를 포함한다고 밝히고 있다(S. French, Seidman, Allen, & Aber,

2006).

민족적 정체성(Ethnic Identity)은 민족 구성원 간의 인식, 가치에 대한 약속, 민족적 행동을 의미하고, **집단적 자기존중감**(Collective self-esteem)은 자신이 속한 집단의 상대적 가치에 대한 개인의 지각을 나타낸다. 자신이 속한 집단이 소중하고 가치 있다고 지각될 때 개인의 정체감과 자기존중감은 향상되고 그 반대 역시 성립한다.

마리아 로블과 같이 어린 학생들도 백인 중심의 미국 사회에 자신이 문화적 소수 집단의 일원임을 알고 있다. 1930년대로 거슬러 올라가 관련 연구를 살펴보면, 아프리카계 미국인(K. Clark & Clark, 1939), 멕시칸계 미국인(Weiland & Coughlin, 1979), 중국계 미국인(Aboud & Skerry, 1984)과 같은 소수 민족 집단의 아동은 자신들의 민족 집단이 본질적으로 백인 주류 집단에 비해 덜 가치 있다고 평가한다. 소수 민족 어린이들은 자라면서 불평등과 차별에 대해 더욱 인식하게 된다.

최근 연구 결과는 따뜻한 가정에서 보살핌을 받으며 자란 아프리카계 미국인 어린이들이 학교와 집에서 반대 상황에 있는 백인 아이들보다 더 높은 자기존중감을 가지고 있다고 말한다 (C. Carlson, Uppal, & Prosser, 2000; S. French et al., 2006; Gray-Little & Hafdahl, 2000). 하지만 일부 문화적으로 소외된 사람들의 삶은 가난, 범죄, 약물과 관련이 있다(Dwyer & Osher, 2000). 게다가 이런 소외된 학생들의 요구에 대한 학교의 무책임한 대응은 자기개념과 자존감의 발달을 저해한다(Ferguson, 2003; Noguera, 2003a). 이런 독특한 문제점은 소수민족의 학생에게서만 나타나는 것으로 보인다.

민족적 자긍심과 정체감의 형성

민족 집단의 소속감은 개인적 정체감의 형성에 영향을 미치고(M. Jones, 1999), 아이들이 자신의 민족적 정체성에 대해 받은 메시지는 때로 혼합된 것이거나 부정적인 것일 수도 있다 (Lopez del Bosque, 2003; Trawick-smith, 2003). 하지만 자신의 민족적 정체성을 찾아보도록 격려 받고, 주류 문화와 자신이 속한 민족 집단의 문화의 가치를 인정하는 학생들은 보다 명확한 정체감을 갖는 경향이 있다(D. Hughes et al., 2006). 긍정적인 민족적 정체성을 가진 학생들은 학업성취도가 높을 뿐만 아니라 높은 자기존중감과 환경을 다루는 자신들의 능력에 대해 보다 긍정적인 믿음을 갖고 있다(Chavous et al., 2003; Spencer, Noll, Stoltzfus, & Harpalani, 2001). 소수 민족 학생들은 그들의 문화가 가치 있고 모국어가 큰 자산임을 알아야 한다 (S. French et al., 2006)

교사는 무엇을 할 수 있을까? 우리는 학생들이 자신의 민족적 유산과 언어가 가치 있는 것이라고 인식하도록 대화하고 노력할 수 있다. 마리아처럼 많은 학생은 자신들이 환영을 받을 수 있을지 의심하며 학교에 온다. 아빌라 선생님이 마리아에게 한 것처럼 교사가 학생들을 존중하는 것은 학생들이 자신의 자기 가치를 높이는 데 큰 영향을 끼친다.

민족적 정체성 (Ethnic identity)

민족 구성원에 대한 인식 및 민족의 태도 가치 행동에 대한 약속

집단적 자기존중감 (Collective self-esteem)

자신이 속한 집단의 상대적 가치에 대한 개인적 인식

◈ 이해 점검 활동

2.1 당신이 학습을 자발적으로 하지 않는 중학교 3학년 학생을 가르친다고 가정해 보자. 그 학생은 자신에게 주어진 일은 하지만 그 이상은 하지 않는다. 그는 할당된 일은 잘하고 행복해 보인다. 그의 행동에 대해 에릭슨의 이론을 근거로 설명해 보자. 이런 행동 유형을 보이는 학생에게 교사는 어떻게 해야 할까?

2.2 정체성 발달에 대한 도입 부분에 있는 학생들의 대화를 다시 보자. 학생 각자의 정체성 상태를 정체성 발달 단계에 근거해 설명하라.

2.3 "나는 내가 말하고 싶은 방식대로 이것의 윤곽을 잡을 수 있다고 생각해." 한 학생이 친구에게 말한다. "나는 항상 훌륭한 작가였다. 나는 무엇이 문제인지 모르겠어." 자기개념이나 자기존중감 개념을 사용해 학생의 말에 대해 설명하라. 그리고 자기개념, 자기존중감, 학업성취도 개념 간의 관계를 설명하라.

교실에의 적용

교실에서 심리사회적 발달과 자기개념 발달을 촉진시키기

1. 에릭슨은 다른 사람과의 상호작용이 심리사회적 발달에 매우 중요하다고 보았다. 학생들과 상호작용할 수 있는 사회적 연계를 만들어라.

- 초등학교: 교실의 식물에 물을 줘야 하는 한 학생이 식물을 쓰러뜨렸다. 교사는 "문제가 있어 보이는구나. 무엇을 해야 하지?" 라고 차분하게 말하고 잠시 쉬었다가 계속 말한다. "먼지를 쓸어내고 휴지로 물기를 닦아 내도록 해." 학생이 그 일을 다 끝내자 교사는 학생을 안아 주고 말한다. "모두들 실수를 한단다. 중요한 것은 우리가 그것을 어떻게 해결하는가에 달려 있어."
- 중학교: 한 수학교사는 모든 학생이 성공을 경험하고 근면성을 향상시킬 수 있도록 수업을 계획했다. 그녀는 방과 후에 학생들과 좀 더 시간을 보내며 과제를 다시 하게 했다. 만약 그들이 진실하게 노력했다면, 그녀는 "노력만 한다면 누구나 수학을 잘 할 수 있단다" 라고 말했다.
- 고등학교: 한 생물교사는 학생이 공격적인 언어를 사용하지 않는 한 그의 의상과 비속어에 크게 주의를 주지 않았다. 이에 학생들은 타인의 권리를 선생님이 인정해 준다는 것을 인식하게 되었고, 이후 공부를 열심히 하려고 더 노력하였다.

2. 도전적인 과제에 성공하는 것은 근면성의 발달에 있어 중요하다. 노력이 성공과 유능감을 가져오는 것이라는 것을 학생들이 이해할 수 있도록 도와라.

- 초등학교: 2학년 교사는 자습과제를 내기 전에 주제에 대해서 주의 깊게 학생들에게 설명을 해 주었다. 그녀는 과제에 있는 처음 몇 문제를 학생들과 같이 풀면서 모든 학생이 과제를 정확히 이해하도록 했다. 이후 어려움을 겪는 학생들은 뒤처지지 않도록 개인적으로 만나 가르치거나 작은 집단을 만들어 따로 가르쳤다.
- 중학교: 1학년 교사는 학생들이 자신의 학업수행능력의 향상 정도에 따라 성공 여부가 결정되도록 하는 평가체제를 만들었다. 그는 평가기간 동안 주기적으로 학생들을 만나 그들이 이전보다 더 나아지도록 도와주었다.
- 고등학교: 한 미술교사는 포트폴리오를 만들고 학생들이 자신의 목표를 설정하고 향상을 확인할 수 있도록 개인적으로 면담을 진행했다. 그녀는 개인적인 향상을 강조했고 그들의 노력과 학업성취가 서로 연관되어 있다는 것을 이해시키려고 노력했다.

긍정적인 자기개념 발달시키기

3. 자기개념은 학교 내외의 경험을 통해서 발달한다. 학생들이 교실에서 인정받고 가치 있는 존재라는 것을 느끼게 하고 성공할 수 있는 학습경험을 제공하라.

- 초등학교: 4학년 담임교사는 학년이 시작하는 첫날 학생들에게 현재까지 자신이 살아온 이야기를 자서전 식으로 짧게 쓰게 하고, 자신의 유치원 때 사진을 가져오게 한다. 그리고 학생들에게 자신의 장점, 관심, 취미를 적게 하고 커서 무엇이 되길 원하는지 적게 한다.
- 중학교: 1학년 담임교사는 학생들이 교실을 편안하고 안심할 수 있는 장소로 느낄 수 있도록 노력한다. 매 학년 첫 시간에 교사는 학급회의를 열어 학생들이 서로를 알 수 있는 기회를 갖도록 하고 학급규칙을 만든다. 한 학년 동안 학급회의 시간을 안건이나 중요한 문제에 대해 토론하는 시간으로 활용한다.
- 고등학교: 1학년 영어교사는 매 학년을 시작할 때 자신의 수업에서는 모든 학생이 중요하고 모든 학생이 배울 수 있다고 말한다. 또한 경쟁보다는 성공을 경험할 수 있도록 교실 분위기를 조성하도록 노력한다. 방과 후에도 교실에 남아 있으면서 도움이 필요한 학생에게 찾아오라고 말한다.

사회성 발달

이 장의 첫 부분에서 말한 바와 같이 사회성 발달은 다른 사람들과 서로 상호작용하고 잘 어울릴 수 있는 개인의 능력이 향상되는 것을 의미하며, 개인의 전반적인 발달에 있어 필수 요소이기도 하다. 사회성 발달에 대한 연구에서 전문가들은 "과학적인 근거를 둔 연구가 점점 많아지고 있고, 이 연구들은 사회정서행동발달이 학교생활의 성공, 그리고 나아가 삶의 성공과 높은 관련성을 갖는다"(Zins, Bloodworth, Weissberg, & Walberg, 2004: 19)고 결론짓고 있다. 학생들이 친구를 사귀고 친구들과 잘 어울릴 때 그들은 스스로에 대해 더 높은 자신감을 갖게 되고, 학교와 반 친구들 사이에 더 강한 유대감을 느끼며, 사회적 기술을 연습하고 발달시킬 기회를 갖게 된다(Rubin et al., 2006). 또한 사회성 발달은 중퇴와 약물 남용 비율의 감소와 관련이 있다(Zins et al., 2004). 이러한 연구 결과는 우리가 이 장의 첫 부분에서 물었던 두 번째 질문, 즉 "정호의 태도가 그의 학업성취에 어떤 영향을 끼칠까?"에 답하는 것을 도와준다. 아마 그의 학업성취는 떨어질 것이고, 학교생활만족도에 확실히 역효과를 줄 것이다. 개인적 · 사회적으로 잘 성장한 학생들은 그렇지 않은 학생에 비해 더 많은 것을 성취하고, 학교생활도 더 즐겁게 할 것이다. 사회성 발달에 대한 이해는 교사가 중요한 사회성 발달 과정에 이바지할 수 있도록 도와줄 것이다.

이제 사회성 발달의 두 가지 중요한 측면인 관점 수용과 사회적 문제해결에 대해 살펴보도록 하자.

관점 수용: 상대방의 생각과 감정 이해하기

관점 수용
(Perspective taking)
다른 사람의 생각과 느낌을 이해하는 능력

상대방의 **관점 수용**은 다른 사람의 생각과 느낌을 이해할 수 있는 능력을 말한다. 프로젝트를 준비하고 있는 네 명의 5학년 학생들을 예로 들어 살펴보자.

> 연수, 민지, 사라와 병호는 사회시간에 미국의 서부 진출에 관해 공부하고 있었다. 그들은 3일 동안 같은 조에서 함께 학습했고, 학급 전체에 발표할 보고서를 준비하고 있다. 그런데 누가 어떤 주제를 발표할 것인지에 대해 의견이 일치하지 않았다.
>
> "그럼, 우리 어떻게 해야 할까?" 민지가 다른 아이들을 보며 말했다.
>
> "연수, 사라, 병호 모두 '포니 속달 우편'(the Pony Express)에 대해 발표하길 원하잖아."
>
> "내가 제일 먼저 그걸 하겠다고 했어." 연수가 화를 내며 말했다.
>
> "하지만 다들 내가 말을 좋아하는 것 알고 있잖아." 사라가 반발했다.
>
> "우리 타협해 보는 게 어떨까?" 민지가 제안했다.

"연수, 넌 할아버지가 기관사로 일하셔서 철도에 관심이 많다고 했었지? 할아버지께 말씀드리고 보고서에 쓸 내용을 좀 모아올래? 그리고 사라는 말을 좋아한다고 했으니까 말과 대평원에 살았던 인디언들에 대해 조사해 올래? …… 그리고 병호, 넌 뭐에 대해 조사하고 싶어?"

"난 아무거나…… 상관없어."

병호가 팔짱을 낀 채 다른 친구들을 쏘아보며 말했다.

앞의 학생들은 다른 사람의 생각과 감정을 이해하는 능력이 매우 다르다. 예를 들어, 민지가 연수와 사라의 관심을 파악해서 그에 따라 조사할 내용을 바꾼 것은 민지가 상대방의 생각과 감정을 이해하는 능력을 갖추고 있음을 보여 준다.

연구에 의하면, 상대방의 관점 수용은 천천히 발달하고 피아제의 인지발달단계와 관련 있다(Burack et al., 2006). 8세 이하의 아동들은 일반적으로 앞의 상황에서 병호가 왜 화가 났는지 이해하지 못하며, 연수가 철도와 관련한 내용을 조사하길 원하는 이유를 알지 못한다. 그러나 그들이 점점 성숙해지고 그들의 경험이 많아짐에 따라 그들의 관점 수용능력은 더 향상되어 간다.

상대방의 관점에 대한 이해능력이 뛰어난 사람은 곤란한 사회적 상황에 능숙하게 대처하고 공감과 동정을 보여 주며, 또래로부터 호감을 얻는다(Eisenberg et al., 2006; Schult, 2002). 상대방의 관점에 대한 이해능력이 부족한 사람들은 다른 사람의 의도를 적대적인 것으로 해석하는 경향이 있고, 이는 언쟁과 싸움, 또는 다른 반사회적인 행동으로 이어질 수도 있다. 그들은 또한 다른 사람의 감정을 다치게 해도 아무런 죄책감이나 후회를 느끼지 않는다(Crick, Grotpeter, & Bigbee, 2002; Dodge et al., 2003).

이 부분은 우리가 이 장 초반에 제기했던 세 번째 질문인 "정호가 다른 학생들과 잘 어울리지 못하는 이유에는 어떤 것들이 있을까?"와 밀접한 관련이 있다. 다른 아이들이 자기를 '아무 이유 없이' 괴롭힌다고 생각하는 정호는 상대방의 관점 수용능력이 덜 발달되었다고 볼 수 있고, 우리가 다음 부분에서 다룰 사회적 문제해결력도 부족할 것이라고 추측할 수 있다.

사회적 문제해결력

해당된 사람 모두에게 유익한 방법으로 갈등을 해결하는 능력을 말하는 **사회적 문제해결력**은 상대방의 관점 수용과 밀접하게 관련되어 있다. 앞서 제시한 예에서 민지가 모두 만족할 수 있는 타협안을 제시한 것은 그녀가 높은 사회적 문제해결력을 가지고 있음을 보여 준다.

사회적 문제해결력 (Social problem solving)
해당된 사람 모두에게 유익한 방법으로 갈등을 해결하는 능력

연구 결과에 의하면, 사회적 문제해결력은 일반적인 문제해결력과 유사하고(문제해결

관점 수용과 사회적 문제해결력은 학습자의 사회성 발달에 있어서 중요한 측면이다.

력은 제9장에서 다루게 된다), 네 개의 순차적인 단계로 이루어진다(Dodge, Coie, & Lynam, 2006; Eisenberg et al., 2006).

① 사회적 단서의 관찰 및 해석: "병호가 언짢아 보이는데, 아마 그가 처음에 선택한 것을 하지 못했기 때문일 거야."
② 사회적 목표의 확인: "우리가 이 과제를 완성하려면 조원 모두가 각자 일을 나누어 해야 해."
③ 전략 세우기: "모두를 만족시킬 수 있는 다른 주제를 찾을 수 있을까?"
④ 전략의 실행 및 평가: "모든 사람이 각자의 주제를 약간만 수정하는 데 동의한다면 이 문제는 잘 해결될 수 있을 거야."

사회적 문제해결력은 학교 안과 밖에서 상당이 중요한 능력이다. 사회적 문제해결력이 뛰어난 학생들은 그렇지 않은 학생들에 비해 친구가 많고, 친구들과 싸우는 일이 적으며, 조 활동에서 더 효율적인 수행을 보여 준다(H. Patrick, Anderman, & Ryan, 2002). 관점 수용능력과 같이 사회적 문제해결력도 연습과 함께 점차적으로 발달한다(D.W.Johnson & Johnson, 2006). 예를 들어, 어린 아동의 경우 사회적 단서를 읽는 데 능숙하지 못하고, 자신만을 만족시키는 단순한 해결책을 세우는 경향이 있다. 하지만 연령이 증가함에 따라 아동은 설득과 타협이 모든 사람에게 유익할 수 있다는 사실을 깨닫고, 처음의 노력이 성공적이지 않았을 때 이를 해결하기 위해 다른 사회적 단서를 읽는 능력이 향상되어 간다.

웹 자료실

교사가 학생들의 관점 수용과 사회적 문제해결력을 어떻게 증진시키는지 보기 원하는 경우, www.myeducationlab.com에 접속하고 3장 '교수 기술과 성향 개발'의 '고등학교 영어 주홍글씨(The Scarlet Letter in High School English)'라는 에피소드를 보라. 그리고 이어지는 물음에 답하라.

학교폭력

학교폭력은 끊임없는 문제가 되고 있고, 전문가들은 학교폭력의 문제를 성격 및 사회성 발달 부족과 연결짓는다(D.W. Johnson & Johnson, 2004; Lopes & Salovey, 2004). 큰 화젯거리였던 1999년 미국 컬럼바인 총기폭력사태에서 두 명의 학생이 쏜 총에 교사 한 명과 학생 12명이 사망하고, 2005년 미국 미네소타 주 레드 레이크에서 발생한 총기 사태에서는 학생 한 명이 쏜 총에 5명의 학생과 교사 한 명, 경비원 한 명이 사망했다. 미국 교내 총기 사건은 학교폭력문제를 극명하게 보여 준다.

최근 미국의 국가 통계는 우려할 만한 수준이다. 1965년 이래 18세 이하 청소년의 살인율이 거의 400%까지 증가했다(Dodge et al., 2006). 미국은 계속해서 세계 26개 선진국 중 청소년 자살률, 살인율, 총기 관련 사망률이 가장 높은 나라로 알려져 있다(Aspy et al., 2004).

불리(Bully)

동료 학생들을 자주 위협하거나 괴롭히고 신체적 부상을 입히는 학생

학교폭력의 더 민감한 형태인 집단따돌림은 계속되고 있는 문제이고, 학생의 1/3이 집

단따돌림을 경험한다고 말한다(D. Cooper & Snell, 2003; Viadero, 2003). 집단따돌림을 시키는 학생(Bully)은 동료 학생들을 위협하거나 괴롭히고 신체적 부상을 입힌다. 이러한 불량 학생들은 종종 미성숙하거나 친구가 없는 아이들, 자신감이 부족하거나 장애를 가진 아이들을 따돌림의 대상으로 정한다(Hyman et al., 2006; Newman & Murray, 2005). 집단따돌림은 피해자 학생들에게 장기적으로 부정적인 영향을 끼칠 수 있다(Dodge et al., 2006). 전문가들은 3 대 1 정도의 비율로 남학생들이 여학생들에 비해 집단따돌림을 시키는 경우가 더 많다고 한다. 그러나 여학생들의 집단따돌림이 신체적이기보다는 언어적인 형태로 행해지고, 그 사례가 공식적으로 발표되는 일이 적은 것을 감안할 때 남학생과 여학생의 집단따돌림 비율은 현실과 다를 수도 있다(Ma, 2001).

집단따돌림을 포함한 학교에서 일어나는 공격적인 행동은 몇 가지 형태로 나타나게 되는데, 예를 들면 다음과 같다.

- 신체적 공격(Dhysical aggression): 신체적 부상을 유발하는 행동 (대부분 남학생의 경우)
- 관계적 공격(Relational aggression): 대인관계에 부정적인 영향을 끼치는 행동. 소문을 퍼뜨리거나 동료 학생을 따돌림 (대부분 여학생의 경우) (Pellegrini, 2002)
- 수단적 공격(Instrumental aggression): 물건이나 장소, 특권을 요구하는 행동. 어린 아동이 다른 아이의 장난감을 잡아채거나 새치기하는 경우
- 행동적 공격(Proactive aggression): 한 개인에게서 시작해서 다른 사람에게 가해지는 적대적인 행동
- 반응적 공격(Reactive aggression): 외부의 자극이나 불만에 대한 반응으로 나타나는 적대적인 행동

공격적인 학생들은 우정을 지속시키는 것에 어려움을 겪고, 비행행동에 연루될 위험성이 크다(Berger, 2007). 공격적인 성향은 학교와 이후의 삶에 있어 문제를 일으킨다(Dodge et al., 2006).

공격적 행동의 원인은 유전적 요인과 환경적 요인이 함께 있어 복잡하다. 예를 들면, 약자를 괴롭히는 따돌림 행동은 흔히 부모가 권위주의적이고, 공격적이며, 거부적인 가정의 자녀에게서 많이 목격되고, 공격적 행동은 관찰과 강화를 통해 일어난다(Barry & Wentzel, 2006; Brendgen et al., 2006). 이러한 자녀의 부모들은 문제해결능력이 낮고, 갈등해결의 방법으로 폭력을 선호한다(Ma, 2001). 이와 같은 가정환경은 **적대적 귀인 편향**이라는 결과를 낳는다. 적대적 귀인 편향이란 다른 사람의 행동을 적대적이거나 공격적으로 보는 경향성을 의미한다. 또한 공격은 상대방의 관점 수용능력, 공감, 도덕성 발달, 감정의 자기조절능력 등의 부족과 연결될 수 있다(Crick et al., 2002). 공격적인 행동은 가해자와 피해자 학생 모두에게 해를 끼친다. 공격적 행동은 가해자 학생에게 힘과 강제가 사회적 문제를 해

적대적 귀인 편향 (Hostile attributional bias)

다른 사람의 행동을 적대적이거나 공격적으로 보는 경향

이론에서 실제로

교실에서 사회성 발달 촉진하기

학습의 다른 측면과 마찬가지로 사회성 발달 또한 학생의 이해, 연습, 피드백을 통해 향상될 수 있다. 여러분이 교사로서 사회적 기술을 모범적으로 보여 주고 교실 상황을 적절히 조직한다면 학생들의 사회성 발달에 중요한 기여를 할 수 있다(Elias, 2004).

다음의 조언은 사회성 발달을 촉진시키려는 여러분의 노력에 도움이 될 것이다.

① 사회적 기술을 시범적으로 보여 주고 학생들에게 이를 분명하게 가르쳐라.
② 허용되는 교실 행동을 규정하는 규칙을 만들어라.
③ 사례와 근거를 제시함으로써 학생들이 규칙에 대한 이유를 이해할 수 있도록 하라.
④ 학생들이 사회적 기술을 연습할 수 있도록 하고, 연습에 대해 피드백을 제공하라.

이제 1년차 교사인 태 교사가 6학년 학생들을 지도할 때 앞에 제시된 조언을 어떻게 사용하는지 살펴보자.

"태 선생, 요즘 어떻게 지내고 있나?"

경험이 많은 동료 교사인 고 교사가 교무실로 들어오는 태 교사를 보며 물었다.

"의욕을 좀 잃었어요." 태 교사가 한숨을 쉬며 말했다.

"대학교 때 협동학습 활동에 대해 배웠는데, 실제로 교실에서 해 보니까 아이들은 싸우거나 장난만 치려고 해요. 그냥 강의식 수업을 할까 봐요."

"아이들이 아직 조를 짜서 공부하는 것에 익숙하지 않아서 그럴 뿐이야. 그리고 아이들이 아직 서로 협동하는 법에 대해 배운 적이 없잖아. 아이들도 연습이 필요하지." 고 교사가 웃으며 말했다.

"네, 저도 알아요. 하지만 도대체 무엇을 어디서부터 시작해야 할지 모르겠어요."

"내가 한 번 수업이 없을 때 태 선생 수업시간에 들어가 봐 줄까? 아마 내가 도움이 될 수도 있잖아."

"그렇게 해 주시면 정말 좋겠네요!" 태 교사가 깊은 안도감을 느끼며 대답했다.

그다음 날 고 교사는 태 교사의 수업을 참관했고, 방과 후 두 사람은 함께 의견을 나누었다.

"먼저, 사회적 기술의 시범을 잘 보여 주었어. 학생들의 배경과 사전능력 수준을 잘 파악하였고, 의견의 불일치를 오히려 문제를 해결하는 기회로 잘 활용했어. 학생들을 잘 도와주기도 했고…… 그런데 태 선생의 시범을 아이들이 잘 이해하지 못했어. 아이들이 태 선생의 행동에 주목하지 않았거든. 그래서 내가 제안하고 싶은 것은 먼저 태 선생의 행동을 명확히 하고, 어떤 시범을 보이고 있는지 아이들에게 말해 주면서 몇 가지 예를 보여 주라는 것이야. 그리고 아이들의 상호작용을 안내하는 규칙을 몇 가지 제시하는 거야. 시간은 좀 걸리겠지만, 분명히 차이는 있을 거야."

"정말 좋은 지적이에요." 태 교사가 고개를 끄덕였다.

"그렇게 생각은 해 보지 못했어요."

그러고 나서 고 교사는 태 교사가 조별활동에서 학생들이 지켜야 할 행동에 관한 규칙을 만드는 것을 도와주었다.

① 다른 조원이 말할 때 경청하고 말이 끝나면 자신의 말을 시작한다.
② 다른 조원의 의견을 존중한다.
③ 다른 조원의 의견을 반박하기 전에 그 조원의 의견을 자신의 말로 다시 한 번 풀어서 설명한다.
④ 조의 모든 구성원이 참여하도록 유도한다.

태 교사는 고 교사의 도움을 적용해 다음 날 수업을 시작하였다. 학생들을 조별로 나누기 전에 태 교사는 학생들에게 지금부터 사회적 기술에 대해 배울 것이라고 말하고 시범을 보여 주었다. 태 교사는 눈 마주치기, 이해 확인하기, 경청하기 등 사회적 기술의 몇 가지 예를 직접 보여 주었다. 다음으로 태 교사는 새로운 규칙을 설명하고, 원하는 학생들이 각 규칙의 예를 앞에 나와 직접 행동에 옮겨 보도록 했다. 그러고 나서 학생들이 보여 준 예에 대해 전체 학생들이 토론을 하도록 유도했다.

학생들은 곧 조별활동을 시작했다. 태 교사는 조별활동을 둘러보면서, 학생들이 어려워할 때 조별활동에 개입하였다. 그리고 비슷한 문제가 몇몇 조에서 보일 때 조별로 나뉜 학급을 다시 하나로 통합했다. 학생들은 결코 완벽하지는 않았지만, 점점 발전하고 있었다.

학생들의 사회성 발달을 위한 태 교사의 시도를 좀 더 면밀히 살펴보자. 그녀는 학생들이 발달시키기 원하는 사회적 기술을 시범으로 보여 주고 명확하게 가르침으로써 사회성 발달 촉진을 위한 첫 번째 조언을 교실 상황에 적절히 적용하였다. 예를 들어, 글쓰기 학습이 문법과 문장 부호를 이해하고 수많은 연습을 필요로 하는 것처럼 사회성 발달 또한 사회적 기술에 대한 이해와 다른 사람과의 상호작용을 통한 연습을 필요로 한다(Elias, 2004).

태 교사는 사회성 발달 촉진을 위한 두 번째 조언을 적용하기 위해서 학생들이 조별활동을 할 때 도움이 될 만한 규칙을 정했다. 그녀는 단지 네 개의 규칙만을 제시했는데, 그 이유는, 첫째 제시된 규칙들이 그녀의 일반적인 교실 내 규칙을 보완해 주는 것이기 때문이고, 둘째 적은 수의 내용이 학생들에게 더 쉽게 기억되기 때문이다.

다음으로 태 교사는 학생들이 사회적 상황을 행동 시연을 통해 표현해 보게 함으로써 규칙의 구체적인 예를 제시했고, 그 후 토론과 시연을 통해 나타내고자 했던 것이 무엇이었는지 학생들이 이해할 수 있도록 도와주었다. 또한 교사의 시범을 통해서도 바람직한 사회적 기술과 행동의 예를 추가적으로 제시해 주었다.

마지막으로 태 교사는 학생들이 조별활동을 하는 동안 사회적 기술을 연습할 수 있는 기회를 주었고, 학생들에게 적절한 피드백을 제공해 주었다. 한두 가지 활동을 통해 학생들이 사회적 기술을 바로 습득하게 되는 것은 아니지만, 시간이 흐르고 연습이 계속되며 분명한 가르침이 이루어질 때 학생들은 사회적 기술을 발전시켜 나갈 수 있을 것이다(Gillies, 2003; D. W. Johnson & Johnson, 2004; 2006).

결하기 위해 허용되는 방법이라는 생각을 갖게 하고, 피해자 학생은 종종 우울, 불안, 심지어 자살충동을 느끼게 된다(Hyman et al., 2006; Schwartz et al., 2005).

피해자 학생들은 가해자 학생들의 추가적 보복에 대한 두려움으로 교사들에게 폭행에 대해 말하는 것을 꺼린다(Newman & Murray, 2005).

학교폭력을 방지하기 위한 노력은 또래 중재와 사회적 문제해결력 개발을 위한 프로그램을 중심으로 이루어지고 있다(San Antonio & Salzfass, 2007). 가장 잘 알려진 또래 중재 프로그램 중 하나는 데이비드와 로저 존슨(David & Roger Johnson, 2004, 2006)이 개발한 것인데, 이 프로그램은 또래 중재자가 친구들이 갈등-해결 단계를 거치도록 도와준다. 즉, 학생들은 함께 갈등이 무엇인지 정의를 내리고, 서로의 관점을 나누어 보고, 상대방의 관점에서 생각해 봄으로써 양쪽 모두의 학생에게 만족스러운 해결책을 만들어 나간다. 존슨의 연구에 따르면, 갈등해결에 대한 훈련을 받은 학생들이 있는 학교에서는 교실 안과 밖에서 관계 조정상에서 생기는 문제가 더 적고, 이 학생들은 갈등해결 전략을 가정에 돌아가서도 계속

학교폭력을 방지하기 위해 고안된 프로그램은 학생들이 폭력을 사용하는 대신에 사회적 기술을 발달시키도록 집중하고 있다.

적으로 사용하는 것으로 알려졌다(D. W. Johnson & Johnson, 2004).

사회적 문제해결능력을 가르치기 위해 고안된 프로그램은 폭력을 평화적인 대안으로 대체하는 데 초점을 두고 있다(Kress & Elias, 2006). 어린 아동들에게는 교사가 꼭두각시 인형극을 이용해 사회적 딜레마를 보여주고, 아동들이 제시된 상황에 대해 토론하고 문제를 해결하도록 할 수 있다. 연령이 높은 아동들에게는 교사가 앞에서 살펴본 연수, 민지, 사라, 그리고 병호의 이야기와 같은 시나리오를 제시하고 아동들에게 읽어 본 후 어떻게 반응해야 하는지 물어볼 수 있다. 연구에 의하면 이러한 프로그램을 거친 학생들은 사회적 문제해결능력과 교실 행동이 개선되는 것으로 보고되었다(Kress & Elias, 2006).

이들 전략은 폭력과 공격의 문제를 개인적 수준에서 해결하고자 하는 해결방법이다. 그러나 이러한 개인적 차원에서의 해결과 함께 학교차원에서 폭력과 공격을 근절하려는 분위기를 조성하고, 폭력과 공격을 허용하지 않을 것임을 학생들에게 분명하게 전달하는 것 또한 매우 중요하다(San Antonio & Salzfass, 2007). 그 밖에도 학부모의 참여가 폭력문제 해결에 중요한 요인이 되며, 교사와 행정가들이 안전한 학교를 만들고자 하는 강한 의지를 갖고 있음을 학생들이 알게 할 필요도 있다(Chris tenson & Havsy, 2004).

◈ 이해 점검 활동

3.1 사회성 발달의 주요 구성요소에 대해 설명하라.

3.2 유치원에 다니는 두 아이가 누가 물가 바로 옆에서 놀 것인지를 놓고 말다툼을 하고 있다. 그때 교사가 아이들에게 다가가며 말한다.

"이런, 너희 둘 다 동시에 물가 옆에서 놀고 싶어 하는구나. 너희 둘 다 만족스럽게 이 문제를 해결하기 위해서 우리가 무엇을 할 수 있을까?"

이 교사는 사회성 발달의 어떤 측면을 발달시키려 하고 있는가? 왜 그렇게 생각하는가?

3.3 학교폭력이 사회성 발달과 어떤 관련이 있는지 설명하라. 그리고 아동의 폭력적 행동의 원인에 대해서도 설명하라.

교실에의 적용

사회성 발달에 대한 이해의 교실 현장 적용

1. 상대방의 생각과 감정을 이해하는 능력인 관점 수용능력은 사회성 발달에 중요한 부분이다. 따라서 학생들에게 상대방의 관점을 고려해 보는 기회를 제공해 주어라.
   - 초등학교: 한 4학년 담임교사는 학생들이 소설을 읽고 난 후 토론할 때, 등장인물들이 어떤 동기를 가졌으며, 어떤 기분을 느꼈을지 분석해 보게 한다. 교사는 다음과 같이 질문을 던질 수 있다.

     "그 인물은 어떤 기분이 들었을까요? 왜 그런 기분이 들었을까요? 만약 여러분이 그 인물이었다면 어떤 기분이 들었을까요?"
   - 중학교: 한 중학교 과학교사는 방과 후에 학생들이 찾아와 수업시간에 배운 내용에 대해 질문할 수 있는 기회를 만든다. 대화는 종종 부모님 또는 친구 사이와 같은 대인관계 문제로 옮겨진다. 교사는 인내심을 갖고 경청하는 동시에, 학생들이 상대방의 입장, 기분, 동기 등을 고려해 볼 수 있도록 격려한다.
   - 고등학교: 한 역사교사는 학생들이 역사적 사건에 관해 읽을 때 관련된 집단의 입장을 고려해 보도록 유도한다. 예를 들어, 학생들이 미국 남북전쟁에 대해 공부할 때, 교사는 학생들에게 그 당시 남쪽과 북쪽 모두 각각의 입장이 도덕적으로 옳다고 생각하고 있었음을 상기시켜 주면서 다음과 같은 질문을 던질 수 있다. "왜 주(州) 정부의 권리문제가 그렇게 논쟁을 불러일으키는 주제가 되었는가?" "남쪽과 북쪽은 노예해방선언을 각각 어떻게 해석하였는가?"

2. 사회적 문제해결능력은 관련된 모든 사람에게 유익한 방식으로 갈등을 해소하는 능력이다. 학생들에게 그들이 다른 사람과 함께 활동을 할 때 사회적 문제해결 상황에 놓이는 기회를 제공해 주어라.
   - 초등학교: 한 3학년 담임교사는 정기적으로 4명씩 한 조를 정해 다른 친구들의 수학 숙제를 검사하도록 한다. 교사는 조원들에게 두 장의 종이를 나누어 주고 숙제를 어떻게 검사할 것인지 정하게 한다. 조원들이 책임을 균등하게 나누지 못하거나 갈등이 발생할 때 교사는 학생들이 문제를 직접 해결하게 하고, 학생들이 문제를 해결하지 못할 경우에만 개입한다.
   - 중학교: 한 중학교 2학년 영어교사는 협동학습을 할 때, 각 조원들의 과제를 조별로 학생들이 직접 결정하도록 한다. 조원 간에 의견이 불일치할 때, 교사는 조원들이 스스로 문제를 해결할 수 있도록 최소한의 조언만 제공한다. 만약 문제가 학급 전체에서 나타나면 교사는 전체 학생이 그 문제에 대해 토론해 보도록 한다.
   - 고등학교: 한 미술교사는 학생들이 미술시간에 공간이나 자료, 학교 물품의 사용과 관련하여 논쟁할 때, 전체 학생을 모이게 한 후 그들의 문제에 대해 토론하게 하고 모든 학생이 받아들일 만한 해결책을 제안해 보도록 한다.

도덕성, 사회적 책임감 및 자기통제의 발달

다음 안 교사와 중학교 2학년 학생 간의 대화를 살펴보자.

"지금 교무실에 잠깐 다녀와야 할 일이 있어요." 안 교사가 자리에 앉아 개별과제를 풀고 있는 학생들에게 말했다.

"모든 학생이 지금 할 일이 있는 거니까, 돌아올 때 까지 조용히 하고 있기 바랍니다."

잠시 동안 조용히 종이에 연필로 사각사각 쓰는 소리만 들리다가, 기훈이 조용히 말을 꺼낸다.

" 야, 시금 무슨 문제 풀어야 되는 거야?"

"쉿, 조용히 해." 게시판에 붙어 있는 학급규칙을 가리키며 태연이 말했다.

"하지만 뭘 해야 하는지 알아야 기훈이도 과제를 할 수 있을 거 아니야?"

수정이가 끼어들었다.

"79번에 있는 짝수 번 문제들이야."

"떠들어도 알게 뭐야." 대호가 말했다.

"선생님이 안 계시잖아. 우리가 떠들어도 모르실 거야."

학생들이 규칙을 어떻게 보는가에 영향을 미치는 것은 무엇인가? 예를 들어, 태연, 수정, 그리고 대호가 조용히 하라는 규칙에 대해 어떻게 반응하는가에 대한 차이를 어떻게 설명할 수 있을까? 더 중요한 것은, 학생들이 성장함에 따라 우리 사회를 지배하는 법과 규칙에 대해 어떻게 생각하게 되는가? 우리는 도덕성이라는 개념을 통해 옳고 그름에 관한 것을 판단하게 되며, 다음에서는 정직, 공평함, 타인에 대한 존중과 같은 친사회적인 행동과 특성을 가리키는 도덕성이 어떻게 발달해 나가는지를 다루고자 한다.

도덕성 발달에 대한 관심의 증가

일부 우려할 만한 현상들로 인하여, 도덕성 발달에 대한 관심이 증가하고 있다. 예를 들어, 많은 수의 학생은 학교에서 괴롭힘을 당하는 것에 대해 걱정을 하고 있다(Raskauskas & Stoltz, 2007). 또한 일부 조사에 의하면 전체 고등학생의 약 3/4가량이 시험에서의 부정행위 경험이 있다고 보고하였으며, 이러한 부정행위가 초등학교에서 대학교로 올라가는 동안 계속 늘어나는 것으로 확인되었다(Bracey, 2005; Murdock & Anderman, 2006). 더 나아가 최근 10년간 Enron사와 WorldCom의 파산을 가져온 부패나 주택 위기를 가져온 대출 부정 같은 사건은 금융계와 미국 사회 전반에 충격을 가져다주었다. 이러한 문제에 대한 해결책으로서 사회가 도덕교육에 거는 기대는 점점 커지고 있다.

도덕적 논쟁은 교과과정 안에도 내포되어 있다. 역사교과는 단순한 사건의 나열에 그치지 않는다. 여기에서는 가난, 고통, 평화, 정의, 그리고 전쟁 참여 결정의 정당성 여부 등과 같은 도덕적 사건에 대한 사람들의 반응에 대한 연구가 해당된다.

학생들이 읽도록 권장되는 추천도서들도 윤리적인 주제를 많이 포함하고 있다. 예를

부정행위는 학교현장에서 끊임없이 계속되는 문제다. 이 문제에 대한 학생의 생각은 도덕성 발달단계에 따라 다르고, 이에 대한 교사의 대처방식도 달라야 한다.

들어, 화이트(E. B. White)의 『샬롯의 거미줄(charbtte' s Web)』(1974)에서 샬롯이 윌버를 구하기 위해 치밀한 계획을 세우는 과정에도 도덕적 문제는 관련되어 있다. 교사들은 높은 작품성뿐만 아니라 도덕적 문제를 다루는 롤링스(Rawlings)의 『아기사슴 이야기(The Yearling)』(1938), 호손(Hawthorne)의 『주홍글씨(The Scarlet Letter)』(1850), 그리고 디킨스(Dickens)의 『두 도시 이야기(A Tale of Two Cities)』 등과 같은 책을 학생들이 읽어 보도록 선택할 수 있다.

도덕성의 발달은 전반적인 발달에 있어서 없어서는 안 될 요소다. 학생들의 옳고 그름에 대한 믿음은 그들의 행동에 영향을 미친다. 예를 들어, 학생들이 부정행위나 기물 파손 등이 도덕적으로 수용될 수 없는 것이라 생각한다면 이와 같은 행동은 줄어들 것이다. 사회적 · 정서적으로 건강한 학습자는 그들의 행동을 안내해 주는 도덕적 나침반을 가지고 있다. 또한 학교의 도덕적 분위기(가령, 민주적이고 친화적인 분위기인가, 아니면 권위주의적인 분위기인가)도 학생의 도덕성과 학교에 부여하는 가치에 영향을 준다(Chris tenson & Havsy, 2004; Murdock, Miller, & Kohlhardt, 2004). 도덕발달을 이해하는 것은 이러한 중요한 단계에 있는 학생들에게 도움을 제공한다.

도덕적, 관습적, 개인적 영역

다음 질문에 관해 생각해 보자.

- 당신 것이 아닌 연필을 가지는 것은 괜찮은가?
- 다른 사람에 대한 불확실한 소문을 퍼뜨리는 것은 괜찮은가?
- 어린 사람이 어른의 이름을 부르는 것은 괜찮은가?
- 귀, 눈썹, 코, 배꼽 등에 피어싱을 해도 괜찮은가?

아동의 도덕성 발달을 연구하는 사람들은 도덕적, 관습적, 개인적 영역을 구분한다. (Nucci, 2001, 2006; Turiel, 2006). 도덕적 영역에서는 옳고 그름, 정의 등의 기본 원리를 다룬다. 예를 들어, 다른 사람의 연필을 가져간다거나 잘못된 소문을 퍼뜨려 사람들에게 피해를 주는 것은 잘못된 것이다.

사회적 관습
(Social convention)
특정 상황에서 행동하는 사회적 규범과 방법

이에 반해, 사회적 관습은 특정 상황에서 행동하는 사회적 규범과 방법을 말한다. 예를 들어, 운동 경기에서 소리를 지르는 것은 허용되지만 교실에서는 그렇지 않다. 사회적 관습은 문화에 따라 매우 다양한데, 어떤 문화권에서는 어린 사람이 어른의 이름을 부르는 것이 용인되지만 다른 문화권에서는 그렇지 않다.

마지막으로 개인적 영역은 사회적으로 제약받지 않으면서 동시에 다른 사람의 권리에 해를 끼치지 않는 결정을 일컫는다. 부모나 어른들은 문신이나 피어싱을 반대할 수도 있지만, 그런 것들은 도덕적으로 잘못된 것은 아니다. 그리고 이와 같은 것들은 사회적 관습에 의해서 평가받지도 않는다.

아이들은 2~3세경에도 이러한 영역을 구분하는 것으로 보인다(Nucci, 2001, 2006). 어린아이들은 도덕적인 범죄는 대개 나쁜 것이며 맥락에 의존하는 것이 아니라는 것을 이해한다. 예를 들어, 다른 사람에게 폭력을 가하는 것은 가해자의 사회적 위치나, 그 행동을 규제하는 법의 유무와 상관없이 잘못된 것이다.

아이들은 자신의 행동이 가져오는 결과를 관찰함으로써 각 영역이 다르다는 것을 학습한다. 예를 들어, 아이들이 누군가를 때렸을 때, 다른 사람을 통해 그들의 행동의 의미를 알게 된다(예, 종종 어른에게 꾸중을 듣기도 한다). 아이들은 또한 관습이 정해진 것이 아니며, 상황 특수적이라는 것 또한 알게 되면서, 그들은 학교와 집에서의 행동규칙이 다르다는 것에 의문을 품기도 한다.

교사들은 다양한 대화를 통해 학생들이 각 영역의 차이를 이해하는 데 도움을 줄 수 있다. 예를 들어, 도덕적인 규칙을 위반하게 되면 교사는 학생들이 그 행동이 가져올 결과에

교사들은 학생들이 도덕, 관습, 개인의 영역 간 차이를 각각에 내재해 있는 이유에 대한 토론을 통해 이해할 수 있도록 도울 수 있다.

대해서 생각하도록 만들어야 한다. 이와 유사하게, 사회적 관습이 갖는 기능적 의미 또한 설명해 줄 필요가 있다(예, "모든 사람에게 참여의 기회를 주기 위해 우리는 발표할 때 손을 들어야 한다").

도덕적, 관습적, 개인적 영역의 경계는 종종 애매한 것이 사실이다. 또한 이들 영역의 구분은 개인의 해석에 영향을 받기도 한다. 어떤 교사들은 모든 학생에게 참여할 기회를 제공하는 것을 도덕적 관점으로 보는 반면, 다른 교사들은 이를 관습적 영역으로 분류하기도 한다(Schellenberg & Eggen, 2008). 그 외에도 몇몇 연구자는 사회적 관습과 규범 등에 관해 고려하는 것을 도덕성 발달이 향상되었다는 것으로 간주하기도 한다.

피아제의 도덕성 발달이론

대부분의 사람이 '피아제' 하면 인지발달이론을 주로 떠올리지만, 그는 윤리와 도덕의 발달에 관해서도 관심을 가지고 연구를 수행했다. 그는 인지발달과 도덕발달을 거의 같은 방법으로 연구했는데, 아동에게 문제나 과제를 내 주고 아동의 반응을 들은 후 그들의 사고 과정을 파악하기 위해 추가적 질문을 던지는 방법을 사용하였다.

피아제(1965)는 도덕적 문제에 대한 아동의 반응은 크게 두 가지 단계로 나뉜다고 보았다. **외재적 도덕성**이라고 불리는 첫 번째 단계에서 아동은 규칙을 고정되고 영구적이며 권위 있는 인물에 의해 외적으로 부과되는 것이라고 본다. 태연이가 "쉬, 조용히 해."라고 말하며 규칙을 가리켰을 때, 그 아이는 이 단계의 사고를 하고 있다고 할 수 있다. 태연에게는 기훈이가 과제에 대해서 질문하는 것이라는 사실은 중요하지 않고, 떠들어서는 안 된다는 규칙은 반드시 지켜야 할 규칙일 뿐인 것이다. "떠들어도 알게 뭐야. 선생님 안 계시잖아."라고 말하는 대호 역시 같은 종류의 사고를 보여 준다. 그는 규칙을 집행할 권위 있는 인물이 거기에 없다는 사실에 초점을 맞추고 있다. 외재적 도덕성은 일반적으로 10세 정도까지 계속된다. 피아제는 성인의 권위에 무조건 따를 것을 강조하는 부모나 교사는 도덕성 발달의 지체를 가져오고, 아동이 외재적 통제의 단계에 머물게 할 수 있다고 보았다.

외재적 도덕성
(External morality)

개인이 도덕을 고정되고 영구적이며, 권위 있는 인물에 의해 외적으로 부과되는 것으로 보는 도덕 발달단계

두 번째 단계인 **자율적 도덕성**의 단계에 이르면 아동은 공정성에 대한 합리적 견해를 갖게 되고, 내가 대우받고 싶은 대로 남을 대우하는 상호적 과정으로서 정의를 이해하게 된다. 이 단계의 아동은 도덕적 행동을 통제하기 위해 타인 대신 자기 자신에 의지하기 시작한다. 수정이가 말했던 "하지만 뭘 해야 하는지 알아야 기훈이도 과제를 할 수 있을 거 아니야?"라는 말에는 이 단계의 사고 특징을 잘 보여 준다. 수정은 기훈의 말을 규칙 위반이 아닌 정직한 도움의 요청으로 본 것이다.

자율적 도덕성
(Autonomous morality)

공정함과 정의는 타인과의 상호적 과정에서 중요한 것이라는 믿음으로 특징지어지는 도덕 발달단계

콜버그의 도덕성 발달이론

하버드 대학교의 교육학자이자 심리학자였던 콜버그(Lawrence Kohlberg)는 피아제의 이론을 토대로 이를 발전시켰다. 이를 위해 그는 사람들이 각자의 기준으로 도덕적 판단을 하도록 하는, 애매하고 혼란스러운 상황인 도덕적 딜레마를 사용하였다. 다음의 사례를 살펴보자.

도덕적 딜레마 (Moral dilemma)

사람들의 의사결정을 요구하는 애매하고 혼란스러운 상황

고등학교 졸업반인 상호는 아버지 없이 세 아이를 돌보는 어머니에게 경제적 도움을 드리려고 밤에 일하고 있었다. 상호는 수업시간에 열심히 공부하는 성실한 학생이었지만, 공부할 시간이 부족했다. 그는 역사 과목을 좋아하지 않았고 밤에 일해야 했기에 역사 과목은 가까스로 통과만 하는 수준이었다. 하지만 그가 역사 과목에서 기말시험에서 낙제한다면 졸업을 할 수 없는 상황이었다. 그는 시험 전날 공부할 시간을 확보하기 위해 휴가를 신청해 놓았다. 하지만 그날 오후 늦게 가게 주인이 전화를 해서 갑자기 아파서 못 나오게 된 다른 직원을 대신해 가게에 나와 달라고 강하게 부탁했다. 주인은 그에게 심리적 압박을 가하며 부탁을 해서 상호는 8시에 마지못해 일하러 갔고, 지쳐서 집에 들어온 시각은 새벽 2시였다. 집에 와서 공부하려 했지만, 소파에서 책을 무릎에 올려놓은 채 그만 잠들고 말았다. 아침 6시 30분에 상호의 어머니가 학교에 가라고 그를 깨웠다.

상호는 교실로 가서 시험지를 받았는데, 아무것도 생각나지 않았다. 모든 문제가 낯설게만 보였다. 학급에서 가장 우수한 학생인 선희의 답안지가 우연찮게도 눈만 조금 돌리면 보일 수 있는 위치에 있었다.

만일 이 상황에서 상호가 부정행위를 한다면 그의 행위는 정당화될 수 있을까?

옳고 그름에 관련된 주제를 다루면서 동시에 어떤 결정도 긍정적이면서 동시에 부정적인 결과를 가져다주기 때문에 이러한 상황을 도덕적 딜레마라고 할 수 있다. 만일 상호가 부정행위를 한다면 그는 시험에 통과하겠지만, 부정행위는 도덕적으로 바람직하지 못하다. 그러나 만일 그가 부정행위를 하지 않는다면, 그는 시험에 통과하지 못할 것이며, 졸업도 할 수 없을 것이다.

콜버그(1963, 1969, 1981, 1984)는 이와 같은 도덕적 딜레마를 이용해 연구를 수행했으며, 자신의 연구 결과를 기반으로 그의 도덕발달이론을 만들어 갔다. 피아제와 마찬가지로 그는 도덕추론의 단계가 존재하

로렌스 콜버그(1927~1987)는 뉴욕에서 태어났고, 사람들의 도덕적 추론을 묘사한 연구로 유명한 심리학자였다.
그는 시카고 대학교에서 심리학을 전공한 똑똑한 학생이었고, 피아제의 업적에 기반하였다. 그의 연구는 도덕적 딜레마가 주어진 상황에서 개인의 행동을 정당화하는 데 초점을 두었고, 여섯 단계로 도덕적 추론을 설명했다. 그는 시카고 대학교에서 학생들을 가르쳤고, 이후에 하버드 대학교에서 사회심리학과 교수가 되었다. 하버드 대학교에 있는 동안, 그는 캐롤 길리건이라는 동료이자 비평가를 만났다. 인용이나 인지도와 같은 기준에 비추어 보았을 때, 콜버그는 20세기 저명한 심리학자 30인중 1명으로 꼽힌다.

며, 발달은 사람들의 추론이 보다 높은 수준으로 발전해 갈 때 일어난다고 결론지었다. 영국, 말레이시아, 멕시코, 타이완, 터키 등에서 수행한 연구를 바탕으로 도덕적 추론능력은 여러 문화권에 걸쳐 비슷하게 이루어진다고 밝혔다.

도덕적 딜레마에 대한 토론은 학생들에게 도덕적 이슈에 대한 자신의 생각을 검토할 수 있는 기회를 제공한다.

콜버그는 도덕적 추론이 세 개의 수준에서 이루어지고, 각 수준은 두 개의 단계로 구성되어 있다고 보았다 (Turiel, 2006). 이들은 〈표 3-4〉에 요약되어 있으며, 이후에 논의될 것이다. 앞에서 밝혔듯이 도덕적 딜레마에 대한 특수한 반응 자체가 콜버그의 주요 관심사는 아니었다. 콜버그가 관심을 가졌던 것은 사람들이 옳고 그름에 관한 의사결정을 할 때 사용하는 추론의 근거 또는 내용이며, 이에 따라 도덕발달 수준이 결정되는 것이다.

수준 1: 전인습 수준

전인습적 수준은 옳고 그름에 관한 내재화된 기준의 결여와 자신에게 일어나는 도덕적 결과에 초점을 맞추는 등의 자기중심적 특징을 보이는 단계다. **처벌-복종단계**에서 사람들은 그들이 잡히거나 처벌받게 될 가능성에 근거해 도덕적 판단을 내린다. 그들은 옳고 그름이 행동의 결과에 의해 결정된다고 생각한다. 예를 들어, 이 단계에서는 잘못된 행동이 적발되고 처벌받게 되면 그 행동은 도덕적으로 그른 것이고, 잡히거나 처벌받지 않는다면 그 행동은 옳은 것으로 판단될 수 있다. 상호의 부정행위가 발각되지 않는다면 이러한 행동이 괜찮을 수 있다고 주장하는 학생이 있다면, 그 학생은 이 단계의 도덕적 판단을 하고 있는 것이다.

전인습적 도덕 (Preconventional morality)
옳고 그름의 내재화된 기준이 결여된 자기 중심적인 경향

처벌-복종(Punishment-obedience)단계
잡히거나 처벌받을 가능성에 기초하여 도덕적 추론을 하는 단계

두 번째 단계인 **시장교환**의 단계에서의 사람들은 "당신이 나에게 무언가를 해 준다면, 나도 당신에게 무언가를 해 주겠다."와 같이 상대방과의 상호주의에 입각한 행동이라면 도덕적으로 정당화될 수 있다고 생각한다. 또한 이 단계에서 도덕적 판단의 초점은 자신에게 맞추어져 있으며, '옳은 일은 자신을 가장 행복하게 해 주는 일' 이라고 생각된다. 이 단계에 있는 사람들은 상호가 부정행위를 해야만 한다고 생각할 수 있다. 그가 부정행위를 하지 않을 경우 과목을 다시 수강해야 하고 일을 그만두어야 하기 때문이다. 또한 성공적으로 높은 자리에 오른 사람이 자신을 후원해 준 이들에게 그들의 능력과는 상관없이 일자리를 주는 것과 같은 정치적 후원이 이 단계의 도덕적 발달을 나타내 주는 좋은 예라고 할 수 있다.

시장 교환 (Market exchange)
다른 사람과의 상호적 행동에 기초하여 도덕적 추론을 하는 단계

수준 2: 인습 수준

도덕추론이 인습적 수준(conventional level of morality)으로 발달하게 되면서, 추론이 더는 자기 자신의 결과에 의존하지 않게 되고, 대신 옳고 그름에 대한 사회의 관습을 받아들이게 된다. 가족의 기대, 법에 대한 복종, 사회적 요구와 같은 가치를 중요하게 다룬다. 3단

타인과의 조화단계 (Interpersonal harmony)

충성심, 다른 사람의 기대, 사회적 인습 등을 기초로 도덕적 추론을 하는 단계

인습 도덕 (Conventional morality)

옳고 그름에 대한 사회적 관습의 무비판적인 수용과 관련된 도덕 경향

법과 질서(Law and order)의 단계

법과 질서를 그 자체로 따르는 결정을 통해 도덕적 추론을 하는 단계

계인 타인과의 조화단계에 있는 사람들은 충성심, 다른 사람들의 기대, 사회적 인습 등에 기초하여 결정을 내린다. 예를 들어, 어떤 대학생이 부모님을 걱정시키지 않게 하기 위해 데이트를 할 때에도 정해진 시간에 집으로 들어가는 경우가 한 예가 될 것이다. 3단계의 추론을 하는 사람들은 상호의 딜레마에 대해 두 가지의 판단을 보여 줄 수 있다. 하나는 상호가 그의 가족을 도와 일을 해야 하므로 그의 부정행위는 정당화될 수 있다는 것이다. 다른 하나는 만약 다른 사람이 이를 알게 된다면 그에 대해 나쁘게 생각할 것이므로 부정행위를 해서는 안 된다는 것이다.

4단계인 법과 질서의 단계에 있는 사람들은 법과 질서를 그 자체로서 존중하고 따른다. 3단계에서처럼 도덕적 판단기준이 특정 사람을 기쁘게 하는 데 있지 않다. 오히려 행동에 대한 기초를 제시하는 법과 질서를 절대적으로 따라야 한다고 믿는다.

사회의 질서 유지에 대한 염려가 이 단계의 특징인데, 가령 이 단계에 속한 사람들은 상호가 부정행위를 하지 말아야 하는 이유에 대해 "같은 상황에서 모든 사람이 부정행위를 한다면 이 나라가 어떻게 되겠는가?" 라고 말할 수 있다. 여전히 타인에 관심을 두고 있지만

표 3-4 table

콜버그의 도덕추론 단계

수준 1 전인습 수준 (취학 전 및 초등학교 아동)	자기중심적 도덕. 주로 10세까지 아동에 해당. 전인습적 수준이라고 불리는 이유는 타인에 의한 규칙에 대한 이해의 부족 때문이다.
1단계 처벌 복종	행동의 결과는 그들에게 좋거나 나쁜지에 의해 결정. 개인은 타인의 욕구 및 감정에 대한 고려 없이 도덕적 결정을 내린다.
2단계 시장 교환	"나에게 어떤 의미인가?"에 의한 결정. 개인에게 어떠한 이로움이 있는가에 의해 행동과 판단을 한다.
수준 2 인습 수준 (초등학교 고학년, 중학생 및 고등학생)	타인과의 도덕. 주로 10~20세에 해당. 인습적 수준이라고 불리는 것은 사회의 규칙과 관습에 대한 부응 때문이다.
3단계 타인과의 조화	도덕적 판단은 다른 사람의 의견에 의해 결정. 무엇이 다른 사람을 즐겁게 하는지, 도울 수 있는지, 다른 사람으로부터 인정을 받을 수 있는지 등에 초점을 맞추는 것이 이 단계의 특징이다.
4단계 법과 질서	법, 질서, 사회적 요구 등으로부터의 도덕, 규칙과 법은 고정되어 있으며, 그 자체로 복종해야 할 것들이다.
수준 3 후인습 수준 (대학 이전에는 거의 없음. 보편적 윤리단계는 성인 이후에도 거의 없음.)	원리의 도덕. 20세 이전에는 거의 도달하지 않으며, 일부 사람들만 이 단계에 도달할 수 있음. 사회적 규칙의 밑바탕에 있는 원리에 초점을 두고 있다.
5단계 사회적 계약	법과 질서는 사회에 이로움을 주는 행위에 관한 사람들의 합의를 반영. 더 이상 사회에 이로움을 주지 않는다면 법과 질서는 바뀔 수 있다.
6단계 보편적 원리	거의 이르기 어려운 단계. 도덕은 사회적 규범을 초월하는 추상적이며 보편적인 원리에 의해 결정한다.

규칙과 질서가 판단의 핵심 기준이 된다. 이 단계의 도덕적 추론을 하는 사람들은 세상의 모든 다른 이들이 탈세를 하더라도 자신은 법에 씌어진 대로 세금을 꼬박꼬박 내고 사는 사람들이라 할 수 있다.

수준 3: 후인습 수준

원리가 이끄는 혹은 원리에 의거한 도덕성이라고 불리는 **후인습 도덕**의 단계에서는 추상적인 자신만의 원리로 도덕적 문제를 바라본다. 이 단계의 추론을 하는 사람들은 개인적, 사회적 단계를 초월한다. 그들은 원리에 의거한 규칙을 따르지만 때때로 규칙을 수정하거나 무시할 필요가 있다고 생각한다. 전 인구 중 단지 소수의 사람만이 이 단계에 도달하고, 도달한 사람의 대부분은 20대 중 · 후반 이후의 사람들이다.

후인습 도덕(Postconventional morality)
추상적이고 자기 자신의 원리로 윤리적 문제를 바라보는 도덕 경향

5단계인 **사회적 계약**의 단계에서는 사회적으로 합의된 규칙에 기초해 도덕적 판단을 내린다. 이 단계의 추론자는 상호의 부정행위는 옳지 않다고 말할 것이다. 왜냐하면 성적은 교사와 학생들이 학생 자신이 그동안 공부한 결과를 반영하는 것이라고 합의한 것인데, 부정행위를 함으로써 이러한 사회적 합의를 어기게 되기 때문이다.

사회적 계약(Social contract)
사회적으로 합의된 규칙에 의해 도덕적 추론을 하는 단계

마지막 6단계인 **보편적 원리**의 단계에서 개인의 도덕적 추론은 사회의 법을 초월한 추상적이고 보편적인 원리를 기초로 한다. 이 단계의 사람들은 내면화된 보편적 기준에 의해 옳고 그름을 정의한다. 흔히 인용되는 예로 '황금율(Golden Rule)' 이 바로 그것이다. 극소수의 사람들만이 이 단계의 도덕적 추론을 할 수 있다. 도덕성을 연구하는 학자들이 '보편적' 원리의 존재에 대한 의문을 계속적으로 제기함에 따라, 콜버그는 이후 자신의 글에서 이 단계를 강조해 다루지 않았다(Kohlberg, 1984).

보편적 원리(Universal principles)
사회의 법을 초월한 추상적이고 보편적 원리에 의해 도덕적 추론을 하는 단계

콜버그 이론의 의의

대부분의 이론과 마찬가지로 콜버그의 이론도 지지와 함께 비판을 받아 왔다. 지금까지 콜버그의 도덕성 이론에 근거해 많은 연구가 있었다. 그 연구들의 결과를 정리하면 다음과 같다(Nucci, 2006; Turiel, 2006).

웹 자료실
도덕추론의 발달에 대해 알아보기 위해, www.myeducationlab.com에 접속하고 '활동 및 적용' 의 Moral Reasoning: Exa-mining a Moral Dilemma 사례를 확인하라. 그리고 이어지는 물음에 답하라.

- 모든 사람의 도덕적 추론능력의 발달은 같은 단계를 거침으로써 진행된다.
- 사람들의 도덕적 추론능력의 발달 속도에는 개인 차가 존재한다.
- 도덕성 발달은 갑작스럽게 단절되어 진행되기보다 점진적이며 지속적으로 이루어진다.
- 어느 단계에 도달하게 되면 그 이전 단계로의 퇴보는 없으며, 주로 그 단계에서 도덕적 추론을 하는 경향이 있다.
- 교육적 개입을 통해서는 도덕적 추론의 바로 다음 단계로만 진입하게 할 수 있다.

이러한 연구 결과는 콜버그의 이론이 예측하는 바와 대체로 일치하는 것이었다. 그러나 비판가들은 사람들이 어느 한 단계의 추론 경향을 가지고 있으면서도, 다른 단계의 추론을 동시에 보이기도 한다는 점을 지적한다. 또한 1단계에서 4단계까지는 대부분의 문화권에서 나타나지만, 후인습 추론은 모든 문화권에서 나타나지 않는다고 한다. 이는 콜버그의 이론이 서구의 사고방식에 치우쳐 있음을 시사한다(Snary, 1995).

또한 사람들의 도덕적 추론은 맥락의 영향을 받는다(Turiel, 2006). 예를 들어, 사람들은 교통법규를 어기는 것이 다른 사람에게 해를 가한다고 생각하면 이를 비도덕적이라고 생각한다. 사람들은 등하교 시 학교 앞에서 과속운전하는 것은 문제가 있다고 생각하는 반면, 고속도로에서 제한속도보다 빨리 달리는 것은 문제가 없다고 생각한다.

콜버그는 도덕발달단계에 대한 평가가 도덕적 딜레마 상황에 따라 차별적 영향을 받지 않도록 노력했으나, 도덕적 딜레마에 대한 판단은 영역특수적 지식에 영향을 받는 것으로 보고되고 있다(Nucci, 2006; Turiel, 2006). 가령, 의사에게 교육적 딜레마에 대해 생각해 보게 하는 것과 교사에게 의학적 딜레마를 해결하도록 하는 것은 전문지식의 부족으로 인해 도덕적 판단에 차이를 나타낼 수 있다.

또한 연구자들은 자료수집을 위해 콜버그가 사용한 자기기술법(self-description)에 대해 의문을 제기하기도 하였다. "인터뷰 자료를 사용하는 것은 참여자들이 언어적으로 자신의 마음의 작용과 과정을 설명할 수 있다는 것을 가정하는 것인데, 최근 이러한 가정에 대해 점점 더 많은 의문이 제기되고 있다" (Rest et al., 1999: 295).

마지막으로 콜버그의 이론은 도덕적 행동 대신 도덕적 추론에 초점을 두었다는 비판을 받는다. 사람들은 특정 단계로 추론하더라도 상황적 맥락과 개인사로 인해 다른 단계의 특성을 갖는 행동을 할 수 있다는 것이다. 예를 들어, 친구들과 밖에 있을 때 술을 마셔야 할지 고민하는 청소년이 있다면 최종 결정은 도덕적 판단이 아닌 또래의 압력이나 가족, 그리고 문화적 가치에 의해 영향을 받게 될 것이다. 콜버그의 이론은 이러한 요소를 무시하였다.

그러나 이와 관련하여 콜버그(1975)는 도덕적 추론과 도덕적 행동이 연결되어 있음을 보여 주는 연구 결과를 발표한 적이 있다. 이 연구에 따르면 후인습 수준에 해당하는 학생의 15%만이 기회가 생겼을 때 부정행위를 한 반면, 인습 수준에 있는 학생은 55%가, 그리고 전인습 수준에 있는 학생은 70%가 부정행위를 했다고 한다. 또한 낮은 단계의 추론을 하는 청소년일수록 덜 정직하고, 비행과 마약 복용과 같은 반사회적 행동을 더 많이 하는 경향이 있었다(Comunian & Gielan, 2000). 이와 대조적으로 높은 단계의 추론을 하는 사람들은 표현의 자유, 소수집단의 권리 옹호 등과 같은 이타적 행동을 더 많이 하는 것으로 보고되고 있다(Kuther & Higgins-D' Alessandra, 1997, Turiel, 2006). 즉, 도덕적 추론이 행동에 영향을 끼친다는 것이다.

성별 차이: 보살핌의 도덕성

콜버그 이론에 대한 또 다른 비판으로는 그의 이론이 여성과 소녀들이 갖는, 도덕성과 관련한 여성 특유의 판단방식을 고려하지 못하고 있다는 것이다. 콜버그 이론을 검토한 초기 연구들은 도덕적 딜레마에 대한 대답에서 남녀 차이가 있음을 보고하고 있다(Gilligan, 1982, 1998; Gilligan & Attanucci, 1988). 남자는 정의, 규칙, 인권과 같은 추상적 개념에 기초해 판단을 내리는 경향이 있는 반면, 여자는 서로 간의 관계나 인간적 요구에 대한 관심 등에 기초해 판단을 내리는 경향이 있었다.

길리건(Gilligan, 1977, 1982)은 여성에게 나타나는 '돌봄의 윤리(ethic of care)'를 제안하고, 이는 결코 합리적 판단과 비교할 때 열등한 것이 아니라고 주장했다. 그녀는 콜버그 이론이 여성적 사고의 특성을 제대로 반영하지 못하고 있다고 지적한다. 길리건(1977, 1982)은 보살핌의 도덕성은 세 단계를 거쳐 발달한다고 제안했다. 첫째 단계에서 아동은 주로 자기 자신의 필요에만 관심을 갖는다. 둘째 단계에서 아동은 유아나 노인과 같이 자기 자신을 돌볼 수 없는 사람들에 대한 관심을 보이기 시작한다. 마지막 단계에서는 인간관계의 상호 의존성을 인식하고, 전체 인류에게로 공감을 확장시키게 된다. 이러한 발달을 도모하기 위해 길리건은 학생들이 보살핌과 관련한 도덕적 주제에 대해 생각하고 토론할 수 있는 기회를 교육과정을 통해 제공할 것을 제안하였다.

넬 노딩스(Nell Nodings, 1992, 2002) 또한 돌봄에 대해 강조하였는데, 특히 교사의 돌봄에 주목하였다. 노딩스는 학생들은 자기 자신과 가족, 친구, 그리고 다른 사람을 돌보는 것을 강조하는 교육과정을 통해 교육을 받아야 한다고 주장하였다.

길리건이 도덕성에 있어 성별 차이에 관해 중요한 이정표를 제시했지만, 최근에 이루어진 연구에서는 성별 차이가 나타나는 연구와 그렇지 않은 연구 결과가 함께 보고되고 있다. 문화 간 연구에서와 같이 길리건의 연구는 도덕성 발달과 관련한 주제가 얼마나 복잡한 것인지를 다시 한 번 상기시키는 것이라 할 수 있다.

도덕성 발달에서 정서적 요인

"괜찮니?" 민지가 방과 후 집에 오자 어머니가 물어보셨다.

"저 기분이 정말 안 좋아요. 엄마." 민지가 조용히 말했다.

"조별활동을 하고 있었는데, 제이가 좀 이상한 말을 했어요. 그래서 제가 '멍청하긴. 그게 무슨 말이야?'라고 했거든요. ……그랬더니 조별활동시간 내내 그 애가 아무 말도 안 했어요. 그 애는 학교 성

비록 불편한 경험이지만 수치심이나 죄책감을 경험하는 것은 도덕적 발달이 이루어지고 있다는 것을 나타내 준다.

유능한 교사는 학생들의 개인적 · 사회적 발달을 돕는 학생들과의 관계를 만들어 낸다.

적이 별로 좋지 않아요. 그 애한테 멍청하다고 말한 건, 정말 그 애한테 상처를 준 거라는 걸 알고 있어요. 전 그럴 뜻은 아니었거든요. 그냥 저도 모르게 말이 나온 거예요."

"네가 그 애에게 상처를 주려는 뜻이 없었다고 엄마도 생각해. 그래서 미안하다고 말했니?"

"아니요. 분위기를 파악하고 나선, 그냥 바보처럼 가만히 앉아 있었어요. 만약 누가 저한테 멍청하다는 말을 했다면, 기분이 어땠을지 저도 알아요."

"그럼 이렇게 하렴." 엄마가 제안했다.

"내일, 바로 그 애에게 가서 정말 미안하다고 사과하고, 다신 그런 일 없을 거라고 하렴."

"고마워요, 엄마. 제이를 보자마자 사과할게요. 이제 좀 기분이 나아졌어요."

이 예화는 도덕성에서 도덕적 추론보다는 감정을 다루고 있다. 피아제와 콜버그는 도덕성 발달의 인지적인 측면에 초점을 맞추었다. 그러나 여기에는 감정도 중요한 요소다(Saarni, Campos, Camras, & Witherington, 2006). 예를 들어, 민지는 수치와 죄책감을 느꼈다. **수치심**은 자신이 옳다고 믿는 방식대로 행동하거나 생각하지 않았을 때 일어나는 고통스런 감정을 말하고, **죄책감**은 다른 사람의 마음에 고통을 주었음을 알 때 느끼는 불편한 감정을 말한다. 불쾌한 일이기는 하지만 수치와 죄책감을 느낀다는 것은 도덕성이 발달해 가고 있으며, 미래의 행동은 개선될 것임을 나타낸다.

또한 민지가 "만약 누군가가 저에게 멍청하다고 말했다면"이라고 말했을 때, 다른 누군가가 느끼고 있는 감정을 경험할 수 있는 능력인 **공감**을 느끼고 있음을 알 수 있다. 잘못한 일이 없을 때에도 공감을 통해 도덕적이고 친사회적 행동이 길러질 수 있다(Eisenberg et al., 2006).

아이들이 발달해 감에 따라 그들은 각각의 사람들에게 저마다의 지각, 감정, 욕구, 신념 등이 존재한다는 것을 이해하게 된다. 즉, **마음이론**을 점차적으로 획득하기 시작한다. 수치심과 죄책감, 공감 등과 같은 감정을 이해하는 능력을 말하는 **감성지능**은 마음이론에서 중요한 요소다. 감성지능이라는 용어는 대니얼 골먼(D. Goleman, 2006)에 의해서 대중화되었는데, 그는 삶에서의 성공은 우리 일상에서의 감정에 대한 이해능력에 달려 있다고 주장하였다. 감성지능의 발달은 중요한데, 이것은 자존감과 사회적 기술 등과 정적인 관계에 있기 때문이다. 게다가 낮은 감성지능과 공격성 간에도 높은 상관이 있다고 보고되고 있다(Lopes & Salovey, 2004).

지금까지 보았듯이 도덕성의 발달은 인지적 요소와 감정적 요소를 포함하고 있는 복잡한 성격을 갖고 있다. 콜버그 이론은 완전한 그림을 제시하지는 못하지만, 성격, 사회성, 정

수치심(Shame)
자신이 옳다고 믿는 방식대로 행동하거나 생각하지 않았을 때 일어나는 고통스런 감정

죄책감(Guilty)
다른 사람의 마음에 고통을 주었음을 알 때 느끼는 불편한 감정

공감(Empathy)
다른 누군가가 느끼고 있는 감정을 경험할 수 있는 능력

마음이론(Theory of mind)
각각의 사람들에게 저마다의 지각, 감정, 욕구, 신념 등이 존재한다는 것을 이해하는 것

감성지능(Emotional intelligence)
수치심과 죄책감, 공감 등과 같은 감정을 이해하는 능력

서의 발달에 관한 다른 정보와 결합해 도덕적 주제에 관한 사람들의 사고와 느낌을 이해하는 데 도움을 준다. 그의 이론은 또한 도덕적 추론과 도덕성의 발달은 타인에게서 단순히 전수되는 것이 아니라, 오히려 자신들의 경험을 이해하기 위해 노력함에 따라 개인 내에서 생겨나는 것이라는 사실을 상기시켜 준다.

학습 맥락: 도시환경에서의 성격, 사회성, 도덕성의 발달 촉진

슬럼화되어 있는 미국의 도시학교들은 학생들의 성격, 사회성, 도덕성 발달에 있어서 특유의 어려움에 봉착해 있다. 도시학교들은 대개 규모가 크고 비인간적이며, 학생들이 당황하기 쉬운 거칠고 혼란스러운 장소로 여겨진다(Ilg & Massucci, 2003: 69).

교사와 학생 간의 의미 있는 관계를 형성하는 것 역시 어려운 일이다. 브론펜브레너의 생물생태학적 이론에 있듯이 교사는 학생들의 미시체계에서 중요한 역할을 차지하고 있다. 그러나 미국 도시학교 교사들은 대개 학생들의 거주지와는 다른 곳의 출신인 경우가 많은데, 이는 교사들로 하여금 학생들을 공감하고 그들의 교실 밖 삶을 이해하는 데 어려움을 가져다줄 수 있다(Charner-Laird, Watson, Szczesuil, Kirkpatrick, & Gordon, 2004). 그 결과, 교사와 학생 간 관계에 필수적 요소인 서로 간의 지원이 부족하게 될 수 있다. 미국에서의 연구 결과에 따르면, 20%의 아프리카계 소년들과 1/3 이하의 아프리카계 여학생들만이 교사로부터 성공에 대한 돌봄과 지지를 받고 있는 것으로 확인되었다(Noguera, 2003b). 신뢰와 돌봄이 부족한 상황에서 교사들이 학생들의 성격, 사회성, 도덕성 발달을 촉진시키는 것은 어려운 일이다.

이를 위하여 도시학교 학생들이 그들의 교사와 다른 친구들 간의 의미 있는 관계를 만들 수 있는 환경을 조성해 주어야 한다. 가능한 하나의 해결책으로 '작은 학교', 혹은 '학교 안의 학교'를 만드는 것이다. 이를 통해 보다 인간적인 학습 커뮤니티를 구성할 수 있다. 작은 학교의 학생들은 "더 올바른 행동을 하며, 다양한 활동에 참여하고자 한다. 그들에게는 싸움도 적고, 학교에서 안전함을 느끼며, 학교에 더욱더 애착심을 갖게 된다"(Ilg & Massucci, 2003: 69).

교사가 독자적으로 '작은 학교'를 만들 수 없는 대신 그들은 그들의 학급에서 '작은 학교' 분위기를 만들 수 있다. 교사들은 교사와 학생들이 함께 학습하는 과정에서 정서적으로나 학업적으로 서로를 지지해 준다는 사실을 강조할 수 있다. 효과적인 교사들은 학생들을 '인격체'로 받아들일 수 있도록 노력을 기울이며, 단지 가만히 듣는 것 외에도 교실과 관련된 다양한 활동을 돕기 위해 그들과 추가적인 시간을 보내려고 한다(B. L. Wilson & Corbett, 2001). 교사들은 학생들에게 예의와 존경심을 보여 줌으로써 학생들이 이에 대응하는 예의를 갖출 것을 기대할 수 있다. 그리고 바람직한 행동 기준을 제시하는 것으로 학생들 서로 간에 이와 같이 대할 수 있도록 만들 수 있다. 또한 이는 건강한 발달을 위해 필요한 안정감과 소속감을 제공해 줄 수 있다.

효과적인 도시 교사들은 그들의 수업에서 학생들의 성공 가능성을 높이기 위한 발판(비계) 역할을 하기도 한다. 어느 고등학교 국어교사가 다음과 같이 말하였다.

> 학생들은 이해를 위한 배경지식이 없을 때가 있다. 그들은 그리스 신화에 대해 전혀 듣지 못했다. 그들은 "폴리페모스나 오디세우스가 뭐죠?"라고 묻기도 한다. 배경지식이 없을 때에는 이해가 더욱 어려울 것이다. 그래서 내가 하는 것은 그들이 아는 언어로 그리스 신화를 설명하는 것이다. 나는 그들이 그리스 신화를 떠올릴 수 있도록 도와주는 비유와 은유를 사용하고자 노력하고 있다(T. Howard, 2001: 192).

학생들의 긍정적 자기개념을 발달시키는 데 관심을 기울이는 교사들은 이를 위한 과정이 학생들과 선행지식 간의 연결로부터 시작된다는 것을 알고 있다. 이는 교사들이 학생과 그들이 처해 있는 환경을 알고 있을 때에만 가능하다.

이론에서 실제로

교실에서의 도덕성 발달 촉진

교사들에게는 학생들의 도덕성을 촉진시킬 수 있는 많은 기회가 있다. 교사들은 그들이 만든 교실환경과 학생들 서로 간의 상호작용을 지도하는 방법을 통해 도덕성을 촉진할 수 있다. 학생들의 도덕성 발달을 촉진하고자 할 때, 다음 원칙이 도움을 줄 수 있다.

① 학생과의 상호작용에서 윤리적 사고, 행동, 감정이입 등을 시범 보인다.
② 학급 경영을 학생들의 도덕성 발달을 촉진시키는 수단으로 활용한다.
③ 학생들이 다른 사람의 관점을 존중하도록 지도한다.
④ 도덕적 이슈에 대한 토론을 이끄는 구체적 사례로 도덕적 딜레마를 사용한다.

이제 이러한 원칙을 초등학교 5학년 교사인 라 교사가 어떻게 적용하고 있는지 살펴보자.

라 교사는 국어시간 도입부에 다음과 같이 말했다.

"지금까지 읽었던 이야기를 살펴보고 지갑을 주운 소년 철수에 대해 이야기해 봅시다. 철수는 돈이 하나도 없는 상태였죠. 그렇다면 그 아이가 돈을 갖는 것은 나쁜 일일까요? ……주민아?"

"나쁜 일이에요. 그 지갑은 그의 것이 아니니까요."

"나주는?"

"왜 갖지 못하죠? 철수가 잘못한 것은 아니었는데."

"어떻게 그럴 수가 있어요?" 해인이 끼어들었다.

"만약 자기가 지갑을 잃어버렸다고 생각해 보세요."

"해인아." 라 교사가 말했다.

"토론에서는 다른 사람의 말이 다 끝나고 나서 자신의

말을 하기로 정했던 거 기억하잖아."

"나도 방해한 것 같구나. 계속 말을 하렴, 나주야." 라 교사가 덧붙였다.

"그 사람이 그 지갑을 잃은 건 철수의 잘못이 아니라고 말하려고 했어요. 철수는 돈이 무척 필요한 상태였어요."

"좋아. 해인이 말해 보렴." 라 교사가 말했다.

"음…… 만약 자기가 무언가를 잃어버렸는데, 누군가가 그걸 가져갔다면 기분이 어떻겠어요? 전 기분이 안 좋을 것 같거든요. 그래서 전 돌려주어야 된다고 생각해요."

"좋은 지적입니다. 이 주제에 관해 이야기할 때 다른 사람의 입장에서 생각해 보는 게 중요하다고 생각해요. 당연히 우리가 무언가를 잃어버렸는데 찾지 못한다면 기분이 좋지 않겠죠."

"자, 이제 주철이가 말해 볼까?"

"저도 그렇게 생각해요. 많은 양의 돈이었고, 철수의 부모님께서 아마 철수더러 돈을 되돌려 주게 하셨을 거예요."

"그리고 그 돈을 잃어버린 사람에게 그 돈이 정말 필요할지도 모르잖아요." 성혜가 말했다.

몇 분 동안 토론을 계속한 후 라 교사가 말했다.

"모두 다 좋은 의견들이었어요. 좋아요. 자, 이제 지금부터 할 것은 여러분이라면 지갑을 가질 것인지 돌려줄 것인지 짧게 노트에 적어 주세요. 그리고 왜 그것들이 옳고 그른지 설명해 주세요. 그럼, 내일 여러분이 적어 온 이유에 대해 더 토론해 보도록 합시다."

이제 학생들의 도덕성 발달을 돕기 위해 앞의 원리를 적용한 라 교사의 접근을 자세히 살펴보도록 하자. 우선 라 교사는 학생들과의 상호작용에서 윤리적 사고, 행동, 감정이입을 시범 보임으로써 앞에 제시한 첫 번째 원칙을 적용했다. 그 자신이 토론에 끼어든 것에 대해 간단하게 사과한 것은 학생들이 따르길 기대하는 원칙을 선생님 자신도 준수하고 있음을 학생들에게 보여 준 것이었다. 또한 그는 "좋은 지적입니다. 이 주제에 관해 이야기할 때 다른 사람의 입장에서 생각해 보는 게 중요하다고 생각해요. 당연히 우리가 무언가를 잃어버렸는데 찾지 못한다면 기분이 좋지 않겠죠."라고 말함으로써 해인이 다른 사람의 입장을 공감한 것에 대해 강화하고, 동시에 자신의 공감과 친사회적 행동의 모델링을 제공했다.

학생을 대할 때 공정하고, 책임감 있으며, 민주적이려고 노력하는 교사의 모습을 통해 학생은 교사의 가치와 도덕관에 대해 많은 부분을 배우게 된다(Kohn, 2004). 라 교사의 학급경영 방식과 해인의 이에 대한 대응은 둘째, 셋째 원칙에 적용된다. 라 교사가 해인의 말을 멈추게 한 후, 끼어드는 것에 관한 학급에서의 합의를 상기시켰을 때, 그는 학생들에게 공정성 및 자신과 다른 의견에 대한 관용 등을 이해시키려고 했다. 그러한 이해는 자기통제의 중요한 부분인데, 자기통제는 학생들이 규칙을 이해하고, 왜 그것이 중요한지 이해하며, 그것을 따르기로 동의함으로써 발달할 수 있다. 이러한 유형의 학습환경은 자발적 도덕성을 발달시킨다(Murdock et al., 2004).

라 교사는 잃어버린 지갑에 관한 이야기를 토론의 주제로 사용함으로써 네 번째 원리를 적용하였다. 이러한 이야기에는 의미가 담겨 있기 때문에 효과적인 교사들은 도덕성 발달을 촉진하고 수업의 발판(비계)을 제공하기 위해 도덕적 딜레마를 사용한다(Goodman & Balamore, 2003; Koc & Buzzeli, 2004). 라 교사는 토론과 그 뒤에 이어진 글쓰기 활동을 통해 학생들이 해당 쟁점에 대한 자신의 도덕적 견해를 명확히 표현하고 정당화할 수 있도록 유도했다.

연구자들은 이러한 접근을 지지한다. 학생들의 도덕적 추론을 더 나은 생각과 결합시키도록 장려해 주는 토론은 발달을 촉진시킨다(Nucci, 2006; Pyryt & Mendaglio, 2001).

웹 자료실

중학교에서의 사회성과 도덕 발달에 대해 알아보기 위해 www.myeducationlab.com의 '활동 및 적용'의 'Social and Moral Development in middle school'을 확인하라.

◈ 이해 점검 활동

4.1 기차가 시속 65km로 교차로를 지나고 있다. 그런데 표지판에서는 '제한속도 55km' 라는 표시가 있다. 그럼에도 불구하고 기차는 이전 속도를 계속 유지하고 있다. 만일 기차 기관사가 각각 3단계와 4단계의 추론능력을 보인다면 이들은 어떻게 행동할까? 각 기관사의 추론과정을 설명하라.

4.2 길리건의 관점에 비추어 보면, 기훈이 숙제를 몰랐던 사실에 대해 여학생들은 어떻게 반응할 것인가? 여학생들의 반응은 남학생들과 어떻게 다를 것인지 설명하라.

4.3 콜버그의 어떤 단계가 정서적이며 친사회적인지 설명하라.

교실에의 적용

교실에서의 도덕성 발달 촉진

1. 도덕성 발달은 구체적인 딜레마 사건에 대해 생각하거나, 다른 사람의 입장에 대해 들어보는 기회를 가짐으로써 발달한다. 도덕적 딜레마 상황이 제기되었을 때 마음을 열고 토론을 하자.

- 초등학교: 특수학생이 학급에 전학 오기 전날, 2학년을 담당하는 한 교사는 학생들에게 자신이 학급에 새로 전학 오게 되었다면 기분이 어떨지, 새로 전학 온 학생을 어떻게 대해야 할지, 또한 학급 친구들끼리 서로 어떻게 대해야 할지에 대해 토론하게 하였다.
- 중학교: 1학년 수학교사는 급우가 질문에 답하려고 할 때, 웃거나, 장난치거나, 어떤 종류의 말도 하지 않아야 한다는 학급규칙을 만들었다. 그 규칙을 만들 때 교사는 학생들에게 그 규칙이 필요한 이유와 중요성에 대해 다른 학생의 관점에서 생각해 보고 토론하게 하였다.
- 고등학교: 어느 학급에 부정행위를 자신이 원하는 것을 얻기 위한 게임으로 생각하는 학생들이 있었다. 이에 대해 담임교사는 다음과 같이 학생들에게 문제제기를 하였다.
  "만일 여러분이 부정행위에 대해 그렇게 생각한다면, 선생님은 시험을 보지 않고 여러분에게 점수를 주고자 합니다. 이제 여러분이 얼마나 똑똑한지는 내 판단에 따라 주어지는 점수에 의해 결정될 것입니다."
  담임교사의 이러한 돌발적인 말은 공정과 부정행위에 대한 열띤 학급토론을 낳게 했다.

2. 도덕성 발달은 자신보다 높은 수준의 도덕적 행동과 추론을 접할 때 발달한다. 학생들에게 도덕적이고 윤리적인 행동의 모델을 제공하자.

- 초등학교: 학교 임원 선출을 위한 선거를 앞두고 5학년 학생들이 교사에게 투표를 할 것인지 장난삼아 질문하였다. 담임교사는 이 질문을 투표의 중요성과 민주사회에서 국민 하나하나의 책임감에 대해 토론할 수 있는 기회로 활용하였다.
- 중학교: 과학교사는 학생들에게 모든 시험과 쪽지시험의 성적평가를 정해진 어느 날까지 완료하겠다고 약속했다. 그날이 오자 한 학생이 성적평가가 완료되었느냐고 물었다. 교사는 "물론이지. 학년 초에 그렇게 하기로 약속했잖아. 사람은 합의했던 것을 어기면 안 되는 거랍니다."라고 대답하였다.
- 고등학교: 한 상업고등학교의 1학년 학생들의 현장체험 활동이 예상보다 일찍 끝났다. "우리가 조금만 더 여기서 시간 때우면 학교로 다시 안 돌아가도 되는데……." 어떤 학생이 말했다. "하지만 그러면 거짓말을 하는 게 되지, 그렇지 않니? 우리는 끝마치는 대로 돌아가겠다고 말했고, 우리가 한 말을 지켜야 한단다."라고 담임교사가 말했다.

학교급별 적용 *Developmentally appropriate*

각 연령에 따른 성격, 사회성, 도덕성 발달

초등학생, 중학생, 고등학생 간에는 성격, 사회성, 도덕성 발달에 있어 중요한 차이점이 존재한다. 이러한 차이를 이해하는 데 도움을 주는 여러 제안이 다음에 제시되어 있다.

학교에 입학하면서 초등학생들은 자율성을 획득하면서 이와 관련한 다양한 경험을 시작한다. "나 좀 도와줘!" "이거 할래요." 등이 좋은 예다. 꾸짖음, 혹은 지나치게 엄격한 간섭은 아이들의 독립심 발달을 저하시키면서 동시에 죄책감과 의존성을 강화시킨다. 아이들은 자신의 행동에 책임을 질 수 있는 기술을 습득하도록 도움을 받아야 한다.

초등학교 시기에 교사는 학생들의 자기효능감을 촉진시키는 경험을 성공적으로 제시할 수 있어야 한다. 이는 필수적이다. 지나치게 어려워 학생들이 쉽게 실패할 수 있는 활동은 이들에게 열등감을 가져다준다. 그러나 지나치게 사소한 과제를 성공하는 것 역시 학생들의 효능감을 크게 높이지는 못한다(Brophy, 2004).

초등학생들에게는 타인의 관점 수용능력과 사회적 문제해결 등을 연습할 수 있는 기회가 필요하다. 다른 학생들과 상호작용을 하며, 다양한 기술을 습득할 수 있는 토론과 모둠활동은 경험학습에 효과적이다.

초등학교 시기는 학생의 도덕성 발달, 사회적 책임감, 자기통제의 발달을 위한 기초를 쌓는 단계다. 학생들을 도와주는 교사들은 자신들의 행동이 학생들의 자기중심적인 전인습적 사고에서 인습적 도덕성으로 발달하는 데 도움을 준다는 것을 이해해야 한다. 규칙의 중요성을 이해하는 학생들은 이 단계의 도덕성을 교실과 학교 밖 모두에서 획득한다.

청소년기는 신체적 · 정서적 · 지적인 변화를 겪는 시기다. 또한 이들은 새로운 성 정체성에 어떻게 반응해야 할지 당황스러워하기도 한다. 그들은 다른 사람들이 자신들을 어떻게 생각할지 걱정하며 외모에 지나치게 관심을 가진다. 그들은 그들의 독립을 주장하지만, 구조와 규율의 안정성을 원하기도 한다. 그들은 반항하려 하지만, 이를 진정시켜 줄 확고한 무언가를 필요로 하기도 한다.

그러나 대부분의 청소년은 자신들의 새로운 역할을 이해하고, 그들의 부모와 다른 성인과의 바람직한 관계를 유지하려고 하면서 이 시기의 갈등을 잘 해결한다.

중학교 학생들은 자신의 변덕스러운 행동에 공감하는 동시에, 수용 가능한 행동의 명확한 범위를 제공하는 확고하면서도 친절한 교사를 필요로 한다(Mawhinney & Sagan, 2007). 교사는 바람직한 교실경영을 통해 전인습적 사고에서 인습적 사고로 발전할 수 있는 기회를 제공할 수 있다. 유능한 교사는 교실규칙을 만들고, 학생들의 도덕적 추론을 가지고 토론하며, 학생들의 일관성을 강화시킨다.

중학교에서의 수업은 배운 내용에 대한 이해를 촉진시키는 것뿐만 아니라, 타인의 의견에 대한 관용, 예의 있는 경청, 험담 안 하기 등과 같은 친사회적 행동을 연습할 수 있도록 해야 한다. 효과적인 교실은 상호 활동적이며, 수업은 최소한의 제약으로 이루어져야 한다.

고등학생들의 활동

고등학생들은 그들이 누군지 혹은 그들이 이후에 무엇이 될 것인지에 대해 고민한다. 또래들은 그들의 미시체계 내에서 점차적으로 중요한 존재가 된다. 또한 사회성과 도덕성 발달에 중요한 영향력을 지니게 된다.

학생들의 삶과의 연결은 이 단계에서 매우 중요하다. 사회교과에서의 성과 직업과 관련한 주제를 조사하는 것, 혹은 수학이나 과학이 얼마나 이후 실생활에서 중요한지에 대해 보여 주는 것은 학생들에게 매우 중요하다.

어린 학습자들과 마찬가지로 고등학교 학생들은 새로운 주제를 직접 시행해 보고, 이를 자기 삶과 연결시킬 수 있는 기회가 필요하다. 토론, 소모임 활동, 지정 주제에 관한 글쓰기 등은 학생들이 여러 생각을 자기 정체성 발달로 연결할 수 있는 기회를 제공한다는 점에서 의미가 있다.

✿ 학습목표별 요약

1. 생물생태학적 모델의 요소들을 기술하고, 이들이 어떻게 발달에 영향을 미칠 수 있는지 설명하라.

- 생물생태학적 요소들은 개인의 발달에 영향을 줄 수 있는 개인과 시스템을 포함한다.
- 미시체계는 아이들 주변환경에서 즉각적으로 접할 수 있는 사람들과 활동을 말하며, 중간체계는 미시체계 요소 간의 상호작용을 말한다.
- 외체계(사회적 영향), 거시체계(문화적 영향), 그리고 시간체계(시간 영향) 역시 아동의 발달에 영향을 미친다.
- 각 체계는 발달과정에 있는 학습자에게 제공하는 경험을 통해 발달에 영향을 준다.

2. 학습자의 행동을 설명하기 위해 심리사회적 발달, 정체성, 자기개념 발달 용어를 사용하라.

- 에릭슨의 심리사회적 이론은 성격과 사회성 발달을 통합하는 이론이다.
- 심리사회적 발달은 단계별로 이루어지는데, 각 단계에서는 위기라고 불리는 도전적 과제가 있다. 아이들이 발달함에 따라 이러한 도전적 과제가 달라진다. 각 단계에서의 긍정적인 해결은 다음 단계의 도전적 과제를 준비하도록 해 준다.
- 정체성의 발달은 고등학교 시절 이후에 발생한다. 정체성 유예와 정체성 성취는 건강한 발달 상태를 의미하는 반면, 정체성 혼돈과 정체성 폐쇄는 건강하지 못한 발달 상태를 의미한다.
- 개인 경험을 통해 발달하는 자기개념은 자신의 신체적 · 사회적 · 학업적 유능감에 대한 인지적 평가를 의미한다. 학업적 자기개념, 특히 특정 교과에서의 자기개념은 학업성취와 높은 상관이 있으며, 이는 성공적인 학생들이 도전적 과제에 인내심을 갖고 노력하는 이유

를 설명해 준다.

- 특정 영역에 대한 성취를 통해 자기개념의 향상을 시도하는 것은 성공적이나, 직접적 개입을 통해 자기개념의 향상시켜려는 시도는 큰 효과가 없다.

3. 사회성 발달의 요소들을 정의하고, 교실상황에서 어떻게 사회성 발달을 촉진시킬 수 있는지 설명하라.

- 타인 관점의 수용 및 사회적 문제해결이 사회성 발달의 주요한 요소다.
- 타인 관점의 수용은 학생들로 하여금 다른 사람의 위치에서 문제해결을 바라볼 수 있도록 한다.
- 사회적 문제해결은 사회적 단서를 접하거나, 전략을 키우는 것 혹은 사회적 문제를 해결하기 위해 전략을 보충하거나 평가하는 것 등을 포함한다.
- 교사는 학생들에게 사례를 제시하거나, 교실 학습 상황에서 사회적 기술을 연습해 볼 수 있는 기회를 제공함으로써 학생들의 사회성 발달을 촉진시킬 수 있다.

4. 윤리적 문제에 대해 사람들이 다른 반응을 보이는 것을 도덕성 발달이론을 통해 설명하라.

- 피아제는 발달이 권위적인 대상에 의해 강요되는 외재적 도덕성에서, 도덕을 합리성과 상호성을 통해 보게 되는 자율적 도덕성으로 변화한다고 주장하였다.
- 콜버그의 도덕성 발달이론은 사람들의 도덕적 딜레마에 대한 반응에 기초하였다. 그는 도덕적 추론을 설명하기 위해 분류단계를 개발하였다.
- 전인습적 단계에서는 개인은 자기중심적인 도덕적 결정을 내린다. 인습적 단계에서는 다른 사람의 결과에 초점을 둔 도덕적 추론을 한다. 그리고 후인습적 단계에서는 개인은 원리에 의한 도덕적 추론을 한다.
- 수치심과 죄책감 등의 불쾌한 감정을 경험하고, 공감능력을 키우는 것은 도덕성 발달의 정서적 측면에 도움을 준다.
- 교사는 교실에서 개인의 책임과 다른 사람의 권리를 보호하기 위해 만들어진 규칙의 본질적 기능을 강조함으로써 도덕성 발달을 촉진시킬 수 있다.

✎ 전문성 발달: 자격증 시험 대비 연습

이 장을 공부하는 동안, 정체성과 자기개념의 형성에 영향을 미치는 요인과 더불어, 어떻게 성격과 사회성 발달이 일어나는지에 대해 살펴보았다.

이제 중학생을 지도하고 있는 한 교사의 사례를 살펴보고, 그녀가 이러한 발달의 중요한 특성을 얼마나 고려하고 있는지 살펴보도록 하자. 다음의 사례를 읽고, 이어지는 질문에 답해 보자.

"정말 힘이 빠진다."

중학교 1학년 영어교사인 한 교사가 방과 후 교무실에서 쪽지시험을 채점하며 말한다.

"무슨 일인데?" 그녀의 동료교사인 서 교사가 말했다.

"학생들은 전혀 생각하려고 하지 않아." 한 교사가 말했다.

"정답으로 'theirs'를 써야 하는데, 3/4의 학생들이 'r'과 's' 사이에 어포스트로피(′)를 붙였어. 쪽지시험은 어포스트로피(′)를 쓰는 것에 관한 것이었어. 나는 시험을 보기 전에 아이들한테 생각해야 풀 수 있는 문제를 낼 것이라 경고했거든. 그뿐 아니라 나는 쪽지시험 문제와 비슷한 문제들로 연습문제도 만들어 풀어 보게 했거든. 그리고 정말 자세히 설명해 주었어." 그녀가 고개를 저으며 다시 시험지를 채점하기 시작하였다.

"정말 실망스러운 건 어떤 아이들의 경우 아예 손도 못 댔다는 거야. 이것 좀 봐. 문제의 절반은 답도 못 썼어. 관수가 이렇게 답안지를 낸 게 처음이 아니야. 지난번에 이 문제로 그 애를 불러서 얘기했더니 이렇게 말했어, '하지만 전 영어는 못해요' 라고. 그래서 내가 말했지. '하지만 넌 과학과 수학은 잘하잖아.' 그 애가 그 말을 듣고 좀 생각해 보더니 '하지만 그건 달라요' 라고 말했지. 그 아이가 학습동기를 갖게 할 방법을 알고 싶어. 농구 코트에서 그 애가 어떤지 봐야 돼. 정말 열정적이야. 근데 영어시간만 되면 아무 의욕도 없어 보여."

"힘들겠구나. 내가 가르치는 학생 중에서도 그런 학생들이 있어." 서 교사가 끄덕였다.

"더 안 좋은 건 몇몇 학생이 확실히 부정행위를 한 것 같아. 교무실에 일이 있어 잠시 갔다 왔더니, 몇몇 아이가 자기들끼리 이야기를 하고 있었고, 얼굴에 뭔가 잘못했다고 씌어 있더라고."

"왜 아이들이 그랬다고 생각하는데?" 서 교사가 물었다.

"잘은 모르겠는데, 점수에 대한 스트레스가 일부 원인인 것 같아. 그런데 어떻게 그 아이들에게 동기 부여를 할 수 있겠어? 어떤 아이들은 부정행위가 아무 문제될 게 없다고 생각해. 걸리지만 않는다면 괜찮다고 생각해. 정말 실망스럽다."

"글쎄……." 서 교사가 어깨를 으쓱이며 말했다.

"잘 해 봐."

다음 날 아침, 한 교사는 시험지를 나눠 주었다.

"규칙을 한번 복습해 봐야겠어요. 여러분이 시험을 너무 못 봤어요. 하지만 선생님은 아주 자세히 모든 걸 다 설명했어요. 그러니까 여러분이 공부를 열심히 안 했다는 뜻이죠."

"다시 한 번 봅시다." 그녀가 계속 말했다.

"단수 소유격을 만드는 규칙이 뭐죠?"

"어포스트로피(′) s요." 성호가 말했다.

"맞아요, 잘했어요. 그럼 복수형은 어떻죠?"

"s 어포스트로피(′) 요." 장수가 대답했다.

"좋아요. 그럼, 명사의 복수형이 s로 끝나지 않으면 어떻게 하죠? 나민이 말해 볼까?"

"그럼, 단수형과 같아요. 어포스트로피(′) s예요."

"좋아요. 그럼 대명사는 어때요?"

"아무것도 안 붙여요." 기수가 말했다.

"네, 맞았어요." 한 교사가 끄덕였다.

"그런데, 왜 시험에는 그렇게 안 썼죠?"

"……."

"좋아요. 3번 문제를 보세요."

The book belonging to the lady were lost.

"그건 이렇게 쓰여야 해요." 그녀가 설명하고, 칠판에 "The lady's books were lost" 라고 썼다.

"선생님" 뒤 쪽에 앉은 경석이 크게 소리쳤다.

"왜 어포스트로피(′) s 예요?"

"경석아, 선생님이 말한 첫 번째 규칙 기억하니?"

"네, 선생님." 경석이 조용히 말했다.

"그리고 질문을 하고 싶으면 크게 소리치지 말고 어떻게 해야 하지?"

"손을 드는 거예요." 경석이 대답했다.

"좋아. 그럼, 경석의 질문에 답을 하도록 하지. 'lady'는 단수니까, 어포스트로피(′) s가 맞는 것이지."

"이제 6번 문제를 보세요." 한 교사가 잠깐 멈췄다가 계속 말했다.

"이건 구두점이 잘못된 걸 고치는 문제인데, 'theirs'가 벌써 소유격이라서 틀린 게 없어요. 이 문제는 함정이 있었지만, 선생님이 시험 볼 때마다 생각하게 하는 문제를 몇 개씩은 내는 걸 알고 있지요? 열심히 공부한다면 이 문제를 맞혔을 겁니다."

한 교사는 많은 학생이 맞추지 못한 문제를 몇 개 더 풀고 나서 복습을 위한 인쇄물을 나눠 주었다.

"이것은 쪽지시험 문제와 똑같은 거예요." 그녀가 말했다.

"이걸 열심히 연습하고 나서, 목요일에 다시 한 번 시험을 볼 거예요. 이번에는 실망시키지 않기를 바랍니다. 그리고 한 가지 더 있어요. 이번 시험에서 부정행위를 한 사람이 있었는데, 목요일에도 그러다가 걸리면 낙제점을 주겠어요. 자 이제 시작하세요."

단답형 질문

이 장에서 다룬 주요 내용과 위에서 제시한 사례 내용을 서로 연결시켜 다음 질문에 대한 답을 구체적으로 작성하라.

1. 에릭슨은 한 교사의 수업에서 나타난 관수의 행동을 어떻게 설명하겠는가?
2. 자기개념에 관한 연구 결과를 사용해 관수의 행동을 설명하라.
3. 콜버그의 이론에서 나온 개념을 사용해, 한 교사의 학급에서 있었던 부정행위 문제를 분석하시오. 콜버그의 관점에서 그녀는 이 문제를 얼마나 잘 다루었는지 설명하라.
4. 이 장에 소개된 내용을 기초로 한 교사의 수업을 좀 더 개선할 수 있는 방법에 대한 제안을 구체적으로 기술하라.

중요개념

감성지능(Emotional intelligence)
감정이입(Empathy)
거시체계(Macrosystem)
관점 수용(Perspective taking)
기질(Temperament)
도덕발달(Moral development)
도덕적 딜레마(Moral dilemma)
마음이론(Theory of mind)
미시체계(Microsystem)
민족적 정체성(Ethnic indentity)
법과 질서(Law and order)
보편적 원리(Universal principles)
불리(Bully)
사회적 계약(Social contract)
사회적 문제해결(Social problem solving)
사회성 발날(Social development)
사회적 인습(Social convention)
성격발달(Personal development)
성적 성향(Sexual orientation)
성 정체감(Sexual identity)
수치심(Shame)
시간체계(Chronosystem)
시장교환(Market exchange)
양육방식(Parenting style)
외재적 도덕성(External morality)
외체계(Exosystem)
위기(Crisis)
인습도덕(Conventional morality)
자기가치(Self-worth)
자기개념 (Self-concept)
자기존중감(Self-esteem)
자율적 도덕성(Autonomous morality)
적대적 귀인 편향(Hostile attributional bias)
전인습적 도덕(Preconventional morality)
정체성(Identity)
죄책감(Guilt)
중간체계(Mesosystem)
집단적 자기존중감(Collective self-esteem)
처벌-복종(Punishment-obedience)
타인과의 조화(Interpersonal harmony)
폐거리(Clique)
후인습 도덕(Postconventional morality)

4

학습자 다양성

chapter outline 구성 개요

성
- 학교와 관련된 성차
- 교실활동에서의 성차
- 성역할에 대한 고정관념과 지각
  - 이론에서 실제로: 학생들의 성생활에 대한 편견과 고정관념

사회경제적 지위
- 사회경제적 지위가 학습에 미치는 영향
- 사회경제적 지위: 교사들에게 주는 함의 및 주의해야 할 점
- 위험에 처해 있는 학생들
- 적응 유연성
  - 이론에서 실제로: 위험에 처해 있는 학생들 가르치기
  - 학교급별 적용: 다른 연령대에 있는 학생들의 다양성
  - 다양성 탐색: 도시학교에서 수업 및 학습하기

learning objectives 학습목표

이 장의 공부를 마치고 나면, 여러분은 다음과 같은 것을 할 수 있어야 한다.

1. 성이 학습에 미치는 영향을 설명할 수 있고, 수업에서 성차와 관련한 편향을 제거하기 위한 절차를 기술할 수 있다.
2. 사회경제적 지위가 무엇인지에 대해 정의할 수 있고, 그것이 학습에 미치는 영향을 설명할 수 있다.

학생들 간의 차이는 이전보다 훨씬 더 중요해지고 있다. 다음의 사례연구를 읽고, 여기에 나오는 몇 가지 차이와 교실에서 그들이 학습하는데 받을 수 있는 영향에 대해서 생각해 보자.

제이 에번스는 큰 도시의 초등학교에서 3학년을 담당하고 있는 선생님이다. 그의 반에는 16명의 여학생과 13명의 남학생으로 구성된 29명의 학생이 있는데 여기에는 아프리카계 미국인 8명, 히스패닉계 7명, 아시아계 3명, 러시아 이민자 2명이 포함되어 있다. 이들의 대다수가 영어를 모국어로 사용하지 않으며, 가정의 경제적인 형편도 좋지 못한 편이다.

제이 어번스는 카티아의 책상 옆을 지날 때 미소를 짓는다. 카티아는 그가 특별히 관심을 두고 있는 학생이었다. 자신의 노력에 부응하여 빛을 발하고 있기 때문이다. 처음 학교에 왔을 때, 카티아는 수업에 참여하기를 망설이곤 했나. 그녀의 고향이 멕시코라 모국어가 스페인어였기 때문이다. 간단한 영어 문장을 이해하는 것에는 문제가 없었으나, 말하기 및 교과서 읽기에는 어려움을 느끼고 있었다. 제이는 그녀가 학급활동에 참여하도록 하였고, 영어를 잘하는 학생과 짝을 지어 주었으며, 방과 후 집에서 읽도록 2학년 교과서를 주었다. 그녀의 부모는 제이의 이러한 노력을 지지하였고, 가정과 학교 사이의 의사소통도 매우 원활하였다. 연초부터 계속된 그녀의 발전은 놀라울 정도였다.

제이가 안젤로를 지나갈 때는 자부심이 근심으로 바뀌었다. 안젤로는 반 친구들과

지내는 데 어려움을 겪었고, 말이 없었으며, 반 아이들의 작은 무시에도 쉽게 화를 내었다. 안젤로의 부모는 이주 노동자였기 때문에 자주 이사를 다녀야 했으며, 1학년을 두 번에 걸쳐 이수해야 했다. 현재 그의 부모님은 별거 중이다. 그의 어머니는 그가 한 학교에 머무를 수 있도록 이 지역에 정착하였다.

제이는 두 가지 언어 사용이 가능한 동료교사 자시타에게 안젤로를 위하여 해 줄 수 있는 것이 무엇인지 자문을 받았다. 그들은 안젤로의 영어 및 학습 향상을 돕기 위한 계획을 세웠다.

학습자 다양성 (Learner diversity)
학생들에게서 볼 수 있는 집단 및 개인의 차이

학습자의 다양성은 집단 및 개인 간의 차이와 관련되어있다. 예를 들어, 제이의 16명의 여학생과 13명의 남학생으로 구성된 학급에서, 성차는 집단 간의 차이를 나타내는 하나의 유형이 될 수 있다. 제이의 학급은 또한 아프리카계 미국인, 히스패닉계 미국인, 아시아계 미국인, 러시아인 등 문화적인 배경이 다른 학생들로 구성되어 있다. 몇몇은 영어가 모국어가 아니며, 그들의 사회경제적 지위도 각각 다르다. 문화, 언어, 사회경제적 지위(SES) 또한 집단 간의 차이를 설명할 수 있다. [그림 4-1]은 개인차를 발생하게 하는 몇몇 근원을 예시하고 있다.

이러한 차이 외에도 더욱 다양한 차이가 존재한다. 예를 들어, 카티아와 안젤로는 둘 다 멕시코에서 왔고 문화적 배경이 유사하며 모국어 역시 같다. 그러나 카티아는 제이의 학급에 잘 적응했고, 안젤로는 어려움을 겪고 있다. 학습자의 다양성은 학생들의 개인차와도 관련되어 있다.

이는 두 가지 질문을 이끌어 낸다.

- 학습자의 다양성이 학습에 어떤 영향을 미치는가?
- 교사는 이러한 다양성에 대하여 어떻게 대응해야 하는가?

이와 관련된 연구들은 앞의 질문 및 학생들에 대한 다른 주요 문제에 대답할 수 있도록 도움을 준다.

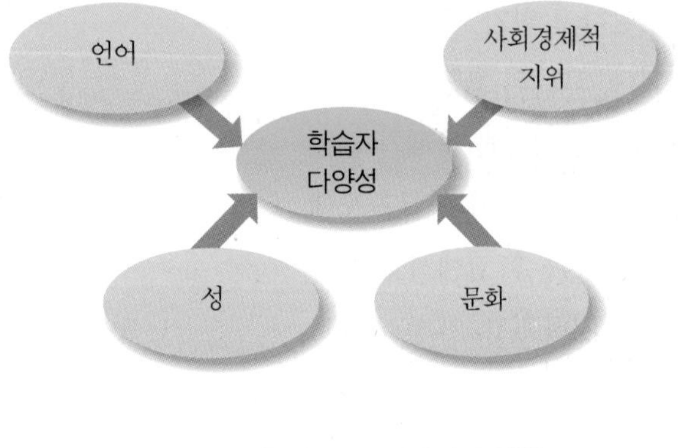

[그림 4-1] 학습자 다양성의 원천

성(gender)

여성인 마 교사는 고급화학 과목 첫 시간이 있던 날 놀랍기도 하고 실망스럽기도 하였다. 이 과목에 등록한 26명의 학생 중 여학생은 5명에 불과하였다. 이들은 직접적으로 질문을 받지 않으면 거의 말이 없었다. 마 교사가 이 과목을 맡기로 한 이유 중 하나는 과학에 대한 자신의 관심을 다른 여학생들과 공유하기 위해서였는데, 상황은 그런 기회를 만들어 주지 않았다.

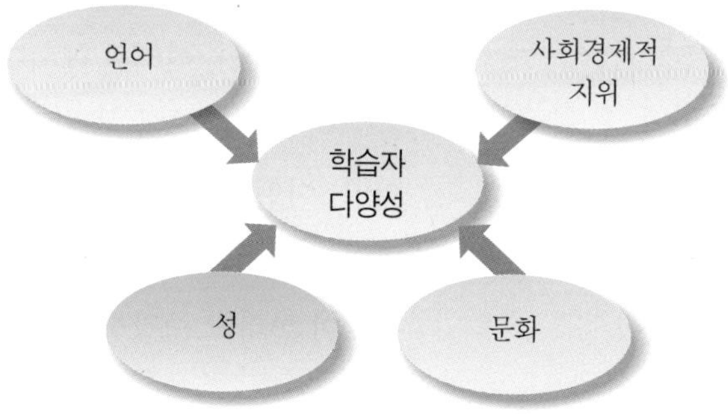

[그림 4-2] 학습자 다양성의 원천: 성

왜 당신은 지금의 전공을 선택했는가? 당신의 성이 그런 결정에 영향을 주었는가? 만약 당신이 이들 학생과 유사하다면 그럴 가능성이 높다. 연구 결과에 따르면 초등학교 교사의 85% 이상, 중 · 고등학교 교사의 60% 이상이 여성이다(National Education Association, 2007).

성은 또한 학습에 영향을 준다. 우리가 가르치는 학생 중에는 남학생도 있고 여학생도 있다. 이러한 사실은 너무나 명백해서 우리는 이에 대해 거의 의식하지 못하고 있다. 때때로 이러한 사실을 의식하게 될 때면, 남학생과 여학생은 행동도 다르고 생각하는 방식도 다르다는 것을 알게 된다. 이러한 차이는 자연스러운 것 혹은 바람직한 것이긴 하지만, 때로 학교나 사회가 남학생 또는 여학생 집단의 학업성취에 제한을 가하는 일이 일어날 수 있다. 이 절에서는 남녀 성차에 대해 검토해 보고 이러한 차이가 실제 수업에서 어떤 함의를 줄 수 있는지 알아본다([그림 4-2] 참조).

남성과 여성은 다르다. 소녀들은 같은 나이 또래의 비슷한 배경을 가진 소년들보다 더욱 외향적이고, 불안이 높고, 잘 믿으며, 덜 주장적인 경향이 있으며, 약간 낮은 수준의 자아 존중감을 가지고 있다(Halpern, 2006; Wigfield, Byrnes, & Eccles, 2006). 남녀 간에는 발달 속도에서도 약간의 차이가 있다. 즉, 여성은 좀 더 빨리 발달하며 언어와 동작 기술을 좀 더 어린 나이에 습득한다. 그리고 사회성과 관련한 활동에 더 몰입한다. 남자아이들은 블록쌓기 또는 자동차나 장난감 공룡을 가지고 놀기 등과 같은 시 · 공간적인 특성을 지닌 활동에 몰입한다. 여자아이나 남자아이 모두 같은 성의 친구들과 놀기를 좋아한다. 이러한 차이는 사회적 기대와 더불어 성역할 정체감 차이(gender role identity difference)라는 결과를 낳는다. **성역할 정체감**의 차이란 각각의 성에 적합한 성격과 행동 등에 관한 믿음을 의미한다.

성역할 정체감 (Gender-role identity)
각각의 성에 적합한 성격과 행동 등에 관한 믿음을 의미

왜 이러한 성차가 존재하는가? 대다수의 전문가들은 유전과 환경의 상호작용 결과라고 믿고 있다(S. M. Jones & Dindia, 2004; Lippa, 2002). 유전자가 성장률이나 신체의 크기 등과 같은 남녀 간의 신체적 차이뿐만 아니라 기질, 공격 성향, 언어, 그리고 모험적 행동에서의 남녀 간 격차에 영향을 줄 것이다. 부모, 친구, 교사는 여자아이와 남자아이를 서로 다르게 대한다.이런 차이가 성역할을 바라보는 관점에 영향을 미친다(Bleeker & Jacobs, 2004; Lippa, 2002; Rogoff, 2003).

학교와 교과과정 또한 성역할 정체감에 미묘한 영향을 준다(Garrahy, 2001; Lopez, 2003). 예를 들어, 이야기 책 속에서 남성의 성격은 강하며, 모험을 좋아하는 것으로 표시되지만 따듯하거나 민감한 것으로 제시되지는 않는다(L. Evans & Davies, 2000). 비디오 게임과

컴퓨터 소프트웨어 프로그램 또한 남성 지향적이어서 남성 영웅이 주인공으로 설정된다(Meece, 2002). 이러한 메시지는 남학생과 여학생이 스스로를 바라보는 방식에 영향을 준다.

이러한 차이에 대해 교사들은 무엇을 해야 하는가? 여기에 대한 답 또한 논쟁의 여지가 있다. 어떤 사람들은 여자아이와 남자아이 간 차이가 자연스러운 것이므로 어떠한 간섭도 바람직하지 않다고 믿는다. 다른 사람들은 이러한 성차를 최소화하기 위해 모든 노력을 기울여야 한다고 주장한다.

학교와 관련된 성차

성차는 실제 존재하며 남학생과 여학생 간 성취도 차이에도 영향을 준다. 다음을 살펴보자.

- 저학년에서 여자아이는 학업성취검사 점수나 심리적 안녕지수에서 남학생보다 높거나 최소한 동등하다. 그러나 고등학교 또는 대학을 졸업할 때 보면 이 모든 지표에서 여학생의 점수가 남학생의 점수보다 낮게 나타난다.
- 미국에서 대학입학을 위해 치르는 주요 시험인 SAT와 ACT의 점수는 여학생들이 남학생들보다 낮다. 가장 큰 차이를 보이는 과목은 과학과 수학이다.
- 미국 대학원 입학시험(Graduate Record Exam), 의과대학 입학시험(Medical College Admission Test), 그리고 법대, 치의과 대학 입학시험 등에서도 여성은 남성보다 낮은 점수를 보인다.
- 여성은 수학, 체육, 기술, 컴퓨터 공학과 같은 전통적으로 남성 지배적인 전공에서 여전히 뒤처진다(Alperstein, 2005; Perkins-Gough, 2006).

다른 한편으로는,

- 수학과 영어의 학습부진아반에 남학생이 여학생보다 많으며, 성적이 향상되는 경우도 적다. 특수학급에 배치되는 경우도 남학생이 여학생보다 2～3배 더 많다.
- 낙제를 받는 대다수는 남학생이며, 여학생에 비해 4배 이상 더 많은 수의 학생이 학업을 중단한다. 그리고 여학생보다 10배 이상 규칙을 더 자주 위반한다.
- 작문에서도 남학생들이 여학생들보다 성적이 낮다. 그리고 SAT에 작문 영역이 추가되면서, 남학생과 여학생의 성적이 동등해지고 있다.
- 학사 또는 석사 학위를 수여받는 비율을 보면 남녀 비율이 47:53으로 나타나고 있다(Willingham & Cole, 1997).

이러한 관점에서 보면, 남녀 학생 간 비슷한 정도의 수행을 보여 주는 비율이 현저하게 높다고 할 수 있다. 남학생과 여학생으로 구성된 어떠한 집단에서든 뛰어난 사람과 힘겨워하는 사람 모두를 볼 수 있다. 일반 지능검사에서 성 차이는 예상했던 대로 미미한 정도다. 왜냐하면 이들 검사가 성 중립적으로 설계되기 때문이다. 그러나 성취검사에서 남학생들의 수행은 더 큰 변산도를 보여 주며 최상위와 최하위에 더 많이 몰려 있다(Halpern, 2006). 더구나 남학생들은 시・공간 과제에 더 나은 수행을 보여 준다. 아마도 소년들이 가지고 노는 장난감 종류, 스포츠 경기에 대한 참여, 컴퓨터 및 컴퓨터 게임에 더 많이 노출된다는 것이 그 이유일 것이다.

어떤 연구자들은 남학생과 여학생의 뇌가 학습을 위해서 다르게 구조화되어 있다는 것으로 이러한 차이를 설명한다(Gurian & Stevens, 2005; Lippa, 2002). 언어중추와 소근육 운동 기술을 관장하는 뇌 부문이 여학생의 경우 1년 정도 성장이 더 빨라서 읽기와 연필 사용, 흘려쓰기, 그 외 소근육 과제 수행에 이점이 있다. 정서를 조절하는 뇌의 중추 또한 여학생들이 앞서 있어 더 차분하면서도 더 오랫동안 계속 앉아 있을 수 있다(G. Gay, 2006). 몇몇 학자는 전반적인 학교 시스템이 여학생들의 유전적 특성과 더 잘 맞는다고 주장한다.

교실활동에서의 성차

이러한 차이를 생각해 보면, 여학생과 남학생이 교실에서 다르게 행동하는 것은 놀라운 것이 아니다. 남학생들은 여학생들보다 더 적극적으로 학습활동에 참여한다. 남학생들은 수업 중 논의되는 주제에 대하여 더 많은 질문과 의견 개진을 한다(Brophy, 2004). 그리고 교사가 남학생에게 질문이나 의견 개진을 요구하는 빈도도 더 많다(S. M. Jones & Dindia, 2004). 이는 아마도 남학생이 언어적으로 더 적극적이기 때문일 것이다(Altermatt, Jovanovic, & Perry, 1998).

이러한 성차는 특히 과학과 수학 과목 수업에서 두드러진다(L. O'Brien & Crandall, 2003). 남학생들은 여학생에게 자료기록과 같이 수동적인 역할을 맡기고, 자신들이 과학실험을 주도하는 듯하다(Sanders & Nelson, 2004). 이러한 경험은 여학생들의 과학에 대한 태도와 과학능력에 대한 지각에 영향을 주기 때문에 매우 중요하다. 학년이 올라가면서 수학과 과학에 대한 여학생들의 참여가 눈에 띄게 감소하면서 이러한 남녀 간의 차이는 더욱 커진다. 또한 여학생들은 과학 과목에서 좋은 점수를 받았을 때 그것을 운으로 귀인하고, 그렇지 않을 때는 자신의 능력으로 귀인한다. 일반적으로 여학생들은 심지어 적성과 성취가 동등할 때조차도 자신의 능력에 대한 확신이 부족하다(L. Hoffman, 2002;

여학생으로 하여금 실험을 계획하고 직접 실행하도록 하는 것은 과학이 남성 지배적 영역이라는 고정관념을 극복하는 데 도움이 된다.

Nosek, Banaji, & Greenwald, 2002; Wigfield et al., 2006).

비록 서로 다른 관심에서 출발한 연구라 할지라도 지금까지 연구 결과는 학교가 남학생의 욕구나 여학생의 욕구 모두에 효과적으로 반응하고 있지 못함을 시사하고 있다.

성역할에 대한 고정관념과 지각

직접적으로든, 무의식적으로든 사회와 부모는 딸과 아들에게 서로 다른 기대를 전달한다(Tenenbaum & Leaper, 2003). 예를 들어, 수학과 과학에 대해 어머니들이 가지고 있는 성 고정관념적인 태도가 청소년기 딸에게 부정적인 영향을 미쳐서 고등학교 졸업 후 수학과 과학 영역으로 진입하는 것을 어렵게 한다는 것을 연구자들은 발견하였다(Bleeker & Jacobs, 2004). 한 여성은 다음과 같이 회상하였다.

> 여성이 수학을 잘하지 못한다는 것이 전혀 문제가 되지 않았다. 그것은 차라리 여성으로서의 매력이었다. 그래서 나는 인간을 인간답게 만드는 아주 중요한 한 부분과 담을 쌓았다. 나는 수학이라는 과목이 내가 하기에는 적합한 것이라고 생각하지 않았기 때문에 그 부분과 담을 쌓았다. …… (그러나) 남자들에게 수학을 잘못한다는 것은 문제가 되는 것이었다. 남학생이 수학 과목을 선택하지 않는다는 것은 허용되지 않았다. 그것은 남자답지 않다는 것이었다(Weissglass, 1998: 160).

수학과 과학, 그리고 컴퓨터 관련 과목 등이 남성의 영역이라는 인식은 직업 선택에 있어서 많은 영향을 미친다(J. D. Lee, 2002). 앞에서 보았듯이 남학생들에 비해 여학생들은 대학에서 수학, 체육, 기술, 그리고 컴퓨터 공학을 전공으로 선호하지 않는다(Alperstein, 2005; American Association of University Women, 1998). 수학과 과학 관련 직업을 남성들의 것으로 보는 성 고정관념의 문제가 낮은 사회경제적 지위이거나 소수 인종 출신의 여성들에게 더 심각한 것으로 보인다(Bleeker & Jacobs, 2004). 한 연구에 따르면, 미국의 대학에서 수학 신입생의 단 2%만이 소수 인종 출신의 여성이었다(Hezig, 2004).

한편, 교사가 주로 백인의 중산층 여성이라는 것이 또한 문제다(National Education Association, 2007). 남학생들 중 특히, 문화적 소수 집단 출신의 경우 그들은 학년이 올라감에 따라서 남성 역할 모델이 필요하다. 그러나 이러한 역할 모델이 현재로서는 부족하다.

이러한 정보는 교사인 당신에게 무엇을 암시하는가? '이론에서 실제로'를 읽고 이러한 질문에 대한 답을 찾아보기 바란다.

이론에서 실제로

학생들의 성역할에 대한 편견과 고정관념

학생들이 성역할에 대한 편견과 고정관념에 대해 인식할 수 있도록 교사는 많은 것을 할 수 있다(Ginsberg, Shapiro, & Brown, 2004).

다음과 같은 원리가 교사에게 도움을 줄 것이다.

① 성역할에 관한 쟁점과 관심사에 대해 학생들과 개방적으로 의사소통하라.
② 교수활동에서 성역할과 관련한 편견을 제거하라.
③ 학생들에게 고정관념에서 벗어나 있는 역할 모델을 제시하라.

'성(역할)' 에 관한 수업의 시작 부분을 기술한 다음 예에서 마 교사가 이러한 원리를 어떻게 적용하는지 살펴보자.

마 교사는 화학 수업시간에 성역할 문제를 다루어 보기로 하였다. 첫째, 그녀는 개방적 논의를 하도록 하였다. "나는 화학을 전공하지 못할 뻔했다."라고 말을 시작하였다.

"내 친구들은 나를 비웃었고, 다른 사람 거의 놀라서 기절할 것 같았지. 누군가는 '넌 아마 얼간이들 사이에 둘러싸이게 될 거야.' 라고 했고, 또 다른 이들은 '여자는 화학과 같은 것을 전공하는 것이 아니야. 넌 아마 45명의 남자와 두 명의 여자로 구성된 집단에 있게 될 걸' 이라고도 말했지. 그들 모두는 수학과 과학은 모두 남자들이 전공하는 것이라고 생각했단 말이야."

"정말 그런 것 같아요. 우리 자신을 보면 알 수 있어요."라고 아영이가 어깨를 움츠리며 말했다.

"그건 우리 잘못이 아니야. 남자들이 선생님에게 화학공부를 하지 못하게 한 것은 아니잖아." 세준이가 자못 방어적으로 대답했다.

몇몇 다른 학생은 다음과 같은 말을 하였다.

"들어 봐, 나는 남자를 탓하는 것도 여자를 탓하는 것도 아니야. ……그러나 그건 우리 모두의 문제야. 내가 여자이기 때문에 이렇게 말하는 게 아니야. 내가 남자라도 이렇게 말할 거야. 왜냐하면 과학을 전공할 수 있는 재능 있는 사람을 놓치고 있기 때문이지…… 그건 사회적인 문제야."

논의가 계속되는 동안 마 교사는 남학생과 여학생 모두에게 직업 선택의 가능성을 열어 놓을 것을 주문하였다. 마 교사는 "여자가 컴퓨터 공학자가 되지 말라는 법도 없고 남자가 간호사가 되지 못하란 법도 없지."라고 말하였다.

"사실상 양쪽 모두 장단점이 있지." 그녀는 다른 반에서도 유사한 토론을 하도록 하였다.

수업활동 중에 그녀는 남학생과 여학생이 가능한 한 똑같은 정도로 참여할 수 있도록 하기 위해 노력하였다. 그녀는 학생들에게 왜 자신이 이러한 노력을 하는지에 대해 설명해 주었다. 실험실에서 그녀는 같은 수의 남학생과 여학생이 한 모둠에 포함되도록 하였고, 실험을 설계하고 수행하는 데 여학생들이 적극적인 역할을 하도록 하기 위해 각 조들을 면밀히 모니터링하였다.

진로 주간 동안 마 교사는 인근 대학의 여자 화학교수를 초빙하여 화학 분야에서 여성이 진출할 수 있는 직업에 대해 얘기해 주도록 하였다. 또한 그녀는 인근 병원에 근무하는 남자 간호사를 초빙하여 여성 지배적인 직업에서 일하는 자신의 경험을 얘기해 주도록 하였다.

그녀는 또한 성 고정관념에 대해 학교 상담자와 다른 과학교사들과도 얘기를 나누었다. 그들은 남학생과 여학생 모두가 성 고정관념에 얽매이지 않고 희망 직업을 고려할 수 있도록 하기 위한 계획을 마련하였다.

마 교사가 그의 작업에서 이러한 원리를 적용하려고 어떠한 노력을 했는지 살펴보자.

그녀는 수업에서 공개적으로 성과 관련한 주제에 대해 토론하게 했고, 남학생과 여학생들의 반응을 얻었다. 이 토론은 성 고정관념의 문제와 직업 선택에 대한 그들의 인식을 증가시켰다. 그리고 학교 내 동료 교사들과도 토론함으로써 학교 내 성 역할과 관련한 쟁점에 대한 교사들의 민감성을 증대시켰다.

둘째, 마 교사는 남학생과 여학생을 동등하게 대하려고 특별히 노력을 했고, 자신이 왜 이러한 노력을 하는지에 대해서도 학생들에게 공개적으로 설명하였다. 실험조는 남녀 같은 수로 편성하였으며 여학생들이 수동적인 역할에 머무는 것을 방지하기 위해 노력하였다. 그녀는 남학생과 여학생이 동일한 학업 관련 행동을 할 것이라고 기대하였다.

'학업 관련 행동' 이라는 용어에 주목하라. 그 누구도 모든 측면에서 남학생과 여학생이 똑같다고 하지는 않을 것이다. 또한 똑같은 방식으로 행동하는 것이 바람직하지도 않을 것이다. 그러나 서로 다른 문화적 배경 또는 사회경제적 배경을 지닌 학생들에게 동일한 기회와 격려가 주어져야 하듯이 남학생과 여학생에게도 동일한 기회와 격려가 주어져야 한다. 이러한 방법은 마 교사가 학습활동에서 성차별을 제거하기 위해 두 번째 원리를 적용한 것이다.

셋째, 여성 화학교수와 남성 간호사를 수업에 초대하여 각각의 영역에서 가능한 직업에 대해 이야기해 주도록 하였다. 남성과 여성이 모두 자신의 성에 대한 고정관념과 부합하지 않는 분야에서도 성공할 수 있고 행복할 수 있다고 보는 것은 남학생과 여학생 모두에게 직업 선택의 폭을 넓혀 줄 수 있다(Sanders & Nelson, 2004).

교실에의 적용

교실에서 성 편견 없애기

1. 성 편견은 선생님과 학생의 인식 부족으로 인해 발생한다. 적극적으로 수업에서 성 편견에 대처해 보자.
- 초등학교: 한 1학년 교사는 의식적으로 성 역할과 성차를 무시한다. 그 교사는 남학생과 여학생에게 동등한 정도의 학급 일을 부여하고 여학생과 남학생 사이의 경쟁, 그리고 여학생만 앉는 줄, 남학생만 앉는 줄 따위의 성과 관련한 활동을 없애려고 한다.
- 중학교: 어느 국어교사는 신문이나 잡지에서 비전통적인 역할을 하는 남성과 여성에 대한 기사를 선택한다. 이 교사는 성인이 된다는 것에 대해 토론하는 동안 비전통적인 직업에 대해 이야기한다.
- 고등학교: 학년 초에 사회과 교사는 성과 관련한 편견이 남성과 여성 모두에게 상처가 된다는 것을 설명하고 자신의 수업에서는 성차별주의적 발언을 금지한다고 하였다. 역사와 관련한 주제를 학습할 때 이 교사는 여성의 공헌을 강조하였으며, 여성과 남성을 바라보는 관점의 변화추이를 설명하였다.

◈ 이해 점검 활동

1.1 어떻게 성이 학습에 영향을 주는지 설명하고, 교실 내 성 편견을 없애기 위한 단계를 서술하라.

1.2 성역할 정체성은 무엇이며, 교사에게 이를 이해시키는 것이 왜 중요한가?

1.3 당신은 학생들과 학습활동을 함께하고 있는 중이다. 이러한 활동을 할 때, 성 편견 감소를 위해 시도해야 하는 중요한 요인은 무엇인가〈힌트: 마 교사가 학생들과 상호작용하던 방법을 생각해 보자〉?

사회경제적 지위

당신의 가족에게서 돈이 중요한 걱정거리였던 적은 있는가? 당신의 부모는 대학을 다녔는가? 그들의 직업은 무엇인가? 이러한 질문은 부모의 수입, 교육 수준, 직업의 종류 등으로 조합된 사회경제적 지위(socioeconomic status: SES)와 관련 있다. 한 가족의 사회경제적 지위는 그 지역사회 내에서 위치를 나타내며 학생의 학업성취에 영향을 주는 가장 중요한 요인 중의 하나다([그림 4-3]참조).

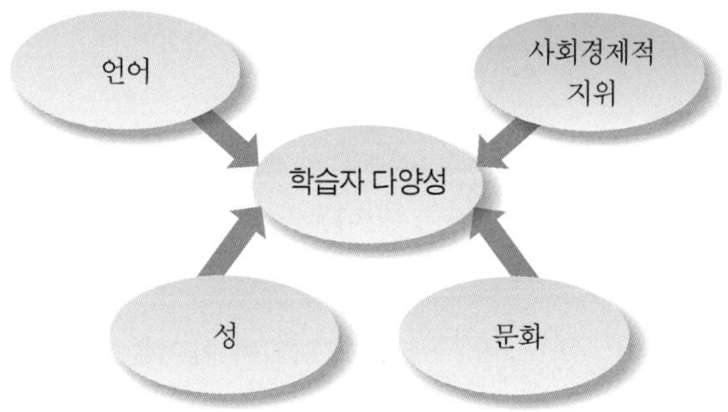

[그림 4-3] 학습자 다양성의 원천: 사회경제적 지위

사회심리학자들은 가족을 네 개의 계층, 즉 상위계층, 중산계층, 노동계층, 하위계층으로 나눈다. 〈표 4-1〉은 이러한 계층의 특성을 대략적으로 제시한 것이다.

사회경제적 지위(SES)

부모의 수입, 직업, 그리고 교육 수준의 조합으로 사회 내에서 개인이나 가족의 상대적인 위치를 설명해 줌

사회경제적 지위는 지능과 성적, 장기 결석, 정학, 그리고 학업 중단 등의 변인과 관계가 있는 것으로 보고되고 있는데(J. P. Byrnes, 2003; Macionis, 2006), 수입이 낮은 계층에 가장 큰 영향을 미친다. 4학년의 경우, 하위계층 출신 학생들은 다른 계층 출신의 또래에 비해 2배 이상 많은 수가 기본 읽기 수준에 머무르고 있다. 그리고 극빈층 학생의 학업 중단률은 50%가 넘는다(Allington & McGill-Franzen, 2003). 연간 수입으로 보았을 때 상위 25%에 해당하는 가정 출신의 학생들은 하위 25%에 해당하는 학생들에 비해 약 2.5배 정도 많은 수가 대학에 등록하며, 약 8배 정도 많은 수가 대학을 졸업한다(Levin & Nediffer, 1996; B. Young & Smith, 1999).

사회경제적 지위(SES)와 관련하여 몇 가지 우려되는 통계치가 있다. 2006년 미국의 빈곤계층 아동 비율이 17% 이상이었다. 그리고 빈곤 수준(2002년도 기준으로 4인 가족 수입이 20,614달러)에 있는 가정의 비율도 다른 산업화된 국가보다 5배나 더 많다. 소수 민족 집단과 편부모 가정이 지나치게 많다(Biddle, 2001; Education Vital Signs, 2005; U.S. Bureau of

표 4-1
table

각기 다른 사회경제적 계층의 특징

각기 다른 사회경제적 계층들의 특징				
	상위계층	중산계층	노동계층	하위계층
수입	$160,000 이상	$80,000～$160,000(1/2) $40,000～$80,000(1/2)	$25,000～$40,000	$25,000 이하
직업	기업, 전문직 (의사, 변호사)	사무직, 숙련된 노동직	노동직	최저임금, 미숙련 노동직
교육	대학 및 전문학교 졸업 자녀들에게도 똑같은 수준을 기대함	고등학교 졸업 및 전문학교, 또는 대학에 다님	고등학교 졸업: 대학	고등학교 졸업 또는 그 이하, 비용이 교육 에 있어서 주요 요인
가정	고급 주택지역 내의 자기 소유 주택	보통 주택 소유	약 절반 정도 주택 소유	전세 혹은 월세

출처: Macionis, 2006; U.S Bureau of Census, 2007

Census, 2007). 비들(Biddle, 2001)은 가난이 이들에게 미치는 영향을 다음과 같이 기술하고 있다.

> 이 아이들은 열악한 주거환경, 부적절한 식사, 낡은 옷, 의료보험의 부재, 만성적인 치아 및 건강 문제, 지역사회의 폭력, 학교의 재정 부족, 그리고 부모의 장시간 노동 등과 같이 빈곤과 밀접히 관련된 문제를 경험하고 있다. 이러한 것들은 미국의 학교에 많은 문제를 야기한다(Biddle, 2001: 5).

빈곤이 학습에 줄 수 있는 중요한 영향력은 많은 교육구에서 시행하고 있는 '수입에 관계없이 학생들 통합하기(integration-by-income)' 프로그램에 반영되어 있다(Kahlenberg, 2006). 이러한 프로그램은 서로 다른 SES 출신 학생을 통합하기 위한 다양한 방식을 활용하고 있다. 여기에는 마그넷 스쿨, 바우처 제도, 학교 버스를 통한 등하교 등(백인과 흑인을 통합하기 위한)이 있다. 이 모든 제도는 가난한 가정환경의 학생들이 과도하게 많으면 학생들의 학습욕구를 성공적으로 충족시키려는 학교의 능력이 약화될 수 있다는 믿음에 토대를 두고 있다. 이러한 프로그램의 초기 결과는 매우 긍정적이다. 예를 들어, 노스 캐롤라이나(North Carolina)의 '수입에 관계없이 학생들 통합하기 프로그램'에 참여하고 있는 학생들은 약 3분의 2가 주 정부에서 부과하고 있는 학기말 시험에 통과하였다. 반면 주변의 다른 지역에서는 2분의 1 이하의 학생들만이 시험에 통과하였다.

사회경제적 지위가 학습에 미치는 영향

사회경제적 지위는 적어도 다음 세 가지 영역에서 학습에 영향을 미친다.

- 기본적 욕구와 경험
- 부모의 관여
- 가치와 태도

기본적 욕구와 경험

낮은 사회경제적 지위에 처한 많은 아이는 의료, 치과 서비스를 적절히 받지 못하고, 수준 이하의 집에서 불충분한 식단으로 살아간다(Rothstein, 2004a; 2004b). 2006년 미국에서 3,500만 명이 넘는 사람들이 굶주렸고, 이들 중 많은 사람이 문화적 소수 민족 출신이며, 편부모 가정 출신이었다(U.S. Department of Agriculture, 2007). 3,500만 명 중에서 1,200만 명 이상이 아이들이었는데, 여기에는 확인하기 어려운 노숙 가족이 포함되지 않았다. 또한 부족한 영양은 집중력과 기억력에 영향을 줄 수 있고, 심지어 지능의 저하를 초래할 수도 있다(Berk, 2008).

빈곤지역의 학교에서는 학교 간호사가 종종 주치의 역할을 하기도 한다. 왜냐하면 가난한 많은 가정은 보험에 가입하지 못하고, 의료 서비스를 찾을 만한 여유가 없기 때문이다(F. Smith, 2005). 다음은 한 학교 간호사의 보고다.

> 월요일마다 우리는 타격이 매우 크다. 가족들이 소아과 의사를 부를 수 있는 교외의 주택가와는 다르다. 주말에 아이들이 아프면, 응급실로 가거나 또는 월요일까지 기다린다. 월요일 아침, 그들은 일렬로 서서 간호사를 만나야만 한다(F. Smith, 2005: 49).

아픈 상태에서 공부를 하기란 어려운 일이다.

경제적 문제는 가족구성원 간 또는 부부간 갈등을 불러올 수 있다. 이는 궁극적으로 자녀를 잘 양육하지 못하는 불안정한 가정으로 귀결된다(Rainwater & Smeedings, 2003). 가난한 가정 출신의 아동들은 심리적 안정 및 안전감을 갖지 못해 학교에서 제시하는 과제와 문제에 대한 해결을 시도할 심리적 여유를 갖지 못한다. 빈곤가정의 학생들은 더 나은 가정 출신의 학생들보다 우울증과 다른 정서적 문제를 경험할 가능성이 더 큰 것으로 나타났다(G.W. Evans & English, 2002).

가난한 가정 출신의 아동들은 다른 아이들에 비해 전학이 잦다. 빈곤지역의 학교들에서 전학률은 100%를 초과한다(Rothstein, 2004a). 연구에 따르면 가난한 가정 출신 학생들의 약 3분의 1이 3학년까지 최소한 3번 학교를 옮겨 다녔던 반면 중상층 학생들은 10명 중 1명만 학교를 옮겨 다니는 것으로 나타났다. 이러한 빈번한 이동은 학생들에게 하나의 스트레스 원인이 되고, 적합한 수업 프로그램을 고안하여 학생들과 좋은 관계를 형성하려는 교사들에게도 문제가 된다(P. Barton, 2004).

이러한 문제는 집이 없는 사람들에게는 더 심각하다. 전문가들은 50만에서 100만 정도의 아이들이 노숙 인구의 약 40%를 차지한다고 추정한다(National Law Center on Homelessness and Poberty, 2006). 집 없는 아이들의 최소 5분의 1은 규칙적으로 등교하지 못한다(U.S. Department of Education, 2005). 그리고 그들은 유급하는 경우가 3배 이상, 그리고 학교를 중도 탈락하는 경우가 4배 이상 많다(Macionis & Parillo, 2007).

사회경제적 지위는 아동의 배경 경험에도 영향을 미친다(Orr, 2003; Wenner, 2003). 상위계층의 부모는 자녀에게 미술관, 과학전시관, 음악회, 또는 여행과 같은 학교 이외의 교육적 활동 경험을 제공할 것이다. 이들은 또한 더 많은 교육적 자료(컴퓨터, 백과사전, 그리고 잡지)를 가정에 소유하고 있을 것이고, 학교에서 제공하는 것 이외에 더 많은 훈련(음악이나 춤 교습)을 제공할 것이다. 이러한 활동은 교실학습을 보다 용이하게 할 것이다(Lareau, 2003; V. E. Lee & Burkam, 2002).

부모의 관여

높은 사회경제적 지위를 지닌 부모들은 자녀들의 학교생활과 과외활동에 더 많이 관여하는 경향이 있다(K. Brown et al., 2004; Diamond & Gomez, 2004). 한 여자아이의 어머니는 "뭔가를 하는 도중 아이가 나를 바라볼 때, 그리고 아이가 어떤 문제를 풀고 있는 것을 내가 바라볼 때, 아이는 자신이 하고 있는 것에 대해 내가 관심을 가지고 있다는 것을 압니다. 그리고 그 외에도 우리는 서로 얘기할 것이 많습니다" (M. Young & Scribner, 1997: 12)라고 말한다. 낮은 사회경제적 지위의 부모들이 보통 두 개 또는 그 이상의 직업을 가지고 있는데, 이는 학교에 대한 관여를 어렵게 하는 주요 요인이 된다(H. Weiss et al., 2003).

일반적으로 높은 사회경제적 지위를 가진 부모들은 자녀들에게 더 많은 얘기를 한다. 또한 대화하는 방식도 다르다. 그들은 사건의 원인에 대해 설명하고, 규칙이 있어야 하는 이유에 대해 얘기한다. 그들의 언어는 보다 정교하고, 지시할 때면 보다 분명하게 한다. 또한 이들은 자녀들이 스스로 문제를 해결해 보도록 장려한다(Berk, 2008; Tomasello, 2006). 이 아이들은 학교에서도 가정과 마찬가지일 것으로 기대하면서 수업에 더욱 집중한다(Stright, Neitzel, Sears & Hoke-Sinex, 2001). 종종 '가정의 교육과정' 이라고 불리는 이러한 풍부한 상호작용 패턴과 앞서 기술한 가정 배경 경험이 함께 미래의 학습에 강력한 기초를 제공한다(Holloway, 2004; Lareau, 2003).

태도와 가치

사회경제적 지위의 영향은 또한 부모의 태도와 가치를 통해서도 전달된다. 예를 들어,

높은 사회경제적 지위를 지닌 부모들은 자율성, 책임성, 자기통제 등을 중요시한다. 반면 낮은 사회경제적 지위를 지닌 부모들은 동조와 복종을 강조한다(Greenfield et al., 2006; Macionis, 2006).

가치는 또한 예시를 통해 전달된다. 예를 들어, 집안에 책, 잡지, 신문을 쌓아 놓고 읽는 어른은 읽기와 학습이 중요하다는 것을 의사소통하고 있는 것이다. 그들의 부모가 책을 읽고 공부하는 것을 본 아이들은 책읽기가 가치 있다는 것을 배우고, 그들 스스로 책읽기를 즐겨한다. 그리고 예상되듯 집에서 책읽기를 하는 학생들은 그렇지 않은 학생들에 비해서 높은 수준의 읽기능력을 보여 준다(Weigel et al., 2005).

일반적으로 높은 사회경제적 지위를 지닌 부모들은 그들의 자녀에게 높은 기대를 하며 고등학교를 졸업하고 대학에 진학할 것을 권유한다(K. Brown et al., 2004). 이들은 자녀의 성적과 관련해서 학교 담당자와 접촉하는 것을 주저하지 않는다(Lareau, 2003). 그러나 낮은 사회경제적 지위를 지닌 부모들은 자녀에 대해 낮은 수준의 기대를 가지고 있으며 자녀에 관하여 의사결정을 해야 할 경우 다른 사람의 의견에 의존한다(Marks, 1995). 이들의 자녀는 알지 못하는 사이에 낮은 성취를 기대받으며, 지적인 도전을 거의 받지 못하게 된다.

사회경제적 지위: 교사들에게 주는 함의 및 주의해야 할 점

문화, 언어, 성과 함께 우리가 여기에 제시한 연구 결과물은 집단 간의 차이이고, 그 집단 내의 개인은 매우 다양하다는 것을 먼저 기억하는 것이 중요하다. 예컨대, 낮은 사회경제적 지위를 지닌 많은 부모도 그들의 자녀에게 책을 읽어 주고, 대화하며, 과외활동에 참여하도록 격려하며, 학교 행사가 있을 때마다 참석한다. 사실상 이 책의 두 저자도 사회경제적 지위가 낮은 가정 출신이다. 그리고 우리는 사회경제적 지위가 높은 부모들에게 언급했던 풍부한 경험을 모두 받았다. 역으로, 사회경제적 지위가 높은 가정 출신이라는 것 자체가 자녀를 잘 돌보고, 풍부한 경험을 제공하며, 적극적으로 관여하는 부모를 두고 있다는 것을 의미하지 않는다.

둘째, 비록 어떤 가정환경하에서는 학생들이 학교에서 성공하는 것이 어렵다 할지라도 (Rothstein, 2004a), 학교와 교사들이 이러한 문제를 극복하도록 도와줄 수 있다(P. Barton, 2004; Darling-Hammond & Bransford, 2005). 안전하고, 높은 성취를 요구하며 보살펴 주는 (nurturing) 학교, 그리고 높은 기대를 가지고 효과적인 교수법을 사용하는 교사는 모든 학생의 삶에 현저한 차이를 만들 수 있다.

위험에 처해 있는 학생들

라 교사는 답안지를 채점하다가 고개를 흔들었다.

"4학년 아이들 중 몇몇은 0의 의미나 자릿수도 모르고 있어. 일부는 덧셈 뺄셈도 모르고 있고 대부분이 곱셈을 이해하지 못하고 있어. 이런 기본적인 사실도 모르는 아이들을 내가 어떻게 문제를 가르칠 수 있을까?"

'읽기도 마찬가지야.' 라고 그녀는 생각한다.

"대부분의 아이는 4학년 수준의 읽기를 할 수 있지만, 몇몇은 개와 고양이 같은 단어도 구분하지 못하고 있어. 이런 기본적인 것도 모르는 아이들한테 어떻게 독해를 가르칠 수 있을까?"

학생들의 실패는 어느 학교에서나 발견된다. 학교에서 실패하는 데는 여러 가지 이유가 있겠지만, 어떤 학생들은 성공할 기회에 부정적 영향을 미치는 교육적 문제와 배경 요인을 가지고 있다. 위험에 처해 있는 학생이란 현대의 테크놀로지 사회에서 생존에 필요한 기술을 습득하지 못한 상태로 교육을 마감할 위험이 있는 학습자를 말한다. 이러한 학생들을 '저성취자' 라고 부른다. 그러나 '위험에 처해 있는' 이라는 용어가 학교에서의 실패로 인한 장기적 영향을 더 명확히 나타내고 있다. 전문적인 기술을 요구하지 않는 많은 직업이 점점 사라지고 있고, 남아 있는 직업도 기술지배적인 세상에서 점점 더 희소해져 가고 있다. 연구에 따르면 고등학교 중도 탈락자들은 더 많은 교육을 받은 동년배에 비해 수입이 더 적으며 범죄, 알코올 중독, 약물문제를 일으킬 확률은 더 크다(Hardre & Reeve, 2003; Macionis, 2006).

> 위험에 처해 있는 학생 (Students placed at risk)
>
> 현대사회에서 성공을 위해 필수적으로 지니고 있어야 하는 기술을 습득하지 못하고 학교를 떠날 위험에 처해 있는 학습자

위험에 처해 있는 학생의 특성은 다음과 같다.

- 가난과 낮은 사회경제적 지위: 앞서 보았듯이 빈곤한 환경은 학습을 방해하는 수많은 스트레스를 만들어 낸다(P. Barton, 2004; Biddle, 2001; V. E. Lee & Burkam, 2002, 2003).
- 문화적 소수 민족 출신: 학교가 문화적 차이에 민감하지 못할 때 소수 민족 출신 학생들은 문제를 가질 수 있다(Borman & Overman, 2004; Noguera, 2003a, 2003b).
- 영어가 모국어가 아닌 사람: 학습은 모든 학생에게 부담이 된다. 언어와 학습내용 모두를 어려워하는 사람들에게 학습은 버거운 것이다(Bielenberg & Fillmore, 2005; Zwiers, 2005).

이러한 특성은 계속적인 저성취로 귀결될 수 있다. 이는 새로운 학습을 더욱 어렵게 한다. 왜냐하면 계속적인 저성취는 새로운 학습을 위해 필요한 선행지식과 기술의 부족을 야기하기 때문이다(Barr & Parrett, 2001). 계속적인 저성취는 종종 동기와 자기존중감의 문제(Dubois, 2001), 소외(R. Brown & Evans, 2002), 그리고 품행문제(Barr & Parrett, 2001)와 공

존한다. 질적으로 우수한 교육을 가장 필요로 하는 학생들에게 수준 이하의 교사뿐만 아니라 열악한 건물과 시설이 제공된다는 사실 때문에 상황은 더욱 악화된다(Crosnoe, 2005; Perkins-Gough, 2004; Thirunarayanan, 2004).

교사들은 이러한 문제에 어떻게 대처할까? 어떤 이들은 이러한 상황에 확실히 당황해 한다.

> 무엇을 해야 할지 모르겠습니다. 매년 1학년 교실에는 이런 아이들을 점점 더 늘어나고 있습니다. 이 아이들은 옳고 그름에는 관심도 없고 어른들의 허락 따위는 안중에도 없는 것 같습니다. 글을 읽지도 못하고, 학습 준비도 되어 있지 않은 채 학교에 옵니다. 이런 아이들은 도대체 어떤 아이들인지? 어디에서 오는지? 왜 점점 더 늘어나는지? 나는 스스로를 좋은 교사라고 생각해 왔습니다. 정말 훌륭한 일을 하고 있다고 생각했습니다. 나는 스스로에 대해 자랑스러웠습니다. 그러나 지금은 더 열심히 가르치지만 그 효과는 점점 줄어드는 것 같습니다(Barr & Parrett, 2001: 1).
>
> 조지아 주, 애틀랜타의 초등학교 교사

다른 교사들은 다르게 반응한다.

> 작은 초등학교를 방문하는 동안 나는 점심식사를 하기 위해서 두 명의 교사와 함께 복도를 걸어 가고 있었다. 열려진 교실 문을 지나는 동안, 나의 친구 중 한 명이 멈춰서 동료 교사를 불렀다. "함께 식사하러 가요." 그 교사는 그녀의 책상 주변에 앉아 있는 한 무리의 학생들을 떠나 문으로 걸어오면서 대답했다. "나는 함께 식사하기 어렵겠네요. 읽기문제를 가지고 있는 학생들이 있거든요. 일 년 내내 점심시간에 이들과 함께 공부해 왔어요. ……전 계속 읽는 것을 가르치려고 해요. 나는 그들의 가정생활에 대해서 어떻게 할 수 없지만 읽는 것은 확실하게 가르칠 수 있죠" (Barr & Parrett, 2001: 9).
>
> 오레곤 주 알바니의 초등학교 교사

이 단원에서는 위험에 처한 학생들이 가지고 있는 문제를 이해하도록 하고, 당신이 이러한 학생을 도울 수 있도록 하는 데 그 목표가 있다.

적응 유연성

위험에 처해 있는 학생에 대한 연구는 이제 적응 유연성에 대한 개념에 초점을 두기 시작하고 있다. 적응 유연성이란 환경적인 어려움에도 불구하고 학교에서 성공과 삶의 여러 측면에서 성공 가능성을 증진시키는 학습자 특성을 말한다(Borman & Overman, 2004;

적응 유연성(Resilience)
역경에도 불구하고 학교나 이후 삶에서 성공의 가능성을 증진시키는 학습자 특성

Downey, 2003; Knapp, 2001). 이러한 연구의 대상은 가난, 의료 서비스를 받을 기회의 제한, 그 밖의 여러 열악한 서비스 체제와 같은 장애에도 불구하고 건강하게 생존하고 있거나 오히려 더 성공한 사람들이다. 적응 유연성이 높은 아이들은 자신의 운명을 자신이 잘 통제하고 있다는 느낌, 낙관적 경향, 높은 자존감 등의 잘 계발된 자아체제를 소유하고 있다. 그들은 자신의 목표를 설정하고 훌륭한 대인기술을 소유하고 있으며, 성공에 대한 긍정적 기대를 가지고 있다(Downey, 2003). 이러한 강점이 더 높은 성취와 동기, 그리고 학교에 대한 만족감을 갖게 한다(Borman & Overman, 2004).

이러한 기술은 어떻게 발달하는가? 적응 유연성이 높은 아이들은 좋은 양육환경에서 성장하였다고 볼 수 있는데 이러한 환경 중 한 가지 눈에 띄는 특성이 있다. 대부분의 경우 이러한 아이들의 주변에는 그들에게 특별한 관심을 보여 주는 한두 명의 성인이 있다. 이 성인들은 아이들로 하여금 높은 도덕적 기준 및 학업적 포부를 갖도록 해 준다. 본질적으로 이들이 하는 일은 아이들이 실패하도록 내버려 두기를 거부하는 것이다(Reis, Colbert, & Hébert, 2005). 이런 어른들은 보통 이들의 부모다. 그러나 이들보다 더 나이가 많은 형제, 그리고 자신의 품 안에서 아이들을 보살펴 주는 선생님과 같은 성인도 이런 역할을 수행한다(E. Flores, Cicchetti, & Rogosch, 2005).

학교 또한 이런 적응 유연성에 중요한 공헌을 한다. 이제부터 학교가 적응 유연성에 주는 영향을 살펴보자.

적응 유연성을 증진하는 학교

연구는 적응 유연성을 증진하는 학교 특징으로 다음 네 가지를 제시하고 있다. 이들 특징은 다음과 같다.

- **높고 엄격한 학업기준:** 학업 내용에 대한 숙달이 강조된다. 수동적으로 수업에 참여하는 것이나 숙제를 해내는 정도로는 기준을 만족시키지 못한다(Jesse & Pokorny, 2001).
- **교사와 학생 사이의 강력한 유대:** 교사는 학생들이 실패하도록 내버려 두는 것을 거부한다. 또한 학생들은 학교와 유대를 갖고 있다고 느낀다. 학생들과 교사 사이의 상호 존중이 강조되고 책임과 협동이 또한 강조된다(Parish, Parish, & Batt, 2001).
- **질서와 높은 정도의 구조화:** 학교와 학급은 질서정연하고 높은 정도의 구조화된 특성을 가지고 있다. 규칙에 대한 이유가 강조되고 규칙과 절차가 일관성 있게 적용된다(Ilg & Massucci, 2003; Pressley, Raphael, & Gallagher, 2004).

교사는 학생과 인간적인 관계를 형성하고 학업을 지원함으로써 적응 유연성을 증진시킨다.

• 방과 후 활동의 참여: 클럽활동이나 체육활동이 학생들에게 양육적인 성인과 상호 작용하고 성취에 대한 강화를 받을 수 있는 추가적인 기회를 제공한다(Wigfield et al., 2006).

효과적으로 교육하는 학교들은 요구하는 것도 많지만 지원해 주는 것도 많다. 많은 경우, 이들은 학생들이 가정에 멀어져 있을 때도, 가정에서처럼 도움을 준다. 이는 학교에서 지원하는 활동들은 소외감을 줄이고 학업적 노력과 성취를 증진시키고 학생들의 자아개념을 향상시킨다(B. Davidson et al., 2001; Jordan, 2001). 이러한 활동은 또한 교사들로 하여금 학급 밖의 맥락에서 학생들에 대해 알 수 있게 하는 기회를 제공한다.

이론에서 실제로

위험에 처해 있는 학생들 가르치기

위험에 처한 학생들이 성공하는 것을 확신시키기 위해서 여러분은 무엇을 할 수 있을까? 연구 결과는 일반 학생들에게 적용하는 것과 동일한 전략을 위험에 처한 학생들에게 활용하기를 제안한다(Borman & Overman, 2004; Brophy, 2004). 여러분은 근본적으로 다른 방식을 가지고 가르칠 필요가 없다. 일반 학생에게 적용하는 교수법을 활용하되 좀 더 잘 적용할 필요는 있다.

다음 지침이 도움이 될 것이다.

① 학급에서 어떤 일이 일어날지 예측 가능하도록 하고 순차적인 학습환경을 만들고 유지하라.
② 학습 진전에 대해 빈번한 피드백을 제공하고 높은 기대치를 가져라.
③ 모든 학생을 적극적으로 참여시키고 높은 수준의 성공을 함양할 교수전략을 사용하라.
④ 새로운 내용을 배우는 데 필요한 배경지식 활성화와 관련해 양질의 예를 사용하라.
⑤ 학생들에게 자기조절과 학습전략의 습득을 강조하라.

4학년 담당 심 교사가 이러한 원칙을 어떻게 적용하는지 살펴보자.

12시 35분부터 1시 45분까지 예정된 이번 작문수업의 목표는 학생들에게 비교급과 최상급 형태의 형용사를 사용하여 글을 쓸 수 있게 하는 것이었다. 점심식사 시간이 끝나자 학생들이 자리에 앉았다. 그들은 스크린에 나타난 하나의 문단에서 그들이 변형할 모든 형용사와 명사를 찾아보는 연습문제를 하기 시작하였다.

12시 35분. 모든 학생이 자리에 앉았다. 그동안 심 교사는 교실을 둘러보고 연필 길이가 다른 학생 그리고 머리카락 색깔이 다른 학생들을 분류해서 메모해 두었다. 12시 45분에 학생들이 연습문제를 모두 끝냈다. 심 교사는 "자, 어떻게 했나 볼까."라며 수업을 시작하였다. 학생들과 함께 그 문단을 읽어 가면서 어떻게 한 단어가 형용사인 줄 알았으며, 또한 그것이 어떤 명사를 변형시켰다는 것을 어떻게 알았는지에 대해 설명해 보라고 하였다. 학생들이 답하는 데 어려움을 느끼기 시작하자 심 교사는 조심스럽게 설명하기 시작했다.

12시 55분. 심 교사는 "좋아요, 아주 잘했어요. 연필을 놓고 여기를 보세요"라고 하였다. 몇 초 내에 모든 학생이 연필을 놓고 기다리고 있었다.

"혜미와 원준이, 모두 볼 수 있게 연필 좀 들어 올려 보겠니? 무엇을 보았지? 나영이, 네가 말해 볼래?"

"혜미의 연필은 붉은색이고 원준이의 연필은 푸른색인 것 같은데요."

"좋아, 또 다른 것은?" 심 교사는 웃으면서 "민석이가 한번 말해 볼까?"라고 했다.

"뭔가를 쓸 데 사용합니다."

"혜원이, 네가 얘기해 볼래?"

"혜미의 연필이 더 깁니다."

"모두 그렇게 보았니? 다시 한 번 연필을 들어 봐라."

혜미와 원준이는 다시 연필을 들어올렸다. 심 교사는 칠판으로 가서 다음과 같이 썼다.

- 혜미는 긴 연필을 가지고 있다.
- 혜미는 원준이보다 긴 연필을 가지고 있다.

"이제 민수와 영준이를 보자. 그들의 머리에서 무엇을 보았니? 주연이가 얘기해 볼래?"

책상들 사이를 걸으면서 심 교사가 물었다.

"영준이의 머리 색깔은 검은색이고, 민수의 머리색은 갈색인데요."라고 수빈이가 대답하였다.

"좋아 잘했어, 수빈아, 자 그러면 누구 머리가 더 짙은 색이지?"

"영준이!" 몇몇이 크게 동시에 소리쳤다. 그리고 심 교사는 그들의 열성에 미소를 지었다.

"훌륭해!" 심 교사는 다시 칠판으로 가서 세 개의 문장을 더 썼다. 그래서 칠판에는 다음의 다섯 문장이 씌어 있다.

- 혜미는 긴 연필을 가지고 있다.
- 혜미는 원준이보다 더 긴 연필을 가지고 있다.
- 영준이는 검은 머리카락을 가지고 있다.
- 민수는 갈색 머리카락을 가지고 있다.
- 영준이는 민수보다 더 짙은 색의 머리카락을 가지고 있다.

"이들 문장에 있는 형용사를 어떻게 비교할까? 혜영이가 얘기해 볼래?"

심 교사가 처음 두 문장에서 '긴'과 '더 긴'을 가리키면서 물었다.

"밑의 문장에 '더'라는 것이 붙어 있는데요." 혜영이가 주저하면서 대답하였다.

"아주 훌륭해" 심 교사가 고개를 끄덕였다.

"이 두 문장을 가지고 우리가 하고 있는 일이 무엇이지? 진우야?" 심 교사가 물었다.

"우리는 두 사물을 비교하고 있어요."

"아주 훌륭해, 진우야." 심 교사는 미소지었다.

이후 심 교사는 세 개의 연필과 세 개의 서로 다른 머리 색깔을 비교하게 함으로써 형용사의 최상급에 대해 설명하였다. 그리하여 학생들은 형용사의 최상급에는 '가장'이라는 것이 붙는다는 것을 알게 되었다.

"우리가 두 사물을 비교할 때 어떤 형용사를 쓰지? 재훈아?"

"형용사 앞에 '더'를 씁니다."

"셋 또는 그 이상의 사물을 비교할 때는? 선아야?"

"형용사 앞에 '가장'을 씁니다."

"모두 아주 잘했어요. 명사를 수식할 때 만약 우리가 두 사물을 비교하려면 형용사 앞에 '더'라는 것을 쓰고 셋 이상일 경우에는 '가장'이라는 것을 쓰면 됩니다."

"이제 질문을 하나 할까 하는데." 심 교사는 서랍에서 소프트볼 공, 테니스공, 그리고 골프공을 꺼내 들었다.

"이 공들이 크기에 대해 이야기하는 문장 두개를 써 보렴."

학생들은 문장을 쓰기 시작했고 그동안 심 교사는 왔다 갔다 하면서 학생들이 하고 있는 것을 관찰하였다.

"자, 이제 몇 가지 문장을 살펴보자. 누가 한번 자기가 쓴 문장을 말해 볼래? 칠판에 쓸까. 좋아 성헌이?"

"테니스공이 골프공보다 더 크다."

"좋아 성헌아. 그런데 왜 '더'를 붙였지?"

"두 공의 크기를 비교하고 있기 때문이지요."

"다른 문장을 쓴 사람? 현준이?"

"소프트볼 공이 가장 큽니다."

심 교사는 현준이에게 그 문장에 대해 설명하도록 한 후 말하였다.

"아주 잘했다. 이제 여러분이 최소한 비교급 형용사가 포함된 두 개의 문장과 최상급 형용사가 포함된 두 개의 문장을 넣어서 글 한 단락을 써 보자. 각각의 경우에 해당하는 형용사에 밑줄을 긋고."

"우리가 뭔가에 대해 글을 쓴 뒤면 반드시 무엇을 하지?"

"말이 되는지 확인해 보기 위해 읽어 봐요."

몇몇 학생이 동시에 얘기했다.

"아주 좋아. 우리는 한 팀이지, 그렇지 않니?"

학생들은 글을 쓰기 시작했다. 그동안 심 교사는 왔다 갔다 하면서 학생들의 글을 봐 주었다. 학생들이 글쓰기를 마쳤을 때 서로 짝을 지어 자신이 쓴 글을 검토하고 수정하였다.

이제 심 교사가 위험에 처해 있는 학생들에게 적절한 수업 구조화를 위해 한 일들을 자세히 살펴보자.

첫째, 그녀의 수업은 질서가 있고 일정한 규칙이 확립되어 있다. 예를 들어, 학생들은 점심시간 후 돌아왔을 때 아무런 지시 없이도 제자리에 앉아 스크린에 나타난 연습문제를 하고 있었다. 위험에 처해 있는 학생들은 혼란스러운 집안 환경 때문에 더 많은 정도의 질서와 구조화가 필요하다. 교사는 순차적이고 미리 정해진 방식으로 생산적인 교실환경을 조성함으로써 이러한 욕구를 충족시킨다(이러한 교실환경을 조성하기 위한 전략에 대해서는 12장에서 자세히 설명하겠다).

둘째, 심 교사는 두 가지 방식으로 학생들에게 높은 기대치를 전달하였다. 각각 학생의 이름을 부름으로써 그녀는 모든 학생이 주의를 집중하고 질문에 대답할 것을 기대한다고 메시지를 전달하였다. 또한 그녀는 학생들이 스스로 답에 대해 설명할 것을 요구하였다.

높은 기대치를 설정하고 유지한다는 것은 좋은 아이디어임에 틀림없다. 그러나 이를 실천에 옮기기는 쉽지 않다. 연구 결과를 살펴보면, 위험에 처해 있는 학생들은 많은 경우 낮은 기준을 적용받는다. 또한 학생들을 지적으로 자극하라는 권고에도 불구하고 교사들은 그렇게 하지 않는다고 한다(Haycock, 2001). 교사의 노력과 인내심이 필수적이다. 심 교사의 학생들도 처음에는 자신이 한 질문의 답에 대해 설명하는 데 어려움을 겪었다. 자신들의 답에 대해 설명해 보라고 요구받았을 때, 처음에는 대부분의 학생이 이해한 바를 말로 옮기는 데 어려움을 겪었다. 위험에 처해 있는 학생들에게 그것은 도전적인 일이었다. 많은 교사는 "그 애들은 그런 것을 할 능력이 없는 것 같아"라고 결론을 내리며 포기해 버린다. 하지만 그들이 못하는 것은 경험이 없기 때문이지 그런 능력이 없어서가 아니다. 쉽지 않지만 그들은 할 수 있다.

또한 심 교사는 수업을 시작할 때 제시했던 연습문제를 개관해 가며 관련 개념에 대해 확신이 없는 학생들에게 피드백을 주었다. 그리고 학생들이 제시했던 설명에 대해서도 추가적인 피드백을 제공해 주었다. 수업이 끝나기 직전에 심 교사는 학생들이 자신이 쓴 글에 대해 스스로 검토하고 수정하기 전에 각자 문장에 대한 피드백을 제공하였다.

심 교사는 질문을 통해 모든 학생을 수업에 참여시키고 이를 수업 내내 유지시키는 원칙을 적용하였다. "무엇을 보았니?" 그리고 "비교를 위해 문장의 형용사를 어떻게 활용할 수 있을까?"와 같은 개방형 질문은 학생들로 하여금 성공적으로 답할 수 있다는 것을 확신시켜 주었다. 상호작용적인 교수방법은 모든 학생에게, 특히 위험에 처해 있는 학생들에게 효과적이다(Bar & Parrett, 2001; B. L Willson & Corbett, 2001).

넷째, 심 교사는 실제 세계에 있는 것을 예로 활용하였다. 적응 유연성을 증진시키는 교사들에 대한 논의에서 유능한 교사들은 학교를 학생들의 삶과 관련시키려 한다는 것을 지적하였다. 심 교사는 비교급과 최상급을 설명하기 위해 영리하게도 학생들의 연필과 머리카락 색깔을 이용하여 간단히 이를 실행하였다.

마지막으로 심 교사는 "우리가 뭔가에 대해 글을 쓰고

난 뒤 항상 하는 것이 무엇이지요?"라고 질문함으로써 자기조절을 강조한다. "학생들은 재빨리 말이 되는지 확인해 보기 위해 읽어 봅니다."라고 대답했는데, 이는 심 교사가 이러한 일에 큰 강조를 두고 있다는 것을 나타낸다.

위험에 처해 있는 학생들은 지도하는 교사들에게 도전이 되는 일은 이들을 성공할 수 있게 도와주면서 동시에 도전적인 지적 자극을 제시하는 것이다. 이 일은 쉽지 않다. 그러나 학업에 아무런 관심도 없었고 따라서 학업적으로 성공해 보지도 못했던 학생들이 도전에 직면해서 성공하는 것을 보는 것은 더할 나위 없이 보람 있는 일이다.

웹 자료실

위험에 처한 학생들에 대한 교수법의 효과를 검토하려면 www.myeducation-lab.com에 접속하고, 4장 '활동 및 적용'의 'Analyzing Ins-truc-tion for Students Pla-ced at Risk'라는 사례를 보라. 그리고 이어지는 물음에 답하라.

적응 유연성을 증진하는 교사

학교는 그곳에서 일하는 교사들의 효과성 이상으로 효과적일 수는 없다. 학생들이 실패하도록 내버려 두지 않는 성인이 된다는 것은 방과 후나 전의 추가적인 시간을 학생을 위해 쓴다는 것이다. 이 시간 동안 학업이나 삶의 중요한 문제에 대해 대화하면서 학생을 돕는다. 교실 밖에서의 학생들과 시간을 보내는 것은 벅찬 일이지만, 이런 종류의 수행이 적응 유연성을 증진하는 핵심이다.

이 밖에 적응 유연성을 증진시키는 교사의 특징으로는 어떤 것이 있는가? 연구에 의하면, 이들은 학생들과 빈번히 대화하며 학생들의 가족에 대해 파악하며 자신의 삶을 학생들과 공유한다(Doll, Zucker, & Brehm, 2004). 그들은 높은 정도의 기대치를 유지하며 상호적인 교수전략을 이용한다. 또한 성공과 학습내용에 대한 숙달을 강조한다(McCombs & Miller, 2007). 그들은 개인적 접촉과 수업 중 지지를 통해 학생들을 동기화시키며 학교와 학생들의 삶을 연결하려 한다(B. L. Wilson & Corbett, 2001).

이런 교사들에게 학생들이 어떻게 말하는지 살펴보자. 한 중학교 학생의 대답이다.

> 가끔씩 교사는 사람들이 경험하는 것을 이해하지 못해요. 선생님은 공감할 수 있어야 해요. 학생과 통할 수 있는 교사는 학생들에게 무슨 일이 있을 때 바로 알아차릴 수 있죠. 이 학생이 이해하지 못하거나, 해야 할 일을 하지 않을 때, 이런 교사는 학생과 많은 시간을 보내지요(B. L. Wilson & Corbett, 2001: 5).

효과적인 교사는 학생의 성공을 확신하기 위해서라면 계속 앞으로 나아갈 수 있다. 적응 유연성을 기르는 데 효과적이지 못한 교사는 보다 독재적이고 접근이 용이하지도 않다. 그들은 학생들과 거리를 두며 학습에 대한 일차적인 책임을 학생들에게 둔다. 그들은 수업 중 지지를 '학생들을 어린아이 취급하는 것' 또는 '학생들의 손을 묶는 것'으로 본다. 가장 흔한 교수법은 강의이며, 동기는 학생들의 몫이라고 생각한다. 학생들은 이런 교사들을 적대적으로 바라보고 가능하면 피하려고 한다. 그렇지 않으면 단지 참아야 할 대상으로 여긴다. 또한 교사들의 헌신이 부족하면 학생들은 분노한다.

이런 종류의 선생님이 있지요. ……우리가 과제를 제출하면 선생님은 거기에 확인 표시를 해요. 하지만 확인하는 것은 아니지요. 그냥 표시만하고 '좋아, 넌 네가 할 일을 했다. 그런 선생님에게서 어떻게 무언가를 배울 수 있겠어요? 아무것도 배우지 못할 거예요(Dynarski & Gleason, 1999: 13).

매사츠세츠 주 보스턴 시 JFY 고등학교의 학생

웹 자료실

교사가 학생의 적응 유연성을 증진시키려는 또 다른 노력의 예를 보려면 www.myeducationlab.com에 접속하고, 4장 '교수기술과 향 개발'의 'Building Resiliency in Students'라는 사례를 보라. 그리고 이어지는 물음에 답하라.

학생들의 적응 유연성을 증진시키는 것은 많은 부분 교사의 태도와 학생들의 성공을 위한 헌신에 달려 있을 것이다. 효과적인 교사는 학생을 인간으로 대우하고, 지속적인 노력을 하며, 질적으로 높은 수준의 과제 수행만을 수용한다(Gschwend & Dembo, 2001). 양육적인 교사는 모든 학생에게 중요하며, 특히 위험에 처한 학생들에게는 필수적이다.

◈ 이해 점검 활동

2.1 사회경제적 지위를 정의하고 이것이 학습에 어떤 영향을 주는지 설명하라.

2.2 학생들과 활동하기 위해서 SES를 고려할 때, 어떤 요소를 명심하는 것이 중요한가?

2.3 위험에 처한 학생들의 적응 유연성을 증진시키는 교사와 학교의 특성을 서술하라.

교실에의 적용

위험에 처해 있는 학생들을 위해 효과적인 수업방법

1. 긍정적인 교사의 기대는 동기와 성취 모두에 영향을 준다. 학생들과 그들 부모와 함께 긍정적인 기대에 대해 대화해 보자.

- 초등학교: 4학년 교사는 첫 2주를 학생들에게 수업 중에 해야 할 것들에 대해 가르쳤다. 이 교사는 작은 과제를 내주고 학생들이 그 과제를 수행해서 제출하는지에 대해 면밀히 모니터한다. 만약 제출하지 않은 학생이 있으면 즉시 그 학생의 부모에게 전화한다.
- 중학교: 수학교사가 주의 깊게 수업 방침을 설명한다. 그는 출석과 노력의 중요성을 강조하고, 모든 학생이 다 잘해 낼 것을 기대한다고 말한다. 도움을 필요로 하면 방과 전 후에 도움을 제공한다.
- 고등학교: 학년 초에 한 영어교사는 자신의 수업에서 기대하는 바에 대한 진술문을 가정에 보낸다. 이 교사는 그 편지가 유쾌하고 긍정적인 것이 되도록 노력하며 학생들이 수업 관련해서 반드시 해야 할 것들과 성적에 대해 세심하게 설명한다. 이 교사는 우리말을 모국어로 사용하지 않는 부모를 위해 번역을 도와줄 학생들의 명단을 동봉하여 부모가 편지를 읽었다는 표시로 편지 하단에 서명해 줄 것을 요청한다. 이 교사는 부모에게서 어떠한 질문과 제안도 환영한다고 명시한다.

2. 상호적인 교수전략은 위험에 처한 학생들에게 필수적이다. 높은 수준의 참여와 성공을 유도해 내는 교수전략을 적용하라.

- 초등학교: 5학년 교사가 소수 민족 학생들과 주류 학생들이 섞일 수 있도록 자리를 배치한다. 이 교사는 소집단과 전체 수업 모두를 활용하는데 소집단 활동을 할 경우 공부를 잘하는 학생과 못하는 학생, 소수 민족 학생과 주류 학생 남학생

과 여학생을 모두 할 수 있게 집단을 형성한다.

- 중학교: 지구과학 교사가 매일 학생들에게 한두 개의 질문으로 구성된 퀴즈시험을 본다. 다음 날 첫 시간에 각 질문들이 논의되고 학생들은 자신의 평균성적을 매일 계산한다. 교사는 이러한 성적을 꼼꼼하게 검토하고 수업 전에 뒤쳐진 학생들을 위해 시간을 보낸다.
- 고등학교: 영어교사는 질문과 예를 중심으로 수업을 진행한다 이 교사는 "나의 목적은 각 수업마다 적어도 두 번은 각 학생들의 이름을 부를 수 있는 것이다. 우리가 예들을 살펴볼 때 나는 많은 반복과 강화를 사용할 것이다." 라고 말한다.

학교급별 적용 *Developmentally appropriate*

다른 연령대에 있는 학생들의 다양성

다양성의 많은 양상이 학년을 넘어서 유사하다고 해도, 중요한 발달적 차이는 존재한다. 다음은 이런 차이에 대해 어떻게 반응할 것인지에 대한 지침을 제공해 줄 것이다.

초등학교 시기에는 제2외국어를 학습해야 하는 학생들에게 발달적으로 어려움이 있다. 쓰기와 읽기 학습을 진행하면서 동시에 영어를 학습해야 하는 이중의 과제에 직면해 있기 때문이다. 비록 몇몇 연구는 언어학습의 경우 나이가 어릴 수록 더 용이하다고 제안하지만 여전히 성공적인 학습을 위해서는 특별한 지원이 필요하다 (Echevarria & Graves, 2007). 언어를 사용하고 연습할 기회를 최대한으로 제공하는 수업은 이 시기의 아동을 위해 필수적이다. 175 페이지 '이론에서 실제로' 에서 심교사가 활용한 전략은 모든 연령의 학습자에게 효과적이지만 초등학교 학생들에게 특히 중요하다(O' Donnell, 2006; Tomasello, 2006; S. Waxman & Lidz, 2006).

이 장의 서두에 보았듯이, 남학생들은 여학생보다 발달이 느리며, 여학생들은 더 발달된 언어적 능력을 가지고 있다(Halpern, 2006; Ruble, Martin, & Berebaum, 2006). 몇몇 전문가는 특수교육에 배치되는 남학생의 수가 여학생의 수보다 많은 이유를 바로 이러한 발달적 지체에서 찾는다(Hardman et al., 2008; Heward, 2009). 일어나거나 돌아다닐 수 있는 기회를 주는 것, 구체적인 예시를 제공하는 것, 제2외국어를 배워야 하는 학습자들에게 효과적이라고 입증된 전략을 사용하는 것과 같은 간단한 전략 또한 느리게 발달하는 남학생들에게 효과적이다.

사춘기를 거치는 것, 자기 충족적이던 초등학교 교실에서 보다 덜 대면적인 환경의 중학교로 이행하는 것 등의 발달적 변화는 다양한 배경을 지닌 학생들에게 좀 더 문제가 될 수 있다(Chumlea et al., 2003)

모든 학생의 배경이 존중받고 가치 있는 것이라는 의사소통이 초등학교 때보다 중학교 때 더욱 중요할 수 있다. 안전하고 예측 가능한 환경을 창조하는 것도 필수적이다. 잘 확립된 일상적인 일, 규칙의 일관성 있는 적용, 학생 상호 간 예의와 존중으로 대하는 것에 대한 강조 또한 반드시 필요한 것이다. 학생과 개인적인 관계를 형성하는 것, 학습이 학교의 목적이라는 것의 강조, 학생들 사이의 차이와 경쟁을 강조하지 않는 것도 중요하다.

고등학생들의 활동

고등학교는 학생들의 공립학교 경험의 최종적인 과정일 뿐만 아니라 대학과 진로를 향한 중요한 이행기이기도 하다(New Commission on the Skills of the American Workforce, 2007). 낮은 사회경제적 지위의 배경을 갖고 있거나 문화적 소수 민족 출신의 학생들은 가능한 진로와 고등교육 기회에 대해 알지 못한다. 학습내용을 학생의 미래 삶과 연결시키는 것은 이 학생들에게 특히 중요하다. 예를 들어, 과학교사는 관련 분야에서의 직업 기회에 대해 논의하고, 사회 담당교사와 영어 담당교사는 과학기술이 우리의 삶에 미치는 영향을 검토해 볼 수 있다.

고등학교는 또한 여학생과 남학생 모두에게 중요한 시기다. 이 시기의 여학생과 남학생은 자신의 성역할 정체감을 사회적 기대와 일치시키려 노력한다. 예를 들어, 어떤 고등학교 여학생은 지적으로 우월해지는 것이 여성적인 것과 양립할 수 없다고 믿는다. 반면 남학생은 대학에 진학할 것인지 아니면 취업할 것인지를 놓고 갈등한다. 이러한 주제에 대해 고등학생들과 솔직히 논의하는 것은 문제를 해결하는 데 큰 도움이 된다.

다양성 탐색

도시학교에서 수업 및 학습하기

학습자 다양성과 도시학교는 상호 밀접한 관계에 놓여 있다. 예를 들어, 도시학교에서는 문화적 소수 집단이 거의 학생 인구의 70% 이상을 차지하고 있으며, 어떤 곳은 95% 이상이다. 도시학교에는 또한 영어가 아닌 언어를 모국어로 쓰는 학생들과 낮은 사회경제적 지위의 학생들이 많다. 절반이 넘는 도시학교 학생들이 점심식사를 할인받거나 무료급식을 제공받는다(Macionis & Parillo, 2007).

연구자들은 보통 백인 문화 집단이 아닌 부류를 언급할 때 문화적 소수라는 단어를 사용한다. 그러나 이 용어는 많은 경우 도시학교에서는 적합하지 않은 명칭이다. 예를 들어, 뉴욕에 있는 아들라이 스티븐슨 학교에서는 거의 모든 학생이 아프리카계 미국인이거나 히스패닉계다. 오직 0.5%로만이 백인이다(Kozol, 2005).

게다가 도시학교는 점점 더 대규모화되어 가고 덜 대면적인 특성을 띠어 가고 있다. 미국의 가장 큰 100개의 교육구는 전체 교육구의 1%에 불과하지만 전체 학생의 약 1/4에 해당하는 학생들의 교육을 책임지고 있다.

도시학교에 대한 부정적인 고정관념은 또 다른 문제다. 가장 일반적인 두 가지 고정관념은 "학생들이 스스로를 통제할 수 없다."는 것과 "부모가 자식의 행동에 대해 상관하지 않기 때문에 학생들은 어떻게 행동할지 모른다."는 것이다(R. A. Goldstein, 2004: 43). 이런 고정관념으로 인해, 도시 학교의 선생님들은 종종 "방어적으로 가르치고" "교실의 질서 유지와 과제에 대한 최소한의 순응을 위해 내용을 단순화시키고 학생들에 대한 요구를 줄이는 수업 및 평가 방법을 선택한다"(LePage et al., 2005: 331).

도시학교가 이렇게 될 필요는 없을 것이다. 도시학교 학생들을 지도하는 것이 어려운 일이다. 그러나 연구 결과를 통해 몇 가지 지침을 도출할 수 있다. 이 중 다음 세 가지 요인이 중요하다.

- 돌보고 지지해 주는 교사
- 잘 구조화된 환경(High structure)
- 효과적인 교수법

돌보고 지지해 주는 교사들

우리는 이 장을 통해 돌보고 지지해 주는 교사의 필요성을 강조하였다(그리고 이 책의 나머지 장에서도 지속될 것이다). 돌보는 교사는 모든 학교에서 중요하나 도시 환경에서는 특히 중요하다. 선생님이 자신을 신경 쓰지 않는다고 지각할 때, 학교에서의 이탈이 발생하며, 이탈 학생들은 문제를 일으키기 쉽다(Charles & Senter, 2005; V. F. Jones & Jones, 2004).

잘 구조화된 환경

모든 사람은 그들의 삶에 질서와 구조를 필요로 한다. 도시학교의 학생들은 균형감의 근원이 되는 안정성이 결여된 환경에서 성장해 왔다. 그래서 질서, 구조, 그리고 예측 가능성이 다른 학급에서 보다 도시학교의 학급에서 특히 중요한 것이다. 예측 가능한 환경은 안전한 분위기를 낳고, 이러한 분위기는 학습과 동기에 필수적이라 할 수 있는 학교에 대한 애착을 형성하는 데 핵심적인 역할을 한다(안전하고 질서 있는 교실을 만드는 방법에 대해서는 12장에서 논의하도록 하겠다).

효과적인 교수

도시학교의 학생들은 종종 동기를 감소시키고 학교에서 소외당하는 기분을 들도록 하는 낮은 수준의 활동에 참여한다.

> 화학 수업시간에 선생님은 우리가 알든 모르든 상관없이 진도만 나가고 칠판에 필기만 계속했어요. 선생님은 "이해하기 어려운 부분이 있니?" 라는 말 한마디 하지 않았지요. 마치 선생님만의 세계가 있는 듯했어요. 선생님은 한 번도 뒤돌아보지 않고 칠판에 대고만 얘기하는 것 같았죠(Cushman, 2003: 8).

정확히 반대의 교수법이 필요하다. 예를 들어, 연구자들은 도시 초등학교의 덜 효과적인 교사들은 수업시간의 1/2 이하를 상호작용 하는 데 보내지만, 효과적인 교사들은 수업시간의 약 3/4을 상호작용하는 데 보낸다는 것을 발견하였다(H. Waxman, Huang, Anderson, & Weinstein, 1997). 상호적인 수업은 일반적으로 좋은 교수의 특성이다(Barr & Parret, 2001; Rosenshine, 2006). (도시학교에서의 효과적인 교수법에 대해서는 13장에서 논의할 것이다.)

✽ 학습목표별 요약

1. 어떻게 성이 학습에 영향을 주는지 설명하고, 교실에서의 성 편견을 제거할 수 있는 절차를 기술하라.
   - 만약 여학생이나 남학생 중 어느 한 성이 성 고정관념적인 믿음을 가지고 있다면 성이 학습에 영향을 줄 수 있다. 성 고정관념적인 믿음이란 수학이나 컴퓨터 공학은 남성 지배적 학문 영역이라거나 여학생은 선천적으로 영어나 글쓰기를 남학생보다 잘한다고 믿는 것과 같은 것이다.
   - 교사는 성 관련 문제를 솔직하게 논의함으로써 성 편견의 제거를 시도할 수 있다. 즉, 남학생과 여학생 모두 동일한 학업적 행동을 할 것으로 기대하면서 비고정관념적 역할 모델을 수업에 초청하여 성 관련 문제를 논의할 수 있다.

2. 사회경제적 지위(SES)에 대해서 정의하고 어떻게 학습에 영향을 줄 수 있는지 설명하라.
   - 사회경제적 지위는 가족의 수입, 부모의 직업, 그리고 부모의 교육 수준 등이 결합되어 나타나는 사회에서의 상대적 위치를 지칭한다.
   - 사회경제적 지위는 학생들의 기초적인 욕구가 충족되는 정도를 통해 학습에 영향을 줄 수 있다. 가난한 아동들은 종종 열악한 상태의 주택에 거주하며 의료

적 서비스를 받는 데 어려움이 있다.

- 낮은 사회경제적 지위의 아동들은 학교와 관련된 경험이 부족하다. 그리고 낮은 사회경제적 지위의 부모들은 높은 사회경제적 지위의 부모들보다 아이들의 교육에 관심을 덜 갖는다.
- 사회경제적 지위는 부모의 태도와 가치를 통해 학습에 영향을 준다. 높은 사회경제적 지위의 부모는 개인이 책임, 자기통제, 지율성을 기우도록 격려한다. 반면 낮은 사회경제적 지위의 부모는 복종과 동조에 가치를 둔다. 또한 높은 사회경제적 지위의 부모들은 낮은 사회경제적 지위의 부모에 비해 자녀에게 높은 기대를 가지고 있다.

✜ 전문성 발달: 자격증 시험 대비 연습

이 장을 통하여 우리는 성, 사회경제적 지위 등이 학습에 어떻게 영향을 미치는지, 그리고 이러한 요인들의 특정 조합이 어떻게 학생들을 위험에 처하게 하는지를 살펴보았다. 교사들은 학생들을 인간으로서 돌보고 차이에 민감함으로써, 학생들의 배경을 이해함으로써, 그리고 적절한 구조화를 제공함과 동시에 높은 기대를 유지함으로써 이러한 차이에 적극적으로 대처할 수 있다. 한 교사가 이러한 특징을 지닌 학생을 어떻게 가르치는지를 살펴보자. 다음 사례를 읽고 관련 질문에 답해 보도록 하자.

김 교사는 세계사를 가르치는 중학교 2학년 담당교사다. 김 교사가 맡고 있는 대부분의 학생은 저소득 가정 출신이다.

오늘 그녀의 수업은 북미의 식민지화에 대한 것이다. 김 교사는 학생들이 교실로 들어서자 출석을 부르고는 그 정보를 컴퓨터에 입력하였다.

"어제 우리가 논의했던 것이 무엇이었지?"

김 교사는 수업 시작 종이 울리자 바로 수업을 시작하였다.

"혜숙이가 이야기해 볼까?"

"…… 미국 식민지의 시작……."

"좋아, 이제 이 지도를 보고 우리가 사는 곳을 가리켜 봐, 그리고 영국, 프랑스 그리고 스페인 식민지였던 곳을 가키려 보렴. ……혜숙아?"

혜숙이는 교실 앞으로 가서 네 개의 서로 다른 지점을 가리켰다. 김 교사는 몇 분 동안 지난 시간에 했던 것을 개관한 후 다음 자료를 스크린에 비추었다.

1600년대 중반 영국에서 건너온 미국 식민지 거주자들은 영국에서 담배가 재배되지 않기 때문에 담배를 재배하기로 하였다. 이들은 재배한 담배를 영국 외에 프랑스와 다른 나라에 팔려고 하였으나 거부당하였다. 그래서 담배를 영국에만 가지고 가서 팔고, 영국에서 섬유를 구입하여 사용하였다. 당시 영국은 식민지 미국에서 자체적으로 섬유를 제조하는 것을 금지하고 있었다. 따라서 필요한 모든 섬유는 영국에서 수입해야 했다.

신대륙에 거주했던 초기 프랑스 사람들은 동물 가죽을 수집해서 파는 사람들이었다. 이들이 가죽옷을 만들어 스페인, 영국 그리고 다른 나라에 팔려고 했을 때 프랑스 왕가에서 이를 금지하였다. 프랑스는 파리의 의복 상인들에게서만 의복을 살 수 있도록 하고 있었다. 프랑스 왕가는 동물을 잡기 위한 덫과 무기 또한 프랑스에서 제조된 것이어야 한다는 정책을 펴고 있었다. '장 포지'라는 사람은 이러한 징책에 따랐으나 가숙을 니스(Nice)로 운반하는 데 덴마크 배를 사용했다고 해서 세금을 내야 했다.

"이제 몇 분간 스크린에 있는 내용을 읽어 보세요. 그다음 여러분의 짝과 협의해서 관찰한 것을 가능한 많이 써 보세요. 특히 그들이 공통적으로 직면했던 문제들에 초점을 두고 5분 동안 논의해 보세요."

김 교사는 자신의 수업에서 모둠활동을 많이 해 왔다. 때로는 두 명씩 짝을 지어서, 때로는 네 명이 집단으로 작업을 하게 했다. 김 교사는 학생들로 하여금 집단에 들어오고 나가기 쉽게 자리를 배치하였다. 학생들은 처음에는 이러한 일을 싫어했다. 왜냐하면 그들은 친한 친구와 가까이 앉아 있고 싶어 했기 때문이었다. 그러나 김 교사는 자신과 다른 사람들을 알고 존중하는 것을 학습하는 것이 이 수업의 중요한 목표라는 것을 강조하였다. 김 교사는 이러한 일을 지속했고 이제 각 집단은 아주 효과적으로 기능하고 있다. 김 교사는 학생들이 작업하는 것을 지켜보고, 5분 정도 남았을 때, "모두들 잘 했어요. 자, 이제 각자의 자리로 돌아가서 이것에 대해 생각해 보세요"라고 말하였다. 학생들은 재빨리 주의를 교실 앞으로 돌렸고, 김 교사는 "민지, 너와 정민이가 적은 것을 말해 보겠니?"라고 하였다.

"……모두 식민지를 다루고 있습니다."

"좋아, 대희, 너와 진희가 한 것은?"

"…… 두 식민지는 모두 모국인 프랑스와 영국이 원했던 가죽과 담배를 생산하고 있었습니다."

"훌륭한 관찰이야."

김 교사가 웃음을 지어 보였다.

"진경아, 너와 충서가 한 것은?"

"……그들은 그 상품을 모국으로 보냈습니다."

진경이가 자신의 노트를 보고 답했다.

"그리고 그들은 다른 곳에서 이 물건들을 팔 수 없었습니다." 정헌이가 덧붙였다.

"모두들 잘했다. 정헌이가 어디서 그런 아이디어를 얻었다고 생각하니? ……영주야?"

"스크린에 있는 자료에 나와 있어요." 영주가 대답하였다.

"모두 훌륭하다! 영주야, 네 아이디어를 지지하기 위해 정보를 잘 활용했다."

김 교사는 학생들이 주어진 자료를 분석하는 동안 학생들의 토론을 계속해서 이끌었다. 김 교사는 식민지들이 원재료를 그들의 모국으로 보내고 완제품을 사와야 했으며, 무역을 위해 모국의 배를 사용해야 했다고 결론 내리게 학생들의 토론을 이끌었다. 김 교사는 '중상주의'라 불리는 이 정책이야말로 각 나라들이 식민지로부터 돈을 버는 전략이었다고 학생들에게 말해 주었다.

김 교사는 "중상주의는 왜 유럽 국가들이 제국주의와 식민주의에 그렇게 관심이 많았는지를 이해할 수 있게 해준다. 물론 모든 것을 다 설명할 수는 없지만 그래도 큰 요인이었다."고 설명해 주었다.

"자, 이제 다른 자료를 보자. 이 자료가 중상주의를 설명해 주고 있는 것 같으니? 너희가 여기에 대한 답을 할 때 왜 그런지 설명할 수 있어야 해."

김 교사는 다음과 같은 자료를 스크린에 비추었다.

> 캐나다는 영제국의 일원이다. 캐나다는 주요 곡물 생산국이자 수출국이고, 곡물을 영제국, 프랑스, 러시아 그리고 다른 나라에 팔아서 막대한 수입을 얻고 있다. 이러한 무역은 그리스, 노르웨이 그리고 이베리아 등의 해당 운송사업을 부흥시켰다. 그러나 캐나다는 곡물만 교역하는 것이 아니다. 캐나다는 섬유류, 하이테크 장비들 그리고 중공업 장비의 주요 생산국이다.

학생들은 이 자료에 대해 토의하고, 증거를 제시하면서 이 자료가 중상주의에 대한 설명이 아니라고 결론 내렸다.

단답형 질문

이 장에서 다룬 주요 내용과 앞에서 제시한 사례 내용을 서로 연결하여 다음 질문에 대한 답을 구체적으로 작성하라.

1. 김 교사가 학습에서 성과 관련한 편견을 없애기 위해 사용한 전략은 무엇인가? 그 외에 어떤 것을 할 수 있었을까?
2. 위험에 처해 있는 학생들을 지도하기 위한 효과적인 원리는 학생들의 배경지식을 보조하는 질 높은 예를 사용하는

것이다. 김 교사는 이 원리를 어떻게 적용하였는가?

3. 성공과 도전은 위험에 처해 있는 학생들에 대한 효과적인 교수활동의 필수적 요소다. 이러한 요소를 제공하려는 김 교사의 시도를 평가하라.
4. 김 교사가 학생들을 적극적으로 관여시키기 위해 사용한 전략들은 무엇인가?

중요개념

사회경제적 지위(Socioeconomic status)
성역할 정체감(Gender-role identity)
위험에 처해 있는 학생(Students placed at risk)
저항문화(Resistance culture)
적응 유연성(Resilience)
학습자 다양성(Learner diversity)

5

특수성을 지닌 학습자

chapter outline 구성 개요

지 능
- 지능: 단일 능력인가 아니면 복수의 능력인가
- 능력별 집단 편성
- 지능: 유전 vs 환경
- 학습양식

교사가 특수학생을 도와주는 방식의 변화
- 미국 장애인교육법(IDEA)
- 미국 수정 장애인교육법

학습문제를 가진 학생
- 낙인에 대한 논란
- 주의력 결핍/과잉행동장애
- 행동장애
- 의사소통장애
- 청각장애
- 학습장애
- 지적 장애
- 자폐 스펙트럼 장애
- 시각장애

영재 및 재능이 있는 학생
- 영재 및 재능이 있는 학생들의 특징
- 영재 및 재능이 있는 학생 변별하기
- 영재 및 재능이 있는 학생을 위한 프로그램
  - 이론에서 실제로: 영재 및 재능이 있는 학생 가르치기
  - 다양성 탐색: 특수교육에서 공정함 추구하기

통합학급에서 교사의 역할
- 협력적 자문: 교사를 위한 도움
- 특수성을 지닌 학생 변별하기
- 학생의 요구에 맞도록 교수법 수정하기
- 사회적 통합과 학생의 성장 촉진하기
  - 이론에서 실제로: 특수성을 지닌 학생 가르치기
  - 학교급별 적용: 서로 다른 연령대의 특수성을 지닌 학생

learning objectives 학습목표

이 장의 공부를 마치고 나면, 여러분은 다음과 같은 것을 할 수 있어야 한다.

1. 지능에 대한 관점의 차이를 기술하고 능력집단이 어떻게 학습에 영향을 주는지를 설명할 수 있다.
2. 미국 장애인 교육법과 그 수정안에 대해 설명할 수 있다.
3. 교사들이 직면하는 가장 흔한 학습문제에 대해 기술할 수 있다.
4. 영재학생의 특성과 이러한 학생을 변별하고 가르치는 방법을 설명할 수 있다.
5. 통합학급에서 일반학급 교사의 역할을 기술할 수 있다. 그리고 장애학생을 효과적으로 가르치는 전략을 설명할 수 있다.

학급에서 말썽을 일으키거나 시험에서 낙제점수를 받은 적이 있는가? 학급에서 모범이 되거나 수석을 해 본 적이 있는가? 기분이 어떠했는가? 학급친구들이 당신을 어떻게 대하였는가? 특수성을 지닌 학생들은 매일 이와 같은 질문에 직면한다.

다음의 사례에서 제기되는 이슈에 대하여 생각해 보고, 교사가 특수성을 지닌 학생을 위해 무엇을 할 수 있을지 생각해 보자.

초임 교사인 정 교사는 대도시 지역 초등학교에서 1학년을 담당하고 있다. 정 교사는 힘들었지만 첫 주를 무사히 보냈다. 정 교사는 교사로서 자신이 하는 일에 점점 더

익숙해져 가는 느낌을 가졌다. 그러나 동시에 몇 가지 문제가 마음에 걸리기도 하였다.

"약간은 좌절감을 느껴. 학생들을 가르치지만 몇몇은 내가 무슨 말을 하는지 전혀 이해를 못하는 것 같아."

정 교사는 30분간의 점심식사 시간 동안 3년 차 교사로 친구가 된 김 교사에게 털어놓았다.

"아마도 의욕이 과해서겠지."라고 김 교사가 말했다.

"학생들은 서로 달라. 대학에서 배웠던 것 기억해? 교수님께서 늘 강조하셨듯이 우리는 학생들을 하나의 개인으로 대우하려고 노력해야 해."

"그렇지…… 나도 이해해. 하지만 그건 너무 이상적인 말이야. 운동장에서 보았던 누리 있지? 정말 귀여운 아이야. 하지만 그 애는 멈출 줄을 모르는 엔진 같아." 정 교사는 한숨을 쉬며 얘기했다.

"그 애를 자리에 앉게 하는데 얼마나 많은 노력이 들어야 하는지 모를 거야."

"과제를 하기 위해 자리에 앉으면, 온몸을 비틀지. 조금만 주위를 끄는 것이 있으면 벌써 거기에 가 있어. 주위를 끄는 게 없으면 그래도 과제를 해내는 편이야. 하지만 그렇게 하는 것이 쉽지 않은 것 같아. 그 애 어머니와도 얘기를 해 봤는데, 집에서도 마찬가지인가 봐. 혹시 학습장애가 있는 건 아닐까?"

"아영이라는 아이도 있어. 너무 귀엽지만, 수업내용을 전혀 이해하지 못해. 모든 방법을 다 시도해 보았지만 소용이 없어. 뒤돌아서면 다 잊어버리는 것 같아. 다른 아이들처럼 진도를 따라오지 못하기 때문에 아마 스스로도 좌절감을 느낄 거야. 주의를 집중하거나 과제에 제시된 순서를 따라가는 것과 같은 기본적인 학습전략이 없는 것 같아. 1 대 1로 가르치면 좀 도움이 되는 것 같아. 아영이에게 시간을 좀 더 내 주고 싶은데…… 하여간 점점 더 뒤처지고 있어."

"그건 네 잘못이 아냐. 열정적으로 최선을 다해 노력했지만, 계속 그렇게 하면 지쳐 떨어지게 될 거야."

김 교사가 충고해 주었다.

"보조 교사팀과 상의해 봐. 아마도 그들이 도움이 될 거야."

이 장을 공부하면서 다음의 질문에 대하여 생각해 보자.

- 특수성을 지닌 학생들을 교육하는 데 있어 우리의 의무를 법에서는 무엇이라고 하는가?
- 누리와 아영이는 특수성을 지니고 있는가? 그렇다면, 그들을 어떻게 설명할 수 있는가?
- 교사는 학급에서 특수성을 지닌 학생들에게 무엇을 할 수 있는가?

특수성을 지닌 학습자
(Learner with exceptionalities)
자신이 지닌 잠재성을 충분히 발휘하기 위해 특별한 도움과 자원을 필요로 하는 학생

특수성을 지닌 학습자란 자신이 지닌 잠재성을 충분히 발현하기 위해 특별한 도움과 자

원을 필요로 하는 학생을 말한다(Kauffman, McGee, & Brigham, 2004). 여기에는 **장애**학생과 **영재**학생이 모두 포함된다. 장애학생은 걷거나 듣는 것과 같은 특정 행동을 할 수 없거나 또는 기능적 제한을 가진 학생들이다. 영재학생은 완전한 잠재성을 발휘하기 위해서 추가적인 지원을 필요로 한다. 어떤 학생들은 장애와 영재성을 동시에 지니고 있다. 당신도 앞으로 특수성을 지닌 학생들을 만나게 될 것이다. **특수교육**은 이 같은 학생들의 독특한 요구를 충족시키도록 설계된 수업을 의미한다.

지능은 특수성을 지닌 학생들을 이해하고 진단하며 조력하는데 핵심적인 역할을 하므로 지능의 개념부터 살펴보자.

장애(Disabilities)
특정 행동을 할 능력이 없거나 기능적으로 제한이 있는 상태

영재(Gifts and talents)
자신이 지닌 잠재성을 충분히 발휘하기 위해 추가적인 지원을 필요로 하는 최상위의 능력

특수교육(Special education)
특수성을 지닌 학생들의 독특한 요구를 충족시키기 위해 설계된 교육

지능

모든 전문가가 지능의 정의에 대해 모두 동의하는 것은 아니지만, **지능**은 대개 지식을 습득할 수 있는 능력, 추상적으로 생각하고 추론할 수 있는 능력, 새로운 환경에 잘 적응할 수 있는 능력으로 정의된다. 전문가들은 또한 지능이 문화적인 영향을 받는다는 의견에 동의한다.

지능(Intelligence)
지식을 습득할 수 있는 능력, 추상적으로 생각하고 추론할 수 있는 능력, 새로운 환경에 잘 적응할 수 있는 능력

다른 관점에서 보면, 지능은 단지 지능검사가 측정하고 있는 속성으로 정의된다. 다음과 같은 문항이 지능검사에서 공통적으로 나타나는데, 지능은 이러한 검사상의 결과를 통해 추론된다.

1. 동굴 : 구멍 = 가방 : ______ (동굴과 구멍의 관계는 가방과 무엇의 관계와 같을까?)
   ㄱ. 종이 ㄴ. 컨테이너 ㄷ. 박스 ㄹ. 갈색
2. 상호는 돈을 x원 가지고 있는데, 이 돈으로 사과 8개를 살 수 있다. 사과 4개를 사는 데는 얼마가 필요하겠는가?
   ㄱ. $8x$ ㄴ. $2x$ ㄷ. $x/2$ ㄹ. x^2
3. 5초간 다음 숫자들을 검토하라.
   9 7 4 6 2 1 8 3 9

이제 이 숫자들을 가리고 순서대로 나열해 보라.

이러한 문항을 검토해 보면, 경험이 지능검사 점수에 영향을 미치는 중요한 요인임이 분명해진다. 예를 들어, 어휘와 유추에 대한 연습을 충분히 하면 앞의 첫 번째 문항에 대해 답하기가 수월할 것이다. 두 번째 문항은 수학에 대한 배경지식이 필요하다. 단순 암기형

과제로 보이는 세 번째 문항조차도 연습을 통해 보다 잘 답할 수 있게 된다. 확실히, 지능검사는 선천적으로 타고난 능력 이상의 것을 측정한다.

지능: 단일한 능력인가 아니면 복수의 능력인가(단일 특성인가 복수의 특성인가)

언어능력과 추상적 추론능력 등과 같이 지능검사에 포함된 서로 다른 측정치 간에 존재하는 높은 상관(한 학습자가 모든 측정치에 비슷하게 높은 점수를 받든지 아니면 낮은 점수를 받는 경향) 때문에 초기 연구자들은 지능이 단일한 특성이라고 믿었다(W. Johnson & Bouchard, 2005; Waterhouse, 2006). 예를 들어, 찰스 스피어먼(Spearmen, 1927)은 지능을 'g' 또는 '일반 지능'이라고 하였다. 여기에는 인지적 과제의 수행에 영향을 미치는 기본능력뿐만 아니라 특수한 과제에 대한 능력도 포함된다. 이러한 관점은 언어 과제에서 높은 수행을 보이는 사람이 왜 수학 및 다른 과제에서도 높은 수행을 보이는지 이해하는 데 도움을 준다.

유동 지능(Fluid intelligence)

융통성 있게 새로운 환경에 적응하는 정신능력으로 문화에 상관없음

결정 지능(Crystallized intelligence

문화에 따라 규정되는 정신능력으로 경험과 학교교육의 영향을 받음

지능의 두 번째 관점은 유동 지능과 결정 지능을 구분한다(Cattel, 1963, 1987). 유동 지능은 문화에 상관없이 새로운 환경에 융통성 있게 적응하는 능력을 말한다. 결정 지능이란 문화와 경험, 학교교육에 영향을 받는 한 유형의 지능을 말한다. 유동 지능은 비언어적 능력과 뇌 발달에 영향을 받는 반면 결정 지능은 새로운 지식과 기술을 습득하면서 증가한다. 최근 지능에 관한 개념은 일반적으로 사람들이 매일 사용하는 특수한 지식뿐만 아니라 일반적인 요소도 포함하고 있다(Ackerman & Lohman, 2006; Phelps, McGrew, Knopik, & Ford, 2005).

가드너의 다중지능이론

가드너는 서로 다른 영역에서 사람들의 수행 정도를 검토해 보았다. 그 결과 그는 지능이 단일한 특성이 아니라 비교적 독립적인 8개의 차원으로 구성된다고 결론 내렸다(Gardner, 1983; Gardner & Moran, 2006). 〈표 5-1〉은 현재 그의 이론 내에 있는 8개의 차원을 나타내고 있다. 가드너는 또한 '실존 지능' 혹은 '영적 지능'이라 불리는 것을 하나의 지능으로 추가할지 고려하고 있다. 이것은 "나는 누구인가?" 그리고 "우리는 어디서 와서 어디로 가는가?" 등과 같은 인생에 대한 근본적 질문에 대해 생각할 수 있는 능력을 말한다(Gardner & Moran, 2006).

다중지능이라는 개념에 대해서는 직관적으로 그 의미를 알 수 있다. 예를 들어, 분석적으로는 그리 탁월하지 못한 것 같지만 다른 사람과 지내는 데는 탁월한 능력을 지닌 사람들이 있다. 이러한 능력은 사람들의 삶에 공헌하는 바가 커서, 어떤 경우에는 똑똑한 사람들보다 인간관계가 좋은 사람들이 사회적으로 보다 더 성공하기도 한다. 또 어떤 사람들은 뛰어난 운동선수가 되기도 하고 훌륭한 음악가가 되기도 한다. 가드너는 이러한 사람들을 각각 대인관계, 신체-운동, 음악 지능이 뛰어난 사람들이라고 기술하고 있다.

표 5-1
table

가드너의 다중지능이론

차원	예
언어적 지능 단어의 의미나 순서, 그리고 언어의 다양한 활용과 관련된 능력	시인, 언론인
논리-수학적 지능 일련의 추론을 잘하거나 이해하며, 말의 순서 및 패턴을 인지하는 능력	과학자, 수학자
음악적 지능 피치, 멜로디, 톤에 대한 민감성	작곡가, 바이올린 연주자
공간지능 시·공간적 세계를 정확히 지각하고, 개인이 지각한 것을 토대로 시·공간적 세계를 재창조, 변형 혹은 수정을 가하는 능력	조각가, 항해사
신체운동적 지능 신체를 능숙하게 사용하고 사물을 능숙하게 다룰 줄 아는 능력	댄서, 운동선수
대인관계 지능 사람들을 잘 알아보고 구별하는 능력	심리치료사, 영업사원
개인 내 지능 자신의 정서생활에 대한 접근 능력	자기 각성을 잘하는 개인
자연 지능 물리적 세계의 차이점과 유사점을 잘 인식하는 능력	자연주의자, 생물학자, 인류학자

출처: Gardner and Hatch(1989) and Chekley(1997)

가드너 이론의 적용

가드너는 학생들이 가능한 많은 종류의 지능을 활성화시킬 수 있는 방식으로 수업내용을 제시하는 것이 바람직하다고 제안하였다. 그리고 이를 통해 학생들이 각각의 영역에서 자신의 강점과 약점을 이해하도록 돕는 데 초점을 두어야 한다고 주장하였다. 또한 각각의 능력 차원에서 학생들이 자신의 강점과 약점을 이해하도록 돕는 데 초점을 두어야 한다고도 하였다. 〈표 5-2〉는 이러한 몇 가지 가능성을 제시하고 있다. 그러나 가드너는 모든 교과내용이 각각의 지능 모두에 맞추어 제시되기는 어렵다고 경고하였다. "모든 주제가 다양한 방식으로 효과적으로 제시될 수 있다고 가정하는 것은 무의미하며, 그런 시도를 하는 것 자체가 시간과 노력의 낭비다" (Gardner, 1995: 206).

가드너 이론에 대한 비판

가드너의 이론에도 비판할 점이 있다. 몇몇 연구자는 아직 그의 이론과 적용이 연구를 통해 타당화되지 못했음을 지적하고 있으며(Corno et al., 2002; Waterhouse, 2006), 심지어 이것이 이론으로서의 자격이 있는지에 대해서도 의문을 제기하고 있다(J. Chen, 2004). 다

표 5-2 table

교육에 가드너의 다중지능이론의 적용

차원	적용
언어적 지능	학생들로 하여금 아이디어에 대해 이야기하거나 글로 표현하도록 하기 위해 어떻게 해야 하는가?
논리-수학적 지능	학생들로 하여금 아이디어를 명료화하거나 양화할 수 있도록 숫자, 논리, 범주를 어떻게 제시할 것인가?
공간적 지능	학생들로 하여금 아이디어를 공간적으로 시각화하거나, 그림을 그려 표현하거나, 혹은 개념화할 수 있도록 도와주기 위해 무엇을 해야 하는가?
음악적 지능	학생들로 하여금 자연적인 소리를 활용하고, 그들의 아이디어를 리듬이나 멜로디로 바꿀 수 있도록 도와주기 위해 무엇을 해야 하는가?
신체운동적 지능	학생들로 하여금 몸 전체를 움직일 수 있도록, 또는 실제 훈련의 경험을 활용할 수 있도록 도와주기 위해 무엇을 해야 하는가?
대인관계 지능	학생들에게 상호작용 기술을 길러 주기 위해 또래학습이나 협동학습을 어떻게 활용할 것인가?
개인 내 지능	학생들로 하여금 자신을 한 개인으로 그리고 학습자로 인식하도록 돕기 위해 자신의 능력과 감정에 대해 어떻게 생각해 보게 할 수 있을까?
자연 지능	학생들로 하여금 사물을 서로 다른 유형으로 분류하고, 이들이 사용한 범주 도식을 분석할 수 있는 경험을 어떻게 제공할 것인가?

른 연구자들은 음악과 같은 특정 영역에서의 능력이 하나의 분리된 개별적 지능으로 볼 수 있는지에 의문을 가지고 있다(McMahon, Rose, & Parks, 2004; Sattler, 2001).

가드너 이론에 대한 가장 강한 비판 중 하나는 그의 지능이론이 중앙집중적인 작업기억체계가 지적 행위에 작동하는 역할을 제대로 설명하지 못한다는 것이다(Lohman, 2001). (작업기억에 대해서는 7장에서 자세히 설명할 것이다.) 예를 들어, 한 학생이 수학 응용문제를 해결하려고 할 때, 그 학생은 이 문제를 기억 속에 유지한 채 기억을 더듬어 유사한 문제를 찾고, 전략을 선택하며, 그 문제를 풀기 위한 구체적인 값을 사용해야 한다. 이러한 인지적 조작은 모든 유형의 지적 행동에서 일어난다. 가드너의 이론은 지능을 서로 분리된 개별적 차원으로 보기 때문에 이러한 점(작업기억체계의 역할)을 간과한다(Lohman, 2001).

스텐버그의 삼원지능이론

또 다른 다원지능이론 주창자인 로버트 스텐버그(Sternberg, 2003a, 2003b, 2004)는 지능이 세 가지 차원으로 존재한다고 주장한다.

- **분석적 차원**: 전통적인 지능의 정의와 유사하며 이것은 사고와 문제해결에 사용된다 (Sternberg, 2003b).

- 창의적 또는 경험적 차원: 새로운 환경을 효과적으로 다루고 익숙한 문제를 능숙하게 해결하는 것과 연관되어 있다. 일반적으로 사람들은 낯선 상황에서는 의식적으로 학습을 한다. 그러나 과제에 익숙해지면 자동화하여 과제를 수행한다. 지능이 높은 사람들은 이러한 학습의 전환이 빠르다(Sternberg, 1998a, 1998b).
- 실제적 또는 맥락적 차원: 일상적인 과제를 능숙하게 다루는 능력이다. 이러한 능력이 뛰어난 사람은 환경에 적응하거나 환경을 변화시키거나 또는 필요에 따라 적합한 환경을 효과적으로 선택할 수 있다(Sternberg, 2007).

스텐버그는 경험이 지능을 증진시킬 수 있다고 믿는데, 이런 경험이란 학생들에게 분석적 · 창의적 · 실제적으로 생각해 보도록 요구하는 특성을 가진 것이어야 한다.

다른 지능이론과 스텐버그가 주장한 지능이론의 차이점은 지능의 실제적 측면과 창의적 측면에 대한 강조에 있다. 그는 현실세계에서 효과적으로 기능하는 것을 지적인 행위로 본다. 이러한 관점에서 본다면 지적이라고 간주될 수 있는 개인이 다른 문화나 환경에서는 그렇지 않다고 간주될 수도 있다(Sternberg, 2004, 2006, 2007).

표 5-3 table

교육에 분석적 · 창의적 · 실제적 사고를 서로 다른 내용 영역에 적용하기

내용	분석적 사고	창의적 사고	실제적 사고
수학	44를 이진수로 표현하기	피타고라스 정리에 대한 이해를 측정하는 검사 문항을 만들어 보기	기하학이 건설에 어떻게 활용될 수 있는지 생각해 보기
언어	로미오와 줄리엣이 비극으로 간주되는 이유	로미오와 줄리엣을 희극으로 만들기 위해 종결 부분을 고쳐 보기	로미오와 줄리엣 연극을 선전하는 TV 홍보물 제작하기
사회과	한국전쟁과 베트남 전쟁의 공통점과 차이점	미국은 이 두 전쟁에서 다르게 할 수 있었다면 어떤 것들을 할 수 있었을 것인가 생각해 보기	이 두 전쟁에서 우리가 얻을 수 있는 교훈은 무엇인지 생각해 보기
과학	온도 변화에 따른 공기의 운동을 예측하기	공기가 주입된 풍선이 달에서 어떻게 움직일 것인지 예측해 보기	고체 · 액체, 또는 기체를 가열하거나 냉각시킬 때 발생하는 일의 일상적인 예를 생각해 보기
미술	고흐와 모네의 스타일을 비교하기	자유의 여신상이 피카소에 의해 제작되었다면 어떤 모습이었을까 생각해 보기	지금까지 학습한 미술가들 중 한 사람의 스타일을 활용하여 학생 미술전을 알리는 포스터 제작해 보기

경험이 발달에 필수적이라는 피아제의 주장에 영향을 받아 스텐버그는 학생들에게 분석적 · 창의적 · 실제적으로 생각할 수 있는 경험을 제공하면 지능은 증가할 것이라고 믿었다. 스텐버그의 이론을 적용한 예들이 〈표 5-3〉에 제시되어 있다.

지능: 유전 vs 환경

지능의 여러 측면 중 지능이 유전되는 것인가 아니면 환경에 의해 길러지는 것인가 하는 것만큼 치열하게 논쟁이 진행되고 있는 것도 없다. 이것은 우리가 앞에서 논의했던 유동지능과 결정 지능과 연관이 있다. 극단적인 **유전론의 관점**은 지능이 유전에 의해 이미 결정되어 있다고 주장한다. 반대로 **환경론**의 관점은 환경의 영향을 강조한다.

지능에 대한 유전론의 관점(Nature view of intelligence)

지능이란 본질적으로 유전에 의해 결정된다는 주장

지능에 대한 환경론의 관점(Nurture view of intelligence)

지능에 대한 환경의 영향을 강조하는 주장

대부분 전문가들은 순수한 유전론과 환경론의 중간 입장을 취하고 있는데, 이들은 지능이 유전과 환경 모두에 의해 영향을 받는다고 믿는다(Coll, Bearer, & Lerner, 2004; Shepard, 2001). 이러한 견해는 인간의 유전자가 지능의 한계를 제공하며, 환경적 자극이 유전적인 한계 내에서 지능을 최대한 발현할 수 있도록 한다고 주장한다.

경험이 지능을 향상시킨다는 스텐버그의 주장은 여러 증거를 통해 지지된다. 예를 들어, 풍부한 학습경험에 노출되어 있는 아이는 그렇지 못한 아이에 비하여 취학 전과 취학 후 지능검사에서 높은 점수를 받는다(Christian, Bachman, & Morrison, 2001; Ramey, Ramey, & Lanzi, 2001).

능력별 집단 편성

능력별 집단편성(Ability grouping)

비슷한 능력을 지닌 학생들을 같은 집단으로 편성하고, 각 집단의 요구에 맞는 수업을 진행하려는 시도

학습자의 능력 차에 대한 대책으로 가장 흔히 활용되는 것이 **능력별 집단 편성**이다. 능력별 집단 편성은 비슷한 능력을 지닌 학생들을 한 집단에 편성하는 것으로, 서로 다른 능력

표 5-4 table

초등학교에서 능력별 집단 유형

유형	기술	예
학급 간 집단	한 학년의 학생들을 고 · 중 · 저의 수준으로 나누는 것	75명의 3학년 학생을 가진 학교가 이들을 고능력 집단, 중간능력 집단, 저능력 집단으로 나눔
학급 내 집단	한 학급의 학생을 독해 또는 수학 성적에 따라 나누는 것	한 4학년 교사가 그 반 학생들을 독해능력에 따라 세 집단으로 나눔
수준별 이동식 수업 (Joplin plan)	학년에 상관없이 학생들을 나누는 것	다른 학년의 학생을 능력에 따라 같은 읽기반에 배치시킴

집단의 욕구에 맞추어 수업을 진행하려는 노력이다(Chorzempa & Graham, 2006; McCoach, O'Connell, & Levitt, 2006). 대부분 초등학교 교사들은 읽기와 수학 수업에서 능력 집단을 활용하기 좋아한다.

초등학교에서 능력 집단은 〈표 5-4〉에 제시된 것과 같이 세 가지 형태로 존재한다.

중등학교에서는 좀 더 나아가 높은 수준의 과목들이나 대학준비과정에 능력 수준이 높은 학생들을 배치하고, 직업훈련과정에는 능력 수준이 낮은 학생들을 배치한다(Oakes, 2005). 어떤 경우에는 영어 또는 수학과 같이 특정 과목에 대해 능력 집단을 형성하고, 또 다른 경우에는 모든 과목에 걸쳐 능력 집단을 형성하여 운영하는 것을 볼 수 있다. 후자의 경우는 학생들의 능력에 따라 서로 다른 학급이나 교육과정에 학생들이 배치되는데, 이를 우열반 편성이라고 한다. 몇 가지 형태의 우열반 편성이 중등학교에 존재하는 것이 사실이다.

우열반 편성(Tracking)

학업성취도에 따라 서로 다른 학급이나 교육과정에 학생들을 배치하는 것

능력 집단 편성: 연구 결과

왜 능력 집단 편성이 이렇게 전반적으로 퍼져 있는가? 능력 집단 편성을 옹호하는 사람들은 능력 집단 편성이 교사들로 하여금 수업의 속도, 방법, 수업자료를 학생들의 욕구에 맞게 조정할 수 있게 해 준다는 장점을 지적한다. 한 능력 집단 내에서는 수업을 다양화하지 않아도 되기 때문에 교사들에게는 보다 편리한 것이다.

그러나 능력 집단 편성을 반대하는 사람들은 다음과 같이 문제점을 지적한다.

- 한 학급 내에서 집단을 나누게 되면, 각 집단별로 서로 다른 과제가 부여되기 때문에 서로 다른 과제를 수행하는 학생을 모니터하기 어렵다(Good & Brophy, 2008).
- 부적절한 집단 형성이 일어나게 마련이며, 일단 형성된 집단은 계속 지속될 가능성이 크다. 또한 문화적 소수 집단 출신이나 사회경제적 지위가 낮은 학생들은 고능력 학급이나 집단에 잘 배치되지 않는다(McDermott, Goldman, & Varenne, 2006; C. O'Conner & Fernandez, 2006).
- 저능력 집단에 소속된 학생들은 낮은 자존감 및 학습동기의 저하를 보인다(Oakes, 2005).
- 동질적으로 구성된 저능력 집단 학생들은 비슷한 능력을 소유한 이질적 집단의 학생들보다 더 낮은 성취를 보인다(Good & Brophy, 2008).

능력별 집단 편성의 부정적 효과는 부분적으로 수업의 질과 밀접한 관련을 갖는다. 연구 결과에 따르면, 고능력 집단을 대상으로 하는 수업에 비해 저능력 집단을 대상으로 한 수업에서는 제시되는 내용이 보다 단편적이고 모호하며, 교사들이 이해나 문제해결 같은 적극적 학습보다는 암기에 치중한다는 것이다. 저능력 집단의 교사는 열정이 부족하고 자율성이나 자기조절능력의 계발보다는 동조를 강조하는 특성을 나타낸다고 한다(Chorzempa

& Graham, 2006; Good & Brophy, 2008).

그 결과 학생들의 자기존중감과 학습동기가 감소하고 결석률이 증가한다. 우열반 편성은 또한 학생들을 경제적 · 문화적 배경에 따라 분리하는 결과를 초래할 수 있으며, 다양한 배경을 가진 친구를 사귈 수 있는 능력과 사회성 발달에 부정적 영향을 미칠 수 있다(Oakes, 2005).

능력 집단 편성: 교시들에게 주는 시사

능력 집단 편성의 문제점을 해결하기 위한 다양한 제안이 있을 수 있다. 한편, 비판자들은 능력별로 집단을 나누는 것이 너무나 큰 해악을 주기 때문에 이러한 제도는 완전히 없어져야 한다고 주장한다.

이보다 좀 완화된 입장에서는 능력별 집단 편성이 읽기나 수학과 같이 몇몇 영역에서는 적절할 수 있다고 본다(Good & Brophy, 2008). 그러나 다른 영역에서의 능력별 집단 편성은 피해야 한다고 주장한다. 또한 집단 운영은 융통성이 있어야 하고, 그들의 성취수준에 따라서 집단 간 이동이 가능해야 한다(Castle, Deniz, & Tortora, 2005). 연구자들은 **수준별 이동식 수업**이 부작용 없이 읽기 성적에 긍정적 영향을 미친다고 보고하고 있다(Slavin, 1987). 중학교나 고등학교 수준에서는 동질적 능력을 지닌 학급으로 집단을 나누는 것은 기본적인 몇몇 과목에 한정하여야 하며, 어쩔 수 없이 집단으로 나누어야 한다면 부작용을 줄일 수 있는 구체적인 방안이 마련되어야 한다. 이러한 방안 중 몇 가지가 [그림 5-1]에 제시되어 있다. 이러한 방안은 교사가 학생들의 인지적 · 정서적 발달을 고려하여 조심스럽게 집단을 배치해야 함을 요구한다. 이러한 과정에서 교사가 높은 수준의 기대와 수업방법 측면에서 융통성을 유지해야 함은 아무리 강조해도 지나치지 않다.

수준별 이동식 수업 (Joplin plan)
읽기수업을 위해서는 비슷한 능력을 지닌 학생들로 구성된 동질적인 집단을 활용하나, 다른 과목에서는 다양한 능력의 학생들로 구성된 이질적 집단을 활용하여 수업을 진행하는 것

- 집단의 구성을 융통성 있게 하고, 학생들의 학습속도가 그룹 내 다른 구성원과 현격한 차이를 보일 때는 이들을 다른 집단에 다시 배치하라.
- 능력이 낮은 학생들에게도 능력이 높은 학생들에게 가르치는 정도의 교수의 질이 보장되도록 모든 노력을 다하라.
- 학생들의 특징을 정적인 것이라기보다는 역동적인 것으로 간주하라. 능력이 낮은 학생들에게 적절한 학습전략과 행동을 가르쳐라.
- 능력이 낮은 집단에게 부정적 명칭을 부여하지 마라.
- 능력별 집단 편성으로 인해 발생할 수 있는 가능한 부정적 결과를 항상 염두에 두고 있어라.

[그림 5-1] 능력 집단의 부정적인 효과를 줄이기 위한 제안

학습양식

학습양식 (Learning Style)
학습, 문제해결, 그리고 정보 처리에 이용하는 학생 개인의 독특한 방식

전통적으로 심리학자들은 정신능력을 측정하기 위해 지능검사를 사용해 왔다. 또한 서로 다른 성격유형을 기술하기 위해 외향성과 내향성 같은 개념을 사용해 왔다. 이 두 영역의

교실에의 적용

능력 차에 대한 이해를 학급에 적용하기

1. 지능검사 점수는 유전, 경험, 언어, 그리고 문화와 같은 수많은 요인에 의해 영향을 받는다. 교육적인 결정을 내릴 때 지능검사 점수를 주의해서 사용하라. 지능검사 점수는 능력에 대한 단지 하나의 지표일 뿐이라는 것을 기억하라.
   - 초등학교: 도심의 학교에서 1학년을 맡고 있는 교사가 지능검사 점수 해석에 관해 학교 상담자에게 자문을 구하고 있다. 이 교사는 언어와 경험이 검사수행에 영향을 미칠 수 있다는 것을 잘 알고 있다.
   - 중학교: 배치결정을 내릴 때, 표준화된 검사점수뿐만 아니라 지난 연도의 성적과 수행도 중요한 결정요인이 된다.
   - 고등학교: 한 학생을 특수교육 학급에 배치할지를 결정하는데 교사와 학교 상담자 팀은 지능검사 점수뿐만 아니라 성적, 교사 관찰 그리고 기타 자료를 고려한다.

2. 지능검사는 다면적이고 광범위한 능력을 포괄한다. 학생의 배경지식, 관심, 그리고 능력을 극대화할 수 있는 교수전략을 사용하라.
   - 초등학교: 독립전쟁 단원 학습이 끝나고 어떤 5학년 교사는 학생들이 학습한 기본 정보를 바탕으로 평가를 실시하지만, 25%의 성적은 당시의 음악과 미술, 삶의 양식, 직업 등에 대한 조사와 같은 특별 프로젝트를 바탕으로 부여한다.
   - 중학교: 어떤 영어교사는 필수과제와 선택과제를 구별하여 부여한다. 성적의 70%는 필수과제에 근거하여, 그리고 나머지 30%는 학생이 교사와 얘기해서 구체적 내용을 결정할 수 있는 선택과제에 근거하여 부여한다.
   - 고등학교: 한 수학교사는 학생들이 시험을 통과할 수 있도록 하기 위해 두 가지 기회를 준다. 교사는 학생들이 시험을 통과하기 위해 도움을 필요로 하는 경우 또래 가정교사나 소그룹 과제를 추가적인 도움으로 제공한다.

3. 능력별 집단 편성은 장점도 있고 단점도 있다. 능력별 집단 편성은 필요할 때만 하라. 그리고 집단 편성을 융통성 있게 하고, 학생들의 학습향상 속도를 보아 필요하면 다시 집단을 편성하라. 능력별 집단을 활용할 때는 수업의 질이 각 능력 집단별로 동등하게 되도록 노력하라.
   - 초등학교: 어느 4학년 교사가 읽기수업을 위해 능력별 집단을 활용한다. 그러나 시와 전래동화 같은 단원을 학습할 때에는 전체 학급수업을 한다.
   - 중학교: 1학년 담당교사들이 학급에 학생들을 배치하기 위해 성적과 표준화된 검사점수를 포함한 몇 가지 유형의 정보를 분석하고 있다. 1학년 담당교사는 학생들의 향상을 비교해 보고 학생들을 다른 학급에 재배치하는 결정을 내리기 위해 회의를 자주 갖는다. 만약 학습문제가 발견되면 해당 학생과 부모를 모두 만난다.
   - 고등학교: 한 역사교사는 자신이 수업을 하고 있는 동안 동료교사에게 자신의 질문전략을 모니터하도록 부탁하고 있다. 이 교사는 동료교사에게 자신의 발문을 기록하게 하고, 각 능력별 집단에 동등한 정도의 적극적 수업이 주어졌는지, 그리고 어려운 질문과 쉬운 질문이 적절히 배합되어 제시되었는지 판단해 줄 것을 요청하고 있다.

접합점에 관심이 있는 연구자들이 학습양식에 대해 연구하기 시작했다. 학습양식이란 학생 개인이 학습, 문제해결, 정보 처리에 이용하는 독특한 방식을 말한다(Denig, 2003). 연구자들은 학습양식과 인지양식이라는 용어를 혼용하여 사용하기도 한다.

학습양식에 관한 가장 일반적인 기술 중 하나는 학습상황에서 정보를 처리하는 수준에 관한 것으로 심층적 처리접근과 피상적 처리접근이 있다(C. J. Evans, Kirby, & Fabrigar, 2003: R. Snow, Corno, & Jackson, 1996). 예를 들어, 미국 역사의 남북전쟁을 공부할 때, 남쪽과 북쪽의 정치, 경제, 지리와 연관시켜 보았는가? 그렇다면 여러분은 심층적 처리접근을 이용하고 있었던 것이다. 반대로 당신이 전쟁 발발 일시, 날짜, 중요한 전쟁의 장소, 주요한 지도자를 기억하고 있다면 피상적 처리접근을 이용하고 있었던 것이다.

예상할 수 있는 바와 같이, 이해에 초점을 두고 있는 검사과제에서는 심층적 처리접근이 더 높은 점수를 산출할 것이고, 암기와 사실적 지식에 초점을 두는 검사에서는 피상적 처리접근이 더 높은 점수를 산출할 것이다. 심층적 처리접근을 사용하는 학생은 보다 더 자기조절적이고 내재적 동기화를 갖고 있다. 반면, 피상적 처리접근을 사용하는 학생은 다른 사람과 비교하였을 때 보다 좋은 성적과 수행에 의해 더 동기화되는 경향이 있다(Schunk, Pintrich, & Meece, 2008). (동기에 대한 자세한 내용은 10, 11장에서 설명한다.)

학습양식과 학습 선호

학습양식이라는 용어는 교육계에서 널리 사용되고 있으며, 많은 자문가는 교사를 대상으로 이 주제에 대한 워크숍을 진행하고 있다. 그러나 이들 워크숍에서는 일반적으로 교실의 조명이나, 소음 정도와 같은 학습환경에 대한 학생들의 선호에 초점을 둔다. 그리고 자문가들은 학생의 선호에 따라 교실환경을 맞추도록 조언한다.

그러나 이에 대한 연구 결과는 많은 논란을 제기하고 있다. 옹호자들은 학생들의 선호에 따라 교실환경을 맞추는 것이 성적 향상에 기여하며 학습에 대한 태도도 증진시킨다고 보고한다(Farkas, 2003: Lovelace, 2005). 그러나 반대자들은 이러한 연구에서 흔히 사용되는 학습양식(선호도) 검사의 타당성에 대한 의문을 제기함으로써 옹호자들의 주장을 반박하고 있다(S. Stahl, 2002). 반대자들은 또한 학생의 선호에 따라 교실환경을 맞추는 것이 학습 결과에 아무런 긍정적 영향을 끼치지 못하며, 어떤 경우에는 학습에 부정적인 영향을 끼치는 것으로 보고하고 있다(Coffield, Moseley, Hall, & Ecclestone, 2004; Kratzig & Arbuthnott, 2006).

학습양식: 교사들에게 주는 함의

교사들에게 학습양식이라는 개념은 최소한 다음 세 가지 함의를 가질 수 있다.

- 학습양식을 고려하여 교수양식을 다양화할 필요가 있다. 모든 학생에게 선호되는 한 가지 교수전략이란 존재하지 않는다(Brophy, 2004).
- 학생들로 하여금 그들이 가장 효과적으로 학습하는 방식을 이해하도록 도와야 한다.
- 학습양식이라는 개념을 통해 알 수 있듯이 학생들은 서로 다르며, 따라서 이러한 차이에 대해 민감해야 한다. 이러한 민감성을 통해 학생 개개인에 맞는 반응을 할 수 있게 될 것이다.

학생들의 학습 선호는 의문의 여지없이 다양하고, 학습양식이라는 아이디어는 호소력이 있다. 그러나 많은 연구자는 여전히 회의적이다. "연구문헌을 꼼꼼히 검토한 다른 개관 연구자들처럼 나 또한 학습양식 검사지로 학생들을 평가하고 그에 따라 서로 다른 교육과정과 교수전략을 세공해야 한다는 수장의 타당성에 대해서 회의적이다" (Brophy, 2004: 343-344).

◈ 이해 점검 활동

1.1 지능에 대한 두 가지 관점의 차이에 대해 기술하라.
1.2 능력별 집단 편성에 대해 설명해 보라. 연구 결과에 따르면, 능력별 집단 편성은 학습에 어떤 영향을 끼칠 수 있는가?
1.3 지능에 대한 유전적 관점과 환경적 관점의 차이를 설명하라. 그리고 이러한 관점에 관한 연구 결과는 무엇을 시사하고 있는가?

교사가 특수학생을 도와주는 방식의 변화

과거 특수학생들은 다른 학생들과 분리되어 특수학급이나 특수학교에 배치되었다. 이러한 상황에서 수업의 질이나 학생들의 성취도는 일반학급 학생들보다 떨어졌고, 특수학생들은 실생활에 필요한 삶의 기술과 사회적 기술을 제대로 배우지 못했다(Karten, 2005: T. Smith, Polloway, Patton, & Dowdy, 2004). 미국 연방법은 이러한 학생들을 조력하는 방법을 끊임없이 재정의해 왔다. 이 장에서 우리는 5장 서두에 질문했던 "특수성을 지닌 학생들을 교육하는 데 있어 우리의 의무를 법에서는 무엇이라고 하는가?"에 대한 대답을 하기 위해 시도할 것이다.

미국「장애인교육법」

1975년 미국 의회는 공법 94-142를 통과시켰다. 이 법은 미국에서 장애를 가진 모든 학생이 무상으로 공교육을 받을 수 있게 하는 것이었다(Sack-Min, 2007).「장애인교육법(IDEA)」으로 이름이 바뀐 이 법은 특수학생을 가르치는 교사들로 하여금 다음과 같은 것을 하도록 규정하고 있다.

- 무상으로 적절한 공교육을 제공해야 한다.
- 최소 한도로 제한된 환경에서 이들을 교육해야 한다.
- 검사에서 발생할 수 있는 차별을 방지해야 한다.
- 각 학생의 교육 프로그램을 개발하는 데 부모를 참여시켜야 한다.

• 각 학생들의 학습을 위해 개별화된 교육 프로그램을 마련하여야 한다.

IDEA는 미국의 모든 학교에 영향을 주었으며, 일반교사와 특수교사의 역할을 변화시켰다. 구체적인 사항을 살펴보자.

무상의 적절한 공교육(FAPE)

IDEA는 모든 학생이 배울 수 있도록 이들에게 무상으로 적절한 공교육을 제공해야 한다고 주장한다. FAPE와 관련한 IDEA 규정은 미국 「헌법」 14조에 토대를 두고 있는데, 이 조항은 법이 정하는 바에 따라 모든 시민이 동등하게 보호받아야 한다는 것이다. 1982년 미국 대법원은 특별한 학생에게 교육적 수혜를 제공하기 위해 특별하게, 그리고 개별적으로 고안된 교육을 '적절한 교육' 이라고 정의하였다(Hardman, Drew, & Egan, 2008).

최소한으로 제한된 환경: 통합을 향한 변화

모든 학생에게 무상으로 적절한 공교육을 제공하는 과제와 관련하여 교육자들은 분리된 교육과 서비스가 특수학생의 욕구를 충족시키지 못한다는 것을 인식하였다. 이러한 문제에 대한 첫 대안은 **주류화**라는 것이다. 주류화는 1970년대에 유행하였는데, 분리된 환경 내의 서비스를 지양하고 특수학생과 일반학생이 상호작용할 수 있도록 하는 데 공헌하였다. 그러나 주류화로 인해 특수학생들은 종종 필요한 조력을 받을 수 없는 일반 교실에 배치되곤 하였다(Hardman et al., 2008).

주류화(Mainstreaming)

특수성을 지닌 학생을 분리된 환경보다는 일반 학급에서 일반 학생들과 함께 학습하도록 하는 것

최소한으로 제한된 환경(LRE)

특수학생들의 특수한 욕구를 만족시키면서도 가능한 일반 학급에 배치하는 방침

이러한 문제에 대한 해결을 위해 노력하고 있던 교육자들은 '**최소한으로 제한된 환경**(least restrictive environment: LRE)' 이라는 개념을 개발하였다. 이 개념은 특수학생들의 특수한 욕구를 만족시키면서도 가능한 한 일반학급에 배치하는 것을 의미한다. 주류화보다는 좀 더 넓은 개념으로서 LRE는 전일제로 일반학급에 배치하는 것에서 시작해서 따로 분리된 시설에 수용하는 것까지 연속선상의 서비스들로 구성되어 있다. 이 개념에 의하면 부모와 교육자들이 학생의 욕구를 가장 잘 충족시켜 준다고 결정할 때에만 전일제로 일반학급에 배치하는 일이 일어날 수 있다.

최소한으로 제한된 환경은 학생들이 자신의 잠재력을 완전히 개발할 수 있도록 돕는다.

LRE를 제공한다는 것은 일반교사들이 자신의 학급에 특수학생을 받아야 한다는 것이고, 또한 이들을 위한 프로그램을 설계하고 실행하기 위해 특수교육자들과 함께 협력해야 한다는 것을 의미한다. 또한 LRE는 특수학생들이 수업에서 과외활동까지 이르는 정규 학교활동에 가능한 한 많이 참여하여야 한다는 것을 의미한다. 이러한 형태의 프로그램은 특수학생들이 가진 문제의 속성과 학생들의 능력에 따라 다양하게 존재할 수 있다. [그림 5-2]는 LRE를 실행하기 위한 서비스의 연속을 나타낸다. 이 그림에서 위쪽은 최소한으로 제한된 환경을 말하

며, 아래쪽으로 갈수록 더 제한적인 서비스 환경을 나타낸다. 즉, 학생들이 어느 한 수준의 서비스를 제공받아 성공하지 못하면 다음 수준의 서비스를 제공받을 수 있게 해 주어야 한다는 의미다.

적응적 일치라는 개념은 LRE에 중심적인 역할을 한다. 이는 학생이 특정 학교에서 요구하는 바를 충족시킬 수 있는 정도와 학교가 학생의 욕구를 수용해 줄 수 있는 정도를 뜻한다(Hardman et al., 2008). 교육자들은 주류화, LRE, 적응적 일치를 확인하고 검토하면서 통합이라는 개념을 발전시켰다.

적응적 일치(Adaptive fit)
학생이 특정 학교에서 요구하는 바를 충족시킬 수 있는 정도와 학교가 학생의 욕구를 수용해 줄 수 있는 정도를 뜻함

통합이라는 것은 특수학생을 교육시키기 위해 필요한 모든 종류의 서비스를 체계적이고 잘 조정된 서비스 망으로 구성하여 제공하는 종합적 접근을 말한다(Sailor & Roger, 2005; Sapon-Shevin, 2007). 통합은 다음과 같은 세 가지 요소로 구성된다.

통합(Inclusion)
특수성을 지닌 학생의 교육을 위해 필요한 모든 종류의 서비스를 체계적이고 잘 조정된 서비스 망으로 구성하여 제공하는 종합적 접근

- 특수학생들을 정규 학교 시설에 포함하라.
- 특수학생들을 연령상 또는 학년상 적절한 학급에 배치하라.
- 정규 학급 내에서 특수교육을 위한 지원을 제공하라.

통합이라는 것이 점점 더 인기를 얻어 가고 있다 할지라도 실제로 실행하는 데는 문제가 있다. 실상 통합교육운동은 일반학교 교사, 부모, 특수교사에게서 많은 비판을 받고 있

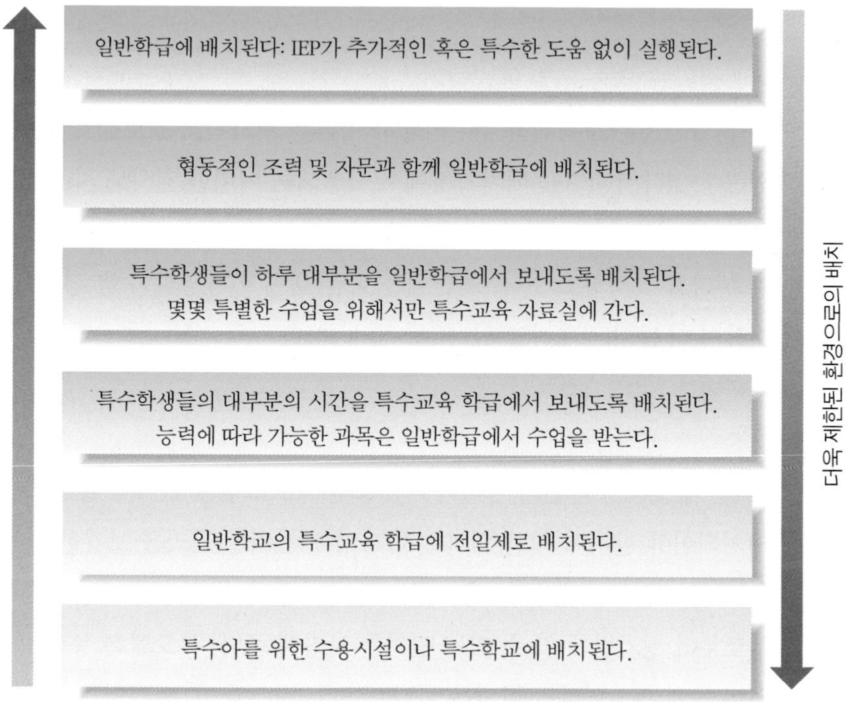

[그림 5-2] LRE를 실행하기 위한 교육적 서비스의 종류

출처: U. S. Department of Education, 2002.

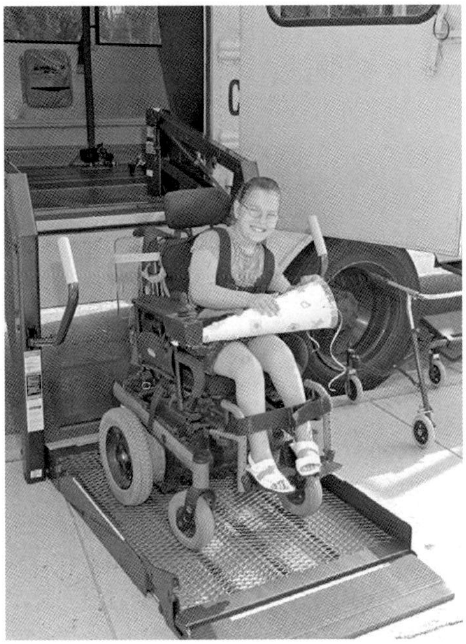

통합은 특수성을 지닌 학생들을 교육체제 내로 통합하기 위해 서비스의 망을 형성한다.

다(Turnbull et al., 2007).

통합이 잘되는 학교를 보면 일반교사와 특수교사가 광범위하게 협력하고 있는 모습을 확인할 수 있다(Vaughn, Bos, Candace, & Schumm, 2006). 이러한 협력이 없다면 완전한 의미의 통합은 효과가 없을 것이다. 또한 적절한 지원 없이 특수아동에게 맞는 개별화된 수업을 할 것으로 기대하는 것은 일반교사들을 분노하게 할 수도 있다(Kavale & Forness, 2000).

자녀들이 학교에서 일어나는 복잡한 일에 혼란스러워할 것을 걱정하는 몇몇 장애아의 부모들은 특수학급을 선호하기도 한다(J. Johnson & Duffett, 2002).

한편, 통합을 옹호하는 사람들은 분리되어 따로 교육받음으로써 나타나는 부정적 효과를 제거하는 유일한 방법은 특수학생들을 일반학급에 배치하는 것이라고 주장한다(Kluth, Villa, & Thousand, 2002). 반대자들은 통합이 모든 특수학생에게 효과적인 것은 아니며, 몇몇 학생은 적어도 하루 중 몇 시간은 특수학급에서 교육받는 것이 보다 나은 서비스를 받을 수 있는 조건이 된다고 주장한다(Holloway, 2001). 이 같은 논쟁에도 불구하고 통합은 현재 광범위하게 받아들이고 있으며, 여러분 역시 이러한 학생들을 만나게 될 것이다.

검사에서 발생할 수 있는 차별 예방하기

과거에 일부 학생들은 부적절하거나 타당하지 않은 평가정보를 토대로 특수교육 프로그램에 배치되곤 하였다. IDEA는 배치과정에서 사용되는 어떠한 검사도 자격을 갖춘 사람에 의해 학생의 모국어로 실시되어야 하며, 지능검사와 같은 하나의 검사 결과로만 배치를 결정해서는 안 된다고 규정하고 있다. 최근에는 학급 내에서 학생의 수행 정도와 일반적인 적응행동에 대하여 더 많이 강조하고 있다(Heward, 2009).

적법한 절차와 부모의 권리

적법한 절차(Due process)

부모로서 자녀의 장애를 규명하고 특수교육 프로그램에 배치하는 데 참여할 권리, 학교의 기록에 접근할 수 있는 권리, 그리고 학교에서 시행된 검사 결과에 만족하지 못할 때 다른 전문가들로부터 평가받게 할 수 있는 권리에 대한 보증

적법한 절차는 부모들이 자신의 자녀가 특수교육 프로그램에 있어야 할지, 그리고 어떤 프로그램에 배치되어야 할지에 대한 의사결정 과정에 참여할 권리를 보장한다. 나아가 학교의 기록에 접근할 수 있는 권리, 그리고 학교에서 시행된 검사 결과에 만족하지 못할 때 다른 전문가들로부터 평가받게 할 수 있는 권리를 보장해 준다. 부모들은 종종 이용 가능한 서비스에 관하여 듣지 못하였다는 항의를 한다(J. Johnson, 2002). 법적인 보호는 영어로 의사소통하지 못하는 부모에게도 제공된다. 그들에게는 통역서비스가 제공된다. 또한 자신의 모국어로 자신의 권리에 접근하는 것이 보장된다.

개별화 교육 프로그램

통합교육이 제대로 작동하고 특수성을 가진 학습자가 일반학교에서 뒤처지지 않도록 하기 위해서 교사들은 **개별화 교육 프로그램**(IEP)을 준비한다. 개별화 교육 프로그램이란 각 개인에 맞게 처방된 교수계획으로 특수교사, 일반교사, 전문가, 부모에 의해 고안된다. 이 프로그램은 다음과 같은 것이 포함된다.

개별화 교육 프로그램(IEP)
각 개인에 맞게 처방된 교수계획으로 특수교사, 일반교사, 전문가, 부모(때로는 학생 자신도 포함됨)에 의해 고안됨

- 현재의 수행 수준 평가
- 장기 그리고 단기 목표
- 사용될 서비스나 전략
- 이 계획을 실행하기 위한 시간 일정
- 이 계획이 성공했는지 평가하기 위한 준거

IEP의 예가 [그림 5-3]에 제시되어 있는데, 여기에는 세 가지 중요한 특징이 있다. 첫째, 이 계획이 협동적 노력에 의해 개발되었다는 것을 나타낸다. 둘째, 열 3, 4, 5, 6과 7항의 정보는 일반교사와 특수교사가 이 프로그램을 실행할 때 어떻게 나아가야 할지에 대해 구체적인 지침을 제공한다. 셋째, 부모의 서명은 부모가 이 프로그램의 개발에 관여했고 이 계획에 동의한다는 것을 나타낸다. 학생들의 기록에 쉽게 접근할 수 있는 컴퓨터 소프트웨어가 마련되어서 교사는 효과적으로 IEP를 작성할 수 있게 되었다(Trotter, 2005).

IEP는 다음의 네 가지 기능을 한다.

- 특수학생과 어떻게 일을 해 나갈지에 대해 잘 모르고 있는 일반학급 교사들에게 도움을 제공한다.
- 일반학급 교사와 전문가팀 간 연계를 제공한다.
- 부모로 하여금 자녀의 학업 진전에 대해 점검해 볼 수 있도록 하는 데 도움을 준다.
- 학생의 개별 욕구를 충족시켜 주는 프로그램을 제공한다.

IEP는 때때로 일반학급에의 적응에 초점을 맞추기도 하고, 자료실(Resource room)과 같은 일반학급 이외 장면에서 일을 해 나가기 위한 지침을 제공한다. 이 둘이 서로 협력할 때 가장 효과적이다. 수학 응용문제를 가르치는 교사가 자료실 교사에게 같은 유형의 문제를 가르치도록 요청하는 것이 한 예다.

교사와 다른 전문가들은 학생 개인의 학습 욕구를 충족시킬 수 있는 IEP를 설계하기 위해 부모와 만남을 갖는다.

개별화된 교육 프로그램

날짜: 2000년 3월 2일

(1) 학생	(2) 위원	
이름: 홍길동	박수일	교장
학교: 가나 초등	노미선	일반학급 담임
학년: 5학년	김일숙	상담교사
현재 배치: 정규학급/특수교육 자료실	석일기	특수교육 자료실 교사
	신영호	학교심리학자
	홍철수	부모
생일: 1988년 10월 1일, 나이: 11년 5개월	홍길동	학생 2000.3.15 ~ 2001.3.15

(3) 현재 교육적 기능수준	(4) 연간 목표	(5) 교수목표	(6) 평가기준
수학 강점 1. 두 자릿수 덧셈과 뺄셈을 할 수 있다. 2. 구구단을 암기하고 있다. 약점 1. 계산할 때 같은 실수를 되풀이한다. 2. 제자리에 앉아서 하는 과제를 끝까지 완수해 내지 못한다. 표준화 학업성취검사에서 학년점수는 2.1 학년에 해당한다.	길동이는 네 자릿수 뺄셈과 덧셈에 자릿수 변동에 관한 지식을 성공적으로 적용할 수 있다.	1. 두 번의 자릿수 변동을 요구하는 세 자릿수 덧셈문제 20개를 1분에 한 문제씩, 90% 이상 옳은 답을 제시한다. 2. 두 번의 자릿수 변동을 요구하는 세 자릿수 뺄셈문제 20개를 1분에 한 문제씩, 90% 이상 옳은 답을 제시한다. 3. 세 번의 자릿수 변동을 요구하는 네 자릿수 덧셈문제 20개를 1분에 한 문제씩, 90% 이상 옳은 답을 제시한다. 4. 세 번의 자릿수 변동을 요구하는 네 자릿수 뺄셈문제 20개를 1분에 한 문제씩, 90% 이상 옳은 답을 제시한다.	교사제작 검사 (매주) 교사제작 검사 (매주) 교사제작 검사 (매주) 교사제작 검사 (매주)

(7) 제공되어야 할 교육 서비스

요구되는 서비스	시작날짜	서비스 기간	서비스 책임자
조정된 읽기교육	2000.3.15.	2001.3.15.	독해능력향상 전문가와 특수교사
특수교육 자료실	2000.3.15.	2001.3.15.	특수교사
상담자 자문	2000.3.15.	2001.3.15.	상담교사
식사와 건강 확인	2000.3.15.	2001.3.15.	양호교사

일반학급에서 보내는 시간의 연장: 60%에서 80%까지

교육적 배치의 이유:

1. 특수교육 자료실은 길동이를 위한 목표를 성취하는 데 가장 적합한 것으로 여겨진다. 특히, 일반학급과 함께 사용될 때 보다 효과적일 것이다.
2. 길동이는 상담선생님과 이야기할 기회를 가짐으로써 많은 이점을 누릴 것이다. 길동이는 자신의 감정을 공유할 누군가가 필요하다.

(8) 나는 이 개인별 교육프로그램을 개발하는 데 참여할 기회를 가졌습니다.

나는 이 개인별 교육프로그램에 동의합니다. (V)

나는 이 개인별 교육프로그램에 동의하지 않습니다. ( )

부모의 날인 홍 철 수

[그림 5-3] 개별화 교육 프로그램

출처: adapted from Developing and Implementing Individualized Education Programs(3rd ed., pp. 308, 316) by B. B Strickfand and A. P. Turnbull, 1990, Upper Saddle River, NJ: Merrill/Pearson Education.

미국 수정 「장애인교육법」

1975년 이래로 IDEA는 세 차례의 개정을 거쳤다(Sack-Min, 2007). 예를 들어, 1986년 수정안에서는 특수교육이 필요한 영아에 대해서 각 주가 책임을 져야 한다고 하였다.

IDEA 97로 알려진 1997년도 개정법은 장애학생에게 제공하는 서비스를 확대하고 있으며, 그 서비스의 질을 명확히 규정하고 있다. 이 수정안은 검사에 있어서 차별 금지, 그리고 IEP의 기본 요건과 같은 것을 명확히 하였다. 또한 아이의 점수에 대한 비밀을 유지하고, 부모가 요청할 경우 정보를 공유한다는 것을 보장하였다.

보다 최근에 의회에서는 IDEA 2004라고 하는 수정안을 내놓았으며(Council for Exceptional Children, 2005), 다음과 같은 특징이 있다.

- IEP에서 단기목표와 벤치마크를 삭제함으로써 서류작업의 부담을 줄인다.
- 15개 주에 3년간 IEP 서류작업의 시범사업을 실시한다.
- 규율조항을 신설하여, 교육청이 신체에 심각한 손상을 줄 수 있는 학생을 교실에서 격리하여 대안적인 장소로 이동시킬 수 있다.
- 언어와 문화의 차이로 인하여 특수교육에 부적절하게 배치된 학생들의 수를 줄이는 방법을 마련하였다.
- 2001년도의 No Child Left Behind 법안이 요구하는 수준 높은 교사 자격 요건을 충족시키도록 교육청에 더 많은 융통성을 제공한다. 한 과목 이상을 가르치는 특수교육 교사는 HOUSSE(높고 객관적인 주단위의 단일한 평가기준, high, objective, uniform state stamdard of evaluation)를 통하여 자신의 자격을 증명할 수 있다. HOUSSE는 경험 있는 교사가 그들의 자격을 시험 성적 외의 것으로 보여 주려는 시도다.
- 특수교육자들을 위한 전문성 신장의 기회를 제공한다.
- 장애가 있는 학생을 책무성 시스템(Accountability system)에 포함시킨다.

이 마지막 조항은 논쟁의 여지가 있는데, 몇몇 교육자는 특수성을 지닌 학생을 표준화된 방식으로 평가하는 것은 도움보다 상처가 될 수 있다고 경고한다(Meek, 2006). 교육자들은 이같이 수정된 법의 효과에 대한 평가를 계속하고 있다.

웹 자료실

IEP 작성에 부모를 참여시키는 방법을 검토하려면 www.myeducationlab.com에 접속하고 5장 '활동 및 적용'의 'Reviewing an IEP' 사례를 보라. 그리고 이어지는 물음에 답하라.

◈ 이해 점검 활동

2.1 미국 「장애인교육법(IDEA)」의 주요 조항을 기술하라.

2.2 수정 「장애인교육법」을 설명하라.

2.3 미국 「장애인교육법」의 FAPE(free and appropriate public education)과 관련하여 주류화와 통합을 설명하라.

학습문제를 가진 학생

이상(Disorder)

정신적 · 신체적 · 심리적 과정에서의 전반적인 수행의 불능

핸디캡(Handicap)

개인의 기능 때문에 부과된 상태로 그 개인의 능력에 제한을 가함

교육자들은 학생들 간 차이를 다루기 위해 종종 특수한 명칭을 만든다(Hardman et al., 2008). **이상**(disorder), **장애**(disability), **핸디캡**(handicap) 등과 같은 용어가 신체적 혹은 행동적 차이를 기술하기 위해 사용되고 있다. 이들 중 가장 포괄적인 뜻을 지닌 '이상'은 정신적 · 신체적 또는 심리적 과정의 일반적 역기능을 지칭한다. '장애'는 이 장의 앞부분에서 보았듯이 기능적 한계나 정확한 행동 수행의 불능을 말한다. '핸디캡'은 특정 환경에서 개인이 경험하는 제한을 의미하는데, 휠체어 없이는 건물에 들어갈 수 없는 것과 같은 것이 한 예다. 이 같은 조건은 사회, 환경 또는 사람들의 태도에 의해서 부과될 수 있다(V. Lewis, 2002). 모두는 아니지만 몇몇 장애는 핸디캡의 원인이 된다. 예를 들어, 시각장애를 가진 학생은 안경을 끼거나 교실의 앞자리에 앉아야만 한다. 그러나 이를 통해 이 학생이 효과적으로 기능하게 할 수 있다면 이 학생이 가지고 있는 시각장애는 핸디캡이 되지 않는다.

예외적 특성을 지닌 약 600만 정도의 학생들이 특수교육 프로그램에 등록한 상태이며, 이들의 2/3는 비교적 가벼운 문제를 가지고 있다(Hardman et al., 2008). 일반학교에서 약 10% 미만의 학생들이 특수교육 서비스를 받고 있으며, 이들이 가진 장애의 범위는 가벼운 학습문제에서부터 시각 혹은 청각 문제와 같은 기질적 장애까지 광범위하다(U. S. Department of Education, 2008). 미국 연방의회는 개개의 학습문제를 지칭하기 위한 범주를 설정했고, 교육자들은 각 범주 내 학생들의 욕구 충족을 위한 프로그램 개발에 이 범주를 활용하고 있다.

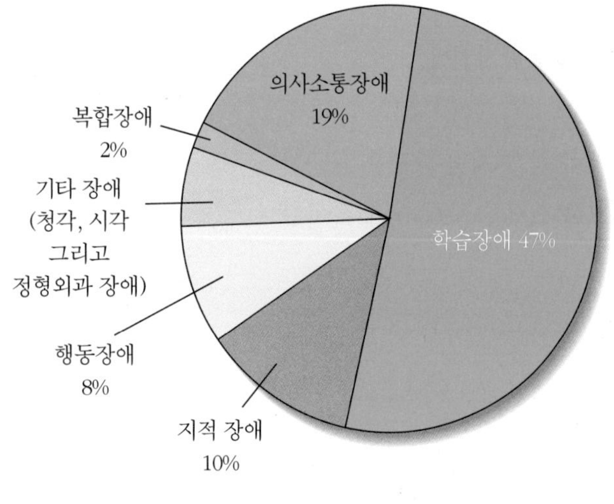

[그림 5-4] 장애 학생들의 분포

출처: U.S. Department of Education, 2004

낙인에 대한 논란

범주의 사용과 이에 따라 발생하는 낙인(labeling) 대한 논란이 있다. 옹호자들은 명칭 또는 범주가 교육전문가들 사이에 의사소통할 수 있는 공통의 언어를 제공하며, 모든 학생의 특수한 욕구를 충족시켜 줄 특화된 교수법의 시행을 촉진할 것이라고 주장한다(Heward, 2009). 반대자들은 범주가 임의적이며 한 범주 내에서도 개인 간에 많은 차이점이 존재한다고 주장한다. 또한 범주화하는 것이 학생들을 인간으로서가 아니라 그 명칭이 뜻하는 존재로 취급하게 할 위험이 있다고 본다(Cook, 2001; National Council on Disability, 2000). 이러한 논란에도 불구하고 장애 명칭 또는 범주가 광범위하게 사용되고 있으므로 그 용어를 숙지해야 한다.

[그림 5-4]는 교육현장에서 흔히 볼 수 있는 장애 범주와 각 범주 내 학생의 비율을 나타낸 것이다. 이 그림은 장애를 가진 학생들의 많은 수(70% 이상)가 지적 장애, 학습장애, 행동장애의 범주에 속해 있다는 것을 보여 준다. 다음에서 몇몇 범주를 보다 자세히 살펴보고자 한다.

학습장애

중학교 사회과 담당인 민 교사는 소담이의 시험지를 채점하다가 깜짝 놀랐다. 소담이는 지금까지 아주 잘해 왔다. 거의 결석도 없었고, 주의집중도 잘하며 수업시간 중에도 적극적으로 참여하는 똑똑한 학생이었다. 그런데 시험점수는 왜 이렇게 낮은가? 소담이의 시험점수와 수업 중 행동 간에 너무나 큰 차이가 있어 민 교사는 좀 더 자세히 알아보아야겠다고 생각했다.

이후 수업에서 민 교사는 독립적인 학습과 협동적 학습 모두를 강조하였다. 민 교사는 학생들의 학습을 안내할 질문을 준비하였고, 학생들로 하여금 모둠으로 학습하도록 하였다. 교실을 둘러보고 있는 가운데 그는 소담이의 공책에 아무것도 적혀 있지 않음을 발견하였다. 소담이에게 이에 대해 묻자 소담이는 그 전날 저녁에 공부할 시간이 없었다고 중얼거리듯 얘기했다. 수업은 학생들의 복습과 예습을 기본 전제로 하고 있었다. 민 교사는 소담이가 과제를 끝내도록 방과 후 자신을 찾아오라고 하였다.

소담이는 허둥지둥 와서는 책을 폈다. 10분 후 얼마나 했나를 체크했을 때, 그 페이지에는 아무것도 씌어 있지 않았다. 다시 10분 후에 체크했을 때도 여전히 그 페이지에는 아무것도 씌어 있지 않았다.

민 교사가 소담이와 이야기하려고 자리에 앉자, 소담이는 몹시 당황해하고 회피적인 반응을 보였다. 민 교사가 소담이와 함께 문제를 풀려고 시도했을 때 소담이가 글을 읽을 줄 모른다는 것을 알게 되었다.

소담이와 같은 학생들은 평균 또는 그 이상의 지능을 가지고 있지만, 교사의 노력에도 불구하고 학습하는 데 어려움을 겪는다. 이러한 학생들을 **학습장애**를 지닌 학생이라고 한다(또는 특정 학습장애라고 한다). 이들은 읽기, 쓰기, 추론하기, 듣기 또는 수학적 능력을 습득하고 활용하는 데 어려움을 갖고 있다(National Joint Committee on Learning Disabilities, 1994). 읽기, 쓰기, 듣기 문제는 가장 흔히 발견되는 것들이지만(Shaywitz & Shaywitz, 2004), 수학 관련 문제는 최근에서야 관심을 받기 시작하였다(Hanich, Jordan, Kaplan, & Dick, 2001). 학습장애는 중추신경계의 문제로 인해 발생하는 것으로 믿고 있다. 이 장애는 감각적 손상이나 주의력 문제와 공존하기도 하지만, 그렇다고 이 문제들이 원인이 되지는 않는다. 전문가들은 학습장애라는 용어가 너무 포괄적이어서 다양한 학습문제를 모두 다 포괄

학습장애(Learning disabilities)
읽기, 쓰기, 추론하기, 듣기, 또는 수학적 능력을 습득하고 활용하는 데 어려움이 있는 장애

거의 모든 학급에 학습장애를 갖고 있는 학생이 있지만, 변별하기가 쉽지 않기 때문에 종종 간과되고 있다.

하는 문제점을 가지고 있다고 주장한다(Berninger, 2006).

학습장애는 앞서 논의하였던 낙인에 관한 논란과 밀접히 관련되어 있다. 비평가들은 이 용어가 학습문제를 가지고 있는 학생들을 지칭하는 포괄적인 용어라고 주장한다(Sternberg & Grigorenko, 2001). 부분적으로 이러한 비판은 이 범주의 급속한 확산이 가져온 결과다. 1960년대 초에는 존재하지 않던 학습장애는 현재 특수성의 가장 큰 범주가 되었다(U. S. Department of Education, 2008).

학습장애를 가진 학생들의 특성

학습장애를 가진 학생들은 〈표 5-5〉에 제시된 것과 같이 많은 문제를 공통적으로 가지고 있다. 그러나 각각 학생은 서로 다르므로 개별화된 교육적 개입을 해야 한다.

〈표 5-5〉에 제시된 특징 중 몇몇은 일반적 학습문제 또는 미성숙의 전형적 특성과 같다. 그러나 발달적 지체와는 달리 학습장애와 연관된 문제는 종종 시간에 따라 증가한다. 성취는 낮아지고, 스스로 통제해야 할 문제는 늘어나며, 자존감은 감소한다. 낮아진 성취 및 자존감은 서로를 더욱 악화시켜 심각한 학습문제에 이르게 한다(Hardman et al., 2008; Heward, 2009).

학습장애를 가진 학생들을 찾아내고 개입하기

다른 특수학생들과 마찬가지로 학습장애를 가진 학생들을 찾아내는 것이 첫 번째 일이다. 누적적 결손으로 인한 피해를 예방하기 위해 가능한 조기에 이들을 변별해 내는 것이 필요하다(Zambo, 2003). 그러나 이런 조기 변별은 쉽지 않다. 균등하지 않은 발달 속도로 인해 특정 아동들을 학습장애로 오인하기가 쉬우며, 또한 학급관리와 관련된 문제들이 변별을 어렵게 할 수도 있기 때문이다(Vaughn et al., 2006). 학습장애를 가진 학생들은 교실에서 부적절한 행동을 빈번히 보인다. 이렇게 부적절한 행동을 보이는 학생들은 적절한 행동을 보이는 학생들보다 더 높은 비율로 진단검사에 의뢰된다(Hunt & Marshall, 2002). 반면 규칙을 준수하고 과제를 제때 해내는 학습장애 학생들은 종종 의뢰되지 않을 수도 있다. 민 교사의 학급에서 소담이의 읽기 능력 문제가 중학교에 가서야 발견된 것은 바로 이러한 이유 때문이다. 이러한 패턴은 성별과 밀접한 관련을 갖고 있다. 즉, 남학생들은 밖으로 드러나는 문제행동을 하는 경우가 더 많기 때문에 학습장애로 확인되는 경우가 상대적으로 더 많다(Heward, 2009).

학습장애를 확인하기 위한 차이모델과 개입에 대한 반응모델

학습장애를 가진 학생들을 변별해 내고 개입하기 위한 핵심적 역할을 담당하는 것은 교

표 5-5
table

학습장애 학생의 특성

일반적 패턴	
• 주의력 결핍 • 목적 없는 행동의 산만한 경향 • 하나의 일을 지속적으로 하지 못하여 과제를 끝까지 수행해 내지 못함 • 불균등한 수행(예, 한 영역에서는 잘 수행하는 반면, 다른 영역에서는 극단적으로 낮은 수행을 보임) • 몸의 균형과 신체기관 간 협응의 결여	
학업 수행	
읽기	유창하게 읽지 못함 단어를 역으로 읽음(예, 영어의 경우 SAW를 WAS로 읽음) 읽고 있는 지점을 놓치고 찾지 못함
쓰기	글자 쓰기가 서툼 한 줄로 쓰는 데 어려움이 있음 쓰기 작업을 끝내는 속도가 느림 칠판에 써 있는 내용을 노트에 옮기는 데 어려움이 있음
수학	수학적 사실을 기억하는 데 어려움이 있음 계산할 때 자릿수를 혼동함(예, 십의 자리와 일의 자리) 응용문제 해결에 어려움이 있음

사다. 학습장애 학생들을 확인하기 위해 교사가 만든 시험을 통해 나타난 정보와 교사의 직접적 관찰은 표준화된 검사점수와 통합되어 활용할 수 있다. 또한 학습장애 학생들을 확인해 내기 위해 종종 **차이모델**이 활용된다. 차이모델은 다음과 같은 정보 간 차이를 살펴본다.

> **차이모델 (Discrepancy model of identification)**
> 학업성취도와 지능검사 점수 간의 차이 또는 각 검사 내의 하위검사 간의 차이를 활용하여 학습장애 학생들을 변별해 내는 방법

- 지능검사 점수와 학업성취검사 점수의 차이
- 지능검사 점수와 학급 내 성취도의 차이
- 지능검사 혹은 성취도 검사의 하위검사 점수 간 차이(T. L. Hughes & McIntosh, 2002)
- 한 영역(예컨대, 지능검사)에서의 수행은 다른 영역에서의 수행을 예측하여야 한다. 만약 두 영역의 수행이 불일치하다면, 학습장애가 그 원인이 될 수 있다.

많은 학자는 이 차이모델에 대하여 불만을 가지고 있다. 비판자들은 이러한 차이모델은 문제가 표면으로 드러난 후에나 학습장애를 변별해 낼 수 있다. 이러한 이유로 비판자들은 학습장애 학생들이 몇 년의 좌절과 실패 후에 비로소 교육 서비스를 받을 수 있게 되는 문제점을 가지고 있다고 주장한다(Brown-Chidsey, 2007). 따라서 이들은 학습문제가 심각한 수준에 이르러 표면적으로 드러나기 이전에 학업실패를 예방하기 위한 조기진단 도구의

개발이 필요하다고 주장한다. 또 다른 비판자들은 차이모델이 학습문제의 속성에 관해 충분히 구체적인 정보를 제공할 수 없으며, 이것을 교정하기 위해 무엇을 해야 할지에 대한 정보를 주지도 못한다고 비판한다(Sternberg & Grigorenko, 2001; Stuebing et al., 2002).

반응개입모델(Response to intervention model of identification)

교사가 사용하는 교수법 변용과 그에 따른 학생의 학습 성공 여부에 따라 학습장애 학생들을 변별해 내는 방법

반응개입모델은 앞의 두 가지 문제를 모두 다룬다(Vaughn & Fuchs, 2003). 학습문제가 표면화되기 시작하면, 교사는 학생의 요구를 충족시키는 적응적인 수업을 시행한다. 한 가지 일반적인 방법은 학교 정규시간 이외에 또는 다른 학생들이 자습을 하는 동안 개인적으로 가르치는 것이다. 이 모델은 학습기술(예, 중요한 단어에 밑줄치기)과 학습전략 개발(예, 사전 찾아보기, 공부할 수 있는 조용한 장소 발견하기)을 강조한다. 이와 같은 변용이 학생들의 성취를 개선시키지 못한다면 교사는 학습장애를 의심해 봐야 한다. 교사가 교수법을 변용할 때 무엇이 효과적이고 효과적이지 않는지 반드시 기록하여야 한다. 이러한 기록이 이 후의 개입에 소중한 정보를 제공한다.

주의력 결핍/과잉행동장애

주의력 결핍/과잉행동장애(Attention deficit hyperactivity disorder: ADHD)

일종의 학습문제로 주의를 유지하기 어려운 특성이 있음

주의력 결핍/과잉행동 장애(ADHD)는 집중할 수 있는 능력의 제한으로 주의를 유지하기 어려운 특성을 갖는 일종의 학습문제를 지칭한다. 오랫동안 ADHD는 학습장애와 연관되어 왔다. 사실 전문가들은 최대 25% 정도 두 장애가 서로 겹친다고 추정하고 있다(Hardman et al., 2008). 특수교육의 대상으로서 ADHD는 비교적 새로운 장애 영역이다. 미국 특수교육법이라고 할 수 있는 IDEA에 ADHD가 하나의 독립된 장애 영역으로 올라가 있지는 않다. 그러나 ADHD를 가진 학생들은 IDEA의 '기타 건강상의 문제로 인한 손상'이라는 항목에 의해 특수교육의 대상자가 된다.

ADHD의 특성은 다음과 같다.

- 과잉행동
- 주의력 부족, 쉽게 다른 곳으로 관심을 돌림, 집중하는 데 어려워함, 과제를 끝마치지 못함
- 충동성(예, 생각하기 전에 행동하기, 차례를 기다리는 데 어려움, 수업 중 빈번하게 큰 소리로 떠듦)
- 잘 잊어버림, 감독의 필요성이 과도하게 높음

ADHD는 대중매체를 통해 많은 관심을 받아 왔으며, 교사들은 ADHD로 의심되는 학생들을 많이 보아 왔을 것이다. 그러나 높은 활동 수준과 주의 집중에서의 어려움은 발달 지체를 보이는 아동들, 특히 남자아이들의 특징이기도 하다. 그래서 교사는 이러한 특성에만 의존해서 ADHD 장애 여부에 대한 결론을 내리지 않도록 주의해야 한다.

뇌 이미지(Brain imaging) 연구는 ADHD를 가진 학생들이 종종 충동적인 행동을 하는 이유를 선두엽 피실의 발달지체에 기인하는 것일 수 있다고 제안하였다. 전두엽 피질은 행동을 모니터링하고 조절하는 역할을 한다(Shaw & Rapoport, 2007). 하지만 전문가들은 ADHD 관련 문제들은 대개의 이 경우 지속되며 따라서 이러한 장애를 극복할 수 있는 특별한 조력이 제공되어야 한다고 주장한다(Viadero, 2007a).

ADHD 장애를 가진 학생은 충동적이며 과제에 집중하는 데 어려움을 겪는다.

ADHD는 일반적으로 이른 시기(2~3세)에 나타나며, 50~75%는 청소년기까지 지속된다(Purdie, Hattie, & Carroll, 2002). 미국 정신의학회(2000)는 남자아이들이 여자아이들보다 3~4배 정도 더 많이 ADHD로 진단된다고 추산하였다. 그러나 다른 전문가들은 이보다 비율이 더 높을 것으로 보고 있다(Purdie et al., 2002; Whalen, Jamner, Henker, Delfino, & Lozano, 2002).

처치방법으로는 약물(예, 리탈린), 강화 프로그램과 구조화된 교수환경(이 장의 후반부에 자세히 기술) 등이 있다(J. Swanson & Volkow, 2002). ADHD의 진단과 처치는 보통 의학 전문가와 심리학 전문가들의 자문을 통해 이루어진다.

이 장 서두에서 소개한 누리는 ADHD의 몇몇 증상을 보여 준다. 그는 과잉행동적이고, 쉽게 다른 곳으로 관심이 전환되며, 주의 집중에 어려움을 겪고 있다. 교사는 누리를 위해 추가적인 도움을 요청하는 등 현명하게 대처하고 있다. 그러나 교사는 그렇게 하기 전에 자신의 학습환경이 누리의 요구를 충족시켜 주고 있는지를 먼저 점검해 보아야 한다. 예를 들어, 종종 누리와 같이 움직임이 활발한 학생들을 조용한 곳에 위치시키는 것이 주의 분산을 없애고 학습과제에 더욱 집중할 수 있도록 하는 데 도움이 된다(Tannock & Martinussen, 2001). 교사가 문제행동을 감소시키기 위해 강화와 처벌 원리를 이용하는 행동적 개입도 많은 경우 도움이 된다(Purdie et al., 2002). (6장에서 강화의 원리에 대해서 논의할 것이다.) 전문가들은 ADHD 학생들에게 과제를 보다 작은 요소로 나누는 방법을 가르치고 과제 노트를 시니게 하며, 어떤 과제를 수행해야 할지를 기록하게 하며, 플래시 카드와 반복적 훈련을 통해 자동화된 반응을 개발하도록 권고한다(Schlozman & schlozman, 2000).

지적 장애

정 교사는 학생들이 읽기 과제를 하고 있는 것을 둘러보고 있었다. 대부분 학생은 조용히 과제에 집중하고 있었지만, 간간이 작은 속삭임이나 웃음소리가 있기도 하였다. 그런데 아영이는 벌써 세 번째 자리를 뜨고 있었다. 아마도 연필심을 뾰족하게 하기 위해서 일 것이다. 아영이에게 자리에 앉아 있으라고 이미 말해 둔 터인지라 정 교사는 이번에 직접 가서 무엇이 문제인지 알아보기로 하였다.

정 교사가 아영이에게 왜 아직 과제를 시작도 못하고 있는지 묻자, 아영이는 "못하겠어요! 이해가 안 돼요!"라고 좌절한 듯이 대답하였다.

아영이를 진정시킨 후 정 교사는 잠시 아영이가 과제를 수행하도록 도와주었다. 그러나 그녀는 아영이의 얼굴 표정이나 과제에 대한 반응을 통해 아영이가 정말로 이해하지 못한다는 것을 알 수 있었다.

몇몇 아동은 다른 아동보다 더 늦은 속도로 학습하며, 동료 학생들을 따라잡지 못하면 좌절한다. 불행히도 이러한 문제는 학생이 학교에서 몇 년을 보낸 뒤에야 발견된다. 이러한 학생의 대부분은 경도의 **지적 장애**를 가지고 있다(혹은 종종 교육적 또는 지적으로 핸디캡을 가지고 있다고 얘기된다). 지적 장애는 다운증후군과 같은 유전적 또는 임신중 태아의 뇌손상이 원인이 되어 발생한다(Fuchs, 2006; Nokelainen & Flint, 2002).

지적 장애
(Intellectual disability)
적응행동 및 지적 기능에 심각한 제한을 가진 장애

미국 발달 및 지적 장애협회(AAIDD)는 **지적 장애**를 다음과 같이 정의하고 있다.

> 지적 장애란 개념적 · 사회적 · 실제적 적응 기술로 표현되는 적응행동 및 지적 기능에 심각한 제한을 특징으로 하는 장애를 말한다. 이 장애는 만 18세 전에 나타난다. 지적 장애에 대한 완전하고도 정확한 이해는 지적 장애가 어린 시절부터 시작되는 특정 기능 상태를 지칭하고, 여러 차원을 가지고 있으며, 개별화된 지원을 통해 긍정적인 변화가 가능하다는 것을 인식함을 의미한다(American Association on Intellectual and Developmental Disabilites, 2008).

AAIDD의 이러한 정의는 두 가지 특징을 강조하고 있다. 즉, 지적 기능에서의 제한과 적응기술에서의 제한이다. 적응기술이란, 예를 들어 의사소통, 사회적 기술 및 자기관리 기술 등을 말한다(Turnbull et al., 2007). 지적 기능과 적응기술 두 영역에서 기능 제한은 각 개인의 욕구에 맞게 설계된 지원 서비스를 받을 때 향상될 수 있다.

지적 장애를 지닌 학생들은 다음과 같은 특징을 보인다.

- 세상에 대한 일반적 지식의 결여
- 추상적 관념에 대한 이해의 어려움
- 낮은 독해능력 및 언어기능
- 학습 및 기억 전략이 잘 개발되어 있지 못함
- 아이디어를 새로운 상황으로 전이시키는 데 어려움
- 운동기술의 지체

• 미숙한 대인기술(Beirne-Smith, Ittenbach, & Patton, 2002; Hodapp & Dykens, 2006)

이러한 특징 중 몇몇은 학습에 직접적인 영향을 준다. 또한 미숙한 대인기술과 같은 다른 요인은 덜 직접적이지만 여전히 학습에 중요한 영향을 미친다.

1960년대 이전에는 지적 장애에 대한 정의가 일차적으로 '평균 이하의 지능검사 점수'에 토대를 두고 있었다. 그러나 이러한 접근에는 몇 가지 문제점이 있었다. 첫째, 검사가 불완전하여 때때로 잘못 진단할 때가 있었다. 둘째, 미국의 경우 소수 인종 출신 또는 영어를 못하는 학생들이 지적 장애로 진단되는 비율이 불균형적으로 높았으며, 따라서 이들 중 상당수에 대해 부적절한 배치가 이루어졌다(Hallahan & Kauffman, 2009). 셋째, 동일한 IQ 점수를 가진 사람이라도 실제 세상에 대처하는 능력에서는 큰 편차를 보인다는 점이 발견되었다(Heward, 2009). 이러한 문제 때문에 **적응행동**이 지적 장애를 정의하는 데 더 중요한 개념이 되었다(Cimera, 2006). 교사의 투입이 필수적이 되는 것은 바로 이 적응행동 영역에서다.

적응행동
(Adaptive behavior)
일상생활을 영위하는 데 필요한 기능을 수행하는 개인의 능력

지적 장애의 수준

교육자들은 지적 장애를 네 개의 수준으로 나누고 있는데, 이 수준들은 각 개인이 필요로 하는 지원의 정도를 나타낸다(Turnbull et al., 2007).

• **간헐적 지원 수준**: 필요에 따라 지원을 필요로 함
• **제한적 지원 수준**: 일정한 시간에 걸쳐 일관된 지원이 필요함
• **확장적 지원 수준**: 적어도 몇몇 환경에서 정기적(매일)으로 지원이 요구됨
• **전반적 지원 수준**: 잠재적으로 삶을 유지하는 데 고강도의 지원이 필요함

새로운 범주체제는 이전 IQ 점수에만 전적으로 의존했던 분류를 대체하였다. 이전의 분류체제는 지적 장애를 가진 사람을 경도(IQ 점수 50~70), 중도(IQ 점수 35~50), 최중도(IQ 점수 35이하)로 분류하고 있었다. 그러나 구체제에서 신체제로의 이행이 완전하게 진행된 것은 아니다. 현재는 양 체제 모두가 사용되고 있다.

지적 장애를 지닌 학생을 위한 프로그램

간헐적 지원을 필요로 하는 지적 장애 학생을 위한 프로그램은 기존의 수업을 보완하는 정도의 지원체제를 구축하는 데 초점을 두고 있다. 이러한 학생들은 일반학급에 배치되는데, 여기서는 이들의 욕구에 맞게 수업이 조정되고, 사회적 그리고 학업적으로 이들이 적응할 수 있도록 돕기 위해 다양한 지원이 이루어지고 있다.

연구에 따르면 이들 학생은 종종 주의 유지하기, 새로운 학습재료 조직하기, 시험공부하기 등과 같은 기본적 학습전략을 습득하는 데 실패한다(Heward, 2009). 한 예가 아영이

다. 정 교사는 이러한 필요를 인식하고, 아영이에게 1 대 1로 가르치는 추가적 지원을 제공하려 함을 볼 수 있다.

행동장애

강일이는 휴식시간 후 땀투성이가 된 채 복장을 흩뜨리고 돌아와 두 팔을 끼고는 반항스러운 태도로 교사를 바라보았다. 운동장에서 다른 학생과 한바탕 싸움을 한 직후였다. 강일이는 이러한 문제를 자주 일으키며 아주 다루기 어려운 학생이었다. 강일이는 학습에도 어려움을 겪고 있었다. 하지만 적절한 구조화가 제공되면 그럭저럭 해나갈 수 있었다. 그러나 좌절을 겪으면 종종 공격적 행동을 보이고, 타인의 감정과 권리를 무시하곤 하였다.

강일이의 바로 옆에 앉은 수현이는 너무나 조용해서 교사는 그가 있다는 것을 거의 잊어버릴 정도였다. 수현이는 결코 문제를 일으키지 않았다. 그러나 수업에 잘 참여하지도 않았다. 거의 친구도 없고 쉬는 시간에도 혼자였다. 수현이는 마치 다른 아이들을 의식적으로 회피하고 있는 것 같았다.

행동장애
(Behavior disorder)

사회적 갈등, 개인의 불행, 그리고 학교에서의 실패에 이르게 하는 심각하고 지속적인, 나이에 적합하지 않은 행동

강일이와 수현이는 서로 다른 행동을 보이고 있는 것 같지만, 사실 둘 다 **행동장애**의 증상을 보이고 있다. 행동장애란 사회적 갈등과 개인적 불행을 가져올 수 있는 심각하고 지속적이며, 연령에 맞지 않은 부적절한 행동을 가리킨다. 행동장애는 만성적인 학교 적응 문제를 가져올 수 있다. 여기서 심각하고 지속적이라는 말이 중요하다. 많은 아동은 친구들과 종종 싸움을 하며, 때로는 혼자 있고 싶은 때를 경험한다. 그러나 이러한 패턴이 만성화되어 정상적인 발달과 학교생활에 방해가 될 때 행동장애가 있다고 말할 수 있다. 행동장애라는 용어는 종종 정서장애 또는 정서적 핸디캡이라는 용어와 호환되어 사용되고 있다. 여기서는 행동장애라는 용어를 사용할 것이다. 왜냐하면 이 용어는 변화될 수 있는 외현적 행동에 초점을 두고 있기 때문이다(Turnbull et al., 2007).

행동장애를 가진 학생들은 보통 다음과 같은 특징을 가지고 있다.

- 충동적으로 행동하며, 사회적으로 받아들일 수 있는 방식으로 타인과 상호작용을 하는 데 어려움이 있음
- 행동화 경향(acting out)이 있으며, 학교 또는 학급의 규칙을 지키지 않음
- 낮은 자기개념을 보임
- 자신의 행동이 얼마나 심각한지에 대한 인식이 부족함
- 빈번한 결석 및 학업성적의 하락을 보임(Hardman et al., 2008; Turnbull et al., 2007)

행동장애를 가진 학생은 종종 학습문제를 가지고 있는데, 이 중 일부는 학습장애와 관

련이 있다. 이 두 문제가 공존하게 되면 높은 결석률, 낮은 성취 그리고 거의 50%에 달하는 학업 중단율을 낳을 수 있다(U.S. Department of Education, 2004).

행동장애 출현의 추정치는 일정하지 않다(Hardman et al., 2008). 어떤 사람들은 학생 인구의 1～2%, 그리고 특수교육 인구의 10% 정도가 될 것이라고 추정한다. 다른 연구자들은 식별의 어려움 때문에 출현율이 과소추정되었을 것으로 보고 있으며, 따라서 실제로는 더 높은 출현율을 보일 것으로 추정한다(Hallahan & Kauffman, 2009; Hardman et al., 2008). 이들의 특성은 명백히 드러나지 않기 때문에, 행동장애 학생을 감별해 내는 것은 쉽지 않은 과제다(Forness, Walker, & Kavale, 2005; Turnbull et al., 2007).

행동장애의 종류

행동장애는 외현화 또는 내현화 형태로 나타날 수 있다(Hallahan & Kauffman, 2009). 강일이와 같은 학생들은 첫 번째 범주인 외현화에 해당하는데, 이들은 과잉행동, 반항, 호전성 그리고 잔인성 등의 특성을 나타낸다. 외현화 형태를 가진 것으로 진단되는 경우는 남자가 여자보다 3배 정도 많다. 또한 낮은 사회경제적 지위와 소수 인종 출신이라는 것이 이러한 형태의 장애로 진단될 확률을 높인다.

내현화 형태의 행동장애는 사회적 철회, 죄의식, 우울, 불안 그리고 타인보다는 자신으로 향한 문제를 나타내 보인다. 수현이와 같은 아동은 자기확신감이 부족하고, 보통 부끄러움과 우울을 많이 느끼며, 때로는 자살충동을 느끼기도 한다. 이들은 친구가 없고 고립되어 있으며 위축되어 있다(Coleman & Webber, 2002). 이들은 행동으로 자신을 나타내지 않기 때문에 눈에 잘 띄지 않는다. 따라서 교사들의 민감성과 인식이 이러한 학생을 변별해 내는 데 필수적이다.

행동장애를 지닌 학생 가르치기

행동장애를 가진 학생들에게는 명확한 진술, 일관성 있게 강제되는 규칙과 기대, 그리고 구조화된 환경을 제공할 필요가 있다(T. Swanson, 2005).

행동관리 전략 행동장애 학생들의 긍정적 행동을 강화하고 부정적 행동을 제거하기 위해 행동관리 전략을 사용할 수 있다. 이들 전략은 다음과 같은 요소를 포함한다.

- 정적 강화: 긍정적 행동에 대한 보상 제공(예, 예의바른 행동에 대한 칭찬)
- 대치: 부적절한 행동을 대치할 적절한 행동 가르치기
- 무시: 부적절한 행동의 강화를 피하기 위해 그 행동을 의도적으로 무시하기
- 타임아웃: 잠깐 동안 아동을 격리하기
- 과잉교정: 문제행동이 가져온 결과의 원상회복 외에 추가적으로 무엇인가를 요구함

내재화 문제를 가진 학생들은 위축되며, 때로는 불안을 경험한다.

(예, 다른 아동에게서 빼앗은 쿠키를 되돌려 주는 것 외에 원래 자기가 가졌던 쿠키 하나를 더 주도록 함)

이러한 전략을 체계적으로 사용하는 것은 응용행동분석(applied behavior analysis)이라고 하는데, 이에 대해서는 6장에서 자세히 논의할 것이다.

자기관리 기술을 가르치는 것 또한 효과적이다(Heward, 2009). 예를 들어, 학생으로 하여금 자신의 행동 중 더 증가시키기 원하는 것(예, 교사와 눈 마주침을 하는 것)과 감소시키기를 원하는 것(예, 손가락을 돌리는 것)을 결정하도록 한다. 일정기간 동안 이 학생들은 자신이 그러한 행동을 몇 번이나 했는지 기록한다. 이러한 결과를 그래프로 그리게 하여 자신이 얼마나 향상되었는지에 대한 구체적인 기록을 보게 한다. 교사는 학생들이 보인 향상을 강화하고 새로운 목표를 설정하도록 하기 위해 이들과 만남을 갖는다. 처음에는 다소 빈번한 만남을 갖는 것이 좋다. 학생들의 자기관리능력이 증가하게 되면 교사는 서서히 그들에게 제공했던 도움을 줄여 나간다.

교사의 민감성 행동장애를 가진 학생들은 좌절을 경험하고 있을 수 있다. 그러나 교사들은 때때로 이 학생들이 자신들만의 독특한 욕구를 가지고 있다는 것을 잊어버린다(Avramidis, Bayliss, & Burden, 2000). 다음에 소개할 4세 남아의 사례는 이와 같은 예를 보여 준다. 이 남아는 공격적인 행동과 통제범위를 벗어나는 행동으로 인해 학교심리학자에게 의뢰되었다. 처음에 이 학교심리학자는 아동이 우호적이고 예의 바르며 협조적이라고 생각하였다. 또한 검사도 잘 진행되어 갔다. 그러다가 갑자기 이 아동이 더 이상 검사받지 않겠다고 하였다. 학교심리학자는 검사를 계속 받도록 그를 설득하려 했으나 그는 히스테리적인 반응을 보이며 검사실 밖으로 달아나 버렸다.

> 이제 검사를 더 이상 진행할 수 없다고 생각하고, 그의 행동에 대해 메모하기 시작하였다. ……그러나 몇 분 뒤 그 아동이 돌아왔다. ……그러고는 다시 검사를 계속할 준비가 되었다고 말했다. 약 10분 정도가 지나자 다시 검사를 중단하겠다고 말했다. 난 그냥 "그래."라고 말해 주었다. 그 아이는 조용히 의자에서 일어서서 잠깐 검사실 안을 왔다갔다 하더니 다시 자리에 앉았다. 그리고 검사는 계속되었다. 이러한 패턴이 몇 번 반복되었다.
>
> 이 아이는 자신이 집중할 수 있는 한계를 인식하고 있으며, 잠시 휴식시간을 가짐으로써 점점 증가하는 좌절에 대처하고 있다는 것을 이러한 일대일 검사 상황에서 쉽게 알 수 있었다. 또한 동시에 이러한 행동이 학급에서 어떻게 문제가 되는지도 쉽게 알 수 있

었다. 교실 여기저기를 돌아다님으로써 다른 아이들의 학습을 방해하고 있었을 것이다. 교사가 그를 다시 자리에 앉히려 했을 때, 사실상 그 교사는 이 아이가 개발해 온 대처방법을 사용하지 못하게 함으로써 그의 좌절을 더욱 심화시켰을 것이다(Griffith, 1992: 34)

일반학급에서 이와 같은 행동을 교사가 어떻게 관리할 수 있을 것인가? 심리학자들은 그가 좌절했을 때 갈 수 있는 공간을 교실 뒤에 표시해 두라고 제안한다. 이러한 안전장치를 해 둠으로써 교사는 장기적 대처전략을 개발하는 일을 할 수 있을 것이다. 이 아이들을 하나의 개체로 이해하려고 노력함으로써 교사는 이 아이들의 욕구를 충족시키면서도 다른 학생들을 제대로 가르칠 수 있게 될 것이다.

조울증

조울증은 우울 삽화와 조증 삽화를 번갈아 가면서 경험하는 것을 말한다. 이 장애로 치료받은 아동의 수는 1994년 20,000명에서 2003년 800,000명으로 40배가 증가하였다(Carey, 2007). 전문가들은 이런 문제를 가진 아동의 수가 증가한 것은 아니라고 말한다. 정확히 말하면 이 수치는 아이에게 점점 더 빈번하게 이러한 진단명을 부여하고 있음을 반영한다. 이 같은 증가는 또한 논란의 여지가 많은데, 비판자들은 이러한 진단명이 우울하거나 강한 공격성을 보이는 아동을 지칭하는 포괄적 용어라고 주장한다.

조울증(Bipolar disorder)
우울과 조증의 일화가 번갈아가며 나타나는 것으로 특징지워지는 조건

조울증의 증상은 우울, 불안과 유사하며 ADHD와 같은 다른 이슈와도 종종 연관된다. 치료는 일반적으로 강력한 정신의학적 약물을 포함하며, 이는 대개 증상이 감소하거나 사라지게 하는 데 효과가 있다. 그러나 체중 증가와 같은 부작용도 가져올 수 있다. 교사는 조울증이 있는 학생을 지도할 때 특수교사나 학교심리학자의 도움을 받을 수 있다.

자폐 스펙트럼 장애

처음에는 **자폐**란 용어는 하나의 단일한 장애로 생각되었다. 그러나 현재 사용되고 있는 **자폐 스펙트럼 장애**는 일군의 문제를 일컫는다. 여기에는 자폐와 아스퍼거 증후군을 포함시킨다. 자폐와 아스퍼거 증후군은 제한된 사회적 관계와 기술을 가지고 있으며, 때때로 극히 비정상적인 행동을 보인다(Hardman et al., 2008; Heward, 2009).

자폐 스펙트럼 장애(Autism spectrum disorder)
손상된 사회적 관계와 기술을 보이는 일군의 장애를 지칭하며, 종종 극히 비정상적인 행동을 보임

손상된 사회적 관계 이외에 다음과 같은 특징도 보인다.

- 의사소통과 언어의 결함
- 감각자극에 대한 특이한 민감성
- 동일한 것에 대한 집착과 집요한 반복
- 의식적이고 특이한 행동 패턴(Heward, 2009)

잘 정돈되어 있고 예측 가능한 교실환경은 자폐 스펙트럼 장애를 가진 아동에게 필수적이다.

자폐 스펙트럼 장애는 뇌의 기형에 의해서 야기되는 것으로 생각된다. 이들의 발현율은 최근 유의미하게 증가하였고, 남자가 여자보다 4배가량 많이 발생한다(Darden, 2007). 첫 번째 증상은 사회적 자극에 대한 반응 부재와 머리를 앞뒤로 흔들거나 같은 단어와 구를 반복하는 등과 같은 특이하고 의식적인(ritualistic) 행동이다. 이 장애를 가지고 있는 아동은 다양한 범위의 지적 능력을 가지고 있지만, 약 3/4은 지적 장애를 가지고 있다(Heward, 2009). 많은 자폐 스펙트럼 장애 아동은 부분적으로 혹은 전일제로 일반학급에서 수업을 받는다.

자폐 스펙트럼 장애를 지닌 학생 가르치기

이 장애를 가진 학생을 가르치기 위해 가장 흔히 활용되는 접근으로는 두 가지가 있다. 하나의 접근은 교실환경을 가능한 한 예측 가능하게 만드는 것이다. 규칙적으로 해야 하는 일이 있다는 것은 모든 학생에게 도움이 되며, 특히 자폐 스펙트럼 장애를 가진 아동에게는 필수적이다. 또한 일관성 있게 적용되는 명백한 규칙과 기대는 이 장애를 가진 아동에게 발판을 제공한다.

두 번째 접근은 사회적 기술에 초점을 둔 것으로 친구와 상호작용하는 것을 학습하도록 도우며, 교실에서의 사회적 요구에 적응하도록 조력하는 것이다. 자폐 스펙트럼 장애를 가진 학생들은 사회적 기술이 부족하고 일반적으로 자신의 행동이 다른 사람들에게 미치는 영향을 깨닫지 못한다. 이러한 학생들에게 사회적 기술을 가르치는 전략은 효과가 있으며, 여기에는 타인의 관점 취하기와 사회적 문제해결이 포함될 수 있다.

의사소통장애

의사소통장애는 다른 사람으로부터 정보를 이해하고, 자신의 생각을 표현하는 능력에 심각한 제한을 가지고 있는 상태를 말한다. 여기에는 두 가지 형태의 장애가 있다(Bernstein & Tiegerman-Farber, 2002). **말하기 장애**(때때로 표현장애라고도 한다)는 소리를 형성하고 순서에 맞게 배열하는 데 심각한 문제를 가지고 있음을 의미한다. 말을 더듬거나, 'I saw it.'을 'I taw it.'으로 잘못 발음하는 것 등이 그 예다. **언어장애**는 수용언어장애라고도 불리는데, 언어를 이해하거나 생각을 표현하기 위해 언어를 사용하는 데 있어서의 문제를 포함한다. 언어장애는 종종 청력손상, 학습장애 또는 지적 장애와 같은 다른 문제와도 관련되어 있다(Turnbull et al., 2007).

〈표 5-6〉에 나타난 것처럼 말하기 장애에는 세 가지 종류가 있다. 만약 이러한 말하기

의사소통장애 (Communication disorders)
다른 사람으로부터 정보를 받아 이해하고, 자신의 생각을 표현하는 능력에 심각한 제한을 가지고 있는 상태

말하기 장애 (Speech disorders)
소리를 형성하고 순서에 맞게 배열하는 데 심각한 문제를 가진 장애

언어장애(수용언어 장애) (Language disorders)
생각을 표현하기 위해 언어를 사용하거나, 언어를 이해하는 데 심각한 문제를 가진 장애

표 5-6 table

말하기 장애의 종류

장애	기술	예
발음장애	특정 소리를 다른 것으로 대치하기, 왜곡하기, 생략하기 등과 같이 발음에 문제가 있음	'rabbit' 을 'wabbit' 으로 'sit' 을 'thit' 으로 'lonely' 를 'only' 로
유창성 장애	단어의 첫소리를 반복(말 더듬기)하며 말을 매끄럽게 하는 데 문제가 있음	'Y,Y,Y, Yes'
목소리 장애	후두 또는 코나 목의 공기 흐름에 문제가 있음	콧소리 또는 지나치게 높은 음조

문제가 만성적으로 문제가 된다면 전문적 치료가 필요하다. 민감한 교사들은 학생들이 말하기 장애와 연관된 정서적 그리고 사회적 문제에 대처할 수 있도록 도울 수 있을 것이다.

언어장애는 학습에 영향을 미치기 때문에 말하기 장애보다 더욱 심각하다. 대부분 학생은 학교에 들어가기까지 의사소통하는 것을 매우 잘 학습한다. 그러나 적은 수의 학생들(1% 이하)은 자기 자신을 언어적으로 표현하는 데 문제를 지속적으로 경험한다(Hardman et al., 2008; Heward, 2009). 언어장애의 증상은 다음을 포함한다.

- 하루 종일 거의 말을 하지 않는다.
- 아주 적은 수의 단어나 짧은 문장을 사용한다.
- 의사소통을 위해 몸짓에 과도하게 의존한다.

언어장애의 원인으로는 청력 상실, 대뇌 손상, 학습장애, 지적 장애, 심한 정서적 문제, 생애 초기 몇 년간에 걸친 부적절한 발달적 경험 등을 들 수 있다.

만약 말하기 혹은 언어장애가 의심된다면, 여러분은 문화의 다양성을 상기해야 한다. 영어는 모든 학생에게 제1언어가 아니다. 학생들이 내용과 제2언어 모두를 학습하는 데 있어서의 어려움과 의사소통장애를 혼동하지 말아야 한다. 영어를 배우는 학습자들은 교사의 인내와 이해가 있을 때 풍부한 언어 환경에 반응할 것이다. 의사소통장애가 있는 학생은 언어치료 전문가의 도움을 필요로 한다.

의사소통장애를 가지고 있는 학생 돕기

의사소통장애를 가지고 있는 학생을 가르치는 교사들의 일차적 과제는 이들을 변별하는 것, 수용하는 것, 수업시간 중 연습할 기회를 주는 것 등이다. 다른 특수학생의 경우와 마찬가지로 이들을 변별해 내는 데 교사가 중요한 역할을 한다. 교실상황에서 학생의 의사소통능력을 평가할 수 있는 가장 좋은 위치에 있는 사람이 교사이기 때문이다.

유창하게 의사소통할 수 없는 학생과 함께한다는 것은 쉬운 일이 아니다. 놀리거나 사회적으로 따돌린다면 지속적인 정서적 손상을 가져올 수 있기 때문에 수용하도록 격려하고 모범을 보이는 것이 필수적이다. 이러한 학생들과 상호작용할 때 교사가 인내심을 가져야 하며 그들의 말을 교정해 주려는 것을 자제하여야 한다. 교정해 주려는 것 자체가 문제에 관심을 주기 때문이다. 또한 협동학습이나 모둠활동은 학생들로 하여금 비형식적이며 덜 위협적인 환경에서 그들이 가진 언어기술을 연습해 볼 수 있도록 하는 기회를 제공해 줄 것이다.

시각장애

시각장애
(Visual disability)
학습에 방해가 되는, 교정할 수 없는 시각적 손상

대략 20%의 아동과 성인이 시각 상실을 경험하고 있다(Hardman et al., 2008). 다행히도 대부분의 문제는 안경, 수술 또는 어떤 형태의 요법을 통해 교정될 수 있다. 그러나 어떤 경우(대략 3,000명 중 1명 정도의 아동)에는 교정이 불가능하다(Batsashaw, 2003). 이러한 조건에 처해 있는 사람들은 시각장애를 갖게 된다. 시각장애란 학습에 방해가 되는, 교정될 수 없는 시각적 손상을 말한다.

심한 시각장애자의 약 2/3는 태어날 때부터 이러한 문제를 가지고 있고, 초등학교에 들어갈 때 대부분 이들의 시각적 문제가 확인된다(Hardman et al., 2008; Hunt & Marshall, 2002). 어떤 시각적 문제들은 학교를 다니는 동안 나타날 수 있는데, 이는 갑작스럽고 급속한 발달의 결과로 볼 수 있을 것이다. 하지만 교사는 학생의 드러나지 않은 손상 가능성에 대해 늘 주의를 기울여야 한다. 시각문제의 몇몇 증상이 [그림 5-5]에 제시되어 있다.

시각장애를 가진 사람들에 대한 연구들은 이들이 공간개념에 대한 이해에서부터 세상에 대한 일반적 지식에 이르기까지 장애가 없는 사람들과 다르다는 것을 밝히고 있다(Hardman et al., 2008). 언어발달에서 단어에 대한 의미는 세상에 대한 시각적 경험의 결여 때문에 풍부하거나 정교화되어 있지 못할 수 있다. 따라서 시각장애를 가진 학생들에게는 일반학생보다 실천적 경험이 더 중요할 것이다.

대형 스크린이나 점자와 같은 적응을 위한 도구들은 시각장애를 가진 학생들이 일반교실에서 학습하는 데 도움을 준다.

시각장애를 가진 학생 가르치기

시각장애를 가진 학생을 가르치기 위해서는 이들을 칠판에 가까이 앉히기, 판서하는 동안 그 내용을 말로 해 주기, 유인물의 글씨를 명확하게 볼 수 있도록 해 주기 등이 필요하다(Heward, 2009). 교사는 좀 더 큰 크기의 책과 확대경과 같은 것을 제공할 수도 있다. 친구들이 과제와 과제를 하는 절차 등에 대해 설명해 주도록 하는 것도 활용할 수 있다.

자존감의 저하와 학습된 무기력은 시각장애로 인해 나타날 수 있는 대표적인 두 가지 부수적 문제다. 학습된 무기력은 훈련을 받

· 책을 읽을 때 머리를 이상한 위치에 두거나 책을 너무 가까이 또는 멀리 둔다.
· 곁눈질을 하거나 눈을 자주 비빈다.
· 정보가 칠판에 제시될 때 그 정보에 관심을 보이지 않는다.
· 항상 수업과정에 대해 물어본다(특히 정보가 칠판에 제시되어 있을 때).
· 두통, 현기증, 구토 등을 호소한다.
· 눈의 충혈, 부스럼, 눈이 부은 것 같은 증상을 보인다.
· 읽고 쓰는 페이지나 줄에서 어디를 보고 있는지 위치를 모른다.
· 띄어쓰기를 잘못하거나 한 줄로 바르게 쓰는 데 어려움이 있다.

[그림 5-5] 시각문제를 가졌을 때 보일 수 있는 증상들
출처: Hallahan and Kauffman, 2006; Hardman et al., 2002

으면 스스로 할 수 있는 것을 교사나 다른 학생들이 대신해 줄 때 나타날 수 있다. 이렇게 되면 건강하지 못한 의존성이 길러지게 되고 나아가 자존감 문제를 더욱 악화시킬 수 있게 된다(Hallahan & Kauffman, 2009).

청각장애

청각장애(Hearing disabilities)를 갖고 있는 학생들은 타인의 정상적인 말소리를 지각하는 데 어려움이 있다. 농아와 난청이라는 용어는 다양한 정도의 청각손상을 갖고 있는 아동을 지칭하는 포괄적인 용어다. 이 용어는 농아들이 선호하는 용어다(Shirin, 2007). 청각장애는 두 개의 범주로 나누어진다. **부분적 청각 손상**은 보조 청각기구를 사용하면 음성 채널을 통해 충분히 학교교육을 받을 수 있는 정도의 손상을 말한다. 이에 비해 **농아**는 의사소통을 위해 다른 감각(보통은 시각)을 사용해야만 할 정도로 청각이 완전히 손상되어 있는 학생들이다. 특수학생의 약 1.5%는 청각장애를 가지고 있는 것으로 보고되고 있다(U.S. Department of Education, 2008). 또한 특수교육을 요하는 청각장애자는 학교 시간의 60% 정도를 일반학급에서 보내고 있다. 일반학급에 수용된 이들 학생들의 비율은 최근에 비약적으로 증가하였다(Shirin, 2007).

부분적 청각 손상(Partial hearing impairment)
보조 청각기구를 사용하면 음성적 채널을 통해 충분히 학교교육을 받을 수 있는 정도의 손상

농아(Deaf)
의사소통을 위해 다른 감각(보통은 시각)을 사용해야만 할 정도로 청각이 완전히 손상된 상태

청각장애는 임신기간 중 루벨라(독일 홍역)의 감염, 유전, 임신 중 또는 출산 시의 문제, 뇌막염, 기타 아동기 질병 등이 원인이 되어 나타난나. 청삭 상실자의 약 40% 정도는 그 원인이 밝혀져 있지 않다. 이러한 사실은 청각장애의 예방과 치료를 더욱 어렵게 하는 요인이 된다(Hardman et al., 2008; Heward, 2009).

학교의 선별 프로그램을 통해 훈련된 전문가에게 검사를 받도록 하는 것이 청각문제를 가진 학생을 변별해 내는 가장 좋은 방법이지만, 모든 학교가 이러한 프로그램을 가지고 있는 것은 아니다. 또한 학생들이 이러한 선별과정에서 누락되면 이들이 가진 문제가 간과될 수 있다. 이 경우 일상적 수업장면에서 학생들이 지속적으로 나타내는 듣기의 어려움에 대

- 한쪽 방향의 귀를 화자를 향하거나 잘 들리도록 한쪽 귀 뒤에 손을 댄다.
- 지시를 잘못 이해하거나 따르지 않는다. 그리고 지시가 주어졌을 때 비음성적 단서를 보인다(예, 얼굴 찌푸림, 의아한 표정 등).
- 때때로 넋이 나간 것처럼 보이거나 어찌할 바를 모른다.
- 방금 말한 것을 다시 말해 달라고 한다.
- 발음이 정확하지 못하다. 특히 자음 발음에 문제가 있다.
- 녹음기나 라디오를 듣거나 텔레비전을 볼 때 소리를 높인다.
- 대화를 요하는 활동에 참여를 꺼린다.
- 귀에서 이상한 소리가 들린다거나 불편함 또는 통증을 호소한다.

[그림 5-6] 청각문제를 가졌을 때 보일 수 있는 증상들
출처: Tumbull et al., 2004

한 교사의 인식이 중요한 의미를 갖는다. 교실 상황에서 청각장애를 가지고 있을지 모르는 학생을 선별하는 데 교사들이 활용할 수 있는 지표가 [그림 5-6]에 제시되어 있다.

청각장애를 가진 학생 가르치기

말하기과 언어의 유창성 부족은 청각장애 때문에 발생할 수 있는 학습 관련 문제다. 이러한 문제는 교실학습에서 정보의 주요 원천이 되는 읽기, 쓰기 그리고 듣기에 의존하는 학습에 영향을 끼친다. 교사들은 이러한 언어적 결함이 지능과는 아무 상관이 없다는 것을 기억해야 한다. 즉, 적절한 도움이 제공되면 청각장애를 가진 어떤 학습자도 성공할 수 있다.

청각장애 학생을 위한 프로그램은 일반학급의 수업과 추가적인 지원을 통합하여 제공되고 있다. 농아를 위한 지원 프로그램은 독순술, 수화법, 지화법 등을 그 요소로 한다. 통합적 의사소통이란 매뉴얼적인 접근(수화와 지화)과 말(독순법과 잔여청각력 활용)을 동시에 사용하는 것을 말하는데, 최근 점점 더 인기를 끌고 있다(Hardman et al., 2008).

청각장애를 가진 학생을 돕기 위한 적응적 수업은 다음 사항을 포함한다.

- 청각적 수업을 시각적 정보 및 체험적 경험으로 보충하기
- 분명하게 말하고, 학생들이 교사의 얼굴을 볼 수 있도록 몸과 얼굴을 학생에게 향하기
- 소음을 최소화하기
- 이해하고 있는지 자주 확인하기(Peterson, 2002)

장애를 가지고 있지 않은 학생에게 도우미 역할을 하게 하고, 이들과 함께 협동적으로 작업할 수 있게 하는 것 또한 도움이 된다. 비장애 학생에게 수화법과 지화법을 가르치는 것은 이들의 교육에도 도움이 된다.

◈ 이해 점검 활동

3.1 교사들이 직면할 수 있는 가장 흔한 학습문제에 대해 기술하라.
3.2 학습장애와 지적 장애의 차이점과 유사점을 적어도 한 가지씩 설명하라.
3.3 흔히 볼 수 있는 두 유형의 행동장애에 대해 기술하라. 그리고 교실에서의 행동에 어떠한 영향을 주는지 설명하라.
3.4 의사소통장애란 무엇인가? 이것은 학업 수행에 어떠한 영향을 주는가?

영재 및 재능이 있는 학생

일반적으로 영재 및 재능이 있는 학생을 특수교육의 대상자라고 생각하지는 않는다. 하지만 일반학급에서 그들의 잠재력을 완전히 발현시키기는 어렵다. 한때 영재라는 용어가 이들을 지칭하기 위해 사용되었다. 그러나 이 범주는 IQ 검사 점수가 130 이상이며, 수학, 창의적 글쓰기, 음악 등과 같은 다양한 영역에서 평균 이상의 재능을 가진 학생을 포함하는 개념으로 확대되었다(G. Davis & Rimm, 2004).

영재 및 재능이 있는 학생들의 특징

영재 및 재능이 있는 학생들의 공통된 특징은 다음과 같다.

- 동년배보다 더 빨리 그리고 독립적으로 학습할 수 있는 능력
- 언어, 독해, 어휘 기술이 앞서 있음
- 고도로 발달된 학습 및 초인지 전략
- 도전적 과제에 더욱 동기화되지만 도전감이 낮은 과제에는 동기화가 잘 되지 않음
- 성취에 대한 높은 기준

학급교사의 과제는 이러한 학생들이 발달하기에 충분하고 풍부한 수업과제를 제공해 주는 것이다.

영재 및 재능 있는 학생들을 위한 교육의 역사는 루이스 터만(Lewis Terman)과 그의 동료에 의해 수행된 영재학생들에 대한 종단연구와 함께 시작되었다(Holahan & Sears, 1995; Terman, Baldwin, & Bronson, 1925; Terman & Oden, 1947, 1959). 교사들의 추천과 IQ 점수를 토대로 터만은 1,500명의 영재들을 판별하고 일생 동안 이들을 추적조사하였다(이 연구는 2010년까지 계속되도록 예정되어 있었다). 연구자들은 이들이 학업적으로 더 높은 성취를

보일 뿐만 아니라, 어려서나 성인이 되어서도 동년배보다 더 잘 적응하고, 더 많은 취미를 가지고 있으며, 더 많은 독서를 하며, 정신적으로나 신체적으로 건강하다는 것을 발견하였다. 보다 최근에 이루어진 연구와 함께 이 연구는 영재들이 적응을 잘하지 못하고 편협하다는 편견을 없애는 데 큰 역할을 하였다(Steiner & Carr, 2003).

현재 미국 연방정부에서 활용하고 있는 영재아동의 정의는 다음과 같다.

> 나이, 경험 또는 환경적인 측면에서 동일한 사람들과 비교해서 두드러지는 성취를 보이거나 그럴 가능성을 보이는 아동과 청소년을 말한다.
>
> 이러한 아동과 청소년은 지적, 창의적, 예술적 분야 중 하나나 둘 또는 세 분야 모두에서 뛰어난 수행능력을 보이고, 뛰어난 리더십을 소유하고 있으며, 각 학문 분야에서 탁월한 성취를 보인다. 이들은 학교에서 일반적으로 제공되는 것을 넘어서는 서비스나 활동을 필요로 한다.
>
> 뛰어난 재능은 모든 문화적 집단과 계층 출신의 아동 및 청소년에게 존재하고 또한 모든 인간사 영역에 존재해 왔다(National Excellence, 1993: 54-57).

미국의 많은 주에서 영재와 재능 있는 학생에 대한 이러한 정의를 채택하고 있다고 한다(Stephens & Karnes, 2000). 일반적으로 많이 언급되는 또 하나 영재의 정의는 다음의 세 가지 준거를 포함한다(Renzulli & Reis, 2003).

- 평균 이상의 능력
- 높은 수준의 동기와 과제 집착력
- 높은 수준의 창의성

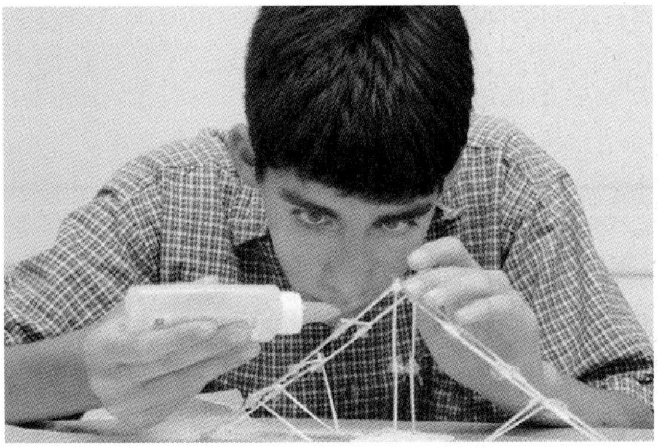
심화활동은 재능 있는 학생들이 교육과정의 타영역을 탐색하는 기회를 제공한다.

이러한 정의에 따르면, 영재들은 똑똑할 뿐만 아니라 이러한 능력을 집중적이고 창의적인 방식으로 활용한다.

영재교육 분야에서 이루어지고 있는 최근의 변화는 일반적인 특성으로서 영재라는 개념에서 특정 영역의 재능이라는 쪽으로 나아가고 있다는 것이다(Colangelo & Davis, 2003; G. Davis & Rimm, 2004).

영재 및 재능이 있는 학생 변별하기

영재 및 재능이 있는 학생들의 필요를 충족시키기 위해서는 조기 변별과 이에 따른 서비스의 제공을 이루어야 한다. 그렇지 못하면 지루함과 동기 부족 등의 사회적 그리고 정서적 문제를 지닌 저성취 영재아를 만들 수 있다(G. Davis & Rimm, 2004). 현재 이용되고 있는 변별방법은 표준화 검사를 통해 나타난 점수와 교사의 추천에 지나치게 의존하고 있어 영재 및 재능이 있는 학생을 종종 놓치곤 한다. 또한 여학생과 소수 문화권 출신의 학생들은 이 프로그램에 잘 선발되지 않는다(Catellano & Diaz, 2002; Kritt, 2004). 이러한 문제를 해결하기 위해 전문가들은 좀 더 융통성 있고 문화적으로 편파되지 않은 방법을 권한다. 이러한 방법에는 창의성 측정, 공간능력 검사, 교사 외에 동료와 부모의 추천 등이 있을 수 있다(G. Davis & Rimm, 2004; Shea, Lubinski & Benbow, 2001).

다른 특수 학생들처럼 영재 및 재능 있는 학습자들을 변별하는 데에도 교사가 중요한 역할을 한다. 왜냐하면 교사들은 이들과 매일 함께 지내면서 검사가 포착해 내지 못하는 이들의 강점을 찾아낼 수 있기 때문이다. 그러나 연구에 따르면 교사들은 종종 영재성 또는 재능이 있음을 좋은 행동, 단정함, 동조 등과 혼동한다고 한다(Colangelo & Davis, 2003).

영재 및 재능이 있는 학생을 위한 프로그램

영재 및 재능이 있는 학생들을 위한 프로그램은 교육과정은 같지만 좀 더 빨리 학습할 수 있게 하는 **속진**, 또는 좀 더 수준이 높은 내용을 다양하게 제공하는 **심화**에 토대를 두고 운영되고 있다. 교육자들은 어떤 접근이 학생의 요구를 가장 잘 충족시켜 줄지에 대해 의견의 일치를 보지 못하고 있다. 심화에 대해 비판적 입장을 취하는 사람들은 그것이 학생들을 너무 바쁘게 만든다고 생각하고 있으며, 학생들이 속진에서 더 많은 혜택을 볼 수 있다는 것을 제시하는 연구물을 그 증거로 제시한다(Feldhusen, 1998a, 1998b). 속진에 대한 비판론자들은 창의성과 문제해결과 같은 심화된 결과는 표준화 검사에서 쉽게 측정될 수 없기 때문에 속진과의 비교 자체가 공정하지 못하다고 반박한다. 나아가 이들은 정규 교육과정이 너무 협소하고, 속진 프로그램에 있는 어린 학생들이 나이가 많은 학생과 같이 수업을 들어야 할 경우 이들의 사회성 발달에 문제가 있을 수 있다고 주장한다. 이러한 문제에 대한 명확한 대답은 아직 없으며, 이러한 논쟁은 계속될 것으로 보인다.

속진(Acceleration)
같은 교과과정을 좀 더 빨리 학습하도록 하는 영재 및 재능이 있는 학생을 위한 프로그램

심화(Enrichment)
영재 및 재능이 있는 학생에게 좀 더 수준이 높은 내용을 다양하게 제공하는 프로그램

영재 및 재능이 있는 학생들은 학교에서 보내는 시간 중 일부를 할애하여 따로 영재학급이나 별도 풀 아웃(pull out) 프로그램에 참여한다. 영재학급 수업은 속진과 심화 모두를 가지고 있지만 풀 아웃 프로그램은 일반적으로 심화에 초점을 둔다.

이론에서 실제로

영재 및 재능이 있는 학생 가르치기

만약 여러분의 학급에 영재 및 재능이 있는 학생들이 있어 일정시간 동안 따로 교육을 받는다면, 이들에게 심화활동을 제공해야 할 것이다. 이러한 학생들의 욕구를 충족시켜 주기 위해 수업을 변형할 때 다음과 같은 지침이 도움이 될 것이다.

① 학생들이 핵심내용을 이미 숙달한 영역이 어떤 것인지를 알아내기 위해 자주 평가하라.
② 학생들의 능력과 관심을 자극하는 대안적 활동을 제공하라.
③ 도전감을 제공하기 위해서 테크놀로지를 활용하라.

이러한 원리가 어떻게 적용되는지 보기 위해 6학년 담당인 홍 교사가 하고 있는 것을 살펴보자.

홍 교사는 기초학업능력을 평가하는 일련의 진단검사를 시행함으로써 첫 학기를 시작한다. 이 검사는 추가적인 도움이 필요한 학생과 가르칠 내용을 이미 습득한 학생이 누구인지를 알게 하는 데 도움을 준다. 영재학급 교사와 전년도 담임교사로부터 다연, 실비, 가람이가 영재라는 것을 알게 되었다. 이들은 일주일에 두 번씩 풀 아웃 프로그램에서 영재 교사와 만나고 있다. 홍 교사의 과제는 학생들이 자신의 학급에 있는 동안 그들을 동기화시킬 수 있는 프로그램을 제공하는 것이었다.

이 과제를 성취하기 위해 홍 교사는 새로운 단원을 시작하기 전에 모든 학생에게 진단검사를 실시하였다. 그리고 다연, 실비, 가람이의 숙제를 면밀히 검토하였다. 홍 교사는 그들이 이미 그 내용을 습득했다고 판단했을 때 다음의 세 가지 방식으로 심화를 제공하였다.

첫째, 그는 대안적인 학습활동을 제공하였다. 예를 들어, 과학 과목의 식물단원에서 홍 교사는 식물에 대한 프로젝트를 수행하도록 하기 위해 도서관 직원과 협의하여 자료를 제공받을 수 있게 하였다. 그리고 그 프로젝트의 목적과 범위를 설계하도록 학생들을 도왔다.

둘째, 홍 교사는 모든 학생이 이용할 수 있는 일련의 학습센터를 마련하였다. 이 센터는 날씨, 기하학, 음악 그리고 미술 등에 초점을 두었으며, 학생들이 모든 수업을 끝내고 자유시간 동안 언제라도 갈 수 있게 하였다. 각각의 센터는 수행해야 할 프로젝트뿐만 아니라 읽어야 할 자료들을 구비해 놓고 있었다. 다른 학생들이 공부하고 있는 현재 학습내용을 다연, 실비, 가람이가 이미 습득하였다는 것을 보여 주었을 때, 홍 교사는 그들로 하여금 현재의 학습내용 대신 센터의 프로젝트를 수행하게 하였다.

셋째, 홍 교사는 자신의 교육과정에 테크놀로지를 보조로 활용하였다. 그는 그 지역의 매체 관리자와 협력하여 수많은 소프트웨어 프로그램과 교육 웹사이트를 활용할 수 있게 하였다. 이러한 것은 속진과 심화 모두를 촉진시켜 주는 것이었다. 예를 들어, 온라인 개별지도 프로그램은 학생들에게 대수 개념을 실험할 수 있게 해 주었다. 사회과 학습 소프트웨어는 학생들에게 옛날 기차를 타고 서부를 여행하는 경험을 하게 해 주었다.

이러한 원리를 적용하기 위해 홍 교사는 먼저 그가 가르치고 있는 주제에 대해 다연, 실비, 가람이가 어느 정도나 이해하고 있는지를 평가할 수 있게 그가 모을 수 있는 최대한의 정보를 수집하였다. 홍 교사는 그들이 이미 그 주제에 대해 알고 있다고 판단했을 때 이를 심화활동으로 대치하였다. 속진이 많은 장점을 가지고 있지만 정규학급에서 실행하기는 어려웠다. 따라서 이 사례에서 홍 교사의 접근은 그가 관리할 수 있을 만큼의 것이었다. 즉, 이 접근은 그가 과외활동을 위해 지나치게 많은 시간을 투여하기 않아도 되는 것이었다. 그래도 이 접근은 세 명의 영재 학생들에게 풍부한 경험을 제공해 줄 수 있었다.

다양성 탐색

특수교육에서 공정함 추구하기

특수교육에는 한 가지 역설적인 사실이 존재한다. 모든 학생을 평등하고 인간적으로 대우하자는 취지에서 만들어진 바로 그 체제가 문화적으로, 그리고 언어적으로 소수에 속하는 집단 출신의 학생이 특수 학습자를 위한 프로그램에 지나치게 많이 분포하고 있거나 경우에 따라서는 지나치게 적게 분포하고 있는 상황을 초래했다는 것이다(Harry & Klingner, 2007). 예를 들어, 아프리카계 미국인 학생들은 전체 학생수의 15%보다 적으나, 특수성을 지닌 것으로 진단된 학생수의 20%를 차지한다. 게다가 소수 인종 출신의 학생, 특히 아프리카계 학생과 히스패닉계 학생들은 영재 프로그램에 실제보다 적게 분포하고 있다(Hardman et al., 2008; Heward, 2009).

이러한 점은 최근에 일어나는 경향이 아니다. 오래전인 1979년에 미국 의회는 이러한 문제가 있음을 알게 되었고 연구자들에게 그 원인을 찾아 달라고 요청하였다(Turnbull et at., 2007). 그 원인은 학생의 가정과 이웃 환경에서부터 학교 내 요인에 이르기까지 복잡하고 다양하다(McDermott, Goldman, & Varenne, 2006; O' Conner & Fernandez, 2006). 예를 들어, 가난은 산전 관리와 영양 및 건강 관리 소홀을 낳고, 이것이 지능과 학교에서의 수행에 영향을 줄 수 있다. 특히, 어머니의 교육 수준(고등학교를 졸업하지 못한 정도), 결혼 여부(미혼), 임신 초기의 산전 관리(부실한 산전 관리), 그리고 저체중아 출산(지나치게 낮은 체중)은 모두 특정 학습장애 프로그램으로의 배치와 상관이 있다(Turnbull et al., 2007: 116). 더구나, 가난은 사람들은 아이 키우기에 적절하지 않은 이웃 환경에 거주하게 한다. 이러한 환경에서는 생애 초기 유아를 위한 교육 자원이 심각히 제한된다.

가난한 아동은 질적으로 열악한 학교에 다니게 된다. 예를 들어, 매우 가난한 학교에서 비전공 교사가 수업을 맡게 되는 비율은 부유한 지역의 학교에 비해 80% 이상 더 높다.

비판자들은 또한 특수교육 배치과정에 대해 이의를 제기한다(McDermott et al., 2006; O' Connor & Fernandez, 2006). 이들은 질문한다. '교실환경이 문화적 차이에 민감하고, 학생이 이미 알고 있는 지식에 토대를 두고 있는가? 교수법은 다양한 배경을 가진 학생들이 소유하고 있는 강점에 민감한가?'

판별과 배치과정 또한 문화와 언어에 크게 의지한다. 특수성을 가진 학생을 판별하기 위해 사용되는 검사는 영어 문화권의 내용에 토대를 두고 있으며 영어능력이 있어야 제대로 된 점수를 받을 수 있다(Rogoff, 2003).

학급 교사는 이러한 문제를 해결하는 데 일정한 역할을 할 수 있다. 예를 들어, 4장에서 논의하였던 문화적으로 반응적인 교수법은 학생들의 강점을 살리도록 도울 수 있고, 다양한 배경의 학생들의 욕구를 더욱 잘 충족시킬 수 있다. 학습문제가 있을 때는 학생을 특수 교육 서비스에 의뢰하기 전에 가능한 모든 것을 다 해보았다는 것을 확신할 수 있어야 한다. 만약 특수교육 서비스가 필요하다고 확신한다면 이러한 학생의 필요를 충족시키기 위해 가능한 범위 내에서 가장 정확한 정보를 제공할 수 있어야 한다.

◈ 이해 점검 활동

4.1 영재 및 재능이 있는 학생들의 특성을 기술하라. 그리고 이러한 학생에 대한 정의가 시간의 경과에 따라서 어떻게 바뀌었는지 설명하라.

4.2 영재 및 재능이 있는 학생들을 판별하는 방법을 설명하라. 이러한 방법의 장점과 단점은 무엇인가?

4.3 영재 및 재능이 있는 학생을 가르치는 데 가장 흔히 활용되는 방법 두 가지를 기술해 보라. 이러한 방법의 장점과 단점을 설명하라.

통합학급에서 교사의 역할

일반학급의 교사는 특수학생을 가르치는 데 있어서 세 가지 중요한 책임을 갖고 있다.

- 추가적인 도움이 필요한 학생을 변별하는 데 도움을 주는 것
- 개개 학생의 욕구를 가장 잘 충족시켜 주기 위해 수업을 적극적으로 운영하는 것
- 학급 내 모든 학생을 수용하도록 촉구함으로써 학생의 성장과 사회적 통합을 증진시키는 것

각 영역에 대하여 일반 학급교사는 특수교사의 조력을 받을 수 있다.

협력적 자문: 담임교사를 위한 도움

초기에 교육자들은 통합교육을 부가적인 것으로 보았다. 즉, 특수성을 지닌 학생들이 일반학교 환경에서 기능할 수 있도록 부가적인 서비스를 받는 것으로 본 것이다(Turnbull et al., 2007). 서서히 부가(addition)라는 것이 조정(coordination)이라는 개념으로 대체되었다. 오늘날에는 특수성을 가진 학생을 위해 경험이 통합되도록 특수교육자와 일반교육자들이 서로 협력하는 것을 의미하고 있다.

협력은 효과적인 통합교육에 필수적이다(Karten, 2005; T. Smith et al., 2004). 일반학급의 교사와 협력하는 데 있어 특수교사는 다음과 같은 사항을 책임져야 한다.

- 평가 정보를 수집하도록 돕는다.
- 학생의 기록을 보관한다.
- 특수아 교육을 위한 학습자료를 개발한다.

- 개별화 교육 프로그램(IEP)을 실행하는 데 있어 팀 구성원의 노력을 조정한다.
- 부모와 함께 작업한다.
- 교수방법의 변용을 돕는다.

특수교사의 가장 중요한 책무는 일반학급 교사가 특수한 도움이 필요한 학생을 선별하고 교수법을 변용하도록 돕는 것이다. 왜냐하면 이것이 학습 성공에 가장 직접적인 영향을 주기 때문이다.

특수성을 지닌 학생 변별하기

현재 특수학생을 변별하기 위해 팀 접근을 채택하고 있다. 교사는 학생들과 계속적으로 상호작용하기 때문에 팀의 핵심 멤버가 된다. 특수교육을 받는 것이 적절한지를 결정하기 위한 평가에 학생을 의뢰하기 전에 교사는 학생의 문제와 이러한 문제를 해결하기 위해 시도해 왔던 전략에 대해 문서화해야 한다(Hallahan & Kauffman, 2009). 일반학급의 교사는 다음의 사항을 기술하여야 한다.

- 문제의 속성과 이 문제가 학급활동에 미치는 영향
- 문제가 일어난 날짜, 장소, 시간
- 교사가 시도한 전략
- 전략의 효과에 대한 평가

평가는 선별과정에 필수적이다.

교육과정에 기반한 평가

과거 교육자들은 표준화된 지능점수에 지나치게 의존하는 경향이 있었지만, 최근 IDEA는 지능검사 하나로 평가하는 것을 금지하고 있다.

교사들은 **교육과정에 기반한 평가**를 점점 더 많이 활용하고 있다. 이 평가는 교육과정 내의 특성 영역에 있어서의 학습자 수행을 측정하고, 평가를 학습목표에 밀접히 연결시키려는 시도다(Vaughn et al., 2006). 학습목표는 평가의 목표대상과 학습의 향상을 측정하기 위한 기저선을 제공한다. 그 결과는 교육과정의 목표와 교수 및 책무성 지표를 연결하는 판별/평가 시스템이 된다.

교육과정에 기반한 평가 (Curriculum-based assessment)
교육과정 특정 영역에서 학생의 수행 정도를 측정하는 것

적응 행동

교육과정에 기반한 평가에 덧붙여, 교사는 학생들의 적응 행동을 평가한다. 적응 행동

교사는 특수성을 가진 학생을 찾아내는 데 필요한 정보를 수집하기 위해 평가를 활용한다.

은 일상생활 기능을 수행할 수 있는 능력을 의미한다(Hardman et al., 2008). 교사는 일상적인 과업을 수행하는 학생의 능력을 관찰한다(Hardman et al., 2008). 여기에는 과제의 완수, 자신의 행동 통제, 급우들과 효과적으로 상호작용하는 것 등이 포함된다.

교사가 학생의 적응 행동에 문제가 있다는 것을 관찰할 때 그 학생의 적응능력을 더욱 체계적으로 관찰할 수 있는 수많은 도구가 있다(Heward, 2009). 예를 들어, 미국 발달 및 지적 장애협회(American Association on Intellectual and Developmental Disabilities: AAIDD)의 적응행동척도(문항당 여러 질문으로 구성되어 있으며 총 104개의 문항이 있다)가 있다(Pierangelo & Giuliani, 2006). 이 도구는 구두 및 문자로 표현된 지시사항을 이해하는 능력, 자신을 표현하는 능력, 과제를 지속하는 능력, 그리고 친구를 사귀는 능력 등과 같은 것을 평가한다.

특수 서비스 의뢰

교수법을 변용하여도 학생의 학습문제를 해결할 수 없을 때, 교사는 특수교육 서비스로 의뢰를 시도할 수 있다. 의뢰를 고려할 때, 교사는 학교행정가나 학교심리학자에게 학교의 방침을 확인하여야 한다.

학생이 추가적인 도움을 필요로 한다는 것이 확인되면 위탁 팀이 구성된다. 이 팀은 대개 학교심리학자, 특수교사, 담임교사로 구성된다. 팀은 문제를 평가하고 부모와 상의하며, IEP를 준비한다.

부모는 이 과정에서 필수적인 역할을 한다. IDEA는 부모의 관여를 요구한다. 부모는 학생의 교육적·의학적 배경에 대한 가치 있는 정보를 제공한다. 법이 강요하지 않더라도 부모에게 통지하는 것이 전문적인 수칙이다.

웹 자료실

1학년 학급에서 나타나는 특수성의 조건을 검토하려면 www.myeducation-lab.com에 접속하고, 5장 '활동과 적용'의 'Analyzing Exceptionalities in a First-Gr-ade Class' 사례를 보라. 그리고 이어지는 물음에 답하라.

학생의 요구에 맞도록 교수법 수정하기

연구에 따르면 일반 학생에게 효과적인 교수방법이 특수성을 지닌 학생에게도 효과적이다(Tomlinson, 2006; Vaughn et al., 2006). "특수 아동에게 효과적인 학급관리와 교수법이 일반 학생에게 효과적인 학급관리 및 교수법과 동일하다"(Good & Prphy, 2008: 223). (효과적인 교수법에 대해서는 13장에서 설명할 것이다.)

그러나 학생들이 실패와 좌절의 역사를 극복하도록 돕고 새로운 노력이 성공을 가져올 것이라는 것을 확신시키기 위해 추가적인 지원이 제공될 필요가 있다. 한 예로, 효과적인 교사는 학급의 대다수가 자습을 하는 동안 한 개인이나 소집단을 가르친다.

교사는 또한 동료 튜터링을 효과적으로 활용한다. 동료 튜터링은 튜터와 튜티 모두에게 이점이 있으며, 부모가 관여된 가정에서의 튜터링 프로그램 역시 효과적이다(Vaughn et al., 2006).

다음은 몇 가지 추가적인 변용안이다(Turnbull et al., 2007).

- 과제 및 문제해결 방법 시범 보이기
- 작은 단계로 나누어 가르치고 숙제에 대하여 자세한 피드백 주기
- 특수성을 지닌 학생을 다른 학생들과 가능한 동등하게 대할 것
- 가르치려는 내용을 개요, 위계, 차트 및 기타 형식으로 조직화하여 가르치기
- 시험과 퀴즈를 대비하여 준비할 수 있는 시간을 증가시킬 것
- 사용 가능한 장비나 기구를 활용할 것
- 학습전략을 가르칠 것

마지막 항목에 대해서는 설명이 필요할 것이다. 전략 훈련은 학습에 문제가 있어 도움이 필요한 학생을 조력하기 위해 개발되어 온 가장 가능성이 높은 접근방법 중 하나다. 학습전략은 학생들이 학습목표를 성취하기 위해 사용하는 일종의 계획이다(9장에서 전략적 학습에 대해 자세히 검토할 것이다). 특정 장(chapter)의 내용을 이해하기 위해 전략을 적용하는 한 예를 살펴 보자. 읽기 학습장애를 가지고 있는 어느 중학생은 처음에 그 장이 어떻게 구성되어 있는지를 보기 위해 그 장의 개요를 먼저 살펴볼 것이다. 이 학생은 그 장을 읽을 때 그 개요를 떠올릴 것이다. 이 학생은 그 장을 소리 내어 읽을 것이고, 몇 문단을 읽은 후에는 금방 읽은 내용을 스스로 요약해 볼 것이다. 만약 요약할 수 없으면 그 부분을 다시 읽어 볼 것이다.

학습의 어려움을 가진 학생들은 종종 과제에 수동적으로 접근하거나 모든 학습목표에 똑같은 전략을 사용한다(Vaughn et al., 2006). 이와는 대조적으로, 다른 학생은 단어의 철자를 학습하는 데 활용하였던 것과는 다른 전략을 사용하여 책 내용을 이해하려 할 것이다. 학습에 문제가 있는 학생에게는 전략을 명확하게 가르칠 필요가 있다(Carnine et al., 2006). 교사 시범과 설명뿐만 아니라 연습과 피드백의 기회 제공 또한 필수적이다.

사회적 통합과 학생의 성장 촉진하기

특수성을 지닌 학생을 학급의 일원으로 통합하고 성장을 촉진하는 것은 일반학급 교사가 해야 하는 세 번째 중요한 역할이다. 장애를 지닌 학생들은 '다르다, 학업적으로 뒤처져

있다, 교실에서 부적절한 행동을 보인다, 사회적 기술이 없다' 등으로 인식된다(Hallahan & Kauffman, 2009). 그 결과 일반학생은 이들에 대해 부정적 태도를 갖게 된다. 일반학생의 이러한 태도가 미치는 영향은 특수학생이 직면하는 가장 어려운 장애 중 하나다. 특수학생의 일반학급에의 수용을 증진시킬 수 있는 특별한 노력이 필요하다(Cook, 2004; Kliewer et al., 2004). 이러한 노력에는 이들에 대한 학급원의 이해와 수용을 개발시키는 것, 이들로 하여금 적절한 행동을 학습토록 돕는 것, 일반학생과의 사회적 상호작용을 증진하기 위한 전략을 사용하는 것 등이 있다(Plata, Trusty, & Glasgow, 2005).

학급원의 이해와 수용 개발하기

일반학생의 특수성에 대한 부정적 태도는 종종 이해의 부족에 기인한다(Plata et al., 2005). 장애에 대한 열린 논의와 정보는 이러한 태도를 변화시키는 데 도움이 된다(Heward, 2009). 장애를 가진 사람들도 다른 사람들처럼 친구를 사귀기 원하고 성공하고 싶어 하며, 행복해지고 싶어 한다는 것을 강조하는 것이 이들의 태도 변화에 많은 기여를 한다. 이러한 논의가 특수학생에 대한 편견을 줄여 주며 일반학생과 특수학생 사이에 있는 장애물을 없애 줄 수 있다. 장애를 가진 사람의 어려움과 성공을 살펴보는 문헌 및 비디오 자료, 그리고 장애를 극복한 사람을 초대해서 이야기를 들어 보는 것 등이 소중한 정보의 원천이 될 수 있다.

적절한 행동을 학습하도록 돕기

적절한 행동이 어떤 특성을 갖는지 학습하는 것이 특수성을 가진 학생 스스로에게 도움이 된다(Pearl et al., 1998). 이들로 하여금 자신의 행동을 개선시키도록 도와주는 데 활용할 수 있는 두 가지 전략이 상담과 응용행동분석이다(Elbaum & Vaughn, 2001). 이 장의 마지막 부분에 있는 사례연구는 응용행동분석의 한 예다(응용행동분석의 한 예가 6장에 제시되어 있다).

장애를 가진 학생들에게는 종종 친구를 사귀는 데 필요한 기술이 결여되어 있음을 볼 수 있다(Turnbull et al., 2007). 즉, 이들은 다른 학생들을 피하거나 자신도 모르는 사이에 다른 학생들을 소외시키고 있다. 지도해 주는 것과 시범을 보여 주는 것은 학생들로 하여금 특히 사회적 기술을 학습하게 하는 데 유용하다. 예를 들어, 학생에게 어떻게 놀이를 시작할 수 있는지를 가르치기 위해 교사는 "병진이가 저기 놀이터에 있네. '안녕, 병진아! 나랑 공놀이할래?' 하고 말하는 거야. 이제 한 번 그렇게 해 보렴." 이라고 말해 줄 수 있다.

창의적인 교사는 서로 다른 능력을 가진 학생들이 서로 상호작용하고 서로에 대해 배울 수 있는 학습 활동을 설계한다.

교사는 사회적 문제해결 방법에 대한 시범을 보일 수 있다. 예를 들어, 교사는 "미리는 내가 가지고 놀고 싶은 장난감을 가지고 있구나. 미리가 그 장난감을 가지고 나와 놀게 하려면 어떻게 해야 할까?"라고 말해 줄 수 있다. 이러한 직접적 접근은 공감, 타인의 관점 채택, 협상, 주장 등과 같은 사회적 기술을 가르치는 데 효과적이다(Vaughn et al., 2006).

웹 자료실

특수성을 지닌 학생을 조력하기 위해 동료 튜터링을 활용하는 방법을 검토하려면 www.myeducation-lab.com에 접속하고, 5장 '활동 및 적용'의 'Using Peer Tuto-ring with Students Hav-ing Excep tionalities'라는 사례를 보라. 그리고 이어지는 물음에 답하라.

상호작용과 협력을 증진시키기 위한 전략

특수학생들의 수용을 증진시키는 가장 효과적인 방법 중 하나는 가능한 자주 그들을 호명해 주는 것이다. 이 같은 의사소통은 모든 학생이 소중하며 모두가 수업에 참여하고 성공할 것임을 기대하게 한다.

협동학습과 튜터링은 또한 학생들의 상호작용을 증진시키는 데 사용될 수 있다(Mastropieri, Scruggs, & Berkeley, 2007). (협력적인 학습전략에 대해서는 13장에 설명하고 있다.) 동료 튜터링은 일반적으로 학생들을 짝 지워 학습활동과 연습의 기회, 그리고 피드백을 제공한다. 예를 들어, 수학 과목의 새로운 개념을 소개한 다음 교사는 짝 지워진 학생들에게 연습문제를 풀게 한다. 학생들은 순서를 바꾸어 가며 가르치는 역할을 한다. 특히 선후배간(cross-age) 튜터링은 특수성을 지닌 학생들 가운데 나이가 더 많은 학생이 어린 학생을 가르치는 것으로 앞으로 많이 활용될 것으로 기대되고 있다.

이론에서 실제로

특수성을 지닌 학생 가르치기

아마도 학급에 몇몇은 특수성을 지닌 학생일 것이고 교사는 이 학생들이 자신의 잠재성을 발휘하도록 도와야 할 것이다.

이 장의 앞 부분에서 일반학생에 효과적인 교수전략이 특수성을 지닌 학생에게도 효과적이라는 것을 지적하였다(Good & Brophy, 2008). 예를 들어, 4장(175)쪽의 '이론에서 실제로'에 나와 있는 지침을 보라. 그리고 심 교사가 다양한 배경의 학생들을 가르칠 때 이 지침을 어떻게 적용했는지도 보라. 이와 동일한 지침이 특수성을 지닌 학생을 가르칠 때도 마찬가지로 적용된다. 그러나 두 가지 요소가 추가되어야 한다. 첫째, 특수성을 지닌 학생이 학급의 다른 친구들만큼의 학업성취를 이루기 위해서는 추가적인 도움이 필요하다. 둘째, 이들이 효과적인 학습전략을 개발시키기 위해서는 별도의 지원이 필요하다. 이 장 끝부분에 제시되어 있는 사례연구에서는 특수성을 지닌 학생을 가르치는 서 교사가 학생들의 적응과 학업적 성장을 위해서 어떠한 지원을 제공했는지에 대한 구체적인 예를 제공하고 있다.

당신의 학급에 특수학생이 있다면 당신의 일은 더욱 복잡하게 될 것이다. 그러나 장애가 있는 학생이 잘 적응하고 성장하도록 돕는 것은 교사로서 당신이 가질 수 있는 가장 큰 보람 중의 하나가 될 것이다.

웹 자료실

통합학급을 어떻게 운영하는지를 검토하려면 www.myeducationlab.com에 접속하고, 5장 '교수기술과 성향 개발'의 'Creating an Inclusive Classroom' 사례를 보라. 그리고 이어지는 물음에 답하라.

◈ 이해 점검 활동

5.1 통합학급에서 일반교사가 수행할 것으로 기대되는 역할을 기술하라.

5.2 연구 결과에 따르면, 특수성을 지닌 학생을 위한 효과적인 교수전략에는 어떤 것이 있는가? 이러한 전략은 학급교사인 여러분에게 어떤 함의를 가지는가?

5.3 특수성을 지닌 학생의 성장과 사회적 통합을 촉진하기 위한 방안 중 최소한 세 가지를 제시하라.

교실에의 적용

특수성을 지닌 학생을 일반학급에서 가르치기

1. 효과적인 교사는 특수성을 지닌 학생의 욕구와 능력을 충족시키기 위해 교수법을 변용한다. 추가적인 발판을 제공하여 성공적인 학습이 일어날 수 있도록 하라.
- 초등학교: 3학년 교사가 자리에 앉아서 과제를 수행하고 있는 학생을 조심스럽게 모니터한다. 교사는 특수학생을 하나의 작은 집단으로 묶어서 이들에게 추가적인 도움을 제공한다.
- 중학교: 1학년 수학교사가 과제 수행을 위해 학생을 네 개의 집단으로 나눈다. 각각의 학생은 한 문제씩 맡되 파트너와 협의한다. 두 학생이 일치를 보지 못할 때, 그들은 그 집단의 다른 학생 쌍과 협의한다. 교사는 집단 내 네 명 모두가 똑같이 참여할 수 있도록 집단을 면밀히 모니터한다.
- 고등학교: 과학교사가 빈번히 평가를 실시하고 각 평가 항목에 대해 세세한 피드백을 제공한다. 이 교사는 어려움을 가지고 있는 학생 한명 한명과 개인적으로 상의할 시간을 갖는다.

2. 사회적 통합과 성장에 있어 큰 장애 중 하나는 다른 학생들의 이해 부족이다. 개방적이고 긍정적인 방식으로 '다른 것'이라는 주제를 논의하라.
- 초등학교: 2학년 교사가 놀림, 비웃음과 같은 것들의 문제를 설명하기 위해 역할놀이나 모델링을 활용한다. 교사는 다르게 보이거나 행동하는 학생들을 다른 학생들과 똑같이 존중해야 함을 강조한다.
- 중학교: 영어교사가 개인 차에 대한 논의를 촉진하기 위해 Betsy Byars(1970)의 『백조의 여름』과 같은 문헌을 활용한다. 학생들에게 자기 자신의 특성에 대해 생각하고 그것이 그들에게 얼마나 중요한가를 생각해 보게 한다.
- 고등학교: 영어교사가 학생들이 가장 좋아하는 음식, 활동, 영화, 음악에 대한 토론을 이끈다. 또한 학생들의 관심이 되고 있는 문제나 주제에 대해 논의한다. 교사는 학급이라는 하나의 지역사회 연대감을 만들기 위해 이러한 토론을 촉진제로 활용한다.

3. 특수성을 지닌 학생은 종종 학습과제에 수동적으로 임한다. 효과적인 학습전략을 가르치기 위해 코칭과 시범을 활용하라.
- 초등학교: 4학년 담임교사는 수학 응용문제에 대한 해답을 확인하는 데 다음과 같은 질문을 강조한다. "이 풀이법이 문제에 대한 올바른 답을 제시할까요?", "이해가 되나요?", "자릿수가 올바른가요?" 이 교사는 이러한 과정을 한 해 동안 강화해 왔다.
- 중학교: 수학교사가 칠판에 수학문제를 푸는 동안 자신의 사고과정을 칠판에 적음으로써 문제해결 전략을 가르친다. 교사는 응용문제를 다음과 같은 단계로 나눈다.
  ① 읽기: 질문이 무엇인가?
  ② 다시 읽기: 나는 어떤 정보를 필요로 하는가?
  ③ 멈추고 생각하기: 무엇을 해야 하나? 더하기, 빼기, 곱하기 혹은 나누기?
  ④ 계산하기: 옳은 숫자를 투입하여 해결하기
  ⑤ 명명하고 검토하기: 어떤 답을 얻었나? 타당한 답인가?

- 고등학교: 영어교사가 단계별로 해결해 가는 전략을 가르치고 시범을 보인다. 한 문단짜리 에세이 쓰기 단원은 학생들에게 네 가지 단계를 활용할 것을 제안한다.
  ① 주제문을 써라.
  ② 주제문을 지지하는 세 문장을 써라.
  ③ 요약 문장을 써라.
  ④ 문단을 다시 읽고 편집하라.

  학생들에게 글을 쓰라고 하기 전에 교사가 이 전략을 활용하는 시범을 보이고, 좋은 예와 좋지 않은 예를 보여 준다.

영재 및 재능 있는 학생 가르치기

4. 영재 및 재능이 있는 학생을 동기화시키기 위해서는 도전적인 학습활동이 필요하다. 영재 및 재능이 있는 학생들이 도전감을 갖도록 추가적인 활동을 제공하라.

- 초등학교: 5학년 교사가 영재 및 재능 있는 학생들이 정규 교육과정의 내용을 이미 습득했다는 것을 보여 주면 숙제를 대신해서 자신이 선택한 프로젝트를 해도 된다고 허용한다.
- 중학교: 수학교사가 각 단원을 시작할 때마다 학생들에게 진단검사를 실시한다. 학생들이 개념과 기술을 습득했다는 것을 보여 주면, 이 학생들은 학교 미디어센터에서 대안적인 활동을 할 수 있게 해 준다. 이들 활동은 그 단원에서 가르치는 개념의 적용 또는 확장이 될 것이다. 혹은 정규 교육과정에서는 잘 가르치지 않는 수학사나 수학적 원리에 대한 학습이 될 수도 있다.
- 고등학교: 사회교사는 "영제국이 독립전쟁에서 승리했다면 지금의 미국은 어떠한 모습을 보일까?"와 같은 가설적인 문제로 매 단원을 끝맺는다. 학생들은 이 문제에 답하기 위해 모둠으로 작업하며, 보고서나 프로젝트 형식으로 이 작업을 계속하는 학생들에게는 추가적인 점수를 부여한다.

학교급별 적용 *Developmentally appropriate*

서로 다른 연령대의 특수성을 지닌 학생

발달은 장애가 있는 학생을 이해하고 가르치는 데 중요한 역할을 한다. 다음의 논의를 살펴보면 장애가 있는 학생을 위한 효과적인 교수 실제가 학생들의 연령과 발달적 특성에 의해 영향을 받는다는 것을 알 수 있을 것이다.

초등학생들의 활동

유아와 초등학교 저학년 교사들은 학습문제를 확인하는 데 중요한 역할을 한다. 학기 초에 모든 학생을 대상으로 실시하는 진단평가는 미래 성장을 위한 기저선을 제공할 뿐 아니라 잠재적인 학습문제를 확인할 수 있게 해 준다(Reutzel & Cooter, 2008; Vaughn et al., 2006). 진단평가 점수가 학습문제의 가능성을 시사한다면 문제의 속성을 규명할 수 있는 자세한 기록과 시도된 개입에 대한 기록은 특수교사에게 효과적인 개입 방안을 마련하기 위한 기초 자료를 제공해 줄 것이다.

발달적 지체 가능성에 대한 민감성은 특히 어린 아동에게 중요하다. 학습자 발달에 관한 연구는 학생들이 발달하는 속도에 큰 변인이 존재함을 나타내고 있다(Lerner, 2006).

유사하게, 초기 학업적 성취에 미치는 문화와 언어의 역할을 아는 것은 중요하다. 많은 학생은 영어가 모국어가 아니며 신문이나 잡지, 책 등을 쉽게 이용할 수 없는 가정에서 성장한다. 아동을 특수교육 서비스에 의뢰하기 전에 학습문제가 문화적 ·

언어적 차이에 기인하지 않는다는 것을 확신하는 것이 중요하다.

중학생들의 활동

중학생 시절은 모든 학생이 어려움을 경험하는 시기다. 이러한 어려움에는 자기 충족적인 초등학교 교실에서 훨씬 덜 인격적인 중학교 환경으로의 이행이라는 것뿐만 아니라 신체적 · 정서적 변화라는 것도 포함된다.

알림장을 쓰고, 필기를 하는 것과 같은 직응적인 행동은 장애가 있는 학생들에게는 특별한 도전거리가 된다(Vaughn et al., 2006). 이러한 학생들이 학습전략을 획득하도록 돕기 위한 노력은 특히 효과적일 수 있다.

또래는 중학생들에게 매우 중요하다. 특수성을 지닌 학생이 허용될 수 있는 행동을 학습하고, 상호작용과 협력을 증진시키기 위한 전략을 습득하도록 조력하는 것은 필수적이다. 협동학습과 동료 튜터링이 효과적일 수 있지만 특수성을 지닌 학생이 이러한 환경에서 효과적으로 기능하기 위해서는 추가적인 지원이 필요하다.

고등학생들의 활동

고등학교는 규모가 크고, 덜 개별적이고, 이동식 수업(switching class)을 한다. 그래서 특수성을 지닌 학생들에게 어려움을 준다(Kincheloe, 2004; Schutz, 2004). 또래 수용은 모든 고등학교 학생에게 계속적으로 우선순위가 된다.

또래와의 차이를 자각하고 있는 특수성을 지닌 학생을 학급에서 환영받는다고 느끼도록 조력하는 것은 매우 중요하다. 교사는 예의와 존중을 시범 보이고, 학생들이 서로를 동등하게 대하도록 지도함으로써 이러한 학급 분위기를 조성한다. 협동학습과 소그룹 학습은 특수성을 지닌 학생들에게 사회성을 연습하고, 또래로부터 배울 수 있는 기회를 준다.

특수성을 지닌 학생들이 그들이 학습하고 있는 내용을 잘 이해하도록 기대하는 것과 함께 효과적인 학습전략을 획득하도록 돕는 것은 보다 어린 학생들에 비해서 고등학교 학생들에게 훨씬 더 효과적이다.

❀ 학습목표별 요약

1. 지능에 대한 관점의 차이를 기술하고 능력별 집단 편성이 어떻게 학습에 영향을 주는지 설명해 보라.
- 지능은 대개 지식을 습득하고 활용할 수 있는 능력, 추상적으로 추론하고 문제를 해결할 수 있는 능력, 그리고 새로운 상황에 적응할 수 있는 능력으로 정의된다.
- 어떤 이론가들은 지능이 단일한 특성이라고 주장하고, 다른 이론가들은 여러 차원이 존재하는 것으로 생각한다.
- 어떤 전문가들은 지능은 유전에 의해서 결정된다고 믿고, 다른 전문가들은 환경이 강력한 영향을 준다고 믿는다. 그러나 대부분의 전문가들은 이 두 요인의 조합으로 지능이 결정된다고 믿는다.
- 능력별 집단 편성은 학습자에게 제공되는 교수의 질과 학생을 향한 교사의 기대를 통해 학습에 영향을 줄 수 있다.

2. 미국 「장애인교육법」과 그 수정안에 대해 설명해 보라.

- 미국 「장애인교육법」의 중요한 규정에는 최소 한도로 제한된 환경, 검사에서 발생할 수 있는 차별 방지, 부모 참여, 장애 학생 각각을 위한 개별화된 교육 프로그램 마련 등이 포함된다.
- 수정 「장애인교육법」은 특수교육 서비스를 필요로 하는 학생에 대한 책무성을 각 주에 부과하고, 검사에 있어서의 차별 금지, IEP 작성에 부모 참여, 학생 기록에 대한 비밀 유지를 의무화하였다.

3. 교사들이 직면할 가능성이 높은 가장 흔한 학습문제에 대해 기술해 보라.

- 교사들이 가장 많이 접하게 되는 학습문제로는 읽기, 쓰기, 추론(Reasoning), 수학능력과 같은 학습장애, 학습과제에 주의를 집중하는 데 어려움이 있는 주의력 결핍/과잉행동장애(ADHD), 지적 기능과 적응행동에 제한이 있는 지적 장애, 심각하고 지속적으로 연령에 맞지 않는 행동을 보이는 행동장애가 있다.
- 교사들은 의사소통과 사회적 상호작용에 영향을 미치는 장애인 자폐 스펙트럼 장애, 자신의 생각을 표현하고 정보를 이해하는 능력이 제한된 의사소통장애, 그리고 시각장애, 청각장애를 만나게 될지도 모른다.

4. 영재학생의 특성과 이러한 학생을 변별하고 가르치는 방법을 설명해 보라.

- 영재 및 재능이 있는 학생은 동년배보다 더 빨리, 그리고 독립적으로 학습할 수 있고, 언어기술 및 메타인지 기술이 앞서 있다. 또한 성취에 대해 높이 동기화되어 있으며 높은 성취 기준을 설정한다.
- 영재 및 재능이 있는 학생을 확인하기 위한 방법에는 지능검사, 독특한 재능과 능력에 대한 교사, 부모, 또래의 보고가 포함된다.
- 영재 및 재능이 있는 학생을 가르치는 방법에는 속진과 심화가 있다. 속진은 일반교육과정을 보다 빠른 속도로 학습하게 하는 것이고, 심화는 학생이 좀 더 수준이 높은 내용을 탐색하도록 대안적인 교수를 제공하는 것이다.

5. 통합학급에서 일반학급 교사의 역할을 기술하고, 특수성을 지닌 학생을 지도하는 데 효과적인 교수전략을 설명해 보라.

- 통합학급에서 교사의 역할은 특수성을 지닌 학생을 확인하고, 그들의 욕구에 적합한 교수법을 적용하고, 사회적 통합과 성장을 증진시키는 것이다.
- 특수성을 가진 학생을 위한 효과적인 교수법은 일반학급에서의 효과적인 교수법과 유사하다. 추가적인 발판을 제공하고 학생들이 학습전략을 획득하도록 하는 것이 효과적이다.

✤ 전문성 발달: 자격증 시험 대비 연습

이 장을 공부하면서 특수성을 지닌 학생의 특징을 검토했다. 또한 여러분은 모든 수업이 학생들의 필요에 맞게 변용되면 모든 학생이 배울 수 있다는 것을 알게 되었다.

다음 사례에서 한 중학교 수학교사가 특수학생을 가르치기 위해 기울이는 노력을 살펴보자. 다음 사례를 읽고 이어지는 문제에 답해 보라.

서 교사는 중학교에서 수학을 가르쳤다. 어제 그는 1학년 대수 수업에서 응용문제를 푸는 절차를 소개했다. 그는 이 절차를 이용하여 해결할 수 있는 5개의 문제를 숙제로 내 주었다.

서 교사는 5명의 특수학생을 포함하여 모두 28명의 학생을 가르치고 있다. 5명의 특수학생 중 현철, 규석, 기연은 학습문제를 경험하고 있으며, 동수와 효림이는 자신의 행동을 모니터하는 문제를 가지고 있다. 다른 교사들이 동수에 대해 기술하고 있는 바에 따르면, 그는 욕설을 하고 언어적 공격성이 있으며, 자기훈육이 부족하다. 그는 과잉 행동을 자주하며, 수업 동안 자리에 앉아 있지를 못한다. 효림이는 그 반대다. 그녀는 아주 부끄러움을 많이 타며 위축되어 있는 학생이다.

현철, 규석, 기연이는 서 교사의 학급에서 앞자리에 앉는다. 학생들은 교실에 들어와서 교실 앞에 있는 스크린을 쳐다본다. 서 교사는 출석을 부르고, 수업 시작을 위해 몇 가지 일을 할 동안 학생들이 해야 할 한두 가지의 문제를 스크린에 제시하고 있다.

서 교사는 현철, 규석, 기연이가 자리에 앉는 것을 확인하고 제시된 문제를 천천히 읽었다.

토요일 민지네 가족은 서울에서 과천까지 17마일을 운전해 갔고, 거기서 차에 기름을 넣기 위해 10분을 정차했다. 그러고는 과천에서 산본을 거쳐 안산까지 약 22.5마일을 더 운전해 갔다. 여기까지 걸린 시간은 주유소에서 정차했던 시간을 포함하여 총 1시간 5분이 걸렸다. 돌아올 때도 같은 길을 이용하였지만 산본에서 점심식사를 위해 잠시 멈추었다. 산본은 안산에서 9.5마일 떨어져 있다. 이 가족이 서울까지 돌아오기 위해 얼마나 더 운전을 해야 하겠는가?

서 교사는 각각의 단어들을 가르치면서 읽어 내려갔다. "좋아." 그는 다 읽고 난 후 웃음을 지어 보였다.

"이 문제를 위해 무엇을 해야 할지 알겠니?"

"선생님, 마지막 부분을 한 번 더 읽어 주시겠어요? 기연이가 요청하였다.

"물론." 서 교사를 고객을 끄덕이고, 서울로 돌아오는 것에 대한 부분을 다시 읽으면서 마찬가지로 각각의 단어를 가리켰다.

"좋아, 이제 되었지. 오늘 앞줄에 앉은 너희 중 한 명에게 물어볼 테니 준비해."

그는 다시 미소를 짓고는 학습문제를 가진 각각의 학생과 눈 마주침을 하였다.

학생들은 자리에 앉아 있었고, 대부분은 벨이 울릴 때까지 과제에 몰두하고 있었다. 서 교사는 동수의 책상으로 걸어갔다.

"네가 한 것을 보자. 굉장히 많이 향상되었지, 그렇지?"

"예, 보세요" 동수는 자랑스럽게 다음을 보여 주었다.

	2/9–2/13	2/16–2/20	2/23–2/27
Talking out	卌 卌 卌 卌	卌 |||| 卌	卌 ||
Swearing	卌 卌	卌 ||	||||
Hitting/ touching	卌 |||	卌 ||||	|||
Out of seat	卌 卌 卌 |||	卌 卌 卌 ||||	卌 卌 卌 |||
Being friendly	||	||||	卌 ||

"아주 훌륭해." 서 교사는 동수의 책상에 기대면서 그에게 속삭였다.

"훨씬 나아졌다. 수업시간 후에 조금 더 공부하자구나. 수업 후에 나에게 오너라. 널 도와줄 아이디어가 있다. 꼭 와. 알았지? 이 문제에 대해 좀 더 공부해 보자." 서 교사는 동수에게 엄지손가락을 들어올려 보이며 교실 앞으로 돌아왔다.

"자 , 너는 어떻게 했니?

"잘했어요." "완벽하게 했어요." "너무 어려워요." 등의 반응이 있었지만 몇몇은 반응이 없었다. " 잠깐 문제를 풀어 보자. ……이와 같은 응용문제가 있을 때 우리가 해야 할 첫 번째 것은 무엇이지?"

첫줄에 앉은 학생 중 한 명에서 시켜 보기로 한 것을 기억하며 서 교사는 규석이를 바라보았다. "규석아?"

"최소한 두 번은 읽어 보는 거예요." 규석이가 대답하였다.

"좋아…… 바로 그것이 우리의 문제해결 계획이 말하는 바지." 서 교사는 이와 같이 말하며 칠판에 걸려 있는 다음 차트를 가리켰다.

"명희야, 그러고 나서 무엇을 해야 할까?"

응용문제 해결 계획

① 최소한 두번은 문제를 읽어 보자.
② 다음과 같은 질문을 하자.
- 무엇이 필요한가?
- 주어진 사실은 무엇인가?
- 우리가 가지고 있지 않은 필요한 정보는 무엇인가?
- 불필요한 정보가 제시되어 있는가? 그것이 무엇인가?

③ 그림으로 그려 보자.
④ 문제를 풀어 보자.
⑤ 답이 의미가 있는지 검토해 보자.

"무엇을 하라고 하는 것인지 살펴봐야지요."

"좋아, 이선아, 이 문제가 요구하는 것이 무엇이지?"

"…… 얼마나 더 운전을 해서 가야 하는가요?"

"아주 훌륭해. 이제 이것에 대해 생각해 봐. 만약 내가 이 문제를 풀고 39.5마일 더 가야 한다고 결정을 내렸다면, 이 답이 정확한가? 왜 그런가? 모두 이것에 대해 잠깐 생각해 봐."

몇 분을 기다렸다가 "어떻게 생각하니…… 현철아?"

"…… 저 …… 저…… 잘 모르겠어요."

"그러니, 자 서울에서 안산까지 모두 몇 마일이니?"

"삼……," 서 교사는 이원이의 대답을 가로막았다. 그는 현철이가 그의 노트에 그려 놓은 그림을 살펴볼 동안 잠시 기다렸다.

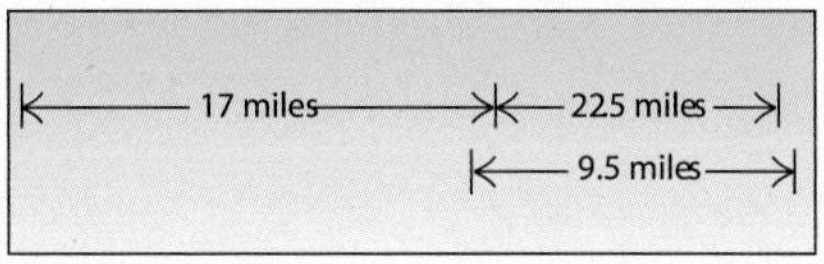

"39.5마일이요." 현철이 확신이 안 가는 듯 대답하였다. "아! 전체 거리가 그렇게밖에 안 돼요. 그래서 그들은 아직 더 가야 해요."

"그렇지, 거 봐, 넌 알고 있다고 선생님이 얘기했잖아."

"이원아, 얼마나 더 가야 할까?

"30마일이요." 공부를 아주 잘하는 이원이가 재빨리 대답했다.

"좋아, 처음 한 것 치고는 그리 나쁘지 않군"이라고 생각하고 "이제 어제 내준 숙제를 보자"라고 얘기하였다.

서 교사는 숙제로 내준 문제를 이런 방식으로 각각 검토하였다. 즉, 학생들에게 각 부분을 문제해결의 각 단계에 연결시켜 보라고 한 다음, 칠판에 각 단계를 쓰고, 학생들이 그들의 생각을 표현하고 구체적인 해결책을 제시해 보도록 하였다.

20분 정도 남았을 때, 서 교사는 숙제로 5문제를 내 주었다. 학생들은 그 문제를 풀기 시작했다. 서 교사는 현철, 규석, 기연에게 교실 앞에 있는 그의 책상으로 오라고 손짓했다.

" 숙제가 어땠니? 이해하겠니?"라고 물었다.

"조금은요." 기연이가 대답했다. 나머지 두 학생은 고개를 끄덕였다.

"좋아." 서 교사는 웃음을 지었다.

"다시 한 번 풀어 보자."

5분 정도 남았을 때, 서 교사는 세 학생에게 "이제 자리로 돌아가서 수업이 끝날 때까지 한두 문제라도 풀어 보렴"이라고 말했다.

벨이 울리자 학생들은 교실 밖으로 나가기 시작했다. 서 교사는 동수를 바라보았다. 동수는 멈추었다. 그리고 서 교사는 동수를 교실 뒤의 작은 공간으로 데리고 갔다. 이 공간은 부분적으로 가려져 있지만 교실 앞은 바라볼 수 있다.

"여기가 바로 우리가 공부할 장소야. 자리에서 일어나고 싶으면 조용히 일어나서 몇 분간 저리로 가 있어도 좋아. 네가 원하는 만큼 머물러 있어도 좋지만 우리가 하고 있는 일에 주의를 계속 집중해 주기 바란다. 다시 자리에 오고 싶으면 어느 때고 오면 된다. 내가 원하는 것은 네가 여기와 저기 사이를 조용히 오고가고 수업을 방해하지 않는 것이야. ……할수 있겠니?"

동수는 고개를 끄덕였다. 서 교사는 그의 어깨에 손을 올려놓았다.

"넌 다른 건 모두 잘하고 있어. 내가 생각하기에는 이렇게 하는 게 도움이 될 거 같구나. 너는 좋은 학생이야. 계속해서 그러기 바란다. ……이리로 가면 민 선생님 교실로 갈 수 있을 게다."

단답형 질문

이 장에서 다룬 주요 내용과 위에 제시한 사례 내용을 서로 연결시켜 다음 질문에 대한 답을 구체적으로 작성하라.

1. 학생들에게 지지적인 학업 분위기를 만들어 주기 위해 서 교사가 한 일이 무엇이었는지 구체적으로 기술하라.
2. 서 교사가 수업의 성공을 위해 시도한 것이 무엇이었는가?
3. 특수성을 지닌 학습자를 위해 서 교사는 교수법을 어떻게 변용하였는가? 이러한 변용은 얼마나 효과적이었는가?
4. 행동장애를 가진 학생의 욕구를 충족시키기 위해 서 교사는 무엇을 하였는가? 이러한 개입은 얼마나 효과적이었는가?

중요개념

개별화 교육 프로그램(Individualized education program: IEP)
결정 지능(Crystalized intelligence)
교육과정에 기반한 평가(Curriculum-based assessment)
농아(Deaf)
능력별 집단 편성(Ability grouping)
말하기 장애(표현 언어 장애, Expressive disorders)
반응개입모델(Response to intervention model of identification)
부분적 청각손상(Partial hearing impairment)
속진(Acceleration)
수준별 이동식 수업(Joplin Plan)
시각장애(Visual disability)
심화(Enrichment)
언어장애(Receptive disorders)
영재(Gifts and talents)
우열반 편성(Tracking)
유동 지능(Fluid intelligence)
의사소통장애(Communication disorders)
이상(Disorder)
자폐 스펙트럼 장애(Autism spectrum disorder)
장애(Disabilities)
적법한 절차(Due process)
적응적 일치(Adaptive fit)
적응행동(Adaptive behavior)
조울증(Bipolar disorder)
주류화(Mainstreaming)
주의력결핍/과잉행동장애(Attention deficit/hyperactivity disorder: ADHD)
지능(Intelligence)
지능에 대한 유전적 견해(Nature view of intelligence)
지능에 대한 환경적 견해(Nurture view of intelligence)
지적 장애(Intellectual disability)
차이모델(Discrepancy model of identification)
최소한으로 제한된 환경(Least restrictive environment)
통합(Inclusion)
특수교육(Special education)
특수성을 지닌 학습자(Learner with exceptionalities)
학습양식(Learning styles)
핸디캡(Handicap)
행동장애(Behavior disorder)

6

행동주의와 사회인지학습

chapter outline 구성 개요

학습: 행동주의자의 관점
- 행동주의란 무엇인가
- 고전적 조건화
- 조작적 조건화
- 응용행동분석
- 행동주의 논의
  - 이론에서 실제로: 행동주의를 학급에 적용하기

사회인지학습이론
- 행동주의와 사회인지이론의 비교
- 모델링
- 대리학습
- 기대한 결과의 미발생
- 모델링의 효과
- 모델학습의 과정
- 모델의 효과성
- 자기조절
  - 이론에서 실제로: 사회인지학습이론을 학급에 적용하기
- 사회인지학습이론에 대한 논의
  - 학교급별 적용: 행동주의와 사회인지학습이론을 연령이 다른 학생에게 적용하기
  - 다양성 탐색: 행동주의와 사회인지학습이론을 다문화 학생에게 적용하기

learning objectives 학습목표

이 장의 공부를 마치고 나면, 여러분은 다음과 같은 것을 할 수 있어야 한다.

1. 교실 안에서나 밖에서 발생하는 고전적 조건화의 예를 찾을 수 있다.
2. 학급활동에서 조작적 조건화의 예를 찾을 수 있다.
3. 사람의 행동을 설명하기 위해 사회인지학습이론을 이용할 수 있다. 예를 들어, 기대한 결과의 미발생, 상보적 인과관계, 대리학습을 이용할 수 있다.
4. 사람의 행동 속에서 사회인지학습이론의 예를 찾을 수 있다. 예를 들어, 모델의 유형, 모델링의 결과, 모델의 효과성, 자기조절의 예를 찾을 수 있다.

노래를 듣고 난 뒤에 낭만적인 느낌을 가지고, 칭찬을 들은 뒤에 더 열심히 노력하고, 다른 사람이 춤추는 것을 보고 난 뒤에 춤을 추려고 한 적이 있는가? 그런 경험이 있다면, 이 장을 읽고 난 뒤에 당신은 그 이유를 설명할 수 있게 될 것이다. 우리의 과거 경험과 타인 관찰은 우리의 행동과 생각에 큰 영향을 준다. 고등학교 1학년인 현수의 사례를 읽으면서 현수 자신의 경험과 친구의 행동을 관찰하는 것이 현수에게 어떤 영향을 주는지를 생각해 보자.

현수는 매주 치르는 쪽지시험에서 주로 '우'를 받을 정도로 수학 II를 꽤 잘하는 편이다. 그러나 지난 쪽지시험에서는 알 수 없는 이유로 인해 혼란스러웠고, 이에 당황한 나머지 쪽지시험을 망치고 말았다. 그는 크게 실망하였다.

그다음 쪽지시험에서도 현수는 시험이 시작되자 너무나 긴장한 나머지 떨리는 손으로 처음 몇 문제에 답을 하면서 삐뚤삐뚤하게 동그라미를 쳤다. 그리고 "내가 이것을

할 수 있을지 잘 모르겠어." "어쩌면 수학에서 낙제할지도 몰라."라고 생각한다.

화학시험을 치를 때도 현수의 손은 떨렸지만, 다행히 세계사 시험에서는 불안해하지 않고 답을 잘 써 내려갔다.

현수는 수학 쪽지시험에서 항상 높은 점수를 받는 수진이에게 자신의 문제에 관해 말한다. "나는 수학문제가 아주 까다롭다고 생각해. 그래서 쪽지시험을 대비해서 공부를 해 둬. 우리 같이 공부하면 어떨까?"라고 수진이가 말한다. 현수는 주저하다가 동의를 하고 다음 쪽지시험이 있기 전날 밤에 수진이네 집에서 함께 공부한다. 수진이는 연습문제와 해설을 읽기만 하는 것이 아니라 교과서에서 문제들을 뽑아내 적어 가며 문제 푸는 방법을 확인해 가며 이를 해결한다. 수진이가 세 번째 문제를 풀기 시작할 때 현수는 왜 수진이가 또 다른 문제를 푸는지 질문했다.

"내가 할 수 있는 한 다양한 종류의 문제를 풀어 보려고 노력해. 확실하게 하면 쪽지시험을 치를 때 헤매지 않거든."이라고 설명한다. "이렇게 하면, 문제를 풀 때 더욱더 자신감이 생겨…… 이것 봐, 이것은 다른 문제야. 내가 문제를 풀 때 제일 먼저 하는 것은 이 문제는 어떤 점이 다른가를 알아내는 거야. 그런 다음 문제 풀기를 시작하지."

"어떤 땐 조그만 도표를 그리기도 해. 난 우리가 공부한 각각의 문제 유형에서 최소한 세 문제는 풀면서 점검해 나가. 왜냐하면 내가 어느 정도 발전하는 모습을 볼 수 있기 때문이야. 난 정답을 모두 맞히면 나 스스로에게 아이스크림을 선물해."

"좋은 생각이야." 현수가 고개를 끄덕였다.

"나는 보통 몇 개를 풀어 본 뒤에 잘한다고 생각되면 더 이상 안 해."

현수는 각 유형에 따른 문제 세 가지를 푸는 것을 목표로 정하고 어려운 문제를 골라 책 뒤에서 정답을 확인할 수 있도록 한다.

현수는 다음 쪽지시험에서 훨씬 잘할 수 있다. "휴, 정말 다행이야!" 현수는 자신에게 말했다. 현수는 그다음 주 쪽지시험에서 여전히 긴장했지만 노력이 진가를 발휘해 좋은 성적을 거뒀고, 그 성적은 그해의 최고의 성적이었다.

'아마 계속 잘할 수 있을 거야.' 그는 미소를 지으며 속으로 생각했다.

논의를 시작하기 위해 다음의 질문을 고려해 보자.

- 현수가 시험을 망치는 나쁜 경험을 하고 난 뒤 쪽지시험에서 불안해하는 행동은 어떻게 설명할 수 있는가?
- 나중에 현수의 시험 불안이 감소한 이유는 무엇인가?
- 왜 현수는 공부하는 습관을 바꾸고 노력을 기울이게 되었는가?

행동주의와 사회인지이론은 이전 질문에 답하는 데 도움을 줄 수 있으며, 6장에서는 두 이론이 어떻게 적용될 수 있는지 살펴볼 것이다.

학습: 행동주의자의 관점

학습은 교육심리에서 가장 중요한 부분이며, 교사인 우리의 목표는 모든 학생의 학습을 가능한 높게 향상시키는 것이다. 6장은 학습이론에 관한 네 개의 장 가운데 첫 번째 장이다.

학습에 대한 행동주의 관점을 살펴보면서 이 장을 시작할 것인데, 학습에 대한 행동주의적 관점에 대해서는 끊임없는 논쟁이 있지만, 학급경영 분야에서 계속 폭넓게 적용되고 있다(Kazden, 2001; Martin & Pear, 2002).

행동주의란 무엇인가

행동주의는 관찰 가능한 행동과 그 행동이 환경 속에 있는 자극으로부터 영향을 받는 방법을 이용하여 학습을 설명하는 이론이다. **학습**은 경험의 결과로 발생한 것으로 관찰 가능한 비교적 지속적인 행동의 변화다(Schunk, 2004; B. Skinner, 1953). 이 정의는 기대 · 신념 · 통찰 · 목표와 같은 사고과정, 질병 · 부상 · 정서적 고통으로 인한 초래되는 일시적인 행동변화, 또는 성숙의 결과로 나타나는 영구적인 행동변화를 포함하지 않는 것에 주의하라(뒤에서 인지이론을 공부할 때 인지이론가들은 학습을 다르게 정의한다는 것을 알게 될 것이다).

행동주의(Behaviorism)
관찰 가능한 행동과 그 행동이 환경 속에 있는 자극으로부터 영향을 받는 방법을 이용하여 학습을 설명하는 이론

학습(Learning)
경험의 결과로 발생한 것으로 관찰 가능한 비교적 지속적인 행동의 변화

현수는 우리가 시험 불안이라고 부르는 것을 경험하였으며, 우리는 행동주의를 이용하여 그의 경험을 설명할 수 있다. 쪽지시험에서 실패한 그의 경험 때문에 현수는 문제에다 삐뚤삐뚤한 동그라미를 쳤다. 이 행동은 관찰 가능하고 비교적 지속적이다. 그는 수학 쪽지시험을 치를 때 불안해지도록 학습했다. 우리는 보통 어떤 지식을 획득하는 것을 학습이라고 생각한다. 예를 들어, 1812년에 있었던 전쟁의 원인을 아는 것 또는 65의 42%는 얼마인지를 계산하는 기술을 아는 것을 학습이라고 본다. 그러나 정서도 학습될 수 있다. 현수의 경험을 이용하여 정서가 어떻게 학습될 수 있는지를 설명한다.

고전적 조건화

이 장의 시작 부분에서 여러분이 노래를 듣고 난 뒤 낭만적인 느낌을 가진 적이 있는지 물었다. 또는 음식을 요리하는 냄새처럼 어떤 냄새를 맡으면 편안한 느낌을 가지게 되는가? 현수의 과민반응뿐 아니라 이런 예들은 고전적 조건화를 통해 설명할 수 있다.

고전적 조건화(Classical conditioning)
어떤 사람이 본능적 또는 반사적인 반응과 흡사한 불수의적 정서반응 또는 생리적 반응을 일으키도록 하는 학습의 한 유형

고전적 조건화는 어떤 사람이 본능적 또는 반사적인 반응과 흡사한 불수의적 정서반응

또는 생리적 반응을 일으키도록 학습할 때 일어난다. 현수가 다음 시험에서 불안을 느낀 것은 정서적 반응이었다. 그리고 현수는 그렇게 느끼는 것을 스스로 통제할 수 없었기 때문에 불수의적 반응이었다.

고전적 조건화는 러시아의 과학자인 이반 파블로프(Ivan Pavlov)가 처음으로 발견하였다. 고전적 조건화가 어떻게 일어나는지 이해하기 위해 연합의 과정과 함께 다음의 다섯 개념을 이해해야 한다(Baldwin & Baldwin, 2001).

무조건 자극(Unconditioned stimulus)

본능적 또는 반사적(학습되지 않은) 생리반응 또는 정서반응을 일으키는 사물이나 사건

무조건 반응(Unconditioned response)

무조건 자극에 의한 본능적 또는 반사적(학습되지 않은) 생리반응 또는 정서반응

중성자극(Neutral stimulus)

애초 행동에 아무런 영향을 주지 않는 사물이나 사건

조건자극(Conditioned stimulus)

이전에 중성자극이었으나 무조건 자극과 연합이 이루어진 자극

조건반응(Conditioned response)

무조건 반응과 동일하지만 학습된 생리반응 또는 정서반응

- **무조건 자극**은 본능적 또는 반사적(학습되지 않은) 생리반응 또는 정서반응을 일으키는 사물이나 사건이다. 파블로프의 실험에서 무조건 자극은 고기분말이었으며, 현수의 사례에서는 그의 실패가 무조건 자극이었다.
- **무조건 반응**은 무조건 자극에 의한 본능적 또는 반사적(학습되지 않은) 생리반응 또는 정서반응이다. 고기분말을 주었을 때 개가 흘린 침과 시험에 실패한 뒤에 현수가 느낀 절망이 무조건 반응이다.
- **중성자극**은 애초에 행동에 아무런 영향을 주지 않는 사물이나 사건이다. 연구실의 조수는 처음에는 개가 침을 흘리는 데 아무런 영향을 주지 않았으며, 애초에 시험은 현수에게 아무런 영향을 주지 않았다.
- **조건자극**은 이전에 중성자극이었으나 무조건 자극과 연합이 이루어진 자극이다. 연구실의 조수는 고기분말과 연합이 이루어졌고, 현수의 경우는 시험이 실패와 연합이 이루어졌다.
- **조건반응**은 무조건 반응과 동일하지만 학습된 생리반응 또는 정서반응이다. 고기분말이 없는 데도 개가 침을 분비하는 것과 쪽지시험을 치를 때 현수가 불안을 느끼는 것이 조건반응이다.

연합은 고전적 조건화에서 학습이 일어나도록 하는 열쇠다. 파블로프의 개는 연구실 조수와 고기분말을 연합하였으며, 현수는 쪽지시험과 실패를 연합하였다. 연합이 일어나기 위해서는 무조건 자극과 조건자극이 인접해야 한다. 즉, 두 자극이 거의 동시에 제시되어야

이반 파블로프(1849~1936)는 러시아의 생리학자, 심리학자, 의사였다. 그는 소화에 관한 연구 덕분에 1904년에 생리학과 의학 분야에서 노벨상을 받았다. 그는 조수로 하여금 실험실 개에게 고기분말을 주도록 시키고 개가 얼마나 많은 양의 침을 흘리는지를 측정하였다. 그러나 연구가 진행되는 도중에 개는 조수를 보자마자 침을 흘리기 시작하였다. 조수가 고기분말을 들고 있지 않아도 개는 침을 흘렸다(Pavlov, 1927). 이런 놀라운 현상은 파블로프의 연구를 바꾸게 만들었고, 고전적 조건화라고 불리는 영역을 개척하도록 이끌었다.

파블로프는 다소 강박적이었는데 이 점이 흥미롭다. 그는 매일 정확히 정오에 점심을 먹었으며 매일 밤 항상 같은 시간에 잠을 잤고, 매년 같은 날에 에스토니아(Estonia)에서 휴가를 보내기 위해 러시아를 떠났다.

한다. 이런 인접성이 없다면, 연합은 형성되지 않으며, 고전적 조건화를 통한 학습은 발생하지 않는다.

고전적 조건화의 예는 실생활에서나 교실에서 쉽게 찾을 수 있다(Schunk, Pintrich, & Meece, 2008). 예를 들어, 우리가 특정한 노래를 듣고 있는 동안에 우연히 낭만적인 느낌을 가진다면, 나중에 그 노래를 들으면 그때의 낭만적인 느낌이 유발될 수 있고, 추석 때 송편을 보면 우리는 마음이 푸근해지고 치과에 갈 때는 긴장하게 마련이다. 대부분의 사람은 어느 정도의 시험 불안을 경험한 적이 있다. 이런 예들은 모두 고전적 조건화를 통해 정서적 반응을 학습한 것이다.

고전적 조건화는 아직도 취학 전 아동이 특정한 맛을 좋아하는 것에 관한 연구(Lumeng & Cardinal, 2007)에서부터 부부치료(S.D. Davis & Piercy, 2007)와 권력과 자아존중감 사이의 관계에 관한 연구(Bogdan & Struzynska-Kujalowicz, 2007)에 이르기까지 상당히 많은 연구의 이론적 틀을 제공하고 있다.

교실에서 고전적 조건화

박 교사는 2학년 자기 반 학생들이 교실로 들어올 때 매일 아침 따뜻하고 친절하게 맞이한다. 알토(Alto)도 같은 반인데 알토가 교실로 들어올 때에도 박 교사는 기분 좋게 해 주려고 친절하게 인사한다. 이제 알토는 자기 반 교실로 들어갈 때 박 교사가 계시지 않아도 편안함을 느끼게 되었다.

현수의 실패는 부정적 경험이었던 반면 알토의 경험은 긍정적인 것이다. 고전적 조건화를 이용하여 알토의 경험도 설명할 수 있다. 알토는 박 교사의 교실과 따뜻한 태도를 연합하였으며, 그 결과 교실에 들어갈 때 편안함을 느끼도록 학습되었다. 어떤 연구자들은 학생들이 학교에서 느끼는 정서적 반응은 학교교육의 결과 중 가장 중요한 것이라고 주장한다(Gentile, 1996). 예를 들어, 학생들이 수학을 공부하려 할 때 불안을 느끼면, 그들의 학습은

표 6-1 table

고전적 조건화의 예

	예		자극과 반응
현수	무조건 자극(실패) 조건자극(쪽지시험) 쪽지시험과 실패가 연합됨	→	무조건 반응(절망과 불안, 학습되지 않은, 불수의적) 조건반응(불안, 학습된, 불수의적) 원래의 불안과 비슷한 불안
알토	무조건 자극(박 교사의 태도) 조건자극(교실) 교실은 박 교사의 태도와 연합됨	→	무조건 반응(좋은 느낌, 학습되지 않은, 불수의적) 조건반응(편안함, 학습된, 불수의적) 원래의 좋은 느낌과 비슷한 편안함

방해를 받을 것이다. 다른 한편, 학생들은 종종 새로운 학교나 새로운 교실에 대한 불편함을 느끼게 마련이나, 선생님이 학생들에게 존중과 격려를 준다면, 박호순 선생님이 알토에게 하는 것처럼 학생들은 선생님의 태도와 교실을 점진적으로 연합하게 된다. 그렇게 되면, 알토가 그랬던 것처럼 학생들은 교실에서 안정감을 느끼게 된다. 이것은 고전적 조건화를 통해 이룰 수 있는 중요한 목표다.

현수와 알토의 경험에 관여된 기제는 〈표 6-1〉에 요약되어 있다.

고전적 조건화를 이해함으로써 교사는 고무적인 교실환경과 교사의 따뜻한 배려가 어떻게 학생들로 하여금 학교와 학습에 긍정적인 느낌을 갖게 하는지 이해할 수 있다.

일반화와 변별

여러분은 시작 부분의 사례에서 현수가 화학시험에서도 불안했다는 것을 읽었다. 수학에 대한 불안이 화학에까지 일반화되었다. 일반화란 똑같지 않은 비슷한 자극이 동일한 조건반응을 이끌어 내는 것이다(N. Jones, Kemenes, & Benjamin, 2001). 현수의 화학시험은 수학시험과 비슷한 자극이기 때문에 화학시험도 '불안'이라는 동일한 조건반응을 이끌어 냈다.

이 과정은 긍정적인 방법으로 나타날 수도 있다. 한 교사로부터 따뜻함과 존중을 받은 학생들은 일반화를 통해 다른 수업, 클럽활동, 학교 등에서 비슷한 반응을 보일 수 있다.

일반화(Generalization)
똑같지 않은 비슷한 자극이 동일한 조건반응을 이끌어 내는 것

변별(Discrimination)
관련 있지만 동일하지 않은 자극에 다른 반응을 보이는 것

소거(Extinction)
무조건 자극이 주어지지 않고 조건자극만 반복적으로 주어져 조건자극이 더 이상 조건반응을 이끌어 내지 못하게 되는 것

일반화와 상반되는 것이 **변별**이며, 변별은 관련 있지만 동일하지 않은 자극에 다른 반응을 보이는 것을 말한다(W. F. Hill, 2002). 예를 들어, 현수는 화학시험에서는 긴장했지만 세계사에서는 긴장하지 않았다. 그는 세계사와 수학을 변별하였다.

소 거

수진이와 공부한 후 현수의 공부습관은 바뀌었고, 현수의 쪽지시험 성적은 향상되었다. 그 결과 현수는 긴장을 덜 느끼게 되었다. 이때 그가 계속적으로 성공한다면 그의 긴장감은 사라질 것이다. 즉, 조건반응이 소거될 것이다. 고전적 조건화에서의 소거는 무조건 자극이 주어지지 않고 조건자극만 반복적으로 주어져 조건자극이 더 이상 조건반응을 이끌어 내지 못하게 되는 것이다(Myers & Davis, 2007). 따라서 더 이상 실패하지 않고(무조건 자극) 여러 번 쪽지시험을 치른 것(조건자극)이 현수의 불안(조건반응)을 서서히 사라지게 만들었다.

교실에의 적용

고전적 조건화를 교실에 적용하기

1. 고전적 조건화는 사람이 어떻게 정서적 반응을 학습하는지를 연합과정을 통해 설명한다. 학생의 조건반응으로 긍정적 정서를 이끌어 내기 위해서는 안정적이고 학생들이 반기는 교실환경을 만들어라. 그렇게 함으로써 교실은 학생들에게 안정감을 준다.
   - 초등학교: 1학년 교사는 매일 아침 학생이 교실로 들어올 때 웃는 얼굴로 맞이한다. 정기적으로 학생들의 가족이나 개인적인 일에 대해 질문하기도 한다.
   - 중학교: 1학년 담당교사는 학생들끼리 어떤 경우라도 조롱하는 말을 사용할 수 없다는 규칙을 정하여 집행한다. 학급에서 서로를 존중하는 것이 우선임을 학생들에게 인식시킨다.
   - 고등학교: 수학교사는 시험을 위해 알아 두어야 할 정보를 자세히 제공함으로써 학생들의 불안감을 줄이도록 노력한다. 예상 문제를 제공하여 연습하도록 하고 일주일에 두 번씩 보충학습을 제공한다.

◈ 이해 점검 활동

1.1 이 장의 시작 부분에서 물은 1번 질문 "현수가 시험을 망치는 나쁜 경험을 하고 난 뒤에 쪽지시험에서 불안해하는 것을 어떻게 설명할 수 있는가?" 와 2번 질문 "나중에 현수의 시험불안이 감소한 이유는 무엇인가?" 에 답하라.

1.2 '교실에서의 고전적 조건화' 라는 제목이 붙은 부분에서 우리는 "학생들은 교실에서 안정감을 느끼게 된다." 고 말했다. 교실은 고전적 조건화에서 무엇으로 묘사되며, 안정감은 무엇으로 묘사되는지 설명하라.

1.3 낭만적인 것으로부터 발생하는 정서적 느낌, 추석 송편을 보고 느끼는 푸근함, 치과병원에 갈 때 느끼는 불편함을 생각해 보자. 여기서 무조건 자극과 조건자극을 구분하고, 무조건 반응과 조건반응도 구분하여 무엇이 서로 연합되어 있는지 확인해 보라.

1.4 우리가 현재 듣고 있는 음악이 라틴음악이고 나중에 모든 낭만적인 라틴음악을 들을 때 똑같은 느낌을 가진다고 가정해 보자. 나중에 우리가 록 음악을 듣고 있는데, 같은 느낌이 들지 않는다. 라틴음악에 대한 우리의 반응과 록 음악에 대한 우리의 반응을 어떤 개념으로 설명할 수 있는가?

조작적 조건화

학급활동이나 다른 사건에 대한 불수의적인 정서반응과 생리반응을 학생들이 어떻게 학습하는지를 설명하기 위해 우리는 고전적 조건화라는 용어를 사용하였다. 그러나 사람들은 단지 자극에 반응하기만 하는 것은 아니며, 오히려 사람들은 자발적으로 행동을 시작함

조작적 조건화 (Operant conditioning)

관찰 가능한 반응이 행동한 뒤에 따라오는 결과에 의해 빈도나 지속시간이 변화하는 것

결과(Consequence)

행동이 일어난 뒤에 따라오는 것으로 그 행동이 반복될 가능성에 영향을 주는 사건(자극)

으로써 자주 환경을 조작한다. 이것은 조작적 조건화의 근원이 되었다. 조작적 조건화는 관찰 가능한 반응이 행동한 뒤에 따라오는 결과에 의해 빈도나 지속시간이 변화하는 것을 의미한다. 조작적 조건화에서 가장 영향력 있는 심리학자로 인정받은 스키너(B. F. Skinner, 1953, 1954)는 행동은 그것의 앞에 주어지는 자극보다는 뒤따라오는 결과에 의해 더 크게 통제받는다고 주장한다. 예를 들어, 고속도로에서 과속으로 인해 단속경찰에게 붙잡힌 것은 행동의 결과이며, 이로 인해 가까운 미래에 고속도로에서 당신이 또 과속을 할 가능성은 줄어든다. 학생이 대답한 뒤에 따라오는 교사의 칭찬은 결과이며, 이 칭찬으로 인해 그 학생이 다른 질문에 또 대답하게 할 가능성을 증가시킨다. 높은 시험 점수, 또래로부터 주목받는 것, 부적절한 행동에 대한 비난과 같은 많은 수의 결과가 교실에서의 행동에 영향을 준다.

조작적 조건화와 고전적 조건화는 자주 혼동된다. 차이점을 명료하게 밝히기 위해 둘을 비교하여 제시한 것이 〈표 6-2〉다. 이 표가 보여 주듯이, 학습은 모두 경험의 결과로 발생하지만, 조작적 조건화와 고전적 조건화에서 다루는 행동의 유형은 서로 다르고 행동과 자극의 순서도 정반대다.

우리는 이 장 서문에서 행동주의가 논란거리이긴 하지만 교실에서 학생의 행동을 다루기 위해 폭넓게 쓰이는 도구라고 한 바 있다(Kazden, 2001; G. Martin & Pear, 2002). 특히 조작적 조건화는 학급경영 도구로 활용되고 있다(12장에서 학급경영에 대해 좀 더 깊이 있게 다룬다).

이제 조작적 조건화에서 나타나는 결과의 차이와 결과가 어떻게 행동에 영향을 주는지에 대해 논의한다([그림 6-1] 참조).

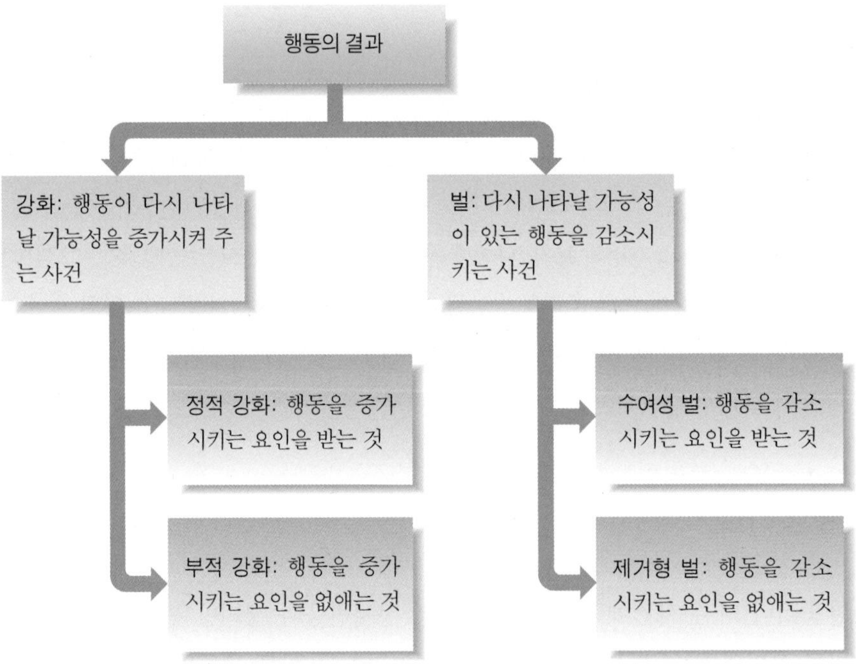

[그림 6-1] 행동의 결과

스키너(1904~1990)는 파블로프(Pavlov)의 연구와 행동주의 심리학자인 왓슨(John Watson)의 연구를 읽기 전까지는 원래 작가가 되고 싶어 했다. 그러나 그들의 영향을 받아 심리학에 주의를 기울이게 되었으며, 하버드 대학교의 교수가 되기 전에 미네소타 대학교와 인디애나 대학교에서 교수로 재직하였다. 그는 제2차 세계대전에서 비둘기가 폭탄을 유도하도록 비둘기를 훈련시키는 프로젝트에서부터 교수기계와 프로그램화된 수업을 개발하는 프로젝트에 이르기까지 다양한 프로젝트에 참여하였다. 스키너가 처음에 제안했던 원리에 따라 반복해서 훈련과 연습을 할 수 있는 컴퓨터 프로그램이 엄청나게 많이 개발되었다.

스키너의 영향은 매우 크기 때문에 1960년대 후반의 심리학회장은 그를 가장 영향력 있는 20세기 심리학자로 뽑았다(M. E. Myers, 1970). 스키너는 1990년에 죽었으며, 죽는 그날까지 조작적 조건화를 일상생활에 적용하는 방법을 연구했다.

표 6-2 table

조작적 조건화와 고전적 조건화의 비교

	고전적 조건화	조작적 조건화
행동	불수의적(사람이 행동을 통제하지 않는다.)	자발적(사람이 행동을 통제한다.)
	정서적	
	생리적	
순서	행동은 자극 뒤에 온다.	행동은 자극(결과)에 앞선다.
학습은 어떻게 발생하나	중성적인 자극이 무조건 자극과 연합될 때	행동의 결과가 차후의 행동에 영향을 미친다.
예	학습자가 교실(원래 중성적)을 교사의 따뜻함과 연합하면 교실이 긍정적인 정서를 유발한다.	학습자가 질문에 답하면 칭찬이 주어지고 그러면 답을 하려는 시도는 증가된다.
주요 연구자	파블로프(Pavlov)	스키너(Skinner)

강화

학급 토의시간에 당신이 의견을 내자 교사가 "아주 통찰력 있는 아이디어였어요. 좋은 생각이에요."라고 말했다고 상상해 보자. 그러면 미래에 당신은 또 어떤 의견을 낼 가능성이 높아진다. 교사의 발언은 강화인이고, 어떤 행동이 또 발생할 가능성을 높이는 행동의 결과다. 행동을 증가시키기 위해 강화인을 제공하는 과정인 강화는 정적 강화와 부적 강화라는 두 가지 형태가 있다.

강화인(Reinforcer)
어떤 행동이 또 발생할 가능성을 높이는 행동의 결과

강화(Reinforcement)
행동을 증가시키기 위해 강화인을 제공하는 과정

정적 강화(Positive reinforcement)
강화인이 제공된 뒤에 행동의 빈도나 강도가 증가되는 과정

정적 강화 정적 강화는 강화인이 제공된 뒤에 행동의 빈도나 강도가 증가되는 과정이다. 교실에서는 교사의 칭찬, 높은 시험 점수, 미소 짓는 얼굴, 현금으로 교환 가능한 토큰, 칠판에 붙일 수 있는 스티커와 같이 바람직하고 가치 있는 것을 정적 강화인으로 여길

수 있다.

그러나 행동을 증가시키는 결과는 그것이 무엇이냐에 상관없이 모두 정적 강화다. 교사는 때때로 학생의 바람직하지 못한 행동을 무심코 강화하기도 한다. 예를 들어, 한 학생이 난폭한 행동을 하였고, 교사가 그 학생을 꾸짖자 학생의 그릇된 행동이 오히려 증가되었다면, 꾸짖는 것은 정적 강화인이다. 학생의 행동은 꾸짖음을 받은 뒤에 더 증가했기 때문이다.

프리맥 원리 (Premack principle)
더 선호하는 행동이 덜 선호하는 행동을 증가시키기 위한 정적 강화인으로 작용하는 것

또한 교사들은 **프리맥 원리**(1965년 프리맥이 발견하여 그의 이름을 따라 붙여진 명칭)를 통해 자신에게 정적 강화를 적용할 수 있다. 프리맥 원리는 더 선호하는 행동이 덜 선호하는 행동을 증가시키기 위한 정적 강화인으로 작용한다는 것이다. 예를 들어, 여러분이 자신에게 "어지러운 내 방을 청소한 다음 영화를 볼 거야."라고 말한다고 가정해 보자. 영화를 보는 것은 방을 청소하기 위한 강화인으로 작용한다.

교사는 학생을 다룰 때에도 프리맥 원리를 활용한다. 예를 들어, 지리교사가 학생들이 지도활동 시간을 좋아한다는 것을 알고 있으면서 "요약하는 것을 끝내자마자 지도활동을 시작할 수 있다."라고 말한다면, 그 교사는 프리맥의 원리를 적용하고 있는 것이다. 지도활동은 요약하기를 위한 강화인으로 작용한다.

부적 강화(Negative reinforcement)
혐오자극을 회피하거나 제거함으로써 행동을 증가시키는 과정

정적 강화는 교사의 행동에서도 나타난다. 예를 들어, 학생들이 집중해서 바라보는 것, 고개를 끄덕이는 것, 손을 드는 것은 정적 강화인이며, 교사는 그 학생들과 더 자주 상호작용할 가능성이 높아진다. 학생의 높은 시험점수와 학생이나 학부모들로부터 찬사를 듣는 것은 교사에게 정적 강화인이다.

칭찬, 높은 점수, 기타 강화인은 학생의 긍정적 행동을 증가시킬 수 있다.

부적 강화 부적 강화는 혐오자극을 회피하거나 제거함으로써 행동을 증가시키는 과정이다(Baldwin & Baldwin, 2001; B. F. Skinner, 1953). 예를 들어, 한 엄마가 십대 딸에게 "네 방을 깨끗이 정리한다면, 뒤뜰에 있는 낙엽을 갈퀴로 긁어모을 필요가 없다."고 말한다. 어떤 교사는 "종이 울릴 때 여러분 모두 조용히 앉아 있다면, 점심을 먹으러 가도 좋다. 그러나 만약 그렇지 않다면, 우리 모두는 점심시간 중 5분을 잃게 될 것이다."라고 말한다. 이 두 경우에 혐오자극(낙엽을 치우는 것과 점심을 기다리는 것)을 피하는 것이 바람직한 행동(방을 정리하는 것과 조용히 앉아 있는 것)을 증가시키는 부적 강화인으로 작동한다.

부적 강화는 의도하지 않았는 데도 발생할 수 있다. 다음의 예가 이것을 잘 보여 준다.

김 교사는 과학수업에서 골격구조에 대해 논의하고 있다.

김 교사는 "지만아, 갈비뼈는 왜 그런 모양을 가지게 되었나요?" 라고 질문한다.

지만이는 몇 초 동안 침묵하면서 앉아 있다가 마침내 말한다.

"모르겠습니다."

"누가 지만이를 도와줄래?"

김 교사는 계속 질문을 한다.

"갈비뼈는 심장과 다른 장기를 보호합니다."

태민이가 자발적으로 대답한다.

"태민아, 잘했어." 라고 말하면서 김 교사는 미소를 짓는다.

다음에 김 교사가 지만에게 다시 질문한다. 지만이는 짧게 망설이다가 곧 "모르겠습니다." 라고 대답한다.

이 예에서, 김 교사는 지만이가 "모르겠습니다." 라고 말한 뒤에 불안을 야기하는 질문을 제거해 줌으로써 지만이가 반응하지 않도록 (의도하지 않았지만) 부적 강화를 하였다. 지만이는 두 번째 질문을 받았을 때, "모르겠습니다." 라고 말하는 것을 훨씬 빨리 말하게 되었기 때문에 그는 부적으로 강화받았음을 알 수 있다. 학생들이 교사의 질문에 대답할 수 없다면 질문을 받는 것은 혐오스러운 것이며, 학생들은 지만이가 했던 것처럼 빨리 곤경에서 벗어나려고 노력하거나 교사와의 눈 맞춤을 피하여 교사의 질문을 아예 받지 않으려고 한다.

이 예는 수업하는 데 중요한 시사점을 준다. 김 교사가 지만이에게 했던 것처럼 학생이 대답하지 않도록 강화하는 것이 아니라, 김 교사가 태민이에게 했던 것처럼 학생이 대답하도록 강화하고 싶어 한다. 김 교사는 다른 학생으로 하여금 그 질문에 대답하도록 시키는 대신 지만이가 대답할 수 있도록 도와주었어야 했다. 그렇게 했다면, 김 교사는 지만이에게 정적으로 강화를 할 수 있었을 것이다(Good & Brophy, 2008). (교사의 질문하는 방법에 대해서는 13장에서 자세히 다룬다.)

정적 강화와 부적 강화의 차이를 알기 위해 수를 더하거나 빼는 것으로 비유할 수 있다. 정적 강화는 자극을 더하는 것을, 부적 강화는 자극을 빼는(회피하는) 것을 의미한다. 앞의 예에서 김 교사는 태민이에게 반응할 때 칭찬을 더 하였고, 지만이가 "모르겠습니다." 라고 말했을 때는 질문을 뺐다.

행동 형성 아주 부끄럼이 많고 또래친구와 상호작용하기를 꺼려해서 말을 거의 하지 않는 학생이 있다고 가정하자. 사회적 기술을 획득하는 것이 학생의 전체 발달 중 중요한 부분이며 여러분은 행동 형성을 이용할 수 있다. **행동 형성**은 강화를 통해 어떤 목표행동에 점진적으로 접근하도록 돕는 하나의 도구다. 예를 들어, 학생을 신중히 살펴보다가 어떤 형태든 다른 사람과 상호작용하는 것을(미소 짓거나 연필을 나누어 주는 행동) 처음 발견하는 순간 강화를 준다. 그런 다음, 그 학생이 아침에 교실에 들어오면서 다른 사람과 인사를 나

행동 형성(Shaping)
강화를 통해 어떤 목표행동에 점진적으로 접근하도록 돕는 하나의 도구

눌 때 강화를 준다. 마지막으로, 그가 다른 사람과 좀 더 길게 상호작용할 때만 강화를 준다.

행동 형성은 복잡한 학습활동을 개발하는 데에도 사용될 수 있다. 학생들이 초기에 난해한 개념 때문에 어려움을 겪고 있을 때는 그들의 노력 또는 부분적으로 옳은 답을 했을 때에도 강화해 준다. 예를 들어,

> 박 교사는 동료교사에게 "나는 어떠한 시도에도 칭찬을 합니다."라고 말한다. "그러고 나서 학생들의 실력이 좀 늘었거나 발전한 부분이 있으면 칭찬해 줍니다. 끝으로 나는 학생들이 생각 깊은 설명을 할 때까지 기다렸다가 칭찬을 합니다."라고 말한다.

비록 박 교사는 학생들이 정답을 말하도록 기대하였지만, 시작 단계에서 학생들의 노력과 바람직한 행동으로 접근해 가는 동안에는 부분적으로 옳은 대답에도 칭찬을 했다. 행동 형성을 통해 학생들이 깊게 생각하여 정확한 답을 할 수 있도록 만들었다.

강화 계획
(Reinforcement schedule)

강화인의 빈도와 강화인이 주어지는 시점에 대한 패턴을 의미

계속 강화 계획
(Continuous reinforcement schedule)

처음에는 모든 바람직한 행동에 강화인을 주는 것

간헐적 강화 계획
(Intermittent reinforcement schedule)

모든 바람직한 행동이 아니라 일부 행동만 강화를 하는 것

비율 계획
(Ratio schedule)

예측할 수 있게(고정) 또는 예측할 수 없게 특정한 행동이 강화되는 간헐 강화 계획

간격 계획
(Interval schedule)

예측할 수 있는 시간(고정) 또는 예측할 수 없는 시간(변동)이 경과한 뒤에 일어난 행동이 강화되는 간헐 강화 계획

강화 계획 행동 형성의 예에서 나온 박 교사는 처음에는 모든 대답에 칭찬을 해 주었지만, 나중에는 더 좋은 답 또는 정확한 답에만 칭찬을 하였다. 박 교사가 칭찬을 사용하는 전략은 조작적 조건화의 중요한 원리를 보여 준다. 강화인을 주는 시기와 간격은 학습에 다른 효과를 가진다. 이런 효과는 강화인의 빈도와 강화인이 주어지는 시점에 대한 패턴을 의미하는 **강화 계획**으로 설명된다(Baldwin & Baldwin, 2001).

예를 들어, 박 교사는 처음에는 모든 대답에 칭찬을 해 주었지만, 나중에는 일부 대답에서만 칭찬을 해 주었다. 박 교사의 강화 계획은 처음에는 모든 바람직한 행동에 강화인을 주는 **계속 강화 계획**을 사용하였다. 그러나 나중에는 모든 바람직한 행동이 아니라 일부 행동만 강화를 하는 **간헐적 강화 계획**을 사용한 것이다.

간헐적 강화 계획에는 두 가지 유형이 있으며, 두 유형은 행동에 서로 다르게 영향을 준다. **비율 계획**은 한 개인의 행동의 수에 의존하고, **간격 계획**은 시간에 의존한다. 이 두 가지 유형은 또다시 고정 계획과 변동 계획으로 나뉜다. 고정 계획에서는 사람은 예측할 수 있게 강화인을 받고, 변동 계획에서는 예측할 수 없게 강화인을 받는다. 예를 들어, 슬롯머신을 사용할 때 사람들은 동전을 넣고 핸들을 당기면, 동전이 주기적으로 나온다. 동전을 받는 것(강화인)은 핸들을 몇 번 당겼느냐에 달려 있지, 얼마나 오랫동안 게임을 했느냐에 달려 있는 것이 아니다. 그리고 여러분은 언제 동전을 얻게 될지 알 수 없다. 이런 강화 계획을 변동 강화 계획이라 한다.

교실에는 변동 비율 계획에 해당하는 예가 많이 있다. 교사의 칭찬이나 제출한 글에 대해 짧게 응답한 글이 여기에 해당한다. 고정 비율 계획은 학급에서 찾기 힘들지만, 반복 연습할 수 있도록 만들어진 컴퓨터 프로그램은 고정 비율 강화 계획을 잘 활용하고 있다. 예를 들어, 한 학생이 프로그램에 로그인하면 인사말을 듣고 3개의 문제를 풀어야 한다. 그러면

프로그램은 "축하합니다. 당신은 3개의 문제를 정확하게 풀었습니다"라는 메시지가 나온다. 만약 프로그램이 3개의 문제를 정확하게 풀 때마다 그런 메시지를 들려준다면, 이것은 고정 비율 계획을 사용하고 있는 것이다.

이제 당신은 월, 수, 금요일에 수업이 있는데 매주 금요일마다 시험을 치르고 당신의 교수님은 월요일마다 시험지를 되돌려 준다고 가정하자. 당신은 의식적으로 일요일과 화요일에 그리고 특히 목요일 밤에는 공부를 할 것이다. 그러나 시험점수를 받는 그다음 월요일이 될 때까지 당신은 공부한 것에 대해 강화를 받지 못한다. 강화는 예측할 수 있게끔 정해진 시간(월요일)에 주어진다. 이런 경우가 고정 간격 계획(fixed-interval schedule)에 해당한다. 다른 한편, 만약 여러분의 교수님이 예고 없는 쪽지시험을 실시한다면 언제 강화받을지 예상할 수 없으므로 변동 간격 계획(variable-interval schedule)에 해당한다.

강화 계획의 종류 간의 관계는 [그림 6-2]에 나와 있고 교실에서의 예는 〈표 6-3〉에 제시되어 있다.

강화 계획은 행동에 서로 다른 영향을 주며, 각각의 계획은 서로 다른 장점과 단점을 가지고 있다. 예를 들어, 계속 강화 계획은 초기에 가장 빠르게 학습하도록 이끌기(R. Lee, Sturmey, & Fields, 2007) 때문에 학생들이 수학 방정식 문제를 푸는 새로운 기술을 학습할 때 효과적이다. 그러나 교사가 강화인을 더 이상 제공하지 않을 때 계속 강화를 받은 행동은 간헐적으로 강화를 받은 행동에 비해 급속히 줄어들 수 있다(Costa & Boakes, 2007).

간헐적 강화 계획은 행동을 더 끈질기고 지속하게 만들지만, 역시 단점도 가지고 있다(R. Lee et al., 2007). 고정 강화 계획에서 행동은 강화인이 주어지기 직전에 빠르게 증가하

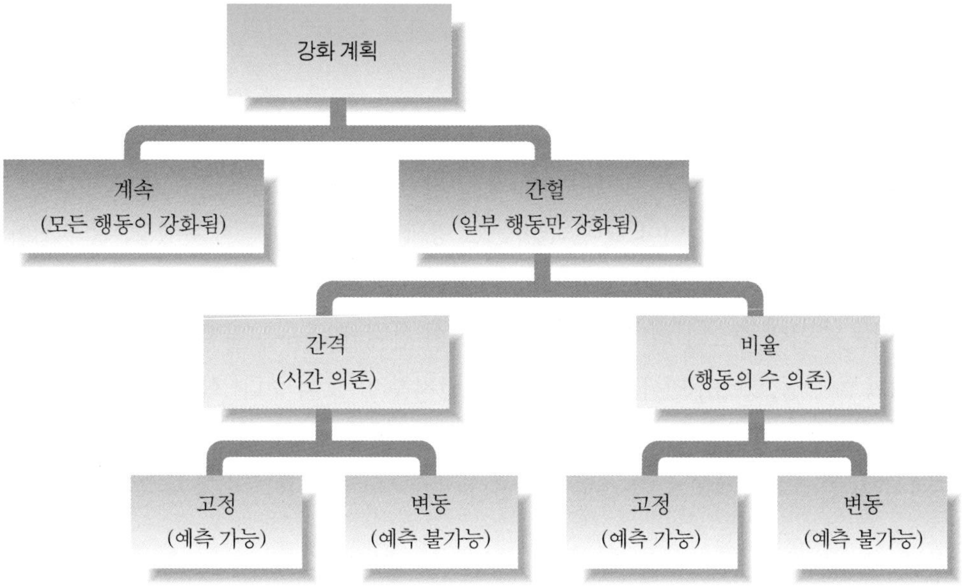

[그림 6-2] 강화 계획

표 6-3 table

강화 계획과 예

계획	예
계 속	교사는 '아동 사이를 돌아다니며' 방정식 문제를 푸는 단계를 본다. 학생들은 각 단계에서 문제를 풀 때마다 칭찬을 받는다.
고성 비율	수학교사는 "계속해서 두 개의 문제를 맞게 풀면 수업이 끝나기 전에 숙제를 시작할 수 있어요."라고 한다.
변동 비율	학생들이 자진해서 손을 들어 답을 하고 무작위로 불려진다.
고정 간격	매주 금요일마다 시험을 실시한다.
변동 간격	불시에 시험을 실시한다.

지만, 직후에 빨리 감소하며, 다음 강화인이 주어지기 전까지 약하게 유지된다. 금요일에만 쪽지시험을 치르면, 학생들은 시험 직전에는 열심히 공부한다. 그러나 다음 시험 때까지 학생들은 공부하지 않는다.

소거(Extinction)

강화받지 못한 행동이 사라지는 것

소거 소거(조작적 조건화에서)는 강화받지 못해서 행동이 중단될 때 일어난다. 예를 들면, 다음과 같다.

> 진아는 고등학교 1학년이고, 학교에 적응을 잘하고 수업시간에도 적극적이다. 그녀는 주의 집중을 잘하며 질문에 대답하고 싶어 안달이다. 세계사를 가르치는 김 교사가 질문을 할 때 진아는 손을 들어 대답하려 하였지만 대답하기 전에 누군가가 불쑥 답을 말하였다. 이런 일이 여러 번 반복되었다. 이제 진아는 거의 손을 들지 않고 세계사 시간에 공상에 빠지곤 한다.

진아를 호명해 주는 것은 진아의 시도와 주의력를 강화하는 것이다. 될 수 있도록 김 교사는 진아를 호명해 주었어야 했다. 진아는 호명되지 않아 강화받지 못했고, 결국 진아의 행동(손을 들거나 주의 집중하는)은 소거되었다.

이 예는 수업에 중요한 의미를 가진다. 학생의 참여와 학습은 밀접하게 관련되어 있으며(Good & Brophy, 2008), 진아의 경험은 왜 그런지를 잘 보여 준다. 학생들이 참여하고 있을 때, 그들의 흥미와 주의 집중은 증가하고, 더 많은 학습이 일어난다. 그렇지 않을 때, 학생들의 주의 집중은 약해지고, 학습도 감소한다.

포화 벌을 받거나 적절하게 강화를 받지 못할 때 행동은 감소한다. 그러나 강화를 너무 많이 받아도 행동은 감소한다. 예를 들어, 교사가 너무 많은 칭찬을 해 주면, 강화인을 너무 자주 사용하여 더 이상 행동을 강화하는 힘을 상실하는 과정인 **포화**가 발생할 수 있다. 효과적인 교사들은 포화의 문제를 예방하기 위해 칭찬과 다른 강화인을 전략적으로 사용한다.

포화(Satiation)
강화인을 너무 자주 사용하여 더 이상 행동을 강화하는 힘을 상실하는 과정

벌

정적 강화인과 부적 강화인은 행동을 증가시키는 결과를 가져온다. **벌인**이라 불리는 다른 결과는 행동을 약화시키거나 재발할 가능성을 감소시킨다(Mazur, 2006). 행동을 감소시키기 위해 벌인을 사용하는 과정을 **벌**이라 하며, 벌에는 두 가지 유형이 있다. [그림 6-1]에서 찾을 수 있는 **수여성 벌**은 벌인을 제시받은 결과로 학습자의 행동이 감소할 때 일어난다. 예를 들어, 교사가 손을 들어 입술에 대면서 '쉿'이라고 하고 학생들은 속삭임을 멈출 때, 학생들은 교사가 제시하는 신호를 보고 '속삭임' 행동을 적게 하는 것이다.

제거형 벌은 자극을 제거한 결과나 정적 강화를 얻지 못한 결과로 행동이 감소될 때 일어난다. 예를 들어, 학생들이 시끄럽게 떠들고 교사가 점심시간에 학생들을 5분 동안 붙들어 놓는다면, 교사는 제거형 벌을 사용하고 있는 것이다. 정상적인 상황이라면, 학생들은 계획된 시간에 점심을 먹고 자유시간을 가져야 하는데, 교사가 학생들의 자유시간 중 일부를 빼앗은 것이다.

벌인(Punishers)
행동을 약화시키거나 재발할 가능성을 감소시킴

벌(Punishment)
행동을 감소시키기 위해 벌인을 사용하는 과정

수여성 벌(Presentation punishment)
벌인을 제시받은 결과로 학습자의 행동이 감소할 때 일어남

제거형 벌(Removal punishment)
자극을 제거한 결과나 정적 강화를 얻지 못한 결과로 행동이 감소될 때 일어남

벌을 효과적으로 사용하기 일부 비판가들은 벌은 결코 사용해서는 안 된다고 말하고(Kohn, 1996b), 긍정적 행동을 강화하는 것이 벌을 사용하는 것보다 더 낫다는 연구 결과도 있다(Alberto & Troutman, 2006; Miltenberger, 2004). 벌은 수용할 수 없는 행동을 줄인다. 그러나 바람직한 행동을 전혀 가르쳐 주지 않는 반면 강화는 바람직한 행동을 증가시켜 주기 때문에 강화가 더 효과적이다. 그러나 어떤 때에는 벌도 필요하다. 벌을 전혀 주지 않으면, 일부 학생들은 더 망가진다(Pfiffner, Rosen & O' Leary, 1985; Rosen, O' Leary, Joyce, Conway, & Pfiffner, 1984). 보다 실질적인 접근은 벌을 신중하게 사용하고 바람직한 행동에 대해 적절한 양의 강화를 제공하는 것이다(Maag, 2001).

연구에 의해 효과적인 벌이라고 밝혀진 것은 다음과 같다.

웹 자료실
작업 현장에서 행동주의가 어떻게 적용되고 있는지 알고 싶다면, www.myeducationlab.com에 접속하고, '활동 및 적용'의 '작업현장에서의 행동주의'를 읽어 보라. 그리고 이어지는 물음에 답하라.

- **정지명령**: 교사가 학생의 행동을 중단시키기 위해 사용하는 언어적 또는 비언어적 의사소통이다(Kounin, 1970). 벌을 제시하는 간단한 방법은 정지명령이며, 앞에서 다룬 것처럼 교사가 손가락을 입에 대고 '쉿'이라고 말하는 것이 여기에 해당한다. 즉각적으로, 간결하게, 감정을 싣지 않고 정지명령을 사용하면 효과적이다(Emmer, Everton, & Worsham, 2006; Evertson, Emmer, & Worsham, 2006).
- **타임아웃**: 학생을 교실 밖으로 내보내는 것으로 또래학생에게서 격리시키는 것이다. 어린 아동들에게 자주 사용되며, 학생이 정적 강화를 받을 기회를 제거하는 것이다.

정지명령(Desist)
교사가 학생의 행동을 중단시키기 위해 사용하는 언어적 또는 비언어적 의사소통

타임아웃(Timeout)
학생을 교실 밖으로 내보내는 것으로 또래학생에게서 격리시키는 것

따라서 이것은 제거적 벌의 한 형태다. 다양한 형태의 나쁜 행동을 줄이는 데 효과적이다(Alberto & Troutman, 2006).

- **학교에 남기기**: 타임아웃과 비슷하며 나이 든 학생들에게 자주 사용한다. 이것은 학생의 자유시간 중 일부(30분에서 1시간 정도)를 박탈하는 것으로 보통 수업시작 전에 학교에 오도록 시키거나 수업이 끝난 뒤에 학생을 교실에 붙잡아 두는 벌이다. 다소 논쟁이 있지만(L. Johnson, 2004), 이 방법은 널리 사용되고 있으며 효과적인 것이라고 알려져 있다(Gootman, 1998). 학생들이 조용히 앉아서 아무것도 하지 않아야 정적 강화가 이루어질 가능성이 제거되므로 이렇게 해야 가장 효과적이다.

반응의 대가
(Respones cost)

주고 있던 강화인을 더 이상 주지 않는 것

- **반응의 대가**: 주고 있던 강화인을 더 이상 주지 않는 것이다(L. Zhou, Goff, & Iwata, 2000). 예를 들어, 어떤 교사들은 학생들이 바람직한 행동을 하면 학생들에게 토큰이나 다른 강화인을 주는 시스템을 개발한다. 학생들은 모은 토큰을 이용하여 학교 상점에서 다른 물품으로 바꾸어 살 수 있고, 자유시간을 가질 수 있고, 다른 특권을 누릴 수도 있다. 부적절한 행동을 한 학생들의 토큰을 빼앗는 것이 반응의 대가다.

비효과적인 벌 벌을 신중하게 사용하는 것은 효과적일 수 있지만, 어떤 벌은 너무 해로운 것이어서 결코 사용되면 안 된다. 여기에 비효과적인 벌을 몇 가지 제시한다.

- **체벌(physical punishment)**: 손바닥으로 때리거나 자로 때리는 것 등과 같은 체벌은 매 맞은 아이가 나중에 비슷한 행동을 따라하게 만드는 부작용을 낳거나(Bandura, 1986), 벌받은 뒤에 아이가 더 나빠지거나(Nilsson & Archer, 1989), 더 교묘하게 빠져나가는 방법을 배우게 할 수 있다. 학생들은 체벌을 자주 사용하는 교사를 피해 다니게 만들며, 미국의 많은 주 정부에서는 학생을 체벌하는 것을 금지하고 있다(Zirpoli & Melloy, 2001).
- **굴욕과 면박**: 굴욕과 면박은 체벌과 같은 부작용을 낳을 수 있다(J. E. Walker, Bauer, & Shea, 2004).
- **교실학습**: 벌의 한 형태로 교실학습을 이용하는 것은 학생에게 교실학습은 혐오적인 것이라고 가르칠 수 있으며, 고전적 조건화를 통해 교실학습에 대한 부정적 정서를 초래할 수 있다(Baldwin & Baldwin, 2001). 학생들은 혐오반응을 숙제, 다른 교사, 학교에 대해 일반화할 수 있다.

강화인을 사용할 때 신중해야 하듯이, 벌을 사용할 때에도 신중한 판단이 요구된다. 예를 들어, 교사가 정지명령을 사용할 때 학생들은 주의를 끌게 됨으로써 강화를 받을 수 있고, 이로 인해 정지명령의 효과는 떨어진다. 비슷하게 학급이 싫은 학생에게 타임아웃을 적용하면, 학생은 벌을 받는 것이 아니라 부적으로 강화를 받는 것이 된다. 바람직하지 못한

정지명령은 교실에서 적절하게 사용할 수 있는 벌이다.

행동이 줄어들지 않는다면, 교사는 반드시 다른 전략을 사용해야 한다. 이 주제는 학급경영을 다루는 12장에서 자세히 논의할 것이다.

행동에 영향을 미치는 선행자극

이제까지는 강화인과 벌이라는 결과(consequence)가 행동에 미치는 영향에 대해 논의했다. 그러나 행동은 그것에 선행하면서 행동을 이끌어 내는 자극인 **선행자극**에 의해 영향을 받기도 한다. 선행자극은 바람직한 행동을 하도록 신호를 주기 때문에 중요하다. 과거에 강화받은 행동의 선행자극은 미래에 그 행동을 할 가능성을 높이고, 과거에 벌받은 행동의 선행자극은 미래에 그 행동을 할 가능성을 줄인다(Baldwin & Baldwin, 2001).

선행자극(Antecedents)
행동에 선행하면서 그 행동을 이끌어 내는 자극

선행자극의 공통 형식은 다음과 같다.

- 환경적 조건
- 자극촉구(prompts)와 단서
- (일반화와 변별을 가져오게 하는) 과거의 강화인

환경적 조건 어두운 방에 들어갈 때, 우리의 첫 번째 행동 경향은 불을 켜는 것이다. 어둠은 우리가 불을 켜도록 만드는 환경적 선행자극이다. 이로 인해 뭔가를 볼 수 있게 되기 때문에 불을 켜는 행동은 강화받게 된다. 과거에 불 켜는 행동이 강화를 받았고, 그래서 우리는 같은 행동을 되풀이한다. 한편, 신호등의 빨간불은 우리를 멈추게 하는 선행자극으로 기능한다. 왜냐하면 빨간불에도 차를 달리는 것은 신호위반 딱지를 떼거나 다른 차와 충돌

하는 벌을 받을 가능성을 증가시키기 때문이다.

어떤 교사들은 학생들이 휴식을 취하고 돌아올 때 교실의 불빛을 희미하게 한다. 희미한 불빛은 환경적 조건으로 작용하여 학생들로 하여금 교실에 들어왔다는 것을 깨닫게 하고 또 실내에서 말하고 행동하는 규칙에 따르도록 상기시켜 준다.

이런 예들을 통해 우리는 교실환경을 바람직한 행동을 위한 전제조건으로 사용하고 있으며, 그런 행동이 일어나면 강화하고 있다는 것을 알 수 있다.

자극촉구와 단서 자극촉구와 단서는 학습활동과 같이 바람직한 행동을 이끌어 내기 위한 특수한 선행자극이다. 예를 들면,

양 교사는 4학년 아동들에게 부사에 대해 가르치고 있었다. 그녀는 칠판에 다음과 같은 문장을 썼다.

'인호는 이름이 불리자 재빨리 머리를 흔들었다.'

그리고 양 교사는 "이 문장에서 부사는 무엇이에요?…… 윤희가 말해 볼까?"라고 물었다.

"……."

"인호가 무엇을 했지?"

"…… 그는 머리를 흔들었어요."

"어떻게 머리를 흔들었지?"

"……재빨리."

"그래서 부사는 뭐지?"

"…… '재빨리' 예요."

"맞아, 아주 잘했어, 윤희야."

양 교사의 질문은 윤희에게서 기대된 반응(행동)을 이끌어 내기 위한 자극촉구였고, 그런 다음 양 교사는 윤희의 행동을 강화하였다.

단서는 다른 형태로 쓰인다. 교사가 교실 앞으로 오거나, 학생들이 앉아서 공부할 때 학생들 사이로 다니는 것은 학생들에게 교사를 주목하거나 계속 과제를 수행하라고 단서를 주는 것이다. 그다음 바람직한 행동을 강화할 수 있다.

교사의 질문은 학생들에게서 바람직한 반응을 이끌어 내는 선행자극이 될 수 있다.

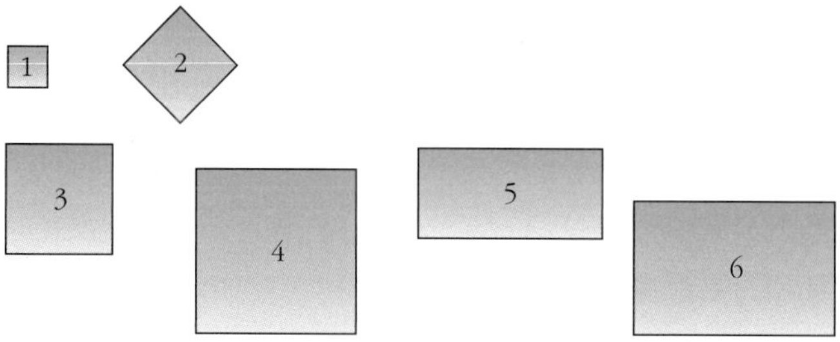

[그림 6-3] 정사각형과 직사각형

일반화와 변별 과거의 강화인은 비슷하지만 똑같지는 않은 자극에 반응하도록 만드는 선행자극이 될 수 있다. 예를 들어, 만약 한 아이가 [그림 6-3]에서 1번 도형이 정사각형이라고 대답할 때 강화를 받는다면 2, 3번과 4번 도형도 정사각형이라고 대답할 가능성이 높아진다. 그러나 그 아이가 5번 도형을 정사각형이라고 대답했을 때, "아냐, 그것은 두 변의 길이가 다른 두 변보다 길기 때문에 직사각형이야."라는 대답을 들었다면 6번 도형을 정사각형으로 대답할 가능성은 적어진다.

아이가 2, 3번과 4번 도형을 정사각형으로 인식하는 것이 일반화다. 일반화는 비슷하지만 똑같지 않은 자극에 동일한 반응을 하는 것이다. 그 아이가 6번 도형을 더 이상 정사각형으로 인식하지 않는 것이 변별(discrimination)이다. 변별은 비슷하지만 똑같지 않은 자극에 다른 반응을 하는 것이다(Hergenhahn & Olson, 2001; W.F. Hill, 2002).

생물시간에 상어나 개구리를 해부하고 난 뒤 학생들은 두 개의 심장에 대해 알게 된다. 상어의 심장은 이심방이고 개구리는 세 개의 심방을 가지고 있다. 이런 차이점에도 불구하고 학생들이 둘 다 심장이라고 결론 내리는 것이 일반화다. 학생들이 상어 심장과 개구리 심장의 차이를 말한다면, 그들은 변별하고 있다.

응용행동분석

행동주의는, 첫째 생산적인 학습환경을 만드는 것과, 둘째 응용행동분석을 활용하는 데 중요한 지침을 제공해 준다. 생산적인 학습환경을 만드는 것은 12장에서 자세히 다룬다. 여기서는 응용행동분석을 살펴본다.

응용행동분석은 학생의 행동을 변화시키기 위해 행동주의 원리를 체계적으로 응용하는 것이다(Baldwin & Baldwin, 2001). (이것은 행동수정이라고도 한다. 그러나 이 용어는 경우에 따라 부정적 의미를 주기 때문에 전문가들은 응용행동분석이라는 용어를 더 선호한다.) 이것은 사람들이 신체 건강을 증진시키고, 공포나 공황장애를 극복하고, 사회적 기술을 학습하고, 금연을 돕는 데 성공적으로 사용되어 왔다. 응용행동분석은 특수아동을 다루는 데도 널리 사용되고 있다(J. B. Ryan, Katsiyannis, & Peterson, 2007).

응용행동분석
(Applied behavior analysis: ABA)
학생의 행동을 변화시키기 위해 행동주의 원리를 체계적으로 응용하는 것

응용행동분석의 단계

이 원리를 적용하기 위해서는 보통 다음과 같은 단계를 거친다.

- 목표행동을 확인한다.
- 목표행동의 기저선을 설정한다.
- 강화인을 선택하고 필요시 벌인도 선택한다.
- 목표행동의 변화를 측정한다.
- 행동이 향상되면 강화인의 빈도를 점점 줄인다.

앞의 단계들이 실행하는 방법을 보기 위해서 교사가 어떻게 행동주의 원리를 이용하는가를 보기 위해 5장의 마지막 사례인 서 교사의 중학교 1학년 수학기초 과정반을 다시 살펴보자. 서 교사의 28명 학생 중 한 명인 동수는 다른 교사들로부터 언어폭력이 심하고, 공격적이고, 자기규율이 부족한 학생이라는 평가를 받았다. 서 교사는 동수가 아주 활동적이어서 수업시간에 가만히 앉아 있기가 어렵다는 것을 알았다. 동수가 행동을 통제하는 것을 학습하도록 도와준 뒤에 서 교사는 긍정적인 변화를 많이 발견했다. 3주 동안 5개 중 4개의 목표행동이 향상되었다.

〈동수가 수업시간에 한 행동의 빈도〉

	2/9~2/13	2/16~2/20	2/23~2/27
큰 소리로 말하기	20	14	7
욕하기	10	7	4
때리기/만지기	8	9	3
자리 이탈	18	19	18
사이 좋게 지내기	2	4	7

이제 서 교사가 단계를 어떻게 적용하였는지 살펴보자.

목표행동을 확인한다 응용행동분석의 첫 단계는 교사가 변화시키기를 원하는 행동을 확인하는 것이다. 서 교사는 큰 소리로 말하기, 욕하기, 다른 학생을 때리기/만지기, 자리 이탈, 사이 좋게 지내기 등과 같은 다섯 개의 목표행동을 선정하였다. 일부 전문가들은 서 교사가 목표행동이 너무 많고 '사이 좋게 지내기' 가 구체적이지 않다고 말할 수도 있다. 그러나 대부분의 교수-학습 적용이 그렇듯이 이런 결정은 전문가의 판단 문제다.

기저선을 설정한다 목표행동의 기저선을 설정한다는 것은 비교할 수 있는 기준을 세우기 위해 행동의 발생빈도를 측정하는 것을 뜻한다. 예를 들어, 기저선 시기(2월 9일에서 13일까지)에 동수는 20번 떠들었고, 10번 욕하였고, 다른 학생을 때리거나 만진 것이 8번이며, 자리 이탈을 18번 했고, 단지 2번만 친구에게 우호적으로 대했다. 보통 교사 또는 제3의 관찰자는 기저선을 정하기 위해 관찰한다. 서 교사가 동수가 첫 1주일 동안에 한 행동의 빈도를 측정하여 표를 만들었다.

강화인과 벌인을 선택한다 행동을 변화시키기 위해 시도하기 전에 교사는 각 학생에게 영향을 줄 수 있는 강화인과 벌인을 찾아야 한다. 이상적으로 응용행동분석 방법은 서 교사가 동수에게 한 것처럼 벌보다 강화를 이용해야 한다. 벌이 필요하다면 미리 계획하고 적용해야 한다.

서 교사는 개인적 주의와 칭찬을 일차적 강화인으로 사용하였고 그 효과는 동수의 행동변화를 통해 알 수 있었다. 동수는 자신이 향상되고 있음을 눈으로 확인할 수 있었는데, 이 자체가 강화인의 역할을 하게 되었다. 만약 바람직하지 않은 목표행동이 줄어들지 않았다면, 서 교사는 다른 추가적인 강화인 또는 벌인을 찾아서 시도해 봄으로써 그의 방법을 수정해야 했을지도 모른다.

행동의 변화를 측정한다 기저선을 설정하고 가능한 강화인과 벌인을 결정한 다음, 교사는 특정 기간 동안 변화가 발생하는지를 보기 위해 목표행동을 측정한다. 예를 들어, 동수는 둘째 주에 첫째 주보다 6번 더 적게 떠들었다. 3주 동안에 자리 이탈을 제외한 다른 행동에서 향상을 보였다.

첫 번째 개입은 동수가 자리 이탈하는 행동을 변화시키지 못했다. 그래서 서 교사는 다른 개입을 계획했다. 동수가 수업을 방해하지 않으면서 자신의 활동 욕구를 충족시킬 수 있도록 도와주기 위해 서 교사는 동수가 자리를 뜨고 싶은 욕구가 넘칠 때 갈 수 있는 곳을 지정해 주었다.

강화인의 빈도를 줄인다 동수의 행동이 개선되기 시작하자 서 교사는 강화인의 빈도를 점점 줄였다. 여러분은 처음에는 계속 강화 계획을 사용하다가 나중에는 간헐적 강화 계획을 사용하면 된다. 강화인의 빈도를 줄이는 것은 바람직한 행동을 유지시키는 것을 도와주고 다른 수업에서 또는 학교 밖에서도 일반화할 가능성을 증가시킨다.

기능적 분석

앞에서는 강화인과 벌인을 사용함에 따라 발생하는 행동의 변화를 측정하는 것에 초점을 두었다. 그러나 어떤 연구자들은 부적절한 행동을 촉발하는 선행자극을 찾는 데 초점을 둔다(Miltenberger, 2004). 예를 들어, 동수는 학급토론을 할 때 욕하는 행동을 가장 자주 하고, 그때 주목을 받는 것이 동수의 그런 행동을 강화한다는 것을 서 교사는 발견하였다. 비슷하게 동수는 자기 자리에 앉아서 자습을 할 때 자주 자리를 이탈하였다. 왜냐하면, 자기가 잘못하는 과제를 피할 수 있는 한 방법이 자리 이탈이기 때문이었다. 학급토론은 욕하는 행동의 선행자극이었으며, 자습은 자리 이탈의 선행자극이었다. 행동을 통제하는 선행자극과 결과를 찾는 데 사용하는 전략을 기능적 분석이라고 한다(Miltenberger, 2004). 동수의 사례에서 나타나는 선행자극, 행동, 결과의 관계는 [그림 6-4]에 있다.

기능적 분석
(Fructional analysis)
행동을 통제하는 선행자극과 결과를 찾는 데 사용하는 전략

선행자극	→	행동	→	결과
학급토론	→	욕	→	주목
자습	→	자리 이탈	→	자습 회피

[그림 6-4] 동수 행동의 기능적 분석

기능적 분석은 효과적인 개입을 만드는 데 유용하며, 바람직하지 않은 행동을 줄이려는 시도는 보다 적절한 행동을 강화하는 것과 함께 이루어진다(Kahng & Iwata, 1999; Lalli & Kates, 1998). 예를 들어, 서 교사는 동수의 '사이 좋게 지내는 행동'을 정적으로 강화하기 위해 주목해 주는 것을 사용하였는데, 이것은 이전에 욕하는 행동을 통해 받았던 것과 같다(역자 주: 즉, 바람직하지 않은 행동을 통해 받았던 강화인을 바람직한 행동을 할 때에만 줌으로써 바람직하지 않은 행동을 줄이는 동시에 바람직한 행동을 증가시킨다). 또한 서 교사는 동수가 자리에 앉아서 자습하는 것을 돕는 데 많은 시간을 할애하였다. 그렇게 되면, 자습은 자리 이탈을 위한 선행자극이 되지 않았고, 서 교사는 자습하는 행동을 강화할 수 있게 되었다.

모든 개입처럼 응용행동분석이 마법처럼 작동하지는 않는다. 교사들은 이것이 노동집약적이라고 말한다(Kaff, Zabel, & Milham, 2007). 예를 들어, 여러분은 한 학생이 목표행동을 몇 번 하는지를 정확히 측정한다고 가정할 수 없으며, 따라서 여러분 자신을 다시 모니터해야 한다. 응용행동분석은 그렇지 않아도 벌써 복잡한 학급경영을 더 복잡하게 만든다.

또한 개인적 주목과 칭찬은 동수에게 효과적인 강화인이었다. 그러나 만약 이 강화인이 효과가 없었다면, 서 교사는 다른 강화인을 찾았어야 했다. 간단하게 실행할 수 있고 학교에서 허용될 수 있는 강화인을 찾기란 매우 어려운 일이 될 수 있다.

이런 문제점에도 불구하고 응용행동분석은 기존의 방법이 제대로 작동하지 않을 때 사용할 수 있는 하나의 도구다. 모든 전략이 그렇듯이 응용행동분석의 효과성은 교사의 기술과 판단에 달려 있다.

웹 자료실

교사가 자신의 학생에게 응용행동분석을 적용하는 방법에 대해 알고 싶다면, www.myeducationlab.com에 접속하고, '초등학교에서의 응용행동분석' 부분에 있는 사례연구를 읽어라. 그리고 이어지는 물음에 답하라.

행동주의 논의

여느 이론에서처럼 행동주의에 대해서도 옹호와 비판의 입장이 둘 다 있다. 많은 비판은 다음과 같은 측면에 초점을 맞추고 있다.

- 교수에 대한 지침으로 활용하는 데 있어 행동주의의 비효과성

- 고등정신기능을 설명하지 못함
- 강화인이 내재적 동기에 미치는 영향
- 학습과 교수에 대한 철학적 입장

이들 각각의 측면을 구체적으로 살펴보자.

첫째, 행동주의에 기초한 수업은 정보가 구체적 항목으로 분할되어야 하며, 그래서 학습자들이 관찰 가능한 행동으로 표출하여 강화받을 수 있어야 한다고 제안한다. 예를 들어, 대부분의 사람은 다음과 같은 영어 연습문제를 풀어 본 적이 있을 것이다.

이론에서 실제로

행동주의를 학급에 적용하기

행동주의는 수업을 위한 지침으로 자주 사용되는 것은 아니지만, 행동주의는 긍정적 학급환경을 만들고 바람직한 행동을 유지하는 데 도움이 될 수 있다. 행동주의 이론을 학급에 적용하려고 시도할 때 다음의 지침이 도움이 될 것이다.

① 정서적으로 안전한 환경을 만들기 위해 고전적 조건화를 이용한다.
② 강화받을 수 있는 행동을 조장하기 위해 선행자극을 이용한다.
③ 진정한 성취를 이룬 학생에게 칭찬한다.
④ 학생의 노력을 유지하도록 도와주기 위해 적절한 강화 계획을 이용한다.

이 지침이 실천되고 있는 상황을 보기 위해 박 교사의 2학년 교실로 되돌아가 보자. 이 교실에서는 고전적 조건화에 대해 배웠다. 박 교사의 학급에는 스페인어를 사용하는 학생이 한 명 있다.

알토(멕시코에서 온 다문화 가정 학생)가 화요일 이른 아침에 박 교사의 교실로 들어올 때, 그는 배경음악으로 살사 음악을 듣는다. 교실 벽은 알토의 조국인 멕시코에서 온 그림으로 장식되어 있다. 스페인어와 한국어로 된 어휘 카드가 교실 여러 곳에 걸려 있다.

알토는 매일 아침 다른 도움을 받고 있다.

"buenos dias(스페인어로 '안녕' 이라는 뜻), 오늘 기분 어때(한국어로)?" 박 교사가 묻는다.

"buenos dias. 좋습니다(한국어로)." 알토가 대답하면서 자신의 자리로 가서 숙제를 꺼낸다.

알토는 수학 숙제로 내준 10문제를 풀려고 하다가 "숙제를 할 수 없어요. 이해할 수 없어요."라고 더듬거리면서 한국어로 말한다. 처음 두 문제를 정확하게 풀었지만, 나머지 8개 문제는 풀지 못한 상태였다.

"알토야, 잘 보렴." 박 교사는 무릎을 굽혀서 알토와 눈높이를 맞춘다. 다음 두 문제를 차례로 가리키면서 박 교사는 묻는다.

"처음 두 문제는 잘 풀었다. 여기를 봐라. 이 문제와 저 문제와 어떻게 다르지?"

36	45
−14	−19

박 교사의 안내를 받은 알토는 두 번째 문제에서 작은 수 5에서 큰 수 9를 빼야 한다는 것을 알게 되었다.

"알토야 잘했다! 어디에 큰 수가 있는지를 아는 것은 매우 중요하다. 이제 이것을 함께 풀어 보자."라고 계속해서 박 교사는 말했다.

박 교사는 알토가 문제의 모든 단계를 수행할 수 있을 때까지 촉진 질문을 통해 안내하였다. 그러고 나서 알토가 정답을 제시하였을 때 따뜻한 말로 칭찬하였다.

"이제 다른 문제를 풀어 보자. 네가 잘하고 있는지 조금 있다가 보러 다시 올게."라고 말한다.

알토는 자신의 숙제를 다시 시작한다. 박 교사는 2분마다 알토가 잘하고 있는지 점검하면서 충분한 도움을 주어 알토가 계속 문제를 풀도록 도와준다.

"알토야, 매우 잘했다. 이것들은 정확하게 풀었네."라고 말하면서 3개의 문제를 가리킨다. "너는 매우 잘하고 있다. 이제 이 두 문제를 점검해 보자. 너는 수업을 시작하기 전에 숙제를 다 할 충분한 시간을 가지고 있다."

이제 박 교사가 어떻게 가르치는지 살펴보자. 첫째, 박 교사는 반가운 인사, 살사 음악, 알토의 조국인 멕시코에서 가져온 그림을 통해 알토가 교실로 들어오는 것을 환영하였다. 이것은 교실을 조건화된 반응인 긍정적 정서를 느끼도록 유도할 수 있는 조건자극으로 만들기 위한 박 교사의 의식적인 노력에 해당한다. 박 교사는 2번째와 3번째 지침을 적용하여 알토의 학습을 도왔다. 그리고 알토를 칭찬함으로써 강화를 제공하였는데, 이것은 알토가 문제를 다 풀 수 있도록 안내하였기 때문에 효과적이었다.

그리고 나서 알토가 다른 문제를 풀 때에도 알토의 노력을 세심히 관찰할 때 박 교사는 그의 노력을 지속시키기 위해 변동 간격 강화 계획을 적용하였다.

지침을 적용할 때 박 교사는 알토가 교실에서 편안함을 느끼도록 도와주었을 뿐만 아니라 알토가 공부하고 있는 주제를 학습하도록 도와주었다.

Juanita and (I, me) went to the football game.

우리가 정답인 'I'를 골랐다면 강화를 받았을 것이고, 'me'를 선택했다면 교정을 위한 피드백을 받았을 것이다. 이러한 과정을 통해 우리는 적절하게 일반화하는 것과 변별하는 것을 배워 왔다. 그러나 학교에서 가르치는 것 중 많은 것은 탈맥락적인 단편적 정보를 강화하는 것으로는 효과적으로 배울 수 없는 것들이다. 예를 들어, 효과적으로 글 쓰는 방법은 의미 있는 맥락 속에서 글쓰기를 연습함으로써 배울 수 있는 것이지 앞에 제시된 연습문제에 대답함으로써 배울 수 있는 것이 아니다.

또한 조작적 조건화는 강화인과 벌인에 의해 야기된 행동의 변화에 초점을 두는 반면, 학습자는 보통 한 번도 강화받은 적이 없는 오개념이나 엉뚱한 생각을 표출하기도 한다. 이것은 학습자의 사고과정을 강조하는 다른 이론에서 더 잘 설명할 수 있다(이들 이론에 대해서는 7, 8, 9장에서 자세히 다룬다).

둘째, 행동주의는 언어학습과 같은 고등정신기능을 정확하게 설명할 수 없다. 예를 들어, 촘스키와 밀러(Chomsky & Miller, 1958)는 사람들이 행동과 강화에 기초하여 문장을 학습한다면, 어휘 수가 적은 국어를 가진 사람조차도 평생 동안 일 초에 한 문장을 학습하는 것보다 더 빠른 속도로 문장을 학습해야 할 것이라고 주장했다.

셋째, 퍼즐을 해결하거나 비디오 게임을 하는 것과 같이 내재적 동기를 가지고 참여하는 활동에도 강화인을 제공하면 그런 활동에 대한 흥미가 떨어진다는 연구 결과가 있다(R. Ryan & Deci, 1996).

마지막으로, 행동주의를 비판하는 사람 중 일부는 학교는 보상을 받기 위한 학습보다는 학습 그 자체를 위한 학습을 하도록 해야 한다는 철학적 입장을 가지고 있다(Anderman & Maehr, 1994). 다른 비판자들은 행동주의는 학생들이 자신의 행동을 통제하도록 도와주는 방법이라기보다는 본질적으로 다른 사람을 통제하기 위한 수단이라고 주장한다(Kohn, 1993b).

지지자들은 행동주의는 실제 작동하며, 강화인과 벌인은 우리가 행동하는 방식에 영향을 줄 수 있으며 실제 영향을 준다고 주장한다. 예를 들어, 교사들은 진심 어린 칭찬이 학습자의 동기와 자부심을 높여 준다는 사실을 알고 있다. 더 나아가 지지자들은 임금을 받지 못해도 계속 일을 하려고 할 사람들이 있을지 묻는다(Gentile, 1996). 과연 급여를 받는다는 이유만으로 일에 대한 흥미를 잃을까?

나아가 주의 집중이나 급우들에게 잘 대하기 등과 같은 적절한 행동을 강화하는 것이 비행을 줄인다는 연구 결과도 있다. 그리고 다른 방법이 효과가 없을 때조차도 행동주의 학급경영 기술은 효과적이라는 연구 결과도 있다(A. Simth & Bondy, 2007).

어떤 학습이론도 완벽하지 않으며, 행동주의도 마찬가지로 완벽하지 않다. 그러나 유능한 전문가에 의해 신중하게 적용된다면, 행동주의는 모든 학생이 학습할 수 있는 기회를 극대화하는 환경을 창출하는 데 유용한 도구가 될 것이다.

웹 자료실

행동주의가 수업에 어떻게 적용되는지를 알고 싶다면, www.myeducationlab.com에 접속하고, 6장 '활동 및 적용'의 '학급에서 행동주의' 사례연구를 읽어라. 그리고 이어지는 물음에 답하라.

교실에의 적용

교실에서 조작적 조건화 적용하기

강화인과 벌인

1. 강화인은 행동을 증가시키는 결과이며, 벌인은 행동을 감소시키는 결과다. 가능하다면 벌보다는 강화를 사용하라. 벌이 필요할 때는 제거적 벌을 사용하라.

- 초등학교: 과제를 내준 후, 1학년 교사는 교실을 돌아다니면서 조용히 과제수행을 하고 있는 아동에게 스티커를 나눠 준다. 스티커는 게임을 하거나 학습센터에서 공부할 기회로 교환될 수 있다.
- 중학교: 중학교 1학년 담당교사는 매주 초에 학생에게 '행동점수'를 준다. 만약 학생이 규칙을 한 번 어기면 1점을 잃게 된다. 주말에 남은 점수가 미리 정해 놓은 점수 이상으로 높으면, 그 점수로 교실에서 친구와 대화하기 또는 헤드폰으로 음악 듣기와 같은 특권을 살 수 있다.
- 고등학교: 수학교사는 학생 개인의 평균점수를 정해 놓고 퀴즈에서 자신의 평균점수보다 높은 점수를 낸 학생에게 보너스 점수를 주어 학생들의 수학능력을 향상시킨다.

강화 계획

2. 강화 계획은 반응을 획득하거나 반응을 소거하는 데 모두 영향을 준다. 계속 강화 계획은 가장 급속히 행동을 증가시킨다. 그러나 간헐 강화 계획은 행동을 가장 오랫동안 지속시킨다. 여러분의 목표를 달성하는 데 가장 효과적인 계획을 사용하라.

- 초등학교: 학년 초에 1학년 교사는 모든 학생이 할 수 있는 활동을 계획한다. 그는 자주 칭찬해 주고 상을 준다. 학생들의 능력이 증가함에 따라 교사는 더 노력하도록 요구한다.
- 중학교: 어느 1학년 담당교사는 학생들이 철저한 이해를 할 때에만 칭찬을 해 준다. 학생들이 별도의 노력을 더 할 때에도 칭찬을 해 준다.
- 고등학교: 수학교사는 고정간격 강화계획에 따라 강화를 한 뒤에 노력이 저하되는 것을 막기 위해 수시로 퀴즈를 낸다.

행동형성

3. 행동형성은 바람직한 행동을 향해 점진적으로 접근해 가도록 강화해 주는 과정이다. 복잡한 기술을 가르칠 때 행동형성을 사용하라.

- 초등학교: 2학년 교사는 행동이 향상되고 있는 한 학생에게 공개적으로 칭찬을 해 준다. 향상이 계속되면 교사는 학생을 칭찬하기 전에 좀 더 긴 기간 동안 바람직한 행동을 하도록 요구한다.
- 중학교: 국어교사는 문단 만들기 과제에 점수를 부여할 때 처음에는 긍정적으로 평가하는 말을 써 준다. 학생들의 작품이 향상되면, 교사는 작품에 대해 좀 더 비판적으로 평가한다.
- 고등학교: 수학 II의 교사는 방정식 문제를 푸는 첫 단계를 시작하면 강화를 준다. 문제해결 기술이 향상되면 강화의 양을 줄인다.

선행자극

4. 선행자극은 강화를 받을 수 있는 바람직한 행동을 유발하는 신호다. 적절한 행동을 이끌어 낼 수 있는 단서를 제공하라.

- 초등학교: 점심을 먹기 위해 학생들이 줄을 서러 가기 전에, 1학년 교사는 학생들에게 기다리는 동안 조용히 서 있도록 지도한다. 그들이 조용히 서 있으면 그들의 착한 행동을 칭찬한다.
- 중학교: 자습할 과제를 내준 다음, 영어교사는 학생들 사이를 다니며 학생들이 과제를 수행하도록 다독거린다.
- 고등학교: 화학교사의 학생들이 정답을 제시하지 못할 때 추가 질문으로 자극을 촉구하고 반응할 수 있도록 도와준다.

◈ 이해 점검 활동

2.1 주희는 수업시간에 딴짓을 하고 있어서 당신은 주희를 꾸짖는다. 10분 뒤에 주희는 또 딴짓을 하고 당신은 또 주희를 꾸짖는다. 5분 뒤에 주희는 세 번째로 딴짓을 한다. 주희의 행동을 조작적 조건화로 설명하라.

2.2 시험에 대해 논의한 뒤에 임 교사가 시험지를 돌려줄 때 학생들이 "이번 시험은 문제 수가 너무 많아요."라고 불평한다. 임 교사는 다음 시험 때 시험 문항 수를 줄인다. 그러나 논의하는 도중에 학생들이 또 시험 문항 수에 대해 불평한다. 임 교사는 세 번째 시험에서는 더 문항 수를 줄인다. 그러나 시험지를 돌려줄 때 학생들은 "선생님 너무해요. 선생님은 항상 너무 많은 문제를 내요."라고 말한다. 임 교사가 시험 문제 수를 줄이는 행동을 가장 잘 설명할 수 있는 조작적 조건화의 아이디어는 무엇인가? 학생들의 불평을 가장 잘 설명할 수 있는 개념은 무엇인가?

2.3 과제에 집중하는 행동을 격려하기 위해 임 교사는 호루라기를 이용한다. 호루라기를 불 때 학생들이 과제에 집중하고 있다면, 학생들은 학급 잔치에 참여할 수 있는 점수를 받는다. 임 교사는 어떤 강화 계획을 사용하고 있는가? 설명하라.

2.4 체육교사인 이 교사는 매일 학생들이 체육관으로 들어올 때 비디오를 보면서 준비 운동을 하도록 시킨다. 이 교사가 출석을 부르자마자 학생들은 곧바로 운동을 시작한다. 이 교사는 학생들의 성실하고 좋은 태도를 자주 칭찬한다. 이 사례에서 무엇이 선행자극이며, 행동 강화인가?

사회인지학습이론

"무엇을 하고 있니?" 교실을 돌던 정 교사는 팔을 앞뒤로 흔들고 있는 보라를 붙잡고 물었다.

"프로야구 선수들이 하는 것처럼 공을 치는 연습을 하고 있어요. 그런데 제대로 되지 않아요." 보라가 대답했다.

"어젯밤에 TV에서 게임을 봤는데 선수들이 공을 치는 것을 유심히 살폈어요. 그 모습이 아주 쉬워 보였고요, 선수들은 열심히 공을 쳤어요. 나도 그렇게 할 수 있을 것만 같아요. 그 생각이 머릿속에서 떠나지 않아 해 보고 있어요."

세 살짜리 지윤이는 책을 들고 아빠의 무릎 위에 앉으려고 한다. 아빠는 읽고 있던 책을 내려놓고 지윤을 무릎 위에 앉힌다. 그러자 지윤이가 말한다. "나도 읽을래요, 아빠."

고속도로에서 100km로 달리고 있는데, 한 스포츠카가 당신 차를 추월해 간다. 그 차는 최소한 130km로 달렸을 것이다. 도로표지판에 표시된 속도 제한이 100km였다. 잠시 후에 그 차가 고속도로 순찰차에게 붙잡힌 것을 보았다. 당신은 즉시 속도를 줄인다.

앞의 예는 두 가지 공통점을 가진다. 첫째, 다른 사람의 행동을 관찰함으로써 학습하게 되는 것들이다. 보라는 TV에서 본 프로야구 선수의 스윙을 따라 하려고 노력하였고, 지윤이는 독서하는 아빠를 보고 따라서 책을 읽고 싶어 하였다. 그리고 다른 운전자에게 생긴 결과를 관찰하고 당신의 행동을 수정했다.

둘째, 행동주의는 이 예들을 설명할 수 없다. 행동주의는 학습자 밖에 존재하는 직접적인 원인이 초래하는 행동의 변화에 초점을 둔다. 예를 들어, 이 장의 첫 부분에 나온 사례에서는 수학시험을 치르는 것이 현수의 손을 떨리게 만들었다. 만약 스포츠카의 운전자가 벌금을 낸 뒤에 시속 100km로 달린다면, 행동주의는 벌금을 낸 것이 직접적으로 그가 천천히 운전하도록 만들었다고 한다. 앞의 예에서는 보라와 지윤, 그리고 당신에게 어떤 일도 직접적으로 일어나지 않았고, 다른 사람을 단순히 관찰한 뒤에 이들은 행동을 바꾸었다.

사회인지학습이론(Social cognitive theory)
다른 사람을 관찰함으로써 발생하는 행동의 변화에 초점을 두는 학습이론

사회인지학습이론은 다른 사람을 관찰함으로써 발생하는 행동의 변화에 초점을 두는 학습이론이며, 앨버트 반두라(Albert Bandura, 1925~)가 창시하였다(Bandura, 1986, 1997, 2001). 행동주의와 사회인지학습이론 둘 다 행동에서의 변화를 다루기 때문에 두 이론 사이의 관계를 살펴볼 필요가 있다.

반두라는 1925년에 캐나다의 작은 마을에서 태어났다. 그는 미국의 아이오와 대학교에서 박사학위를 받았으며, 스탠퍼드 대학교의 교수가 된 이래로 지금까지 계속 그 대학에 있다. 간혹 살아 있는 가장 위대한 미국의 심리학자로 불리며, 사회인지학습이론을 창시한 사람으로 널리 알려져 있다. 그는 노숙자에서 테러에 이르기까지 폭넓은 영역에 관한 연구를 수행해 왔다.
2002년까지 반두라는 논문에서 가장 자주 인용되는 심리학자 중 3위를 차지했다. 프로이트(Freud)와 스키너(Skinner) 다음이었다.

행동주의와 사회인지학습이론의 비교

이쯤에서 당신은 "만약 행동주의가 관찰 가능한 행동에 초점을 두고, 인지라는 용어는 기억과 사고를 의미한다면, 왜 사회인지학습이론이 행동주의와 같은 장에서 다루어질까?"라는 의문이 생겼을 것이다.

그 이유는 여기에 있다. 이름이 함축하듯이 사회인지학습이론은 해를 거듭할수록 인지적 측면을 점점 더 많이 포함하였지만, 이 이론의 역사적 뿌리가 행동주의에 있기 때문이다(Kim & Baylor, 2006). 심지어 오늘날에도 많은 저자는 행동주의의 원리를 강조하는 책 속에 사회인지학습이론을 계속해서 포함시키고 있다(Baldwin & Baldwin, 2001). 게다가 행동주의와 사회인지학습이론은 세 가지 측면에서 서로 유사하다.

- 두 이론 모두 경험이 학습의 중요한 요인임에 동의한다[피아제(Piaget)와 비고츠키(Vygotsky)의 이론도 마찬가지다].
- 두 이론 모두 행동에 대한 설명에서 강화와 벌의 개념을 포함한다.
- 두 이론 모두 학습을 촉진하는 데 피드백이 중요하다는 것에 동의한다.

그러나 두 이론은 세 가지 면에서 차이가 있다. 첫째, 두 이론은 학습을 다르게 정의하며, 둘째 사회인지학습이론은 학습에 있어 신념, 자기 지각, 기대의 역할을 강조한다. 셋째, 사회인지학습이론은 환경, 개인 내 요인, 그리고 행동은 서로 의존하는 관계를 가진다고 제

안한다. 이런 관계를 상보적 인과관계(reciprocal causation)라고 한다. 이 세 가지 차이점에 대해 살펴보자.

학습의 의미

행동주의자들이 학습을 관찰 가능한 행동의 변화라고 정의하는 반면, 사회인지학습이론가들은 다른 행동을 보여 줄 수 있는 능력을 생성하는 정신과정의 변화라고 정의한다(W. F. Hill, 2002). 그래서 학습은 즉각적인 행동변화를 가져올 수도 있고 아닐 수도 있다. 이런 내적 과정에서 정신활동(인지)의 역할은 앞에서 다룬 예에서 찾아볼 수 있다. 예를 들어, 보라는 그다음 날까지 야구 스윙 연습을 하지 않았다. 보라가 기억 속에 관찰한 것을 저장하고 있어야 한다. 그렇지 않다면, 보라는 그 행동을 재생산할 수 없었을 것이다. 보라, 지윤, 당신 누구도 직접적으로 강화받거나 벌받지 않았기 때문에 모두 다 환경에 직접적으로 반응한 것이 아니라 정신과정에 반응한 것이다.

학습(Learning)
다른 행동을 보여 줄 수 있는 능력을 생성하는 정신과정의 변화

기대의 역할

행동주의자는 강화인과 벌인을 행동의 직접적 원인으로 여기지만, 사회인지학습이론가들은 강화인과 벌인이 기대를 형성한다고 본다. 기대는 행동에 영향을 주는 인지과정이다. 예를 들어, 학생들은 며칠 동안 시험에 대비하여 열심히 공부하지만, 시험점수를 받을 때까지 강화를 받지 못한다. 학생들은 공부한 것에 대해 강화받을 것이라고 기대하기 때문에 며칠 동안 계속 노력을 기울인다. 스포츠카가 경찰에 의해 세워진 것을 보고 속도를 줄인 것은 당신이 계속 빨리 달리면 당신도 세워질 것이란 것을 기대했기 때문이다. 행동주의자들은 학습에 있어 기대의 역할을 고려하지 않지만, 사회인지학습이론가들은 기대를 중요하게 여긴다.

사람들이 기대에 반응한다는 사실은 어느 행동이 강화받거나 벌받을 것인지를 알고 있다는 것을 의미한다. 이것은 아주 중요한데, 사회인지학습이론에 따르면, 무슨 행동이 강화될 것인지를 학습자가 알고 있을 때만 강화가 행동을 변화시키기 때문이다(Bandura, 1986). 현수는 변화된 학습 습관이 그의 수학성적을 향상시킬 것이라고 기대하였고, 그래서 현수는 학습 습관을 유지했다. 만약 그가 다른 전략이 더 효과적이라고 기대했다면, 그는 그 전략을 사용했을지도 모른다. 현수는 단지 강화인에 반응한 것이 아니라 자신의 학습전략 효과성을 적극적으로 평가하였다.

학생 인지의 중요성은 교사에게 두 가지 시사점을 준다. 먼저, 교사는 어떤 행동을 강화할 것인지를 미리 설명해 주어서 학생이 자신의 행동을 조절할 수 있도록 해야 한다. 둘째, 교사는 학습자에게 분명한 피드백을 제공해 주어 학생들이 무슨 행동이 강화받는지를 알고 있어야 한다. 예를 들면, 만약 논술형 시험에서 만점을 받은 학생이 만점을 받은 이유를 모른다면, 다음번 시험에서 어떻게 답안을 작성해야 할지 알 수 없을 것이다.

상보적 인과관계

행동주의는 환경과 행동 사이에서 환경이 일방적으로 행동을 야기하는 '일방적' 관계를 제시하지만, 행동이 환경에 영향을 주는 일은 없다고 본다. 사회인지학습이론은 조금 더 복잡한데, 행동과 환경, 그리고 기대와 같은 개인적 요인 모두가 상호 의존적이라고 본다. 즉, 각 요인은 다른 두 요인에게 영향을 준다. 상보적 인과관계는 이런 상호 의존성을 의미한다. 예를 들어, 수학시험(환경 요인)에서 현수가 받은 낮은 점수는 다음 수학 퀴즈 시험에서 잘 할 수 있을 것이라는 기대(개인적 요인)에 영향을 끼쳤다. 그의 기대는 그의 행동(공부 습관)에 영향을 주었고, 그의 행동은 다시 환경(현수는 공부하러 수진이의 집에 갔다)에 영향을 주었다.

상보적 인과관계(Reciprocal causation)
학습에서 환경, 행동, 개인적 요인이 상호 의존하는 것

상보적 인과관계는 다른 운전자를 본 당신의 경험에도 적용된다. 다른 차가 길가에 세워진 것(환경적 요인)을 본 것은 당신의 기대(개인적 요인)에 영향을 주었으며, 그 기대는 당신의 행동(속도를 늦추는)에 영향을 주었다. 당신의 행동은 다시 환경에 영향을 주었다. 즉, 당신이 운전을 하는 방식을 바꾸었으며, 이로 인해 아무 문제 없이 고속도로 순찰차를 지나칠 수 있었다.

이제 사회인지학습이론의 핵심을 다룬다.

모델링

모델링(Modeling)
한 명 또는 여러 사람의 모델을 관찰한 결과로 발생한 행동, 인지, 정서 변화를 지칭하는 일반적 용어

모델링은 '한 명 또는 여러 사람의 모델을 관찰한 결과로 발생한 행동, 인지, 정서 변화를 지칭하는 일반적 용어'다(Schunk, 2004: 88). 모델링은 사회인지학습이론의 핵심적인 개념이다. 예를 들어, 현수는 수진이의 시험공부 방법이 성공적이라는 것을 관찰했다. 그 결과 현수는 수진이의 방법을 모방하였는데, 이와 같은 직접 모방은 모델링의 한 형태다.

일상생활에서 모델링의 중요성은 아무리 강조해도 지나치지 않다. 아동은 부모나 다른 어른의 행동을 관찰함으로써 받아들일 수 있게 행동하는 방법을 배운다. 청소년들의 머리 모양과 의상은 TV와 영화의 영향을 받는다. 어른들조차도 어떻게 옷을 입고 행동할 것인지를 결정할 때 다른 사람들에게서 단서를 얻는다.

교사 모델링은 학생의 다양한 능력발달을 도울 수 있다.

모델링은 학교에서도 중요하다. 교사들은 수학문제 해결, 효과적인 글 쓰기 기법, 비판적 사고와 같은 다양한 종류의 기술을 시범으로 보여 준다(Braaksma et al., 2004). 교사는 또한 다른 사람에 대한 예의와 존중, 반대 의견에 대한 인내, 배

표 6-4
table

모델링의 다른 형태

종류	설명	예
직접 모델링	모델의 행동을 단순하게 모방하려는 시도다.	현수는 시험공부를 할 때 수진을 모방한다. 1학년 아동은 교사와 똑같은 필체로 글자를 쓴다.
상징적 모델링	책, 연극, 영화, 또는 TV에 등장하는 주인공의 행동을 모방한다.	십대들은 10대 취향의 인기 있는 TV 쇼에 나오는 주인공처럼 옷을 입기 시작한다.
종합적 모델링	관찰한 행동의 부분을 종합함으로써 행동을 발전시킨다.	한 아이는 형이 책을 꺼내기 위해 의자를 사용하는 것과 엄마가 찬장문을 여는 것을 보고, 나중에 의자를 사용해 혼자 서서 찬장문을 연다.

움에 대한 동기, 기타 태도와 가치를 보여 준다. 코치도 배구에서 정확하게 서브하는 방법, 축구에서 코너킥하는 방법, 팀워크를 이루는 방법, 정정당당하게 시합하는 정신, 승리한 뒤의 겸손함, 패배에 대한 깨끗한 승복을 시범으로 보여 준다. 교사교육을 담당하는 교수들은 예비교사들의 모델이 되어야 한다(Lunenberg, Korthagen, & Swennen, 2007).

교사와 코치들이 지적 또는 신체적 기술을 보여 줄 때, 이들은 직접 모델이다. 영화, 텔레비전, 책, 연극의 주인공뿐만 아니라 비디오에 녹화된 예들은 모두 상징적 모델이다. 관찰된 행위의 여러 부분을 결합하는 것은 종합적 모델링이라고 한다(Bandura, 1986). 〈표 6-4〉는 모델링의 세 가지 형태를 보여 준다.

인지적 모델링

유능한 교사는 인지적 모델링을 사용한다. **인지적 모델링**은 행동 뒤에 숨어 있는 생각을 말로 표현하는 것과 시범으로 보여 주는 것을 통합한 과정이다(Schunk, 2004). 예를 살펴보자.

> **인지적 모델링 (Cognitive modeling)**
> 행동 뒤에 숨어 있는 생각을 말로 표현하는 것과 시범으로 보여 주는 것을 통합한 과정

"잠깐만." 은주가 현미경을 힘겹게 다루는 모습을 보고 최 교사가 말했다.

"한 번 더 보여 줄게. 이제 내가 조정하는 것을 자세히 보렴. 이 슬라이드는 잘 깨어지기 때문에 이 부분이 중요하거든. 제일 먼저 해야 하는 건 슬라이드를 제자리에 끼우는 거야. 그렇게 하지 않으면 현미경에서 보려고 한 것을 찾지 못할 수도 있거든. 그런 다음에는 렌즈를 슬라이드에 가까이 할 때 깨지지 않도록 조심하는 거야. 그래서 나는 이때 렌즈를 옆으로 살펴봐. 마지막에는 사물이 초점에 맞을 때까지 렌즈를 다시 올리는 거야. 너는 렌즈를 낮추면서 초점을 맞추려 하고 있어. 렌즈를 올리면서 초점을 맞추면 훨씬 쉽고 안전해. 계속해 봐."

최 교사는 어떻게 현미경을 사용하는지 시범으로 보여 줄 때, "제일 먼저 해야 하는 건 슬라이드를 제자리에 끼우는 거야." 에서처럼 자신의 생각을 말로 표현했다. 교사가 자신의 생각을 소리 내어 말로 표현할 때나 다른 학생들에게 그들의 생각을 표현하도록 지도할 때, 교사는 문제에 대해 어떻게 생각하고 어떻게 문제를 해결하는지를 학습자에게 구체적인 예로 제시한다(Braaksma et al., 2004).

대리학습

대리학습
(Vicarious learning)
사람들은 다른 사람의 행동 결과를 관찰하고 그에 따라 자신의 행동을 적절히 조절함으로써 학습하는 과정

모델링 외에도 사람들은 다른 사람의 행동 결과를 관찰하고 그에 따라 자신의 행동을 적절히 조절함으로써 학습할 수 있다. 이 과정을 **대리학습**이라고 한다(Gholson & Craig, 2006). 예를 들어, 다른 운전자가 경찰에 의해 차가 세워지는 것을 본 당신은 차 속도를 낮추었다. 즉, 당신은 대리적으로 처벌받았다. 한 학생이 허락 없이 자리를 이탈하였다고 공개적으로 야단을 맞으면, 학급에 있는 나머지 학생들도 대리적으로 벌을 받는다.

한편, 현수는 수진이 시험을 얼마나 잘 치렀는지를 보았고, 그래서 현수는 수진의 성공을 통해 대리적으로 강화를 받았다. 교사가 "나는 조용히 앉아서 공부하는 구빈이가 정말 좋다." 라고 말하는 것을 학생들이 듣는다면, 학생들은 대리적으로 강화를 받는다.

기대는 대리학습의 효과성을 이해하는 데 도움이 된다. 현수는 수진의 행동을 모방하면서 강화받기를 기대하였고 다른 학생들은 구빈의 행동을 모방하면서 강화받기를 기대한다. 당신은 계속 과속하다가는 벌을 받을 것을 기대하였기 때문에 속력을 낮추었다.

기대한 결과의 미발생

기대가 충족되지 않았을 때에도 기대는 행동에 영향을 주기 때문에 기대는 중요하다. 예를 들어, 당신의 교수가 과제를 내주었다고 가정하자. 당신은 아주 열심히 그 과제를 완성하였지만, 교수는 과제물을 거두지 않았다. 기대했던 강화인의 (숙제에 대한 점수) 미발생은 벌인으로 작동할 수 있다. 즉, 다음 숙제에서 당신은 열심히 하고 싶지 않을 것이다.

기대했던 강화인의 미발생이 벌인으로 작동할 수 있는 것처럼 기대했던 벌의 미발생은 강화인으로 작동할 수 있다(Bandura, 1986). 예를 들어, 학생은 학급의 규칙을 어기면 벌을 받을 것으로 기대한다. 그런데 규칙을 어겼는데 벌을 받지 않은 학생은 미래에 그 규칙을 어길 가능성이 높다. 기대했던 벌이 발생하지 않는 것은 나쁜 행동을 위한 강화인으로 작용한다.

기대한 결과의 미발생은 학교 밖에서는 매우 흔한 일이다. 예를 들어, 교사들은 학교정책에 참여하기를 자주 요구받으며, 참여가 쓸모가 있으면 강화받는다. 그러나 쓸모가 없다면 미래에 학교정책에 참여하려고 하지 않는다. 스포츠 팬들은 자기 지역 팀 경기를 보려고

◈ 이해 점검 활동

3.1 협동학습 활동을 실시하는 교사들은 간혹 한 집단에 속하는 모든 학생에게 똑같은 점수를 준다. 연구에 따르면, 이런 방법은 비효과적이다(Slavin, 1995). 여기에 있는 정보를 이용하여 이렇게 하는 것이 왜 비효과적인지를 설명하라.

3.2 만기는 강의만 하고 실천과제를 내주는 교수의 화학수업을 듣고 있다. 만기는 수업 도중에 주의 집중하지 않는 자신을 발견한다. 만기는 배우는 것이 없다고 느꼈기 때문에 (부모의 도움을 받아) 안 교수의 수업으로 변경할 수 있었다. "만약 네가 주의 집중하지 않는 것을 안 교수가 안다면, 그는 네 이름을 부를 것이다." 만기가 "그래서 나는 수업시간에 졸지 않는다. 나는 내용을 이해하러 이 수업을 들으러 왔다." 상보적 인과관계는 이 예를 어떻게 설명할 수 있는가?

3.3 강재만 코치는 축구 팀한테 열심히 하되 정정당당하게 싸울 것을 강조한다. 자기의 선수가 상대방 선수의 다리를 부러뜨리는 것을 본 강 코치는 그 선수를 출전시키지 않았고, 왜 그렇게 하는지를 그 선수에게 (그리고 나머지 선수들에게도) 설명해 주었다. 그해에 다시는 심한 반칙으로 인한 사고가 일어나지 않았다. 왜 그렇게 되었는지를 설명하고, 기대의 역할을 포함하라.

3.4 이 장의 시작 부분에 나오는 질문 중 세 번째 질문인 "왜 현수는 자신의 공부습관을 바꾸었으며 계속 노력하게 되었는가?"에 답하라.

입장권을 구입한다. 그러나 지역 연고 팀이 계속해서 지기만 한다면, 다음에 입장권을 사고 싶은 마음이 줄어든다. 팀이 이기는 것을 보는 것은 강화받는 것이지만, 그런 일이 일어나지 않는 것은 팬이 입장권을 구매하는 행동을 줄인다.

모델링, 대리학습, 기대한 결과의 미발생을 소개하였으니, 이제는 다음과 같은 아이디어를 상세히 검토해 보자.

- 모델링의 효과
- 모델로부터 학습하는 과정
- 모델의 효과성
- 자기 조절

모델링의 효과

모델링은 행동의 변화를 야기할 수 있으며, 또한 인지와 정서에 영향을 줄 수도 있다. [그림 6-5]는 이런 영향을 간략히 보여 주며, 다음부터 상세히 검토한다.

새로운 행동의 학습 모방을 통해 사람들은 모델을 관찰하기 전에는 할 수 없었던 능력을 획득할 수 있다. 교사가 수학문제를 해결하는 것을 본 뒤에 문제를 해결하는 것, TV를 시청한 뒤에 새로운 요리를 만드는 것, 예시를 보고 문장을 명료하게 쓰는 것을 학습하는 것 모두 여기에 해당한다. 보라가 "프로 선수들이 하는 것처럼 공을 치는 연습을 하고 있어요. 그런데 제대로 되지 않아요."라고 말하는 것도 TV에서 프로 선수들을 보면서 새로운 행동을 학습하려고 시도했음을 보여 준다.

이미 학습한 행동의 촉진 당신이 콘서트장에 있다고 가정하자. 하나의 공연이 끝날 무렵, 몇몇 사람이 일어서서 손뼉을 치기 시작했다. 다른 사람들도 잠시 망설인 후 환호의 대열을 만드는 데 동참하였다. 사람들은 어떻게 일어나서 박수치는지를 이미 알고 있었으므로 새로운 행동을 학습한 것은 없다. 대신 관찰된 사람들이 다른 사람의 행동을 촉진시킨 것이다.

현수의 행동에서도 이런 과정을 볼 수 있다. 그는 시험을 치르기 전에 문제를 푸는 연습을 한다. 그러나 그가 인정했듯이 몇 문제를 풀어 본 후, 잘 풀리면 그만두어 버렸다. 현수는 수진이를 관찰한 후에 자신의 공부하는 방법을 수정하였다. 수진이가 시험에 대비하는 방법이 현수로 하여금 공부를 하도록 촉진시킨 것이다.

억제(Inhibition)

자신의 행동에 스스로 부여한 구속

억제의 변화 억제는 자신의 행동에 스스로 부여한 구속이다. 모델과 모델의 행동의 결과를 관찰하는 것은 억제를 강화시킬 수도 있고 약화시킬 수도 있다. 기존 행동을 촉진하는 행위와는 다르게, 억제의 변화를 가져오는 모델링은 학급규칙을 어기는 것과 같은 사회적으로 받아들일 수 없는 행동과 관련 있다(Schunk et al., 2008). 예를 들어, 급우 중에 한 학생이 학급규칙을 어겨 야단을 맞으면 다른 학생들이 학급규칙을 어길 가능성이 줄어든다. 즉, 규칙을 어기는 것에 대한 억제가 강화된다. 학급경영 분야의 선구적인 연구자인 코닌(Jacob Kounin, 1970)은 이 현상을 파급효과(ripple effect)라고 했다. 한편, 한 학생이 허락 없이 말을 했는데도 야단맞지 않았다면 다른 학생들도 그럴 가능성이 높아진다. 즉, 억제가 약화되는 것이다.

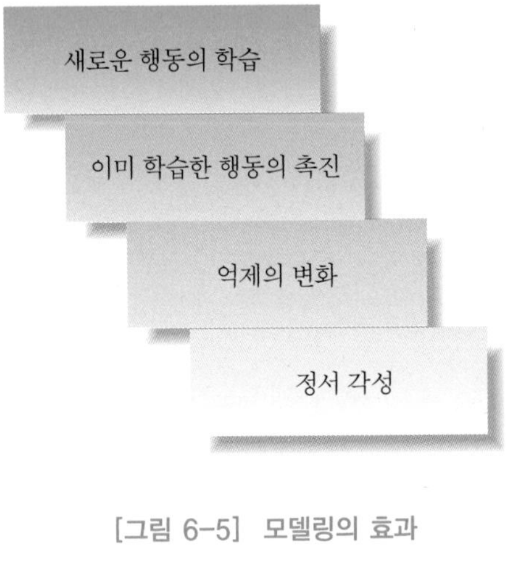

[그림 6-5] 모델링의 효과

대리학습과 기대한 결과의 미발생은 억제의 변화를 설명하는 데 도움이 된다. 예를 들어, 한 학생이 학급규칙을 어겨 야단맞는 것을 학생들이 본다면, 이 학생들은 간접적으로 벌을 받은 것이다. 즉, 이 학생들은 자신들도 규칙을 어기면 같은 벌을 받을 것이라고 기대하며, 규칙을 어기는 것을 억제하는 힘은 증가된다. 그러나 그 학생이 야단맞지 않는다면, 기대한 벌의 미발생이 강화인으로 작동하게 되며, 그 학생과 학급의 나머지 학생들이 규칙을 어길 가능성이 더 높아진다. 다시 말해, 규칙을 어기는 것에 대한 억제가 약해진다.

정서 각성 마지막으로, 사람의 정서적 반응은 모델의 정서 표출을 관찰함으로써 바뀔 수 있다. 예를 들어, 높은 다이빙대에서 다이빙 선수가 불안해하는 것을 보는 것은 관찰자가 불안을 더 느끼도록 만들 수 있다. 교사가 어떤 주제에 대해 토론하면서 진정으로 즐기는 것을 관찰한 학생들도 비슷한 열정을 경험할 수 있다(Brophy, 2004).

앞에서 모델링을 '한 명 또는 여러 사람의 모델을 관찰한 결과로 발생한 행동, 인지, 정서 변화'로 정의하였고, 이런 예들은 그 정의를 더 잘 이해하도록 도와준다. 예를 들어, 우리는 행동이 학습되거나 촉진되었을 때 행동변화를, 억제가 강해지거나 약해질 때 인지 변화를, 그리고 정서가 각성되었을 때 정서 변화를 보게 된다.

모델학습의 과정

이제 행동을 학습하거나 촉진하는 것, 억제를 변화시키는 것, 그리고 정서를 각성시키는 것이 어떻게 일어나는지를 다룬다. 여기에는 주의 집중, 파지, 재생산, 동기화라는 네 가지 과정이 관여한다(Bandura, 1986). [그림 6-6]에 잘 묘사되어 있으며, 요약하면 다음과 같다.

- 주의 집중: 모델화된 행동에 있는 핵심적 측면이 학습자의 주의 집중을 이끈다.
- 파지: 모델화된 행동은 학습자의 기억 속에 저장된다. 모델의 행동을 기억함으로써 나중에 그 행동을 재생산할 수 있게 된다.
- 재생산: 학습자는 기억 속에 저장된 행동을 재생산한다.
- 동기화: 학습자는 모델화된 행동을 재생산한 것에 대해 강화를 기대하면서 동기를 갖게 된다.

이들 과정과 관련하여 세 가지 요인이 교사에게 중요하다.

첫째, 모델을 통해 학습하기 위해서는 모델 행동의 가장 중요한 측면이 학습자의 주의 집중을 이끌어야 한다는 것이다(Bandura, 1986). 예를 들어, 예비교사는 종종 학교를 방문해 숙련된 교사의 실제 수업을 관찰한다. 그

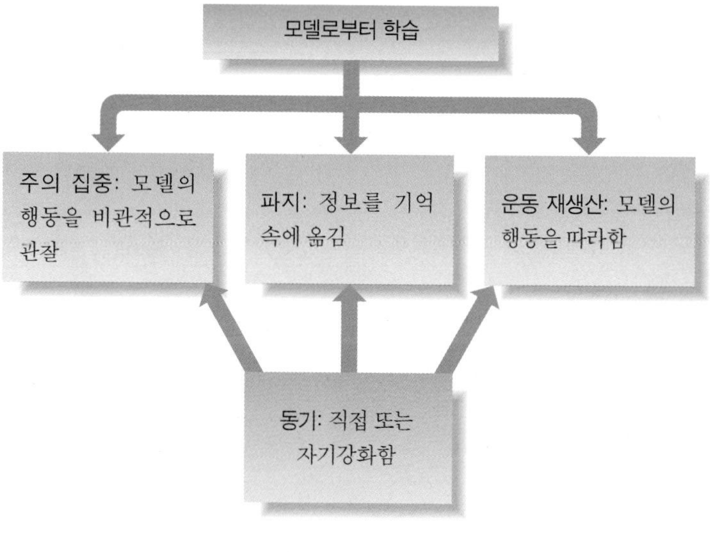

[그림 6-6] 모델학습의 과정

러나 만약 예비교사가 무엇을 살펴보아야 할지 모른다면, 그 관찰은 성공적인 학습을 가져오지 못한다. 교사로서 우리는 우리가 보여 주는 기술의 중요한 부분에 학생이 주의를 집중하게 만들어야 한다.

둘째, 모델 행동에 주의를 기울이고 그 행동을 기억 속에 저장한다고 해서 학습자가 반드시 그 행동을 재생산하는 것은 아니다. 추가적인 발판(scaffolding)과 피드백이 종종 요구된다(자세한 내용은 이 장의 뒤에 나오는 '이론에서 실제로' 부분에서 논의할 것이다).

셋째, [그림 6-6]에서 동기가 다른 구성요소와 분리되어 있다 하더라도 그것은 각 과정과 통합되어 있다. 동기 유발된 학습자는 모델의 행동에 주의 집중하고, 행동을 기억에 저장하고, 그 행동을 재생산해 낼 가능성이 더 높다. 화살표를 통해 동기가 나머지 세 개의 과정에 주는 영향을 표시하였다.

모델의 효과성

모델의 효과성은 모델을 관찰한 결과로 발생할 수 있는 행동적 변화, 인지적 변화, 정서적 변화의 가능성을 말한다. 모델의 효과성은 다음의 세 가지 요소에 달려 있다.

- 지각된 유사성
- 지각된 능력
- 지각된 지위

우리가 모델의 행동을 관찰할 때 우리와 비슷하다고 인식하면 그 사람을 모방할 가능성이 높다. 이것은 학생들에게 비전통적인 직업 모델을 제시하는 것과 여자와 소수 민족의 공헌에 대해 가르치는 것이 왜 중요한지를 이해하는 데 도움이 된다. 예를 들어, 여자아이의 경우 남자 기술자보다 여자 기술자가 하는 일을 관찰했을 때 자신도 기술자가 될 수 있을 것이라고 믿을 가능성이 커진다. 비슷하게 중남미계 학생들은 소수 민족이 아닌 사람의 성취보다 중남미계 성인의 성취를 보았을 때 어려운 목표를 이룰 수 있다는 믿음이 더 강해진다.

지각된 유사성은 모델의 효과성에서 중요한 요인이다.

두 번째 요인인 모델의 능력에 대한 지각은 지각된 유사성과 관련이 있다. 사람들은 유사성과 관계없이 모델이 능력이 있다고 판단할 경우, 그렇지 않은 경우에 비해 모방할 가능성이 크다. 현수와 수진은 같은 반 학생이라는 점에서 서로 비슷했지만, 수진이가 성공적인 학생이 아니었다면 현수가 수진이의 행동을 모방하지 않았을 수도 있었다.

세 번째 요인인 지각된 지위는 개인이 자신을 분야의 다른 사람과 차별화시킬 때 획득된다. 사람들은 프로 운동선수, 인기 있는 가수, 세계적인 지도자와 같은 높은 지위의 사람을 다른 사람보다 더 모방하는 경향이 있다. 학교에서는 운동부 학생, 치어리더, 어떤 경우는 폭력집단의 두목이 많은 학생에게 높은 지위를 가진 사람으로 인식되기도 한다.

교사도 영향력 있는 모델이다. 교육개혁자나 교사들이 교사의 영향력에 대해 우려를 나타내고 있기는 하나 여전히 교사는 학생에게 높은 지위 모델로 남아 있고, 이는 앞으로도 지속될 것이다.

높은 지위 모델은 추가적인 혜택도 얻으며, 종종 암암리에 그들의 전문성 영역 밖에서도 능력이 있다고 여겨진다. 이는 영양 전문가 대신에 프로 선수가 아침 식사용 시리얼을 선전하고, 기술자 대신에 배우가 자동차와 모터오일을 선전하는 것 등에서 나타난다.

자기조절

앞에서 우리는 학습자의 기대가 행동과 환경에 영향을 줄 수 있다는 것을 살펴보았다. 이는 **자기조절**을 통해서 달성된다. 자기조절은 목표를 세우고, 그 목표에 도달할 수 있도록 이끌어 주는 동기, 사고과정, 전략, 행동을 통합하는 과정이다(Zimmerman & Schunk, 2001). 자기조절된 학습자는 자신의 학습에 대해 책임을 진다(Greene & Azevedo, 2007). 예를 들어, 현수는 자신의 이해를 향상시키고 싶다고 동기가 유발되었다. 그는 수진이의 집에 공부하러 갔으며, 경험에 비추어 자신의 공부전략을 점검하고 수정하였다. 행동주의자는 수진이의 집에 가기 시작한 뒤로 현수가 왜 강화 없이도 변화되었고 계속 노력하게 되었는지 설명하지 못한다. 이렇게 행동하기 위해서는 현수는 자기조절을 해야 했다(Bandura, 1986). 자기조절에는 다음과 같은 구성요소가 있다.

자기조절 (Self-regulation)
목표를 세우고, 그 목표에 도달할 수 있도록 이끌어 주는 동기, 사고과정, 전략, 행동을 통합하는 과정

- 목표 설정하기
- 목표를 향한 진행 점검하기
- 목표 달성 정도 평가하기
- 전략을 효과적으로 사용하기(Meichenbaum, 2000; Paris & Paris, 2001; Winne, 2001)

목표 설정

목표는 행위의 방향을 제공하고, 학습과정을 평가하는 방법을 제공한다. 수진이는 수학문제의 각 유형을 최소한 세 개씩 공부하고자 하는 목표를 세웠고, 현수는 자신의 목표를 설정해서 수진이의 행동을 모방했다.

도전적이지만 학생이 스스로 정한 실제적 목표가 교사에 의해 부과된 목표보다 훨씬 더 효과적이다(Schunk et al., 2008; Stipek, 2002). 학생들이 스스로 효과적인 목표를 설정하도록 도와주는 것은 중요하지만, 어려운 일이다. 왜냐하면, 학생들은 간단하고 낮은 수준의 목표를 설정하려는 경향성을 가지고 있기 때문이다.

진행 점검

학생들이 일단 목표를 설정하고 나면, 자기조절 학습자들은 학습진행과정을 스스로 점검한다. 예를 들어, 수진이는 "나는 종종 작은 표를 만들어. 방정식의 종류를 공부할 때마다 나는 최소한 세 개의 문제를 풀려고 해. 내가 세 문제를 풀 때마다 표에다 표시를 해." 라고 말했다.

학생들은 자신의 다양한 행동을 스스로 점검하는 방법을 배울 수 있다. 예를 들어, 표를 만들어 수업 중 스스로 공상할 때마다 표시해 나간다든지, 불쑥 대답할 때마다 표시를 할 수도 있다. 긍정적인 면에서는 바람직한 사회기술을 사용할 때마다 표시를 할 수도 있다. 연구에 따르면, 적절한 목표와 결합된 자기관찰은 집중, 공부습관, 사회기술, 기타 다양한 기술을 향상시킬 수 있다(Alberto & Troutman, 2006).

자기평가

학교에서는 한 사람의 수행은 전형적으로 다른 사람에 의해 평가받는다. 그러나 항상 그렇게 할 필요는 없다. 비록 교사가 가치 있는 피드백을 제공할 수 있을지라도, 학생 스스로 자기를 평가하는 것을 배울 수 있다(Stiggins, 2005). 예를 들어, 학생들은 어휘문제의 해결을 위해 그들의 답이 맞는지 스스로에게 물어보거나 모범답안과 비교하는 것을 배움으로써 자신이 작성한 답의 질을 평가할 수 있다. 현수는 책 뒤에 있는 답과 자신의 답을 비교하면서 자기평가를 수행했다.

자기평가 기술을 익히는 것은 시간이 걸리며, 학습자들은 자신의 목표를 알고 있어야 하며, 목표를 달성하기 위해 사용할 수 있는 전략을 알고 있어야 한다. 즉, 학습자는 메타인지를 사용해야 한다(7장에서 메타인지에 대해 다룬다). 학생들이 처음부터 자기평가를 잘하는 것은 아니다. 학생들이 자기평가 기술을 익히도록 도와주는 최고의 방법은 수진과 현수가 그랬던 것처럼 목표를 구체적으로 측정할 수 있게 설정하도록 안내하는 것이다. 학생이 정확한 자기관찰에 기초하여 타당한 자기평가를 하도록 돕는 것이 교사가 직면한 가장 중요한 과제다.

이론에서 실제로

사회인지학습이론을 학급에 적용하기

사회인지학습이론은 교실에서 광범위하게 적용된다. 다음의 지침은 당신이 사회인지학습이론을 학생들에게 적용할 때 도움이 될 것이다.

① 당신의 좋은 행동을 학생들에게 보여 줘라.
② 학생에게 모델 역할을 시키고, 인지적 모델링을 사용하여 전략을 공유하도록 시켜라.
③ 학습을 촉진하기 위해 모델링의 효과와 과정을 활용하라.
④ 역할 모델이 될 수 있는 외부 인물을 활용하라.

중학교 2학년 수학교사인 심 교사가 학생들에게 이 지침을 어떻게 적용하는지 살펴보자. 심 교사의 반에는 다문화 가정의 학생이 몇 명 있다.

"우리는 점점 더 잘 하고 있어." 심 교사의 수업을 들으러 교실로 들어서던 아영이가 태영이에게 말한다.

"너, 알고 있지? 심시내 선생님은 수학이 매우 중요하다고 생각하고 있어."

심 교사가 수업을 시작하면서 "기억하세요. 금요일에 산체스(Sanchez) 박사님을 초대해 연설을 듣기로 했어요. 그분은 공학자이며, 자신의 직업세계에서 수학을 어떻게 활용하고 있는지에 관해 이야기해 주실 거예요."

"자, 이제 여기를 보세요." 심 교사가 오늘의 주제로 화제를 돌리며 말했다.

"우리는 이 문제에 관해 조금 어려움을 느끼고 있어요. 그래서 몇 문제 더 살펴보려고 해요."

"이걸 한번 풀어 볼까?" 칠판에 문제를 쓰면서 심 교사가 말했다.

$$4a + 6b = 24$$
$$5a - 6b = 3$$

심 교사는 학생들을 지켜보다가 가빈이가 문제를 잘 해결하는 것을 보고 말했다.

"가빈아, 칠판 앞으로 나와서 문제를 풀 때 네가 생각한 과정을 우리에게 말해 줄래?"

가빈이는 칠판에 $9a + 0b = 27$을 쓰면서 두 방정식을 더해서 구했다고 설명한다. 심 교사는 "a의 값은 뭐니? ……상현아?"라고 질문한다.

"……3이요."

"어떻게 찾았지?"

"0 곱하기 b는 0이고 양쪽에 9로 나누면 1a는 3이 됩니다."

"잘했어, 맞아. 이제 b의 값을 알아보자. 뭐부터 먼저 해야 할까, 민정아?"

심 교사가 학생들에게 적용하려고 시도한 지침을 살펴보자. 첫째, "심시내 선생님은 수학이 매우 중요하다고 생각하고 있어."라는 아영이의 말은 심 교사의 수학에 대한 진정한 흥미를 모델링한 결과에서 나온 것이다. 모델링은 모든 학생을 아주 열성적인 학습자로 만들지는 못하지만, 아영이의 말에서 알 수 있듯이 일부 학생들의 동기를 높여 줄 수 있다(Brophy, 2004).

심 교사는 가빈이에게 자신의 생각을 설명하도록(인지적 모델링) 시키고 문제를 해결하는 방법을 단지 직접 설명해 주기보다는 학생들에게 질문하여 해답에 도달하도록 안내할 때 두 번째와 세 번째 지침을 적용하였다. 이런 유형의 수업은 학생들로 하여금 시범된 행동에 주의 집중하고, 그 행동을 기억하고, 재생산하도록 만들 가능성이 더 높다(Lambert & McCombs, 1998). 그리고 가빈이는 지각된 유사성 덕분에 효과적인 모델이었다.

마지막으로 심 교사는 산체스 박사를 수업에 초대함으로써 네 번째 지침을 적용하였다. 산체스 박사는 베트남 출신이므로 지각된 유사성을 가질 수 있기 때문에 그는 다문화 학생들에게는 좋은 역할모델이 될 수 있을 것이다. 일 년에 한 번 또는 두 번 외부 손님을 초대하는 것은 소수 인종의 역할 모델의 영향력을 극대화할 수 있다.

전략 사용

자기조절 학습자는 자신의 목표를 달성하기 위해 가장 효과적인 전략을 선택할 수 있는 능력을 가지고 있다. 예를 들어, 현수는 몇 개의 연습문제를 풀었고, 잘 풀리면 거기서 그만두었다. 그러나 수진을 모델링한 뒤부터 현수는 매우 다양한 문제를 선택하였다. 이런 단순해 보이는 변화가 더 효과적인 전략이다.

어린 아동도 효과적인 전략을 사용할 수 있다. 예를 들어, 1학년 학생이 전략적으로 받아쓰기를 공부한다면, 알고 있는 낱말을 연습하기보다는 모르는 낱말을 더 많이 연습할 것이다 (전략 사용에 대해서는 9장에서 자세히 다룬다).

학생이 자기조절을 개발하는 것은 강력하지만 어려운 일이다. 예를 들어, 학생들은 도전적이면서 실현 가능한 목표를 설정할 때 많은 도움을 받아야 하며, 처음에는 자기의 진보를 점검하는 일과 자기를 평가하는 일에 능숙하지 않다(Yell, Robinson, & Drasgow, 2001). 그러나 자기조절 개발이 성취될 수 있다면, 자기조절은 삶의 모든 측면에 적용할 수 있는 자본이다.

인지적 행동수정

인지적 행동수정 (Cognitive behavior modification)

자기대화(self-talk)나 자기교수(self-instruction)로 학생의 행동을 수정하기 위해 행동적 원리와 인지적 원리를 결합한 과정

자기조절은 인지적 행동수정을 통해 향상될 수 있다. **인지적 행동수정**은 자기대화(self-talk)나 자기교수(self-instruction)로 행동을 수정하기 위해 행동적 원리와 인지적 원리를 결합한 과정이다(Meichenbaum, 2000). 조직관리나 시간관리와 같은 자기조절 기술을 학생들이 개발하도록 도와주기 위해 교사들은 인지적 모델링을 사용한다. 모델이 보여 주는 기술을 관찰한 뒤에 학생들은 그 기술을 교사의 도움을 받으면서 연습하고, 그다음에는 다른 사람의 지도편달 없이 혼자서 그 기술을 발전시키기 위해 자기대화를 이용한다. 인지적 행동수정은 특수아동에 특히 효과적이다(Turnbull, Turnbull, & Wehmeyer, 2007).

11장에서 학생의 자기조절을 향상시키는 구체적인 전략에 대해 다룬다.

교실에의 적용

교실에서 사회인지이론 적용하기

1. 인지적 모델링은 당신이 기술을 시범 보여 줄 때 당신의 생각을 소리 내어 말하는 것이다. 당신의 수업에 인지적 모델링을 사용하라. 학생들을 위해서 역할 모델처럼 행동하라.

- 초등학교: 유치원 교사는 인지적 모델을 사용하여 철자를 쓰는 연습을 시킨다. 그녀는 b를 쓰면서 "여기서부터 시작해서 밑으로 일직선을 그으세요."라고 설명했다.
- 중학교: 중학교 1학년 교사는 교실 앞의 큰 포스터에 "나는 여러분을 예의와 존경을 다하여 대우할 것이고, 여러분은 나를 예의와 존경을 다하여 대우해 줄 것이며, 여러분은 서로를 예의와 존경을 다하여 대우할 것입니다."라고 써 두었다.
- 고등학교: 어느 물리교사는 마찰과 관련된 가속문제를 풀고 있었는데, F=ma라고 칠판에 쓰면서 말한다.

  "이 문제에서 물체에 가해지는 여러 힘을 밝혀야 한다는 것을 알고 있어요. 그래서 나는 이 문제가 의미하는 것이 무엇인지에 대해 생각해 봅니다. 누가 이어서 이 문제에 대해 알고 있는 것을 하나 말해 주겠나요?"

2. 효과적으로 모델링하기 위해서는 어떤 행동에 주의를 기울이고, 그 행동을 기억 속에 저장하고, 재생산해야 한다. 학생들이 이런 과정을 활용하도록 돕기 위해서는 아이들 혼자서 문제를 풀기 전에 학급 전체가 예제를 가지고 연습할 기회를 제공하라.

- 초등학교: 한 5학년 학급에서 분모가 다른 분수의 덧셈을 학습하고 있다. 교사가 '1/4+2/3=?' 의 문제를 칠판에 쓰고 질문했다. "무엇부터 먼저 해야 하지? ……가연아?" 교사는 학급 전체가 문제를 다 풀 때까지 계속하고, 두 번째 문제를 같은 방법으로 수업을 진행하였다.
- 중학교: 경도와 위도를 가지고 정확한 위치를 찾는 방법을 보여 준 후, 한 1학년 지리교사는 학생들에게 말한다.

  "서쪽으로 85도와 북쪽으로 37도에 가장 가까운 도시를 찾으려고 해. 먼저 이 숫자들은 무엇을 말하는 것이지, ……수연아?"

  그는 학생들이 가장 가까운 도시로 시카고(Chicago)를 찾을 때까지 예를 통해서 안내한다.
- 고등학교: 여러 가지 증거를 보여 준 후 기하학 교사는 다음의 그림에서 각1이 각2보다 크다는 것을 학생들이 증명해 보기를 바란다. 교사는 질문을 시작한다.

  "문제에서 주어진 것은 무엇이지?"

  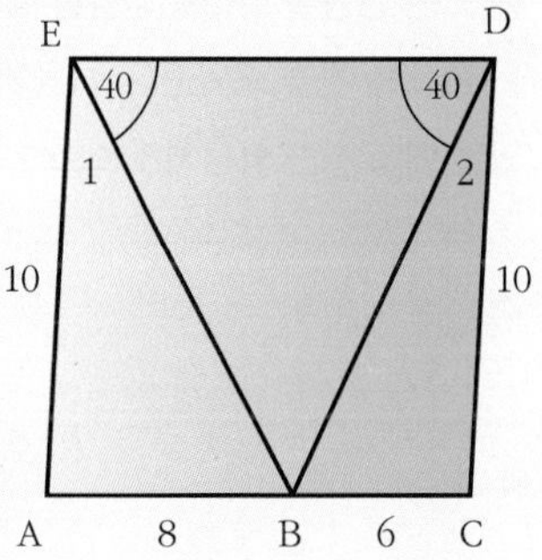

  학생이 주어진 정보를 찾아낸 후 교사는 다시 묻는다.

  "변 BE와 변 BD에 관해 우리가 결론지을 수 있는 것은 무엇이니?"

  그녀는 학급 전체가 증명을 완성할 때까지 계속했다.

3. 학생들은 학급친구가 강화받는 것을 관찰할 때, 대리적으로 강화받는다. 행동을 촉진하고 학습을 향상시키기 위해 대리강화를 사용하라.

- 초등학교: 국어시간에 한 모둠에 속하는 학생들이 각자의 자리로 되돌아갈 때 1학년 교사는 모든 학생이 다 들을 수 있게 큰 소리로 "나는 이 모둠이 자기 자리로 조용히 되돌아가서 너무 좋아요. 가연, 정우, 현아, 민재에게 별 스티커를 하나씩 주겠어요."
- 중학교: 2학년을 담당하는 한 영어교사는 투사기를 이용하여 잘 쓰인 여러 개의 문단을 예로 보여 준다. 교사는 말한다.

  "이 문단들은 아주 잘 쓰여졌어. 글의 구조가 훌륭하고 상상력을 보여 주고 있어."
- 고등학교: 한 미술교사는 학생들의 도자기 작품을 되돌려 준다. 교사는 잘 된 작품 몇 개를 보여 주면서 설명한다. "이것들을 봐라. 아주 훌륭하다. 왜 그런지 살펴봐라."

영어교사와 미술교사는 세 가지를 달성했다. 첫째, 자신이 쓴 글이나 자신이 만든 도자기가 전시된 학생들은 직접적으로 강화되었다. 그러나 교사가 이름을 밝히지 않았기 때문에 누구인지 드러나지 않았다. 둘째, 학급의 나머지 학생들은 대리강화되었다. 셋째, 교사는 피드백을 주고 미래의 모방을 위한 모델을 제시하였다.

4. 자기조절은 학생들이 자신의 학습에 대해 스스로 책임을 지는 과정이다. 자기조절의 구성요소를 체계적으로 연습시키면서 자기조절을 가르쳐라.

- 초등학교: 한 3학년 교사는 학생들이 허락을 받아야만 자리를 뜨는 행동을 스스로 점검할 때 사용할 수 있는 체크리스트를 만드는 것을 도와준다. 처음에는 학생들이 자리에서 벗어났을 때 교사는 학생에게 스스로 표시를 해야 한다고 말해 준다. 나중에는 학생들 스스로 체크리스트에 표시를 했는지 점검하기만 한다.
- 중학교: 기초 수학교사는 학생들이 스스로 숙제를 평가하기 위한 평가표를 만드는 것을 도와준다. 과제를 완성하고 잘 이해한다고 생각하는 경우 학생들은 평가표에 있는 숫자 3에 동그라미를 친다. 완성은 했으나 잘 이해하고 있는지, 확신이 없으면 숫자 2에, 그리고 완성하지 못했으면 숫자 1에 동그라미를 친다.
- 고등학교: 한 영어교사는 학생들에게 학습계획을 쓰면서 각자 자신의 목표를 정하도록 돕는다. 한 단원이 끝날 때 계획서를 돌려주고 학생들이 각자 자신의 목표를 얼마나 달성했는지를 평가하게 한다.

사회인지학습이론에 대한 논의

학습에 관한 다른 모든 설명처럼 사회인지학습이론도 강점이 있다. 예를 들어, 모델링은 학습을 유발하는 가장 강력한 요인 중 하나다. 사회인지학습이론은 자신의 행동에 대한 학습자의 인지(특히 기대)의 중요성을 이해하는 데 도움을 줌으로써 행동주의의 몇 가지 한계점을 극복했다(Schunk et al., 2008). 그러나 다른 이론처럼 사회인지학습이론도 다음과 같은 제한점을 가지고 있다.

- 학습자가 어떤 모델의 행동에는 주의를 집중하지만, 어떤 행동에는 그렇게 하지 않는 이유를 분명히 설명하지 못한다.
- 학습자가 관찰한 어떤 행동은 재생산할 수 있지만, 다른 행동은 재생산할 수 없는 이유를 설명하지 못한다.
- 쓰기 학습과 같이 복잡한 능력을 획득하는 것을 설명하지 못한다.
- 복잡한 학습환경에서 맥락 또는 사회적 상호작용이 갖는 역할을 설명할 수 없다. 예를 들어, 연구에 의하면 작은 모둠에서 학생 간 상호작용은 학습을 촉진한다고 한다(Fernandez-Berrocal & Santamaria, 2006). 이 과정은 단순히 모델링이나 모방으로는 설명하기 힘들다.

웹 자료실

학생에게 문제해결 기술을 가르치는 다른 교사의 노력을 알고 싶다면, www.my-educationlab.com에 접속하고, 6장 '활동 및 적용'의 '고등학교 화학 수업에서의 문제해결 시범'을 시청하라. 그리고 이어지는 물음에 답하라.

행동주의에 대한 논의에서 이미 다루었던 것처럼 학습에 관한 모든 이론은 불완전하다. 바로 이러한 이유로 이 책에서는 대표적인 학습이론에 대해서만 논의하였으며, 교사가 학생의 학습을 극대화하도록 도와줄 때 적용할 수 있게끔 도와주려고 하였다.

◈ 이해 점검 활동

4.1 어떤 교사가 학생들의 꿈을 키워 주려는 목표를 가지고 마틴 루터 킹(Martin Luther King's) 목사의 유명한 연설이 담겨 있는 비디오를 학생들에게 보여 준다. 킹 목사는 "나는 나의 네 자녀들이 피부색이 아니라 인격에 따라 평가받는 그런 나라에 살게 되는 날이 오리라는 꿈을 가지고 있습니다."라고 말하였다. 어떤 유형의 모델링이 사용되며, 이 모델링은 얼마나 효과적일 것이며, 모델링한 결과는 어떤 것일까를 설명하라.

4.2 당신은 대도시에서 큰길을 건너려고 신호를 기다리고 있다. 길의 어느 방향에서도 차가 한 대도 오지 않자 당신 옆에 서 있던 어떤 사람이 빨강 신호등인데도 불구하고 길을 건넌다. 그러자 당신과 다른 사람들도 길을 건넌다. 왜 당신이 그때 길을 건너기 시작하였는지 적절한 용어를 모두 사용하여 설명하라.

4.3 이 책에서 당신이 배우고 있는 주제에 대해 깊이 이해하기 위해, 당신은 '이해 점검 활동' 부분에 있는 질문 모두에 답하고 이해하려고 한다. 질문 번호에 맞추어 차트를 만든다. 당신이 답을 하였고 이해한다고 믿는 질문의 차트에는 확인 표시하라.

학교급별 적용 *Developmentally appropriate*

행동주의와 사회인지학습이론을 연령이 다른 학습자에게 적용하기

초등학생들의 활동

학생을 위해 우리가 만드는 정서적 환경은 모든 연령대의 학생에게 중요하지만, 아마도 어린 아동에게 가장 중요한 것이다. 유치원 교사와 초등학교 1학년 교사들이 교실로 들어오는 아동을 안아 주거나 손바닥을 마주치며 인사하는 이유도 여기에 있다.

어린 아동은 정적 강화받기를 매우 좋아하며, 아무리 칭찬을 해도 전혀 싫증내지 않는다. 다른 한편, 이들은 벌에 대해서는 상당히 다르게 반응한다. 도덕적 추론이 외부적 기준에 의존하기 때문에 자신이 벌을 받으면, 자신은 나쁜 사람임에 틀림이 없다고 결론 내린다. 따라서 벌을 매우 아껴야 하며 벌을 주더라도 신중해야 한다. 체벌과 창피를 주는 벌은 특히 어린 아동에게 나쁜 결과를 초래하기 때문에 교실에서는 결코 사용되어서는 안 된다.

모델링 과정에서 주의 집중은 매우 중요하다. 어린 아동의 주의력은 낮기 때문에 모델링이 적합하지 않을 때가 자주 있다. 즉, 아동이 모델의 행동에 주의를 잘 기울이지 않는다. 따라서 어린 아동을 위한 모델링은 매우 분명하고 구체적이어야 한다.

중학생들의 활동

따뜻하고 지지하는 교실환경은 중학생에게도 여전히 중요하다. 그리고 중학생은 신체적 · 인지적 · 정서적 변화를 많이 겪기 때문에 규칙과 절차를 일관성 있게 적용하는 것이 이들로 하여금 균형감을 유지하도록 도와주는 길이다. 중학생은 일관성 있게 대우받는 것에 대해 점점 더 민감해지며, 공정성을 중요하게 여긴다.

중학생은 자신이 받는 칭찬에 대해 평가하며, 심지어는 진심 어린 칭찬이 아니거나 원하지 않는 칭찬을 받으면 그 칭찬에 대해 부정적으로 반응하기도 한다.

중학생은 경험이 점점 많아지고 언어적 기술이 향상되었기 때문에 인지적 모델링이 수업도구로 가치를 발휘하게 된다. 자기조절을 발달시킬 수 있게 되지만, 많은 안내와 지원을 받지 않으면, 자기조절을 잘 수행하지 못한다.

고등학생들의 활동

교실 분위기는 고등학생에게도 중요하다. 그러나 고등학생은 존중받는 것과 자신들의 학습에 대해 진지하게 의사소통하는 것에 더 초점을 두기 시작한다. 고등학생은 여전히 공정하게 대우받는 것에 대해 민감하며, 교사가 몇몇 학생을 편애하는 것에 대해 민감하다(Emmer et al., 2006).

고등학생의 이해가 증가하고 있다고 언급하는 칭찬이 매우 효과적이며, 이들의 내적 동기를 높일 수 있다(Deci & Ryan, 2002).

고등학생은 점점 더 자기조절을 더 잘하며, 목표를 설정하고 모니터할 수 있으며, 수준 높은 학습전략을 사용할 수 있다. 그러나 고등학생은, 특히 학습부진 학생은 감독과 지원을 받지 않으면 전략을 효과적으로 사용하지 못할 가능성이 높다(Pressley & Hilden, 2006). 따라서 전략을 효과적으로 사용하는 것을 모델링하는 것이 매우 중요하며, 고등학생의 자기조절을 향상시키기 위한 인지적 모델링이 매우 효과적인 도구다.

다양성 탐색

행동주의와 사회인지학습이론을 다문화 학생에게 적용하기

어떤 학생은 학교를 차갑고 반갑지 않은 곳으로 여길 수 있다. 특히 다문화 학생은 이렇게 느낄 가능성이 높다. 한 예가 있다.

4학년인 로베르토(Roberto)는 지척거리며 교실로 들어섰고 그의 앞에 있는 덩치 큰 여학생의 뒤에 서서 숨어 있었다. 운이 좋다면, 교사는 로베르토가 숙제(12문제)를 하지 않았다는 것을 눈치채지 못할 것이다. "그렇게 많은 문제를 어떻게 다 풀 수 있을까?" 게다가 그는 수학을 잘 못한다. 로베르토는 학교가 싫다. 그곳은 너무나 이상하고 낯설다. 로베르토의 선생님은 다른 아이들처럼 한국어를 잘하지 못하기 때문에 로베르토가 말을 할 때 가끔씩 인상을 찌푸리기도 하신다. 선생님이 말씀하실 때 로베르토는 선생님의 말씀을 이해할 수 없는 때도 가끔 있다.

점심시간조차도 재미가 없었다. 친구인 라울(Raul)이 없으면 혼자 점심을 먹을 것이다. 하루는 다른 친구들과 같이 앉아 있는데 로베르토의 말투를 듣고 친구들이 비웃었다. 그러고는 무엇을 먹고 있는지 물어보았다. 그는 그날 옥수수빵을 먹고 있었다. 집에 가고 싶어 참을 수가 없었다.

교사와 다른 학생들이 다문화 학생을 다루는 방식은 다문화 학생들이 어떻게 학교에 대해 반응하는지에 강한 영향을 준다. 로베르토에게 학교는 긍정적 느낌과 연합되어 있지 않으며, 그는 편안함과 안전함을 느끼지 못했다.

꼭 이렇게 되어야 할 필요는 없다. 이 장 앞부분에서 박 교사가 매일 아침 학생들을 어떻게 맞이하는지를 보았다. 다시 살펴보자.

박 교사는 알토(Alto)가 교실로 들어올 때 매일 아침 따뜻하고 친절하게 맞이한다. 이런 인사를 받은 알토는 기분이 좋아진다. 이제 알토는 박 교사가 없는데도 교실로 들어 설 때 편안함을 느낀다. 알토는 박 교사의 따뜻함에 본능적인 정서반응을 했고, 시간이 흐르자 교실과 박 교사의 태도가 연합되었다. 우리는 알토의 반응을 고전적 조건화로 설명할 수 있으며, 모든 학생이 교실에서 안전함을 느끼도록 돕기 위해 고전적 조건화를 이용할 수 있다. 특히 다문화 학생에게는 이것이 중요하다.

학생들이 어려움을 겪을 때, 학생들을 격려하기 위해 선행자극을 이용할 수 있고, 그러고 나서 학생들이 일단 성공하면 칭찬할 수 있다. 이런 노력은 모든 학생에게 효과 있으며, 특히 다문화 학생에게 중요하다.

끝으로 심 교사가 수학의 중요성을 토론하기 위해 산체스(Sanchez) 박사를 초빙하기로 계획한 것을 읽었다(이론에서 실제로 부분에서). 산체스 박사는 멕시코 사람도 고급 학문적 분야에서 성공할 수 있다는 산증인이다. 이런 식으로 역할 모델을 이용하는 것은 다문화 학생에게 강력한 메시지를 전달한다.

다문화 학생에게 역할 모델을 제공하려는 노력에서 교사들은 간혹 전체 사회 차원에서 상징적 모델을 이용하는 기회를 놓치기도 한다. 예를 들어, 미국의 두 칼럼니스트인 월터 윌리엄스(Walter Williams)와 클라렌스 페이지(Clarence Page)(둘 다 흑인)는 미국의 여러 거대 신문에서 자신들의 글을 싣고 있으며, 자주 친사회적 가치에 대한 의견을 제시하고 있다. 즉, 개인적 행동과 성공에 대한 책임을 소수 민족도 수용할 필요가 있다는 의견을 펼친다. 이들의 사진은 항상 칼럼과 함께 나오기 때문에 교사는 신문을 꾸준히 읽다가 수업목표와 일치하는 내용이 나오면 칼럼을 오리기만 하면 된다. 이런 전략은 적은 노력을 들여도 되지만, 다문화 학생에게는 강력한 메시지를 전달한다.

✿ 학습목표별 요약

1. 교실 안에서나 밖에서 발생하는 고전적 조건화의 예를 찾을 수 있다.

• 고전적 조건화는 이전에는 중성 자극이었던 것이(예, 교실) 자연스럽게 발생하는(무조건) 자극(예, 교사의 따뜻하고 친절한 태도)과 연합되어 본능적 또는 반사적 반응(안전한 느낌)과 유사한 반응을 이끌어 낼 때 일어난다.

2. 학급활동에서 조작적 조건화의 예를 찾을 수 있다.

• 조작적 조건화는 결과에 의해 영향을 받는 자발적 반응에 초점을 둔다. 행동을 증가시키는 결과는 강화인이며, 행동을 감소시키는 결과는 벌인이다. 교사의 칭찬은 널리 사용되는 강화인이며, 교사의 꾸중은 널리 사용되는 벌인이다. 강화 계획은 첫 학습의 비율과 행동의 지속성 모두에 영향을 준다.

• 선행자극은 행동에 앞서며 행동을 이끌어 낸다. 선행자극에 의해 유도된 행동은 뒤에 강화를 받을 수도 있다. 선행자극은 환경적 자극, 단서, 과거 경험의 형태로 존재한다.

3. 사람의 행동을 설명하기 위해 사회인지학습이론을 이용할 수 있다. 기대한 결과의 미발생, 상보적 인과관계, 대리학습과 같은 개념을 포함하라.
   - 사회인지학습이론은 행동과 환경에다 학습자의 신념과 기대를 추가하여 고려한다. 사회인지학습이론에 따르면, 세 가지 요인 각각은 서로에게 영향을 주는데, 이것을 상보적 인과관계라고 한다.
   - 기대한 강화의 미발생은 벌로 작용하게 되며, 기대한 벌의 미발생은 강화로 작용한다.
   - 모델링은 사회인지학습이론의 핵심 개념이며, 사람들이 다른 사람이 한 행위의 결과를 관찰하고 그에 따라 자신의 행동을 조절할 때 대리학습이 발생한다.

4. 사람들의 행동 속에서 사회인지학습이론의 예를 찾을 수 있다. 모델링의 유형, 모델링 결과, 모델의 효과성, 자기조절의 예를 찾을 수 있다.
   - 모델링의 유형에는 직접적(살아 있는 모델로부터), 상징적(책, 영화, TV로부터), 또는 종합적(여러 모델의 행동을 종합하여) 모델링이 있다.
   - 모델의 효과성은 어떤 모델의 행동을 관찰자가 모방하고자 할 가능성을 의미하며 지각된 유사성, 지각된 지위, 지각된 능력에 따라 다르다.
   - 사회인지학습이론은 교사가 기술을 시범 보일 때 자신의 사고과정을 말하는 것이 왜 효과적인지를 설명하는 데 도움이 된다. 또한 목표를 설정하고, 그 목표를 향해 나아가고 있는 과정을 모니터하고, 그 목표가 어느 정도 달성되었는지를 평가하는 학생이 그렇지 않은 학생보다 더 높게 성취하는지를 설명하는 데 도움이 된다.

✜ 전문성 발달: 자격증 시험 대비 연습

지금까지 학생들의 학습을 설명하기 위해 어떻게 행동주의와 사회인지학습이론을 적용할 수 있는지를 보았다. 지금부터는 중학생을 가르치는 교사가 자기 자신의 일에 행동주의와 사회인지학습이론을 적용하는 것에 대해 살펴보자. 사례연구를 읽어 보고, 질문에 답하라.

장미란 교사는 중학교 1학년에게 소수와 백분율에 관한 단원을 가르치고 있다. 장 교사는 목요일에 "어제 배운 것을 복습해 보자."라고 말하면서 수업을 시작한다.

약간의 웅성거림이 일자, 장 교사는 찡그리며 "너희가 소수와 백분율을 좋아하는 것이 아니라는 것을 알겠다. 나도 이것들이 너무 좋은 것은 아니다. 그러나 이 부분은 일제고사에 나올 것이다. 그래서 우리는 본격적으로 공부해서 배워야 한다."라고 말한다.

"시작하면서 몇 개의 예제를 보자."라고 말하면서 투사기에 다음과 같은 문제를 올려놓는다.

여러분이 백화점에 가서 재킷을 사려고 한다. 좋은 재킷을 발견하였는데, 이 옷의 원래 가격은 84,000원이고, 25% 할인이라고 쓰여 있는 것을 보았다. 얼마전에 받은 용돈이 65,000원이었다. 여러분은 그 재킷을 살 수 있나요?

"자, 이런 문제를 보면, 나는 '이 재킷의 실제 가격은 얼마이지?' 라고 먼저 생각한다. 나는 옷 가격을 계산해내야 한다. 즉, 84,000원에서 25%는 빼야 한다. 그러기 위해서는 먼저 25%를 소수로 바꾼다. 소수로 바꿀 때에는 25%에서 가장 오른쪽에 있는 숫자 5에서부터 왼쪽으로 두 자리만큼 이동해서 점을 찍어야 한다. 따라서 25%는 .25이다. 이제 .25를 84,000과 곱한다."

장 교사는 문제를 끝까지 해결하는 과정을 말로 시범을 보여 준다. 장 교사는 학생들에게 여러 개의 문제를 풀고 해답을 가지고 토론하도록 시킨다.

그런 뒤 장 교사는 숙제를 내준다. "113쪽에 있는 문제 중 홀수 번호 문제를 푸는 것이 숙제다."

"8문제 모두 해야 되나요?" 나영이가 묻는다.

"그래, 문제 있나?" 장 교사가 대답한다.

"네, 선생님, 너무 어려워요." 일호가 말한다.

여러 명의 학생들이 마치 합창하듯이 말하면서 6개의 문장 문제는 너무 어렵다고 주장한다.

"기다려라. 애들아." 장 교사는 손을 들고 말한다.

"좋아, 숙제는 1, 3, 5, 7, 9번 문제만 푸는 것이다."

"네." 학생들이 큰 소리로 대답한다.

"아이고, 금요일이다." 혜인은 금요일 아침에 교실로 들어가면서 지나에게 말한다.

"지난주에 나는 너무 당황한 나머지 내가 바보 같다고 느꼈어. 선생님께서 우리를 칠판 앞으로 나오라고 한 뒤 우리 모두를 쳐다보고 있으면, 나는 매우 긴장하게 돼. 오늘 내 이름을 부르면, 나는 죽을 거야."

장 교사는 숙제에 대해 논의한 뒤에 말한다.

"이제, 이 문제를 살펴보자. 145,000원에 팔던 자전거를 지금 15% 할인한다. 판매 가격은 얼마인가? 먼저, 어림잡아서 계산해 보자. 그다음 답이 그럴듯한지 따져 볼 수 있다. 새로운 판매 가격은 대략 얼마인가? 보배야?"

"모르겠습니다." 보배가 말한다.

"가린이가 대답해 보렴."

"약 120,000원입니다."

"좋은 생각이다. 어떻게 답을 계산하였는지 모두에게 설명해 봐."

"10%는 14,500원이므로 15%는 약 7,000원이 더 있어야 하므로 약 21,000원이 됩니다. 따라서 21,000원을 빼면, 120,000원보다 약간 더 많습니다."

"잘했다." 장 교사는 고개를 끄덕인다.

"이제, 이 문제를 풀어 보자. 제일 먼저 무엇을 해야 하지, 대현아?"

"…… 15%를 소수로 바꿉니다."

"잘했다, 대현아. 그다음은? 나희야?"

"0.15를 14,5000에 곱합니다."

"좋아요. 모두 그렇게 한다. 답은 무엇이니?"

"200,170." 기수가 자발적으로 대답한다.

"어, 이건 아니야. 이것은 처음의 자전거 가격보다 더 많아…… 잠시만 기다려 주세요. 21,750원입니다."

"잘했다." 장 교사는 미소를 짓는다.

"그것이 우리가 구하려는 값이다. 우리 모두는 실수를 할 수도 있다. 그러나 우리 스스로 수정한다면, 우리는 진보할 수 있다. 계속해라. 여러분은 이 문제를 해결할 수 있다. 이제 무엇을 할까?"

"빼기." 만덕이가 자발적으로 대답한다.

"맞다. 그렇게 해라." 장 교사가 지시한다.

장 교사는 그 문제를 통해 학생들을 안내하는 것을 완료하고, 학생들이 다른 두 문제를 풀도록 시킨다. 그런 다음 6개의 문제를 숙제로 내준다. 그러나 수업을 시작할 때처럼 몇 명의 학생들이 다함께 외친다.

"선생님, 오늘 숙제로 4문제만 내주세요. 우리는 항상 수학공부를 너무 많이 해요."

"좋아, 114쪽에 있는 2, 6, 7, 8번 문제를 숙제로 풀어 온다." 장 교사는 어깨를 으쓱하면서 말한다.

장 교사는 수업이 끝나기 2분 전까지 계속 학생들의 문제풀이를 지켜본다.

"이제 마치는 종이 울리기 2분 전이다. 책상을 정리하고 마칠 준비를 하자."

단답형 질문

다음의 질문에 답할 때 이 장에 있는 정보를 활용하고, 여러분의 반응과 사례에 있는 구체적인 정보를 연합하라.

1. 사례연구에서 고전적 조건화가 어디에서 일어났는지를 기술하라. 여러분의 기술에서 고전적 조건화의 개념을 찾아라.
2. 사례연구에서 장 교사의 행동은 두 번이나 벌을 받았다. 어디에서 발생하였는지 설명하고, 학습에 어떤 영향을 줄 가능성이 있는지 기술하라.
3. 장 교사가 의도하지 않았지만, 학생들을 두 군데에서 부적으로 강화를 하였다. 두 군데를 찾아서 설명하라.
4. 장 교사의 모델링은 효과적인 측면과 비효과적인 측면이 둘 다 있었다. 효과적인 측면과 비효과적인 측면을 각각 하나씩 답하라.
5. 장 교사는 이 사례연구에서 지각된 유사성과 대리학습의 효과를 이용하고 있다. 어디에서 어떻게 일어났는지 설명하라.

중요개념

간헐적 강화 계획(Intermittent reinforcement schedule)
강화 계획(Reinforcement schedule)
강화인(Reinforcer)
결과(Consequence)
고전적 조건화(Classical conditioning)
대리학습(Vicarious learning)
모델링(Modeling)
무조건 반응(Unconditioned response)
무조건 자극(Unconditioned stimulus)
벌(Punishment)
벌인(Punishers)
변별(Discrimination)
부적 강화(Negative reinforcement)
사회인지학습이론(Social cognitive theory)
선행자극(Antecedents)
소거(Extinction)
수여성 벌(Presentation punishment)
억제(Inhibition)
연속 강화 계획(Continuous reinforcement schedule)
응용행동분석(Applied behavior analysis)
인지적 모델링(Cognitive modeling)
인지적 행동수정(Cognitive behavior modification)
일반화(Generalization)
자기조절(Self-regulation)
정적 강화(Positive reinforcement)
제거형 처벌(Removal punishment)
조건반응(Conditioned response)
조건자극(Conditioned stimulus)
조작적 조건화(Operant conditioning)
포화(Satiation)
프리맥 원리(Premack principle)
행동주의(Behaviorism)
학습(Learning)
행동형성(Shaping)

7

학습에 대한 인지적 관점

chapter outline

구성 개요

학습에 대한 인지적 관점
- 인지학습이론의 원리
- 인간기억의 모형

기억저장소
- 감각기억
- 작업기억
- 장기기억
- 기억저장소에서 발달적 차이

인지과정
- 주 의
- 지 각
- 부호화
- 망 각
  - 다양성 탐색: 다양성이 인지에 미치는 영향
- 인지과정에서 발달적 차이

메타인지: 인지과정에 대한 지식과 통제
- 메타인지의 발달적 차이
  - 학교급별 적용: 기억모형을 연령이 다른 학습자에게 적용하기
  - 이론에서 실제로: 인간기억 모형에 대한 이해를 학급에 적용하기
- 기억모형에 대한 논의

learning objectives

학습목표

이 장의 공부를 마치고 나면, 여러분은 다음과 같은 것을 할 수 있어야 한다.

1. 인지학습이론의 원리를 기술하고 설명할 수 있다.
2. 교실 안과 밖에서 일어나는 사건을 설명하기 위해 인간기억모형에서 기억저장소의 특성을 사용할 수 있다.
3. 인간기억모형에서 인지적 과정을 기술하고 학급활동에 적용할 수 있다.
4. 메타인지를 정의하고 학습에 미치는 영향을 설명할 수 있다.

"정신적 과부화로 인해 힘들다."라고 말해 본적이 있는가? 구입할 물품목록을 만들기 때문에 가게에서 잊지 않고 물품을 다 사는가? 대답이 '예'라면, 인지학습이론이 여러분의 생각을 설명하는 데 이용될 수 있다. 이 이론은 우리가 환경의 자극에 반응하고, 정보에 의미를 부여하고, 정보를 기억에 저장할 때 사용하는 사고과정을 이해하는 데 도움을 준다. 다음의 사례연구를 읽을 때, 학생들의 사고를 눈여겨보고, 서 교사가 학생들의 사고를 어떻게 지원하는지 살펴보자.

중학년 3학년 지구과학 수업에서 서 교사는 태양계 단원을 가르치고 있다. 그는 태양이 가스 덩어리를 우주로 내뿜는 장면이 담긴 투명지 하나와 행성의 궤도면이 그려진 태양계 모형을 준비하였다. 태양계 모형은 교실 뒤 벽에 붙여 놓았다.

서 교사는 월요일에 단원을 소개하면서 투명지와 모형을 보여 주고, 태양계가 어떻

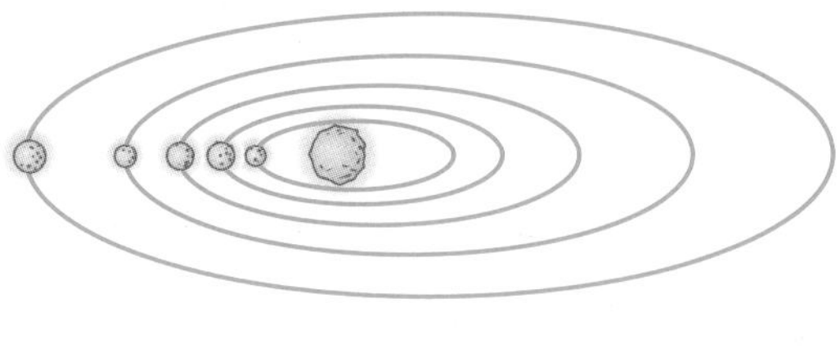

태양이 가스불덩어리를 분출하였다. 이것들이 태양계 행성이 되었다.

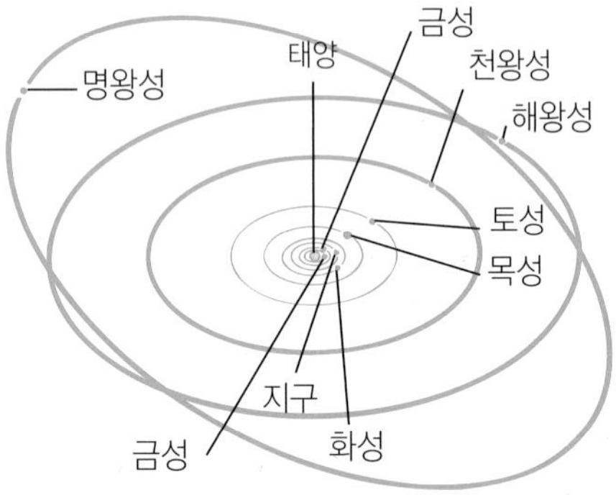

태양계 행성의 궤도와 명왕성의 궤도

게 형성되었는지에 관한 한 가지 이론을 언급한 뒤 학생들이 본 것을 스스로 해석하도록 요구한다.

짧은 토론과 설명을 한 뒤 서 교사는 학생들을 모둠으로 나누어 준 다음 책과 인터넷을 이용하여 각각의 행성에 대한 정보를 수집하라고 요구한다. 학생들은 월요일 수업의 나머지 시간과 화요일 수업시간을 정보를 수집하고 도표에 기록하는 데 사용한다.

수요일에 서 교사는 월요일과 화요일에 수집한 정보를 검토하고 몇 가지 질문을 한다. 첫째 질문은 "왜 명왕성의 궤도면은 다른 행성의 궤도면과 다른가?"이었다.

서 교사는 "내가 이런 질문에 답할 때에는 질문의 부분 사이의 관계를 먼저 살핀다. 태양의 행성과 비교하여 명왕성에 대해 무엇을 알고 있는가? 여러분은 자신의 답을 쓰고 설명해야 한다."라고 말한다.

"첫 번째 질문에 대한 답을 나는 알고 있다."라고 주한이 같은 모둠 구성원인 상화와 태희에게 말한다.

"명왕성은 태양계의 행성이 아니야. 사실 명왕성은 왜성이라고 불리는 별이야. 한 때는 행성으로 여겨졌지만, 이제는 아니야."

"무슨 뜻이야?" 상화가 궁금해했다.

"엄마와 함께 '노바(Nova)'라는 다큐멘터리를 봤는데, 과학자들은 명왕성이 소행성이었거나 아니면 떠돌아다니던 물질의 덩어리였는데, 태양이 어떤 시점에서 끌어당겼다고 생각한다는 거야. …… 봐." 주한은 모형을 가리킨다.

"그게 무슨 관련이 있어?" 상화는 여전히 의문이 풀리지 않는 듯 질문했다.

"봐, 명왕성은 다른 행성보다 높은 곳에 있어." 주한이 모형에서 명왕성의 궤도를 따라 그리면서 말한다.

"이런, 나는 그걸 알아차리지도 못했어." 상화가 어깨를 으쓱했다.

"나도 이제야 알겠다. ……명왕성은 다른 행성과 같은 평면에 있지 않아." 태희가 끼어들면서 말한다.

"월요일에 선생님이 그것을 설명해 주실 땐 도무지 이해할 수가 없었는데, 이제야 알겠다.……그리고 저걸 봐." 그녀는 차트를 보며 덧붙여 말했다.

"명왕성이 얼마나 작은지 보이니? 가장 작아. 그래서 쉽게 알아볼 수 있어."

"그리고 이것은 마지막에 있는 행성이야." 과제에 대해 흥분하기 시작하면서 상화가 덧붙였다.

"이것을 적어 두는 것이 좋겠어. 그렇지 않으면 다시 생각하지 못할지도 몰라."

이제 수업에서 일어났던 생각과 관련하여 몇 가지 질문을 고려해 보자.

- 주한은 서로 다른 정보를 연결할 수 있었던 반면 상화와 태희는 처음에 그렇게 할 수 없었다. 왜 그랬을까?
- 태희는 왜 월요일에 선생님이 그것을 설명해 주실 때는 도무지 이해할 수가 없었을까?
- "이것을 적어 두는 것이 좋겠어."라는 상화의 결정은 그의 학습에 어떤 영향을 줄까?

인지학습이론은 이런 질문과 기타 질문에 답할 때 도움을 준다. 이 장에서는 서 교사가 인지학습이론을 수업에 적용하는 방법을 다룰 것이다.

학습에 대한 인지적 관점

6장에서 행동주의는 학습을 경험의 결과로 발생하는 관찰 가능한 행동의 변화로 설명하고, 사회인지학습이론은 학습을 설명하기 위해 다른 사람을 관찰하는 것의 효과를 강조하였다.

당신이 '불현듯' 어떤 개념을 배우게 된 때를 생각해 보자. 행동주의에서 말하는 것처럼 이것에 대해 당신이 강화를 받은 적도 없으며, 사회인지학습이론에서 말하는 것처럼 당신이 모델링을 한 것도 아니다. 다른 설명이 요구된다. 비슷하게 행동주의와 사회인지학습이론 모두 왜 상화와 태희가 처음에 알지 못했던 것을 주한이는 어떤 정보를 통해 알 수 있었는지 설명하지 못한다.

복잡한 기능의 발달에 관한 연구, 인간이 어떻게 언어를 습득하는지를 설명하지 못하는 행동주의의 무능함(Chomsky, 1959), 그리고 컴퓨터의 발달은 인간의 행동을 다르게 설명하도록 유도하였다. 그 결과로 인지혁명(cognitive revolution)이 일어났으며, **인지학습이론**으로 대전환이 일어났다. 이 이론은 학습을 통해 지식을 획득하고, 조직하고, 사용할 때 관여하는 정신구조와 과정의 변화로 본다(Royer, 2005; Sawyer, 2006). 이 이론은 사람들이 전화번호를 기억하는 것처럼 매우 단순한 과제에서부터 태양계에서의 관계를 이해하는 것 또는 비구조화된 문제를 해결하는 것과 같이 복잡한 과제에 이르기까지 다양한 과제를 설명할 수 있다.

> **인지학습이론(Cognitive learning theories)**
> 학습을 통해 지식을 획득하고, 조직하고, 사용할 때 관여하는 정신구조와 과정의 변화

인지혁명은 1950년대 중반과 1970년대 초반 사이에 발생하였으며, 교육에 미치는 영향력은 그때 이후로 꾸준히 증가하고 있다(Berliner, 2006).

인지학습이론의 원리

인지학습이론은 다음의 네 가지 기본 원리에 기초하고 있다.

- 학습과 발달은 학습자의 경험에 의존한다.
- 학습자는 자신의 경험을 이해하려고 시도할 때 정신적으로 적극적이다.
- 학습자는 자신의 경험을 이해하려는 과정에서 지식을 기록하기보다는 구성한다.
- 구성되는 지식은 학습자가 이미 알고 있는 지식에 의존한다.
- 학습은 사회적 환경에 의해 촉진된다.

학습과 발달은 학습자의 경험에 의존한다

당신이 어느 곳에도 가지 않았고, 누구도 만나지 않았고, 아무것도 읽지 않았다면, 당신은 이 세상에 대해 아는 것이 거의 없을 것이다. 학습과 발달에 관한 모든 이론은 경험의 중요성을 강조하며, 이것은 시작 부분의 사례에 있는 학생들 사이의 토론에서 묘사되었다. 학생들이 수집한 정보와 함께 서 교사의 투명지와 모형은 모두 학습에 필요한 경험을 제공하였다. 이런 경험 없이 태양계를 이해하는 것은 불가능할지도 모른다. 경험의 영향은 모둠활동을 하는 주한과 상화의 대화에서도 묘사되었다. 주한은 상화가 경험하지 못한 것을 경험하였기(Nova를 시청한 것) 때문에 상화보다 정보를 잘 연결할 수 있었다.

교사의 가장 중요한 역할 중 하나는 학습과 발달을 위한 원자재가 되는 경험을 학생에게 제공하는 것이다.

학습자는 자신의 경험을 이해하려고 시도할 때 적극적으로 정신활동을 한다

인지학습이론가들은 학생을 '정보를 적극적으로 찾는 목표 지향적인 존재'로 본다(Bransford et al., 2000: 10). 예를 들어, 당신 자신에게 또는 다른 사람에게 "그것은 말도 안 돼."라고 말한 적이 몇 번이나 있는가? 이런 단순한 말에도 사람들은 자신들의 경험을 이해하고자 하는 타고난 욕구를 가지고 있다는 뜻이 포함되어 있다. 이것은 "나도 이제야 알겠다. ……명왕성은 다른 행성과 같은 평면에 있지 않아. 월요일에 선생님이 그것을 설명해 주실 때는 도무지 이해할 수 없었는데, 이제야 알겠다."라는 태희의 말에서도 드러난다. 태희는 공부하고 있는 개념을 이해하려고 할 때 인지적으로 적극적이었다.

학습자가 지식을 구성한다

자신의 경험을 이해하려고 할 때 학습자는 제시된 정보를 있는 그대로 기억 속에 기록하기보다는 자신에게 의미 있는 지식으로 구성한다(Greeno et al., 1996; R. Mayer, 2002). 그 결과 각 학생은 동일한 것을 배웠다 하더라도 자신에게 의미 있는 것이 무엇이냐에 따라 약간씩 서로 다른 지식을 구성하고 기억에 저장한다. 예를 들어, "명왕성이 얼마나 작은지 보이니? 가장 작아. 그래서 쉽게 알아볼 수 있어."라는 태희의 말은 독창적인 개념이다. 상화나 주한으로부터 이 개념을 빌려 온 것이 아니며, 서 교사가 설명해 준 것도 아니다. 이것이 태희에게 유의미하였기 때문에 태희가 이 지식을 구성하였다.

구성되는 지식은 학습자의 선행지식에 의존한다

사람은 백지상태에서 지식을 구성하는 것이 아니다. 즉, 지식 구성은 이미 알고 있는 것에 달려 있다. 예를 들어, 부모와 함께 여행을 해 본 아동은 그러한 경험이 없는 아동보다 지리를 더 의미 있게 받아들인다. 여행을 많이 한 아동이 새로운 지식과 관련지을 수 있는 경험을 더 많이 가지고 있기 때문이다.

사전지식은 물론 오개념을 낳을 수도 있다. 예를 들어, 어떤 학생은 1/5과 같이 분모의 값이 큰 분수가 1/3과 같이 분모의 값이 작은 분수보다 더 크다고 잘못 생각한다. 5가 3보다 더 크다는 것을 아는 것이 1/5이 1/3보다 더 크다고 결론짓게 만든 것이다(8장에서 지식 구성의 과정과 오개념 구성에 대해 자세히 다룬다).

이 원리는 7장의 시작 부분에서 물은 첫 번째 질문에 답하도록 도와준다. Nova를 시청한 덕분에 주한은 상화와 태희가 가지지 못한 선행지식을 얻게 되었으며, 그 결과 주한은 처음에 알지 못했던 것을 스스로 알게 되었다.

학습은 사회적 환경에 의해 촉진된다

비고츠키(Vygotsky, 1978, 1986)의 연구와 다른 연구자들(Moll & Whitmore, 1993; Rogoff, 1998) 덕분에 교육자들은 지식 구성의 과정은 사회적 상호작용에 의해 촉진된다는 것을 이해할 수 있게 되었다. 예를 들어, 태희와 상화 모두 서 교사가 투명지와 모형을 이용하여 정보를 설명하는 것을 들었지만, 그들이 토론을 할 때까지 이해하지 못하고 있었다. 우수한 교사는 질문을 이용하여 학생을 안내하고 서 교사의 수업에서 본 것처럼 학생이 지식과 이해를 사회적 상호작용을 통해 구성하도록 도와주기 위해 모둠활동을 이용한다(Fernandez-Berrocal & Santamaria, 2006).

이런 학습원리는 우리가 학습이 어떻게 일어나는지를 이해하는 데 도움을 주지만, 다른 추가 질문도 야기한다. 예를 들어, 학습자는 지식을 구성하기 위해 사용하는 경험은 어떻게 획득하는가, 그리고 학습자는 사전지식과 새로운 경험을 어떻게 결합하는가? 구성된 지식이 저장되는 곳은 어디이며, 지식은 어떤 형식으로 저장되는가? 이와 같은 질문에 대한 답이 7장에서 다루는 핵심적인 내용이다.

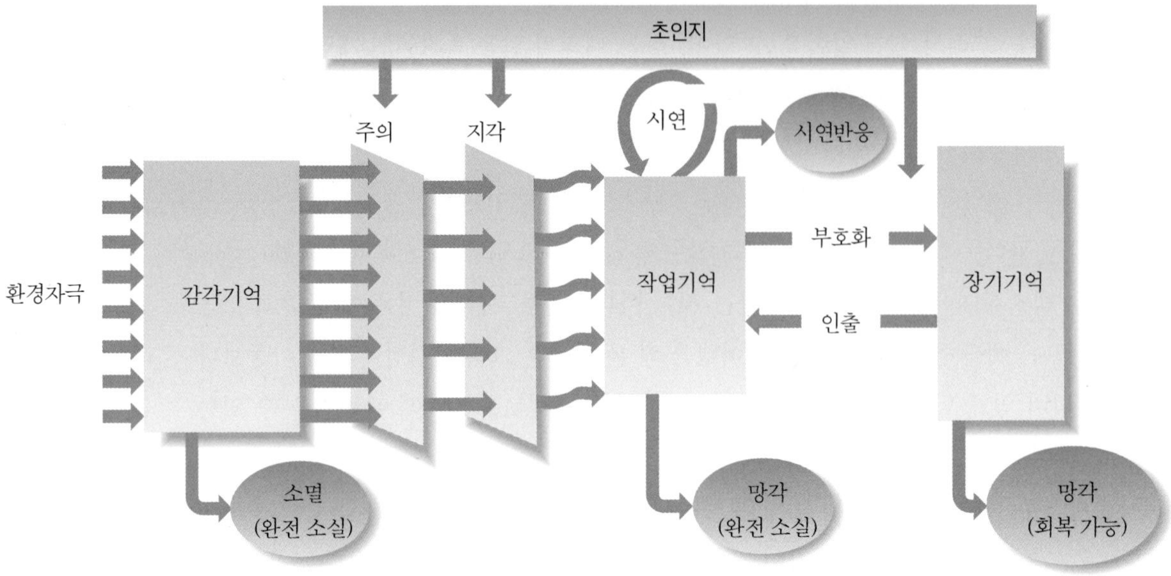

[그림 7-1] 인간기억의 모형

인간기억의 모형

정보처리이론 (Information processing theory)
정보가 어떻게 기억체계 속으로 들어오면서 조직되고, 저장되는지를 설명하는 이론

사람들은 오래전부터 기억에 대해 열광해 왔다. 모든 인지학습이론가들이 인간기억의 구조에 대해 완전히 합의한 것은 아니지만, 대부분은 [그림 7-1]에 있는 것과 비슷한 모형을 사용한다. [그림 7-1]에 있는 모형은 앳킨슨(Atkinson)과 시프린(Shiffrin, 1968)에 의해 처음 제안된 것이며, **정보처리이론**의 기본 틀로 여겨지고 있다. 처음 이 이론이 제안된 이래로 엄청나게 많은 연구가 이루어졌고 지금도 새로운 연구가 진행되고 있다. 7장에서는 이 모형과 수정안에 대해 다룬다.

인간기억의 모형은 다음의 세 가지 중요 구성요소를 갖는다.

- 기억저장소
- 인지과정
- 메타인지

이들 요소를 검토해 보자.

◈ 이해 점검 활동

1.1 인지학습이론의 원리를 기술하라.

1.2 당신과 친구가 컴퓨터에 사운드 카드를 장착시키려고 한다. 그러나 당신은 어떻게 해야 하는지를 잘 모른다. 당신이 컴퓨터 박스를 열고, 내부를 살핀다. 그리고 어떻게 진행해야 할지 말할 때, 친구가 스피커가 어디에 있는지 찾을 것을 권한다. "좋은 생각이야." 라고 당신이 말하면서 쉽게 카드를 장착한다. 이 예는 어떤 학습원리를 잘 묘사하고 있는가?

1.3 인지학습이론의 원리가 인간기억의 모형과 어떻게 관련되어 있는지를 설명하라.

기억저장소

기억저장소는 정보를 보관하는 창고이며, 어떤 경우에는 가공이 안 된 상태로 정보를 보관하고 어떤 경우에는 조직화되고 의미 있는 형식으로 보관한다. 기억저장소에는 감각기억, 작업기억, 장기기억이 있다.

기억저장소 (Memory stores)
정보를 보관하는 창고이며, 어떤 경우에는 가공이 안 된 상태로 정보를 보관하고 어떤 경우에는 조직화되고 의미 있는 형식으로 보관

감각기억

눈앞에서 손가락을 빠르게 흔들어 보자. 손가락이 움직임에 따라 손가락 뒤에서 딸려오는 희미한 '그림자' 가 보이는가? 이 '그림자' 는 당신의 시감각기억에 잠시 저장된 당신의 손가락 영상이다. 마찬가지로 어떤 사람이 '병든 사람' 이라고 말하는 것을 들었을 때 당신은 순간적으로 '병든 사람(병을 들고 있는 사람이라는 뜻)' 이라는 소리를 당신의 청감각기억에 보관하고 있다.

감각기억은 환경으로부터 들어온 자극을 처리될 때까지 잠시 보관하는 저장소다 (Neisser, 1967). 감각기억의 용량에는 거의 한계가 없다. 그러나 곧바로 처리가 시작되지 않으면 기억의 흔적은 사라진다. 감각기억은 시각의 경우 약 1초 동안, 청각의 경우 약 2초에서 4초 동안 정보를 유지한다(Pashler & Carrier, 1996).

감각기억 (Sensory memory)
환경으로부터 들어온 자극을 처리될 때까지 잠시 보관하는 저장소

감각기억은 이후 정보처리를 위한 중요한 시작점이다. 예를 들어, 글을 읽을 때 문장 끝까지 읽기 전에 앞부분의 단어가 시감각기억에서 사라진다면 문장의 의미를 제대로 파악하기 힘들 것이다. 감각기억은 여러분이 정보의 의미를 파악할 수 있도록 충분히 오랫동안 정보를 유지하게 해 주며, 다음 저장소인 작업기억으로 정보를 이동시켜 준다.

작업기억

작업기억
(Working memory)
정보를 처리하고 의미 있게 만드는 동안 정보를 보관하는 저장소. 의식적인 사고가 발생하는 마음의 작업대이며, 지식을 구성하는 장소

작업기억은 당신이 정보를 처리하고 의미 있게 만드는 동안 정보를 보관하는 저장소다. 작업기억은 의식적인 사고가 발생하는 마음의 작업대이며(Paas et al., 2004), 지식을 구성하는 장소다. 우리는 감각기억이나 장기기억의 내용이 처리되기 위해 작업기억 속으로 들어오기 전까지 그 내용을 알지 못한다.

작업기억 모형

[그림 7-1]은 작업기억을 하나의 단위로 표현하고 있으며, 초창기 연구자들은 그렇게 생각했었다(R. Atkinson & Shiffrin, 1968). 그러나 작업기억에 대한 오늘날의 견해는 다르다. 최근의 견해에 따르면, 작업기억은 정보를 처리하기 위해 함께 작동하는 세 가지 요소로 구성되어 있다(Baddeley, 1986, 2001). 이 모형은 [그림 7-2]에 있다. [그림 7-2]에 있는 요소를 이해하기 위해 다음의 도형의 면적을 구하시오.

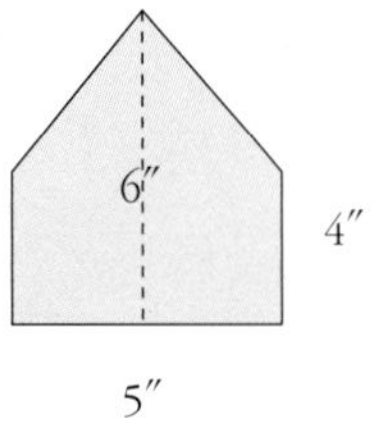

이 문제를 풀기 위해 당신은 도형 상단부에 있는 삼각형의 높이를 구하기 위해 6에서 4를 빼서 2를 얻었을 것이다. 삼각형의 면적을 구하는 공식은 1/2(밑변)×(높이)이며 사각형의 면적을 구하는 공식은 (가로)×(세로)라는 것을 회상한 다음 (1/2)×5×2=5이며 5×4=20이라고 계산한다. 두 값을 더하여 도형의 면적이 25임을 알게 된다.

중앙집행기
(Central executive)
감독체제로 다른 요소로 정보를 보내거나 받아들이는 흐름을 통제

모형의 요소 작업기억의 요소가 과제를 어떻게 수행하는지 살펴보자. 중앙집행기는 감독체제로 다른 요소로 정보를 보내거나 받아들이는 흐름을 통제한다. 예를 들어, 도형을

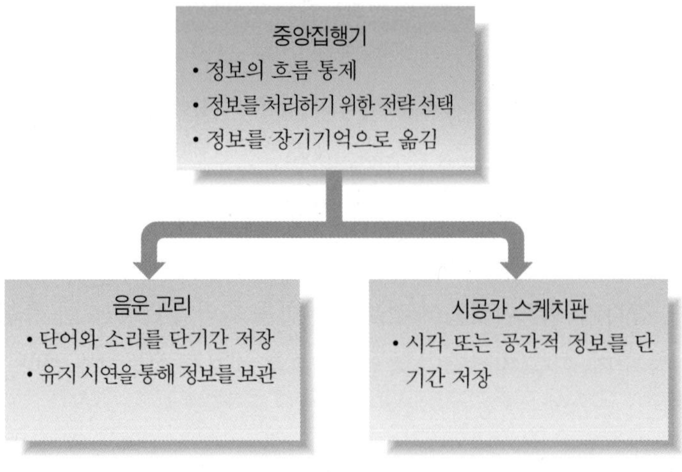

[그림 7-2] 작업기억 모형

작업기억은 학생이 문제에 대해 생각하고 해결하는 작업장이다.

삼각형과 사각형으로 나누고, 각각의 면적을 구하고, 두 면적을 더하기로 결정한 것이 중앙집행기의 기능이다.

음운 고리는 단어와 소리를 단기간 저장하는 체제이며 계산을 다할 때까지 공식과 도형의 차원을 일시적으로 보관한다. 정보는 유지 시연을 통해 음운 고리에 무한적 보관할 수 있다. 유지 시연은 정보의 형태를 변화시키지 않고 (소리 내거나 말없이) 정보를 반복하는 과정이다(R. Atkinson & Shiffrin, 1968). 예를 들어, 당신이 전화번호를 보고, 전화를 걸 때까지 그 번호를 계속 반복하여 되뇌고, 전화를 걸고 나면 금세 잊어버린다(시연에 대해서는 뒤에서 자세히 다룬다).

시공간 스케치판은 시각정보와 공간정보를 단기간 저장하는 체제로 당신이 도형을 보고 삼각형과 사각형으로 나눌 수 있도록 해 준다. 시공간 스케치판과 음운 고리는 상호 독립적이기 때문에 각 요소는 다른 요소의 자원을 빼앗지 않으면서 각자의 정신적 작업을 할 수 있다(Baddeley, 1986, 2001). 이것은 연구자들이 단기기억이라고 불렀던 기능을 수행한다. '단기기억 상실' 은 특정한 사건이나 사람의 이름을 기억하는 데 어려움을 겪는 사람을 지칭하기 위해 사용되던 문구다. 이런 상실은 실제로 음운 고리에 고장이 났다는 것을 의미한다. 아주 드물게 시공간 스케치판에 고장이 나도 이런 상실이 발생한다.

배들리(Baddeley, 1986, 2001)에 따르면, 음운 고리는 1.5초에서 2초 동안에 우리가 우리 자신에게 말할 수 있는 것만큼 정보를 보유할 수 있으며, 시공간 스케치판도 용량에 한계가 있다. 작업기억의 한계에 대해서는 다음에서 검토한다.

엄청나게 많은 연구가 작업기억 모형과 이것이 어떻게 학습에 영향을 주는지를 검토하였다. 예를 들어, 주의력결핍 과잉행동장애를 가진 학습자들은 건강한 아동만큼 언어적 정보와 시공간적 정보를 효과적으로 시연할 수 있지만, 중앙집행기에 문제가 있다는 것이 연구를 통해 밝혀졌다(Karateken, 2004). 반면 읽기장애를 가진 학습자들은 음운 고리의 기능에 장애가 있었다(Kibby, Marks, & Morgan, 2004). 주의력결핍 과잉행동장애를 가진 학생들은 주의를 통제하고 효과적인 학습전략을 선택하는 데 어려움을 겪지만, 읽기장애를 가진 학생들은 언어정보를 처리하는 데 어려움을 겪는다.

음운고리(Phonological loop)
단어와 소리를 단기간 저장하는 체제이며 계산을 다할 때까지 공식과 도형의 차원을 일시적으로 보관

유지시연(Maintenance rehearsal)
정보의 형태를 변화시키지 않고 정도를 반복하는 과정

시공간 스케치판(Visual-spatial sketchpad)
시각정보와 공간정보를 단기간 저장하는 체제

단기기억 상실(Short-term memory)
특정한 사건이나 사람의 이름을 기억하는 데 어려움을 겪는 사람을 지칭하기 위해 사용되던 문구

작업기억의 한계

작업기억의 가장 두드러지는 특징은 한계의 정도다(Sweller et al., 1998). 작업기억은 한 번에 약 7개 정도의 정보만을 유지할 수 있고 성인의 경우 10초에서 20초 정도 동안만 정보를 유지할 수 있다(G. Miller, 1956). (어린 아동의 작업기억의 한계는 더 크다.) 정보를 선택하고 조직하는 것도 작업기억 공간을 차지하기 때문에 "단순히 정보를 유지하기만 하는 것이 아니라 아주 적극적으로 그 의미를 처리하려고 한다면, 아마도 우리는 단지 2~3개 정도의

웹 자료실
작업기억의 분산처리능력을 이용하는 학생작업을 보고 싶다면 www.myeducationlab.com에 접속하고, 7장 '활동 및 적용' 의 '434' 라는 작품을 보라. 그리고 이어지는 물음에 답하라.

정보만을 동시에 처리할 수 있다”(Sweller et al., 1998: 252). 환경으로부터 들어오는 정보를 기존의 지식과 어떻게 연결시키느냐를 의식적으로 결정하는 곳이 작업기억(R. C. Clark & Mayer, 2003)이기 때문에 이런 한계는 중요하다. “정신적 과부하로 힘들다.”라고 당신이 말할 때, 당신은 당신의 작업기억을 언급하고 있는 것이다.

작업기억 용량의 한계는 교수와 학습에 중요한 시사점을 준다. 다음 연구 결과에 대해 생각해 보자.

- 학생의 문법, 구두법, 철자를 무시해도 된다고 허락한 경우 학생의 글쓰기가 급격히 향상된다(McCutchen, 2000).
- 강의법이 비효율적이라는 연구 결과와 더욱 세련된 형태의 교수방법을 개발하려는 연구에도 불구하고, 여전히 강의법은 가장 보편적인 교수전략으로 지속되고 있다(Cuban, 1993).
- 학생들이 문서작성 프로그램을 능숙하게 사용한다면, 문서작성 프로그램을 사용하여 글쓰기 하는 것이 더 낫다. 그렇지 않다면 손으로 글쓰기 하는 편이 낫다(Roblyer, 2006).

인지적부하
(Cognitive load)

당신이 주의 집중해야 하는 요소의 수는 인지적 부하에 영향을 주는 한 요인

작업기억의 한계는 작업기억에 부과된 정신활동의 양을 의미하는 인지적 부하와 관련이 있다. 당신이 주의 집중해야 하는 요소의 수는 인지적 부하에 영향을 주는 한 요인이다(Paas et al., 2004). 예를 들어, 7 9 5 3이나 3 9 2 4 6 7을 순서대로 기억하는 것은 인지적 부하량이 각각 4와 6이라고 볼 수 있다.

인지적 부하에 영향을 주는 두 번째 요인은 요소들이 서로 상호작용하는 정도다(Paas et al., 2004). 예를 들어, 사례연구에서 서 교사의 설명은 태희의 작업기억에 치나치게 많은 인지적 부하를 주었고, 태희는 정보를 유의미하게 만들기 전에 일부 정보를 잃어버렸다. 이것이 ‘태희는 왜 월요일에 선생님이 그것을 설명해 주실 땐 도무지 이해할 수가 없었을까?’라는 두 번째 질문에 답할 수 있게 도와준다.

비슷하게 정확한 문법, 구두법, 철자법을 이용하면서 잘 조직된 글을 쓰려고 시도하는 것은 작가에게 과중한 인지적 부하를 주며, 질문으로 학생들을 안내하는 것과 같은 복잡한 수업전략을 사용하는 것은 교사에게 과중한 인지적 부하를 준다. 문법, 구두법, 철자를 무시해도 된다고 허락한다면, 학생이 받는 부하량은 줄어들며, 비교적 인지적 요구가 적은 수업전략인 강의를 함으로써 교사가 받는 부하량은 줄어든다.

그러나 이런 식으로 인지적 부하를 줄이는 것은 바람직하지 않다. 왜냐하면, 학생들은 궁극적으로 정확한 문법, 구두법, 철자법을 사용하면서 글을 써야 하며, 교사는 학생과 상호작용하도록 격려받아야 하기 때문이다. 다음에서 이 문제를 다룬다.

인지적 부하 줄이기: 작업기억의 한계에 조정하기

다음의 세 가지 방식으로 인지적 부하를 줄임으로써 작업기억의 한계를 조정할 수 있다.

- 청킹
- 자동화
- 분산된 처리

청킹 청킹은 정보의 별개의 항목을 보다 크고 의미 있는 단위로 묶는 정신과정이다(G. Miller, 1956). 예를 들어, 일련의 숫자 9 7 4 6 3 0 1 7 5 2는 전화번호이지만, 전화번호처럼 기록되지 않았다. 이제 보통 전화번호처럼 표시하면, (974) 630-1752가 되며, 인지적 부하를 줄여 줄 수 있는 3개의 주요 단위로 청킹되었다. 흥미롭게도 작업기억은 청킹 수에만 민감하지 청킹의 크기는 중요하지 않다. "요인의 수는 제한될지라도, 요인의 크기, 복잡성, 세련 정도는 제한이 없다"(Sweller et al., 1998: 256).

청킹(Chunking)
정보의 별개의 항목을 보다 크고 의미 있는 단위로 묶는 정신과정

자동화 높이기 만약 당신이 차고의 문을 열고 닫는 전기장치를 가지고 있다면, 어떤 때에는 집을 나선 뒤에 차고의 문을 닫았는지 기억하지 못할 때가 있을 수 있다. 그래서 문을 닫았는지를 확인하기 위해 집으로 되돌아가 실제 문을 닫았다는 것을 확인한다. 자동화는 자각이나 의식적인 노력 없이 수행할 수 있는 정신적 조작을 수행할 수 있는 능력이다(Feldon, 2007a; W. Schneider & Shiffrin, 1977). 자동화는 당신의 앞의 행위를 설명할 수 있다. 당신은 차고의 문을 닫는다는 생각 없이 문을 닫았던 것이다.

자동화(Automaticity)
자각이나 의식적인 노력 없이 수행할 수 있는 정신적 조작을 수행할 수 있는 능력

자동화는 인지적 부하를 줄이는 두 번째 방법이며, 컴퓨터 타자 기술은 자동화의 힘과 효율성을 보여 주는 좋은 예다. 일단 문서작성 프로그램을 사용하는 능력이 자동화되면, 우리는 작업기억을 글 쓰는 데 몰아줄 수 있다. 그렇게 되기까지 우리는 자판을 손가락을 치는데 작업기억을 할애해야 하며, 인지적 부하가 지나치게 높아 질 좋은 작문을 할 수 없게 된다. 이것이 왜 학생들에게 문서작성 프로그램을 이용하여 글쓰기를 시키면 문서작성 프로그램에 능숙한 학생들이 더 잘하는지를 설명해 준다. 또한 학생들이 좋은 작가가 되고 싶으 면, 학생들의 문법, 구두법, 철자법은 자동화되어야만 하며, 우수한 교사가 되려면 교사는 질문법과 같은 필수적인 교수기술을 자동화해야만 한다.

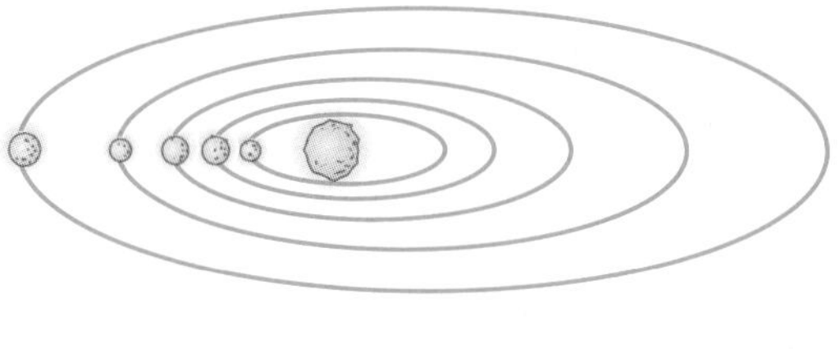

태양이 가스불덩어리를 분출하였고 이것들이 태양계 행성이 되었다.

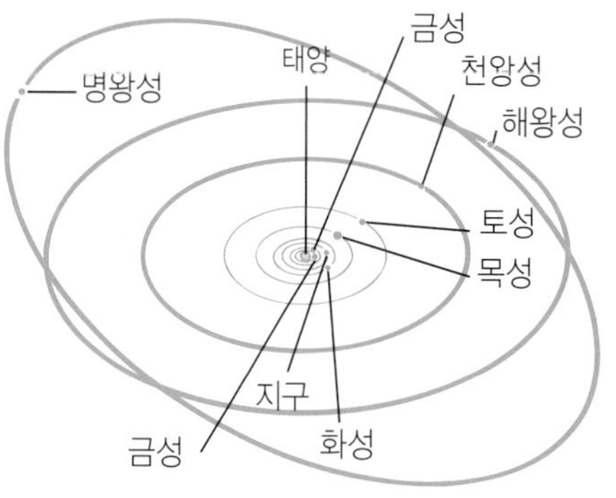

태양계 행성의 궤도와 명왕성의 궤도

분산처리 이용하기 앞에서 여러분은 시공간 스케치

판과 음운 고리는 상호 독립적이기 때문에 각 요소는 다른 요소의 자원을 빼앗지 않으면서 각자의 정신적 작업을 할 수 있다는 것을 읽었다(Baddeley, 1986, 2001). 이것은 언어적 설명이 시각적 표상과 결합되면 학생들이 더 많이 학습한다는 것을 시사한다(R. C. Clark & Mayer, 2003; Moreno & Duran, 2004). 시각처리 장치가 언어처리 장치를 보조하며, 그 역도 가능하다.

서 교사는 시각자료인 모형과 투명지를 보여 주고, 이들 자료에 담긴 정보를 설명함으로써 시공간적 스케치판과 음운 고리가 독립적으로 처리하는 능력을 최대한으로 이용하였다. "말과 그림을 통합하는 것은 언어정보와 시각정보를 따로 제시하기보다는 함께 제시하는 수업을 통해 더 쉽게 이루어진다" (R. C. Clark & Mayer, 2003: 38).

안타깝게도 교사들은 종종 언어만을 사용하여 정보를 제시하기 때문에 학생들의 작업기억의 처리능력을 낭비하거나 때로는 작업기억의 용량보다 더 많은 정보를 제시하여 인지적 과부하를 초래하기도 한다.

장기기억

장기기억 (Long-term memory)
영구적인 정보저장소

장기기억은 영구적인 정보저장소다. 이것은 수백만 권의 장서와 정보망을 가진 도서관과 같다(Schacter, 2001; Sweller, 2003). 사람들은 이런 장서와 정보를 참고하고 사용할 수 있다. 장기기억의 용량은 방대하며 지속성도 높다. 일부 전문가는 장기기억의 정보가 평생 지속될 수 있다고 주장하기도 한다.

선언적 지식 (Declarative knowledge)
사실 · 개념 · 절차 · 규칙에 대한 지식

의미기억 (Semantic memory)
선언적 지식을 개념 · 원리 · 관계에 대한 기억

일화기억 (Episodic memory)
개인적 경험에 대한 기억

장기기억은 선언적 지식, 절차적 지식, 조건적 지식이라는 세 가지 종류의 지식을 보관한다. **선언적 지식**은 사실 · 개념 · 절차 · 규칙에 대한 지식이다. 어떤 연구자(Tulving, 2002)는 선언적 지식을 개념 · 원리 · 관계에 대한 기억인 **의미기억**과 개인적 경험에 대한 기억인 **일화기억**으로 나눈다.

이것을 설명하기 위해 주한과 상화 사이의 대화를 살펴보자.

주한: 첫 번째 질문에 대한 답을 나는 알고 있다. 명왕성은 태양계의 행성이 아니야. 사실 명왕성은 왜성이라고 불리는 별이야. 한때는 행성으로 여겨졌지만, 이제는 아니야.

상화: 무슨 뜻이야?

주한: 엄마와 함께 '노바(Nova)'라는 다큐멘터리를 봤는데, 과학자들은 명왕성이 소행성이었거나 아니면 떠돌아다니던 물질의 덩어리였는데, 태양이 어떤 시점에서 끌어당겼다고 생각한다는 거야.

주한의 첫 번째 말은 선언적 지식의 형태다. 즉, 주한은 경험에서 얻은 사실을 회상하여 말한 것이다. 그러고 나서 주한이 엄마와 함께 노바(Nova)를 봤다고 말한 것은 일화기억에서 나온 정보를 말한 것이다. 즉, 개인적 경험에 기초한 정보다.

일화기억과 의미기억 사이의 경계는 명확하지 않지만, 한 가지 요인이 중요하게 작용한다. 사람들이 사건에 대해 강한 정서적 반응을 가질 때, 일화기억은 더 강력해진다. 예를 들어, 많은 미국 사람은 미국 뉴욕에서 9월 11일에 발생한 테러 소식을 처음 들었을 때 그들이 어디에 있었으며, 무엇을 하고 있었는지를 정확하게 기억하고 있을 것이다. 비슷하게 여러분은 첫 데이트나 첫 키스한 일은 잘 기억할 것이다. 이런 사건들은 여러분의 일화기억에 저장되어 있다. 교사는 수업내용을 개인적 경험으로 만들거나 수업내용을 학생들에게 정서적 영향을 주도록 가르침으로써 일화기억을 잘 이용할 수 있다.

절차적 지식은 과제를 수행하는 방법에 대한 지식이며, 조건적 지식은 언제 어디서 선언적 지식과 절차적 지식을 사용할 것인지에 대한 지식이다(J. R. Anderson, 2005; Hergenhahn & Olson, 2001). 예를 들어, 다음의 문제를 살펴보자.

절차적 지식 (Procedural knowledge)

과제를 수행하는 방법에 대한 지식

조건적 지식 (Conditional knowledge)

언제, 어디서 선언적 지식과 절차적 지식을 사용할 것인지에 대한 지식

$$2/7 + 4/7 =$$

$$1/4 + 2/3 =$$

당신은 분수를 더하기 위해서는 분모를 같게 만들어야 한다는 것을 알고 있다. 이것은 선언적 지식의 한 형태다. 두 번째 문제에서는 공통분모를 찾아야 하지만, 첫 번째 문제에서는 그럴 필요가 없다는 것을 인식하는 것이 조건적 지식이다. 첫 번째 문제의 답인 6/7과 두 번째 문제의 답인 11/12을 실제로 계산하는 것은 절차적 지식을 요구한다.

선언적 지식은 어떤 사람이 말하는 것을 통해 확인할 수 있으며, 대부분의 선언적 지식은 명시적이다. 우리가 선언적 지식을 회상하면, 우리는 알고 있다는 것을 자각하게 된다. 반면, 절차적 지식과 조건적 지식은 그 사람의 수행에서 추론해야 한다. 그리고 절차적 지식과 조건적 지식은 암묵적이다. 즉, 우리는 그 지식을 회상하거나 설명할 수 없다. 예를 들어, 컴퓨터로 작업을 수행할 때, 당신이 자판을 손가락으로 두드릴 때 당신이 사용하고 있는 지식을 회상할 수 없으며, 당신이 하고 있는 일을 정확하게 설명할 수 없다. 다양한 지식의 형태 사이의 관계는 [그림 7-3]에 요약되어 있다.

이제 이렇게 다른 형태의 지식들이 장기기억에 어떻게 저장되는지 살펴보자.

장기기억에서 선언적 지식의 표상

선언적 지식을 획득하는 것은 새로운 정보를 기존의 지식과 통합하는 것이다. 그래서 사람들은 새로운 정보와 관련시킬 수 있는 풍부한 지식을 이미 가지고 있을 때 더 효과적으로 학습한다. 이런 지식은 도식 형태로 조직화된다. 이론가들에 따라 도식에 대한 정의가 다양하지만, 도식은 정보를 장기기억 속에 있는 유의미한 체제로 조직화하는 인지적 구성체

도식(Schemas)

정보를 장기기억 속에 있는 유의미한 체제로 조직화하는 인지적 구성체

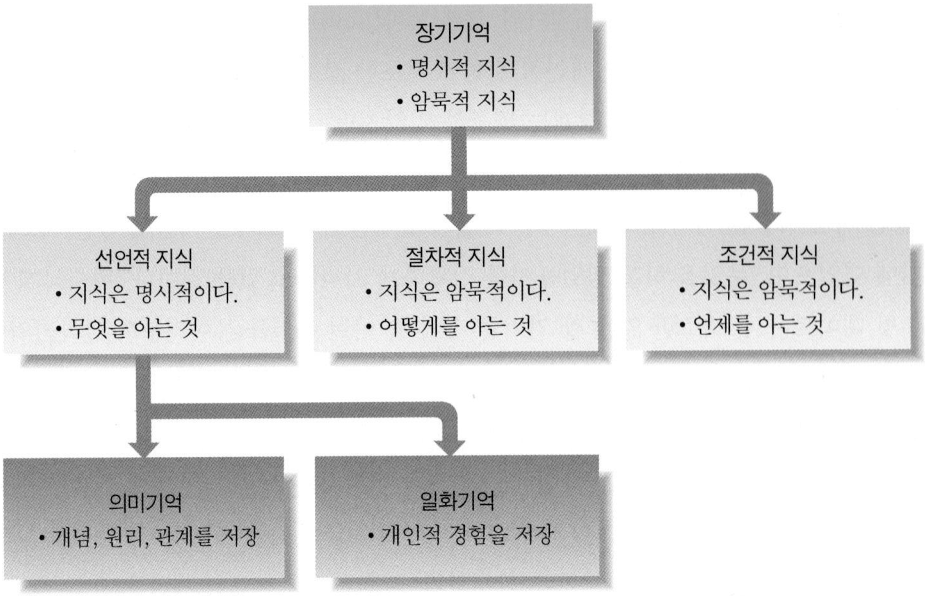

[그림 7-3] 장기기억 속의 지식

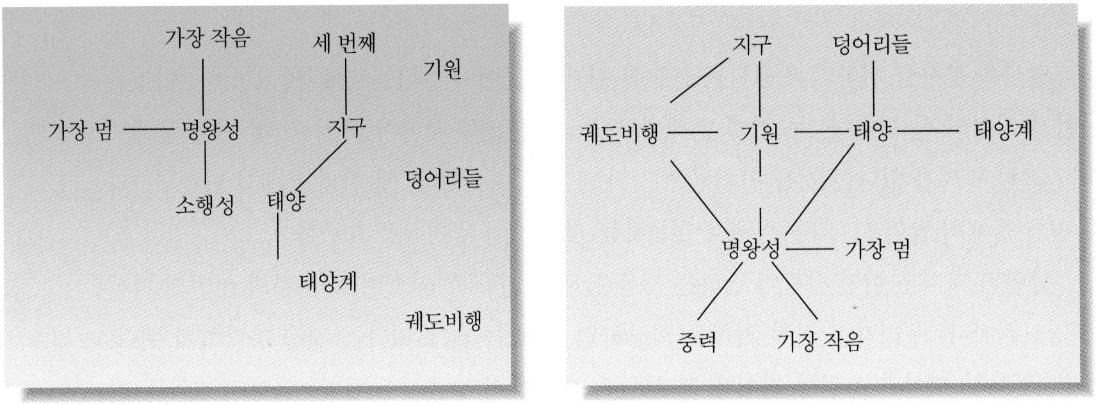

[그림 7-4] 상화(왼쪽)와 주한의 이해를 보여 주는 도식

로 볼 수 있다(J. R Anderson, 2005; Willingham, 2004).

유의미 학습 [그림 7-4]를 보자. 이것은 태양계에 관한 상화와 주한의 도식을 보여 준다. 도식은 사람의 머릿속에서 구성된 실제 구조이며, [그림 7-4]는 단지 이런 구조를 이해하는 데 도움을 주고자 시각화한 것에 불과하다. 상화의 도식과 주한의 도식 모두 자신에게 의미 있는 방식으로 정보를 도식화한다. 그러나 이 두 도식에는 중요한 차이점이 있다. 예를 들어, 두 도식은 11개의 개별 요소를 가지고 있다. 그러나 상화의 도식에는 연결선이 오직 6개만 있지만, 주한의 도식에는 연결선이 13개나 있다. 주한의 체제가 더 유의미하다. 유의미하다는 것은 도식의 개별 요소가 장기기억 속에서 서로 연결되어 있는 정도가 높다는

유의미(Meaningful)
도식의 개별 요소가 장기기억 속에서 서로 연결되어 있는 정도가 높다는 뜻

뜻이다(Gagne et al., 1997).

정보를 단편적인 조각으로 받아들이며 암기를 통해 학습하는 것을 의미하는 기계적(암기) 학습보다 유의미 학습이 더 효과적임을 보여 주는 연구의 역사는 길다(Lin, 2007; R. Mayer, 2002). 주한과 상화의 도식을 가지고 이것을 설명할 수 있다. 앞에서 작업기억이 유지할 수 있는 청크의 수는 제한되어 있지만, 청크의 크기와 복잡성은 제한이 없다는 것을 알았다(Sweller et al., 1998). 주한의 도식은 완전하게 서로 연결되어 있기 때문에 이것은 하나의 청크처럼 행동하였고(Bransford et al., 2000), 장기기억에서 작업기억으로 인출할 때 하나의 슬롯만 사용하였다. 상화의 도식은 덜 연결되어 있기 때문에 작업기억에서 다섯 개의 슬롯을 사용하였다. 첫째 슬롯은 가장 작은—가장 먼—명왕성—소행성 청크이며, 두 번째 슬롯은 세 번째—지구—태양—태양계 청크이며, 기원, 덩어리, 궤도면도 각각 하나씩 청크로 행동한다. 상화가 태양계의 기원을 생각할 때 그의 작업기억에 부과된 인지적 부하는 주한의 인지적 부하보다 더 컸으며, 그 결과 상화는 정보를 처리하는 데 더 큰 어려움을 겪게 되었다. 과도한 부하가 상화의 작업기억에 주는 영향을 보기 위해 이들의 대화를 다시 살펴보자.

주한: 첫 번째 질문에 대한 답을 나는 알고 있다. 명왕성은 태양계의 행성이 아니야. 사실 명왕성은 왜성이라고 불리는 별이야. 한때는 행성으로 여겨졌지만, 이제는 아니야.

상화: 무슨 뜻이야?

주한: 엄마와 함께 '노바(Nova)' 라는 다큐멘터리를 봤는데, 과학자들은 명왕성이 소행성이었거나 아니면 떠돌아다니던 물질의 덩어리였는데, 태양이 어떤 시점에서 끌어당겼다고 생각한다는 거야.

상화: 그게 무슨 관련이 있어?

주한: 봐, 명왕성은 다른 행성보다 높은 곳에 있어.

상화: 이런, 나는 그걸 알아차리지도 못했어.

상화는 작업기억에서 인지적 부하가 더 컸으며 이로 인해 학습이 비효율적이었기 때문에 알아차리지 못했다.

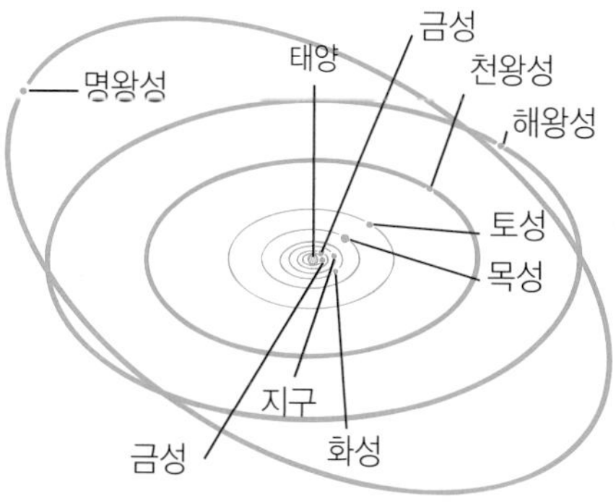

태양계 행성의 궤도와 명왕성의 궤도

유의미 학습: 교사와 학습자를 위한 시사점 유의미 학습을 촉진하기 위해 정보를 서로 떨어진 단편 조각으로 가르치기보다는 상호 연결된 개념을 가르쳐야 한다. 동떨어진 정보는 학생의 작업기억에 과중한 부하를

준다. 이것은 학생들이 배운 것을 조금밖에 기억 속에 유지하지 못하는 이유를 설명해 준다. 개념을 연결시키는 것이 부하량을 줄여 주며, 정보를 더 의미 있게 만들며, 새로운 정보를 정착시킬 장소를 더 많이 제공함으로써 학습을 촉진한다.

유의미성은 또한 학습자에게도 시사점을 준다. 우리가 공부를 할 때, 우리는 개념을 따로 공부하기보다는 내용 속의 관계를 찾아야 한다. 이것은 왜 정의나 다른 개별 정보를 단순히 암기하는 것이 비효과적인 공부전략인지를 설명해 준다.

스크립트로서의 도식 정보를 조직하는 것과 더불어 도식은 우리의 행위를 안내해 줄 수도 있다. 예를 들어, 대학생이 첫 수업에 들어갈 때 아마도 다음과 같은 물음을 던질 것이다.

- 교수가 갖고 있는 기대는 무엇인가?
- 쪽지시험과 다른 평가는 어떻게 준비해야 하나?
- 또래와 어떻게 상호작용하게 될 것인가?

스크립트(Script)

몇 년간의 경험을 통해 발달하며, 특수한 상황에서 행동을 안내

이에 대한 답은 '사건에 대한 도식'으로 여길 수 있는 **스크립트**에서 나온다. 스크립트는 몇 년간의 경험을 통해 발달하며 특수한 상황에서 행동을 안내한다(Nuthall, 2000; Schank & Abelson, 1977). 예를 들어, 여러분은 수업준비를 하고, 수업에 참석하고, 수업활동에 참여하는 행동을 안내하는 스크립트를 가지고 있다. 이러한 점에서 스크립트는 절차적 지식도 포함하며, 다음에서 자세히 다룬다.

장기기억에서 절차적 지식의 표상

절차적 지식의 효과성은 선언적 지식과 조건적 지식에 의존한다(J.R. Anderson, 2005; Star, 2004). 예를 들어, 분수의 문제로 되돌아가 생각해 보자. 분수를 더하는 능력은 분수를 더하는 규칙에 대한 선언적 지식과 조건적 지식에 달려 있다. 그래서 여러분은 공통분모를 찾는 것이 언제 필요하고 언제 필요 없는지를 알고 있었다.

절차적 지식을 발달시키기 위해서 학생은 연습을 할 기회를 가져야 한다.

절차적 지식 개발하기: 교사를 위한 시사점 절차적 지식을 개발하는 목표는 자동화에 도달하고자 하는 것이며, 많은 양의 시간과 노력이 요구된다(Star, 2005; Taraban, Anderson, & DiFinis, 2007). 즉, 우리는 학생들에게 연습할 기회를 충분히 주어야 한다.

또한 절차적 지식의 개발은 왜 맥락이 그렇게 중요한지를 이해하도록 도와준다(Star, 2004). 예를 들어, 학생들은 낱개의 문장이 아닌 자

표 7-1
table

기억저장소의 특성

저장소	특성
감각기억	• 무제한 용량 • 비조직화된 형식으로 정보 보관 • 더 이상 처리되지 않으면, 정보는 곧 사라진다.
작업기억	• 제한된 용량 • 기억저장소에서 의식적인 요소 • 사고와 문제해결이 발생하는 작업대 • 처리할 때 병목현상 발생 • 언어적 처리와 시각적 처리를 담당하는 독립적인 장치가 있다.
장기기억	• 무제한 용량 • 영구적인 정보 저장 • 정보를 도식과 이미지 형식으로 저장한다.

신의 글을 쓰는 맥락에서 문법, 철자법, 구두법을 연습해야만 한다. 그리고 수학을 배우는 학생은 다양한 조작을 요구하는 문장제 문제의 맥락에서 수학문제 해결 기술을 발달시켜야 하며, 그 결과 학생은 다른 조건을 확인하는 방법과 적절한 행위를 적용하는 방법을 배운다(Bransford et al., 2000).

절차적 지식의 개발은 여러분이 교사로서 성장하는 데 시사점을 준다. 예를 들어, 여러분은 질문하는 기술은 교사가 된 지 몇 년이 지나도 여전히 발달한다는 것을 발견할 것이다. 경험이 많아질수록 여러분은 학습조건이 달라지면 요구되는 전략도 달라진다는 것을 배우게 될 것이다.

복습 차원에서 기억저장소의 특성을 요약한 〈표 7-1〉을 살펴보자.

기억저장소의 발달적 차이

인간기억 모형에 대한 설명은 여러분으로 하여금 모든 연령대의 사람은 본질적으로 같은 방식으로 정보를 처리한다고 믿도록 유도하였으며, 어느 정도까지는 이것이 사실이다. 예를 들어, 어린 아동과 성인 모두 환경으로부터 들어온 자극을 감각기억 속에 잠시 동안 저장하고, 작업기억에서 의미 있게 만들고, 장기기억 속에 저장한다. 그러나 중요한 발달적 차이가 존재한다. 예를 들어, 연구자들은 더 나이 든 아동이 더 어린 아동보다 감각기억 흔적을 더 오랫동안 유지한다는 것을 발견하였다(Nelson, Thomas, & De Haan, 2006). 이에 따라 초등학교 교사보다 유치원 교사가 학생에게 상세한 지시를 주어도 정보 전달에 실패할 가능성이 더 높다.

또한 경험은 발달을 촉진하는 데 필수적이며, 경험 덕분에 아동이 발달함에 따라 작업기억의 요소도 효율성을 크게 향상시킨다(Gathercole, Pickering, Ambridge, & Wearing, 2004). 예를 들어, 아동의 나이가 더 많아질수록 아동의 절차적 지식은 자동화되며, 그 결과 더 나이 든 아동은 더 어린 아동보다 정보를 더 빨리 처리할 수 있고 복잡한 과제를 더 효율적으로 다룰 수 있다(Luna, Garver, Urban, Lazar, & Sweeny, 2004).

또한 경험 덕분에 더 나이 든 아동은 더 넓고 디 깊은 사전지식의 저장소를 가지고 있는데, 이 선행지식은 새로운 학습을 의미 있게 만드는 능력을 높여 준다. 경험은 또래 학습자 사이에서도 발달적 차이를 초래할 수 있다. 예를 들어, 주한은 상화와 태희가 가지지 못했던 경험을 가진 덕분에 태양계에 대한 주한의 이해가 상화와 태희의 이해보다 더 많이 발달했으며, 그 결과 서 교사가 제시한 정보는 주한에게 더 의미 있었다.

연구에 따르면, 이런 요인은 모두 언어와 강하게 관련되어 있다. 예를 들어, 언어장애를 가진 아동은 정상적인 또래에 비해 작업기억 효율성이 낮으며 정보처리 속도가 더 느리다(Conti-Ramsden & Durkin 2007; Leonard, Weismer, & Miller, 2007). 따라서 교사들은 모든 연령의 아동들에게 자신들의 이해를 말로 표현하도록 격려해야 하고, 또한 도와주어야 한다. 아동이 언어 사용을 더 많이 연습할수록 학습의 효율성은 더 높아진다.

교실에의 적용

기억저장소에 대한 이해를 교실에 적용하기

감각기억

1. 감각기억은 환경의 자극을 처리할 수 있을 때까지 잠시 동안 보관한다. 그러므로 학생의 감각기억의 흔적이 사라지는 것을 막기 위해 두 번째 자극을 주기 전에 하나의 자극에 주의집중할 수 있는 기회를 제공하라.
- 초등학교: 2학년을 가르치는 교사는 한 번에 한 가지 질문만 하며, 다음 질문을 하기 전에 학생들의 대답을 듣는다.
- 중학교: 한 수학교사는 오버헤드(overhead)에 문제를 제시하고 학생들이 다 옮겨 적을 때까지 기다린 뒤 말하기 시작한다.
- 고등학교: 지리수업에서 어떤 교사가 오버헤드에 지도를 놓고 말한다.

  "교실 앞쪽에서 지도에 있는 나라들의 지형을 살펴볼 시간을 1분 주겠어요. 그러고 나서 수업을 계속하겠어요."

작업기억

2. 작업기억은 학생들이 의식적으로 정보를 처리하는 곳이며, 용량에는 한계가 있다. 학생들의 작업기억에 과부하가 걸리지 않도록 수업을 안내한다.
- 초등학교: 1학년을 가르치는 교사가 학생에게 자리에 앉아서 하는 과제를 천천히, 그리고 한 번에 한 가지씩 제시한다. 그리고 학생들이 과제를 시작하기 전에 몇몇 학생에게 지시를 반복하게 한다.
- 중학교: 목공예 수업시간에 어떤 교사는 "같은 종류의 나무도 강수량의 정도와 얼마나 빨리 자랐느냐에 따라 나무의 강도와 밀도가 다릅니다."라고 말한 후 두 조각의 나무를 들고 "이 나뭇조각을 보세요. 각각의 나이테에 대해 무엇을 알게 되었나요?" 라고 질문한다.
- 고등학교: 수학 II 시간에 어떤 교사가 학생들에게 해답에 이

르는 과정을 단계별로 하나하나 설명하도록 시키면서 문제해결의 과정을 배우도록 도와준다.

3. 자동화는 의식적인 노력 없이도 과제를 수행할 수 있는 능력이므로 작업기억에 인지적 부하를 줄여 준다. 자동화를 발달시키기 위한 연습을 자주 시켜라. 그리고 언어와 시각 자료로 정보를 제시하라.
- 초등학교: 1학년을 가르치는 교사가 그 전날 저녁에 있었던 일 중 한 가지를 짧은 단락으로 작문하는 연습을 학생들에게 시킨다.
- 중학교: 작업기억에서 분산된 처리의 장점을 이용하기 위해 중학교 2학년을 가르치는 한 역사교사는 독립전쟁에 이르는 역사사건의 연대표를 준비한다. 학생에게 주제에 관한 질문을 하면서 중요한 부분은 연대표를 참고하고, 필기할 때 표를 사용하도록 권한다.
- 고등학교: 어떤 물리교사가 힘과 가속의 관계를 설명하면서 책상 위에 있는 손수레를 일정한 힘으로 잡아당기는 시범을 보여 준다. 학생들은 손수레가 가속되는 것을 볼 수 있다.

장기기억

4. 도식은 정보를 학습자의 장기기억 속에서 의미 있는 체계로 조직화한 것이다. 학생들의 도식을 발달시키기 위해 개념 사이의 관계와 새로운 개념과 과거의 이해 사이의 관계를 학생들이 탐색할 수 있도록 장려한다.
- 초등학교: 1학년을 가르치는 한 교사가 국어시간에 학생들이 이야기 속 사건이 결말과 어떻게 연결되는지 설명하도록 질문한다.
- 중학교: 수학을 가르치는 어느 교사가 대입을 통해 방정식을 해결하는 법을 가르치기 위해 "이 과정은 덧셈을 이용해서 방정식을 해결하는 것과 어떻게 비교할 수 있지? 무엇을 다르게 했지? 그 이유는 뭘까?" 라고 질문한다.
- 고등학교: 고대 그리스에 대한 수업에서 한 세계사 교사가 인과관계를 학생들에게 이해시키기 위해 "그리스에서는 해상운송이 왜 중요했지? 트로이(Troy)의 위치가 왜 그렇게 중요했지? 그곳의 위치는 뉴욕, 시카고, 샌프란시스코와 같은 오늘날의 도시의 위치와 어떻게 관련지을 수 있을까? 그리스에는 왜 도시국가(큰 민족국가 대신에)가 존재했을까?" 라고 질문한다.

◈ 이해 점검 활동

2.1 7장의 시작 부분에서 다룬 사례에서 태희가 왜 "월요일에 선생님이 그것을 설명해 주실 때는 도무지 이해할 수가 없었다." 라고 말하게 되었는지를 설명하면서 기억저장소의 특성을 이용하라. 이것은 수업에 어떤 시사점을 주는가?

2.2 기억저장소의 특성을 이용하여 이삿짐 센터에서 2424를 전화번호로 선호하는 이유를 설명하라.

2.3 절차적 지식은 어느 기억저장소에 저장되는가? 시작 부분의 사례연구에서 절차적 지식을 보여 주는 예를 찾아서 설명하라.

인지과정

어떻게 정보는 감각기억에서 작업기억, 그리고 작업기억에서 장기기억으로 이동하는가? 학생이 정보를 가장 효율적으로 저장하도록 어떻게 도와줄 수 있는가? 이런 질문에 답하기 위해 [그림 7-1]에 제시된 인간기억의 모형을 다시 살펴보자. 이번에는 정보가 한 저장소에서 다른 저장소로 이동하는 과정(주의, 지각, 시연, 부호화, 인출)에 초점을 두자. 이러한 인지과정은 [그림 7-5]에 제시되어 있으며, 다음에서 논의할 것이다.

주 의

7장 앞부분에서 학습과 발달은 학습자의 경험에 의존한다는 것을 언급하였다. 우리가 보고, 듣고, 만지고, 맛보고, 냄새 맡는 모든 것을 통해 우리는 경험한다. 이 과정은 [그림 7-5]에서 감각기억으로 자극이 들어오는 것으로 표현되어 있다. 그러나 우리가 자극에 대해 주의를 의식적으로 기울기 전까지 우리는 자극을 자각하지 못한다. 예를 들어, 에어컨이 작동하고 있다는 사실을 자각하기 전까지 에어컨이 내는 소음에 '주의를 기울'이지 않을 가능성이 높다. 이것은 '주의'로 들어오는 화살표의 수보다 나가는 화살표의 수가 적은 것으로 묘사되어 있다. 주의는 자극에 의식적으로 초점을 두는 과정이다. 우리의 주의는 스크린으로 행동하며, 중요하지 않은 정보를 걸러 낸다.

주의(Attention)

자극에 의식적으로 초점을 두는 과정

주의에는 두 가지 중요한 특성이 있다. 첫째, 학생들 사이에 개인차가 있을 수 있지만, 모든 사람의 주의는 용량과 지속성에서 한계가 있다(Curtindale, Laurie-Rose, & Bennett-Murphy, 2007; Q. Zhou, Hofer, & Eisenberg, 2007). 따라서 학생들은 교사의 설명 중 일부만 주의를 기울이고, 나머지는 놓치기 쉽다.

둘째, 우리의 주의는 한 자극에서 다른 자극으로 쉽게 옮겨질 수 있다. 즉, 사람들은 보통 주의를 잃기 쉽다(Zhou et al., 2007). 이것은 학생들이 교사의 설명을 충분히 다 듣지 않는 이유를 설명해 준다. 교실에는 주의를 분산시키는 요인들이 수없이 많다. 학생들의 소곤거리는 소리, 교실 밖에서 나는 시끄러운 소리, 복도에 있는 사람, 기타 등등이 주의를 분산시키는 요인이다. 이런 요인 중 하나 또는 그 이상의 요인이 학생들로 하여금 교사의 설명에 주의 기울이지 못하게 만들기도 한다.

주의 끌기와 유지하기

주의는 학습의 시작점이 되므로 학습자의 주의를 끌고 유지시키는 것이 중요하다(Curtindale et al., 2007; Valenzeno, Alibali, & Klatzky, 2003). 유능한 교사는 학생들이 필요 없는 자극을 무시하고 배우는 것에 주의를 집중할 수 있도록 수업을 계획해야 한다. 만약 교사가 갑각류를 가르치기 위해 냉장고 속에서 살아 움직이는 게를 끄집어 낸다면 아무리 무관심한 학생도 주의를 기울일 것이다. 이와 유사하게 학생들은 수동적으로 강의를 들을 때보다 수업활동에 적극적으로 참여할 때 훨씬 더 주의를 집중한다(Dolezal, Welsh, Pressley, & Vincent, 2003; B. Taylor, Pearson, Peterson, & Rodriguez, 2003).

서 교사는 학생의 주의를 끌고 유지시키기 위해 두 지지 방법을 사용하였다. 첫째, 투명

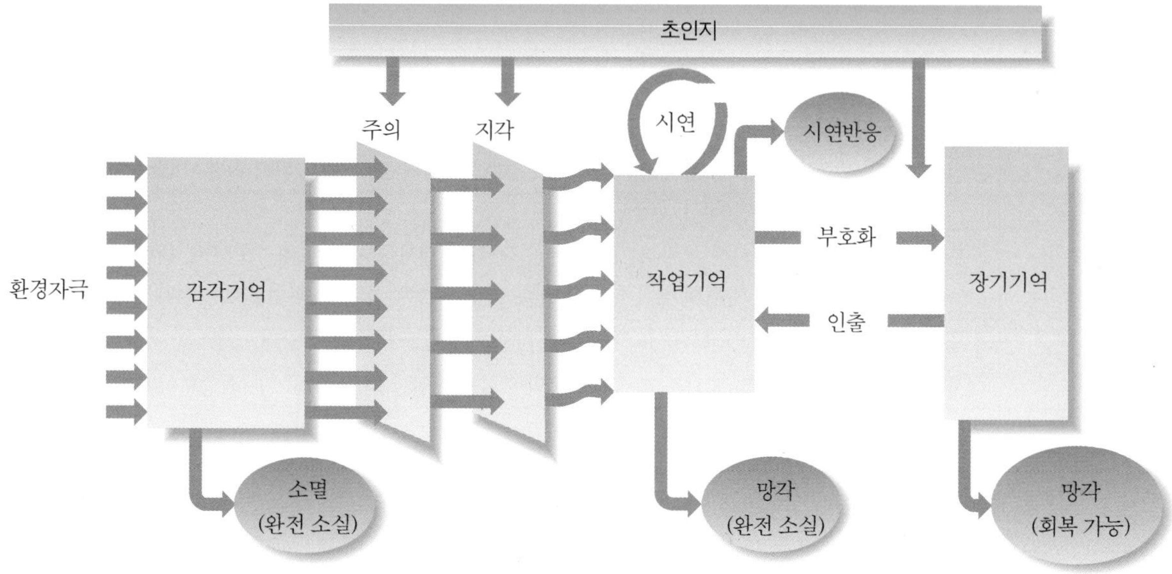

[그림 7-5] 정보처리 모형에서 인지과정

지와 모형은 효과적으로 주의를 끄는 것이었다. 둘째, 학생들이 행성에 관한 정보를 모으고 있으며 서 교사가 묻는 질문에 대답하는 것이 학생들의 주의를 유지하는 데 도움이 되었다.

주의를 끄는 또 다른 예들은 〈표 7-2〉에 제시되어 있다. 학생들의 주의를 유도하고자 할 때 가장 좋은 방법은 학생들의 이름을 호명하는 것이다. 학생의 이름을 이용하는 것은 가장 강력한 주의 집중 방법 중 하나다. 유능한 교사는 학급 전체에 질문을 던지는 대신 각 학생의 이름을 호명한다. 그리고 이것이 조직화될 때 주의 집중과 성취도가 증가한다(Eggen & Kauchak, 2006; McDougall & Granby, 1996).

웹 자료실

학생의 주의를 끌기 위한 교사의노력을 알고 싶다면 www.myeducationlab.com에 접속하고, 7장 '활동 및 적용'의 '정보처리 적용: 학생 주의 끌기'를 보라. 그리고 이어지는 물음에 답하라.

지 각

오른쪽 여백에 있는 그림을 보라. 젊은 여인으로 보이는가? 아니면 노파로 보이는가? 이 고전적인 예는 자극에 의미를 부여하기 위해 사람들이 사용하는 과정인 지각의 본질을 보여 준다. 예를 들어, 노파를 본 사람이 그림에 부여한 의미는 노파이며, 젊은 여인을 본 사람이 그림에 부여한 의미는 젊은 여인이다. 앞의 질문은 사실상 "당신은 젊은 여인이나 노파 중 누구를 '지각' 합니까?" 라고 묻는 것이다.

우리는 지각을 우리가 사물이나 사건을 해석하는 방법으로 생각해 볼 수 있다. 이것은 일상생활에서 우리들이 지각이라는 용어를 사용할 때와 같으며(Way, Reddy, & Rhodes, 2007), 학습자의 성향이나 기대와 같은 요인에 의존한다(Huan, Yeo, & Ang, 2006). 예를 들어, 다음의 내용을 고려해 보자.

지각(Perception)

자극에 의미를 부여하기 위해 사람들이 사용하는 과정

표 7-2

주의를 끌기 위한 전략

유형	예
시범	한 과학교사는 힘과 일이라는 개념을 시범 보여 주기 위해 학생이 앉아 있는 의자를 교실에서 끌고 다닌다.
모순되는 사건	평상시에 보수적으로 옷을 입는 한 세계사 교사는 고대 그리스에 대한 토론을 시작하기 위해 천을 두르고, 샌들을 신고, 왕관을 쓰고 교실로 들어선다.
도표	한 보건교사는 고지방 대중 식품에 관한 도표를 보여 준다.
사진	한 영어교사는 20세기 미국의 소설을 도입할 때 수염을 기른 헤밍웨이(Hemingway)의 사진을 보여 준다.
문제	한 수학교사가 말한다. "우리는 토요일 저녁에 록 콘서트에 가고 싶어 한다. 그런데 전혀 돈이 없다. 티켓은 45,000원이고 차비와 식사비로 20,000원이 더 필요하다. 아르바이트를 하면 시간당 5,500원을 벌 수 있는데, 콘서트에 가기 위해서는 몇 시간을 일해야 할까?"
사고촉진 질문	한 역사교사가 "제2차 세계대전에서 독일이 이겼다면, 세계는 지금과 어떻게 다를까?"라고 묻는다.
강조	한 교사가 "여기를 주목하라. 다음 두 문제는 매우 중요하다."라고 말한다.
학생 이름	질의응답하는 시간에 한 교사가 질문을 하고 잠시 멈춘 후 한 학생의 이름을 부르며 답변하게 한다.

"면접은 어땠니?" 취업 희망자인 나리는 친구이자 같은 학교에 취업 지원을 한 구라에게 묻는다.

"최악이야." 구라는 대답한다.

"면접관이 나를 심하게 심문했어. 어떤 주제를 어떻게 가르칠 것이며 두 학생이 내 수업을 방해한다면 어떻게 할 것인지를 구체적으로 물었어. 면접관은 내가 아무것도 모르는 것처럼 대했어. 그 학교에서 가르치고 있는 내 친구인 부연이가 그 사람에 대해 말해 주었어. 너의 면접은 어땠니?"

"내 면접은 좋았어. 그 면접관은 내게도 똑같은 질문을 했어. 그렇지만 나는 우리가 채용된다면 가르치는 일에 대해 어떻게 생각하는지를 그 면접관이 묻는다고 생각했어."

구라와 나리는 그들의 면접을 전혀 다르게 해석하였다. 구라는 면접을 심문하는 것으로 보았으나, 나리는 면접관이 그녀의 생각을 검토만 하려고 한다고 느꼈다. 구라의 해석은 그의 친구인 부연이에 의해 영향받았다. 면접관에 대해 부연이가 말해 준 것이 구라의 기대를 형성시킨 것이다.

사람의 지각은 구성되며, 그렇기 때문에 학생들마다 다른 지각을 가지게 된다. [그림

7-5]에서 지각에서 나오는 화살표가 구부러진 것은 학습자의 지각이 다를 수 있음을 보여주기 위한 것이다. 그리고 학습자가 구성한 지식은 학습자가 이미 알고 있는 지식에 의존하기 때문에 학습자의 지각도 사전지식에 의존한다. 이것은 상화가 명왕성의 궤도면이 다른 행성의 궤도면과 다르다는 것을 몰랐던 이유를 설명해 준다. 즉, 투명지와 모형에 있는 정보를 상화가 지각하지 못한 것은 사전지식의 부족 때문에 발생한 결과다.

교실학습에서 정확한 지각은 필수적이다. 보고, 듣고, 만지고, 맛보고, 냄새 맡은 것에 대한 학생의 지각이 작업기억 속으로 들어가기 때문에 만약 지각이 정확하지 않다면, 학생이 장기기억에 최종적으로 저장되는 정보 또한 정확하지 않을 것이다.

학생이 교사가 제시한 정보를 정확하게 지각하는지를 확인하는 유일한 방법은 학생에게 질문하는 것이다. 예를 들어, 지리교사가 중동에 있는 여러 나라의 경제에 대해 수업하고 있다면, 그 교사는 학생의 지각을 확인하기 위해 "우리는 어떤 뜻으로 경제라는 낱말을 사용할까?" 라고 질문한다. 학생은 또한 숙제와 시험문제를 잘못 지각하기도 한다. 따라서 시험을 치른 뒤에 시험문제에 대해 논의하는 것이 중요하다.

부호화

학습자가 정보에 주의를 기울이고 정보를 지각하고 작업기억 속에서 정보를 조직화한다면, 부호화를 위한 준비가 되었다. 부호화는 장기기억에 정보를 표상하는 과정이다(J. R. Anderson, 2007). 정보는 서 교사가 다른 궤도면을 가진 명왕성 그림처럼 시각적으로 부호화될 수도 있고, 학생이 서로 관련된 개념을 도식 형태로 만들 때처럼 언어적 형태로 부호화될 수도 있다.

부호화(Encoding)
장기기억에 정보를 표상하는 과정

7장의 앞부분에서 읽은 유지 시연은 정보를 사용하거나 망각하기 전까지 작업기억에 유지시키는 과정이다. 그러나 충분히 시연한다면, 이 정보는 장기기억으로 전이될 수 있으며, 이것은 학습자들이 사실적 정보를 기억할 때 자주 사용하는 전략이다. 사실적 정보는 특정한 날짜나 $6 \times 9 = 54$와 같은 수학적 지식을 포함한다. 그러나 시연은 정보를 장기기억 속에서 따로 저장하기 때문에 비효율적인 전략이다. 이런 시연은 앞에서 언급한 기계적 학습과 같다.

기계적 학습과 달리 우리는 정보를 유의미하게 부호화하고 싶어 한다. 즉, 우리는 하나의 정보가 다른 정보와 연결되기를 바란다. 예를 들어, 주한이가 만든 도식에는 상화가 만든 도식보다 더 많은 연결이 있었기 때문에, 주한이는 공부하고 있는 정보를 상화보다 더 유의미하게 부호화한 것이다.

교사는 다음의 네 가지 전략을 사용함으로써 유의미한 부호화를 촉진할 수 있다.

- 심상
- 조직화

- 도식 활성화
- 정교화

이들 전략은 [그림 7-6]에 요약되어 있으며, 다음에서 논의할 것이다.

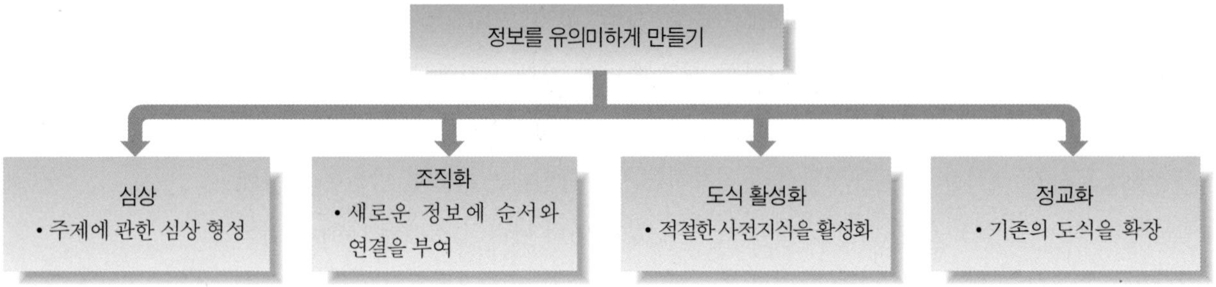

[그림 7-6] 유의미한 부호화 촉진 전략

심상(Imagery)

개념에 대한 마음속 그림을 만드는 과정

이중부호화이론 (Dual-coding theory)

장기기억이 언어정보와 심상정보를 저장하는 두 가지의 다른 기억체계를 가지고 있다고 주장

심 상

심상은 개념에 대한 마음속 그림을 만드는 과정이며(D. Schwartz & Heiser, 2006), **이중부호화이론**에 의해 그 가치를 인정받고 있다. 이중부호화이론은 장기기억이 언어정보와 심상정보를 저장하는 두 가지의 다른 기억체계를 가지고 있다고 주장한다(Paivio, 1991; Sadoski & Paivio, 2001). 이중부호화이론에 따르면, 공 · 집 · 개와 같이 시각적으로, 그리고 언어적으로 표상할 수 있는 개념은 가치 · 진실 · 능력과 같이 시각화하기 어려운 개념보다 더 기억하기 쉽다(Paivio, 1986). 예를 들어, 정보처리과정에 대해 공부할 때, 우리가 [그림 7-1]과 [그림 7-5]에 있는 모형을 시각화할 수 있고 그 모형에 대한 정보를 글로 읽을 수 있었기 때문에 우리는 장기기억의 이중부호화 능력을 최대한 이용할 수 있었다. 모형 속에 있는 정보는 말로만 서술한 정보보다 더 유의미하게 부호화된다(J. Clark, Paivio, 1991; Willoughby, Porter, Belsito, & Yearsley, 1999). 이중부호화이론은 언어적 정보에다 시각적 표상을 첨가하는 것의 중요성을 다시 일깨워 준다(Igo, Kiewra & Bruning, 2004). 이것은 작업기억에서의 분산된 처리와 장기기억에서의 이중부호화 능력을 최대한 이용하는 것이다.

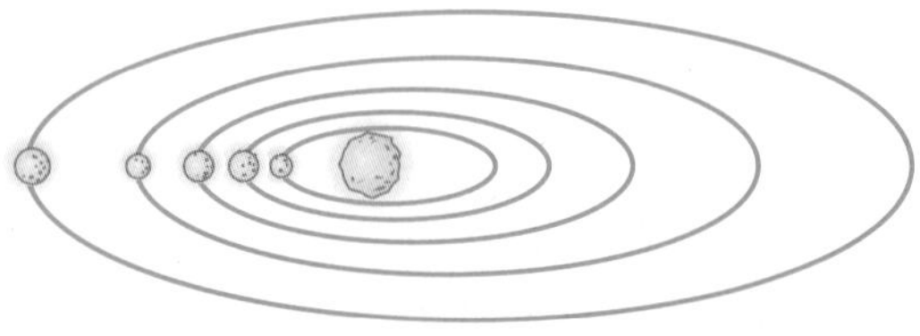

태양이 가스불덩어리를 분출하였고 이것들이 태양계 행성이 되었다.

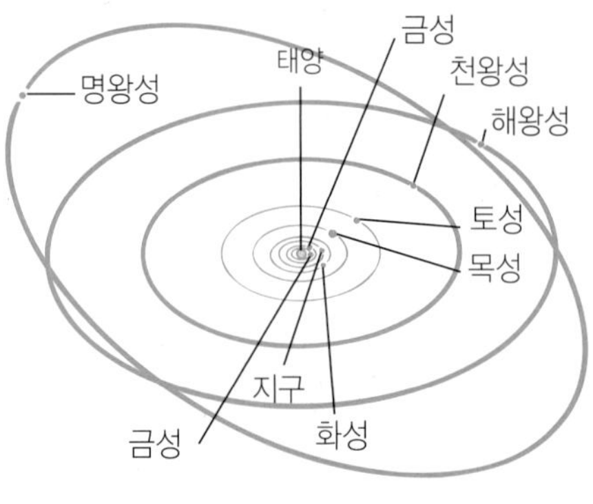

태양계 행성의 궤도와 명왕성의 궤도

교사는 여러 가지 방식으로 심상을 이용할 수 있다(D. Schwartz & Heiser, 2006). 예를 들어, 교사는 사진, 그림, 다이어그램을 이용할 수 있다. 서 교사는 태양계 모형, 태양으로부

터 가스 덩어리가 분출되는 것을 보여 주는 투명지를 사용하였다. 교사는 학생들에게 과정과 사건에 관해 마음속에 그림을 그리도록 요구할 수 있고, 학생들이 배우고 있는 개념 사이의 관계를 다이어그램으로 그리도록 요구할 수 있다.

심상은 특히 문제해결에 도움을 줄 수 있다(Kozhevnikov, Hegarty, & Mayer, 1999). 당신에게 도형을 보여 주지 않으면서 오각형의 면적을 구하라는 문제를 해결하라고 하면, 훨씬 더 어렵게 느끼게 된다.

조직화

조직화(Organization)

관련 있는 내용을 공통 범주나 유형으로 묶는 부호화 전략

조직화는 관련 있는 내용을 공통 범주나 유형으로 묶는 부호화 전략이다. 잘 조직화된 내용은 요소 사이의 관계를 서술하고 있기 때문에 인지적 부하가 줄어들고 부호화(인출까지도)가 더 효과적으로 일어난다(R. Mayer, 2008).

읽기, 기억, 교실수업에 관한 연구는 학습을 촉진하기 위한 조직화의 중요성을 확인한 바 있다(R. Mayer, 2008; Nuthall, 1999b). 연구에 따르면, 전문가들은 장기기억에 있는 지식이 더 잘 조직화되어 있어서 그 지식에 쉽게 접근하고 새로운 정보와 기존의 지식을 빨리 연결하기 때문에 초보자들보다 더 효율적으로 학습한다(Bransford et al., 2000; Simon, 2001).

웹 자료실

학생 내용을 조직화하여 학생에게 유의미하게 만들려고 노력하는 교사의 노력에 대해 알고 싶다면, www.myeducationlab.com에 접속하고, 7장 '교수기술과 성향 개발'의 '정보처리 적용: 내용 조직하기'를 보라. 그리고 이어지는 물음에 답하라.

학습자들이 정보를 여러 가지 방법으로 조직화할 수 있도록 도와줄 수 있다.

- 도표와 행렬표는 방대한 양의 정보를 범주화시키는 데 유용하다. 서 교사는 도표를 사용하여 학생들이 행성에 관한 생각을 조직하도록 도왔다. 완성된 표는 〈표 7-3〉에 있다.
- 위계그림은 새로운 정보를 기존의 개념에 포함시킬 수 있을 때 효과적이다. 6장에서 행동주의에 대해 논의할 때 위계가 자주 사용되었다(예, [그림 6-1] 행동의 결과).
- 모형은 직접적으로 관찰할 수 없는 관계를 나타내는 데 도움이 된다. 서 교사의 태양계 모형이나 본 장의 정보처리 모형이 그 예다.
- 개요는 문서로 된 자료에서 조직화된 구조를 보여 줄 때 유용하다. 이 책에 사용되고 있는 표들이 그 예다.

그래프, 표, 순서도와 지도 등도 조직화의 유형이다(Merkley & Jefferies, 2001). 학습자들이 개인적으로 공부할 때 정보를 유의미하게 만들기 위해 이와 같은 조직화 방법을 이용할 수도 있다.

교사는 수업 도구를 사용하여 학생들이 배우고 있는 주제에 관한 심상을 형성하는 능력을 향상시킬 수 있다.

주의할 사항은 7장의 시작 부분에서 학습원리

의 목록에서 본 것처럼 학습자들은 자신에게 의미 있는 방식으로 지식을 구성한다. 그런데 만약 교사가 제시하는 조직화된 구조가 학생들에게 유의미하지 않다면, 학생들은 이해하기 쉽게 정보를 재조직하는데 그것은 올바를 수도 있고 잘못될 수도 있다. 내용 조직이 분명하지 않을 때, 학습자는 그 정보의 단편적인 부분만을 기억하여 기계적 학습이 일어날 수도 있으며, 또는 그 정보 전체를 무시할 수도 있다.

학습자가 새로운 자료의 조직을 유의미하게 만들기 위해서는 학급 상호작용이 꼭 필요하다. 예를 들어, 서 교사는 투명지 · 모형 · 도표 등을 사용하여 내용을 조직화했을 뿐 아니

표 7-3
table

서 교사의 완성된 행성 도표

	지름 (마일)	태양으로부터 거리 (백만 마일)	일 년의 길이(궤도)	하루의 길이 (자전)	중력 (지구와 비교)	평균 표면 온도 (F)	특징
수성	3,030	35.9	88 E.D.[a]	59 E.D. 시계 반대 방향	.38	−300 ~ +800	대기층과 물 없음 분화구 많음
금성	7,500	67.2	225 E.D.	243 E.D. 시계 방향	.88	900	두꺼운 구름층, 센 바람, 물 없음
지구	7,900	98.0	365 $\frac{1}{2}$ E.D.	24시간 시계 반대 방향	1	57	대기 중 78% 질소, 21% 산소, 표면의 70%가 물
화성	4,200	141.5	687 E.D.	24 $\frac{1}{2}$ 시간 시계 반대 방향	.38	−67	얇은 이산화탄소의 대기, 흰 양극 표면, 붉은 암석 표면
목성	88,700	483.4	12 E.Y.[b]	10시간 시계 반대 방향	2.34	−162	물 없음, 큰 붉은색 점, 수소, 헬륨, 암모니아 대기층
토성	75,000	914.0	30 E.Y.	11시간 시계 반대 방향	.92	−208	수소, 헬륨 대기층, 물 없음, 대부분 가스, 돌출한 고리들
천왕성	31,566	1782.4	84 E.Y.	24시간 시계 반대 방향	.79	−355	수소, 헬륨 대기층, 물 없음
해왕성	30,200	2,792.9	165 E.Y.	17시간 시계 반대 방향	1.12	−266	수소, 헬륨 대기층, 물 없음
명왕성	1,423	3,665.0	248 E.Y.	6 $\frac{1}{2}$일 시계 반대 방향	.43	−458	대기층 없음, 때때로 해왕성보다 태양에 더 가까이 궤도를 그림

[a] 지구의 하루

[b] 지구의 1년

라 질문과 토론을 통해 학생들이 이해의 폭을 넓힐 수 있도록 안내했다.

도식 활성화

여러분이 생각하기에 가장 유능했던 교사를 되돌아 보자. 대부분의 경우 우수한 교사들은 앞 시간에 배운 내용을 복습하는 것으로 수업을 시작한다. 잘 구조화된 복습은 학생들의 학업성취도를 높이는 효과가 있다는 연구 결과는 많이 있다(Berliner, 1986; Rutter, Maughan, Mortimore, Ousten, & Smith, 1979; Shuell, 1996).

복습은 **도식 활성화**를 이용한다. 도식 활성화는 새로운 지식이 기존 지식과 연결될 수 있도록 적절한 사전지식을 활성화시키는 부호화 전략이다(R. E. Mayer & Wittrock, 2006). 도식 활성화는 "첫 번째 질문에 대한 답을 나는 알고 있다. 명왕성은 태양계의 행성이 아니야. 사실 명왕성은 왜성이라고 불리는 별이야. 한때는 행성으로 여겨졌지만, 이제는 아니야." 라는 주한의 말을 통해 설명할 수 있다. 주한은 태양계의 형성에 관한 도식을 가지고 있었으며, 토론할 때 그 도식을 활성화한 것이다. 그러고 나서 주한은 새로운 정보(왜 명왕성의 궤도면은 다른 행성의 궤도면과 다른가)를 자신의 사전지식과 연결하였다. 이런 연결이 태양계에 대한 그의 이해를 더 깊게 만들었다.

도식 활성화
(Schema activation)
새로운 지식이 기존 지식과 연결될 수 있도록 적절한 사전지식을 활성화시키는 부호화 전략

학생들의 사전지식을 활성화하는 가장 효과적인 방법은 학생들에게 주제에 관해 이미 알고 있는 것이 무엇인지를 묻는 것이다. 복습할 때 이렇게 할 수 있으며, 또한 학생들에게 주제와 관련이 있는 개인적 경험을 말하도록 요구할 수도 있다. 학생이 이미 알고 있는 것과 학습해야 하는 것 사이에 개념적 다리를 놓도록 도와주는 학습전략은 모두 도식 활성화의 한 형태다.

정교화

당신은 시끌벅적한 잔치에 초대되었다. 당신은 대화를 하다 잠깐 듣지 못한 부분이 있으면, 불완전한 메시지를 이해하려는 노력의 일환으로 잘 들리지 않는 이야기에 세부사항을 채워 넣을 것이다. 당신은 수업을 듣거나 교재를 읽을 때에도 비슷하게 한다. 당신의 기대와 현재 지식이 어울리도록 만들기 위해 정보를 확장(때로는 왜곡)한다. 어느 경우든 당신은 메시지 또는 이미 알고 있는 것을 정교화하는 것이다.

정교화는 기존의 지식에 새로운 정보를 연결함으로써 새로운 정보의 유의미성을 증가시키는 부호화 전략이다(Terry, 2006). 예를 들어, 대서양(Atlantic ocean)의 영어 철자가 a로 시작하고 아프리카와 아메리카 모두 a로 시작하기 때문에 대서양이 어디에 있는지를 아는 학생 또는 어떤 수에 9를 곱한 값의 각 자릿수를 더하면 9가 된다는 것($5+4=9$)을 알기 때문에 $6\times9=54$임을 아는 학생은 부호화 전략으로 정교화를 이용하고 있다. 사실적 정보(대서양의 위치 또는 $6\times9=54$)를 기억하기 위해 정교화를 이용하는 것이 정교화 시연이다. 정보를 장기기억에 저장하는 데 있어서 정교화 시연이 우수하다는 것은 여러 연구를 통해 밝혀

정교화(Elaboration)
기존의 지식에 새로운 정보를 연결함으로써 새로운 정보의 유의미성을 증가시키는 부호화 전략

졌다(Craik, 1979; King-Friedrichs & Browne, 2001).

서 교사의 교실에서 태희가 "나도 이제야 알겠다. …… 명왕성은 다른 행성과 같은 평면에 있지 않아."라고 말할 때 태희는 정교화를 이용하였다. 태희는 명왕성을 행성에 관한 자신의 기존 지식과 연결하여 새로운 정보를 더 유의미하게 만들었다.

정교화 시연 외에도 효과적인 정교화 전략이 두 가지 더 있다. 예시와 유추를 이용하는 것과 기억술을 이용하는 것이다.

예시와 유추 정교화를 촉진하는 가장 효과적인 방법 중 하나가 주제를 설명해 주는 예시나 다른 표상을 이용하는 것이다. 이것은 예시를 구성하고, 찾고, 분석하는 것을 포함한다. 이것은 도식 활성화도 이용하기 때문에 아마도 가장 강력한 정교화 전략일 것이다(Cassady, 1999). 학습자가 어떤 개념에 대한 새로운 예시를 만들거나 확인할 때, 학습자는 사전지식을 활성화하고 그 개념에 대한 자신의 이해를 정교화한다. 이 책 전 과정에서 예시를 많이 사용하는 것은 이 전략에 대한 저자들의 믿음을 보여 준다. 여러분이 학습할 때, 주제에 관한 이해를 높이기 위해서는 예시에 초점을 둘 것을 권한다. 여러분이 개념을 가르칠 때 또한 이와 같이 예시를 많이 이용할 수 있다.

사례를 이용할 수 없을 때에는, 모든 점이 동일하지는 않지만 어느 정도 유사성을 가지는 관계인 유추를 사용하는 것이 효과적인 정교화 전략이 될 수 있다(Bulgren et al., 2000). 예를 들어, 과학에 대한 다음의 유추를 살펴보자.

유추(Analogiy)

모든 점이 동일하지는 않지만 어느 정도 유사성을 가지는 관계

> 우리의 순환기 체계는 우리 몸 전체에 피를 공급하는 양수기 체계와 같다. 정맥과 동맥은 파이프이고, 심장은 펌프다.

정맥과 동맥은 파이프와 유사하나 동일하지는 않다. 심장은 펌프의 한 가지 형태다. 유추는 효과적인 정교화 과정이다. 펌프체계의 작동처럼 학습자가 이미 알고 있는 것에 순환기 체계라는 새로운 정보를 연결시켜 주기 때문이다.

예시를 이용하는 것은 학생의 사전지식 부족을 상쇄하는 데 도움이 된다. 예를 들어, 서 교사의 대부분의 학생들은 태양계의 생성에 관한 사전지식을 가지고 있지 않았으며, 태양계의 생성이 행성의 궤도면과 어떻게 관련이 있는지를 몰랐다. 그래서 서 교사는 투명지와 모형을 학생들에게 제시한 것이다.

기억술 (Mnemonic devices)

내용 속에 자연적인 상태에서는 없었던 연합을 억지로 만들어 내는 기억전략

기억술 기억술은 내용 속에 자연적인 상태에서는 없었던 연합을 억지로 만들어 내는 기억전략이다(Terry, 2006). 기억술은 학습할 지식을 친숙한 정보에 연결시키며, 다양한 영역에서 효과적인 전략임이 밝혀졌으며(M.E. Bloom & Lamkin, 2006; Uygur & Ozdas, 2007), 아동에서부터 노인에 이르기까지 다양한 연령의 사람에게 효과가 있다고 밝혀졌다

(Brehmer & Li, 2007).

기억술에는 여러 종류가 있다. 예를 들어, 북미 5대 호수 이름을 외우기 위해 HOMES (Huron, Ontario, Michigan, Erie, Superior)를 이용하는 두문자 어법과 높은음자리표(E, G, B, D, F)를 외우기 위해 'Every good boy does fine' 이라고 문장으로 표현하는 방법을 사용할 수 있다. 학습자는 정보를 회상하기에 도움이 되는 방식으로 기억술을 활용해야 한다. 기억술은 학습자가 단어, 이름, 규칙, 목록이나 사실적 지식을 기억하기 위해 사용된다. 〈표 7-4〉는 기타 기억술의 예를 담고 있다.

웹 자료실

학생이 정보를 의미있게 부호화하려고 노력하는 것을 보고 싶다면, www.my-educationlab.com에 접속하고, 7장 '활동 및 적용'의 '5개의 뇌 신호'라는 작품을 보라. 그리고 이어지는 물음에 답하라.

표 7-4 table

기억술의 유형과 예

기억법	설명	예
장소법	거실의 의자, 소파, 전등 및 탁자처럼 익숙한 환경의 특정 장소에 심상 연결시키기	학생들은 처음의 일곱 원소를 순서에 따라 수소는 의자, 헬륨은 소파, 리튬은 전등과 같은 방법으로 기억하려 한다.
Peg-word법	장소 대신 숫자를 사용하여 정보가 포함되어 있는 것을 '첫째는 샌드위치' '둘째는 신발' (one is a bun, two is a shoe)과 같이 운을 만들어 기억하기	야채가게에서 당근과 피클을 사기 위해 샌드위치 속의 피클과 신발 속에 박혀 있는 당근을 기억하려 한다.
연결법	시각적으로 항목에 연결시켜 기억하기	학교에 가져올 항목을 기억하기 위해 학생은 책과 함께 묶여 있는 노트와 고무줄로 묶여 있는 연필과 펜 속에 고정된 숙제를 시각화한다.
핵심어법	익숙치 않은 단어를 심상과 단어의 운을 만들어 기억하기	학생은 스페인어로 밀인 Trigo를 기억하기 위해 나무에서 발음을 이용하여, 나무에서 튀어나와 있는 한 단의 밀을 시각화한다.
두문자법	기억할 항목의 단어의 첫 글자로 한 단어를 만들어 기억하기	학생이 미국의 6명의 초기 대통령(Washington, Adams, Jefferson, Madison, Monroe & Adams)을 기억하기 위해 Wajmma라는 단어를 만든다.

인지적 활동의 중요성

사용되고 있는 부호화 전략이 무엇이든 관계없이, 그 전략을 사용하는 학습자는 인지적으로 활동적이어야 한다는 점이 중요하다. 예를 들어, 당신과 한 친구가 이 책을 공부하고 있다고 가정하자. 당신은 책을 읽은 다음, 7장에 있는 모든 '이해 점검 활동' 부분에 응답을 하려고 애쓴다. 답에 대해 생각해 보는 것은 적극적인 과정이며, 도식 활성화와 정교화를 이용하는 것이다. 당신은 질문과 관련이 있는 정보를 장기기억에서 찾음으로써 관련

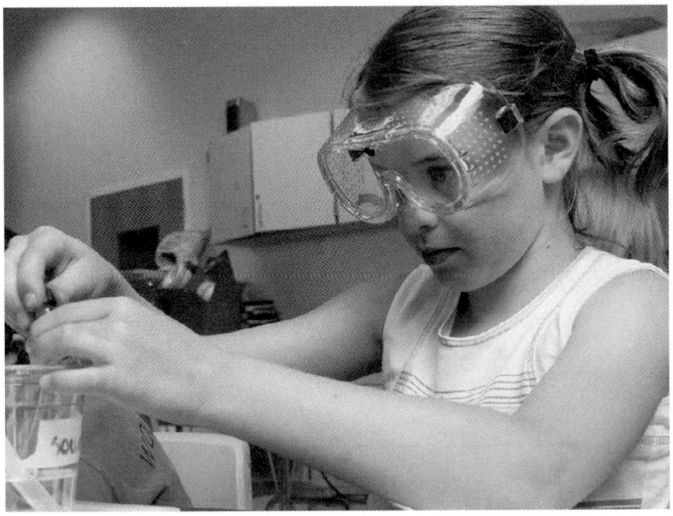

인지활동은 유의미한 부호화에 필수다.

있는 도식을 활성화하려고 노력하며, 그러고 나서 질문에 답하려고 할 때 정교화를 사용한다. 단순히 해답을 읽는 것은 수동적이며, 그 결과 장기기억에서 정보를 덜 연결하게 되며, 학습이 덜 유의미하게 된다. 비슷하게 학생에게 추가적인 예시를 제시할 것을 요구하는 것은 학생들로 하여금 인지적으로 적극적 역할을 취하도록 만들지만, 예를 제공하는 것은 적극적으로 정보를 처리하도록 이끌지 못한다(Bransford et al., 2000).

학생이 적극적인 역할을 하도록 만드는 가장 효과적인 방법은 질문을 통해 학생의 이해를 증진하도록 안내하는 것이다. 이 과정을 설명하기 위해 서 교사의 수업으로 되돌아가 보자.

서 교사는 "어제 일련의 질문에 답하기 위해 우리가 모은 정보를 사용하기로 했었다. 여러분이 한 것을 살펴보자."라고 말하면서 시작한다.

주한이는 자신의 모둠을 대표하여 말하면서 명왕성의 궤도면에 관한 첫 번째 질문에 대한 답을 말한다. 그러고 나서 서 교사는 "왜 수성은 한쪽만 뜨겁고 다른 쪽은 차가운가라는 두 번째 질문에 대해 여러분이 찾은 답을 살펴보자."라고 말한다.

"우리는 답을 할 수 없었습니다." 여러 학생들이 반응한다.

"알겠다. 답을 찾을 수 있는지를 살펴보자. 수성의 하루의 길이를 살펴보자. 무엇을 찾았니? …… 만형아?"

"진짜 길어요. 지구 59일과 같아요. …… 수성은 천천히 돌고 있어요." 도표(〈표 7-3〉)를 한참 동안 살펴본 후에 만형이가 대답한다.

"잘 했다." 서 교사는 고개를 끄덕인다.

"그래서 우리는 무엇을 알 수 있지? …… 선희야?"

"한쪽 면이 오랫동안 태양과 마주보고 있어요." 선희는 머뭇거리며 대답한다.

"아, 알겠다." 도향이가 불쑥 말한다.

"만약 한쪽 면이 태양을 오랫동안 마주보고 있다면, 그곳은 정말 뜨겁게 되며, 다른 쪽은 정말 차갑게 됩니다."

"매우 좋은 생각이야, 도향아." 서 교사는 미소를 짓는다.

"매우 좋은 분석이다."

서 교사는 수성의 자전주기와 표면의 온도 사이의 관계와 같은 두 개념 사이의 관계를 찾도록 요구하는 질문을 학생들에게 제시함으로써 학생들이 인지적으로 적극적인 활동을 하도록 이끌었다. 또한 서 교사는 도표에 나타난 정보에 대해 논의하도록 유도함으로써 부호화 전략인 조직화를 이용하였다. 서 교사는 일반 교사들이 주로 하는 것처럼 이런 관계를 단순히 설명만 할 수도 있었다. 그러나 그렇게 하였다면 학생들이 수동적으로 학습하도록 만들었을 것이며, 학습경험은 학생들에게 유의미하지 않았을 수도 있다.

서 교사가 모둠활동을 사용한 것이 주한, 상화, 그리고 태희가 한 토론에서 본 것처럼 인지적 활동을 촉진하였다. 그러나 서 교사의 사려 깊은 지도는 이런 과정에서 필수적인 부분이었다. 학생들은 모둠활동과 실제활동을 할 때 신체적으로 또는 언어적으로는 적극적일 수 있지만, 인지적으로는 수동적일 수도 있다. 즉, 학생들은 하고 있는 것에 대해 '생각하지' 않고 말만 늘어놓을 수 있다. 모둠활동이 잘 감독받지 않으면, 교사는 이런 사실을 놓칠 수 있다. 모둠활동과 실제활동은 '정신' 활동을 보장하지 않는다(Ball, 1992; Brophy, 2006a).

망 각

망각은 장기기억으로부터 정보를 소실하거나 인출할 수 없는 것이다. 망각은 사람들의 일상생활의 한 부분이자 학습에 중요한 요인이다.

망각(Forgetting)
장기기억으로부터 정보를 소실하거나 인출할 수 없는 것

[그림 7-1]에 있는 인간기억의 모형을 다시 살펴보자. 인간기억의 모형에서 우리는 감각기억이나 작업기억에서 소실된 기억이 회복될 수 없다는 것을 보았다. 그러나 장기기억의 정보는 부호화되었다. 학습자는 왜 장기기억에 부호화되어 있는 정보를 찾아낼 수 없는 것일까?

간섭으로 인한 망각

어떤 연구자들은 망각을 간섭이라는 개념을 통해 설명한다. 간섭은 이전에 한 학습이나 이후에 한 학습이 현재의 이해를 방해하기 때문에 정보를 소실하는 것이다(M. L. Howe, 2004). 예를 들어, 영어를 배우는 학생들은 단수명사에 's를 추가하여 소유격을 만든다는 것을 학습한다. 만약 단수명사의 소유격을 만드는 규칙을 학습한 것이 나중에 복수명사의 소유격과 축약형을 공부하는 것을 간섭한다면, 순행간섭이 발생한 것이다. 순행간섭은 이전 학습이 새로운 학습을 방해하는 것이다. 다른 한편, 복수명사의 소유격에 관한 규칙이 이전의 학습에 혼동을 초래하면, 역행간섭이 발생한 것이다. 복수 소유격이나 축약형에 대한 학생의 이해가 단수 소유격의 이해를 간섭할 수도 있고, 그 반대의 경우가 발생할 수도 있다.

간섭(Interference)
이전에 한 학습이나 이후에 한 학습이 현재의 이해를 방해하기 때문에 정보를 소실하는 것

순행간섭(Proactive interference)
이전 학습이 새로운 학습을 방해하는 것

역행간섭(Retroactive interference)
복수명사의 소유격에 관한 규칙이 이전의 학습에 혼동을 초래하는 것

밀접하게 관련된 개념을 함께 가르치는 것은 간섭을 줄이는 가장 효과적인 방법이다(R. Hamilton, 1997). 형용사와 부사, 경도와 위도, 분모가 같은 분수와 분모가 다른 분수의 덧셈과 뺄셈을 함께 가르치는 것이 그 예다. 그렇게 함으로써 교사는 학생에게 유사점과 차이점을 인식하거나 쉽게 혼동되는 영역을 확인할 수 있도록 도움을 제공한다.

교사는 모든 학생의 성취를 높이기 위해 학생들의 다양한 경험을 이용할 수 있다.

또한 교사는 복습과 비교를 통해 주제 간 관계를 강조함으로써 간섭을 줄일 수 있다. 새로운 주제를 도입한 후, 학생들이 이미 학습한 정보와 관련지어 혼란을 일으킬 수 있는 유사점을 확인하고, 이를 새로 배울 내용과 비교하는 것이 도움이 될 수 있다. 이것은 학생이 혼란을 초래할 수 있는 유사성을 확인하도록 도와주며, 정교화도 촉진한다.

인출 실패로 인한 망각

인출은 정보를 장기기억으로부터 작업기억으로 이끌어 내는 과정이다. 많은 연구자들은 망각은 장기기억으로부터 정보를 인출하지 못하는 것이라고 본다(C. Williams & Zacks, 2001). 우리 모두는 이름, 사실, 기타 다른 정보를 알고 있으면서 끄집어내지 못한 경험을 가지고 있다.

인출은 정보가 부호화된 맥락과 방식에 의존한다(C. Williams & Zacks, 2001). 예를 들어, 학교에서 한 사람을 알고 있는데 파티에서 만났을 때 그 사람의 이름을 기억 못할 수 있다. 학교 맥락에서 그의 이름이 부호화되었고, 파티에서 그 사람의 이름을 인출하려고 노력하는 것이다.

유의미성은 인출을 위한 열쇠다. 장기기억 속에 있는 지식이 더 자세하고 서로 연결되어 있을수록 인출은 용이해진다(Nuthall, 1999a). 서 교사는 학생들에게 여러 가지 방법으로 새로운 정보를 학습하고 서로 관련짓도록 권장함으로써 정보들이 유의미하게 처리되도록 하였는데, 이는 추후 학습결과의 인출 가능성을 증가시키기도 하였다(J. Martin, 1993).

자동화될 때까지 한 연습도 인출을 촉진한다(Chaffen & Imreh, 2002). 예를 들어, 학생이 수학적 사실을 자동화된 수준까지 알고 있다면, 문제해결할 때 그 지식을 쉽게 인출할 것이며, 문제해결을 위한 작업기억 공간을 더 많이 남겨 둘 것이다.

인지과정에서 발달적 차이

기억저장소에서 발달적 차이가 있는 것처럼 인지처리에서도 발달적 차이가 있다(Nelson et al., 2006). 가장 중요한 것은 주의에서의 발달적 차이이다. 연령이 높아질수록 아동들의 주의를 유지하는 능력도 증가하고, 나이가 많은 아동은 부적절한 자극에 주의를 빼앗기지 않으며, 주의는 더 목적 지향적이다(Dempster & Corkill, 1999; Higgins & Turnure, 1984). 예를 들어, 주한이 명왕성의 궤도면이 다른 행성의 궤도면과 다른 이유를 설명하려고 할 때, 그는 즉각적으로 모형에 주의를 기울였다. 어린 아동은 주의를 기울이는 데 목적이 없으며, 주의력결핍 과잉행동장애를 가진 학습자는 또래에 비해 발달적으로 지체되어 있다(Bental & Tirosh, 2007).

지각에서의 발달적 차이는 학습자의 경험과 관련이 있으며, 나이 많은 아동은 나이 어린 아동에 비해 경험이 많기 때문에 나이 많은 아동의 지각이 더 정확할 가능성이 높다. 따라서 학생의 지각을 점검하는 것은 어린 아동을 가르치는 교사에게 더 중요하다고 볼 수 있다.

학생은 시연을 부호화 전략으로 사용하는 것을 점진적으로 학습한다(Pressley & Hilden, 2006). 취학 전 아동은 시연을 거의 사용하지 않지만, 초등학교 2학년 또는 3학년이 되면 학생은 유지 시연을 사용하기 시작하며, 점진적으로 정교화 시연으로 변경시킨다.

부호화도 비슷하다. 학습자가 발달함에 따라, 학습자는 정보를 효율적으로 부호화하기 위해 점차 더 자주 심상, 조직화, 정교화 같은 전략을 사용한다(Pressley & Hilden, 2006). 학습자의 전략 이용에 있어 발달적 차이는 뒤에서 다룬다.

교실에의 적용

교실에서 사회인지이론 적용하기

주의

1. 주의는 자극에 의식적으로 초점을 두는 과정이며, 학습의 출발점이다. 주의를 끌고 유지하기 위한 수업을 수행하라.
   - 초등학교: 3학년을 가르치는 교사가 학생들이 손을 드는 것과 관계없이 때때로 학생들의 이름을 작위적으로 부른다. 그리고 주기적으로 "최근에 내가 이름 부르지 않은 사람은?" 이라고 물으며, 학생들이 모두 수업활동에 참여할 수 있도록 배려한다.
   - 중학교: 한 과학교사가 '압력' 에 관해 소개하면서 학생들로 하여금 처음에는 두 발로 나중에는 한 발로 책상 옆에 서게 한다. 그런 다음 각각의 경우 바닥에 주어지는 힘과 압력을 논의하게 한다.
   - 고등학교: 중요한 부분에서 학생들이 주의 집중을 하는지 확인하기 위해 세계사를 가르치는 한 교사가 "여러분 모두 잘 들으세요. 우리는 유럽에서 제1차 세계대전이 일어난 세 가지 중요한 이유에 대해 학습할 거예요." 라고 강조한다.

지각

2. 지각은 학습자가 주의를 기울이는 정보에 의미를 부여하는 것을 뜻한다. 따라서 정확한 지각은 이해를 위해 필수적이다. 당신이 제공한 사례와 다른 표현을 학생들이 정확히 지각하는지 자주 확인하라.
   - 초등학교: 한 초등학교 교사가 학생들에게 생물을 이해시키려 한다. 큰 화분에 심어진 식물을 교실에 가져와 학생에게 묻는다. "식물에 대해 무엇을 알 수 있어요?" 몇몇 학생을 불러 반응을 알아본다.
   - 중학교: 한 지리교사가 지형에 대한 일련의 컬러 슬라이드를 가져와 학생들에게 보여 준다. 각각의 슬라이드를 보여 준 후, 다음 진도를 나가기 전에 학생들에게 지형에 관해 설명할 수 있도록 질문한다.
   - 고등학교: 한 영어교사와 학생은 수필을 읽고 있다. "마조히즘 때문에 나 자신에게 이런 지배를 강요하지는 않을 것이다" 라는 행에 이르자 교사는 멈추고 질문했다. "필자가 말하는 마조히즘은 뭐지?"

부호화

3. 부호화는 정보를 장기기억 속에 표상하는 과정이다. 부호화를 촉진하기 위해 당신이 제공하는 정보를 조심스럽게 조직화하고, 학생들이 활동적인 역할을 할 수 있게 제시하라.

- 초등학교: 3학년을 가르치는 한 교사가 열에 의한 팽창의 원인을 설명하고 있다. 교사는 음료수병의 입구에 풍선을 끼운 뒤 뜨거운 물이 든 주전자에 넣고 공기분자의 운동과 공간을 보여 주는 그림을 제시한다. 그런 다음 질문을 통해 열과 팽창의 관계를 설명한다.
- 중학교: 한 수학교사가 일련의 질문과 함께 순서도를 제시한다. 학생들이 문장제 문제를 풀면서 스스로에게 질문을 하도록 요구한다. 학생들이 문제를 풀고 있을 때 교사는 학생들의 생각을 말하게 하고 순서도의 어느 부분에 와 있는지 말하게 한다.
- 고등학교: 한 역사교사가 서로 다른 이민단체를 비교하는 도표를 주고 그들이 미국에 온 이유, 직면한 어려움, 동화되는 정도를 제시하였다. 학생들은 모둠활동을 하면서 도표에서 발견할 수 있는 패턴을 찾는다.

4. 학습자들은 공부하고 있는 정보 사이에 새로운 연결을 만들 때 이해를 정교화한다. 학생들에게 이해를 정교화하고 학습할 때는 심상을 사용하도록 권유한다.

- 초등학교: 4학년을 가르치는 교사가 "이제, 화학적 변화와 물리적 변화에서 우리가 발견한 것이 무엇인지 요약해 봅시다. 둘 사이의 다른 점을 그려 보고, 각각의 예 두 개씩을 제시하고, 왜 그것들이 화학적 또는 물리적 변화인지를 설명해 주세요."라고 말한다.
- 중학교: 한 지리교사가 학생들이 위도에 관해서 생각할 때 지구본 위에서 수평한 평행선을 시각화하도록 권장하고, 경도를 생각할 때는 남극과 북극에서 출발하는 수직의 선을 그리도록 한다. 그런 다음 위도와 경도의 차이점과 유사점을 묘사하도록 한다.
- 고등학교: 한 영어교사가 학생들에게 그들이 읽고 있는 책에 등장하는 인물의 모습을 상상하게 한다. 그런 다음 그 인물의 얼굴 생김새와 머리에 쓰고 있는 것, 옷을 어떻게 입었는지와 어떻게 행동하는지 등에 관해 묘사하게 한다.

인출

5. 인출은 학습자가 정보를 장기기억에서 끄집어내 처리를 위해 작업기억으로 보낼 때 발생하며, 간섭은 이런 과정을 방해한다. 간섭을 막고 인출을 도우려면 밀접하게 관련되어 있는 아이디어를 함께 가르치고 차이점과 유사점을 강조해야 한다.

- 초등학교: 5학년을 가르치는 한 교사가 면적과 둘레를 혼동하는 학생들이 있다는 것을 알고 면적을 설명하기 위해 학생들을 정사각형 위에 나란히 눕게 하고, 둘레를 설명하기 위해 학생들에게 채워진 면적의 둘레의 길이를 측정하게 한다. 그런 다음 다른 모양의 평면 도형에도 그 과정을 반복한다.
- 중학교: 한 영어교사가 한 단원에서 동명사와 분사를 포함한 어구표현을 OHP에 제시한다. 그런 후 학생들에게 글 속에서 동명사는 명사로, 분사는 형용사로 사용되는 것을 알게 하기 위해 그 단어들이 사용된 방법을 학생들이 서로 비교하게 한다.
- 고등학교: 한 생물교사가 "우리는 모두 동맥이 경화된다는 것을 들어 본 적이 있을 거예요. 그러나 정맥이 경화된다는 말 역시 들어 본 적이 없을 거예요. 왜 그럴까요? 왜 동맥경화는 사람들에게 나쁜 영향을 줄까요? 이 질문들을 적어 둘 테니 동맥, 정맥과 모세혈관에 관한 공부를 하면서 마음속에 새겨두도록 해요."라고 말하면서 정맥과 동맥에 관한 단원을 시작한다.

다양성 탐색

다양성이 인지에 미치는 영향

학습자의 사전지식은 학습자가 새로운 정보를 지각하고 부호화하는 방법에 큰 영향을 준다. 학생들은 다양하고 폭넓은 경험을 가지고 교실에 오며, 이러한 다양성을 다루는 것은 교사가 직면하는 가장 큰 도전 중 하나다(S. Veenman, 1984). 예를 들어, 주한이가 Nova를 시청한 경험은 명왕성의 궤도를 지각하는 데 영향을 주었다. 상화와 태희는 이런 지식이 부족하였기 때문에 명왕성의 궤도의 중요성을 이해하는 데 어려움을 겪었다.

경험과 사전지식에서의 차이는 다양한 문화적 배경과 경제적 배경을 가진 학생들에게 중요하다(J. R. Anderson, 2005; Huan et al., 2006). 그러나 이런 다양성을 조절할 수 있는 몇 가지 전략이 있다(Brenner et al., 1997; Nuthall, 1999b). 다음은 그중 일부 전략이다.

- 학생들이 주제에 대해 이미 알고 있는 것이 무엇인지 물어서 학생들의 사전지식과 지각을 평가한다. 예를 들어, 최근에 이민 온 학생이 꽤 많이 있기 때문에 4학년을 가르치는 교사가 "이 나라에 오기 전에 살았던 곳의 사회 공동체에 대해 말해 보세요."라고 말하면서 사회 공동체에 대한 단원을 시작한다. 교사는 한국어 실력이 좀 더 뛰어난 학생들에게 최근에 이민 온 학생을 위한 통역을 맡게 한다. 그런 다음 그 정보를 그들의 지역사회를 공부하기 위한 틀로 사용한다.
- 풍부한 사례를 이용하여 학생의 사전 경험을 보충한다. 예를 들어, 한 중학교 과학교사가 굴절에 대해 가르치기 위해 불투명한 그릇에 동전을 넣고 그들이 동전을 볼 수 없을 때까지 뒤로 물러가게 한다. 그런 다음 짝이 그릇 속의 동전이 보일 때까지 물을 붓게 한다. 결국, 교사는 광선이 물속에 들어갈 때와 나올 때 어떻게 굴절되는가를 묘사하는 모형을 보여 주었다.
- 경험이 부족한 학생들의 배경지식을 높이기 위해 다른 학생의 경험을 이용한다. 예를 들어, 현대 유럽의 역사를 가르치는 한 교사가 다음과 같이 말할 수 있다. "설리나(celena)야, 너는 유럽에서 살았었다. 유럽 사람들은 유고슬라비아(Yugoslavia)의 내전에 대해 무엇이라고 말하니?"

각 사례에서 교사는 학생의 기존 지식, 예를 들어 다양한 경험을 수업을 위한 출발점으로 사용할 수 있다. 이런 방식으로 수업을 변화시키는 능력은 수업 전문성에서 중요한 부분이다.

◈ 이해 점검 활동

3.1 인간기억 모형에서 인지처리를 기술하라.

3.2 한 문학교사는 소설 줄거리의 전개에 대해 논의하는 데 학생들이 참여하기를 원한다. 교사는 "줄거리의 전개는 무엇을 의미하지?"라고 물으면서 시작한다. 교사의 질문과 가장 밀접하게 관련이 있는 인지처리는 어느 것인가 설명하라.

3.3 2학년을 가르치는 한 교사가 학생들이 $6 \times 8 = 48$ 또는 $7 \times 9 = 63$과 같은 수학적 사실을 배우도록 도와주기 위해 플래시 카드를 사용한다. 또한 학생이 수업시간에 다룬 문제와 새로운 문제를 비교하면서 문장제 문제를 해결하도록 연습시킨다. 학생이 플래시 카드를 이용할 때 어떤 인지처리가 수행되었는가? 학생들이 비교하면서 문장제 문제를 해결할 때 학생은 무슨 부호화 전략을 이용하였는가?

메타인지: 인지과정에 대한 지식과 통제

메타인지
(Metacognition)

자신의 인지과정에 대한 자각과 통제

메타주의
(Meta-attention)

주의를 기울이는 자신의 능력에 대한 자각과 통제를 의미하며, 메타인지의 한 형태

당신 스스로에게 "졸지 않기 위해 교실 앞좌석에 앉아야겠어." 또는 "오늘은 아주 피곤해. 수업에 들어가기 전에 커피를 한 잔 마시는 게 낫겠어."와 같이 말한 적이 있는가? 만약 그런 적이 있다면 여러분은 메타인지를 사용한 것이다. '아는 것에 대해 아는 것'으로 자주 묘사되는 메타인지는 자신의 인지과정에 대한 자각과 통제다. 메타주의는 주의를 기울이는 자신의 능력에 대한 자각과 통제를 의미하며, 메타인지의 한 형태다(Meltzer et al., 2007; Pressley & Hilden, 2006). 졸음이 주의를 기울이는 능력에 영향을 줄 수 있다는 것을 당신은 자각하였고, 교실 앞좌석에 앉거나 커피를 마심으로써 졸음을 통제하였다. 메타인지는 사야 할 물건의 목록을 만드는 이유를 설명해 준다. 우리는 가게에서 사야 할 품목을 잊어버릴 수 있다는 것을 알기 때문에 목록을 만듦으로써 통제하는 것이다.

자기가 공부하고 학습하는 방식을 잘 자각하고 있는 학생들은 그렇지 않은 학생들보다 더 높은 성취 결과를 나타내 보인다(Kuhn & Dean, 2004). 바꾸어 말하면, 메타인지적인 학생은 그렇지 않은 학생보다 더 많이 학습한다(D. Anderson & Nashon, 2007; K. S. Smith, Rook, & Smith, 2007). 이런 차이를 가져오는 이유가 적어도 네 가지 있다.

첫째, 주의의 중요성에 대해 자각하고 있는 학생들은 스스로 효과적인 학습환경을 창조하는 경향이 높다. 교실 앞좌석으로 옮겨서 중요한 정보를 놓치지 않는 것, 또는 공부할 때 주의를 산만하게 하는 라디오를 끄는 것과 같이 매우 간단한 방법도 여기에 해당한다.

둘째, 무엇인가를 잘못 지각할 수도 있다는 것을 아는 학습자는 확실한 정보를 찾으려 노력하고 자신들의 이해가 정확한지 묻는다.

메타기억(Metamemory)

기억전략에 대한 지식과 통제

셋째, 메타인지는 작업기억을 통해서 정보의 흐름을 조절하는 것을 돕는다. 상화는 "이것을 적어 두는 것이 낫겠어. 그렇지 않으면 다시는 기억할 수 없을 거야."라고 말했는데, 이는 메타기억의 한 예를 보여 준 것이다. 메타기억은 기억전략에 대한 지식과 통제다. 이것이 7장의 시작 부분에서 물은 세 번째 질문("이것을 적어 두는 것이 좋겠어."라는 상화의 결정은 그의 학습에 어떤 영향을 줄까?)에 대한 답이다. 상화의 학습은 향상될 것이며, 상화가 메타인지를 더 많이 사용할수록, 상화의 학습에 미치는 영향은 더 커질 것이다. 작업기억에는 한계가 있기 때문에 작업기억에서의 정보처리를 점검할 수 있는 능력은 매우 중요하다.

마지막으로, 메타인지는 유의미한 부호화에 영향을 끼친다. 예를 들어, 자신의 부호화에 대한 메타인지를 가진 학습자는 공부하고 있는 주제 속에서 관련성을 찾으려고 의식적으로 노력한다. 이것은 학습자의 공부전략에 영향을 주며, 얼마나 학습하느냐에 영향을 준다. 기억모형에서 메타인지 요소는 [그림 7-7]에 나와 있다.

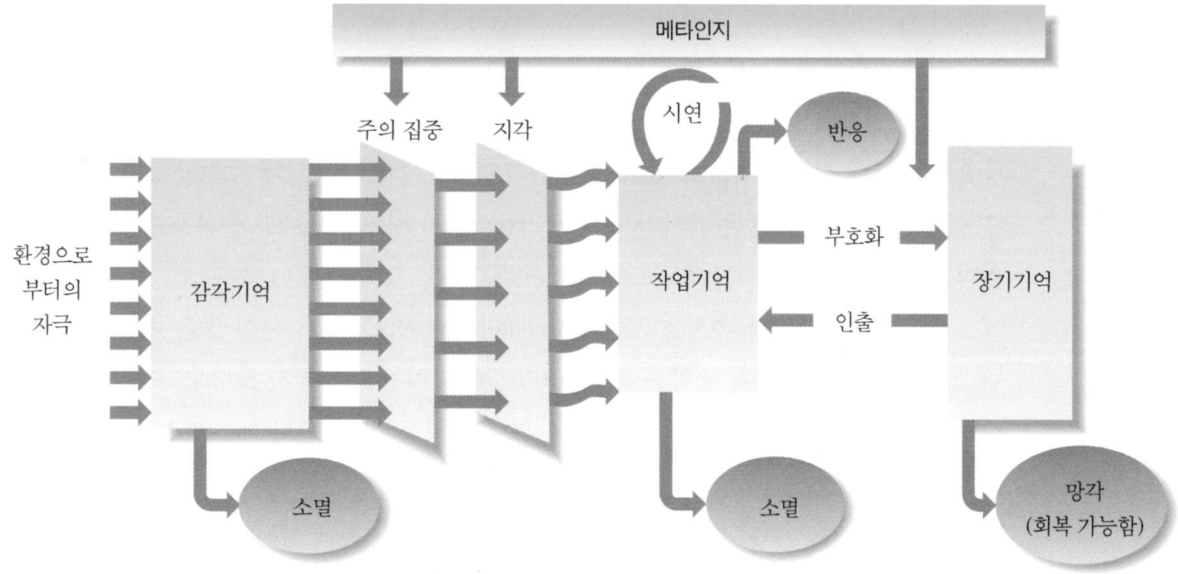

[그림 7-7] 인간기억 모형의 메타인지

메타인지의 발달적 차이

어린 학습자의 메타인지 능력은 제한적이다(Von der Linden & Roebers, 2006). 그러나 학습자는 성장하고 경험을 넓혀 감에 따라 자신의 학습에 대한 전략을 더 많이 습득한다. 예를 들어, 학습자가 발달할수록 시연을 더 전략적으로 사용한다. 그러나 학업성취도가 낮은 학생은 학년이 올라가도 시연에만 의존하는 경향이 있지만, 학업성취도가 높은 학생은 이

교실에의 적용

메타인지에 대한 이해를 교실에 적용하기

1. 메타인지는 자신이 학습하고 있는 방법에 대한 자각과 통제이며, 메타인지를 사용하는 학습자는 그렇지 않은 학습자보다 더 높게 성취한다. 메타인지를 당신의 수업에 체계적으로 통합하라. 그리고 메타인지 전략을 위한 모델이 되라.

- 초등학교: 2학년을 가르치는 한 교사는 수업 중에 "여러분이 주의 집중하고 있으면 손을 드세요."라고 적혀 있는 문장이 있는 카드를 든다. 그런 후 그는 집중하고 있는 학생들이 누구인지 알려 주고, 수업시간에 주의를 유지하는 전략을 다른 학생과 공유하라고 권한다.
- 중학교: 한 사회교사가 메타기억을 가르치려 한다. "여러분이 책을 읽고 있다고 가정해 보세요. 그 책은 자본주의와 사회주의의 세 가지 중요한 차이점을 진술하고 있어요. 여러분은 무엇을 해야 하지요?"
- 고등학교: 한 경제교사가 "나는 새로운 것을 읽을 때마다 나 스스로에게 질문한다. 내가 공부한 것과 이것이 어떻게 관련되는 걸까? 예를 들어, 자유주의 경제계획은 보수주의 경제계획과 어떻게 다른가?"라고 말하면서 메타인지 전략의 모형을 자주 제시한다.

해하기 힘든 자료를 공부할 때만 시연으로 되돌아간다(Barnett, 2001).

메타인지 기술은 나이 많은 아동에게는 영역 보편적이지만, 나이 어린 아동에게는 영역 특수적 경향이 있다(M. V. Veenman & Spaans, 2005). 예를 들어, 나이 많은 아동은 주의 중요성에 대해 항상 자각하고 있으며, 학습과제에서 중요한 정보에 주의를 스스로 기울일 수 있다. 반면 어린 아동은 교사가 주의를 기울이라고 시키는 것에만 주의를 기울일 필요가 있다고 생각한다.

메타기억도 비슷한 과정을 거친다(Gaskill & Murphy, 2004). 나이 많은 아동은 심상이나 조직화와 같은 부호화 전략을 사용하지만, 어린 아동은 그렇지 않다. 그리고 학습자의 나이가 많아질수록 자신의 기억에 한계가 있다는 것을 더 잘 안다(Flavell, Miller, & Miller, 2002; Pressley & Hilden, 2006).

이런 발달적 차이가 있음에도 불구하고 나이 많은 학습자, 심지어 대학생도 학습할 때 메타인지를 사용해야 할 만큼 충분히 메타인지를 사용하지 못한다(Peverly, Brobst, & Graham, 2003). 그러나 나이 많은 학습자는 교사의 안내와 연습을 통해 메타인지 기술을 개발할 수 있다. '학교급별 적용' 에서 발달적 차이에 대해 요약하고 있다.

학교급별 적용 *Developmentally appropriate*

기억모형을 연령이 다른 학습자에게 적용하기

인지학습이론과 인간기억 모형은 모든 학년에서 적용할 수 있지만, 중요한 발달적 차이가 있다. 다음에 이런 차이에 적절히 반응하는 방법이 간략히 제시되어 있다.

우리의 주의력은 한계가 있으며, 이런 한계가 어린 아동에게 더 크게 작용한다. 어린 아동의 주의를 유지하기 위해 교사는 학습활동을 짧고 자주 바뀔 수 있도록 해야 한다.

초등학교 교사는 학생에게 단순하고 간결하게 과제를 제시해야 하며, 학생들이 과제의 요구사항을 어떻게 지각하는지 자주 점검해야 한다. 복잡한 과제는 짧고 단순한 과제로 나누어 주어야 하고 다음 과제로 넘어가기 전에 현 과제를 완성했는지 반드시 확인해야 한다.

어린 아동의 사고는 구체적이다. 따라서 어린 아동에게는 추상적일 수 있는 개념을 설명할 때 구체적이고 개별화된 사례를 제시하는 것이 중요하다. 어린 아동의 언어는 발달하고 있기 때문에 자신의 이해를 말로 표현하는 연습을 많이 해야 한다.

메타인지를 모델링하는 것과 학습에 영향을 주는 요인을 자각하는 능력을 개발하도록 도와주는 것은 특히 어린 아동에게 도움이 된다(Meltzer, Pollica, & Barzillai, 2007). 예를 들어, 자신이 더는 주의를 기울이고 있지 않다는 사실을 자각하게 된 아동은 그렇지 않은 아동보다 더 많이 학습하게 되는 이점을 가진다.

중학생이 자신의 학습을 점검하는 능력을 이용할 때, 메타인지를 강조하는 것과 학습전략을 가르치는 것이 효과적이다. 예를 들어, "이 개념은 앞의 개념과 무엇이 비슷하고 무엇이 다른가?" 또는 "이 개념에 관한 실생활의 예는 무엇인가?"와 같은 질문을 스스로 하도록 권하는 것은 학습을 상당히 향상시킬 수 있다.

그러나 많은 중학생의 사고는 여전히 구체적이기 때문에 교사는 추상적 개념을 설명할 때에는 반드시 구체적 예를 사용해야 한다. 그리고 많은 학습은 언어를 통해 이루어지기 때문에 학생이 자신의 이해를 말로 표현하도록 안내하는 것은 여전히 중요하다.

고등학생은 복잡한 학습전략을 사용할 수 있다. 그러나 교사가 시범을 보여 주지 않거나 전략을 사용하도록 권하지 않는다면 고등학생도 학습전략을 사용하지 않을 가능성이 높다(Pressley & Hilden, 2006). 조직화, 정교화, 심상과 같은 부호화 전략을 모델링하고 촉진하는 것은 가치 있는 일이다. 그러나 고등학생도 과제가 어려우면 학습전략으로 시연을 사용하기도 한다. 따라서 고등학생도 다른 전략을 연습하는 것이 중요하다.

고등학교 교사들은 강의를 자주 사용하는 경향이 있다. 그러나 학생을 인지적으로 적극적인 역할을 하도록 요구하는 질문이나 모둠활동 같은 교수전략이 강의보다 더 효과적이다. 신체적으로, 그리고 사회적으로 적극적인 학생이 인지적으로도 적극 참여하도록 하기 위해 교사가 모둠활동을 감독하는 것도 중요하다.

고등학생들에게 질문을 깊게 검토하도록 요구해야 하며, 서 교사가 태양계를 가르칠 때 했던 질문처럼 인과관계를 생각하도록 만드는 질문을 해야 한다.

추상적이고 익숙하지 않은 개념을 가르칠 때 구체적인 예를 제시하는 것이 여전히 중요하며, 언어의 사용도 여전히 중요하게 작용한다.

◈ 이해 점검 활동

4.1 메타인지를 정의하고, 메타인지가 어떻게 학습에 영향을 주는지 설명하라.

4.2 당신이 이 책을 읽다가 멈추고 어느 쪽의 윗부분으로 되돌아가 그 부분을 다시 읽는다. 이것은 메타인지의 사례인가를 설명하라.

4.3 노트 필기는 하나의 공부전략이다. 어떤 것도 놓치지 않으려고 애쓰면서 교수가 말하는 것은 거의 빠뜨리지 않고 필기하는 친구가 있다. 당신은 가장 중요하다고 믿는 요점만 필기한다. 노트 필기하는 데 있어 누가 더 메타인지를 잘 사용하는지 설명하라.

이론에서 실제로

인간기억 모형에 대한 이해를 학급에 적용하기

인간기억 모형은 수업에 중요한 시사점을 준다. 당신의 수업에 이론을 적용하려고 시도할 때, 다음의 지침이 도움이 될 것이다.

① 주의를 끄는 활동으로 수업을 시작한다.
② 학생의 사전지식을 활성화시키고 지각을 점검하기 위해 자주 복습한다.
③ 작업기억에서의 인지적 부하를 줄이기 위해 작은 단계로 진행하고 정보를 시각적으로 그리고 언어적으로 제시한다.
④ 학생이 정보를 의미 있게 만들도록 도와주고, 조직화, 심상, 정교화, 인지적 활동을 통해 부호화할 수 있도록 도와준다.
⑤ 메타인지를 관찰하고 따라 하도록 격려한다.

서 교사가 수업에서 위의 지침을 어떻게 적용하였는지를 살펴보자. 서 교사는 투명지와 모형을 전시하면서 수업을 시작하였으므로 첫 번째 지침을 적용한 것이다. 그러고 나서 서 교사는 질문을 하고 모둠활동을 시킴으로써 학생이 주의를 유지하도록 도와주었다.

서 교사는 학생들에게 투명지와 모형에 대해 설명하라고 요구함으로써 학생들의 지각을 점검하였다. 그리고 수요일에는 월요일과 화요일에 배운 정보를 복습시켰다. 이것은 두 번째 지침을 적용한 것이다.

서 교사는 내용을 제시하면서 투명지와 모형도 함께 제시하였는데 이렇게 함으로써 세 번째 지침을 적용하였다. 그리고 학생이 어려워할 때, 학생이 이해하도록 안내하기 위해 도표에 있는 정보와 질문을 함께 사용하였다. 두 가지 모두 작업기억에서 인지적 부하를 줄였다.

태양이 가스불덩어리를 분출하였고 이것들이 태양계 행성이 되었다.

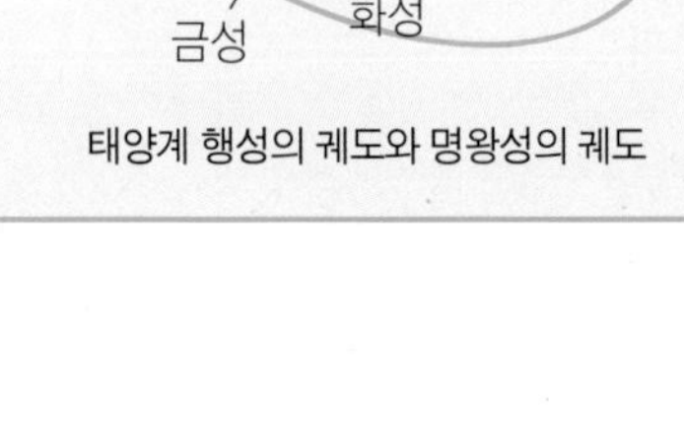

태양계 행성의 궤도와 명왕성의 궤도

서 교사의 투명지와 모형은 학생이 심상을 이용하도록 촉구하였으며, 그의 도표는 학생이 조직화를 이용하여 정보를 의미 있게 만들도록 해 주었다. 논의는 학생으로 하여금 인지적으로 적극적인 활동을 하도록 이끌었으며, 학생이 자신의 이해를 정교화하도록 도왔다. 이런 과정은 네 번째 지침을 적용한 것이다.

마지막으로, "내가 이런 질문에 답할 때에는 질문의 부분 사이의 관계를 먼저 살핀다. 태양의 행성과 비교하여 명왕성에 대해 무엇을 알고 있는가?" 라고 말할 때, 서 교사는 메타인지를 위한 모델이 되었다. 이것은 다섯 번째 지침을 따른 것이다.

기억모형을 당신의 수업에 적용하는 것은 지나치게 많은 추가 노력을 요구하는 것이 아니다. 예를 들어, 일단 자료를 만들고 나면, 서 교사는 추가적인 준비가 거의 필요 없이 그 자료를 재사용할 수 있다. 그리고 연습을 하면, 학생의 지각을 점검하는 것과 질문으로 학생의 학습을 안내하는 것은 자동화될 수 있다. 모든 학습이론을 적용할 때도 이런 일은 일어난다. 효과적인 적용은 교사가 더 노력하였느냐보다는 명료하게 생각하였느냐에 달려 있다.

기억모형에 대한 논의

인간기억 모형은 정보를 수집하고, 조직하고, 저장하는 방식에 대한 우리의 이해를 증가시키는 데 큰 공헌을 하였다. 그러나 [그림 7-1]에 처음 제시된 모형은 인간기억의 본질을 지나치게 단순화시켰다. 예를 들어, 그 모형은 주의를 감각기억과 작업기억 사이에 있는 필터로 표현한다. 그러나 작업기억에 있는 중앙 집행기는 우리가 무엇에 주의를 기울일 것인지 그리고 어떻게 그 정보를 지각할 것인지를 통제한다는 증거는 많이 있다. 따라서 들어오는 자극에 주의를 기울이는 것과 그 자극에 의미를 부여하는 것은 이 모형이 제안하는 것처럼 정보가 일방향으로 흘러가는 것으로 단순화시킬 수 없다(Demetriou, Christou, Spanoudis, & Platsidou, 2002). 게다가 어떤 연구자들은 이 모형이 제안하는 것처럼 작업기억과 장기기억이 서로 구분되는 별개의 것인지에 대해 의문을 제기한다(Baddeley, 2001; Wolz, 2003).

기억모형은 학습이 일어나는 사회적 맥락(Greeno & van de Sande, 2007)과 학습에 영향을 주는 문화적 요인과 학생의 정서와 같은 개인적 요인(Nasir, Rosebery, Warren, & Lee, 2006)을 적절히 고려하는 데 실패하였다고 비판받고 있다. 또한 기억모형은 이 장의 시작 부분에서 언급한 인지학습이론 원리 중 하나였던 학습자들이 자기 자신의 이해를 구성한다는 점을 충분히 강조하지 않는다고 비판받고 있다(Kafai, 2006) (8장에서 지식구성의 과정을 자세히 살펴볼 것이다.)

그러나 학습자가 이해를 구성한다는 원리를 포함한 학습에 대한 모든 인지적 설명은 사실상 제한된 용량을 가진 작업기억, 장기기억, 정보를 한곳에서 다른 곳으로 옮기는 인지과정과 메타인지라는 조절기제 등 정보처리의 체계를 받아들인다(Bransford et al., 2000; Sweller et al., 1998). 우리 인지구조의 이러한 구성요소는 행동주의와 사회인지이론으로 설명할 수 없는 학습을 설명하게 해 준다. 더욱이 이것은 다음 장에서 공부할 이해를 구성하는 과정에 대한 틀을 제공해 준다.

웹 자료실

중학교 교사가 태양계에 대한 이해를 높이기 위한 다른 방법을 보고자 한다면, www.myeducationlab.com에 접속하고, 7장 '활동 및 적용'의 '태양계 가르치기'라는 사례연구를 보라. 그리고 이어지는 물음에 답하라.

✿ 학습목표별 요약

1. 인지학습이론의 원리를 기술하고 설명하라.
   - 인지학습이론의 원리는 다음과 같다. (a) 학습과 발달은 학습자의 경험에 의존한다. (b) 학습자는 자신의 경험을 이해하려고 시도할 때 정신적으로 적극적이다. (c) 학습자는 자신들의 경험을 이해하려는 과정에서 지식을 기록하기보다는 구성한다. (d) 구성되는 지식은 학습자가 이미 알고 있는 지식에 의존한다. (e) 학습은 사회적 환경에 의해 촉진된다.
   - 인간기억 모형은 사람들이 자신의 경험을 수집하고, 조직하고, 저장하는 방법을 기술하기 위해 사용할 수 있는 인지적 구조물이다. 이 모형은 기억이 어디에서 구성되고, 새로운 지식을 구성하기 위해 필요해질 때까지

어디에서 저장되는지를 설명한다.

2. 교실 안과 밖에서 일어나는 사건을 설명하기 위해 인간 기억 모형에서 기억저장소의 특성을 사용할 수 있다.
   - 감각기억은 환경으로부터 들어온 자극을 처리할 때까지 잠시 보관하는 저장소다. 작업기억은 정보처리체계에서 의식적인 부분이며, 이것의 가장 중요한 특징은 용량에 한계가 있다는 점이다. 장기기억은 영구적인 정보저장소이며, 선언적 지식, 절차적 지식, 조건적 지식을 저장하는 곳이다.
   - 학생이 글쓰기나 문제해결과 같은 복잡한 과제와 씨름할 때, 그 원인은 대개 장기기억 속에 저장되어 있는 사전지식이 부족하거나 기술을 자동화할 때까지 발달시키지 못했다는 데 있다.
   - 발달은 기억저장소에 영향을 준다. 나이 많은 학생은 작업기억의 한계를 더 효과적으로 극복하고 장기기억 속에 있는 정보를 표상하기 위해 자신의 경험을 더 잘 이용한다.
3. 인간기억 모형에서 인지적 과정을 기술하고 학급활동에 적용할 수 있다.
   - 주의와 지각은 정보를 감각기억에서 작업기억으로 이동시킨다. 주의는 자극에 의식적으로 초점을 두는 과정이다. 지각은 우리가 자극에 부여하는 의미다.
   - 학습자는 정보를 작업기억의 음운 고리에 보유하기 위해 시연을 한다. 집중적인 시연은 정보를 장기기억 속으로 이동시킬 수 있다.
   - 부호화는 정보를 장기기억 속에 표상한다. 학습자는 정보를 시각적으로, 그리고 언어적으로 표상할 때 어느 한 가지로 표상할 때보다 더 효과적으로 부호화할 수 있다.
   - 인출은 문제해결이나 추가 처리를 위해 정보를 장기기억에서 끄집어내 작업기억으로 보내는 과정이다.
   - 학생이 발달함에 따라 학생이 인지적 과정을 이용하는 능력은 향상된다. 나이 많은 학생은 주의 집중을 더 잘할 수 있고 의미 있게 부호화시키기 위해 전략을 더 효과적으로 사용할 수 있다.
4. 메타인지를 정의하고 학습에 미치는 영향을 설명할 수 있다.
   - 메타인지는 자신의 인지적 과정에 대한 개인적 지식과 통제다.
   - 메타인지는 학습자가 자신이 공부하는 방식을 자각하도록 해 주고 학습을 향상시키기 위한 전략을 개발하도록 해 줌으로써 학습에 영향을 준다.
   - 메타인지는 발달적이다. 즉, 어린 아동은 나이 많은 아동에 비해 공부전략에 대한 자각 수준이 낮다.

✤ 전문성 발달: 자격증 시험 대비 연습

시작의 사례에서 서 교사는 태양계에 관한 지식을 중학교 3학년 학생들에게 유의미하게 만들기 위해 계획하고 실제 수업을 했다. 다음은 소설 『주홍글씨』에 등장하는 여러 주인공에 대해 고등학교 학생들을 가르치는 한 교사의 사례다. 사례를 읽은 후 따르는 질문에 답하시오.

영어교사인 송 교사는 학생들에게 개인의 책임과 관련한 도덕적 딜레마와 죄책감, 노여움, 충성심과 복수심 등 시간을 초월한 주제를 가르치는 수단으로 너대니얼 호손(Nathaniel Hawthorne)의 『주홍글씨』를 선택했다. 1600년대 보스턴(Boston)을 무대로 여주인공(헤스터)과 목사(딤스데일) 사이의 비극적이고 부정한 불륜을 다룬 소설이다. 소설의 제목은 'A' 라는 글자를 지칭하는데, 이것은 단어 '간부(姦夫, Adulterer)' 에서 따온 'A' 이며 청교도 사회에서 헤스터에게 간통한 벌로 달고 다니게 한 것이다. 학급은 며칠 동안 그 책에 관해서 토의하고 있었고 지금의 수업은 목사 딤스데일의 성격에 초점을 맞추고 있다.

수업을 시작하면서 송 교사는 딤스데일을 묘사하고 있는 부분을 읽은 후 말했다.

"여러분이 기록지에 묘사한 부분 중 몇 가지 중요한 성격을 메모해 두세요. 만약 그에 대한 초상화를 그린다면 그는 어떻게 생겼을까요? 가능한 한 구체적으로 시도해 보세요."

송 교사는 학생들이 딤스데일을 어떤 사람으로 생각하는지 그리고 이 소설에 기초하여 영화를 제작한다면 어떤 배우에게 딤스데일의 역할을 맡기고 싶은지를 생각하도록 요구하면서 학생들로 하여금 기록지에 메모할 시간을 몇 분 주었다. 그런 다음 송 교사는 말했다.

"그의 행동을 통해서 딤스데일에 대해 더 알 수 있는 부분이 있는지 알아봅시다. 헤스터와 집회에서 만나서 그녀의 비밀의 애인과 죄의 상대자가 누구인지 알아내기 위해 훈계하는 딤스데일 목사의 연설을 내가 읽는 동안 잘 들으세요."

송 교사는 딤스데일의 연설을 읽어 준 다음 학생들을 '딤스데일' 파와 '헤스터' 파로 나누었다. 그리고 나서 송 교사는 말했다.

"딤스데일파! 연설을 하는 동안 딤스데일이 정말로 무슨 생각을 했을지 말해 주세요. ……헤스터파! 딤스데일의 연설을 듣는 동안 그녀가 무슨 생각을 했을지 말해 주세요. 주인공의 개인적인 생각을 여러분 자신의 말로 기록지에 기록하세요."

학생들에게 기록할 시간을 몇 분 준 후 송 교사는 학급을 네 모둠으로 나누었다. 각 모둠은 두 명의 헤스터파와 두 명의 딤스데일파로 구성되었다. 학생들이 정돈되자 송 교사는 말했다.

"각 모둠은 첫 번째 줄을 연설하는 동안 딤스데일이 무슨 생각을 하고 있었는지를 딤스데일파가 말하는 것으로 시작하세요. 그런 후 헤스터파가 응답하세요. 그러고 나서 딤스데일파가 연설의 다음 줄에서 무슨 생각을 하고 있었는지 말하세요. 그리고 헤스터파는 이에 응답하고요. 바로 시작하고 여러분의 생각을 모둠 구성원과 나누어 보세요."

송 교사는 서로의 관점을 공유할 시간을 5분 주었다. 그리고 학생들을 다시 불러 모았다.

"좋아요, 들어 봅시다. 딤스데일파부터 먼저 해요. 연설하는 동안 무슨 생각을 했나요? …… 민수야?"

"내가 생각할 수 있는 것은 '오, 하느님 도와주세요, 제발 그녀가 아무 말도 하지 않게 해 주세요. 그들이 내가 그 사람이라는 것을 알게 되면 나는 파멸이에요.' 이었어요. 그러면 이제 헤스터의 힘 있는 연설이 계속됩니다."

민수가 모둠에서 짝인 미선이에게로 몸을 돌리며 마무리하였다.

"나는 '좋은 사람이군요. 흥, 그러면 당신이 자백하지 그래요? 당신은 죄가 있다는 것을 스스로 알아요. 나는 내 사랑을 인정했어요. 그러나 당신은 그러지 않았어요. 그냥 나와서 말하지 그래요?' 라고 적었어요." 미선이 말했다.

"훌륭하군요. ……또 다른 사람? 다른 헤스터파는 어때요? ……사연이가 말해 볼까?"

"나는 그냥 '아니야, 결코 말하지 않을 거야. 나는 여전히 당신을 사랑해, 나는 이 비밀을 영원히 지킬 거야.' 라고 적었어요." 사연이가 말했다.

송 교사는 잠시 기다렸다가 학급을 둘러보며 설명했다. "두 사람의 헤스터파가 얼마나 다른 시각을 가지고 있는지 주목하세요. 미선이는 아주 분노에 찬 모습을 그린 반면, 사연은 헤스터가 딤스데일을 여전히 사랑한다고 보고 있어요."

송 교사는 다시 반응을 살피며 잠시 휴식을 가졌다. 선아가 손을 들었고 송 교사가 그녀에게 고개를 끄덕였다.

"내가 생각하기에 헤스터가 말을 하지 않은 이유는 그가 목사이기 때문에 사람들이 자신을 믿지 않을 거라 생각했기 때문일 거예요." 선아가 제안했다.

"그녀는 그 자리에 가서 그가 죄책감을 느끼도록 하면서 복수하고 있는 거예요."

"그러나 만약 헤스터가 딤스데일을 고발한다면 사람들은 그가 부인할 거라 기대하지 않지 않을까?" 병호가 덧붙였다.

"아마 딤스데일은 헤스터가 자기를 여전히 사랑하고 있기 때문에 고발하지 않을 거라는 것을 알고 있었을 거야." 주희가 제안했다.

"잠깐만." 재호가 끼어들었다.

"나는 딤스데일이 그렇게 나쁜 사람이라고 생각하지 않아. 내 생각에 그는 그 모든 일에 대해 죄의식을 느끼고 있지만 모든 사람 앞에서 그것을 인정할 용기가 없을 뿐이야."

"내 생각엔 딤스데일은 그의 연설에서 그것을 인정하고 있지만 헤스터에게 말하지 않도록 비밀스럽게 요구하고 있어." 경아가 덧붙였다.

"아마 딤스데일은 정말 헤스터에게 말하고 있고 다른 사람이 알기를 원하지 않는 거야."

학급은 연설에 숨겨진 의미를 토론하고 딤스데일 목사가 악한인지 비극적 인물인지를 가리기 위한 노력을 계속했다.

"흥미로운 생각이에요." 송 교사가 수업이 끝날 무렵 말했다.

"이것들을 기억하세요. 그리고 내일 수업을 위해 4장을 읽어 오세요. 4장에서는 헤스터의 남편을 만날 수 있어요." 송 교사는 수업을 마쳤다.

단답형 질문

이 장에서 다룬 주요 내용과 위에 제시한 사례 내용을 서로 연결시켜 다음 질문에 대한 답을 구체적으로 작성하라.

1. 송 교사가 수업에 인지학습원리를 적용한 정도를 평가하라. 강점과 약점에 대한 평가를 모두 포함하라.
2. 송 교사가 수업에 정보처리이론을 적용한 정도를 평가하라. 강점과 약점에 대한 평가를 모두 포함하라.
3. 송 교사의 수업에서 정보처리이론의 어떤 정보처리과정이 가장 두드러지는지 설명하라.
4. 송 교사의 수업에서 선언적 지식에 초점을 둔 예를 한 가지 이상 밝혀라. 또한 절차적 지식을 강조한 예를 한 가지 밝혀라. 송 교사의 수업에서 주요 초점은 선언적 지식에 있는가, 절차적 지식에 있는가?

중요개념

간섭(Interference)
감각기억(Sensory memory)
기억술(Mnemonic devices)
도식(Schema)
망각(Forgetting)
메타기억(Metamemory)
메타인지(Metacognition)
부호화(Encoding)
선언적 지식(Declarative knowledge)
스크립트(Script)
심상(Imagery)
유의미성(Meaningfulness)
유추(Analogiy)
이중부호화이론(Dual-coding theory)
인지과정(Cognitive process)
인지부하(Cognitive load)
인지학습이론(Cognitive learning theory)
인출(Retrieval)
자동화(Automaticity)
작업기억(Working memory)
장기기억(Long term memory)
절차적 지식(Procedural knowledge)
정교화(Elaboration)
정보저장소(Information processing theory)
조직화(Organization)
주의(Attention)
지각(Perception)
청킹(Chunking)

8

지식의 구성

chapter outline

구성 개요

구성주의 학습이론이란 무엇인가
- 인지적 구성주의
- 사회적 구성주의

구성주의 학습이론의 특징
- 학습자들은 자신들이 이해하는 방식으로 지식을 구성한다
- 새로운 학습은 현재의 이해에 좌우된다
- 사회적 상호작용은 학습을 촉진한다
- 의미 있는 학습은 실세계 과제를 해결할 때 일어난다

학습자가 가치 있는 지식을 구성할 때: 오개념과 개념 변화
- 교수–학습에서의 오개념
- 오개념의 기원
- 변화에 대한 오개념의 저항
- 개념 변화를 위한 교수
  - 다양성 탐색: 지식 구성에서 다양성의 영향

교실수업을 위한 구성주의 학습이론
- 구성주의 교실에서 교사의 역할
- 구성주의와 인간의 기억
- 수업 실천을 위한 제안
- 학습 맥락: 도시학교 환경에서의 지식 구성
  - 이론에서 실제로: 구성주의 학습이론을 학급에 적용하기

구성주의 학습이론의 의의
  - 학교급별 적용: 다양한 연령의 학습자에게 구성주의 이론 적용하기

learning objectives

학습목표

이 장의 공부를 마치고 나면, 여러분은 다음과 같은 것을 할 수 있어야 한다.

1. 인지와 사회적 구성주의 간의 차이점을 설명하고 각각의 예를 든다.
2. 구성주의 학습이론의 특성을 명확히 알고 적용한다.
3. 오개념의 특징을 서술하고 어떻게 발생하는지, 교사가 어떻게 이것을 제거할 수 있는지를 설명한다.
4. 구성주의 학습이론이 당신의 교수에 시사하는 바를 서술한다.

7장에서 논의한 학습원리 중의 하나는 학생들이 공부한 주제에 대해 자신들만의 지식을 구성한다는 것이다. 결과적으로 주제에 대한 개개인의 생각은 매우 다양할 수 있다. 이러한 사실을 염두에 두고 다음의 실험에서 학생들의 생각을 살펴보자.

초등학교 4학년을 담당하는 공 교사는 저울의 균형에 대한 원리를 학생들에게 이해시키고자 하였다. 그 원리는 한쪽의 무게와 거리의 곱이 다른 한쪽의 무게와 거리를 곱한 값과 일치할 때 균형을 이룬다는 것이다. 공 교사는 학생들을 네 명씩 모둠으로 나누어 수업을 시작했다. 각각의 모둠에 아래와 같이 척도가 매겨진 저울과 타일을 주었다.

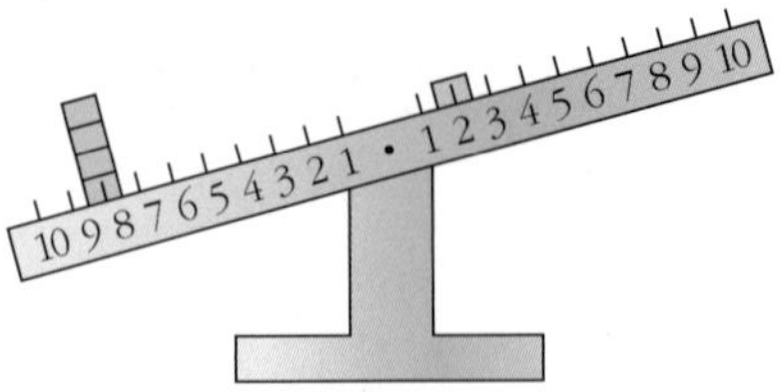

공 교사는 학생들에게 지렛대가 어떻게 균형을 이루는지 알아보라는 과제를 주었다. 그러나 실제로 지렛대 위에 타일을 얹어 놓기 전에 먼저 종이 위에 자신들의 생각이 담긴 해결책을 적도록 하고 동료들에게 자신의 해결책이 왜 맞는지 설명하도록 했다.

학생들의 활동이 시작되자 공 교사는 교실을 다니면서 학생들을 모니터하였고, 그 중에서 주희, 수진, 태우, 대현으로 구성된 모둠을 눈여겨보았다. 그 모둠은 수진의 제안으로 논의가 시작되었다. "눈금 8 위에 타일 네 개가 있고 2 위에 타일 하나가 있어. 나는 10에 타일 세 개를 올리고 싶어. 그러면 양쪽에 타일이 네 개씩 될 테니까."라고 수진이가 먼저 제안했고 그 해결책은 다음과 같다.

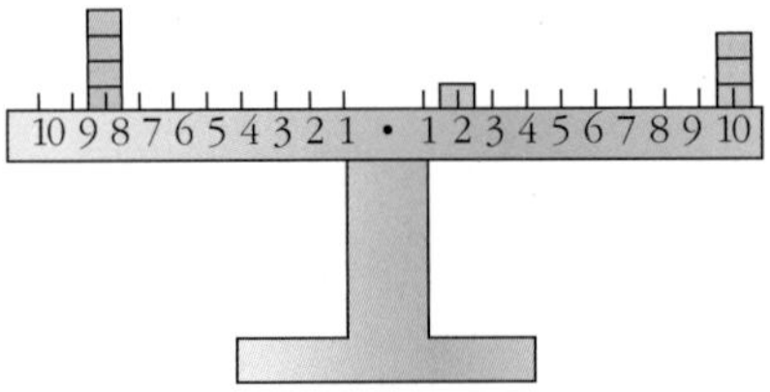

주희가 수진이의 제안에 동의했으나 동일한 해결책에 대해서 다른 설명을 내놓았다. "나는 10 위에 타일 세 개를 놓아야 한다고 생각해. 왜냐하면 8 위에 네 개가 있는 쪽은 32이거든. 오른쪽에는 2 위에 한 개만 있기 때문에 그것들을 같게 만들어야 해. 그래서 10 위에 세 개를 놓으면 30이 되고, 양쪽 모두 결국 32가 되는 거야."

이 장 뒷부분에서 이 수업에 대해 다시 논의하겠지만 잠시 다음과 같은 질문에 대해 생각해 보자.

- 수진이는 지렛대 양쪽의 타일 수가 같다면 지렛대의 균형이 맞을 것이라는 아이디어를 어디서 얻게 되었을까?
- 수진이와 주희의 생각의 차이를 어떻게 설명할 수 있을까?
- 이러한 생각의 차이가 교수 상황에 주는 시사점은 무엇인가?

구성주의 학습이론은 이러한 질문과 그 밖에 다른 물음에 대한 질문에 대답하는 데 도움을 줄 수 있다. 또한 이 장에서는 구성주의 학습이론을 어떻게 교수 상황에 적용할 수 있는지를 보게 될 것이다.

구성주의 학습이론이란 무엇인가

구성주의라는 용어는 철학자, 교육심리학자, 교사들에게 각각 다른 방식으로 사용되고 있다(Palincsar, 1998; Phillips, 2000). 이 책에서는 구성주의를 학습이론으로 연구하는 교육심리학자들과 이 이론이 교수에 주는 시사점을 생각하는 교사들의 관점을 취한다(Andrew, 2007).

관점의 차이에도 불구하고 구성주의를 공부하는 사람들 모두는 학습자들은 지식을 암기하기보다는 구성한다는 원칙에 대해서 동의한다. 이 원칙의 바탕 위에 **구성주의**란 지식이 다른 사람이나 그들이 읽은 것과 같은 다른 것에서부터 학생들에게 전이되기보다는 학습자 스스로 지식을 만들어 낸다는 것이다(Bransford, Brown, & Cocking, 2000). 이러한 정의는 첫 번째 물음에 대한 해법을 찾는 데 도움을 준다. 수진은 공 교사나 다른 교사, 혹은 자신이 읽은 것에서 해결책을 얻지 않았다. 즉, 스스로 해결책을 '구성했다'. 다른 이론으로는 수진이의 사고를 설명해 줄 수 없으므로 구성주의는 학습에 대한 이해의 폭을 넓혀 주었다. 즉, 행동주의자들이 주장하는 것처럼 그러한 사고를 하도록 강화되지 않았으며 사회인지 이론가들이 주장하는 것처럼 모방이 일어나지도 않았기 때문에, 행동주의와 사회인지이론은 이에 대한 설명적 틀을 제공해 주지 못한다. 또한 정보처리이론은 학습자의 고유한 이해의 구성이나 오개념에 대해 직접적 설명을 제공하지 못한다.

구성주의
(Constructivism)
다른 근거로부터 지식을 전달받기보다는 학습자가 스스로 지식을 만든다고 주장하는 학습이론

지식 구성에 관한 다양한 관점은 피아제(Piaget, 1952, 1959, 1970), 비고츠키(Vygotsky, 1978, 1986)의 연구에서 주요한 영향을 받았다. 그러나 듀이(Dewey, 1938), 브루너(Bruner, 1966, 1973), 숄(Scholl, 2001)의 관점도 포함한다. 우리는 다음에서 구성주의와 사회적 구성주의라는 큰 흐름을 살펴볼 것이다.

인지적 구성주의

인지적 구성주의는 개인차와 내적 이해의 구성에 초점을 맞춘 피아제의 연구 업적에 기반을 두고 있다(Greeno, Collins, & Resnick, 1996; Meter & Stevens, 2000; Nuthall, 1999a). 이는 환경과 상호작용하고, 마음속에 존재하고 있는 스키마를 변경시킴으로써 의미를 찾는 개개인의 노력을 강조한다(Packer & Goicoechea, 2000). 사회적 상호작용은 그 과정에 영향을 주지만 주로 개인의 인지적 갈등의 촉매제 역할을 한다(Palincsar, 1998). 예를 들어, 한

인지적 구성주의
(Cognitive constructivism)
지식의 개인 내적 구성에 초점을 둔 구성주의자의 관점

학습자가 다른 학습자에게 불균형을 야기시키는 아이디어를 제시했을 때 두 번째 학습자는 그 불균형을 자신의 방법으로 이해를 재구성함으로써 해소할 것이다. 이 아이디어를 설명하기 위해서 다음에 제시된 자연교과를 배우는 두 학습자 사이의 차이를 생각해 보자.

태호: (거미를 손가락 사이에 잡고 딱정벌레를 가리키며) 저 곤충 좀 봐.
진오: 왜, …… 그거 내려 놔(거미를 가리키며). 그런데 그건 곤충이 아니야. 거미야.
태호: 무슨 말이야? 곤충은 곤충이야.
진오: 아니야. 곤충은 다리가 여섯 개야. 자, 봐(딱정벌레 다리를 만지며).
그런데 이건 여덟 개잖아…… 봐(거미를 가리키며).
태호: 그래서…… 곤충은 다리가 여섯 개고 거미는 여덟 개란 말이야? 응?
진오: 응. 그럼, 이건 뭐라고 생각해(메뚜기를 손에 집어 들면서)?

구성주의는 지식을 다른 곳에서 전달받는 것이 아니라 학습자가 스스로 구성한다고 주장한다.

인지적 구성주의자들은 진오와의 토론의 결과로 태호의 인지적 균형이 방해를 받았고 개별적으로 진오가 제공한 새로운 증거를 받아들이기 위해 그의 사고를 재구성함으로써 문제를 해결했다고 주장한다.

이러한 입장에 대한 문자 그대로의 이해는 경험에 근거하거나 발견 지향적인 학습활동을 강조한다. 예를 들어, 이 입장에 따르면 아동은 교사나 다른 전문가 개념을 제시하는 것보다는 타일과 막대기와 같은 구체적인 사물을 조작하면서 개념을 찾아낼 때 수학을 더 효과적으로 학습한다는 것이다.

이러한 해석은 '직접적으로 가르쳐야 한다는 믿음을 기본적으로 기각'해야 하기 때문에 교사들에게 갈등을 던져 준다(Resnick & Klopfer, 1989: 3). 즉, 교사-학생 상호작용은 학습자의 성장에 중요하지만 발달하는 학습자에게 자신의 생각이나 가치를 강요하는 것을 어느 정도 막을 필요성이 있다고 해석할 수 있다(DeVries, 1997). 그렇다면, 지식을 직접 제시하는 것보다는 학습을 지원하는 환경을 조성해 주어야 한다고 할 때 교사의 역할은 무엇인가? 이러한 물음에 대한 만족할 만한 수준의 답은 아직 없었다(Airasian & Walsh, 1997; Greeno et al., 1996).

사회적 구성주의
(Social constructivism)
학습자들이 먼저 사회적 맥락 안에서 지식을 구성하고 그다음에 개개인이 이것을 내면화한다고 보는 구성주의의 관점

사회적 구성주의

우리 중 대다수는 서로 어떤 개념에 대해 완전히 이해하지 못한 상태에서 다른 사람과 이야기했던 경험이 있다. 그러나 토론이 계속됨에 따라 두 사람 모두의 이해는 증진된다. 이러한 경험은 비고츠키 연구(1978)의 영향을 받은 사회적 구성주의의 기본 전제를 설명하

는데, 사회적 구성주의는 학습자들이 먼저 사회적 맥락 안에서 지식을 구성하고 그다음에 개개인이 이것을 내면화한다고 주장한다. 비고츠키는 다음과 같이 믿었다.

> 아동의 문화적 발달에서 모든 기능은 먼저 사회적 수준에서 그다음 개인적 수준으로 두 번 나타난다. 즉, 우선 사람들 사이에서 그리고 아동의 내면에서 나타난다. 이것은 자발적 주의 집중(voluntary attention), 논리적 기억(logical memory), 개념의 형성(formation of concept)에도 동일하게 적용된다. 모든 고차원적 심리기능은 개인 간의 실제 관계에서 시작된다(Vygotsky, 1978: 57).

사회적 구성주의는 교육지도자들과 교사들의 생각을 안내하는 가장 영향력 있는 관점이 되었다(J.Martin, 2006).

사회적 구성주의가 인지적 구성주의와 어떻게 다른지 보기 위해서 태호와 진오 사이에서 일어났던 변화에 대해 다시 생각해 보자. 사회적 구성주의자들은 다음과 같이 주장할 것이다. 태호의 이해는 상호작용의 직접적 결과로 증진되었으며 더 나아가 대화가 곤충과 거미의 차이를 조금 더 명확하게 이해하도록 돕는 역할을 했다.

사회적 구성주의자들의 해석은 교사의 역할에 대한 딜레마를 해결하는 데 도움을 준다. 이러한 관점은 "피아제 이론을 지지하는 학자들이 자주 주장하는 것처럼 교사가 학생들이 자연스럽게 공부하는 것을 방해하는 존재라고 주장하는 것은 아니다(Resnick & Klopfer, 1989: 4)." 또한 사회적 구성주의는 학습활동을 어떻게 조직하고 실행할지, 학생들을 어떻게 동기화할지, 학습을 어떻게 평가해야 할지와 같은 교수의 전통적인 질문에 대해 교사가 고려해야 한다고 제안한다. 그러나 사회적 상호작용을 통한 학생들의 지식 구성을 촉진하는 데 초점을 맞추고 있다(Fleming & Alexander, 2001). 사회적 구성주의 관점에 따르면 학습자들이 문제해결을 위해서 의견을 교환하고 협력할 수 있는 학습환경을 만들어 가는 것이 교사의 주요한 역할인 것이다(R. Anderson et al., 2001; Meter & Stevens, 2000).

사회문화 학습이론

이론가들은 일반적인 구성주의와 다르게 해석되는 사회적 구성주의의 특성을 강조한다. 사회문화이론은 학습의 사회적 측면을 여전히 강조하는 한편 학습이 발생하는 더 큰 사회적 맥락에 가장 큰 강조점을 둔다(Kozulin, 1998; Mason, 2007). 어깨 들썩거리기가 하나의 예다. 미국 문화권에서는 이 동작은 확실하지 않다는 뜻을 나타낸다. 그러나 에티오피아 문화권(Ethiopia)에서는 젊은 남녀 사이에 구혼을 하는 춤 동작에서 빠져서는 안 되는 요소다(Issa Saleh, 개인적 대화, 10월 14일, 2007).

사회문화이론 (Sociocultural theory)
학습의 사회적 측면을 강조하지만 학습이 일어나는 문화적 맥락에 강조점을 둔 사회구성주의의 한 형태

문화는 또한 학생들이 학교에서 사용하는 언어 패턴에도 영향을 미친다(Cazden, 2002; Heath, 1989). 예를 들어, 어떤 가정에서는 성인들 대화에 끼어들도록 허용되지 못하는 반면

다른 가정에서는 성인들과의 대화가 공개적으로 허용된다(Au, 1992; Tharp & Gallimore, 1991). 학생들은 학교에 올 때 허용되는 서로 다른 행동 유형을 가지고 온다. 또한 학생들이 학교에 가지고 오는 이러한 문화적 경험, 태도, 가치에 있어서 모든 차이는 학습에 영향을 준다(Rogoff, 2003; Rogoff, Turkanis, & Bartlett, 2001).

학습자 공동체로서의 교실

학습에 대한 사회문화적 관점은 개인에서 집단으로, 지식의 습득에서 학습자 공동체 안에서의 소속, 참여, 의사소통으로 그 강조점을 옮기도록 제안한다(Mason, 2007). 이러한 관점은 교실에서 우리의 행동이 미시적 문화(microculture)를 형성한다는 것을 떠올리게 한다. 우리가 학생들과 상호작용하는 규칙과 절차 그리고 방법은 교실의 학습자를 즐겁고 협력하도록 하거나 심지어 두렵고 경쟁하게 할 수도 있다. **학습자 공동체**는 교사와 모든 학생이 모두의 성취를 돕기 위하여 서로 협력하는 학습환경이다(A. Brown & Campione, 1994; Palincsar, 1998).

학습자 공동체
(Community of learners)
학습목표를 모두 성취할 수 있도록 교사와 학생 모두가 서로 협력하는 학습환경

공 교사의 수업 예시를 통해서 학습자 공동체의 특성을 살펴보면 다음과 같다(A. Brown & Campione, 1994; Palincsar, 1998).

- 모든 학생은 학습활동에 참여한다. 공 교사의 교실에 있는 각각의 학생은 문제해결을 위해 열중하고 있다.
- 교사와 학생들은 학습을 위해 서로 협력한다. 즉, 학습을 촉진시키는 것은 교사 혼자만의 의무가 아니다. 공 교사의 반 학생들은 그들이 제안한 해결책을 실제로 시도해 보기 전에 반 동료들에게 설명해야 했다.
- 학생 간의 상호작용은 학습과정에 있어 중요한 부분이다. 학생들이 서로 엇갈리는 해결책을 제시했을 때, 학생들 간의 상호작용은 가장 활발하게 일어난다.
- 교사와 학생들은 흥미, 생각, 문제해결 과정에서의 차이를 존중한다. 모든 학생은 학급 동료들이 해결책을 제안할 때 끈기 있게 듣는다.
- 학습활동안에 포함된 생각은 해답만큼이나 중요하다. 공 교사는 학생들이 그들의 생각을 실제로 문제해결 활동을 시도하기 전에 소리 내어 말하도록 강조했다.

이러한 특성은 학습자들이 먼저 사회적으로 지식을 구성하고 적용하며 이것을 내면화한다는 생각에 근거해 있다.

학습자 공동체 내에서 교사와 모든 학생은 목표를 성취할 수 있도록 서로 돕는다.

웹 자료실

교사가 학습자 공동체를 어떻게 발달시키는지 보려면 www.myeducationlab.com에 접속하여 Author's chair라는 에피소드를 보라.

인지적 도제

역사적으로 도제제도는 초보자들이 전문가들과 함께 일함으로써 스스로 배울 수 없는 기술을 습득하도록 도왔다(S. Black, 2007). 도제는 여전히 가구 만들기, 직물 짜기, 요리하기와 같은 현장에서는 일반적이지만 악기 연주를 배우거나 예술작품 만들기와 같은 영역에서도 사용되고 있다.

인지적 도제 또한 사회적 구성주의가 교육현장에 영향을 미친 결과다. 인지적 도제는 독해, 쓰기 또는 문제해결과 같은 인지적 기술 발달에서 덜 숙련된 학습자들이 숙련된 학습자와 함께 공부할 때 일어난다(A. Collins, 2006; Englert, Berry, & Dunsmore, 2001). 인지적 도제는 정신적 능력의 발달에 초점을 맞추었다는 점을 제외하면 일반적 도제와 비슷하다. 일반적으로 인지적 도제는 아래의 구성요소를 포함한다.

인지적 도제(Cognitive apprenticeship)

인지기술의 발전을 위해 기술이 부족한 학습자가 전문가와 함께 학습하는 과정

- 모델링(modeling): 교사들이 문제를 해결하는 방법과 같은 기술을 시연할 때 동시에 말로 묘사함으로써 그들의 생각을 본보기로 제시한다.
- 비계 설정(scaffolding): 학생이 과제를 수행할 때, 교사들은 질문을 하고 지원한다. 또 학생들의 기량이 증가함에 따라 비계의 양을 줄여 나간다.
- 언어화(verbalization): 교사들은 학생들이 그들의 이해를 발전시켜 나갈 때 말로 생각을 표현하도록 격려한다. 또 이것은 교사들이 학생들의 기술과 생각 모두를 평가할 수 있도록 한다.
- 복잡성 증가(increasing complexity): 학생들의 기량이 증가해 감에 따라 교사는 그들에게 좀 더 도전적인 문제나 다른 과제를 보여 준다.

• 탐구(exploration): 교사는 학생들에게 그들이 학습한 것에 대한 새로운 적용을 알아내도록 요구한다.

인지적 도제는 학생들 사이에서도 일어날 수 있다. 태호와 진오 사이에서 일어난 생각의 교환이 그 예다. 진오는 곤충과 거미의 차이점에 대해 묘사함으로써 그의 생각을 보여 주었다. 그리고 이 과정에서 태호의 사고과정에 발판을 마련하였다. 그러고 나서 태호는 "음, 곤충은 ……다리를 여섯 개 가지고 있고, 그리고 거미는 여덟 개 가지고 있어."라고 말하면서 자신의 이해가 심화되고 있는 사실을 말로 표현하였고, 진오는 마침내 이것을 메뚜기를 분류하는 데 적용해 보라고 하였다.

연구에 의하면 인지적 도제가 교사에 의한 일방적인 정보 전달보다 보다 효과적임을 보여 주었다(Englert et al., 2001). 학생들이 자신들의 생각을 말로 표현하는 언어화는 교수를 일방적인 전달적 관점에서 보는 입장과 가장 타협할 수 있는 구성요소다. 그러나 이 전달의 관점에서는 학생들은 그 정보를 수용하지만 교사는 그들의 생각이 얼마나 발전하고 있는지 평가할 수 없다.

상황인지

상황인지
(Situated cognition)

학습이 그것이 일어나는 맥락과 분리될 수 없다고 보는 사회적 구성주의의 이론적 입장

상황인지 혹은 상황학습(situated learning)은 학습은 그것이 일어나는 상황(맥락)에 의존하며 또 분리될 수 없다고 제안하는 관점으로, 또 다른 사회적 구성주의의 산물이다(J. Brown, Collins, & Duguid, 1989; Lave, 1997; Mason, 2007). 이 관점에 따르면 예를 들어, 자동차의 연비를 활용해서 뺄셈과 나눗셈 문제해결을 배우는 학생들은 학교에서 전통적이며 일반적인 방식으로 뺄셈과 나눗셈 문제해결을 배우는 학생들과는 다른 종류의 이해를 가지게 된다(Rogoff, 2003). 유사하게 여러분이 만일 앞서 제시한 것처럼 지렛대 문제를 활용하여 학습이론에 대해 공부하거나 그러한 맥락이나 상황 없이 학습이론에 대해 공부한다면 이 두 경우는 서로 다른 학습에 대한 이해를 유도할 것이다.

전이(Transfer)

하나의 상황에서 획득한 이해를 다른 상황에 적용할 수 있는 능력

상황인지의 입장에서 극단적으로 생각하면 **전이**가 불가능하지 않다면 매우 어렵다고 볼 수 있다. 전이란 한 맥락에서 습득된 이해를 가지고 다른 맥락에 적용할 수 있는 능력이다. 예를 들어, 상황인지의 극단적인 관점에 따르면 시골에서 운전을 연습한 사람은 교통체증이 심한 대도시에서는 운전을 못할 수도 있다. 왜냐하면 그들의 운전 환경은 시골이라는 환경에 상황 설정(situated)되어 있고 대도시라는 환경은 이와는 다르기 때문이다.

그러나 전이는 존재한다(R. C. Clark & Mayer, 2003; R. E. Mayer & Wittrock, 2006). 그 예로 많은 사람은 시골에서나 대도시에서 편안하게 운전을 한다. 그리고 사람들은 이 두 상황 모두에서 연습과 실천을 통해서 운전의 전문성을 발달시킬 수 있다.

전이를 촉진하기 위해 학교에서도 학습 맥락을 다양화할 수 있다(Vosniadou, 2007). 예를 들어, 수학을 배우는 학생들은 다양한 실세계 과제를 해결하는 연습을 해야 한다. 또한

국어를 배우는 학생들은 여러 교과 영역에서 글쓰기를 연습해야 한다(R.E. Mayer & Wittrock, 2006). 대부분의 전문가가 상황인지의 극단적인 관점을 취하지는 않지만 우리에게 맥락이 중요함을 상기시킨다. 그리고 우리는 가능한 한 실세계에 적용시킴으로써 이러한 맥락이 중요하다는 관점을 수용할 수 있다.

◈ 이해 점검 활동

1.1 인지적 구성주의와 사회적 구성주의의 주요한 차이를 설명해 보라.

1.2 이 장 첫 부분에 제시된 사례에서 수진이의 생각은 인지적 구성주의와 사회적 구성주의 중 어느 쪽에 더 적절한 예인지 결정하고, 그 이유에 대해 설명해 보라.

1.3 중학교 2학년을 맡고 있는 영어교사가 학생들에게 이중모음(예를 들어, 영어단어 boil의 'oi' 처럼 발음할 때 한 음절 안에서 하나의 모음으로 시작하다가 점차적으로 다른 모음으로 바뀌어 나는 소리)을 이해시키고자 한다. 이 영어교사는 설명을 위해 다음과 같은 영어 문장을 제시하였다.

A *boy*, Jeremy, walks over by the window of his *house* one evening and *looks* at the full *moon*. It is so bright that he *could* see his shadow on the *floor*. Off in the tree with a branch that is *bowed*, he hears an *owl* hoot.

영어교사는 학생들에게 이탤릭체로 씌어진 단어에 주목하도록 했다. 그리고 각각의 단어들을 정확하게 발음할 수 있도록 도와주었다. 이것이 왜 상황인지의 예인지 혹은 아닌지를 설명해 보라. 예를 들어, 여러분의 평가를 지지해 줄 증거를 제시하라.

구성주의 학습이론의 특징

서로 다른 관점이 있는 데도 대부분의 구성주의자들은 학습에 영향을 미치는 네 가지 특징에 대해서는 견해를 같이 한다(Bruning et al., 2004; R. Mayer, 1996). [그림 8-1]에 그 특징이 개략적으로 기술되어 있으며, 다음 절에서 구체적으로 논의한다.

학습자들은 자신들이 이해하는 방식으로 지식을 구성한다

학습자가 이해를 구성한다는 것은 모든 인지학습이론이 수용하는 원칙이다. 학자들 일부는 "학습자를 지식을 받아들이는 존재에서 지식을 구성하는 존재로 보기 시작했다"(R.

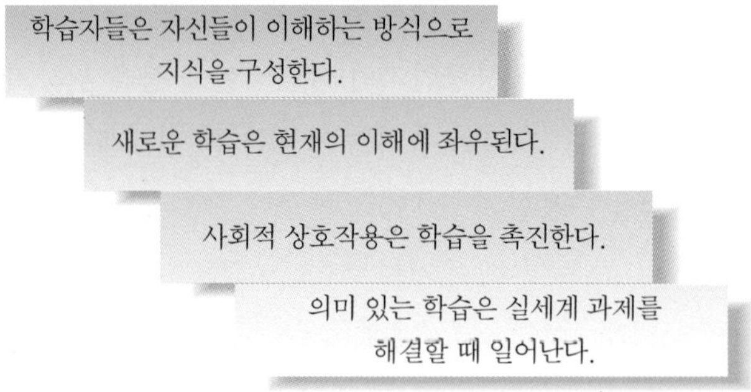

[그림 8-1] 구성주의의 특징

Mayer, 1998: 359).

수진이의 생각은 하나의 예다. 수진이에게 지레의 받침점 양쪽에 있는 동일한 수의 타일이 균형을 이루게 할 것이라는 생각은 일리가 있었다. 수진이는 이러한 이해를 다른 누군가로부터 얻은 것이 아니라 직관적으로 인식하였고 스스로 결론지었다.

새로운 학습은 현재의 이해에 좌우된다

7장에서 정보를 의미 있게 만드는 것의 중요성에 대해 논의할 때 현재의 이해(사전지식)의 역할에 대해 기술했다. 구성주의자들은 더 나아가 새로운 학습이 현재 가지고 있는 지식에 직접적으로 의존한다고 강조한다(Bae, 2003; Shapiro, 2004). 예를 들어, 학습자는 지구가 여름에 태양에 보다 가까워지기 때문에 일반적으로 여름은 겨울보다 따뜻하다고 결론을 내

사회구성주의자들의 학습이론은 지식 구성에서 사회적 상호작용의 역할을 강조한다.

린다(북반구에서). 이것은 납득이 간다. 들고 있는 촛불이나 뜨거운 난로에 가까이 다가갈수록 더 따뜻하다고 느낄 것이다. 그러므로 이 경험에 근거하여 지구의 축이 기울었다는 실제적 설명보다 태양에 가까이 다가갔다는 결론이 더욱 납득이 간다. 우리는 계절에 대한 이해를 초와 난로와 관련한 이전 경험의 맥락에서 구성한다.

사전지식의 영향은 이 장의 첫머리에서 제기되었던 두 번째 질문에 대해 대답할 수 있도록 돕는다. "우리는 어떻게 수진이와 주희의 생각의 차이를 설명할 수 있는가?" 그 대답은 주희는 수진이에게 부족했던 사전지식을 가지고 있었다는 것이다. 어떻게 수진이는 이러한 지식을 가지게 되었는지는 불확실하다. 더 많은 경험의 결과이거나, 더 강한 동기 혹은 높은 능력 때문일 수 있다. 구성주의는 왜 학습할 때 학생들의 사전지식의 차이가 중요한지 이해하도록 돕는다.

사회적 상호작용은 학습을 촉진한다

사회적 구성주의 학습이론은 지식 구성에서 사회적 상호작용을 강조한다(Rogoff, 2001, 2003; Vygotsky, 1978). 이 절에서 사회적 상호작용의 역할에 대해 자세하게 논의하기 전에 수진이의 생각을 다시 한 번 살펴보자.

수진이와 주희가 그들의 상반되는 해결책을 제시하고 설명한 뒤 모둠은 그 방법에 대해 토론했다. 그리고 공 교사는 그들이 제시한 아이디어를 실제로 지렛대에 테스트해 보도록 지시했다. 그다음 학급의 학생들을 다시 모이게 하고 마빈에게 질문했다. 마빈은 문제를 제대로 풀었고 칠판 앞에 가서 아래에 보이는 그림을 그려 설명했다.

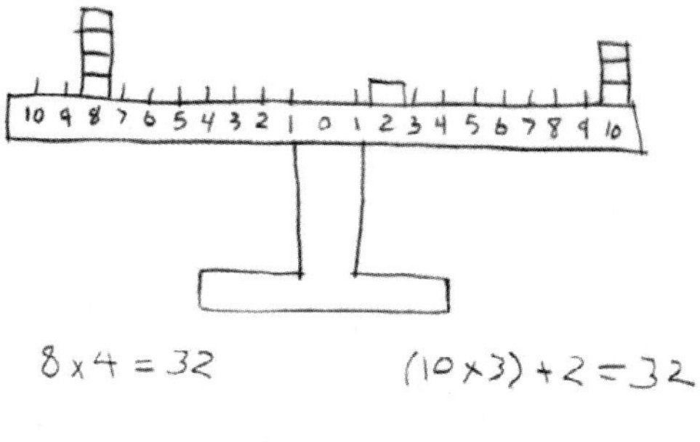

마빈은 그림을 근거로 하여 8 곱하기 4는 32가 되는 지렛대의 왼쪽과 10 곱하기 3을 2로 나누어 32가 되는 지렛대의 오른쪽이 서로 같다고 설명했다. 공 교사는 이것을 관찰하고 신중하게 마빈의 생각의 논리를 설명한 뒤 다음과 같이 말하면서 정리했다.

"마빈은 여기서 훌륭한 수식을 사용했어요."

근처 대학에서 온 면담자는 이 수업을 관찰하고 수진, 주희, 태우 그리고 대현과 지렛대의 균형의 이해에 대해서 이야기를 나누었다. 그는 다음과 같은 문제를 제시하고 이 문제에 대해 생각할 시간을 주었다. 그리고 나서 "수진, 지렛대의 균형을 맞추기 위해서 어디에 타일을 놓을지 말해 주겠니?" 라고 말했다.

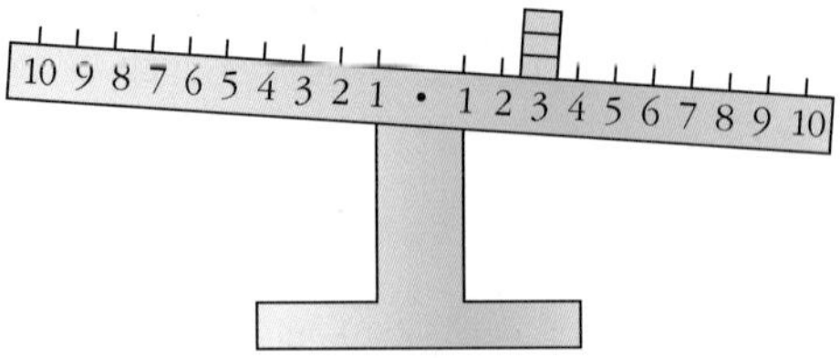

수진이는 다음과 같은 해결책을 제시했다.

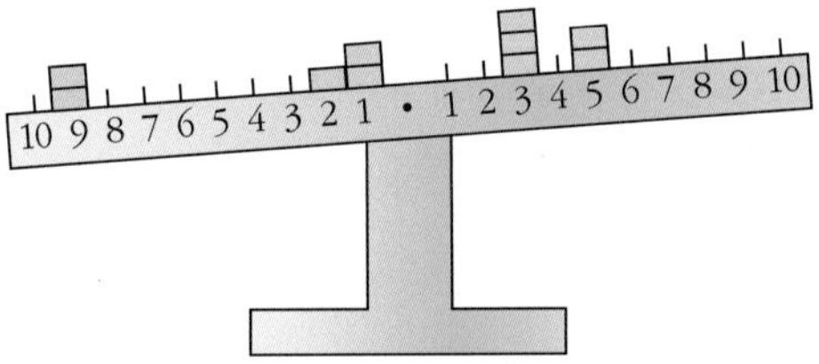

그리고 수진이는 다음과 같이 설명했다.

"저는 타일 두 개를 여기에 놓겠어요(오른쪽 지렛대에 타일 두 개를 올려놓은 것을 가리키며). 그러면 2 더하기 3은 5가 되니까…… 그리고 2 더하기 1 더하기 여기에 있는 2를 더하면 5가 될 거예요(왼쪽 지렛대에 5개의 타일을 놓은 것을 가리키며)."

이 부분은 우리에게 중요한 물음을 제기한다. 모둠에서나 전체 학급토론을 하는 동안 수진이는 우리가 살펴본 사례에서 주희의 설명, 칠판에 기록한 마빈의 설명, 그리고 공 교사의 설명까지 지렛대의 균형을 이루는 세 가지의 올바른 설명을 들었다. 그러나 아직까지 수진이는 자신의 생각을 전혀 바꾸지 못했다. 수진이는 지렛대의 양쪽에 같은 수의 타일이 놓이면 균형이 맞을 거라고 여전히 믿고 있다. 왜 이러한 경우가 생기는 것일까?

그 해답은 '지혜는 말로 가르칠 수 없다.' 는 학습에서 중요한 생각이 담겨 있다. 이 생각은 거의 75년 전에 최초로 찰스 그래그(Charles Gragg, 1940)가 제안했고 그 이후 다른 연구자(Bransford et al., 2000; Bransford, Derry, Berliner, Hammerness, & Beckett, 2005)가 반복해서 강조했고, 이들은 학습을 증진시키는 전략으로서 강의와 설명이 종종 효과가 없다고 주장했다. 수진이의 사고과정은 이러한 경우를 보여 준다. 수진이는 모둠에 참여했고 상호작용을 하는 것 같았지만 인지적으로 수동적인 상태로 남아 있었다. 그 결과로 그녀의 생각은 변하지 않았다.

이제 다시 면담으로 돌아가 보자.

수진이가 자신의 해결책을 제시하자 면담자가 주희에게 물었다.

"주희야, 그 해결책이 어떨 것 같니?"

"제대로 되지 않을 것 같아요. ……문제는 블록의 개수가 아닌 것 같아요."라고 주희가 대답했다.

"어디에 놓느냐가 문제거든요."

면담자는 대현이와 태우에게도 어떻게 생각하는지를 물었다. 대현이가 주희의 생각에 동의하며 설명했다. 태우는 확신이 없는 모양인지 잘 모르겠다고 어깨를 으쓱했다.

학생들은 수진이의 해결책을 시도해 보았다. 그리고 지렛대는 왼쪽으로 기울었다.

수진이는 9에 두었던 블록을 제거하자고 제안했다. 지렛대의 끝 쪽에 블록이 가까우면 아래로 많이 기울게 할 것이기 때문이었다. 이는 그녀의 생각이 실례를 보고 다른 사람들과 상호작용한 것의 결과로 변하기 시작했음을 보여 준다.

면담자는 고개를 끄덕였지만 어떤 설명도 하지 않았다. 대신 학생들에게 다음의 문제를 추가로 제시하고 해결책을 물었다.

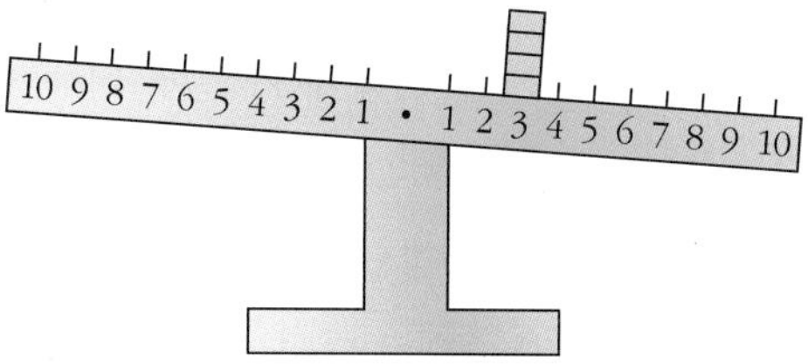

주희가 말했다. "8 위에 블록 한 개, 1 위에 블록 네 개를 놓으면 돼요."

"태우, 넌 어떻게 생각하니?" 면담자가 물었다.

태우는 몇 초 동안 지렛대를 바라보았다. 그리고 주희의 해결책이 옳다고 결론지었다. 그 생각에 대해서 설명하라고 하자, "어, 그러니까……3 곱하기 4는 12…… 그리고 4 곱하기 1은 4…… 그리고 8 곱하기 1은 8, 그리고 8 더하기 4는 12예요."

면담자는 또 다른 해결책이 있는지 물었다. 대현이가 대답했다.

"2 위에 블록 하나, 그리고 10 위에 블록 하나를 놓으면 돼요."

"좋아, 수진, 이렇게 하면 균형이 맞을지 안 맞을지 우리에게 설명해 줬으면 좋겠구나."

"…… 제생각에는 될 것 같아요."

"좋아, 왜 될 거라고 생각하니?"

"왜냐하면 10 곱하기 1은 10이고, ……그리고 2 곱하기 1은 2이고, 10 더하기 2는 12…… 그래서 똑같아져요."

주희, 태우 그리고 대현이는 수진이의 해결책이 맞다고 확인했고, 면담은 끝났다.

왜 수업을 하는 동안에는 바뀌지 않았던 수진이의 생각이 면담을 하는 동안 바뀌게 되었을까? 간단히 말하면 인지적으로 활성화되었기 때문이다. 이 과정을 좀 더 자세하게 살펴보자.

이 면담은 사회적 구성주의 학습이론을 적용한 것이다. 그리고 이것은 인지적 도제의 주요한 특성을 보여 준다. 예를 들어, 주희와 대현(나중에는 태우도 함께)이가 자신들의 해결방법을 설명할 때 그들은 인지적 모델이 된다. 토론과 함께 모델링하는 것은 학생들로 하여금 그들의 관점을 공유하게 하고 다양한 방법에 관한 아이디어를 보게 하는, 사회적 상호작용의 중요한 기능 중 하나다(Greeno & Van De Sande, 2007). 이러한 과정은 수진이의 사고에 비계를 제공해 주었다.

또한, 수진이가 "왜냐하면 10 곱하기 1은 10이고, ……그리고 2 곱하기 1은 2이고, 10 더하기 2는 12…… 그래서 똑같아져요."라고 말할 때 수진이는 새로운 상황에 적용하면서 자신이 이해한 것을 소리 내어 말했다. 이해를 언어화하는 것은 학생들이 때때로 혼란스러운 생각을 말로 바꾸어 그들의 생각을 명확히 하는 것을 돕는다(Kastens & Liben, 2007).

사회적 구성주의 학습이론은 또한 이해를 내면화하는 과정을 강조한다. 이론가들은 먼저는 사회적 환경 안에서 지식이 구성되고 나중에 개인에 의해 내면화된다고 주장한다(Applebee, Langer, Nystrand, & Gamoran, 2003; Leont' ev, 1981; Y. Li et al., 2007). 앞서 살펴봤듯이 비고츠키(1978: 57)는 "아동의 문화적 발달에서 모든 기능은 두 번 나타난다. 첫째는 사회적 수준에서 그리고 이후에 개인적 수준으로 나타난다."고 믿었다.

태우의 사고는 이러한 과정을 보여 준다. 그는 처음에 무엇이 지렛대의 균형을 맞추는지에 관한 도식이 없었다. 그의 이해는 모둠 안에 있는 다른 동료들과의 상호작용의 직접적인 결과로 점차 발전했다. 이 대화가 들어 있는 동영상을 본다면 태우가 그의 이해를 주저하면서 설명할 때 태우의 머릿속에 있는 '굴러가는 사고의 바퀴' 를 볼 수 있다. 즉, 태우가 자신의 생각을 표현해 내려고 애쓰면서 동시에 그의 이해는 발전했다.

사회적 상호작용이 학습을 증진시킨다는 것을 보여 주는 일관된 증거에도 불구하고(Brophy, 2006c), 연구자들은 이것이 매우 드문 경우이며 교사는 그들이 가르치는 시간의 대부분을 강의와 설명 또는 학생들이 앉아서 하는 과제에 사용한다고 주장한다(Pianta, Belsky, Houts, & Morison, 2007).

의미 있는 학습은 실세계 과제를 해결할 때 일어난다

웹 자료실

공교사의 수업과 학생들의 사고를 심화분석하기 위해서 www.myeducationlab.com에 접속하고, 8장 '활동 및 적용'의 'Constructing Knowledge of Balance Beams' 에피소드를 보라.

상황인지는 "학습한 것의 대부분은 이것을 학습할 때의 상황과 구체적으로 연결되어 있다고 주장한다(J. Anderson et al., 1996: 5)." 이는 문제가 추상적으로 제시되는 것보다 실세계 과제로 제시되는 것이 학생들에게 더 유의미하다는 주장이다.

공 교사의 수업은 이러한 특성을 보여 준다. 그녀는 학생들에게 지렛대의 균형을 이해시키기 위해서 구체적인 사물을 사용했다. 그리고 학생이 여기서 획득한 지식은 나중에 레버를 가진 펜치나 가위 같은 일상의 도구에서 일어나는 힘과 저항 현상을 이해하는 데 도움을 줄 수 있다. 그녀의 수업은 실세계 과제를 사용한 것이다. 실세계 과제는 종종 참과제(authentic task)라고 한다. 그리고 이것은 학생들이 실세계에서 요구되는 사고와 유사한 사고를 연습하는 학습활동이다(van Merriënboer, Kirschner, & Kester, 2003). 사고가 중요한데 실생활과 연계된 활동은 학교 밖에서 중요한 문제해결 기술과 사고를 촉진한다(Putnam & Borko, 2000: 4-5)." 예를 들어, 학생들은 교실에서 카펫이 깔린 구역을 알아내는 데 수학적 기술을 사용하고, 지원서를 쓸 때 작문 기술을 사용하며, 왜 운전하는 동안에 안전벨트를 매야 하는지 설명하면서 과학적 지식을 사용할 때 실제적인 배움활동에 참여하는 것이다.

실세계 과제(Real-world task, authentic task)
학생들이 실세계에서 요구하는 것과 유사한 사고과정을 연습하는 학습활동

◈ 이해 점검 활동

2.1 구성주의의 네 가지 특징 중 지렛대 양쪽의 타일 수가 같다면 균형이 맞을 거라고 생각한 수진이의 첫 번째 결론을 가장 잘 보여 주는 것은 어떤 특성인가?

2.2 몇 세기 동안 사람들은 지구가 태양계의 중심에 있다고 믿었다. 구성주의의 네 가지 특징 중 이러한 역사적 사실을 가장 잘 보여 주는 것은 무엇인가? 왜 그런지 설명하라.

2.3 당신은 학생이 작문할 때 문법규칙을 바르게 쓰기를 원한다고 하자. 이때 학생의 작문과제 성취를 도울 수 있도록 효과적인 실세계 과제 맥락을 서술하라.

학습자가 가치 있는 지식을 구성할 때: 오개념과 개념 변화

이 절을 시작하기 위해서 아래의 예시를 함께 보자. 다음 그림은 던지는 사람의 손에서 막 떠난 공이 날아서 받는 사람이 잡기 직전까지의 모습이다. 번호가 매겨진 각 지점에서 작용하는 주요한 힘의 방향을 표시하기 위해서 화살표를 그려 보라(이 문제를 해결할 때, 공이 받게 되는 공기의 저항은 무시한다).

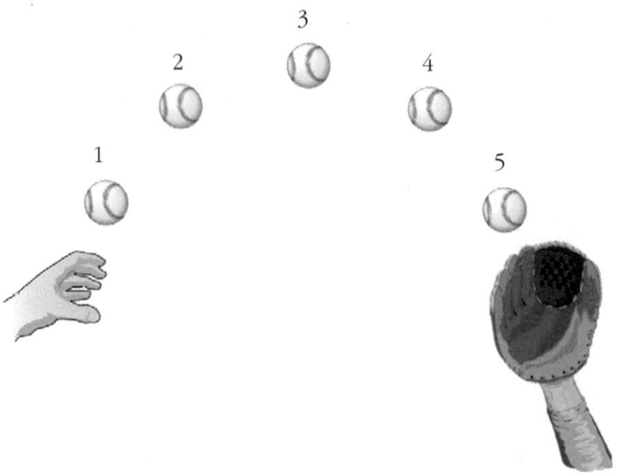

만약 여러분이 보통 사람이라면 다음에 보이는 것과 같이 화살표의 방향을 그렸을 것

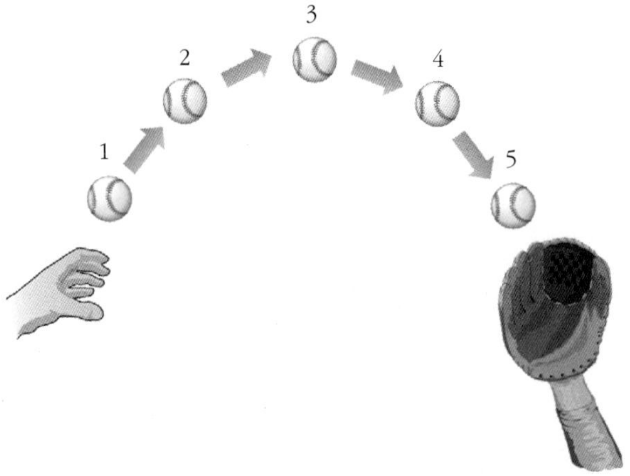

이다. 왜 일반 사람들은 이러한 방법으로 작용하는 힘을 나타냈는가?

여러분은 이러한 방법으로 나타내는 것이 그럴듯하다고 느꼈기 때문에 앞과 같이 표현했을 것이다. 우리가 경험한 것을 이해하려고 노력하는 것은 가장 기본적인 인지적 요구일 것이다. 그리고 이것은 학습원리의 기초가 된다. 즉, "학습자는 자신이 이해하는 방식으로 지식을 구성한다."는 것이다. 그러나 우리의 상식에 맞는 것은 때때로 증거 또는 일반적으로 받아들이는 설명과 모순될 때가 있다. 이러한 경우, 우리는 오개념을 형성한 것이다. 예를 들어, 다음에 보이는 대로 중력은 공의 모든 지점에서 작용하는 단 하나의 힘이다. 수진이는 지렛대 균형 맞추기에 대해서 오개념을 형성했었다. 즉, 지렛대 양쪽의 타일수가 같으면 균형을 이룰 것이라는 잘못된 믿음을 가졌던 것이다.

오개념 (Misconception)

증거 혹은 일반적으로 받아들이는 설명과 모순되는 믿음

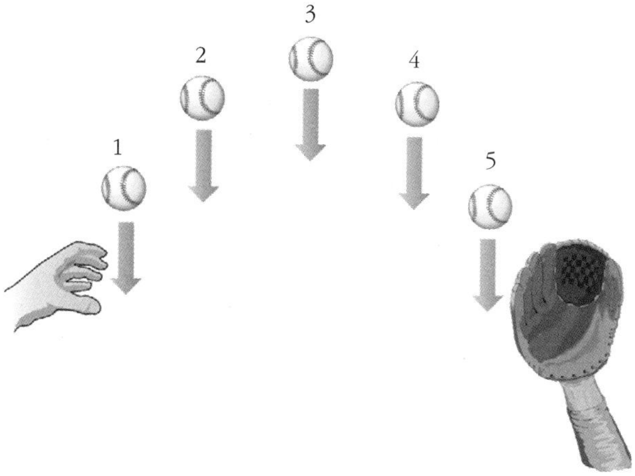

오개념은 과학에서 일상적으로 일어나지만 다른 내용 영역에서도 존재한다. 예를 들어, 다음과 같은 연산문제를 한 아동이 해결한다고 가정하자.

49	45
−35	−39

어린아이들은 때때로 단순히 큰 숫자에서 작은 숫자를 빼는 게 두 문제 모두에서 맞는 방법이라고 생각하여 앞의 두 문제의 답 모두 14라고 대답하곤 한다. 영어를 공부하는 학생들은 일반적으로 부사는 끝에 'ly' 가 붙는 단어이고, 형용사는 항상 수식을 받는 명사의 앞에 위치한다고 생각한다. 그리고 많은 사람은 공산주의와 사회주의가 같은 이데올로기라고 생각한다. 이들 각각은 모두 오개념이다.

교수-학습에서의 오개념

교수와 학습에서 많은 오개념이 존재한다. 예를 들어, 많은 교사는 학생들이 어떠한 주제를 이해하도록 돕는 가장 효과적인 방법은 학생들에게 무조건 설명하는 것이라고 믿는다(Andrew, 2007; Cuban, 1993). 우리가 수진이의 생각을 통해 보았듯이 교사들의 이러한 생각은 오개념이다. 많은 사람, 그리고 일부 교육을 이끌어 가는 사람들조차도 잘 가르치는 교사가 되려면 수학, 영어, 역사와 같은 교과의 지식만 있으면 된다고 믿는다(Bransford et al., 2000; R. Mayer, 2002). 이것은 또 다른 오개념이다.

효과적인 교수에 대해서 또 다른 오개념을 가지고 있는 교사와 학교지도자들은 효과적인 교수를 질서 있게 정돈된 교실과 질문을 던지는 교사로 동일시하고 명확한 학습목표와 그에 일치하는 학습활동의 필요성을 간과하는 경향이 있다(Eggen, 2004; Eggen & Gonzalez, 2005).

오개념은 또한 학습이론에도 존재한다. '부적 강화'의 개념은 한 예다. 이것은 어떠한 행동을 증가시키는 과정이다. 그러나 '부적(negative)'이라는 용어에 대한 감정적 반응 때문인지, 많은 학생은 부적절하게 부적 강화를 처벌과 동일시하여 이를 행동을 감소시키는 과정으로 본다. 또한 많은 교사는 중학교와 고등학교 학생들의 생물학적 연령으로 보아 그들의 사고 발달 단계가 형식적 조작기에 놓여 있기 때문에 추상적으로 배울 수 있을 것으로 생각한다. 이것은 피아제 이론(1970, 1977)을 교수에 적용할 때의 일반적인 오개념이다.

오개념은 구성주의에 관한 연구에서 중요하다. 왜냐하면 이 장에서 앞서 살펴보았듯이 구성주의는 오개념이 '왜 일어나는지'에 대해 설명할 수 있는 유일한 이론이기 때문이다.

오개념의 기원

사람들이 자신의 경험을 이해하려 하고 사전지식을 이용하여 새로운 정보를 해석하려 한다는 사실은 오개념의 기원을 이해하는 데 도움을 준다(di Sessa, 2006). 사람들이 형성한 오개념은 그들 자신에게 그럴듯한데, 왜냐하면 그들이 믿고 있는 스키마 안에 내재되어 있기 때문이다(Vosniadou, 2007). 예를 들어, 공이 날아감에 따라서 같은 방향으로 힘이 작용한다는 것은 그럴듯하다. 그리고 지렛대 양쪽의 타일 수가 같으면 균형이 맞는다는 생각은 간단하며 수진이에게 그럴듯하다.

오개념의 원인이 되는 몇 개의 요소는 다음을 포함한다.

- 사전경험: 이것은 아마도 가장 중요한 요소일 것이다. 예를 들어, 당신의 사전경험에서 물체는 힘이 작용하는 어떤 특정한 방향으로 움직인다. 반면 물체가 어느 한 방향으로 움직이는 데 작용하는 기본적 힘이 다른 방향으로 작용하는 것을 경험하는 것은 드물다.
- 현상: 사람들은 어떠한 대상이나 사건이 동시에 일어나기 때문에 하나가 다른 것의 원인이 되며 인과관계를 추론하는 경향이 있다(Kuhn, 2001; Reiner, Slotta, Chi, & Resnick, 2000). 예를 들어, 양팔저울이 균형을 이루었을 때, 지렛대 양쪽의 타일의 수가 같았기 때문에 수진은 지렛대 양쪽의 타일 수가 같으면 저울이 균형을 이루게 된다고 결론짓게 된 것이다.
- 사회: 사회에서 일반적으로 가지고 있는 믿음은 오개념을 만드는 데 기여한다. 예를 들어, 미국의 많은 사람은 아프리카를 대부분 사막으로 이루어져 있고 공통의 문화로 구성된 하나의 나라라고 생각한다. 그러나 사실은 지리적 · 문화적으로 많은 다양성을 가지고 있는 거대하고 광대한 대륙이다.
- 언어: 언어의 잘못된 사용은 오개념을 만드는 데 기여할 수 있다. 예를 들어, 우리는 해와 달을 '뜬다' 혹은 '진다'라고 표현한다. 이것은 아이들에게 해와 달이 지구 주

위를 돌고 있다고 믿게 만들 수 있다. 우리는 납을 '무거운' 금속이라고 말한다. 이것은 밀도에 관해서 오개념을 형성하도록 이끌 수 있다. 그리고 우리는 '그는 이 분야에서 떠오르는 별똥별이다.' 또는 '우리 회사는 경쟁사보다 몇 광년 앞서 있다.' 라는 표현을 듣는다. 이것은 별똥별과 광년에 대해서 오개념을 야기할 수 있다.

변화에 대한 오개념의 저항

교사는 보통 오개념을 반박하는 정보를 제공함으로써 학생들의 오개념을 제거하려고 노력한다(Alparsian, Tekkaya, & Geban, 2004; Yip, 2004). 그러나 우리가 수진의 사고를 통해 보았듯이 이러한 시도는 거의 효과가 없다.

왜 오개념은 변화에 저항하는 것일까? 그 답은 피아제 이론의 '평형화' 라는 개념에 있다. 오개념은 한 개인에게 그럴듯하게 생각되고, 더 큰 스키마 안에 숨어 있다. 따라서 평형화 상태에 있게 된다(Sinatra & Pintrich, 2003). 생각의 변화는 스키마의 재구성을 필요로 하는 불평형의 상태를 의미한다. 즉, 스키마를 변화하는 것보다 새로운 경험을 이미 존재하는 스키마에 동화시키는 것은 간단하다.

학생들이 오개념을 학습경험에 가져오는 것을 알고, 이러한 오개념이 변화에 저항하는 것을 깨닫게 되었다. 그러면 당신은 어떻게 반응할 수 있는가? 개념 변화에 대한 아이디어는 몇 가지 해답을 제공한다.

개념 변화를 위한 교수

개념 변화는 기본적으로 한 주제에 대한 학생들의 믿음을 변경하는 것을 포함한다. 개념 변화를 위한 교수는 피아제의 '불평형화', '조절', '동화' 의 개념을 이용한다(Alparsian et al., 2004). 학생들이 그들의 생각을 바꾸기 위해서는 세 가지 조건이 필요하다.

- 이미 존재하는 개념은 불만족스러워야 한다. 이것은 불평형화를 야기시켜야 한다.
- 대체되는 개념은 이해할 수 있는 것이어야 한다. 학생들은 그들의 생각을 조절할 수 있어야 하며 그 결과 대체 개념은 그럴듯하게 생각되어야 한다.
- 새로운 개념은 실세계에서 유용해야 한다. 또한 이것은 평형화를 재정립해야 하며 학생들은 새로운 경험을 동화시킬 수 있어야 한다.

수진이의 생각의 변화는 이러한 조건을 보여 준다. 첫째, 모둠의 구성원은 수진이 면담하는 동안 그녀가 제시한 해결책을 시도해 보았다. 그리고 수진이는 이것이 제대로 되지 않는 것(지렛대가 평형을 이루지 않는 것)을 볼 수 있었다. 따라서 수진이의 개념은 불만족스러

교사들은 예와 토론을 활용해서 개념 변화를 촉진한다.

워진다. 이미 존재하는 개념이 실효성이 없음을 보여 주는 증거를 확인하는 것을 보는 것은 개념적 변화를 이끄는 데 있어 가장 중요한 요소다.

둘째, 대체 개념(타일의 수와 지렛대의 중심으로부터의 거리라는 두 가지 개념을 모두 포함하는 개념)은 수진이가 또 다른 문제에 대한 해결책을 설명할 때 타일의 수와 중심과의 거리 두 개념 모두 사용할 수 있는 능력을 보여 주었으며, 이는 수진이 대체개념을 이해한다는 것을 의미한다.

마지막으로 대체 개념은 유용하다. 수진은 다른 예들을 제시해서 설명할 수 있었고 이러한 대체 개념은 실세계의 시소와 같은 경우에도 적용될 수 있었다.

비록 이러한 조건들이 모두 충족된다 하더라도 다른 사람의 생각을 바꾸는 것이 쉬운 일이 아니듯 개념 변화는 쉽지 않다.

상당한 정도의 인지적 관성이 있기 때문에 개념 변화의 과정에서 교사의 능동적 역할이 필요하다(Southerland et al., 2002; Vosniadou, 2007). 오개념을 드러내고 도전하며 새로운 상황에 맞게 자신의 수정된 사고를 적용하도록 요구하는 질문은 개념 변화를 촉진하는 교사의 가장 효과적인 수단이다(Crockett, 2004; Yip, 2004).

개념 변화는 사회적 구성주의 학습이론에 근거해 있다. 수진이는 그녀의 새로운 개념이 자신에게 이해되었기 때문에 자신의 생각을 변화시켰다. 그리고 면담하는 동안 사회적 상호작용과 이에 요구되는 경험 및 관련한 예시가 결합하였기 때문에 개념 변화의 과정을 촉진하였다.

다양성 탐색

지식 구성에서 다양성의 영향

학생들이 교실에 가지고 오는 믿음은 그들이 학습환경에서 무엇을 가지고 가는가를 결정하는 데 있어 가장 강력한 영향 중 하나다. 예를 들어, 무슬림 학생들과 유대교 학생들은 아랍-이스라엘 갈등과 이라크 전쟁에 대해서 매우 다른 시각을 가지고 있을 것이다. 또한 학생들이 종교적으로 배운 것과 지구의 나이가 약 45억 년이라는 과학자들의 설명, 또는 인류가 보다 원시적인 종에서 발달된 것이라는 설명과 다르다면 학생들은 기본적인 진화론을 받아들이기 힘들 것이다(Southerland & Sinatra, 2003). 이렇게 다양한 믿음은 우리의 수업의 효과성에 강력한 영향을 줄 수 있다.

여러분이 앞서 살펴보았듯이, 공 교사가 제안했던 것이 막대의 균형을 맞추지 못한다는 것을 보았던 것처럼 그 믿음이 유효하지 않다는 것을 나타내는 설득력 있는 증거가 존재하지 않는 한 현재의 믿음은 바뀌기 어렵다. 그러나 많은 경우, 반박할 수 없는 증거는 존재하지 않는다. 예를 들어, 신대륙을 향한 콜럼버스(Columbus)의 여행을 생각해 보자. 이것은 일부 사람들에 의해 미국 발전의 출발점으로 설명되었다. 그러나 다른 사람들에 의해서는 자원의 약탈과 원주민 문화의 파괴로 설명되었다.

그러면 여러분이 할 수 있는 것은 무엇인가? 학생들에게 다가갈 수 있는 가장 효과적인 방법은 그들이 어떤 생각이나 이론 혹은 해석에 대한 이해를 설명할 의무가 있음을 강조하는 것이다. 그러나 여러분은 그들이 이것에 동의하거나 믿기를 반드시 기대해서는 안 된다(Southerland & Sinatra, 2003). 예를 들어, 어떤 지역에서는 진화론이 논쟁의 대상이다. 그러나 이것이 학생들이 진화의 법칙을 이해해서는 안 된다는 것을 의미하는 것은 아니다. 그 법칙을 받아들이든 받아들이지 않든 선택은 학생들에게 달려 있다.

학습 공동체로서의 교실은 믿음과 이해의 다양성을 다루는 데 있어 매우 중요하다. 모든 학생은 그들의 믿음을 공유할 기회를 제공받아야 하며 생각의 다양성은 존중받아야 한다. 그들의 학급 동료가 자신과는 다른 믿음을 가졌다는 것을 인식하고, 지식을 학습하고, 그러한 다양성을 존중하는 것은 중요한 학습 경험이다.

교실에의 적용

교실에서 개념 변화 촉진하기

1. 학생들은 그들의 지식을 스스로 구성하는데 때로는 이러한 지식이 타당하지 않을 수 있다. 이를 드러내고 학생들의 현재의 이해 수준을 변화시킬 수 있는 질문을 하라.

- 초등학교: 2학년 학생 중 한 명이 다음의 첫 번째 문제를 풀고 45라는 답을 얻었다. 한 교사는 두 번째 문제를 보여 주었다. 그 학생이 두 번째 문제의 답도 45라고 대답하자 한 교사가 물었다.

  "우리는 두 가지 다른 문제를 풀었어요. 두 문제의 숫자가 다른데 어떻게 똑같은 답을 얻었을까요?"

$$\begin{array}{r} 54 \\ -19 \\ \hline \end{array} \qquad \begin{array}{r} 59 \\ -14 \\ \hline \end{array}$$

- 중학교: 중학교 2학년 학생 중 하나는 투명한 물체는 우리가 관통해서 볼 수 있는 물체이고, 불투명한 물체는 그렇게 볼 수 없는 물체라고 설명했다. 과학교사는 다음과 같이 물었다.

  "만약 우리가 투명한 물체를 관통해서 볼 수 있다면, 밤에는 왜 그렇게 볼 수 없는 걸까요?"

- 고등학교: 역사교사인 박 교사의 학생 중 하나는 모든 미국의 원주민은 유목하면서 사냥하고 채집하는 사람들이라고 설명했다. 박 교사는 푸에블로(pueblo, 돌이나 어도비로 지은 인디언의 집단 주택)와 다른 오래가는 생활 건축물을 보여 주고 질문했다.

  "만약 그들이 유목민이라면 그들은 왜 이러한 주택을 만들었을까요?"

2. 개념 변화는 학생들이 그들의 수정된 생각을 새로운 상황에 적용하도록 요구한다. 학생들에게 재구성된 지식을 새로운 상황에 적용하도록 요구하는 과제를 제공하라.

- 초등학교: 앞에서 2학년 교사는 학생들에게 재분류를 요구하는 일련의 문제를 해결하도록 했다.
- 중학교: 앞에서 중학교 2학년 과학교사는 학생들에게 그들의 교실 밖에서 들리는 복도를 따라 걸어가는 사람을 왜 볼 수 없는지 설명하도록 했다. 그녀는 학생들로 하여금 사람에게서 반사되는 광선이 교실의 불투명한 벽을 통과하지 못하기 때문이라는 결론을 내리도록 지도했다.

• 고등학교: 앞에서 박 교사는 학생들에게 보통 인디언과 북서부에 사는 인디언, 그리고 북동부에 사는 인디언과 같이 서로 다른 아메리카 원주민 집단의 문화적 · 경제적 특징을 설명하도록 했다.

◈ 이해 점검 활동

3.1 오개념이란 무엇인가, 그리고 이것은 구성주의 학습이론과 어떻게 관련되는가?

3.2 오개념의 네 가지 일반적인 원인에 대해서 서술하라. 그리고 각각의 예를 들어 보라.

3.3 오개념이 어떻게 제거될 수 있는지 설명해 보라.

교실수업을 위한 구성주의 학습이론

구성주의 학습이론이 교실수업을 위해 제시하는 구체적인 실천방안은 무엇인가? 이번 절에서는 이 물음에 대해서 답해 보고 교사의 역할에 대한 시사점을 검토해 볼 것이다.

구성주의 교실에서 교사의 역할

전통적인 교실에서처럼 구성주의 학습이론에 바탕을 둔 수업에서도 교사의 역할은 동일하다. 이러한 역할은 학습목표를 구체화하고 학습활동을 준비하며 평가를 디자인하는 것을 포함한다. 주요한 차이는 교사가 단순히 정보를 제공하는 것에서 학생들이 열린 사고를 하고 그것을 보일 수 있도록 상호작용을 촉진하는 것으로 그 강조점을 옮기는 데 있다(Bransford et al., 2000; Donovan & Bransford, 2005). 이러한 강조점의 변화는 몇 가지 구체적인 수업 실천을 위한 제안을 이끌어 낸다.

그러나 인간의 기억에 관한 우리의 이해는 교실에서 구성주의 학습이론을 적용하는 방법에도 강하게 영향을 미친다. 이제 수업 실천을 위한 제안을 검토하기 전에 7장에서 공부한 모델을 다시 한 번 간단히 보기로 하자.

구성주의와 인간의 기억

[그림 8-2]는 7장에 나왔던 기억에 관한 모델을 보여 준다. 그 모델과 구성주의 학습이

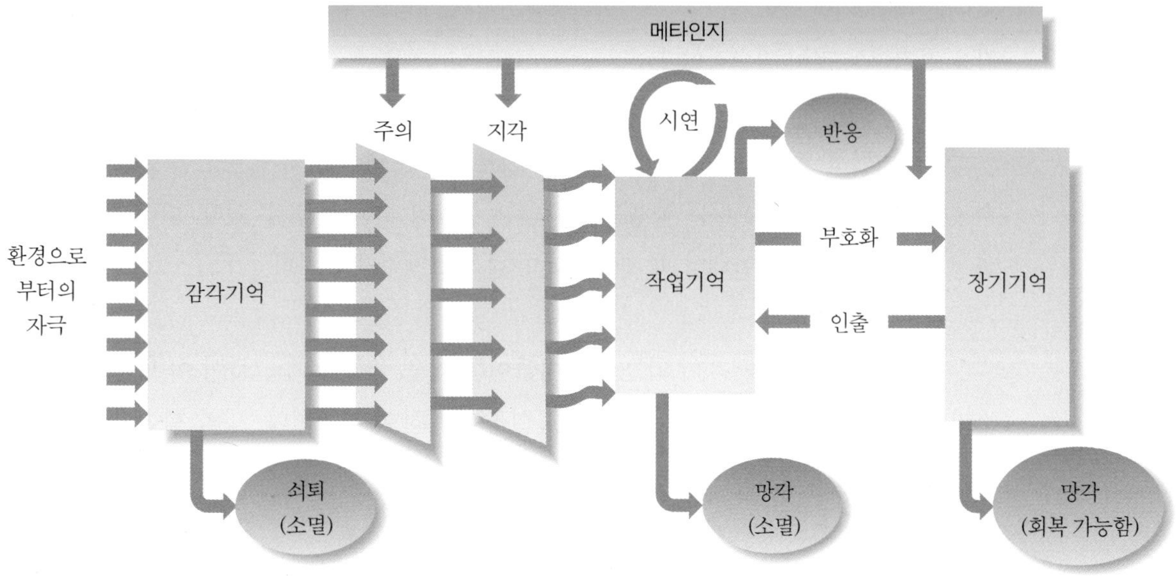

[그림 8-2] 인간기억 모형

론은 연결되어 있으며 상호 보완적이다.

다음에 제시된 모델의 구성요소는 구성주의에 바탕을 둔 수업에 직접적인 시사점을 제공한다.

- 주의
- 지각
- 작업기억의 제약
- 학습자의 장기기억에 존재하는 스키마
- 조직화, 정교화, 스키마 활성화와 같은 부호화를 촉진하는 전략
- 인지적 활동

이 절에서 우리는 이러한 요소 각각에 대해서 검토하고자 한다.

주의 모든 학습은 주의에서 시작된다. 따라서 학습자들은 주의를 집중하지 않는다면 사용 가능한 지식을 구성할 수 없을 것이다. 수진이는 주희 옆에 앉아 있었지만 주희와 마빈의 설명과 공 교사의 제안에 주의를 집중하지 않았다.

지각 만약 학생들이 그들이 공부하는 정보를 잘못 지각했다면 그들이 구성한 지식은 가치가 없을 것이다. 앞서 살펴봤듯이 외적 현상은 오개념을 낳을 수 있다. 학습자들은

보이는 것을 기반으로 정보를 구성한다. 때문에 오개념의 형성을 막기 위해서 학생들의 지각을 점검하는 것이 필수적이다.

작업기억의 제약 작업기억의 제약은 정보처리 모델에서 가장 중요한 특징이라고 할 수 있다. 모든 형태의 교수는 학생들에게 많은 인지적 부담을 줄 수 있다. 따라서 교수자는 학생들의 지식 구성을 안내할 때 작업기억의 한계를 생각해야 한다.

장기기억과 스키마 우리는 학습자들이 지식을 구성할 때 그들이 이미 가지고 있는 스키마를 바탕으로 지식을 구성한다는 사실을 반복하여 강조했다. 만약 학습자들이 이미 가지고 있는 스키마가 부적당하거나 부정확하다면 완전하지 않은 이해나 오개념을 구성할 것으로 예상된다.

부호화를 촉진하는 전략 교사는 때때로 학습자들이 그들 스스로 지식을 구성하기 때문에 구성주의에 기반을 둔 수업에서는 다른 학습이론에 기반을 둔 수업보다 주의 깊게 내용을 조직하는 것이 덜 중요하다고 잘못 생각한다. 이것은 사실이 아니다. 구성주의 교실에서 조직과 정교화, 그리고 부호화를 촉진하기 위한 다른 전략은 더욱 중요하다.

인지적 활동 교사들은 또한 학생들이 구성주의적인 학습활동에 참여하고 있기 때문에 인지적으로 활성화되고 있다고 암묵적으로 가정한다. 앞서 살펴보았듯이 꼭 그렇지만은 않다. 사회적 상호작용이 활발히 일어나고 있는 소그룹 활동에 참여하고 있을지라도 수진이는 수업이 진행되는 동안 계속 인지적으로 수동적 상태로 남아 있었다. 이것은 우리가 왜 그녀가 인터뷰를 하면서 직접적으로 직면하기 전까지 잘못된 개념을 계속 가지고 있었는지를 이해하는 데 도움을 준다. 학생들이 인지적으로 소극적인 상태에 있는 것은, 특히 강의와 설명이 가장 일반적인 교수전략인 교실에서 일반적인 문제다.

지금부터 구성주의 학습이론에 기반한 수업 실천을 위한 제안을 읽을 때, 인간기억 모형에 관한 특징을 기억해야 할 것이다.

수업 실천을 위한 제안

구성주의 학습이론을 기초로 하는 학습이론은 모든 학생의 학습을 증진시킬 수 있다. 다음의 수업 실천을 위한 제안은 교수에 이 이론을 적용시킬 수 있도록 가이드라인을 제공한다. 이것은 [그림 8-3]에 개략적으로 나타나 있고 다음 절에서 논의한다.

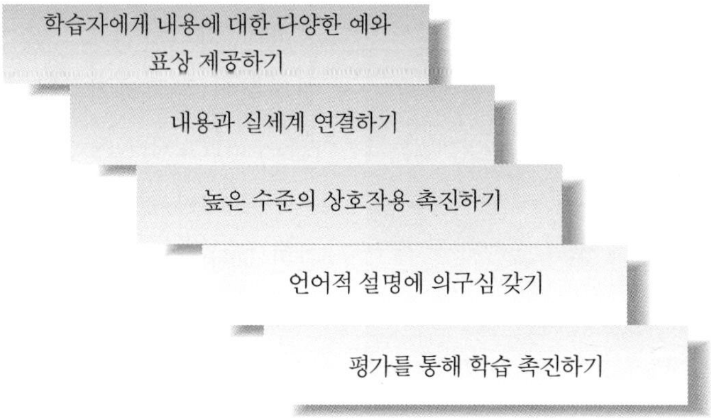

[그림 8-3] 수업 실천을 위한 제안

내용에 대한 질 높은 표상 제공하기

"학습과 발달은 학습자의 경험에 달려 있다."는 것은 7장에서 공부한 학습원리 중 하나다. 그리고 이해의 구성에 있어 사전지식의 역할에 대해서도 강조하였다. 그렇다면 학생들의 경험이 부족하고 사전지식이 충분하지 않을 때 무엇을 해야 하는가? 답은 간단하다(그러나 반드시 쉬운 것만은 아니다). 그 해답은 좋은 예와 가르치는 내용에 대한 다른 표상들을 제공하여 사전지식을 보충해 주는 것이다.

질 높은 예(High-quality examples)
학습자가 주제를 이해하기 위해 필요한 정보를 모두 포함하고 있는 예

질 높은 예는 학습자들이 주제에 대해 이해하기 위해서 필요로 하는 모든 정보를 포함하며, 세 가지 중요한 기능을 제공한다. 첫째, 질 높은 예가 학습자들이 지식을 구성하는데 사용하는 경험이 된다(Eggen, 2001; J. Freeman, McPhail & Berndt, 2002). 둘째, 질 높은 예는 학습자의 주의를 유도하고 유지시킴으로써 기억과정과 연결된다. 셋째, 질 높은 예는 필요하다면 개념 변화를 위한 바탕을 제공한다. 예를 들어, 면담을 하는 동안 대현이가 제안한 해결책은 수진이의 생각을 수정하고 막대저울의 균형을 맞추기 위한 원리에 대해 가치 있는 이해를 구성하는 것을 도왔다. 이러한 좋은 예가 없었다면 수진이는 자신의 생각을 바꾸지 못했을지도 모른다.

좋은 예는 모든 학년에서 모든 주제에 있어 중요하다. 그것은 특히 새로운 아이디어와 처음 접하는 학습자들에게 특히 중요하다(Kalyuga, Ayres, Chandler, & Sweller, 2003). 또한

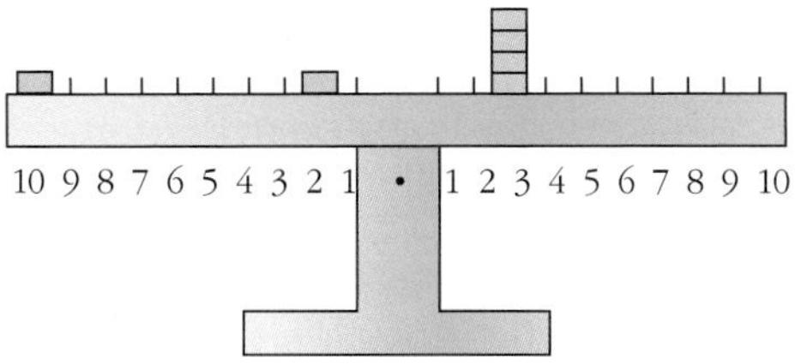

질 높은 예는 지식 구성을 위해 활용하는 경험이 된다.

언어능력이 낮은 학습자들에게도 특히 중요한데, 왜냐하면 그들은 또래에 비해 사전경험이 부족하기 때문이다(Bae, 2003; Echevarria & Graves, 2007).

〈표 8-1〉은 이 책에서 공부한 주제에 관한 교사들의 다양한 표상에 대한 다른 예를 포함한다.

내용을 실세계와 연결하기

사회적 구성주의 학습이론, 특히 상황학습은 학습할 내용을 실세계 경험과 연결하는 것의 중요성을 강조한다(J. Brown et al., 1989; Lave, 1997; Lave & Wenger, 1991). 실세계의 맥락 바깥에서 정보를 학습하는 것보다 내용을 실세계와 연결시키는 것이 학생들의 학습을 보다 의미 있게 만든다(van Merriënboer et al., 2003). 지리교과에서 학생들이 친구들과 자주 어울리는 장의 경도와 위도를 확인해 보거나 과학교과에서 관성과 자동차의 안전벨트를 연결시켜 생각하는 것, 또는 국어교과에서 학교신문에 게재할 설득적인

표 8-1
table

교사의 학습내용에 대한 표상

교사와 관련 장	학습목표	표상
정 교사(1장)	어떤 물건을 사는 것이 제일 좋은지를 결정하기 위해 1온스당 가격을 계산함으로써 소수와 비율에 대해 학생들이 이해하는 것	12온스의 탄산수 병과 가격 20온스의 탄산수 병과 가격 6개들이 탄산수와 그 가격
노 교사(2장)	밀도의 개념에 대해 학생들이 이해하는 것	컵 속의 솜뭉치(cotton ball) 무게와 부피의 비가 동일하다는 것을 보여 주기 위한 다양한 크기의 나무 육면체, 같은 부피의 물과 식물성 기름
나 교사(2장)	공기가 공간을 차지한다는 것을 학생들이 이해하는 것	물로 채워진 어항에 컵을 거꾸로 뒤집어 넣기 컵에서 나오는 공기방울
심 교사(4장)	비교급과 최상급 형용사를 학생들이 이해하는 것	길이가 다른 연필로 '길다', '가장 길다'를 보여 주기 학생들의 머리색으로 '어둡다', '가장 어둡다'를 보여 주기

글을 쓰는 것 등이 그 예가 될 수 있다. 공 교사는 지렛대라는 실세계 문제를 설계했으며, 이 책에서 공부했듯이 또 다른 교사들도 그렇게 했다. 예를 들어, 1장에서 정 교사는 십진법과 비율을 추상적으로 설명하지 않았다. 정 교사는 슈퍼마켓에서 어떤 물건이 가장 좋은 물건인지를 결정하기 위해서는 십진법과 비율이 필요하다는 것을 이해시키기 위해서 서로 다른 크기의 음료수병과 그 가격을 활용했다. 그리고 2장에서 노 교사는 밀도의 개념을 스크린 도어의 스크린, 그리고 인구밀도와 관련시켰다.

높은 수준의 상호작용 촉진하기

질 높은 예가 필요하기는 하지만, 학습을 구성하는 데 있어 좋은 예 자체만으로는 충분하지 않다(Moreno & Duran, 2004). 학생들은 예를 잘못 인식할 수 있다. 또는 수진이가 수업시간 동안 그랬던 것처럼 인지적으로 수동적인 채로 남아 있을 수도 있다. 왜냐하면 그녀는 소극적이었고 면담하는 동안 직접적으로 상호작용에 참여하기 전까지 그녀의 원래 생각을 유지하고 있었기 때문이다.

사회적 상호작용은 지식의 사회적 구성에 있어 핵심적인 부분이다. 이것은 또한 교사가 학습자들의 인식을 체크하고 학생들이 인지적으로 활성화도록 만든다. 또한 학생들의 작업기억의 부담을 감소시킨다. 왜냐하면 상호작용은 학생들이 새로운 정보를 부호화할 수 있는 정도의 속도로 진행되기 때문이다.

교사는 사회적 상호작용이 가능한 한 학습을 촉진시키는 데 필수적인 역할을 한다(Webb, Farivar, & Mastergeorge, 2002). 그들은 전체 학습수업에서 상호작용을 안내하고 소집단활동에서 학생들이 단순히 바른 정답을 얻으려 하는 대신 이해에 초점을 맞추도록 감시하는 역할을 한다(Blatchford et al., 2006). 그리고 그들은 이해를 측정하고 학생들이 자신의 학습에 대해 설명할 수 있도록 유지시키는 평가를 디자인한다.

언어적 설명에 대한 의구심 갖기

이 장의 앞에서 우리는 "지혜는 말로 가르칠 수 없다."는 주장을 소개했다. 그리고 이 주장은 수십 년간의 연구를 통해서 입증되었다는 것을 알 수 있었다(Gragg, 1940; Bransford, Derry et al., 2005). 또한 공 교사의 수업은 그 실제 예를 보여 주었다. 수진이가 지렛대의 균형 잡기 문제에 관한 세 가지 정확하고 명확한 설명을 각각 주희, 마빈, 그리고 공 교사로부터 들었지만 면담 초반에 여전히 타일의 개수가 지렛대의 균형에서 유일한 요소라고 생각하였다. 이렇듯 말로 듣는 설명은 효과가 없다. 그리고 교실에서 일어나는 대화에 관해서는 더욱 그렇다. 이러한 사실에도 불구하고 많은 교사가 학생들로 하여금 학습하게 하는 가장 좋은 방법은 그들에게 말로 강의하는 것이라고 여전히 믿고 있다(Alparsian et al., 2004; Yip, 2004).

우리는 교사가 학생들에게 주제에 대해 말로 설명해서는 안 된다고 말하는 것이 아니다. 또 학습자들이 설명으로 지식을 구성하지 못한다고 말하려는 것도 아니다. 그보다는 교사가 학생들에게 이것을 말로 설명했기 때문에 학생들이 어떤 개념을 이해했을 것이라고 결론짓지 말라는 것이다. 설명은 예시와 함께 결합되어야 한다. 또한 그 예시가 어떻게 개념을 드러내 주는지 보여 주기 위해 토론이 필요하다. 이것은 학습을 촉진하는 데 있어 평가가 필수적임을 보여 준다.

평가를 통해 학습 촉진하기

학습자들은 그들 스스로 지식을 구성하기 때문에 그들이 공부하는 주제에 대한 개인의 이해는 다양하다. 예를 들어, 면담 전에 수진이와 태우는 지렛대 균형 문제의 원리를 이해하지 못한 반면 마빈과 주희는 그것을 이해했다. 교수학습의 과정에서 평가를 중요하게 보는 것은 '학습을 위한 평가'의 핵심이다. 그리고 이것은 교사가 학습자들의 지식 구성이 가치로운 것인지 아닌지를 판단할 수 있는 유일한 방법이다(Stiggins, 2007).

학습활동 중에 우연적 정보(incidental information)를 모으는 비형식 평가는 교수-학습 과정에서 중요한 부분이다. 예를 들어, 공 교사의 수업에서 공 교사는 마빈이 칠판에 쓰면서 설명하는 것을 듣고 지렛대 원리를 이해했다는 것을 알았다. 교사는 학생의 설명을 통해서 이해 수준이 향상되고 있다는 것을 듣게 될 때 그 학생의 지식 구성이 가치 있는 것인지의 정도를 평가할 수 있다. 학생들의 이해가 정확하지 않거나 불완전할 때 교사는 그들이 자신의 생각을 수정할 수 있도록 돕기 위해서 피드백을 제공한다(Hatti & Timperly, 2007; Shute, 2008).

비형식 평가는 중요하고 가치가 있지만 불완전하고 오해의 소지(potentially misleading)가 있다. 예를 들어, 마빈이 공 교사가 설명한 사실과 연결하여 지렛대의 원리를 설명하는 것을 듣고 공 교사가 모든 학생이 이것을 이해했다고 결론 내릴 수도 있다. 우리가 앞서 수진이와 태우를 통해서 보았듯이 사실 공 교사의 비형식 평가는 마빈을 제외하고 남은 학생들의 이해에 관해서는 정보를 거의 제공하지 않았다. 교사는 모든 학생에게 질문이나 문제에 관해서 손으로 표시 혹은 기록하거나 칠판에 써서 대답할 것을 요구함으로써 비형식 평가의 효율성을 향상시킬 수 있다(Beers, 2006). 이것은 학습의 진전 정도에 관한 즉각적인 정보를 제공하고 교사로 하여금 그에 맞게 수업을 조정하도록 한다.

그러나 효과적인 교수자는 비형식 평가에다 체계적으로 모든 학습자의 이해에 관한 정보를 모으는 형식 평가를 보완한다. "효과적으로 설계된 학습환경은 평가 중심이어야만 한다. 평가의 주요 원리는 교사가 피드백과 수정을 위한 기회를 제공해야 하고 평가되어야 하는 것이 학습목표와 일치하는 것이다" (Bransford et al., 2000: 139-140).

학생의 사고를 평가하는 것은 평가과정에서 중요한 부분이다. 공 교사는 그녀의 모든 학생의 사고를 간파하지 못했다는 것을 깨닫고, 수업 다음 날 두 개의 문제를 가지고 학생들의 이해를 형식 평가했다.

태우의 반응이 적혀 있는 평가가 [그림 8-4]에 제시되어 있다. 그림을 보면, 지렛대 원리에 관한 태우의 스키마가 여전히 발전 중인 것을 볼 수 있다. 태우는 첫 번째 문제에서 지렛대가 균형을 이룰 것이라고 결정했다. 그러나 두 번째 문제에서는 문제의 답을 그리거나 쓰지 못했다. 그의 경험이 특별한 것은 아니었다. 공 교사의 평가로 다른 몇몇 학생 또한 지렛대의 균형 문제 풀기에 관해 여전히 확신을 갖지 못했음이 드러났다.

이것은 왜 형식 평가가 교수-학습과정에 있어 필수적인 부분인지를 이해하는 데 도움을 준다. 25명에서 30명 혹은 그 이상의 학생으로 구성된 교실에서 모든 학생의 사고를 비형식 평가한다는 것은 불가능하다. 형식 평가는 교사가 각각의 학생의 지식 구성이 가치로운 것인지의 정도를 결정하기 위한 유일한 방법이다(비형식 평가와 형식 평가를 포함한 학습을 위한 평가는 14장에서 자세히 살펴볼 것이다).

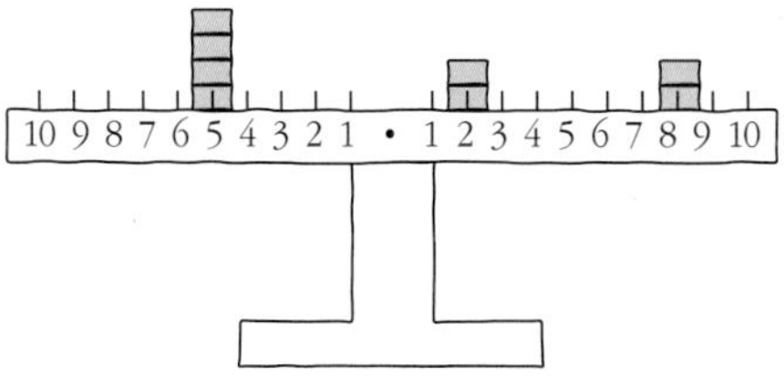

1. 그림의 타일들이 균형을 이루는지 살펴보자.
막대저울이 균형을 이루는가?
예(V) 아니요? (하나를 고르시오)

지금 왜 막대가 균형을 이루는지 혹은 균형을 이루지 않는지 설명하라.

균형을 이룰 것이다. 2 곱하기 8은 16이고 2 곱하기 2는 4다. 그래서 총 20이 된다. 4 곱하기 5는 20이다. 그래서 결국 두 가지는 같다.

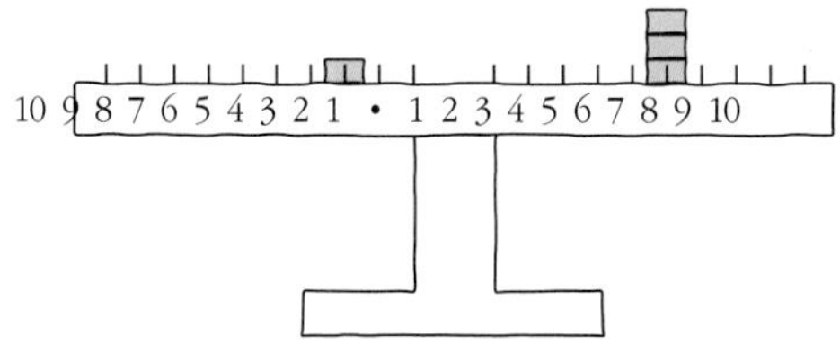

2. 그림의 타일들이 균형을 이루는지 살펴보자.

막대가 균형을 이루기 위해 그림에 타일을 그려 보자. 그때 왜 타일을 그 위치에 올려 놓았는지에 대해 설명하라.

나는 타일을 올려 놓았다. 그래야 균형을 이룰 것 같았다.

[그림 8-4] 평가를 위한 막대저울 문제

학습 맥락: 도시학교 환경에서의 지식 구성

도시의 교실은 지식의 구성을 촉진하고자 하는 교사에게 기회와 도전을 제공한다. 첫째, 이 책의 다른 장에서 도시학교 환경에 관한 논의를 했듯이 도시의 학생들은 다양한 가정에서 온 학생들이다. 따라서 그들은 다양한 정도의 학교 관련 사전지식을 가지고 학교에 온다(Serafino & Cicchelli, 2003; B. Weiner, 2000). 둘째, 학생들의 가정과 이웃 환경 때문에 그들의 실세계는 교외나 농어촌에 사는 또래와 매우 다를 수 있다. 교과서는 일반적으로 이상적인 평균 학생을 대상으로 집필되어 있다. 그렇기 때문에 다양한 도시 학생들의 배경 경험과 연결하는 것은 더욱 어렵다(Manzo, 2000). 셋째, 때때로 도시 학생들의 상호작용 패턴은 교외나 농어촌 학교에서 볼 수 있는 패턴과 다르다. 도시 학생들은 학군이 좋은 교외 학교에서 볼 수 있는 빠른 속도의 질문과 대답 패턴에 어려움을 느낄 수 있다. 그리고 그들은 직접적인 질문을 하는 교사의 의도가 학습을 증진시키기 위해서 시도하는 것이라기보다는 위협적인 것으로 해석할 수도 있다(Heath, 1989; T. Howard, 2001).

그렇다면 도시환경의 교사들은 학생들이 유용한 지식을 구성하도록 돕기 위해서 어떻게 반응해야 할까? 예시, 내용과 실세계 연결하기, 사회적 상호작용의 증가는 효과적인 도시학교 수업을 위한 세 가지 필수적인 요소다.

예시의 필요성 질 높은 예는 맥락에 관계없이 모든 학습자에게 중요하다. 그러나 도시 학교에서 학습자들의 사전경험의 다양성 때문에 좋은 예는 더욱 중요하다. 사실상 예시는 학생들의 사전지식이 된다. 그리고 그것은 개념을 의미 있게 만들기 위해 필요한 경험을 제공한다.

실세계와 연결하기 실세계와의 연결은 모든 학생에게 중요하다. 그러나 도시학교의 교사들은 그들이 가르치는 주제와 학생의 경험을 연결하기 위해 특별한 노력을 더 기울여야 한다(Charner-Laird et al., 2004). 예를 들어, 어떤 도시의 중학교 세계사 시간에 교사는 국가주의의 부상이 제1차 세계대전을 일으키는 데 중요한 요인이 되었다는 것을 토론하고 있었다. 학생들의 교과서는 국가주의를 나라 · 언어 · 문화에 대한 충성과 헌신으로 정의하고 있었다. 이러한 정의는 추상적이고 학생들이 살고 있는 세계와는 동떨어진 것이다. 교사는 국가주의라는 개념을 학생들 개개인의 것으로 만들기 위해 예화를 만들어 그것을 유추하기 위해 사용하였다. 그 예화에는 학생들이 다니는 학교인 동부와 서부 중학교라는 같은 도시의 다른 경쟁학교의 이름이 포함되었다. 예화는 학생들의 학교와 일상언어, 그리고 학교의 문화에 대한 충성과 애착을 그렸다. 이 모든 것은 국가주의의 특성을 동일하게 유추할 수 있는 것이었다. 다음에 이와 관련한 예화가 제시되었다.

동부 중학교의 학생은 그들의 학교를 사랑한다.

"우리는 누군가 이곳에 와서 우리의 학교를 바꾸는 것을 원하지 않아." 이렇게 학생들은 말한다.

"우리는 이야기할 때 서로를 이해하지. 나머지는 우리와 다른 사람들이야. 서부 중학교 애들은 유치한 음악을 듣고 방과 후나 주말에 우리처럼 놀지 않아. 우리는 동부인이야."라고 학생들은 말한다.

"우리는 다른 사람이 되기를 원하지 않아. 그 누구도 우리에게 뭘 하라고 말하는 건 싫어."

서부 중학교 학생들도 비슷한 생각을 가지고 있다.

"나는 동부 중학교 아이들이 말하는 방식이 싫어. 그 학교 애들은 방과 후에 함께 할 일 없이 어울려 어슬렁대지. 우리는 백화점에 놀러 가지. 걔네가 우리에게 뭐라고 말하는 건 싫어. 우리는 서부 중학교 사람이다. 우리는 서부인답게 살 거야(Eggen, 1998)."

학습내용과 학생들의 일상의 경험을 연결하는 것은 도시 학생들의 동기를 부여하는 데 필수적이다. 그들은 때때로 그들의 공부가 일상생활에서 왜 중요한지를 묻는다(Brophy, 2004). 교사는 다른 영역의 내용이나 교외나 시골 학생들에게도 비슷하게 적용할 수 있다.

사회적 상호작용 사회적 상호작용은 모든 맥락의 학습에서 필수적이다. 그러나 이것은 과밀학급과 도시 학생들의 상호작용 패턴 때문에 도시환경에서 특히 도전적일 수 있다(Griffith, Hayes, & Pascarella, 2004). 학생들의 사전경험이 다양하기 때문에 게다가 강의에 뒤따르는 문제도 도시에서 더욱 민감하다.

다양한 수용 가능한 해답을 허락하는 개방형 질문(open ended question)은 수업을 시작할 때 상호작용을 증진시키고 학생들이 대답하는 능력에 대한 자신감을 키워 주는 데 효과적이다(Eggen, 1998). 개방형 문제는 학생들이 질문받는 것을 두려움으로 생각할 수 있는 가능성을 줄여 주기 때문에 특별히 도시학교 환경에서 유용하다. 관점에 상관없이 학생들을 지식 구성에 참여시키기 위해서뿐만 아니라 그들의 학습진행을 모니터하기 위해서도 질문은 필수적이다. 단서를 제공하거나 적절히 기다리기와 같은 효과적인 질문의 요소는 도시 학습자를 대상으로 수업할 때 중요하다. 그리고 자신의 사고와 이해를 또래 학생들에게 드러내는 것에 민감한 중학교와 고등학교 학생들에게 특히 중요하다.

도시 교실에서 구성주의 기반의 수업을 소개할 때 마지막으로 주의할 것이 있다. 현재의 학교가 교사의 책무성에 강조점을 두고 있기 때문에 학교는 교사중심의 수업에 초점을 두게 된다(Cochran-Smith & Lytle, 2006; Viadero, 2007b). 이러한 경향은 사회경제적으로 낮

웹 자료실

초등학교 5학년 교사가 구성주의 학습이론을 교실에 어떻게 적용하는지 알아보기 위해 www.myeducationlab.com에 접속하고, 8장 '활동 및 적용'의 'Constructivist instruction in Fifth Grade'의 사례연구를 보라.

은 계급에 속하거나 문화적 소수자인 학생들이 높은 비율로 구성된 도시학교에서 특별히 나타난다(Kozol, 2006). 결론적으로 도시 학습자들은 구성주의 기반 수업을 처음 접할 때 어떻게 반응해야 하는지 모를 수도 있다. 따라서 교사는 무엇을 시도하려고 하는지 또 왜 하려고 하는지에 대해 명확하게 설명하려는 특별한 노력을 기울여야 한다. 예를 들어, 학생들에게 그들의 이름을 부르려 한다고 간단히 얘기하라. 그리고 순수하게 그들의 생각을 설명하기를 원한다고 강조하라. 이러한 대화는 상호작용의 장애물을 제거하는 데 기여할 것이다.

이 논의에서 보았듯 도시학교 환경에서의 수업과 일반 수업은 질적으로 다르지 않다. 도시학교의 학생들은 일반 학교에서와 동일한 지식 구성을 촉진하는 요소를 필요로 한다. 질 높은 예, 실세계와 내용 연결하기, 사회적 상호작용이 그것이다. 그리고 이러한 지식 구성요소는 단순히 도시 환경에서 조금 더 중요하고 조금 더 도전적일 뿐이다.

◈ 이해 점검 활동

4.1 구성주의 학습이론에 기반한 수업 실천을 위한 제안을 서술하라. 그리고 각각의 제안이 어떻게 구성주의 이론에 기반하고 있는지 설명하라.

4.2 국어교사는 학생들이 소유명사 만드는 규칙을 이해하고 그 규칙을 활용하여 학교에 관해서 글쓰기를 원한다. 좋은 수업 실천을 위한 제안을 해 보자.

4.3 학습의 구성주의 관점에 기반한 평가에는 중요한 몇 가지 특징이 있다. 이러한 특징들이 무엇인지 설명하라.

이론에서 실제로

구성주의 학습이론을 학급에 적용하기

구성주의 학습이론에 기반을 둔 교수, 특히 사회적 구성주의에 기반한 교수는 모든 학생의 학습을 증진시킬 수 있다. [그림 8-3]에서 본 수업 실천을 위한 제안은 우리가 이 이론을 교수에 적용하는 것을 돕는 가이드라인을 제공한다. 그것은 다음과 같다.

① 내용에 대한 질 높은 표상 제공하기
② 내용을 실세계와 연결하기
③ 높은 수준의 상호작용 촉진하기
④ 언어적 설명에 대한 의구심 갖기
⑤ 평가를 통해 학습 촉진하기

공 교사의 수업을 다시 살펴보자. 그리고 가이드라인 에서 제시한 것 중 어떤 것을 수업에 적용하였는지를 점

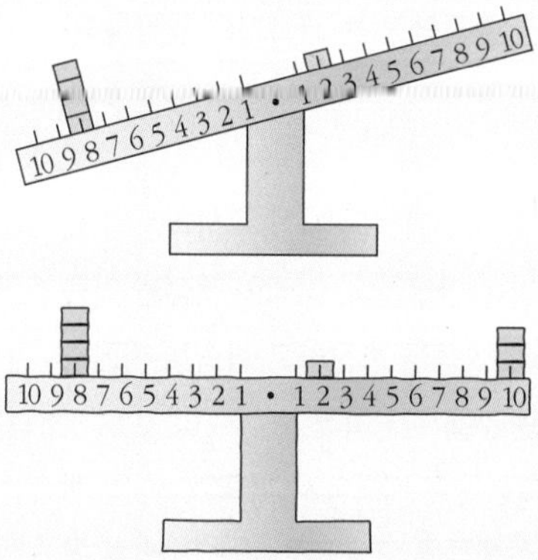

검해 보자. 교수의 여러 가지 측면 때문에 그 과정은 표면에 나타나는 것만큼 간단하지 않다. 공 교사는 첫 번째 항목을 잘 적용하지 못했다. 이 장에서 이미 보았듯이 좋은 예는 학생들이 내용을 이해하는 데 필요한 모든 정보를 담고 있다. 지렛대와 공 교사가 제시한 문제는 그녀가 사용한 예들이다. 그러나 그녀가 처음에 제시한 타일 배열에 의한 균형 문제는 학생들이 지렛대의 균형을 이루는 원리를 이해하기 위해 필요한 모든 정보를 포함하지 못했다. 그래서 학생들은 그 문제를 풀기 위해서 사전지식을 필요로 했으며 그 지식은 일부만이 가지고 있었다(예를 들어, 수진이와태우의 경우는 관련 사전지식이 없었다). 학생들이 오른쪽에 타일 3개를 10 위에 올려놓자고 제안하기 전까지 이것은 학생들이 필요로 하는 정보를 모두 포함한 좋은 예가 아니었다.

지렛대는 실세계 경험을 제공했다. 따라서 공 교사는 가이드라인의 두 번째 항목을 잘 적용하였다.

실제 교수 상황에서 세 번째와 네 번째 가이드라인의 근거 역할을 하고 있는 사회적 구성주의와 인지적 도제가 제한하고 있는 사회적 상호작용의 수준을 충족하는 것은 매우 어렵다. 이상적으로 교사의 수업 중 상호작용은 공 교사의 수업 면담에서 있었던 상호작용과 비슷할 것이다. 그러나 면담자는 네 명의 학생하고만 인터뷰를 했다. 따라서 각각의 학생은 자신의 생각을 설명할 수 있었다. 이러한 수준의 상호작용은 사실상 학급 전체를 대상으로 했을 때는 불가능하다. 그리고 학생들은 인터뷰에 직접 참여하기 전까지 수진이가 그랬던 것처럼 소집단 활동에서 인지적으로 수동적인 채로 남아 있을지도 모른다.

이것은 왜 형식적인 평가가 교수–학습과정에서 필수적인 부분이 되어야 하는지 이해하도록 돕는다. 25~30명, 혹은 그 이상의 학생들로 구성된 학급에서 모든 학생의 사고를 비형식적으로 평가하는 것은 불가능하다. 형식적인 평가는 교사가 각각의 학생들이 가치 있는 지식을 구성했는지를 확인할 수 있는 유일한 방법이다. 공 교사가 다음 날 제시한 평가는 필수적이며 가이드라인의 다섯 번째 항목을 효과적으로 적용한 것이다.

구성주의 학습이론을 교실에 적용하는 것은 정교하고 힘든 수업을 의미한다. 그러나 불가능하다는 의미는 아니다. 그러나 좋은 예, 가능한 많은 상호작용, 그리고 주의 깊게 설계된 평가의 결합은 모든 학생의 학습을 극대화할 수 있다.

교실에의 적용

구성주의 이론을 학급에 적용하기

1. 학습자들은 자신만의 지식을 구성한다. 그리고 그들이 구성하는 지식은 이미 알고 있는 것에 의존한다. 사전지식의 차이를 조정하기 위해서, 학생들이 학습내용을 이해하도록 다양한 예와 또 다른 표상을 제공하라.
   - 초등학교: 3학년 교사는 화학적 · 물리적 변화 단원을 가르친다. 이 교사는 물리적 변화를 보여 주기 위해서 학생들이 얼음을 녹이게 하고 종이를 찢고, 설탕을 녹이고 이쑤시개를 부러뜨렸다. 그러고 나서 화학적 변화를 보여 주기 위해 학생들이 종이를 태우고, 베이킹소다에 식초를 붓고, 소다 크래커를 씹게 했다.
   - 중학교: 국어교사는 내적 갈등을 설명하기 위해서 다음의 내용을 발췌하여 보여 주었다. 경희는 무엇을 해야 할지 알지 못했다. 그녀는 학급 여행을 기다렸다. 그러나 여행을 간다면 장학금 자격시험을 볼 수 없을지도 모른다.

강빈이는 갈등에 빠졌다. 그는 재성이가 연조의 계산기를 가져가는 것을 보았다. 그러나 담임 선생님께 본 것을 말씀드리면 도둑이 누구인지 말한 사람이 바로 자신이라는 것을 재성이 알아차릴 수도 있다는 것을 알았다.

- 고등학교: 대공황에 관해 가르치면서, 사회교사는 학생들에게 『분노의 포도』에서 발췌한 글을 읽게 했다. 또 사람이 식량을 배급받는 줄에 서 있는 비디오를 보여 주었고, 주식시장 붕괴 후 자살이 빈번한 것에 관한 통계를 함께 보았다. 그리고 루스벨트(Franklin D. Roosevelt) 대통령의 직장복귀(back-to-work) 프로그램에 관한 설명이 담긴 유인물을 나눠 주었다.

2. 지식 구성은 학습자들이 실세계 경험을 가지고 있을 때 가장 효과적이다. 실제적 문제에 연계한 학습활동을 개발하라.

- 초등학교: 지리와 우리가 살아가는 방식에 관련된 수업에서, 3학년 교사는 학생들이 그들이 가장 좋아하는 오락활동을 하기 위해서 어떻게 옷을 입는지를 설명하게 했다. 그 교사는 여러 지역을 이사 다녔던 학생들에게 질문하고 생활방식에서 지역이 어떠한 영향을 미치는지 이해를 구성하도록 안내하였다.
- 중학교: 증가율과 감소율에 관한 단원에서, 수학교사는 쇼핑하는 동안 세일하고 있는 옷의 예를 찾아보라고 요구했다. 그는 또한 신문의 광고를 가지고 와서 광고에 제시된 최종 할인 가격이 얼마나 되는지 계산하도록 했다.
- 고등학교: 학생들이 설득적 글쓰기의 중요성을 이해하도록 하기 위해서 국어교사는 같은 주제로 기록된 '편집자에게 보내는 편지' 세 통을 가지고 왔다. 학생들은 그 편지에 관해서 토론하고 어떤 것이 가장 효과적인지를 결정하도록 하고 교사의 안내에 따라 효과적인 설득력 있는 글쓰기의 특징을 파악하였다.

3. 학습에 관한 사회적 구성주의의 관점은 지식 구성과정에 있어 사회적 상호작용의 역할을 강조한다. 이러한 특성을 이용하기 위해서 수준 높은 상호작용을 촉진하고 학습을 촉진하기 위해 설명에만 의존하는 것을 지양하라.

- 초등학교: 4학년 교사는 학생들이 지도에서 척도(scale)의 개념을 이해하기를 원한다. 학생들을 모둠으로 나누고 난 후 교사는 학생들에게 그들의 데스크톱 컴퓨터의 지도를 만들도록 했다. 또한 그들의 공간에 관한 지도를 그리는 것을 가르쳤다. 그리고 마지막으로 그들은 밖으로 나가서 운동장의 지도를 그렸다. 이것이 모두 끝나고 난 후 교사는 그 지도의 공통점과 차이점을 이해하도록 돕기 위해서 학급 구성원들이 토론하도록 유도했다.
- 중학교: 6학년 과학교사는 학생들에게 8개의 동일한 나무로 된 정육면체를 가지고 오라고 했다. 그리고 5개를 쌓아 하나를 만들고 나머지 3개를 쌓아 하나를 만들도록 했다. 그는 학생들에게 그 두 개의 나무더미의 질량 · 부피 · 밀도에 관해 토론하도록 했다. 그리고 질문을 통해, 5개로 쌓은 나무더미의 질량과 부피는 3개로 쌓아 만든 것보다 더 크지만 밀도는 두 개가 동일하다는 결론을 이끌도록 유도했다.
- 고등학교: 대수학을 가르치는 교사는 학생들과 함께 문제를 해결해 가면서 학생들이 각각의 문제해결 단계가 왜 필요하며 관련된 구체적인 정보가 무엇인지 설명하도록 요구한다. 학생들이 어려움을 겪을 때, 교사는 학생들이 그 단계를 이해할 수 있도록 돕는 부가적인 질문을 제공한다.

구성주의 학습이론의 의의

구성주의 이론은 학습내용에 대한 이해를 심화하기 위해 사전지식과 상호작용이 왜 중요하며 학생들의 사고를 모니터하는 것이 왜 본질적인지에 대한 이해를 돕기 때문에 학습의 이해에 중요한 기여를 했다(Carver, 2006). 우리는 학생들이 스스로 지식을 구성하는 것을 알기 때문에 학생들이 왜 몇 번씩 토론해 온 생각을 이해하지 못하는지, 왜 계속 강조했던 핵심적 개념을 무시하는 것처럼 보이는지, 왜 오개념을 계속 유지하는지를 이해해야 한다. 이러한 이해를 바탕으로 우리는 덜 좌절하고 더 인내할 수 있다. 구성주의 학습이론은 왜 종종 설명만으로는 효과가 없는지, 그리고 교사가 미리 준비한 학습지에 의존하는 것이 교사가 바라는 이해를 학생들이 하지 못하는지를 아는 데 도움을 제공한다. 그러나 구성주의는 종종 잘못 해석된다.

> 구성주의자들의 지식이론에 대한 일반적인 오해는 교사가 어떠한 것도 학생들에게 직접적으로 말하지 않아야 하고, 대신 항상 학생 스스로가 지식을 구성하도록 해야 한다는 것이다. 이러한 관점은 교수이론(theory of pedagogy)과 지식이론(theory of knowing)을 혼동하는 것이다(Bransford et al., 2000: 11).

학습이론과 교수이론을 구분하는 것은 중요하다. 학습이론은 학생에게 초점을 맞추고 어떻게 하면 이해가 촉진되는지를 설명하는 것을 돕는다. 대조적으로 교수이론은 교사에게 초점을 맞추고 구성주의 철학을 교실에 어떻게 적용할지를 결정하게 한다.

학습과 교수의 혼동은 수업활동을 위한 적절한 방법에 대한 오해로 유도하거나 과도하게 단순한 제안을 제시할 수 있다. 예를 들어, 소집단활동에서 사회적 상호작용을 사용할 때 잠재적인 문제는 만약 그 모둠이 어떠한 과제를 성취했다면 개개인의 구성원이 모두 그 과제를 달성했다고 가정하는 것이다. 연구에 의하면 이것은 사실이 아니다(B. Barron, 2000; Southerland et al., 2002). 공 교사의 수업을 보면 이러한 잠재적인 문제를 보여 주고 있다. 공 교사의 수업에서 4개의 모둠은 과제를 성취할 수 있었다. 그러나 수진이와 태우는 그렇지 못했다. 이 결과는 나아가 구성주의 학습이론에 기초한 교수에서 평가가 지니는 중요한 역할을 강조하고 있다.

구성주의와 교수방법의 관계는 종종 혼동된다. 예를 들어, '사회적 상호작용은 학습을 촉진한다.' 는 것이 때로 협동학습을 사용하는 교사는 구성주의자이고 전체 학습활동에 의존하는 교사는 구성주의자가 아니라는 의미로 해석되는 것이다. 사실 두 교사 모두 구성주의적 관점에 기초를 둘 수도 있고, 그렇지 않을 수도 있다. 대규모 집단수업이 효과적으로 수행되었을 때는 이해의 구성을 돕고, 협동학습이 적절하게 이루어지지 않았을 경우에는 이해의 구성을 돕지 않을 수 있다.

또한, 다른 어떤 이론에서와 마찬가지로 구성주의는 학습에 대한 완벽한 그림과 교수에 대한 함의를 제공해 주지 못한다. 예를 들어, 연구자들은 많은 기능이 자동화될 때까지 연습되어야 한다고 제안한다(Feldon, 2007a; Péladeau, Forget, & Gagné, 2003). 이러한 연구는 구성주의보다 인간기억 모형에 의해 더 잘 설명된다. 사실상 구성주의에 관한 논의는 학습자들의 인지구조를 무시하는 경향이 있다. 예를 들어, 학습자들은 그들이 공부하는 주제에 대해 주의 집중하고, 정보를 지각하고, 작업기억의 용량을 넘지 않는 범위 내에서 공부한 내용에 대한 유용한 이해를 구성할 것이다. 또한 자신의 학습에 대해 메타인지적 학생들은 그렇지 않은 또래보다 더 성공적인 학습자가 된다(Azevedo & Cromley, 2004; Eilam & Aharon, 2003). 인간의 기억에서 나온 주의, 인지, 작업기억, 메타인지라는 요소를 무시하는 것은 학습의 이해를 위한 중요한 퍼즐의 한 부분을 버리는 것과 같다.

〈표 8-2〉는 우리가 공부한 다른 학습이론의 각각의 이론이 설명할 수 있는 학습의 측면과 그들의 한계에 대해서 비교해서 보여 주고 있다.

다행히도 역사직으로 구성주의와 관련한 논쟁은 어느 정도 해결된 것처럼 보인다. 예를 들어, 대부분의 연구자는 모든 학생의 독특한 지식 구성이 모두 동등하게 타당하다는 철학적 관점을 기각했다(Derry, 1992; Moshman, 1997; D. Phillips, 1997, 2000).

게다가 구성주의가 적용된 교실에서 교사의 역할은 명확하게 설명되어 왔다. 즉, 교사가 학습을 촉진하는 역할이 감소했다는 것이 아니라 사실상 교사의 역할이 오히려 증대되고 좀 더 복잡해졌다는 것을 의미한다. 분명한 목표를 정해 주고 효과적인 학습활동을 만들고 가치 있는 평가를 개발하는 전통적인 교사들의 역할은 다른 이론과 마찬가지로 구성주의에서도 중요하다고 여겨진다(Bransford et al., 2000; Howe & Berv, 2000; D. Phillips, 1995, 2000). 예를 들어, 단순히 정보를 제공하기보다(일반적으로 교수의 전달 관점으로 묘사되는) 구성주의를 수업에 적용하고자 하는 교사들은 수업내용에 대한 이해가 발전되고 있는지 학생들의 설명을 주의 깊게 듣고 학생들이 완전하고 유용한 스키마를 구성하도록 도움이 필요할 때 개입해야 한다. 구성주의 학습이론을 적용하는 것은 교사들로 하여금 학생들의 사고를 모니터하고 지식 구성 과정에서 돕고, 오개념의 형성을 막기 위해서 충분히 빠르게, 그러나 학생들의 학습에 대한 주도권이 축소될 만큼 빠르지는 않게 개입하도록 요구한다. 교사로서 전문성을 획득하면서 이 세련되고 정교한 수업에서 요구하는 것을 숙달할 수 있을 것이다.

학교급별 적용 *Developmentally appropriate*

다양한 연령의 학습자에게 구성주의 이론 적용하기

구성주의 학습이론이 모든 연령대의 학생들에게 적용됨에도 불구하고 발달적인 차이가 존재한다. 다음은 이러한 차이점에 대한 몇몇 제안이 개괄되어 있다.

초등학생들의 활동

이 시기 아동들은 자기중심적인 경향이 있다. 그리고 사물이나 사건의 지각적인 측면에 초점을 맞추는 경향이 있고 사고할 때 액면 그대로 받아들이는 경향이 있다. 이것은 많은 오개념의 구성을 이끌 수 있다. 예를 들어, 어린 학생들은 크기와 연령을 동일시한다. 더 큰 사람은 더 나이 든 사람이라고 생각한다. 그리고 사회과 공부에서 그들은 경도와 위도의 선이 지구에 실제로 존재한다고 생각할지도 모른다.

결과적으로, 추상적으로 제시되는 설명은 이 아동들에게는 가장 유용하지 않은 것이다. 어린 학생들과 공부할 때는 좋은 예가 더 나이 많은 학습자와 공부하는 것보다 중요하다. 상호작용이 있는 교실에서의 교수는 교사로 하여금 학생들이 현재 가지고 있는 개념을 조사하고 학생들이 새로운 개념을 형성할 때 돕는 두 가지 역할을 하도록 한다.

중학생들은 사건을 문자 그대로 해석하는 경향은 대부분 극복하였다. 그러나 종종 지식 구성의 과정에서 물체와 사건 사이의 관계를 깨닫는 것에서 실패하곤 한다. 예를 들어, 직사각형과 정사각형은 평행사변형의 부분집합임을 깨닫지 못하고 그 둘을 다른 범주에 속한 모양으로 볼 수도 있다.

이러한 경향성을 조정하기 위해서는 새로운 개념에 대해서 생각하고 이야기 나눌 수 있는 기회를 포함하는 인지적 도제가 효과적이다. 예를 들어, 교사는 학생의 노력에 조심스럽게 비계를 제공해야 한다. 그리고 학습을 극대화하기 위해서 소그룹 활동을 하는 동안 자신의 이해를 말로 표현하는 것이 필수적이다.

또한 중학생들은 관점 수용하기, 사회적 문제해결과 같은 상호작용 기술을 발전시킨다. 이는 교사로 하여금 협동학습을 사용하도록 하고 사회적 상호작용을 수업과 통합하기 위해 다른 소그룹 활동 전략을 사용하도록 한다. 그러나 전문가들이 주의를 주는 것은 교사가 이러한 활동을 주의 깊게 구성하고 모니터해야 학습이 극대화된다는 것이다(Blatchford et al., 2006; Ding, Li, Piccolo, & Kulm, 2007).

고등학생들의 경험은 그들의 지식 구성의 유용성을 증가시키는 풍부한 사전지식을 제공할 수 있다. 그러나 그들은 특히 상징과 추상적인 개념을 사용할 때 여전히 다양한 오개념을 구성한다. 예를 들어, $2+5\times3-6$ 이것을 계산할 때 그들은 종종 정답인 11($5\times3=15$, $15+2=17$, $17-6=11$) 대신에 15($2+5=7$, $7\times3=21$, $21-6=15$)라는 답을 얻는다.

학생들이 고등학교에서 좀 더 높은 수준의 반으로 이동할 때 (예를 들어, 물리, 화학 또는 수학) 높은 수준의 상호작용은 보다 중요해진다. 그리고 이러한 수업에서 교사가 대학교수처럼 가르칠수록 강의는 가장 일반적인 교수전략이 된다.

고등학생들 또한 다른 학생들의 생각과 자신들의 생각을 비교하고 발전시키는 기회를 제공하는 학급토론에 참여하고 여기에서 이익을 얻는다(Hadjioannou, 2007). 모든 형태의 교수법에서, 교사는 학습목표에 일치되도록 하기 위해 토론을 구조화하고 모니터할 필요가 있다.

표 8-2 table

학습이론 비교

이론	설명할 수 있는 것	예	설명할 수 없는 것	예
행동주의	• 연합으로부터 반응의 획득 • 결과로 얻어지는 행동의 변화	• 왜 사람들은 물을 무서워하고 또 그것을 극복하는가 • 왜 사람들은 두통을 완화하는 약을 먹는가	• 직접적 원인이 없는 행동의 변화	• 왜 아이들은 다른 학급동료에게 조용히 하라고 했을 때 조용해지는가
사회인지 이론	• 다른 사람을 관찰하는 것의 결과로 습득하게 되는 행동 • 다른 사람의 행동의 결과를 관찰한 결과에서 오는 행동의 변화	• 왜 사람들은 연예인에 의해 유명해진 옷을 입는가 • 왜 아이들은 학급의 다른 친구가 조용히 하라는 얘기를 들었을 때 조용해지는가	• 다른 사람의 존재에 관계없이 일어나는 행동 • 왜 사람들은 모방된 행동을 모방하는 것에 실패하는가	• 어떻게 학생들은 설명을 듣거나 시범을 보이지 않은 문제에 대한 답을 생각해 내는가 • 왜 학생은 교사가 시범을 보인 문제를 다시 풀지 못하는가
기억모형	• 결과의 여부나, 관련된 다른 사람에 관계없이 일어나는 행동	• 왜 어떤 학생들은 교사가 시범을 보인 문제를 다시 풀어 낼 수 있는 반면 다른 학생들은 하지 못하는가 • 왜 어떤 학생들은 그들이 공부하는 방법을 인식하고, 그것을 인식하지 못하는 학생들보다 더 높은 학습성취를 하는가	• 오개념의 획득 • 왜 같은 경험을 가진 사람들이 어떤 사건에 대한 서로 다른 이해를 획득하는가	• 왜 사람들은 12월보다 6월에 지구가 태양에 보다 가깝게 있다고 생각하는가
구성주의	• 독창적 생각과 오개념	• 왜 사람들은 12월보다 6월에 지구가 태양에 보다 가깝게 있다고 생각하는가	• 인간의 기억모형이 학습에 어떻게 영향을 미치는가 • 의식하지 않고 무의식적으로 획득하게 되는 행동 • 사람이 아닌 동물들의 학습	• 왜 학생들은 컴퓨터를 잘 다루지 못할 때 컴퓨터로 쓴 에세이는 내용이 좋지 않은가 • 거의 익사할 뻔했던 사람들이 어떻게 물에 대한 공포를 극복하는가 • 파블로프(Pavlov)의 개는 어떻게 연구실 조수를 보기만 해도 타액을 분비하는 것을 학습했을까

✿ 학습목표별 요약

1. 인지주의와 사회적 구성주의의 차이점을 서술하라. 그리고 각각의 예를 들어라.

- 구성주의는 학습자들이 이미 조직된 형태로부터 전달된 이해를 받아들이기보다는 내용에 관한 지식을 스스로 구성한다고 주장하는 학습이론이다.
- 인지적 구성주의는 개인이 이해를 구성한다는 것에 초점을 맞추고 있다. 어떠한 경험이 개인의 평형화(인지적 평형상태)를 혼란스럽게 했을 때, 인지적 구성주의는 개인이 평형화를 재정립하기 위해 이해를 재구성한다고 믿는다. 사회적 구성주의는 지식이 우선 사회적 환경에서 구성되고 그다음에 개인에 의해서 내면화된다고 강조한다. 사회적 구성주의자들에 따르면 지식은 상호작용의 직접적인 결과로 발전된다.
- 사회문화적 이론의 관점에서 학습자 공동체, 인지적 도제 그리고 상황인지는 모두 교육에서 사회적 구성주의의 영향을 받은 결과물이다.

2. 구성주의 학습이론의 특징과 적용점을 서술하라.

- 학습자들은 지식을 암기하기보다는 구성한다. 이것이 구성주의 학습이론의 기본 원리다.
- 구성주의 학습이론은 지식 구성의 과정에 있어 사전지식의 중요성, 사회적 상호작용의 역할, 그리고 실세계 과제의 가치를 강조한다.

3. 오개념이 무엇인지, 어떻게 생겨나는지를 서술하라. 또 교사는 그것을 어떻게 제거하는지 설명하라.

- 오개념은 근거나 일반적으로 받아들여지는 설명과는 모순되는 믿음이다.
- 다음의 요소들은 사람들의 오개념을 만드는 데 기여할 수 있다. 사전지식, 두 가지 사건이나 물체가 함께 발생함으로써 사람들이 원인-결과 관계를 추론하도록 이끄는 현상, 사회, 잘못된 언어의 사용.
- 오개념을 바꾸는 것은 어렵다. 왜냐하면 그 변화가 개인의 인지적 평형을 방해하고, 오개념이 종종 일상의 경험과는 일치하기도 하며, 개인은 이미 존재하고 있는 믿음과 새로운 정보 사이의 모순을 알아차리지 못하기 때문이다.
- 개념의 변화가 일어나도록 하기 위해서는 존재하고 있는 개념이 불만족스러워야 하고, 대체되는 개념은 이해 가능하고 실세계에서 유용해야 한다.

4. 구성주의 학습이론이 교육에 제안하는 것을 서술하라.

- 구성주의 학습이론에 기반한 교육은 좋은 예, 내용에 대한 표상, 학생 간 상호작용, 실세계와의 연결을 강조한다.
- 구성주의 학습이론에 기반을 두고 교육을 하는 교사는 강의와 설명이 종종 학생들의 깊은 이해를 촉진하지 못한다는 것을 안다.
- 구성주의 학습이론에 기반을 둔 교육은 교사로 하여금 교수-학습의 과정에서 필수적인 요소로서 계속 진행되는 평가를 사용하도록 요구한다.

✎ 전문성 발달: 자격증 시험 대비 연습

이 장의 처음에서 여러분은 공 교사가 그녀의 학생들이 지렛대의 균형에 관한 지식을 구성하도록 돕기 위해 수업을 계획하고 진행하는 방법에 대해서 살펴보았다.

다음의 사례에서는 한 과학교사가 학생들에게 간단한 진자(simple pendulum)의 빈도수에 영향을 미치는 요소에 대해 조사하게 한 것이다. 이 사례를 공부하고 다음의 물음에 답해 보자.

중학교 과학교사인 신 교사는 자신의 1학년 학생들이 계속해서 변인을 통제하는 데 어려움을 겪는 이유를 알고 싶어 했다. 그는 "이상하네. 우리는 함께 식물을 가지고 실험을 했었고 아이들은 이해하는 것 같았는데…… 나는 꽤 잘 설명했었는데."라고 생각했다. 그는 소모둠으로 간단한 진자실험을 통해서 학생들이 변인통제를 좀 더 연습하게 하려고 결심했다.

다음 날 신 교사는 간단한 진자실험을 실제로 해 보이면서 수업을 시작했다. 그는 학생들에게 빈도수란 시간주기 동안 왔다 갔다 하는 수를 의미한다고 설명하면서 어떤 요소가 진자의 빈도수에 영향을 미칠 것 같은지 물어보았다. 잠시 토론 후에 학생들은 길이, 무게, 손을 놓을 때의 각도라고 말했다.

"좋아, 모둠별로 할 일은 너희들 자신의 실험을 계획하는 일이야." 신 교사는 말했다.

"어떻게 이런 것들이 빈도수에 영향을 미치는지 증명할 수 있는 방법을 생각해 봐. 책상 위 기구들을 사용해서 계산하고 실험을 수행해 봐. 자, 해 봐."

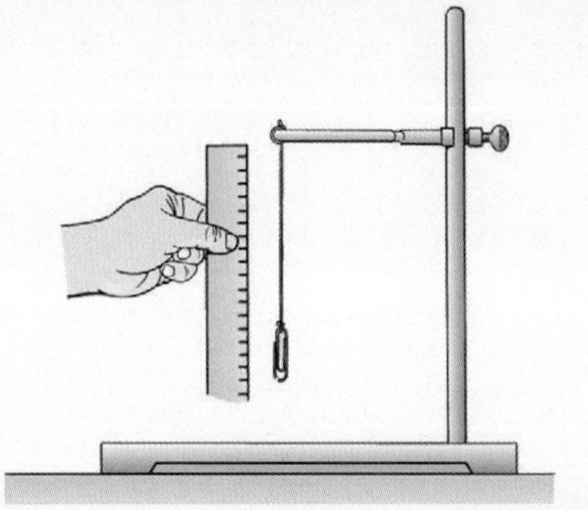

은정, 민지, 혜미와 영우가 속한 네 명의 모둠에서는 다음 그림에서 보이는 것과 같이 줄을 스탠드에 매달아 그 길이를 측정했다.

"49cm." 혜미는 줄의 길이를 재고 기록했다.

"빈도는 초로 나타내는…… 뭐죠?" 신 교사가 모둠 쪽으로 다가오자 은정이가 물어보았다.

"빈도는 일정 시간 동안 왔다 갔다 한 수치란다. 얼마의 시간 주기를 사용하지?" 신 교사가 말했다.

이 모둠은 15초 주기를 사용하기로 동의하고 나서 49cm의 길이와 클립 하나의 무게로 실험을 하였다. 은정이가 왔다 갔다 한 수치를 21로 세었다.

잠시 후에 신 교사가 다시 이 모둠을 지나면서 그들의 결과를 보고 말했다.

"음, 이제까지 실험을 한 번 했구나. ……다음은 어떻게 할 거지? ……다음 실험 후에 다시 보러 오겠어요." 그러고 나서 신 교사는 다른 모둠으로 옮겨 갔다.

이 모둠은 그 줄의 길이를 줄이고 두 번째 클립을 더하여 두 번째 실험을 실시하였다.

"선생님, 우리는 줄이 짧아지고, 무게가 무거워질수록 더 빨리 움직이는 것을 알아냈어요." 신 교사가 다시 왔을 때 은정이가 말했다.

"그래, 길이가 영향을 미치는 방법을 어떤 식으로 알아냈는지 말해 보렴." 신 교사가 학생들 앞에 무릎을 꿇고 앉으면서 물어보았다.

"우리는 길이를 길게 하고 나서, 짧게 해 보았고 그리고 무겁게 했어요." 은정이가 설명했다.

"음, 첫 번째 실험에서 길이는 49cm였고 빈도는 15초에 21번, 그리고 무게는 클립 하나?" 신 교사가 물어보았다.

"실험 1과 실험 2에서 어떤 차이를 만들었지?"

"클립의 양이요." 은정이가 설명했다.

"그럼, 너희는 무게를 변화시켰구나. 그 밖에는 무엇을 변화시켰지?"

"길이요." 민지가 말했다.

"그럼, 너희는 무게랑 길이를 둘 다 변화시킨 거구나. 어떤 것이 더 높은 빈도를 발생시켰을까?"

"길이요." 민지가 대답했다.

"내 생각에는 무게 같은데." 은정이가 반박하였다.

"무게요." 혜미가 덧붙였다.

"무게요." 영우가 고개를 끄덕였다.

"그럼, 너희 셋은 무게라고 생각하고."라고 신 교사가 대답하며 은정, 영우, 혜미를 차례로 가리켰다.

"그리고 민지는 길이라고 생각하는 거지." 신 교사는 말하면서 민지에게 고개를 끄덕였다.

"왜 너희는 이 두 데이터를 보고 결정을 내릴 수가 없을까?"

"글쎄요, 길이처럼…… 무게도 변했으니까요. 아무것도 그대로 남아 있지 않으니까 달라질 수밖에 없잖아요." 은정이가 말했다.

"처음에 뭐라고 했었지?"

"둘 다 변했다고요." 혜미와 영우가 동시에 말했다.

"그 점에 대해서 생각해 봐." 신 교사가 다른 모둠 쪽으로 옮겨 가면서 말했다.

"한 가지만 빼고 나머지는 그대로 유지할 필요가 있어." 모둠 구성원이 다시 실험을 시작하려고 했을 때 영우가 제안했다.

"좋아, 알았어." 민지가 제안했다.

"클립은 두 개 유지하고, 길이를 다시 49cm로 하자."

"그럼, 우리는 무엇을 동일하게 하고 무엇을 바꿀까?" 영우가 물었다.

"무게에 대해 실험해 보는 거니까 길이를 같게 하자." 혜미가 대답했다.

길이를 다시 49cm로 늘리고, 두 개의 클립을 실 끝에 유지한 채 진자를 한쪽으로 당긴 후 놓아서 왔다 갔다 한 수를 세었다.

"21번." 은정이가 첫 번째 실험과 동일한 결과인 21번을 말했다.

"길이와 무게, 그리고 각도에 대한 결과를 끌어내야 해." 신 교사가 모둠별로 돌아다니며 학생들에게 상기시켰다.

모둠은 이미 진자를 놓는 각도를 결정했다. 이 각도는 그림에서와 같이 클립의 맨 밑부분과 탁자의 맨 윗부분 사이의 거리를 측정한 '높이'로 알아보았다.

"동일한 높이로 가자." 은정이가 제안했다.

"그리고 동일한 길이인 49cm." 혜미가 덧붙였다.

학생들은 세 번째 클립을 더 하고 또 다른 실험을 하였다.

"자, 무게에 대해서 어떤 말을 할 수 있지?" 신 교사가 결과를 보고 물어보았다.

학생들은 잠시 이야기한 후에 각 실험에서 진자의 반복수는 동일한 데도 불구하고 무게가 차이를 보였다고 결론지었다. 그러고 나서 그들은 각도 또는 '높이'를 측정하기 시작했다.

"똑같아." 민지가 두 실험 후에 각도가 다름에도 빈도수가 동일한 것을 보고 언급하였다.

"똑같아. 무게가 바뀌었기 때문이야. 기억하지." 은정이가 대답하며 각도가 달라져도 빈도수가 동일한 것을 무게의 차이(세 개의 클립과 두 개가 비교되었다)가 설명한다고 결론지었다.

"어떤 것을 발견했지?" 신 교사는 그들의 과정을 확인하기 위해 돌아와 물었다.

은정이가 대답하기 시작했다.

"음, 선생님, 길이가 짧을수록 빈도는 빨라지고…… 무거울수록 빈도도 빨라진다는 것을 알아냈어요."

신 교사는 학생들에게 길이에 대한 발견을 설명하도록 했다.

"처음에는, 길이가 56cm였고, 무게는 3g이고 빈도수는 21번의 결과가 나왔고, 두 번째에는 길이는 길어지고 무게는 작아졌는데 결과는 여전히 21번이었어요."

은정이가 말하면서 다시 한 번 무게의 변화와 각도가 다름에도 여전히 빈도가 동일한 이유를 설명한다고 결론지었다.

"적기 전에 다시 한 번 말해 볼까? ……길이에 대해서 말해 봐." 신 교사가 지시했다.

"선의 길이가 길어질수록 빈도는 느려져요." 혜미가 답했다.

"각도는?"

"각도가 커질수록 빈도는 빨라지죠." 혜미가 계속했다.

"무게는 어땠어?"

"무거워질수록 빨라져요." 은정이가 덧붙였다.

"이걸 다시 한 번 보고 싶다. 그 결과를 적어 봐."

학생들은 실험 결과를 적었고 신 교사는 교실 앞으로 나가 학생들을 모이도록 벨을 울렸다.

"너희 둘 모둠을 호명하면 한 명씩 모둠의 결과를 학생들에게 보고하는 거야." 그는 전체 학습을 계속했다.

한 명씩 모둠 대표가 앞으로 나와 결과를 보고했다. 대개 모둠의 결과는 각 변인의 길이, 무게, 각도가 빈도에 영향을 미쳤다고 결론지었다.

"이걸 좀 볼까?"

신 교사가 교실 앞 탁자에 놓으며 말하였다. 그는 클립을 진자에 붙이고 움직이게 한 다음 학생들에게 진자가 반복한 수를 세게 했다. 그는 두 번째 클립을 덧붙였고 또 다시 학생들에게 세게 하여 무게가 빈도에 영향을 미치지 않음을 보여 주었다. 신 교사는 학생들에게 결론을 말하고 칠판에 적게 했다. 그러고 나서 두 번째 실험을 통하여 각도 역시 빈도수에 영향을 미치지 못함을 보여 주고 또 다시 학생들에게 결론을 내리게 했다.

실험 시연 후 신 교사가 말했다.

"자, 이제 우리가 오늘 실험을 계획하는 것과 변인을 사용하는 방법에 대해 배운 것을 말해 보자. 누가 이야기해 볼까? ……혜미야? 실험을 설정하는 방법에 대해 오늘 배운 것을 말해 보렴. 이것을 통해 무엇을 배울 수 있지?"

"매번 선생님이 다른 실험을 할 때 변인 중에 단 하나만을 바꾸었어요." 혜미가 설명했다.

"왜 그랬을까?"

"선생님은 한 번에 단 한 가지만을 검사했어요. 만약 두 가지를 동시에 한다면 실험에 오류가 발생할 거예요."

"좋아……. 만약 네가 한 번에 한 개 이상을 바꾼다면 왜 어려워질까?"

"왜냐하면…… 어떤 하나의 결과가 나오는 것을 봐야 하는데, 만약 두 가지를 바꾼다면…… 두 가지 다른 것들 중…… 어떤 것이 변화를 일으켰는지 말할 수 없는 거죠." 혜미가 계속했다.

"잘했어, 좋아. 예를 들어, 만약 무게와 길이를 측정한다면, 너희 모둠은 길이를 변화시키는 동시에 무게를 변화시킬 수 없다고 결론짓게 될 거야. 왜냐하면 우리가 그것을 측정하는데……."

"비교할 수가 없을 거예요." 은정이가 대답했다.

"맞아, 그것들을 비교할 수가 없지. 너희가 어떤 요인이 변화를 일으키게 했는지 말할 수 없었어. 그렇지?"

신 교사는 그러고 나서 학생들에게 혹시 질문이 있는지 물어보고 아무 질문도 없자 수업을 끝마쳤다.

단답형 질문

이 장에서 다룬 주요 내용과 앞에서 제시한 사례 내용을 서로 연결시켜 다음 질문에 대한 답을 구체적으로 작성하라.

1. 신 교사가 그의 수업에서 가장 근접하게 사용한 구성주의 학습이론에 대해 서술하라.
2. 신 교사의 학생들은 변인을 통제하는 데 대한 오개념을 가지고 있었다. 예를 들어, 그들은 무게를 변화시킬 때 길이를 일정하게 유지하는 것에 실패했다. 이러한 오개념에 대해서 개념 변화를 이끌기 위한 신 교사의 교육은 얼마나 효과적이었는가를 설명하라.
3. 신 교사의 수업 실천을 위한 제안이 얼마나 효과적이었는지를 평가하라([그림 8-3] 참조).
4. 다양한 배경을 가진 학습자들을 위한 신 교사의 수업 효과에 대해 평가하라.

중요개념

구성주의(Constructivism)
사회문화이론(Sociocultural theory)
사회적 구성주의(Social constructivism)
상황인지(Situated cognition)
실세계 과제(Real-world task)
오개념(Misconception)
인지적 구성주의(Cognitive constructivism)
인지적 도제(Cognitive apprenticeship)
전이(Transfer)
질 높은 예(High-quality examples)
학습자 공동체(Community of learners)

9

복합적 인지과정

chapter outline

구성 개요

개념학습
- 개념학습이론
- 개념의 학습과 교수: 실례의 필요성
  - 이론에서 실제로: 교실수업에서 개념학습 촉진하기

문제해결
- 잘 정의된 문제와 잘 정의되지 않은 문제
- 문제해결 모형
- 문제해결능력에서 전문가와 초보자의 차이
- 문제해결에서의 창의성
- 문제중심학습
  - 이론에서 실제로: 학생들의 문제해결능력 개발 돕기

전략적 학습자
- 메타인지: 전략적 학습의 기초
- 공부전략
- 비판적 사고
  - 이론에서 실제로: 전략적 학습자가 되도록 학생들 돕기
  - 다양성 탐색: 복합적 인지처리에서 학습자의 개인차

학습의 전이
- 일반전이와 특수전이
- 학습전이에 영향을 끼치는 요인
  - 학교급별 적용: 다양한 연령의 학습자에게 복잡한 인지기술 발달시키기

learning objectives

학습목표

이 장의 공부를 마치고 나면, 여러분은 다음과 같은 것을 할 수 있어야 한다.

1. 개념을 정의하고 개념학습이론을 확인할 수 있다.
2. 잘 정의되지 않은 문제와 잘 정의된 문제의 예를 들고 일반 문제해결 모형의 적용을 기술할 수 있다.
3. 학습전략과 비판적 사고의 적용을 확인할 수 있다.
4. 학습전이에 영향을 주는 요소의 관련성을 확인할 수 있다.

학생들의 문제해결과 전략적 학습, 그리고 다른 복합적 인지능력의 개발은 중요한 수업목표다. 다음의 사례를 읽으면서 과연 학생들의 실세계 문제해결을 돕기 위한 교사의 시도와 그러한 접근들이 어느 정도 효과적인지 생각해 보자.

> 5학년 학급을 담당하는 한 교사는 학생들이 더 나은 문제해결자가 되도록 하기 위해서 교실 바닥에 깔려 있는 카펫의 면적을 알아내는 것을 가르치기로 결심하였다. 카펫이 깔려 있는 부분은 불규칙한 모양이었는데, 컴퓨터와 싱크 바닥에는 장판이 깔려 있기 때문이었다.
>
> 한 교사는 '면적'과 '둘레의 길이'를 복습하는 것으로 월요일 수업을 시작하였다. 그리고 도표를 보여 주며, "우리가 문제를 풀려고 할 때 먼저 그 문제가 실제로 의미하

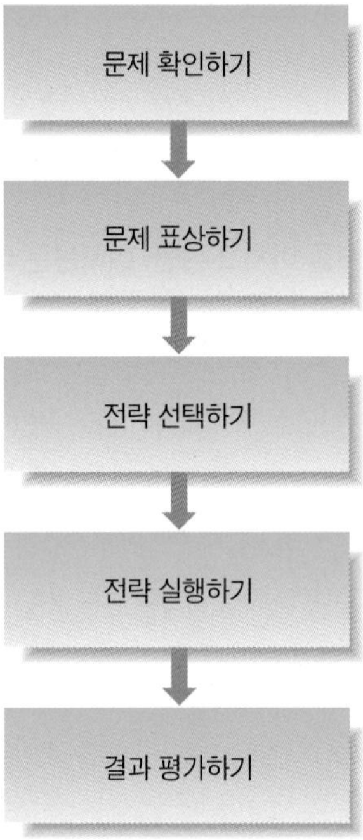

는 것이 무엇인지를 확인할 필요가 있어요." 라며 말하기 시작했다.

"우리는 이 교실에 카펫을 깔 거예요. 하지만 우리는 카펫을 얼마나 주문해야 할지 몰라요. 여러분이 할 일은 이것을 알아내는 거예요."

문제를 확인하고 나서 한 교사는 학생들을 몇 개의 모둠으로 나누고, 학생들에게 문제를 어떻게 이해하고 있는지를 물었다. 학생들은 먼저 교실의 크기를 알 필요가 있다고 결정했다. 그래서 한 교사는 학생들로 하여금 교실 각각의 부분 면적과 전체 면적을 측정하도록 했다. 측정한 후에 한 교사는 각 모둠에 교실 내 여러 부분의 치수가 적혀 있는 도면을 보여 주었다. 그림에서 'L' 이라고 표시되어 있는 것은 장판으로 덮인 부분이었다.

"좋아요, 이쪽을 보세요. 이 그림은 우리의 문제를 나타내고 있어요. 다음에 여러분이 할 일은 무엇인가요?"

수지가 대답했다. "우리는 진짜 카펫이 깔리는 부분의 면적을 구하지 않았어요. 우리는 단지 교실의 둘레만을 측정했을 뿐이에요. 우리는 우리가 원하는 면적을 측정하지 않았어요."

한 교사는 각 모둠에 카펫이 깔리는 면적을 구하는 방법을 찾아보도록 말했다. 그리고 학생들은 연구를 시작했다.

서로 다른 모둠이 두 가지의 전략을 밝혀냈다. 한 전략은 교실의 면적을 구하고 장판으로 덮인 부분의 면적을 빼는 것이다. 그리고 다른 전략은 교실 바닥에 카펫이 깔린 부분에서 내부의 작은 직사각형의 면적을 구하고 그들 직사각형 중에서 카펫이 깔려 있는 면적을 더하는 것이다.

학생들은 모둠에서 함께 문제해결 활동을 했고 그 활동이 끝난 후, 한 교사는 각 모둠이 전체 학급 구성원을 대상으로 결과를 발표하도록 했다. 각각의 모둠은 다음과 같이 카펫의 넓이를 구했다.

1,173, 1,378, 1,347, 1,440, 1,169, 그리고 1,600m^2.

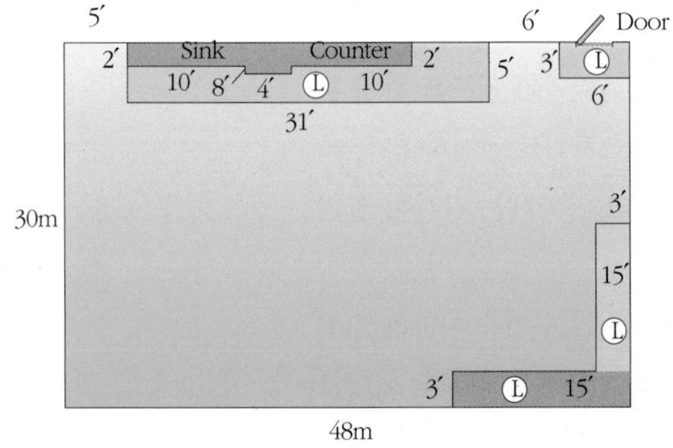

한 교사는 학생들에게 자신들이 구한 면적에 만족하는지를 물었는데 대부분이 만족하지 않는다고 대답했고, 몇몇의 학생만이 만족한다고 대답했다.

이러한 결과와 학생들의 반응은 다음과 같은 몇 가지 의문점을 불러일으킨다.

- 왜 각 모둠은 동일한 문제에서 서로 다른 답을 구

했는가?

- 어떠한 모둠도 정답을 얻지 못했기 때문에 수업활동에 보낸 시간이 현명하게 활용된 것인가?
- 한 교사가 학생들의 문제해결을 증진시키기 위해서 이제 어떤 도움을 주어야 하는가?

학생들의 경험과 우리의 의문점은 왜 이번 장의 제목이 '복합적 인지과정'인지를 이해하는 데 도움을 준다. 7장에서 공부한 인지학습이론과 8장의 구성주의 학습이론은 이러한 복합성을 이해하는 데 도움을 주며, 한 교사가 다음에 무엇을 해야 하는지에 대한 제안을 한다. 다음 절에서 개념학습을 시작으로 이러한 복합적 인지과정을 살펴보도록 하자.

개념학습

사람들은 본능적으로 자신들의 경험을 이해하려고 노력하고(Marinoff, 2003), 그러한 노력은 유아일 때부터 시작된다(Quinn, 2002). '학습자들은 자신들이 이해하는 방식으로 지식을 구성한다.' 는 것은 학습이론의 기초가 된다. 우리의 경험을 이해하는 한 가지 방법은 경험을 정신적인 분류나 집합으로 범주화시키는 것이다. 이러한 생각은 사람들의 유사점과 차이점으로 세상을 해석한다고 주장하는 제롬 브루너(Jerome Bruner, 1960, 1966, 1990)에 의해서 제창되었다.

개념(Concept)
범주의 예와 비예를 구분할 수 있도록 하는 범주에 대한 마음의 구조 혹은 표상

분류나 집합은 개념이고 "이것은 예와 비예를 구분하도록 하는 마음의 구조 또는 범주의 표상이다(Schunk, 2004: 196)." 개념은 우리의 경험으로부터 구성되며 우리 사고의 기본적인 초석이다(Ferrari & Elik, 2003).

개념을 구성함으로써 세계를 단순화하도록 하며, 그렇게 하는 과정에서 작업기억의 과부하를 줄이도록 돕는다. 예를 들어, 한 교사의 학생은 면적이라는 개념이 [그림 9-1]과 같이 표면의 크기를 기술하는 물리적 양이라는 것을 이해할 필요가 있었다. '면적'은 치수나 방향에 관계없이, 표면의 크기에 관한 모든 예를 포함하는 마음의 구조다. 면적이라는 개념은 우리가 표면의 크기를 각각의 구체적인 대상물이 아니라 집단으로 생각하고 말하도록 허용한다. 아마도 각각의 면적을 구분해서 기억한다면 학습을 다루기 어렵거나 복잡하게 만들었을 것이다.

학습자는 개념을 구성함으로써 경험을 단순화하고 이해한다.

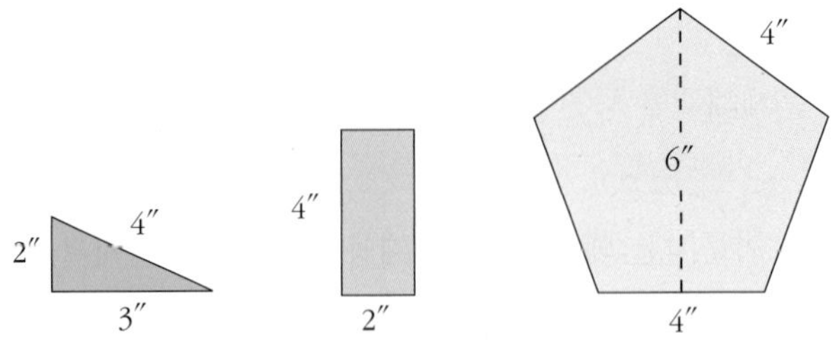

[그림 9-1] 서로 다른 다각형의 면적

이 책에서 공부했듯이 대단히 많은 개념이 당신의 사고를 안내하고 있다. 예를 들어, 여러분은 2장에서 평형화(equilibrium)와 근접발달영역(zone of proximal development), 3장에서 자기주도성(initiative)과 자아개념(self-concept), 4장에서 문화(culture)와 사회경제적 지위(socioeconomic status)에 관해서 학습했다. 이들 각각은 개념이다. 교육심리에 관한 당신의 지식을 구성하고 조직하도록 돕기 위해서 우리는 여백에 중요한 개념을 정의하고 각 장 끝에 그것을 목록으로 만들었다(이번 절의 마지막에 있는 '이해 점검 활동' 질문 1.1에서 5~8장까지의 개념을 확인하도록 할 것이다).

개념들은 또한 학교 교육과정의 가장 큰 영역을 차지하고 있다(Brophy & Alleman, 2003; McCleery, Twyman, & Tindal, 2003). 언어학, 사회학, 수학, 과학의 개념에 대한 예들이 〈표 9-1〉에 추가적으로 나타나 있다. 이 밖에도 많은 예가 있다. 덧붙이면 학생들은 음악에서 리듬과 템포를, 미술에서 원근법과 밸런스를, 체육에서 유산소 운동과 근육운동 등을 공부한다. 정직, 편견, 사랑 그리고 내적 갈등과 같은 다른 개념은 교육과정 전반에 걸쳐 나타난다.

표 9-1 table

여러 교과 영역에서 사용되는 개념

어학	사회학	과학	수학
형용사	문화	산	소수
동사	경도	침엽수	동치분수
글의 구조	공화주의자	원소	집합
직유	민주주의	힘	덧셈
부정사	이민자	관성	포물선

개념학습이론

이론가들은 사람들이 어떻게 개념을 형성하는지에 대해 서로 다른 해석을 제시했다. 개념 형성에 관해서 특성, 전형, 사례에 초점을 둔 세 가지 이론을 각각 살펴볼 것이다.

개념학습의 규칙지향이론

개념학습의 규칙지향이론은 개념을 정의하기 위해서 개념의 특성을 사용한다. 사각형(square), 경도(longitude), 부사(adverb)와 같은 잘 정의된 **특성**은 개념을 정의하는 요소다(Medin, Proffitt, & Schwartz, 2000). 예를 들어, '닫힌' '등변' '등각' 은 정사각형이라는 개념의 특성이다. 학습자는 사각형이 이러한 속성을 가지고 있어야 한다는 규칙에 근거해서 사각형의 예를 판단할 수 있다. 크기, 색깔, 공간의 방향 등과 같은 다른 특성은 중요하지 않다. 그래서 학습자는 사각형을 분류할 때 이를 고려하지 않는다. 이러한 개념학습의 규칙지향이론은 초기의 연구자들에 의해 연구되었는데(예, Bruner, Goodenow, & Austin, 1956), 이들은 사람들이 각각의 개념을 구분짓는 특성에 기초하여 개념을 구분한다는 것을 발견하였다(Bourne, 1982).

특성(Characteristics)
개념을 정의하는 요소

개념학습의 원형이론

그러나 많은 개념은 잘 정의된 특성이 없으며 여러 개념을 구분하기 위한 규칙을 만들어 내는 것도 어렵다. 예를 들어, 민주당원 또는 공화당원의 개념 특성은 무엇인가? 정치적으로 자주 언급하는 용어임에도 불구하고, 많은 사람은 '민주당원' 과 '공화당원' 을 정확히 정의하지 못한다. '자동차' 와 같은 일반적인 개념조차 '불분명한 경계' 를 가지고 있다(Terry, 2006). 예를 들어, 어떤 사람들은 레저용 지프를 자동차로 설명하지만 다른 사람들은 그렇지 않다. 소형 밴이나 기차는 어떠한가?

개념학습의 두 번째 이론은 사람들이 민주당원, 공화당원, 심지어 자동차와 같은 개념에 대한 원형을 구성한다고 주장하는 이론인데, 여기서 **원형**은 범주 혹은 부류 중에서 최상의 표상이다(Hampton, 1995; Medin et al., 2000). 예를 들어, 저명한 유명인사가 공화당원이나 민주당원의 원형이 될 수 있다. 또 현대 소나타나 르노삼성 SM5처럼 일반적 승용차가 자동차의 원형이 될 수도 있다.

원형(Prototype)
개념학습이론에서 범주나 부류를 가장 잘 대표하는 표상

원형은 반드시 물리적인 사례일 필요는 없다. 오히려 원형은 개인의 경험에서 구성된 마음의 복합물일 것이다(Reisberg, 2006; B. Voss & Spalding, 1994). 예를 들어, 수많은 종류의 개를 접해 본 사람은 정확하게 어떤 특정한 품종과 관련 있는 개를 원형으로 생각하지는 않을 것이다.

개념학습의 실례이론

실례(Exemplars)

개념학습이론에서 어떤 개념의 가장 전형적인 예

개념학습의 세 번째 이론은 학습자들이 반드시 그들이 접한 사례에서 하나의 원형을 구성할 필요가 없다는 점이다. 오히려 학습자들은 개념의 가장 전형적인 예인 실례를 저장한다(Medin et al., 2000). 예를 들어, 아동은 개에 대한 학습을 하며 골든 리트리버, 스패니얼, 콜리, 닥스훈트, 독일 셰퍼드의 이미지를 저장함으로써 개념을 구성할 수 있다.

각각의 이론은 개념학습의 다른 측면을 설명할 수 있다. 예를 들어, 정사각형이나 홀수와 같은 개념은 그들의 특성에 기초하여 구성될 것이다. 자동차나 개와 같은 개념은 원형이나 실례로 나타날 것이다.

개념의 학습과 교수: 실례의 필요성

웹 자료실

개념학습을 촉진하기 위해 취할 수 있는 교사들의 전략을 알아보기 위해 www.myeducationlab.com에 접속하고, 9장 '활동 및 적용'의 'Con-structing concepts: Using Concrete Examples' 에피소드를 보라.

개념의 복잡성과 관계없이 개념을 가르치는 비결은, 중요한 특성을 명확히 하는 정의와 함께 일련의 사례와 비사례를 주의 깊게 선택하여, 학생들로 하여금 경험하도록 하는 것이다(Schunk, 2004; Tennyson & Cocchiarella, 1986). 만약 그 사례들이 정사각형이나 물리적 힘과 같이 잘 정의된 규칙에 기초하여 구성되었다면, 그것은 중요한 모든 특성을 설명할 것이다. 만약 그렇지 않다면 여러 예가 학습자가 유용한 원형이나 일련의 실례를 구성하는 데 도움을 줄 것이다.

비사례는 하나의 개념과 그것과 근접하게 관련된 개념이 혼란스러울 때 중요하다. 예를 들어, 파충류라는 개념에서 개구리는 중요한 비사례다. 왜냐하면 많은 사람이 개구리를 파충류라고 믿기 때문이다. 또한 직유는 은유라는 개념의 중요한 비사례가 될 수 있다. 왜냐하면 두 개념은 쉽게 혼동되기 때문이다.

유추는 유의미한 개념을 만드는 데 적용할 수 있다(Bulgren et al., 2000). 예를 들어, 포유류의 체온조절체계(새로운 개념)와 주택의 온도조절체계를 비교하는 것은 학생들이 그들의 장기기억 속에 저장된 경험과 연관시킬 수 있도록 도와준다. 이 두 개념의 유사점과 차이점을 강조하는 그래프(도표, 도식)는 효과적인 수업보조도구가 될 수 있다(R. C. Clark & Mayer, 2003).

일부 전문가들은 개념을 가르칠 때 교사가 일련의 사례를 제시하고 학생들의 개념 형성을 안내해야 한다고 주장한다. 이것은 역사적으로 브루너(Bruner, 1960, 1966)가 주장한 접근이다. 또 다른 전문가들은 정의를 제시하고 그다음에 사례를 보여 주는 것이 더욱 효과적이라고 주장한다. 이러한 접근은 사람들이 발견하기보다는 주로 받아들이는 것을 통해서 지식을 배운다고 주장한 저명한 심리학자 데이비드 오수벨(David Ausubel, 1963, 1977)의 견해다. 두 가지 접근법은 모두 효과적이며, 다양한 교수를 위해서 두 가지 모두 사용되어야 한다.

이론에서 실제로

교실수업에서 개념학습 촉진하기

구성주의 학습이론은 우리가 개념을 가르치는 방식에 있어 중요한 시사점을 가진다. 다음의 지침은 당신이 가르칠 때 이 이론을 적용하는 것을 도울 수 있다.

① 개념에 대한 다양한 예와 비예를 제공하라.
② 실세계 맥락에서 사례를 제시하라.
③ 사례는 가장 전형적인 것으로 시작하여 가장 덜 친숙한 것으로 끝나는 순서로 제시하라.
④ 한 개념과 관련한 개념을 연결시킴으로써 의미 있는 학습을 촉진하라.

이제 정 교사가 초등학교 5학년 학생들에게 형용사의 개념을 가르칠 때 앞의 원리를 어떻게 적용하고 있는지 살펴보도록 하자. 정 교사는 OHP로 다음의 짧은 글을 제시하며 수업을 시작했다.

Jane and Karen, with her brown hair blowing in the wind, drove together in his old car to the football game. They soon met their very best friends, Latoya and Michael, at the large gate near the entrance. The game was incredibly exciting, and because the team' s running game was in high gear, the home team won by a bare margin.

정 교사는 학생들이 이야기를 읽도록 하고 나서 말했다.

"우리는 명사에 대해 이야기했어요. 그럼 여러분이 무엇을 기억하고 있는지 알아볼게요. 이 문단에서 명사를 찾아보세요. …… 인호야?"

"'Jane.' 인호가 대답하고 나서 재빨리 덧붙였다.

"그리고 'Karen' 입니다."

"그래요." 정 교사가 웃었다.

"이번에는 다른 사람이 말해 보자, 현수야?"

"음, 'hair' 입니다."

정 교사는 학생들이 그 글에 나오는 모든 명사를 제시할 때까지 계속했다. 그 후 정 교사는 다음과 같이 질문했다.

"'Karen' 의 머리카락은 어떤 색인가요? 경희야?"

"'brown' 입니다."

"그리고 그들은 어떤 게임에 참석했나요?"

"'football game' 이요." 여러 학생이 동시에 대답했다.

정 교사는 학생들이 명사에 대해 알고 있는 것을 이야기하도록 계속했다. 그리고 각각의 명사를 묘사하는 것이 형용사라고 확인시켜 주었다. 그러고 나서 정 교사가 말했다.

"이제 좀 더 자세히 살펴봅시다. 'sparkling', 'exciting' 과 같은 단어가 'brown' 이나 'old' 와 같은 형용사와 다른 점은 무엇인가요? 동건이가 말해 볼래?"

"그것은…… 명사 바로 앞에 오지 않았어요. 다른 것들은 다 그런데 말이죠."

"아주 훌륭한 생각이에요. 모두 이것을 봅시다. 형용사가 항상 명사 앞에 오는 건 아니에요. 이제 'running' 과 'football' 에서 중요한 것은 무엇인가요? 수민이가 말해 볼까?"

"'Running' 은 동사처럼 보여요, 그리고 'football' 은 명사처럼 보이고요."

"그래요, 그러나 그것들이 형용사라는 것을 어떻게 알았지요? 민주가 대답해 볼까?"

"그것들은 명사를 수식하고 있어요, 'football' 은 'game' 을 꾸며 주고, 'running' 도 그래요."

"잘했어." 정 교사가 미소지었다.

"이제 'the entrance' 와 'the game' 에 있는 'the' 라는 단어를 봅시다. 그것들이 형용사가 아니라는 것을 어떻게 알까요? 모두 생각해 봅시다."

몇 분이 지난 후 지우가 제안했다.

"그것들은 명사에 관해서 아무런 설명을 해 주지 않아요. 그것은 단지 'the entrance' 만을 말할 뿐이에요. 설명을 하지 않아요."

"탁월한 생각이야, 지우야." 정 교사는 고개를 끄덕였다. 그러고 나서 학생들에게 'very' 와 'incredibly' 를 보여 주며 왜 그것들이 형용사가 아닌지를 설명했다. 마지막으로 정 교사는 학생들에게 3개 이상의 형용사와 명사 다음에 오는 형용사를 적어도 하나 이상 포함한 짧은 글을 짓도록 지시했다.

다음 날 정 교사는 학생들의 글을 모았고 그중 3편을 익명으로(학급에서 누구의 글이 분석되고 있는지 알리지 않게 하기 위해) OHP 위에 올려 놓고 토론했다.

이제 정 교사의 안내된 지침을 실행하기 위한 시도를 검토해 보자. 짧은 글의 맥락에 다양한 사례와 비사례를 끼워 넣음으로써 정 교사는 첫 번째 지침(개념에 대한 다양한 예와 비예를 제공하라)과 두 번째 지침(실세계 맥락의 사례를 이용하라)을 적용했다. 또한 'brown', 'old' 와 같이 가장 명확한 예를 먼저 제시함으로써 세 번째 지침(사례는 가장 전형적인 것으로 시작하여 가장 덜 친숙한 것으로 끝나는 순서로 제시하라)을 적용했다. 그리고 마지막으로 'soon' 'very' 'incredibly' 에 대해 토론할 때 개념을 좀 더 의미 있게 하기 위해 형용사를 부사라는 개념에 연결시켰다(한 개념과 관련된 개념을 연결시킴으로써 의미 있는 학습을 촉진하라).

정 교사는 구성주의 학습이론에 근거하여 수업하였다. 그녀의 예는 학생들이 개념에 관한 지식을 구성하기 위해 필요한 경험을 제공해 주었고, 그녀는 짧은 글로 된 맥락 안에 그것을 포함시켰다. 짧은 글은 단어나 개별적인 문장보다 '실세계'에 가깝다. 또한 맥락 속의 예는 학생들이 동사처럼 보이는 'running'과 명사처럼 보이는 'football'이 글의 맥락에서 형용사로 기능하는 것을 이해하도록 도왔다. 마지막으로 정 교사는 높은 수준의 사회적 상호작용을 촉진하는 질문으로 수업을 발전시켰다. 각각은 사회적 구성주의 학습이론을 적용한 것이다. 또 정 교사의 수업은 우리로 하여금 왜 개념학습이 복합적 인지 처리인지를 이해하도록 돕는다.

◈ 이해 점검 활동

1.1 개념을 정의하라. 그리고 이 책 5장에서 8장까지 공부한 것 중에서 각각의 장에서 3개의 개념을 확인하라.

1.2 명사와 문화라는 개념 중에서 어떤 것이 학습하기에 더 쉬운가? 어떤 개념학습이론이 어떻게 각각의 이론에 구성되는지를 가장 잘 설명하는가? 이 장에서 제시된 정보에 근거하여 설명하라.

1.3 당신은 파충류에 대해서 가르치고 있는데, 도마뱀, 악어, 뱀, 거북이와 같이 일반적인 예를 들어 보여 주었다. 적어도 하나 이상의 중요한 사례를 추가해 보라. 또 당신이 제공해야만 하는 비사례 하나를 제시하라. 그리고 그것들이 왜 중요한지 설명하라.

교실에의 적용

개념학습을 교실수업에 적용하기

1. 사례는 학습자들이 개념을 구성하기 위해 필요한 경험들을 제공한다. 실제적 경험을 제공하기 위해서 학습자들이 개념을 이해하기 위해 필요한 모든 정보를 포함한 사례를 사용하라.

- 초등학교: 4학년을 담당하는 한 교사가 절지동물의 개념을 설명하기 위해 거미, 딱정벌레, 메뚜기 사진과 함께 게와 새우 사진을 함께 제시한다. 그는 또한 예가 아닌 것으로서 대합조개, 지렁이, 그리고 학생 자신들도 포함한다.
- 중학교: 기하학을 가르치는 교사는 다음에 보이는 것과 같이 유사한 삼각형 그림을 학생들에게 제시한다. 교사는 학생들이 두 삼각형의 변과 각을 측정하도록 한다. 학생들은 하나의 삼각형 변이 다른 삼각형 길이의 두 배이고, 두 삼각형의 각은 같다는 것을 알게 된다. 교사는 추가로 이와 유사하지 않은 다른 한 쌍의 삼각형을 더 제시한다.

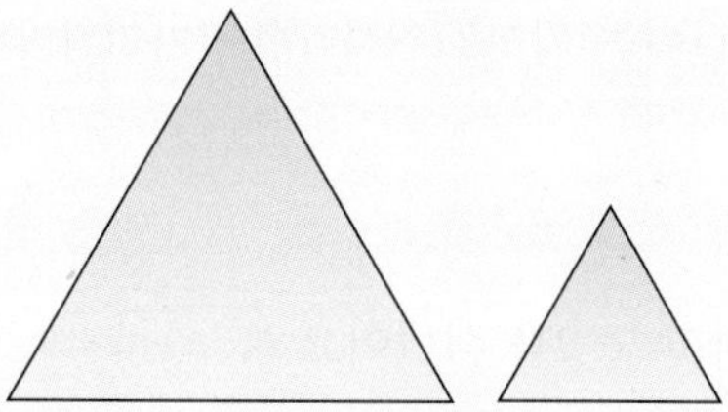

- 고등학교: 한 체육교사가 학생들이 테니스에서 공을 서브하는 방법을 배우도록 도와준다. 그는 좋은 서브를 하는 사람들과 서브를 잘 못 넣는 사람들을 비디오테이프에 담아 보여 주고 학생들이 두 집단 간 서브의 차이점을 확인하도록 한다.

2. 학생들이 개념을 좀 더 의미 있게 만들도록 하기 위해서 새로운 개념을 관련 개념에 연결시켜라.

- 유치원: 한 유치원 교사가 생물들이 여러 가지 형태로 존재한다는 것을 아이들이 이해하기 원한다. 교사는 아이들이 살아 있는 생물체로서 아이들 자신을, 애완동물을, 그리고 교실의 식물을 확인하도록 한다. 학습자들은 그것들이 공통적으로 가진 두 가지 특징을 '성장하고 변화하는 능력' 과 '음식과 물이 필요함'을 확인한다.
- 중학교: 영어를 가르치는 한 교사는 학생들이 설명문과 논설문의 유사점과 차이점을 이해하기를 원한다. 교사는 각각을 예증하는 단락을 제시하고 학생들이 그들의 유사점과 차이점을 확인하도록 한다.
- 고등학교: 사회를 담당하는 한 교사는 문화혁명과 학생들이 배웠던 산업혁명, 미국혁명, 그리고 기술혁명과 같은 다른 혁명을 각각의 유사점과 차이점을 짚어 가며 비교하도록 가르친다.

문제해결

이 절에 대한 도입으로 다음의 예를 보자.

- 당신은 뉴욕으로 이민 간 친구에게 생일축하 카드를 보내고 싶은데 그의 집 주소를 모른다.
- 당신은 교사인데 중학교 1학년 학생들이 스스로 생각하기를 시도하지 않고 교과서

에 제시된 대로 모든 질문에 대한 답을 구한다.

• 한 교사는 학생들에게 교실에 카펫이 깔린 면적을 구하도록 했다.

문제(Problem)

문제해결자가 목표가 있지만 목표를 성취하기 위한 분명한 방법이 부족한 상태

이 상황들은 다소 다르게 보일 수 있으나, 각각의 상황은 문제해결자가 목표를 가지고 있으나 그 목표에 도달하기 위한 확실한 방법을 아직 찾지 못했을 때 발생하는(R. E. Mayer & Wittrock, 2006: 288) '문제'를 기술한다. 앞에서 제시한 예에서 목표는 각각 주소 찾기, 학생 스스로 생각하게 만들기, 카펫이 깔린 면적 구하기다. 문제를 광범위하게 정의하는 것은 문제해결이 우리의 일상생활에 깊이 관련되어 있다는 것을 깨닫게 하고 사람들이 일반적인 전략을 다양한 종류의 문제에 적용하는 데 도움을 준다(R. E. Mayer & Wittrock, 2006).

사전지식은 문제해결에서 중요한 요소다. 왜냐하면 학생들이 문제를 이해하고 적절한 해결책을 선택하도록 돕기 때문이다(Jitendra et al., 2007). 사전지식의 결핍은 수업 후에 네 명의 학생과 인터뷰한 것에서 드러났듯이, 한 교사의 학생들이 문제를 해결하기 위해 애를 쓴 이유 중 하나다. 면접자는 학생들에게 왼쪽의 도형을 보여 준 후 그들에게 질문을 시작했다.

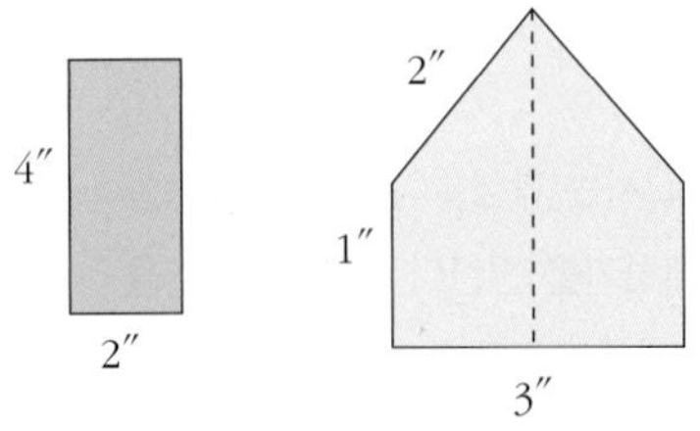

면접자: 둘레의 길이는 무엇을 의미하지? 수란아, 이 도형에서 하나를 보여 주겠니?

수란: 그건 도형 주위의 거리예요. 이것처럼요(손가락으로 삼각형의 둘레와 다음으로 오각형의 둘레를 따라가며).

면접자: 그럼, 여기서의 둘레의 길이는 뭘까? (직사각형을 가리키며)…… 안나야?

안나: …… 12요.

면접자: 왜 그렇게 생각했니?

안나: 저는 4에 4를 더하고 2를 더하고 또 2를 더했어요.

면접자: 그럼 이것의 둘레의 길이는 어떻게 될까? (오각형을 가리키며) 태훈아?

태훈: ……9 …… 저는 3에 1을 더하고 1을 더하고 2를 더하고 또 2를 더했어요.

면접자: 그럼 면적은 무엇을 의미할까? 영민이가 보여 주겠니?

영민: 이건 먼지나 종이나 다른 무언가로 이것을 덮는 것과 비슷해요(손바닥으로 직사각형의 위를 앞뒤로 움직이면서). 이것을 다 덮기 위해서 얼마만큼이 필요한가 하는 거예요.

면접자: 그럼, 사각형의 면적은 얼마니?

영민: ……8이요. 저는 4에 2를 곱했어요. 왜냐하면 면적은 세로 곱하기 가로니까요.

면접자: 좋아. 그럼, 이 도형의 면적은 어떻게 구할 수 있니? (오각형을 가리키면서) 수란아?

수란: (몇 초간 생각한 후에) 저는 1에 3을 곱할래요. 그럼 3이 되고, 그다음에는 거

기에다가 2를 곱할래요(오각형에서 2를 가리키며). 그럼 면적은 6이 될 거예요.

면접자: 다른 학생들은 어떻게 생각하나요?

다른 학생들은 수란이의 전략을 이해하고 동의하면서 고개를 끄덕였다.

이 면담과 인지적 학습이론은 우리가 이 장 앞부분에서 접했던 첫 번째 문제에 대한 답을 이해하는 데 도움을 준다. "왜 학생들은 같은 문제에 대해서 이렇듯 다양한 답을 구해 내는가?" 그 이유 중 하나는 오각형과 같이 불규칙적인 도형의 면적을 계산하는 것에 대한 학생들의 오개념 때문이라고 볼 수 있다. 면적을 계산하는 것에 대한 그들의 경험은 직사각형과 같이 규칙적인 도형으로 한정되어 있었다. 따라서 그들은 오각형의 면적을 구할 때에도 비슷한 전략을 사용했다. 그들은 선언적 지식을 요구하는 면적이라는 개념을 이해했다. 그러나 면적을 계산할 때 필요한 절차적 지식과 조건적 지식이 없었다. 면담에서 드러나듯이, 면적에 관한 선언적 지식을 가지는 것은 면적을 계산할 때 필요한 필수적인 절차적 지식과 조건적 지식 또한 가졌음을 암시하지는 않는다. 이러한 사례 또한 문제해결의 복잡성을 보여 준다.

잘 정의된 문제와 잘 정의되지 않은 문제

문제해결의 전문가들은 잘 정의된 문제와 잘 정의되지 않은 문제의 구분을 중시한다(R. E. Mayer & Wittrock, 2006). **잘 정의된 문제**는 명확한 답이나 해결책이 있는 것이고, **잘 정의되지 않은 문제**는 하나 이상의 가능한 해결책이 있으며, 다소 목표가 모호하며, 답을 찾기 위해 많은 사람이 동의하는 일반적 전략을 가지고 있지 않은 것을 말한다(R. E. Mayer & Wittrock, 2006). 앞서 나온 예 중에서 처음의 예는 잘 정의된 문제로 당신의 친구는 단 하나의 집 주소를 가지고 있고 이것을 찾기 위한 직접적인 전략이 존재한다. 수학에서 많은 문제와 물리와 같은 과학문제는 잘 정의된 문제들이다.

잘 정의된 문제(Well-defined problem)
명확한 답이나 해결책이 있는 문제

잘 정의되지 않은 문제(Ill-defined problem)
하나 이상의 가능한 해결책이 있으며, 다소 목표가 모호하며, 답을 찾기 위해 많은 사람이 동의하는 일반적 전략을 가지고 있지 않은 문제

이와는 달리, 중학교 1학년 학생들이 그들 스스로 생각하기를 원하지 않는 문제는 잘 정의되지 않은 문제다. 교사가 종종 '사고'가 무엇을 의미하는지에 대한 확신을 가지지 못하기 때문에 그 목표는 불분명한 것이다. 그리고 학생들의 사고를 증진시키기 위해 동의된 전략도 존재하지 않는다. 이 문제는 몇 가지 전략을 복합적으로 이용하여 해결될 수 있으며, 몇 가지 '올바른' 해답이 도출될 수 있을 것이다.

교사로서 우리는 학생들의 문제해결능력을 증진시키고자 할 때 잘 정의되지 않은 문제와 마주친다. 연구 결과를 보면 대개 학생들은 이러한 종류의 문제를 잘 다루지 못한다는 것을 보여 주며(R. E. Mayer, 2002; R. E. Mayer & Wittrock, 2006), 이러한 학생들의 취약점에는 다음의 두 가지 이유가 종종 언급된다.

첫째, 학교생활에서 학생들이 경험하는 것은 잘 정의된 문제가 대부분이지만, 실생활

구체적이고 실제적 경험은 문제해결의 효과적 시작점이다.

에서 마주치는 문제의 대부분은 잘 정의되지 않은 문제다. 둘째, 문제해결은 개인적이며 맥락적이다(R. E. Mayer & Wittrock, 2006). 어떤 사람에게 잘 정의된 문제는 다른 사람에게는 잘 정의되지 않을 수 있다. 한 교사의 수업이 그 한 예다. 교실에 필요한 카펫의 면적을 구하는 것은 경험 있는 문제해결자들에게는 잘 정의된 문제다. 그러나 한 교사의 학생들에게는 잘 정의되지 않은 문제였다. 학생들 목표에 대한 이해는 불분명했고, 면담이 보여 주듯이 직사각형의 면적을 구하기 위해 사용했던 방법과 같은 전략을 오각형의 면적을 구할 때 적용하는 것은 학생들이 절차적이고 조건적인 지식을 가지지 못했음을 보여 준다. 게다가 학생 중 일부는 메타인지 지식이 부족하다는 것을 보여 주는 답을 수용하였다. 예를 들어, 그들은 교실 전체의 면적보다 더 큰 1,600m^2라는 답을 받아들였다.

더 나은 문제해결자가 되도록 학생들을 돕는 것은 교사들이 직면한 가장 큰 도전 중 하나다. 다음의 전략은 이러한 도전을 해결하려고 할 때 효과적일 수 있다.

- 학생들이 다양한 영역에 적용할 수 있는 문제해결 모델을 이해하도록 돕는다.
- 전문적인 문제해결자들이 어떻게 문제를 해결했는지를 서술하고 그 모델을 초보자에게 사용한다.
- 학생들의 문제해결능력을 향상시킬 수 있는 특정한 전략의 조합을 가르친다.

문제해결 모형

1950년대 이래로 컴퓨터 과학자들과 인지심리학자들은 전통적인 수학과 과학에서부터 학교 리더십(A. Canter, 2004), 학급경영의 이슈에 관한 상담(Dwairy, 2005), 대학 교정에서의 과도한 음주를 억제(Biscaro, Broer, & Taylor, 2004)하는 데 이르기까지 다양한 영역에 적용가능한 일반적인 문제해결 모형을 개발하려고 노력해 왔다.

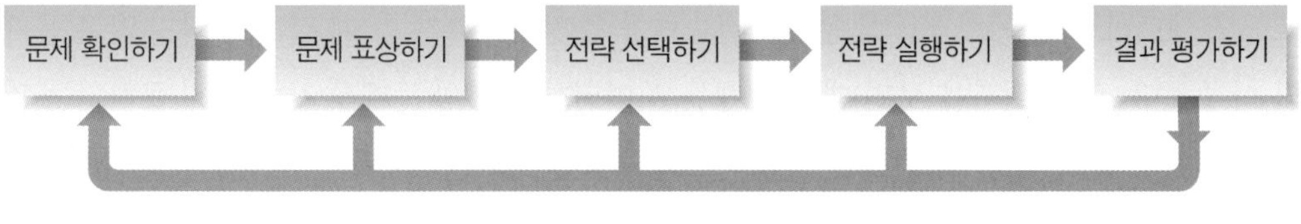

[그림 9-2] 일반적인 문제해결 모형

연구자들은 많은 모형을 개발하였지만 대부분의 모형은 서로 유사하고, [그림 9-2]에 나타낸 것과 같이 다섯 단계의 순서로 요약할 수 있다. 우리는 이 단계에 대해서 다음 절에서 논의하였다.

문제 확인하기

26마리의 양과 10마리의 염소가 배 안에 있습니다. 선장은 몇 살일까요?

한 연구에서 2학년 학생들의 75%가 '36'이라고 답했는데(Prawat, 1989에서 인용), 이는 명백하게 그들이 문제를 이해하지 못한 것이다. 문제를 확인하면서 이 문제가 즉각적으로 해결되는 것처럼 보일 수 있다. 이것은 문제해결의 가장 어려운 측면의 일례다(Jitendra et al., 2007). 이것은 너무 빨리 해답을 결정하는 것을 피하기 위한 의지와 인내심이 요구된다. 문제 확인을 막는 장애물은 다음과 같다.

- 영역특수적인 지식의 부족: 학습에 관한 모든 영역에서 그렇듯, 사전지식은 문제해결에 필수적이다(R. E. Mayer & Wittrock, 2006).
- 문제 확인에 대한 경험 부족: 앞서 살펴보았듯이 학교에서 학생들이 해결하는 대부분의 문제는 잘 정의된 문제다(Bruning, Schraw, Norby, & Ronning, 2004).
- 문제해결책을 성급히 결정하려는 경향(Lan, Repman, & Chyung, 1998): 선장의 나이를 알기 위해 양과 염소의 수를 더한 2학년 학생들이 보여 준 것처럼 학생들은 문제해결책부터 찾으려는 경향이 있다.
- 수렴적 사고를 하려는 경향: 문제해결 초보자들은 문제를 해결하기 위해서 한 가지 측면에만 초점을 맞추는 경향이 있다. 종종 이것이 잘 적용되지 않을 때에도 이러한 접근방식을 고집한다(P. Alexander, 2006).

이러한 장애물은 학생들에게만 제한되지 않는다. 예를 들어, 과학자들은 토마토를 기계로 수확할 때 생기는 상처를 해결해야 했다. 부드럽게 토마토를 수확하는 기계를 개발하려는 노력이 여러 번 실패하고 난 후, 과학자들은 마침내 그들의 생각을 바꾸어 상처가 덜 생기는 토마토를 개발하려고 노력했다. 이것은 왜 때때로 우리가 상점에서 돌처럼 딱딱한 토마토를 사게 되는지를 설명해 준다(D. Schwartz et al., 2005).

이러한 각각의 장애물을 극복하는 것은 많은 문제해결 경험을 요구한다.

문제 표상하기

문제 표상하기는 우리의 문제해결 모형에서 두 번째 단계이고, 이는 학습자들이 친근한 용어로 개념화하는 것을 돕기 때문에 중요하다(Jitendra et al., 2007). 문제는 다음 세 가지로 표상될 수 있다. 첫째, 보다 의미 있는 말로 다시 말하기, 둘째 친근한 문제와 연관 짓기, 셋째 한 교사의 학생들이 사용한 다이어그램과 같이 시각적 형태로 표상하기다. 많은 문제는 학습자의 작업기억에 큰 인지적 부하 혹은 부담이 되는데 문제를 종이에 적는 것은 이러한 부담을 줄여 준다(Lowrie & Kay, 2001).

전략 선택하기

문제를 확인하고 표상한 뒤에, 우리는 문제해결을 위한 전략을 선택해야 한다. 알고리듬(Algorithm)과 발견법(Heuristics)은 일반적으로 사용되는 두 가지 전략이다.

알고리듬(Algorithm)

문제를 해결하기 위한 일련의 구체적인 단계

알고리듬 알고리듬이 문제해결에서 어떻게 사용되는지를 이해하기 위해서 앞서 보았던 면담과 직사각형의 영역을 알아내는 것으로 돌아가 생각해 보자. 대부분의 사람은 우리가 단순히 길이와 넓이를 곱하는 것을 안다. 이것은 문제해결을 위한 특정한 단계의 조합인 알고리듬이 적용된 것이다. 알고리듬은 그 복잡성에 있어 범위가 다양하다. 직사각형의 넓이 계산하기, 감산하여 어떤 것을 재편성하기, 통분하여 분수 더하기와 같은 것은 간단한 알고리듬을 사용하는 예다. 이와는 대조적으로, 컴퓨터 전문가들은 정교한 프로그래밍상의 문제를 해결하기 위해서 복잡한 알고리듬을 사용한다.

발견법(Heuristics)

일반적으로 광범위하게 적용 가능한 문제해결 전략

발견법 많은 문제는 알고리듬만을 이용해서 풀 수 없다. 알고리듬을 이용할 수 있는 것은 대부분 잘 정의된 문제에 한해서다. 잘 정의되지 않은 문제의 경우 문제해결자들은 일반적으로 폭넓게 적용될 수 있는 문제해결 전략으로 발견법을 사용한다(Chronicle, MacGregor, & Ormerod, 2004). 과제가 복잡하고 친숙하지 않을수록 문제해결을 위해서는 발견법이 필요하다(J. Lee & Reigeluth, 2003).

다양한 발견법이 존재한다. 시행착오(trial and error)는 그중 하나다. 이것은 비효율적이지만 학습자들에게 경험을 제공하고, 많은 사람은 친숙하지 않은 문제를 풀기 위한 첫 단계로 이것을 사용한다(J. Davidson & Sternberg, 2003).

수단목표 분석(Means-ends analysis)

문제를 하위 목표로 나누고 각각의 목표를 해결하는 발견법

수단목표 분석 수단목표 분석은 문제를 여러 개의 하위 목표로 세분화하고 각각의 하위 목표를 연결하여 수행하는 방식으로 최종 목표에 도달하는 전략으로서, 잘 정의되지 않은 문제를 해결하는 데 효과적인 발견법 중 하나다. 예를 들어, '생각' 하기를 원하지 않는 중학교 1학년 학생들의 경우, 우리는 '사고'를 먼저 증거에 기반을 두고 결론을 내리는 능력, 두 번째로 그렇게 행동하려는 경향이라고 정의 내릴 수 있을 것이다. 이것을 각각의 하위 목표로 하여 우리는 학생들에게 각각을 연습시키는 학습활동을 설계할 수 있다.

유추하기 (Drawing analogies)
이미 해결한 문제와 현재 해결하고자 하는 친숙하지 않은 문제의 비교활동을 통해 문제를 해결하고자 하는 발견법

유추하기 유추하기는 이미 해결된 문제와 비교하여 생소한 문제를 해결하기 위한 전략으로, 세 번째 발견법에 해당된다(R. E. Mayer, 2002). 그러나 유추하기는 수행하기가 다소 어려울 수 있다. 왜냐하면 학습자들은 종종 그들이 해결하고자 하는 것과 자신의 기억과의 유사점을 찾지 못하여 이 두 가지에 대한 부적절한 연결을 하기 때문이다.

초등학교 저학년 학생들에게도 발견법을 가르치는 것이 문제해결능력을 향상시킨다는 몇 가지 증거가 존재한다(Hohn & Frey, 2002). 그러나 결국, 사전지식과 문제해결의 경험은 성공적으로 전략을 선택하는 데 필수적이며, 어떠한 발견법도 그것을 대체할 수는 없다(Pittman & Beth-Halachmy, 1997).

전략 실행하기

문제를 명확하게 규명하고 표상한 후 적절한 알고리듬이나 발견법 등 적합한 전략을 선정하는 것은 전략수행 성공의 핵심이다. 만약 이러한 과정이 효과적이었다면 수행과정 역시 평탄할 것이다. 만약 학습자가 전략을 수행하지 못한다면 그들은 아마도 문제 그 자체나 그들이 선정한 전략에 대해 근본적으로 다시 생각해 보아야 할 것이다. 한 교사의 학생들은 문제를 확인하는 경험이 부족했고 불규칙적인 모양의 넓이 구하기에 오개념을 가지고 있었다. 그들의 난점은 전략 수행을 시도하기 이전부터 발생했던 것이다.

결과 평가하기

결과 평가는 효과적인 문제해결의 마지막 단계로 이는 우리의 행동을 반성하도록 돕는 메타인지적 지식을 요구한다(R. E. Mayer & Wittrock, 2006). 한 교사의 수업에서 보여 주는 것처럼 학생들은 종종 과정에 대해서 메타인지를 하지 못한다. 그들은 실제로 얻은 답을 이해하든 그렇지 않든 간에 그대로 받아들인다.

교사는 오로지 답에 집중하는 대신에 학생들이 문제해결을 할 때 그들의 사고를 정당화하게 함으로써 학습자들의 메타인지를 증진시킬 수 있다(R. E. Mayer, 2002). 또한 미리 예상하여 측정해 보는 것도 효과적이다. 비사실적인 예측은 이해의 부족을 나타내므로 예측하기는 또한 효과적인 비형식 평가도구가 될 수 있다.

이러한 문제해결의 단계를 기억하고, 한 교사의 다음 날 수업을 읽어 보면서 한 교사가 가르치는 방식을 어떻게 수정했는지 살펴보자.

한 교사가 다음과 같이 말하면서 화요일 수업을 시작했다.

"다 같이 우리의 그림을 다시 한 번 봅시다." 그리고 한 교사는 OHP에 그림을 보여 주었다.

학급 학생들은 '공간의 넓이를 계산하고, 리놀륨이 깔린 부분('L' 이라고 표시)의 넓이를 뺀다.' 는 첫 번째 단계의 전략에 동의했다. 그래서 한 교사는 학생들에게 공간

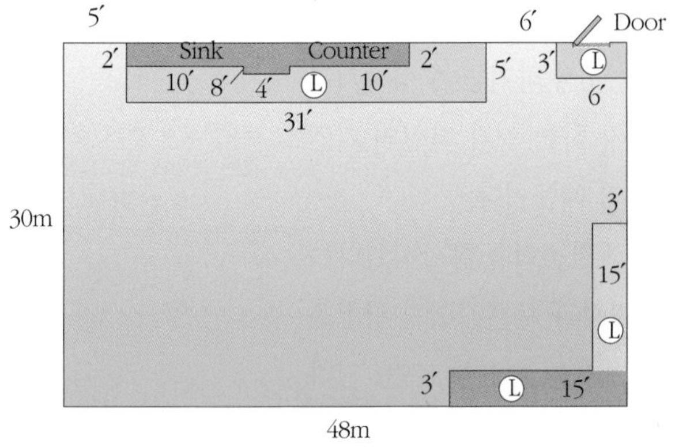

의 넓이를 계산하도록 했다.

한 교사는 학생들이 1,440m²라는 답을 얻어 낸 것을 보았다. 그리고 나서 학생들에게 물었다.

"우리가 다음으로 해야 할 일은 무엇인가요?"

학생들은 그들이 'L' 이라고 표시된 부분의 넓이를 빼야 하는 것에 동의하고 그림 윗부분에 있는 것부터 시작할 것을 제안했다.

"어떻게 우리가 이 부분의 넓이를 구할 수 있을까? 중휘야?" 한 교사가 질문했다.

"음…… 31 곱하기 5요."

한 교사는 중휘에게 자기의 생각을 설명하도록 했다. 그 학생은 넓이를 계산했다. 그리고 한 교사는 그들 모두가 155m² 라는 답을 얻은 것을 확인했다. 그러고 나서 학생들에게 문이 차지하는 부분을 계산하도록 하며 그 과정을 반복하게 했고 학생들은 18m²라는 답을 얻었다.

다음으로 한 교사는 아랫부분 오른쪽에 있는 리놀륨이 깔린 부분을 가리켰다. 한 교사는 학생들에게 답해 보도록 했고 몇몇의 답이 확실하지 않음을 발견했다. 한 교사는 칠판으로 가서 다음과 같이 적었다.

$$15 \times 3 = 45\text{m}^2$$
$$12 \times 3 = 36\text{m}^2$$
$$45 + 36 = 81\text{m}^2$$

한 교사는 몇 초 동안 기다린 후 말했다.

"누가 어디에서 이런 숫자들이 나왔는지 설명해 줄래요?"

"15는 이 부분의 길이고요." 민경이가 그림의 아랫부분을 가리키며 말했다.

"그리고 3은 여기의 가로 폭이고요. ……그래서 넓이는 45예요."

"45?" 한 교사가 물었다.

"제곱미터요." 라고 민경이가 재빨리 덧붙였다.

"이제, 생각을 잘 해 봅시다. 다음으로 두 번째에 쓴 것이 왜 15 곱하기 3이 아니라 12 곱하기 3이 되어야 하는지 우리가 어떻게 알 수 있을까요?"

"음…… 제가 알아요!" 보람이가 소리쳤다.

"이리 나와서 우리에게 보여 주겠니?"

보람이가 OHP가 있는 곳으로 나가서 오른쪽에 보이는 것처럼 그림을 고쳤다.

"보세요, 우리는 이미 이걸 알아요." 보람이가 그림의 오른쪽 아래를 가리키며 말

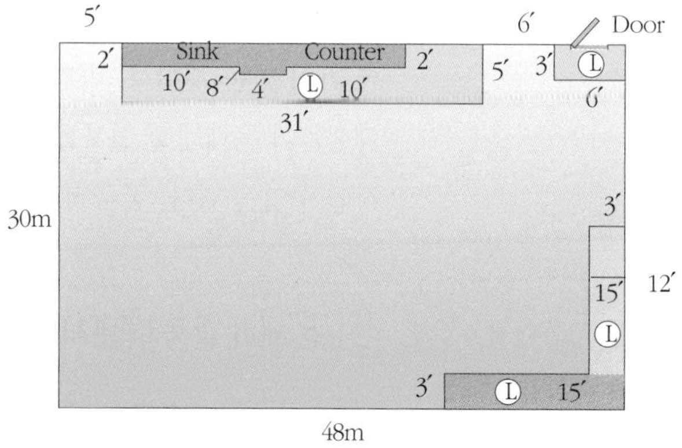

했다.

"그래서, 이 길이는 15가 아니라 12고…… 그러니까 이건 12 곱하기 3이에요."

한 교사는 학급의 학생들에게 보람이의 생각이 이해가 되는지를 물었고, 학생들은 그렇다고 동의했다. 그리고 한 교사는 다음으로 무엇을 해야 하는지 물었다. 학생들은 45와 36을 더하는 것에 동의했고 81m²라는 답을 얻었다.

학생들은 다음으로 115, 18, 그리고 81을 더했고 합계가 254m²라는 답을 얻었다. 그리고 그들은 1,440에서 254를 빼야 한다는 결론을 내렸다. 한 교사는 왜 그래야 하는지 학생들에게 설명하도록 했고, 학생들은 카펫이 깔린 부분이 1,186m²라는 것을 알아냈다. 그러고 나서 한 교사가 말했다.

"여러분이 해야 할 숙제로 나는 여러분이 카펫이 깔린 부분의 면적을 구하는데 두 번째 방법을 이해하고 사용하기를 원해요."

한 교사는 학생들에게 내부 면적의 넓이를 보여 주는 또 다른 그림을 나눠 주고 말했다.

"자, 우리가 새로운 방법을 시도할 때 항상 스스로에게 질문해야 하는 것이 무엇이죠?"

"이것이 이해가 되는가 물으시는 거예요?" 선아가 몇 초간 생각한 후 대답했다.

"맞아요, 정확해요." 한 교사가 미소지었다.

"여러분은 내일 수업 시작할 때 어떻게 그 답을 구했는지를 설명할 수 있으면 좋겠어요. 자, 그럼 내일 함께 살펴봅시다."

월요일 수업과 화요일 수업의 주요한 차이는 화요일 수업이 월요일 수업보다 더욱 잘 구조화되어 있다는 것이다. 학생들이 첫 번째 전략을 사용해야 한다는 것에 동의한 후, 한 교사는 전략을 수행하는 과정에서 비계(발판)를 제공하기 위해 학생들에게 구체적인 질문을 사용했다. 그다음 한 교사는 학생들이 발전하고 있는지를 확인하기 위해서 주의 깊게 그들의 활동을 모니터했다.

한 교사의 두 번의 수업은 풀리지 않은 이슈를 남겼다. 학생들은 월요일 수업에서 한 교사의 구조화되지 않은 접근을 사용하면서 악전고투했다. 그래서 교사는 화요일 수업에서 조금 더 직접적으로 접근했다. 이러한 이슈들은 이번 장 첫머리에서 제시한 두 번째 물음, "(월요일 수업에서) 활동에 사용된 시간은 현명하게 활용된 것인가?"를 다룬다. 확실한 답은 존재하지 않는다. 7장에서 소개된 인지적 학습원리의 하나는 학습과 발달이 학습자의 경험에 의존함을 말하고 있다. 한 교사의 학생들은 전략 설계와 전략 수행, 그리고 협동적으로

웹 자료실

한 교사가 학생들의 문제해결을 어떻게 돕는지 구체적으로 살펴보기 원한다면 www.myeducationlab.com에 접속하고, 9장 '활동 및 적용'의 'Using a roblem solving model: Finding Area in Elementary Math'라는 비디오를 보라.

학습하는 의미 있는 경험을 얻었다. 이들 경험 모두는 자기조절(self-regulation)을 촉진하는 데 가치 있는 것이다. 반면, 그들은 고생을 했지만 수업시간을 가치 있게 보냈고 한 교사는 학생들이 문제해결 절차를 수행할 수 있도록 돕기 위해 한 차시 수업을 더했다. 완전히 추가적인 수업을 했다. 궁극적으로 위의 질문에 대한 답은 전문적 판단의 문제다.

문제해결능력에서 전문가와 초보자의 차이

전문가(Expert)

특정 영역에서 높은 수준의 지식과 기술을 겸비한 사람

전문가는 특정 영역에서 높은 기술이나 지식을 가진 사람을 말한다. 그리고 문제해결능력에 있어 전문가와 초보자 사이에는 네 가지 주요한 차이가 있다(Bruning et al., 2004; Hatano & Oura, 2003). 이러한 차이점은 〈표 9-2〉에 나타나 있고, 다음에 논의되어 있다. '특정 영역에서' 라는 표현은 중요하다. 예를 들어, 수학에서의 전문가는 역사, 작문, 또는 가르치는 것에서는 초보자일 수 있다.

〈표 9-2〉의 패턴은 전문가들이 장기기억에 좀 더 잘 발달된 스키마를 가지고 있음을 제안한다. 이것은 그들이 문제해결에 몰두했을 때 작업기억의 한계를 더 잘 조정하도록 한다. 그들의 복합적인 스키마가 인지적 부하를 감소시키는 '묶음(chunk)' 으로 활동하기 때문에 전문가들은 문제를 더욱 효과적으로 표상한다. 또한 그들의 절차적 지식의 대부분은 자동적이다. 이것은 더욱 인지적 부하를 감소시키고 작업기억의 공간을 많이 남겨 주어 문제에 집중하도록 한다. 게다가 전문가들은 익숙하지 않은 문제를 해결할 때 메타인지적인 접근방법을 활용한다. 그들은 주의 깊게 계획하고 기존의 문제해결방법이 생산적이지 않을 때 새로운 전략을 시도하고 주의 깊게 결과를 모니터한다.

전문가들은 광범위한 경험을 통해 습득한 영역 특수 지식과 영역 일반 지식 모두를 가지고 있기 때문에 이러한 능력을 가진다(Schraw, 2006). 그들의 경험 때문에, 전문가는 유추하기와 같은 발견법을 효과적으로 사용할 수 있다. 전문가의 경험은 자주 '사례' 로 기억에 저장되는데, 전문가들은 그 사례들을 목록화하며 검색하고 새로운 문제를 해결하는 데 유추적으로 적용할 수 있다(Bransford, 1993; R. Mayer & Wittrock, 2006).

전문성에 대한 이해는 의도적이고 계획적인 실천에 학생들을 참여시킴으로써 문제해결능력을 증진시키는 데 도움을 줄 수 있다. 이 과정을 살펴보자.

전문성 개발: 의도적 연습의 역할

"전문가는 타고나는 것이 아니라, 만들어지는 것이다. 이것은 지적 능력이나 재능이 존재하지 않거나 중요하지 않음을 말하는 것이 아니라, 노력과 의도적인 실천, 그리고 전문가로부터의 피드백이 높은 수준의 전문성의 발달에서 필수적임을 말하는 것이다"(Schraw, 2006: 255). 예를 들어, 만약 학생들이 수학에서 그들의 문제해결 기술을 개발하고자 한다면 그들은 잘 정의되지 않은 문제를 포함한 상당히 많은 양의 문제를 풀어야 한다. 암기된 연산

표 9-2

문제해결능력에서 전문가-초보자 차이

분야	전문가	초보자
문제에 대한 이해	문제 내에서 맥락과 관계를 찾는다.	문제를 고립된 조각으로 본다.
문제해결의 효율성	신속하게 문제를 해결하고 자동화된 많은 지식을 가지고 있다.	느리게 문제를 해결하고 기교에 초점을 둔다.
문제해결을 위한 계획	친숙하지 않은 문제해결을 시도하기 전에 신중하게 계획한다.	친숙하지 않은 문제해결을 시도할 때 간단하게 계획한다. 문제해결책을 빠르게 선택하고 시도한다.
문제해결 점검	잘 발달된 메타인지 능력을 보여준다. 비효율적 전략은 피한다.	제한된 메타인지를 보여 준다. 비생산적인 전략을 고집한다.

과정만을 적용하는 기계적인 연습과 실천은 이에 대처할 수 없을 것이다.

연구자들은 이러한 요구를 인식하면서 전문성 신장에서 의도적 실천(deliberate practice)의 역할을 강조하고 있다(Ericsson, 2003). 효과적인 실천은 다음과 같은 네 가지 특성을 가진다.

- 효과적인 실천은 목표와 직접 관련된다. 학생들은 실천하기 전에 그들이 향상되기 원하는 기술을 확인하고 다음 단계로 넘어가기 전에 그러한 기술을 연마한다.
- 실천은 체계적이다. 예를 들어, 학습자들은 매일 실천한다.
- 학습자들은 실세계 환경에서 실천한다.
- 학습자들은 심도 있는 피드백을 받는다.

단순히 학습하는 시간의 양을 늘리는 것은 성취나 전문성을 증진시키는 데 필수적인 것이 아니다. 반면 의도적인 실천계획(deliberate-practice framework)은 두 가지 모두를 증진시킬 수 있다(Plant, Ericsson, & Hill, 2005). 또한, 문제해결이 학생에 따라서는 쉬울 수도 있고 어려울 수 있는 반면 의도적인 실천을 활용할 경우 대부분의 학생은 우수한 문제해결사가 될 수 있다.

문제해결에서의 창의성

창의성이란 독창적인 작품이나 문제해결방법을 만들어 내는 능력이다(Plucker, Beghetto, & Dow, 2004). 독창성은 다른 사람으로부터 배우지 않은 행동을 뜻하며, 생산적인것은 산출물이나 해결책이 우리 문화에서 유용함을 의미한다. 예를 들어, 한 학생이 스포

창의성(Creativity)
생산적 문제에 대한 독창적인 해결책 혹은 산물을 만들어 내는 능력

츠 팀이 경기에서 이기지 못하면 왜 정기 입장권(season ticket) 가격을 할인하는지를 설명하기 위해 다음과 같은 예를 들었다.

> 정기 입장권을 사는 사람들은 그들의 팀이 이기는 것을 보기를 기대한다. 그리고 그 팀이 이기는 것을 보는 것은 정기 입장권을 사는 행위를 강화한다. 그 팀이 이기지 못하면, 기대한 강화 반응이 발생하지 않은 것은 처벌이 된다. 따라서 사람들이 계속 정기 입장권을 살 가능성은 감소한다(Dawn Emerick, 개인적 대화, 10월 4일, 2004).

다운(Dawn)은 기대한 결과의 불발(nonoccurrence of expected consequence)의 예를 이와 같이 기술했다. 그녀는 다른 누군가로부터 예를 얻은 것이 아니므로 이 예는 독창적이다. 또한 이 예는 생산적이다. 왜냐하면 추가적인 실세계 예로 우리의 사회인지이론에 관한 이해를 깊이 있게 해 주기 때문이다. 이것은 창의성이라는 기준을 만족시켰다.

발산적 사고
(Divergent thinking)
질문이나 문제에 대해 다양하면서도 독창적인 해답을 만들어 내는 능력

발산적 사고 발산적 사고는 질문이나 문제에 대해 다양하면서도 독창적인 해답을 만들어 내는 능력이다. 이것은 창의성의 중요한 구성요소다(G. Davis & Rimm, 2004). 발산적으로 사고하는 사람들은 두 가지 중요한 특성을 지닌다. 첫째, 이러한 사람들은 영역 특수 지식을 많이 가지고 있다. 지식 없이 창의적인 사고를 하는 것은 불가능하다. 그리고 예술과 같은 한 영역에서 창조적인 사람들은 글쓰기나 음악과 같은 다른 영역에서는 창조적이지 않을 수도 있다(von Károly, Ramos-Ford, & Gardner, 2003). 둘째, 발산적 사고를 하는 사람들은 강력하게 내적으로 동기화되어 있다. 그들은 호기심이 많고 헌신적이며 과제에 대한 열정을 가지고 있다. 창의성은 타고난 재능이라기보다는 수년간의 실천과 헌신을 통해서 계발되는 것이다(Elder & Paul, 2007).

창의성의 측정

창의성은 대개 학생들에게 말로 또는 그림으로 자극을 준다. 예를 들어, 벽돌의 사용법(문이 열려 있도록 하는 멈추개, 책선반, 종이 누르개, 무기, 건축 벽돌 등)을 가능한 만큼 많이 써 보게 하는 것과 같이 학생들이 반응을 만들어 내는 것을 요구하거나, 또는 의자와 같은 일반적인 물건을 개선하는 방법을 제안하도록 한다(G. Davis & Rimm, 2004). 창의성을 측정하는 방법은 현재의 테스트가 매우 편협하고, 창의성의 다양한 측면을 포착할 수 없다는 이유로 비평가의 논쟁의 대상이 되었다(Tannenbaum, 2003).

학습자의 창의성 기르기

교사가 만드는 교실환경의 성격은 창의성 발달에 영향을 줄 수 있다. 다음은 연구들이 제안하고 있는 점들이다.

- 학습자의 영역 특수 지식의 발달을 도와라(Elder & Paul, 2007).
- 학생들이 독특한 생각이나 의견을 내는 것에 대해서 자유롭게 느끼는, 안전한 교실 환경을 만들라(Md-Yunus, 2007; Runco, 2004).
- 창의성이 존중되는 의사소통을 하라. 일반적이지 않은 생각에 대해서 흥미롭게 반응하고, 독창적인 생각에 대해서 학생에게 보상하라(Runco, 2004).
- 학습을 평가할 때, 사회적 비교를 지양하고, 어느 특정한 평가에 대한 압박감을 줄이기 위해서 평가 횟수를 늘리며, 학습을 촉진함에 있어 평가의 역할을 강조하라(Van-DeWeghe, 2007).

교사들은 때때로 표준화되고 경쟁이 심한 시험을 강조하는 것이 학생들의 창의성을 계발하는 기회를 빼앗아 간다고 불평한다. 그러나 반드시 그러한 것만은 아니다. 가르치는 것에 있어서의 창의성은 기준이나 책임의 강조와는 상관없이 가르쳐야 하는, 주제에 관한 독창적인 예시와 표상을 찾거나 만들어 내는 능력이다. 예를 들어, 한 교사가 학생들에게 세포, 조직, 신체 장기의 체계에 관한 것을 가르치는데, 발포 비닐 랩(bubble wrap) 조각을 가지고 와서 공기주머니의 구성을 장기 조직에 대한 유추로 사용했다(S. Schellenberg, 개인적 대화, 2월 15일, 2008). 이 예는 독창적이고 또 생산적이다. 따라서 이것은 창의성의 기준을 만족시켰다. 아마도 더욱 중요한 것은 이것이 매우 단순하고 교사로 하여금 적은 노력을 요구한다는 것이다. 이와 유사하게 학생들의 창의성을 계발하는 것은 학생들이 창의성의 기준을 만족할 것으로 기대되는지의 여부보다는 학생들이 어디에서 공부하는가 하는 학습환경의 성격에 달려 있다(Kaufman & Sternberg, 2007).

문제중심학습

8장의 마지막에 나온 신 교사의 수업, 이 장의 한 교사의 수업에 대해서 다시 생각해 보자. 그들 모두는 **문제중심학습**, 즉 내용, 기술, 자기주도성을 발전시키기 위해서 문제를 주요 수단으로 사용하는 교수전략의 예다(Hmelo-Silver, 2004; Serafino & Cicchelli, 2005). 문제중심학습 활동은 다음의 특징을 가진다(Gijbels et al., 2005; Krajcik & Blumenfeld, 2006).

문제중심학습(Problem-based learning)
내용, 기술, 자기-조절의 발달에 초점을 둔 문제를 활용한 교수전략

- 수업은 문제로 시작하고, 문제해결이 수업의 초점이다.
- 학생들에게는 전략을 구상하고, 문제해결책을 모색할 책임이 있다. 모둠은 모든 학생이 과정에 참여할 수 있도록 규모가 작아야 한다(일반적으로 3~4명 정도).
- 교사는 질문을 던지고 다른 유형의 비계 설정으로 학생의 노력을 유도한다.

한 교사의 수업에서 보았듯 세 가지 특징은 필수적이다. 한 교사의 월요일 수업에서 학

문제중심학습은 내용의 교수, 기술발달, 자기-조절에 초점을 둔 문제를 활용한다.

생들이 혼란스러워했기 때문에 다음 날 비계를 더 많이 제공했다. 어떤 사람들은 한 교사가 좀 더 빨리, 그리고 좀 더 구체적으로 개입했어야 했다고 주장한 반면, 다른 사람들은 학생들이 고심한 것을 통해서 얻은 경험 자체로 시간과 노력을 들일 만했다고 주장한다.

몇몇 과학적 증거는 문제중심수업에서 학습한 내용이 지시적 교수방법으로 학습한 내용보다 더 전이가 잘 되고 오래 유지됨을 보여 준다(Barak & Dori, 2005; Sungur & Tekkaya, 2006). 또한 추가적인 증거는 학습자들은 전통적인 활동보다 문제중심수업을 할 때 동기부여가 더욱 잘 됨을 보여 준다(Luft, Brown, & Sutherin, 2007). 그러나 대부분의 연구는 나이가 많거나 우수한 학생을 대상으로 실시되어 왔다. 따라서 이것의 결과를 검증하기 위해서는 문제해결 기술이 덜 발달된 학습자를 대상으로 하는 더 많은 연구가 필요하다(Hmelo-Silver, 2004).

문제해결력 향상을 위한 공학의 활용

우리가 이 장 앞에서 보았듯이 학생들은 잘 정의된 문제를 해결한 경험이 거의 없다. 교과서에 제시된 대부분의 문제는 잘 정의된 문제이며 반복된다. 그리고 문제를 해결하기 위해 정말 필요한 정보만 일반적으로 포함한다(Jonassen et al., 2003). 심지어 어떠한 조작을 해야 할지도 자주 문장 속에 제시되어 있다. 예를 들어, "얼마나 더 많은가?" 라는 표현에는 뺄셈을 하도록 제시하고 있다(Jitendra et al., 2007). 이와 같은 경험의 부재는 학생들이 왜 더 나은 문제해결자가 되지 못하는지에 대해 설명하는 것을 돕는다.

이러한 문제에 대처하기 위해서 전문가들은 흥미로운 실세계 문제를 제시하는 데 테크놀로지, 즉 기술을 이용하려고 노력해 왔다(D. Schwartz et al., 2005). 가장 잘 알려진 노력 중의 하나가 반델빌트(Vanderbilt) 대학의 인지와 공학 그룹(Cognition and Technology Group at Vanderbilt, 1992)에서 만든 〈재스퍼 우드버리의 모험(The Adventures of Jasper Woodbury)〉이라는 제목의 시리즈물이다. 이 시리즈는 문제를 찾고 문제를 해결하는 데 초점을 맞춘, 비디오에 기초한 12편의 에피소드로 구성되어 있다. 재스퍼 시리즈에 관한 정보는 다음의 인터넷 주소에서 얻을 수 있다(http://peabody.vanderbilt.edu/projects/funded/jasper/Jasperhome.html).

다음은 '시다 시냇가로의 여행' 이라고 하는 문제 중 하나의 요약본이다.

> 재스퍼(Jasper)는 지금 막 새로운 보트를 샀다. 그리고 이 보트를 몰고 집까지 갈 계획이다. 그 보트는 시속 8마일의 항해속도로, 시간당 약 5리터의 가스를 소비한다. 가스탱크에는 12리터가 들어 있다. 그 보트는 156마일 거리에 있었고 재스퍼의 부두는

132마일 거리에 있다. 집에 가는 길에는 두 개의 가스 충전소가 있다. 하나는 140.3마일 거리에 있고 다른 하나는 133마일 거리에 있다. 충전소는 각각 1리터당 1.109달러, 1.25달러이다. 그곳들은 신용카드를 받지 않는다. 재스퍼는 20달러를 가지고 출발했다. 그는 5리터의 가스를 리터당 1.25달러에 샀다(현금으로 지급할 때 리터당 4센트 할인되는 것은 포함되지 않았다). 그리고 보트를 수리하는 데 8.25달러를 지불했다. 지금은 2시 35분이다. 해는 7시 52분에 진다. 재스퍼는 해가 지기 전에 연료가 바닥나지 않고 집에 도착할 수 있을까?

이 문제는 학생들이 문제를 정의하는 연습을 하도록 의도적으로 복잡하고 잘 정의되지 않은 문제로 만들어졌고, 문제해결에 중요하지 않은 요소를 포함한다. 때문에 관련 있는 정보와 관련 없는 정보를 분리하는 것을 학습한다. 그들은 또한 재스퍼가 집까지 가기 위해서 돈이 얼마나 필요한지를 알아내는 것과 같은 하위목표를 확인하는 경험을 얻는다. 학생들은 몇 번의 수업에 걸쳐서 작업을 한다(며칠에서부터 한 주 이상까지의 기간). 그들은 자신의 생각을 공유하고, 그들의 생각을 다듬기 위해서 피드백을 받고, 그들의 해결책을 학급에 제시한다.

소프트웨어 설계자들은 다른 영역에서도 마찬가지로 문제해결 시뮬레이션을 개발해 왔다(Krajcik & Blumenfeld, 2006). 기하학에서 〈The Geometric Supposer〉와 같은 프로그램(http://www.cet.ac.il/math-international/software5.htm)은 학생들이 기하학 문제를 풀려고 할 때 도형을 컴퓨터상에서 조작할 수 있도록 해 준다. 또 다른 프로그램인 〈Interactive Physics(http://www.interactivephysics.com)〉은 학생들이 힘(force), 가속(acceleration), 그리고 운동량(momentum) 등의 개념을 사용하여 문제를 해결할 수 있도록 물체와 도구를 제공한다.

일부 연구들은 이러한 가상현실이 손으로 구체적인 물체를 사용하는 경험만큼의 학습을 유도한다고 주장한다(Triona & Klahr, 2003). 그러나 이러한 결론을 확증하기 위해서 더욱 많은 연구가 필요하다.

두 번째 쟁점은 교사들이 이러한 기술을 사용하기 위해서 요구되는 노력의 양에 관한 것이다. 예를 들어, 직접적이고 잘 정의된 문제를 접해 왔던 학생들은 재스퍼 시리즈와 같은 문제해결을 시도할 때 어려움을 겪고 혼란을 느낄 수 있다. 이것은 교사의 역할을 요구한다. 그들은 학생들이 향상되도록 돕는 충분한 비계를 제공해 주어야 한다. 그러나 너무 많은 비계로 인해서 학생들이 잘 정의되지 않은 문제를 해결하는 경험을 빼앗아서는 안 된다. 이것은 매우 정교한 교수다.

이론에서 실제로

학생들의 문제해결능력 개발 돕기

인지적 학습이론과 문제해결 연구는 학습자들의 문제해결 발달을 돕는 틀을 제공한다. 다음의 지침은 이 이론과 연구를 수업에 적용하는 것을 도울 수 있다.

① 실세계 맥락에서 문제를 제시하고, 학생들의 사전지식을 고려한다.
② 사회적 상호작용을 사용한다.
③ 초보 문제해결자들에게 비계를 제공한다.
④ 일반적인 문제해결 전략을 가르친다.

사회적 구성주의, 특히 상황인지는 실세계 맥락에서 문제의 제시를 제안한다. 한 교사가 교실에서 카펫이 깔린 면적을 알아내는 문제에 관한 수업을 설계할 때, 한 교사는 이 이론을 적용하고 첫 번째 지침을 실행했다.

인지주의 학습이론은 또한 사회적 상호작용을 강조하며, 이것은 그녀의 수업 모두에서 눈에 띈다. 그러나 한 교사의 월요일 수업은 모든 사회적 상호작용이 효과적인 것은 아님을 보여 주었다. 학생들의 대답에서 나타나듯이 많은 상호작용이 생산적이지 않았다. 한 교사는 화요일 수업에서 조금 더 지시적이었다. 그러나 여전히 높은 수준의 상호작용을 유지하고 있었고 이것은 두 번째 지침이 효과적으로 적용된 것이다.

한 교사는 세 번째 지침을 화요일 수업에서 세 가지 방법으로 적용했다. 첫째, 그녀는 수업을 대부분 질문하기를 통해 발전시켰고, 각각의 사례에서 학생들에게 그들의 생각을 설명하도록 요구했다. 학생들이 그들의 이해를 기술하기 위해서 말이나 글로 더 많이 언어를 사용할수록 그들의 이해는 점점 더 깊어졌다(Leinhardt & Steele, 2005). 둘째, 그림(diagram)은 문제에 관한 시각적 표상을 제공한다. 셋째, 칠판에 간단한, 공부된 예를 써서 비계를 제공했다.

$$15 \times 3 = 45\text{m}^2$$
$$12 \times 3 = 36\text{m}^2$$
$$45 + 36 = 81\text{m}^2$$

공부된 예는 학생들에게 문제해결의 한 가지 방법을 제공하는 완성된 해결책을 포함하고 있는 문제다.

한 교사는 공부된 예를 명확히 하는 것을 돕기 위해 추가 질문을 사용했다. 대화의 일부분을 다시 보자.

한 교사: 어디에서 이런 숫자들이 나왔는지 누가 설명해 볼까?

민경: 15는 이 부분의 길이에요(그림의 아랫부분을 가리키며). 그리고 3은 여기의 가로 폭이고요. …… 그래서 넓이는 45예요.

한 교사: 45가 뭐지?

민경: 제곱미터요.

한 교사: 이제, 생각을 잘 해 봅시다. 두 번째 줄이 왜 15 곱하기 3이 아니라 12 곱하기 3이 되어야 하는지 우리가 어떻게 알 수 있을까?

보람: 음…… 제가 알아요. 왜냐하면 선생님이 벌써 많이 얘기해 주셨어요.

한 교사: 나와서 우리에게 보여 주렴.

그러고 나서 보람이는 OHP가 있는 곳으로 나가 그림을 고치고, 무엇을 했는지에 대해서 설명했다.

초등학교 저학년부터 대학생까지를 대상으로 한 연구를 살펴보면 공부된 예가 특히 학생들이 어떠한 절차를 처음 학습할 때 전통적인 교수방식보다 문제해결을 더욱 의미 있게 만들 수 있다고 보고한다(Crippen & Earl, 2007;

van Gog, Paas, & van Merriënboer, 2004). 또한 학생들은 종종 전통적 교수보다 공부된 예를 선호한다(Renkl, Stark, Gruber, & Mandl, 1998).

마지막으로, 한 교사는 네 번째 지침을 일반적인 문제해결 전략을 학생들에게 가르치면서 적용했다. 영역 특수지식이 없는 상태에서의 일반적인 문제해결 전략은 제한된 가치를 지닌다. 그러나 수학과 같은 영역 특수 지식 안에서 일반적인 문제해결 전략은 효과적일 수 있다. 왜냐하면 일반적인 문제해결 전략은 학생들이 자신의 문제해결에 대해서 보다 메타인지적이 되도록 돕기 때문이다(R. Mayer & Wittrock, 2006).

이 절은 이 장의 처음에서 제시된 세 번째 물음에 대한 답을 돕는다. "한 교사는 학생들의 문제해결능력을 증진시키기 위해서 무엇을 해야 하는가?" 그녀는 월요일 수업에서 학생들에게 충분한 비계를 제공하지 않았다. 그러나 화요일 수업에서는 강의를 복습하게 설명하지 않고 수업을 개선하여 훨씬 많은 비계를 제공했다. 이렇게 할 때, 그녀의 화요일 수업은 학생들의 문제해결력을 발달시키는 것을 돕기 위해 사회적 구성주의 이론과 인지적 도제를 적용하였다. 생산적인 사회적 상호작용은 문제해결에서 중요한 부분이다.

생산적인 사회적 상호작용은 문제해결에서 중요하다.

교실에의 적용

학생들의 문제해결능력 발달시키기

1. 인지적 학습이론과 상황인지는 학생들의 문제해결 노력을 증가시키는 실세계 문제를 제안한다. 여러분이 실세계 문제를 사용할 때, 학생들이 문제 상황을 분석할 때 활발하게 참여하도록 높은 수준의 상호작용을 촉진하라.
   - 초등학교: 4학년 교사는 학생들을 짝짓고 12조각의 사각형으로 만들어진 초콜릿 바를 준다. 그녀는 학생들이 몇 개의 조각으로 초콜릿을 자르게 하고 전체 바를 조각의 수로 나타내도록 한다. 그녀는 각각의 경우 학생들의 생각을 설명하도록 한다.
   - 중학교: 중학교 교사는 '이 주의 문제' 라는 활동을 통해서 모든 학생으로 하여금 매 주마다 최소한 하나의 실세계 문제를 가지고 오도록 한다. 교사는 그 문제 중에서 학급이 해결할 문제를 선택하고 학생들은 선택된 문제를 풀도록 한다.
   - 고등학교: 대수학 II를 가르치는 교사는 연립방정식 풀기를 소개하면서 휴대전화 요금의 최대점과 최저점을 찾는 문제를 제시한다. 그리고 질문을 통해서 학생들로 하여금 문제를 표상하고 그것을 해결하기 위한 전략 활용을 배우도록 한다.
2. 인지적 도제는 학생들이 좀 더 지식이 많은 다른 사람을 통해 문제해결 기술을 배우는 기회를 제공한다. 학생들이 문제해결을 실천할 때, 학생들에게 비계를 제공하고 그들의 이해를 말로 옮기도록 격려한다.
   - 초등학교: 2학년 교사는 그래프 그리기에 관한 수업을 하면서 학생들에게 친구들이 가장 좋아하는 젤리과자 향이 무엇인지 알아보기 위한 방법을 물어본다. 교사는 학생들이 문제를 확인, 표상하고 해결하는 과정을 안내한다.
   - 중학교: 기초 대수를 가르치는 교사는 문장제 문제를 분석하기 위한 비계로 '우리는 안다.' '우리는 알기를 원한다.' 와 같은 범주를 사용한다. 그리고 그들은 매일 적어도 2개 이상의 문제를 푼다.
   - 고등학교: 통계와 확률 단원에서 교사는 학생들에게 문제를 풀기 전에 예측하도록 요구한다. 그리고 학생들은 예측한 것과 해결책을 비교한다.

◈ 이해 점검 활동

2.1 여러분은 어떤 관계에 참여한다. 그러나 여러분이 원하는 만큼 만족스럽지는 않다. 이것이 잘 정의된 문제인지 잘 정의되지 않은 문제인지 설명하라. 이 문제를 해결하는 데 사용할 수 있는 수단-목표 분석을 기술하라.

2.2 수단-목표 분석과 같은 발견법, 또는 유추 사용하기는 문제해결의 어느 단계에서 사용되는지를 설명하라.

2.3 한 교사의 월요일 수업에서 학생들은 다양한 해답을 얻었다. 그리고 일부 학생들은 그들의 답이 다양하다는 사실에 만족했다. 이것은 문제해결의 어느 단계가 비효과적으로 적용된 것인가?

전략적 학습자

전략(Strategies)

과제를 수행하기 위해 요구되는 통상적 활동을 뛰어넘는 인지적 조작

여러분은 수업시간에 노트 필기를 하는가? 중요한 생각을 기억하는 것을 돕기 위해서 교과서의 중요한 부분에 강조 표시를 하는가? 만약 그렇게 한다면, 여러분은 '전략', 즉 과제를 수행하기 위해서 요구되는 평범한 활동을 능가하는 인지적 조작을 사용하고 있다(Pressley & Harris, 2006). 예를 들어, 강조하기는 글을 이해하기 위한 평범한 활동인 단순한 읽기를 능가하기 때문에 전략이다.

개념도 그리기, 노트 필기, 강조하기, 요약하기, 그리고 스스로 질문하기와 같은 매우 다양한 일반적인 학습전략이 있다(P. Alexander, 2006). 각각은 학습을 향상시킬 수 있다. 전략에 관계없이, 이것을 효과적으로 사용하는 학생의 능력은 그들의 메타인지에 의존한다.

메타인지: 전략적 학습의 기초

메타인지(Metacognition)

자신의 인지적 과정의 인식과 통제

7장에서 우리는 메타인지가 '자기 자신의 인지과정을 인식하고 통제할 수 있는 능력을 가지는 것' 임을 알았다. 이것은 하나의 전략을 하나의 목표와 연결시키기 위해 사용되는 기제다(M.V. Veenman & Spaans, 2005). 예를 들어, 메타인지적 학습자들은 노트 필기를 전략으로 사용할 때 다음과 같은 질문을 한다.

- 내가 중요한 내용을 받아 적고 있는가, 아니면 사소한 세부사항만 적고 있는가?
- 충분히 필기할 것을 받아 적고 있는가, 아니면 너무 많은 것을 받아 적고 있는가?
- 공부할 때 노트한 내용을 그냥 읽는가, 아니면 그것을 구체화하기 위해서 예를 사용

하고 있는가?

이러한 종류의 메타인지적 감시가 없다면, 전략은 대부분 가치가 없을 것이다. 전략수업은 읽기, 작문, 제2외국어 학습, 그리고 문제해결 등 다양한 영역에서 이루어지고 있으며, 특별히 읽기에 일반적으로 많이 활용되고 있다(Pressley & Harris, 2006). 이러한 연구들은 효과적으로 전략을 사용하는 학습자들이 학습과정에서 메타인지 활동을 활발히 하는 것 이외에, 첫째 광범위한 사전지식과, 둘째 다양한 전략의 목록을 가지고 있다는 것을 보여 준다.

사전지식

사전지식(prior knowledge)은 모든 학습에서 중요하며 전략의 사용에서도 마찬가지다(Coiro & Dobler, 2007; Peverly, Brobst & Graham, 2003). 광범위한 사전지식을 가진 학습자들은 깊이 있는 처리 전략을 사용할 수 있다. 예를 들어, 질문을 만들거나 이미지를 창조하고, 비유적인 사고를 하는 등의 전략이다. 이러한 지식의 기반 없이는 전략 사용은 어렵다(P. Alexander, Graham, & Harris, 1998).

사전지식은 학생들로 하여금 공부하는 데 있어 중요한 것이 무엇인지 더 나은 결정을 하도록 돕고, 과제에 대해서 정신적 자원을 효과적으로 할당하는 것을 돕는다(Verkoeijen, Rikers, & Schmidt, 2005).

전략 목록

뛰어난 문제해결 학습자들이 풍부한 경험을 이용하는 것과 마찬가지로 효과적인 전략 사용자들도 다양한 전략 목록(Repertoire of Strategy)을 가지고 있어 그중에서 선택한다(P. Alexander, 2006; P. Alexander & Jetton, 2000). 예를 들어, 노트 필기를 하거나, 훑어보거나, 개요를 작성하거나, 다이어그램이나 도형을 만들거나, 굵은 활자체나 이탤릭체 등의 활자체를 이용하여 강조하거나, 예들을 이용한다. 그 밖에도 잘 정의되지 않은 문제를 자기가 할 수 있는 영역으로 끌어들여 해결하기 위해 수단-목표 분석과 같은 직관적 학습법도 이용한다. 다양한 전략의 목록이 없으면 학습자는 전략을 다양한 목표와 연결시키지 못할 것이다.

전략적 학습자가 되는 데에는 시간과 노력이 필요하다. 또한 전략을 배우고 난 후라 할지라도 많은 학생은 교사의 안내 없이는 전략 사용에 실패한다(Pressley & Harris, 2006). 또한 대학생을 포함한 대부분의 학생은 과제의 난이도에 상관없이 이전에 사용하던 초보적인 전략을 사용하는 경향이 있다(Peverly et al., 2003).

공부전략

공부전략(Study strategies)

학습자가 글로 기록된 교재와 교사가 제시해 주는 것들에 대해 자신의 이해력을 높이기 위해 사용하는 구체적인 기술

공부전략은 학습자가 글로 기록된 교재와 교사가 제시해 주는 것에 대해 자신의 이해력

을 높이기 위해 사용하는 구체적인 기술을 말한다. 다양한 공부전략이 존재하는데, 가장 많이 쓰이는 것 중에 몇 가지를 살펴보자.

- 노트 필기하기
- 개념도 그리기
- 텍스트 장치 사용하기
- 요약하기
- 정교한 질문하기
- SQ3R

노트 필기하기

노트 필기는 아마도 가장 일반적인 공부전략일 것이다. 그리고 이것은 광범위하게 조사되어 왔다. 노트 필기의 대중성에도 불구하고 연구 결과는 대학생을 포함한 많은 학생이 노트 필기를 잘못하는 사람들임을 보여 준다(Austin, Lee, & Carr, 2004; Peverly et al., 2007; Titsworth, 2004). 노트 필기는 성취수준을 높이지만 학생들이 정보를 능동적으로 처리할 때에만 효과적이다(Igo, Bruning, & McCrudden, 2005). 효과적인 노트 필기는 강의나 교과서에 나타난 중요한 생각과 주장을 뒷받침하는 세부사항을 모두 포함한다(Peverly et al., 2007).

인간기억 모형과 인지적 학습이론은 모두 노트 필기의 긍정적 효과를 설명하는 데 도움이 된다. 첫째, 노트 필기는 주의 집중을 유지하도록 돕고 학생들이 인지적으로 활동하도록 한다. 둘째, 노트는 외부저장의 한 형식을 제공한다(Igo et al., 2005). 기억은 신뢰할 수 없기 때문에 우리는 정보를 부호화하는 데 실패할지도 모른다. 또는 우리에게 좀 더 잘 이해되는 방법으로, 그러나 논리적이지는 않은 방법으로 우리의 이해를 재구성할지도 모른다. 이때 노트는 우리의 기억을 확인할 수 있도록 하는 정보의 자원을 제공할 수 있다.

안내된 노트 (Guided note)
교수하고자 하는 핵심 아이디어와 관계를 기록할 수 있도록 단서와 함께 학생들의 생각을 기록할 공간을 제공함으로써 안내 역할을 하는 유인물

우리는 **안내된 노트**를 통해서 학생들이 노트 필기하는 기술을 증진시키도록 도울 수 있다. 교사는 단서와 핵심 내용과 관계를 쓸 수 있는 공간을 가진, 학생들을 안내하는 유인물을 준비한다. 안내된 노트를 사용하는 것은 학습장애를 가진 학생에서부터(S. L. Hamilton, Seibert, Gardner, & Talbert-Johnson, 2000) 대학생에게까지 성취를 증가시키는 것을 보여 주었다. [그림 9-3]은 7학년 지리교사가 미국 지역의 서로 다른 기후를 가르치는 데 사용한, 안내된 노트의 형식을 보여 준다.

또한 안내된 노트는 조직의 모형이 되고, 주제의 핵심(point of the topic)을 짚으며, 학생들이 경험을 습득할 때 그들이 스스로 적용할 수 있는 조직적인 기술(organizational skill)을 점차적으로 개발하도록 돕는다. 이러한 기술은 메타인지적 인식과 결합되어 학생들의 전략적 학습능력을 현저하게 증가시킬 수 있다.

1. 다음의 요소들이 기후에 어떤 영향을 미치는지 예를 들어 보라.
   - 위도 ______
   - 풍향 ______
   - 해류 ______
   - 지형 ______

2. 각각의 기후를 기술하고 이러한 기후를 가지고 있는 나라를 적어도 하나 말해 보시오. 그리고 이러한 기후에서 살 수 있는 식물과 두 가지 다른 동물을 예를 들어 보라.
   - 지중해성 기후 ______
     국가 ______
     식물 ______
     동물 ______
   - 서안해양성 기후 ______
     국가 ______
     식물 ______
     동물 ______
   - 아열대성 기후 ______
     국가 ______
     식물 ______
     동물 ______
   - 열대우림 기후 ______
     국가 ______
     식물 ______
     동물 ______

[그림 9-3] 지리교과에서 안내된 노트 필기

개념도 그리기

개념도 그리기는 학습자들이 개념 간의 시각적 관계를 구성하는 학습전략이다(Liu, 2004; Nesbit & Adesope, 2006). 이것은 e-러닝 환경에서 많이 사용되며(Tseng, Sue, & Su, 2007) 학습자들의 개념 변화를 측정하는 데 사용할 수 있다(Hilbert & Renkl, 2008; Nesbit & Hadwin, 2006).

개념도 그리기 (Concept mapping)
개념 간의 시각적 관계를 학습자가 구성하는 학습전략

개념도 그리기는 인지적 학습이론을 응용한 것이다(De Simone, 2007). 개념도를 구성하는 것은 학생들로 하여금 인지적으로 능동적 역할을 하도록 하며, 이중부호화 이론(dual coding theory)과 7장에서 공부한 부호화 전략과 관련을 가진다(Nesbit & Adesope, 2006). 예를 들어, 개념도는 시각적으로 개념 간의 관계를 표상하기 때문에 심상을 활용하며 개념도 자체는 조직의 한 형태다. 학습자들의 이해가 증진됨에 따라 개념도는 수정되고 확장될 수 있다. 이것은 정교화의 한 형태다. 연구들은 이러한 적용을 지지하고 개념도 전략이 개념적 변화를 가능하도록 만들어 줌을 보여 준다(Kakkarainen & Ahtee, 2007).

교사들 또한 개념도 그리기를 평가도구로 사용할 수 있다(MacNeil, 2007). 예를 들어,

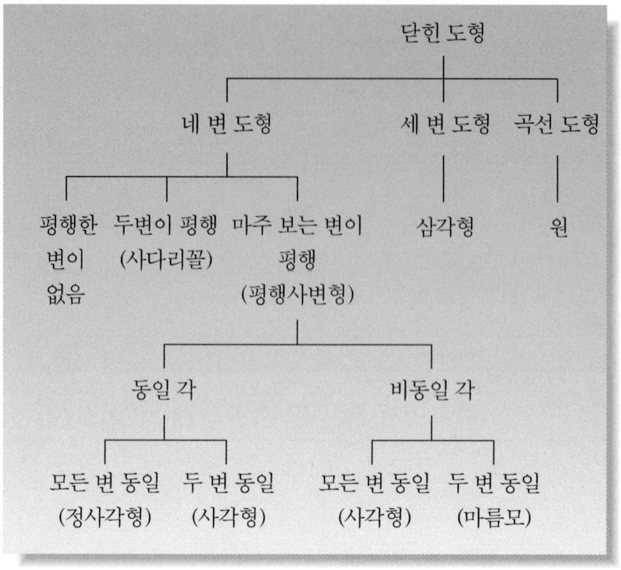

[그림 9-4] 닫힌 도형을 위한 개념도

[그림 9-4]와 같이 개념도를 그린 학생은 네 선분 이상의 도형, 또는 원을 제외하고는 곡선으로 된 도형을 포함시키지 않았다. 교사는 학습자의 이해가 충분하지 않음을 보고 오각형, 육각형, 그리고 타원과 같은 또 다른 도형의 예를 제공할 수 있었다.

그물망(Network)

비위계적 관계를 보여 주는 개념도

[그림 9-4]에서의 개념은 위계적으로 조직되어 있다. 그러나 모든 개념 사이의 관계가 이러한 방식으로 존재하지는 않는다. 따라서 다른 형식의 개념도가 더욱 효과적일 수 있다(Nesbit & Adesope, 2006). 예를 들어, [그림 9-5]는 학생들의 소설에 대한 구성요소와 관련된 이해의 예를 보여 주는데 **그물망** 형태로 소설의 질에 영향을 주는 요소를 포함하고 있다. 여기서 그물망 형태는 개념 간 비위계적 관계를 표현한다. 교사는 닫힌 도형(closed-plane figure)의 예와 함께 그물망을 통해 얻은 정보를 학생들의 이해에 접근하는 데 사용할 수 있다. 그리고 그 개념에 대한 학생들의 이해가 깊이 있게 발전하도록 도울 수 있다.

학생들이 사용하는 개념도의 형태는 개념 간의 관계를 가장 잘 보여 주는 형태가 되어야 한다. 위계적인 형태는 수학과 과학에서 관계를 가장 잘 보여 줄 수 있는 반면, 읽기나 사회과학과 같은 영역에서는 그물망이 더욱 효과적일 것이다.

텍스트 장치 사용하기

텍스트 장치(Text signal)

글 속에서 텍스트 조직과 핵심 아이디어를 알려 주는 요소

텍스트 장치는 글 속에서 텍스트 조직과 핵심 아이디어를 알려 주는 요소다. 일반적인 텍스트 장치는 다음을 포함한다.

- **제목**: 예를 들어, 이 장에서 개념도 그리기와 노트 필기하기는 공부전략이라는 제목의 하위 제목이다. 따라서 이러한 각각의 조직신호는 공부전략이다.

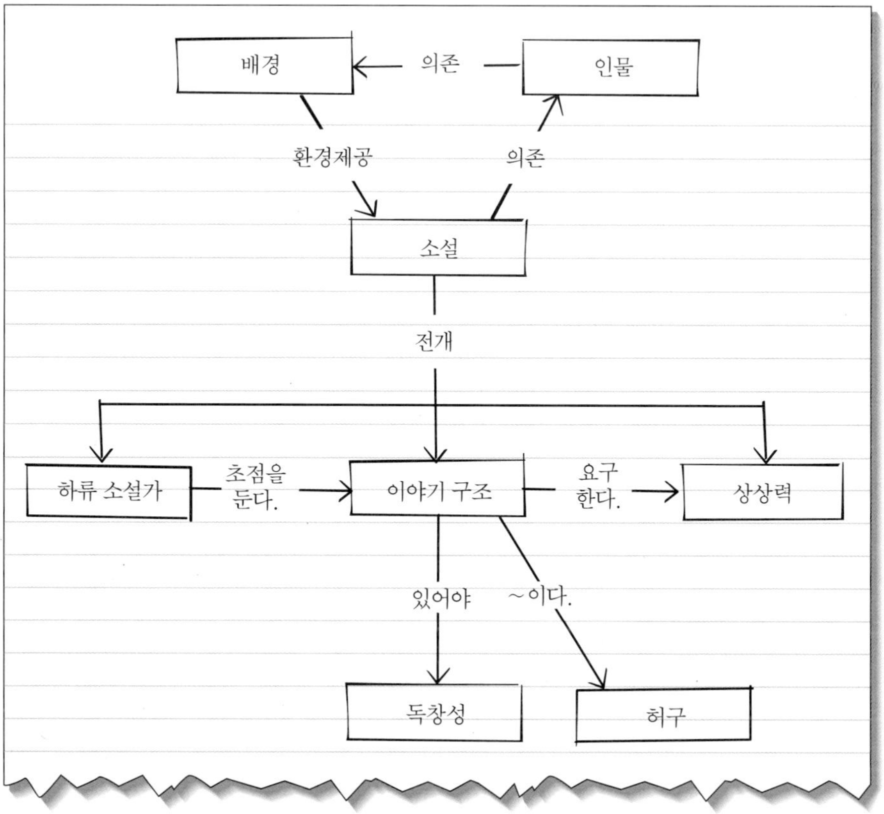

[그림 9-5] 소설에 대해 학습자가 가지고 있는 개념 그물망

- 번호 매기기와 점(주의를 끌기 위해)으로 표현된 목록: 예를 들어, 여러분이 지금 읽고 있는 점으로 된 목록은 텍스트 장치 중 하나다.
- 밑줄 긋기, 굵게 하기, 또는 이탤릭체: 예를 들어, 이 글에서 각각의 중요한 개념은 굵은 글씨로 강조하였다.
- 미리보기와 회상하기 문장: 예를 들어, 이 장에서 메타인지에 관한 논의를 소개하면서 "7장에서 언급되었던 메타인지는……." 라고 말함으로써 메타인지가 앞에서 이미 논의되었다는 사실을 알리고 여러분이 메타인지에 대해 확신이 없다면 다시 읽어 볼 것을 권고하고 있다.

전략적 학습자들은 이러한 장치를 이용하여 그들이 공부하는 주제에 대한 틀을 발전시킨다(Vacca & Vacca, 2008). 교사들은 주제를 어떻게 조직할 것인가 토론하도록 함으로써 학생들이 텍스트 장치 전략을 활용할 수 있도록 촉진하고 학생들에게 공부하고 있는 내용을 보다 의미 있게 만들기 위해서 텍스트 장치들이 도움이 될 수 있음을 상기시킬 수 있다.

요약하기

요약하기
(Summarizing)
말이나 글로 된 단락을 간결하게 기술하는 과정

이해점검
(Comprehension monitoring)
듣거나 읽은 내용을 이해하고 있는지를 검토하는 과정

요약하기는 말이나 글로 된 단락을 간결하게 기술하는 과정이다. 요약하기는 우리가 읽거나 들은 것을 이해했는지를 확인하는 **이해점검**에 효과적이다. 만약 우리가 주제에 관한 요약을 준비할 수 있다면, 이것은 우리가 주제를 이해했는지에 대한 하나의 지표가 될 수 있다.

요약하기를 배우는 것은 시간과 노력이 많이 들지만 훈련을 통해서 학생들은 능숙해질 수 있다(P. Alexander, 2003, 2006). 훈련은 주로 학생들로 하여금 단락을 끝까지 읽게 하고 항목의 목록을 종합적으로 설명하도록 하고 서로 관련된 생각의 주제문을 만들게 하고 중요하지 않은 정보를 찾도록 하는 과정을 포함한다(J. P. Byrnes, 2001a).

예를 들어, 이 장의 문제해결에 관한 절을 다음과 같이 요약할 수 있다.

> 문제를 해결하기 위해서 우리는 문제를 확인하고 표상해야 한다. 또 문제해결을 위한 전략을 선택하고 실행한다. 그리고 그 해결책이 이해가 되는지를 확인해 보아야 한다. 우리는 학생들이 전문가의 생각을 검토하게 함으로써, 또 실세계 문제를 사용함으로써 문제와 해결책에 관해 토론함으로써, 그리고 질문하기와 공부된 예를 사용하여 초보 문제해결자들에게 비계를 제공하여 더 나은 문제해결자가 되도록 도울 수 있다.

연구들은 요약하기가 학생들의 주제에 대한 이해와 메타인지 기술 모두를 증진시킨다고 제안한다(Thiede & Anderson, 2003). 이와 비슷하게 학생들로 하여금 문단의 중요 내용을 담고 있는 핵심 용어를 만들어 내도록 하는 것 또한 이해를 증진시킬 수 있다(Thiede, Anderson, & Therriault, 2003).

정교한 질문하기

정교한 질문하기
(Elaborative questioning)
공부하고 있는 내용에 대해 추론 유도, 예시 확인, 관계를 형성하는 과정

정교한 질문하기란 학습하는 자료에서 추론을 이끌어 내고, 예를 찾아내고, 관계를 형성하는 과정이다. 이것은 이해 점점 전략 중 가장 효과적이라고 할 수 있다. 왜냐하면 학습자들로 하여금 배우고 있는 내용들을 서로 관련짓도록 촉진하기 때문이다(E. Wood et al., 1999). 다음의 세 가지 구체화된 질문이 특히 효과가 있다.

- 지금 배운 내용의 또 다른 예로 무엇이 있을까?
- 이 학습주제는 그전에 배운 주제와 어떤 면에서 비슷하고 차이가 있는가?
- 지금 배운 내용은 내가 지금까지 배운 다른 개념과 어떻게 연관이 되는가?

예를 들어, 여러분이 문제해결에 관한 장을 공부하고 있을 때 다음과 같은 질문을 할 수 있다.

- 이번 수업에서 배운 잘 정의된 문제의 또 다른 예는 무엇이 있을까?
- 잘 정의되지 않은 문제의 예로는 무엇이 있을까?
- 잘 정의된 혹은 잘 정의되지 않은 문제를 구분해 주는 것은 무엇인가?
- 문제해결과 학습전략은 어떻게 유사하고 다른가?

이와 같이 새로운 정보와 장기기억 속에 저장되어 있는 지식 사이의 연결을 만드는 질문은 새로운 정보를 더욱 의미 있게 만든다.

SQ3R

SQ3R은 학생들이 읽기를 하는 동안 자신의 이해를 점검하는 연속적 단계를 사용할 수 있도록 가르치는 복합전략이다. 이 전략의 기원은 1940년대로 거슬러 올라가기 때문에 '공부전략의 할아버지' 라는 이름을 얻었다(Lipson & Wixson, 2003). SQ3R의 단계는 다음과 같다.

- **훑어보기**(Survey): 학생들은 이 글이 무엇에 관한 것인지 살펴본다.
- **질문하기**(Question): 미리 읽은 것을 바탕으로 학생들은 정교화 질문을 만들고 글을 읽어 가면서 예측한 것에 대해 답한다.
- **읽기**(Read): 학생들이 주어진 글을 읽는다.
- **다시 보기**(Recite): 학생들은 읽은 것에 대해 반성하고 질문에 대해 답해 보려고 한다. 그리고 현재 단락과 앞의 단락 간의 관계를 파악한다(여러분이 앞서 살펴보았듯이 학생들은 이 단계에서는 단순히 문자 그대로의 '다시 보기' 보다 훨씬 많은 것을 한다).
- **복습하기**(Review): 학습자들은 그들이 읽어 온 것을 요약한다. 불확실한 부분을 다시 읽는다. 그리고 필요하다면 노트 필기를 한다.

SQ3R의 효과는 명확하지 않다. 작가 중 일부는 이 전략 사용을 지지하지만(예를 들어, R. L. Potter, 1999; Topping & McManus, 2002), 그 이유는 전략의 오랜 명성에 근거하고 있는 것처럼 보인다(Spor & Schneider, 1999). SQ3R이 효과적이라는 증거는 부족하다(Huber, 2004).

한편, 이것은 첫 번째 단계에서 텍스트 장치를 사용하기, 두 번째 단계에서는 정교한 질문하기, 마지막 단계에서는 요약하기를 포함한다(Thiede & Anderson, 2003). 이러한 전략이 SQ3R과 같은 이해 전략으로 통합될 때 더욱 효과적인지 아니면 개별적으로 활용될 때 효과적인지 분명하지 않다.

연구들은 대부분의 학생이 공부전략을 학습할 수 있음을 보여 준다. 그리고 전략을 가르치는 것은 어린 학생들과 성취가 낮은 학생들에게 특히 중요한데, 이러한 학생들은 전략의 목록을 적게 가지고 있기 때문이다(Bruning et al., 2004; Gaskill & Murphy, 2004). 전략의 효과

웹 자료실

여러 발달 수준에서 학습자가 사용하는 전략을 알아보기 위해 www.myeducationlab.com에 접속하고, 9장 '활동 및 적용' 의 'Video 1' 과 'Video 2'를 보라. 그리고 이어지는 물음에 답하라.

성은 학습자들의 동기, 관련한 사전지식을 활성화시키는 능력, 그리고 메타인지에 달려 있다(Huber, 2004). 만약 하나 혹은 그 이상의 요소가 없다면 어떤 전략도 효과가 없을 것이다.

비판적 사고

비판적 사고
(Critical thinking)
증거에 근거해서 결론을 내리는 개인의 능력과 경향

오늘날 비판적 사고의 중요성은 크게 증가되었다. 왜냐하면 엄청난 양의 광고, 의도적 왜곡, 그리고 선전활동에 이르기까지 우리가 지속적으로 진위를 가려내야 할 것이 많아졌기 때문이다. 비판적 사고는 다양한 방법으로 정의되어 왔지만 대부분의 정의는 개인의 능력, 그리고 증거에 근거해서 결론을 만들어 내고 접근하기를 좋아하는 성향을 포함한다(van Gelder, 2005; Willingham, 2007). 예를 들어, 한 광고에서 "의사 선생님들이 더 자주 추천합니다."라고 말하면서 건강과 관련된 상품을 구매하도록 강요한다면, 비판적으로 사고하는 사람은 그 광고가 주장하는 바에 대한 증거를 제시하고 있지 않기 때문에 경계심을 가지게 된다. 마찬가지로 비판적으로 사고하는 사람은 다른 사람의 주장을 의심하면서 듣는데, 이는 사람들이 종종 무의식적인 편견을 가지고 있기 때문이다.

비판적 사고에 대한 도전

신념 보존(Belief preservation)
증거에 기반한 믿음이라기보다 증거를 자신의 믿음에 귀속시키려는 경향성

증거에 근거하여 결론을 내리는 것은 생각보다 어려우며 대부분의 사람은 이것을 잘 하지 못한다(Willingham, 2007). 예를 들어, 어떤 의견을 정당화하도록 요구하면서 "그 의견을 뒷받침하는 몇 개의 증거를 제공하라고 하면 사람들 중 절반 이상이 어려움을 겪는다. …… 문제는 그들이 증거라는 개념을 정확히 모르며 그들의 관점을 지지하기 위한 적절한 증거가 무엇인지에 대해 이해하지 못한다는 데 있다"(van Gelder, 2005: 42).

또한 일부 전문가들은 인간은 비판적으로 사고하지 않는 경향성을 타고나며, 우수한 성취를 보이는 사람들도 낮은 성취자들보다 더 비판적으로 사고하는 것은 아니라고 주장한다(Macpherson & Stanovich, 2007). 우리는 경험이 이해되길 원하며, 만일 그럴듯한 설명을 얻은 경우 더 이상 그 문제를 파고들지 않는 경향이 있다(Shermer, 2002).

학생들이 내린 결론에 증거를 요구하는 것은 비판적 사고를 촉진한다.

신념 보존은 증거에 기반한 믿음을 형성하기보다는 증거를 자신의 믿음 유지를 위해 이용하려는 경향성을 말하며, 이는 교사나 학생에게 또 다른 도전이 된다(Douglas, 2000). 우리가 어떤 생각을 강하게 믿거나 이것이 사실이기를 바랄 때, 우리는 그 믿음을 지지하는 증거를 찾는 경향이 있

고 이와 반대되는 증거를 피하거나 무시한다. 또는 믿음과 상반되는 압도적인 증거를 직면했을 때 원래의 믿음을 지지하는 어떤 작은 증거라도 찾을 수 있다면 그 믿음을 유지한다.

구성주의 학습이론과 피아제(Piaget)의 연구는 우리가 이러한 경향성을 이해하는 것을 돕는다. 사람들은 그들이 이해하는 방식으로 지식을 구성한다. 경험적으로 이해될 때, 만약 그것이 가공된 것이거나 왜곡되었을지라도 우리는 평형화 상태에 놓이게 된다. 따라서 문제를 더 조사할 필요를 느끼지 못한다.

더욱이 사람들은 때로는 마음에 이미 존재하는 믿음에 대한 개인적 투자를 한다. 믿음을 바꾸는 것은 그들의 지성이나 결심을 부정적으로 성찰하는 것이며, 따라서 변화는 그들의 자기-가치감을 위협한다고 느낀다(Linnenbrink & Pintrich, 2003). 또한 믿음은 종종 사람들의 문화나 종교에 필수불가결한 요소다(Southerland & Sinatra, 2003). 이러한 도전에 직면하는 것은 비판적 사고를 촉진하기 위한 가르침의 핵심이다. 그리고 전문가들은 비판적 사고가 정규 교과과정에 포함되어야 한다고 주장한다(Burke, Williams, & Skinner, 2007; Kuhn, 1999; Willingham, 2007).

비판적 사고 개발하기

교사들은 지각하기와 계획하기를 활용해서 비판적 사고를 수업의 핵심적 부분으로 만들 수 있다(Burke et al., 2007; Macpherson & Stanovich 2007). 다음의 지침은 이러한 과정에 도움을 줄 수 있다.

- '왜 그렇게 말했니?' '어떻게 알았니?'와 같은 질문을 여러분의 질문목록에 포함하라. 이러한 질문은 학생들이 자신들의 결론에 대해 증거를 제시하도록 요구한다.
- 학생들로 하여금 자신들의 생각을 자각하도록 도움으로써 메타인지를 촉진시킨다.
- 결론을 내릴 때 증거 사용하기, 호기심 가지기, 정보 제공받기, 그리고 자신의 의견과 다른 의견을 존중하려는 의지를 가지기와 같은 사고 경향성을 모방하도록 한다.

이러한 지침의 예로 한 교사의 화요일 수업을 다시 살펴보자. 그녀는 칠판에 다음과 같은 내용을 적었다.

$$15 \times 3 = 45\text{m}^2$$
$$12 \times 3 = 36\text{m}^2$$
$$45 + 36 = 81\text{m}^2$$

이제 대화의 일부분을 다시 살펴보자.

한 교사: 누가 어디에서 이런 숫자들이 나왔는지 설명해 보자.

민경: 15는 이 부분의 길이에요(그림의 아랫부분을 가리키며). 그리고 3은 폭이에요. ……그래서 넓이는 45예요.

한 교사: 45가 뭐지?

민경: 제곱미터요.

한 교사: 이제, 생각을 잘 해 봅시다. 두 번째에 쓴 것이 왜 12 곱하기 3이 되어야 하는지 우리가 어떻게 알 수 있을까?

보람: 음…… 제가 알아요!

한 교사: 이리 나와서 보여 주겠니?

보람: 보세요, 우리는 이미 이걸 알아요(그림의 오른쪽 아래 구석을 가리키며). 그러니까 이 길이는 15가 아니라 12예요. ……그래서 12 곱하기 3이 되는 거예요.

그다음에 한 교사는 활동을 마무리 짓고 숙제를 내 주었다.

한 교사: 이제, 우리가 어떤 방법을 시도할 때 우리가 늘 스스로에게 물어보아야 하는 것은 무엇인가요?

선아: 이것이 이해가 되는가 하는 거예요.

한 교사: 맞아요. 정확해요. 여러분은 어떻게 답을 얻었는지를 설명할 준비가 되어 있어야 해요.

한 교사와 학생 간의 대화에서 한 교사는 학생들에게 그들의 생각을 정당화하도록 요구했다. 그리고 그녀는 '우리가 방법을 시도할 때 늘 해야 하는 것은 무엇인가요?'와 같은 질문을 통해서 메타인지를 개발했다. 실천을 통해서 학생들은 발전하게 되는데, 최소한 교사의 추가적인 노력이 요구된다.

이론에서 실제로

전략적 학습자가 되도록 학생들 돕기

인지학습이론은 여러분의 학생이 보다 전략적 학습자가 되도록 돕기 위한 방법을 제안한다. 다음의 지침은 여러분의 이러한 노력을 도울 수 있다(Pressley & Harris, 2006).

① 가르치려는 전략이 어떤 것인지 설명하고, 그 전략이 왜 유용한지 설명한다.

② 전략의 사용과 메타인지적 인식의 본보기를 보여 줌으로써 전략을 명시적으로 가르친다.
③ 학생들에게 해당 전략을 다양한 맥락에서 사용할 수 있는 기회를 제공한다.
④ 학생들이 연습할 때 피드백을 제공한다.

중학교에서 지리를 가르치는 강 교사가 학생들과 수업할 때 이와 같은 원칙을 어떻게 적용하였는지 살펴보자.

강 교사는 학생들에게 OHP 필름 한 장과 마커펜 한 자루씩을 나눠 주면서 지리수업을 시작했다. 그녀는 교재에서 저위도, 중위도, 고위도의 기후에 대해서 설명하고 있는 부분을 읽도록 가리키면서 말했다.

"좀 더 효과적으로 읽는 방법 중 한 가지는 핵심 내용을 담고 있는 짧은 문장 몇 개의 정보를 요약하는 겁니다. 이 방법은 정보를 기억하기 쉽게 해 주어 유용하지요. 또 이것은 한 지역의 기후와 다른 지역의 기후를 비교할 수 있도록 도와줄 것입니다. 여러분이 생물시간에 동물에 관해서 배울 때나 정부조직에서 사법기관 시스템을 배우는 것 같은 다른 수업을 들을 때도 똑같이 사용할 수 있는 방법이에요. 자, 이제 오늘 배울 부분을 읽어 보고, 여러분이 저위도 기후의 특징이 무엇인지 확인해 보세요."

학생들은 해당 부분을 읽었고 강 교사는 "선생님이 읽을 때 생각한 것들이 여기에 있어요."라고 말하고, OHP에 담긴 정보를 보여 준 후 그것을 설명했다.

> 저위도 기후는 덥고 습하거나 혹은 덥고 건조할 수 있다. 적도와 가까운 습한 열대기후는 일 년 내내 덥고 습하다. 조금 떨어진 곳은 여름에는 다습하고 겨울에는 건조하다. 그 건조한 열대기후 때문에 고기압 지대는 사하라 사막처럼 사막을 형성한다.

강 교사는 설명을 이어 갔다.

"이제 여러분 모두 중위도 지역의 기후에 대해 선생님이 한 것처럼 해 봅시다. 우선 해당 부분을 읽고 선생님이 했던 것처럼 요약해 보세요. ……여러분이 가지고 있는 OHP 필름에 요약한 것을 써 줬으면 좋겠어요. 그리고 여러분이 기록한 것을 다 함께 볼 거예요."

학생들이 요약을 마친 뒤에, 강 교사는 요약한 것을 자원해서 보여 주도록 요청했다.

규리가 자신이 요약한 것을 보여 주었고, 강 교사와 다른 학생들은 규리가 쓴 것에 정보를 더해 주거나 자신의 의견을 말했다. 그다음에 강 교사는 다른 두 명의 학생들도 자신이 요약한 것을 보여 주도록 했고, 학생들은 고위도 기후에 대해서도 같은 방식으로 연습했다.

그 학년 내내 강 교사는 일주일에 한두 번씩 학생들에게 요약하는 연습을 시켰다.

이제 지침을 적용하려는 강 교사의 노력을 살펴보자. 그녀는 개발하고자 하는 전략을 말하고, 이것이 왜 유용한지를 설명했다. 예를 들어, 강 교사는 이렇게 말했다.

"좀 더 효과적으로 읽을 수 있는 방법 중 한 가지는 핵심 내용을 담고 있는 짧은 문장 몇 개의 정보를 요약하는 거예요. 이 방법은 정보를 기억하기 쉽게 해 주죠……."

두 번째로 강 교사는 그녀가 설명할 때 메타인지와 전략 모두를 직접 보여 주었다.

"선생님이 읽을 때, 이렇게 생각했어요……."

연구에 의하면 강 교사의 수업과 같은 명시적인 수업이 어린 학생들의 메타인지 인식을 증진시킬 수 있다는 것을 보여 주고 있다(J. M. Alexander, Johnson & Leibham, 2005; G. M. Jacobs, 2004).

세 번째로 강 교사는 학생들에게 문장을 읽게 하고, 요약하도록 한 뒤 피드백을 제공하였다. 그녀는 학생들의 요약을 OHP를 통해서 모든 학생이 볼 수 있도록 함으로써 동일한 정보에 대해서 반응할 수 있도록 했다. 그리고 그 과정을 학년 내내 계속했다.

계속해서 연습하는 것은 중요하다. 모든 형태의 복합적인 학습에는 많은 경험과 의도적인 실천이 필요하다.

다양성 탐색

복합적 인지과정에서 학습자의 개인차

개념학습과 문제해결 그리고 전략학습에 포함된 기본적인 과정은 모든 학생에게 동일하게 필수적이다. 그러나 그들의 문화적 지식과 문제해결에 대한 접근, 그리고 태도와 신념은 다양할 것이다. 예를 들어, 여러분이 2장에서 보았듯이 알래스카(Alaska) 서쪽의 베링 해(Bering Sea)에 사는 유픽(Yu'pik) 사람들은 얼음에 대해서 99가지의 다른 개념을 가지고 있다(Block, 2007). 이것은 그들이 여행하고 사냥할 때 중요한 문화적 지식이다. 그러나 온화한 기후에 사는 대부분의 사람에게는 생소하다.

문화적 차이는 사람들의 개념학습에 대한 접근방법에서도 존재한다. 예를 들어, 서구문화의 성인은 동물을 한 범주에 넣고, 음식은 다른 범주로, 또 도구를 세 번째 범주에 넣는 것처럼 사물을 분류학적으로 나눈다. 그러나 다른 문화권의 성인은 기능적 범주로 사물을 나눈다. 이 문화권에서는 삽과 감자를 함께 분류한다. 왜냐하면 삽은 감자를 캐낼 때 사용되기 때문이다(Luria, 1976).

태도와 신념은 또한 문화적 차이에 영향을 받는다. 예를 들어, 학습에 관련된 태도와 신념은 일본 학생들의 인상적인 문제해결력에 대한 설명이 될 수 있다.

"그들의 성취에 대한 태도는 (타고난 능력이 아니라) 성공이란 열심히 공부했기 때문이라고 생각한다. ……교사들은 깊이가 얕은 문제를 많이 풀기보다 심도 있는 몇 개의 문제를 활용하며 학생들의 실수는 학급 전체의 배움의 도구로 활용된다" (Rogoff, 2003: 264-265).

학습과정의 일반적인 부분으로서 열심히 공부하는 것과 실수를 받아들이는 것에 대한 신념은 성취에 관한 동양의 중요한 가치다(J. Li & Fischer, 2004). 예를 들어, 경이로운 학업성취를 보이고 있는 일본을 보면 아동 초기부터 학업보다는 사회적 발달에 초점을 두고 교육을 하고 있다는 사실이 놀랍다(Abe & Izzard, 1999; C.C. Lewis, 1995).

몇몇 전문가는 이러한 사회성의 강조가 아이들로 하여금 집단의 일원으로 느끼게 하고 여기에 책임감을 갖도록 돕는다. 그 결과 학생들이 배우는 주제에 대해 더 많이 집중하며 학급 관리의 문제를 더욱 용이하게 만드는 결과를 이끌어 낸다고 믿는다 (Rogoff, 2003).

문화는 또한 전략학습에도 영향을 끼친다. 예를 들어, 학생들은 그들의 문화적 경험과 관련된 내용으로 쓰인 글을 접할 때 더욱 효과적인 이해 점검 전략을 사용한다(Pritchard, 1990).

흥미롭게도 실세계 맥락에 있는 과제에서는 기억 수행에 있어서 문화적 차이가 거의 없음이 발견되었다. 예를 들어, 상인이나 목수나 체중을 조절하는 사람들이 실용적인 목적을 위해서 수학을 사용할 때, 그들은 이해되지 않는 답을 얻는 경우가 거의 없다. "그러나 학교 맥락에서의 계산은 문제의 의미를 생각해 본다면 일어날 수 없는 결과를 만들어 내고 종종 어처구니없는 오류를 양산해 낸다" (Rogoff, 2003: 262). 이는 한 교사의 수업에서도 볼 수 있다. 학생들에게 있어 교실에서 카펫이 깔린 면적을 알아내는 것이 실세계 과제라고 하더라도 그들이 얻어낸 답이 이해가 되지 않더라도 일부 학생들은 다양한 답을 수용하려고 했다. 이는 교사가 다양한 문화적 배경을 무릅쓰고 학생들의 메타인지를 촉진시키고 학습자들에게 많은 비계를 제공해야 함을 보여 준다.

경험들, 그리고 문화적 · 종교적 믿음은 또한 비판적 사고에 영향을 줄 수 있다. 많은 양의 기억단계 과제를 경험한 저학년 학습자들은 시연과 같은 초기단계의 학습전략을 사용하기 쉽고, 다양한 경험을 가진 또래 학생들보다 비판적 사고를 하는 학생들이 되기가 어렵다. 기억단계의 과제는 도시 학생들에게 일반적이다. 그리고 대체로 도시학교에는 소수 민족이 많다 (Kozol, 2005). 또한 어른을 공경하도록 가르침을 받는 문화권의 사람들과 강한 권위주의 종교적 믿음을 가진 학습자들은 비판적 사고를 하는 경향이 적을지도 모른다(Kuhn & Park, 2005; Qian & Pan, 2002).

이러한 차이들은 모두 실세계 맥락에서의 학습경험을 포함시키고, 높은 수준의 상호작용을 촉진하고, 학생들이 그러한 경험을 이해할 수 있도록 돕는 비계를 제공해야 한다는 필요성을 지적한다. 이는 그들의 문화적 배경에 관계없이, 모든 학생에게 똑같이 적용된다.

◈ 이해 점검 활동

3.1 세 명의 학생이 공부전략으로 강조하기의 사용에 대해 토론하고 있다.

"나는 거의 모든 문단에서 첫 번째 문장을 강조해. 왜냐하면 그것이 주제 문장이거든." 중휘가 말했다.

"때때로 나는 다른 문장이 주제문인 것 같을 때는 다른 문장을 강조해."

"나는 내가 중요하다고 생각하는 단락을 강조해." 아영이가 덧붙였다.

"나는 핵심 용어, 목록, 그리고 예들을 찾아."

"나는 거의 모든 절을 강조해." 민혁이가 말했다.

"나는 강조하면서 책을 읽어."

어떤 학생이 가장 효과적으로 전략을 사용하고 있는가? 누구의 전략이 가장 효과적이지 않은가? 왜 그러한지 설명하라.

3.2 여러분은 내용을 이용하기 위해서 주의 깊게 이 장을 읽는다. 여러분의 노력이 전략학습을 보여 주고 있는가? 왜 그러한지 혹은 그렇지 않은지를 설명하라.

3.3 김 교사의 학생들은 1960년부터 2000년까지의 세계 평균온도를 보여 주는 표를 분석하고 있다. 그들은 그 표가 일반적으로 상승하고 있음을 보여 준다고 결론 내렸다.

"우리가 지금 한 것이 무엇인가?" 김 교사가 물었다.

"우리는 자료에서 패턴을 찾아냈어요." 성길이가 대답했다.

김 교사가 질문을 통해 촉진한 비판적 사고의 중요한 측면이 무엇인지 설명하라.

웹 자료실

다양한 출신 배경을 가진 학생들에게 불규칙한 도형의 면적을 가르치는데 관심이 있다면WWW.myeducationlab.com에 접속하고, 9장 '활동 및 적용'의 'Finding Areas of Irregular Figures' 라는 사례 연구를 보라.

교실에의 적용

교실에서 전략적 학습과 비판적 사고 촉진하기

공부전략

1. 공부전략은 글로 쓰인 것과 교사가 보여 주는 것에 대해 학습자들이 그들의 이해를 증진시키기 위해서 사용하는 기술이다. 가장 효과적인 전략이 될 수 있도록 여러 교과과정 전반에 관련된 공부전략을 가르쳐라.

- 초등학교: 초등학교 2학년을 담당하는 한 교사는 정교화 질문을 어떻게 하는지 직접 보여 주고 매 수업시간 후에 수업이 무엇에 관한 것이었는지, 수업을 통해 무엇을 배웠는지에 대해서 아이들이 스스로에게 질문하도록 격려한다.
- 중학교: 중학교 1학년을 가르치는 한 교사는 노트하기를 경청하는 전략으로 소개하고, 교사가 제시해 주는 것을 정리하기 위해 학생들로 하여금 개요 작성하기 방법을 사용하고 작성된 개요를 노트하여 안내서로 활용하도록 함으로써 과학과 사회 과목에서 노트하기를 연습시킨다.
- 고등학교: 생물시간에 한 교사는 수업이 종료될 때마다 학생들이 그 시간에 배운 것 중에서 가장 중요한 부분을 요약하여 제시하도록 시킨다. 그리고 학생들의 요약에서 충분하지 못한 부분에 대해서는 자료를 덧붙여 준다.

비판적 사고

2. 학생들이 증거에 근거해서 결론을 이끌어 내고 평가하도록 돕는 것은 비판적 사고를 촉진한다. 비판적 사고를 정규 교과

과정에 통합시켜라.

- 초등학교: 초등학교 4학년에서 교사는 아이들의 사고력을 촉진시켜 주는 질문을 하려고 노력한다. '가장 중요한 다섯 가지' 라는 이름을 붙인 목록을 가지고 있으면서 기회가 될 때마다 학생들에게 질문한다. ① 무엇이 보이죠? 관찰해 보세요. ② 비슷한 점은? 차이점은? ③ 왜죠? ④ 만일 이렇게 된다면 어떻게 될까요? ⑤ 어떻게 알았어요?
- 중학교: 중학교 1학년 세계사 시간에 어떤 교사는 차트, 그래프, 표를 이용해서 학습내용을 개발한다. 학생들에게 차트에 나와 있는 정보를 우선 비교해 보게 하고 그 비교한 것을 바탕으로 결론을 내리게 한다. 교사는 학생들에게 각 결론의 증거를 제시하도록 요구한다.
- 고등학교: 영어시간에 교사는 학생들이 문학작품을 분석하도록 도와준다. 한 작품에 대해서 학생들이 서로 이야기를 할 때 교사는 규칙적으로 "어떻게 그걸 알게 되었니?" "이 작품에서 너의 생각을 뒷받침해 줄 수 있는 부분은 어디지?"라고 질문한다.

학습의 전이

다음 상황을 생각해 보자.

여러분이 자동차에 타서 자동차 열쇠를 꽂고 시동을 건다고 해 보자. 그런데 안전벨트의 경고음이 울린다. 여러분은 재빨리 벨트를 다시 채운다. 아니면 경고음이 울릴 것을 예상하기 때문에 자동차 열쇠를 꽂기 전에 벨트를 먼저 한다. 어떻게 여러분의 행동을 설명할 수 있을까?

전이(Transfer)
하나의 맥락에서 이해한 것을 다른 맥락으로 적용하거나 응용할 수 있는 능력

만일 여러분이 안전벨트를 매는 것을 부적 강화의 결과로 설명한다면, 여러분은 전이를 보여 준 것이다. 전이는 하나의 맥락에서 습득한 이해를 가져와 다른 맥락에 적용하는 능력이다(R. Mayer & Wittrock, 2006). 학교는 학생들이 알아야 하는 모든 것을 가르칠 수는 없기 때문에 전이 능력은 필수적이다. 전이는 인식할 수 있는 능력, 또는 어떤 개념에 대한 새로운 예를 제공하거나, 특수한 문제를 풀거나, 새로운 상황에 학습전략을 적용하는 능력이다(De Corte, 2007). 전이에 대해 생각하는 한 가지 방법은 '미래의 학습에 대한 준비' 다(D. Schwartz et al., 2005: 5).

정보를 회상하는 것은 전이에 속하지 않는다. 예를 들어, 만약 여러분을 가르쳤던 사람이 안전벨트를 채우는 것이 부적 강화의 한 예라고 이전에 설명한 적이 있다면, 여러분은 단순히 그 정보를 기억한 것이다.

전이는 긍정적일 수도, 부정적일 수 있다. 긍정적 전이는 어떤 상황에서 학습이 다른 상황에서의 학습을 촉진시킬 때 일어나는 반면, 부정적 전이는 수행을 방해할 때 일어난다(R. Mayer & Wittrock, 2006). 예를 들어, 학생들이 포유류가 새끼에게 젖을 주고 폐로 숨을 쉰다는 사실을 알고 고래는 포유류라고 결론을 내린다면 그것은 긍정적 전이를 보여 주는

것이다. 만일 학생들이 어류는 바닷속에 사는 포유류라고 믿고 있어서 고래는 어류라고 결론을 내린다면, 그것은 부정적 전이를 보여 주는 것이다.

일반전이와 특수전이

한때, 교육자들은 라틴어, 수학과 같은 과목을 배우는 것은 정신을 훈련시키기 위해서라고 주장했다. 만약 그들이 이러한 목적을 성취했다면, 한 맥락에서 배운 지식이나 기술을 다양한 다른 맥락에 적용하는 능력인 **일반전이**가 일어난 것이라고 할 수 있다(Phye, 2005). 예를 들어, 체스 게임과 수학 모두 논리를 필요로 하기 때문에 체스 게임을 하는 것이 수학을 배우는 데 도움을 준다면 일반전이가 일어난 것이다. **특수전이**는 한 맥락에서의 정보를 원래의 맥락과 비슷한 다른 맥락에 적용하는 능력이다. 예를 들어, 어떤 학생이 사진은 그리스어로 '빛'을 의미한다는 것을 알고 있을 때 '사진학'이라는 개념을 더 잘 이해할 수 있게 되었다면 특수전이가 일어난 것이다.

일반전이
(General transfer)
하나의 맥락에서 학습한 지식이나 기술을 여러 다른 맥락에 적용할 수 있는 능력

특수전이
(Specific transfer)
하나의 맥락에서 학습한 정보를 그와 유사한 맥락에 적용할 수 있는 능력

수년간에 걸친 연구들은 일반전이가 거의 일어나지 않음을 지속적으로 확인해 왔다(Driscoll, 2005; E. Thorndike, 1924). 예컨대, 라틴어를 공부하면 영단어 중에서 라틴어에서 어근을 찾을 수 있는 단어에 특수전이가 일어나는 것이다. 라틴어를 배우는 것이 전반적인 사고력을 증진시켜 주지는 않는다.

학습전이에 영향을 끼치는 요인

다음과 같은 몇 가지 요인이 학습자의 전이능력에 영향을 끼친다.

- 학습상황 사이의 유사성
- 이전 학습에서의 이해의 깊이
- 예의 질과 다양성, 그리고 다른 학습경험
- 학습 맥락
- 메타인지에 대한 강조

두 학습 상황 사이의 유사성

두 학습 상황이 더욱 근접하게 관련되어 있을수록 전이가 일어날 가능성은 더 높아진다(L. S. Fuchs et al., 2003; Phye, 2001). 예를 들어, 1학년 학생들이 다음과 같은 문제를 해결해야 한다고 가정하자.

"혜리에게는 사탕이 2개 있다. 현정이가 혜리에게 사탕 3개를 더 준다. 혜리가 지

금 가지고 있는 사탕은 몇 개인가?" 와 같은 문제가 주어지면, 학생들은 다음에 이어지는 문제를 잘 해결할 수 있다.

"상무는 연필 세 자루를 가지고 있다. 그의 친구 정효는 상무에게 연필 두 자루를 더 주었다. 상무가 지금 가지고 있는 연필은 몇 자루인가?"

그러나 첫 번째 문제를 받은 학생들이 다음과 같은 문제를 받는다면 그들은 잘 해결하지 못할 것이다(Riley, Greeno, & Heller, 1982).

"정민이는 과자 세 개를 가지고 있다. 진희는 네 개의 과자를 가지고 있다. 그들은 모두 몇 개를 가지고 있는가?"

첫 번째와 두 번째 문제는 첫 번째와 세 번째 문제보다 더 관련되어 있다. 따라서 처음 두 문제 사이에서 전이가 일어나기 쉽다.

이와 유사하게, 만약 아동이 개, 말, 쥐, 그리고 사슴과 같은 포유류를 본 적이 있다면, 바다표범보다는 소를 포유류로 간주할 것이다. 왜냐하면 바다표범보다는 소가 다른 예들과 유사하기 때문이다. 이러한 결과는 전이가 특수하게 일어나는 것을 더욱 잘 보여 준다.

이전학습에서의 이해의 깊이

전이는 이전에 일어난 학습에 대한 높은 수준의 이해를 요구한다. 또한 연구들을 보면 학생들이 이전학습에서 애초에 주제를 이해하지 못했기 때문에 자주 전이에 실패한다는 사실을 보여 주고 있다(Bereiter & Scardamalia, 2006; DeCorte, 2003).

공부하고 있는 주제에 대해 더 많이 연습하고 피드백을 제공받으면 학생들은 더 깊이 이해하게 되고, 전이가 더 쉽게 일어날 것이다(Moreno & Mayer, 2005). 또한 안내된 경험의 가치는 유아와 어린 아동에게도 동일하게 적용된다(Barrett, Davis, & Meedham, 2007; Tunteler & Resing, 2007). 그렇다면 학생들이 이전의 학습에 대해서 깊이 있는 이해가 없을 때, 교사들이 해야 할 일은 무엇인가? 학습자들에게 다양한 좋은 예를 제공하고 학생들이 의미 있는 맥락 속에 있도록 해야 한다.

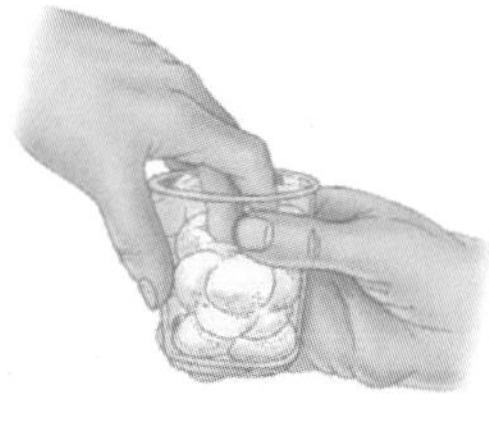

예의 질

8장에서 우리는 학습자들이 그들의 지식을 구성하도록 돕는 데 있어, 좋은 예와 내용에 관한 표상의 중요성을 강조했다. 여러분이 8장을 다시 읽기 원한다면 〈표 8-1〉을 중심으로 다시 보면 여러분이 이 책에서 공부했던 몇몇 교사가 그들의 주제를 표상하는 방법에 대해 개략적으로 살펴볼 수 있을 것이다.

2장에 제시된 '이 교사의 납작해진 솜'의 예는 '밀도'라는 개념에 대한 좋은

교실에의 적용

교실수업에서 전이 촉진하기

1. 전이는 하나의 맥락에서 학습한 지식이 또 다른 맥락에 적용될 때 발생한다. 전이를 촉진하기 위해서, 예를 제시하고, 여러분이 가르친 내용을 다양한 맥락에서 응용하는 것을 제공하라.
   - 초등학교: 4학년을 담당하는 한 교사가 문법과 구두법의 규칙을 가르치기 위해 학생들의 글 중에서 일부를 선택한다. 그리고 OHP로 선택된 예시를 보여 주고 수업을 위한 기본 자료로 사용한다.
   - 중학교: 한 과학교사가 안경을 쓰면 왜 더 잘 보이는지 학생들에게 질문함으로써 빛의 굴절에 대한 토론을 시작한다. 그 다음 그는 '유리컵 속 물에 연필을 빠뜨려 보여 주기, 확대된 렌즈를 통해 사물을 보기' 와 같은 다양한 실험을 통해 굴절현상을 보여 준다. 학생들은 그 실험에 대해 토론한다.
   - 고등학교: 한 교사가 기하학 시간에 건축을 예로 들어 수업에서 가르치려는 내용의 적용 사례를 보여 준다. 이 교사는 또한 어떻게 수학에서 개념이 실생활과 관련되는지 잡지에서 가위로 오려서 얻은 사진을 예로 들어 설명한다.
2. 좋은 예는 학습자들이 지식을 구성하기 위해 필요로 하는 경험을 제공하고 전이를 촉진한다. 좋은 예와 표상의 사용은 여러분이 가르치는 주제에 대한 전이를 촉진한다.
   - 초등학교: 5학년 수업시간에 한 교사는 세로 4cm, 가로 3cm, 2cm 높이의 상자 속에 1cm의 정육면체를 넣는 것을 보여 주는 것으로 부피라는 개념을 보여 준다. 이 교사는 학생들에게 상자가 24개의 정육면체로 채워질 때까지 상자 속에 넣은 정육면체가 몇 개인지 세어 보게 한다. 그리고 그는 부피를 알도록 하기 위해 활동을 공식과 관련시킨다.
   - 중학교: 역사시간에 한 교사는 중상주의와 같은 교과서에 나와 있는 설명만으로는 이해하기 어려운 개념을 설명하기 위해서 짧은 사례를 써 준다. 이 교사는 개념의 중요한 특징을 확인하도록 도와주면서 학생들이 각 경우를 분석하도록 이끈다.
   - 고등학교: 영어시간에 한 교사는 셰익스피어(Shakespeare)의 희곡 몇 편의 등장인물들, 배경, 주제를 보여 주는 구조도를 준비한다. 학생들은 셰익스피어의 작품에 대한 결론을 이끌어 내고 요약하는 데, 이 교사가 제시한 그 정보를 사용한다.

예를 보여 준다. 학생들은 어떤 솜뭉치도 더해지거나 제거되지 않은 것을 볼 수 있었다. 따라서 솜의 양(질량)은 변하지 않았다. 학생들은 또한 납작해진 솜이 공간을 덜 차지하는 것을 볼 수 있었다. 즉, 솜을 누르는 것(납작하게 만드는 것)은 이것의 밀도를 증가시킨다. 이러한 종류의 경험은 모든 학생에게 중요하지만, 학교와 관련된 사전지식이 부족한 학생에게 특히 중요하다.

다양한 예

다양성이 전이에 어떤 영향을 끼치는지를 보자. 개념학습에 관한 부분 중 '이론에서 실제로' 에서 정 교사가 그녀의 학생들이 형용사라는 개념을 이해하도록 돕기 위해 사용한 묘사를 다시 살펴보자.

John and Karen, with her brown hair blowing in the wind, drove together in his old car to the football game. They soon met their very best friends, Latoya and Michael, at the large gate near the entrance. The game was incredibly exciting, and because the team' s running game was sparkling, the home team won by a bare margin.

앞의 예에서, 'brown, old, football, best, large, exciting, running, sparkling, home, bare' 는 모두 형용사다. 제시된 일련의 예는 다중 지식 표상이라는 아이디어의 예를 보여 주며 연구 결과에서 보여 주는 것처럼 지식 구성과 전이의 촉진에 중요하다(D. Schwartz et al., 2005; Spiro et al., 1992). 예를 들어, 'exciting' 과 'sparkling' 이라는 두 예는 이들을 꾸며 주는 명사 뒤에 온다. 따라서 학생들은 문법에서 일반적인 오개념과 같이 '형용사가 항상 그들이 수식하는 것 앞에 온다.' 고 결론짓지 않을 것이다. 각각의 예는 다른 사람들이 놓칠 수 있는 측면들을 보완해 주며, 학습자들로 하여금 개인에게 유의미한 예를 경험할 수 있는 가능성을 증가시킨다.

또 다른 사례로, 박쥐가 포유류의 중요한 예가 되는 만큼이나 바다거북은 파충류에 대한 수업에서 중요한 예가 된다. 바다거북은 학습자들이 파충류가 물에서 살 수 있음을 이해하도록 도울 수 있다. 박쥐 또한 학생들이 어떤 포유류는 날 수 있다는 사실을 알도록 도와준다.

학습 맥락

사회적 구성주의 학습이론과 상황학습은 맥락이 왜 중요한지 이해하도록 돕는다. 한 예로 형용사에 대한 예를 보여 주는 위의 글을 다시 보자. 이 글에서 football, home, 그리고 running은 모두 형용사다. 만약 이 예들이 맥락 안에서 제시되기보다 따로 별개의 단어로 제시되었다면, 학생들은 football과 home은 명사로, running은 동사로 결론지을 것이다.

또한 학생들은 법칙이 일상적이 예에 적용되지 않는 것보다 자동차의 안전벨트나 머리받침 또는 다른 실세계에 응용될 때 관성의 법칙을 더욱 이해하기 쉽다(D. Schwartz et al., 2005; Spiro et al., 1992). 이와 유사하게, 문제해결에 관한 전이를 촉진하기 위해 학생들은 다양한 실세계 과제를 풀어 보아야 한다. 또한 전략의 전이는 학생들이 다양한 맥락에 전략을 사용하는 것이 요구된다.

전이는 다양한 맥락에서 학습경험의 질에 의해 촉진된다.

메타인지의 강조

메타인지 또한 전이를 증가시킨다. 그리고 어떤 사례에서는 일반전이까지도 증가시킨다(Donovan &

Bransford, 2005; Pressley & Harris, 2006). 예를 들어, 열린 마음 유지하기, 판단 유보하기, 결론을 뒷받침하기 위한 사실 찾기, 그리고 학습에 대한 개인적 책임감 갖기는 모두 일반적인 경향이며, 모두 메타인지에 근거한 것이다. 교사들은 훈련 중에 시범 보이기를 통해서, 또 학습이 그들의 생각의 인식을 통해 촉진되는 의미 있는 활동이라는 의사소통을 통해서 이러한 경향의 전이를 고무시킬 수 있다.

학교급별 적용 Developmentally appropriate

다양한 연령의 학습자에게 복잡한 인지기술 발달시키기

모든 연령대의 학습자는 높은 수준의 인지기술을 개발할 수 있지만 중요한 발달적 차이점은 있다. 다음의 내용은 그러한 점을 보여 준다.

어린아이들이 구성하는 개념은 일반적으로 구체적이고 개념학습의 규칙지향이론에 의해 잘 설명된다. 이는 우리가 삼각형, 원, 애완동물 그리고 농장동물을 유치원 아이들에게 가르치는 이유를 설명한다. 어린 학습자들은 종종 거미를 벌레로 분류하는 것과 같은 과도한 일반화를 한다. 또는 'ly' 로 끝나는 단어만을 부사로 제한함으로써 과소일반화를 하기도 한다. 이러한 성향 때문에 다양한 좋은 예를 제공하고 논의하는 것이 어린 학습자들에게 중요하다. 또한 그들의 집중하는 성향은 단어 문제 해결에 영향을 준다. 예를 들어, 어린아이는 단어 문제를 해결하는 데 있어 표면적인 전략을 사용하는 경향이 있다. 문제를 풀 때 '모두' 라는 말을 찾는데, 이것은 더하기를 제안한다. 또 '얼마나 더 많은가' 라는 말은 빼기를 제안하는 것이다. 이러한 전략은 완전한 이해까지 돌아가는 방법이지만 종종 성공적이기도 하다(Schoenfeld, 1991; 2006). 이러한 패턴에 맞추기 위해 어린 학생들에게 생각을 글로 옮기도록 요청하는 것이 필수적이다. 이때 학생들에게는 많은 비계가 필요하다. 따라서 인내와 노력이 필요하다.

또한 어린아이들은 '전략적으로 불활성(strategically inert)' 한 경향이 있다. 즉, 학습전략을 전혀 사용하지 않거나 시연과 같은 초보적 수준의 전략을 사용한다. 사전 지식이 부족한 것이 그러한 학습전략을 활용하는 데 영향을 끼치는 요인이 되지만, 인내를 갖고 계속 노력한다면 전략을 효율적으로 사용하는 방법을 배울 수 있다(Kato & Manning, 2007).

중학생의 성숙은 문화나 정의와 같은 추상적 개념을 구성할 수 있도록 하며 이러한 학습은 원형과 전형 이론에 의해서 잘 설명된다. 그러나 경험이 부족한 학생들은 추상적인 개념을 유의미하게 만들 필요가 있다. 그래서 그들은 가능한 구체적으로 표현한다. 예를 들어, 중학교 1학년 교사인 최 교사는 '과민증(작은 자극에 대한 신체의 과도한 반응)' 을 설명하기 위해 다음과 같은 예시를 이용했다.

> 김 씨는 그가 막 구입한 소유지의 길게 자란 잔디 위를 걷고 있다. 그는 윙윙거리는 소리를 들었고 갑자기 다리에 날카롭게 쏘인 느낌을 받는다. 몇 분 안에 김 씨는 목구멍이 부풀어 오르는 것을 느꼈고 숨 쉬기가 힘들었다. 공포상태가 시작되면서 그는 휴대전화로 119에 전화를 한다.
>
> 12세의 아미엘(Amiel)은 최근 알래스카(Alaska)에서 플로리다(Florida)로 이사했다. 학교에 간 첫날, 아미엘의 옆에 앉은 제닌은 점심시간에 참치 샌드위치의 포장을 벗기고 땅콩버터와 젤리 샌드위치를 먹었다. 아미엘은 이전까지 한 번도 맡아 보지 못한 냄새를 맡고 제닌에게 먹고 있는 것이 무엇인지 물어봤다. 제닌(Janine)이 대답하기도 전에 아미엘은 의자에서 떨어져 몸을 웅크리고 숨을 쉬지 못했다. 학생들은 도움을 요청했고 911에 전화를 했다(S. Schellenberg, 개인적 대화, 2008년 5월 10일).

이러한 주제를 구체적으로 표상하는 것은 중학생들에게 설명하려 하는 것보다 더욱 의미 있다. 또한 중학생들은 그들 자신의 문제해결과정을 감시하는 데 필요한 메타인지가 부족한 경향이 있다. 예를 들어, 13세 학생에게 다음과 같은 문제가 제시되었다.

> 1대의 군용 버스에 36명의 군인이 탄다. 1,128명의 군인이 훈련지까지 버스로 이동하려면 총 몇 대의 버스가 필요할까?

13세의 학생 중 1/4이 안 되는 학생들만이 정확한 대답을 했다. 대다수의 다른 학생들은 1/3 버스는 의미 없기 때문에 무시하고 나머지를 빠뜨리거나 31과 1/3이라고 대답할 것이다(T. O' Brien, 1999). 중학교 교사는 문제해결의 결과가 의미 있는 답이 되기 위해서 학생들이 얻은 답에 대한 평가가 중요하다는 사실을 주지시킬 필요가 있다.

중학생들은 세련된 학습전략을 이용할 수 있지만 선생님이 모델이 되고 독려하지 않으면 거의 그렇게 하지 않는다(Pressley & Harris, 2006). 앞에서 기술되었던 강 교사의 사례에서 보았듯이 교사의 노력은 매우 효과적일 것이다(전략적 학습자의 마지막 부분 '이론에서 실제로' 참조).

고등학생들의 활동

피아제는 고등학생들의 연령은 형식적 조작기라고 했지만, 대부분은 그렇지 않다. 이러한 사실은 유추 사용하기, 역할놀이하기, 가상현실, 그리고 과민증에 대해 설명한 것과 같은 묘사는 추상적 개념을 학생들에게 유의미하게 만드는 데 여전히 중요하다.

문제해결의 관점에서 의미 있는 활동과 실세계에 적용하기는 경험의 유용성을 알기 원하는 학생들에게 특히 중요하다.

고등학생같이 나이 든 학생들은 밑줄 긋기를 할 때 무엇이 가장 강조할 만한 것인지에 관해 자신이 결정하기보다는 소극적인 전략을 활용한다(Pressley & Harris, 2006). 고등학생들은 종종 자신들이 잘 이해하고 있는지에 대해 감시하는 것에 실패한다. 이는 그들 자신이 공부하는 주제에 관해서 과대평가하도록 만든다(W. Schneider & Lockl, 2002). 이러한 이유로, 전 교과과정에 걸쳐서 공부전략을 촉진하는 것과 메타인지에 대한 강조가 중요하다.

웹 자료실

문제해결과 전의를 촉진하기 위한 교사의 전략을 알아보기 원한다면 www.my-educationlab.com에 접속하고, 9장 '활동 및 적용'의 'Designing Experi ments'를 보라.

◈ 이해 점검 활동

4.1 여러분은 포유류라는 개념의 이해를 돕기 위해서 학생들에게 개, 고양이, 말, 사슴 사진을 보여 준다. 소, 쥐, 돌고래, 다람쥐 중 어떤 것이 포유류라고 정의하기 가장 어려운가? 전이에 영향을 주는 요소 중 어떤 것이 이 사례를 가장 잘 보여 주는가를 설명하라.

4.2 물음에 대한 근거로 전이에 영향을 주는 요소를 사용하라. [그림 4-1]에서 개, 고양이, 말, 사슴 그림을 사용했을 때 얼마나 효과적이었는지 설명하라.

4.3 여러분은 문학에서 내적 갈등을 학생들에게 가르치고자 한다. 다음의 예 중에서 어떤 것이 가장 좋은 예인가? ① 깊이 생각하고 있는 표정의 소녀 사진과 '내적 갈등을 겪고 있는 소녀'라는 제목. ② '민정이는 무엇을 해야 할지 몰랐다. 그녀는 학급 여행을 기다리고 있었다. 그러나 만약 그 여행을 간다면, 그녀는 장학금 자격을 얻는 시험을 볼 수 없을 것이다.'라는 말이 OHP에 보인다. ③ '내적 갈등은 두 개의 유쾌하지 않은 결정 사이에 사로잡힌 개인의 딜레마를 보여 준다.'는 말이 OHP에 보인다. ①~③ 중 어느 것이 내적 갈등에 대한 가장 좋은 예인가?

✿ 학습목표별 요약

1. 개념을 정의하고, 개념학습이론의 응용을 확인하라.

- 개념은 범주에 대한 예와 비예를 확인하게 해 주는 정신적 구조 또는 범주에 관한 표상이다.
- 개념학습의 규칙지향이론은 둘레의 길이, 형용사, 경도(latitude)와 같이 잘 정의된 개념을 학습할 때 적용된다.
- 개념학습의 원형이론은 학습자들이 사물의 조합을 가장 잘 표상해 주는 원형에 근거해 개념을 구성할 때 적용된다.
- 원형이론은 학습자들이 어떤 조합이나 범주에 대해 가장 전형적인 예에 근거해서 개념을 구성할 때 적용된다.

2. 잘 정의되지 않은 문제와 잘 정의된 문제의 예를 확인하라. 그리고 일반적 문제해결 모델의 응용을 기술하라.

- 문제는 목표를 가졌지만 그것을 달성하는 구체적 방법을 알지 못할 때 발생한다.
- 잘 정의된 $3x+4=13$의 답을 구하는 것과 같이 잘 정의된 문제는 하나의 해결책을 가지며, 이것을 찾기 위한 확실한 방법이 존재한다.
- '학생들이 자신의 학습에 대한 개인적인 책임감을 받아들이는 데 실패함'과 같은 잘 정의되지 않은 문제는 하나 이상의 애매한 목표를 가지며, 하나 이상의 가능한 해결책이 있다. 그리고 해결책을 찾기 위해 일반적으로 동의된 전략이 존재하지 않는다.
- 일반적인 문제해결 모델은 문제 확인하기, 문제 표상하기, 전략 선택하기, 전략 수행하기, 그리고 결과 평가하기와 같은 문제해결의 단계를 포함한다.
- 계획된 연습은 상세한 피드백을 동반한 의도적·체계적 연습과 관련이 있다.

3. 학습전략의 응용과 비판적 사고를 확인하라.

- 전략은 과제 수행을 위해 요구되는 보통의 활동을 뛰어넘는 인지적 조작이다. 예를 들어, 노트 필기하기는 학습자들이 듣거나 읽은 것을 잘 기억하도록 돕는 인지적 도구이기 때문에 전략이라고 할 수 있다.
- 전략을 효과적으로 사용하는 학습자들은 그들의 학습에 접근하는 데 있어 메타인지적이다. 그들은 또한 공부하는 주제에 대한 사전지식과 전략의 목록을 가지고 있다. 비효과적인 전략을 사용하는 학생들은 덜 메타인지적이며, 그들은 사전지식이 부족하고 적은 전략 목록을 가지고 있다.
- 비판적 사고는 증거에 근거해서 결론을 내리고 평가하는 과정이다. 교사들은 학생들에게 그들의 생각을 정의하고 결론에 대한 근거를 제시하도록 요구함으로써 비판적 사고를 촉진한다.

4. 학습의 전이에 영향을 주는 요인의 응용을 확인하라.

- 전이는 학습자들이 이미 학습한 정보를 새로운 맥락에서 적용할 수 있을 때 발생한다. 특수전이는 원래의 상황과 밀접하게 관련된 새로운 상황에 적용하는 것을 포함한다. 일반 전이는 원래의 상황과 새로운 상황이 상당히 다를 때 발생한다.
- 교사들은 실세계 맥락에 다양한 좋은 예를 포함시켜 학생들에게 제공함으로써 학습의 전이에 영향을 주는 요소를 적용한다. 이러한 예는 학습자들이 그들의 지식을 구성하고 새로운 상황에 이를 적용하는 경험을 제공해 준다.
- 전이는 영역특수적 경향이 있다. 그러나 메타인지와 자기조절기술(self-regulatory skill)은 영역 전반에 걸쳐서 전이될 수 있다.

✎ 전문성 발달: 자격증 시험 대비 연습

문제해결에 관한 우리의 논의에서, 여러분은 한 교사가 학생들의 사고와 문제해결을 촉진하기 위해서 어떻게 수업을 계획하고 시행했는지 보았다. 한 교사는 자신의 노력이 비효과적인 것을 알고, 두 번째 수업에서 더욱 많은 비계를 제공했다. 이제, 배 교사가 2학년 학생들과 함께 그래프 그리기 수업하는 것을 보자. 다음의 사례를 읽고 질문에 답해 보자.

배 교사는 초등학교 2학년 학생들과 함께 그래프에 관한 수업을 하였다. 배 교사는 학급 전체를 위한 파티를 계획한다고 말하며 그날의 수업을 소개했지만, 한 가지 고민이 있었다. 그것은 학급 아이들이 좋아하는 젤리빈(jellybean)의 맛을 모른다는 것이었다. 몇몇 학생이 문제해결을 위한 제안을 하였다. 그들은 각 학생들에게 다양한 종류의 젤리빈을 맛볼 수 있도록 제공하고 어떤 맛을 선호하는지 이야기하도록 했다. 학생들이 젤리빈을 맛보길 원할 것이라고 기대한 배 교사는 일곱 가지 다른 맛의 젤리빈이 담긴 비닐봉투를 준비했다. 학생들이 젤리빈을 맛본 후에, 배 교사는 "자, 난 너희의 도움이 필요하단다. 우리가 전체 그룹으로 이 결과를 살펴볼 수 있도록 하기 위해 어떻게 자료를 조직할 수 있을까? ……진호가 말해 볼래?"라고 말했다.

"좋아. 성주야, 너는 여기에 더 덧붙일 의견이 있니?"

"젤리빈에 대한 각각의 맛에 대해 이름을 적고 얼마나 많은 사람이 그 맛을 좋아하는지 살펴볼 수 있어요."라고 성주가 불확실하게 대답했다.

가장 인기 있는 젤리빈

빨강 오렌지 노랑 초록 분홍 검정 흰색

가장 인기 있는 젤리빈

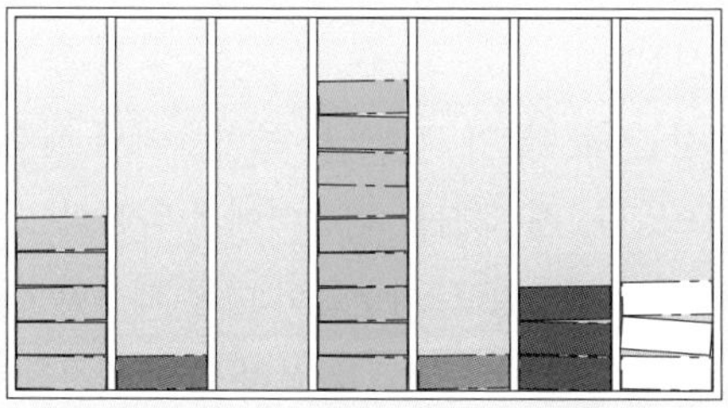

빨강 오렌지 노랑 초록 분홍 검정 흰색

"그것은 진호와 같은 이야기네." 배 교사는 미소를 지으며 고개를 끄덕였다.

"우리가 하고자 하는 것이 여기 있어요. 수미는 우리가 자료를 그래프로 나타낼 수 있다고 처음에 말했어요. 그리고 지금 교실 앞쪽에 그래프가 있지요. 배 교사는 교실 앞쪽으로 가서 그래프를 대략적으로 그렸다.

배 교사는 젤리빈의 색깔과 일치하는 컬러 마분지가 있고, 그래프 각각의 세로칸 아래에 색깔 이름이 적혀 있다고 설명했다. 그리고 학생들에게 교실 앞으로 나와서 그래프에 그들이 선호하는 젤리빈을 나타내는 컬러 마분지를 붙이도록 하였다.

"자, 여기를 보세요." 배 교사는 미소를 지었다.

"우리는 정보를 수집해서 조직했어요. 그래서 지금 그것을 분석하려고 해요. 나는 여러분이 그래프를 보면서 알 수 있는 것들을 나에게 말해 주길 바라요. 혜수가 말해 볼래?"

"아이들이 초록색 젤리빈을 좋아해요."라고 혜수가 대답했다.

"얼마나 많은 사람이 초록색 젤리빈을 좋아하니?"

"……아홉 명이요."

"아홉 명이 초록색 젤리빈을 좋아한다. …… 그리고 너는 어떻게 그것을 알 수 있었니? 저쪽으로 다가가 어떻게 네가 그래프를 읽었는지 우리에게 보여 주겠니?"

혜수는 그래프 쪽으로 다가가 제일 아랫부분부터 위로 손을 움직이며 초록색 네모 조각을 세기 시작했다.

배 교사는 학생들이 계속 관찰하도록 하였다. 그리고

나서 "좋아. 얼마나 많은 아이가 빨간색 젤리빈보다 초록색 젤리빈을 더 좋아하지? 그래프를 보면서 여러분의 종이에 문제를 풀어 보세요."라고 말함으로써 수업의 흐름을 전환시켰다.

배 교사는 학생들이 그래프를 보며 문제를 해결하는 것을 지켜보았다. 배 교사는 정은이에게 약간의 도움을 주기 위해 잠시 멈추었고, 학생들이 마칠 때까지 계속 지켜본 후, "나는 우리에게 정답을 알려 줄 지원자를 찾고 있어요…… 진주야?"라고 말했다.

"9+5=14."라고 진주가 대답하였다.

"진주가 9+5=14라고 말했어요. 자, 확인해 봅시다."라고 하며 배 교사는 진주가 그래프 쪽으로 가서 어떻게 그런 답에 이르게 되었는지 학급 어린이들에게 보여 줄 것을 요구했다.

진주가 교실 앞쪽으로 걸어갔을 때 배 교사가 말했다.

"얼마나 많은 어린이가 빨간색 젤리빈보다 초록색 젤리빈을 더 좋아하는지 그 차이를 알기 원해요. 그리고 네가 14명 이상의 어린이들이 초록색 젤리빈을 좋아한다고 말했는데, 이것이 맞는 말일까?" 그래프를 가리키며 배 교사가 말했다.

진주는 잠시 동안 그래프를 보고 나서 "저는 9에서 5를 빼는 것을 의미하는 거예요."라고 말하였다.

"진주는 여기 와서 마음을 바꾸었구나." 배 교사는 학급의 나머지 학생들에게 미소를 지으면서 말하였다.

"그것들을 말해 보렴."

"9-5=4." 진주가 말하였다.

"9-5=4." 배 교사는 계속해서, "얼마나 많은 어린이가 빨간색보다 초록색을 더 좋아하나요? ……정은이가 말해 볼래?"라고 물었다.

"4명." 정은이가 대답했다.

"4명. 좋아요, 4명." 배 교사는 다정하게 정은이를 향해 미소지었다.

"두 숫자 사이의 차이를 발견하는 것이 핵심이에요."

배 교사는 학생들에게 추가적인 문제를 제공했고, 학생들은 그것을 풀고 설명을 계속했다. 그런 다음 배 교사는 계속해서 "한 가지 질문이 더 있어요. 그리고 우리는 수업의 방향을 전환할 거예요. 얼마나 많은 학생이 이 투표에 참여했나요?"라고 질문하였다.

배 교사는 잠시 동안 학생들이 그 문제를 심사숙고하도록 지켜보았고, 그런 다음 "민수야?…… 얼마나 많은 사람이니?"라고 계속해서 질문하였다.

"24명이요."

"민수는 24명이라고 말했어요. 다른 답을 말할 사람 있나요? 우리가 비교해 볼까요. ……성민이가 말해 볼까?"

"22명이요."

"너는 어떻게 그 문제를 해결했니?" 배 교사가 성민이에게 물었다.

"9+5+3+3+1+1=22예요." 성민이는 재빨리 대답했다.

"그러한 모든 숫자를 어디서 얻을 수 있었니?"

"거기요." 성민이가 그래프를 가리키며 말했다. 성민이는 가장 높은 곳에서부터 가장 낮은 곳까지를 가리키고, 답을 '22'라고 했다.

배 교사는 학생들을 모둠별로 나누고, 학생들이 막대그래프의 자료를 모으고 요약하는 식을 중심으로 활동하게 하였다. 학생들은 각 달의 생일이 있는 학생들 수를 기록하고 그래프로 나타냈으며, 좋아하는 음료에 대해서 친구들에게 인터뷰를 하기도 하고, 피자 가격을 비교하기 위해 피자집에 전화하기도 했다.

점심시간 무렵 배 교사는 다시 전체 아이들을 모이게 하였다. 학생들이 다 모이자, 배 교사가 말했다.

"오늘 아침 수학시간에 배운 것을 나에게 말해 줄 수 있는 학생들은 손을 들어 주세요."

"막대그래프에 관한 내용이요." 유미가 대답했다.

"그래, 그래프는 정보를 조직하는 한 가지 방법이란다. 그래서 우리는 그것을 보고 말할 수 있는 거란다. 나중에 우리는 자료를 조직하는 몇 가지 다른 방법을 살펴볼 거예요." 배 교사가 수업을 마치면서 말했다.

단답형 질문

다음의 문제에 답하면서 이 장의 정보를 사용하고 여러분의 대답을 이 사례의 구체적인 정보와 연결하라.

1. 배 교사의 문제해결 수업은 얼마나 효과적이었는지 설명하라.
2. 배 교사는 수업에서 비판적 사고를 어느 정도 장려하였는가? 비판적 사고력을 발달시키는 데 있어 학생들에게 더 많은 연습을 제공하기 위해 배 교사는 무엇을 하였는가?
3. 배 교사의 수업은 전이를 촉진시키는 데 얼마나 효과적이었는가? 그리고 학생들의 전이 가능성을 증대시키기 위해 무엇을 하였는가?

중요개념

개념(Concept)
개념도 그리기(Concept mapping)
공부된 예(Worked example)
공부전략(Study strategies)
그물망(Network)
문제(Problem)
문제중심학습(Problem-based learning)
발견법(Heuristics)
발산적 사고(Divergent thinking)
비판적 사고(Critical thinking)
수단목표 분석(Means-ends analysis)
신념 보존(Belief preservation)
안내된 노트(Guided note)
알고리듬(Algorithm)
원형(Prototype)
요약하기(Summarizing)
유추하기(Drawing analogies)
이해 점검(Comprehension monitoring)
일반전이(General transfer)
잘 정의된 문제(Well-defined problem)
잘 정의되지 않은 문제(Ill-defines problem)
전문가(Expert)
전략(Strategies)
전이(Transfer)
전형(Exemplar)
정교한 질문하기(Elaborative questioning)
창의성(Creativity)
텍스트 장치(Text signal)
특성(Characteristics)
특수전이(Specific transfer)

10

동기이론

chapter outline 구성 개요

동기란 무엇인가
- 외재 · 내재 동기
- 학습동기
- 동기에 대한 이론적 관점

학습동기에 대한 욕구의 영향
- 매슬로의 욕구위계이론
- 자기결정에 대한 욕구
- 자기가치 보존에 대한 욕구
  - 이론에서 실제로: 학습동기를 높이기 위해 학습자의 욕구 활용하기

학습동기에 대한 믿음의 영향
- 기대: 미래 결과에 대한 믿음
- 지능에 대한 믿음
- 자기효능감: 능력에 대한 믿음
- 가치에 대한 믿음
- 귀인: 수행의 원인에 대한 믿음

학습동기에 대한 목표의 영향
- 숙달목표와 수행목표
- 사회적 목표
- 과제회피목표
- 목표, 동기, 성취
- 효과적으로 목표 이용하기
  - 다양성 탐색: 학습동기에 따른 학습자 차이

학습동기에 대한 흥미와 감정의 영향
- 학습동기에 대한 흥미의 영향
- 학습동기에 대한 감정의 영향
  - 이론에서 실제로: 학습동기 증진을 위해 학생의 신념, 목표, 흥미 이용하기
  - 학교급별 적용: 다양한 연령에서의 학습동기

learning objectives 학습목표

이 장의 공부를 마치고 나면, 여러분은 다음과 같은 것을 할 수 있어야 한다.

1. 동기를 정의하고 학습자 동기에 대한 다양한 이론을 설명할 수 있다.
2. 학습자 욕구가 이들의 학습동기에 미치는 영향을 설명할 수 있다.
3. 학습자 믿음이 이들의 학습동기에 미치는 영향을 설명할 수 있다.
4. 학습자 목표가 이들의 학습동기에 미치는 영향을 설명할 수 있다.
5. 학생의 학습동기 증진을 위하여 학습자의 흥미와 감정 활용하는 방법을 설명할 수 있다.

여러분은 왜 어떤 수업을 다른 수업보다 더 좋아하는가? 여러분은 왜 읽기, 게임, 스포츠와 같은 특정한 활동을 즐기는가? 이러한 질문에 대한 답은 동기와 관련되어 있으며 동기는 모든 학습의 핵심에 존재한다. 다음의 십자군과 관련된 단원을 다루는 고등학교 역사수업 사례연구를 읽으면서 학생의 동기와 학생 동기에 대한 교사의 영향에 대하여 생각해 보자.

최 교사 사례연구: 교실로 향하면서 미선은 현우를 재촉했다.

"빨리 가자, 수업 곧 시작해. 최 선생님 수업 알잖아. 선생님이 이 수업을 얼마나 중요하게 생각하시는지." 현우가 말했다.

"미선아, 숙제 끝냈니? 아니지, 내가 왜 이런 걸 묻지? 넌 항상 숙제를 잘하잖아." 미선은 웃으며 말했다.

"사실 나는 늘 역사와 과거에 대해 아는 것을 좋아해. 그래서 꽤 잘하는 것 같아. 아빠도 요즘 학교에서 배우는 것에 대해 알고 싶다면서 도와주시기도 하셔." 현우는 말했다.

"난 보통 수업에서 대충 괜찮은 점수를 받을 정도로만 공부하는데, 이 수업에서는 안 그래. 예전엔 역사를 싫어했는데 요새는 예습도 한다니까. 최 선생님은 우리가 진지하게 생각하도록 하시잖아. 선생님께서 아주 오래전에 일어난 일이 어떻게 지금 우리랑 연관되는지 설명해 주시는 것이 진짜 재밌어. 난 그런 식으로 생각해 본 적이 없거든."

동호가 교실에 들어오면서 불평했다.

"선생님, 숙제가 정말 어려워요." 최 교사는 웃으면서 말했다.

"그래? 그렇다면 그건 너한테 좋은 일이란다. 숙제가 어렵겠지만 도전감을 느낀다면 그건 너한테 도움이 될 거야. 공부할 때 새로운 생각을 모으는 것은 선생님도 어려워. 하지만 그 어려움을 극복하고 나면 항상 할 수 있다는 느낌이 든단다."

"무슨 말씀이세요? 저는 선생님이 모든 걸 다 알고 계시다고 생각했는데요." 최 교사는 말했다.

"나도 그랬으면 좋겠지만, 너희를 가르치려고 나도 매일 공부한단다. 내가 열심히 할수록 내가 더 똑똑해지고 공부를 하면 뿌듯한 마음이 들어서 기분이 좋아진단다." 동호가 여전히 불평하며 말한다.

"그래도 선생님은 너무 많이 시키세요."라고 하자 최 교사는 웃으면서 말한다.

"그래, 그래도 네가 얼마나 작문 실력이 나아졌는지 생각해 봐. 내 생각에 지난번 네 숙제가 가장 뛰어난 것 같다. 너는 훌륭한 작가가 되고 있단다."

"예. 알겠어요. 글을 잘 쓰는 것은 우리가 하는 모든 일에 도움이 되죠."라며 동호가 수업시간에 최 교사가 학생들에게 하는 설명을 반복했다.

최 교사는 보라가 교실에 들어올 때 보라에게 조용히 말했다.

"수업 끝나고 나한테 잠깐 들르렴. 이야기할 게 있단다."

학생들이 책상에 앉은 후에 최 교사가 말했다.

"잊지 않고 기억해야 할 것은, 목요일과 금요일에 르네상스에 대한 그룹 발표가 있어요. 어느 그룹이 어느 날에 발표를 할지 정하도록 하세요. 우리는 모두 최선을 다하고 있고, 서로 경쟁하는 것이 아니라는 것을 기억하세요. ……그리고 중세시대에 관한 페이퍼 작성을 선택한 학생들은 마감일이 금요일이라는 것도 기억하세요."

이 장 후반부에서 최 교사의 수업으로 다시 돌아올 것이지만, 현시점에서 우리는 세 가지 질문을 하고자 한다.

- 미선의 학교에 대한 일반적 태도(general orientation)가 현우와 어떻게 다른가?
- 최 교사 수업에서 현우의 동기는 다른 수업에서와 어떻게 다른가?
- 최 교사는 현우의 동기에 어떠한 영향을 끼쳤는가?

동기에 관한 이론은 우리가 앞의, 그리고 또 다른 질문에 대한 해답을 얻도록 돕는다. 그래서 이 장에서는 이러한 이론의 적용을 고찰하고자 한다.

동기란 무엇인가

"동기는 목표 지향적 활동이 유발되고 지속되는 과정이다"(Schunk, Pintrich, & Meece, 2008: 4). 예를 들어, 우리가 수학문제를 풀기 위해 열심히 노력하거나 골프 스윙을 완벽하게 구사하고자 한다면, 우리는 우리가 각각에 대해 동기 부여되었다고 말할 수 있다. 문제를 푸는 것과 스윙을 완벽하게 하는 것은 목표이고 우리는 그것에 도달하기 위한 노력을 유지하고 지속해 나간다.

동기(Motivation)
목표 지향적인 활동이 유발되고 지속되는 과정

학습자 동기는 학교에서 시험을 치르는 행동과 시험에서의 성공 모두에 영향을 주는 중요한 요인이다(N. E. Perry, Turner, & Meyer, 2006; K. E. Ryan, Ryan, Arbuthnot, & Samuels, 2007). 또한 빠른 기술적 진보와 전례 없이 확장된 지식 기반, 변화하는 직장의 요구(needs) 속에서 지속적인 학습동기는 인생에서 성공하기 위해 필수적이다(Eisenman, 2007; Horst, Finney, & Barron, 2007). 일반적으로 동기화된 학생들은,

- 학교에 대해 긍정적인 태도를 가지고 있고 학교가 만족스럽다고 말한다.
- 어려운 과제를 포기하지 않고 계속하고 학교에서 문제를 거의 일으키지 않는다.
- 정보를 깊은 수준으로 처리하고 학급에서의 학습경험이 뛰어나다(Stipek, 1996, 2002).

그러므로 동기화된 학생들이 교사 직무 만족의 주요한 원천이라는 사실은 어찌 보면 당연하다.

외재 · 내재 동기

외재 동기 (Extrinsic motivation)
최종 목표를 얻기 위한 수단으로서의 어떤 활동에 참여하는 동기

동기는 크게 두 가지 범주로 나뉜다. 외재 동기는 최종 목표를 얻기 위한 수단으로서 어

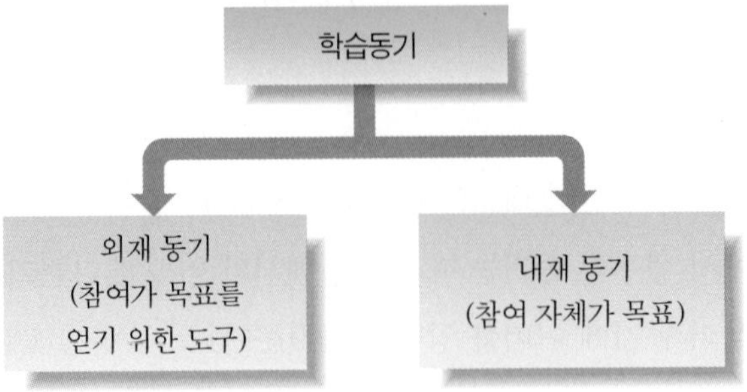

[그림 10-1] 외재 동기와 내재 동기

내재 동기(Intrinsic motivation)
활동 그 자체를 위해 참여하는 동기

떠한 활동에 참여하는 동기인 반면, 내재 동기는 활동 그 자체를 위해 참여하는 동기와 관련된다(Schunk et al., 2008). 외재적으로 동기화된 학생은 공부를 해야 고득점이 나온다고 믿기 때문에 시험을 위해 공부할지도 모른다. 그러나 내재적으로 동기화된 학생들은 내용을 이해하고 싶고, 공부 그 자체가 가치 있다고 여기기 때문에 공부한다. 이것은 우리의 첫 번째 질문에 답하도록 도움을 준다(미선의 학교에 대한 일반적 태도가 현우와 어떻게 다른가). 현우의 "몇몇 수업에서는 나는 어느 정도의 점수를 받을 만큼만 공부한다."는 언급은 외재 동기를 반영한다. 반면 미선이가 "나는 항상 역사와 과거에 대해 아는 것을 좋아해 왔다."고 언급한 것은 내재 동기를 의미한다. 이러한 관계는 [그림 10-1]에 나타나 있다.

비록 사람들이 종종 외재 동기와 내재 동기를 연속선상의 양극단(즉, 외재 동기가 높으면 내재 동기가 낮고, 외재 동기가 낮으면 내재 동기가 높은)으로 생각하지만, 실제로 두 동기는 개별적인 연속체다(Covington, 2000; Schunk et al., 2008). 예를 들어, 주제가 흥미롭고 수업에서 좋은 점수를 얻고자 해서 공부하는 학생이 있는가 하면 오직 좋은 점수를 얻기 위해 공부하는 학생도 있다. 첫 번째 학생은 외재 · 내재 동기가 모두 높은 경우고, 두 번째 학생은 외재 동기는 높지만 내재 동기는 낮은 경우다. 여러분이 예상하는 것처럼 내재 동기는학습과 이해에 초점을 맞추고 있기 때문에 더 나은 동기라는 것이 연구 결과에서 밝혀졌다(Brophy, 2004).

동기는 상황과 시간에 따라 달라질 수 있다(Wigfield et al., 2004). 예를 들어, 현우의 "몇몇 수업에서 나는 어느 정도의 점수를 받을 만큼만 공부한다."라는 말은 현우가 그 수업에서 외재적으로 동기화된 것을 의미한다. 하지만 "심지어 나는 가끔 예습도 해."라는 말과 "진짜 재밌어……."라는 말은 현우가 최 교사의 수업에서는 내재적으로 동기화되었다는 것을 보여 준다. 이는 우리가 두 번째 질문(최 교사 수업에서 현우의 동기는 다른 수업에서와 어떻게 다른가)에 대해 답할 수 있게 해 준다.

더 자세하게 내재 동기를 살펴봄으로써 세 번째 질문(최 교사는 현우의 동기에 어떠한 영향을 끼쳤는가)에도 답할 수 있다. 연구에 의하면 학습자는 다음과 같은 행동과 경험으로 인해 내재적으로 동기화될 수 있다.

- 도전을 제시하라. 도전은 목표가 적당히 어려워서 성공이 보장되지 않을 때 발생한다. 도전에 직면하면 감정적으로 반작용도 생긴다(R. Ryan & Deci, 2000; Stipek, 2002).
- 학습자의 자율성에 대한 느낌을 촉진하라. 학습자는 자신의 학습에 영향을 끼칠 수 있다는 느낌을 가질 때 더욱 동기화된다(N. Perry, 1998; R. Ryan & Deci, 2000).
- 호기심을 자극하라. 새롭고, 놀랍고, 또는 기존의 생각과 모순되는 경험이 내재적 동기를 유발한다(Brophy, 2004).
- 창의성과 상상력을 자극하라. 학습자가 상상을 하면서 창의적 학습과제를 수행하면 자신만의 상상을 사용하여 내용을 자신의 것으로 만들 수 있게 된다(Lepper & Hodell, 1989).

호기심을 불러일으키는 학습과제는 학습자의 내재 동기를 증진시킨다.

추가적으로 몇몇 연구자는 심미적 경험(아름다움과 연관되고 감정적 반응이 야기되는 경험)은 내재적으로 동기화된다고 제안하였다(Ryan & Deci, 2000).

현우의 말에서 최 교사가 수업시간 동안 위의 요소 중 두 가지를 사용했다는 것을 알 수 있다. "최 선생님은 우리가 진지하게 생각하도록 만드시잖아."와 "아주 오래전에 일어난 일이 어떻게 지금 우리와 연관되는지 설명하시는 것이 약간 재밌어."라는 말은 최 교사가 수업에서 현우의 도전정신을 자극하고 그의 호기심을 자극했다는 것을 보여 준다.

학습동기

모든 교사는 학생들이 내재적으로 동기화되기를 원하는데, 때때로 교사는 학생들이 항상 내재적으로 동기화될 만큼 자신의 교수법이 너무나 흥미로워야 한다고 (잘못 되게) 믿는다. 이는 상당히 이상적이지만, 모든 (혹은 대부분의) 학습활동에서 현실적이지 않다. 그 이유 중 몇 가지는 다음과 같다(Brophy, 2004).

- 학교 출석은 강제적이고, 학습내용은 학생들이 자신을 위해 선택하는 것이 아닌 사회가 학생들이 반드시 배워야 한다고 정한 것을 반영한다.
- 한 교사가 많은 학생을 대상으로 수업하며 항상 이들의 개인적 욕구를 충족시킬 수 없다.
- 학생들의 수행은 평가되고 부모나 양육자에게 보고되기 때문에 학생들은 경험으로 얻을 수 있는 개인적 이득보다 외적인 요구를 맞추는 데 초점을 둔다.

이에 대해 브로피(Jere Brophy, 2004)는 합리적인 대안을 제공한다.

> 내재 동기가 아무리 이상적이라 할지라도, 교사가 날마다 하루 종일 학생들에게 이러한 동기가 발달하도록 하는 것이 불가능하다면 보다 실행 가능한 목표는 무엇일까?
> 여러분이 학습활동에서 학습동기를 발달시키고 지속시키기 위해 노력하는 것이 현실적일 것이다. 학습동기란 학생들이 학습활동의 의미와 가치를 발견하고 그 학습활동에서 목표로 하는 학업적 이득을 얻기 위해 노력하는 이들의 경향성이다(p. 15).

학습동기
(Motivation to learn)
학생들이 학습활동의 의미와 가치를 발견하고 그 학습활동이 목표로 하는 학업적 이득을 얻기 위해 노력하는 이들의 경향성

학습동기 지향성이 있는 학생들은 학습하는 주제가 본질적으로 흥미 있고 즐겁거나 그렇지 않거나 상관없이 학습하는 주제를 이해하려고 애쓴다. 이들이 이러한 노력을 계속하는 이유는 그 결과를 이해하는 것이 가치 있고 보람된다고 믿기 때문이다. 이 장에서는 학습동기에 초점을 맞출 것이며, 과정에서 학생들의 내재 동기 역시 증가한다면 학생들의 학습할 수 있는 잠재성은 그만큼 증가할 것이다.

동기에 대한 이론적 관점

학습과 마찬가지로 다양한 이론적 관점이 학생들의 학습동기를 이해하고자 하는 이론적 틀을 제공한다(Brophy, 2004; Schunk et al., 2008). 이는 [그림 10-2]에 제시되어 있으며, 다음 절에서 논의할 것이다.

동기의 행동주의적 관점

행동주의 이론에서는 학습을 경험의 결과로서 발생하는 행동의 변화로 보기 때문에, 동기도 같은 방식으로 바라본다. 예를 들어, 학습에 소비하는 시간의 양적 증가를 동기의 증거로 간주하고, 칭찬이나 숙제에 대한 코멘트, 좋은 학점 같은 강화인(reinforce)을 동기 유발자(motivator)로 간주한다(schunk et al., 2008).

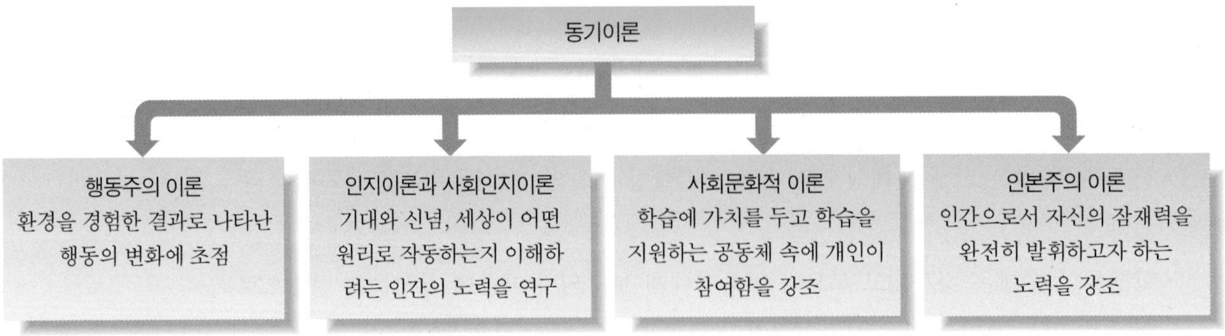

[그림 10-2] 동기에 대한 이론적 관점

비판가들은 보상을 사용하는 것은 학생들에게 학습에 대해 잘못된 메시지를 전달한다고 주장하는데(Anderman & Maehr, 1994; Kohn, 1996a), 그 증거로 보상이 과제에 대한 내재적으로 동기부여를 하는 과제에 대해 흥미를 실제로 감소시킨다는 연구를 인용한다(Kohn 1996b; R. Ryan & Deci, 1996; Sansone & Harackiewicz, 2000).

유능한 교사는 학생의 동기를 높이기 위해 분별력 있게 보상을 사용한다.

비판가들은 또한 행동주의가 동기를 충분히 설명할 수 없다고 제안한다. 예를 들어, 만일 이전에 숙제할 때 보상이 주어졌다 할지라도 그 학생이 어려운 숙제를 완성할 수 없다고 믿는다면, 이 학생은 숙제를 열심히 하지 않을 가능성이 높다. 이 학생의 동기는 인지적 요인인 그의 믿음에 영향을 받는다. "대부분의 동기 연구자는 인간의 학습과 동기를 설명하는 데 행동주의적 접근만으로는 충분하지 않다고 생각한다……" (N. E. Perry et al., 2006: 329).

이러한 비판에도 불구하고, 교사들은 흔히 교실에서 동기를 유발하기 위해 보상을 사용하고 있다(N. E. Perry et al., 2006). 예를 들어, 초등학교 교사들은 칭찬, 사탕, 컴퓨터 게임과 같은 놀이를 보상으로 사용한다. 중학교 교사들은 높은 시험점수와 학생이 제출한 과제에 대한 코멘트, 반 친구들과 이야기할 수 있는 자유시간, 조용히 칭찬해 주는 행동과 같은 보상을 통해 학생의 학습동기를 증진하고자 노력한다.

분별력 있게 보상이 사용된다면 효과적일 수 있다는 연구도 있다. 예를 들어, 진정한 성취에 대한 칭찬(Cameron, Pierce, & Banko, 2005)과 유능성이 증진하고 있다고 인정해 주는 등의 보상은 내재적 동기를 증진할 수 있다(Covington, 2000; Gehlbach & Roeser, 2002). 여기에서 언급된 보상의 사용은 이 장 후반부에서 다시 살펴볼 것이다.

동기에 대한 인지이론과 사회인지이론

"자, 빨리 가자." 수미가 희선에게 숙제를 끝마치면서 말했다.

희선이는 중얼거렸다. "잠깐만. 이게 이해가 잘 안 돼."

"오늘 저녁에 하자. 다들 나가고 있잖아." 수미가 재촉했다.

"먼저 가. 조금 있다가 쫓아갈게. 나는 이 문제 풀 수 있어. ……지금 당장 이해가 되지 않을 뿐이야."

희선이가 불확실한 학습 상황에 직면했을 때 보인 끈기(지속성)에 대해서 어떻게 설명할 수 있을까? 행동주의에서는 이러한 면에서 통찰을 제공하지 못한다. 비록 정답을 맞히는 것이 강화라고 할 수 있지만, 문제를 이해했는 데도 잘못된 답을 한 이유를 파악하고자 했던 희선이의 노력을 설명하지는 못한다. 또한 행동주의에서는 믿음이나 기대를 고려하지 않기 때문에, 그 불일치를 해결할 수 있고 그런 기대를 하고 있다는 믿음을 보여 주는 희선이의 말, 즉 "나는 이 문제를 풀 수 있어."를 설명하지 못한다.

사람들은 본능적으로 자신의 경험을 이해하기를 원하는데, 이러한 신념이 인지적 동기 이론의 핵심이다. 다시 말해, "아이들은 자신이 하고 있는 경험이 현재의 이해와 불일치될 때 자연스럽게 학습하고자 하는 동기가 부여되는 것으로 보인다"(Greeno, Collins, & Resnick, 1996: 25). 어린아이들은 왜 그렇게 환경을 열심히 탐색하고자 하는가? 희선이는 왜 문제가 풀릴 때까지 떠나지 못했나? 인지주의 이론가들은 이들이 모두 자신의 경험과 그것의 의미를 이해하고자 하는 욕구에 의해 동기 부여되었다고 설명한다.

피아제(Piaget, 1977)는 이해하고자 하는 욕구를 평형화라는 개념으로 설명하였다. 사람들은 기존의 스키마로 현재 경험을 설명할 수 없을 때 평형화를 다시 회복하기 위해서 스키마를 수정하고자 하는 동기가 부여된다. 결국, 새롭게 이해한 행동은 다음 단계의 발달로 이어진다.

동기에 대한 인지주의 이론은 다음과 같은 다양한 인간의 행동을 설명하는 데 도움이 된다.

- 사람들은 왜 퍼즐과 같이 실용적이지도 않은 문제에 흥미를 느끼는가?
- 사람들은 왜 예상치 못한 일이 일어났을 때 그 이유를 알고 싶어 하는가?
- 사람들은 왜 도전적인 활동을 인내하며 계속하고 그 일을 숙달한 후에 그만두는가?

동기에 대한 사회문화적 관점은 학습자 공동체에 참여하는 것이 학생들의 학습동기를 증진시킬 수 있다고 제안한다.

웹 자료

학습자 동기에 영향을 주는 요인에 관해 초등학생들이 보고서에 무엇을 언급했는지 검토하기 위해 www.educationlab.com에 접속하고, 10장 '활동 및 적용'의 '돼지 해부' 부분을 보라. 그리고 이어지는 물음에 답하라.

• 사람들은 왜 자신의 수행에 대해 피드백을 원하는가?

이러한 경향성들은 모두 자신의 경험을 이해하고자 하는 인간의 선천적 욕구를 보여준다.

사회인지이론은 학습자의 믿음과 기대, 다른 사람을 관찰하는 것이 우리의 동기에 미치는 영향을 강조함으로써 인지주의 관점을 더 확장한다(Schunk & Pajares, 2004; Zimmerman & Schunk, 2004). 사회인지 관점은 "선생님은 정말 열성적이셔. 선생님께서 아주 오래전에 일어난 일이 어떻게 우리랑 연관되는지 설명하시는 것이 진짜 재밌어."라는 현우의 말을 설명하는 데 도움을 준다. 최 교사가 주제에 대해 열정과 흥미를 가지고 가르치는 것을 현우가 관찰한 결과로 그 수업에 대한 현우의 동기가 높아졌다.

동기에 대한 사회문화적 관점

동기에 대한 사회문화적 관점은 학습 공동체에 참여하는 것에 초점을 두며(Hickey & Zuiker, 2005), 몇몇 전문가는 비고츠키(Vygotsky)가 원래 주장한 인지적 근접발달영역 개념과 유사한 동기적 근접발달영역에 대해 주장한다(Brophy, 1999b). 이것은 학습자 혼자서 해낼 수 없는 활동에 대해 학습환경이 학습자의 참여를 유발하도록 동기적 비계(scaffolding, 飛階)의 한 형태를 제공할 수 있다고 제안한다. 학습 공동체는 모든 학생이 학습활동에 참여하고, 다양한 홍미와 생각이 존중받으며, 교사와 모든 학생이 노력하여 모두가 학습하도록 돕는다. 동기에 대한 사회문화적 관점은 경쟁적이거나 덜 지지적인 교실환경에 속한 학습자에 비해 학습 공동체에 있는 학습자가 동기부여가 더 잘 된다고 제안한다.

비계(Scaffolding)

건축공사 때 높은 곳에서 일할 수 있도록 설치하는 임시 가설물. 재료운반이나 작업원의 통로 및 작업을 위한 발판이 됨

동기에 대한 인본주의적 관점

1950년대 중반 학습 분야에서 '인지주의 혁명'이 일어나고 있을 때, 이와 비교되는 인본주의 심리학이라는 사조가 태동하였다. 이 사조는 '전인적 인간(whole person, 총체적 인간)'에 초점을 두고, 동기를 인간이 '자기-실현적'이 되기 위해 혹은 인간으로서 자신이 가진 잠재력을 발휘하기 위한 총체적인 노력으로 보았다(Schunk et al., 2008). 이 관점에 따르면 개인의 동기를 이해하기 위해서는 그들의 행동, 생각, 느낌을 이해하는 것이 필요한데(Schunk & Zimmerman, 2006). 인본주의적 관점은 지금까지 학교와 직장에서 모두 인기 있는 관점이다.

'인간-중심적' 치료법을 창시한 심리학자인 로저스(Carl Rogers)와 욕구위계(이 장의 다음 절에서 논의할 예정이다)로 유명한 매슬로(Abraham Maslow)는 인본주의 사조에서 가장 저명한 두 학자이며, 모두 자기-실현적이 되기 위한 인간의 노력을 강조했다(Maslow, 1968, 1970; Rogers, 1963).

로저스에 따르면 자기실현 성향은 유능성, 자율성, 외부 힘의 통제로부터의 자유를 지

무조건적인 긍정적 존중 (Unconditional positive regard)

인간이 그들의 행동과는 무관하게 본래적으로 가치 있다는 믿음

향한다. 이러한 성향은 타고나지만, 타인과의 경험으로 인해 자율성의 증진과 발달이 촉진되기도 하고 저해되기도 한다(Rogers, 1959; Rogers & Freiberg, 1994). 타인과의 경험 중 **무조건적인 긍정적 존중**, 즉 인간이 그들의 행동과는 무관하게 본래적으로 가치 있다는 믿음이 가장 근본적인 경험 중 하나다.

무조건적인 긍정적 존중을 제공하는 것은 생각보다 쉬운 일이 아니다. 부모는 대개 자녀가 어린아이일 때는 그렇게 느끼지만, 아이가 자라면서 부모의 존중은 '조건적'이 되어 자녀가 좋은 점수를 받거나 훌륭한 배우자나 직업을 선택하는 것 같은 요인에 관심을 기울일 수 있다(Kohn, 2005a). 바깥 세상, 즉 사회에서는 사람과 그들의 행동을 별로 구분하지 않기 때문에 존중은 거의 항상 조건적이다. 학교에서도 성적이 좋은 학생과 품행이 단정한 학생이 그렇지 않은 학생들보다 더 긍정적으로 평가받으며 음악이나 스포츠같이 과외활동에서 뛰어난 학생도 마찬가지다. 로저스(1959, 1963)는 조건적인 존중은 개인의 성장을 방해하기 때문에 모든 학생을 잠재력을 지닌 발전하는 개인으로 대하기를 권한다.

최근의 연구가 이 견해를 확증한다(Cornelius-White, 2007; Kohn, 2005b). 교사로부터 무조건적으로 수용된다고 느끼는 학생들은 학습에 흥미를 느끼고, 단지 해야 하기 때문에 공부하거나 너무 쉬워서 성공할 수 있다는 것을 아는 과제보다 도전감을 자극하는 학습과제를 즐길 가능성이 더 높다" (Kohn, 2005b: 21).

이 관점이 교실에 적용된 예를 살펴보기 위해 최 교사와 학생들의 사례로 돌아가 보자.

학생들이 교실을 나서고 있을 때 최 교사의 책상 앞으로 보라가 다가왔다.

"선생님, 저를 보자고 하셨어요?"

"선생님이 너를 며칠 동안 지켜봤는데, 보라가 보라답지 않아 보여서. ……별일 없니?"

"네…… 아니요, ……뭐 별로." 보라가 눈물을 글썽이기 시작하면서 말했다.

"엄마와 아빠 사이에 문제가 좀 있으세요. 그래서 정말 겁이 나요. 저는 부모님이 헤어지실까 봐 걱정이 돼요."

"보라야, 우리 얘기를 좀 더 할까?"

"아니요, 지금 당장은 하고 싶지 않아요."

최 교사는 보라의 어깨를 토닥여 주며 말했다.

"선생님이 특별히 해 줄 수 있는 게 없지만, 네가 그 문제나 다른 어떤 것이든 얘기하고 싶을 때 선생님이 언제나 여기에 있다는 걸 잊지 않았으면 좋겠다."

"감사해요." 보라는 발걸음을 돌리며 가볍게 고개를 끄덕였다.

최 교사가 방과 후에 일을 하고 있을 때, 동호가 교실로 머리를 내밀었다.

"들어오렴." 최 교사가 웃으며 말했다.

"발전을 거듭하고 있는 우리 작가 선생님은 요새 어떠니?"

"저는 선생님께서 모든 일에 너무 많은 불평을 하는 저 때문에 속상하지 않았으면 좋겠다는 말을 드리고 싶어서 들렀어요."

"전혀 아니란다. ……나는 한 번도 그런 생각을 해본 적이 없는걸."

"선생님도 알다시피, 선생님은 이미 저에게 많은 것을 해 주셨어요. ……선생님은 세상 모두가 저를 단념했을 때 저를 믿어 주셨어요. ……저는 이제 가출도 하지 않아요. 저는 선생님이 안 계셨다면 그렇게 못했을 거예요. 선생님은 저를 공부하게 만들었고 제게 많은 시간을 할애해 주셨잖아요. 선생님께서는 제가 제 자신에 대해 포기하지 않도록 해 주셨어요. 예전에 저는 문제아였는데, 지금은…… 대학 진학을 바라볼 수 있게 되었어요."

인간으로서, 학습자로서의 학생들에게 헌신적인, 즉 애정을 보이는 교사는 동기와 학습에 있어서 가장 중요하다.

"우리는 모두 가끔은 누군가가 옆에서 약간씩 도와주는 것이 필요하지." 최 교사가 웃으며 말했다.

"그러기 위해서 내가 여기 있는 거란다. 네가 그렇게 생각해 주는 것이 고맙지만, 그것은 내가 한 게 아니야. 바로 네가 한 거야. 자, 이제 가 보렴. 선생님은 내일 너희에게 내줄 숙제를 생각하고 있었거든."

"선생님, 선생님은 끊임없이 열심이시네요." 동호가 인사를 하고 문 밖으로 나갔다.

배려하는 교사, 즉 학습자인 학생들에게 헌신적인 교사는 동기 부여와 학습에서 가장 중요하다(Cornelius-White, 2007). 최 교사는 보라가 여느 때와 다른 것을 염려하여 보라를 방과 후에 들르도록 했다. 그리고 최 교사는 동호의 가출이라는 행동과 인간으로서 동호의 본래적 가치를 분리하여 생각함으로써 로저스(1963)가 강조했던 무조건적인 긍정적 존중을 보여 주었다.

동시에 최 교사는 학생들에 대해 높은 기대를 유지함으로써 학습자로서 학생들에게 관심을 가졌음을 보여 주었다. 이 장 서두의 사례연구에서 동호와 최 교사의 대화에서 알 수 있듯이, 그녀는 그를 (그리고 다른 모든 학생을) 독려하고, 발전하고 있다는 증거를 보여 주고, 그들이 공부하고 있는 것이 가치 있다는 것을 강조하였다.

불행하게도 실제 교육현장에서 교사가 문제학생을 모두 구하지는 못할 것이다. 그러나 기억할 것은, 교사는 많은 학생을 변화시킬 수 있고 그들의 삶에 헤아릴 수 없을 만큼 많은 기여를 할 것이라는 사실이다.

웹 자료

교실 사건과 그것이 학생 동기에 미치는 영향을 검토하기 위해서 www.myeducationlab.com에 접속하고, 10장 '교실환경과 동기'라는 사례연구를 보라. 그리고 이어지는 물음에 답하라.

◈ 이해 점검 활동

1.1. 동기를 정의하고 어떻게 그것이 학습에 영향을 주는지 설명하라.
1.2. 행동주의 이론이 어떻게 학습자 동기를 설명하는지 기술하라.
1.3. 동기에 대한 인지관점과 사회인지 관점이 어떻게 인간의 학습동기를 설명하는가?
1.4. 동기에 대한 사회문화적 관점이 어떻게 인간의 학습동기를 설명하는가?
1.5. 동기에 대한 인본주의 관점이 어떻게 인간의 학습동기를 설명하는가?

학습동기에 대한 욕구의 영향

욕구(Need)
어떤 상태나 대상을 얻기 위한 내적인 힘 또는 추동

생존은 모든 종에 있어 가장 기본적인 욕구이며, 통상적으로 식욕이나 성욕이 그러한 생존을 보장하는 본질적인 것으로 언급된다. 동기이론에서 **욕구**는 특정한 상태나 사물을 얻거나 피하기 위한 내적인 힘 또는 추동이다(Schunk et al., 2008). 예를 들어, 음식에 대한 욕구는 음식이라는 얻고자 노력하는 대상물에 대해 가지는 개인의 내재적 힘이다.

이 절에서 우리는 욕구에 기초한 세 가지 이론을 살펴볼 것이다.

- 매슬로(Maslow)의 욕구위계
- 자기결정성에 대한 욕구
- 자기가치 보존에 대한 욕구

매슬로의 욕구위계이론

매슬로(1968, 1970, 1987)는 심리학에서 인본주의 사조의 아버지로 여겨지며, '전인적 인간' ([그림 10-3] 참조)의 욕구를 반영하는 위계를 발전시켰다. 예를 들어, 우리는 생존과 안전의 욕구에서 육체적 인간, 자존감의 욕구에서 감정적 인간, 그리고 성장 욕구에서 자기 실현적 인간을 살펴볼 수 있다. 이러한 **성장 욕구**는 경험이 풍부해지면서 더 많아지는 지적 성취와 심미적 인식에 대한 욕구다. 다음에서 이 욕구를 좀 더 자세히 알아보도록 하자.

성장 욕구(Growth needs)
인간이 경험하게 되면서 더 증가하는 지적 성취와 심미적 인식에 대한 욕구

결핍과 성장 욕구

결핍 욕구 (Deficiency needs)
충족되지 않았을 때, 인간으로 하여금 그것을 충족하고자 노력하게 하는 욕구

매슬로(1968, 1970)는 인간의 욕구를 두 그룹으로 나누어 설명하였다. 첫째, **결핍 욕구**는 사람들이 그것이 충족되지 않았을 때 그것을 충족시키도록 만든다. 결핍 욕구는 [그림 10-3]의 위계의 아랫부분을 이루고 있다. 매슬로에 따르면, 인간은 생존, 안전, 소속, 자존감과 같은 결핍 욕구가 모두 충족되지 않으면, 성장 욕구로 옮겨 가려 하지 않는다.

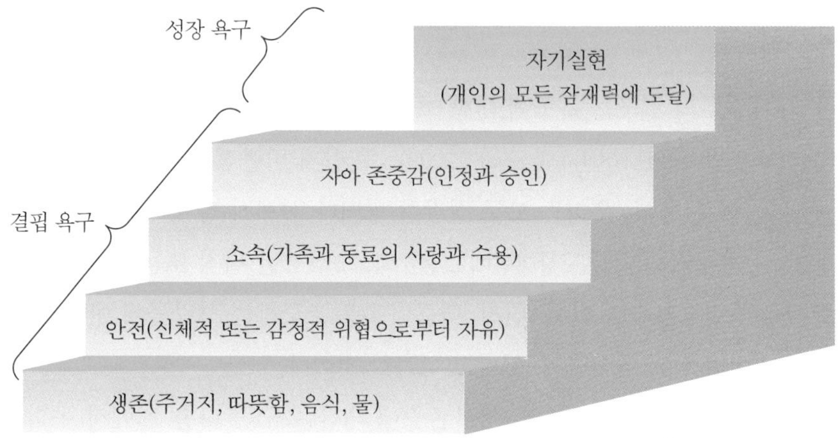

[그림 10-3] 매슬로의 욕구위계도

일단 결핍 욕구가 충족되면, 개인은 자기실현을 이끌 수 있는 성장 욕구에 초점을 둘 수 있다. 우리가 지닌 잠재력에 최대한 도달하려 하고 우리가 될 수 있는 전부가 되고자 하는 욕구인 자아실현의 욕구는, 결핍 욕구와는 달리 결코 완전히 충족되지 않는다. 예를 들어, 실제로 사람들이 문학에 대한 이해가 깊어질수록 그들의 문학에 대한 흥미는 감소하기보다 오히려 증가한다. 이것은 어떤 사람들이 배움에 대해 만족할 줄 모르는 욕구를 가진 것처럼 보이는 것과 미술이나 음악에 결코 싫증을 내지 않는 이유를 설명할 수 있다. 이러한 활동에 지속적으로 참여하는 것이 사람의 성장에 대한 욕구를 충족시키고, 그들에게 기쁨을 주고, 매슬로가 고안한 개념인 절정 경험(peak experience)에 이르게 할 수 있다.

자기실현
(Self-actualization)
우리의 최대한의 잠재력에 도달하고 우리가 될 수 있는 전부가 되고자 하는 욕구

매슬로의 연구를 다른 관점에서 보기

직감적으로 매슬로의 연구는 사리에 맞고 매력적이다. 예를 들어, 당신이 교사를 만날 때 당신의 처음 반응은 얼마나 그들이 지적이고 유능해 보이는지보다는 그들이 얼마나 '친절한가', 어떻게 당신을 대하는가다. 일반 사람들에게도 동일한 적용이 가능하다. 우리는 사람들이 차갑고, 냉담한 것보다는 따뜻하고, 마음을 끄는 사람에게 더 긍정적으로 반응한다. 감정적으로 지지적인 사람들은 우리가 안전과 소속에 대한 욕구를 충족시킬 수 있도록 돕는다. 매슬로의 연구는 우리 모두가 본래 사회적이고 감정적인 존재이며, 이러한 요소가 우리의 동기에 영향을 준다는 것을 일깨워 준다.

매슬로의 연구를 학교 상황에 적용하는 것은 타당성이 있는 것으로 보인다. 배고픈 학생은 학습동기가 감소할 것이기 때문에 학교는 무료 혹은 저렴한 가격의 아침과 점심을 제공한다. 또한 안전하지 않다고 느끼는 학생은 학습동기가 덜 부여될 것이기 때문에 학교는 학생들에게 신체적으로, 감정적으로 안전하다고 느낄 수 있도록 노력한다(N. Lambert &

McCombs, 1998; B. L. McCombs, 2001). 교직의 인간적인 면을 무시하는 것은 필수적 영역을 제외하는 것이다.

반면, 매슬로의 연구는 욕구에 대한 그의 설명을 지지하는 연구 증거가 많이 부족하다는 이유로 비판받아 왔다(Schunk et al., 2008). 두 번째 비판점은 연구의 비일관성과 예측력의 부족이다. 예를 들어, 우리는 모두 심각한 병이나 신체적 장애가 있음에도(다시 말해, 그들의 결핍 욕구가 충족되지 않은 상태임에도 불구하고) 상당한 지적 또는 심미적 성취를 달성해 내고 그들의 경험으로부터 질서, 진리, 아름다움을 추구하는 사람들에 대해 들어왔다. 매슬로의 연구는 이런 일은 일어날 수 없다고 예측할 것이다.

마지막으로, 매슬로의 소속과 자아존중에 대한 욕구는 다음 절에서 논의되는 동기에 대한 보다 현대적인 이론에서 설명되는 욕구와 매우 유사하다.

자기결정에 대한 욕구

자기결정(Self-determination)
자신의 환경에 따라 행동하고 환경을 통제하고자 하는 동기적 욕구

자기결정은 자신의 환경에 따라 행동하고 환경을 통제하고자 하는 욕구다(R. Ryan & Deci, 2000). 자기결정이론에 따르면, 인간은 선택권을 갖고 의사결정을 하는 것이 내재적으로 동기화되어 있기 때문에 의사결정에 대한 기회가 없다면 다른 모든 욕구가 충족된다 해도 만족하지 않는다. 자기결정이론에서는 사람들이 세 가지 내적인 심리 욕구, 즉 유능성, 자율성, 관계성 욕구를 가진다고 가정한다(Levesque et al., 2004; R. Ryan & Deci, 2000).

유능성 욕구

우리는 모두 영리해 보이고 싶어 한다. 당신이 사람들과 상호작용할 때, 얼마나 그들이 주제에 대해 아는지 또는 어떤 기술에서 얼마나 능숙한지에 대해 설명하고자 하는지를 생각해 보자. 자기결정이론은 그들이 유능성, 즉 환경에서 효과적으로 기능하는 능력에 대한 욕구를 충족시키기 위해 노력하고 있다고 말함으로써 이것을 설명한다.

유능성(Competence)
환경에서 효과적으로 기능하는 능력

이 욕구는 여러 수준에서 설명할 수 있다. 예를 들어, 인류학적 관점에서 하나의 유기체가 환경에서 효과적으로 기능하지 못한다면 그 유기체가 살아남을 가능성은 거의 없다(Schunk et al., 2008). 또 다른 관점으로 유능한 사람은 직장에서 성공하고 성장하는 반면, 덜 유능한 사람은 정체되고 부진하다. 유능한 학생들은 성공적인 학습자이며 학교를 만족스럽고 보람 있는 곳이라고 생각한다(Morgan & Fuchs, 2007).

유능성 욕구는 왜 도전적이고 호기심을 유발하는 활동이 내재적으로 동기 부여를 하는지 설명하는 데 도움을 준다. 도전에 부딪히거나 새롭고 모순적인 경험을 해결하는 것은 능력이 향상되고 있다는 증거다. 대조적으로 사소한 과제를 하거나 답이 너무 뻔한 문제를 푸는 것은 능력에 대한 어떤 증거도 제공해 주지 않기 때문에 좀처럼 동기 부여가 되지 않는다.

유능성 욕구는 지금은 고전이 된 화이트(R. White, 1959: 318)의 환경에 대한 지배 욕구

와 유사하다. 그는 "환경에 대처하려는 내재적 욕구를 충족시키기 때문에 사람들은 능숙함과 기술을 습득한다."고 제안한다. 유능성 욕구는 특징 영역에 정통하거나 잘 해내고자 하는 욕구를 강조하는 성취동기이론의 설명과 일치한다(J. Atkinson, 1958).

학생들이 자신의 유능성을 지각할 수 있는 가장 중요한 요소는 학생들의 지식과 기술이 증가하고 있다는 증거를 보여 주는 것이다. 이것은 왜 진정한 성취를 칭찬해 주는 것이 학생들의 내재적 동기를 증가시킬 수 있는지에 대한 설명이 된다(Cameron et al., 2005). 칭찬은 능력이 향상되고 있다는 것을 전달해 주어 유능성 욕구를 충족시킬 수 있게 돕는다.

교사는 역시 학생들의 유능성에 대한 지각에 미묘하고 의도되지 않은 방법으로 영향을 줄 수 있다.

도전에 정면으로 부딪히는 행동은 자신에게 능력이 증진하고 있다는 증거를 제공하고 자기결정에 대한 욕구를 충족시키도록 돕는다.

- 수행에 대한 교사의 귀인방식
- 칭찬과 비판
- 감정적 반응
- 도움의 제공

교사의 귀인방식 교사의 귀인방식은 교사가 학생의 수행 원인을 두고 하는 말이다. 예를 들어, 만일 교사가 문제를 잘못 풀어서 고군분투하고 있는 학생에게, "계속 노력해 보렴. 이 문제가 너에게 어렵다는 것을 잘 알고 있단다."라고 말한다면, 교사는 학생이 힘들게 애쓰고 있는 이유가 능력의 부족이라는 것을 암시하고 있어서, 학생의 능력에 대한 믿음을 손상시킨다(Stipek, 1996). 이와는 대조적으로, "계속 노력해 보렴. 나는 네가 이 문제를 풀 수 있다는 걸 알고 있단다."라는 말은 노력을 더 하면 능력을 습득할 수 있음을 암시한다.

교사의 귀인방식 (Attributional statements)

교사가 학생의 수행 원인에 대해 하는 말

칭찬과 비판 칭찬과 비판 역시 학생들의 유능성 지각에 영향을 줄 수 있다. 상급학생들은 쉬운 과제를 풀었을 때 칭찬을 해 주면 교사가 자신을 유능하지 못하다고 믿는 것으로 인식한다(Larrivee, 2002; Stipek, 1996). 그에 비해, "너는 이것보다 더 잘할 수 있어."와 같은 말은 교사가 자신의 학생이 유능해질 수 있다고 믿고 있음을 전달한다. 우리는 교사가 학생들에게 비판하는 것을 권하지는 않는다. 하지만 부적절한 칭찬은 오히려 학습동기를 손상시킬 수 있으며, 반대로 시의적절한 비판이 실제로 학습동기를 높일 수 있다.

감정적 반응 학습자의 성공과 실패에 대한 교사의 감정적 반응 역시 학생의 유능성에 대한 인식에 영향을 줄 수 있다. 예를 들어, 학습자가 실패했을 때 짜증이나 불쾌함을 표현하는 교사는 학생이 노력을 더 하면 능력을 갖출 수 있다고 믿는다. 이에 반해, 동정을 표하는 교사는 학생이 유능해질 만한 능력이 별로 없다고 믿는 것을 암시한다(Stipek, 1996, 2002).

도움의 제공 학생이 도움을 요청하지 않은 상태에서 교사가 도움을 주는 것 역시 문제가 되고 유능감의 감소를 야기할 수 있다. 6세의 어린 아동을 대상으로 한 연구에서도 본인이 요구하지 않았는 데도 교사의 도움을 받은 아동은 도움을 받지 않은 다른 아동보다 능력이 낮아졌다(Graham & Barker, 1990). 또한 요구하지 않은 도움을 받은 학습자들은 무능감, 화, 걱정 등을 느낄 수 있으며, 이러한 무능력하다는 기분으로 인해 아이들은 정말 도움이 필요할 때 도움을 청하지 못한다(Marchand & Skinner, 2007).

전체적으로 정리해서 말하면, 교사가 학생에게 칭찬과 동정을 표하거나 도움을 제공하지 말아야 한다고 제안하는 것이 아니다. 오히려 어떻게 학습자가 교사의 행동을 제대로 해석하거나 잘못 해석할 수 있는지를 교사가 인식해야 함을 상기시켜 주고자 하는 것이다. 언제나 그렇듯, 교사가 학생들에게 반응하는 방식은 세심하고 주의 깊은 전문가적 판단을 필요로 한다.

자율성 욕구

자율성(Autonomy)

독립성과 필요할 때 환경을 바꿀 수 있는 개인의 능력

자율성 욕구는 독립성에 대한 욕구이며, 필요할 때 환경을 바꿀 수 있는 능력으로 자기결정이론에 의해 설명된 인간의 두 번째 선천적 욕구다. 자율성의 욕구 역시 내재 동기의 근원이다(Lepper & Hodell, 1989). 바꾸어 말하면, 자율성의 결핍은 내재 동기를 감소시키고 스트레스를 유발한다. 예를 들어, 조립부품 노동자가 생산라인에서 받는 스트레스는 자신의 환경을 거의 통제할 수 없는 것에서부터 기인한다고 널리 알려져 있다(Lundberg, Granqvist, Hansson, Magnusson, & Wallin, 1989).

자기결정 이론가들이 설명하고 있는 자율성은 역사적으로 논의되었던 통제소재(Rotter, 1966), 개인적 인과 유형(personal causation)(deCharms, 1968, 1984)과 같은 주제와 유사한 개념이다. 또한 자율성과 유능감은 연관성이 매우 높다. 학습자의 유능감이 증가하면 그들의 자율성에 대한 지각도 높아진다(A. Black & Deci, 2000; Bruning et al., 2004).

교사가 학생들의 자율성에 대한 지각을 높이기 위해 선택할 수 있는 가장 분명한 방법은 학생들에게 선택할 수 있는 기회를 제공하는 것이다. 예를 들어, 최 교사는 학생들에게 르네상스에 대해 발표하거나 중세시대에 대한 보고서를 작성하는 것 중에 선택권을 주었다. 하지만 보통 선택권을 주는 것이 가능하지 않을 수 있으므로 다음과 같은 방법으로 교사는 학생들의 자율성에 대한 지각을 향상시킬 수 있다.

- 학생들에게 교실의 규칙과 절차를 만드는 과정에 의견을 제시하도록 한다.
- 학생들에게 자신의 학습목표를 설정하고 모니터하도록 격려한다.

- 교실활동에서 학생 참여가 높은 수준으로 이루어지게 한다.
- 성취에 대해서 노력과 전략 사용의 효과를 강조하고 능력의 영향을 덜 강조하도록 한다.
- 평가 시 피드백을 제공하고 학습이 향상되는 것에 초점을 둔다.

각각의 방법은 자율성의 지각을 증진할 수 있는데, 이러한 지각이 증가할수록 학습동기 역시 증가한다.

관계성 욕구

우리는 모두 소속되어 있다는 느낌을 받기를 원한다. **관계성**, 즉 사회환경 속에서 다른 사람과 연관되어 있다는 느낌, 사랑과 존경받을 가치가 있다는 느낌이 자기결정이론을설명하는 세 번째 선천적 욕구다. 몇몇 연구자는 매슬로(1968, 1970)에 의해 설명된 소속과 관계성을 유사한 개념으로 취급한다. "소속감(belongingness), 관계성(relatedness), 유대감(connectedness)과 같은 용어는 상호 대체 가능하게 사용된다"(Juvonen, 2006: 654). 또한 관계성 욕구는 다른 초기 동기 연구자들에 의해 설명된 친애(affiliation)에 대한 욕구와 유사하다(예를 들면, Exline, 1962; Terhune, 1968).

관계성(Relatedness)
사회환경 속에서 다른 사람들과 연관되어 있다는 느낌, 사랑과 존경받을 가치가 있다는 느낌

관계성 욕구는 학생들에게 강한 **인정 욕구**, 즉 다른 사람들에 의해 수용되고 긍정적으로 평가받고자 하는 욕구로 발전하는 결과를 야기할 수 있다(Urdan & Maehr, 1995). 대부분의 초등학교 아동은 교사의 인정을 추구한다. 하지만 상급 학생들의 경우, 강한 인정 욕구가 있는 학생들이 종종 낮은 자아존중감을 가지고 있어 교사에게 칭찬받을 수 있는 활동에 가장 먼저 참여한다(H. A. Davis, 2003). 인정이 과도해질 때, 거절에 대한 두려움을 가지고 있는 학생들은 또래집단의 사회적 압력에 쉽게 굴복한다. 하지만 이러한 노력은 오히려 역효과가 날 수 있는데, 그 이유는 이러한 학생들이 종종 또래집단 내에서 상대적으로 인기가 없기 때문이다(Rudolph, Caldwell, & Conley, 2005; Wentzel & Wigfield, 1998).

인정 욕구(Need for approval)
다른 사람에 의해 수용되고 긍정적으로 평가받고자 하는 욕구

교사들은 학생들에게 무조건적인 긍정적 존중을 전달하고 학생과 학습에 대해 진정한 헌신을 함으로써 학생들의 관계성 욕구와 인정 욕구를 충족시키는 데 도움을 줄 수 있다(Cornelius-White, 2007). 학생들은 교사가 자신을 좋아하고, 이해하고, 공감해 준다고 믿을 때 행동적·인시석·정서적 측면에서 수업활동에 더 열심히 참여한다(H. A. Davis, 2006; Furrer & Skinner, 2003). 또한 그러한 학생들은 수업활동에서 더 많은 흥미를 보고하며, 더 사회적으로 책임감 있는 방식으로 행동하고, 도움이 필요하다고 생각되면 도움을 청할 가능성이 더 높다(Cornelius-White, 2007; Marchand & Skinner, 2007; Wenzel, 1996).

정규교육의 상황에서 학생의 자기결정성에 대한 지각을 증가시키고자 했을 때, 이것은 학생의 내재적 흥미 및 학교 참여, 학교 졸업 가능성의 증진(Eisenman, 2007; Vansteenkiste, Lens, & Deci, 2006), 읽기와 쓰기 능력의 증진(literacy)(Crow, 2007), 나아가 보다 활동적 생

활양식(Bryan & Solomon, 2007; Gillison, Standage & Skevington, 2006)을 만들어 낼 수 있다.

평가와 학습: 자기결정에서 평가의 역할

이 책의 전반을 통해 강조하였듯이, 평가는 교수-학습과정에서 필수적인 부분이다. 하지만 평가가 자기결정성과 내재 동기를 손상시킬 수 있음을 시사하는 연구 결과는 논의점으로 부각된다(Deci & Ryan, 1987).

학습과 교수의 대부분의 영역과 마찬가지로, 논점은 단순히 평가를 하거나 또는 하지 않거나의 문제가 아니라 어떻게 그 과정이 다루어지느냐다. 예를 들어, 학생들이 평가가 자신을 처벌하기 위해서나 통제하기 위한 수단이라고 여긴다면 평가는 학생의 내재 동기를 손상시키는 반면, 평가가 자신의 능력이 증진한다는 정보를 제공한다고 여긴다면 학생의 내재 동기는 향상될 수 있다(Deci & Ryan, 1987).

다음의 제안은 자기결정성을 높이기 위해 평가를 사용하는 방법이다.

- 학생들에게 분명한 기대를 제공하고 이러한 기대와 일치하도록 평가를 조정하라(Schunk et al., 2008). (이것은 13장에서 자세히 다룰 것이다.)
- 자주 그리고 철저히 평가하고 평가의 학습적 이득을 강조하라(Dochy & McDowell, 1997).
- 평가 결과에 대해 자세한 피드백을 제공하고 정답뿐 아니라 그 정답이 나온 근거를 강조하라(Deci & Ryan, 1987; Schunk et al., 2008).
- 평가 결과를 언급할 때, 학생들 간 사회적 비교를 피하라(H. Patrick, Anderman, Ryan, Edelin, & Midgley, 1999; Stipek, 1996, 2002).
- 최종 등급을 매길 때, 학생들에게 시험이나 퀴즈에서 가장 낮은 점수 한두 개를 제외할 수 있도록 허용하라.

학습과 유능감 증진을 강조하는 환경을 조성하는 것이 학생 성취를 평가하는 우리의 목표가 되어야 한다(Stiggins, 2007). 분명한 기대와 적절한 조정이 학생들로 하여금 평가를 예측 가능하게 만든다. 이것은 등급을 매길 때 한두 개의 퀴즈 점수를 제외하였을 때와 같이 학생들의 자율성 지각을 증진시킨다. 평가를 자주 하면 학생들에게 그들의 능력이 증진하는 것에 대한 정보를 제공한다. 정답의 근거와 함께 상세한 피드백을 제공하고 사회적 비교를 피하는 것은 평가의 목적이 학습을 촉진하는 것이라는 점을 강조한다. 어떤 교사들은 시험지 뒷면에 점수를 적어서 학생들이 점수를 서로 공유하지 않도록 노력한다. 학생들이 점수를 공유한다 해도, 이러한 교사의 행동으로 인해 학생들은 평가가 누가 가장 똑똑한지를 보기 위함이 아니라 지극히 개인적인 것이며 학습을 증진하고자 고안된 것임을 상징적으로 전달받을 수 있다.

자기가치 보존에 대한 욕구

"난 전재야. 난 정말 천재야!" 방과 후 집 안으로 뛰어 들어오며 중학교 2학년인 현수가 엄마를 향해서 소리쳤다.

"역사시험에서 97점 받았어요. 제대로 공부하지도 않았는데 난 정말 천재인 것 같아요. 진짜 천재라고요."

점수에 대한 현수의 반응을 어떻게 설명할 수 있을까?

자기가치(Self-worth)
자기에 대한 정서적 반응 또는 평가

자기가치(일반적인 용어로, 자아존중감)는 자기에 대한 정서적 반응 또는 평가(Schunk et al., 2008)다. 자기가치 이론가에 의하면, 사람들은 자기가치감을 보호하고 자기수용(self-acceptance)을 이루려는 선천적 욕구를 가진다(Covington, 1992). 이들은 더 나아가 우리 사회가 개인의 능력에 너무 가치를 두기 때문에 사람들은 자신의 능력이 높다는 지각을 유지하기 위해 무슨 일이든 할 것이라고 제안한다(Covington, 1992; Graham & Weiner, 1996).

이 설명은 우리가 현수가 한 말을 이해하도록 돕는다. 현수는 자기가 공부를 하지 않았다는 것을 강조함으로써 자신이 높은 능력을 가지고 있다는 점을 전달하였고, 이것은 현수의 자기가치감을 고양시켰다.

노력과 능력에 대한 학습자의 지각에 관한 연구에서 발달적인 측면에서 몇 가지 흥미로운 양상을 보여 준다. 예를 들어, 이에 관한 질문을 받으면 대부분의 유치원생은 자신이 똑똑하다고 말한다. 그리고 어린 아동들은 열심히 노력하는 사람과 똑똑한 사람이 열심히 한다고 생각한다(Stipek, 2002). 학교를 다니면서 학생들의 견해는 변한다. 이들은 능력이 있다고 인식하고자 하는 욕구가 증가하고 노력을 기울이는 것은 능력이 없다는 지표로 본다. 시험점수를 자랑하는 것과 같은 사회적 비교는 이러한 과정에서 가장 중요한 요소다(Brophy, 2004). 2, 3학년 정도의 어린 학생들도 자신의 성적을 다른 사람과 비교하여 자신의 능력과 역량을 판단하기 시작한다(Stipek, 2002).

수행보다 학습을 강조하고, 사회적 비교를 강조하지 않는 교사는 학생들의 학습동기를 높일 수 있다.

능력이 있는 것으로 인식되고자 하는 욕구로 인해 고학년 학생들은 그들이 시험공부를 열심히 했다는 사실을 숨길 수도 있다. 그래야만 높은 점수를 받았을 때 최소한 또래들의 눈에 그들의 성공의 원인을 능력으로 돌릴 수 있기 때문이다. 어떤 사람들은 자기가치를 보호하고자 미루기("더 잘할 수 있었는데, 난 밤에만 공부가 잘 돼."), 변명하기(선생님이 못 가르친다거나 또는 시험이 너무 까다롭다거나), 걱정("내용은 이해했는데 시험 볼 때 너무 긴장해."), 노력하지 않았다는 것을 강조하는 등의 '자기-장애(self-handicapping)' 전략을 끌어 들인다(Covington, 1998; Wolters, 2003). 자기-장애 행동들은 학업 영역에서 많이 관찰되었으며, 체육 영역에서도 관찰되었다(Standage, Treasure, Hooper, & Kuczka, 2007). 이런 자기-장애 행동은 성취가 낮은 학생들에게서 나타나는 가장 일반적인 현상으로 이들은 도움이 필요할 때 거의 도움을 요청하지 않는다(Marchand & Skinner, 2007; Middleton & Midgley, 1997).

교사가 비록 모든 사회적 비교를 없앨 수는 없지만, 학생들에게 노력을 기울이는 본보기를 보이고 능력을 신장시키는 데 있어 노력이 역할을 한다는 믿음을 강조할 수 있다. 교사는 강력한 모델이며, 노력을 기울이면 능력을 증진시킬 수 있다는 믿음을 본보기로 보여 주는 것은 중요하다. 이 장의 다음 절에서 학습동기에 대한 믿음의 영향을 살펴보겠다.

◈ 이해 점검 활동

2.1 매슬로의 위계에서 설명된 학습자 욕구가 그들의 학습동기에 어떠한 영향을 끼칠 수 있는지 설명하라.

2.2 학습자의 유능감, 자율성, 관계성 욕구가 어떻게 그들의 학습동기에 영향을 줄 수 있는지 설명하라.

2.3 자기가치감을 보존하려는 학습자의 욕구가 어떻게 그들의 학습동기에 영향을 줄 수 있는지 설명하라.

이론에서 실제로

학습동기를 높이기 위해 학습자의 욕구 활용하기

학생의 학습동기를 증진하고자 노력하는 교사들에게 학습자의 욕구를 이해하는 것은 중요한 함축적 의미를 가진다. 당신이 교실에서 이를 적용할 때 다음의 지침이 도움을 줄 수 있다.

① 학생들의 소속과 관계에 대한 욕구를 충족시키기 위해 우선적으로 그들을 인간으로 대하라.
② 학생들의 유능성 욕구를 충족시키기 위해 높은 기대를 유지하고 그들의 능력이 증가되고 있다는 증거를 제공하라.
③ 학생들의 자율성 욕구를 충족시키기 위해 의사결정에서 학생들이 의견을 표현할 수 있도록 하고 가능하다면 선택권을 주어라.
④ 노력을 기울이면 능력이 증가한다는 것을 강조하고 학생 간 사회적 비교를 피하라.

최 교사가 어떻게 지침을 적용했는지 살펴보기 위해 최 교사의 사례를 다시 살펴보자. 동호와 상호작용하는 방식에서 최 교사는 첫 번째를 적용했다. 최 교사는 보라가 최근 자기답지 않아 보였을 때, 보라를 불러서 이야기했다. 또한 최 교사는 인본주의적 동기이론에서 중요하다고 시사한, 무조건적인 긍정적 존중으로 동호를 대했다. 이 두 행동은 학생들의 소속과 관계에 대한 욕구를 충족시키도록 도왔다.

둘째, 동호에게 "얼마나 네 작문이 좋아졌는지 보렴. 너는 매우 훌륭한 작가가 되어 가고 있단다."라고 했던 말은 동호의 유능성이 증가하고 있다는 증거를 제시한 것이고, 이는 매슬로의 위계에서 성장 욕구에 초점을 둔 것이다. 이러한 증거 제시는 동호가 과제를 어렵게 생각했기 때문에 더 중요하다. 쉬운 과제에서의 성공은 학습자의 유능성이나 자기실현에 대한 지각을 별로 증가시키지 않는다.

셋째, 자기결정에 대한 인간의 욕구에 관한 논의에서 보았듯이 유능성의 증가는 개인의 자율성에 대한 지각에 도움이 된다. 최 교사는 학생들에게 보고서를 쓰는 것과 그룹발표를 하는 것 둘 중에서 선택하도록 하고 발표의 순서를 결정하도록 함으로써 학생들의 자율성에 대한 욕구를 충족시킬 수 있도록 도왔다.

마지막으로, 자기가치 이론에 대한 논의에서 자기가치가 높은 능력에 대한 지각과 연관되어 있다는 것을 살펴보았다. 최 교사의 "내가 공부할 때나 새로운 아이디어를 종합하려고 하는 것은 나에게도 역시 어려워. 하지만 내가 그것에 매달리면 나는 늘 해결할 수 있을 것 같은 기분이 든단다."라는 말은 "너희를 가르치려고 나도 매일 공부한단다. 내가 열심히 할수록 나는 더 똑똑해지겠지."라는 말과 함께 능력이 노력으로 증가될 수 있다는 교사의 믿음을 본보기로 보여 준다. 만일 학생들이 이러한 믿음을 받아들인다면 이들의 동기와 학습은 모두 증가할 것이다.

일반적으로, 이론과 마찬가지로 이러한 지침이 모든 상황에서 모든 학생에게 효과가 있는 것은 아니다. 그러나 이러한 적용이 많은 학생의 동기와 학습을 증진하는 데 영향을 주었다.

교실에의 적용

학습자 욕구에 대한 이해를 교실에 적용하기

매슬로의 욕구위계

1. 매슬로는 인간 욕구위계도에서 결핍 욕구(생존, 안전, 소속, 자아존중감)를 자기실현에 대한 성장 욕구에 선행하는 것으로 설명했다. 당신의 교수법을 적용할 때와 학생들과 상호작용하는 방식에서 학생들의 결핍 욕구와 성장 욕구를 다루어라.

- 초등학교: 한 4학년 교사는 학생들이 학급 공동체에서 소속감을 느끼도록 각 학생의 이름을 불렀다. 그는 학생들이 질문에 대답하지 못할 때 학생들이 제대로 대답하도록 도와주어 학생들이 교실에서 안전감을 느끼도록 하였다.
- 중학교: 학습자의 소속 욕구를 충족해 주기 위해 한 중학교 1학년 교사는 학급에서 인기 있는 두 학생에게 새로 전학 온 학생을 다른 학생에게 소개하도록 하고, 그 학생이 다른 학생들과 더 친해질 때까지 도와주도록 지도하였다.
- 고등학교: 학습자의 성장 욕구를 다루기 위해서 한 사회교사는 신문에서 흥미를 끄는 정치 칼럼을 스크랩하여 학생들에게 그 이슈에 대한 의견을 물었다.

학습자의 자기결정에 대한 욕구

2. 자기결정성 이론은 인간이 유능성, 자율성, 관계성에 대한 선천적 욕구를 가진다고 제안한다. 학생들이 과제를 완수했을 때 이들의 유능성 증가에 대한 증거를 제공하도록 학생들에게 어려운 과제를 내고, 학생들이 완성을 하면 유능성이 증가했다는 사실을 강조하라.

- 초등학교: 한 5학년 교사는 무색의 알코올 액이 담긴 컵(학생들은 보통 처음엔 물이라고 생각한다)에 얼음 한 조각을 떨어뜨렸을 때 얼음이 컵 바닥으로 가라앉는다. 그때 교사는 학생들에게 왜 얼음이 어떤 컵에서는 뜨고 다른 컵에서는 가라앉는지를 설명하고자 조사하도록 안내한다. 학생들이 문제를 풀면 교사는 학생들의 생각에 대해 칭찬한다.
- 중학교: 한 수학교사는 학생들에게 '이번 주의 문제'로 풀기 어려운 일상의 문제를 가져오도록 해서 수업시간에 풀게 한다. 학생들이 문제를 풀었을 때, 그녀는 학생들이 얼마나 어려운 문제를 점점 더 잘 풀어 가고 있는지에 대해 칭찬한다.
- 고등학교: 한 생물교사는 골격조직 수업을 시작할 때 말했다. "우리의 두개골은 매우 단단합니다. 그러나 여러분이 아주 어릴 때에는 모양이 잘 변하고 틈이 있기도 합니다. 왜 그럴까요?" 그러고 나서 그는 신체구조와 기능 사이의 관계에 관해 이해하도록 학생들을 이끈다.

3. 학습자 자율성에 대한 지각은 교사들이 학생들에게 학급의 여러 절차에 의견을 제시하도록 묻고, 학습활동에 참여시키며, 평가 시 정보적 피드백을 줄 때 증가한다. 학습자의 자율성 욕구를 충족시키는 데 도움이 되는 학급환경을 조성하라.
- 초등학교: 한 4학년 교사는 학생들이 서로 어떻게 대해야 하는지와 같은 이슈에 대해 토론하는 정기적 모임을 개최했다. 그녀는 학생들이 학급환경을 향상시키기 위한 제안을 하도록 격려했다.
- 중학교: 한 수학교사가 시험이나 퀴즈를 치른 다음 날 결과를 나누어 주고 학생들이 많이 틀린 문제에 대해서 자세히 설명하였다. 그녀는 자주 학생들의 능력이 지속적으로 향상되고 있다고 말했다.
- 고등학교: 한 세계사 교사는 학생들에게 신석기 시대의 유적과 비교했을 때 구석기 시대에만 나타나는 인류학적인 구체적 증거를 구별하도록 하였다. 교사는 학생들의 보고서에서 증거에 기반하여 결론을 내리는 능력이 매우 향상되었다고 말하였다.

4. 학습자의 관계성 욕구는 교사가 개인으로서, 그리고 학습자로서 학생들에게 헌신할 때 충족된다.
- 초등학교: 한 1학년 교사는 매일 아침 교실문에 서서 학생들을 안아 주거나, '하이파이브' 또는 악수를 하면서 반겨 준다. 그녀는 학생들에게 얼마나 좋은 날을 맞이할지에 대해 말해 준다.
- 중학교: 한 중학교 1학년 교사는 학교에서 행동이 뚜렷하게 변한 것으로 보이는 학생에 대한 우려를 표현하기 위해 부모님에게 전화를 한다. 그는 혹시 학생이 괴로운 경험을 겪고 있는지 묻는다.
- 고등학교: 도시의 한 고등학교 1학년 수학교사는 매주 월요일부터 목요일까지 방과 후에 도움말을 주는 시간을 가졌다. 또한 그 교사는 학생들에게 개인적 삶과 미래에 대한 희망에 대해 이야기하도록 격려했다.

자기가치를 보존하려는 학습자의 욕구

5. 자기가치 이론은 인간이 본능적으로 자기가치감을 보존하기 위해 노력한다고 제안한다. 자기가치는 노력의 결과이고 능력은 노력을 통해 증가할 수 있다는 것을 강조하라.
- 초등학교: 한 2학년 교사는 학생들이 자습하는 동안 단어 문제를 잘 풀어 낼 때, "너희는 우리가 배우고 있는 것을 정말 잘 이해하고 있구나. 너희가 열심히 한 것이 성과를 보이고 있구나. 그렇지 않니?" 라고 격려해 준다.
- 중학교: 한 과학교사는 "여러분은 이 동물의 신체구조와 환경에 적응하는 능력과의 연관관계를 이해하기 시작했어요. 여러분이 보여 주는 발전에 대해 아주 기분이 좋아요. 여러분도 자신에 대해 분명히 기분이 좋을 거예요." 라고 말했다.
- 고등학교: 학생들이 평형 방정식에 대해서 더 잘 이해하게 되자, 한 화학교사는 말했다.
  "여러분은 대단히 잘 하고 있군요. 여러분은 정말로 이 영역에서 점점 잘해 가고 있어요."

학습동기에 대한 믿음의 영향

이 절을 시작하기에 앞서, 다음의 문장을 보고 각 개인이 자신의 학습동기에 대해 무엇을 말하고자 하는지 생각해 보자.

- "만일 내가 다음 시험공부를 열심히 한다면, 나는 잘할 거야."
- "외국어를 배우는 것은 너무 어렵지만 조금만 더 노력한다면 연말쯤에는 잘할 수 있을 거야."
- "나는 훌륭한 달리기 선수야. 이번 시합에서도 잘해 낼 거야."
- "나는 대수학에 푹 빠져 있진 않지만 잘할 필요가 있어. 대학에서 공학을 전공하려면 반드시 필요할 거야."
- "올해는 재즈밴드에서 연주하지 않을 거야. 너무 바빠서 열심히 할 시간이 없거든."

이 문장들은 지지할 만한 증거가 분명하지 않아도 우리가 진실이라고 받아들이는 인지적 생각인 믿음을 설명하고 있다. 이 절에서 다음의 내용을 점검하면서 우리의 믿음이 어떻게 학습동기에 영향을 줄 수 있는지에 대해 살펴볼 것이다.

믿음(Belief)
그것을 지지할 분명한 증거 없이도 진실이라고 받아들이는 인지적 생각

- 미래 결과에 대한 믿음
- 지능에 대한 믿음
- 능력에 대한 믿음
- 가치에 대한 믿음
- 수행의 원인에 대한 믿음

기대: 미래 결과에 대한 믿음

첫 번째 문장을 다시 보자. "만일 내가 다음 시험공부를 열심히 한다면, 나는 잘할 거야."라는 이 문장은 기대, 즉 미래 결과에 대한 믿음을 설명하고 있다(Schunk & Zimmerman, 2006). 동기에 있어 기대의 영향은 종종 기대×가치이론으로 설명된다. 기대×가치이론에서 인간은 자신이 성공할 것이라는 기대에 그 성공에 대해 개인이 부여하는 가치를 곱한 값만큼 동기화된다고 보았다(Wigfield & Eccles, 1992, 2000). (동기에 대한 가치의 영향은 이 절의 다음에서 살펴볼 것이다.) 이 이론에서 '곱하기'는 중요하다. 영에 어떤 수를 곱해도 영이기 때문이다. 만일 학습자가 성공을 기대하지 않는다면 그 활동이 자신에게 얼마나 가치 있는지와 상관없이 학습에 대해 동기가 부여되지 않을 것이다(Tollefson, 2000). 예를 들어, 이 책을

기대(Expectation)
미래 결과에 대한 믿음

기대×가치이론(Expectancy×value theory)
인간은 자신이 성공할 것이라는 기대에 그 성공에 대해 개인이 부여하는 가치를 곱한 값만큼 동기화될 것이라고 학습자 동기를 설명하는 이론

집필한 저자 중 한 명은 젊었을 때 음악과 관련된 진로를 생각했다. 하지만 그에게는 음악에 대한 능력이 부족한 것이 명백했고, 이는 성공에 대한 낮은 기대감으로 이어졌다. 결국, 음악을 직업적으로 추구하는 동기가 낮아졌고, 교수법과 학습을 가르치는 보람 있는 길로 전향하게 되었다.

성공에 대한 기대가 높은 학생들은 과제를 오래도록 지속하며, 보다 도전적인 학습활동을 선택하고, 낮은 기대를 가지고 있는 학생들에 비해 높은 성취를 보인다(Eccles et al., 1998; Wigfield, 1994).

과거 경험은 기대에 영향을 주는 주요한 요인이다. 성공한 학생은 대체로 미래에 성공할 것이라고 기대하며, 성공하지 못한 학생은 그 반대로 기대한다. 이는 성취가 낮은 학생들의 학습동기를 증진하는 것이 왜 어려운지를 이해하는 데 도움을 준다. 그들은 대체로 실패 경험이 많기 때문에 성공을 별로 기대하지 않음으로 인해 학습동기가 낮은 것이다. 이것은 자기가치감을 보존하려는 학습자의 욕구와 결합되어 교사를 두 배로 어렵게 만든다.

교사들이 성공을 별로 기대하지 않는 학생의 학습동기를 높일 수 있는 유일한 방법은 학습자의 근접발달영역 안에서 학습경험을 설계한 다음, 성공을 보장하기 위해 필요한 비계를 제공하는 것이다. 이것은 매우 어렵지만 교사들이 제때에 노력을 기울인다면 낮은 기대 수준을 가진 학생의 학습동기를 높일 수 있다.

지능에 대한 믿음

이 절을 시작하기에 앞서 수학능력에 대한 자신의 믿음을 설명하고 있는 중학교 2학년 지혜의 말을 살펴보자.

> 남동생과 나, 엄마는 수학에 소질이 없다. 우리는 엄마에게 '수학을 못하는 유전자' 를 물려받았다. 나는 영어는 잘하지만 수학은 못한다(K. E. Ryan, Ryan, Arbuthnot, & Samuels, 2007: 5).

지능에 대한 고정적 관점(Entity view of intelligence)
지능은 본질적으로 고정되어 있고 시간이 지나도 별로 변하지 않는다는 믿음

지능에 대한 증가적 관점(Incremental view of intelligence)
지능은 안정적이지 않고 노력으로 증가될 수 있다는 믿음

지혜는 **지능에 대한 고정적 관점**, 즉 사람의 지능은 본질적으로 고정되어 있고 시간이 지나도 별로 변하지 않는다는 믿음을 보여 준다(Dweck, 1999; Dweck & Leggett, 1988). 지혜는 자신의 능력이 고정되어 있고 그것에 대해 자신이 할 수 있는 것은 거의 없다고 믿는다.

대조적으로, 이 절의 초반에 기술된 두 번째 문장을 살펴보자. "외국어를 배우는 것은 너무 어렵지만, 조금만 더 노력한다면 연말쯤에는 잘할 수 있을 거야." 이는 **지능에 대한 증가적 관점**, 즉 지능 또는 능력은 고정되어 있지 않고 노력으로 증가될 수 있다는 믿음을 반영한다. "만일 능력에 상한선이 있다면, 그것은 아주 높아서 개인이 발전하기 위해 더 열심히 노력하는 것을 방해해서는 안 된다" (Schunk & Zimmerman, 2006: 358).

지능에 대한 믿음은 왜 학습자가 때때로 자기장애 행동을 하는지를 이해하는 데 도움을 준다. 사람들의 자기가치는 종종 높은 능력에 대한 지각과 연관되어 있다. 그래서 만일 능력이 고정되어 있다고 믿으면 어려움과 실패를 경험하는 것은 모두 능력 부족을 보여 주는 증거이므로 학습자에게는 매우 힘든 일이다. 자기가치감을 보호하기 위하여 학습자들은 자신의 지능을 부정적으로 반영해 주는 상황을 피하려 할지도 모른다. 결과적으로, 이들의 동기와 학습은 모두 감소할 것이다.

반면, 만일 학습자가 능력이 노력으로 증가할 수 있다고 믿는다면 어려움과 실패는 단지 더 많은 노력이 필요함을 시사한다. 이들은 열심히 노력하거나 더 효과적인 전략을 사용한다면 성공할 것이고, 자신의 성공은 능력이 증가했다는 증거라고 믿는다(Burhans & Dweck, 1995). 노력을 하면 능력이 증가한다고 믿기 때문에 이들의 동기와 학습은 모두 증진될 것이다. 지능이 고정되어 있다고 보는 학생의 성향을 극복하도록 돕기 위해 사용할 수 있는 가장 효과적인 교수전략 중 하나가 교사가 지능에 대한 증가적 관점을 본보기로 보이는 것이다. 서두에서 언급했던 사례연구에서 최 교사가 동호에게 했던 말을 예로 들 수 있다. “나도 그랬으면 좋겠지만, 너희를 가르치려고 나도 매일 공부한단다. 내가 열심히 노력할수록 나는 더 똑똑해지겠지.”

자기효능감: 능력에 대한 믿음

이 절을 시작하기 전에 동기의 인지주의 이론에서 소개했던 수미와 희선이의 대화를 되짚어 보자.

> “자, 빨리 가자.” 수미가 희선에게 숙제를 끝마치면서 말했다.
> “잠깐만. 이게 이해가 잘 안 돼.”
> “오늘 저녁에 하자. 다들 나가고 있잖아.” 수미가 재촉했다.
> “먼저 가, 조금 있다가 갈게. 나는 이 문제를 풀 수 있어. 지금 당장 이해가 되지 않을 뿐이야.”

자기효능감(Self-efficacy)
개인이 특정한 과제를 수행할 수 있다는 믿음

희선이의 말은 **자기효능감**, 즉 개인이 특정한 과제를 수행할 수 있다는 믿음(Bandura, 1986, 1997, 2004)을 보여 준다. 희선이는 자신이 끈기 있게 노력한다면 문제를 풀 수 있다고 믿고 있다. 자기효능감, 자아개념, 성공에 대한 기대는 밀접하게 연관되어 있지만 동의어는 아니다(Bong & Skaalvik, 2003; R. Pajares & Schunk, 2002; Schunk, 2004). 예를 들어, 희선이가 전반적으로 수학을 잘한다고 믿는다면 우리는 희선이가 수학에 관해 긍정적 자아개념을 가지고 있다고 말할 것이다. 자기효능감은 보다 구체적이다. 희선이는 자신이 이 특정한 수학문제를 풀 수 있을 것이라 믿는다. 하지만 희선이가 숙제를 하지 않는다면 그녀가 다음 수학 퀴즈를 잘 보지 못할 것이라고 믿을 가능성이 크다(성공에 대한 낮은 기대).

연구에 의하면 자기효능감은 영역특수적(domain specific)이다(P. Smith & Fouad, 1999). 예를 들어, 어떤 사람이 좋은 에세이를 쓰는 데 높은 자기효능감을 가지고 있더라도 화학식을 맞추는 것에는 낮은 자기효능감을 가지고 있을 수 있다.

자기효능감에 영향을 주는 요소

연구에 의하면 네 가지 요소가 자기효능감에 영향을 끼치는데, 이것은 [그림 10-4]에 나와 있으며, 다음에 설명되어 있다(Bandura, 1986).

비슷한 과제에 대한 과거 경험이 가장 중요하다. 예를 들어, 발표를 성공적으로 한 경험은 미래의 발표에 대해 개인의 자기효능감을 증가시킨다. 훌륭한 발표를 하는 사람을 관찰하는 것같이 본보기를 관찰하는 것은 기대를 증가시키고 필요한 기술이 실행되는 방법에 대한 정보를 제공받음으로써 자기효능감을 증가시킨다(Bandura, 1986, 1997; Kitsantas, Zimmerman, & Cleary, 2000).

비록 효과성이 제한적이라 할지라도, "나는 네가 보고를 잘할 것이란 것을 알아."와 같은 교사의 말, 즉 언어적 설득 역시 자기효능감을 증가시킨다. 이것은 학생들에게 도전적인 과제를 하도록 격려함으로써 간접적으로 언어적 설득을 할 수 있고 성공할 경우 학생들의 효능감은 증가된다.

마지막으로, 실패에 대한 생각으로 생긴 불안은 작업기억의 용량을 차지함으로써 자기효능감을 감소시킬 수 있고, 피로나 배고픔과 같은 생리적 요소도 일시적으로 자기효능감을 감소시킬 수 있다.

동기에 대한 자기효능감의 영향

자기효능감은 학습동기에 강력하게 영향을 준다. 예를 들어, 낮은 효능감을 지닌 학생과 비교할 때 높은 효능감을 지닌 학습자는 더 도전적인 과제를 받아들이고, 더 많은 노력

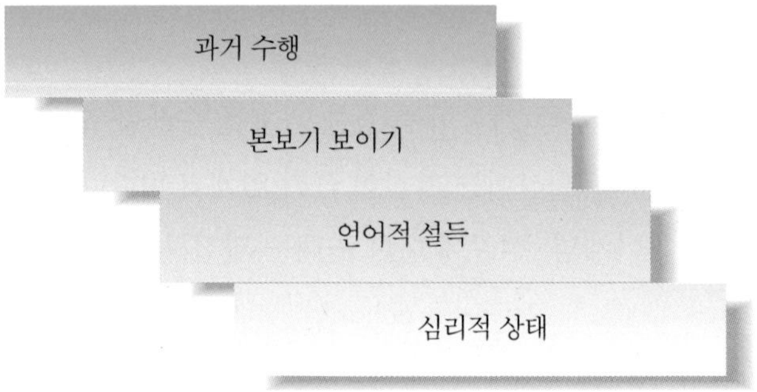

[그림 10-4] 자기효능감에 영향을 주는 요소

표 10-1 table

동기에 대한 자기효능감의 영향

	높은 자기효능감을 가진 학생	낮은 자기효능감을 가진 학생
과제 지향	도전감을 느낄 수 있는 과제 선택	도전감을 느낄 수 있는 과제 회피
노력	도전감을 느끼는 과제를 할 때 더 노력함	도전감을 느끼는 과제를 할 때 덜 노력함
인내심	목표에 도달하지 못했을 때 포기하지 않음	목표에 도달하지 못했을 때 포기함
믿음	자신이 성공할 것이라 믿음 목표에 도달하지 못했을 때 생기는 스트레스와 불안감을 통제하고 조절함 자신이 환경을 통제하고 있다고 믿음	무능하다는 느낌에 집중 목표에 도달하지 못했을 때 스트레스와 불안감을 느낌 자신이 환경을 통제하고 있지 못하다고 믿음
전략 사용	비생산적 전략이라고 생각되면 사용하지 않음	비생산적 전략을 계속 사용함
수행	같은 능력을 가정할 때 낮은 자기효능감을 가진 학생보다 높은 수행을 보임	같은 능력을 가정할 때 높은 자기효능감을 가진 학생보다 낮은 수행을 보임

을 기울이며, 더 오랜 시간 과제를 지속하며, 더 효과적인 전략을 사용해서 대체로 보다 나은 수행을 보인다(Bandura, 1997; Eccles et al., 1998; Schunk & Ertmer, 2000). 〈표 10-1〉에 이러한 특성이 기술되어 있다.

자기효능감의 발달적 차이

대개 자기효능감은 학생들이 학교를 다니면서 변화한다. 예를 들어, 어린 아동들은 대개 높은 (때때로 상당히 비현실적인) 자기효능감을 가진다(Eccles et al., 1998). 그들이 상급학교로 진학하면서 자신감이 낮아지는데, 이는 보다 현실적인 믿음을 반영하는 것일지 모른다. 또한 그들은 또래들과 비교하여 자신의 성취에 대해 더 신경 쓰고 더 걱정한다(A. Elliot & McGregor, 2000).

자기효능감이 높아지도록 촉진하는 것은 틀림없이 교사들에게 중요한 목표다. 전문가들은 "학생들에게 구체적이고 도전적이지만 달성 가능한 목표를 설정하도록 격려함으로써…… 학생들의 자기효능감에 대한 지각, 과제에 기울이는 노력과 지속성, 궁극적으로 수행 수준을 높일 수 있다(Brophy, 2004: 65)."라고 시사한다(학습동기에 대한 목표의 효과에 대해서는 이 장의 다음에서 논의하겠다).

가치에 대한 믿음

가치(Value)

개인이 과제나 활동에 참여함으로써 유발될 수 있다고 믿는 이득, 보상, 또는 혜택

가치는 개인이 활동에 참여함으로써 유발될지 모른다고 믿는 이득, 보상, 또는 혜택을

말하며, 기대가치이론의 두 번째 구성요소다. "과제의 지각된 가치는 개인이 특정한 학업활동 또는 과제를 하거나 지속하고자 하는 강력한 결정인자다(Anderman & Wolters, 2006: 373).

연구자들은 학습자 동기에 영향을 주는 가치의 세 가지 유형을 구분하였다(Wigfield & Eccles, 2000, 2002).

- 달성가치
- 효용가치
- 비용

달성가치 (Attainment value)
개인이 과제를 잘 수행하는 것에 대해 부여하는 중요성

달성가치 달성가치는 개인이 과제를 잘 수행하는 것에 대해 부여하는 중요성을 말한다(Wigfield & Eccles, 2000, 2002). 이 절의 서두에서 언급했던 세 번째 문장을 예로 살펴보자. "나는 훌륭한 달리기 선수야. 이번 경주도 잘 해낼 거야."는 이 개인에게 있어 경주에서 달리기를 잘하는 것은 그녀가 자신을 훌륭한 달리기 선수라고 믿고 있기 때문에 높은 달성가치를 지닌다. 이것은 그녀가 자신에 대해 갖는 믿음을 타당화하는 데 도움을 준다(Anderman & Wolters, 2006). 하지만 자신을 훌륭한 작가로 생각하고 있지 않는 사람에게는 좋은 작품을 쓸 수 있을 것이라는 것이 높은 달성가치를 지니지 않을 것이다. 우리 자신에 대한 믿음, 자아개념, 자신에 대해 가지고 있는 정보는 종종 자기도식(self-schema)으로 설명된다(Schunk et al., 2008).

효용가치(Utility value)
주제, 활동 또는 전공이 직업목표를 포함하여 미래의 목표에 도달하는 데 유용할 것이라는 믿음

효용가치 도입 부분에서 믿음에 대한 우리의 논의의 네 번째 예를 다시 살펴보자. "나는 대수학에 푹 빠져 있진 않지만 잘할 필요가 있어. 대학에서 공학을 전공하려면, 반드시 필요할 거야." 이 예시는 **효용가치**, 즉 주제, 활동, 또는 전공이 직업목표를 포함하여 미래의 목표에 도달하는 데 유용할 것이라는 믿음을 설명한다(Wigfield & Eccles, 1992).

이 개인에게 있어 대수학을 공부하는 것은 높은 효용가치를 지닌다. 그는 대수학에 내재적으로 흥미가 없고 그것을 특별히 잘한다고 믿지 않을지 모르지만, 대수학이 미래에 자신에게 가치 있을 것이라고 믿고 있다. 이 시점에서 그의 동기는 원래는 외재적이지만 능력이 증가함에 따라 내재 동기도 증가하게 될 것이다. 이 예는 어떻게 학습동기가 내재 동기로 이어질 수 있는지를 보여 준다.

비용 다음의 예를 살펴보자.

비용(Cost)
개인이 과제에 참여하기 위해 포기해야 하는 것에 대한 고려

"올해는 재즈밴드에서 연주하지는 않을 거야. 너무 바빠서 열심히 할 시간이 없거든." 이 개인은 **비용**, 즉 개인이 과제에 참여하기 위해 포기해야 하는 것에 대한 고려를 언급하고

주제, 활동 또는 전공이 미래의 목표에 도달하는 데 유용할 것이라는 믿음은 학습동기를 증진할 수 있다.

있다(Wigfield & Eccles, 2002).

앞 예의 경우, 비용이 너무 높아서 개인이 그 활동에 참여하기 위한 동기가 부여되지 않는다. 다른 예로 이 시점에 당신은 이미 해야 할 것이 많아서 상당한 노력을 요하는 과목을 수강하지 않기로 결심할지 모른다.

미래 결과에 대한 믿음(기대), 지능, 능력(자기효능감), 가치는 왜 학습자들이 과제에 참여하고 지속하는지, 또는 그렇지 않은지를 이해하는 데 도움을 준다. 또한 참여함으로써 생기는 결과에 대한 믿음은 학습자들이 동기를 지속하는 데 영향을 줄 수 있다. 이는 귀인에 대한 논의로 이어진다.

귀인: 수행의 원인에 대한 믿음

왜 몇몇 학습과제에서는 성공적인데 다른 과제에서는 그렇지 않을까? 성공하지 못했을 때 그 이유는 무엇일까? 우리가 성공과 실패에 대해 스스로 하는 설명이 우리의 학습동기에 어떻게 영향을 미치는지 보기 위해 네 학생의 시험 결과에 대한 반응을 살펴보도록 하자.

"혁제야, 요즘 어떻게 지내니?" 라고 혜진이가 물었다.

"무지 안 좋아." 라고 혁제가 힘없이 말했다.

"도대체 못하겠어. 에세이 시험에서 잘 못할 거야. …… 절대 좋은 점수를 받을 수 없을 거야." 라고 혜진이가 말했다.

"나도 그렇게 잘하진 못했어. 난 그럴 줄 알고 있었어. 열심히 공부하지 않았거든. 이런 문제가 생길 줄 알았지. 앞으로 이런 일이 일어나지 않도록 할 거야." 찬영이가 말했다.

"믿을 수가 없어! 도대체 어떻게 내가 B를 받았지? 선생님이 내 페이퍼를 안 읽으신 것 같아." 인수가 말했다.

"내 생각에는 그 시험이 너무 어려웠던 것 같아. 시험지를 봤을 때 눈앞이 깜깜했어. 내가 생각할 수 있었던 거라곤, '이건 내가 전에 본 적이 없는 거야. 어디서 이런 게 나왔지?'밖에 없었어. 나는 토할 것 같았어."

귀인(Attribution)

수행의 원인에 대한 믿음

각각의 학생들은 귀인, 즉 자신의 수행의 원인에 대한 믿음을 보여 주고 있다. 예를 들어, 혁제는 자신의 형편없는 수행이 능력 부족 때문이라고 믿은 반면, 혜진이는 노력 부족 때문이라고 믿었다. 찬영이는 운이 좋아서 성공적이었다고 믿었으며 인수는 시험이 너무 어려웠다고 생각했다.

연구에 의하면 학습자가 학교에서의 성공과 실패에 가장 일반적으로 하는 귀인은 능력, 노력, 운, 과제 난이도이며, 효과적 또는 비효과적 전략, 도움의 부족, 흥미, 불공평한 교사, 지침의 불명확성 또한 언급되었다(B. Weiner, 1992, 2001).

귀인이론
(Attribution theory)

성공과 실패의 원인에 대한 학습자의 믿음과 이러한 믿음이 어떻게 학습동기에 영향을 미치는지에 대해 체계적인 설명을 시도하는 동기에 대한 인지이론

귀인이론은 성공과 실패의 원인에 대한 학습자의 믿음과 이러한 믿음이 학습동기에 어떠한 영향을 끼치는지에 대해 체계적으로 설명하고자 하였다. 귀인은 세 가지 차원에서 발생한다(B. Weiner, 1992, 2000, 2001). 첫째는 소재(locus), 즉 원인의 위치인데, 이 위치는 학습자의 내부 혹은 외부를 의미한다. 예를 들어, 능력과 노력은 학습자의 내부에 있는 반면, 운과 과제 난이도는 외부에 존재한다. 둘째는 안정성, 즉 원인이 변할 수 있는지 아닌지의 차원이다. 귀인이론에서 노력과 운은 변할 수 있기 때문에 불안정적이지만 능력은 안정적인 것이라 여긴다. 셋째는 통제, 즉 학생이 그들의 성공과 실패에 대한 책임을 수용하는 정도다. 예를 들어, 학습자는 노력을 통제하지만 운이나 과제 난이도는 통제할 수 없다. 이들 관계가 〈표 10-2〉에 나타나 있다.

표 10-2 table

귀인의 차원 간의 관계

귀 인	책임 소재 (원인의 위치)	(원인의) 안정성	(학습상황에 대한) 통제
능력	학습자 내부	안정(바꿀 수 없음)	학습자가 통제할 수 없음
노력	학습자 내부	불안정(바꿀 수 있음)	학습자가 통제할 수 있음
운	학습자 외부	불안정(바꿀 수 있음)	학습자가 통제할 수 없음
과제 난이도	학습자 외부	안정(바꿀 수 없음)	학습자가 통제할 수 없음

학습자에 대한 귀인의 영향

귀인은 네 가지 방식으로 학습자에게 영향을 끼친다.

- 성공과 실패에 대한 감정적 반응
- 미래 성공에 대한 기대
- 미래에 들일 노력
- 성취

이것이 어떻게 학업에 영향을 주는지 살펴보기 위해 혜진이와 혁제의 귀인을 다시 살펴보자. 혜진이는 자신의 낮은 점수를 노력의 부족으로 귀인했다. 혜진이는 자신의 노력에 대한 책임이 있기 때문에 죄책감이 그녀의 감정적 반응이다. 노력은 변경할 수 있기 때문에 그녀는 미래에 성공할 것이라고 기대할 수 있다. "앞으로 이런 일이 일어나지 않도록 할 거야."라는 말은 혜진이가 노력을 더 기울일 것이고 성취가 향상될 가능성이 높다는 것을 시사한다(B. Weiner, 2000; 2001).

혁제는 자신의 실패를 능력 부족으로 귀인했다. 혁제는 능력을 통제할 수 없는 것으로 보고 있기 때문에 그의 감정적 반응은 죄책감이 아닌, 부끄러움과 수치스러움이었다. 그는 능력 부족으로 귀인했기 때문에 미래의 성공을 기대하지 않는다. 이것은 "난 좋은 점수를 받지 못할 거야."라는 말에서 보여 준다. 그는 노력을 덜 기울일 가능성이 높고 결과적으로 성취는 낮아질 수 있다(B. Weiner, 1994). (찬영이와 인수의 반응은 이 절 마지막 부분의 '이해 점검 활동'에서 분석할 것이다).

혜진이가 그랬던 것처럼 노력은 통제할 수 있는 것이기 때문에 학생들이 실패를 노력 부족으로 귀인할 때 동기는 증가하는 경향이 있다. 혁제처럼 학생들이 실패를 통제 불가능한 원인으로 귀인할 때 동기는 감소하는 경향이 있다(예, 운 또는 능력, 단 이것을 안정적인 것으로 볼 경우, B. Weiner, 2000, 2001; Weinstock, 2007).

사람들은 성공을 부단한 노력이나 높은 능력과 같은 내재적 원인으로 귀인하고, 실패를 불운이나 다른 사람들의 행동과 같은 외재적 원인으로 귀인하는 경향이 있다(Marsh, 1990). 예를 들어, 학생들은 잘하지 못했을 때 자신의 실패를 교사가 잘 가르치지 못한 것, 지루한 주제, 어려운 시험, 또는 다른 외재적 요소로 귀인한다.

성공을 노력에 귀인하면 학생들의 학업동기를 증진시킬 수 있다.

귀인 역시 교사에게 영향을 끼친다. 예를 들어, 교사가 자신이 가르치는 것으로 인해 학생들이 성공했다고 믿는다면 그러한 노력을 지속할 가능성이 높다(Shahid, 2001). 반면, 교사가 학생들이 잘 못하는 이유를 학생들의 사전지식의 부족, 불우한 집안 환경, 또는 교사의 통제를 넘어서는 다른 원인 때문이라고 믿는다면 교사의 가르치고자 하는 노력은 감소할 것이다.

교실에의 적용

학습자의 믿음에 대한 이해, 교실에 적용하기

1. 기대는 미래 결과에 대한 믿음이고, 자기효능감은 특정 과제를 수행하는 우리의 능력에 대한 믿음을 설명한다. 학생들이 도전적인 과제를 하면서 발전되고 있음을 확증해 주는 충분한 비계를 제공함으로써 성공에 대한 기대와 자기효능감을 발달시켜라.
   - 초등학교: 한 4학년 교사는 한 가지 문제를 내 준 후 학생들에게 그것을 푸는 다른 방식을 생각해 보도록 한다. 학급은 각각의 전략을 토론하였고, 교사는 학생들의 문제해결능력이 향상된 부분에 대해 알려 준다.
   - 중학교: 한 중학교 1학년 영어교사는 학생들에게 OHP 슬라이드 위에 문장을 적도록 한 후, 학생들에게 그것을 보여 주면서 토론하고 문장을 향상하기 위한 제안을 한다. 그는 계속해서 얼마나 학생들 문장의 질이 향상하고 있는지를 강조한다.
   - 고등학교: 한 미술교사는 학생들에게 자신의 작품을 모은 포트폴리오를 만들도록 한 후 그들의 작품이 발전하기 위해 주기적으로 재검토하도록 지도한다.

2. 지능에 대한 증가적 관점을 가지고 있는 학습자는 노력으로 능력이 증가할 수 있다고 믿는다. 학생들에게 지능에 대한 증가적 관점을 강조하라.
   - 초등학교: 한 2학년 수학교사는 학생들에게 일련의 문제를 풀게 한 후, "여러분은 모두 아주 똑똑해지고 있다. 내가 다음에는 너희에게 더 어려운 문제를 주어야 할 것 같구나."라고 말한다.
   - 중학교: 한 중학교 1학년 지리교사가 말한다.
     "중동의 지리적 위치가 어떻게 중동의 정치와 경제에 영향을 주었는지에 대해 잘 이해하게 되었구나. 나는 다른 선생님들에게 우리 반에 그 분야에 대한 지리 전문가들이 있다고 말한단다."
   - 고등학교: 한 화학교사는 자신이 매일 저녁 공부한다는 점을 강조한다. "내가 더 열심히 공부할수록 나는 점점 더 똑똑해진단다."라고 그는 웃으며 말했다. "너희도 똑같이 할 수 있단다."

3. 효용가치는 어떤 과목이나 활동이 미래의 목표에 도달하는 데 유용할 것이라는 지각이다. 학생들이 공부하는 주제의 효용가치를 강조하라.
   - 초등학교: 한 5학년 교사는 학생들에게 자신의 몸을 만져 보아 여러 가지 뼈를 느껴 보게 한 후 각각의 기능에 대해 토론하도록 한다. 그는 학생들에게 건강을 유지하는 데 올바른 결정을 하기 위해 자신의 몸을 이해하는 것이 중요하다고 강조한다.
   - 중학교: 한 중학교 1학년 수학교사는 백분율 개념을 설명하기 위해 가격인하 광고지를 교실에 가져왔다. 학생들은 원래 가격에서 얼마나 인하되었는지를 계산하였고, 교사는 사람들이 물건을 살 때 얼마나 절약했는지를 이해하는 것이 실생활에서 중요하다고 얘기한다.
   - 고등학교: 한 국어교사는 학생들이 잘 쓴 문장(또는 잘 못 쓴 문장)의 예를 보여 주면서 논쟁을 벌이도록 한다. 그녀는 다른 사람과의 대화와 마찬가지로 글로써 자신을 분명하게 표현할 수 있는 것의 가치를 강조할 수 있는 예시를 사용한다.

4. 귀인은 수행의 원인에 대한 믿음을 설명한다. 학생에게 성공을 능력이 증가하고 있는 것으로 귀인하고 실패를 노력의 부족이나 비효과적인 전략 사용으로 귀인하도록 본보기를 보이고 격려하라.

- 초등학교: 단어 문제를 처음 가르칠 때 한 2학년 교사는 자습 시간 동안 주의 깊게 학생들의 노력을 모니터한다. 그가 학생의 노력이 보이는 과제를 보면 그 학생에게, "너는 매번 발전하고 있구나."라고 말해 준다.
- 중학교: 한 6학년 국어교사가 말한다.
  "선생님은 오랫동안 문법을 잘 못했단다. 그렇지만 계속 노력했고 그 결과 내가 할 수 있다는 것을 알게 됐어. 지금 문법과 작문 모두 잘하잖니. 너희도 역시 잘하게 될 거야. 하지만 너희가 열심히 노력해야겠지."
- 고등학교: 한 화학교사는 말한다.
  "우리가 화학 평형 방정식을 접근하는 방식이 더 효과적이 되었어. 그렇지 않니? 너희가 이전에 각 단계를 외우려고 노력해서 지금 너희가 하고 있는 것을 잘 이해하고 있는 거야. 그리고 너희는 점점 더 잘하고 있단다."

학습된 무력감

실패를 능력 부족으로 귀인하는 것이 반복된다면 학습된 무력감, 즉 과제를 달성할 능력이 없고 환경을 거의 통제할 수 없다고 믿는 개인을 무력화시키는 믿음이 야기될 수 있다. 혁제의 "도대체 못하겠어. 절대 좋은 점수를 받을 수 없을 거야."라는 말은 학습된 무력감의 가능성을 보이는 사례다. "나는 절대 좋은 점수를 받을 수 없을 거야."라고 결론짓는 것은 극도의 부끄러움과 자기불신의 감정, 노력하지 않고 포기하는 결과를 야기할 수 있다.

학습된 무력감(Learned helplessness)
개인이 과제를 달성할 능력이 없고 환경을 거의 통제할 수 없다고 믿는 개인을 무력화시키는 믿음

학습된 무력감에는 감정적 요소와 인지적 요소가 존재한다. 학습된 무력감에 빠져 있는 학생들은 낮은 자아존중감을 가지며, 흔히 불안과 우울로 고통받는다(Graham & Weiner, 1996). 인지적으로 그들은 실패를 기대하기 때문에 거의 노력을 기울이지 않고 비효과적인 전략을 사용하여 결과적으로 성공은 적고 더 많은 실패를 한다(Dweck, 2000). 다행히도 이를 개선하고자 하는 중재 노력은 성공적이었다.

귀인훈련

학습자가 효과적으로 귀인할 수 있는 능력은 훈련을 통해 향상될 수 있다(Robertson, 2000). 드웨크(Dweck, 1975)의 초창기 연구에서 학습된 무력감을 보이는 학생들에게 성공적인 경험과 성공적이지 못한 경험을 모두 제공하였다. 학생들이 성공적이지 못했을 때 실험자는 노력 부족이나 비효과적인 전략 때문에 실패했다고 명확하게 언급해 주었다. 비교집단 학생들에게는 실패 경험이 주어졌으나 훈련은 제공되지 않았다. 25회기 후에 자신의 노력과 전략에 대한 훈련을 받은 학습자은 더 끈기 있게 과제를 하고 더 효과적인 전략을 사용함으로써 실패에 대해 보다 적절하게 반응하였다. 추가적인 연구가 드웨크의 결과를 뒷받침하였다(Schunk et al., 2008). 학습전략을 가르치는 것은 이미 열심히 노력하고 있다고 믿는 학생들에게 가장 효과적이었다. 이 연구는 교사가 학생들에게 학습전략을 가르치고 성공을 노력에 귀인하도록 격려함으로써 학습동기를 증진할 수 있음을 시사한다.

◈ 이해 점검 활동

3.1 학습자의 믿음이 학습동기에 어떻게 영향을 줄 수 있는지 설명하라.

3.2 어려운 과제와 실패 가능성에 대해 지능에 대한 고정적 관점을 가지고 있는 학습자와 증가적 관점을 가지고 있는 학습자의 대응방식의 차이를 설명하라.

3.3 앞에서(436쪽) 언급했던 최 교사와 현우의 대화 내용에서 최 교사가 학습의 효용가치를 강조한 구체적인 예를 서술하라.

3.4 귀인이론의 서두에 나온 네 학생들의 대화를 다시 살펴보고 찬영이가 자신의 성공을 운에 귀인한 점에 기초하여 그의 감정적 반응, 미래 성공에 대한 기대, 미래에 들일 노력, 성취를 설명하라. 그다음 인수가 실패를 과제 난이도에 귀인한 점에 기초하여 그의 반응을 설명하라(복습을 위해서는 〈표 10-2〉 참조).

학습동기에 대한 목표의 영향

어떤 활동을 시작할 때 당신은 단지 그것을 끝마치는 것에 대해서만이 아니라 성취하고자 애쓰는 것이 무엇인지를 생각하는가? 이러한 생각은 당신의 동기와 성취에 중요한 영향을 끼칠 수 있다. 어떠한 영향을 주는지 살펴보기 위해 최 교사의 르네상스를 주제로 그룹 발표를 준비하는 동안 학생들이 하고 있는 생각을 검토해 보자.

미선: 이 과제 재미있을 것 같아. 르네상스 시대에 대해서 아는 것이 많지 않지만 이 시대는 세계사에서 아주 새롭고 중요한 시대야. 선생님이 우리한테 책임을 많이 주셨으니까 우리가 제대로 해내야 해. 선생님이 흡족해 하실 만한 발표를 해야지.

동훈: 아버지께 도와 달라고 해야겠어. 아버지는 역사를 아주 잘하시니까. 우리 발표는 우리 반에서 최고일 거야. 다른 애들이 완전히 감동받겠지.

유진: 어떡하지? 그룹원이 똑똑한 애들뿐이야. 내가 뭘 할 수 있지? 아이들은 나를 그룹에서 제일 멍청한 애라고 생각할 거야. 같이 준비할 때 그냥 조용히 있어야겠다.

지영: 재미있을 것 같아. 우리 중 한 명의 집에서 모이면 되겠구나. 이 프로젝트를 빨리 끝내 버릴 수 있다면 동훈이와 친해지는 시간이 생길지도 몰라.

성두: 이 주제에 대해 아무것도 모르겠어. 그룹 미팅 전에 공부를 좀 하는 게 좋을 것 같아. 다른 아이들이 내가 내 책임을 다하지 않는다고 생각하게 하고 싶진 않으니까.

태수: 난 그룹 활동이 쉬워서 좋아. 항상 그룹원 중 누군가가 프로젝트 대부분을 맡아서 열심히 하거든.

각각의 학생들이 생각하는 것은 **목표**, 즉 개인이 달성하고자 희망하는 결과(Anderman & Wolters, 2006; Schunk et al., 2008)를 반영한다. 앞의 예에서 보듯이 학생들의 목표에는 상당한 차이가 있다. 예를 들어, 미선의 목표는 르네상스 시대를 이해하고 선생님을 기쁘게 하는 것이고, 지영이는 다른 아이와 친해지기를 원했으며, 태수는 되도록 일을 적게 하기를 원했다. 이러한 목표가 동기와 학습에 어떠한 영향을 미치는지 살펴보자.

목표(Goal)
개인이 달성하고자 희망하는 결과

숙달목표와 수행목표

대부분의 목표와 목표의 영향에 대한 연구는 숙달목표와 수행목표의 차이점을 조사하는 데 초점을 맞추어 왔다(Schunk et al., 2008; K. E. Ryan et al., 2007). 예를 들어, 미선이가 르네상스 시대를 이해하려는 욕구는 **숙달목표**(때로 학습목표라고 한다), 즉 과제를 달성하는 것, 향상, 지식의 증진에 초점을 맞춘 목표다(Midgley, 2001; Pintrich, 2000). 반면 **수행목표**는 능력과 역량, 그리고 다른 사람과 비교된 역량에 초점을 둔다(A. Elliot & McGregor, 2000; A. Elliot & Thrash, 2001; Midgley, 2001).

수행목표는 두 가지 형태로 존재한다. **수행접근목표**는 유능하게 보이는 것과 다른 사람으로부터 호의적인 평가를 받는 것을 강조한다. 발표를 가장 잘하기를 바랐던 동훈이가 그 예에 해당한다. "아이들은 나를 그룹에서 제일 멍청한 애라고 생각할 거야. 같이 준비할 때 그냥 조용히 있어야 겠다." 라는 지영이의 생각은 **수행회피목표**, 즉 무능력하게 보이는 것과 호의적이지 않은 평가를 피하고자 하는 노력을 반영한다(K. E. Ryan et al., 2007).

몇몇 연구자는 숙달목표와 수행목표에 대해서 각각 과제개입(task-involved)과 자아개입(ego-involved)(Nicholls, 1984), 또는 과제중심(task-focused)과 능력중심(ability-focused)(Maehr & Midgley, 1991)이라고 명명하기도 한다. 그러므로 여러분은 목표이론을 공부할 때 이러한 용어를 접할 수도 있다(Schunk et al., 2008).

숙달목표와 수행목표는 상호 배타적이지 않으며 학생들은 하나 이상의 목표를 동시에 가질 수도 있다(Boekaerts & Koning, 2006; Pintrich, 2000). 예를 들어, 한 학생이 르네상스 시대를 이해하고, 강한 감동을 주는 발표를 하고, 무식하게 보이고 싶지 않는다면 숙달목표와 수행목표 두 유형을 포함하는 것이다(Covington & Müeller, 2001).

숙달목표를 선택하는 것은 동기와 학습 모두에 가장 효과적인 접근이다. 숙달목표를 선택하는 학생들은 높은 효능감을 가지며 어려움에 직면했을 때 끈기 있게 계속한다. 그들은 성공을 노력에 귀인하고, 학업에서 도전을 받아들이며, 스스로 질문해 보기(self-questioning)와 요약하기(summarizing)와 같은 효과적인 전략을 사용한다(Kumar et al.,

숙달목표(Mastery goal)
과제를 달성하는 것, 향상, 이해 증진에 초점을 둔 목표. 때로는 학습목표라고 일컬음

수행목표(Performance goal)
학습자의 능력과 다른 사람과 비교된 역량에 초점을 둔 목표

수행접근목표(Performance-approach goal)
유능하게 보이는 것과 다른 사람으로부터 호의적인 평가를 받는 것을 강조하는 목표

수행회피목표(performance-avoidance goal)
무능력하게 보이는 것을 피하고, 호의적이지 않은 평가를 피하는 것에 초점을 둔 목표

숙달목표를 지닌 학생들은 성취, 향상, 지식이 증가하는 것에 초점을 둔다.

2002; Wolters, 2003). 숙달목표를 가진 학생은 정규 수업이 끝난 후에도 학습에 지속적인 관심과 노력을 기울인다. 교사는 이해와 고차원적 사고(high-order thinking)를 강조하는 교수전략을 사용함으로써 학생의 숙달지향성을 증진할 수 있다(Morrone, Harkness, D'Ambrosio, & Caulfield, 2003).

학습동기에 대한 수행목표의 영향은 더 복잡하다. 예를 들어, 초반에는 많은 학생이 숙달목표와 수행목표를 모두 선택하는데, 이들은 주제를 이해하고 반에서 1등에 가까운 점수를 받는 것 모두를 원한다(Covington & Müeller, 2001; Harackiewicz, Barron, Taurer, Carter, & Elliot, 2000). 또한 수행접근 지향의 학생들은 자신감이 있고 높은 자기효능감을 가지고 있는 경향이 있다(Middleton & Midgley, 1997). 그렇다 하더라도 수행접근목표가 숙달목표보다 덜 바람직하다. 수행접근목표에 도달하기 위해 학생들은 암기와 같은 피상적인 전략을 사용하고, 목표에 이르는 정도까지만 노력을 기울이며, 목표에 이를 수 있다는 확신이 서지 않을 때에는 노력하지 않는 자기장애 행동을 하거나, 심지어 목표에 이르고자 부정행위를 할지도 모른다(Brophy, 2004; Midgley, Kaplan, & Middleton, 2001).

더욱이 수행접근목표에 비해 숙달목표는 최소한 두 가지 강점을 갖는다. 첫째, 숙달목표는 학습자가 통제할 수 있지만 수행목표는 덜 그렇다. 예를 들어, 동훈이의 그룹은 꼼꼼하게 준비한다 해도 최고의 발표를 하지 못할지도 모른다. 둘째, 숙달목표에서의 실패는 노력을 증진하거나 전략에 변화를 줄 수 있다. 반면 수행목표에서의 실패는 불안과 수행회피 지향을 유발할 수 있다(Midgley et al., 2001).

수행회피목표는 동기와 성취를 가장 심하게 손상한다(Midgley & Urdan, 2001). 무능력하게 보이는 것을 피하려고 노력하는 학생은 자기효능감이 낮고, 자신감이 부족하며, 시험과 과제에 대해 불안을 경험하는 경향이 있다(Midgley et al., 2001). 이들은 보통 새로운 기량을 숙달하는 데 도움이 되는 과제를 회피하려고 애쓴다. 예를 들어, 유진이의 유일한 목표는 다른 학생들에게 멍청해 보이는 것을 피하는 것이다. 결과적으로 유진이의 학습동기는 낮으며 궁극적으로 성적은 떨어질 것이다.

불행하게도 학생들이 학교에 다니면서 숙달지향은 감소하는 반면 수행지행은 증가하는 경향이 있다(A. Elliot & McGregor, 2000). 부모와 교사 모두 이러한 발달 경향에 영향을 끼친다. 만일 부모와 교사가 학교의 목적이 성취를 촉진하고 지식을 증진하는 데 있다고 강조하고 점수나 다른 아동의 수행과의 비교를 덜 중요시한다면, 아동이 숙달목표를 선택할 가능성이 더 높아질 것이다(Friedel, Cortina, & Turner, 2007). 교사가 학생들에게 대학에 가기 위해서는 좋은 성적을 얻어야 한다고 강조하고, 점수를 게시하고, 학생들 수행의 차이를 이야기함으로써 학생들이 수행지향을 발달시키는 데 원인을 제공한다.

목표와 지능의 본질에 관한 이론

이 절 초반에서 지능의 본질에 관한 믿음에 대해 논하였는데 몇몇 연구자(예, Dweck, 1999; Dweck & Leggett, 1988)는 숙달목표와 수행목표를 선택하는 경향이 이러한 믿음과 관련되어 있다고 생각한다. 예를 들어, 지능에 대해 고정적 관점을 가진 사람은 수행목표를 선택할 가능성이 높은 반면, 지능에 대해 증가적 관점을 가지고 있는 사람은 숙달목표를 선택하기가 더 쉽다(Dweck, 1999; Quihuis et al., 2002).

지능에 대한 개인의 믿음이 어떻게 그들의 목표 선택에 영향을 끼치는지 살펴보자. 예를 들어, 반에서 발표를 가장 잘하는 것은 높은 능력의 지표로 해석될 수 있고 높은 능력을 가졌다는 증거는 지능을 고정된 것으로 보는 개인에게 중요하다. 만일 개인이 자신의 지능에 대해 자신감이 높다면 이것은 문제가 되지 않는다. 이들은 도전적 과제를 해결하려 하고 어려움에 직면해서 끈기 있게 버티려 할 것이다. 하지만 만일 자신의 지능에 자신감이 없다면 실패는 낮은 능력을 암시하는 것이기 때문에 도전을 피할 가능성이 높다.

이와 대조적으로, 증가적 관점을 가지고 있는 개인은 자신의 능력에 대해 자신감이 없다 할지라도 도전적인 과제를 추구하고 끈기 있게 버틸 가능성이 더 높다. 왜냐하면 이들에게 실패는 단지 더 많은 노력이 필요하다는 것을 보여 주는 지표이고 역량이 증가하면 지능도 향상될 것이기 때문이다.

사회적 목표

숙달목표와 수행목표에 추가하여 학생들은 **사회적 목표**, 즉 특정한 사회적 결과나 상호작용을 달성하려는 목표를 가지고 있다(Wentzel, 2002). 예를 들어, 지영이는 '이 프로젝트를 빨리 끝내 버릴 수 있다면, 동훈이와 친해지는 시간이 생길지도 몰라.' 라고 생각했고, 성두는 "이 주제에 대해 아무것도 모르겠어. 그룹 미팅 전에 공부를 좀 하는 게 좋을 것 같아. 다른 아이들이 내가 내 책임을 다하지 않는다고 생각하게 하고 싶진 않으니까." 라고 결심하게 했다. 두 학생 모두 사회적 목표를 가졌고, 더 구체적으로 성두는 사회적 책임목표를 가졌다. 다른 사회적 목표는 다음과 같다.

사회적 목표 (Social goal)
특정한 사회적 결과나 사회적 상호작용을 달성하려는 목표

- 우정 쌓기
- 교사 또는 또래에게 인정받기
- 사회적 의무 다하기
- 다른 사람을 보조하고 지원하기
- 다른 사람들의 기분을 좋게 하기 위해 자신의 능력보다 낮은 성취 내기(H. A. Davis, 2003; Wentzel, 1999b, 2000; P. White et al., 2002)

사회적 책임목표와 숙달목표를 결합시키는 것은 학습동기에 강력한 영향을 줄 수 있다.

사회적 목표는 학습동기를 증가시킬 수도, 감소시킬 수도 있다(Horst et al., 2007). 예를 들어, 지영이가 프로젝트를 빨리 끝내고 동훈이와 친해지고 싶어 하는 것은 그녀의 학습동기를 감소시켰다. 예상된 것처럼 높은 성취자보다 낮은 성취자에게서 이러한 성향이 보다 자주 보고된다(Wentzel, 1999a; Wentzel & Wigfield, 1998). 반면, 성두의 예처럼 사회적 책임 목표(social-responsibility goal)는 높은 학습동기와 성취 모두와 관련되어 있다(Wentzel, 1996).

사회적 책임목표가 숙달목표와 결합될 때 학습동기와 성취는 보다 더 높아질 수 있다(Wentzel, 1999b, 2000). 이것은 미선의 생각, 즉 "이 과제 재미있을 것 같아. 르네상스 시대에 대해선 아는 것이 많지 않은데(숙달목표), 최 선생님이 우리한테 책임을 많이 주셨으니까 우리가 제대로 해내야 해. 선생님이 흡족해 하실 만한 발표를 해야지(사회적 책임목표)." 에서 설명된다.

과제회피목표

"난 그룹 활동이 쉬워서 좋아. 항상 그룹원 중 누군가가 프로젝트 대부분을 맡아서 열심히 하거든." 이라는 태수의 말은 과제회피목표를 보여 준다. 이러한 목표를 지닌 학생들은 과제가 쉽거나 노력을 거의 기울이지 않고 마칠 수 있을 때 성공적이라고 느낀다(Dowson & McInerney, 2001; Gallini, 2000). 또한 그들은 효과적이지 않은 학습전략을 사용하고, 그룹 활동에 최소한으로 기여하며, 자신에게 도움이 필요하지 않을 때조차 도움을 요청하고, 도전적인 과제를 해야 할 때 불평하는 경향이 있다. 태수와 같은 학생들이 교사에게 도전과 좌절의 원인이 되는 것은 놀랄 일이 아니다.

과제를 회피하는 학생들에 대한 연구의 대부분이 중학교 학생을 대상으로 행해졌으므로 과제회피목표가 어떻게 발생하는지를 밝히기 위해서는 더 많은 연구가 필요하다(Dowson & McInerney, 2001; Gallini, 2000).

목표 유형과 목표 유형이 동기와 성취에 미치는 영향이 〈표 10-3〉에 요약되어 있다.

목표, 동기, 성취

교사가 각각의 학생의 목표지향에 맞출 수 없는 것은 명백하다. 하지만 교사가 교수법

표 10-3

목표, 동기, 성취

목표 유형	예 시	동기와 성취에 미치는 영향
숙달목표	르네상스가 미국 역사에 미친 영향 이해하기	계속해서 노력하고, 높은 자기효능감, 도전을 받아들이는 자세, 높은 성취를 보임
수행접근목표	르네상스 시대에 대한 에세이를 반에서 가장 잘 쓰기	자신감 있는 학생은 계속해서 노력하고, 높은 자기효능감을 가지며, 높은 성취를 보일 수 있음 도전을 받아들이고자 하는 동기를 저해할 수 있으며 이것은 낮은 성적으로 이어짐
수행회피목표	선생님과 다른 학생 앞에서 능력 없어 보이는 것 피하기	동기와 성취를 저해함(특히, 자신감이 부족한 학생)
사회적 목표	믿음직하고 책임감 있어 보이기 친구 사귀기	동기와 성취를 높이거나 혹은 낮출 수 있음. 숙달목표와 결합된다면 사회적 책임목표는 학습동기와 성취를 높일 수 있음 시간 제약 속에서 사회적 목표가 학습목표의 갈등을 일으키면 동기와 성취를 저해할 수 있음
과제회피목표	최소한의 노력으로 숙제 마치기	노력을 기울이지 않고 자기효능감이 낮음 성취가 심각하게 저해됨

을 다양하게 적용함으로써 다양한 학생이 자신의 목표를 달성할 수 있도록 도울 수 있다. 예를 들어, 학생의 사회적 목표를 충족시키기 위해 학생들에게 소그룹 작업을 하도록 하는 것과 주로 수행접근 지향을 가진 학생들이 선호하는 학급 전체를 대상으로 한 교수법을 조합할 수 있다(Bong, 2001). 숙달목표를 선택한 학생들은 조직화만 잘 되었다면 어떤 교수법을 적용해도 잘 자란다. 어렵긴 하지만, 수행회피 또는 과제회피 지향을 가진 학생들에게 적당히 도전적 목표를 설정하고 모니터하도록 격려하면 이들의 학습동기를 증진시킬 수 있다. 학생이 효과적인 목표를 설정하도록 교사가 어떻게 도울 수 있는지 살펴보자.

효과적으로 목표 이용하기

비즈니스 세계에서 동기와 성과를 높이기 위해 목표 설정이 널리 사용되어 왔으며 교육자들도 동기와 학습의 증진을 위한 목표의 효과성에 대해 점차로 깨달아 가고 있다(P. K. Murphy & Alexander, 2000). 학생들은 자신이 달성할 수 있다고 믿는 목표를 설정할 때 자기효능감과 학습동기가 증가한다.

불행하게도 대학생을 포함하여 많은 학습자가 마음속에 분명한 목표가 없이 공부한다(Urdan, 2001). 예를 들어, 학생들은 노트를 베껴 적고 재구성하지만 그렇게 하는 것이 내용

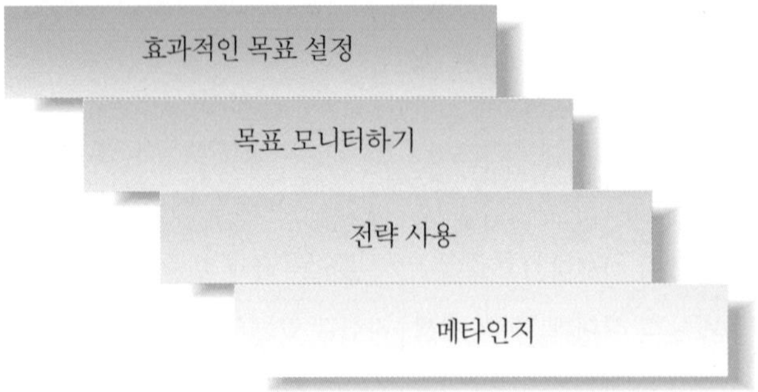

[그림 10-5] 목표의 효과적인 사용

을 이해하는 데 도움이 될지에 대해서는 스스로에게 묻지 않는다. 이들은 이렇게 사용하는 시간이 학습하는 시간과 같다고 생각하는 것처럼 보인다.

목표를 효과적으로 이용하는 것은 다음의 네 가지 과정과 관련되어 있으며 간략한 개요가 [그림 10-5]에 제시되어 있다.

목표 설정

예상할 수 있듯이 그 과정은 목표 설정으로 시작된다. 다음의 네 가지 목표 중 어떤 것이 가장 효과적일지 결정해 보자.

- 수업에서 더 많이 배우기
- 몸매 더 가꾸기
- 연말까지 15kg 감량하기
- 이 교재의 '이해 점검 활동' 의 모든 질문에 답하고 이해하기

마지막 목표가 가장 효과적이다. 첫 번째와 두 번째 목표는 너무 일반적이어서 진도를 모니터하고 달성하기 위한 전략을 찾아내기가 어렵다. 예를 들어, 더 배우기 위해 혹은 몸매를 더 가꾸기 위해 구체적으로 무엇을 할 것인가? 세 번째 목표는 너무 멀다. 15kg을 감량하는 것은 가치 있는 목표 같지만, 연말은 너무 먼 미래다. 가까운 목표는 그것에 도달한 것을 쉽게 관찰할 수 있기 때문에 먼 목표보다 자기효능감을 더 증진한다. 네 번째 목표는 구체적이고, 적당히 도전적이며, 곧바로 착수할 수 있다. 또한 쉽게 모니터할 수 있고 전략을 사용하기에 적합하다. 요약하면, 효과적인 목표는 세 가지 특성을 지닌다.

- 구체적(전반적이거나 일반적인 것과는 대비되는)
- 즉시 또는 가까운 미래(먼 것과 대비되는)

- 적당히 도전적인

적당한 도전이 어느 정도인지는 구체화하기 쉽지 않지만 이는 중요하다. 도달하기 너무 쉬운 목표는 더 도전적인 목표만큼 자기효능감을 증진하지 않는다. 한편, 너무 도전적인 목표는 성공에 대한 기대를 감소시켜 동기를 저하시킬 수 있다.

목표가 동기 부여를 하기 위해서 사람들은 그 목표에 전념해야 한다(Schunk et al., 2008). 목표에 더 전념하도록 하는 가장 좋은 방법은 학습자에게 목표를 부과하기보다 자신의 목표를 설정하도록 지도하는 것이다(Ridley, McCombs, & Taylor, 1994).

목표 모니터하기

일단 사람들이 목표를 설정하면, 그 목표를 모니터하는 것이 성취감과 자기효능감을 증진하며 이것은 즐거운 정서적 경험이 될 수 있다. 예를 들어, 이 장에서 18개의 '이해 점검 활동' 질문이 있는데 오늘이 월요일이며 오는 일요일까지 모든 질문에 답하는 목표를 설정했다고 가정하자. 만일 당신이 수요일 저녁까지 10개의 질문에 답하고 모두 이해했다고 믿으면 자신의 진행 상황에 만족감을 느낄 것이다. 3일 안에 반 이상을 풀어 본 것이 되기 때문이다. 당신의 진도에 대해 증거가 있고, 따라서 당신의 자기효능감은 증가할 것이다. 게다가 당신은 자신의 학습에 대해 스스로 책임을 졌고, 이는 당신의 성취감을 더 높일 것이다.

전략 사용

적절한 전략 사용은 목표를 효과적으로 사용하는 세 번째 구성요소다. 예를 들어, 질문을 읽고 나서 바로 답을 보는 것은 효과적이지 않은 전략이다. 왜냐하면 이것은 수동적으로 공부하는 것이기 때문이다. 각 질문에 자신의 답을 쓰고 답을 확인하는 것이 보다 효과적이다. 그리고 토요일까지 기다렸다가 풀어 보는 것은 날마다 3, 4개씩 풀어 보는 것만큼 효과적이지 않다.

메타인지

마지막으로, 메타인지는 목표를 사용하는 전 과정을 향상시킨다(Paris & Paris, 2001). 메타인지는 자신의 목표를 잘 의식하고 있고 그것에 도달하기 위한 자신의 노력을 모니터하는 것과 관련되어 있다. 예를 들어, 만일 당신이 노트 카드에 개념 정의를 써서 공부했는데 교사가 응용력을 측정하는 시험을 낸다면, 당신은 비효과적인 전략을 사용하고 있다는 것을 깨닫고 전략을 바꿀 것이다.

교사는 학생들에게 자신의 메타인지를 시범 보이고 효과적인 전략과 효과적이지 않은 전략의 구체적인 예를 설명함으로써 학생들이 더 메타인지적인 학습자가 되도록 도움을 줄 수 있다(Paris & Paris, 2001). 여기에서 교사가 전달하고자 하는 메시지는 학습이 의식적이

웹 자료

동기에 영향을 미치는 요인의 적용을 검토하기 위해서, www.myeducationlab.com에 접속하고, 10장 '교수기술과 성향 개발'의 '동기이론 적용하기: 5학년의 단락 쓰기'를 보라. 그리고 이어지는 물음에 답하라.

고, 의도적이며, 노력을 필요로 한다는 것이다.

◈ 이해 점검 활동

4.1 학습자의 목표가 어떻게 학습동기에 영향을 줄 수 있는지 설명하라.

4.2 목표지향을 어떻게 조합하는 것이 동기와 성취를 최고 수준으로 높일 수 있는지 설명하라.

4.3 목표이론에 대한 논의에서 다음의 목표가 효과적이지 못하다는 것을 확인했다.

수업에서 더 많이 배우기

몸매 더 가꾸기

연말까지 15kg 감량하기

각각을 보다 효과적인 목표로 다시 써 보라.

교실에의 적용

학습동기 증진을 위해 학급에서 목표 이용하기

1. 목표는 학습자가 성취하고자 희망하는 결과다. 목표설정, 자기 모니터링과 함께 학습자의 책임감을 증진하라. 또한 숙달목표를 강조하라.

• 초등학교: 한 5학년 교사는 학생들이 작문과제를 시작할 때 학생들과 함께 의논을 시작하였다. 그는 학생들에게 과제를 완성할 때까지의 작문 스케줄을 적어 보도록 하였고, 그는 진도를 평가하기 위해 각 학생을 주기적으로 만났다.

• 중학교: 한 중학교 2학년 역사교사는 다음과 같이 말하면서 학생들의 메타인지를 촉진한다.

"여러분이 자신의 공부 방식에 대해 생각해 보고 그것을 의식적으로 알고 있는 것은 매우 중요합니다. 만약 스테레오를 들으면서 공부를 한다면, '내가 지금 공부하는 것을 정말 학습하고 있는지, 음악소리 때문에 주의가 산만해지는 건 아닌지'를 생각해 보세요."

그녀는 항상 학습이 목표라는 것과 자신의 공부 방법을 자각하고 있는 것이 그들의 이해를 증진한다고 강조한다.

• 고등학교: 한 영어교사는 다음과 같이 말하면서 학습전략의 사용을 장려하였다.

"다음 부분을 읽으세요. 읽고 나서 읽은 부분을 한 문장으로 요약하세요. 이 방법은 여러분이 혼자 읽을 때에도 사용할 수 있는 방법입니다. 이렇게 하면 여러분이 읽은 부분을 훨씬 더 잘 이해하게 될 거예요."

2. 숙달목표와 사회적 책임목표의 조합은 가장 높은 수준의 학습동기를 이끌 수 있다. 학생들에게 사회적 책임을 강조하라.

• 초등학교: 한 3학년 교사는 그녀의 학생들에게 짝을 지어 일련의 수학문제를 풀도록 지도한다. "문제를 풀도록 열심히 노력하렴." 그녀는 강조하길, "그러면 너희의 짝이 도움이 필요할 때 도움을 줄 수 있을 거야."

• 중학교: 한 중학교 2학년 국어교사가 『앵무새 죽이기』에 대한 토론을 하고 있다. "우리가 이 책을 최대한 배우고 활용하기 위해서 우리 모두에게 학급토론에 기여할 책임이 있다. 나는 너희 모두가 준비된 상태로 수업에 와서 토론에 참여하기를 기대한다."라고 그녀는 강조했다.

• 고등학교: 한 역사교사가 학생들에게 4명이 한 그룹이 되어 미국, 프랑스, 러시아 혁명을 비교하는 프로젝트를 준비하도록 하였다. 각 구성원에게 특정한 책임을 할당하면서 강조하였다.

"기억하렴. 프로젝트의 질은 각자가 최종 산출물에 기여하기 위해 자신의 부분을 책임을 다해 완성하는 데에 달려 있다는 것을……."

다양성 탐색

학습동기에 따른 학습자 차이

이 장에서 살펴본 연구와 이론은 학습동기에서 일반적인 양식을 설명하였고, 이는 대부분의 학생에게 적용된다. 예를 들어, 문화, 성별, 사회경제적 지위와 관계없이 모든 학생은 유능성, 자율성, 관계성 욕구를 가지고 있고, 목표를 설정하고, 성공과 실패에 대한 귀인을 한다.

그러나 이들 요소가 어떠한 방식으로 학습동기에 영향을 미치는 지는 집단과 개인에 따라 다양할 수 있다. (d' Ailly, 2003; Rogoff, 2003). 예를 들어, 미국 원주민의 어떤 집단은 어린 아동들이 의사결정을 할 때 서양 문화 주류 부모들보다 많은 자율성을 준다(Deyhle & LeCompte, 1999), 반면 아프리카계 미국인 부모는 자녀에게 자율성을 덜 주고 가능한 한 그들을 잠재적으로 위험한 환경에서 보호하려 한다(McLoyd, 1998). 또한 서양 학생들에게 선택하도록 허용되는 것이 학습자의 자율성을 증가시키는 반면, 아시아 학생들은 부모와 교사와 같이 자신이 믿는 사람들이 그들을 위해 선택해 주는 것을 선호할지 모른다(Vansteenkist, Zhou, Lens, & Soenens, 2005).

학습자의 관계성 욕구에서도 차이가 있다. 예를 들어, 일부 아시아 학생들은 학교에서 우수함을 보이고 그들의 부모와 교사의 인정을 받음으로써 이 욕구를 충족시킨다(J. Li, 2005). 반면 다른 소수 집단의 구성원들은 '성취하지 않음' 으로써 관계성 욕구를 충족시킨다. "실제로 소수 집단의 많은 학생이 또래 압력을 받아 좋은 점수를 받고자 하는 태도와 행동을 단념한다" (Rubinson, 2004: 58).

미국 원주민, 아시아, 히스패닉 집단의 많은 학생은 가족 간 유대가 매우 강한데, 이들은 자신의 공동체에 대한 책임을 다하기 위해 학교에서 좋은 성적을 받음으로써 자신의 관계성 욕구를 충족시킨다(Dien, 1998).

학습자가 설정하는 목표 유형의 차이 역시 존재한다. 예를 들어, 몇몇 연구에서 아시아계와 아프리카계 미국 학생들 모두 숙달목표에 중점을 두는 경향이 있고, 반면 유럽계 미국 학생들은 수행목표에 더 중점을 두는 경향이 있음을 보여 주었다(K. E. Freeman, Gutman, & Midgley, 2002; Qian & Pan, 2002). 아시아계 미국 학생들은 백인 학생보다 더 자신의 성공을 노력으로, 실패를 노력의 부족으로 귀인하였다(Lillard, 1997; steinberg, 1996). 그리고 아프리카계 미국 학생들이 다른 집단 학생들보다 학습된 무력감을 발전시키는 경향이 훨씬 더 높은데, 이는 사회적으로 지각된 편견 때문일 수 있다(R. A. Goldstein, 2004).

성별 차이 또한 존재한다. 예를 들어, 여학생에게 영어 같은 영역이 더 적당한 반면 남학생에게는 수학 및 과학 같은 영역이 더 적당하다는 것과 같은 고정관념적인 믿음은 여전히 존재한다(M. E. Pajares & Valiante, 1999). 따라서 효용 가치를 다르게 지각하므로 이들 영역에 대한 학습동기는 다양할 수 있다(J. E. Jacobs et al., 2002). 게다가 여학생이 더 높은 학점을 받는 데도 불구하고 남학생의 자기효능감이 여학생의 자기효능감보다 더 높게 유지되는 경향이 있고(Eccles et al., 1998; Middleton, 1999), 여학생이 남학생보다 실패했을 때 더 쉽게 낙담한다(Dweck, 2000). 연구에서는 성별의 차이가 귀인양식의 차이 때문일지도 모른다고 제안한다. 남학생은 성공을 높은 능력에, 실패를 노력의 부족에 귀인하는 경향이 있는 반면 여자아이들은 반대의 패턴을 보여 준다(Vermeer, Boekaerts, & Seegers, 2000).

교사들이 이러한 정보를 학급에 적용할 때, 학급 내 개인이 상당히 다양할지 모른다는 점을 기억하는 것이 중요하다. 예를 들어, 많은 유럽계 미국 학생들은 숙달목표를 설정하고 많은 아시아계 미국 학생들은 수행목표를 설정한다. 많은 여학생이 높은 효능감을 가지고 있고, 일부 남학생의 자기효능감은 낮다. 우리는 교사들이 어떤 집단에 대해 고정관념을 갖게 되는 것을 피하기를 바란다.

학습동기에 대한 흥미와 감정의 영향

학습자가 과제에 몰두하도록 동기 부여되는 이유에 대해서 '흥미롭기 때문에'는 직관적으로 합리적인 답이다. 학생들은 흥미롭게 여기는 주제에 대해 공부할 때 분명히 더 동기 부여되고, 교사는 교육할 때 종종 학생들의 흥미를 활용하기 위해 노력한다(Anderman & Wolters, 2006; Brophy, 2004).

이 절에서 우리는 학습활동에서 흥미를 증가시킬 수 있는 요인을 검토할 것이다.

학습동기에 대한 흥미의 영향

이 절을 시작하기에 앞서 이 장 초반에 나왔던 사례연구로 돌아가 보자. 최 교사의 수업에 들어가면서 미선이는, "나는 늘 역사와 과거에 대해 아는 것을 좋아했어……. 그래서 꽤 잘하는 것 같아."라고 하자, 동호가 대답하길, "보통 난 수업에서 대충 괜찮은 점수를 받을 정도로만 공부하는데, 이 수업에서는 안 그래. 예전엔 역사를 싫어했는데 요새는 예습도 한다니까. 최 선생님은 우리가 진지하게 생각하도록 하시잖아. 선생님께서 아주 오래전에 일어난 일이 지금 우리랑 어떻게 연관되는지 설명하시는 것이 진짜 재밌어."

두 학생은 모두 최 교사의 수업에서 느끼는 흥미를 말하고 있지만, 이들 흥미의 본질은 다르다. 미선이는 **개인적 흥미**, 즉 '개인이 지속적으로 좋아함, 마음이 끌림, 또는 영역, 학과 분야, 주제, 활동에 대한 개인적 선호(Anderman & Wolters, 2006: 374)"를 보이는 반면 동호는 **상황적 흥미**, 즉 개인의 현재의 즐거움, 기쁨, 또는 당면한 환경에 의해 유발된 만족감을 보여 준다(Schraw & Lehman, 2001).

> **개인적 흥미 (Personal interest)**
> 개인이 지속적으로 좋아함, 마음이 끌림, 또는 영역, 학과 분야, 주제, 활동에 대한 개인적 선호
>
> **상황적 흥미 (Situational interest)**
> 개인의 현재의 즐거움, 기쁨, 또는 당면한 환경에 의해 유발된 만족감

개인적 흥미는 상대적으로 안정적이고 사전지식의 발달 수준은 진정한 개인적 흥미에 필수요소다(Renninger, 2000). 안정성과 지식은 "나는 늘 역사를 좋아했어……. 그래서 꽤 잘하는 것 같아."라는 미선이의 말에 나타나 있다. 반면 상황적 흥미는 빨리 변하며 그때의 상황에 의존할 수 있다. 하지만 영역에 대한 개인의 전문성이 발전해 감에 따라 상황적 흥미는 개인적 흥미로 이어질 수 있다.

연구자들은 상황적 흥미에 더 중점을 두는 경향이 있는데 교사가 상황적 흥미를 더 잘 통제할 수 있기 때문이다(Schraw, Flowerday, & Lehman, 2001; Shraw & Lehman, 2001). 인기 있는 영화와 텔레비전 프로그램이 증명하듯이, 죽음, 위험, 힘, 돈, 연애, 성과 같은 몇몇 주제는 보편적으로 흥미로운 것으로 보인다(Hidi, 2001). 또한 더 어린 학생들에게는 무서운 이야기, 유머, 동물 역시 상황적 흥미를 유발하는 것으로 보인다(Worthy, Moorman, & Turner, 1999).

우리가 위험, 돈, 연애를 중심으로 교육과정을 구성할 수는 없지만 몇 가지 전략을 통

전문적인 교사는 학생들의 학습동기를 증진하기 위해 상황적 흥미를 활용한다.

해 상황적 흥미를 증진할 수 있다(Schraw et al., 2001; Schraw & Lehman, 2001).

- 실제 세계로의 적용에 초점을 둔 학습활동을 개발한다.
- 주제를 학생들의 삶에 연결시킴으로써 내용을 개인화시킨다.
- 학생들이 많은 참여를 하도록 촉진한다.
- 구체적인 예를 제시한다.
- 논리적이고 일관적인 설명을 한다.
- 기회가 있으면 학생들에게 선택권을 준다.

그 이외에, 가르치는 주제에 대해 자신의 흥미를 본보기로 보여 주는 교사는 학생의 흥미를 높일 수 있고(Brophy, 2004) 숙달목표를 본보기로 보이는 교사는 상황적 흥미를 증가시키는 데 특별히 효과적일 수 있다(Shen, Chen, & Guan, 2007). 모든 상황에서 혹은 모든 학생의 학습동기를 증가시킬 수는 없지만, 교사들이 가르치는 주제에 대한 숙달목표 지향과 열정을 학생들에게 본보기로 보여 줌으로 인해서 손해볼 것은 아무것도 없다(Schweinle, Meyer, & Turner, 2006).

11장에서 학생들의 흥미를 증진하는 전략을 보다 자세히 다룰 것이다.

웹 자료

상이한 연령대의 학생들을 흥미롭게 하는 것이 무엇인지 설명한 것을 보기 위해 www.myeducationlab.com에 접속하고, 10장 '활동 및 적용'의 'Motivation(동기)' 부분을 보라. 그리고 이어지는 물음에 답하라.

학습동기에 대한 감정의 영향

당신은 다음 경험에 대해 개인적으로 어떻게 반응할 것인가?

- 당신은 어려운 수학문제를 지금 막 풀었다.
- 당신의 교수자가 아프리카 대륙에서 발생하는 잔혹상을 상세히 묘사한 신문을 가져온다.
- 당신이 수강하는 수업의 시험에 대비해서 철저하게 공부했는데 여전히 시험점수가 낮다.

각각의 경험이 어떤 감정을 불러일으킬 것이다. 첫 번째 경험에서 당신은 성취감, 기쁨, 자부심과 동기가 증가되는 것을 느낄 것이다(Linnenbrink & Pintrich, 2004). 두 번째 경험에서는 분노의 감정이 유발되고, 관심과 흥미가 증가하고, 오랫동안 그것에 대해 생각하게 될지 모른다(Zeelenber, Wadenmakers, & Rotteveel, 2006). 세 번째 경험은 당신은 잘 못할 것이라는 기대를 하지 않았기 때문에 실망감과 좌절감을 느끼고 학습동기가 감소할 수 있을 것이다(Sheppard & McNulty, 2002).

이들 예시는 정서, 또는 감정과 학습동기 사이의 관계를 보여 주며, 이러한 관계는 복잡하다. 왜냐하면 감정은 죄책감, 수치심, 불안으로부터 자부심, 기쁨, 안도감과 같이 긍정적인 감정에까지 이를 수 있기 때문이다. 각각의 감정은 학습동기에 영향을 미칠 수 있다(Do & Schallert, 2004; Pekrun, Goetz, Titz, & Perry, 2002). 예를 들어, 실패를 노력의 부족으로 귀인하는 것이 죄책감을 느끼고 학습동기가 증가하도록 이끄는 반면, 실패를 능력의 부족으로 귀인하는 것은 부끄러움을 느끼게 하고 학습동기를 감소시킬 수 있다는 것을 귀인에 대한 논의에서 살펴보았다.

불안은 교수와 학습에서 가장 많이 연구된 감정 중 하나다. 다음에서 더 자세히 살펴볼 것이다.

학습동기에 대한 불안의 영향

귀인에 대한 논의에서 소개된 대화에서 인수는 다음과 같이 말했다.

> 시험지를 봤을 때, 눈앞이 깜깜했어. 내가 생각할 수 있었던 거라곤, '이건 내가 전에 본 적이 없는 거야. 어디서 이런 게 나왔지?' 밖에 없었어. 나는 토할 것 같았어.

불안(Anxiety)
불확실한 결과가 도출되는 상황과 연관된 전반적인 걱정과 긴장감

인수는 불안, 즉 불확실한 결과가 도출되는 상황과 연관된 전반적인 걱정과 긴장감을 경험했다. 우리는 모두 한 번쯤은 시험이나 발표를 기다리고 있을 때 이러한 불안을 경험한 적이 있을 것이다.

불안, 동기, 성취 사이의 관계는 곡선을 이루고 있다. 즉, 약간은 좋지만 너무 많은 것은 해로울 수 있다(Cassady & Johnson, 2002). 예를 들어, 약간의 불안은 공부를 열심히 하게 하고 능력을 발전시킨다. 상대적으로 높은 불안은 과제에 대한 수행을 향상시켜 우리의 전

문성을 발달시킨다(Covington & Omelich, 1987). 하지만 너무 높은 불안은 동기와 성취를 감소시킬 수 있는데, 특히 평가에 대한 위협이 높은 교실에서 불안이 야기된다(Hancock, 2001). 불안의 주요 원인은 실패에 대한 두려움과 그와 함께 수반되는 자기가치의 상실이다(K. Hill & Wigfield, 1984). 학업성취가 낮은 학생과 숙달(mastery)에 비해 수행(performance)을 걱정하는 학생들이 특별히 이러한 감정에 취약하다(K. E. Ryan et al., 2007).

인간기억에 대한 모델은 불안이 무력화시키는 효과를 이해하도록 도와준다(Cassady & Johnson, 2002). 첫째, 불안한 학생들은 주의를 모으는 데 어려움을 겪기 때문에 집중력이 나빠진다. 둘째, 이들은 실패하는 것을 걱정하기 때문에, 그리고 심지어 실패를 예상하기 때문에 종종 보고 들은 정보를 오인한다. 셋째, 시험불안을 겪는 학생들은 요약하기와 스스로 질문하기와 같은 보다 생산적인 전략을 사용하는 대신 정의를 암기하는 것과 같은 피상적인 전략을 주로 사용한다.

연구에서는 시험불안이 높은 학생들의 근본적인 문제가 이들이 처음부터 내용을 제대로 배우지 않는 것이며, 이것이 시험 볼 때 이들의 불안을 더 증진한다고 시사한다(Wolf, Smith, & Birnbaum, 1997; Zeidner, 1998). 마지막으로, 인수의 "이건 내가 전에 본 적이 없는 거야. 어디서 이런 게 나왔지?" 라는 생각과 같이, 시험불안을 겪는 학생들은 평가 중에 시험문제를 푸는 것과 관련 없는 생각으로 작업기억의 공간을 낭비하곤 한다.

이해를 강조하는 교수법은 학생들이 불안에 대처하는 데 다른 어떤 전략보다 더 효과적일 수 있다. 그러한 교수법에는 수준 높은 예시를 제공하는것, 학생의 참여를 촉진하는 것, 평가에 대한 구체적인 피드백을 제공하는 것, 외적인 도움을 주는 것 등을 포함한다. 이해가 증진될 때 낮았던 성적은 올라간다. 머지않아 실패에 대한 두려움과 이것이 유발하는 불안 역시 감소할 것이다.

기억할 것은, 학습자 불안에 대한 우리의 설명은 일반적 양상을 나타내는 것이고 개인은 각기 다르다는 점이다. 예를 들어, 높은 성취를 보이는 몇몇 사람은 오랜 성공 경험에도 불구하고 계속되는 불안을 경험한다. 모든 경우에서 우리는 집단이 아닌 개인을 가르친다는 사실과 그 학생에 맞게 적절하게 대하길 원한다는 것을 기억하라.

◈ 이해 점검 활동

5.1 교사가 학습활동에서 흥미를 증가시킬 수 있는 네 가지 방법을 설명하라.

5.2 교사가 학생의 학습동기를 증가시키기 위해 어떻게 감정을 활용할 수 있는지 설명하라.

5.3 교사가 학생의 불안을 감소시킬 수 있는 세 가지 방법을 제시하라.

교실에의 적용

학습동기를 증진하기 위해 흥미와 감정 활용하기

1. 구체적이고 개별화된 예를 사용하고 높은 수준의 학생 참여를 촉진함으로써 학습활동에서 흥미를 증진하라.
   - 초등학교: 한 4학년 교사는 수학 응용문제에 학생들의 이름을 넣어서 다른 학생들이 서로 각각에 대한 해결책을 설명하도록 한다. 그는 3일 주기로 모든 학생의 이름이 사용되도록 주의를 기울인다.
   - 중학교: 한 지리교사는 지구본에 위도와 경도의 선을 그리고, 도시의 위치를 정확하게 나열한다. 그다음 그 교사는 학생들에게 짝을 지워서 그 선들의 유사성과 차이점을 알아내도록 했고 학생들은 유사성 및 차이점과 각 도시의 정확한 위치를 도출해 낸다.
   - 고등학교: 한 물리교사는 축구공이 차였을 때의 속도와 가속도를 이용한 문제를 만들어 학생들에게 선수들이 그 킥을 가로채기 위해서 달려야 하는 가속도와 빠르기를 결정하도록 한다. 그 후 학생들은 각각에 대한 해답을 설명한다.
2. 불안을 감소하기 위해 점수보다 시험 내용을 이해하는 것을 강조하고, 연습할 기회를 제공하며, 학생들에게 평가를 마칠 충분한 시간을 주어라.
   - 초등학교: 한 2학년 교사는 학생들이 퀴즈를 보는 동안 학생들을 모니터한다. 그가 학생들의 주의가 산만해지는 것을 보았을 때 그 주제에 대해 학생들이 해 왔던 공부를 상기시키면서 퀴즈에 집중하도록 한다.
   - 중학교: 한 중학교 2학년 수학교사는 학생들에게 시험문제와 비슷한 유형의 대수학 연습문제를 많이 풀도록 하였다.
   - 고등학교: 시험에 앞서 한 물리교사는 "여러분이 자신있게 풀 수 있는 문제부터 푸세요. 물리과목과 상관없는 생각은 잊도록 노력하세요."라고 말했다.

이론에서 실제로

학습동기를 증진하기 위해 학습자의 믿음, 목표, 흥미 이용하기

학습자의 믿음, 목표, 흥미를 이해하는 것은 학생을 가르치는 방식에 대해 중요한 시사점을 가진다. 여러분이 이것을 교수법에 적용하고자 할 때 다음의 지침이 도움이 될 것이다.

① 학생들에게 성취에 대한 증거를 제공하고 당신 자신의 자기효능감을 본보기로 보여 줌으로써 학습자의 자기효능감을 증진하라.
② 성공에 대해 내부 귀인과 실패에 대해 통제 가능한 귀인을 촉진하라.
③ 학생의 기술이 증진하는 것에 대한 효용가치를 강조하라.
④ 당신 자신의 흥미를 본보기로 보이고, 내용을 개별화하고, 구체적 예를 제공하고, 학생들을 참여시키고, 선택권을 제공함으로써 학생들의 흥미를 증진하라.
⑤ 숙달목표, 사회적 책임목표, 효과적 전략, 메타인지를 강조하라.

이제 최 교사가 위의 지침을 적용하기 위해 어떻게 노력했는지 보고자 다시 한 번 최 교사의 학급과 최 교사가 학생들을 가르친 부분으로 돌아가 보자.

"우리는 어제 십자군 전쟁에 대해서 토론했어요…… 우리가 어떻게 시작했죠?" 최 교사가 물었다.

"특별활동이 없어져야 한다고 생각하는 사람들에 의해 우리 학교가 점령당했다고 상상했어요." 지혜가 손을 들고 말했다.

"좋아요." 최 교사가 웃으며 말했다.

"그런 다음에는?"

"우리가 그 사람들에게 이야기하기로 결심했어요. 우리는 그들의 마음을 바꾸고 우리 학교를 구하기 위해 '십자군' 의 일원이 되었어요."

"아주 좋아요. 이제, 실제 십자군 전쟁은 무엇에 관한 것이었죠? 현주?"

"기독교인들이 성지를 이슬람인들로부터 돌려받기를 원했어요."

"왜죠? 경수?"

"기독교인들에게 성지가 중요했거든요."

그러고 나서 학급은 종교, 경제, 이슬람 세계에 의한 군사적 위협, 이슬람이 차지했던 영토의 양과 같이 실제 십자군 전쟁의 이유에 대해 토론했다.

"훌륭한 분석이에요. 사실, 우리는 이러한 요인들이 콜럼버스(Columbus)의 신대륙 항해와 그 탐험에 대해 영향을 주었다는 것을 알아볼 거예요. 그것에 대해 생각해 보세요. 거의 1000년 전에 일어난 십자군 전쟁이 오늘날 여기에 있는 우리에게 영향을 미치고 있어요." 그녀는 활기차게 계속해 나갔다.

"자, 오늘 숙제는 여러분이 '십자군 전쟁은 성공했는가, 실패했는가?' 라는 질문에 답하는 분석을 써 오는 거였어요. 우리는 단지 여러분의 입장만이 아닌, 입장에 대한 증거를 제공하는 것의 중요성을 강조했어요. 논쟁을 하고 논점을 방어하는 능력은 특정한 주제를 넘어서 적용되는 기술이라는 점을 기억하세요."

"그럼, 우리가 어떻게 했는지 보죠. 자, 해 보도록 하지요. 예빈?"

최 교사는 여러 학생이 자신의 입장을 제시하도록 하였고, 그러고 나서 "이것이 얼마나 재미있는지 보았죠? 다시 한 번, 우리는 우리 자신이 수백 년 전에 살았던 사람들에 의해 영향을 받는 것을 보았어요. 그것이 바로 역사인 거예요." 라고 말하며 토론을 마쳤다.

"최 선생님은 이런 것을 진짜 좋아하셔." 근수가 희경이에게 속삭이면서 말했다.

최 교사는 학생들에게 학생들의 분석을 토론한 내용에 기반해서 수정하도록 이야기했다.

"기억하세요. 여러분이 숙제를 수정할 때 스스로에게 '내가 주장하는 것에 대해 증거가 있나? 아니면 그냥 의견인가?' 를 질문해 보도록 하세요. 여러분이 이것을 더 많이 의식하고 작문할수록 여러분의 과제는 더 나아질 거예요. 모두 했을 때, 여러분의 짝과 페이퍼를 바꾸어 비평해 보세요. 학기 초에 여러분은 다른 친구에게 피드백을 줄 때 열심히 서로 돕겠다고 약속했었어요. 그래서 선생님은 여러분이 잘해 낼 것이라는 것을 알고 있어요."

자, 지침을 적용하려 한 최 교사의 노력을 살펴보자. 이 장의 시작 부분에 나온 사례연구에서 최 교사와 동호의 상호작용은 위 지침의 처음 세 가지를 보여 준다. 그녀는 첫 번째(학습자의 자기효능감) 지침을 적용하였다. 그녀가 "그래, 네가 작문을 얼마나 잘해 나가고 있는지를 보라. 나는 네가 기말 페이퍼에서 할 수 한 최선을 다했다고 생각한다." 그녀는 또한 "내가 공부하고 새로운 아이디어를 연결시킬 때, 나에게도 역시 어렵단다. 하지만 내가 그것에 매달린다면 나는 항상 그것을 해 낼 수 있을 것 같단다." 라고 말했다. 그녀의 첫 번째 말은 동호에게 성취에 대한 증거를 제시했고, 두 번째는 그녀 자신의 자기효능감을 발전시키는 것을 본보기로 보여 주었다.

"하지만 선생님은 우리한테 너무 열심히 공부하게 하세요." 라는 동호의 말에 최 교사는 "그래. 그러나 네가 작문을 얼마나 잘해 나가고 있는지를 보아라." 라고 답하면서 두 번째 지침(성공에 대한 내부귀인을 촉진하라)을 적용하였다. 그녀의 대답은 동호의 성공을 내부귀인인 노력과 증가된 능력에 귀인하도록 격려했다. 그리고 "그래, 그래, 이해한다. 글을 잘 쓰는 능력은 인생을 살면서 우리가 하는 모든 것에서 우리를 도와줄 거야." 라는 말은 세 번째 지침인, 학생들이 배우는 것의 효용가치에 대한 강조를 보여 주는 말이다.

최 교사는 네 번째 지침(학생의 흥미를 증진하라)을 적용하기 위해 세 가지 방식으로 노력했다. 첫째, 그녀는 다음과 같은 말로 자신의 흥미로 본보기를 보였다. "그것에 대해 생각해 보세요. 거의 1000년 전에 일어난 십자군 전쟁이 오늘날 여기에 있는 우리에게 영향을 미치고 있어요. 이것이 얼마나 흥미로운지 보세요."

이러한 그녀의 말이 학생들에게 미치는 영향은 "최 선생님은 이런 것을 진짜 좋아하셔."라고 한 근수의 말에 반영되어 있다.

그녀는 또한 학교의 특별활동을 없애려는 것을 막기 위해 '십자군에 참여하기'의 비유를 들어 주제를 개별화하고, 십자군 전쟁의 구체적 예시를 사용하고, 학생들을 모든 활동에 참여시키는 방식으로 학생들의 흥미를 증가시키기 위해 노력했다.

마지막으로, 이 장 서두의 사례연구에서 보았듯이 최 교사는 학생들에게 르네상스에 대한 발표와 중세시대에 대한 페이퍼 중에서 선택하도록 하고, 어느 그룹이 어떤 날짜에 발표할 것인지를 결정하고, 페이퍼에 대한 마감일자를 협상하도록 허락했다("기억하세요. 우리가 마감일을 금요일로 하기로 동의했다는 것을……).

최 교사는 학생들이 그들의 작문에 대해 메타인지적이 되도록 "기억하세요……. 스스로에게 '내가 주장하는 것에 대해서 증거가 있나? 아니면 그냥 의견인가?'를 질문해 보도록 하세요. 여러분이 이것을 더 많이 의식하고 작문할수록 여러분의 과제는 더 나아질 거예요."라고 격려함으로써 마지막 지침(숙달목표, 사회적 책임목표, 효과적 전략, 메타인지를 강조하라)을 적용하기 위해 노력하였다. 그리고 그녀가 "학기 초에 여러분은 다른 친구에게 피드백을 줄 때 열심히 서로 돕겠다고 약속했었어요. 그래서 선생님은 여러분이 잘해 낼 것이라는 것을 알고 있어요."라고 말함으로써 사회적 책임목표를 강조했다. 사회적 책임목표와 숙달목표가 결합되면 각각이 단독으로 강조될 때보다 학습동기와 성취를 훨씬 더 증가시킨다.

이 장 서두에서 우리는 교사들이 노력을 기울이면 많은 학생들의 학습동기를 증가시킬 수 있다고 언급했다. 이것이 최 교사가 학생들을 가르치고자 할 때 했던 노력이다.

학교급별 적용 Developmentally appropriate

다양한 연령에서의 학습동기

수준 높고 개별화된 예시 사용하기, 학생들 참여시키기, 안전하고 정연한 학습환경 만들기와 같은 동기이론의 많은 응용이 모든 학년의 학습자에게 적용된다. 그러나 발달적 차이는 존재한다. 다음 단락은 이러한 차이와 관련된 몇 가지 제안점을 설명한다.

고학년 학생과 대조적으로 어린 아동들은 노골적으로 칭찬받는 것을 즐기며 그 칭찬이 타당한지에 대해 거의 평가하지 않는다. 이들은 또한 지능에 대해 증가적 관점을 가지고 숙달목표를 설정하는 경향이 있다. 이러한 요소로 인해 모든 학생은 배울 수 있다는 것을 강조하고, 사회적 비교를 피하고, 학생의 노력을 칭찬하고, 학생들에게 '열심히 노력하면 똑똑해진다.'는 것을 상기시킴으로써 초등학생의 학습동기를 증진할 수 있다.

중학생들의 활동

학습자가 성장함에 따라 수행지향은 증가하는 반면, 숙달지향은 감소하는 경향이 있다. 따라서 지능이 증가한다는 믿음을 본보기로 보여 주고, 노력, 증진된 유능성, 능력 간의 관계를 강조하는 것이 중요하다. 중학생은 또래집단 경험과 함께 소속과 관계에 대한 욕구가 증가하므로 사회적 목표의 중요성이 증가하는 경향이 있다. 전체 그룹 활동과 소그룹 활동을 병행하는 것이 이런 욕구와 목표가 충족될 수 있도록 도와준다.

중학생은 자율성 욕구 역시 증가하기 때문에 이들에게 교실규칙을 정하는 데 의견을 내도록 하는 것과 같이 자율성에 대한 지각을 높이는 활동에 참여시키는 것이 효과적일 수 있다.

고등학생들의 활동

고등학생은 자신의 미래에 대해 생각하기 시작한다. 그래서 학생들이 공부하는 주제와 발달시키는 기술에 대한 효용가치를 강조함으로써 이들의 학습동기를 증진할수 있다.

비디오 게임, 인터넷과 같이 고등학생이 접근 가능한 경험이 너무 많기 때문에 학교에서 배우는 주제에 대한 흥미를 유발하는 것이 어려울 수 있다. 그러나 구체적이고 개인적인 예를 사용하고 수준 높은 상호작용을 촉진하는 것은 여전히 효과적이다.

자신의 능력이 증가하고 있다는 증거는 고등학생들에게 중요하다. 그러므로 진심어린 칭찬과 진정한 성취를 나타내는 다른 지표들이 학습동기를 증가시킬 수 있다.

✿ 학습목표별 요약

1. 동기를 정의하고, 학습자 동기에 대한 상이한 이론적 설명을 기술하라.
   - 동기는 목표 지향적 활동이 유발되고 유지되는 과정이다.
   - 외재 동기는 목표에 이르는 수단으로 활동에 관여하는 동기이고 내재 동기는 그 자체로서의 활동에 관여하는 동기다. 도전감, 자율성, 호기심, 상상, 심미적 가치 모두 내재적 동기를 증진한다.
   - 행동주의는 동기와 학습을 같은 방식으로 설명한다. 즉, 행동의 증가가 학습과 동기의 증거다.
   - 동기에 대한 인지이론과 사회인지이론은 학습자의 믿음, 기대, 질서와 이해에 대한 욕구에 중점을 둔다.
   - 동기에 대한 사회문화적 관점은 학습 공동체의 실행에 개인이 참여하는 것에 중점을 둔다. 실행 공동체와 동기적 근접발달영역을 통해서 학생들의 학습동기는 증가한다.
   - 동기에 대한 인본주의적 관점은 사람들이 인간으로서 그들의 총체적 잠재력을 실현하기 위해 동기 부여된다는 전제를 기반으로 한다.

2. 학습자 욕구가 어떻게 그들의 학습동기에 영향을 주는지 설명하라.
   - 동기이론에서 욕구는 특정한 상태나 대상을 얻거나 피하기 위한 내부적 힘이나 추동이다.
   - 매슬로에 따르면, 모든 인간은 생존, 안전, 소속, 자기존중에 대한 욕구를 가진다. 만일 이들 욕구가 충족되지 않으면 사람들은 이를 충족하기 위해 동기 부여된다.

이들 욕구가 충족되고 나면 사람들은 인간으로서 자신의 잠재력을 실현하기 위해 동기 부여된다.

- 자기결정이론에 따르면, 모든 사람은 유능성, 자율성, 관계성 욕구를 가진다. 만일 이들 욕구가 충족되면 동기가 증가한다.
- 자기결정이론은 모든 사람이 자기가치감을 보호하려는 욕구를 가진다는 것을 시사한다. 우리 문화가 높은 능력에 가치를 두기 때문에 사람들은 자신이 높은 능력을 가지고 있다고 지각하는 것을 보호하도록 동기 부여되는 것이다.

3. 어떻게 학습자 믿음이 그들의 학습동기에 영향을 미칠 수 있는지 설명하라.

- 믿음이란 그것을 지지하는 분명한 증거 없이도 우리가 진실로 받아들이는 인지적 생각이다.
- 학습자 동기는 성공할 것이라고 기대하고 미래의 결과가 긍정적일 것이라고 믿을 때 증가한다.
- 지능이 노력으로 증가할 수 있다고 믿는 학습자는 지능에 대한 증가적 관점을 가진다. 이들의 학습동기는 지능이 고정되어 있다고 믿는, 고정적 관점을 가진 학습자보다 더 높은 경향이 있다.
- 특정한 과제를 달성할 능력이 있다고 믿는 학생들은 높은 자기효능감을 가지고 있고 이들은 자기효능감이 낮은 학생들에 비해 더 학습하고자 동기 부여된다.
- 학생들이 이해를 증진하는 것이 효용가치를 가지며 미래의 목표 달성을 도와줄 것이라고 믿는다면 이들의 학습동기는 증가한다.
- 노력과 능력이 성공의 원인이라고 혹은 노력 부족이 실패의 원인이라고 믿는 학생들은 학습하고자 하는 동기가 부여될 가능성이 높다. 반면 능력 부족이 실패의 이유라고 믿는다면 학습동기가 감소될 가능성이 높다.

4. 학습자 목표가 어떻게 학습동기에 영향을 미치는지 설명하라.

- 목표는 개인이 달성하고자 희망하는 결과다.
- 과제의 숙달, 향상, 증가된 이해에 중점을 두는 학습자는 사회적 비교에 목표를 두고 있는 학습자보다 학습동기가 높다.
- 사회적 목표는 만일 이들이 오로지 사회적 요인에만 초점을 둔다면 학습동기를 감소시킬 수 있다. 그러나 사회적 책임목표, 특히 숙달목표와 사회적 책임목표가 조합하면 지속적인 동기와 성취를 이끌 수 있다.
- 구체적이고, 가깝게 있고, 적당히 도전적인 목표는 학습동기를 증진하는 데 효과적이다.

5. 교사가 학습동기를 증진하기 위해 어떻게 학습자 흥미와 동기를 이용할 수 있는지 설명하라.

- 구체적이고 개별화된 예시를 사용하고, 실세계의 적용을 강조하고, 학생들을 학습활동에 높은 수준으로 참여하도록 촉진함으로써 교사들은 학생들이 공부하는 주제에서 흥미를 증진할 수 있다.
- 기회가 주어질 때 주제와 관련한 감정적 요소를 강조함으로써 교사는 감정을 학습동기를 증진하기 위해 활용할 수 있다.
- 학습과 학생들이 평가받는 방식에 대해 명백하고 구체적으로 기대하고, 이해를 촉진하는 교수전략을 사용하고, 학생들에게 외부의 도움을 받을 수 있는 기회를 제공함으로써 교사들은 학습자 불안을 감소시킬 수 있다.

✤ 전문성 발달: 자격증 시험 대비 연습

이 장에서 최 교사가 동기이론의 이해를 자신의 교수법에 어떠한 방식으로 응용하고자 했는지 살펴보았다. 우리는 이제 십자군 전쟁을 가르치는 다른 세계사 교사의 사례연구를 다룰 것이다. 다음의 사례를 읽은 후 질문에 답하라. 사례를 읽으면서 신 교사의 방법과 최 교사의 방법을 비교하라.

신 교사는 학생들이 모두 자리에 앉도록 기다린 후 말했다.

"모두 잘 듣도록. 지난 금요일 시험 결과를 가져왔다. 명화, 영기, 소희, 홍기, 아주 잘했다. 안타깝지만 이 학생들만 A를 받았다."

시험지를 돌려주고 신 교사는 칠판에 다음과 같이 썼다.

A 4	D 4
B 7	F 3
C 11	

신 교사는 D와 F를 가리키며 말했다.

"여기 있는 학생들은 위로 올라가도록 해라. 이번 시험은 그렇게 어려운 시험이 아니었다. 2주 후에 또 다른 시험이 있다는 것을 기억하도록. 그땐 이번 결과보다 더 잘해야 해. 자, 난 여러분이 더 잘할 수 있다고 생각한다. A를 받은 네 사람에게 본때를 보여 주자." 신 교사는 수업을 시작하며 말했다.

"여러분의 시험지를 봐도 좋은데, 수업 끝날 때 제출하는 것 잊지 마라. 자, 수업 시작하자. 오늘 배울 것이 아주 많단다. ……어제 수업을 기억해 보면, 십자군 전쟁은 서유럽인의 기독교 세력이 아랍인들로부터 전통적으로 기독교인들의 소유였던 성스런 땅의 통제권을 빼앗아 오는 것이 목적이었다. 자, 언제가 첫 번째 십자군 전쟁이었지?" 라고 신 교사는 학생들에게 물으면서 반을 둘러보았다.

"1500년쯤인 것 같은데요." 철호가 말했다.

신 교사는 고개를 저으면서 "아니, 아니지. 콜럼버스가 1,492년에 신대륙을 찾으러 항해를 떠났으니까, 그때가 1,500년 전이지. 앞뒤가 맞지 않는구나. ……명화?" 라고 말했다.

"제 생각엔 1,100년쯤인 것 같아요."

"아주 좋아, 명화. 모두들 이 연도를 알고 있어야 한다. 그렇지 않으면 헷갈릴 거야. 연도나 장소 같은 것을 배우는 건 즐거운 일이 아닌 걸로 알지만 여러분은 그것이 역사라는 사실에 익숙해질 것이다. 그리고 시험에 나오잖니."

수업이 진행되는 동안 재성이는 세미에게 속삭이면서 말했다.

"네 시험지 좀 보여 줘. 이 문제에서 1점밖에 못 받았는데 왜 그런지 이해가 안 돼."

세미는 시험지를 재성이에게 주었고, 재성이는 세미 시험지와 자기 시험지를 꼼꼼히 읽어 보았다. 그는 세미에게 시험지를 주면서 작은 목소리로 속삭였다.

"아직도 잘 모르겠어." 세미가 말했다.

"그럼 선생님께 여쭤 봐."

신 교사는 계속해서 말했다.

"첫 번째 십자군 전쟁은 1,095년에 일어났는데 그것은 '사람들의 십자군'이라고 불리어졌단다. 그리고 그런 종교적 열정이 계속됐고 1,300년에 끝이 났단다." 신 교사는 계속했다.

"십자군 전쟁은 오로지 종교적으로 일어난 전쟁이 아니었어. 그 당시에 아랍국가들의 세력이 가해지고 있었고 유럽에 위협적인 존재였지. 예를 들어, 아랍국가가 북아프리카를 통치했고, 스페인의 남부, 다른 남부 유럽국가로 세력을 넓히고 있었어. 그래서 아랍세계가 유럽에 경제적으로, 군사적으로 위협이 된 거야."

신 교사는 학생들에게 계속해서 십자군 전쟁에 대해 얘기하다가 수업을 마칠 시간에서 20분 정도 여유가 있는 것을 보고 말했다.

"자, 십자군 전쟁에 대해서 요약해 봐라. 관련된 민족, 사건, 그것이 왜 중요한지 등을 간략히 쓰도록. 수업이 끝날 때 마칠 수 있어야 해. 만약 못 끝내면 내일 수업 시작할 때 제출하도록 해라. 연습장에 먼저 연습해도 좋아. 이제 시작하도록 해라. 나는 돌아다니면서 시험지를 걷을 테니."

신 교사는 시험지를 걷는 사이 재성이가 다가와 말했다.

"선생님, 이 문제에서 5점 중에 1점만 받았는데, 왜 그런지 이해가 잘 안 돼요. 세미는 4점을 받았는데 저와 답이 거의 비슷한 것 같아요."

신 교사는 "세미 것을 한 번 보자."라고 말했다. 재인이는 세미의 시험지와 재성이의 것을 훑어본 후 말했다.

"세미의 답은 네 것보다 더 정리가 잘 되어 있고 더 분명히 설명되었구나."

그는 교실을 돌아다니면서 시험지를 걷다가, 정호가 많이 쓰지 못하고 있는 것을 보았다. 신 교사는 조용하게 동정적인 목소리로 물었다.

"요약하는 것이 잘 안 되니?"

"예…… 어떻게 시작해야 할지 잘 모르겠어요."라고 정호가 머뭇거렸다. 신 교사는 고개를 끄덕였다.

"네가 작문해서 내는 숙제를 어려워하는 것을 잘 알고 있단다. 내가 도와주마."

신 교사는 빈 종이를 꺼내서 쓰기 시작했고, 정호는 그것을 보고 있었다. 그는 종이에 몇 문장을 쓴 후 말했다.

"봐라. 얼마나 쉽니? 나는 네가 이렇게 했으면 좋겠는데…… 이걸로 한 번 시작해 봐라. 계속 써서 내가 무엇을 보고자 하는지 이해하는 것이 중요하단다. 자, 다시 한 번 해 봐라."

단답형 질문

이 장의 내용을 사용하여 다음 문제에 답하고 여러분의 반응과 앞 사례의 구체적인 내용을 연결하여 설명하라.

1. 동기에 대한 인본주의적 관점에 관하여, 신 교사가 매슬로의 위계도에서 학생들이 결핍 욕구를 충족시킬 수 있도록 도와주고 성장 욕구에 기여한 정도를 평가하라.
2. 학생들의 자기결정성 욕구를 충족시키는 데 있어 신 교사의 효율성을 평가하라.
3. 학생들이 자기가치감 보존 욕구를 조절하는 데 있어 신 교사가 얼마나 효율적이었는지 평가하라.
4. 학생들이 주제에 대한 흥미를 증진하는 데 있어 신 교사가 얼마나 효과적이었는가?

중요개념

가치(Value)
개인적 흥미(Personal interest)
결핍 욕구(Deficiency needs)
관계성(Relatedness)
기대(Expectancy)
기대×가치이론(Expectancy×value theory)
귀인(Attribution)
귀인이론(Attribution theory)
귀인설명(Attributional statement)
내재 동기(Intrinsic motivation)
달성가치(Attainment value)
동기(Motivation)
무조건적인 긍정적 존중(Unconditional positive regard)
목표(Goal)
믿음(Belief)
불안(Anxiety)
비용(Cost)
사회적 목표(Social goal)
상황적 흥미(Situational interest)
성장 욕구(Growth needs)
수행접근목표(Performance-approach goal)
수행목표(Performance goal)
숙달목표(Mastery goal)
욕구(Need)
유능성(Competence)
인정의 욕구(Need for approval)
외재 동기(Extrinsic motivation)
자기실현(Self-actualization)
자기결정(Self-determination)
자기효능감(Self-efficacy)
자기가치(Self-worth)
자율성(Autonomy)
지능에 대한 고정적 관점(Entityview of intelligence)
지능에 대한 증가적 관점(Incremental view of intelligence)
학습동기(Motivation to learn)
학습된 무력감(Learned helplessness)
효용가치(Utility value)

11

교실수업과 학습동기

chapter outline

구성 개요

수업구조: 숙달중심환경 만들기

자기조절적 학습자: 학생 책임감 발달시키기
- 자기조절 개발하기: 학습자의 자기결정성 욕구 적용하기

교사 특성: 학습동기를 증진하는 개인적 자질
- 개인적 교사효능감: 교수와 학습 신념
- 본보기 보이기와 열정: 진정한 관심 가지기
- 배려: 소속과 관계에 대한 욕구 충족시키기
- 교사 기대: 유능성에 대한 지각 증진하기
  - 이론에서 실제로: 학습동기를 증진시키는 개인적 자질

학급환경 요소: 동기 부여하는 환경 만들기
- 질서와 안전: 학습하기에 안전한 교실
- 성공: 학습자의 자기효능감 개발하기
- 도전: 유능성에 대한 지각 증진
- 과제 이해: 자율성과 가치에 대한 지각 증진
- 타깃(TARGET) 프로그램: 목표이론 교실에 적용

교수적 요소: 학습활동에서 흥미 계발하기
- 수업 서두에 초점 맞추기: 학생 주의 끌기
- 개별화: 학생의 삶과 연결시키기
  - 다양성 탐색: 다양한 배경의 학생의 흥미를 증진하기 위해 내용 개별화하기
- 참여: 내재 동기 증가시키기
- 피드백: 이해하고자 하는 욕구 충족하기
  - 이론에서 실제로: 학생의 학습동기를 높이기 위해 학급환경과 교수적 요소 이용하기
- 평가와 학습: 흥미와 자기효능감을 증진하는 피드백 사용하기
- 학습 맥락: 도시학교에서 동기 증진하기
  - 학교급별 적용: 다양한 연령의 학습자 동기를 촉진하기 위한 모델 적용하기

learning objectives

학습목표

이 장의 공부를 마치고 나면, 여러분은 다음과 같은 것을 할 수 있어야 한다.

1. 숙달중심과 수행중심 교실의 차이를 기술할 수 있다.
2. 교사가 학습자의 자기조절을 개발하기 위해 사용할 수 있는 전략을 설명할 수 있다.
3. 학생의 학습동기를 증진할 수 있는 교사의 개인적 특성을 기술할 수 있다.
4. 학생들의 학습동기를 증진할 수 있는 학급환경의 요소를 설명할 수 있다.
5. 학생의 학습동기를 증진할 수 있는 교수 전략을 기술할 수 있다.

당신이 가장 좋아하는 선생님들에 대해 생각해 보라. 그들은 당신을 어떻게 대했고, 수업을 재미있고, 들을 가치가 있게 만들기 위해 무엇을 했는가? 이런 질문은 학급에서의 동기와 관련되어 있다. 교사들의 개인적 자질과 그들이 만들어 내는 학급환경, 그들이 가르치는 방식은 모두 학생의 학습동기에 중요한 영향을 미친다. 다음의 고 교사 사례연구에서 이들 요소가 얼마나 적용되었는지 생각해 보라.

5학년 교사인 고 교사의 수업 목적은 학생들이 갑각류, 곤충, 거미류 등과 같은 절지동물의 주요 특성과 하위범주를 이해하는 것이었다. 다른 주요 동물군에 대하여 복

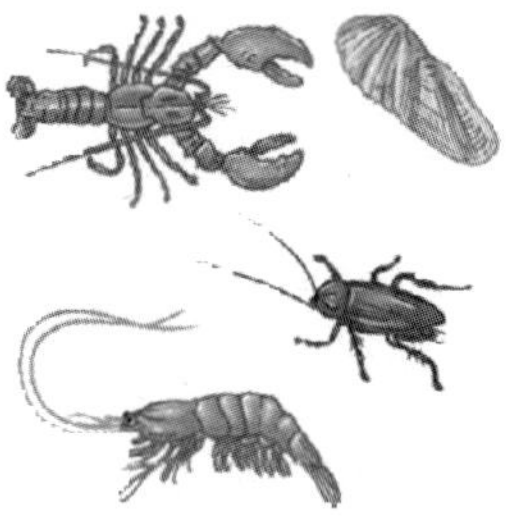

습한 후 고 교사는 그날의 주제를 소개했다.

고 교사는 말했다. "오늘 우리는 절지동물에 대해서 배울 거예요. 다음 예를 보면서 주요 특성을 알아내 보도록 하세요." 그러고는 아이스박스에서 바닷가재 한 마리를 꺼냈고, 학생들은 "꺅!" 하는 비명과 "와!" 하는 소리를 질렀다.

"만져도 돼요." 고 교사는 학생의 질문에 대답하면서, 수민이에게 바닷가재를 들고 교실에 돌아다니게 해서 학생들이 바닷가재를 좀 더 가까이에서 볼 수 있도록 했다.

고 교사가 말하길, "조금 있다가 내가 여러분에게 지금 본 것에 대해서 물을 테니까 아주 자세히 관찰해야 해요." 학생 모두 바닷가재를 만져 보고, 껍데기를 두드려 보고, 다리를 흔들어 보았다. 고 교사는 교실 앞으로 나가서 물었다.

"자, 무엇을 알게 됐는지 얘기해 볼 사람?"

두호가 말했다.

"딱딱해요."

다은이가 말했다.

"구역질 나요."

한기가 말했다.

"축축해요."

학생들은 추가적인 관찰을 했다. 고 교사가 학생들의 대답을 칠판에 쓰고 나서, 학생들이 바닷가재가 외골격이라고 부르는 딱딱한 외피, 세 부분의 신체부위, 분절된 다리를 가지고 있다는 결론을 내리도록 고무하였다. 고 교사는 이것이 절지동물의 필수적인 특징이라는 것을 확인해 주었다.

고 교사는 다시 바퀴벌레를 꺼냈다. 현아는 "꺄악" 하고 더 크게 소리를 질렀다. 고 교사는 바퀴벌레를 족집게로 집어서 교실을 걸어다니면서 물었다.

"이건 절지동물이니?"

바퀴벌레가 외골격을 가지고 있는지 아닌지에 대한 불확실성을 해결하기 위해서 얼마간의 토론이 있은 후, 반 학생들은 절지동물이라고 결론을 내렸다.

고 교사는 다음으로 대합조개를 꺼내면서 물었다.

"이건 절지동물이니?"

몇몇 학생은 그것이 딱딱한 껍질을 가지고 있기 때문에 그렇다고 결론 내렸다.

"그건 다리가 하나도 없어요."라고 인철이가 말하자, 얼마간 추가 토론이 이루어졌고, 반 학생들은 절지동물이 아니라고 결론 내렸다.

"자, 김중수 교장 선생님은 절지동물이라고 생각하니? 왜 절지동물인지, 왜 절지동물이 아닌지 얘기해 볼까?"

현아가 낄낄 웃었다. 몇몇 학생은 교장 선생님이 분절된 다리를 가지고 있기 때문에 절지동물이 맞다고 결론 내렸다. 하지만 다른 학생은 그녀는 바닷가재나 바퀴벌레처럼 생기지 않았기 때문에 동의하지 않았다. 얼마간의 토론 후, 두호가 "교장 선생님은 외골격을 가지고 있지 않아요."라고 했고, 반 전체가 마침내 동의했다.

고 교사는 그러고 나서 학생들에게 짝을 짓도록 지시하고, 새우를 살펴보도록 나눠 주었다. 흥분했던 학생들이 조용해졌고, 학생들에게 새우를 주의 깊게 관찰한 다음 그것이 절지동물이 맞는지를 결정해 보라고 하였다.

그러고 난 후, 전체 그룹 토론 동안에 고 교사는 일부 학생들이 여전히 외골격이 무엇인지에 대해 확신하지 못하고 있다는 것을 깨달았다. 그래서 그녀는 학생들에게 새우의 껍질을 벗겨서 머리와 외피를 느껴 보도록 하였다. 벗겨진 외피를 보고 난 후, 학생들은 새우가 외골격을 가지고 있다고 결론 내렸다.

고 교사는 그러고 나서 활동을 리뷰하고 수업을 마무리했다.

이 사례연구에 대해 생각하면서, 이들 질문을 잘 숙고해 보시오.

- 고 교사가 학생들의 높은 내재적 흥미를 자극시키기 위해 무엇을 하였는가?
- 고 교사의 개인적 자질과 학급의 특성, 그리고 그녀의 교수법이 학생들의 학습동기에 어떻게 기여하였는가?

10장에서 공부한 동기이론의 '교실에의 적용'이 이러한 질문과 학생의 동기에 대한 다른 질문에 에 답하는 데 도움을 줄 것이다. 이 장에서 이러한 적용을 검토해 보자.

수업구조: 숙달중심환경 만들기

우리는 2가지 유형의 교실환경을 고려함으로써 우리의 앞 질문에 대한 답을 하고자 한다. **숙달중심환경**은 노력, 지속적인 향상, 이해를 강조하는 반면 **수행중심환경**은 높은 점수, 능력을 공개적으로 드러내는 것, 다른 사람과 비교된 수행을 강조한다(Anderman & Wolters, 2006).

고 교사는 숙달중심환경을 만들기 위해 다음의 세 가지 방법으로 노력하였다.

- 그녀는 절지동물의 개념을 가르치기 위해서 바닷가재, 바퀴벌레, 새우와 같은 실제 동물을 이용함으로써 높은 수준의 흥미를 유발했다.
- 그녀는 이해를 강조했다.
- 그녀는 주제에 대해 배울 때 경쟁이 아닌 협동을 촉진했다.

숙달중심환경 (Mastery-focused environment)
노력, 지속적인 향상, 이해를 강조하는 교실환경

수행중심환경 (Performance-focused environment)
높은 학점, 능력을 공개적으로 드러내는 것, 다른 사람과 비교된 수행을 강조하는 교실환경

숙달중심환경과 수행중심환경의 차이점이 〈표 11-1〉에 나타나 있다(Covington, 2000; Pintrich, 2000; Urdan, 2001).

우리는 숙달 지향적 이론적 틀을 바탕으로, 10장에서 살펴본 이론과 연구를 종합하고 적용하는 학생의 학습동기를 증진하는 모델을 제시할 것이다(Eggen & Kauchak, 2002). 이것은 [그림 11-1]에 나타나 있고 다음 네 가지 요소를 가진다.

- 자기조절적 학습자: 학생 자신의 학습에 대한 책임감 개발하기
- 교사 특성: 학생의 동기를 증진하는 교사의 개인적 자질
- 학급환경요소: 동기를 유발하는 학습환경 만들기
- 교수적 요소: 학습활동에서 학생의 흥미 계발하기

네 변인이 각각의 구성요소 안에 존재한다. 모델에서 요소들과 변인들은 상호 의존적이다. 즉, 다른 요소가 부족한 상태에서 단 하나의 요소만으로는 효과적인 적용이 가능하지 않다. 다음 부분을 공부할 때 이 점을 기억하도록 하자.

표 11-1 table

숙달중심 교실과 수행중심 교실 간 비교

	숙달중심 교실	수행중심 교실
성공은 ……으로 정의된다.	숙달, 향상	높은 점수, 다른 학생보다 잘 하는 것
……에 가치를 둔다.	노력, 향상	높은 점수, 높은 능력을 보임
만족의 이유는……	도전을 받아들임, 열심히 공부함	다른 학생보다 잘함, 최소한의 노력으로 성공함
교사가 지향하는 것은……	학생의 학습	학생의 수행
실수를 보는 관점은……	학습할 때 일어나는 자연스런 부분	걱정과 불안의 근원
노력하는 이유는……	이해를 높이기 위해서	높은 점수를 받고, 다른 학생보다 잘하기 위해서
능력은 …… 로 본다.	증가하는, 변화될 수 있는 것	고정적인, 변하지 않는 것
평가할 때의 근거는……	미리 정해진 기준에 얼마나 진척했는지에 따라 평가하고, 피드백을 제공함	다른 학생과 비교하여 점수를 결정함

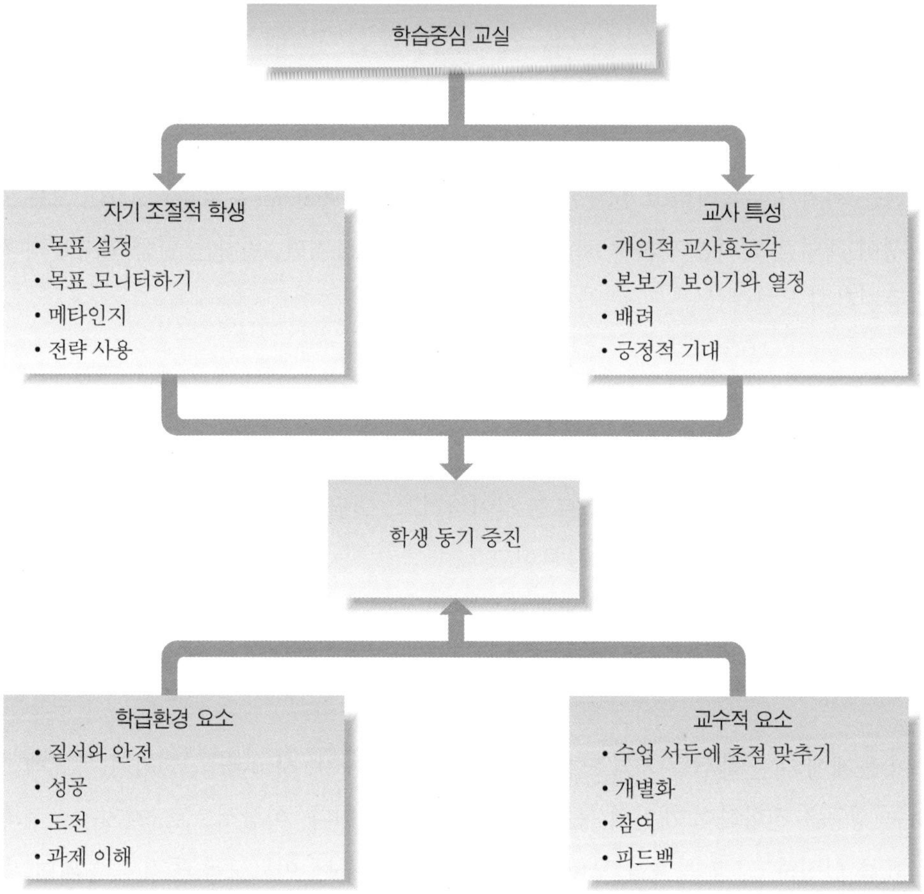

[그림 11-1] 학생의 학습동기 증진 모델

◈ 이해 점검 활동

1.1 숙달중심 교실과 수행중심 교실 간의 차이점을 설명하라.

1.2 "지난 시험에서 모두 정말 잘했다. 우리 반의 반 이상이 A 혹은 B를 받았단다."라고 교사가 말했다. 숙달중심 교실과 수행중심 교실의 설명에 기초하여 동기를 증진하기 위해 이러한 진술이 얼마나 효과적인지 설명하라.

자기조절적 학습자: 학생 책임감 발달시키기

흔히 교사들은 학생들이 자신의 학습에 대해서 노력을 별로 기울이지 않고, 책임을 지고자 하는 의지가 부족하다고 한탄한다(J. Cooper, Horn, Strahan, & Miller, 2003). 모든 교사는 학생이 책임감 있기를 원하고 교실에서 그것을 강조하지만, 원하는 만큼 학생들의 책임감을 증진하지 못한다.

"내 학생들은 너무 책임감이 없어."라고 중학교 1학년 교사인 조 교사가 점심시간에 말했다.

"책도 안 가지고 오고, 노트도 잊어버리고, 연필도 안 가져온다니까……. 수업준비도 안 되서 와! 숙제하는 건 물론이고."

조 교사가 동료인 박 교사에게 비꼬듯 웃으며 말했다.

"그래 맞아. 어떤 학생은 아무 생각 없이 멍하게 있고, 어떤 학생은 상관도 안 해."

자기조절(Self-regulation)

동기, 사고과정, 전략과 목표에 이르게 하는 행동을 결합하여 개인의 목표를 설정하는 과정

이 문제에 대한 해답은 **자기조절**이다. 자기조절은 동기, 사고과정, 전략과 목표에 이르게 하는 행동을 결합하여 개인의 목표를 설정하는 과정이다. 이상적으로, 자기조절적 학생은 목표를 설정하고, 그 목표를 모니터하여, 마침내 목표에 이르도록 동기 부여되며, 목표에 맞는 전략을 선택하고자 시도할 때 메타인지적이 된다. 예를 들어, 자기조절적 학생은 영어수업의 숙제인 소설 읽기와 화학수업의 원자구조에 대해 읽을 때 접근법이 전혀 다르다. 이들 요소가 모델의 첫 번째 구성요소에 나와 있으며 다음과 같다.

- 목표 설정
- 목표 모니터하기
- 메타인지
- 전략 사용

하지만 학생들에게 이상적인 자기조절에 이르게 하는 것은 교사에게 굉장히 어려운 일이다. 그 이유는 많은 학생이 목표를 설정하는 방법을 알지 못하고 목표를 설정하거나 목표에 전념하도록 동기 부여되지 않기 때문이다(Schunk, 2005; Zimmerman, 2005).

다음 절에서 이러한 문제를 해결하기 위한 방법을 살펴보자.

자기조절 개발하기: 학습자의 자기결정성 욕구 적용하기

자기결정성은 인간에게 중요한 욕구여서 교사들은 학생들이 목표를 설정하고, 목표에 전념하고, 목표를 모니터하도록 돕기 위해 이 욕구를 이용할 수 있다. 어떻게 하는지 다음에서 살펴보자.

이 이론의 초점이 내재적 동기에 있음에도 불구하고, 자기결정이론은 모든 행동이 본래 내재적으로 동기 부여되는 것은 아니라는 사실을 인정한다(R. Ryan & Deci, 2000; Schunk, Pintrich, & Meece, 2008). 예를 들어, 학생들은 처음에는 보상을 받고, 처벌을 피하기 위해 목표를 달성하려고 노력한다(R. Ryan & Deci, 2000). 그 후, 자기조절이 발달하면서 점차적으로 학생들은 숙달목표를 달성하는 데 대한 책임이 있음을 배우게 된다. 예를 들어, 학생들은 목표를 달성하는 것이 그들이 더 좋은 점수를 받는 데 도움이 된다고 믿는다. 비록 이 행동은 여전히 외재적으로 동기 부여되지만, 이는 자기조절의 증가를 의미한다. 학생들의 자기조절이 더 발달함에 따라 이들은 목표를 달성하는 것이 자신이 어떤 부류의 사람인지에 대한 믿음과 일치하기 때문에 목표를 달성하려고 노력한다. 예를 들어, 만일 학생이 자신을 책임감 있는 사람으로 보기 시작하면서 목표 달성을 모니터한다면, 그녀는 자기결정성을 향해 보다 더 전진한 것이다.

종국에는 (그리고 이상적으로는) 학습자는 그들 자신을 위한 목표를 설정하고 모니터하게 되는데, 이것은 내재적으로 동기화되고 스스로 결정한 행동이다(Schunk et al., 2008). 실세계에서 많은 학생이 이 지점에 도달하지 못하지만 이 지점에 도달한 학생에게는 장기적인 성취와 성공의 가능성은 굉장히 높아진다. 교사로서 당신은 학생의 자기결정성의 발달을 돕는 데 결정적인 역할을 한다(Friedel, Cortina, & Turner, 2007; N. E. Perry, Turner, & Meyer, 2006).

자기조절은 발달적이기 때문에 당신은 초기에는 학생들의 노력에 비계를 제공하고 그

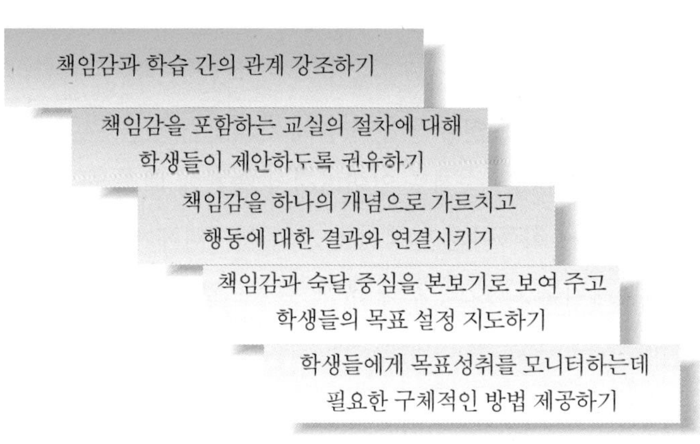

[그림 11-2] 학습자 자기조절을 발달시키기 위한 제안

다음에는 점차적으로 더 많은 책임감을 그들에게 넘겨줄 필요가 있을 것이다(Bohn, Roehrig, & Pressely, 2004). 이러한 비계를 제공하기 위한 제안점이 [그림 11-2]에 도식화되어 있고 사례연구와 제안점이 다음에 설명되어 있다.

중학교 1학년 지리교사인 최 교사가 어떻게 [그림 11-2]의 제안점을 학생들에게 적용하고자 노력하는지 살펴보자.

최 교사는 학기 첫날을 시작하면서 학생들을 환영하고, 그들에게 자신을 소개하도록 하고 나서 말했다.

"가능한 한 많이 배우기 위해서, 우리는 서로 협력할 필요가 있습니다. 예를 들어, 나는 우리가 무엇을 달성할지에 대해 생각할 필요가 있고, 주제에 대해 여러분의 이해를 도울 수 있는 예를 생각해 올 필요가 있습니다. 그것이 내가 할 일이지요. 그렇다면, 여러분이 할 일은 무엇일까요?"

최 교사의 지도로 학생들은 매일 수업에 책과 다른 준비물을 가져와야 하고, 종이 울리면 자리에 앉아야 하며, 단지 숙제를 끝내기만 하는 것이 아니라 이해를 해야 한다는 점에 동의하였다.

"자, 이 모든 것에 대한 책임이 누구에게 있습니까?" 라고 최 교사가 물었다.

"우리요." 몇몇 학생이 동시에 대답했다.

"맞습니다. 나는 내 일에 책임이 있고 여러분은 여러분의 일에 책임이 있습니다."

"자, 사람들이 책임을 다하지 않으면 어떤 일이 발생하는지 봅시다." 최 교사는 다음과 같은 예시를 보여 주었다.

장준이는 학교에 모든 준비물을 가져가려고 노력했고 정성 들여 숙제를 했다. 그는 준비물을 챙겼는지와 숙제를 이해했는지를 체크하는 리스트를 가지고 있다. 숙제할 때 이해가 안 되는 부분이 있으면 다음 날 선생님께 여쭈어 본다.

장준이는 수업에서 공부를 많이 하고, 친구들에게 수업이 재미있다고 얘기한다. 그의 선생님은 장준이의 노력을 존중한다.

희석이는 종종 책, 노트, 연필 등을 수업에 가져오는 것을 잊어서 선생님과의 사이에 문제가 있다. 그는 때때로 숙제도 잊어버려서 숙제에 대한 점수도 받지 못하고, 많이 배우지 못하고 있다. 희석이의 선생님은 그의 어머니에게 전화를 걸어 희석이의 책임감 없음에 대해 얘기를 나눴고, 그래서 그 벌칙으로 지금 희석이는 일주일간 TV를 볼 수 없다.

최 교사가 학생들에게 읽을 시간을 준 후 물었다.

"장준이와 희석이의 차이점은 무엇입니까?"

학생들은 몇 가지 이야기를 했고, 그 과정에서 어떤 학생이 희석이가 많이 배우지 못하고 있다는 것을 지적했을 때 신희가 "그건 희석이의 잘못이에요."라고 말했다.

"그래요." 최 교사가 고개를 끄덕이면서 말했다.

"우리가 우리 자신에 대해 책임지지 않는다면, 우리가 배우지 못할 때 그건 누구의 잘못인가요?"

"우리 잘못이요." 몇몇 학생이 대답했다.

"그래요. 우리는 모두 우리 자신에 대해 책임이 있어요."라고 최 교사가 강조했다.

최 교사의 지도로 학생들은 책임감을 가지는 데 도움이 되는 목표를 설정했고, 다음 날 그는 전날의 토론에서 만들어진 자기 모니터 리스트([그림 11-3])를 나눠 주었다. 그는 학생들에게 이것을 노트 맨 앞장에 붙여 놓고 아침에 일어나자마자 체크하도록 하였다. 이 리스트가 쌓여 감에 따라 학생들은 자신의 진척사항에 대한 기록이 되는 '책임감 포트폴리오'를 갖게 된다.

그러고 나서 최 교사는 학생들이 숙제를 이해했는지 아닌지를 결정할 수 있는 바에 대해 학생들에게 물어본다. 학생들은 반에서 숙제를 설명하거나 부모님께 설명하기로 의견을 모았다.

마지막으로, 학생들은 매주 책임감 목표 18개 이상의 항목과 학습목표 8개 이상의 항목을 체크한 학생들에게 금요일에 자유시간을 주기로 결정하였다. 책임감 목표에서 15개 항목보다 적게 체크한 학생들은 그 기간 동안 혼자서 '자숙의 시간'을 보낼 것이고, 학습목표 8개 항목보다 적게 체크한 학생들은 최 교사와 함께 향상되어야 할 영역에 대해 의논할 것이다.

자, 최 교사가 [그림 11-2]의 제안을 적용하기 위해 어떠한 노력을 기울였는지 살펴보자.

________ 째 주		이름 ____________			
책임감 목표	월요일	화요일	수요일	목요일	금요일
연필 깎아서 가져오기	✓	✓			
노트 가져오기					
교재 가져오기					
종 울리면 자리에 앉기					
학습목표	월요일	화요일	수요일	목요일	금요일
숙제 끝내기					
숙제 이해하기					

[그림 11-3] 목표 모니터표

첫째, 학기 시작부터 최 교사는 학생들은 배우기 위해 학교에 왔고 학생들이 가능한 많이 배우고자 한다면 책임감을 받아들이는 것이 꼭 필요하다는 점을 강조하였다. 이로써 숙달중심환경을 조성하는 과정이 시작되었다.

둘째, 최 교사는 수업과정에서 학생들에게 의견을 제시하도록 요청하였다. 자기결정이론에 따르면, 의견을 제시하도록 요청받는 것이 기본적 욕구인 자율성 지각에 기여하고(R. Ryan & Deci, 2000), 이것은 또한 학생들이 자신이 세운 목표에 전념할 가능성을 높인다.

셋째, 최 교사는 책임감을 하나의 개념으로 다루었고 그것에 대한 적절한 예와 그렇지 못한 것을 설명하였다. 학생들이 때때로 자신의 학습에 책임을 지지 않는 이유는 책임감이 무엇인지 잘 모르고 자신의 행동과 결과 간의 관계를 충분히 이해하지 못했기 때문이다. 최 교사는 책임감 있는 행동의 결과와 무책임한 행동의 결과의 예시를 구체적으로 설명하였다. 최 교사는 학생의 자기조절능력을 증진하기 위해 학생에 대한 통제보다는 학생에게 정보를 제공하는 방법을 사용하였으며, 이러한 방법은 학생의 내재 동기에 도움을 줄 수 있다(Charles & Senter, 2005; Emmer & Stough, 2001).

넷째, "나는 우리가 무엇을 달성할지에 대해 생각할 필요가 있고, 또한 주제에 대한 여러분의 이해를 도울 예를 생각해 올 필요가 있습니다. 그것이 내가 할 일이지요."라는 말에서, 최 교사는 개인적으로 책임감과 숙달 중심에 대해 본보기를 보였다. 그는 또한 학생들이 구체적이고, 즉각적이며, 적당히 도전적인 목표를 설정하도록 지도하였다.

마지막으로, 최 교사는 학생들이 자신의 목표를 모니터하도록 돕기 위해 구체적인 수단(자기모니터 리스트)을 준비했다. 비록 그 절차가 수업 준비물을 가져오는 것 같이 기초적인 것이라 할지라도, 리스트상에서 체크 항목이 늘어갈수록 학생들의 자기효능감은 높아질 수 있다. 점차적으로 이러한 과정을 통해서 이들은 책임감을 수용할 뿐 아니라 학습을 더 많이 하고자 하는 결심을 배울지 모른다. 이것은 자기조절에 이르는 경로에서 더 진척했음을 나타낸다.

최 교사의 학생들은 초기에는 보상(자유시간)을 받고 처벌(혼자 자숙의 시간을 보내기)을 피하기 위하여 목표를 달성했다. 학생들의 자기조절이 발달함에 따라 학생들은 목표를 설정하고 모니터하는 것이 학습을 증진한다는 것을 깨닫게 되고, 목표를 스스로 설정하기를 희망한다(R. Ryan & Deci, 2000).

이 예는 중학교 학생에게 초점을 맞추고 있지만, 자기조절은 어린 아동에게도 목표가 될 수 있다. 그러나 발달적 차이를 고려하기 위해서는 그 과정을 조정해야 한다. 12장에 제시된 사례연구는 어떻게 고 교사가 1학년 학생들에게 자신들의 워크시트를 치워 버리도록 가르쳤는지가 설명되어 있다. 고 교사는 최 교사가 사용한 여러 가지 제안을 혼합하여 사용하였다. 그녀는 구체적 예를 들어 절차를 가르쳤고, 그것을 본보기로 보였으며, 그녀의 학생들이 따르기 위한 책임감을 수용하도록 기대했다. 그리고 고 교사는 그녀의 1학년 학생들이 학급회의에서 생산적으로 기여할 수 있다고 믿었다. 이러한 모든 과정이 자기조절을 발달시키는 전략에 해당한다.

당신이 얼마나 열심히 노력했는가와 관계없이 당신의 학생 중 일부는 책임감을 수용하는 데 실패할지 모르며, 마찬가지로 당신이 최선의 노력을 기울였음에도 불구하고 모든 학생에게 학습에 대한 동기가 부여되지는 않는다. 하지만 학생들이 자기조절적이 되도록 돕기 위해서 당신은 학생의 학습과 전반적인 안녕에 평생 동안 노력해야 할 것이다.

교실에의 적용

교실에서 자기조절 증진하기

자기조절은 개인적 목표를 설정하고 이에 이르는 과정이다. 목표설정, 자기 모니터, 메타인지를 사용하여 학습자의 책임감을 증진하라.

- 초등학교: 한 4학년 교사는 매주 월요일 수학시간에 '이 주의 문제'를 내준다. 학생들은 문제를 정확하게 푼다는 목표를 세우고, 문제를 풀고 나면 학생들은 이것을 수학 포트폴리오에 끼운 후 맨 앞 페이지에 있는 표에 첫 번째 체크 표시를 한다. 이들이 부모나 형, 누나, 또는 다른 어른에게 문제 푸는 방식을 설명하면 두 번째 체크를 한다. 그러고 나서 금요일마다 학급에서 이 문제의 풀이를 토의한다.
- 중학교: 한 중학교 1학년 역사교사는 매주 학생들에게 학습 가이드를 나누어 준다. 매주 학생들은 그 가이드의 모든 문제를 이해하고 답하는 것을 목표로 설정한다. 이들은 각 문제에 답을 하고 스스로 이해했다고 생각될 때 체크를 한다.
- 고등학교: 물리수업에서 학생들은 실세계에 공부하는 주제를 적용하는 사례를 만드는 목표를 세운다. 특히 잘했다고 생각되는 적용사례는 학급 전체가 분석하고 토론하도록 제안한다.

◈ 이해 점검 활동

2.1 교사가 학습자의 자기조절을 증진하기 위해 사용하는 전략을 규명하고, 최 교사가 이러한 전략을 어떻게 실행했는지를 설명하라.

2.2 최 교사의 학생들은 초기에는 보상을 받고 처벌을 피하기 위해 목표를 달성하려고 노력했다. 자기조절(그리고 궁극적으로 자기결정성)을 증진하는 예시를 제안하라.

2.3 최 교사는 자기조절을 촉진하기 위해 통제전략보다는 정보전략을 사용했다. 이는 그가 책임감 있는 행동과 무책임한 행동의 예시를 사용하는 데에서 나타나 있다. 사례연구의 내용을 이용해 두 가지 접근이 어떻게 다른지 설명하라.

교사 특성: 학습동기를 증진하는 개인적 자질

교사가 학생의 학습에 변화를 줄 수 있는 것처럼, 교사는 학생의 동기에도 변화를 줄 수 있다. 교사는 학습환경을 만들고, 교수법을 시행하고, 숙달중심환경 또는 수행중심환경 학급을 구성한다. 그러므로 만약 [그림 11-4]에 제시되어 있는 교사 특성이 없다면 모델에서 다른 구성요소의 어떤 것도 효과적이지 않다.

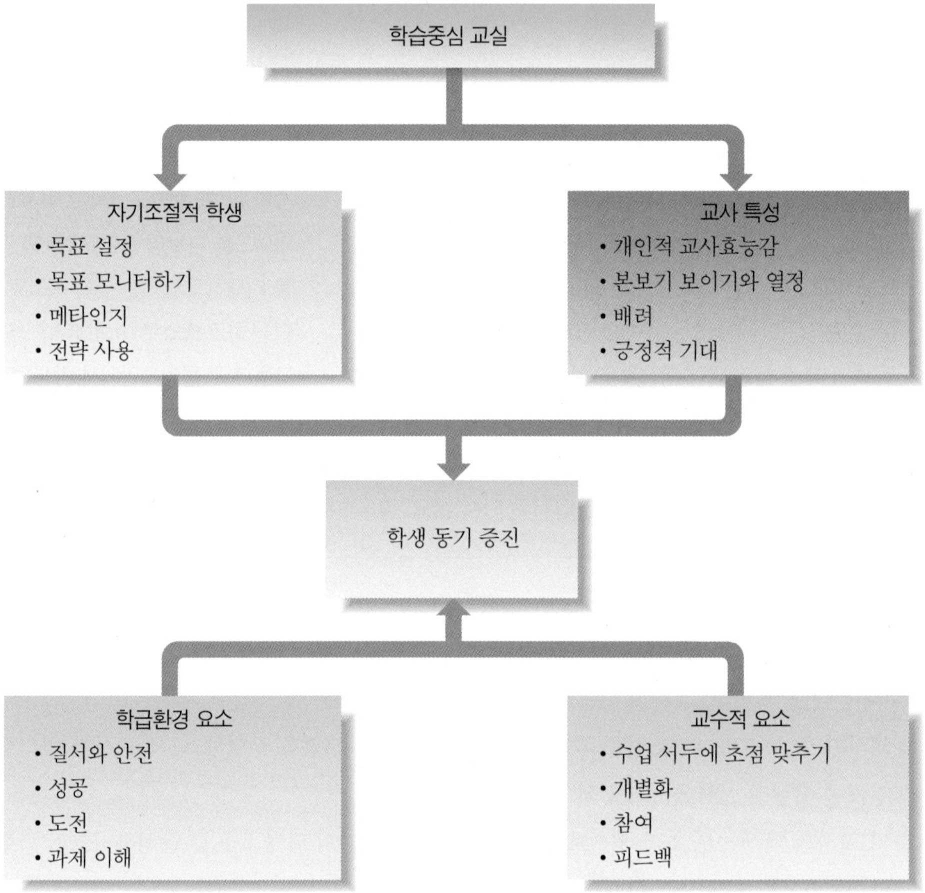

[그림 11-4] 학생의 학습동기 증진 모델에서 교사 특성

개인적 교사효능감: 교수와 학습에 대한 신념

개인적 교사효능감 (Personal teaching efficacy)
그 또는 그녀가 학생들의 사전지식이나 능력에 관계없이 모든 학생을 배우게 할 수 있다는 신념

10장에서 자기효능감은 특정한 과제를 성취할 수 있는 능력에 대한 개인의 신념이라고 배웠다. 개인적 교사효능감은 학생들의 사전지식이나 능력에 관계없이 모든 학생을 배우게 할 수 있다는 교사의 신념이며, 이는 자기효능감 개념의 확장이라고 할 수 있다(Woolfolk

Hoy, Davis, & Pape, 2006; Yeh, 2006).

개인적 교사효능감이 높은 교사는 그들의 교수법에 대한 성공 혹은 실패에 대한 책임은 받아들인다. 그들은 긍정하지만 학생들에게 많은 노력을 요구한다. 그들은 가르치기 위해 가용 시간을 최대화하고, 학생들의 능력이 증진하면 칭찬하고, 행동을 통제하기 위해 보상을 이용하는 것을 피하며, 성취가 낮은 학생들에 대해 인내심을 발휘한다(Roeser, Marachi, & Gehlbach, 2002; Ware & Kitsantas, 2007). 반면 낮은 효능감을 가진 교사는 낮은 성취를 보이는 학생들에 대해 지능의 부족, 불우한 가정환경, 비협조적인 행정관리자, 또는 다른 외부적인 요소에 탓을 돌릴 가능성이 높다. 이들은 낮은 기대를 가지고 있고, 학습활동에 시간을 덜 소비하며, 낮은 성취를 보이는 학생들을 포기하며, 학생들이 실패했을 때 더 비판적이다(Brouwers & Tomic, 2001; Henson, Kogan, & VachaHaase, 2001). 나아가 낮은 효능감을 가진 교사는 높은 효능감을 가진 교사에 비해 더 통제적이고 학생들의 자율성에 가치를 덜 둔다(Henson et al., 2001).

효능감이 높은 교사에게 배운 학생들이 효능감이 낮은 교사에게 배운 학생들에 비해 더 많이 배우고, 보다 더 동기 부여가 된다는 점은 놀랄 만한 일이 아니다(Tschannen-Moran, Woolfolk Hoy, & Hoy, 1998). 교사효능감은 또한 수업에 대한 헌신, 직무만족과 관련이 있다(Caprara, Barbaranelli, Borgogni & Steca, 2003).

학생 전체 집단적 교사효능감, 즉 교수진이 전체로서 학생들에게 긍정적 영향을 줄 수 있다는 신념으로부터 혜택을 받는다(Goddard, Hoy, & Woolfolk Hoy, 2004; Hoy, Tarter, & Hoy, 2006). 이러한 학교들은 다양한 배경을 가진 학생들의 성취수준에 긍정적인 영향을 끼치는 것으로 잘 알려져 있다. 낮은 사회경제적 지위(SES)와 낮은 성취 사이의 상관관계는 연구에 의해 이미 충분히 입증되었다. 하지만 집단적 교사효능감이 높은 학교에 재학하는 낮은 사회경제적 지위를 가진 학생들은 집단적 교사효능감이 낮은 학교의 높은 사회경제적 지위를 가진 학생들과 거의 유사한 학업성취를 보였다(V. Lee. 2000; Tschannen-Moran & Barr, 2004). 또한 집단적 교사효능감이 높을 때, 상 · 중 · 하의 사회경제적 지위를 가진 학생 간 성취의 차이가 작았다(V. Lee, 2000). 달리 말하면, 이러한 학교들은 전형적으로 학교교육으로부터 차별적으로 혜택을 받는 집단 간 성취의 차이를 줄인다.

집단적 교사효능감
(Collective efficacy)
교수진이 전체로서 학생들에게 긍정적인 영향을 줄 수 있다는 신념

집단적 교사효능감을 증진시키기 위해 무엇을 할 수 있을까? 당신이 할 수 있는 가장 좋은 방법은 동료들이 냉소적이고 비관적일 때 긍정적인 태도를 유지하는 것이며, 동료 교사들에게 모든 학생의 학습동기를 증진시키는 데 있어 교사가 얼마나 중요한 역할을 하는지 보여 주는 연구를 상기시켜 주는 것이다.

본보기 보이기와 열정: 진정한 관심 가지기

교사의 본보기 보이기는 학생들의 흥미에 상당한 영향력을 가질 수 있다. 만일 교사가

열성적인 교사는 자신이 가르치는 주제에 대한 관심을 학생과 나눔으로써 학생의 동기를 높일 수 있다.

"이런 것들이 지겹기는 하지만 우리는 이것을 공부해야 해." 또는 "이건 나도 좋아하는 주제가 아니야."와 같은 말로 싫어하거나 흥미 없음을 본보기로 보인다면 학생들의 학습동기를 증가시키는 것은 사실상 불가능하다.

반대로 만약 교사가 자신의 관심을 본보기로 보여 주면 지루하고 흥미롭지 않은 주제라도 학생들에게 동기를 부여할 수 있다(Brophy, 2006c). 예를 들어, 10장에서 최 교사가 십자군에 대한 수업을 할 때, "이게 얼마나 재미있는지 보자……. 우리는 수백 년 전에 살던 사람들에 의해 영향을 받을 수 있음을 알게 되었다……."라며 주제에 대한 그녀의 분명한 흥미가 학생들의 흥미를 증가시켰다. 한 지리교사가 만일 "지리학은 우리의 삶에 대단한 영향을 미친단다. 예를 들어, 뉴욕(New York), 시카고(Chicago), 샌프란시스코(San Francisco)가 아무 이유 없이 중요한 도시가 되진 않았단다. 이 도시의 지리적 위치와 연관되어 있어."라고 말한다면, 앞과 같은 영향을 줄 수 있다. 간단한 격려의 말, 연극조의 말, 또는 학생들을 즐겁게 해 주려는 노력과는 다르게, 진정한 흥미는 학생에게 내용이 매우 중요하고 배울 가치가 있다는 느낌을 유발할 수 있다(Brophy, 2004). 열정을 가진 교사에 의해 가르침을 받은 학생들이 덜 열정적인 교사에 의해 가르침을 받은 학생들보다 높은 성취를 보인다는 연구 결과가 있다(B. C. Patrick, Hisley, & Kempler, 2000).

교사들은 또한 노력에의 귀인과 지능에 대한 증가적 관점을 본보기로 보임으로써 학생들의 동기에 영향을 줄 수 있다. "내가 더 많이 공부할수록, 나는 더 똑똑해진단다."라고 말하는 교사는 노력하는 것은 바람직하며 노력을 통해 높은 능력에 이르게 된다는 점을 학생들에게 전달한다. 그럼으로써 교사는 학생들이 교사의 이러한 믿음을 자신의 생각으로 모방할 가능성을 높이는 것이다(Brunning, Schraw, Norby, & Ronning, 2004).

배려: 소속과 관계에 대한 욕구 충족시키기

- 한 1학년 교사는 매일 아침 각 학생을 포옹이나 '하이파이브'로 반겨 준다.
- 한 5학년 교사는 학생이 숙제를 제출하지 않거나 2일 이상 연속으로 결석하면 바로 부모님께 전화를 건다.
- 한 수학교사는 담당하는 5개 수업의 모든 학생의 이름을 학기 초 일주일 이내에 외우고, 어려움에 처한 학생에게 도움을 주고자 점심시간 동안 책상에 앉아 있다.

배려(Caring)
어린 아동들을 보호하고 발달하도록 교사의 공감과 노력을 투입하는 것

앞의 교사들 각각은 배려, 즉 어린 아동들을 보호하고 발달하도록 교사의 공감과 노력을 투입하는 것을 보여 준다(Noddings, 2001; N. E. Perry et al., 2006; Roeser, Peck, & Nasir, 2006). 배려하는 교사는 매슬로 욕구위계에서 안전과 생존의 욕구 위에 위치한 소속에 대한 욕구(Maslow 1968, 1970)와 자기결정이론에서 중요한 관계성 욕구를 충족시키는 데 도움을 준다(R. Ryan & Deci, 2000).

연구는 배려의 중요성을 지지한다.

> 교사가 애정을 가지고 자신을 배려한다고 지각하는 학생들은 더 친사회적이고, 사회적 책임감 목표, 학업적 노력, 더 높은 내재적 통제 신념 등 긍정적인 동기의 결과를 보고했다. 학생들이 자신의 교사가 자신을 학습자로서 그리고 인간으로서 배려해 주기를 원한다는 것은 분명하다(N. E. Perry et al., 2006: 341).

추가 연구에서는 학생들이 교사가 자신을 좋아하고 자신의 욕구에 부응해 준다고 지각할 때 학급활동에 보다 열심히 참여하였다(Osterman, 2000).

배려 보여 주기

교사가 배려한다는 사실을 어떻게 학생에게 알릴 수 있을까? 몇 가지 방법이 다음에 제시되어 있다(Alder, 2002; Osterman, 2000; Wilder, 2000).

- 학생들의 이름을 빠르게 외우고 이름을 불러 준다.
- 매일 학생들을 반겨 주고 개인적으로 이들을 알아 가도록 한다.
- 눈을 맞추고, 웃어 주고, 이야기할 때 학생들 쪽으로 몸을 향하고, 편안한 신체언어를 구사한다.
- 학급활동과 숙제에 관해 얘기할 때 '우리' '우리의'와 같은 단어를 사용한다.
- 학생들과 함께 시간을 보낸다.
- 학생을 한 인간으로서 존중하는 태도를 보인다.

마지막 두 가지 항목은 특별히 강조할 가치가 있다. 우리 모두에게 정확히 하루에 24시간이 있고, 어떻게 시간을 얼마나 할당하느냐가 우선순위에 대한 가장 정확한 척도가 된다. 우리의 시간 중 얼마를 학생들에게 할애하도록 선택하는 행동은 어느 다른 요소보다 더 학생들에게 대한 배려를 보여 준다. 숙제하는 데 어려움을 겪고 있는 학생들을 도와주는 것이나 방과 후 부모님을 부르는 것은 교사가 학생들의 학습에 대해 애정을 가지고 배려한다는 것을 보여 준다.

교사가 개인적 시간을 할애해 형제에 관해 묻거나 새로운 머리 스타일을 칭찬한다면

학생을 인간으로서 배려한다는 것을 보여 준다.

학생에 대한 존중을 보여 주는 것 역시 필수적이다. 교사들은 다양한 방식으로 존중을 보여 줄 수 있지만 일정한 기준을 유지하는 것이 매우 중요하다.

> 교사가 학생에 대한 존중을 보여 주는 가장 좋은 방법의 하나는 학생에 대해 높은 기대를 가지는 것이다. 예를 들어, 조잡하고, 생각 없이 작성했거나 완성하지 않은 숙제는 받아들이지 않고, 자신의 생각을 좀 더 정확하게 전달하도록 격려하고, 포기하지 않도록 용기를 북돋워 주며, 학생이 성실히 노력한 숙제가 아니라면 칭찬하지 않는다. 역설적으로, 학생들의 자아존중감을 보호하고자 하는 교사의 반응(예, 질이 낮은 숙제를 인정하는 것 등)은 교사가 학생들에게 관심이 없고, 인내심이 없으며, 배려하지 않는다는 점을 시사한다(Stipek, 2002: 157).

실증적 연구가 위의 관점을 확증한다. 연구자들은 중학생에게, "교사가 너를 배려하는지 어떻게 아니?"라고 질문하였다. 학생들은 자신에게 인간적인 관심을 보이는 것이 중요하다고 대답했지만, 더 두드러지는 것은 배려하는 교사는 학생들이 학습하도록 헌신하며 학생에게 높은 기준을 가지고 있다는 이들의 믿음이었다(B. L. Wilson & Corbett, 2001).

물론 존중은 양방향적이다. 교사는 학생에 대한 존중을 본보기로 보여야 하는 동시에 자신의 학생이 교사와 다른 학생에 대한 존중을 기대할 권리를 갖는다. '모든 사람을 존중하는 마음으로 대하라.'는 것은 보편적으로 강조되어야 하는 규칙이다. 가끔 무례한 것은 눈감아 줄 수 있겠지만, 교사는 학생들이 지속적으로 무례한 행동을 하는 것은 용인되지 않는다는 점을 분명히 인식시켜야 한다.

교사 기대: 유능성에 대한 지각 증진하기

긍정적인 기대는 학생의 학습동기 증진 모델에서 네 가지 교사의 특성 중 마지막 요소다([그림 11-4] 참조). 긍정적인 교사 기대는 학급연구의 오랜 연구 전통 속에서 일관적으로 성취의 증가와 관련이 있다(Brophy, 2006c; Stipek, 2002).

> 교사가 학생의 학습에 대해 어떻게 기대하느냐는 그 학생이 실제로 배우는 것과 깊은 관련이 있다. 교사의 기대는 교육과정의 내용과 진도, 교수법의 구성, 평가, 개개 학생과의 교육적 상호작용에 영향을 끼친다. 그리고 교사의 학생에 대한 기대는 교사의 미묘한 또는 분명한 행동에 영향을 주어서, 이것이 다시 학습에 대한 학생 자신의 기대에 영향을 미치고 결국 행동에 영향을 미친다(Stipek, 2002: 210).

학생의 학습동기를 증진하기 위해 교사는 자기결정이론에서 선천적 욕구인 유능성을 모든 학생이 느낄 수 있도록 노력해야 한다. 하지만 교사의 기대가 때로는 학생들을 무능하다고 여긴다는 메세지를 전달할 수 있다(R. Weinstein, 2002). 예를 들어, 다음 두 언급을 비교해 보자.

> 이것은 새로운 아이디어다. 이것이 여러분에게 도전일 수 있지만 나는 여러분이 열심히 공부하면 모두 이해할 것으로 생각한다. 아이디어가 아직 머릿속에 있을 때 당장 시작하길 바란다. 내가 돌아다니는 동안 질문 있는 사람은 손을 들도록 해라.

> 이 내용은 어렵겠지만 우리는 이 내용을 배워야만 한다. 여러분 중에서 이해하기 힘든 친구도 있을 것인데 내가 가능한 빨리 바로잡아 주도록 하겠다. 내가 갈 때까지 미적거리는 일이 없도록.

첫 번째 교사의 말은 과제가 어렵다고 인정했지만 학생들이 성공할 수 있으리라고 기대한다는 것을 말함으로써 학생들의 유능성에 대한 자신감을 전했다. 두 번째 교사의 "여러분 중에서 이해하기 힘든 친구도 있을 것인데."라는 말은 학생들이 유능하지 않다는 것을 암시한다. 겉으로 보기에 악의 없는 말이 학생들의 학습동기에 강력한 영향을 줄 수 있다.

가장 일반적으로, 교사 기대는 학생 개개인과의 상호작용에 영향을 준다. 특히, 교사들은 높은 성취를 보일 것으로 생각하는 학생들과 낮은 성취를 보일 것으로 생각하는 학생들을 차별적으로 대한다(R. Weinstein, 2002). 이러한 차별적 대우는 전형적으로 네 가지 형태를 지닌다(Good, 1987a, 1987b; Good & Brophy, 2008).

- 감정적 지원: 교사는 높은 성취를 보일 것으로 생각하는 학생과 더 많이 상호작용한다. 즉, 그들과의 상호작용은 보다 긍정적이고 더 많이 눈을 마주치며, 가까이 서고, 학생들을 향해서 몸을 기울이며, 이런 학생들을 교실 앞쪽에 더 가까이 앉힌다.
- 교사의 노력과 요구: 교사는 높은 성취를 보일 것으로 생각하는 학생들에게 보다 분명하고 철저하게 설명하고, 더 열정적으로 가르치며, 더 많은 추가 질문을 하고, 학생들에게 더 완벽하고 정확한 답을 요구한다.
- 질문하기: 교사들은 높은 성취를 보일 것으로 생각하는 학생들을 더 자주 호명하고, 대답할 시간을 더 많이 주며, 대답을 잘못할 때 더 많은 가이드와 힌트를 제공한다.
- 피드백과 평가: 교사들은 높은 성취를 보일 것으로 생각하는 학생들에게 더 많이 칭찬하고 더 적게 비판한다. 그들은 높은 성취자라고 생각하는 학생들에게 더 완벽하고 긴 피드백과 개념에 대한 평가를 더 많이 제공한다.

자기충족적 예언
(Self-fulfilling prophecy)
개인의 수행이 그 또는 그녀의 능력에 대한 믿음에서 기인하고 이를 확증할 때 일어나는 현상

극단적으로, 학생들에 대한 교사 기대는 높든 낮든 간에 자기충족적 예언이 될 수 있다. **자기충족적 예언**은 개인의 수행이 그들 자신의 능력에 대한 믿음에서 기인하고 이를 확증할 때 일어나는 현상이다(R. Weinstein, 2002). 우리는 자기효능감 믿음을 사용해서 이를 설명할 수 있다. 긍정적 기대를 전달한다는 것은 학생들이 성공할 것이라는 것을 이들에게 암시하는 것이다. 학생들이 성공할 때, 이들의 자기효능감은 증가하고 동기와 성취 사이에 긍정적 관계가 형성된다. 이 반대 역시 발생할 수 있다. 낮은 기대를 전달하는 것은 학생들이 노력을 적게 기울이고, 궁극적으로 수행을 잘못하는 것으로 이어져 자신의 능력에 대한 예언을 확증하도록 할 수 있다.

모든 연령대의 아이들이 학생에 대해 교사가 가지는 차별적인 기대를 인식하고 있다(Stipek, 2002). 한 연구에서 연구자는 다음과 같은 결론을 내렸다.

> 아주 어린 학생일지라도 교사를 보거나 교사의 말을 들은 10초 후에 그 교사가 훌륭한 학생에 대해 말한 것인지 또는 형편없는 학생에 대해 말한 것인지를 알아차릴 수 있으며, 그 학생이 그 교사로부터 사랑받고 있는 정도를 판단할 수 있었다(Babad, Bernieri, & Rosenthal, 1991: 230).

이 절의 목표 중 하나가 기대가 동기와 성취에 영향을 미친다는 인식을 증진하는 것이었다. 기대는 대개 무의식적이어서 교사들은 종종 자신이 학생들에 대해 다른 기대를 하는지 깨닫지 못한다.

의식하고 노력한다면 교사는 모든 학생에 대해 적절히 높은 기대를 유지할 수 있을 것이다. 1학년 교사인 김 교사의 경험이 그 예가 될 수 있다. 학생들을 가능한 한 균등하게 호명하기 시작했을 때 그녀는 즉각적인 효과를 보았다.

교사들은 가능한 한 균등하게 모든 학생을 호명함으로써 긍정적인 기대를 전달한다.

정아가 오늘 나를 기쁘게 해 줬어요. 그 애가 아이들 중 한 명에게 '손 내려. 선생님은 우리 모두 다 기대하시잖아. 선생님은 우리가 모두 똑똑하다고 생각하시거든.' 이라고 말했거든요(Elaine Lawless, 개인적 대화, 2002년 2월 19일).

이론에서 실제로

학습동기를 증진시키는 개인적 자질

학습동기를 증진시키는 교사의 개인적 자질은 여러 가지 방법으로 적용될 수 있다. 다음의 가이드라인이 도움이 될 수 있을 것이다.

① 높은 개인적 교사효능감을 유지하도록 노력하라.
② 모든 학생에게 적당히 높은 기대를 유지하라.
③ 책임감, 노력, 가르치는 주제에 대한 흥미를 본보기로 보여라.
④ 교실 밖에서 학생들과 함께 시간을 보냄으로써 배려와 학생들의 학습에 대한 헌신을 보여라.

학습동기를 증진하는 교사의 개인적 자질을 나타내기 위한 가이드라인이 어떻게 고 교사가 5학년 학생들과 공부를 해 나가는 데 어떠한 방향을 제시해 주는지 살펴보자.

어느 날 아침 7시 45분쯤 이 교사가 고 교사를 보고 말했다.

"어머, 선생님 일찍 오셨네요." 고 교사가 대답했다.

"학생 몇 명이 오기로 했거든요. 어제 작문수업을 했는데 반 학생들이 서로서로 자기가 쓴 문장을 평가했어요. 두호나 다은이 같은 학생은 아주 잘했는데, 다른 학생들은 너무 뒤처졌더군요. 방과 후에 학생 페이퍼를 모두 봤는데 여전히 그랬어요. 몇 학생들은 이해를 잘못하고 있더라고요. 그래서 종진, 승숙, 수민이가 오늘 아침 수업 전에 와서 작문연습을 더 할 거예요. 반에서 공부를 썩 잘하는 학생들은 아니지만 가르치면 지금보다 훨씬 나아질 아이들이에요. 좋은 아이들인데 그저 조금 뒤떨어져 있을 뿐이죠."

7시 30분에 종진, 승숙, 수민이가 교실에 들어올 때 고 교사는 교실에 이미 와 있었다. 그녀는 학생들을 보고 웃으며 말했다.

"작문연습을 조금 더 할 거야. 나는 여러분 모두 좋은 작가가 될 수 있다는 것을 알고 있다. 나 역시 너희와 비슷했단다. 난 반복해서 연습했기 때문에 잘할 수 있었던 거야. 너희도 똑같이 할 수 있단다. 네가 쓴 단락을 다시 한 번 보자."

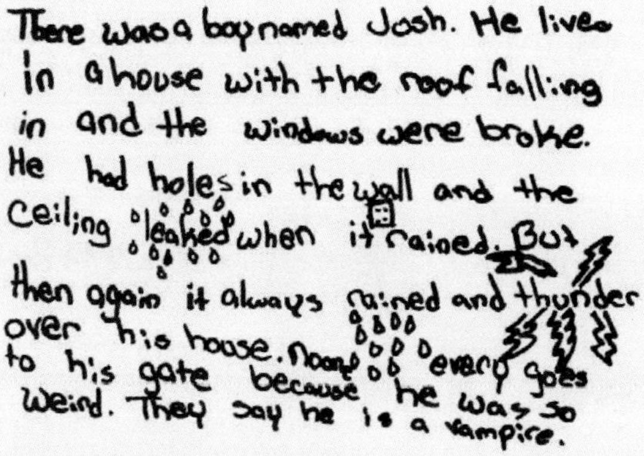
There was a boy named Josh. He lives in a house with the roof falling in and the windows were broke. He had holes in the wall and the ceiling leaked when it rained. But then again it always rained and thunder over his house. Noone every goes to his gate because he was so weird. They say he is a vampire.

장준이라는 소년이 있었다. 그 애는 지붕이 떨어지고 유리창이 깨진 집에 살고 있다. 벽에는 구멍이 나고 비가 오면 지붕이 샜다. 그렇지만 언제나 비가 오고 번개가 쳤다. 아무도 그 소년의 집 대문에 가지 않았다. 왜냐하면 그 애가 아주 이상했기 때문이다. 사람들은 그 애가 훌혈귀라고 했다.

고 교사는 OHP에 종진이의 단락을 보여 주고(종진이의 글은 전날 학생들이 평가했던 것이었다), "이 작문을 향상하기 위해서 어제 우리가 무엇을 제안했지?"라고 물었다.

승숙이가 말하길, "소년이나 집 중 하나의 주제에 관해서 썼어야 해요."

고 교사는 고개를 끄덕이며 말했다.

"맞아요."

교사와 학생들은 함께 각 학생의 기존의 작문을 본 후 그것이 나아질 수 있는 구체적인 제안을 하였다. 고 교사가 말하길, "좋아요. 지금까지의 제안을 바탕으로 단락을 다시 한 번 써 보세요. 모두 마친 후 함께 보겠어요."

세 학생이 수정한 단락을 가지고 교사와 학생들은 다시 의논하였다. 토론을 마치자 고 교사는 다음과 같이 학생을 격려했다.

"아주 많이 좋아졌어요. 계속 열심히 하면 아주 좋아질 거예요. 내일도 7시 30분에 보도록 해요."

고 교사는 학생의 동기를 증진시키는 교사의 개인적 자질을 보여 주고 있다.

첫째, 그녀는 "가르치면 지금보다 훨씬 나아질 아이들이에요. 좋은 아이들인데."라고 말했다. 그녀는 높은 개인적 교사효능감을 보여 주면서 첫 번째 가이드라인을 적용했다.

"가르치면 지금보다 훨씬 나아질 아이들이에요. 좋은 아이들인데 그저 조금 뒤떨어져 있을 뿐이죠."라는 말에서, 그녀는 두 번째 가이드라인을 적용하며, 긍정적 기대를 전했다. 그녀의 말은 그녀가 높은 성취를 보이는 아이들만이 아니라 모든 학생이 배울 수 있다는 기대를 보여 준다.

또한, 소그룹 수업에서 고 교사는 책임감과 노력의 본보기를 보임으로써 세 번째 가이드라인을 적용했다.

"난 연습하고 연습해서 잘할 수 있었던 거야. 너희도 똑같이 할 수 있단다. 다시 한 번 네가 쓴 단락을 보자."

마지막으로, 아마도 가장 중요한 점으로 그녀가 수업 시작 45분 전에 도착함으로써 추가적 지원이 필요한 학생을 돕기 위해 수업 이외의 시간을 사용하여 그녀의 배려와 헌신을 보였다는 점이다. 그녀는 가르치는 동안 활기찼고, 학생의 동기를 증진하는 데 필수적인 학생에 대한 존중을 보여 주었다.

이러한 개인적 특성을 보여 준다고 해서 모든 학생을 동기 부여된 학습자로 변화시키는 것은 아니다. 하지만 당신은 많은 학생에게 영향을 줄 수 있고, 그들의 교육에 있어 가치를 헤아릴 수 없을 만큼의 도움을 줄 수 있을 것이다.

교실에의 적용

학생의 동기를 증진시키는 교사의 개인적 요소, 교실에서 보여 주기

배려

1. 배려하는 교사는 교실에서 소속감과 관계성을 증진하고, 보호에 대한 헌신, 학생들을 인간으로서, 그리고 학습자로서 보호하고 발전시키는 데 헌신한다. 학생들을 존중하고 그들에게 개인적 시간을 할애함으로써 배려를 보여 준다.
   - 초등학교: 한 1학년 교사는 날마다 학생들이 교실에 들어올 때 반갑게 맞이한다. 그녀는 매주 몇 번씩 각 학생과 사적인 이야기를 하는 시간을 갖는다.
   - 중학교: 한 지리교사는 학생에게 아주 사소한 학습문제나 개인문제가 있는 것을 볼 때마다 부모에게 전화한다. 그는 부모에게 자녀를 주의 깊게 살펴볼 것을 부탁하고 자신도 문제해결에 도움을 줄 수 있다고 제안한다.

- 고등학교: 한 대수학교사는 매주 3회 방과 후에 보충수업을 한다. 학생들은 숙제에 대한 도움을 받고 학급과 학교에 관련된 개인적 문제에 대해서도 의논할 수 있다.

본보기 보이기와 열정

2. 교사들은 그들의 수업내용에서 자신의 흥미를 본보기로 보임으로써 열정을 가장 잘 보여 준다. 당신이 가르치고 있는 주제에 대한 흥미를 본보기로 보여 준다.

- 초등학교: 한 4학년 교사는 독서시간에 자신이 좋아하는 책에 대해 이야기하고 학생들이 독서할 동안 그 책을 읽는다.
- 중학교: 한 과학교사는 과학과 관련한 지역신문 기사를 스크랩해서 가져와 보여 주고 학생들에게도 스크랩할 것을 제안한다. 기사에 대해 토론하고 그 기사를 '우리의 게시판' 에 붙여 학생들이 읽을 수 있도록 한다.
- 고등학교: 한 세계사 교사는 수업시간에 공부하는 내용과 그것이 현 세계에 미치는 영향과의 관계에 대해 자주 설명한다.

긍정적 기대

3. 교사들은 학생들에게 노력하도록 요구하거나 감정적 지지를 통해서 그리고 학생들과 상호작용하는 방식에서 자신의 기대를 전달할 수 있다. 모든 학생에 대해 적당히 높은 기대를 유지하라.

- 초등학교: 한 2학년 교사는 수업시간에 가능한 각 학생의 이름을 똑같이 부르려고 의식적으로 노력할 때마다 수준 높은 질문을 한다.
- 중학교: 한 중학교 교사는 학생들이 수학문제에 대해 불평하자, 그것이 얼마나 중요한지를 학생들에게 상기시키고 문제를 잘 푸는 유일한 방법은 계속해서 연습하는 것이라고 말한다. 매 시간마다 그는 두 개 정도의 복잡한 수학문제를 푸는 방법을 지도한다.
- 고등학교: 한 역사교사는 학생들이 에세이를 대충 써 내자, 잘 쓴 에세이 하나를 학생들에게 보여 주고 더 나은 두 번째 에세이를 나머지 학생들에게 제출하도록 했다. 그녀는 일 년 동안 이 방법을 지속하였다.

◈ 이해 점검 활동

3.1 학생들의 학습동기를 증진하는 교사의 개인적 특성을 기술하라.

3.2 연구에 의하면 높은 효능감을 가지고 있는 교사가 낮은 효능감을 가지고 있는 교사에 비해 새로운 학습자료를 사용하고 학습전략을 더 기꺼이 변경하였다(Roeser et al., 2002). 개인적 교사효능감의 특징을 사용해서 이런 경우가 발생할 가능성이 높은 이유를 설명하라.

3.3 학생에 대한 교사의 열정을 전달하기 위한 가장 효과적인 방법은 무엇인가? 이 절의 정보에 기초해서 설명하라.

3.4 교사가 학생을 호명하지 않는 것은 그 학생에 대해 낮은 기대를 가지고 있다는 점을 전달하는 것이라는 이유를 설명하라.

학급환경 요소: 동기 부여하는 환경 만들기

긍정적 학급환경 (Positive classroom climate)

학습공동체로서 교사와 학생들이 모든 학생의 성취를 돕기 위해 함께 노력하는 학급환경

학교에서 시간을 보내면서 학생들은 그 학급이 배우기에 안전하고 긍정적인 장소인지 아닌지를 감지한다. 이런 느낌은 학급환경을 반영한다. **긍정적 학급환경**에서는 학습공동체

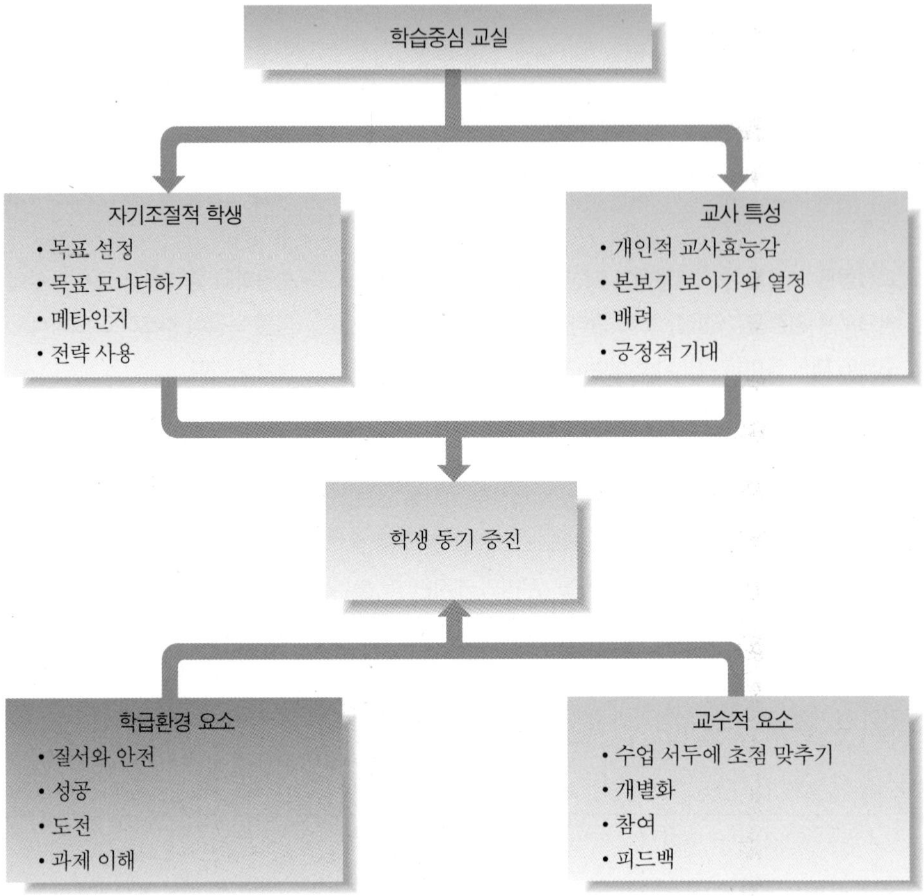

[그림 11-5] 학생의 학습동기 증진 모델에서 학습환경 요인

로서 교사와 학생들이 함께 모든 학생의 성취를 돕기 위해 노력한다(Palincsar, 1998; Rogoff, 1998). 안전감과 더불어 성공감, 도전감, 이해를 증진시키는 것이 목표다([그림 11-5] 참조). 어떻게 교사가 긍정적인 학습환경을 만들어 낼 수 있는지 살펴보자.

질서와 안전: 학습하기에 안전한 교실

질서와 안전
(Order and safety)
예측 가능한 학습환경을 만들고 학습자에게 신체적·정서적 안전감과 더불어 자율성을 지지해 주는 환경요소

질서와 안전은 예측 가능한 학습환경을 만들고 학습자에게 신체적 · 정서적 안정감과 더불어 자율성을 지지해 주는 환경요소다. 질서와 안전은 피아제(Piaget, 1970, 1977)의 연구와 자기결정이론 모두에 근거를 두고 있다. 안전하고 질서 있는 학급은 평형화에 대한 욕구를 충족시키도록 도와주며, 의사결정을 하는 권위를 학생들과 공유하는 것은 자기결정이론의 본질적인 욕구인(R. Ryan & Deci, 2000) 학생들의 자율성 욕구에 도움이 된다(Brophy, 2006b; Roeser et al., 2006). 권위를 공유하는 몇 가지 예는 학생들이 학급의 규칙과 절차를 정하는 데 의견을 내도록 권유하는 것, 학생들이 자신의 학습목표를 설정하고 모니터하도록 격려하는 것을 포함한다. 적절한 경우 학생들에게 학습활동의 종류와 순서를 선택하게

하는 것이나 숙제의 마감일 결정에 선택권을 주는 것도 포함시킬 수 있다.

자기결정이론에 대한 부가적 관점인 동기에 대한 인본주의적 관점과 인간기억 모형 또한 안전한 학습환경에 대한 욕구를 이해하는 데 도움을 줄 수 있다. 예를 들어, 안전은 매슬로(Maslow, 1970)의 위계에서 생존 욕구보다 상위에 위치하는 결핍 욕구다. 또한 안전한 학습환경에 있는 것은 학생들이 자기결정이론의 또 다른 본질적 욕구에 해당하는 관계성 욕구를 충족시킬 수 있게 해 준다(Deci & Ryan, 2000). 마지막으로, 인간기억 모형은 환경으로부터 비난받거나 비웃음거리가 되는 것에 대한 생각이 작업기억 공간을 차지하여 학습과제를 하는데 쓸 수 있었을 공간이 줄어듦을 제안한다. 미국심리학회 교육문제위원회(The American Psychological Association Board of Educational Affairs, 1995)는 정서적 안전이 특별히 중요하다고 판단하여 이것을 학습자중심의 심리학적 원칙(Learner-Centered Psychological Principle)에서 특별히 다루었다.

교사들은 존중과 예절을 본보기로 보여 주고 학생들이 학급의 다른 모든 학생에게 같은 방식으로 대하기를 기대함으로써 이 필수적인 요소에 대한 분위기를 조성한다(Barth, 2002; Blum, 2005).

성공: 학습자의 자기효능감 개발

일단 교사가 안전하고 질서정연한 환경을 조성하면 학생의 성공은 가장 중요한 환경 변수가 된다. 하지만 성공이라는 것은 단순히 시험이나 숙제에서 높은 점수를 받는 것을 의미하지 않는다. 성공은 학습 향상과 과제 달성에 의해 알 수 있는 것이지, 높은 점수와 다른 학생에 비해 더 나은 수행에 의해 알 수 있는 것이 아니다. 칭찬과 그 이외의 보상은 능력이 증가하고 있다는 점을 전달해야 한다. 실수는 그 학생이 성공적이 아니라는 것을 보여 주기보다는 학습하는 과정에서 일상적으로 일어나는 일이다.

교사들은 여러 가지 방법으로 성공을 증진할 수 있다.

- 학습자의 현재 이해도를 평가하고 참여를 촉진할 수 있는 개방형 질문으로 수업을 시작하라.
- 배경지식을 발달시키고 이해를 촉진하는 높은 수준의 다양한 예시를 사용하라.
- 학생들이 답하기 어려워할 때 학생들을 자극하기와 질문하기를 병행하며 수업을 발전시켜라.
- 학생들 스스로 하기를 기대하기 전에 비계가 제공되는 연습 기회를 제공하라.
- 교수-학습과정의 필수적인 부분을 평가하고 학습 향상에 대한 자세한 피드백을 제공하라.

하지만 지속적으로 향상되더라도 학습과제가 도전적이지 않다면(또 다른 효과적 학급 환경의 요소인), 성공은 학습동기를 증가시키지 않는다.

도전: 유능성에 대한 지각 증진

성공만으로는 자기효능감과 유능성에 대한 지각을 증진하지 못한다. 그들은 학습과제와 관련한 도전에 의해 좌우된다(Dolezal, Welsh, Pressley, & Vincent, 2003). 예를 들어, 학생들은 충분히 반복하면 무의미한 사실의 리스트를 성공적으로 암기해 낼 수 있다. 그러나 이러한 성공은 유능성에 대한 지각을 거의 증진하지 못한다. 학습자가 그들이 도전적으로 인식하는 과제에서 성공했을 때만이 유능성에 대한 지각이 발달할 것이다.

많은 이론과 연구 결과가 도전에 대한 욕구를 뒷받침한다. 도전은 내재적으로 동기를 부여하는 활동의 특징 중 하나로 그 이유는 자기결정이론과 가치에 대한 믿음으로 설명될 수 있다. 자기결정이론에 따르면 도전적 과제에서 성공하는 경험은 선천적 욕구인 학생의 유능성과 자율성 욕구를 충족시키도록 도와준다(Deci & Ryan, 2000). 게다가, 학습자들은 쉬운 과제에서의 성공보다 도전적 과제에서의 성공에 더 가치를 둔다(Lam & Law, 2007). 가치와 유능감 및 자율성의 지각은 노력과 끈기의 증가로 이어지게 된다. 이는 어린아이들이 자전거 타기를 배울 때 자꾸 넘어지는 데도 불구하고 왜 그렇게 끈기 있게 노력하는지와 기술을 모두 숙달한 후에는 흥미를 잃게 되는 이유를 이해하는 데 도움을 준다.

학습자의 자기효능감은 그들이 도전적인 과제를 성공적으로 해낼 때 증가한다.

교사는 학생들이 배우는 주제 간의 관계를 찾고 새로운 학습을 위해 이러한 관계들이 가지는 시사점을 규명하도록 격려함으로써 도전의 동기적 특성을 활용할 수 있다(Brophy, 2004; B. Taylor, Pearson, Peterson, & Rodriguez, 2003). 반면 별 연관성이 없거나 의미 없는 사실에 대해 토론하는 것은 반대의 효과를 가진다. 학생들이 과제가 어렵다고 불평할 때, 유능한 교사는 도전을 감소시키지 않고 학생들이 그것을 확실히 달성할 수 있도록 비계를 제공한다.

과제 이해: 자율성과 가치에 대한 지각 증진

학생들이 과제를 배우기에 의미 있고 가치 있는 것으로 여기지 않는다면, 성공과 마찬가지로 과제가 도전적인 것으로는 학습동기가 증진하지는 않는다(Vavilis & Vavilis, 2004). 예를 들어, 교사는 다음과 같은 세계사 읽기 숙제를 내준다.

이번 시험은 20장에서 거의 대부분 출제되니까 그 장을 주의해서 읽으렴. 특히, 십자군 전쟁의 연대에 대해서 아는지를 확실히 하도록 하고, '소년 십자군'은 무엇이었죠? 이런 모든 내용이 시험에 나올 거예요.

이제, 이 숙제와 10장에서 제시되었던 십자군에 대한 최 교사의 수업 중 대화내용을 비교해 보자.

"자, 실제 십자군 원정은 무엇에 관련된 거였지?"
"기독교인들이 성지를 이슬람인으로부터 얻고자 했어요."
"왜?"
"성지가 기독교인들에게 중요했거든요."

그다음에 학급은 종교, 경제, 이슬람 세계에 의한 군대 위협, 그들이 가졌던 영토의 양과 같은 십자군 전쟁의 이유에 대해 토론했다.

"훌륭한 분석이구나…… 실제로 우리는 이러한 요소가 신세계를 향한 콜럼버스(Columbus)의 항해에도 영향을 주었다는 사실을 알게 될 텐데……. 그것에 대해 생각해 보렴. 이슬람인들과 십자군은 거의 1,000년 전에 오늘날 여기에 있는 우리에게까지 영향을 미치고 있단다."

현실적으로, 교사가 무엇을 하든 모든 학생이 십자군에 대해 흥미를 느끼지는 않을 것이다. 하지만 최 교사의 수업에서 학생들의 학습에 대한 동기가 부여되었을 가능성이 첫 번째 교사의 반에서보다는 훨씬 클 것이다.

이러한 차이는 과제 이해, 즉 학습자가 학습하기로 되어 있는 것이 무엇인지에 대한 학습자의 지각과 그 과제가 왜 중요하고 가치 있는지에 대한 이해를 반영한다(Eggen & Kauchak, 2002). 과제 이해는 또한 과제와, 교수 속도, 필요하다면 추가적인 도움 제공에 할애할 시간에 대한 의사결정을 포함한다. 첫 번째 교사는 십자군에 대해 공부해야 하는 이유를 연대와 이름을 알고, 해당 단원에 대한 시험을 잘 보기 위해서라고 전하고 있다. 그러나 최 교사는 십자군을 공부하는 것은 그것이 현재의 우리에게 영향을 미치기 때문이라고 제안했다.

과제 이해(Task comprehension)
학습자가 학습하기로 되어 있는 것이 무엇인지에 대한 학습자의 지각과 왜 그 과제가 중요하고 가치 있는지에 대한 이해

가치에 대한 신념과 자기결정성에 대한 욕구 모두 과제 이해에 대한 욕구를 설명할 수 있다. 첫째, 과제 이해는 그 이해가 미래의 목표를 달성하는 데 유용하다는 믿음인 효용가치의 지각에 기여한다. 둘째, 학생들이 학습하고 있는 것이 무엇이고 자신이 왜 그것을 학습하는지에 대해 이해하는 것은 자기결정이론에서 본질적인 욕구인 자율성의 지각을 증가시킨다.

교사 특성과 마찬가지로 환경요인도 상호 의존적이다. 예를 들어, 만일 학생들이 안전

하다고 느낀다면 도전적인 과제는 동기 부여를 시킬 수 있다. 만일 학생들이 실수를 하고 난 후의 결과에 대해 걱정한다면 도전의 동기 부여 효과는 상실하게 될 것이다. 유사하게, 만일 학생들이 활동에서 핵심을 이해하지 못한다면 성공도 도전도 학습동기를 증가시키지 못할 것이다. 각각의 환경요인은 교사가 학생들을 배려하는 정도와 높은 기대를 가지고 있는 정도에 의해 좌우된다.

타깃(TARGET) 프로그램: 목표이론 교실에 적용

캐럴 애임스(Carol Ames, 1990, 1992)는 학생의 동기를 증진하는 모델의 학급환경 요인과 일치하는 목표이론(Goal Theory)에 기반한 프로그램을 개발하였다. 타깃(TARGET)은 과제(task), 권위(authority), 인지(recognition), 집단화(grouping), 평가(evaluation), 시간(time)의 영문 머리글자를 딴 프로그램이다. 숙달목표가 강조되는 교실환경은 수행목표, 사회적 목표, 과제 회피 목표가 강조되는 교실환경보다 높은 수준의 학습동기를 야기한다. 타깃은 집에서 학생의 학습동기에 영향을 주는 가족구조에 대한 연구에 기반을 두었는데, 학교장면에의 적용으로 확장되고 있다. 〈표 11-2〉에는 타깃의 범주와 학습동기 증진 모델과의 관련 변인에 대해 제시되어 있다.

표 11-2 table

동기의 타깃 프로그램과 학생의 동기 증진 모델에서의 연관 변인

타깃 범주	설명	학습동기 증진 모델에서 관련 변인
과제	과제는 학생들이 과제 간 관련성과 의미를 알도록 최적으로 그리고 도전적으로 설계된다.	도전 과제 이해
권위	권위가 공유되어 학생들의 자율성이 지지받는다.	질서와 안전
인지	인지는 학습에 있어 향상을 보이는 모든 학생에게 제공된다.	성공
집단화	집단화는 '학습자 공동체'를 촉진하기 위해 설계된다.	교실 환경 요인
평가	평가는 학습을 촉진하기 위해 사용된다.	성공
시간	시간은 과제량, 수업 속도, 과제를 완성하기 위해 할당된 양을 모두 포함한다.	과제 이해

교실에의 적용

학생동기를 증진하는 학급환경 요소 교실에 적용하기

질서와 안전

1. 질서와 안전은 예측 가능한 학습환경을 만들고, 신체적 · 감정적 안정감과 학습자 자율성을 지지해 준다. 안전과 질서 있는 학습환경을 조성하도록 노력하라.

- 초등학교: 한 2학년 교사가 매일의 일과를 학생들이 예측할 수 있고 자연스럽게 습관이 들 때까지 연습시켰다.
- 중학교: 한 중학교 역사교사는 학생들이 공부하고 싶은 환경에 대해서 토론하도록 하였다. 학생들은 모든 의견이 다 좋다고 하였고, 그중에서도 학생들이 무례한 말을 하는 것은 엄격하게 금지되어야 한다고 결론지었다. 교사는 그 이후의 수업부터는 학생들의 제안을 수용하여 그러한 학습환경을 만들도록 노력하였다.
- 고등학교: 한 고등학교 영어교사는 주제에 관련된 것이라면 어떤 의견을 내도 좋다고 학생들에게 자주 말했고, 그녀 스스로도 모든 의견을 받아들이는 모범을 보였다. 그녀는 학생들에게도 다른 학생이 말할 때 예의 바르게 경청하도록 주지시켰다.

성공과 도전

2. 도전적 과제에서 성공하는 것은 학습자의 자기효능감을 증진시키고 그들이 유능성에 대한 지각을 발전시킬 수 있도록 돕는다. 학생들이 도전적 과제에서 성공할 수 있도록 교수법을 구조화하라.

- 초등학교: 한 4학년 교사는 말했다.

  "너희는 정말 백분율 계산을 잘하고 있단다. 이제 여러분이 모두 생각해 볼 수 있는 문제 하나를 내겠다. 조금 어려울 것이다. 하지만 난 너희가 잘할 수 있을 것이라 믿고 있단다."

  학생들에게 먼저 문제 풀 시간을 주고 나서 교사는 그 문제와 다양한 방법으로 그 문제를 푸는 방법에 대한 토론을 주도하였다.
- 중학교: 한 6학년 영어교사는 항상 3~4개의 연습문제를 학급전체가 연습하고 의논하도록 한 후에 개인 학습을 시킨다.
- 고등학교: 한 물리교사는 학생들에게 숙제를 나누어 줄 때 학생들이 많이 틀린 문제의 풀이를 나누어 준다. 그녀는 학생들에게 숙제와 문제풀이를 파일에 보관하도록 하여 2주에 한 번씩 치르는 시험에 대비하게 하였다.

과제 이해

3. 과제 이해는 그들이 학습하기로 되어 있는 것이 무엇인지에 대한 학생들의 지각과 왜 그 과제가 중요하고 가치 있는지에 대한 이해를 반영한다. 학습활동과 과제에 대한 이유를 설명함으로써 학생들의 과제 이해를 증진시켜라.

- 초등학교: 한 3학년 교사는 학생들에게 수학 숙제를 내주면서 말했다. "여러분 모두 수학을 아는 것이 가장 중요해요. 그래서 내가 매일 수학숙제를 내주는 거예요."
- 중학교: 한 국어교사는 학생들에게 숙제와 제출일에 대해서 정확하게 설명하고 칠판에 적었다. 그녀는 숙제를 내줄 때마다 왜 그 숙제가 중요한지를 설명한다.
- 고등학교: 한 생물교사는 다음과 같은 문장이 있는 OHP를 학생들에게 보여 주었다.

  "우리는 단지 흥미가 있기 때문에 편형동물을 공부하는 것이 아닙니다. 편형동물이 환경에 적응하는 방법을 보면서 우리 자신에 대해서 또 각각의 통찰을 얻기 때문입니다."

  그리고 그는 말했다.

  "왜 우리가 각각의 생물을 공부하는지를 기억하기 위해서 이 문장을 앞으로도 여러분에게 자주 보여 줄 것이다."

◈ 이해 점검 활동

4.1 학생들의 학습동기를 증진할 수 있는 학급환경 요인을 규명하라.

4.2 중학교 1학년 생활과학 교사가 말한다.

"나는 내가 내주는 숙제를 기초적인 수준으로 유지한다. 한 가지 활동에서 나는 학생들에게 골격의 그림을 주고 학생들은 책에서 그 이름을 찾을 수 있도록 한다. 그들은 이 활동을 성공적으로 할 필요가 있고 실제로 성공적으로 해낸다."

학생의 학습동기를 증진하기 위한 이 교사의 접근법을 분석하라. 그리고 학생의 동기 증진 모델에서 환경요인을 고려하여 설명하라. 또한 타깃(TARGET) 프로그램 범주에 기초하여 이 접근을 평가하라.

4.3 한 중학교 교사가 말한다.

"나의 학급경영 방식에서 한 가지 어겨서는 안 되는 규칙이 있다. 학생 중 한 명이 질문에 대한 답을 하려고 애쓰고 있을 때 다른 학생들은 냉소적이거나 비하하는 말을 해서는 안 된다. 나는 왜 이것이 중요한지에 대해 설명했고 학생들은 이에 동의했다. 그들은 이따금씩 실수하지만 대부분의 경우 상당히 잘한다."

학생의 동기증진 모델에서 어떠한 두 가지 환경요인에 대해 말하려 하는 것인지 설명하라.

4.4 〈표 11-2〉를 보고, 표에서 정의된 각각의 변인이 대응하는 타깃 범주와 얼마나 관련되어 있는지를 구체적으로 설명하라. 예를 들어, 도전과 과제 이해가 타깃 범주의 과제와 얼마나 관련되어 있는지를 설명하라. 그런 다음, 다른 타깃의 각 범주와 학생의 동기 증진 모델에서의 각 변수와의 관계를 설명하라.

교수적 요소: 학습활동에서 흥미 계발하기

교사와 학급환경은 동기에서 일반적인 틀을 형성한다. 이러한 맥락 속에서 교사는 학습동기를 향상시키기 위한 학습활동을 사용하여 더 많은 것을 할 수 있다. 교수적 관점에서 보면 동기가 부여된 학생은 학습과정에 적극적으로 참여하는 사람이다(Brophy, 2004; Stipek, 2002). 동기를 증진하기 위해, 우리는 초기에 학생들의 주의를 끌고 참여를 유도한 다음 학습활동 내내 그것을 유지해야 한다. 이렇게 하는 몇 가지 방법이 [그림 11-6]에 나와 있다.

수업 서두에 초점 맞추기 (Introductory focus)

주의를 끌고 수업에 대한 개념적 틀을 제공하는 수업의 시작

수업 서두에 초점 맞추기: 학생의 주의 끌기

수업 서두에 초점 맞추기는 학생의 주의를 끌고 수업에 대한 개념적 틀을 제공하는 수업

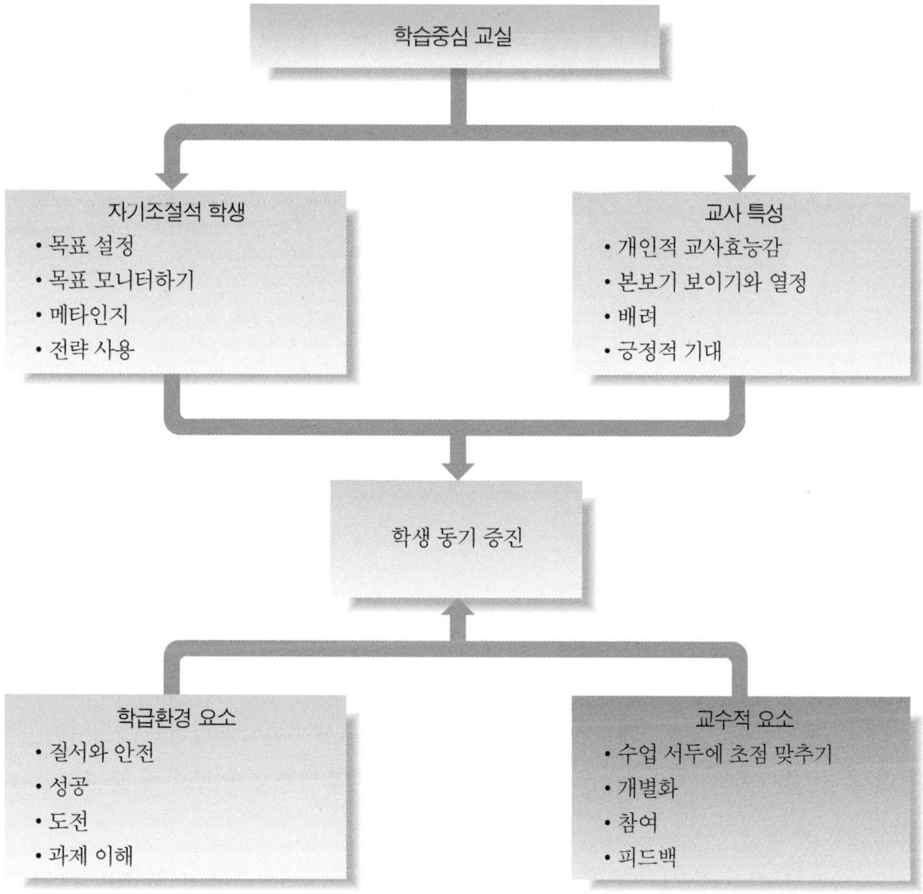

[그림 11-6] 학생의 학습동기 증진 모델에서 교수적 요소

의 시작이다(Marzano, 2003b). 이것은 내재적으로 동기를 유발하는 활동의 특징에 해당하는 호기심과 신기함의 효과를 이용하고자 하는 것이다(Brophy, 2004). 예를 들어, 고 교사가 살아 있는 바닷가재를 수업에 가져와 수업을 시작했는데 갑각류에 관한 공부는 그 수업의 개념적 틀이었다. "꺄악" 하는 비명과 "오" "와" 같은 감탄사는 그녀가 학생들의 관심을 끌었다는 것을 분명히 보여 준다. 다른 예를 살펴보자.

> 사회교사인 윤 교사는 도시와 도시 위치에 대한 수업을 시작하기 전에 호수, 강, 산, 만 등이 그려진 가상의 섬 지도를 학생들에게 나누어 주었다. 지도에는 위도, 폭포, 각 계절의 평균기온도 씌어 있었다. 윤 교사가 말했다.
>
> "이 활동의 이름은 생존입니다. 우리 반이 지금 막 이 섬에 정착하도록 보내졌습니다. 여기 이 섬의 기후와 지리적 특성이 써 있어요. 어디에 정착하는 것이 좋겠어요?"

교사들은 윤 교사의 생존 과제와 같은 독특한 문제를 가지고, 역설적인 질문('만일 로마가 그렇게 강력하고 발전된 문명이었다면 왜 멸망했겠는가?')을 함으로써, 보기에 모순되는 결

유능한 교사는 학생들의 주의를 끌고 그들을 수업으로 이끌기 위해 수업 서두에 초점 맞추기를 사용한다.

과를 시연함으로써(예, 다른 무게의 두 공을 떨어뜨렸을때 그것이 동시에 바닥에 떨어지는 것을 보이기), 혹은 고 교사의 바닷가재처럼 눈길을 끄는 예를 사용함으로써 주의를 끌 수 있다(Hidi & Renninger, 2006).

웹 자료실

교사들이 수업 서두에 초점 맞추기를 그들의 수업에서 이용하려고 노력하고 있는지를 점검하기 위해서 www.myeducationlab.com)에 접속하고, 10장 '학생들의 주의를 끌기'에 관한 비디오를 보라. 그리고 이어지는 물음에 답하라.

연구에 의하면 교사들은 거의 수업의 서두를 효과적으로 이용하지 못한다. 다시 말해, 교사들이 수업의 서두를 이용하고자 할 때 그것은 대체로 너무 짧고 학생들을 수업으로 끌어들이는 데 실패한다(Brophy, 2004; 2006c). 하지만 수업 서두에 초점 맞추기를 어렵게 생각할 필요는 없다. 학생의 사전지식과 흥미에 수업내용을 연결하려는 의식적인 노력만이 필요할 뿐이다. 추가적인 예가 〈표 11-3〉에 나타나 있다.

일단 학습자가 주의를 기울이고 있고 교사가 개념적 틀을 제공하고 있다면, 수업은 학생들의 주의를 유지시켜야 하고 학습의 진척 상황에 대한 정보를 제공해야 한다. 개별화, 참여, 피드백이 이러한 목표를 이루는 데 도움을 줄 수 있다.

개별화: 학생의 삶과 연결시키기

2학년 수학교사인 정 교사는 학생들의 키를 재는 활동을 통해 그래프 그리기 주제를 소개하였다. 정 교사는 학생들에게 긴 공작용 판지를 주면서 수업을 진행하였고, 학생들에게 그들의 키에 대응하는 그래프상의 점에 종잇조각을 붙여 놓도록 하였다. 결과를 토론한 후 정 교사는 그래프 그리기에 대한 개념을 강화하기 위해 머리색을 이용해 유사한 활동을 하였다.

표 11-3 table

수업 서두에 초점 맞추는 도구와 기술

도구 및 기술	예 시
문제와 질문	• 한 문학교사가 헤밍웨이(Hemingway)의 사진을 보여 주면서 말했다. "여기 탁월한 우리 '아버지' 의 모습이 있어요. 그는 명성, 모험, 사랑 등 모든 것을 가진 것처럼 보였어요. 그런데 그는 자살했어요. 왜 이런 일이 일어날까요?" • 한 과학교사는 종이 두 장 사이에 바람을 불면 종이 끝이 멀리 떨어지지 않고 붙는 이유를 학생들에게 설명하도록 하였다. • 한 교육심리학 교수는 사회인지이론을 설명할 때 다음과 같은 이야기를 소개했다. "당신은 시속 100km가 제한속도인 고속도로에서 시속 120km로 달려가고 있습니다. 한 차가 당신보다 빠른 속도로 앞에서 가다가 경찰차에 단속되는 것을 보았습니다. 당신은 즉시 속도를 늦춥니다. 당신이 속도를 늦추는 행동을 행동주의에서는 어떻게 설명할까요?"
귀납적 제시(예시나 구체적 사실을 제공하여 학생들에게 일반적 법칙을 끌어내도록 함)	• 한 영어교사가 다음의 정보를 학생들에게 보여 준다. "어젯밤에 난 숙제가 아주 많았다. 나는 세상에서 가장 예쁜 여자와 데이트가 있었기 때문에 화가 많이 났다. 하지만 괜찮다. 그 여자는 너무 촌스러운 옷을 입고 있었으니까." 학생들은 이 글에서 한 가지 법칙을 발견하고 과장법의 개념을 이해했다. • 한 교육심리학 교수는 다음과 같은 질문으로 토론을 시작한다. "여러분은 어떤 것이 이해가 안 될 때 감정적으로 화가 나나요? 여러분은 세상이 예측 가능하기를 원합니까? 여러분은 교수가 수업에서 구체적인 요건, 수업계획, 채점기준을 제시하는 수업에서 더 안정감을 느낍니까? 여러분은 인생이 불규칙한 경험보다는 어떤 패턴을 따르고 있다고 생각합니까?" 학생들은 질문이 제공하는 공통적 개념을 찾았고 그것이 평형화의 개념이란 결론에 도달했다.
구체적 예시	• 한 초등학교 교사는 양서류를 설명하기 위해 살아 있는 개구리를 가져왔다. • 한 지리교사는 모든 경도는 극점에서 만나고 각 위도는 서로 평행하다는 것을 보이기 위해서 비치볼 위에 선을 그렸다. • 한 교육심리학 교수는 부적 강화의 개념을 설명하기 위해서 자신은 운동을 심하게 하고 나서 불편함을 줄이기 위해 진통제를 먹는 습관이 있다고 말했다.
목표와 이론적 근거	• 한 수학교사는 말했다. ""오늘 우리는 단위 가격에 대해서 공부할 겁니다. 이 개념을 알면 우리는 물건을 살 때 어떤 물건을 사는 것이 더 잘 샀는지를 알 수 있습니다. 그러므로 이 개념은 우리가 돈을 절약하고 더 현명한 소비자가 되는 데 도움이 될 것입니다." • 한 세계사 교사는 말했다. "오늘 우리는 상업주의에 대해서 배우도록 하겠습니다. 이것을 알면 유럽인들이 이전에 미국으로 건너가고 아시아와 아프리카로 갔던 이유를 이해하게 될 것입니다." • 한 교육심리학 교수는 말했다. "우리는 학습자가 지식을 있는 그대로 기록하거나 이해하지 않고 구성한다는 것을 배웠습니다. 오늘은 이러한 원리가 우리가 가장 효과적으로 가르치는 데 어떤 제안을 하는지를 공부할 것입니다."

과학교사인 안 교사는 유전학 수업을 시작할 때 말했다.

"민영아, 네 눈은 무슨 색깔이지?" 라고 묻자, 민영이가 대답했다.

"갈색이요."

"그럼 현수, 너는?"

"검은색이요."

안 교사는 웃으며 말하길, "재미있는데. 이 단원의 공부가 끝나면 여러분은 왜 민영이의 눈 색깔은 갈색이고 현수는 검은색인지 알 수 있을 거예요. 그 외에 우리가 사물을 보는 방식에 관련된 여러 가지를 알게 될 것입니다."

개별화(Personalization)

한 주제를 설명하기 위해 지적 또는 감정적으로 관련된 예를 사용하는 과정

정 교사와 안 교사는 모두 **개별화**, 즉 한 주제를 설명하기 위해 지적 또는 감정적으로 관련된 예를 사용하는 과정을 통해서 학생들의 흥미를 증진하려 노력하였다.

개별화는 여러 가지 이유에서 매우 유용한 동기 부여 전략이다(Strong, Silver, Perini, & Tuchlescu, 2003; Wortham, 2004). 첫째, 개별화는 광범위하게 적용 가능하고 직관적으로 그럴듯하다. 경험 많은 교사는 개별화를 학습활동에서 학생의 흥미를 촉진할 수 있는 가장 중요한 방법 중 하나라고 설명하는데, 이것의 가치는 연구에 의해 뒷받침되고 있다(Schraw & Lehman, 2001; Zahorik, 1996). 둘째, 개별화된 내용은 학생들이 이미 장기기억 속에 있는 구조에 새로운 정보를 연결시키도록 돕기 때문에 의미가 있다(Moreno & Mayer, 2000). 셋째, 학생들은 그들이 개인적으로 연관시킬 수 있는 주제를 공부할 때 자율성에 대한 느낌을 가진다(Iyengar & Lepper, 1999).

표 11-4 table

주제를 개별화하려는 교사의 예

교사 이름	개별화하려는 노력
노 교사(2장)	컵 속의 솜 뭉치와 다양한 크기의 나무 육면체, 같은 부피의 물과 식물성 기름을 이용하여 밀도의 개념에 대해 설명하였다.
심 교사(4장)	연필 길이와 머리카락 색깔의 차이를 설명해서 비교급 형용사와 최상급 형용사를 설명하였다.
서 교사(5장)	학생들이 살고 있는 도시와 주변 도시와의 거리를 수학 응용문제를 풀기 위한 기초지식으로 이용하였다.
한 교사(9장)	교실에서 각 영역을 찾음으로써 불규칙한 모양의 도형을 찾는 기술을 발달시켰다.
배 교사(9장)	학생들이 좋아하는 젤리빈, 학교에 통학하는 교통수단, 인근 피자집의 피자 가격을 조사하여 막대그래프를 작성하는 자료로 이용했다.
최 교사(10장)	학생들에게 학교에서 방과 후 활동이 없어지는 것을 막도록 '십자군'을 만드는 것을 예로 들어 역사적으로 일어난 십자군 전쟁을 유추해 보도록 하였다.

이 책에서 이미 공부한 여러 사례연구에서 교사들은 개별화를 학생들의 학습동기를 증진하는 데 사용했다. 사례의 교사들과 이들이 주제를 개별화한 방식이 〈표 11-4〉에 제시되어 있다.

참여: 내재 동기 증가시키기

친구들과 함께 점심이나 파티를 했던 경험을 떠올려 보라. 당신이 이야기하고 적극적으로 듣고 있을 때, 당신은 그렇지 않고 있을 때보다 훨씬 더 대화에 주의를 기울인다. 교실에서도 똑같이 적용된다. **참여**, 즉 학생이 학습활동에 적극적으로 개입하고 있는 정도가 흥미를 증진하고 학습을 유발한다(Hidi, 2002; Lutz, Guthrie, & Davis, 2006). 인지적 활동은 유의미한 학습에 있어 필수적이며, 참여는 학생들을 인지적으로 적극적인 역할을 하도록 하는 데 있어 중요하다(Blumenfeld, Kempler, & Krajcik, 2006). 또한 몇몇 연구자는 학생들에게 적극적 역할을 하도록 하는 것은 수업을 개별화하는 한 가지 방법이라고 제안한다(Schraw & Lehman, 2001).

참여(Involvement)

학생들이 적극적으로 학습활동에 개입하려는 정도

다음으로, 우리는 학생들의 참여를 증가시키기 위한 두 가지 전략(개방형 질문과 실제적 활동)에 대해 논의할 것이다.

참여를 증진하는 개방형 질문 활용하기

질문은 교사들이 참여를 유지하기 위해 사용 가능한 가장 일반적인 방법이다. 학생들의 주의 집중은 교사에게 질문을 받았을 때 높아지고 교사가 혼자서 얘기하는 동안에는 떨어진다. 13장에서 질문하기에 대해 좀 더 자세히 알아보겠지만, 개방형 질문은 학생의 참여를 증진시키는 데 특히 효과적이기 때문에 **개방형 질문**에 대해 소개하고자 한다(Brophy, 2006c). 개방형 질문이란 다양한 대답이 나올 수 있는 질문을 일컫는다.

개방형 질문(Open-ended question)

다양한 대답이 나올 수 있는 질문

개방형 질문의 한 형태는 학생들에게 관찰을 하도록 요청하는 것이다. 고 교사가 학생들에게 바닷가재를 살펴보라고 한 것을 예로 들 수 있다.

고 교사: 무엇을 관찰했는지 말할 수 있는 사람?

두호: 딱딱해요.

다은: 분홍색과 녹색으로 되어 있어요.

한기: 축축해요.

사실 그녀의 질문에 대한 어떤 대답이든지 수용될 수 있었다.

다른 예로 교사가 셰익스피어(Shakespeare)의 작품 『줄리어스 시저(Julius Caesar)』에 대해 설명할 때 다음과 같은 질문을 했다.

웹 사료실

내용을 개별화하고 학생들을 참여시키기 위한 2학년 교사의 시도를 검토하기 위해서 www..myeducationlab.com에 접속하고, 11장 '활동 및 적용'의 '학생들의 문제해결 지도하기', 2학년의 그래프 그리기 에피소드를 보라. 그리고 이어지는 물음에 답하라.

"이 연극에서 지금까지 무슨 일이 일어났지?"
"중요한 사건은 뭐지?"
"연극 중에서 기억에 남는 것은?"

고 교사의 질문은 대답하기 쉬운 질문이며, 사전지식을 활성화시켜서 학생들을 수업에 끌어들인다.

두 번째 형태의 개방형 질문은 비교하는 질문이다. 예를 들어, 한 교사가 양성동물과 파충류에 대해 설명할 때 다음과 같은 질문을 한다.

"개구리랑 도마뱀은 무엇이 비슷하지?"
"개구리와 두꺼비는 어떤 점이 다르고 어떤 점이 비슷하지?"

셰익스피어의 『줄리어스 시저』 수업에서, 교사는 이렇게 물을지 모른다.

"브루투스(Brustus)와 안토니우스(Antonius)가 어떤 점에서 비슷하고 어떤 점에서 다르지?"
"1막과 2막에서의 설정은 어떤 점에서 비교될 수 있지?"

개방형 질문은 다양한 답의 수용이 가능하기 때문에 학생에게 안전감과 성공적인 답을 할 수 있다는 느낌을 준다. 안전과 성공이라는 요소를 조합하여 교사는 가장 대답하기 싫어하는 학생들에게 당황하거나 두려움 없이 대답할 수 있는 용기를 북돋워 줄 수 있다. 또한 쉽게 질문하고 빨리 대답할 수 있기 때문에 한 수업시간에 많은 학생을 참여하도록 할 수 있다. 개방형 질문의 마지막 장점은 교사에게 학생의 생각에 대한 통찰을 제공하여, 교사가 학생의 사전지식을 토대로 수업을 하도록 돕는다는 것이다 (Powell & Caseau, 2004).

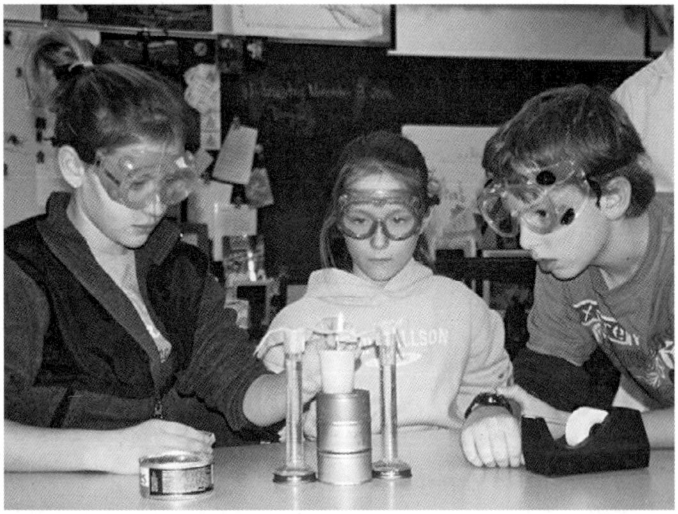
실제적 활동은 참여와 학생들의 흥미를 증진하는 데 효과적일 수 있다.

참여증진을 위해 실제적 활동 사용하기

실제적 활동은 참여와 학생 흥미를 촉진하는 또 하나의 방법이다(Zahorik, 1996). 학생들이 수학시간에 직접 문제를 푼다거나, 과학시간에 실제 재료를 다루거나, 지리시간에 지도나 지구본을 사용하거나, 언어기술 시간에 컴퓨터를 다룰 때, 학생의 흥미는 상당히 증가한다. 예를 들어, 고 교사의

표 11-5 table

참여를 증진하는 전략

기술	예시
향상 훈련	학생들은 10개의 곱셈 문제가 있는 시험지를 풀었다. 학생이 문제를 푼 속도와 정확도에 따라 점수가 매겨졌고, 각 학생이 이전보다 얼마나 향상되었느냐에 따라 최종 점수가 부여되었다.
게임	학생들은 평균적으로 능력이 비슷한 두 그룹으로 나누어졌고 이 두 그룹은 교사의 질문에 답을 할 때 게임 형식으로 경쟁했다.
개인이 공부하는 공간	수학시간에 각 학생에게 1인용 칠판이 주어졌다. 학생들은 그 칠판에 문제를 풀고 개념을 익혔다. 학생들이 문제를 다 풀거나 개념을 나타내는 예시를 생각해 내면 칠판에 적고 칠판을 세워 다른 학생들에게 보여 주고 설명하였다.
학생의 그룹 활동	학생들은 두 명씩 짝지어 과학현상을 관찰하고 관찰한 것을 노트에 가능한 한 많이 적었다.

수업에서 학생들이 직접 새우를 가지고 공부할 때 학생의 참여 수준은 최고조에 달했다. 게다가, 실제적 활동은 학습활동을 다양하게 해서 학생의 흥미를 증가시킨다(M. E. Perry et al., 2006).

참여를 이끌고 흥미를 유발할 수 있는 추가 전략이 〈표 11-5〉에 나타나 있다.

〈표 11-5〉의 각각의 활동은 인지적 참여를 촉진한다. 게임과 같은 신기하고 새로운 요소를 지루한 활동에 추가시킬 때, 개인의 학습향상은 자기효능감을 증가시킨다. 학생이 개별적으로 공부할 때 개인용 칠판을 사용하도록 하면, 학생들이 종이에 풀지 않으려는 문제도 칠판을 사용하면 토론이 가능하기 때문에 칠판에는 풀려고 할 것이다.

공동의 학습목표를 위해 함께 공부하는 그룹학습은 학생의 참여를 증가시킴으로 동기를 증진시킬 수 있다(D. W. Johnson & Johnson, 2006; Marzano, 2003b). 그룹학습은 다른 학생과 자신의 생각을 서로 비교하고 상의할 수 있는 기회를 제공한다. 인지적 학습을 다룬 장에서 많은 교사(예를 들어, 7장의 서 교사와 9장의 한 교사는)가 학생의 참여와 흥미를 높이기 위해 그룹학습을 사용했다. 고 교사 또한 새우를 조사해 보라고 하면서 그룹학습을 사용했다.

피드백: 이해하고자 하는 욕구 충족하기

피드백 역시 학습자에게 동기를 부여하며 피드백의 가치는 인지적 동기이론으로 설명될 수 있다(Hattie & Timperley, 2007). 예를 들어, 능력이 증가하고 있다는 것을 보여 주는 피드백은 자기효능감과 자기결정성에 도움이 된다. 게다가 피드백은 귀인이론에서 중요하게 여기는 우리가 특정한 방식으로 수행하는 이유를 이해하는 데 도움을 준다. 피드백은 또

다양성 탐색

다양한 배경의 학생들의 흥미를 증가시키기 위해 내용을 개별화하기

나바호(Navaho)족 자치구역의 고등학교 생물 교사인 잭 샐터(Jack Selter)는 이해하기 어려운 과학 개념을 설명하기 위해 그의 학생들의 배경경험을 이용한다. 그는 학생들이 식물에 대해 공부할 때 유전 원리를 설명하기 위해 식량과 양모를 얻기 위한 용도의 지역품종인 츄로(Churro)양을 이용하고, 수세기 동안 학생들의 선조들에 의해 재배되어 온 호박과 옥수수의 지역품종들에 초점을 둔다. 모뉴먼트 밸리(Monument Valley) 근처의 지질학적 형성물들은 화성암의 퇴적 및 변성암들을 설명하기 위해 사용된다(D. Baker, 2006).

10장에서 우리는 소속 및 관계성이 학생들의 학습동기에 강력한 영향을 주는 욕구임을 확인하였다. 점점 더 많은 연구물이 소속감에 대한 위협이 동기와 학습 모두를 손상시킨다는 사실을 보여 준다(R. F. Baumeister & DeWall, 2005). 게다가 학생들이 소속감을 느끼지 않고 학교에 동질감을 느끼지 않기 때문에 학업적 혹은 정규과목 이외의 활동들에 참여하지 않는 경우, 학생들이 중퇴한다는 연구가 있다(Juvonen, 2006, 2007). 이러한 문제는 사회적으로 혜택을 받지 못하거나 문화적 소수자 구성원인 학생들에게서 특히 심하다(Becker & Luther, 2002; Wentzel & Wigfield, 2007). 뿐만 아니라, 종종 학교 커리큘럼의 대부분이 주류, 중산층, 비소수자 학생들에게 방향을 맞추고 있기 때문에 소수자 학생의 비참여(disengagement)는 더 악화된다(P. M. Anderson & Summerfield, 2004). 문화적 소수자 구성원인 학생들은 학습의 주제에 대해 개인적으로 동일시하지 못하기 때문에 그들의 흥미와 학습동기는 감소한다.

흥미에 있어서도 성별 차이가 역시 존재함을 시사하는 연구가 있다(Buck, Kostin, & Morgan, 2002). 예를 들어, 남성은 전쟁, 정치, 자연과학, 경영과 같은 주제에 보다 흥미를 보이는 반면, 여성은 인간관계, 미술, 문학, 소외된 집단들, 사회개혁과 같은 주제에 보다 흥미를 보이는 경향이 있다. 몇몇 연구자들은 이러한 차이가 고등학교에서의 월반 배치 시험들과 같은 표준화된 검사에서의 수행 차이와 연관이 있다고 언급하였다(H. Jalpern, 2006).

이제, 잭 샐터(Jack seltzer)와 그의 나바호족 학생들과 함께 한 그의 노력으로 돌아가 보자. 그는 개별화의 동기적 효과를 이용함으로써 소속감과 흥미를 불러일으키고자 노력했다. 이러한 변수는 모든 학생에게 중요하지만, 자신들은 학교에 소속되지 않거나 환영받는다고 느끼지 못한다고 말하는 문화적 소수자의 구성원들에게 특히 효과적일 수 있다(Rubinson, 2004). 잭이 했듯이, 이 학생들이 직접적으로 그들의 삶과 연결된 예시와 경험들을 제공받았을 때, 그들의 흥미와 소속감은 상당히 증가할 수 있다. 또한 교사들이 개별화를 학습 활동에서의 적극적 참여와 결합시킬 때 학습동기가 증가한다.

한 자기조절에 도움을 준다. 피드백은 학생에게 목표를 향해 얼마나 전진했는지에 대한 정보를 주는데, 목표에 도달했을 때 우리의 자기효능감은 증가한다. 만일 목표에 도달하지 못하면, 우리는 그다음에 우리의 노력을 더 투입하거나 전략을 바꿀 수 있다.

피드백의 유형은 중요하다(Hattie & Timperley, 2007). 피드백이 학습 향상에 대한 정보를 제공할 때 동기는 증가한다. 반면, 사회비교와 관련되어 있거나 수행 지향적인 피드백은 학습동기를 손상시킬 수 있다(Brophy, 2004; Schunk et al., 2008). 수행 지향적 피드백은 특히 덜 유능한 학생들에게 더 해로운 영향을 끼치며 낮은 성취자와 높은 성취자 모두에게서 내재적 동기를 감소시킨다.

이론에서 실제로

학생의 학습동기를 높이기 위해 학급환경과 교수적 요소 이용하기

동기 증진 모델에서 다른 요소와 마찬가지로 학급환경과 교수적 요소의 경우에도 이들 요소는 상호 의존적이다. 다음 지침은 교사가 교실에서 동기를 증진하기 위한 모델을 적용하려 할 때 이러한 상호 의존성을 적용하는 데 도움을 줄 것이다.

① 안전하고 질서 있는 학습환경을 유지하기 위한 규칙과 절차를 세워라.
② 주제와 학생의 개인적 삶 사이에 연결고리를 만들어라.
③ 특정한 주제를 공부하는 이유를 설명하고 능력이 증가하고 있음을 보여 주는 증거를 제공하라.
④ 학습활동에서 학생 참여를 높이고 그것을 유지하라.
⑤ 학생의 학습에 대한 구체적이고 자세한 피드백을 제공하라.

이 원리들이 ○○고등학교의 세계사 교사인 이 선생님에게 어떻게 도움을 주는지 알아보자.

시작종이 울리자, 이 교사는 학급을 둘러보면서 학생들이 모두 자리에 앉았는지 노트는 책상에 펼쳐 놓았는지를 살피고는 말했다.

"자, 모두 현대사회에서 우리가 사용하고 있는 테크놀로지를 생각해 보세요. 우리가 공통적으로 사용하면서 당연하다고 생각하는 것들 말입니다. 시작해 보세요. 예슬이."

학생들은 컴퓨터, 휴대전화, ipod 등을 말했다. 이 교사는 끄덕이며 말했다.

"모두 좋은 예를 들었어요. 자, 우리는 테크놀로지가 최근에만 있었다고 생각하는 경향이 있어요. 하지만 사실상 인류 역사 내내 존재했습니다. 한 문화의 테크놀로지와 유물을 보면서 그 문화 속에 살던 사람들과 그 문명을 많이 알 수 있어요." 이 교사는 유물의 뜻을 알려 주고 말했다.

"오늘은 유물 몇 개를 조사해서 그것을 남긴 사람들이 우리에게 무엇을 얘기하는지 알아보고자 합니다. 유물을 조사하고 결론을 내리는 능력은 우리가 세계사를 공부할 때 각 문명을 이해하는 데 좋은 생각의 도구가 될 수 있습니다."

이 교사는 상자에서 두개골 두 개, 조잡하게 짜인 천조각, 정교하게 연마한 돌창의 끝부분 두 개를 꺼냈다. 그는 이 물건들을 교실 앞에 있는 탁자 오른쪽에 놓았다. 그리고 탁자 왼쪽에는 날카롭게 깎은 돌창 끝부분 두 개, 숯 몇 개, 작은 동물 뼈 세 개, 동물 껍데기 조각을 놓았다. 이 교사는 각각 왼쪽과 오른쪽을 가리키며 말했다.

"이것을 A문명, 저것을 B문명이라고 합시다."

학생들은 이 교사의 지도하에 유물을 관찰한 후, 두개골은 소와 양의 것이고 작은 뼈는 산양 같은 작은 동물의 다리뼈와 갈비뼈라는 결론에 도달했다.

이 교사는 활발하게 말하길, "자, 여러분이 인류학자들 팀인데 이 두 유적을 발견했어요. 각자 파트너와 각 유적지에 살았던 사람들에 대한 결론을 가능한 많이 써 보도록 하세요. 아니면 어느 문화가 더 앞섰는지 같은 비교를 써도 좋아요. 각각의 결론에 증거를 제시하세요."

학생들은 답을 쓰기 시작했고 이 교사는 교실을 돌아다녔다. 가끔 학생들이 쓰고 있는 결론을 읽고 물었다.

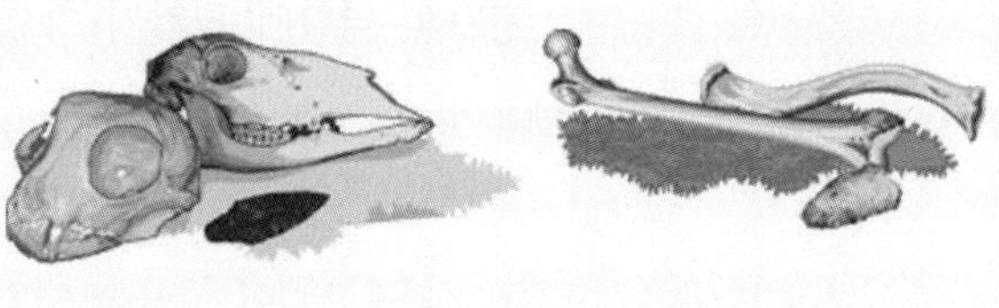

"그걸 어떻게 알지?" 그 증거는 무엇을 알려 주지?" 할당된 시간이 지나고 이 교사는 말했다.

"자, 어떤 결론이 나왔죠?"

윤정이는 깎은 돌창 끝 부분을 가리키며 말하길, "우리는 이쪽이 더 최근 문명이라고 생각해요." 이에 재준이가 가로채며 말했다.

"아니야." 이 교사가 엄하게 말했다.

"재준아, 윤정이의 말에 동의하지 않는 것은 자유지만 다른 사람이 말을 끝내기를 기다리는 예의를 보이세요. 다른 사람의 말을 경청하는 것을 잊지 마세요."

"죄송해요."

"계속해라, 윤정아."

"끝이 날카롭고, 예술품 같아요."

윤정이가 끝나자 이 교사가 말했다.

"재준. 이제 얘기해라."

재준이는 정교하게 연마한 돌창을 가리키며 대답했다.

"이것들은 연마한 것 같아요. 연마하는 것이 깎는 것보다 더 새로운 기술이에요."

학생들은 계속해서 유물에 대해 토론했다. 소와 양의 두개골과 조잡하게 짠 천조각으로부터 학생들은 B문명은 동물을 사육하고 천을 짤 수 있는 기술이 있었다고 결론 내렸다. 그리고 A문명은 산양 뼈와 동물 껍데기로 볼 때 사냥에 의존하고 천을 짜지는 않았다고 결론지었다. 학생들이 토론을 마쳤을 때 이 교사는 말했다.

"자, 오늘밤에는 페이지 35부터 44까지 나와 있는 구석기, 중석기, 신석기 시대에 대해서 읽고 이 유물들이 어느 시대에 속하는지를 알아내도록. 오늘 아주 잘 했습니다. 여러분은 몇 가지 아주 훌륭한 결론을 냈고 각각의 경우에서 그것들을 증거로 뒷받침했어요."

이 교사가 가르칠 때 위의 지침을 어떻게 적용하였는지 더 자세히 알아보자.

첫째, 그의 교실은 매우 질서 정연하고 안전한 환경이다. 예를 들어, 종이 울리자마자 모든 학생은 늘 그렇듯이 책상에 앉아서 공책을 꺼내는 것은 잘 짜여진 일과를 보여 준다. 게다가 이 교사는 다른 학생이 말하는 중간에 끼어든 데 대해서 재준이를 꾸짖었는데, 이것은 그가 감정적으로 안전한 환경을 조성하려고 노력하고 있음을 암시한다.

둘째, 그는 현존하는 기술의 예와 함께 수업을 시작하고 학생들에게 고고학자의 역할을 맡김으로써 활동을 개별화시키려고 노력했다. 그리고 유물을 보여 주면서, "우리가 세계사를 공부할 때 각 문명을 이해하는 데 좋은 도구가 될 수 있습니다."라고 말할 때, 그는 활동의 이유를 제시했고 수업 서두에 초점 맞추기와 과제 이해를 강조했다. 또한 "오늘 아주 잘 했습니다. 여러분은 몇 가지 아주 훌륭한 결론을 냈고 각각의 경우에서 그것들을 증거로 뒷받침했어요."라는 이 교사의 말은 유능성이 증가한 것에 대한 증거를 제공해 주었다. 이러한 각각의 요소가 세 번째 지침을 적용하는 데 도움을 준다.

마지막으로, 이 교사의 학생들은 이 수업에 대한 참여의 수준이 높았고, 결론을 만드는 과제가 개방적이고 도전적이었기 때문에 성공이 향상되었다. 학생들이 뒷받침할 수 있는 어떤 결론이라도 수용될 수 있었다.

다음으로, 다섯 번째 지침인 우리는 평가, 피드백, 학습동기에 대해 토론을 할 것이다.

평가와 학습: 흥미와 자기효능감을 증진하는 피드백 사용하기

평가의 역할과 평가가 학습과 동기에 미치는 영향을 조사하기 위하여 이 교사와 학생의 예로 돌아가 보자.

다음 날 이 교사는 수업을 시작하면서 말했다.

"어제 수업과 이번 학기 전체 목표의 하나가 우리가 내는 결론에 증거를 제시할 수 있는 능력을 기르는 것입니다. 여러분은 대체로 이 부분에 대해서 잘하고 있지만 그래도 어떤 부분에 대해서는 연습이 조금 더 필요합니다. 이제부터 몇 학생이 제시한 결론과 그 결과를 지지하는 증거를 보여 주겠습니다. ……자, 우리가 어떤 뜻으로 이것을 하는지 기억해 봅시다. 배움과 발전하기 위해서 하는 것이지 여러분을 비판하기 위한 것이 아니라는 것을 꼭 기억하세요."

"여러분이 쓴 글을 OHP에 옮겨 놓았기 때문에 누가 쓴 글인지 알 수 없게 했습니다. 서로 다른 집단의 글 세 개를 살펴봅시다."라고 말하며 이 교사는 다음과 같은 내용의 OHP를 학생들에게 보여 주었다.

결론: 사람들은 의복을 입고 있다.
증거: A 문화에는 의복이 있다.

결론: A 문화의 사람들은 더 잘 생존할 것이다.
증거: 그들은 소와 양이 있어서 야생동물을 사냥할 필요가 없었다. 의복 조각은 그 사람들이 의복을 입었다는 것을 말한다. 그래서 그들은 동물 껍질을 사용할 필요가 없었다.

"이 세 가지 결론에 대해서 어떤 의견을 낼 수 있겠습니까?"

유미가 말하길, "첫 번째 결론은 진짜 결론이 아니에요. 의복은 볼 수 있는 것이고 그것 이상 아무것도 얘기하는 것이 없어요."

"좋은 지적입니다, 유미야. 그래, 결론이란 어떤 사실에 근거한 문장이지 사실 자체를 기술하는 것은 아니란다."

학생들은 두 번째 결론도 의논한 후, 이 결론은 믿을 수 있는 증거에 기초하고 있다는 점에 의견을 모았다. 이 교사는 말했다.

"이러한 것이 우리가 찾는 것입니다. 여러분 모두 이러한 사고를 할 수 있으리라 생각합니다. 그러면 여러분의 다음 예를 살펴보도록 합시다."

그는 깡통 수프(soup)를 하나 꺼내더니 학생들에게 깡통 수프 같은 인공유물을 만든 문화에 대하여 결론을 내리고 그 결론을 지지하는 증거를 제공하도록 하였다. 그 과정을 이해하기 시작하면서 수업에서 많은 의견이 나왔고 이 교사는 학생들이 낸 결론과 증거를 칠판에 썼다.

평가 시에 주어지는 자세한 피드백은 학습에 있어 필수적이다. 이 교사는 학생 중 몇몇은 결론을 내리고 자신의 결론을 방어해 본 경험이 거의 없었다. 학생의 보고서를 수집해서

웹 자료실

학생동기를 증진시키는 모델을 그녀의 학생들에게 적용하려고 했던 고 교사의 노력을 더 검토해 보기 위해서 www.myeducationlab.com에 접속하고, 11장 '교수기술과 성향 개발'의 '동기모델 적용하기: 4학년의 갑각류 학습하기'를 보라. 그리고 이어지는 물음에 답하라.

읽는 것은 평가의 한 형태다. 적절한 피드백을 제시한 평가가 없었다면 학생들은 좋은 결론과 형편없는 결론이 어떻게 다른지 이해할 수 없을 것이다. 마찬가지로 국어 과목을 듣는 학생은 숙제에 대한 평가나 피드백 없이 무엇이 좋은 에세이를 쓰는 데 필요한지를 이해할 수 없을 것이다.

피드백은 학생들의 공부의 질을 향상시키는 데 도움을 주기 때문에 중요하다. 학생들들은 공부의 질이 향상되고 있다는 것을 알게 되면서 그들의 유능성의 지각, 자기결정성, 내재 동기 또한 증가한다. 이것 중 어느 하나도 계속되는 평가와 평가에 기초한 피드백 없이는 불가능하다.

학습 맥락: 도시학교에서 동기 증진하기

도시라는 맥락에서 특히 두드러지는 역할을 하는 분야 중 하나가 학생의 학습동기다. 동기는 도시 교사들이 직면하는 가장 어려운 문제 중의 하나였고 지금도 그렇다(N. E. Perry et al., 2006; Rubinson, 2004). 그 원인이 복잡하지만 대체로 세 가지 패턴이 나타난다.

- 많은 도시학교의 비인격적 특성
- 통제의 강조
- 교사들이 도시 학생들에게 가지는 일관적으로 낮은 기대

도시학교들이 규모가 큰 경향이 있기 때문에 교사들은 종종 자기결정이론의 내재 동기의 기본적 요소인(R. Ryan & Deci, 2000), 학생들의 관계성 욕구의 충족을 도와주는 개인적 연결을 성립하는 데 어려움을 갖는다(Rubinson, 2004) 이러한 문제의 원인을 도시의 많은 교사가 학생들의 개인적 · 사회적 · 감정적 욕구를 함께 고려하기보다는 학습내용을 전달하는 것을 유일한 일로 보는 경향성 때문이다(Charner-Laird et al., 2004).

도시학급 환경의 비인격적 특성은 안전하고 질서 있는 교실에서 학생들의 자기조절을 발달시키기보다는 행동을 통제하는 데 초점을 두는 교사의 경향에 의해 더욱 심화된다(Charner-Laird et al., 2004; Rimm-Kaufman & Sawyer, 2004; L. Weiner, 2002).

그리고 세 원인 중 아마도 가장 유해한 세 번째 학생의 성취에 대한 일관적인 낮은 기대가 두드러진다(Ferguson, 2003; Landsman, 2004). 학업적 초점이 낮은 수준의 반복적 과제에 있는 경향이 높고(L. Weiner, 2002, 2006), 학생들은 과제 계획표와 쓰기 연습을 완성하는 데 불균형하게 많은 시간을 소비한다(Manouchehri, 2004). 시간이 지나면서 이러한 요소들은 학생들의 믿음에 강한 영향을 줄 수 있다. "존중을 많이 받지 못한 아이들은 그것을 믿게 되어서 종종 낮은 기대를 실현시킨다(Rubinson, 2004: 59)."

연구에 의하면 소속감에 위협받는 상황이 동기와 학습 모두를 손상시킨다(R. F.

Baumeister & DeWall, 2005). 학생들이 소속감을 느끼지 못하고 학교와 일체감을 느끼지 못해서 학교 관련 활동에 참여하지 않을 때 중퇴할 가능성이 더 높다는 연구 결과도 있다(Juvonen, 2006, 2007). "아프리카계 미국인 학생들과 도시학교 환경에 있는 학생들은 특히 학교로부터의 감정적 분리가 더 취약하다"(Honora, 2003: 59).

이러한 문제에 대한 쉬운 해결책이 존재하지는 않지만 연구는 몇 가지 해답을 제공해 준다.

교사의 영향

교사는 모든 학생의 학습과 동기에 영향을 주며 교사의 역할은 도시환경에서보다 더 필수적이다.

> 우리가 학생들에게 특정한 경험을 긍정적 혹은 부정적으로 여기는 이유에 대해 설명하라고 할 때, 학생은 칭찬이나 비난을 교사에게 돌린다. 영웅이나 희생양이 되는 것은 이러한 도심부 학교의 교사가 되는 데 있어 피할 수 없는 부분이었다(B. L. Wilson & Corbett, 2001: 32).

이것은 다음의 질문에 이르게 한다. 교사의 통제하에 있는 어떤 요인이 도시 학생들의 학습동기에 영향을 줄 수 있는가? 학생동기를 증진하는 모델에서 다음의 변인이 특별히 중요하다.

- 배려
- 질서와 안전
- 참여
- 도전

배려 우리는 앞서 도시환경에 대한 논의에서 배려하는 교사의 필요성과 그것이 특히 도시 학생들의 학습동기를 증진시키는 데 있어 중요하다는 것을 강조했다(T. Howard, 2001; Noddings, 2001).

> 학생들은 배려하는 교사가 수업을 흥미롭게 만들었고, 학생들에게 이야기를 하고, 학생들의 말을 잘 들어주며, 공평했다고 말했다. 또한 학생들은 도움이 필요하면 요청했다고 했다. 대조적으로, 배려하지 않는 교사들은 종종 주제에서 벗어났고, 학생들이 혼란스럽고 당황스러워할 때 설명해 주지 않거나, 학생들을 향해 소리를 질렀으며, 학생들의 이름을 잊어버림으로써 그들의 기분을 상하게 했다(Perry et al., 2006: 341).

배려에 대해서 도시 학생들이 어떻게 말하는지 알아보자.

"나는 변명을 허용하지 않는 사람들을 좋아해. 나는 내가 지치고 공부하고 싶지 않을 때 나에게 내가 어쨌든 그것을 해야 한다고 말해 줄 사람이 필요해. 만일 그들이 너를 계속해서 쫓아오지 않는다면, 너는 미끄러질 것이고 결코 공부를 하지 못할 거야. 너는 만일 그들이 네 옆에 계속 머무르지 않는다면 어떤 것도 배우지 않을 거야."

하지만 배려하는 교사들은 '변명을 허용하지 않는' '네 옆에 계속 머무르는' 것 그 이상이다. 그들은 실제로 도움을 준다. "만일 선생님이 우리가 공부하는 것을 돕고 우리가 이해하도록 돕는다면 그것을 배려하는 것이다" (Alder, 2002: 257).

질서와 안전 도시학교에서 유능한 교사들은 안전하고 질서 있는 학습환경 역시 조성한다. 질서를 유지할 수 없는 교사들은 학습과 동기에 방해가 되는 상태를 만든다.

한 학생이 말하길, "애들은 공부하지 않아요. 교사들은 '앉아서 공부해.' 라고 고함치고 소리 지르고 있고요. 이런 게 공부하고자 하는 애들을 더디게 만들어요. 정말 엉망으로 만들어 버리거든요" (Corbett & Wilson, 2002: 19).

연구에 의하면 질서 있고 안전한 도시학급을 촉진시키는 유능한 교사들은 덜 노력하는 학생들을 기대하지 않는다(Benner & Mistry, 2007). 그리고 그들은 '따뜻한 요구자들', 즉 배려와 학생들이 학교에 소속되어 있는 것처럼 느끼도록 도와주는 지지가 결합된 높은 기대를 유지하는 교사들이다(Milner, 2006).

참여 참여는 모든 학생의 학습동기에 있어 필수적이다. 반어적으로, 참여가 보다 더 중요한 도시 학생들이 교외 혹은 지방 학생들보다 덜 적극적으로 교육받는 경향이 있다. 도시의 유능한 교사들은 덜 유능한 교외 혹은 지방 교사들에 비해 더 많이 질문하고, 더 균등하게 질문을 배분하며, 학생들의 대답과 질문에 더 긍정적으로 답한다(Manouchehri, 2004). 도시 학생들은 종종 오랜 기간 수동적인 역할을 담당해 왔기 때문에 학습활동에 이들을 참여시키는 것이 특히 어렵다. 학업적 모험과 학습활동에 기꺼이 참여하고자 하는 마음을 발현시키는 것은 시간과 노력이 걸리기는 하지만 성취된다면 그것은 그럴 만한 가치가 매우 높은 것일 수 있다(Kincheloe, 2004).

학생들의 참여가 모든 현장에서 중요하지만 그것은 도시의 교실에서 필수적이다.

도전 도시 학생들은 일반적으로 덜 총명하고 인지적으로 많은 노력을 요하는 과제를 할 수 있는 능력이 없다고 취급받는다(Conchas & Noguera, 2006). 이것은 이들에게 이중의 타격이 된다. 그들이 학교에서 성공에 도움이 되는 사전지식이 부족할지는 모르지만, 이들은 종종 그들의 교사조차도 모르는 세상 물정에는 밝다. 이들은 자신이 대우받고 있는 방식을 완전히 이해하고 있고, 이것이 이들의 분노와 일탈의 문제를 악화시킨다(R. A. Goldstein, 2004). 유능한 교사는 학생들에게 단순히 문제에 대한 답과 해결책을 주지 않고 다양한 양질의 예시를 통해 배경지식을 제공한다. 그들은 학생들이 스스로 생각하여 학습에 이르는 데 필요한 비계를 제공한다. 그 결과 자기효능감(self-efficacy)과 자기결정성에 있어 필수적인 능력(competence)이 발전한다(Manouchehri, 2004).

도시 학생들의 학습동기를 발전시키는 것은 의심할 수 없이 교육자들이 직면하는 가장 어려운 도전 중 하나다. 하지만 많은 사람이 도전에 직면하여 능력을 발휘했다. "도시의 빈곤 속에서 성장하는 데 오는 잠재적 위험을 피하고자 회복력 있는 도시 학생들을 동기화시키고 지지하는 유능한 교사들에 의해서 나는 겸허해지고, 놀라고, 고무되었다. 그들은 가장 어려운 환경 속에서 마술을 부리는 우리 시대의 가장 영웅적인 인물들이다" (Kincheloe, 2004: 269). 이것이 도시환경에서 가르칠 때 우리가 얻고자 노력하는 이상적인 목표다.

웹 자료실

도시 학생들의 동기를 증신시키는 모델을 적용하기 위한 교사의 노력을 분석하기 위해서 www.myeducationlab.com에 접속하고, 11장 '활동 및 적용'의 '수업과 학습동기' 사례연구를 보라. 그리고 이어지는 물음에 답하라.

교실에의 적용

학생의 동기를 증진시키는 교수적 요소 교실에 적용하기

수업 서두에 초점 두기

1. 수업 서두에 초점 두기는 학생들의 주의를 끄는 동기적 요소이며 수업에 대한 포괄적인 그림을 제공한다. 이러한 요소를 이용할 수 있는 수업 서두에 대한 계획을 짜라.
- 초등학교: 한 4학년 교사는 측정을 다루는 수업에 케이크 요리법과 재료를 가져왔다. 교사가 말했다.
  "우리 모두 한 조각의 케이크를 가질 수 있을 만큼 케이크를 만들고자 한다. 이것이 오늘 우리가 알아낼 주제다. 교사는 학교 식당에서 구웠고 학생들과 나누어 먹으면서 수업을 마쳤다.케이크를 구워서 가져왔다."
- 중학교: 한 물리과학 교사는 수업을 시작할 때 그녀의 머리 주변에 실 끝을 매달아 놓은 물컵을 휘젓는 것과 같은 간단한 시연으로 수업을 시작한다. "왜 물이 컵 밖으로 넘치지 않을까? 우리가 이것을 이해하기 위해 필요한 것이 무엇인지 알아보자."라고 말하며 수업을 시작한다.
- 고등학교: 한 영어교사는 『햇빛 속의 흑인』(Hansberry, 1959)이라는 책을 다음과 같은 방식으로 소개했다.
  "디트로이트(Detrot)에 한 아랍 가족이 살고 있다고 생각해 봅시다. 그 사람들은 일상생활에서 주로 무엇에 대해 얘기할 것 같습니까? 그들에게 중요한 것은 무엇일까요? 9 · 11 사태이후 그들은 어떻게 느낄까요? 『햇빛 속의 흑인』을 읽을 때 이런 질문을 마음속에 가지고 읽어 보세요."

개별화

2. 개별화는 주제를 설명하기 위해 지적으로 또는 감정적으로 관련 있는 예를 사용하는 과정이다. 내용과 학생들의 삶 사이의 연결을 만들어 내기 위하여 내용을 개별화하라.
- 초등학교: 한 4학년 교사는 학생들에게 외골격 동물과 내골

격 동물을 비교하는 수업을 시작했다. 그 교사는 뼈가 안쪽에 있다는 것을 알리기 위해 학생들에게 자신의 팔과 다리를 꼬집어 보라고 한다. 그러고 나서 가재를 나누어 주어 가재와 자신을 비교하도록 하였다.

- 중학교: 한 중학교 1학년 교사는 어느 지역신문에 나온 컴퓨터 게임상품 광고를 가지고 와서 백분율에 대한 수업을 시작하였다. 그 광고에는 '10~20%까지 세일된 가격' 이라고 써 있었다. 학생은 인기 있는 게임에 대해 기존 가격에서 몇 퍼센트를 절약하는지를 계산하였다.
- 고등학교: 한 역사교사는 베트남 전쟁에 대한 수업을 시작하면서, 학생들에게 그 당시에 군복무를 했던 사람을 인터뷰하도록 했다. 그 수업은 인터뷰의 결과를 전쟁의 '인간적' 측면에 대해 상기하기 위해 사용했다.

참여

3. 참여는 학생들이 수업에 적극적으로 개입하는 정도를 설명한다. 모든 학습활동에서 높은 수준의 참여를 촉진하라.

- 초등학교: 한 3학년 교사는 날마다 20개의 수학문제를 나누어 주고, 학생들은 재빨리 문제를 푼 후 채점을 한다. 전날보다 점수가 향상되었거나 모두 맞은 학생은 보너스 점수를 받아 수학 평균에 보탠다.
- 중학교: 한 수학교사는 학생을 두 명씩 짝지워 수학문제를 풀게 한다. 학생들이 처음에는 각자 문제를 풀고 서로 확인한 후, 문제 푸는 과정에 이견이 있으면 교사에게 질문하도록 하였다.
- 고등학교: 한 영어교사는 수업 중 무작위로 학생을 시키지만 학생이 손을 들든 안 들든 모든 학생의 이름을 동등하게 부르려고 노력한다. 교사는 학기 초에 이미 그의 목표는 수업시간에 학생들이 참여하도록 하는 것이라고 설명하였다. 또한 학생들이 발표할 때 느끼는 불편한 감정은 지극히 자연스러운 것이며 곧 없어질 것이라고 말했다. 그는 학생들이 대답을 못할 때마다 적당한 답을 말할 수 있도록 격려하고 유도하였다.

피드백

4. 피드백은 학생들에게 그들의 학업 향상에 대한 정보를 제공한다. 학업 향상에 대한 길잡이와 정보적 피드백을 제공하라.

- 초등학교: 한 4학년 교사는 그녀가 낸 각각의 퀴즈에서 가장 많이 틀린 문제에 대한 자세한 설명을 제공하며 토론했다.
- 중학교: 한 교사는 학생의 리포트에 쓰길, "굉장히 좋은 생각과 의견입니다. 그렇지만 문장을 문법에 맞게 고쳐 보면 더 좋은 글이 되겠네요. 내가 부분마다 쓴 피드백을 참고하세요."
- 고등학교: 한 세계사 교사는 숙제와 논술 시험문제에 대한 가장 이상적인 답을 OHP에 놓고 학생들에게 보여 주었다. 학생들은 자신의 답과 이상적인 답을 비교하며 어떤 부분을 고쳐야 하는지에 대해 노트 필기를 하였다.

◈ 이해 점검 활동

5.1 학생의 학습동기를 증진할 수 있는 교수전략을 설명하라.

5.2 10장의 최 교사의 수업을 다시 살펴보고 그녀의 수업에서 수업 서두에 초점 두기를 어떻게 적용했는지 설명하라.

5.3 고 교사가 개별화를 수업의 어디에서 사용했는지 규명하라.

5.4 효과적인 단락 쓰기라는 주제를 이용해서 '숙달 지향' 의 예와 '수행 지향' 피드백의 또 다른 예를 제시하라. 두 예시 간의 차이점에 대해서도 설명하라.

학교급별 적용 Developmentally appropriate

다양한 연령의 학습자 동기를 촉진하기 위한 모델 적용하기

학생동기 증진 모델에 나타나는 요인은 모든 학년 수준의 학습자에게 적용된다. 예를 들어, 배려하는 교사, 안전하고 질서 있는 환경, 성공, 높은 수준의 학생 참여는 모든 학생에게 필수적이다. 하지만 발달적 차이는 존재한다. 여기에서는 이러한 차이점의 일부가 제시될 것이다.

초등학생들은 순진하고 낙관적이며 무엇을 할지 또는 무엇을 배울지에 대해 애매모호한 생각을 가지고 입학한다. 하지만 종종 초등학교 시기가 처음으로 집과 부모로부터 분리되는 때이기도 해서 익숙하지 않는 것에 대한 불안이 야기될지도 모른다. 공부하고 싶은 장소로 학급을 만들기 위해 추가적으로 시간을 투자하는 것이 이러한 아동들에게 중요하다.

흥미는 초등학생에게 강력한 동기 부여 요소일 수 있다(Hidi, Renninger, & Krapp, 2004). 동물, 만화 주인공, 운동, 공룡, 환상과 같은 주제가 대부분의 아이들에게 흥미 있을 것으로 보인다. 이러한 주제를 읽기, 쓰기, 수학 과제에 포함시키는 것이 효과적일 수 있다.

초등학생들의 목표를 설정하고 학습전략을 사용하는 능력은 대체로 발달하지 않지만, 메타인지를 본보기로 보이고 가르치는 의식적인 노력으로 자기조절의 발단은 마련될 수 있다(Paris, Morrison & Miller, 2006).

중학생들은 규칙과 절차, 학교교육에 대한 실제적 지식을 갖게 된다. 하지만 중학교 진학은 청소년들에게 도전적일 수 있고, 종종 동기와 학습 모두가 손상을 입을 수 있다(Wigfield, Byrnes, & Eccles, 2006). 학급은 대체로 크고, 덜 개인적이며, 학생들은 수업마다 다른 교사로부터 수업을 듣게 되면서 한 교사에게 얻던 안정감이 사라지게 된다. 학생들과 개인적 관계를 형성하기 위해 시간을 보내는, 즉 배려하는 교사는 이 시기에 필수적이다.

중학교 시기 동안에는 또래친구들이 점차 중요해져서, 협동적 학습과 그룹 작업이 참여와 동기를 증가시키기 위한 효과적인 수단이 된다. 하지만 또래친구의 영향력 증가로 인해 그룹 작업을 하는 동안 과제를 하지 않는 행동을 야기할 수 있다. 그러므로 그룹 작업을 신중하게 구조화하는 것, 활동하는 동안 학생들의 행동을 모니터하는 것, 학생들에게 결과물에 대한 책임을 지게 하는 것 등이 중요하다.

도전과 과제 이해와 같은 요인은 학생들이 초등학생일 때보다 더욱 중요해진다. 또한 중학생들은 자신이 공부하고 있는 것의 관련성과 가치를 평가하기 시작해서 개별화 역시 점차적으로 중요한 요인이 된다.

더 많이 성숙했음에도 불구하고 많은 고등학생이 여전히 높은 수준의 자기조절에 도달하지 못한다. 자기조절을 본보기 보이기와 보다 정교한 학습전략과 가르치고자 의식적으로 노력을 기울이는 것이 이들 학생들이 자기결정성 욕구를 충족시키는 데 도움을 줄 수 있다(Pressley & Hilden, 2006).

고등학교 학생들은 자신을 인식하고 고등학교 이후의 자신의 미래를 생각하기 때문에 이들은 공부하는 주제의 가치를 평가한다. 게다가 고등학생의 유능성과 자율성 욕구가 현저히 두드러진다. 그 결과, 도전, 과제 이해와 같은 학급환경 요인과 개별화, 피드백 같은 교수적 요소가 점차적으로 중요해진다.

✿ 학습목표별 요약

1. 숙달중심 학급 수행 중심 학급의 차이점을 설명하라.
- 숙달중심 학급은 이해의 증진과 과제의 숙달을 강조하는 학습목표에 초점을 둔다. 수행중심 학급은 높은 능력을 보여 주는 것에 초점을 둔 수행목표와 타인과 비교된 능력을 특히 강조한다.
- 숙달중심 환경은 학생의 학습동기를 증가시키는 반면, 숙달중심 환경은 가장 높은 성취를 보이는 학생들을 제외한 모두에게 학습동기를 손상할 수 있다.

2. 교사들이 학습자의 자기조절능력을 발달시키기 위해 사용할 수 있는 전략을 규명하라.
- 교사들은 자신의 학습에 대한 책임을 수용하는 것과 성취가 증가하는 것 사이의 관계를 강조함으로써 학습자의 책임감을 증진할 수 있다.
- 학생의 자기조절능력을 발전시키도록 돕는 전략으로는 학생들에게 책임감을 포함하는 절차를 설정하는 과정에 의견을 제시하도록 권유하기, 책임감을 받아들일 때와 그렇지 않았을 경우의 결과를 설명하여 책임감을 개념으로 다루기, 책임감을 본보기로 보이기, 학생들이 목표 성취를 모니터하고 평가할 수 있도록 돕는 구체적 방법 제공하기 등이 있다.

3. 학생의 학습동기를 증진할 수 있는 교사의 개인적 특성을 설명하라.
- 개인적 교사효능감, 본보기 보이기, 배려하기, 높은 기대가 학생의 학습동기를 증진할 수 있는 개인적 특성이다.
- 개인적 교사효능감이 높은 교사들은 학생들의 사전지식이나 다른 요소와는 관계없이 자신이 학생의 학습을 도울 수 있다고 믿는다.
- 예의와 존중을 본보기로 보이는 것은 동기에서 필수적이며 자신이 가르치는 주제에 대한 진정한 흥미를 보이는 것은 교사 열정의 본질이다.
- 교사들은 학생들과 함께 개인적 시간을 기꺼이 보내고자 하고 각 개인에 대한 존중을 보임으로써 학생에 대한 배려를 보여 줄 수 있다. 존중을 보이기 위한 가장 효과적인 방법 중 하나는 학생들에 대해 높은 기준을 갖는 것이다. 학생에게 높은 기준을 갖는 것은 교사가 모든 학생이 성공할 것이라고 기대하는 것을 전달하는 것이기도 하다.

4. 학생의 학습동기를 증진시킬 수 있는 학습환경 변인을 규명하라.
- 동기를 부여하는 환경은 학습에 초점을 둘 수 있는 안

전하고, 안정감 있으며, 질서 있는 장소다.

- 학생들이 도전적으로 지각하는 과제에서의 성공은 학습동기를 증가시킨다. 도전을 직면하는 것은 능력이 증가하는 것에 대한 증거를 제공하고 이는 또한 자율성에 대한 지각으로 이어진다. 이 두 요소가 내재 동기를 증진한다.
- 학생들은 동기를 부여하는 환경 속에서 자신이 학습하도록 기대되는 것이 무엇이고 그렇게 하도록 기대되는 이유에 대해 이해하게 된다. 이들이 학습하는 것이 무엇이고 왜 그들이 학습하는지에 대한 이해는 또한 자율성의 지각을 증진하고 과제 가치에 기여한다.
- 학생동기 증진 모델에서 학급환경 요소는 타깃(TARGET) 프로그램의 범주에 대응된다(도전과 과제 이해와 타깃의 과제 범주, 질서와 안전과 권위, 성공과 인정, 각각의 환경요인과 집단화, 성공과 평가, 과제 이해와 시간 등).

5. 학생의 학습동기를 증진할 수 있는 교수전략을 설명하라.

- 교사는 학생의 주의를 끌고 다음에 제시되는 정보에 대한 개념적 이해의 틀을 제공하는 예시, 활동, 질문으로 수업을 시작함으로써 학생의 학습동기를 증진할 수 있다.
- 교사가 수업내용을 학생과 개인적으로 연관성 있게 만들고 학습활동에 계속 참여하도록 할 때 학생들의 관심과 흥미가 유지된다.
- 교사는 학업적 향상에 대한 피드백을 제공함으로써 학생의 학습동기를 증진할 수 있다. 능력이 높아지고 있다는 것을 피드백을 통해 보여 줄 때 자기효능감과 자기결정성 모두가 향상되며 내재 동기도 증가한다.

✤ 전문성 발달: 자격증 시험 대비 연습

이 장의 맨 처음에서 우리는 어떻게 고 교사가 절지동물의 개념을 가르쳤는지를 보았다. 이제 그녀가 같은 날 이후에 가르친 언어기술 수업을 소개하도록 하자. 이 수업에서 학생들은 단락을 쓴다. 다음의 사례연구를 읽고 다음에 나오는 문제에 답하라.

고 교사는 5학년 학생들에게 작문기술을 가르치고 있다. 그녀는 학생들에게 단락을 몇 개 쓰도록 하고, 주어진 3점 평가기준에 맞추어 학생들 스스로 평가하도록 하고자 했다. 그녀는 각 학생에게 OHP용 투명용지와 사인펜을 나누어 주고 말했다.

"자, 오늘 우리는 좋은 단락을 쓰는 연습을 좀 더 할 거예요. 우리는 좋은 단락의 특징을 알고 있어요. 잠깐 복습해 봅시다. 잘 써진 단락에는 무엇이 있죠?"

"주제 문장이요."라고 몇 학생이 즉시 대답했다.

"그래요. 또?"

"주제와 어울리는 문장이요."라고 다른 학생들이 말하였다.

"그래요. '주제와 어울린다'는 말은 주제 문장을 지지하는 문장을 말하죠. 여러분은 지지 문장을 적어도 네 개는 써야 해요."

고 교사는 학생들에게 문법과 철자법에 맞게 써야 한다고 말한 후, 다음과 같은 단락을 보여 주었다.

> 컴퓨터에는 모든 종류의 모양과 크기가 있다. 초창기 컴퓨터 중 UNIVAC라는 컴퓨터는 방 하나를 꽉 채웠다. 오늘날 어떤 컴퓨터는 냉장고 크기만 하기도 하고, 어떤 것은 노트 크기만큼 작기도 하다. 어떤 컴퓨터는 옷의 주머니에 들어갈 정도로 작다.

> 진주의 가족은 새 컬러 TV를 한 대 샀다. 이 TV에는 54인치 스크린이 있고, 색과 밝기를 조절하는 장치가 있다. 앤은 경찰 이야기를 좋아한다. 소리와 톤을 조절하는 장치도 있다.

토론 후에 학생들은 첫 번째 단락은 좋은 단락의 기준을 충족했지만 두 번째 단락은 그렇지 않다고 결론 내렸다. 그 이유는 주제 문장을 지지하는 네 개 문장이 없고, "진주는 경찰 이야기를 좋아한다"는 문장은 주제와 관련이 없기 때문이었다.

그러고 나서 고 교사는 말했다.

"자, 여러분! 내가 수업 시작할 때 나눠 준 OHP용 용지에 주제는 자유롭게 한 단락을 쓰도록 하세요. 나중에 학급 전체가 점수를 매길 거예요."

학생들의 "우, 우" 하는 소리를 듣자 그녀는 미소를 지었다.

학생들은 단락을 쓰기 시작했고, 학생들이 모두 끝낸 것을 보고 교사는 말했다.

"좋아요. 우리 모두 점수를 매길 거예요."

그녀는 점수의 평가기준을 다시 설명했다. 3점은 좋은 단락의 모든 기준을 충족시킨 단락, 2점은 주제 문장이 있고 지지 문장이 네 개보다 적고 어떤 문장은 주제와 관련이 없고 몇 가지 문법적 실수가 있는 단락, 1점은 상당히 많은 문장이 주제와 관련이 없고 많은 문법적 실수가 있는 단락에 배정하는 것이다.

"좋아요. 누가 먼저 할까요?" 라고 고 교사가 물었다.

"저요!" 라고 몇몇 학생이 소리쳤다. 고 교사는 웃으며 말했다.

"두호야, 이리 나오렴."

두호는 자신의 OHP 용지를 OHP에 놓고 큰 소리로 읽었다.

퀴디치(Quidditch)는 마법사들이 즐기는 마법세계에서 유명한 운동이다. 각 팀에는 7명씩 있다. 경기장에는 네 개의 공이 있다. 콰플은 붉은색 축구공이다. 두 개의 블러저는 선수들이 타고 있는 빗자루에서 선수들을 떨어뜨리려고 한다. 마지막으로, 금색 스니치는 아주 작고 그것을 잡은 팀은 150점을 받고 그 팀은 보통 이긴다. 그러므로 퀴디치는 아주 재미있는 운동이다.

Quidditch is a wizard sport that is famous in the wizard world. There is 7 people allowed on each team. On the field there are 4 balls. The Quaffle is a red soccerball. The two bludgers try to knock players of their brooms. Finally, the Golden Snitch is very small and when caught the team gets 150 points. And that team mostly always win. Therefore, Quidditch is very exciting.

학급 전체가 두호의 단락에 점수를 매겼고 3점을 주는데 동의하였다. 그 후 다른 학생들이 소리쳤다.

"제가 다음에 할게요! 제가 다음에 할게요!" 고 교사는 종진이를 지명하였다.

장준이라는 소년이 있었다. 그 애는 지붕이 떨어지고 유리창이 깨진 집에 살고 있다. 벽에는 구멍이 나고 비가 오면 지붕이 샜다. 그렇지만 언제나 비가 오고 번개가 쳤다. 아무도 그 소년의 집 대문에 가지 않았다. 왜냐하면 그 애가 아주 이상했기 때문이다. 사람들은 그 애가 흡혈귀라고 했다.

There was a boy named Josh. He lives in a house with the roof falling in and the windows were broke. He had holes in the wall and the ceiling leaked when it rained. But then again it always rained and thunder over his house. Noone every goes to his gate because he was so weird. They say he is a vampire.

고 교사는 학생들에게 손을 들어 투표하여 점수를 주도록 했다. 반 정도의 학생이 2점을 줬고, 나머지가 1점을 주었다. 이 단락에 대한 토론을 시작하기 위해 그녀는 물었다.

"채민아. 왜 2점을 줬지?"

"주제에서 벗어났어요. 소년이나 집 둘 중 하나를 주제로 잡아야 해요."라고 채민이가 말했다.

"한수? 너는 1점을 줬는데……. 얘기해 보세요."

"장준이라는 소년이 있다고 해 놓고 갑자기 집에 대해서 얘기했어요. 그리고 날씨, 그다음에 소년으로 바뀌었어요."라고 한수가 대답했다. 고 교사는 끄덕이며 말했다.

"그래, 채민이와 비슷한 의견이구나."

몇몇 학생이 자신의 의견을 얘기한 후 학급은 종진이에게 1.5점을 주기로 했다. 종진이는 자리에 앉았다. 몇 학생이 손을 들고 외쳤다.

"저요! 저요! 제가 하고 싶어요!" 고 교사는 다은이를 시켰고 학생들은 3점을 주는 데 동의했다. 그런 다음 고 교사가 말하길, "여러분한테 아주 깊은 인상을 받았어요. 아주 훌륭해요."

"좋아요. 한 사람 더." 그녀는 계속해서 말했다.

"수아." 학생들이 항의했다.

"안 돼요. 안 돼요." 그녀는 웃으며 말했다.

"좋아. 수아 뒤에 한 사람 더."

학생들은 수아의 단락에 대해 평가하였고, 그 뒤엔 동민이의 것을 평가하였다. 수업이 거의 끝나갈 때, 몇몇 학생이 "우리 것도 내일 할 건가요?"라고 물었다.

고 교사는 웃으면서 내일 나머지 것들도 보게 될 것이라고 확언해 주었다.

단답형 질문

다음 문제를 답하는 데 있어, 이 장의 정보를 이용하고 위의 사례의 정보에 대한 여러분의 반응과 연결하여 설명하라.

1. 학생의 동기에서 안전감을 느끼는 것은 필수적이다. 고 교사의 학생들이 수업에서 얼마나 안전감을 느꼈는지 평가하라.
2. 고 교사가 교실에서 교수적 요소를 어떻게 응용하였는지 평가하라.
3. 공개적으로 학생들의 글이 다른 학생들에게 공개적으로 평가받는 데도 고 교사의 학생들은 자신의 글을 보이는 것에 대해서 열성적이었다. 이들의 열정에 대해서 학생의 동기 증진 모델의 변인을 가능한 한 많이 사용하여 설명하라.
4. 고 교사는 학생들의 배경이 매우 다양한 도시 학교에서 가르치고 있다. 도시 맥락의 학습자를 위해 그녀의 학급환경을 평가하라.

중요개념

개방형 질문(Open-ended question)
개별화(Personalization)
개인적 교사효능감(Personal teaching efficacy)
과제 이해(Task comprehension)
긍정적 학급환경(Positive classroom climate)
배려(Caring)
수업 서두에 초점 맞추기(Introductory focus)
수행중심환경(Performance-focused environment)
숙달중심환경(Mastery-focused environment)
자기조절(Self-regulation)
자기충족적 예언(Self-fulfilling prophecy)
질서와 안전(Order and safety)
집단적 교사효능감(Collective efficacy)
참여(Involvement)

12

생산성 학습환경 조성하기

학급관리

chapter outline

구성 개요

효과적 학급관리의 중요성
- 대중적 관심과 전문적 관심
- 학급의 복잡성
- 동기와 학습에 대한 영향
- 학급관리의 목표

효과적 학급관리 계획
- 학급관리 계획의 원리
- 초등학교에서의 효과적 학급관리 계획
- 중학교와 고등학교에서의 효과적 학급관리 계획
- 학습 맥락: 도시환경에서의 학급관리
  - 이론에서 실제로: 학급규칙 만들기와 가르치기

학부모와 효과적으로 의사소통하기
- 의사소통의 필요성
- 학부모 참여를 위한 전략

규칙 위반 행동이 일어날 때의 개입
- 성공적 개입의 원리
- 인지적 개입
- 행동주의적 개입
- 개입의 연속성
  - 다양성 탐색: 다양한 환경에서의 학급관리
  - 이론에서 실제로: 규칙 위반 행동에 효과적으로 대응하기

학급관리에서의 심각한 문제: 폭력과 공격성
- 학교폭력과 공격성
- 폭력과 공격성에 대한 장기적 해결책
  - 학교급별 적용: 다양한 연령의 학습자에 대한 학급관리

learning objectives

학습목표

이 장의 공부를 마치고 나면, 여러분은 다음과 같은 것을 할 수 있어야 한다.

1. 효과적 학급관리가 중요한 이유에 대해 설명할 수 있다.
2. 초등학생, 중학생, 고등학생의 특성과 이 특성들이 학급관리 계획에 어떻게 영향을 미치는지를 알 수 있다.
3. 학부모와 효과적 의사소통에 대한 특성을 기술할 수 있다.
4. 인지이론, 행동주의 이론을 사용하여 효과적 개입을 설명할 수 있다.
5. 공격 행위 발생에 대한 교사의 전문적·법적 책임과 학교폭력 및 공격성에 대해 효과적으로 대응하기 위한 절차를 기술할 수 있다.

당신이 처음 교단에 설 때를 생각하면 가장 걱정스러운 것이 무엇일까? 당신이 예외적이지 않다면 답은 '학급관리'일 것이다. 다음 사례를 읽으면서 사례에서 일어나고 있는 학급관리에서의 문제가 무엇인지 그리고 중학교 교사인 김 교사가 어떻게 그것을 다루고 있는지 생각해 보자.

중학교 1학년 지리교사인 김 교사는 중동지역 문화에 대한 단원을 가르치고 있다. 학생들은 교실로 들어서면서 커다란 지도와 함께 다음 지시문을 보게 된다.

카이로(Cairo)와 다마스쿠스(Damascus)의 경도와 위도를 확인하시오.

김 교사의 학생들은 매 수업이 시작될 때 복습문제를 풀고 그동안 김 교사는 출석을 확인하고 제출받았던 과제를 나누어 준다. 학생들은 뒷좌석에서 넘어온 과제 위에 자신의 이번 시간 과제를 얹어 다시 앞의 학생에게 넘겨 준다.

김 교사는 학생들이 이런 과정을 마치기를 기다렸다가 수업을 시작한다.

"다마스쿠스의 위도는 대략 몇 도인지…… 진영아 답해 보렴?"

김 교사는 한 분단의 곁을 따라 걸으며 질문한다.

"……제 생각으로는 대략 북위 34도입니다." 진영이가 응답한다.

김 교사가 원준이를 지나가자, 원준이는 연필로 건너편 분단에 앉아 있는 현순이를 찔렀다. 24명 정도 수용 가능한 교실 안에 32명의 학생들이 앉아 있기 때문에 각 분단 사이의 통로는 좁았다. 원준이는 김 교사의 등을 힐끔 쳐다보았다.

현순이는 "원준아, 그만둬."라고 크게 말했다.

김 교사는 몸을 돌려 원준이에게 다가와 그의 근처에 서서 계속 수업을 진행했다.

"잘했어, 진영아. 다마스쿠스는 북위 34도 가까이에 있죠."

"그 지역은 여름에 우리 지역보다 더 더울까 아니면 더 추울까? 원준아?"

"제 생각에는 더 더울 것 같아요." 원준이는 처음에는 김 교사의 질문을 잘 알아듣지 못했기 때문에 김 교사가 질문을 반복하고 나서야 대답한다.

"좋아, 잘 생각했다. 그런데, 왜 더 더울까? ……재영아?"

김 교사는 재영의 답을 기다리면서, 인숙이의 책상에 몸을 기대며 게시판에 걸려 있는 학급교칙을 가리키면서 조용히 그러나 단호하게 말했다.

"우리는 다른 사람이 말할 때 경청하는 것이 중요하다는 것에 모두 동의했어. 그런데 너는 휘파람을 불고 보라에게 쪽지를 건넸어."

"집중하지 않는다면 배우는 것도 없습니다. 나는 내 학생들이 배우지 못하는 것이 싫어요. 빨리 앞으로 나와요."

김 교사는 교실 앞의 빈 책상을 가리키면서 인숙이를 바라보고 조용히 말했다.

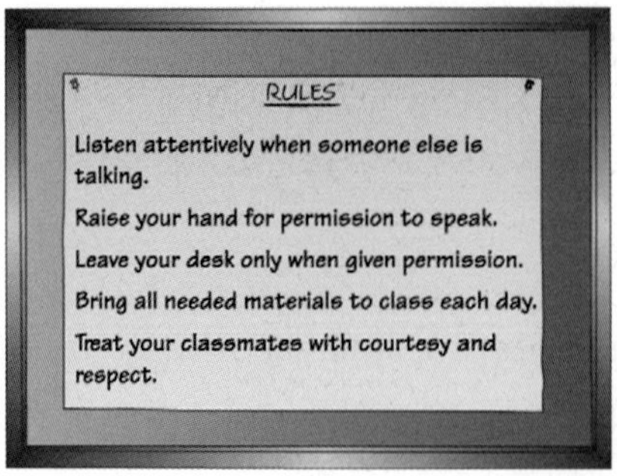

다른 사람이 이야기할 때 경청한다.
손을 들고 허락받아야 발언할 수 있다.
허락이 있을 때만 자기 자리를 떠날 수 있다.
매일 수업에 필요한 모든 자료를 가지고 온다.
급우들을 존중하며 정중하게 대한다.

"다마스쿠스는 우리 지역보다 남쪽이고 또 사막지대에 있습니다."라고 재영이가 대답하였다.

"잘 대답했어, 재영아. 이제 카이로를 살펴보자."

김 교사는 인숙이가 교실 앞의 책상으로 나가는 것을 보며 수업을 계속 진행한다.

생산적 학습환경이란 질서 있고 학습에 초점이 맞추어진 교실을 말한다. 생산적 학습환경에서 학생들은 물리적으로 그리고 정서적으로 안정감을 느끼며, 학습을 촉진시키기 위하여 학급에서의 일상적 과정, 학습활동, 그리고 적절한 행동에 대한 기준이 모두 계획되어 있다.

생산적 학습환경
(Productive learning environment)
질서 있고 학습에 초점이 맞추어진 교실

다음 두 질문을 염두에 두고 이 장을 읽기 바란다.

- 생산적 학습환경을 조성하기 위해 김 교사는 무엇을 하였는가?
- 당신은 자신의 학급에서 이와 유사한 환경을 어떻게 조성하고 유지할 것인가?

많은 학급현장 연구와 함께, 앞선 장에서 독자들이 배운 학습이론과 동기이론은 당신이 이 질문에 답하는 데 도움이 될 것이다. 이 장에서 우리는 이들 이론과 연구를 어떻게 적용할 것인지 살펴볼 것이다.

효과적 학급관리의 중요성

학급관리는 교사가 직면하는 가장 도전적 과업 중 하나다. 그 중요성에 영향을 미치는 것은 세 가지 요인이다.

- 학급관리에 대한 대중적 관심과 전문적 관심
- 학급생활의 복잡성
- 질서 있는 학급의 학습과 동기에 대한 영향

대중적 관심과 전문적 관심

이 장을 시작하면서 저자들은 독자에게 교수와 관련하여 가장 큰 근심이 무엇인지를 묻고 싶으며 아마 학급관리가 그 대답이 아닌가 생각한다. 연구들은 당신의 근심이 틀리지 않음을 보여 준다.

학급관리는 교사, 학교 행정가, 그리고 대중이 오랫동안 관심을 두어 온 주제다. 초보 교사들은 지속적으로 학생 훈육이 가장 심각한 도전이라 여기며, 학급관리 문제는 오랫동안 교사 소진과 직무 불만족의 주요 원인이었고, 대중은 훈육이 학교가 직면한 가장 심각한 문제 중 수위를 다투는 문제라고 여긴다(Evertson & Weinstein, 2006: 3).

1960년대부터 2004년까지 학급관리는 교사의 가장 어려운 문제 중 하나로 지목되었으며 2004년부터 현재까지는 학교가 직면한 가장 중요한 문제 중 학교의 재정 문제 다음인 2위 자리를 차지하였다(L. C. Rose & Gallup, 2007).

학급을 관리하는 능력은 매우 도전적이지만 불가능한 것은 아니며, 주의 깊은 계획과 효과적 교수를 통해 쉽게 성취할 수 있다. 이 장을 기술하면서 저자들의 목표는 당신이 학급을 잘 관리할 수 있도록 하는 지식과 기술을 획득하도록 돕는 것이다.

학급의 복잡성

학급의 복잡성은 학급관리가 매우 중요한 두 번째 이유다. 연구자들은 학급관리를 복잡하고 벅차도록 만드는 학급의 몇몇 특성을 확인하여 왔다(Doyle, 1986, 2006).

- **다차원성과 동시성**: 사례에서 김 교사는 원준이와 인숙이의 규칙 위반 행동을 다루면서 동시에 나머지 학급의 주의 집중을 유지하여야 한다.
- **즉시성**: 문제가 악화되는 것을 피하기 위해 김 교사는 원준이의 행동에 즉시 대응할 필요가 있었고, 인숙이가 휘파람을 분 것에 대해 개입할 것인지에 대한 결정도 즉시 이루어져야 했다.
- **비예측성**: 김 교사는 원준이의 행동에 대한 현순이의 반응을 예측할 수 없었다. 예를 들어, 현순이는 말로 반응하는 대신 원준이를 때리거나 나머지 학급학생들의 주의를 끌 만큼 소리를 지를 수도 있었다.
- **공개성**: 만약 김 교사가 문제행동을 처음 일으킨 원준이에게 개입하는 대신 현순이를 비난했다면 그것은 현재 일어나고 있는 일에 대해 김 교사가 파악하지 못하고 있다는 점을 알리게 될 것이다.

또한 학급은 일 년 동안 주 5일씩 수업을 위해 모이며 따라서 그들은 일련의 규칙과 관례를 만들어 낸다. 만약 규칙이 안전, 질서, 그리고 학습을 위해 만들어진다면 학급환경은 동기와 성취를 모두 조장할 것이다. 이처럼 긍정적 규칙을 확립시키는 것이 우리의 목표 중 하나다(Doyle, 2006).

학급의 복잡성은 학급관리를 도전적이고 중요한 일로 만든다.

동기와 학습에 대한 영향

학급관리의 중요성에 대한 가장 큰 이유는 아마 학생들이 질서 있는 환경에서 더 많이 배우고 동기화된다는 점이다(Brophy, 2006b).

학급관리와 학습 간의 관계는 잘 입증되어 있다(Good & Brophy, 2008). 효과적인 학급관리는 학생의 참여를 높이고 규칙 위반 행동을 감소시키며 학습시간을 증가시키며, 이 모든 것은 학생 성취를 높인다(Emmer, Evertson, & Worsham, 2006; Evertson, Emmer, & Worsham, 2006).

많은 연구는 학생들이 동기화되기 위해 물리적 · 정서적 안정을 느낄 필요가 있으며, 질서 있는 학급은 이 같은 안정감에 기여함을 보여 준다(Brophy, 2006b; Watson & Ecken, 2003; Wessler, 2003).

학급관리의 목표

제이콥 쿠닌(Jacob Kounin, 1970)이 수행한 이 분야의 초기 연구 중 일부는 교사가 학급관리와 훈육 간 차이에 대해 이해하도록 도왔다. 학급관리는 학문적 · 사회–정서적 학습을 지지하고 촉진하는 환경을 조성하도록 교사가 수행하는 행동으로 구성된다. 훈육은 학생의 규칙 위반 행동에 대한 교사의 반응으로 구성된다. 쿠닌(1970)은 질서 있는 학급의 요체는 규칙 위반 행동이 일어난 후 그것을 다루는 능력이 아닌 관리 문제를 예방하는 교사의 능력이라는 점을 밝혔다. 그의 발견은 이후 오랫동안 계속하여 검증되어 왔다(Emmer & Stough,

학급관리(Classroom management)
학문적, 사회–심리적 학습을 지지하고 촉진하는 환경을 조성하도록 교사가 수행하는 행동

훈육(Discipline)
학생의 잘못된 행동에 대한 교사의 반응

2001; Freiberg, 1999a). 예를 들어, 전문가들은 예측과 예방이 효과적인 학급관리 체제의 80%를 차지한다고 하였다(Freiberg, 1999b).

학급관리는 단순히 질서 있는 환경을 구성하는 것 이상이다. 그것은 학습자의 학문적 · 개인적 · 사회적 발달에 기여하는 과정이다. 효과적 관리자는 다음 세 가지 주요 목표를 고려한다.

- 배려하고 신뢰하는 공동체 만들기
- 학습자의 책임감 발달시키기
- 학습시간과 기회의 극대화

배려하고 신뢰하는 공동체 만들기

학급관리의 개념은 학문적 · 사회-정서적 학습 모두를 강조한다. 학생들이 사회적 · 심리적으로 발달하도록 돕는 것을 통해 **배려하고 신뢰하는 공동체**, 즉 학습자가 물리적으로, 그리고 정서적으로 안전함을 느끼고 소속되고 관계 맺고자 하는 욕구를 만족시켜 주는 학급환경을 구성한다(Watson & Battistich, 2006; Watson & Ecken, 2003).

배려하고 신뢰하는 공동체 (Community of caring and trust)

학습자가 물리적으로, 그리고 정서적으로 안전함을 느끼고 소속되고 관계 맺고자 하는 욕구를 만족시켜 주는 학급환경

> 이것은 학생들이 정서적으로 약점을 드러낼 수 있고, 이 약점이 다른 구성원의 친절과 관심 어린 행동 속에서 위험을 무릅쓰고 관계를 맺는 의지를 낳도록 하는 학교 및 학급환경을 필요로 한다(Nucci, 2006: 716).

더불어 학생들은 그들의 교사 및 다른 학생들과 정서적으로 연결되어 있음을 느끼고 스스로 사랑받고 존경받을 가치가 있음을 느껴야 한다.

배려하고 신뢰하는 공동체는 학습의 사회적 본질을 강조하는 사회구성주의 학습이론(8장 참조, Watson & Battistich, 2006)과 기본 욕구로서의 관계성을 강조하는 자기결정이론(10장 참조, R. Ryan & Deci, 2000)에 근거를 두고 있다.

배려하는 교사는 배려하고 신뢰하는 공동체의 핵심이다. 그들은 친사회적 행동과 도덕 발달을 강조한다. 그들은 예의와 존중의 모델이 되고 이를 통해 예의와 존중을 기대하며 체계적으로 개인의 책임을 가르친다(H. A. Davis, 2003; Watson & Ecken, 2003).

학습자의 책임감 발달시키기

인지학습과 관련한 장(7~9장)에서 저자들은 학습자의 메타인지와 그들의 경험에 의미를 부여하려는 학습자의 욕구의 중요성에 대해 강조하였다. 이런 견해는 학습자의 책임감 발달의 기초가 된다(Elias & Schwab, 2006; Emmer & Stough, 2001). 학습자가 사회적 · 정서적으로 발달하면서, 그들은 생산적인 학습환경을 조성하도록 노력해야 할 책임이 있음을

알게 된다. 그들은 규칙을 어기면 처벌받을 것이란 위협 때문에 규칙에 복종하는 것이 아니라 규칙 자체가 이유 있기 때문에 규칙에 복종한다. 교사는 책임감을 분명히 가르치고 규칙과 절차에 대한 이유를 강조함으로써 이런 태도를 촉진한다. 학생들은 질서가 학습을 위해 중요하며 질서를 조성하는 규칙이 필요하다는 것에 대해 이해한다.

학생의 책임감을 발달시키는 것은 실제적이면서 합리적이어야 한다. 학습자는 규칙이 합리적이고 자신들의 권리와 다른 사람들의 권리를 지키기 위해 존재한다는 것을 깨달을 때 규칙을 기꺼이 따를 것이다(Good & Brophy, 2008). 책임감을 향한 이런 태도는 또한 윤리적 사고와 성격 발달에도 기여한다(Nucci, 2006). 예를 들어, 아이들은 나쁜 표현과 함께 학우의 이름을 부를 때 그들의 기분을 상하게 한다는 것을 알기 때문에 그런 식으로 친구의 이름을 부르지 않는다. 학생들의 책임감과 이해를 증진시킴으로써 교사들은 그들의 사회심리적 발달을 촉진하고 교사 자신의 업무를 보다 용이하게 한다. 이것은 시간이 걸리고 어떤 학급은 다른 학급보다 이루기가 더 어려울 수도 있다. 그러나 연구들은 공격적이고 품행장애를 가진 학생들조차도 그들 자신의 행동에 대한 책임감을 가지도록 가르칠 수 있음을 지적하고 있다(Singh et al., 2007).

학습시간과 기회의 극대화

사회-정서적 발달이 중요한 목표이기는 하지만 모든 효과적 학급관리체제의 핵심은 교과학습 촉진이다. 교과학습은 다음 두 가지 요인에 달려 있다. 첫째, 학습을 위해 사용 가능한 시간, 둘째 효과적 교수다(이 책 13장에서 효과적 교수에 대해 초점을 맞춰 다룰 것이다). 학습시간을 극대화하기 위해 학기를 연장하고, 하루의 수업시간을 늘리고 특정 과목에 투입되는 시간의 양을 확대하려는 상당한 개혁적 제안이 있었다. 그러나 수업시간을 확대하는 것은 표면적으로 나타나는 것만큼 그렇게 쉬운 것은 아니다(C. S. Weinstein & Mignano, 2007). 〈표 12-1〉에 나타나 있듯이 교실에서의 시간을 필요로 하는 여러 유형의 요인이 여러 방식으로 학습에 영향을 끼친다.

〈표 12-1〉은 실제 학습에의 관여 수준에 따라 학급에서 사용되는 시간의 유형을 '할당

표 12-1 table

학급에서 사용되는 시간 유형

유형	설명
할당된 시간	교사나 학교가 교과 내용이나 주제 교수를 위해 할당한 시간의 양
교수시간	교사가 일상적 학급관리나 학급경영에 사용하고 남은 시간의 양
투입시간	학생이 능동적으로 학습활동에 투입한 시간의 양
교과학습 시간	학생들이 성공 경험을 하면서 학습활동에 관여한 시간의 양

된 시간' 에서 '교과학습 시간' 까지 나누고 있다(Nystrand & Gamoran, 1989). 학생들이 참여하고 성공 경험이 많은 학급에서 성취는 높아지고 학습자들은 자기효능감과 수행능력을 자각하며 주제에 대한 흥미가 높아진다(Bransford et al., 2000; Wigfield & Eccles, 2000).

학급관리에서 교사가 교과 주제나 내용 영역에 할당된 시간을 가능한 한 효과적으로 사용하기 위해 교수시간, 투입시간, 교과학습 시간을 극대화하는 것이 이상적이다. 숙련된 교사는 초보 교사보다 이런 이상에 더 접근 가능하다(Bohn et al., 2004). 예를 들어, 김 교사는 과제물을 나누어 주고 걷으면서 동시에 학생들이 완성해야 할 복습과제를 주었다. 이 과제는 학생들의 이전 지식을 활성화시키고 당일의 주제에 주의를 모으게 하고 흔히 혼란이 일어날 수 있는 비교수 시간을 없앴다. 이것은 이 장 첫머리의 첫 질문, 즉 '생산적 학습활동을 조성하기 위해 김 교사는 무엇을 하였는가?' 에 대한 답의 첫걸음이다. 김 교사는 학습을 위한 시간 사용을 극대화하였다.

유능하지 못한 교사는 학습을 위한 기회를 낭비하고 관리 문제가 일어날 수 있는 허점을 만든다. 어떤 교사들은 시간의 중요성을 알지 못하는 것처럼 보이며, 시간을 학습을 증대시키는 가치 있는 자원이라기보다는, 채워야 할 혹은 '때워야' 할 어떤 것으로 본다(Brophy, 2006a; Wiley & Harnischfeger, 1974).

학습시간을 극대화하는 것은 또한 책임감을 조장한다. 김 교사는 학생들에게 교실에 들어서자마자 공부의 중요성을 가르쳤기 때문에 학생들이 무엇을 하도록 기대되는지를 설명하기 위해, 그리고 공부를 시작하도록 일깨우기 위해 시간을 낭비할 필요가 없었다. 학생들은 스스로 학습하는 것에 대한 책임을 졌다. 그리고 학생들이 책임감 있게 행동하였기 때문에 보다 많은 시간이 학습을 위해 사용되었다.

이런 목표의 각각에 적합한 일반적 접근법은 3장에서 다루었던 권위적 부모 유형에 대응하는 학급관리 유형이다(Baumrind, 1991). 권위적 교사는 학생들에 대한 높은 기대를 가지며, 확고하면서도 배려하고, 규칙에 대한 합당한 이유를 제시하고 그 규칙을 일관되게 적용한다. 그들은 학생들의 지적 · 사회-정서적 성장에 모두 기여한다(D. Brown, 2004).

이제 두 번째 질문으로 초점을 옮긴다. 당신은 당신의 학급에서 생산적 학습환경을 어떻게 조성할 것인가? 첫 단계는 주의 깊은 계획이며, 다음 절에서 이에 대해 논의할 것이다.

효과적 학급관리 계획

생산적 학습환경의 조성은 계획에서 시작하지만 초보 교사들은 때로 계획에 필요한 시간과 에너지의 양을 과소평가한다. 숙련 교사들이 학급관리를 어떻게 계획하는지 살펴보자.

◈ 이해 점검 활동

1.1 효과적 학급관리가 매우 중요한 이유를 설명하라.

1.2 학생들이 교실에 들어오자마자 바로 어떤 과제를 하게 하는 것을 통해 김 교사는 학급 복잡성의 어떤 측면을 직접 다루고 있는지 설명하라.

1.3 교사는 가능한 한 공정하게 모든 학생에게 발언권을 주어야 한다. 이것은 할당된 시간, 교수시간, 투입시간, 교과학습 시간이란 시간의 요소 중 어떤 것과 가장 긴밀하게 관련되어 있는지 설명하라.

학급관리 계획의 원리

교수와 학습의 다양한 측면을 반영하는 기본 원리는 당신이 생산적 학습환경을 위한 계획을 세울 때 길잡이가 될 것이다. 이들은 다음과 같다.

- 발달에서의 차이는 학급관리에 영향을 끼친다.
- 관리와 교수는 상호 의존적이다.
- 조직화는 효과적 학급관리의 요체다.
- 규칙과 절차는 효과적 관리체제의 초석이다.
- 새 학년 첫날이 그해의 분위기를 결정한다.

발달에서의 차이는 학급관리에 영향을 끼친다

학생들의 발달은 당신이 학급을 어떻게 관리할 것인가에 영향을 끼칠 것이다. 이 개념을 설명하기 위해 다음 두 교사의 경험을 살펴보자.

초등 교육을 전공하고 있는 영석이는 1학년 학급에서 인턴십을 시작하였다. 그것은 재앙이었다. 학생들은 자신의 자리를 벗어나 교실을 돌아다녔다. 영석이가 교과의 주제를 설명하기 위해 애쓰는 동안 학생들은 탁자 위의 학습자료를 가지고 놀기 시작했다. 학생들은 협동학습활동에서 각자의 역할에 대해 논쟁하였다. 주의 집중을 위한 노력은 효과가 없었다. 학생들이 파괴적이거나 의도적으로 잘못 행동하는 것은 아니었다. 그들은 단지 어린아이일 뿐이었다. 영석이는 감독 교사에 대한 관찰을 통해 오히려 학급관리에서 무간섭적 접근 방법이 좋겠다고 생각하였으며, 감독 교사는 학급이 집중하지 못하는 것이 그리 큰 걱정거리는 아닌 듯했다.

학생들의 발달적 특성은 학급관리 계획에 영향을 미친다.

승희의 경험은 완전히 달랐다. 그녀는 고등학교 우수반 국사 과목을 맡았고 몇 가지 예외는 있었지만 대부분은 괜찮았다. 학생들은 과목에 관심이 많고 반응적이었으며 그녀는 성공적으로 잘하고 있다고 생각했고 학급관리는 그리 큰 문제가 아니었다.

이들 예시를 읽은 후 독자들은 아마 초등학교 학급이 중학교나 고등학교의 학급보다 관리하기 더 어려울 것이라 결론지을 것이다. 그러나 반드시 그런 것은 아니며, 영석이의 감독 교사에 대한 관찰이 시사하는 바가 있다. 학급에서 명백한 질서의 결여는 대체로 감독 교사의 의도였고 감독 교사가 학생들의 발달적 요구에 응답하는 나름의 방식이었다.

초등학교 학급환경을 생산적으로 조성하기 위한 계획은 중학교나 고등학교 학급에서의 계획과 같지 않다(Carter & Doyle, 2006; Emmer & Gerwels, 2006). 2장과 3장에서 다룬 내용을 통해 알 수 있듯이 학생들은 서로 다른 발달단계에 따라 다르게 생각하고 행동하고 느끼며, 교사들은 계획 시 이들 차이를 고려할 필요가 있다(Emmer et al., 2006; Evertson et al., 2006). 영석이의 감독 교사는 학급관리를 계획할 때 학생들의 발달적 특성을 충분히 고려하지 않은 것처럼 보인다.

관리와 교수는 상호 의존적이다

김 교사가 학생들과 함께한 작업을 생각해 보자. 만약 김 교사의 교수가 비효과적이었다면 김 교사는 생산적 학습환경을 유지하는 것이 실제 불가능했을 것이다. 오랫동안 간과되어 왔던 이 관계는 연구에 의해 입증되었고(G. Gay, 2006; Kaff, Zabel, & Milham, 2007), 그것은 당신의 학생들의 발달단계와 관계없이 사실이다. 당신이 학급관리를 계획할 때 동시에 효과적 교수에 대한 계획도 함께 이루어져야 한다(Good & Brophy, 2008).

조직화(Organization)
미리 학습자료를 준비하고 정각에 수업과 활동을 시작하며 재빨리, 그리고 부드럽게 전환하고 잘 확립된 일상의 절차를 만드는 전문적 기술

조직화는 효과적 학급관리의 요체다

학급 조직화는 모든 발달단계에서 질서 있는 학습환경을 조성하기 위한 요체다. 조직화란 다음 요소를 포함하는 전문적 기술이다.

- 미리 학습자료 준비하기

- 정시에 수업과 활동 시작하기
- 민첩하게, 그리고 유연하게 전환하기
- 잘 확립된 절차 만들기

김 교사는 잘 조직화되어 있었다. 예를 들어, 그녀는 미리 연습문제를 준비했고 학생들이 교실에 들어설 때 그들을 기다리고 있었고 그래서 수업은 종이 울리자마자 바로 시작할 수 있었다. 교사가 학습자료를 미리 준비하고 즉각 수업을 시작할 때, 혼란이 발생할 수 있는 '죽은' 시간은 없어진다.

하나의 활동에서 다른 활동으로 전환하는 것은, 예를 들어 전체 학급에 대한 교수에서 집단활동으로, 다시 전체 학급을 대상으로 하는 교수로 돌아오는 것은, 혼란이 일어날 수 있는 시간이 된다. 집단활동에 대한 분명하고 간결한 지시를 주는 것은 전환을 재빠르고 유연하게 만들며 혼란이 일어날 가능성을 줄인다.

숙제를 제출하거나 화장실에 가고 점심식사를 위한 줄을 서는 과정 등에서 잘 확립된 일상적 절차는 세 가지 이유에서 중요하다. 첫째, 잘 확립된 절차는 교수시간을 확장시키고 둘째, 관리문제의 발생 가능성을 줄인다. 셋째, 교사와 학생의 인지적 부담을 줄인다. 학생이 숙제를 제출하는 등의 과정에서 자동적으로 일상적 절차를 수행하는 것을 배울 때, 교사는 학생들에게 무엇을 해야 하는지를 일깨우거나 설명하기 위한 인지적 에너지를 소모할 필요가 없다.

규칙과 절차는 효과적 관리체제의 초석이다

학생들의 발달단계와는 무관하게 효과적 관리체제의 초석은 명백하게 이해되고 관찰되는 일련의 규칙과 절차다. 이 **규칙**은 수용될 수 있는 행동의 기준을 설명하는 것이며 **절차**는 한 활동에서 다른 활동으로 전환하는 등의 반복되는 과업을 성취하기 위한 안내자다 (Carter & Doyle, 2006; Good & Brophy, 2008).

규칙(Rule)
수용될 수 있는 행동의 기준에 대한 기술

이 장의 초반에 독자들은 학급관리가 교과학습과 사회-정서적 학습 모두를 촉진한다는 것을 알 수 있었으며, 규칙과 절차의 효과적 사용이 교과학습과 사회-정서적 학습 모두를 조장한다는 증거가 있다(Emmer et al., 2006; Evertson et al., 2006; J. C. Murphy, 2007). 예를 들어, 연구자들은 유치원 아동들이 학우들을 따돌리지 않도록 하는 규칙을 실행하는 것이 따돌려진 혹은 고립된 아이들을 도우려는 개인적 노력보다 훨씬 더 사회적 수용성을 증진시킨다는 것을 알아냈다(Harriet & Bradly, 2003).

효과적으로 설계된 규칙과 절차는 교과학습 및 사회-정서적 학습을 촉진한다.

절차(Procedure)

연필을 깎거나 한 활동에서 다른 활동으로의 전환과 같은 반복되는 과업의 성취를 위한 지침

유사한 증거들이 중학교 수준에서도 알려져 있다. 예를 들어, 수업 중 학우를 비웃거나 놀리거나 혹은 모욕하지 못하도록 하는 규칙의 확립은 사회적 책임감을 증대시켰다(Emmer & Gerwels, 2006). 더 많은 증거는 분명하고 합리적인 규칙이 공정하고 일관되게 적용될 때 전 학교 차원에서 자존감과 책임감이 증진되었음을 보였고(Marzano, 2003a), 학생들은 행동에 대한 명확한 기준을 교사가 자신들을 배려하는 증거로 보았다(Brophy, 2004).

새 학년 첫날이 그해의 분위기를 결정한다

한 해 동안의 행동 유형은 학년이 시작된 처음 며칠 안에 확립된다는 것이 연구에 의해 확인되었다(Gettinger & Kohler, 2006; V. F. Jones & Jones, 2004). 두 교사가 첫날을 어떻게 다루는지 살펴보자.

> 오 교사는 중학교 2학년 교실 문 앞에서 미리 준비된 강의계획서와 함께 학생들이 교실로 들어오는 것을 기다리고 있다. 강의계획서를 나누어 주면서 오 교사는 "좌석을 살펴보아요. 책상 위에 이름이 표시되어 있을 거예요. 1분 안에 수업종이 울릴 텐데, 그러면 조용히 여러분의 자리에 앉아야 해요. 기다리는 동안 강의계획서를 읽어 보세요."라고 말했다. 오 교사는 교실 앞에 서서 종이 울리는 동안 학생들을 관찰하였다. 수업종이 멈추자, '모두 안녕.' 이라고 말하며 수업을 시작하였다.

> 오 교사 학급 건너편 교실에서 중학교 2학년을 가르치는 서 교사는 학생들이 교실에 들어설 때 수업계획서를 간추리고 있었다. 학생 중 일부는 제자리에 앉아 있고 일부는 돌아다니며 작은 집단을 이루어 잡담하고 있다. 수업종이 울리자 서 교사는 소란한 학생들을 바라보고 말했다.
>
> "모든 학생은 제자리에 앉아요. 2~3분 안에 수업이 시작될 거예요." 그리고 서 교사는 다시 학습자료를 정리하였다.

이 몇 분 동안 오 교사의 학생들은 수업이 시작될 때 제자리에 앉아 수업을 준비하고 있어야 한다는 것을 배웠지만 서 교사의 학생들은 단지 그 반대되는 것을 배웠다. 학생들은 재빨리 이 차이를 알아채며 만약 서 교사가 이런 방식을 바꾸지 않는 한 그녀는 곧, 아마 눈에 띄게 드러나지는 않겠지만 결코 사라지지 않는 만성 비염과 같은 만성적인 낮은 수준의 문제에 직면할 것이다. 이런 문제들은 다른 어떤 것보다 교사에게 스트레스와 피로를 준다(Friedman, 2006; L. Weiner, 2002). 한 학년의 첫 며칠을 시작하는 지침은 〈표 12-2〉에 요약되어 있다.

표 12-2 table

새 학년을 시작하는 지침

지침	예
기대의 확립	• 요구되는 것, 성적체계에 대해 설명하기 (특히 고학년일 때) • 학습과 학급 질서의 상호 의존성에 대해 강조하기
구조화된 교수 계획	• 이 기간 동안의 특별한 주의 관찰 계획하기 • 시선 접촉과 활동에 대한 동기화 시도하기 • 첫 며칠 동안 학습자의 기술과 기존 지식에 대해 평가하기 • 소집단보다는 대집단 수업하기 • 한 활동에서 다른 활동으로의 전환 최소화하기
규칙과 절차 가르치기	• 첫날 규칙과 절차 가르치기 • 첫 며칠간 규칙과 절차에 대해 자주 토의하고 연습하기 • 모든 규칙 위반에 대해 개입하고 토의하기
부모와의 의사소통 시작하기	• 한 해 동안의 긍정적 기대를 적은 통신문 보내기 • 잠재적 문제의 싹을 억제하기 위해 하루, 이틀 후 학부모들과 만나기

초등학교에서의 효과적 학급관리 계획

이 장의 앞머리에서 발달상의 차이가 학급 내에 존재하며 효과적 교사는 계획 시 이런 차이를 고려한다는 점을 언급하였다. 이제 효과적인 초등학교 교사가 어떻게 자신의 학급을 관리하기 위한 계획을 수립하는지 살펴보자.

초등학교 학생들의 특징

2장에서 배웠듯 어린 아동의 사고는 구체적이며 주의 집중 시간이 짧다(Piaget, 1970, 1977). 사회적 · 정서적으로 그들은 교사들을 기쁘게 하려는 열망이 강하며 비난이나 거친 대우에 상처받기 쉽다(Carter & Doyle, 2006).

어린 아동들의 가장 중요한 과업 중 하나는 가정에서 학교환경으로 전환하면서 개인적 자율성을 개발하는 것이다. 질서 있고 예측 가능한 학교환경은 중요한데, 이것이—바라건대—가정에서 경험하는 안정성을 그대로 되살리는 것이기 때문이다. 안정성과 예측 가능성이 가정의 한 부분이 아닌 경우에도 질서 있는 학급은 아동의 신뢰감과 안전감을 조장하는 데 도움이 되는 견고한 힘이 될 수 있다(Watson & Ecken, 2003).

어린 아동은 주도성을 개발할 만큼 충분한 자유를 필요로 하지만 또한 균형감을 유지할 만큼의 충분한 구조도 필요로 한다. 초등학교에서 학년이 올라감에 따라 아동들은 근면성과 자기 확신감을 발달시키는 데 도움이 되는 수용과 인정을 계속 필요로 한다. 이것은 쉽지 않다. "잘못 행동하는 아동의 자율감, 소속감, 유능감에 대한 욕구를 만족시키면서 안전하고 생산적인 학급을 유지하는 것은 어렵다"(Watson & Ecken, 2003: 3).

유능한 초등학교 교사는 아동들에게 합당한, 명확하게 가르치고 실행되는, 그리고 개인의 책임감을 개발하기 위해 관찰되고 논의되는 규칙과 절차의 체제를 만들어 이러한 도전을 극복하려고 시도한다. 이에 대해 살펴보자.

초등학교 교실에서의 규칙과 절차

규칙과 절차는 특히 어린 아동들에게 중요하다(Emmer et al., 2006; Evertson et al., 2006). 한 1학년 학급에서는 다음과 같은 규칙이 있었다.

- 말하기 전에 손을 들어 허락을 얻는다.
- 교사의 허락이 있을 때에만 자기 자리를 떠날 수 있다.
- 우리는 항상 예의 바르게 줄을 선다.
- 몸가짐을 바르게 한다.
- 다른 사람이 이야기할 때 주의 깊게 듣는다.

다른 초등학교 교사는 규칙을 보다 폭넓게 기술하였다.

- 다른 사람을 존중하며 대한다.
- 예의 바르게 경청한다.
- 발언하려면 차례를 기다린다.
- 교사의 허락이 주어졌을 때에만 자신의 자리를 떠날 수 있다.

이 두 교사는 세 가지 측면에서 일치한다. 첫째, 규칙의 수가 적으며, 따라서 기억하기 용이하다. 둘째 이 교사들은 새 학년의 첫날 규칙을 가르치는 과정을 시작하였다. 그들은 규칙을 기술하고 왜 이 규칙들이 중요한지 설명하였으며 각 규칙을 잘 보여 주는 사례를 제시하였고 질문에 대해 답하였는데, 이 과정의 효과성은 연구에 의해 입증되었다(Emmer, Evertson & Anderson, 1980). 셋째, 두 교사는 반복하여 규칙을 계속 가르쳤다. 효과적인 일련의 규칙을 확립하는 것은 새 학년의 첫날이 지났다고 끝나지 않는다. 학생들은 어떤 개념에 대한 지식을 구성하듯 규칙과 절차에 대한 지식을 구성한다. 따라서 숙련된 교사들은 학급활동의 자연스런 과정 동안 일어나는 실례를 이용하여 그 사건이 규칙 중 무엇에 어떻게 해당하는지를 설명하고 학생들에게 구체적 피드백을 제공한다(Carter & Doyle, 2006). 처음 몇 주가 지나면서 학생들은 점차 규칙의 의미에 대해 이해하고 그들이 어떻게 행동하기를 기대받는지를 알게 된다(J. C. Murphy, 2007).

질서 있는 초등학교 교실은 어린 아동들에게 안정감과 균형감을 갖게 한다.

합리적 규칙과 이에 대한 명확한 이유를 제공하는 것은 어린 아동들에게도 학급관리 절차의 핵심적 부분이다. 사람들은 자신들의 경험이 의미 있기를 원하며, 이것은 다른 어떤 형태의 학습과 마찬가지로 학급관리에도 적용된다. 규칙에 대한 이유를 설명하는 것은 학생들이 자신들의 학급환경에 대해 이해하도록 돕는다.

일부 전문가들은 교사가 학생들과 함께 규칙을 정해야 한다고 제의하는데, 첫째 이 과정이 민주적 · 구성주의적 교수 철학과 일치하고, 둘째 학생들이 규칙과 절차를 정할 때 기여한다면 이런 규칙과 절차는 학생들에게 보다 이해가 쉽고, 셋째 이 과정이 도덕발달에 기여하기 때문이다(DeVries & Zan, 2003; A. Lewis, 2001). 그러나 학생들의 기여가 규칙과 절차가 효과적이기 위해 꼭 필요하다는 명확한 증거가 없고 따라서 학급관리와 관련하여 이런 생각은 교사의 전문적 판단에 달려 있다(Carter & Doyle, 2006).

어린 아동들은 규칙과 절차에 대한 분명한 교육과 시연이 필요하다고 알려져 있다(Evertson et al., 2006). 1학년 교사인 고 교사가 어떻게 학생들로 하여금 문제지를 모아 두는 방법을 이해하도록 하는지 살펴보자.

나는 학생들의 이름과 내 이름을 이 교실 벽장에 붙여 두었습니다. 그 후 학생들이 지켜보는 동안 나는 짧은 문제지 하나를 완성하고 벽장으로 걸어가 내 이름이 붙은 선반에 그것을 얹으면서 크게 말했어요. '나는 내 문제지를 마쳤다. ……나는 이제 무엇을 하지? ……나는 벽장 선반에 그것을 얹어 두어야 해. 만약 그렇게 하지 않으면 선생님은 그것을 검토하지 못할 것이고, 그래서 그것은 중요해. ……이제 다음 과제를 시작하자.'

그러고 나서 나는 학생들에게 같은 문제지를 나누어 주었고 문제지를 완성하면 조용히 그리고 개인적으로 각자의 선반에 가져다 두도록 지시했습니다. 학생들이 그 일을 마친 후, 과제를 마치면 즉각 완성된 문제지를 벽장 선반에 얹어 두고, 벽장으로 가고 제자리로 돌아오는 동안 다른 학생들에게 말하거나 건드리지 않고, 다시 학습을 시작하는 것에 대한 이유를 우리는 몇 분 동안 토의했습니다. 다시 나는 학생들에게 다른 문제지를 나누어 주었고, 그들에게 무엇을, 왜 해야 하는지 물었으며 그것을 실행하도록 하였습니다. 그 후 우리는 만약 우리가 문제지를 제자리에 놓지 않을 때 어떤 일이 일어날지에 대해 이야기를 나누었습니다.

우리는 매일 하루 일과를 마치기 직전 학급 종례를 하였습니다. 우리는 학급에서의 생활에 대해 토의하고 보다 나아지기 위해 필요한 제안을 내놓았습니다. 어떤 사람들은 1학년 학생들이 이와 같은 활동을 해낼 수 있을지에 대해 회의적이겠지만 그러나 그들은 할 수 있었습니다. 이것은 또한 내가 학생들이 우리의 규칙을 항상 새롭게 일깨우도록 돕는 한 방법입니다.

고 교사의 방법은 인지학습이론에 기초를 두고 있다. 그녀는 문제지를 벽장으로 가져다 두는 과정의 역할 모델이었고 그녀가 무엇을 하였는지에 대해 언어화하면서 인지적 모델링을 활용하였다. 그 후 그녀는 학생들이 직접 문제지를 벽장에 가져다 두도록 연습시켰다. 이 활동은 각각 학생들이 이 과정에 대한 이해를 발달시키는 데 필요한 구체적 사례를 제공하였다. 고 교사의 학생들이 1학년생이었기 때문에 이 활동은 상세하고 구체적일 필요가 있었다. 문제지를 어떻게 보관하는지를 단순히 설명만 하는 것은 효과적이지 않았을 것이다. 연습과 함께 곧 이 절차는 자동화될 것이고, 그것은 고 교사와 학생들의 인지적 부하를 줄여줄 것이다.

웹 자료실

학급규칙을 형성하고 가르치려는 초등학교 2학년 교사의 노력을 살펴보기 위해 www.myeducationlab.com에 접속하고, 12장 '활동 및 적용'의 '학급규칙의 설정과 실천'이란 동영상 자료를 보라. 그리고 이어지는 물음에 답하라.

초등학교 교실의 물리적 환경 배치하기

전문가들은 초등학교 교실에서 물리적 환경의 중요성을 강조한다(Weinstein & Mignano, 2007). 효과적 교실은 책상, 의자, 사물함, 양탄자가 깔린 공간, 식물, 미술대, 집짓기 나뭇조각, 그리고 선반 등을 갖춘 유연하고 적응적인 환경이다. 효과적 교실은 전체 학생 집단, 소그룹 집단, 그리고 개인 학습을 물리적으로 수용한다.

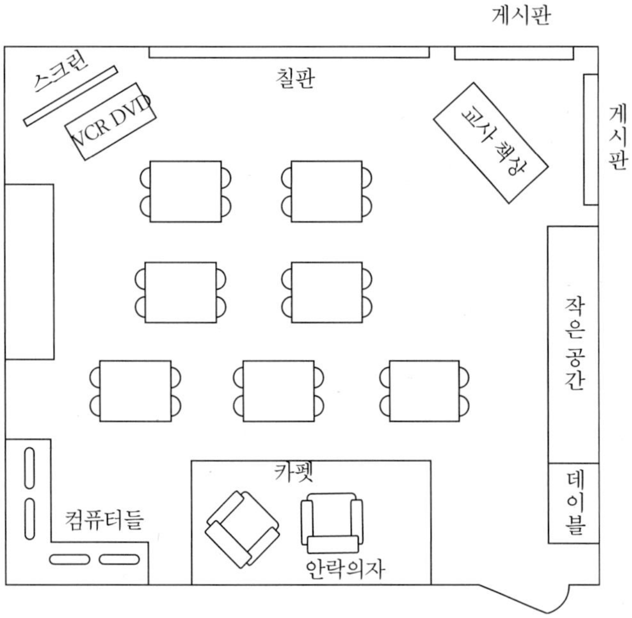

[그림 12-1] 초등학교 교실의 물리적 배치

당신의 교실을 실제로 구성하는 것은 전문적 판단에 달려 있지만 몇몇 지침은 도움이 된다(Evertson et al., 2006).

- 모든 학생이 칠판, OHP 혹은 다른 전시물을 볼 수 있는지 확인하라. 만약 이를 위해 학생들이 이동하거나 목을 길게 곧추세워야 한다면 혼란이 일어나기 쉽다.
- 당신이 모든 학생을 관찰할 수 있도록 교실을 계획하라. 수업에 대한 학생들의 반응을 살펴보는 것은 학습과 학급관리에 중요하다.
- 학생들이 다른 학생을 방해하지 않고 자주 사용되는 자료에 접근할 수 있는지 확인하라.

- 학생들이 자주 이동하는 곳은 방해물을 두지 말고 학생들의 이동을 위한 충분한 공간을 제공하라.

[그림 12-1]은 한 초등학교 교실의 물리적 배치 상태를 보여 준다. 이것이 위의 지침을 얼마나 잘 반영하여 계획되었는지 살펴보라. 이것은 순전히 한 예일 뿐이다. 당신은 당신의 교실을 다른 방식으로 정리할 수 있다.

중학교와 고등학교에서의 효과적 학급관리 계획

초등학교와 중 · 고등학교 교실 간에는 두 가지 중요한 차이점이 있는데, 모두 교사가 학급관리를 어떻게 계획할 것인가에 영향을 미친다. 첫째, 중 · 고등학교의 교실은 수업 과목에 따라 다르며 학생들은 각 수업시간마다 다른 교사들을 만난다. 둘째, 중 · 고등학교 교실은 독특한 발달적 특징을 지니는 청소년들로 채워진다.

중 · 고등학교 학생의 특징

학생들이 상급 학교에 진학하면서 몇 가지 발달적 경향이 중요해진다.

- 또래의 영향이 증대한다.
- 소속과 사회적 수용 욕구가 증대한다.
- 정체감의 추구가 시작된다.
- 자율성과 독립성 욕구가 증대한다.

이전 장에서 공부하였던 이론은 이 발달적 변화가 학급관리에 주는 함의를 이해하는 데 도움을 준다. 첫째, 사회인지이론은 증대하는 또래 영향력의 중요성을 설명한다. 또래는 중요한 모델이 되며 학생들은 학업, 운동, 심지어는 일탈행동에서의 성취를 보이는 또래를 모방하는 경향이 있다. 예를 들어, 또래 집단은 청소년의 흡연, 음주, 성행동에 강력한 영향을 미친다(Kidron & Fleischman, 2006). 만약 강화와 처벌이 공정하게 운영되고 있다고 또래들이 믿는다면 대리 강화와 처벌 또한 효과적일 수 있다. 이 장 서두의 사례에서 원준이와 인숙이에 대한 김 교사의 개입이 그 예다. 학급학생들은 그들이 받아들였던 규칙을 원준이와 인숙이가 깨뜨렸고 김 교사가 그 규칙을 공정하게 집행하고 있음을 볼 수 있었다.

둘째, 10장과 11장에서 보았듯이 동기에 대한 이론과 연구들은 소속감과 연대감의 중요성과 학생들이 청소년기로 이행됨에 따라 또래 집단에 수용되려는 욕구가 커짐을 보여 준다. 이것은 청소년들이, 비록 어른들의 기준에서는 이상하지만, 언어, 행동, 복장에서 동조하려는 이유를 설명한다. 또래로부터의 거부는 학업적 · 성격적 · 사회적 문제를 발생시

학생들이 상급 학교로 진학함에 따라 또래의 영향력과 소속 및 사회적 수용에 대한 욕구가 증가한다.

키며, 이것은 결국 파멸적 행동으로 귀결될 수 있다(Wentzel, 2003). 교사는 학생들을 동등하게 대하고 서로 해를 끼치지 않도록 하는 규칙을 적용하면서 학습자로 그리고 한 인간으로서 이들에게 진정성을 가지고 의사소통함으로써 소속감과 연대감을 촉진할 수 있다.

셋째, 청소년은 정체감을 추구하기 시작하고 자율성과 독립성에 대한 욕구가 증가한다. 이것은 반항적이고 변덕스럽게 보이는 행동의 시도로 이어질 수 있으며, 이런 행동은 교사를 괴롭힌다. 그러나 새로 발견한 독립성의 추구를 시도하는 동안 청소년들은 수용될 수 있는 행동에 대한 명확한 한계를 세운 배려 깊은 교사의 엄격한 손길로부터 나온 안정성과 균형감을 필요로 한다.

중 · 고등학교에서의 규칙과 절차

학생들은 중학교로 진학하면서 공정, 불공정한 대우, '편애'하는 교사에 대한 지각이 증가한다. 따라서 규칙에 대한 명확한 근거는 필수적이며 학생들은 규칙이 공정하고 일관되게 적용될 것이라 인식해야 한다. 학생들이 규칙 설정에 참여하는 것을 허용하는 것은 초등학생 때보다 더 중요하다. 그것이 정말 효과적일까? 한 중학교 교사가 무엇을 말하고 있는지를 살펴보자.

> 나는 첫 주 수업을 시작했습니다. 내 수업이 학생들에게 보다 효과적이기 위해 무엇이 요구되는지를 학생들에게 질문하면서 수업은 천천히 시작되었습니다. 그다음 나는 수업을 효과적으로 하기 위해 필요한 것이 무엇인지를 학생들에게 얘기했습니다. 그러자 나와 학생들의 의견이 서로 겹치는 것이 많다는 것에 놀랐습니다. ……우리는 존경에 대해 이야기하였고, 서로에 대해 그리고 의견에 대해 존중하며, 경청하고, (언어적으로) 다른 사람을 방해하거나 방해받지 않고 기꺼이 적극적으로 참여할 필요에 대해 이야기를 나누었습니다. 음…… 벌써 5개월이 지났는데, 나는 협조의 수준에 놀라고 있습니다. 진도는 작년보다 빨라요. 우리는 주 1회씩 학급회의를 하면서 진행 상황을 살펴보고 필요한 조정을 하고 있습니다. 우리는 학급 헌장을 제정하였고 개정할 필요가 있다고 여겨질 때면 학급 총회를 열어요. 이것이 어떤 차이를 만들 것이라고 생각하지 않았습니다. 학생들의 성숙도와 책임감의 수준은 나를 정말 놀라게 했으며 기꺼이 변화하려는 나 자신이 나를 또 놀라게 했습니다. 정말 환상적인 한 해였고, 이것이 끝나 간다는 것이 아쉽군요(Freiberg, 1999c: 169).

학급관리와 관련한 결정에 학생들을 참여시키는 것이 모든 문제를 해결할 수는 없지만 학생들의 협조를 얻기 위한 중요한 첫걸음이 된다.

다음은 중학교 1학년 학급에서 나온 규칙의 예다.

- 종이 울리면 조용히 제자리에 앉는다.
- 지시를 처음 받았을 때 이행한다.
- 커버를 씌운 교과서, 공책, 펜, 연필, 그리고 기록장을 매일 수업에 가져온다.
- 말하거나 자리를 비울 때는 손을 들어 허락을 구한다.
- 몸가짐을 바르게 하고 소유물은 몸 가까이에 둔다.
- 교사에 의해 수업이 종료되었을 때에만 교실을 떠난다.

초등학교 교실과 마찬가지로 당신이 제정하는 구체적 규칙은 당신의 전문적 판단에 의지할 것이다. 예를 들어, 어떤 교사들은 세 번째 규칙이 너무 구체적이라고 생각하지만 이러한 규칙을 만든 교사는 학생들이 실제로 학습자료를 수업에 가져오도록 보장하기 위해 구체적 규칙이 필요하다는 데 주목하였다(J. A. Holmquist, 개인적 대화, 2008년 1월 14일).

학생들이 고등학교에 진학하면서 그들의 행동은 안정되고 중학교 학생들보다 변동성이 작아진다. 그들은 성인 수준으로 효과적 의사소통을 하며 분명히 합리적인 것에는 대개 잘 반응한다.

다음은 고등학교 1학년 교실에서 발췌한 규칙이다.

- 교실 밖에서 옷차림을 모두 다듬는다.
- 수업종이 울리기 전 자리에 앉는다.
- 수업시간 중에는 자리를 떠나지 않는다.
- 매일 모든 수업자료를 가지고 온다. 수업자료에는 교과서, 공책, 펜과 연필, 그리고 종이 등이 포함된다.
- 토의 중에는 타인의 말에 집중하며 자신이 말할 차례를 기다린다.
- 종료종이 아니라 교사가 해산하라고 할 때 자리를 떠난다.

각 학교 급에서의 규칙은 구체성에서 다양하지만 모든 교사는 규칙을 여섯 가지 이하로 제한하였고, 각 규칙에 대한 명확한 합리적 근거를 제시하였으며 1년 내내 이 규칙을 일관성 있게 적용하였다(우리는 이 장 후반부에서 규칙 적용하기에 대해 논의할 것이다).

웹 자료실

규칙과 절차를 만들기 위한 중학교 1학년 교사의 시도를 살펴보려면 www.myeducationlab.com에 접속하고, 12장 '활동 및 적용'의 '한 학년이 시작할 때 규칙과 절차 확립하기' 자료를 보라. 그리고 이어지는 물음에 답하라.

중학교와 고등학교에서 물리적 환경 배치하기

중학교와 고등학교에서의 물리적 환경은 교실의 정면을 향해 책상의 열을 맞추거나 혹

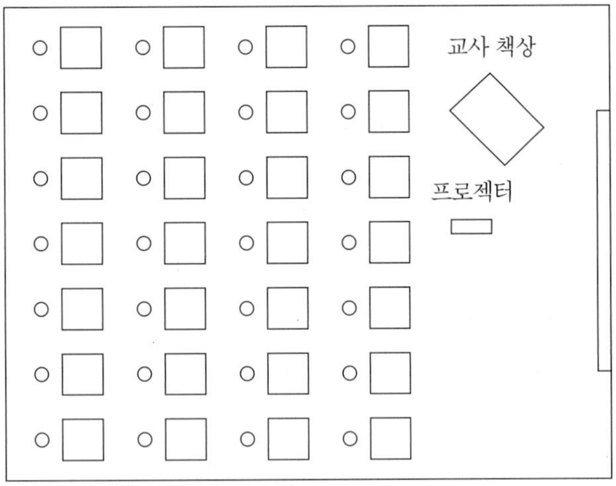

[그림 12-2] 줄을 맞춘 전통적 교실 배치

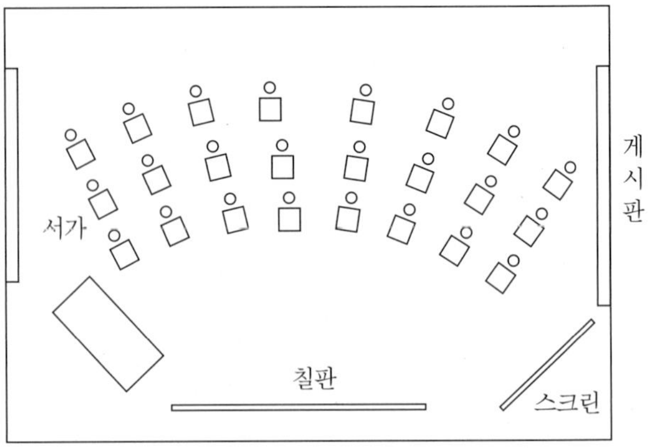

[그림 12-3] 반원형 교실 배치

은 반원 형태로 배열한 전통적 배치에 보다 유사한 경향이 있다. [그림 12-2]와 [그림 12-3]은 이런 배치를 보여 준다.

교사가 전체 집단 수업과 소집단 수업을 병행할 때 그들은 앞뒤로의 이동을 간단하고 쉽게 할 수 있도록 교실을 배치한다. 학생들은 자신의 집단으로 이동할 필요가 없도록 자신의 집단 동료와 함께 앉는다. 학습활동이 소집단 수업에서 전체 수업으로 옮겨 갈 때, 학생들은 단지 교사와 칠판, 그리고 스크린을 향해 고개를 돌리면 된다. [그림 12-4]는 이런 유형의 배치를 나타낸다.

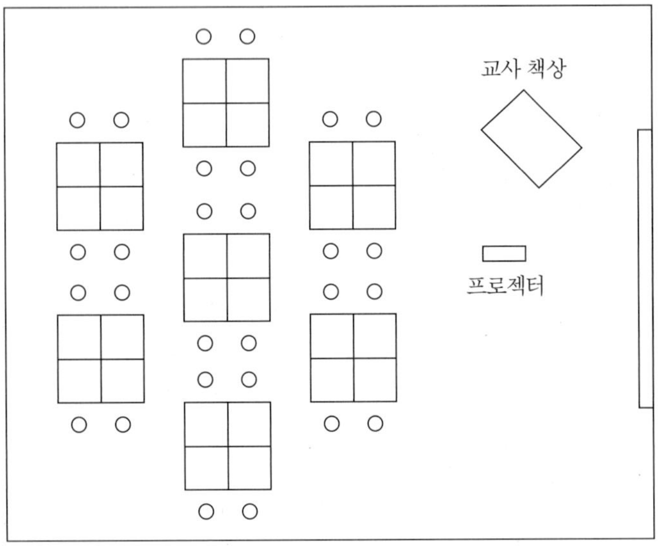

[그림 12-4] 집단 작업을 위한 자리 배치의 예

연구들은 한 유형의 배치가 모든 상황에서 유용하지 않음을 보여 준다. 예를 들어, 한 연구는 학습자들이 줄을 지어 앉을 때 행동이 향상됨을 발견하였지만(N. Bennett & Blundel, 1983), 다른 연구는 반원 형태의 배치가 보다 효과적임을 보였다(Rosenfield, Lambert, & Black, 1985). 당신은 당신에게 가장 적합한 배치를 시도해 보고 활용하여야 한다.

당신의 교실을 개인적으로 특화시키기(개성화하기)

11장에서 당신은 개성화가 학생들의 동기를 증진시킴을 보았다. 거기서 저자들은 개성화를 학습활동의 맥락에서 논의하였지만 개성화는 물리적 환경에도 적용할 수 있다. 많은 교실, 특히 중 · 고등학교의 교실은 매우 몰개성적이며, 그곳에서 시간을 보내는 사람들에

개인화된 품목으로 장식된 교실은 학생들에게 학습을 촉진하는 환경을 만든다.

대해 거의 말하여 주는 것이 없다(Emmer et al., 2006).

당신이 개인 혹은 학급의 사진, 예술품, 시, 혹은 학생들에 의해 준비된 다른 물건 등 개성적 물품을 게시판이나 벽 등에 게시한다면 당신의 교실은 보다 흥미로운 것이 된다. 게시판의 한 부분은 지난 시험에서 이번 시험 사이에 향상을 보인 학생들의 이름을 걸거나 혹은 모든 학생이 명예를 느낄 동등한 기회를 주는 다른 형태의 게시를 위해 사용할 수 있다.

당신은 학급 배치에 대한 결정에 모든 학생을 참여시킴으로써 물리적 환경을 개성화할 수 있다. 만약 학생들이 이 일의 목적이 학습 촉진임을 안다면, 그리고 책임이 강조된다면 그들의 참여는 가치 있는 것이 될 것이다.

학습 맥락: 도시환경에서의 학급관리

도시환경에서 가르치는 것에 대한 우리의 논의에서 세 가지 주제가 등장하였다. 첫째, 도시환경에서 학생들은 다양한 배경을 가졌다. 한 예로, 어느 지역의 바닷가에 있는 도시학교의 1학년 교사인 메리 그레그(Mary Gregg)를 살펴보자.

> 메리 그레그의 교실은 낮은 천장에서 시끄럽게 돌아가는 이동 가능한 선풍기, 하나의 교탁, 각각 여섯 개의 의자를 가진 여섯 개의 직사각형 책상으로 구성되었다. 메리 그레그는 32명의 1학년 학생들(14명의 여학생과 18명의 남학생)을 가르친다. 이 중 25명은 유색 인종이다. 대부분은 동남아시아에서 왔고 나머지는 흑인과 중남미계이며, 7명은 백인이다(LePage et al., 2005: 328).

이런 다양성의 결과, 학생들의 선행지식과 경험은 다양하고, 따라서 수용적 행동에 대한 그들의 견해도 역시 다양하다. 둘째, 도시학교들은 대형이다. 메리 그레그는 25명을 수용하도록 만들어진 교실에서 32명의 1학년 학생을 가르친다. 셋째, 아마 가장 유해한 것은 도시환경에 대한 부정적 고정관념이 이런 맥락에서 근무하는 것이 불가능하지는 않지만 어렵다는 인식을 하게 한다는 점이다. 학급관리와 관련하여 두 가지 가장 보편적인 고정관념은 "학생들은 스스로를 통제하지 못한다."와 "부모들이 잘 돌보지 않아 학생들이 어떻게 행동해야 할지 모른다."다(R. A. Goldstein, 2004: 43). 이런 고정관념 때문에 도시의 교사들은 "학급 질서를 위해 학생들에 대한 요구를 줄이고 내용을 단순화하는 수업 및 평가방식을 선택하여(LePage et al., 2005: 331) 방어적으로 가르친다(McNeil, 2000)."

그 결과는 낮은 기대와 감소한 학생 동기다. 학습에 동기화되지 않는 학생들은 무엇을 하도록 요구받았는지에 대한 초점을 잃고 혼란스러워하며 동기와 학습에서의 악순환이 일어나며 관리 문제는 점점 더 심각해진다.

반드시 이런 일이 일어나는 것은 아니다. 작은 교실에서 다양성과 많은 수의 학생에도 불구하고 메리 그레그는 적극적이고 질서 있는 학습환경을 만들었다. 부력에 대한 수업 중 그녀의 학급관리를 살펴보자.

> 일단 과학 관련 활동이 시작되면 학급관리는 사라진 듯하다. 물론 학생들이 물속에 무언가를 던져 넣고 물을 튀기기도 하지만, 수업이 진행되면서 교사는 학급관리를 위한 전략적인 현장 결정을 내린다. 예를 들어, 누구나 컵 안에 놓여 있는 사물을 고르기 위해 탁자로 다가갈 기회를 가질 것으로 기대된다. 탁자로 갈 첫 학생을 선택한 후, 메리 그레그는 그 학생을 탁자로 보냈다. 곧바로 두 번째 학생이 다가갈 차례가 되었고 학생들은 아직 어떻게 누가 다음 차례의 학생으로 선택되는지 알지 못했다. 메리 그레그는 처음 "너희가 정하렴."이라고 말했지만, 곧 "내 차례야. 아냐, 내 차례야." 등의 혼란을 예상했고 그래서 탁자 주위를 시계 반대 방향으로 돌면서 차례로 사물을 선택하도록 다시 지시하였다(LePage et al., 2005: 328-329).

이 사례는 도시환경에서 학급관리가 반드시 지나치게 엄격하거나 거칠거나 처벌적일 필요는 없음을 보여 준다. 어떻게 이것이 가능한가? 연구들은 네 가지 요인을 제안한다.

- 배려
- 수용되는 행동에 대한 명확한 기준
- 높은 구조화
- 효과적 교수

배려

저자들은 도시환경에서의 교육에 대한 논의에서 배려하고 지지적인 교사에 대한 필요성을 강조해 왔다. 이 장 서두에서 논의했듯이 배려와 신뢰의 공동체를 만드는 것은 배려하는 교사와 함께 시작된다(Watson & Battistich, 2006; Watson & Ecken, 2003). 배려하는 교사는 모든 학교에서 중요하지만 특히 도시환경에서 중요하다(Milner, 2006). 학생들이 교사가 배려하지 않는다고 여길 때 종종 학교로부터 멀어지고 학교로부터 멀어진 학생들이 보다 학교에 흥미를 가진 또래들보다 문제행동을 일으키는 경우가 많다(Charles & Senter, 2005; V. F. Jones & Jones, 2004).

수용되는 행동에 대한 명확한 기준

도시 학생들의 선행지식과 경험이 다양하기 때문에 수용될 수 있는 행동에 대한 그들의 관점은 흔히 다채롭다. 그 결과 어떤 행동은 수용되고 어떤 행동은 수용되지 않는지에 대해 명확한 것은 도시환경에서 중요하다(D. Brown, 2004). 흥미롭게도 행동에 대한 기준과 교사의 배려에 대한 지각 간에는 강한 상관관계가 있다. 이 장 서두에서 보았듯이 학생들은 행동에 대한 명확한 기준을 제시하는 것이 교사가 그들을 보살피는 증거라고 여긴다(Brophy, 2006b). 한 도시 지역 학생은 이것을 다음과 같이 기술했다.

> 만약 당신이 실수를 저지른다면 그녀는 당신을 그냥 내버려 두지 않기 때문에 아마도 그녀는 내가 만난 가장 엄격한 교사다. 그녀는 당신을 깨닫게 할 것이다. 당신이 실수를 저지른다면 그녀는 당신이 그것을 깨닫도록 만들 것이다. 당신이 낮은 점수를 받는다면 그녀는 당신이 그것을 알도록 만들 것이다. 그녀는 내가 만난 가장 엄격한 교사 중 한 명이며 그것이 그녀가 우리를 가장 잘 보살피고 있다고 내가 생각하도록 만든 것이다(Alder, 2002: 251-252).

행동에 대한 명확한 기준과 통제에 대한 지나친 강조 간의 경계는 분명하지 않다. 애들러(Alder, 2002: 245)는 그 차이를 '권력의 윤리적 사용'을 통해 만들어진 질서와 관련하여 기술하였다. 유능한 교사는 많은 요구를 하지만 또한 도움도 준다. 그들은 본보기가 되며 개인적 책임, 존중, 그리고 협력을 강조한다. 그리고 그들은 학생들이 규칙에 대한 이유를 명확히 이해하도록 하기 위해 기꺼이 시간을 투자한다(C. S. Weinstein & Mignano, 2007). 더 나아가 학교에 필요한 자료를 가지고 오지 않거나 잡담하거나 혹은 다른 학생을 방해하는 등의 피하기 어려운 사소한 문제에 대해 대응할 때 도시학교의 유능한 교사들은 일관되게 규칙을 적용한다. 그러나 그들은 또한 규칙에 대한 합리적 근거를 제시하고, 부과된 과업을 완성하는 것이 보다 고급의 교과를 위해 필요한 기술을 익히는 것을 도울 것이기 때문에 필요하다는 것을 학생들에게 일깨운다(D. Brown, 2004). 이와 반대로 유능하지 못한 교사들은

'만약 이 일을 완성하지 못하면 넌 이 과목에서 낙제할 것이야.' 와 같은 부정적 결과를 내세운다(Manouchehri, 2004).

높은 구조화

2장에서 보았듯이 균형감각은 모든 사람에게 중요한데 도시학교의 학생들은 종종 균형감을 얻기 위해 필요한 안정성이 결여된 환경에서 자랐다. 이것은 다른 환경에 있는 교실에서보다 도시환경에서 질서, 구조 그리고 예측성이 더 중요하도록 만든다. 잘 확립된 절차로 이끄는 과정은 중요하며 행동에 대한 결과를 예측할 수 있는 것은 필수적이다. 예측할 수 있는 환경은 안정적 분위기로 이끌고 이것은 학습과 동기를 촉진시키는 학교 애착을 발달시키기 위해 매우 중요하다.

효과적 교수

이 장 앞 부분에서 보았듯 학급관리와 교수는 상호 의존적이지만 교사들은 종종 도시학생들에게 활동 수준이 낮은 자리에 앉아 수행하는 작업은 지나치게 많이 시킨다(Milner, 2006). 이런 유형의 수업은 동기와 참여성을 떨어뜨리며 관리 문제를 증가시킨다. 13장에서 참여를 촉진하고 이탈을 방지하는 수업에 대해 논의할 것이다.

이론에서 실제로

학급규칙 만들기와 가르치기

생산적 학습환경을 만들기 위해서는 규칙이 필수적이란 것을 알게 되었을 것이다. 이 과정에서 교사가 규칙을 만들고 가르치는 방식은 중요하다. 이를 위해 당신이 노력할 때 다음 지침이 도움이 될 것이다.

① 규칙은 긍정적으로 기술하라.
② 규칙의 수를 최소화하라.
③ 학생의 참여를 유도하라.
④ 합리적 근거를 강조하라.
⑤ 규칙과 절차를 예시하는 확고한 사례를 사용하라.

김 교사는 자신을 소개하고 학생들이 나누기를 원하는 개인적 항목을 포함하여 자신을 소개하게 하는 것으로 새 학기 수업을 시작하였다.

이 과정을 마치면서 그녀는 말했다. "이 수업에서 우리의 목적은 세계의 지리에 대해 그리

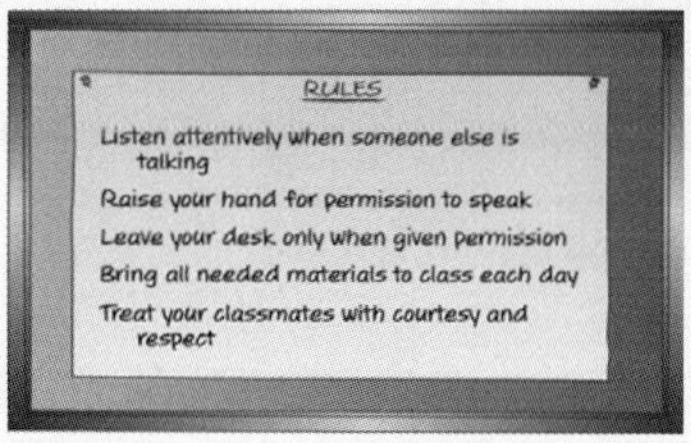

다른 사람이 이야기할때경청한다.
손을 들고 허락받아야 발언할 수 있다.
허락이 있을 때만 자기 자리를 떠날 수 있다.
매일 수업에 필요한 모든 자료를 가지고 온다.
급우들을 존중하며 정중하게 대한다.

고 그것이 우리 삶의 방식에 얼마나 영향을 미치는지에 대해 가능한 한 많이 배우는 것이다. 가능한 한 많이 배우기 위해 우리가 어떻게 행동할 것인지를 안내하는 몇 가지 규칙이 필요하다. 따라서 우리 모두에게 합리적이고 공정한 규칙에 대해 생각해 보자.미희부터 말해 보렴."

"…… 우리는 집중하여 들어야 합니다." 미희가 몇 초간 생각한 뒤 제안하였다.

학급은 그 규칙이 합리적이라는 데 동의하였고 김 교사는 그것을 칠판에 적은 후 다시 물었다.

"왜 이 규칙이 그렇게 중요하지?"

"…… 서로 경청하지 않는다면 혹은 누군가 얘기할 때 끼어든다면 무례한 일입니다." 지숙이가 말했다.

"물론입니다." 김 교사가 웃으며 응답하였다.

"가장 중요한 이유는 무엇일까?"

"배우는 것입니다." 동호가 이 토론의 첫머리에서 김 교사가 말한 것을 기억하며 답했다.

"맞아요, 그것이 학교에서 해야 할 일이다. 우리가 경청하지 않는다면 우리는 배울 수 없다. ……우리는 우리 자신의 행동에 대해 책임을 져야 하며 경청은 또한 우리가 책임을 배우는 데 도움이 된다. ……집중하여 듣는 것은 예의와 존중으로 모든 사람을 대하는 한 방식이다."

학생들은 자신들이 모두 정중하게 대접받기를 원한다는 것에 동의하였고 김 교사는 그것을 칠판 위에 적었으며 당신이 보는 바와 같이 그림에서의 규칙 목록이 다 나올 때까지 계속하여 토의를 이끌었다.

모든 규칙에 대해 김 교사는 왜 그 규칙이 중요한지, 그것이 학습을 얼마나 촉진하는지, 그리고 그들 자신의 행동에 책임을 지는 학생들의 능력에 대해 강조하였다.

한 해 동안, 특히 첫 몇 주 동안 한 학생이 다른 학생을 괴롭히는 등과 같은 관련된 상황이 일어날 때 김 교사는 그들의 행동을 제지하고, 학급규칙을 재인식시켰고, 학생에게 규칙이 중요한 이유에 대해 다시 물었다. 학생들은 점차 규칙에 적응하여 갔고 학급환경에 익숙해졌다.

이제 이 지침을 적용하는 김 교사의 시도를 살펴보자. 처음 두 가지는 규칙 자체에서 드러난다. 그녀는 규칙을 긍정적으로 기술하였고 단지 다섯 가지 규칙만 만들었다. 긍정적으로 기술된 규칙은 바람직한 행동을 규정하였고 긍정적인 정서적 분위기를 이끌었다. 규칙의 수를 작게 제한함으로써 학생들이 꼭 기억하여야 할 것의 양을 줄였다. 학생들은—특히 초등학교에서는—곧잘 규칙을 어기는데 그 이유는 그들이 단지 규칙을 망각했기 때문이다!

학생들의 참여를 유도한다는 세 번째 지침을 김 교사가 어떻게 적용하였는지는 그녀가 "가능한 한 많이 배우기 위해 우리가 어떻게 행동할 것인지를 안내하는 몇 가지 규칙이 필요하다. 따라서 우리 모두에게 합리적이고 공정한 규칙에 대해 생각해 보자. ……미희부터 말해 보렴." 이라고 말할 때 나타났다. 참여를 유도함으로써 도덕 발달과 학생들의 자율감을 증진시키며 학습동기를 촉진하는 사회적 계약을 성사시켰다(Brophy, 2004; R. Ryan & Deci, 2000).

아마 가장 중요한 네 번째 지침을 적용하기 위해, 김 교사는 각 규칙에 대해 조심스럽게 합리적 근거를 제공하였다. 학생들은, 비록 그 규칙에 동의하지 않을 때라도 왜 그것이 중요한지를 이해할 때, 보다 더 잘 규칙을 받아들인다.

마지막으로 김 교사는 규칙에 대해 이해시키기 위해 실제 상황을 구체적 사례로 활용함으로써 다섯 번째 지침을 적용하였다. 앞에서 독자들은 고 교사가 1학년 학생으로 하여금 과제물을 그들의 사물함에 얹어 두도록 하는 절차를 어떻게 익히게 하는지를 보았다. 이와 같은 구체적 사례는 규칙에 대한 이해를 구성한다. 이것은 어떤 개념에 대한 이해를 구성하는 것과 유사하다.

교실에의 적용

효과적 학급관리를 위한 계획

1. 효과적 학급관리는 계획과 함께 시작된다. 첫 수업을 시작하기 전에 규칙과 절차를 잘 계획하라.

- 초등학교: 3학년 교사는 학생들과 학부모들을 위한 안내문을 준비하고 수업 첫날 학생들에게 배포하였다. 학생들은 안내문을 집으로 가져가 부모의 확인 서명을 받아 왔다. 안내문에는 과제와 관련한 절차, 성적이 결정되는 방식, 그리고 학생이 결석한 경우 수업 대체가 이루어지는 방식이 기술되어 있다.
- 중학교: 대수학 예비 과목의 교사는 첫날 수업을 시작하기 전 짧게 기술된 규칙 목록을 준비하였다. 그녀는 학생들이 모든 이들의 학습기회를 증진시킬 추가 규칙을 제안하도록 하였다.
- 고등학교: 영어교사는 학생들의 원고가 다루어지는 방식과 그의 학급에서 원고를 향상시킬 또래 조언을 활용하는 방식에 대한 기술된 절차를 준비하였다. 그는 수업 첫날 이 방식을 보여 주고 이에 대해 토의하였다.

강의규칙과 절차

2. 초등학교, 중학교, 고등학교 단계에서의 발달 특성은 교사의 관리전략에 영향을 준다. 규칙과 절차를 가르칠 때 학생들의 발달단계를 고려하라.

- 초등학교: 학년 초, 1학년 교사는 매일 몇 분씩 할애하여 학생들이 학습자료의 제출, 점심시간 줄 서기, 화장실 가기와 같은 일의 절차를 익히도록 하였다. 그녀는 학생들이 다시 일깨우지 않아도 절차대로 수행할 수 있을 때까지 반복하여 익히도록 하였다.
- 중학교: 중학교 1학년 교사는 "모든 사람을 존중하라."라는 규칙을 정했다. 그녀는 구체적 사례를 제시하였고 학생들에게 사례가 사람들을 존중하는 모습을 보여 주는지 아닌지를 판단하도록 하였다. 그들은 의견이 갈리는 사례들에 대해 토의하였다.
- 고등학교: 화학교사는 한 학년 동안 실험실 안전 절차를 가르쳤다. 그녀는 바른 절차를 수행하는 본보기가 되었으며 절차에 대한 이유를 설명하였고 학생들에게 절차를 기술한 안내문을 나누어 주었다. 그녀는 학생들이 실험실에서 작업하는 모습을 관찰하여 안전의 중요성에 대해 일깨워 주었다.

◈ 이해 점검 활동

2.1 초등학교, 중・고등학교 학생들의 특성과 그것이 학급관리 계획에 어떻게 영향을 끼치는지를 확인하라.

2.2 1학년 학생들의 규칙 목록에서 "몸가짐을 바르게 한다."는 규칙을 보았으며 이와 유사한 규칙을 중학교 1학년 규칙 목록에서도 보았으나 고등학교 1학년 규칙 목록에서는 보지 못하였다. 이 차이를 어떻게 설명할 것인가?

2.3. 인지학습이론에 대한 이해를 기초로 규칙과 절차를 가르치기 위해 사례를 사용하는 것이 왜 중요한지를 설명하라.

학부모와 효과적으로 의사소통하기

학생들의 가정환경은 학습과 학급관리에 강력한 효과를 끼칠 수 있으며 따라서 당신은 학부모를 자녀들의 학업생활에 가능한 한 많이 관여시킬 필요가 있다. 학부모를 관여시키는 전략은 일 년에 한 번 열리는 전통적인 부모 교사 회의를 넘어서는 것이어야 하며, 예를 들어 학부모들이 어린 자녀들의 숙제를 돕고 교재를 읽어 주며 TV 시청을 감독하도록 격려하는 것을 포함한다(Allen, 2007).

다양한 배경을 가진 많은 학생들로 구성된 교실은 독특한 의사소통 문제를 지닌다(J. M. Walker & Hoover-Dempsey, 2006). 문화적 소수집단이거나 낮은 사회경제적 지위에 있거나 혹은 특수교육이나 두 번째 언어로서의 영어교육 프로그램에 등록한 자녀를 둔 가족들에서 부모들은 학교활동 참여에 소홀하기 쉽다(Hong & Ho, 2005). 교사는 가정과 학교 간 의사소통을 시작하고 유지하는 특별한 노력을 해야 한다(Zaragoza, 2005). 이것은 학부모의 모국어로 된 통지문을 보내거나 학교활동에 특별한 초청장을 보내는 것 등을 포함한다.

의사소통의 필요성

학생들은 여러 측면에서 가정-학교 간 협력에서 수혜를 받는다.

- 장기간의 높은 성취
- 과제를 해내려는 높은 의지
- 보다 긍정적인 태도와 행동
- 보다 나은 출석률과 졸업률
- 높은 수준의 책임감과 자기 통제
- 더 많은 대학 진학(C. L. Green, Walker, Hoove-Dempsey & Sandler, 2007; Hong & Ho, 2005; Sheldon, 2007).

학교활동에 대한 부모의 많은 참여, 자녀 성취에 대한 높은 기대, 그리고 학생의 가정환경에 대한 교사의 향상된 이해는 이런 결과를 낳을 가능성을 높인다. 학생의 수업 방해 행동에 대해 어떻게 대처할 것인가를 결정하는 것은 교사가 학생의 어머니 혹은 아버지가 실직했다거나 이혼할 것이라거나 혹은 가족 내 환자가 있음을 알 때 더 용이해진다.

학생들은 다양한 방법의 가정-학교 간 협력으로부터 높은 성취나 학습동기 증진과 같은 수혜를 받는다.

학부모-교사 협력은 교사들에게도 장기적 이익을 준다. 예를 들어, 부모 참여를 촉진하는 교사는 수업과 학교에 대해 보다 긍정적 정서를 보고한다. 그들은 또한 학부모에 대한 더 높은 기대를 가지며 자신들이 더 많이 도움이 되고 마무리를 잘한다고 평가한다(C. S. Weinstein & Mignano, 2007).

학부모 참여를 위한 전략

실제 모든 학교는 학교 개방 행사(대개 한 학년도의 첫 2주 안에 열리며 교사들은 자신을 소개하고 일반적 지침을 설명한다)와 같은 공식적 의사소통 통로(중간 성적 보고서 - 학부모들에게 각 학기의 중간에 자녀들의 성취에 대해 알려 준다. 학부모-교사 회의, 그리고 물론, 성적표도 이에 포함된다)를 가지고 있다. 이것은 학교 전체의 행사이며 필요하지만, 당신은 지금의 의사소통 과정을 더 강화할 수 있다. 강 교사가 학부모와 의사소통을 향상시키기 위해 어떤 시도를 하였는지 살펴보자.

> 매년 강 교사는 학부모에게 그녀가 생산적이며 신나는 한 해를 기대한다고 기술하고, 그녀의 기대와 절차의 개요를 제공하며, 학부모의 지지를 부탁하는 편지를 준비한다. 그녀는 수업 첫날 학생들과 편지에 대한 생각을 나누고 토의하며 부모 참여를 이끄는 것이 중요한 이유를 설명하였다. 그녀는 또한 편지에 포함할 규칙과 절차에 대한 학생들의 제안을 구하였다. 그녀는 편지 초안을 집으로 가져가 재검토하고 다음 날 완성된 편지를 학교로 가지고 왔다. 그녀는 학생을 통해 그 편지를 가정으로 보냈고 학생들에게 편지는 부모의 서명을 받아 다시 제출해야 함을 일깨웠다. 그녀는 이메일과 전화통화를 통해 부모로부터 돌아오지 않은 편지에 대해 확인하였다. 그녀의 편지는 [그림 12-5]에 제시되었다.
>
> 매 3주마다 강 교사는 해야 할 과제와 성적이 매겨진 과제물을 집으로 보냈고 부모가 읽고 확인 서명하도록 했다. 그녀는 보내진 것에 대해 어떤 의문이라도 있으면 학부모가 자신과 접촉할 것을 권장하였다.
>
> 저녁 시간 동안 강 교사는 정기적으로 학부모에게 전화하여 자녀들의 향상에 대해 알도록 하였다. 만약 학생들이 하나 이상의 과제를 해 오지 않으면 그녀는 즉시 전화하여 근심을 나타냈다. 그녀는 학생들이 기대보다 더 잘했거나, 어려움을 극복했거나, 혹은 학우들에게 친절한 행동을 하는 등의 좋은 소식이 있을 때 반드시 학부모에게 이메일을 보냈다.

강 교사는 세 가지 방법으로 학부모와 의사소통을 확립하고 유지하려 시도하였다. 첫째, 그녀는 가정으로 편지를 보냈다(예시된 그녀의 편지는 단지 본보기일 뿐이다. 당신은 학생들

2009년 8월 22일

학부모님께

저는 생산적이고 활기찬 한 해를 기대하며 여러분의 참여와 지지를 이끌어 내기 위해 이 편지를 씁니다. 여러분은 항상 여러분 자녀의 교육에서 가장 중요한 사람입니다. 우리는 여러분 없이 교육을 이끌어 갈 수 없습니다.

우리가 함께 가장 효과적으로 학생들을 교육하기 위해 몇 가지 지침이 필요합니다. 학생들의 협조를 얻어 우리는 여기에 몇 가지 지침을 준비하였습니다. 이것을 상세히 읽어 보시고 지시된 곳에 서명해 주세요. 혹 질문이 있다면 남산중학교(123-593*)로 혹은 저녁에는 집(221-840*)으로 전화해 주세요.

존경을 표하며

담임 강영숙

부모로서 나는 다음 지침을 따르기 위해 노력할 것입니다.

1. 나는 아이들에게 매일 학교생활에 대해 물어볼 것입니다(저녁 식사시간이 좋은 때입니다). 나는 아이들에게 그들이 무엇을 공부하고 있는지, 그리고 그것으로부터 무엇을 배우려 노력하고 있는지를 물어보겠습니다.
2. 나는 아이들이 숙제할 수 있도록 매일 저녁 조용한 시간과 장소를 제공할 것입니다. 나는 아이들이 숙제할 때 일하거나 혹은 독서함으로써 본보기가 되겠습니다.
3. 숙제를 다했는지 물어보는 대신 아이들의 동의를 얻어 내가 직접 숙제를 검토하겠습니다. 나는 아이들이 그것을 이해했는지 알아보기 위한 몇 가지 정보에 대해 아이들이 설명하도록 하겠습니다.

학생 서명 ____________________

학생생활 지침

1. 나는 수업종이 울릴 때 교실에 앉아 있겠습니다.
2. 나는 지시가 처음 주어질 때 따르겠습니다.
3. 나는 커버를 씌운 교과서, 노트, 종이, 그리고 깎은 연필 두 자루를 매일 지참하고 입실하겠습니다.
4. 나는 발언하거나 혹은 내 자리를 떠나려면 먼저 손을 들어 허락을 얻을 것입니다.
5. 나는 손과 발, 그리고 소지품을 가지런히 정리하겠습니다.

숙제를 위한 지침

1. 우리의 좌우명은 '나는 항상 노력하겠습니다.' '나는 절대 포기하지 않습니다.'
2. 나는 모든 과제를 완성할 것입니다. 만약 제출일까지 과제가 완성되지 않거나 준비되지 않으면 나는 그 과제에 대한 점수를 받지 못함을 압니다.
3. 만약 결석으로 인해 과제가 무엇인지 모른다면, 그것을 알아내기 위해 수업 시작 전에(8:15~8:45, 역주: 칠판에 적힌 과제가 지워지기 전) 학교에 오는 것은 나의 책임입니다.
4. 나는 결석한 기간 동안의 과제 제출이나 보충 시험을 치르는 날을 유예할 수 있음을 알고 있습니다.
5. 나는 추가 점수를 받을 수 있는 과제는 없음을 이해합니다. 요구된 모든 과제를 완성한다면 추가 점수는 필요 없습니다.

학생 서명 ____________________

[그림 12-5] 학부모에게 보내는 편지

의 필요에 가장 적합한 편지를 작성해야 한다).

편지는 몇 가지 이유에서 중요하다.

- 의사소통 과정의 시작이다.
- 긍정적 기대를 전달하고 학부모들에게 그들이 자녀 학습에 필요한 존재임을 일깨운다.
- 학급규칙(지침으로 기술된)에 대한 구체적 기술과 과제, 결석, 추가 점수 획득에 대한 절차에 관한 개요를 제시하였다.
- 학부모에게 서명을 요청하였다. 그것은 자녀 교육을 지원하는 것, 그리고 자녀들이 지침을 따르도록 하는 계약에 서명하도록 권유하는 일에 책임감을 갖게 한다.

서명하는 것이 모든 것을 보장하지는 않지만 책임지겠다는 표상이 되며 학부모와 학생들이 그것을 지키도록 노력할 가능성을 증대시킨다. 또한 학생들이 편지 내용을 정하는 데 참여했기 때문에 그들은 이 과정에 대한 주인의식을 느끼며 부모에게 자신들의 숙제를 도와 달라고 요청할 가능성이 높아진다.

편지가 문법, 구두점, 철자에서 실수가 없음에도 주목하라. 교사들은 가정으로 통신문을 보낼 때 이와 관련한 실수를 하기도 한다. 그렇게 하지 않도록 하라. 첫인상은 중요하며 오래 유지된다. 당신의 첫 편지는 당신의 능력에 대한 인상을 만들며, 실수는 당신의 신뢰도를 떨어뜨린다.

둘째, 강 교사는 매 3주마다 학생들의 과제물 묶음을 보내고 학부모에게 그것에 서명하여 반환해 달라고 요청함으로써 의사소통을 강화하였다. 이 묶음은 가정과 학교 간 연대를 만들어 낼 뿐 아니라 학부모에게 자녀들의 진보에 대한 기록을 지속적으로 제공하였다.

셋째, 그녀는 정기적으로 통화하고 이메일을 보냈다. 이 같은 방식으로 학부모와 접촉하는 것은 의사소통을 유지하고 협조를 공고히 하는 가장 효과적 방법 중 하나다(K. Anderson & Minke, 2007). 당신의 개인 시간의 일부를 통화에 투입함으로써, 당신은 다른 어떤 방식보다 잘 보살피고 있음을 보여 준다. 또한 학부모와의 통화는 당신이 학생들의 필요를 구체적으로 기술하게 하고 학부모의 지원을 구할 기회를 다시 제공한다. 예를 들어, 학생이 과제를 하지 않았다면 당신은 부모에게 설명을 요청하고 자녀의 학습 습관을 보다 밀접하게 관찰할 것을 권장할 수 있다.

학부모와 이야기할 때, 우리는 공통적 노력의 기초가 되는 협조적인 음조를 보일 필요가 있다. 다음 일화를 읽고 생각해 보라.

> "명현이 어머님 안녕하셨어요? 강영숙입니다. 명현이의 지리교사입니다."
>
> "아…… 네. 혹 어떤 문제가 있나요?"
>
> "전혀 그렇지 않습니다. 아드님에 대한 몇 가지 정보를 어머님과 나누기 위해 통

화하기를 원했을 뿐입니다. 명현이는 똑똑하고 활발한 소년이며 저는 매일 교실에서 명현이를 보는 것이 즐겁습니다. 다만 명현이가 몇 가지 과제를 제출하지 않았어요."

"나는 그 아이가 지리 수업을 수강하는지 몰랐어요. 그 애는 아무것도 집에 가져오지 않았거든요."

"그게 아마 문제의 한 부분일 것 같네요. 명현이는 단지 해야 할 것을 잊어버린 것 같아요. 한 가지 제안을 하겠습니다. 저는 매일 학생들의 노트에 과제를 적도록 합니다. 매일 밤 명현이의 노트를 함께 보시고 과제를 했는지 확인해 주세요. 과제에 서명해 주시면 명현이 어머님과 명현이가 이에 대해 이야기를 나누었음을 제가 알 수 있을 겁니다. 제 생각에는 그것이 많은 도움이 될 것 같아요. 괜찮겠습니까?"

"알겠습니다. 그렇게 하도록 하겠습니다."

"잘 되었네요. 우리는 명현이가 뒤떨어지지 않기를 원합니다. 만약 명현이가 과제에서 문제를 보이면 수업 전이나 후에 교무실로 명현이를 오도록 하여 도와주겠습니다. 제가 할 일이 또 있을까요? 아니면, 조만간 뵙게 될 때 다시 인사드리지요."

이 대화는 긍정적이며 가정과 학교 간 협력을 이룩하고 구체적 행동계획을 제공하였다. 학급관리 문제와 관련하여 학부모와 통화할 것인지에 대한 결정은 전문적 판단의 영역이다. "이 문제가 어느 정도까지 학습에 영향을 끼칠 것인가."라는 질문은 좋은 지침이 된다. 예를 들어, 중학생이 교실에서 뛰고 부적절한 언어를 사용하는 것은 아마도 교사에 의해 다루어질 수 있을 것이다. 다른 한편으로, 학생의 언어나 다른 행동이 학습활동을 방해한다면 부모와 통화할 필요가 있을 것이다.

마지막으로 성취를 강조하는 것은 모든 유형의 학부모와의 의사소통에서 가장 중요하다. 당신이 학부모와 문제점에 대해 얘기할 때 가능하다면 먼저 성취와 향상된 것에 대해 이야기하려고 노력하라. 강 교사가 이메일에서 하였듯 단지 좋은 소식을 전하는 것으로 의사소통을 시작할 수도 있다. 모든 학부모는 자녀를 자랑스러워할 만한 근거를 원하며 따라서 성취에 대하여 함께 이야기하는 것은 가정과 학교 간 협력관계를 보다 증진시킬 수 있다.

기술이 계속 진보됨에 따라 그것은 의사소통을 개선할 수 있는 경로를 더해 준다. 예를 들어, 기술의 활용이 용이해짐에 따라 음성 메일과 이메일은 바쁜 학부모와의 연결에 유용하다. 많은 학교에서 소식지와 다른 의사소통이 서면과 디지털 형식으로 제공되고 있다.

웹 자료실

교사가 학부모와 효과적으로 의사소통하려는 시도를 살펴보려면 www.myeducationlab.com에 접속하고, 12장 '교수기술과 성향 개발'의 'Communicationg Effectively with Parents' 일화를 보라. 그리고 이어지는 물음에 답하라.

교실에의 적용

학부모와 효과적으로 의사소통하기

1. 학부모와의 의사소통은 효과적 학급관리를 위해 필수적이다. 새 학년의 첫 며칠 동안 의사소통을 시작하고 학년이 끝날 때까지 유지하라.

- 초등학교: 유치부 교사는 새 학년의 첫 주 동안 모든 학부모에게 전화하였고 그녀의 학급에서 자녀들을 맡게 되어 얼마나 행복한지 말하였으며, 아이들 각각에 대해 조금씩 알게 되었고, 학부모들이 언제라도 그녀와 접촉하도록 격려하였다.
- 중학교: 매달, 중학교 1학년의 사회교사는 학생들이 배우게 될 주제를 기술한 '학급 통신'을 집으로 보냈고 거기에 학부모들이 자녀들을 도울 때 따를 수 있는 제안을 담았다. 학생들은 거기에 자신들의 노력과 진보를 기술하는, 부모님께 드리는 짧은 글을 적었다.
- 고등학교: 기하학 교사는 학년 초에 과제와 평가기준을 담은 편지를 가정으로 보낸다. 그는 하나라도 과제가 제출되지 않을 때 학부모에게 전화한다.

2. 학부모와의 효과적 의사소통은 긍정적이고 명확하며 간결하다. 비전문적 언어로 의사소통하고 부모들에게 자녀를 다루기 위한 구체적 제안을 하라.

- 초등학교: 3학년 교사는 학부모들이 (a) TV를 끄고 자녀들이 과제를 하기 위해 최소한 저녁의 1시간을 할당하고, (b) 매일 과제를 다하였는지 자녀들에게 보여 줄 것을 요구하고, (c) 학교방문 행사에 참여하고, (d) 매주 집으로 보내는 과제물 묶음에 대해 자녀들에게 묻고 확인하고 서명하는 것에 대해 동의하는 계약서에 서명할 것을 요청하였다.
- 중학교: 중학교 1학년 교사는 학부모에게 보낼 편지에 대해 학생들과 토의하였다. 그는 학생들에게 편지의 각 부분이 무엇을 이야기하고 있는지 설명하도록 하였고, 학부모들에게 그 편지를 읽고 설명하여 드리도록 요구하였다.
- 고등학교: 고등학교 1학년의 기초 수학교사는 학년 초에 특수반의 학부모들에게 학생들의 요구에 맞추어 그녀의 학급을 어떻게 변화시킬 것인지를 설명하기 위해 특별한 노력을 기울였다. 그녀는 학부모들이 자녀의 과제를 관찰하고 가능하다면 도움을 주도록 강력히 권하였다.

3. 소수 인종 아동들의 학부모들과의 의사소통에 더 많은 관심을 가져라.

- 초등학교: 도시학교의 2학년 교사는 다양한 언어를 구사할 수 있는 몇몇 교사의 도움을 얻는다. 그가 가정으로 통신문을 보낼 때 그는 이 교사들에게 학부모들을 위해 통신문의 번역을 도와줄 것을 요청한다.
- 중학교: 시험 시기가 시작되면 중학교 1학년 교사는 집으로 각 학생의 모국어로 된 편지를 보낸다. 이 편지에는 시험 범위와 학생들에게 주어지는 시험 종류와 시험 기회, 그리고 요구되는 특별 과제가 기술되어 있다.
- 고등학교: 영어를 거의 하지 못하는 부모를 둔 학생들이 많은 생물교사는 학생들이 자신의 향상 정도를 보고하는 학생 주도 회의를 연다. 그녀는 회의 때마다 참석하고 학생을 번역자로서 봉사하게 한다.

◈ 이해 점검 활동

3.1 학부모와의 효과적 의사소통을 위해 필수적인 요소가 무엇인지 기술하라.

3.2 강 교사의 가정통신문이 이 장의 앞부분에서 논의되었던 학급관리 목표에 도달하는 데 어떻게 도움이 되었는지 설명하라.

3.3 이 절에서 저자들은 학부모와의 통화가 다른 어떤 방법보다 교사의 보살핌을 더 잘 전달한다고 말하였다. 학부모와의 통화가 어떻게 보살핌을 잘 전달하는지 설명하라(힌트: 이 장의 앞부분에서 시간과 관련하여 학습한 것을 생각해 보라).

규칙 위반 행동이 일어났을 때의 개입

지금까지 우리는 관리문제를 방지하는 것에 초점을 맞추어 왔다. 저자들은 교수와 학급관리 간의 상호 의존성, 계획의 중요성, 그리고 규칙과 절차의 핵심적 역할에 대해 강조하였다. 교사가 최선을 다해도 수업 방해 행동이나 지속적 부주의의 경우에는 여전히 개입이 필요하다. 예를 들어, 이 장을 여는 사례에서 김 교사는 그녀의 규칙과 절차를 주의 깊게 계획하였고, 잘 조직화였으며 그녀가 수업할 때 높은 수준의 학생 참여를 촉진하였다. 이런 노력에도 불구하고 그녀는 여전히 원준이와 인숙이에게 개입하여야 했다. 이것은 흔히 일어나는 일이다.

다음으로 우리는 우리가 생각하는 개입에 대해 논의하려 한다.

- 성공적 개입의 원리
- 인지적 개입
- 행동주의적 개입

성공적 개입의 원리

문제가 일어났을 때의 개입은 쉽지 않다. 일단 문제가 발생하면 관리는 교사에게 현재의 관심사가 아니다. 당신이 학생들과 함께 작업할 때 인지적 관리체제가 권해지지만, 어떤 경우에는 행동주의적 접근이 요구되기도 한다.

이론적 지향이 무엇이든, 다음 몇 가지 원리는 당신이 효과적으로 개입할 가능성을 높인다.

- 파악하고 있음을 보여 주기

- 학생의 존엄성을 보호하기
- 일관성 유지하기
- 말한 바를 지키기
- 개입은 단순하게 하기
- 논쟁 피하기

파악(Withitness)

교사가 교실의 모든 곳에서 일어나고 있는 일에 대해 알고 있는 것, 그리고 알고 있음을 학생들에게 전달하는 것

파악하고 있음을 보여 주기 교사가 항상 교실의 모든 곳에서 일어나고 있는 일에 대해 알고 있고 이렇게 알고 있음을 학생들에게 전달하는 것을 의미하는 파악은 성공적 개입의 필수 요소다(Kounin, 1970). 숙련된 교사는 파악을 '머리 뒤에도 눈이 있는 것'으로 표현하였다. 파악과 관련하여 두 교사를 비교해 보자.

> 신 교사는 중학교 1학년 학생들에게 백분율 구하는 과정을 설명하고 있다. 신 교사가 그 절차를 기술하고 있는 동안 교실 두 번째 줄의 강주는 건너편에 앉아 있는 진희를 계속하여 건드리고 있다. 진희는 발로 강주를 차는 것으로 보복하였다. 진희 뒤에 앉은 무현이는 연필로 진희의 팔을 찌른다. 신 교사는 학생들의 이런 행동을 무시하였다. 진희가 다시 찔렸을 때 그녀는 팔을 뒤로 뻗어 무현이의 어깨를 잡았다.
>
> "진희야!" 신 교사는 단호하게 말한다.
>
> "손을 함부로 휘두르면 안 됩니다! ……진도가 어디까지 나갔지?"

> 이 교사는 생명과학 수업에서 같은 학생들을 가르친다. 그는 OHP 위에 꽃식물을 묘사하는 슬라이드 필름을 얹는다. 학급이 여러 정보를 토의할 때, 그는 기철이가 명숙이에게 무엇인가 속삭이는 것을 보았고 강주는 진희를 찌르고 진희는 그를 발로 차며 "그만둬."라고 이야기하는 것을 보았다. 이 교사는 "열매를 맺는 식물의 부위는 어디입니까?"라고 물으면서 강주의 책상으로 다가갔고 몸을 기대어 조용히 그러나 확고히 말했다.
>
> "교실에서 손을 뻗어 다른 사람을 괴롭히지 않아야 합니다."
>
> 그는 다시 교실 앞으로 가면서 강주를 옆눈으로 지켜본 후 말하였다.
>
> "기철아, 이 도해에서 너는 식물의 어떤 부위를 보고 있니?"

신 교사와는 달리 이 교사는 세 가지 측면에서 파악을 보여 주었다.

- 그는 재빨리 문제행동을 확인하였고 즉시 강주 옆으로 다가가는 것으로 반응하였다. 신 교사는 악영향이 다른 학생들에게 확산될 때까지 아무것도 하지 않았다.
- 그는 문제행동의 당사자로 정확히 강주를 지목하였다. 반대로 신 교사는 진희를 비

난하였고 자신이 무엇이 일어나고 있는지 모르고 있음을 학생들이 느끼게 했다.

- 그는 더 심각한 문제행동에 먼저 반응하였다. 강주의 행동이 기철이의 속삭임보다 더 수업을 방해하는 것이었고 따라서 이 교사는 먼저 강주에게 반응하고 다음으로 기철이에게 개입했다. 이것은 기철이로 하여금 문제행동을 더 못하게 하였고 더 이상의 개입은 필요 없었다.

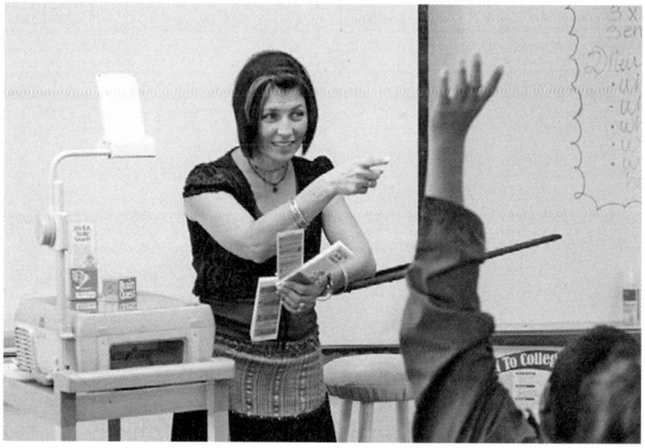
유능한 교사는 수업의 흐름을 유지하면서 바람직하지 않은 행동을 제지한다.

파악은 문제행동이 일어난 후 그것을 다루는 것 이상을 말한다(Hogan et al., 2003). 파악하고 있는 교사들은 부주의와 혼란의 증거도 역시 알아낸다. 그들은 주의 집중하고 있지 않은 학생들 곁으로 다가가거나 이름을 불러 수업에 다시 주의를 기울이게 하며, "너희 중 일부는 어리둥절한 것 같구나. 이 문제에 대해 다시 한 번 설명하기를 원하니?" 등과 같은 언급을 통해 당황함의 표시에 반응한다. 이들은 학생들에게 민감하며 학생들이 가능한 한 학습에 참여하고 성공할 수 있도록 수업을 조절한다.

연구들은 파악의 결여는 초보 교사들의 문제일 수 있음을 지적한다(Wubbels, Brekeimans, den Brok, & van Tartwijk, 2006). 이는 초보 교사의 인지적 부담이 높아 작업기억에 과부하가 걸려 지속적으로 학생 행동을 관찰하는 과정을 어렵게 하기 때문인 것 같다. 초보 교사는 그들의 작업기억에의 부하를 줄이는 잘 확립된 절차와 잘 계획된 수업을 활용하여 이런 인지적 과부하를 해소할 수 있다.

학생의 존엄성을 보호하기 누구도 또래 앞에서 멍청하게 보이는 것을 원하지 않으며, 따라서 학생의 존엄성을 보호하는 것은 개입에서 필수적이다. 10장과 11장에서 보았듯이 안전은 동기에 필수적이며 당신이 학생들과의 상호작용에서 보이는 정서적 색조는 그들의 복종 가능성과 당신 및 학급에 대한 그들의 태도 모두에 영향을 미친다. 공적으로 크게 비난하거나 견책하고 비꼬는 것은 학생들의 안전감을 떨어뜨리고 분노하게 하며 수업에서 점차 멀어지게 한다. 학생들이 규칙을 어겼을 때 김 교사가 인숙이에게 하였듯 단지 규칙과 그 중요성을 일깨우는 것, 그리고 순종을 이끌어 내는 것은 작은 문제를 해결하는 좋은 방법이다.

일관성 유지하기 일관성 유지는 진부할 만큼 강조되어 왔다. 그러나 일관성에 대한 필요성은 인지학습이론에서 핵심을 이룬다—사람들은 그들의 경험이 이치에 맞기를 원한다. 만약 한 학생이 규칙을 어겼을 때 어떤 경우는 견책을 당하고 어떤 경우는 그렇지 않다면 학생은 이런 비일관성을 이해할 수 없을 것이다. 학생들은 교사가 어떤 일이 벌어지고 있는지 모른다거나 혹은 편애한다고 결론지을 수 있으며, 이것은 학생들의 수업 참여를 방해할 것이다.

일관성이 중요하지만 실세계에서 완전히 일관성을 유지한다는 것은 실제 불가능하다. 전문가들은 교사의 개입이 학생과 맥락에 따라 유연해야 한다고 말한다(Doyle, 1986). 예를 들어, 대부분의 학급에서는 교사의 허락에 의해서만 발언할 수 있다는 규칙이 있는데, 당신이 학생들의 사습을 관찰하고 있을 때 한 학생이 다른 학생에게 과제가 무엇인지 묻고 다시 자습하기 시작했다. 자습하는 동안 말하는 것을 허락받지 않은 것을 학생에게 일깨워 주지 않은 것은 기술적으로는 비일관적이지만 그러나 이 경우 개입은 불필요하며 부작용이 있을 것이다. 이와 달리 반복적으로 몸을 돌려 속삭이는 학생은 학습을 방해하며 개입이 필요하다. 학생들은 이 차이를 이해하며 따라서 '비일관성' 은 적절하고 효과적이다.

말한 바를 지키기 말한 바를 지키기란 당신이 하겠다고 말한 것을 실제 하는 것을 의미한다. 그렇게 하지 않는다면, 교사가 질서 있는 환경을 유지하는 데 책임을 지지 않는다는 것을 학생들이 인식하게 되기 때문에 관리체제는 붕괴한다. 이것은 혼란스럽고 학생들을 불확실성의 세계 속에 남겨 두는 것이다. 다시 강조하지만, 새 학년의 첫 며칠은 중요하다. 당신이 이 기간 동안 지속적으로 당신이 말한 것을 지킨다면 그해의 남은 기간 동안 규칙을 부여하고 절차를 강화하는 것이 보다 용이할 것이다.

개입은 단순하게 하기 모든 개입은 가능한 한 단순하여야 한다. 훈육에 투입된 시간과 학생의 성취 사이에는 역상관관계가 있다. 긴 시간 동안의 개입은 수업의 흐름을 깨고 수업에 필요한 시간을 빼앗아 간다(Good & Brophy, 2008).

김 교사는 중학교 1학년 수업에서 이 생각을 적용하였다. 그녀는 '파악' 하고 있음을 학생들이 알게 했고 원준이에게 다가가 호명함으로써 문제를 해소했다. 그녀는 단순히 인숙이에게 말했을 뿐이었고, 두 사례 모두에서 수업의 흐름은 유지되었다.

논쟁 피하기 마지막으로, 학생과 논쟁하지 않아야 한다. 교사는 논쟁에서 결코 이길 수 없다. 교사들은 권위를 발휘하려 하지만 종종 분노라는 부작용을 부를 뿐이고 문제는 더 크게 악화된다.

만성적으로 문제행동을 하는 학생에게 교사가 교실 뒤에 가 서 있을 것을 지시한 후 일어난 다음 예화를 생각해 보자.

학생: 난 아무 짓도 안 했어요.

교사: 넌 잡담을 했어. 그리고 학급규칙에는 다른 사람이 이야기할 때 경청해야 한다고 되어 있지.

학생: 규칙은 잡담에 대해 다루고 있지 않아요.

교사: 넌 규칙이 무엇을 의미하는지 알 거야. 우리는 반복해서 그것에 대해 이야기했지 않니.

학생: 하지만 이건 불공평해요. 선생님은 다른 학생들이 잡담할 땐 자리를 옮기라고 하지 않았어요.

교사: 넌 다른 학생들이 이야기할 때도 경청하지 않았어. 빨리 뒤에 가서 서 있어.

학생들은 규칙이 무엇을 의미하는지 알고 있으며, 학생과의 논쟁에 끌려 들어가는 교사와 단지 장난을 치려 하는 것이다. 이제 대안적 행동 과정을 살펴보자.

교사: (첫 줄의 빈 책상을 가리키며) 이쪽으로 자리를 옮겨라.

학생: 전 아무 짓도 하지 않았어요.

교사: 우리 규칙 중 하나는 다른 사람이 이야기할 때 경청하는 것이다. 이에 대해 논의하고 싶다면 이리 와서 수업이 끝난 후 나를 만나도록 해라. 이제 앞으로 나오도록 해요(학생이 이동하자 곧 수업으로 돌아간다).

이 교사는 권위를 유지하면서 논쟁이나 심지어 토론에 빠져드는 것도 허락하지 않았다. 그녀는 상황을 재빨리 다루었고 학생과의 토의를 제안하였으며, 즉시 수업으로 되돌아왔다.

지금까지의 원칙을 기억하면서 모든 교사 행동의 기초로서 인지적 개입을 살펴보자.

인지적 개입

이해는 관리에 대한 인지적 접근의 핵심이다. 규칙과 개입을 학생들이 수용하려면 이치에 맞아야 한다. 이 절에서 저자들은 세 요인을 다룰 것이며 각각은 학생들의 개입에 대한 이해를 도울 것이다.

- 언어적-비언어적 행동의 일치
- 나 대화법
- 논리적 귀결

언어적-비언어적 행동의 일치

교사의 의사소통이 학생들에게 합리적으로 수용되려면 그들의 언어적 · 비언어적 행동이 일치하여야 한다(Doyle, 2006). 다음 개입을 비교해 보자.

성 교사의 중학교 2학년 학생들이 그녀가 교실을 돌아보는 동안 과제를 하고 있는 중이다. 그녀는 우성이와 지태가 그녀 뒤에서 소란스럽게 잡담하고 있을 때 태희를 도와주고 있다.

성 교사는 어깨너머 뒤를 힐끗 보며 "우성아, 지태야, 그만 떠들고 과제를 시작하거라." 라고 말했다.

우성이와 지태는 목소리를 낮추었고 성 교사는 다시 태희를 도왔다. 곧 두 소년은 조금 전처럼 소란스럽게 잡담을 한다.

성 교사는 이번에는 짜증 난 목소리로 어깨너머 뒤로 "내가 떠들지 말라고 이야기한 것으로 아는데." 라고 말한다.

두 소년은 그녀를 잠깐 쳐다보고 재빨리 잡담을 다시 시작한다.

석 교사는 대수학 예비 과정의 학생들과 유사한 상황에 처했다. 그녀는 세경이를 도와주고 있었고 시민이와 재정이는 교실 뒤에서 장난을 시작한다.

석 교사는 양해를 구하고 돌아서서 바로 소년들에게 다가갔다. 재정이를 보면서 그녀는 차분하고 단호하게 "재정아, 점심 전에 해야 할 과제가 많다. 소란은 다른 사람들의 작업을 방해해. 바로 네 과제를 시작하거라." 라고 말한다. 그 후 시민이를 바로 보면서 계속하여 "시민아, 너도 마찬가지야. 지금 당장. 우리에게 필요한 시간이 충분히 있지만 그렇다고 그 시간을 허비하기를 원하지는 않아." 라고 말했다. 그녀는 그들이 조용히 과제로 돌아갈 때까지 기다렸고 그 후 다시 세경이에게 돌아갔다.

인지적 개입은 언어적 표현과 비언어적 표현이 일치될 것을 요구한다.

앞의 교사들은 비슷한 의도를 가졌지만 학생들에게 미친 영향은 매우 달랐다. 성 교사가 소년들에게 잡담을 멈추라고 말하면서 어깨 뒤로 힐끗 돌아만 보았고 끝까지 자신의 뜻이 관철되는 것을 확인하지는 않았을 때 그녀의 의사 표현은 혼란스러운 것이었다. 그녀의 말과 행동은 달랐다. 전달하려는 뜻이 일관되지 않을 때, 사람들은 말한 단어보다는 음색과 행동 언어에 더 의존한다(Aronson et al., 2005).

반대로 석 교사는 분명하고 일관되게 의사를 전달했다. 그녀는 즉시 반응하였고 학생들을 똑바로 바라보았으며 규칙과 학습 간의 관계를 강조했고 세경이를 돕기 위해 돌아가기 전 소년들이 과제로 돌아갔는지를 확인하였다. 그녀의 언어적 · 비언어적 표현은 일치하였고 그녀가 말한 것은 합리적이었다. 효과적인 비언어적 의사표현의 특징은 〈표 12-3〉에 정리되어 있다.

표 12-3 table

효과적 비언어적 표현의 특징

비언어적 표현	사 례
다가가기	교사가 주의 집중하지 않는 학생에게 다가간다.
시선 마주치기	지시할 때 교사가 딴짓하는 학생을 똑바로 쳐다본다.
몸을 향하기	교사가 어깨너머로 보거나 옆으로 보기보다는 학습자 쪽으로 똑바로 몸을 향한다.
얼굴 표정	수업을 방해받을 때 얼굴을 살짝 찌푸리고, 재미있는 상황에서는 얼굴을 밝게 하고 다른 학생을 도우려는 한 학생의 노력에는 칭찬하는 미소를 보낸다.
몸짓	다른 학생이 발언하고 있을 때 끼어드는 학생에게 교사는 손바닥을 펴 내민다(그렇게 하지 마!).
음조의 변화	강조할 때 목소리의 크기, 속도, 음색을 변화시키며 에너지와 열정을 나타낸다.

나-대화법

성공적인 인지적 개입은 부적절한 행동에 초점을 맞추고 학생들이 자신의 행동이 타인에게 미치는 영향을 이해하도록 돕는 것 모두를 아울러야 한다. 예를 들어, 이 장 첫머리의 사례에서 김 교사가 인숙이를 다룬 것을 살펴보자. 그녀는 규칙을 지적하고 다음과 같이 말했다.

> 우리는 다른 사람들이 말하는 것을 경청하는 것이 중요하다는 것에 동의하였습니다. ……주의를 집중하지 않을 때 우리는 배울 수 없으며 나는 내 학급이 배우지 못하는 것이 싫습니다.

이 사례에서 김 교사는 행동과 그 행동이 말하는 사람에게 준 영향 및 일으킨 느낌을 지적하지만 비난하지는 않는 나-대화법을 사용하였다(Gordon, 1974, 1981).

나-대화법(I-message)
행동과 그 행동이 말하는 사람에게 준 영향 및 일으킨 느낌을 지적하지만 비난하지는 않는 표현법

나-대화법을 사용하면서, 김 교사는 인숙이의 행동을 지적하였고, 이것은 인숙이가 사람으로 존중받아야 하지만 그녀의 행동은 수용될 수 없다는 점을 전달하였다. 김 교사는 또한 그 행동이 말하는 사람—김 교사 자신—에게 미친 영향과 그것이 일으킨 느낌을 설명하였다. "우리는 주의 집중하지 않을 때 배울 수 없으며 나는 내 학급이 배우지 못하는 것이 싫습니다." 나-대화법의 의도는, 인지적 개입이 항상 그렇듯이 이해를 촉진하는 것이다. 김 교사는 인숙이가 타인에 대한 자신의 행동의 영향을 이해하기를 원했고, 의도가 성공적으로 전달된다면 이는 책임 있는 행동으로 가는 첫걸음이 된다.

단호한 훈육(Assertive discipline)
명확하고 단호한 반응 방식을 촉진하는 학급관리 접근법

김 교사는 인숙이에 대해 지시할 때 단호하였다. 명확하고 단호한 반응 방식을 촉진하는 학급관리 접근법인 단호한 훈육의 창시자인 리와 매를렌 캔터(Lee & Mahene, 1992; L. Canter, 1996)는 학생들에 대한 교사의 반응이 수동적이거나 적대적이기 때문에 교사들은

종종 비효과적이라고 주장하였다. 예를 들어, 인숙이에 대한 수동적 반응은 다음과 같을 것이다.

"제발. 주의 집중해야 한다는 규칙에 대해 얼마나 많이 너희에게 얘기해 왔니?"

적대적 반응은 다음과 같다.

"네가 잡담하는 것이 날 미치게 해."

이런 반응은 학생 특성에서 단점이 있음을 의미하고 학급의 정서적 분위기를 해친다.

논리적 귀결

논리적 귀결(Logical consequence)

잘못된 행동과 개념적으로 관련 있는 결과

논리적 귀결은 규칙 위반 행동과 개념적으로 관련 있는 결과를 의미한다. 이것은 학습자가 그들의 행동과 뒤따르는 결과 간의 연결을 형성함으로써 개입에 대한 이해를 돕는다. 예를 들면 다음과 같다.

> 제멋대로인 6학년 학생 광재는 식당으로 향한 복도를 힘껏 달려갔다. 그가 모퉁이를 돌았을 때 정희와 부딪혔고 정희는 가지고 있던 책들을 떨어뜨렸다.
>
> "아이코." 라고 말하며 그는 계속 뛰어갔다.
>
> "광재야, 멈춰라." 복도를 관찰하고 있던 도 교사가 말했다.
>
> "돌아가서 정희가 책을 줍는 것을 도와주고 사과해라."
>
> 광재는 정희에게 다가가 그녀가 책을 줍는 것을 도와주고 웅얼거리듯 사과했고, 다시 식당으로 향했다. 그가 다가오자 도 교사는 그를 멈추어 세웠다.
>
> "자, 내가 네게 시킨 것에 대한 이유를 알겠니?" 도 교사가 물었다.
>
> "우린 복도에서 뛰지 않아야 하니까요."
>
> "그래." 도 교사는 침착하게 말했다.
>
> "그러나 더 중요한 것은, 사람들이 복도에서 뛰면 누군가와 부딪힐 수 있고 그래서 다칠 수 있다는 점이다. ……네 행동에 대해 네가 책임져야 함을 기억해라. 너 자신이나 다른 사람들을 다치게 하지 말아야 한다는 것에 대해 생각해 보고 다음에는 선생님이 여기 있든 없든 뛰지 말고 걷도록 해라. ……자, 가서 점심을 먹거라."

이 사례에서 도 교사는 논리적 귀결을 적용하였다. 그것은 광재가 자신이 정희와 부딪혔고 그녀가 책을 떨어뜨리도록 한 후 정희의 책을 주워야 한다는 것을 이해하도록 했다. 논리적 귀결은 아동들이 타인에 대한 그들 행동의 영향을 이해하도록 도우며 배려하고 신뢰로운 공동체를 조성하게 한다.

행동주의적 개입

학습자의 이해와 개인적 책임감이 우리가 학급에서 추구하는 이상이기는 하지만 실세계에서 어떤 학생들은 자신의 행동에 대한 책임을 수용하지 않으려 하거나 수용할 수 없는 것 같다. 이 경우 행동주의적 개입이 효과적이다. 이것은 강화와 처벌의 개념을 적용한 개입으로 이에 대해서는 6장에서 학습하였다(Fabiano, Pelham, & Gnagy, 2007; J. B. Ryan, Katsiyannis, & Peterson, 2007). 전문가들은 책임감 발달을 장기적 목표로 하지만, 어떤 문제에서는 행동주의적 개입을 사용하는 것을 단기적 해결책으로 추천한다(Freiberg, 1999a; Gottfredson, 2001).

1학년 교사인 연 교사가 학생들에게 행동주의적 개입을 어떻게 사용하는지 살펴보자.

> 연 교사는 그녀의 학생들이 하나의 활동에서 다른 활동으로 유연하고 질서 있게 이행하는 것과 관련한 문제를 경험하였다. 상황을 개선시키기 위해, 그녀는 마분지를 가지고 '표'를 만들었고 지역 사업자들로부터 상품으로 사용할 작은 물품을 기부받았으며 이 상품을 그녀 책상 위의 어항에 전시하였다.
>
> "우리는 다음 활동으로 넘어갈 때 우리가 얼마나 조용할 수 있는지를 살펴보는 작은 놀이를 할 것이다. ……우리가 다음 활동으로 넘어갈 때마다 나는 너희에게 2분의 시간을 줄 것이고 시간이 되면 이 종을 울릴 것이다."라고 그녀는 설명해 주었다. 그녀는 예시를 위해 종을 울렸다.
>
> "내가 종을 울릴 때 교과서 정리를 마치고 조용히 기다리고 있는 학생들은 이 표를 한 장 받을 것이다. 금요일 오후가 되면 너희는 이 어항에서 보이는 상품과 표를 교환할 수 있다. 더 많은 표를 가지고 있으면 더 좋은 상품을 받을 것이다."
>
> 다음 며칠간 연 교사는 교실을 돌아다니며 표를 나누어 주었고 다음과 같은 말을 해 주었다.
>
> '나는 근영이가 공부할 준비를 하는 방식이 마음에 든다.' '명준이는 벌써 교과서를 정리하고 조용히 준비하고 있구나.' '이렇게 빨리 수학시간을 준비하다니 고맙구나.'
>
> 그녀는 학생들로부터 '쉬.' '조용히 하자!' 라는 말을 들었을 때 그녀의 전략이 효과를 보기 시작했음을 알았으며, 학생들이 보다 더 책임 있게 되었을 때 보상물을 점차 없앨 수 있었다.

연 교사는 행동주의와 사회인지이론의 개념을 그녀의 개입체제에 사용하였다. 그녀의 표와 상품은 빠르고 조용한 이행에 대한 정적 강화물이었고, "나는 근영이가 공부할 준비를 하는 방식이 마음에 든다." "명준이는 벌써 교과서를 정리하고 조용히 준비하고 있구나." 등과 같은 언급은 다른 아동들에게 대리 강화물이 되었다.

6장에서 이미 보았듯이 강화는 처벌보다 행동 변화에 더 효과적이며 이 원리는 행동주의적 개입을 사용할 때 적용된다(Landrum & Kaufman, 2006). 그러나 또한 6장에서 보았듯이 어떤 경우에는 처벌이 필요하다.

제지, 격리, 방과 후 남아 있기, 그리고 행동에 상응하는 대가 치르기 등은 효과적 처벌이 될 수 있다. 그러나 체벌, 당황시키기나 창피 주기 그리고 학급 봉사 등은 비효과적이며 교사는 이들을 사용하지 말아야 한다. 학급관리의 한 방법으로 처벌을 사용하는 지침은 [그림 12-6]에 정리되어 있다.

① 가능하다면 처벌은 자주 사용하지 않는다.
② 처벌은 해당 행동에 대해 직접, 즉시 적용한다.
③ 처벌은 해당 행동을 제거할 만큼만의 강도로 적용한다.
④ 처벌의 적용은 침착해야 하며 분노 때문이 아니어야 한다.
⑤ 긍정적 대안 행동을 설명하고 제시해야 한다.

[그림 12-6] 교실에서의 처벌 사용 지침

행동적 관리체제의 설계와 유지

대가(역주: 보상과 처벌)가 뒤따르는 명확한 규칙과 기대는 행동적 관리체제의 바탕이다. 행동주의에 입각해 관리체제를 설계하는 것은 다음 단계를 포함한다.

- '허락이 있을 때만 자리를 떠날 수 있다.' 와 같은 특정한 규칙의 목록을 준비한다.
- 〈표 12-4〉와 같이 각 규칙을 따르는 데 대한 강화와 규칙을 어기는 것에 대한 처벌을 규정한다.
- 규칙을 알리고 그 결과(역주: 보상과 처벌)를 설명한다.
- 일관되게 대가를 적용한다.

행동적 체제는 합리적 근거의 제공이나 학습자의 참여에 의한 규칙 형성을 배제하지 않는다. 그러나 주된 초점은, 학습자의 이해와 책임을 강조하는 인지적 접근과 대비하여, 행동 지침을 명확히 규정하고 대가를 분명히 적용하는 것에 있다.

관리체제를 종합적으로 설계할 때 교사는 대개 인지적·행동적 접근 모두의 요소를 결합한다. 행동적 체제는 즉각 적용할 수 있다는 이점이 있다. 특히 어린 아동들로 하여금 바람직한 행동을 시작하게 하는 데 효과적이다. 그리고 만성적인 규칙 위반 행동을 줄이는 것

표 12-4 table

규칙을 따르거나 위반했을 때의 대가의 예

규칙 위반에 대한 처벌

첫 번째 위반	규칙 위반자 목록에 이름 적기
두 번째 위반	이름 옆에 표시하기
세 번째 위반	이름 옆에 두 번째 표시하기
네 번째 위반	30분간의 격리
다섯 번째 위반	보호자에게 전화하기

규칙 위반에 대한 처벌
규칙 준수에 대한 강화
더 이상의 규칙 위반이 없을 때 매일 규칙 위반자 목록의 이름 옆 표시를 하나씩 지운다. 목록에 이름만 남은 날, 더 이상의 위반이 없으면 이름을 지운다.

규칙 위반자 목록에 이름이 올라가지 않은 학생들은 금요일 오후에 그들이 원하는 활동을 할 자유시간을 얻는다. 유일한 제약은 교실을 벗어나지 않으며 자유시간을 얻지 못한 다른 학생들을 방해하지 않아야 한다는 것이다.

웹 자료실

교사가 행동적 관리체제를 어떻게 실행하는지 보려면 www.myeducationlab.com에 접속하고, 12장 '활동 및 적용'의 '행동적 관리체제 사용'이란 사례연구를 보라. 그리고 이어지는 물음에 답하라.

에도 유용하다. 인지적 체제는 결과를 이끌어 내는 데 시간이 걸리지만 학습자의 책임감을 발달시키는 데 보다 용이하다.

아무리 철저히 관리체제를 계획하고 실행하여도 주기적인 교사 개입의 필요성은 존재한다. 인지적 · 행동적 접근을 모두 고려하면서 이제 개입 대안을 생각해 보자.

개입의 연속성

수업을 방해하는 행동은 한 학생이 옆자리의 학생과 잡담하는 것과 같이 일회적 사건으로부터 다른 학생들을 반복적으로 차거나 찌르거나 혹은 싸우는 것과 같은 만성적 규칙 위반까지 다양하다.

교수 시간을 최대로 확보하기 위해 개입은 가능한 한 수업을 방해하지 않아야 한다. 개

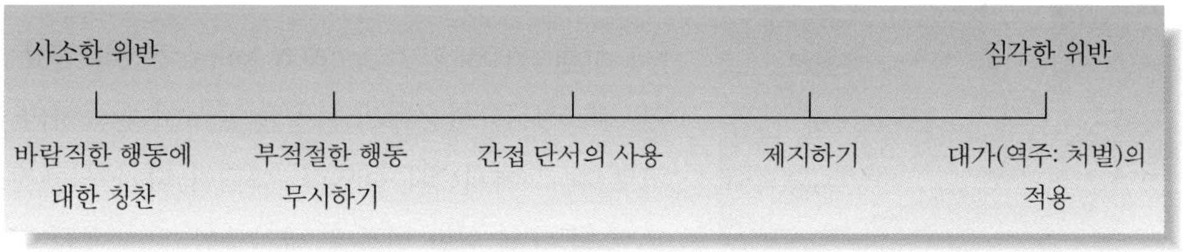

[그림 12-7] 개입 연속선

입의 연속성은 [그림 12-7]에 제시하며 다음 절에서 논의할 예정이다.

바람직한 행동에 대한 칭찬

바람직한 행동을 조장하는 것이 중요한 목적이기 때문에 바람직한 행동을 보이는 학생들을 칭찬하는 것은 현명한 초기 개입이다. 칭찬은 생각하는 것보다 자주 일어나지 않으며, 따라서 학생이 바람직한 행동을 하는 것을 인시하려는 노력은, 특히 예방의 수단으로써 가치가 있다. 초등학교 교사는 공개적으로 자유롭게 칭찬할 수 있으며 중학교와 고등학교 교사들은 '이번 주 네 과제물은 아주 감명 깊었다. 계속 노력하렴.' 과 같은 개인적 칭찬을 할 수 있다. 노력하여 바람직한 행동과 성공적 학습 결과를 인정하는 것은 긍정적인 학급환경 형성에 기여한다.

부적절한 행동과는 양립 불가능한 행동을 강화하는 것은 이 견해를 확장하는 것이다(Alberto & Troutman, 2006). 예를 들어, 학습활동에 참여하는 것은 망중한에 빠지는 것과 함께 일어날 수 없는 일이며 따라서 학생을 호명하고 질문에 답하려는 노력에 대해 강화하는 것은 주의 집중하지 않는 학생을 비난하는 것보다 더 효과적이다.

부적절한 행동 무시하기

강화되지 않는 행동은 소멸된다. 사소한 규칙 위반 행위에 대해 훈계를 들을 때 학생들이 받은 관심은 종종 강화가 되며 따라서 그런 행동은 무시하는 것이 교사가 부주의하게 줄 수 있는 강화를 없애는 것이다(Baldwin & Baldwin, 2001; Landrum & Kaufman, 2006). 이것은, 예를 들어 두 학생이 잡답을 하다 곧 그만둘 때 효과적이다. 바람직한 행동에 대한 칭찬, 양립 불가능한 행동에 대한 강화, 그리고 규칙 위반 행동에 대한 무시의 결합은 사소한 수업 방해 행동에 대해 효과적이다.

제지는 바람직하지 않은 행동을 멈추기 위해 사용할 수 있다.

간접 단서의 사용

유능한 교사는 학생이 무시될 수는 없으나 그들을 직접 거명하지 않아도 그만두거나 주의를 돌리게 될 수 있는 행동을 보일 때—근처로 다가가거나, 주의를 재정향하는 방법, 그리고 대리 강화 등의—간접 단서를 사용한다(Babad, AvniBabad, & Rosenthal, 2003; V. F. Jones & Jones, 2004). 예를 들어, 김 교사는 현순이의 불평을 듣고서 원준이의 근처로 가 그에게 질문하였다. 그녀가 다가가는 것으로 그의 규칙 위반 행동을 제지하였고, 그에게 질문하는 것은 그의 주의를 수업으로 돌아오게 하였다.

대리 강화 또한 효과적이다. 특히 낮은 학년의, 교사들은 본보기와 "나는 1분단 학생들이 조용히 공부하고 있는 모습을 정말 좋아해요." 혹은 "정음이는 이미 과제를 시작했구나." 등과 같은 말을 나머지 학생들을 위한 대리 강화로 활용할 수 있다.

제지하기

제지란 어떤 행동을 멈추도록 하기 위해 교사가 사용하는 언어적 · 비언어적 의사소통이다(Kounin, 1970). "기갑아, 허락이 있을 때만 네 자리를 떠날 수 있단다." "기갑아!" 그리고 손가락을 입술에 대거나 혹은 단호한 얼굴 표현 등은 모두 제지의 예다. 제지는 교사가 규칙 위반 행동에 가장 자주 사용하는 반응이다.

제지(Desist)
어떤 행동을 멈추게 하기 위해 교사가 사용하는 언어적 · 비언어적 의사소통

명확성과 음조는 제지의 효과를 위해 중요하다. 예를 들어, "동영아, 다른 학생들에게 신체적으로 접촉하는 것과 관련한 규칙은 무엇이지?" 혹은 "동영아, 네 행동에 대해 문수가 어떤 느낌을 가질 것 같니?" 라고 하는 것은 "동영아, 그만두지 못해." 라고 하는 것보다 효과적인데 그런 언급들이 행동을 규칙과 관련짓거나 혹은 행동의 결과와 관련시키기 때문이다. 학생들은 이와 같은 미묘한 차이에 반응하며 교사의 명령보다는 규칙과 결과를 떠올려 주는 것을 더 좋아한다(Nucci, 1987).

제지의 음조는 확고하지만 화를 나타내지는 않아야 한다. 쿠닌(Kounin, 1970)에 의하면 거친 제지에 의해 통제된 유치원생들이 실제 더 수업을 혼란하게 하며 고학년 학생들은 교실에서 무례한 제지가 사용될 때 불편해한다. 반대로 엄격하면서 우호적인 견책, 대안 행동의 제안, 그리고 학생이 학습활동을 유지하도록 하는 질문 등은 대부분의 교실에서 학습이 아닌 영역에서 사용되면서 버려지는 시간의 양을 줄일 수 있다.

언어적 · 비언어적 행동 간의 일치, 교실에서 무엇이 일어나고 있는지를 인지하는 것(파악), 그리고 효과적인 강의 등을 포함하는 명확한 의사소통은 제지의 사용에서 필수적이다. 그러나 이런 요소가 존재할 때조차, 종종 제지가 충분하지 않을 수 있다.

대가의 적용

주의 깊게 계획된 효과적 수업은 규칙 위반 행동이 일어나기 전에 그것을 제거한다. 일부 사소한 상황은 무시될 수 있으며 간단한 제지가 다른 규칙 위반 행동을 중단시킨다. 그러나 이런 전략이 효과적이지 않을 때 교사는 대가(역주: 처벌)를 적용하여야 한다. 논리적 귀결은 그것이 규칙 위반 행동을 문제로 다루고 행동과 결과를 연관시키기 때문에 선호된다.

그러나 교실은 복잡하고 분주하기 때문에 논리적 귀결로 문제를 해소하는 것이 항상 가능한 것은 아니다. 이런 경우 행동주의적 결과(처벌)는 수용할 만한 대안을 제공한다. 행동주의적 대가는 단지 빠르고 효율적으로 행동을 변화시키기 위해 계획된다(Kaff et al., 2007; J. C. Murphy, 2007). 교사가 이를 어떻게 활용하는지 살펴보자.

세훈이는 영리하고 활동적인 5학년 학생이다. 그는 이야기하기를 좋아하고 민 교사가 그에게 화내기 전 어느 정도까지만 장난쳐야 하는지 알고 있는 것 같다. 그는 규칙과 그 이유를 이해하고 있지만 이야기하기를 좋아하는 것이 더 우선인 듯하다. 그를 무시하는 것은 효과적이지 않다. 그의 부모에게 전화한 것은 일시적으로만 효과적이었으며 곧 그는 예전 행동으로 돌아왔다. 그의 행동은 민 교사가 심한 반응을 보일 정도는 아니있지만 항상 신경 쓰이게 했나.

결국 민 교사는 그에게 경고를 주기로 마음먹었다. 세훈이가 두 번째로 잡담을 하였을 때 그는 정규 수업활동으로부터 제외되었다. 그녀는 세훈이를 만나 규칙을 설명하였다. 다음 날 수업이 시작되자 세훈이는 즉시 잡담을 시작하였다.

"세훈아, 네가 잡담하는 동안 너는 학습활동에 참여할 수가 없고 다른 학생들의 학습활동을 방해하고 있다. 학습에 집중하렴." 민 교사는 경고의 말을 하였다.

세훈이는 이내 멈추었으나 몇 분 후 다시 잡담을 시작하였다.

"세훈아, 교실 뒤에 나가 서 있으렴." 민 교사는 세훈이의 책상 뒤로 다가가 조용히 말하였다.

일주일 후 세훈이는 수업시간 동안 조용히 학습하게 되었다.

세훈이의 행동과 같은 경우는, 특히 초등학교와 중학교에서 드물지 않으며 이런 행동은 잘 드러난 폭력과 신체적 위해의 위협의 경우보다 교사에게 더 큰 심리적 긴장을 일으킨다(V. F. Jones & Jones, 2004). 이 행동은 수업을 방해하고 따라서 무시될 수 없다. 바른 행동에 대한 칭찬이 어느 정도 도움이 되지만 학생들은 또래들로부터 많은 강화를 받는다. 수시로 그런 행동을 제지시키는 것이 간단하기는 하지만 교사가 이를 계속 관찰하는 것은 피곤한 일이다. 민 교사는 별다른 방법이 없었고 세훈이에게 행동에 따른 대가(처벌)를 일관되게 적용하였다.

일관성은 세훈이와 같은 학생들에게서 변화를 촉진하는 핵심 비결이다. 그는 그가 무엇을 하고 있는지를 이해하였고 자신을 통제할 수 있었다. 그가 그의 행동의 결과를 정확하게 예측할 수 있었을 때 그는 그 행동을 그만두었다. 그는 두 번째로 같은 위반을 하면 수업에서 제외된다는 것을 알았고, 실제 그렇게 되었을 때, 자신의 행동을 빠르게 변화시켰다. 어떤 논쟁도 없었으며 시간의 낭비도 없었고 수업은 더 이상 방해받지 않았다.

교실에의 적용

당신의 학급에서 성공적으로 개입하기

1. 인지적 개입은 학습자가 자신의 경험을 이해하려 하는 욕구에 바탕을 두고 있다. 논리적 귀결을 사용하는 것은 학생들의 책임감을 발달시키는 데 도움이 된다. 형평과 공정에 대한 논의는 방과 후 개인적으로 하도록 한다.
   - 초등학교: 매주 교실 청소 시간에 두 1학년 학생이 청소 걸레를 두고 다투기 시작하다가 화분을 깨뜨렸다. 교사는 학생들에게 깨진 화분을 치울 것을 지시하였고, 학생들은 이에 동의하였으며, 부모님께 새 화분을 구입하도록 한 대가로 다음 주 동안 수업 전에 나와 교실을 정리해야 함을 설명하는 편지를 썼다.
   - 중학교: 사회교사는 위반된 규칙을 확인하고 그 규칙이 존재하는 이유를 설명함으로써 그녀의 개입이 학습경험이 되도록 노력하였다. 모호한 상황이 일어나면 그녀는 개인적으로 학생들에게 오해가 없도록 설명하여 주었다.
   - 고등학교: 10분 동안 두 차례나 잡담을 중지할 것을 지시 받은 후 한 고등학교 1학년 학생은 자습할 내용이 무엇인지 물은 것이라며 저항하였다. 교사는 그 학생이 상황에 대해 다시 생각하도록 하고 그의 행동이 수업을 방해했음을 지적하였고 더 이상의 논의 없이 그를 질책하였다. 수업 후 교사는 규칙이 존재하는 이유를 그 학생에게 설명하였으며 그에게 자신의 행동에 대한 책임을 수용할 것을 기대하고 있음을 일깨웠다.

2. 적합한 행동을 증대시키기 위해 정적 강화가 활용될 수 있다. 바람직한 행동을 일으키고 가르치기 위해 정적 강화를 사용하라.
   - 초등학교: 많은 학생이 휴식과 점심식사 이후 수업으로 돌아오는 것이 어렵다는 것을 알고 있는 1학년 교사는 수업종이 울린 후 1분 안에 제자리에 앉아 수업자료를 꺼내어 준비하도록 하는 규칙을 만들었다. 학급이 이 요구를 잘 따랐을 때 그들은 자유시간을 얻을 수 있는 점수를 얻었다.
   - 중학교: 학생들이 실험 후 재빨리 정리하도록 만들기 위해 과학교사는 제시간 안에 실험실이 정리될 경우 자리에 앉아 5분간 자유롭게 얘기할 수 있는 시간을 주었다. 제시간 안에 실험실 정리를 마치지 못하면 조용히 제자리에서 수업종이 울리기를 기다려야만 하였다.
   - 고등학교: 고등학교 1학년 기초 수학교사는 학생들이 소집단 활동을 조용히 하게 하는 데 어려움을 겪었다. 그는 이 문제에 대해 학생들과 의견을 나누었고, 소집단을 자세히 관찰하였으며, 교실을 순회하면서 학생들이 원활하게 작업할 때 칭찬과 강화를 주었다.

3. 행동과 그 대가를 연결시키는 것은 학생들이 그들의 행동과 타인에 대한 행동의 영향 간 관계를 볼 수 있도록 돕는다. 행동과 대가 간 논리적 연결을 학생들이 깨닫도록 돕기 위해 문제행동이 일어날 때 일관되게 교사는 자신이 약속한 개입을 하라.
   - 초등학교: 2학년 교사는 수업에서 휴식, 점심시간, 화장실 가기 등으로 그리고 그로부터 수업으로의 이행이 소란스럽고 혼란함을 보았다. 그녀는 이 문제에 대해 학생들과 의견을 나누고 이런 이행 시간 동안 '말하지 않기' 규칙을 설정하였고 조심스럽게 이를 강행하였다.
   - 중학교: 교사는 잡담하면서 수업을 방해하는 두 중학교 1학년 학생을 갈라놓았고 각자에게 배정된 새 자리에 별도의 지시가 있을 때까지 있어야 함을 알렸다. 다음 날 두 학생은 수업종이 울리기 시작할 때 그들의 본래 좌석에 앉아 있었다. "너희는 왜 내가 어제 너희를 이동시켰는지 알고 있지?" 라고 교사는 바로 말했다. 짧은 침묵의 시간이 흐르고 두 학생은 고개를 끄덕였다. "그럼, 지금 빨리 이동하거라. 그리고 내일도 너희는 너희의 새 자리에 앉아 있어야 함을 기억해라. 너희가 잡담하는 것에 대한 책임을 질 준비가 되었다고 생각할 때 내게 와서 그에 대해 이야기할 수 있다."
   - 고등학교: 고등학교 2학년 역사교사는 학생들이 수업종이 칠 때 제자리에 앉아 있어야 함을 다시 일깨웠다. 다음 날 수업종이 울릴 때 두 학생이 선 채 이야기를 나누고 있었다. 교사는 그들에게 다가가 "유감스럽지만 너희는 어제 내가 한 말을 제대로 듣지 않았음이 분명하다. 시간이 되어 수업종이 울릴 때 너희는 너희 자리에 앉아 수업을 준비해야 한다. 교무실로 가서 지각 확인증을 받아 오너라."

다양성 탐색

다양한 환경에서의 학급관리

학습자의 다양성은 수업을 하는 교사들에게 독특한 어려움을 준다. 오랜 동안의 연구들은 소수 민족 출신의 학생들에 대한 훈육 의뢰와 처벌에서 차이가 있음을 보여 준다(G. Gay, 2006). 예를 들어, 아프리카계 미국 소년들은 다른 또래에 비해 훨씬 높은 비율로 행동 문제 때문에 의뢰되며 심한 처벌을 받는다(Skiba, Michael, Nardo, & Peterson, 2002).

더 나아가, 연구들은 유럽계 미국인 학생들의 경우 흡연, 허락 없는 하교, 혹은 모욕과 같이 객관적이라고 기술되는 위반에 의해 처벌받는다. 비교하면 아프리카계 미국 학생들은 대개 무례, 반항, 혹은 수업 방해 등 교사의 해석이 필요한 위반에 대해 더 자주 처벌받는다. 아프리카계 미국 학생들에 대해 뒤따르는 처벌은 보다 모질다(Skiba et al., 2002; Townsend, 2000).

연구들은 문화적으로 소수계 학생들과 교사 간에 왜곡된 의사소통이 일어나곤 하는데 이것은 대부분의 교사가 백인 중산층 여성이기 때문임을 지적한다. 예를 들어,

> "공포가 아마도…… (유색인종 학생들의) 과도한 훈육 회부에 기여한다. 아프리카계 미국 청소년이 위협적이고 위험하다는 고정관념을 수용하는 경향이 있는 교사들은, 특히 상호작용에 대한 문화적 규준을 잘못 이해하여 불안이 발생하는 경우, 권위에 대한 비교적 작은 도전에도 과민 반응한다(Skiba et al., 2002: 336)."

전문가들은 교사가 자신의 잠재적인 개인적 편견의 극복에 문화적 지식을 이용하는 문화적으로 적절한 학급관리가 이런 문제를 극복하는 데 도움이 될 것이라고 제안한다. **문화적으로 적절한 학급관리** 모형은 이 문제에 대한 다섯 가지 요소를 지적하고 있다.

- 문화적 편견에 대해 개인적으로 인식할 것
- 학생들의 문화적 유산에 대한 지식을 획득할 것
- 학교의 사회정치적 · 경제적 맥락에 대한 지식을 가질 것
- 보살피는(따뜻한) 학습환경을 조성할 것
- 문화적으로 적절한 학급관리 전략을 개발할 것(C. S. Weinstein, Curran, & Tomlinson-Clark, 2003; C. S. Weinstein, Tomlinson-Clark, & Curran, 2004)

교사가 학생들에 대한 자신의 잠재적 공포와 편견에 대하여 인식하게 될 때 위협과 무례로 보이는 학생들의 반응이 의도된 것이 아님을 깨달을 것이다. 문화적으로 적절한 학급관리 전략과 결합된(역주: 소수계 문화에 대한) 더 많은 지식과 인식은 학급에서의 처벌 문제와 관련된 인종적 불균형을 극복하는 데 크게 기여할 것이다(McCurdy, Kunsch, & Reibstein, 2007).

이 전략에는 따뜻하고 믿음 있는 공동체 건설, 행동에 대한 명확한 기대의 설정, 규칙과 절차에 대한 신중한 교육, 상호작용이 강조되는 수업, 그리고 학생들의 학습 발달에 대한 구체적이고 비판단적인 피드백 제공 등이 포함된다. 어떤 전략 체제를 사용하든 이런 노력이 모든 문제를 해결하지는 않겠지만 당신의 모든 학생을 위한 생산적인 학습환경의 조성에 기여할 것이다.

문화적으로 적절한 학급관리 (Culturally responsive classroom management)

잠재적인 개인적 편견에 대한 교사의 인식에 문화적 지식을 활용하는 학급관리

이론에서 실제로

규칙 위반 행동에 효과적으로 대응하기

교실에서 규칙 위반 행동의 발생은 피할 수 없다. 다음 지침은 당신이 효과적으로 개입하는 데 도움을 줄 것이다.

① 규칙 위반 행동에 대해 개입하는 동안 수업의 흐름을 유지하기
② 성공적 개입을 위한 원리 적용하기
③ 가능하다면 인지적 개입 활용하기: 필요할 때는 행동주의적 개입으로 돌아가기
④ 필요한 때에만 개입 연속선상에서 개입 강도를 높이기

이 지침을 김 교사가 어떻게 적용하였는지를 보기 위해 학생들에게 김 교사가 한 일을 다시 살펴보자.

먼저 그녀는 각 상황에서 개입하는 동안 수업의 흐름을 유지했다. 대화 중 일부를 살펴보자.

김 교사: 다마스쿠스(Damascus)의 위도는 대략 몇 도인지…… 진영아 답해 보렴?
진영: 제 생각으로는 대략 북위 34도입니다.
김 교사: 잘했어, 진영아. 다마스쿠스는 북위 34도 가까이에 있죠……. 그 지역은 여름에 우리 지역보다 더 더울까 아니면 더 추울까?…… 원준아?" (원준이가 현순이를 연필로 찌르는 것을 보고 원준이에게 다가가며)
김 교사: 그런데, 왜 더 더울까? ……재영아? (인숙이에게 다가가 다른 자리로 옮겨 앉으라고 말하며)

이 간단한 사례에서 김 교사는 원준이와 인숙이에게 개입하면서도 수업의 흐름을 끊지 않았는데 이 능력을 **중복작업**이라 한다(Kounin, 1970).

두 번째로 김 교사는 성공적 개입을 위한 원리를 적용하였다. 그녀는 원준이가 현순이를 괴롭힌 사람임을 알아챔으로써 상황을 파악하고 있음을 보였다. 그녀의 개입은 지나치지도 위협적이지도 않았고 따라서 그녀는 학생들의 존엄성을 보호하였다. 그녀는 일관성 있었고 자신이 말한 규칙을 지킴으로써 인숙이의 동의를 이끌었다. 그녀의 개입은 단순하였고 인숙이와 논쟁에 빠지지 않았다.

세 번째, 그녀는 언어적 · 인지적 행동의 일관성을 유지함으로써 인지적 개입을 활용하였다(예: 인숙이를 똑바로 쳐다보면서 그녀에게 말하였고 인숙이의 책상에 몸을 기울이며 그녀에게 자리 이동을 지시했다). 나-대화법을사용하여 인숙이에게 반응하였고, 논리적 귀결을 적용하여 인숙이가 잡담하고 보라에게 쪽지를 건넬 때 인숙이에게 자리 이동을 지시하였다.

마지막으로 그녀는 원준이와 인숙이에게 간접 단서를 사용하면서 개입 연속선상에서 필요한 만큼의 개입을 하였다. 그녀는 단순히 원준이의 근처로 다가갔으며, 인숙이에게는 학급규칙을 일깨우고, 다른 빈자리로 이동하게 하였다. 김 교사의 어떤 행동도 수업의 흐름을 방해하지는 않았다.

양육적이고 신뢰로운 환경의 조성과 결합된 학급관리에 대한 신중한 계획은 초기에 많은 관리 문제를 통제하며 지침의 적용은 대다수 나머지 문제를 신속히 제거한다.

그러나 종종 심각한 문제는 일어난다. 이 장의 다음 절에서는 이에 대해 논의할 것이다.

중복작업(Overlapping)

수업의 흐름을 방해하지 않고 개입하는 능력

◈ 이해 점검 활동

4.1 모든 인지적 개입에 바탕을 두고 있는 이론적 틀은 무엇인가? 인지학습이론을 사용하여 언어-비언어적 행동의 일치, 나-대화법, 그리고 논리적 귀결이 효과적인 개입이 되는 이유를 설명하라.

4.2 행동주의 이론 혹은 사회인지이론을 사용하여 개입 연속선([그림 12-7])상 각 점이 효과적 개입이 되는 이유를 설명하라.

4.3 당신의 학생 중 한 명이 허락 없이 이야기하고 있다. 이에 대한 반응으로서 적절한 나-대화법을 기술하라.

4.4 어떤 학생이 교실 문에 침을 뱉는 것을 교사가 보았다. 이 절에서의 정보에 의하면 다음 중 어떤 개입이 보다 적절한 반응인가? 방과 후의 처벌 활동을 받게 하기(이것은 학교의 운영 정책 중 한 부분임) 혹은 문을 깨끗이 닦아 내게 하기에 대해 설명하라.

학급관리에서의 심각한 문제: 폭력과 공격성

소집단의 초등학교 4학년생들과 작업하고 있을 때 함께 집단 과제에 대해 작업하고 있어야 할 회찬이와 학규 사이에 싸움이 벌어진다. 당신은 고함 소리를 듣고 회찬이가 학규를 마구 때리고 학규는 회찬이의 주먹을 피하려 애쓰고 있는 것을 본다. 회찬이는 종종 언어적으로 공격적이고 때로 다른 학생들을 위협하곤 한다.

당신은 무엇을 할 것인가?

중학교 1학년생인 무성이는 부끄럼을 잘 타고 나이에 비해 체구가 작은 편이다. 오늘 아침 그가 학급에 들어왔을 때 옷차림은 흐트러져 있었고 우울해 보였다. 걱정이 되어 당신은 그의 곁으로 다가가 어떤 문제가 있는지 물었다. 무성이는 울먹이더니 등교 전에 학교 운동장에서 심하게 괴롭힘을 당했으며 두 소년이 그를 동성애자라 부르고 조롱하였다고 말하였다. "난 학교가 싫어요."라고 무성이는 덧붙여서 말했다.

심각한 관리 문제는 단기적 · 장기적 전략을 모두 요구한다.

당신은 어떻게 대답할 것인가?

당신 학생 중 하나인 학진이는 주의를 유지하고 과제에 머물러 있는 것이 어렵다. 그는 자주 소란을 떨고 학급에서 부적절한 말을 하며 학습활동을 방해한다. 당신은 학진이에게 경고하며 수업을 방해하는 것은 수용되지 않으며 다시 한 번 더 소란을 피우면 수업에서 제외되는 결과를 가져올 것임을 환기시켰다.

1분도 채 안 되어 학진이는 다시 소란을 피웠다.

"교실 뒤에 가서 서 있거라." 당신은 조용히 지시했다.

"안 가요, 그리고 선생님은 날 교실 뒤로 보낼 수 없을걸요." 학진이는 저항하며 말했다. 그는 계속 그의 자리에 앉아 있다.

당신은 어떻게 반응할 것인가?

이 절에서 우리는 이와 같은 상황에 대해 논의할 것이다.

학교폭력과 공격성

이미 3장에서 보았듯이, 학교폭력은 미국에서 큰 문제가 되었다. 1993년 이후 미국은 아동 살해, 자살, 살상무기에 의한 죽음 등에서 26개 선진국 중 가장 높은 비율을 보여 왔다(Aspy et al., 2004). 3분의 1 이상의 학생들이 신체적 싸움에 관련된 적이 있다고 보고하였고 거의 10%의 청소년이 학교에 무기를 들고 온다(Kodjo, Auinger, & Ryan, 2003). 당신은 교사로서의 경력 중 어떤 시점에서 싸움이나 다른 종류의 폭력행동을 다루어야만 할 것이다.

또래에 대한 공격성 다루기

공격적 학생들이 또래를 해치거나 위협하도록 혹은 물품을 손상시키도록 허용되어서는 안 된다. 회찬이와 학규 간의 상황에서 법에 의해 당신은 개입을 요구받는다. 만약 당신이 개입하지 않는다면 당신과 학교는 학생들을 부상으로부터 보호할 충분한 보살핌을 제공하지 않음을 의미하는 태만에 대해 소송당할 수 있다(L. Fischer, Schimmel, & Stellman 2006). 그러나 법은 당신이 싸움을 물리적으로 중단시킬 것을 요구하지는 않는다. 학교 경영자에게 즉시 보고하는 것이 (적절한 조치로) 인정된다.

태만(Negligence)

학생들이 다치지 않도록 충분히 돌보는 것에 대한 실패

폭력에 대한 효과적 반응은 세 단계를 포함한다. 첫째, (가능하다면) 상황을 중지시키기, 둘째 희생자를 보호하기, 셋째 도움을 요청하기. 예를 들어, 교실에서 큰 싸움, 소리 지르기, 두들기기, 교실바닥에 의자 집어던지기 등의 소란이 났을 때 학생들은 놀라 학습활동을 중지할 것이다(Evertson et al., 2006). 그 순간 당신은 학생들을 진정시키고, 희생자가 안전한지를 확인하고, 관련 학생을 교무실로 데리고 가서 도움을 구할 수 있을 것이다. 만약 당신의 개입이 싸움을 중단시킬 수 없다면 당신은 즉시 싸움에 참여하지 않은 학생을 보내 도움을 구하여야 한다. 만약 당신을 위험에 빠뜨리지 않고서도 싸우는 학생들을 떼어 놓을 확신이 없다면 학생들을 떼어 놓으려는 시도는 현명하지 못하다. 이 상황에서의 지침으로 교사는 먼저 자신과 다른 학생에 대한 안전에 책임을 져야 하며, 두 번째는 싸움 당사자들이고, 세 번째로 책임져야 할 것이 시설물이다(Good & Brophy, 2008).

괴롭힘에 대한 대응

3장에서 보았듯이, 학교폭력의 보다 미묘한 형태인 괴롭힘은 점점 더 많은 주목을 받고 있다(Hyman et al., 2006). 교육사들은 이제 학생들에 대한 괴롭힘의 해로운 영향과 함께 괴롭힘이 자살이나 다른 형태의 학교폭력으로 이어질 수 있음을 인정하고 있다(Nansel et al., 2001). 대부분의 학교 총기사고의 경우 가해자는 괴롭힘의 희생자였다(Aspy et al., 2004).

교사들은 괴롭힘에 대해서도 다른 공격행동에 대응하듯이 대응해야 한다(Pellegrini, 2002). 그런 행동은 제지되어야 하며 희생자들은 보호되어야 한다. 그래야만 다른 학생들을 괴롭히는 학생들이 그들 자신과 희생자들 모두에게 그들의 행동이 주는 결과를 이해하도록 도우려는 시도가 가능해진다(이 절 후반에 장기적 해결책에 대해 다룰 것이다).

반항적 학생 다루기

대부분의 교사는 소란을 일으킨 학진이와 같은 학생을 다룰 가능성이 있다. 그 학생이 "안 가요, 그리고 선생님은 날 교실 뒤로 보낼 수 없을걸요."라고 말할 때 당신은 무엇을 할 것인가? 전문가들은 두 가지 제안을 한다(Henricsson & Rydell, 2004; A. Smith & Bondy, 2007). 첫째, 다툼을 피하기 위해 평정을 유지하라. 교사의 자연적 경향은 화를 내고 학생들은 '그렇게 할 수 없다.'는 것을 학생들에게 보여 주기 위한 힘을 행사한다. 평정을 유지함으로써 당신의 화를 통제할 수 있는 시간을 확보하며, 평정을 유지하는 교사를 볼 때 학생들의 감정은 분노와 허세에서 공포와 후회로 변하게 된다(Good & Brophy, 2008). 둘째, 가능하다면 나머지 학생들에게 과제를 주고 문제 학생에게 조용히, 그러나 확고하게 당신의 말대로 교실 밖으로 나갈 것을 지시한다. 진지하고 신중하게, 그러나 위협적이지 않은 음조로 의사소통하라.

반항은 종종 학생-교사 간 부정적 관계의 결과다(Gregory & Weinstein, 2004). 이런 부정적 관계는 대부분 공격성, 기질적 분노 표현, 충동적 과잉 행동과 같은 외적 행동문제를 지닌 학생과의 사이에서 일어난다(Henricsson & Rydell, 2004). 그런 학생들과 문제가 발생하면 그 문제를 다루기 전 따로 만나서 마음에 담겨 있는 모든 것을 학생이 털어놓을 수 있도록 하는 것이 중요하다. 최종적으로 수업 전 혹은 후에 학생과 만나도록 하고 반항을 하나의 문제로 집중하여 다루며 학생과 교사에게 모두 수용될 만한 해결책을 찾도록 시도하라.

교실 밖으로 나가는 것을 거부하는 학생, 혹은 신체적 위협을 하는 학생이 있을 때 즉시 누군가를 교무실로 보내 도움을 청하라. 이 수준의 반항은 정신건강 전문가의 도움이 필요하다.

폭력과 공격성에 대한 장기적 해결책

장기적으로 학생들은 공격성이 수용되지 않으며 그들의 행동에 대해 책임져야 함을 이해하도록 도움받아야 한다(Burstyn & Stevens, 2001). 예를 들어, 회찬이는 그의 공격적 행위가 수용되지 않으며 용인되지 않을 것임을 알아야 한다. 그런 후 학생들에게 폭넓게 적용할 수 있는 개인적 · 사회적 기술을 가르치는 것이 공격행동을 감소시키고 사회적 적응을 개선시킬 수 있다. 이런 기술에는 자기 통제, 타인의 관점 가져 보기, 그리고 건설적으로 주장하기 등이 포함된다. 예를 들어, 어떤 프로그램은 학생들에게 분노를 신체적이 아닌 언어적으로 표현하고 싸움이 아닌 대화와 타협을 통해 갈등을 해결하도록 가르쳤다(D. Johnson & Johnson, 2004, 2006). 한쪽의 입장을 정하고 방어하거나, 효과적으로 토론하는 것을 배우는 것은 다른 접근법이다. 효과적으로 토론하고, 토론과 언어적 공격은 매우 다르다는 것을 배운 학생들은 그들에게 동조하지 않는 사람들을 만났을 때 덜 호전적이었다(Burstyn & Stevens, 1999). 토론하는 것을 배우면 부차적인 이득도 있다. 논쟁의 기술이 좋은 학생들은 또래들이 지적이고 신뢰할 만하다고 여긴다.

공격적 사건을 줄이기 위해 전문가들은 학부모와 다른 학교 구성원을 참여시킬 것을 권장한다(Burstyn & Stevens, 2001). 놀라울 것도 없이, 연구들은 가족과 개방적으로 의사소통하는 학생들이 공격적 행동이나 괴롭힘과 같은 행동에 적게 관여한다는 것을 보여 준다(Aspy et al., 2004). 더불어 학교상담자, 심리학자, 사회복지사 그리고 학교경영자들은 이런 문제를 다루기 위해 교육받아 왔으며 조언과 도움을 줄 수 있다(Greenberg et al., 2003). 숙련된 교사 또한 유사한 문제를 어떻게 다루어야 할지에 대한 풍부한 정보를 제공할 수 있다. 어떤 교사도 혼자서 폭력이나 공격성 같은 심각한 문제를 직면할 수는 없다.

마지막으로, 우리는 폭력과 공격성을 하나의 잠재적 문제로 다루기를 원한다. 폭력행동이 일어날 가능성이 있고 당신은 공격행동을 다룰 방법을 이해하고 있더라도, 당신이 가진 대부분의 관리 문제는 협력과 동기에 대한 논의와 관련된다. 많은 문제는 예방될 수 있다. 어떤 것들은 손쉽게 다루어질 수 있는 반면에 어떤 것들은 특별한 관심을 요구한다. 우리는 모두 학교에 총을 가지고 오는 학생들과 교사를 공격한 사건에 대해 들어 왔다. 그러나 통계적으로는, 매일 학교에 등교하는 수많은 학생을 생각할 때, 이런 일은 매우 드물게 일어난다.

◈ 이해 점검 활동

5.1 당신의 교실에서 싸움이나 다른 공격 행동이 일어났을 때 당신의 법적 책임에 대해 논의하라.

5.2 두 학생이 싸우고 있는 것을 본다면 혹은 어떤 왜소한 학생이 하나 혹은 그 이상의 학생들에 의해 괴롭힘을 당하고 있는 것을 본다면 당신은 어떤 조치를 선택하겠는가?

5.3 괴롭힘이나 다른 공격 행동에 관해 장기적인 인지적 접근법에 초점을 맞추어 기술하라.

학교급별 적용 *Developmentally appropriate*

다양한 연령의 학습자에 대한 학급관리

양육적인 학급 공동체 구성, 학습자 책임성의 개발, 그리고 주의 깊은 계획 등과 같은 다양한 측면의 학급관리가 유치원부터 고등학교 졸업반까지 계속 적용되어야 하지만 발달적 차이는 존재한다. 다음 기술은 이런 차이에 대한 대응을 위한 몇 가지 제안을 간략히 보여 준다.

초등학생들의 활동

이 장의 서두에서 우리는 수업 규칙과 절차가 초등학교 학생들에게 중요함을 논의하였다. 이들 아동은 종종 규칙과 절차를 인식하지 못하며 그들이 학습에 얼마나 기여할 수 있는지 이해하지 못한다. 그들의 인지적 발달이 전조작기에 있기 때문에 규칙과 학습에 대한 개인적 책임감의 관계에 대한 중요성을 설명하기 위해 특별한 노력을 기울이는 것은 도움이 될 것이다.

어린 아동들은 사람을 쉽게 믿으며 상처받기 쉬우므로 비난이나 심한 꾸중과 제지는 그들에게 특히 해가 된다(Carter & Doyle, 2006). 그들은 칭찬에 잘 반응하지만 부적절한 행동에 대한 무시나 간접적 단서의 사용 등은 더 성숙한 학생들에 비해 이들에게는 덜 효과적이다. 반복되는 수업 방해 행동에 대해 수업활동에서 제외시키는 등의 행동주의적 개입은 과도하게 사용되지 않는 한 효과적일 수 있다. 행동에 대한 개인의 책임감을 발달시키는 것은 중요한 장기 목표다.

중학생들의 활동

학생들이 발달함에 따라 그들은 인지적 · 개인적 · 사회적으로 보다 더 많은 것을 인식한게 된다. 그 결과 일관성과 논리적 귀결은 더욱 중요하고 효과적이 된다. 중학교 학생은 계속 배려하는 교사를 필요로 하며 수용되는 행동의 명확한 경계와 이 경계를 일관성 있게 부과하는 것은 이 학생들을 잘 보살피는 것에 대한 지표가 된다. 적절하고 사려 깊은 칭찬은 지속적으로 중요하지만 부적절한 행동에 대한 무시와 간접적 단서의 사용도 작은 규칙 위반에 대해 효과적이다.

또래의 중요성이 점점 더 커지는 것은 중학교 단계에서는 도적적이면서 동시에 기회가 된다. 잡담을 하고 쪽지를 돌리며 또래에 동화되려는 시도는 문제가 될 수 있으며, 명백하고 일관성 있게 적용되는 규칙이 필요하다. 중학교 학생은 규칙 제정에 참여하면서 그 중요성을 깨달으며 주기적인 학급회의는 학급규칙과 절차에 대한 학생들의 참여와 협조를 얻는 데 효과적이다

고등학교 학생들은 성인으로서 대할 때 잘 반응한다. 개인 책임감의 개발은 중요하며 그들의 책임감에 호소하는 개인적 만남이 효과적이다. 또래는 계속하여 행동에 큰 영향을 끼치며 따라서 다른 또래 앞에서 학생들을 당혹하게 하지 않는 것이 중요하다. 종종 되새겨 보도록 하거나 열심히 하라는 단순한 요구가 필요한 모든 개입이 되기도 한다.

고등학교 학생들은 비언어적 · 사회적 단서를 알아채는 기술이 증가하며 따라서 언어적 · 비언어적 통로 간 일치는 중요하다. 문제를 직접 언급하는 직설적 개입이 학생들의 존엄을 해치지 않지만 그럼에도 불구하고 간접적으로 책임과 결심에 대해 대화하는 것은 매우 효과적이다.

긍정적인 학생-교사 관계는 여전히 효과적 관리체제의 기초이며 고등학생은 새 옷, 머리 모양에 대한 칭찬, 혹은 부모 병환이나 새 형제자매에 대한 안부 등에 대한 질문과 같은 개인적 언급에 잘 반응한다.

✽ 학습목표별 요약

1. 효과적 학급관리가 중요한 이유에 대해 설명하라.

- 학급관리는 초보 교사의 가장 큰 근심거리이며 숙련된 교사에게도 스트레스와 소진의 원천이다. 공식적 의견 조사에서 학급관리는 학교가 직면한 가장 큰 문제 중 하나다.
- 학급관리가 중요한 또 다른 이유는 그것이 교수의 다차원적, 즉각적, 예측할 수 없는, 공적인 측면을 교사가 다룰 수 있도록 돕기 때문이다.
- 잘 관리된 학급의 학생들은 질서가 잘 정립되지 않은 환경에서의 학생들보다 학습하려는 동기가 높고 더 큰 성취를 보인다.

2. 초등학교, 중학교, 고등학교 학생들의 특성과 그것이 학급관리 계획에 어떻게 영향을 미치는지를 확인하라.

- 어린 아동들의 사고는 감각적이고 구체적이다. 그들은 자신의 교사를 기쁘게 하려 애쓰며 비판이나 거친 대우에 쉽게 상처받는다.
- 초등학교에서 유능한 교사는 그들이 가르치는 절차와 규칙을 개발하고 신뢰감을 세우고 자율성을 조장하는 질서 있고 예측 가능한 환경을 만들기 위해 이를 구체적으로 실천한다.
- 중학교 학생은 점증하는 또래의 영향력, 소속감과 사회적 수용에 대한 필요, 그리고 독립에 대한 욕구를 경험한다.
- 중학교에서 유능한 교사는 학생들을 대할 때 무조건적이며 긍정적으로 존중하며 수용 가능한 행동에 대한 명

백한 선을 설정한 양육적 교사의 안정된 보살핌을 제공한다.

- 학생들은 고등학교에 진학하면서 성인 수준의 보다 효과적인 의사소통을 하며 그들이 이해할 수 있는 명확한 절차와 규칙, 그리고 원리에 잘 반응한다.

3. 학부모와의 효과적 의사소통의 특성에 대해 기술하라.
- 학부모와의 효과적 의사소통은 초기 접촉에서부터 시작되며 해당 학년 동안 관계를 잘 유지하는 것이다.
- 가정-학교 간의 협조는 학생의 성취와 과제를 수행하고 태도와 행동을 개선하려는 의지를 높이고 출석률 및 졸업률을 증가시킨다.

4. 인지주의 및 행동주의 학습이론을 활용하여 효과적 개입을 설명하라.
- 인지학습이론은 사람들이 경험에서 의미를 추구한다는 전제에 기초를 두고 있다.
- 다음 기법은 인지학습이론에 바탕을 두고 있다. 언어적 · 비언어적 의사전달의 일치, 어떤 행동은 수용될 수 없지만 학생 개인은 본질적으로 가치롭다는 뜻을 전하는 나-대화법(I-message), 학생들이 합리적으로 받아들이는 논리적으로 귀결된다.
- 바람직한 행동에 대한 칭찬, 부적절한 행동을 무시하기, 제지의 사용, 대가의 적용 등은 모두 질서 있는 학급을 유지하기 위해 강화, 소거, 처벌 등의 행동주의적 개념을 활용한다.

5. 공격적 행동이 발생했을 때 교사의 전문적, 법적 책임과 학교폭력 및 공격성에 대처하는 효과적 단계를 기술하라.
- 교사는 폭력이나 공격행동이 일어났을 때 개입할 것을 법에 의해 요구받는다.
- 싸움이나 괴롭힘에 대응하기 위한 첫 단계는 상황을 중단시키고 희생자를 보호하며 조력을 구하는 것이다.
- 폭력과 공격 행동에 대한 장기적 대응은 공격적 학생이 자신의 행동이 다른 사람에게 미치는 영향을 이해하도록 도우려는 시도와 사회적으로 수용되는 방법으로 행동하는 기술을 발달시키는 것을 포함한다.

✎ 전문성 발달: 자격증 시험 대비 연습

이 장 첫머리의 사례에서 당신은 교수와 학급관리가 김 교사의 학습에서 어떻게 수렴되었는지를 보았다. 다음 사례에서는 다른 중학교 1학년 지리교사인 명 교사가 학생들이 중동지역에 대한 과제에 대해 수행하도록 한다. 이 사례를 읽으며 학급관리에 대한 두 교사의 접근을 비교하고 질문에 답하라.

오늘 아침 조회시간, 지각을 알리는 종소리와 함께 미애는 교실문에 들어섰다.

"어서 네 자리에 앉거라, 미애야." 명 교사는 지시하였다.

"너는 지각하였다. 좋아, 모두 귀기울여 듣도록." 그녀는 계속하여 출석을 불렀다.

"회찬?"

"여기요."

"건무?"

"예."

"규진?"

"여기 있어요."

명 교사는 출석을 다 확인한 후 교실을 돌아다니며 지난 시간 과제물을 되돌려 주었다.

"모두 과제를 잘 했어요."라고 명 교사는 말했다.

"계속 열심히 합시다. 희룡이, 경필이, 내가 과제물을 되돌려 주고 있는 동안 잡담하지 말아라. 너희는 1분도 가만히 있지를 못하니?"

잡담하던 소년들은 교실 정면으로 다시 시선을 돌렸다.

"자." 명 교사는 수업을 계속 진행하며 교실 앞쪽으로 돌아갔다.

"우리는 중동에 대해 공부하여 왔는데, 이제 잠시 동안 복습하도록 합시다. 지도를 보면서 카이로(Cairo)의 위도와 경도를 확인하세요. 몇 분간 시간을 줄 테니, 지금 바로 추정해 봅시다."

명 교사가 서류장으로 가서 몇 장의 OHP 필름을 찾는 동안 학생들은 과제를 시작하였다.

"지원아, 그만해." 명 교사는 자신의 뒤에서 경원이가 하는 말을 들었다.

"경원아." 명 교사는 단호하게 반응했다.

"우리는 수업 중에 그런 식으로 말하지 않아요."

"지원이가 저를 찔러 댔단 말이에요, 선생님."

"네가 경원이를 괴롭혔니, 지원아?"

"……."

"정말 그랬니?"

"사실이 아니에요."

"네가 날 찔렀잖아."

경원이가 불만스럽게 말했다.

"너희 둘 다 그만두거라."라고 명 교사가 경고하였다.

"또다시 그렇게 소리 내면, 경원이 네 이름을 칠판 위에 적을 거야."

학생들이 과제를 마쳐 갈 때 명 교사는 책상 위의 자료로부터 눈을 들어 OHP 화면에서의 사례들을 살펴보았다. 이때 그녀는 희룡이와 경필이가 교실 뒤에서 잡담하고 웃는 것을 들었다.

"너희는 과제를 마쳤니?"

"예." 경필이가 대답했다.

"그럼, 다른 학생들이 마칠 때까지 조용히 하도록 해요." 명 교사는 이렇게 지시하고 돌아가 다시 그녀의 자료들을 정리하였다.

"모두 조용히 하세요."

교실 안을 휘도는 웅성거림에 명 교사는 고개를 들고 다시 지시하였다.

"모두 다 과제를 마쳤니? 좋아. 답안지를 앞으로 넘기며 모아 오너라. 자신의 답안지를 제일 위에 얹어 앞으로 넘기도록 하세요. 상우야, 뒤로부터 다른 아이들의 답안지를 받은 다음 네 답안지를 얹어 앞으로 넘겨야지."

명 교사는 답안지를 모은 후 책상 위에 두고 다시 수업을 시작하였다.

"우리는 중동의 지리에 대해 살펴보았습니다. 이제 기후에 대해 좀 더 살펴보도록 해요. 기후는 상당히 다양합니다. 예를 들어, 시리아(Synia)는 여름에 매우 덥지만 겨울에는 실제 상당히 서늘합니다. 사실, 어떤 지역에는 눈이 오기도 해요."

"자, 카이로의 위도는 몇 도입니까?"

"30도입니다." 상수가 자발적으로 답하였다.

"남위입니까, 북위입니까, 상수군? 잠깐 기다려라. 희룡아?…… 경필아?…… 이것이 너희가 잡담하는 것에 대해 세 번째로 지적하는 것입니다. 수업 시작한 지 20분도 채 지나지 않았어요. 학급규칙을 찾아 허락 없이 이야기하는 것과 관련된 규칙을 읽으세요. 희룡아?"

"……."

"학급규칙은 너희들의 노트 앞면에 있을 거야."

"경필아?"

"교사의 허락 없이는 말하지 않는다." 경필이는 자신의 노트 앞면의 규칙을 읽었다.

"희룡아, 너는 학급규칙을 어디에 적어 두었니?"

"몰라요."

"앞으로 나오거라." 명 교사는 교실 앞 빈자리를 가리키며 지시했다.

"넌 이 주 내내 날 방해하는구나. 조용히 하는 법을 배우지 못한다면 1년 내내 여기에 앉아야 한다."

희룡이는 일어서서 명 교사가 가리킨 좌석으로 천천히 걸어 나왔다. 희룡이가 자리에 앉은 다음 명 교사는 다시 수업을 시작하였다.

"수업을 방해받기 전 어느 부분을 다루고 있었지? 아, 기억났다. 카이로의 위도는 몇 도이지?"

"북위 30도입니다." 상수가 응답했다.

"그래, 잘 답했다. 자, 이집트도 여름에는 덥습니다. 사실 매우 더워요. 여름 기온은 화씨 100도가 넘을 때가 많습니다. 이집트는 또한 대부분의 국토가 사막이어서 사람들이 살아가는 데 어려움이 많아요. 이집트인들의 생존을 위한 주요 자원은 나일강입니다. 이 나라 농업의 대부분은 이 강의 주변에서 이루어집니다."

명 교사는 다음 몇 분 동안 학생들에게 계속하여 학습 정보를 제공하였다.

"영길아, 내 말 듣고 있니?" 명 교사는 영길이가 연아를 자로 찌르는 것을 보고 말했다.

"예." 영길이는 앞을 돌아보며 대답하였다.

"나는 수업에 집중하지 않는 사람들을 보면 좌절을 느껴요. 집중하지 않으면 학습할 수 없습니다. 나는 여러분의 학습을 돕기 위해 여기 있는 사람이기 때문에 여러분이 학습할 수 없는 것이 나를 괴롭게 해요."

명 교사는 계속하여 수업을 진행하였다.

단답형 질문

이 질문에 답하면서 이 장에서의 정보를 활용하여 여러분의 답을 앞 사례의 특정 정보와 연결하라.

1. 명 교사의 학급관리 계획을 분석하라.
2. 관리를 위한 명 교사의 개입의 효과성을 평가하라.
3. 이 장은 학급관리와 교수의 상호 의존성을 강조하였다. 명 교사의 수업에서 학급관리와 교수의 관계에 대해 분석하라. 분석에 장점과 단점을 모두 포함시켜라.

중요개념

규칙(Rule)
나-대화법(I-message)
논리적 귀결(Logical conseguence)
단호한 훈육(Assertive discipline)
문화적으로 적절한 학급관리(Culturally responsive classroom management)
배려하고 신뢰하는 공통체(Community of caring and trust)
생산적 학습환경(Productive learning environment)
절차(Procedure)
제지(Desist)
조직화(Organization)
중복작업(Overlapping)
태만(Negligence)
파악(Withitness)
학급관리(Classroom management)
훈육(Discipline)

13

생산성 학습환경의 조성

교수원리와 모형

chapter outline

구성 개요

교수계획
- 주제 선택
- 학습목표 설정
- 학습활동 준비와 조직
- 평가계획
- 교수활동의 조화
- 기준에 따른 환경에서의 계획

교수 실제: 필수 수업 기술
- 태 도
- 조 직
- 의사소통
- 초점 맞추기: 주의 끌기와 유지하기
- 피드백
- 질 문
- 복습 및 종결
- 학습 맥락: 도시학급에서의 효과적 교수
  - 이론에서 실제로: 필수 수업 기술에 대한 이론 틀

교수모형
- 직접 교수법
- 토의를 활용한 강의
- 유도된 발견
- 협동학습
  - 다양성 탐색: 협동학습을 통해 학급에서 다양성 활용하기
- 협동학습과 관련하여 고려할 점
  - 학교급별 적용: 다양한 연령의 학습자를 위한 교수모형 활용

평가와 학습: 평가를 학습도구로 활용하기

learning objectives

학습목표

이 장의 공부를 마치고 나면, 여러분은 다음과 같은 것을 할 수 있어야 한다.

1. 수업계획을 위한 필수요소를 기술할 수 있다.
2. 필수 수업 기술을 기술하고 그것이 중요한 이유를 설명할 수 있다.
3. 필수 수업 기술과 교수모형 간의 관계를 설명하고 각 모형의 구성요소를 분석할 수 있다.
4. 효과적 평가의 핵심 특성을 확인할 수 있다.

'좋은' 혹은 '효과적' 수업이란 무엇인가? 당신이 교실에 들어가 교사를 관찰한다면 당신은 그 교사가 '효과적'인지 아닌지를 구별할 수 있는가? 어떻게 그것을 알 수 있는가? 이 질문들을 기억하면서 이 장에서 중학교 1학년 과학교사인 안 교사의 작업을 살펴보자.

안 교사는 다음 주 수업을 준비하기 위해 토요일 오후 동안 자신이 사용하는 교과서와 중학교 과학 교과를 위한 지역 기준을 검토하였다. 기준 중 하나는 다음과 같다.

만약 한 가지 이상의 힘이 한 물체에 작용한다면 그 힘은 방향과 크기에 따라 서로

강화하거나 혹은 상쇄할 것임을 학생들이 이해한다(Florida Department of Education, 2007: 2).

그는 수업을 계획하면서 이 주제에 대한 자신의 과거 경험을 고려하여 서로 다른 힘이 어떻게 비행기를 날게 하는지 설명하는 데 도움이 되는 법칙인 베르누이(Bernoulli)의 원리에 대한 강의에 이 기준을 적용할 것을 마음먹었다. "강의가 흥미 있고 실제 세계에의 적용을 많이 다루었기 때문에 아이들은 그 강의를 좋아했어요."라고 안 교사는 기억한다.

그는 먼저 학생들이 힘이란 밀거나 혹은 당기는 것임을 이해하도록 해야겠다고 결심하였고, 이를 위해 교실바닥을 따라 학생의 의자를 당겨 오고, 칠판을 밀며 책상 위로 책들을 들어 올리도록 하는 등 그가 사용할 수 있는 실례에 대해 생각하였다. 그런 후 "나는 더 큰 힘의 방향으로 물체가 움직인다는 것을 보여 줄 것이고, 그것은 '힘들이 각각의 방향과 크기에 따라 서로 강화하거나 상쇄한다.' 고 제시한 과학교과를 위한 지역 기준 중 하나를 학생들이 이해하도록 도울 거야. 나는 한 학생과 서로 밀고 당기기 놀이도 할 거야. 난, 그 학생이 나를 잡아당기게 해서 그의 힘이 더 크기 때문에 우리가 그 힘의 방향으로 움직인다는 것을 보여 줄 거야"라고 안 교사는 생각하며 미소 지었다.

마침내 그는 화요일과 수요일에 베르누이의 원리를 강의하고 목요일에 복습하며 금요일에는 쪽지시험을 볼 것을 결정했다.

효과적 수업
(Effective teaching)
학생들의 학습을 극대화하는 수업

효과적 수업이란 학생의 학습을 극대화하는 수업을 말한다. 이 장을 기술하는 우리의 목적은 당신이 효과적 교사의 활동을 확인하고 그것들이 여러분이 이미 배운 학습이론과 어떻게 관련되어 있는지를 살펴 당신의 학급에서 효과적으로 가르치게 하는 것이다. 우리는 학생

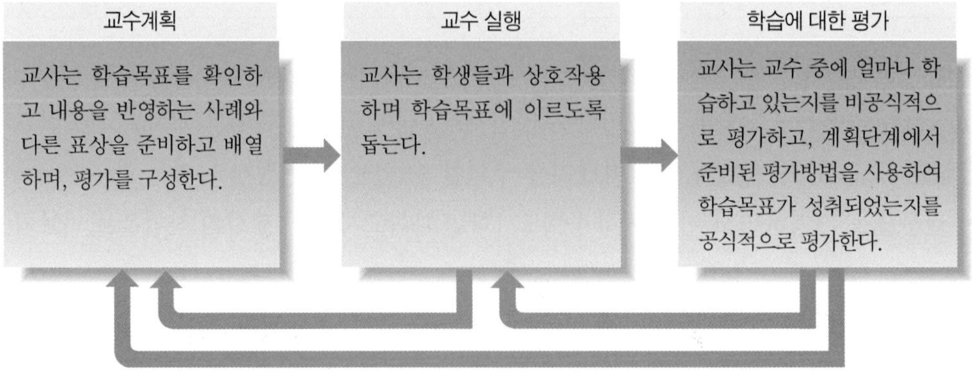

[그림 13-1] 교수단계

들에 대한 안 교사의 활동을 이 장의 논의를 전개하는 기본 틀로 활용할 것이다.

교수과정은 세 가지 필수 단계로 요약할 수 있으며 [그림 13-1]에 간단히 나타나 있다. 이 그림을 보면 각 단계는 서로 연결되어 있으며 순환한다. 이 과정은 계획에서 시작된다.

교수계획

12장에서 당신은 유능한 교사는 학급관리를 위해 신중하게 계획하며 그것은 수업하는 것 못지않게 중요하다는 것을 확인하였다. 숙련된 교사는 수업을 계획할 때 일련의 연속적 결정을 한다.

- 학생들에게 중요한 학습주제를 선택한다.
- 주제와 연관된 학습목표를 명확히 한다.
- 학생들이 학습목표에 도달하도록 촉진하는 학습활동을 준비하고 조직한다.
- 학생들이 얼마나 학습했는지 측정하는 평가를 구성한다.
- 교수와 평가가 학습목표에 적합하게 맞추어졌는지 확인한다(L. Anderson & Krathwohl, 2001; Jalong, Rieg, & Hellerbran, 2007).

지금부터 이에 대해 자세히 알아볼 것이다.

주제 선택

'무엇을 배우는 것이 중요한가?'는 교사들이 수업을 계획할 때 하는 첫 질문 중 하나다(L. Anderson & Krathwohl, 2001). 그들은 교과서나 교과과정 안내서, 안 교사가 사용하였던 기준에 의지하여 이 문제에 대한 답을 구한다(Reys, Reys, & Chavez, 2004). 그들의 개인적 철학, 주제에 대한 학생들의 흥미, 그리고 실생활에의 적용 등이 또 다른 참고거리다. 예를 들어, 안 교사는 베르누이의 원리가 중요하다고 믿었는데 그것은 기초과학 개념인 힘과 관련되어 있고 비행기가 어떻게 날 수 있는가 등과 같은 수많은 실생활의 현상을 학생들이 이해하는 데 도움을 줄 것이기 때문이다.

일부 교사들은 단순히 교과서에 혹은 교과과정 안내서에 나타난 대로 주제를 가르침으로써 무엇을 학습하는 것이 중요한지에 대해 결정하는 것을 묵시적으로 회피한다(Marzano, 2003b). 그러나 이는 심화학습이 가능한 양보다 더 많은 양의 내용이 교과서에 있기 때문에 문제가 된다. 안 교사의 물리학에 대한 이해와 같이 교과내용에 대한 교사의 지식은 어떤 주제가 가르칠 만큼 충분히 중요한지를 결정하는 데 특히 중요하다(Bereiter & Scardamalia, 2006;

Darling-Hammond & Bransford, 2005).

학습목표 설정

학습목표
(Learning objective)
학습 주제 혹은 과정과 관련하여 학생이 알아야 할 것 혹은 할 수 있어야 할 것을 규정하는 기술

주제가 선택되면 그다음 교사들은 주제와 관련하여 학생들이 무엇을 알기를 원하는지 혹은 무엇을 할 수 있기를 원하는지를 의미하는 학습목표를 선정한다. 명확한 학습목표는 필수적이다. 왜냐하면 이것이 교사가 결정해야 할 나머지 단계를 안내하기 때문이다. 명확한 목표 없이는 교사들은 학습활동을 어떻게 구성해야 할지 알 수 없고 적합한 평가방법도 만들어 낼 수 없다. 학습목표는 또 교사들이 학습활동을 실행할 때 길잡이가 된다. 성공적으로 수업을 하지 못하는 것은 종종 교사들이 명확한 학습목표를 가지고 있지 않았기 때문이다.

'명확한' 학습목표를 가진다는 것은 그것이 명시되어야 함을 의미하는 것이 아니다. 그것은 학습목표에 대한 교사의 생각이 명확함을 의미한다. 예를 들어, 안 교사는 문서에 기술된 수업목표를 가지고 있지는 않았다. 그러나 그는 수업을 진행할 때 보였던 것처럼 학생들이 무엇을 이해하기를 원하는지에 대해 명확했다.

인지적 영역에서의 목표

인지 영역
(Cognitive domain)
적용 및 분석 같은 메타인지 과정에 초점을 맞춘 학습 영역

안 교사는 학생들이 힘의 개념, 힘과 힘 간의 관계, 그리고 베르누이의 원리가 실생활의 사례에 어떻게 적용되는지를 이해하기를 원하였다. 이것은 적용 및 분석과 같은 메타인지과정과 지식에 초점을 둔 인지 영역에서의 학습목표를 기술하고 있다. 지금부터 우리는 이 영역에서의 목표에 대한 역사적 관점에 대해 간략히 알아볼 것이다.

랠프 타일러(Ralph Tyler, 1950: 45)는 고전이 된 그의 저술인 『교육과정과 교수의 기본 원리(Basic Principles of Curriculum and Instruction)』에서 목표를 서술하는 가장 유용한 형태는 '학생에게서 개발되어야 할 행동의 유형과 이 행동이 영향을 미칠 삶의 내용이나 영역 모두를 포함하는 용어로 목표를 표현하는 것'이라 하였다. 산업계에서 목표에 의한 관리와 같은 그의 개념은 1950년대와 1960년대에 걸쳐 큰 인기리에 적용되었다. 널리 읽혀진 로버트 메이저(Robert Mager)의 『교수 목표를 준비하기(Preparing Instriuctional Objectives)』라는 책에서 기술된 바와 같은 방법은 타일러(Tyler)의 본래의 개념을 확장하여 학습자의 행동이 수용될 만한 수행 기준에 도달하였음을 보여 줄 수 있는 조건을 포함하였다. 메이저의 업적은 교수에 큰 영향을 미쳤고 오늘날에도 영향력을 유지하고 있다(Mager, 1998). 메이저의 방법을 활용한 학습목표의 예는 〈표 13-1〉에 요약되어 있다.

노먼 그론런드(Norman Gronlund, 2004)는 메이저의 접근법에 대한 대중적 대안으로, 교사는 안다, 이해한다, 혹은 적용한다와 같은 일반 목표를 서술하고 이들 용어를 조작적으로 정의하는 구체적 학습 결과가 뒤따라야 한다고 제안하였다. 〈표 13-2〉는 그론런드의 지

표 13-1
table
메이저(Mager)의 방법을 사용한 학습목표

목표	조건	수행	기준
힘의 개념과 관련한 세 가지 사례가 실생활 문제에서 주어질 때 학생들은 각 사례가 힘과 관련한 문제인지를 확인할 수 있다.	실생활의 문제에서 힘의 개념과 관련한 세 가지 사례가 주어질 때	확인한다	각 사례가
받아 내림 뺄셈 10문제가 주어졌을 때 학생들은 이 중 7문제를 풀 수 있다.	받아 내림 뺄셈 10문제가 주어졌을 때	푼다	10문제 중 7문제를
학생들은 스스로 선택한 주제를 활용하여 은유, 직유, 의인화 각각에 대해 최소한 두 개의 예문을 포함한 문단을 작문할 수 있다.	스스로 선택한 주제를 활용하여	작문한다	은유, 직유, 의인화 각각에 대해 두 개의 예문을 포함한 문단

침에 따라 기술된 목표의 예를 포함한다.

목표를 준비하는 이 접근법은 행동주의의 영향을 받았다. 타일러는 목표를 진술하면서 행동과 내용이란 용어를 사용하였고, 메이저 또한 행동이란 용어를 사용하였으며, 그론런드는 '관찰 가능한 학생의 반응', 즉 외부 관찰자에 의해 관찰될 수 있는 반응을 가리키는 동사와 함께 시작되는 각각의 구체적 학습 결과를 강조하였다(Gronlund, 2004: 23).

표 13-2
table
그론런드(Gronluan)의 접근법을 사용한 목표

일반 목표	구체적 학습 결과
힘 이해하기	① 문제에서 힘에 대한 사례 구별하기 ② 힘의 예시 제시하기
분수의 약분 이해하기	① 약분의 필요성 확인하기 ② 약분 수행하기 ③ 문제 풀기
작문에서 비유어 사용하기	① 비유 사례 기술하기 ② 비유 사례를 문맥에 적합하게 삽입하기

목표에 대한 보다 최근의 생각들은 교수와 관련한 인지학습이론의 영향을 반영하며 행동과 내용이란 용어를 피한다(L. Anderson & Krathwohl, 2001). 현재 이 분야의 선도자들은 목표 기술이 행동보다는 학생들의 인지과정을 언급하여야 함을 강조한다. 더불어 교육자들은 지식이란 용어가 학생들이 알아야 하거나 획득해야 하는 것을 의미하는 것으로 사용한다(L. Anderson & Krathwohl, 2001). 예를 들어, 안 교사의 목표 중 하나는 "힘이란 밀거나 당기는 것임을 학생들이 이해할 것이다." 힘은 지식이며 이해한다는 인지적 과정이다. 이것은 학생들이 이 지식에 대해 무엇을 할 것인지를 구체화하고 있다.

인지적 목표의 분류법

안 교사의 목표 중 하나가 학생들이 '힘이란 밀거나 당기는 것임을 이해하는 것' 이지만 같은 지식과 관련된 다른 목표도 존재한다. 예를 들어, 다음과 같은 것이 포함될 수 있다.

- 학생들은 자신들의 용어로 힘의 정의를 기술한다.
- 학생들은 한 물체에 두 힘이 작용할 때의 순효과를 판단하기를 요구하는 문제를 푼다.

이 세 목표는 힘이란 개념을 포함하지만 각각은 서로 다른 인지적 과정을 요구한다. 이런 차이를 구별하기 위해 연구자들은 서로 다른 목표를 분류하는 체계를 개발하였다(L. Anderson & Krathwohl, 2001). 1956년에 처음 출간된 유명한 블룸(Bloom)의 분류법(Bloom, Englehart, Furst, Hill, & Krathwohl, 1956)은 네 유형의 지식과 여섯 유형의 인지과정이 교차하는 24개의 칸으로 이루어진 체계였다. 이에 대한 개정판은 본래의 분류법이 만들어진 20세기 중반 이후 학습과 교수에 대한 연구자들의 확대된 이해와 교육에 대한 인지학습이론의 영향을 보다 밀접하게 반영하고 있다(L. Anderson & Krathwohl, 2001). 개정된 분류는 [그림 13-2]에 나타나 있다.

이 목표 분류체계를 이해하기 위해 세 목표를 분석해 보자. 힘은 하나의 개념이며 따라서 "힘이란 밀거나 당기는 것임을 이해한다."는 목표는 개념적 지식과 이해가 교차하는 칸에 놓여진다. 두 번째 목표인 힘의 정의를 기술할 수 있다는 개념적 지식과 기억이 교차하는 칸에 분류될 것이다. 세 번째 목표인 문제를 푼다는 과정 지식과 적용이 교차하는 칸에 속하는데, 왜냐하면 문제를 푸는 것은 과정 지식의 적용을 요구하기 때문이다.

이 분류법은 학습이 가능한 많은 결과와 연관된 복잡한 것이란 것을 일깨운다. 이것은 또한 학생들이 사실 지식을 기억하는 것 이상의 것을 할 수 있기를 우리가 원하고 있음을 일깨운다. 안타깝게도 학교교육은 교차하는 나머지 23개의 칸과 관련한 유형의 학습보다는 가장 기본적 유형의 학습에 더 많은 초점을 두고 있다.

21세기에는 다른 유형의 지식과 보다 진보된 인지과정이 더 중요해지고 있으며 사고와 결정하기, 그리고 문제 해결이 더 강조되고 있다.

지식 차원	인지과정 차원					
	① 기억	② 이해	③ 적용	④ 분석	⑤ 평가	⑥ 창조
ⓐ 사실 지식						
ⓑ 개념 지식						
ⓒ 과정 지식						
ⓓ 메타인지지식						

[그림 13-2] 학습, 교수와 평가를 위한 분류법

출처: Lorin W. Anderson & David R. Krathwohl, 2001.

학습활동 준비와 조직

안 교사는 학습목표를 구체화한 후 곧 학습활동을 준비하고 조직하였다. 이 과정은 다음 네 단계로 구성된다.

① 주제의 구성요소 확인하기-개념과 원리, 그리고 학생들이 이해해야 하는 개념과 원리들의 관계
② 구성요소 배열하기
③ 각 구성요소에 대한 학생의 지식을 쌓아 가기 위해 학생들이 사용할 사례 준비하기
④ 가장 구체적이고 명확한 사례가 먼저 제시되도록 배열하기

안 교사는 이들 단계를 성취하기 위해 과제 분석을 사용하였다. 이제 우리는 과제 분석을 계획 도구로 다룰 것이다.

과제 분석: 계획 도구

과제 분석은 내용을 부분 요소로 나누고 이들 부분 요소를 배열하는 과정이다. 다양한 형태의 과제 분석이 존재하지만 교실 상황에서는 주제 문제 분석이 가장 흔히 사용된다.

과제 분석
(Task analysis)
내용을 부분 요소로 나누고 이 부분 요소를 배열하는 과정

과제 분석을 하는 동안 교사는 먼저 일반적 학습 주제 안에 포함된 구체적 개념과 원리를 확인하고, 이 개념과 원리를 학생에게 가장 이해하기 쉬운 방식으로 배열하며, 마지막으로 이를 보여 주는 사례를 선정한다.

안 교사는 학생들이 베르누이의 원리를 이해하기 위해 힘의 개념과 힘과 운동의 관계를 설명하는 원리를 이해할 필요가 있음을 알았다. 따라서 그는 이들 주제를 배열하고 각각의 사례를 준비하였다. 이렇게 한 후 그는 힘과 운동은 월요일에, 베르누이의 원리는 화요일과 수요일에 가르칠 것이라 계획하였다. 안 교사의 과제 분석은 〈표 13-3〉에 소개되어 있다.

표 13-3 table

힘과 베르누이 원리의 교수를 위한 과제 분석

	인지과정 차원					
지식 차원	① 기억	② 이해	③ 적용	④ 분석	⑤ 평가	⑥ 창조
ⓐ 사실 지식						
ⓑ 개념 지식						
ⓒ 과정 지식						
ⓓ 메타인지 지식						

1장에서 우리는 내용에 대한 지식, 교육적 내용 지식, 일반적인 교육적 지식, 학습자와 학습에 대한 지식을 숙련된 교사가 지녀야 할 전문적 지식의 유형으로 소개하였다. 일반적으로는 안 교사의 계획, 그리고 구체적으로는 그의 과제 분석은 이 지식의 유형 각각을 요구하였다(Lajoie, 2003). 예를 들어, 내용에 대한 그의 지식은 힘과 베르누이의 원리 간 관계가 학습하여야 할 중요 주제임을 결정하는 데 도움을 주었으며 어떤 사례들을 사용할 것인가에 대한 결정은 그의 교육적 내용 지식을 반영하고 있다.

의자에 앉아 있는 학생을 잡아당기는 것이 학생들의 주의를 끌 것이기 때문에 이를 통해 힘의 개념을 먼저 보여 주기로 결정한 것은 학습자와 학습에 대한 그의 지식에 기반을 둔 것이다. 각 형태의 전문적 지식은 필수적이다(그의 일반적인 교육적 지식은 그가 수업을 이끌어 가는 방식에서 나타날 것인데, 이는 이 장 뒷부분에서 볼 수 있다).

평가계획

쪽지시험이나 정규 시험과 같은 공식적 평가는 학생들이 학습활동을 마친 뒤 주어지기 때문에, 학습활동이 수행된 후 평가에 대한 생각을 하게 된다고 여길 수 있다. 그러나 이는 사실이 아니다. 유능한 교사는 학습활동을 계획하면서 평가에 대한 생각도 함께한다(Jalongo et al., 2007). 효과적인 평가는 "내 학생들이 학습목표에 도달하였는지를 어떻게 결정할 것인가", 그리고 "학습을 촉진하기 위해 평가를 어떻게 사용할 수 있는가?"라는 질문을 충족시킨다. 평가는 교사가 교수활동을 조절하는 데 도움을 주기 때문에 이에 대한 결정은 수업 계획과 함께 이루어지는 것이 필요하다(이 장의 뒷부분에서 안 교사의 평가에 대해 좀 더 자세히 다룰 것이다).

교수활동의 조화

학습활동을 계획하면서 평가에 대해 생각하는 것은 안 교사에게 또 다른 기능을 하였다. 그것은 "나의 수업과 평가가 교육목표와 논리적으로 관련 있다는 것을 나는 어떻게 알 수 있는가?" 라는 질문에 대해 대답할 수 있도록 돕는다.

교수활동의 조화는 학습목표, 학습활동, 그리고 평가 간의 일치를 이루도록 하는 것을 말하며, 학습을 촉진하기 위해 필수적이다(L. Anderson & Krathwohl, 2001; Bransford, Brown, & Cocking, 2000; Brophy, 2006c).

교수활동의 조화 (Instructional alignment)
학습목표, 학습활동 그리고 평가 간의 일치

> 이런 조화가 없다면 무엇이 학습되고 있는지를 알기는 어렵다. 학생들은 가치 있는 정보를 학습하고 있겠지만 학습하고 있는 것과 학습에 대한 평가 간 조화가 없다면 무엇을 학습하였는지를 분명히 말할 수 없게 된다. 또한 학습과정과 평가가 학습목표에 맞추어져 있지 않다면 학생들은 어쩌면 가치 있지 않은 것을 배우고 있을 수 있다 (Bransford et al., 2000: 151-152).

이런 조화를 계속 유지하는 것은 겉보기처럼 쉽지 않다. 예를 들어, 교사의 목표는 학생들이 효과적으로 작문할 수 있도록 하는 것이지만 학습활동은 개별 문법 기술에 초점이 맞추어져 있다면 이 수업은 조화를 잃은 것이다. 학습목표가 학생으로 하여금 수학적 개념을 현실 세계에 적용할 수 있게 하는 것이지만, 학습활동은 계산문제를 연습하도록 하는 것이라면 이 또한 조화를 잃은 것이다.

안 교사의 수업은 조화를 이루고 있다. 그의 수업목표는 학생이 힘의 개념, 힘과 운동을 관련시키는 원리와 베르누이의 원리를 이해하도록 하는 것이었다. 그의 학습활동은 이 목표에 초점을 맞추었고, 그의 평가는 학생들이 이 개념을 얼마나 이해하고 있는지를 측정하였다.

기준에 따른 환경에서의 계획

역사에 대한 미국 학생들의 지식 부족에 대해 많은 기술이 이루어졌다. 예를 들어, 한 조사는 절반 이상의 고등학교 학생들이 소련 대신 독일, 일본, 혹은 이탈리아를 제2차 세계대전 중 미국의 동맹국으로 여기고 있음을 발견하였고, 다른 조사는 3분의 2의 고등학교 3학년 학생들이 '유색인종 출입구' 라고 씌어진 극장문 위의 표식에 대한 오래된 사진을 설명할 수 없음을 지적하였으며(Bauerlein, 2007), 그리고 대학생에 대한 조사는 대학교 4학년생 10명 중 4명 이상이 독립전쟁이 일어난 시기를 제대로 알지 못함을 보여 주었다(Bertman et al., 2000).

웹 자료실

5학년 교사의 교수활동이 얼마나 조화를 이루고 있는지를 보려면 www.myeducationlab.com에 접속하고, 13장 '활동 및 적용'의 '교수활동 조화 분석' 동영상 자료를 보라. 그리고 이어지는 물음에 답하라.

수학 및 과학과 관련해서도 유사한 지적이 제기되었는데 이들 과목에서 국제 비교는 미국 학생들이 많은 다른 나라의 학생들보다 뒤처져 있음을 보여 주었다(Gonzales et al., 2004; Lemke et al., 2004).

학생들의 지식 부족에 대한 문제제기에 대응하여 교육자들은 교육 기준을 설정하였는데, 이것은 지정된 기간 동안의 학습을 마치면 학생들이 할 수 있거나 알아야 할 것을 기술하고 있다(J. McCombs, 2005). 이런 '기준 설정 움직임' 은 교육 지도자들 사이에 논란을 불러일으켰지만, 모든 주와 워싱턴 D. C.는 기준을 제정하였고 교사들의 교수계획과 관련한 결정은 이 기준들의 영향을 받는다. 당신이 속한 학교는 학생들이 이 기준에 이르도록 하는 데 책임이 있으며, 따라서 교사들은 이 기준에 다다르도록 학습활동을 계획할 수 있어야 한다.

기준(Standard)

지정된 기간 동안의 학습을 마치면 학생들이 할 수 있거나 알아야 할 것들에 대한 기술

기준은 본질적으로 목표에 대한 기술이다. 그러나 기준은 그 구체성에 있어 다양하기 때문에 교사들은 먼저 기준의 의미를 이해하여야 하고 그다음 이 이해에 기초하여 교사 자신의 구체적인 학습목표를 구성하여야 한다. 예를 들어, 한 교사가 그의 수업계획의 기초로 삼았던 기준은 다음과 같다.

> 하나 이상의 힘이 물체에 가해졌을 때, 힘의 방향과 크기에 따라 힘들은 서로 강화하거나 상쇄하게 되는데, 이 부분을 학생들이 이해한다(Florida Department of Education, 2008).

이 기준에 근거하여 안 교사는 다음 목표를 세웠다.

- 학생들은 힘이란 밀거나 당기는 것임을 이해한다.
- 학생들은 물체가 더 큰 힘의 방향으로 움직임을 이해한다.
- 학생들은 표면 위의 공기 흐름의 속도가 증가하는 곳에서 공기가 표면 위에 작용하는 힘은 감소함을 이해한다.

다음으로 그는 그의 목표에 근거하여 학습활동과 평가를 준비하였다. 안 교사의 완성된 수업계획은 [그림 13-3]에 나타나 있다.

안 교사는 중학교 과학을 가르쳤다. 이제 텍사스(Texas) 주의 3학년 산수에서의 기준을 살펴보자.

> (3.2) 수, 연산, 그리고 양적 추론. 학생은 분수 개념과 기호를 사용하여 진분수 혹은 대분수에 대한 분수 계산을 한다. 학생들은 다음과 같은 것을 할 수 있다고 기대한다.
> (A) 분수에 대한 실재적 도해(모형)를 만든다.

(B) 실재적 도해(모형)를 사용하여 문제 상황에서 한 대상 혹은 일련의 대상에서의 분수량을 비교한다.

(C) 한 대상 혹은 일련의 대상에서 12 혹은 그 이하의 분모를 가진 분수량을 설명하기 위해 분수 개념과 기호를 사용한다(Texas Education Agency, 2008).

대개, 주 정부는 교사들이 교수목표와 평가를 준비할 때 교사들에게 도움을 주는 평가문항의 예를 제공한다. 예를 들어, 제시된 문항은 3학년생에 대한 2006년도 텍사스 주의 지식과 기술 평가에서 나타난 문항과 유사한 것이다(Texas State Education Agency, 2006).

예시된 평가문항에 기초하여 기준과 관련한 목표는 다음과 같다.

주제: 베르누이의 원리

학습목표:
표면 위 공기 흐름의 속도가 증가하는 곳에서 힘은 감소한다는 것을 학생들이 이해한다.

내용:
베르누이의 원리는 유체(대개 공기)의 속도가 표면 위에서 증가할 때 그 표면 위에 작용하는 힘과 압력은 감소한다는 것을 설명한다.

학습활동:
1. 힘의 개념을 복습하기 위해 힘의 사례를 제시한다.
2. 대상 물체를 앞뒤로 잡아당기면서 "물체는 더 큰 힘의 방향으로 움직인다."는 원리를 복습한다.
3. 학생이 한 장의 종이 위로 바람을 불고 이를 관찰하도록 하며, 이때 이 종이가 떠오르는 것을 관찰하도록 이끄는 질문을 사용한다.
4. 학생이 두 장의 종이 사이로 바람을 불고 그 결과 종이들이 서로 붙게 되는 것을 관찰하게 한다.
5. 학생이 깔때기 위에 놓인 탁구공에 깔때기 목을 통해 바람을 불어 냈을 때 탁구공이 깔때기 밖으로 나가지 않고 깔때기 속에 떠 있음을 관찰하게 한다.
6. 학생들이 각각의 경우 더 큰 힘이 작용한 곳은 어디인지 확인하게 하고, 이 예를 칠판 위에 그리도록 한다. 학생들이 종이 아래의 힘, 두 장의 종이 바깥 측면에 작용하는 힘, 그리고 공의 앞쪽에 작용하는 힘이 종이 위의 힘, 두 장의 종이 사이의 힘, 그리고 탁구공 뒤에 작용하는 힘보다 크다고 결론 내릴 수 있도록 이끈다.
7. 학생들이 각각의 경우에 공기 흐름이 더 빠른 곳이 어디인지를 확인하게 한다.
8. 학생들이 공기 흐름이 더 빠른 곳에서 힘은 더 작다(반대 편의 힘이 더 크다)라는 결론을 내릴 수 있도록 돕는다. 이 관계를 '베르누이의 원리'라 명명한다.

평가:
1. 학생이 각 사례에 대해 표면 위의 공기 흐름을 그리도록 하고 속도와 힘 간의 관계에 대한 설명을 기술할 수 있도록 준비시킨다.
2. 학생이 베르누이의 원리를 사용하여 비행기가 어떻게 날 수 있는지를 설명하도록 한다.

[그림 13-3] 중학교 과학에서 안 교사의 수업계획

카를로스(Carlos)는 둥지에서 새 알들을 발견하였다.

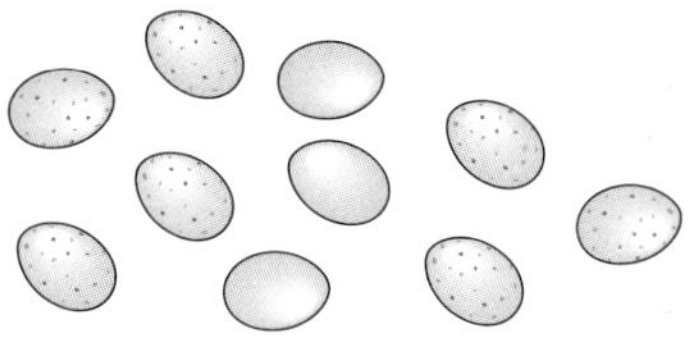

점이 있는 새 알들의 비를 분수로 나타내라.
정답을 표시하라.

○ $\frac{3}{7}$

○ $\frac{7}{3}$

○ $\frac{3}{10}$

○ $\frac{7}{10}$

학생들은 일련의 대상에서 분수량을 확인한다.

이 목표는 "(B) 실재적 도해(모형)를 사용하여 문제 상황에서 한 대상 혹은 일련의 대상에서의 분수량을 비교한다."는 기준의 한 부분을 해석한 것이다.

학생들이 목표를 달성하도록 하기 위해 사용될 수 있는 수업계획은 [그림 13-4]에 제시되었다.

마지막으로 캘리포니아(California) 주 10학년 세계사에서의 사례를 살펴보자.

학생들은 영국, 프랑스, 독일, 일본과 미국에서의 산업혁명의 영향을 분석한다.

1. 영국이 처음으로 산업화된 국가가 된 까닭을 분석한다(California State Board of

주제: 분수

학습목표: 일련의 대상에서 분수량을 확인한다.

학습활동:

1. 학생들에게 12개의 동일한 조각으로 만들어진 막대 사탕을 지급한다.
2. 학생들이 막대사탕의 포장을 벗기고 관찰하게 한 후 질문을 통해 막대사탕이 모두 12개의 조각으로 만들어져 있음을 알게 한다.
3. 각 조각의 크기가 동일함을 학생들에게 확인시킨다.
4. 학생들에게 3조각을 떼어 내게 한 뒤 떼어 낸 조각 수와 전체 조각 수를 비교하도록 한다.
5. 칠판에 분수 3/12을 쓴다. 학생들에게 분수에서 12가 의미하는 것이 무엇인지 묻는다. 12가 전체 조각의 수라는 것을 학생들이 말할 때 각 조각에 대해 학생들이 알고 있는 것을 확인한다. 사탕 12조각 각각이 모두 같은 크기임을 확인하게 한다.
6. 학생들에게 분수에서 3이 의미하는 것이 무엇인지 질문한 후 그것이 떼어 낸 조각의 수임을 확인하게 한다. 필요할 때마다 학생들이 이해한 것을 언어화하도록 돕는다.
7. 학생들이 두 조각을 더 떼어 내도록 한 후 이제 몇 조각이 떼어 내졌는지를 보여 주는 분수를 학생 개인 칠판에 쓰도록 한다. 활동이 끝날 때까지 학생들이 칠판을 지우지 않도록 한다.
8. 칠판에 분수 6/12을 쓰고 이것이 학생들의 사탕 조각 수를 잘 설명하는지 묻는다.
9. 다른 예를 사용하여 같은 과정을 반복한다.
10. 칠판에 분수 12/12를 쓰고 이 분수가 의미하는 바를 기술하도록 지시한다.

평가:

학생들에게 어떤 것은 흑색이고 어떤 것은 붉은색인 같은 크기의 사각형을 그리도록 지시한다. 전체 사각형 수에 대해 흑색인 것의 분수와 붉은색인 것의 분수를 확인시킨다.

각각의 경우에서 분수에 대한 설명을 쓰도록 지시한다.

[그림 13-4] 초등학교 수학을 위한 수업계획

Education, 2008).

이 기준에 기초한 목표는 다음처럼 나타날 수 있다.

> 학생들은 영국이 산업화된 첫 국가가 되는 데 일조한 영국과 기타 다른 나라에서의 경제적 · 정치적 요인을 확인한다.

학생들이 이 목표에 이르도록 돕기 위해 사용될 수 있는 수업계획은 [그림 13-5]에 제시되었다.

주제: 산업혁명

학습목표:
학생들에게 영국이 처음으로 산업화된 국가가 된 데 기여한 영국과 다른 나라의 경제적 · 정치적 요인에 대해 확인시킨다.

학습활동:
1. 한 축에는 영국, 프랑스, 중국, 미국의 국가명이, 다른 한 축에는 정부, 사회 상황, 경제, 기술, 자연 자원, 농업이란 내용으로 구성된 커다란 격자 표를 준비한다.
2. 학급을 4집단으로 나누고 각 집단에는 24개 격자 칸 중 하나를 할당한다. 학생들이 인터넷, 교과서 그리고 다른 자료를 사용하여 각 칸을 채울 정보를 수집하도록 지시한다.
3. 학생들이 증기기관의 발명, 석탄의 사용, 봉건제도의 종말, 시장 형성 등 각 칸에 중요한 정보를 모으고 있는지 점검한다.
4. 완성된 표를 보여 주고 행과 열에서 유사점과 차이점을 찾도록 지시한다.
5. 산업혁명에서 영국을 지도적 위치로 이끈 요인의 유형을 학생들이 확인하게 돕는다.

평가:
산업화와 정부를 관련시키는 짧은 문장을 쓰도록 지시한다.
같은 과정을 반복하여 산업화와 사회 상황, 경제, 기술, 자연 자원, 농업, 각각을 관련시키도록 돕는다.

[그림 13-5] 중학교 사회 수업계획

교실에의 적용

당신의 학급에서 숙련된 계획에 대한 이해 적용하기

1. 지식은 수준에 따라 사실 지식에서 메타인지 지식까지의 범위에 걸쳐 있으며 인지과정은 기억하기에서 창조하기까지에 걸쳐 있다. 당신은 교수의 수준에 대해 생각해 보고 학생들이 사실 지식을 기억하는 것 이상의 것을 하도록 요구하는 학습목표를 준비하라.

- 초등학교: 4학년 교사는 학생들이 두개골은 견고하고 늑골은 구부러져 있으며 대퇴골은 신체에서 가장 큰 뼈라는, 인간 뼈대의 서로 다른 기능에 대해 이해하기를 원한다. "단순히 다른 뼈에 대해 명명하는 것보다 좋을 거야."라고 그녀는 생각한다.
- 중학교: 7학년 지리교사는 기후가 다양한 변인의 상호작용에 의해 어떻게 영향받는지를 학생들이 이해하기 바란다. 이 목표에 다다르기 위해 그는 학생들에게 위도, 경도, 지형도 그리고 바람의 방향을 포함하는 가공의 섬에 대한 지도를 제시하였다. 그다음 그는 학생들이 이 섬의 기후에 대한 결론을 내리고 이에 대해 설명하도록 하였다.
- 고등학교: 생물교사는 유기체의 신체구조와 환경에의 적응간 관계에 대해 학생들이 이해하기를 원한다. 그녀는 기생벌레와 비기생벌레의 특성과 이들 간 차이에 대해 학생들이 확인하도록 하였다. 그다음 학생들은 이 차이와 유기체의 환경에의 적응 능력을 연관시켰다.

2. 교수활동의 조화는 학습활동이 학습목표와 일치하고 평가가 이들과 일관되도록 만든다. 수업을 계획하는 동안 평가를 준비하도록 하고, 당신이 수업을 계획할 때 조화의 필요성을 기억하도록 하라.

- 초등학교: 4학년 교사는 골격체계에 대한 그녀의 수업에서 다음 평가를 준비하였다.
  "인간이 침팬지나 고릴라처럼 네 발을 사용하여 걷는다고 상상해 보자. 그때의 골격이 현재의 인간 골격과 어떻게 다를지 기술하여 보라."
- 중학교: 학생들의 지식 발달을 평가하기 위해 지리교사는 학생들에게 다른 산악 지형, 바람의 방향, 대양의 흐름, 위도와 경도를 가지는 또 다른 가상의 섬 지도를 제시한다. 그다음 그는 학생들이 그 섬에서 가장 큰 도시가 어디에 위치할 것인지에 대해 확인하고 설명하도록 시켰다.
- 고등학교: 생물교사는 방사 대칭형의 유기체와 좌우대칭 유기체에 대해 설명한다. 그녀는 학생들이 진화와 관련하여 어느 것이 더 발달한 것인지를 확인하고 그들의 선택에 대해 설명하도록 하였다.

◈ 이해 점검 활동

1.1 수업계획 시 관련된 다섯 가지 핵심적 요소에 대해 기술하라.

1.2 기준에 따른 환경에서의 계획은 이 절에서 기술된 계획 요소 이외에 한 가지 요소를 더 포함한다. 더 부과된 한 가지 단계를 확인하라.

1.3 다음 학습목표를 분류 격자표([그림 13-2])의 한 칸에 대응시키고 그렇게 대응시킨 이유에 대해 설명하라. 학생들은 자신들이 배운 주제를 적용하면서 관련 정보와 관련되지 않은 정보를 찾는 것을 배울 것이다.

교수 실제: 필수 수업 기술

이 장의 첫 절에서 독자들은 안 교사가 수업계획과 관련하여 어떻게 생각하는지 보았다. 이제 독자들은 그가 계획을 실현하면서 보여 준 기술에 대해 살펴볼 것이다. 안 교사는 월요일에 힘의 개념과 더 큰 힘의 방향으로 물체가 움직인다는 것을 설명하는 원리에 대해 가르쳤다. 그의 화요일 수업의 시작을 함께 해 보자.

"우리가 어제 공부한 것을 되돌아보자." 안 교사는 시작종이 멈추자 수업을 시작하였다.

"힘이란 무엇이지? ……삼순아?"

"밀거나 당기는 것입니다." 그녀는 잠깐 동안 생각한 후 대답하였다.

"삼순아, 잘 답했다."

안 교사는 미소를 지은 후 칠판을 밀면서, 그의 탁자에 놓인 물 위에 큰 숨을 내쉬었고, 왜 그것들이 힘인지에 대해 학생들에게 설명하도록 지시하면서 힘의 개념을 복습하였다. 그는 스테이플러를 쥐면서 철호에게 그것을 잡아 당기게 하여 물체는 더 큰 힘의 방향으로 움직인다는 개념을 계속해서 복습하였다.

그는 학생들에게 이 개념들을 기억해 두라고 환기시키며 각 학생에게 두 장의 종이를 나누어 주었고 그중 한 장의 종이를 집어, 그림에서와 같이 종이 위에 입바람을 불었다.

그는 학생들에게 같은 행동을 하라고 지시한 후 물었다.

"우리가 종이 위로 입바람을 불었을 때 무엇을 관찰하였니? ……준표?"

"종이가 움직였어요."

"종이가 어떻게 움직였지? ……한 번 더 조금 전처럼 해 보렴."

준표는 종이의 표면 위로 입바람을 다시 불었고 안 교사는 반복하여 물었다.

"종이에 어떤 일이 일어났니?

"……종이가 위로 올라왔어요."

"그래." 안 교사는 힘 주어 고개를 끄덕였다.

"네가 종이 표면 위로 입바람을 불었을 때 종이는 위쪽으로 올라왔지."

다음으로 그는 학생들이 종이 두 장을 집게 하고, 두 장의 종이 사이로 어떻게 입바람을 부는지를 그림에서처럼 보여 주었다.

"여기서 너희는 무엇을 관찰하였니? ……세린아?"

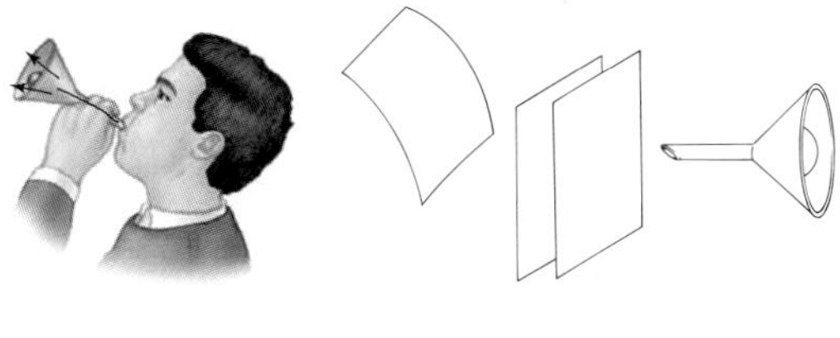

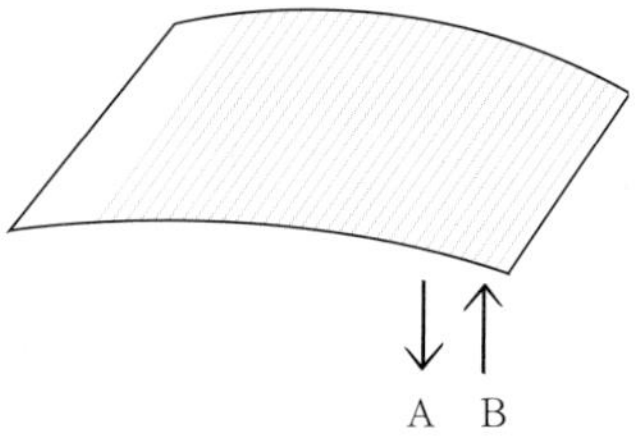

안 교사는 시범을 보여 준 후 질문했다.

"……종이끼리 밀착했어요."

"좋았어요. 그것을 기억하렴, 우린 몇 분 안에 그것에 대해 이야기할 거야." 안 교사는 미소 지었다.

"자, 이제 한 가지를 더 관찰하자. ……나는 깔때기와 탁구공을 가지고 있다. 내가 깔때기를 불면 공이 건평이의 머리로 날아갈 게다." 안 교사는 한 학생을 지목하면서 농담하였다.

안 교사는 깔때기를 통해 입바람을 불었고 학생들이 보기에는 놀랍게도 탁구공은 깔대기 안에 머물러 있다.

안 교사는 학생들이 그가 한 것을 반복하고 관찰하도록 하였고 칠판 위에 세 사례의 그림을 그린 후 말하였다.

"이것들을 보렴." 첫 번째 그림을 언급하면서 안 교사는 물었다.

"나는 위쪽과 아래쪽 중 어느 쪽 위로 입바람을 불었지? ……인숙?"

"위쪽으로 불었습니다."

"그런 후 어떤 일이 일어났지? ……양순아?"

"종이가 위로 올라왔어요." 두 번째 그림을 가리키며 안 교사는 물었다.

"우린 이때 무엇을 했지? ……아민?"

"두 장의 종이 사이로 바람을 불어 냈어요."

"그때 어떤 일이 일어났지? ……전혁아?"

"종이끼리 밀착했어요."

안 교사는 탁구공과 깔때기를 가지고도 유사한 분석을 하였고 그 후 다시 물었다.

"여기서 힘에 대해 생각해 보자. ……어떤 힘이 종이에 작용하고 있을까? ……노현?"

"중력."

"중력은 어느 방향으로 당기는 걸까?"

"아래쪽."

안 교사는 아래쪽을 가리키는 화살표를 그려 중력을 나타냈고 그것을 'A' 라 명명했다.

"다른 어떤 힘이 종이에 작용하고 있을까? ……병철아?" 안 교사는 계속 질문하였다.

"공기." 윗방향을 가리키며 병철이가 대답하였다.

"그것이 미는 힘임을 어떻게 알았니?"

"종이가 위로 움직였으니까요."

"정확해, 너는 밀어 올리는 힘이 있다는 것을 알고 있어. 왜냐하면 물체는 더 큰 힘의 방향으로 움직이는데, 종이가 위로 움직였기 때문이지." 안 교사는 위쪽을 가리키는 화살표를 그리고 'B'라 이름 붙였다.

안 교사는 학생들이 두 번째와 세 번째 사례에 대한 유사한 분석을 통해 두 장의 종이가 떨어지도록 미는 힘보다는 밀착하도록 미는 힘이 더 크며, 탁구공이 깔때기 밖으로 나가게 미는 힘보다는 깔때기 안으로 미는 힘이 더 크다고 결론짓도록 안내하였다.

"이제 다시 힘과 우리가 어디에 입바람을 불었는지를 살펴보자." 안 교사는 수업을 진행하면서 첫 번째 그림으로 돌아갔다.

"그림들을 주의 깊게 살펴보고 두 그림 사이에 어떤 관계가 있는지 확인해라."

몇 초가 지난 후 양순이가 결론지었다.

"당신이 어느 쪽에 입바람을 불든 힘은 반대편이 더 강한 것 같아요."

몇 분 안에 종료종이 울릴 것을 인식하면서 안 교사는 수업을 계속하였다.

"그래요, 훌륭해요, 양순……. 베르누이라는 사람은 표면 위의 공기 흐름 속도를 증가시킬 때마다 힘은 감소한다는 것을 발견했어요. ……그래서 내가 종이 표면 위에서 공기 흐름 속도를 증가시킬 때(한 장의 종이를 들고), 힘은 감소하고 이 힘이(종이 아래쪽에서 위로 움직임을 주며 힘이 밀어 올리는 것을 보이면서) 더 강해지는 것이지요."

안 교사는 나머지 두 사례를 같은 방식으로 요약하고 종료종이 울리자 수업을 마쳤다.

이 수업 동안 안 교사는 신임 교사를 포함하는 모든 교사가 학생들의 학습을 극대화하기 위해 소유해야 하는 몇 가지 **필수 수업 기술**을 보였다. 효율적 교사는 필수 수업 기술을 내용 영역, 학년, 혹은 구체적인 강의 전략과 관계없이 보여야 하며 이런 기술은 교사의 일반 교육 지식을 반영한다.

필수 수업 기술 (Essential teaching skill)
모든 교사가 학생들의 학습을 극대화하기 위해 소유해야만 하는 기초 능력

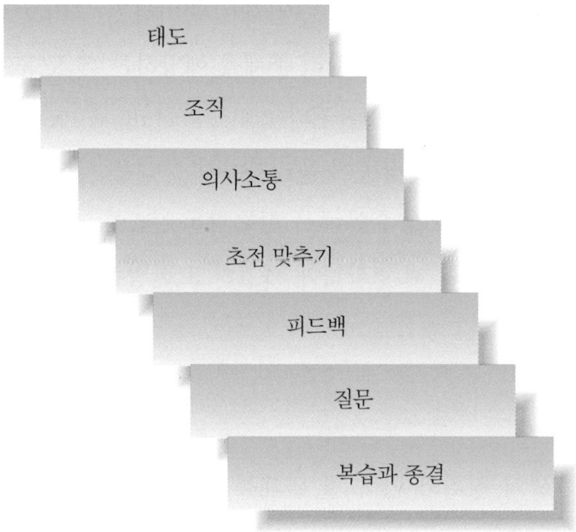

[그림 13-6] 필수 수업 기술

오랫동안의 연구에서 도출된(Brophy, 2006c; Good & Brophy, 2008) 필수 수업 기술은 [그림 13-6]에 요약되어 있으며 다음 절에서 논의될 것이다. 우리는 이것을 명확하게 제시하기 위해 나누어 기술하지만 그러나 이들은 상호 의존적이다. 어느 것도 다른 것들과 연결되지 않고 혼자서는 효과적일 수 없다.

태 도

모두 알고 있듯이, 태도가 기술은 아니지만 긍정적인 교사의 태도는 효과적 강의의 기초다. 11장에서 보았듯이 개인적인 강의 효율성, 본보기 되기와 열정, 배려, 그리고 높은 기대와 같은 교사의 특성은 학습자의 동기를 높인다. 이들 특성은 또한 학습자의 성취도를 증가시키는데, 이는 논리적으로 동기와 학습이 매우 강하게 연관되어 있기 때문이다(Brophy, 2004; Bruning, Schraw, Norby, & Ronning, 2004).

유능한 교사는 학습자료를 준비하고 수업이 시작되었을 때 바로 사용할 수 있도록 한다.

안 교사는 강의를 하는 동안 여러 긍정적 태도를 보여 주었다. 그는 힘이 넘쳤고 열정적이었으며, 배려를 보이면서 학생들에 대한 존중을 나타냈고, 그의 질문은 그가 모든 학생이 수업에 참여하고 학습하기를 기대하고 있다는 것을 시사한다. 이것은 우리가 모든 교사에게서 보기를 바라는 태도다.

조 직

조직의 필요성은 학급관리와 효과적 강의의 상호 의존성을 보여 준다. 12장에서 독자들은 학급의 조직화가 정시에 수업 시작하기, 수업자료 준비하기 그리고 학급 절차 개발하기를 포함한다는 것을 보았다. 이들 요소는 관리 문제를 예방하는 데 도움이 되며 강의 시간을 극대화한다. 따라서 학생들의 학습과 연관된다(Bohn, Roehrig, & Pressely, 2004).

안 교사는 조직에 능하다. 그는 시작종이 울리자마자 수업을 시작했고 나누어 줄 종이, 탁구공, 깔때기를 준비하였으며, 수업 요약에서 학습활동으로의 전환이 신속하고 유연했다. 이 조직화는 그가 수업을 계획할 때 명확하게 사고하고 결정한 것의 결과다.

의사소통

효과적 의사소통, 학생의 성취와 만족 간 관계를 입증하는 많은 문헌이 있다(Good & Brophy, 2008; I. Weiss & Pasley, 2004). 효과적 의사소통의 네 가지 측면이 학습과 동기와 관련하여 중요하다.

- 명확한 언어
- 잘 연결된 강의
- 전환 신호
- 강조

명확한 언어 (Precise language)
설명하거나 학생의 질문에 답할 때 불명확한 단어를 사용하지 않는 교사의 강의

명확한 언어는 설명하거나 학생의 질문에 답할 때 불명확한 단어들(예, 아마, 어쩌면, 혹은, 기타 등등, 대개 등)을 사용하지 않는 것을 의미한다. 예를 들어, "학습을 촉진하기 위해 매우 유능한 교사들이 하는 일은 무엇인가?" 라고 당신이 질문했을 때, 당신의 강사가 "대개 그들은 시간을 더 잘 사용하며, 기타 등등" 이라고 대답한다면 당신은 이에 대한 명확한 이해를 하기 어렵다. 반대로 만약 강사가 "그들은 그들이 학습을 증진시킬 수 있다고 믿으며 그들 특성 중 하나는 시간을 효과적으로 사용하는 것이다." 라고 대답한다면 당신은 명확한 심상을 갖게 되며 이런 명료함은 더 큰 성취로 이끈다.

잘 연결된 강의 (Connected discourse)
주제가 명확하고 초점 있는 교수

잘 연결된 강의란 주제가 명확하고 초점 있는 교수를 의미한다. 수업의 초점이 명확하지 않거나 순서가 부적절하다면, 혹은 엉뚱한 정보가 주제와 어떻게 관련되었는지도 언급하지 않은 채 갑자기 주어진다면 교실에서의 강의는 일관성을 잃거나 혹은 혼란스러워질 것이다. 숙련된 교사는 단계에 따라 수업을 진행하며 주제와 연관되지 않은 내용에 사용되는 시간을 최소화한다(Burbules & Bruce, 2001; Leinhardt, 2001).

전환신호 (Transition signal)
하나의 주제가 끝나고 다른 주제가 시작된다는 것을 알리는 언어 표현

전환신호는 하나의 주제가 끝나고 다른 주제가 시작된다는 것을 알리는 언어 표현이다. 예를 들어, 미국 행정을 가르치는 교사는 "우리는 의회 중 하나인 상원에 대해 얘기해 왔어요. 이제 하원에 대해 얘기를 시작합니다." 라고 말함으로써 전환을 알릴 수 있다. 모든 학생이 인지적으로 같은 지점에 있는 것은 아니기 때문에, 전환신호는 학생들에게 수업이 개념적 이동—새 주제로의 이동—을 하고 있음에 주의를 기울이고 그것에 대해 준비하게 한다.

강조(Emphasis)
학생들에게 수업 중 중요한 정보에 주의를 기울이게 하는 언어적 음성적 신호

강조는 학생들에게 수업 중 중요한 정보에 주의를 기울이게 하는 언어적 · 음성적 신호로 구성되어 있다(Jetton & Alexander, 1997). 예를 들어, 안 교사는 음성적 강조의 형태를 사용하였는데, 그는 복습에서 본 수업으로 전환하면서 "이 개념을 기억하여라." 라고 얘기할 때 음성을 높였다. "이제 모두 이것이 매우 중요하다는 것을 기억하라." 혹은 "주의하여 들어라." 라고 교사가 말한다면 그들은 언어적 강조를 사용하고 있는 것이다.

초점을 반복하는 것 역시 강조의 한 형태다. "우리는 이 문제의 공통점이 무엇이라고 말했나?" 라고 학생들에게 묻는 것은 문제의 중요한 측면을 강조하고 학생들이 새 정보를 이미 가진 정보에 연결하도록 돕는다. 반복은 추상적 규칙, 원리와 개념을 복습할 때 특히 중요하다(Brophy & Good, 1986; Shuell, 1996).

가르치려는 주제를 명확하게 이해한 교사가 그렇지 않은 교사보다 명확한 언어를 사용하고 수업은 보다 그 주제가 분명하며 수업내용은 서로 잘 연결되어 있기 때문에 내용 지식은 명확한 의사소통을 위해 필수적이다(Brophy, 2006c; Cruickshank, 1985).

감각 주의 끌기는 수업 동안 학생들의 주의를 유지하는 데 도움을 준다.

내용 지식은 교사가 학생들의 생각에 잘 대처하면서도 학습목표에 계속 초점을 맞추도록 한다(Staples, 2007). 이것은 당신이 수업을 계획할 때 당신에게 불명확한 어떤 주제에 대해서도 주의 깊게 공부해야 함을 말해 준다.

소점 맞추기: 주의 끌기와 유지하기

11장에서 보았듯 수업 시작 시 주의 끌기는 학생들의 주의를 끌고 수업에 대한 틀을 제공한다. 안 교사는 시연이와 함께 수업을 시작함으로써 학생들에게 수업 시작 시 주의 끌기를 수행하였다. 이것은 학생들의 주의를 끌 뿐 아니라 수업의 나머지에 대한 맥락도 제공하였다.

안 교사의 시연이와 함께한 그림은 일종의 감각 주의 끌기로 기능하였으며, 그것은 학습활동 동안 주의를 유지하기 위해 사용된 자극에 의해 이루어졌다. 이 자극은 유형의 물체, 그림, 모형, OHP 자료 혹은 판서된 정보 등을 포함한다.

감각 주의 끌기 (Sensory focus)
학습활동 동안 주의를 유지하기 위해 사용된 자극의 결과

앞 장의 사례연구에서 교사들이 사용한 감각 주의 끌기를 위한 자극의 다른 예는 다음과 같다.

- 2장에서 솜 뭉치가 든 컵을 사용한 노 교사의 시연
- 7장에서 서 교사의 모형과 OHP
- 8장에 공 교사의 저울
- 9장에서 한 교사의 학급 도해(253쪽)와 배 교사의 그래프
- 11장에서 고 교사의 OHP에서 보여 준 문구

내용에 대한 예시와 다른 사례는 감각 주의 끌기를 제공하는 효과적 방법이다. 양질의 사례와 함께 수업을 구성하는 것은 학생들이 지식을 구성하는 데 필요한 정보를 제공할 뿐 아니라 주의를 유지하도록 도와준다.

피드백

피드백(Feedback)
학습자가 그들의 언어적 대답과 글로 쓴 작업에 대한 정확성 혹은 적절성에 대해 받는 정보

피드백은 학습자가 그들의 언어적 대답과 글로 쓴 작업에 대한 정확성 혹은 적절성에 대해 받는 정보이며 피드백의 중요성은 일관되게 연구들에 의해 지지받았다(Hattie & Timperley, 2007; Marzano, 2003b). 그것은 또한 이 교과서에서 독자들이 공부해 온 모든 학

습이론에 의해 지지받고 있다. 피드백은 학습자들이 자신들의 사전지식에 대한 정확성을 평가하도록 하며 지식구조의 타당성에 대한 정보를 제공하고 기존 이해를 정교화하는 것을 돕는다. 그것은 또한 학생들에게 그들의 증가하는 유능성에 대한 정보를 제공하고 그들이 얼마나 발전하고 있는지를 이해하려는 필요성을 만족시키도록 돕기 때문에 동기에 중요한 역할을 한다(Brophy, 2004). 피드백의 목적은 기존 이해와 학습목표 사이의 차이를 좁히는 데 있다(Brosvic, Epstein, Dihoff, & Cook, 2006; Hattie & Timperley, 2007).

효과적 피드백은 네 가지 특징을 가진다.

- 학습자의 응답에 대해 즉시 혹은 곧바로 주어진다.
- 구체적이다.
- 학습자에 대한 정확한 정보를 제공한다.
- 정서적으로 긍정적 색조를 가진다(Brophy & Good, 1986; Moreno, 2004).

이 특징을 설명하기 위해 다음 세 사례를 살펴보자.

양 교사: OHP에 어떤 종류의 도형이 보이니, 예경아?
예경: 정사각형.
양 교사: 정확하지 않구나. 누가 예경이를 도와주렴…… 재현아?

송 교사: OHP에 어떤 종류의 도형이 보이니, 예경아?
예경: 정사각형.
송 교사: 아니야. 그것은 직사각형이야. 자, 다음 도형은 무엇이지…… 상우?

모 교사: OHP에 어떤 종류의 도형이 보이니, 예경아?
예경: 정사각형.
모 교사: 아니야, 기억하겠지만 정사각형은 모든 변이 같은 길이를 가지고 있다고 얘기했었다. 이 도형의 변들의 길이와 관련하여 어떤 것에 대해 주목해야 할까?

각 사례에서 교사는 즉각적 피드백을 주었다. 그러나 양 교사나 송 교사는 예경이에게 정확한 정보를 주지 않았다. 이와 반대로 모 교사는 예경이에게 효과적 피드백의 가장 중요한 특징인, 개념에 대한 이해를 돕는 구체적 정보를 주었다(Hattie & Timperly, 2007).

사례들이 교사 대응의 정서적 색조를 보여 주지는 않았지만, 그것은 중요하다. 모진, 비판적인, 혹은 비꼬는 피드백은 학생의 안전과 관계에 대한 정서를 손상시키며 그것은 동

청소년들에게 칭찬은 조용히 개인적으로 주어질 때 효과적이다.

기와 학습 모두를 떨어뜨린다(Schunk, Pintrich, & Meece, 2008).

칭찬

칭찬은 교사의 피드백 중 가장 보편적이면서 적용 가능한 형태다. 연구들은 칭찬의 사용에서 몇 가지 흥미 있는 유형을 찾아냈다.

- 칭찬은 교사들이 믿는 것보다 훨씬 덜 사용된다 – 수업당 5회 이하.
- 바람직한 행동에 대한 칭찬은 대단히 드물다. 초등학교에서는 2시간 혹은 그 이상에 한 번 정도 일어나고 학생들이 진학하면서 더욱 줄어든다.
- 칭찬은 학생 응답의 질뿐 아니라 학생 유형(예를 들어, 섭취가 높거나, 행동이 바람직하거나, 주의 집중을 하는)에 따라 주어진다.
- 교사들은 그들이 실제로 들은 답변만이 아니라 들을 것을 기대한 바에 따라 학생을 칭찬한다(역주: 학생의 대답이 비록 정답에 가까워도 교사의 생각과 다를 때 칭찬하지 않기도 한다, Brophy, 1981; Good & Brophy, 2008).

효과적으로 칭찬하는 것은 보기보다 복잡하다. 예를 들어, 어린 아동들은 지나친 칭찬도 그대로 받아들이지만 더 나이 든 학생들은 칭찬의 타당성과 그것이 자신의 능력과 관련해 무엇에 대해 언급한다고 믿는지에 대해 평가한다. 어린 아동들은 학급 동료 앞에서 공개적으로 주어지는 칭찬에 기뻐하지만 청소년은 조용히, 그리고 개인적으로 칭찬이 주어졌을 때 더 긍정적으로 반응한다(Stipek, 2002). 전문가들은 나이 든 학생들에게 주어지는 칭찬은 참된 성취를 반영하고 과장되지 않은 목소리로 명료하고 직접적으로 주어져야 한다고 조언한다(Good & Brophy, 2008). 불안이 높은 학생들과 낮은 사회경제적 지위의 학생들은 자신감 있고 보다 높은 계층의 학생들보다 칭찬에 더 긍정적으로 반응하는 경향이 있다(Brophy, 1981; Good & Brophy, 2008).

마지막으로 연구들은 일반적 칭찬보다는 구체적 칭찬이 보다 효과적이라고 지적하고 있지만 만약 모든 바람직한 대답에 구체적으로 칭찬을 받는다면 그것은 과장되고 인위적인 것으로 들릴 수 있고 수업의 흐름을 방해할 수 있다. 전문가들은 정확하지만 주저하는 학생의 대답에 대한 칭찬은 보완하고 확신을 주는 정보를 함께 제공해야 하며 반대로 확신에 찬 응답에 대한 칭찬은 간단하고 보편적이어야 한다고 제안한다(Rosenshine, 1987).

서면 피드백

학생들이 받는 많은 피드백은 수업 중 일어나지만 교사들은 또한 학생의 수행에 대해 짧은 메모와 의견을 통해 피드백을 제공하기도 한다. 상세히 쓰는 피드백은 시간이 걸리는 일이기 때문에 서면 피드백은 대개 간단하고 개략적이어서 학생들에게 크게 유용한 정보를 제공하기 어렵다.

이 문제에 대한 한 가지 해결 방법은 서면 과제에 대한 대표적 예를 제공하는 것이다. 예를 들어, 학생들이 에세이 과제에 대한 그들의 수행을 평가하기 위해 효율적 교사는 종종 모범 에세이를 작성하여 학생들에게 보여 주고 학생들이 자신들의 에세이와 모범 에세이를 비교하도록 격려한다. 개인적인 도움을 주는 시간 및 토의와 연계되어 모범 답안은 교사에게 관리가 가능한 유익한 피드백을 제공한다.

질 문

강의와 관련한 연구에서 가장 많이 반복되는 결과 중 하나는 유능한 교사는 능동적으로 학생들을 가르친다는 것이다(Brophy, 2006c; Odom, Stoddard, & LaNasa, 2007; Opdenakker & Van Damme, 2006).

> 더 큰 성취를 이끌어 내는 교사는 학생들을 능동적으로 가르치는 데 많은 시간을 사용한다. 그들 교실의 특색은 교사-학생 간 토의로 특징지워지는 상호작용적 수업에 더 많은 시간을 보내고 독립적 학습에는 더 적은 시간을 투입한다. 그들 수업의 대부분은 집중적 강의-발표 중이 아닌 학생들과의 상호작용적 토론 중에 이루어진다(Brophy, 2006c: 764).

질문은 상호작용을 촉진하기 위해 교사가 가진 가장 적용 가능하고 효과적인 도구다(Leinhardt & Steele, 2005; J. Olson & Clough, 2004). 능숙한 질문은 쉬운 일은 아니지만 연습, 노력, 경험을 통해 교사는 전문가가 될 수 있다(Kauchak & Eggan, 2007; I. Weiss & Pasley, 2004). 자신들의 작업기억이 과부하되는 것을 피하기 위해 교사들은 질문 전략을 자동적 수준까지 연습해야 할 필요가 있으며, 이것은 작동기억이 학생들의 사고를 관찰하고 학습 성과를 평가할 수 있도록 여유를 준다(Feldon, 2007a).

효과적인 질문의 특징은 [그림 13-7]에 정리되어 있으며, 다음 절에서 논의할 것이다.

질문은 교사가 학생들의 학습을 안내하고 학습의 진행을 평가할 수도 있게 한다.

질문빈도(Questioning frequency)
학습활동 동안 교사가 주는 질문 수

질문 빈도

질문 빈도는 학습활동 동안 교사가 주는 질문 수를 말하며, 독자들은 이것이 안 교사가 질문을 통해 그의 전체 수업을 구성한 방식에서 예시되어 있음을 알 수 있다. 질문은 학생들의 관여를 높이며 이는 성취를 증가시키고(J. Finn, Pannozzo, & Achilles, 2003; Leinhardt & Steele, 2005), 더 큰 관여는 내적 동기에서 꼭 필요한 학습자의 통제감과 자율성을 증진시킨다(R. Ryan & Deci, 2000). 유능한 교사는 그렇지 않은 교사에 비해 더 많은 질문을 하며 학습목표에 초점을 맞춘 질문을 한다(Leinhardt & Steele, 2005).

골고루 질문하기

골고루 질문하기(Equitable distribution)
학급에서 학생의 호명을 가능한 동등하게 하는 과정

학급에서 주로 누가 호명받는가? 일반적으로 그들은 높은 성취를 보이고 있거나 주장적인 학생들이다. **골고루 질문하기**는 학급에서 학생의 호명을 가능한 한 동등하게 하는 과정이다(Kerman, 1979). 예시를 위해, 안 교사 수업에서의 대화 일부로 돌아가자.

> 안 교사: (한 장의 종이를 그린 그림을 가리키며) 나는 위쪽과 아래쪽 중 어느 쪽 위로 입바람을 불었지? 인숙?
> 인숙: 위쪽으로 불었습니다.
> 안 교사: 그런 후 어떤 일이 일어났지? 양순아?
> 양순: 종이가 위로 올라왔어요.
> 안 교사: (두 장의 종이를 그린 그림을 가리키며) 우린 이때 무엇을 했지? 아민?
> 아민: 두 장의 종이 사이로 바람을 불었어요.
> 안 교사: 그때 어떤 일이 일어났지? 전혁아?
> 전혁: 종이끼리 밀착했어요.

이 짧은 예화에서 안 교사는 네 명의 다른 학생들에게 질문을 주었으며, 먼저 질문을 하고 그다음 학생을 지명했다. 이 과정은 모든 학생이 답을 생각하게 만들고 모든 사람이 응답자로 지명될 수 있고 주의를 기울여야 한다는 기대를 만들었다(Good & Brophy, 2008;

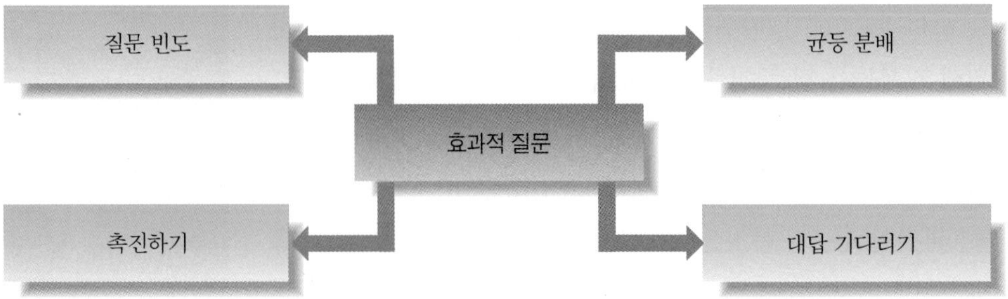

[그림 13-7] 효과적 질문의 특징

McDougall & Granby, 1996).

> 학생들은 언어적 의사소통을 연습할 기회로부터 이득을 얻고 공평한 응답 기회는 학생들의 주목과 책임감을 유지한다. 또한 작은 집단의 능동적인 (그리고 대개 높은 성취를 보이는) 학생들과 주로 상호작용하는 교사는 바람직하지 않은 기대를 주기 쉽고 대개 주의를 덜 기울이며 덜 효과적이다(Good & Brophy, 2008: 322).

골고루 질문하기는 단순하지만 쉽지 않은 것인데 그것이 학생에 대한 주의 깊은 관찰과 많은 교사의 노력을 요구하기 때문이다. 이것은 골고루 질문하기에 의해 부과되는 인지적 부하를 줄이기 위해 자동적 수준까지 질문하기를 연습해야 하는 다른 이유다(Feldon, 2007a).

촉진하기

당신이 질문을 골고루 하려 할 때 당신은 다음과 같은 의문을 떠올릴 것이다. 내가 지명한 학생이 답을 하지 않거나 틀린 답을 내놓는다면 어떻게 해야 하나? 대답 중 하나는 촉진하기인데, 이것은 학생이 올바른 답을 하지 못한 뒤 교사가 적절한 학생의 응답을 이끌어 내기 위해 사용하는 추가질문 혹은 진술이다. 학습과 동기 모두에 대한 촉진의 가치는 많은 문서에서 찾아볼 수 있다(Brophy, 2006c; Brophy & Good, 1986; Shuell, 1996).

촉진하기(Prompting)
학생이 올바른 답을 하지 못한 뒤 교사가 적절한 학생의 응답을 이끌어 내기 위해 사용하는 추가질문 혹은 진술

예시를 위해 안 교사의 수업에서의 예화를 다시 살펴보자.

> 안 교사: 우리가 종이 위로 입바람을 불었을 때 무엇을 관찰하였니? 준표?
> 준표: 종이가 움직였어요.
> 안 교사: 종이가 어떻게 움직였지? 한 번 더 아까처럼 해 보렴.
>
> 준표는 종이의 표면 위로 입바람을 다시 불었다.
>
> 안 교사: 종이에 어떤 일이 일어났니?
> 준표: 종이가 위로 올라왔어요.

준표는 처음 힘과 종이의 움직임의 관계에 대해 그가 이해하도록 하는 데 필요한 답을 하지 못하였고, 그래서 그가 시연을 반복하도록 한 것은 일종의 촉진하기가 된다.

다른 예로, 언어 교사인 장 교사가 OHP를 통해 다음 문장을 보여 주었다.

> 소녀는 매우 체력이 좋았다(The girl was very athletic).

다음 간단한 대화를 살펴보자.

> 장 교사: 이 문장에서 형용사를 찾아낼 수 있니…… 양숙아?
> 양숙: …….
> 장 교사: 우리는 이 소녀에 대해 무엇을 알 수 있지?
> 양숙: 그녀는 매우 체력이 좋아요.

장 교사의 촉진은 양숙에게 적절한 대답을 끌어냈고 학습활동에 계속 참여시켰으며 성공 경험을 제공하였다. 그녀는 장 교사가 원하는 답에 이르지는 못하였지만 장 교사의 질문은 그녀가 근접발달영역 안에서 정보를 처리할 수 있게끔 하였고, 그래서 그녀는 학습에서의 발달을 계속 이룰 수 있었다.

촉진하기를 할 때 당신은 전략적이어야 한다. 예를 들어, 질문이 '7 곱하기 8은 무엇이니?' 혹은 '남북전쟁 중 미국 대통령은 누구였니?' 와 같은 사실 지식을 요구하였으나 학생이 대답하지 못한다면 촉진하기는 효과가 없다. 학생들은 사실을 알거나 모르거나 둘 중 하나다. 그러나 개념적 · 과정적 · 메타인지적 지식을 학습할 때, 그리고 암기를 넘어 인지과정을 사용할 때 촉진은 효과적이다(L. Anderson & Krathwohl, 2001).

대답 기다리기

질문이 효과적이려면 교사는 학생들에게 생각할 시간을 주어야 한다. 질문한 후 유능한 교사는 응답한 학생을 선택하기 전 몇 초간 기다린다. 이 몇 초의 시간은 모든 학생에게 자신이 호명받을 수도 있다는 경각심을 준다. 학생을 호명한 다음, 교사는 그 학생이 생각할 시간을 몇 초간 더 준다.

대답 기다리기(Wait-time)
학생을 지명하기 전후의 잠시 동안의 침묵

학생을 호명하기 전후의 잠시 동안의 침묵을 **대답 기다리기**라 하는데 대부분의 수업에서 그것은 너무 짧으며 종종 1초도 주어지지 않는다(Rowe, 1974, 1986, R. Stahl et al., 2005).

대답 기다리기의 보다 설명적인 이름은 '생각할 시간' 일 것인데 교사의 기다림에 의해 모든 학생—호명받은 학생과 학급의 나머지 학생들— 은 생각할 시간을 얻기 때문이다. 기다리는 시간이 커지면, 이상적으로는 약 3초에서 5초간, 이는 모든 학생이 호명받을 수 있다는 기대를 전달하며 결과적으로 더 길고 더 좋은 답을 이끌어 내고 긍정적 학급환경에 기여한다(Kastens & Liben, 2007; Rowe, 1974, 1986; R. Stahl et al., 2005).

촉진하기처럼 교사들은 대답 기다리기도 전략적으로 실행해야 한다. 예를 들어, 학생이 구구단 같은 기초 기술을 연습한다면 즉각적 대답이 바람직하고 기다리는 시간도 짧아야 한다(Good & Brophy, 2008; Rosenshine & Stevens, 1986). 또한 학생이 어려워하고 있는 것처럼 보인다면 당신은 더 일찍 개입해야 할지도 모른다. 그러나 학생들이 적용, 분석, 평가와 같은 인지적 과정을 사용하기를 기대한다면 대답 기다리기는 좀 더 길어야 하며 때로

3초에서 5초라는 일반 규칙을 초과할 수 있다.

질문의 인지적 수준

교사가 하는 질문의 종류 또한 학습에 영향을 미치며 낮은, 그리고 높은 수준의 질문이 가지는 상대적 장점은 폭넓게 연구되어 왔다. 그러나 결과는 일관되지 않다. 낮은 수준의 질문(예를 들어, [그림 13-2]의 분류에서 기억을 상기하라)과 높은 수준의 질문(예를 들어, 분류표에서 적용, 분석)은 수업 상황에 따라 성취와 정적으로 상관이 있다(Good & Brophy, 2008).

질문의 적절한 수준은 당신의 학습목표에 달려 있으며 하나의 질문만을 따로 떼어 생각하기보다는 물어볼 일련의 질문을 함께 고려하여야 한다. 독자들은 안 교사의 수업에서 이것이 예시되어 있는 것을 볼 수 있다. 시연을 마친 후 안 교사는 먼저 종이와 탁구공이 어떻게 움직였는지를 기억하고 있는지 확인하고 그다음 공기의 속도와 그것이 물체에 미치는 힘 간의 관계에 대해 확인하는 질문을 하였다.

당신의 수업에서 당신은 당신이 물어보려는 질문의 수준이 아닌 당신의 학습목표에 초점을 맞추어야 한다. 당신의 목표가 명확하다면 질문의 수준은 저절로 정해질 것이다.

복습과 종결

복습은 학생들이 이미 배운 것과 다음 학습활동에서 배울 것을 서로 관련시킬 수 있도록 도와주는 요약 활동이다. 그것은 주로 수업의 시작과 종료 부분에서 수행되지만, 수업의 어느 시점에서도 수행 가능하다.

> 복습(Review)
> 학생들이 이미 배운 것과 다음 학습활동에서 배울 것을 서로 관련시킬 수 있도록 도와주는 요약 활동

수업의 시작과 함께 수행되는 복습은 현재 수업의 내용을 이해하기 위해 필요한 사전 지식을 학생들이 활성화시키는 데 도움이 된다. 화요일에 실시했던 안 교사의 초반 복습은 그의 수업에서 가장 효과적인 측면 중 하나였다. 그는 단순히 힘의 정의와 반대되는 힘과 운동을 관련시키는 원리를 학생들에게 회상시키는 데 그치지 않았다. 그는 실례를 제공하였다. 그는 이미 월요일에 실례를 보여 주었기 때문에 또 다른 사례를 사용하는 것은 과도한 것처럼 보이지만 때로 그것은 필요하다. 복습을 하는 동안 학생들에게 실제 사례를 제공하는 것은 장기기억에 추가 연결을 제공함으로써 복습의 효과성을 높인다.

안 교사의 복습은 또한 학생들이 베르누이의 원리를 이해하기 위해 움직임의 방향과 더 강한 힘을 연관시키는 원리와 힘에 대해 이해하여야 하기 때문에 중요하다. 그의 복습활동은 수업이 의미있는 것이 되려면 필요한 것이었다.

종결은 수업의 마지막에 수행되는 복습의 한 형태다. 종결의 목적은 학생들이 배운 것을 의미 있는 도식으로 조직하도록 돕는 것이다. 그것은 서로 다른 측면의 주제를 함께 묶고 수업이 끝나 가고 있음을 알려 준다. 학생들이 높은 수준의 학습에 관여하고 있을 때 효과적 형태의 종결은 학생들로 하여금 개념의 또 다른 사례를 확인하게 하거나 원리, 일반화, 혹

> 종결(Closure)
> 수업 마지막에 수행되는 복습의 한 형태

은 규칙을 새로운 상황에 적용하게 하는 것이다. 문제해결을 가르칠 때 그 문제를 해결하는 데 관여된 사고를 요약하는 것은 다른 효과적 형태의 종결이 된다.

교실에의 적용

당신의 학급에서 필수 수업 기술 보이기

태도

1. 개인적인 강의 효능감, 높은 기대, 본보기 되기와 열정 그리고 배려는 학생의 성취를 높이는 교사의 태도와 신념이다. 긍정적인 태도를 보이는 것은 학생들의 동기와 성취를 높여라.

- 초등학교: 3학년 교사는 학생이 과제 제출을 하지 않거나 쪽지시험 혹은 정규시험에서 만족스럽지 않은 결과를 보일 때 학생의 부모에게 전화하여 그들의 도움을 구함으로써 교사의 개인적 효능감과 배려를 전달한다.
- 중학교: 7학년 교사는 "나는 네가 이 교실에서 행동하기를 기대하는 바대로 항상 그렇게 행동할 것이다."라고 칠판에 써 보임으로써 기꺼이 역할 모델이 된다. 그는 이 진술을 그의 학급에서 지도 원리로 삼는다.
- 고등학교: 지리교사는 처음 그녀의 학생들이 문제가 있음을 증거를 통해 알고 주당 두 차례씩 방과 후 조력 시간을 가졌다. "기대를 낮추기보다는 오히려 그들을 돕고자 하였다."라고 그녀는 말했다.

조직과 의사소통

2. 효과적으로 조직하기란 교사가 수업을 정시에 시작하고 수업자료를 준비하며 잘 확립된 절차를 유지하는 것이다. 교수시간을 최대화하기 위해 수업자료를 신중하게 계획하고 조직하며 명확하게 의사소통하라.

- 초등학교: 1학년 교사는 음료병, 풍선, 성냥, 소다, 식초, 깔때기, 그리고 풍로 등 자주 사용되는 과학 수업자료로 채워진 상자 몇 개를 가지고 있다. 과학 시연 전날 밤에 그는 상자에서 자료를 선택하기 위해 몇 분간 시간을 보내고 수업이 시작되면 바로 모든 것이 준비되도록 탁자 근처 선반 위에 그 자료들을 정리해 둔다.
- 중학교: 8학년 미국 역사교사는 동료 교사들에게 수업에 대한 피드백을 제공받기 위해 그녀의 학습에 방문해 달라고 요청한다. 그녀는 또한 동료들에게 수업에서 중요한 부분을 강조하는지, 논리적으로 수업을 전개하는지, 그리고 주제의 전환을 알리는지를 확인해 달라고 청했다.
- 고등학교: 생물교사는 그날 배울 주제의 개요와 준비된 활동과 함께 매 수업을 시작한다. 하나의 활동에서 다른 활동으로 전환할 때 그녀는 학생들의 주의를 개요로 이끌고 이를 통해 학생들은 그들이 현재 무엇을 배우고 있는지, 그리고 다음으로 무엇을 배울 것인지를 이해할 수 있게 된다.

초점 맞추기와 피드백

3. 수업에서의 초점 맞추기는 학생들의 주의를 유지하고 피드백은 그들의 학습 진전에 대한 정보를 제공한다. 문제와 시연, 그리고 영상을 사용하여 수업 중 집중할 수 있도록 한다. 모든 학습경험을 통해 피드백을 제공하라.

- 초등학교: 4학년 교사는 다른 종류의 동물들에 대한 수업을 시작하며 살아 있는 바닷가재, 거미, 그리고 메뚜기를 교실에 가져왔고 이 동물들과 관련하여 절지동물에 대한 수업을 구성하였다. 절지동물의 특징 목록을 칠판에 적은 후 교사는 학생들에게 대합조개가 절지동물인지 물었다. 몇몇이 그렇다고 말했을 때 그들에게 절지동물 특징 목록을 참조하도록 하고 각 특징을 대합에서 확인할 수 있는지 물음으로써 피드백을 제공하였다. 짧은 토론 후 그들은 대합은 절지동물이 아니라는 결론을 내렸다.
- 중학교: 과학교사는 발화 온도에 대한 개념을 다루면서 물과 알코올의 혼합물에 옷감 조각을 적시고 불을 붙이려 한 후 "왜 옷감 조각에 불이 붙지 않지요?"라고 물었다. 학생들이 그들의 이해를 발달시키는 것을 돕는 질문을 통해 그는 학급 토론 동안 피드백을 제공하였다.
- 고등학교: 체육교사는 거의 완벽한 백핸드를 구사하는 프로 테니스 선수의 동영상을 학생들에게 보여 주었다. 그녀는 학

생들이 백핸드를 연습하는 것을 녹화하였고 학생들은 프로 선수의 백핸드를 흉내 내면서 그들의 스윙을 수정하려 하였다.

질문과 복습

4. 복습은 학생들의 기존 지식을 활성화하고 공고히 하도록 도우며 질문은 지식을 인지적으로 활성화하도록 한다. 짧은 복습과 함께 각 수업을 시작하고 종결하라. 질문을 통해 복습을 이끌어라.

- 초등학교: 다양한 유형의 국경에 대해 가르치는 5학년 교사는 "우리는 오늘 지금까지 세 유형의 국가 간 경계를 살펴보았어요. 이 세 가지는 무엇이지요? 그리고 어떤 곳에서 그런 국경이 만들어지나요?" 라고 말했다.
- 중학교: 영어교사는 "우리는 대명사와 그 대명사가 언급하는 명사의 일치에 대해 어제 공부했습니다. 이 개념을 보여 주는 사례를 내게 제시하고 여러분의 사례가 어째서 올바른지를 설명하세요." 하는 말과 함께 수업을 시작하였다.
- 고등학교: 미술교사는 "오늘 우리는 많은 예술가가 서로 다른 느낌을 만들기 위해 색을 사용한다는 것을 알았습니다. 우리가 배운 측면에 대해 요약해 봅시다. 자, 누구든 자원해 봐요." 라고 말했다.

학습 맥락: 도시학급에서의 효과적 교수

필수 강의 기술은 교수 맥락과 관계없이 모든 학생의 학습을 증진시키지만 이들은 도시 학생들을 가르칠 때 더 필요하다. 세 가지 기술이 도시환경에서 핵심적으로 필요하다.

- 태도
- 질문
- 피드백

태도

교사의 태도는 학생들을 대하는 방식에 영향을 끼치며 도시 지역 학생들의 학습능력에 대한 부정적 고정관념은 특히 해로울 수 있다. "그런 고정관념은 비인간적일 뿐 아니라 대항하여 싸우기 어려운 것인데 왜냐하면 고정관념은 도시 지역의 모든 사람, 사물, 장소에 대해 사람들이 생각하는 순간 마음에 떠올려지는 심상이 되었기 때문이다(R. A. Goldstein, 2004: 45). 고정관념의 효과는 대단히 부정적인데 이것이 왜 개인적 강의 효능감, 본보기 되기, 배려, 긍정적 기대와 같은 교사의 태도가 매우 중요한지를 설명한다.

일부 연구자들은 양육적 교사에 의해 만들어지는 소속감이 도시 학생들의 탄력성을 증진시키는 데 가장 중요한 요인이라고 제안한다(Judson, 2004; Valenzuela, 1999). 소속감에 대한 필요는 자기결정이론에 의해 설명할 수 있는데(10장 참조), 그것은 관계가 모든 사람에게 기본적 욕구라고 제안한다. 학생을 하나의 인간으로 대하는 배려심 많은 교사는 그들의 학생들이 소속감을 느끼도록 돕기 위해 많은 것을 할 수 있다.

교사의 긍정적 태도는 교사가 순진할 정도로 낙관적임을 의미하지는 않는다. 도시환경은 부가적 어려움을 준다. "학생에 대한 신뢰가 자동적으로 도시 지역 학생들이 기적적으로 최고의 학생이 되고 모든 표준화된 평가에서 높은 점수를 받을 것임을 의미하지는 않는다. 그것은 많은 노력과 학생들의 삶의 다양한 측면에 대한 난해한 이해를 요구한다"(R. A. Goldstein, 2004: 46). 도시 지역 학급에서 성공하려면 교사는 양육적이어야 하고 이런 배려는 학생들의 성공을 격려하고 요구하는 수업으로 이어져야 한다.

질문

도전적인 환경에서 일할 때 교사들은 통제를 최대한 확보하려는 수업전략으로 회귀하려는 경향을 보인다. 이것은 강의와 자습과 같은 수동적 학습활동에 과도하게 의존하도록 만든다(Duke, 2000; Eggen, 1998). 그것과는 정반대의 행동이 필요하다.

이론에서 실제로

필수 수업 기술에 대한 이론 틀

필수 수업 기술은 연구에 의해 지지되고 있을 뿐 아니라 이론에 의해서도 지지되고 있다. 그 이론적 기반을 살펴보자.

태도: 사회인지이론은 모델링의 중요성을 지지하며, 독자들은 배려의 중요성을 설명하는, 모든 사람은 관계에 대한 타고난 욕구를 가진다는 자기결정이론을 10장에서 접하였다. 학생에 대한 높은 기대 수준을 유지하는 것은 또한 교사가 학생들의 학습에 헌신하겠다는 의사를 전달한다.

조직: 학습에 사용되는 시간의 극대화에 대한 필요성은 명백하고 잘 확립된 절차를 설정하는 것은 학습자들이 안정감을 얻는 데 도움을 준다. 인간기억 모형은 절차의 필요성을 지지한다. 절차는 교사와 학생 모두에 대해 인지적 부하를 줄여 준다. 질서와 예측 가능성에 대한 필요성은 가정이 이를 제공하지 않을 때 학습자에게 더욱 중요하다.

의사소통: 학습자 자신의 경험을 이해하는 것은 논리적으로 학습자의 가장 기본적인 인지적 욕구다. 명확한 의사소통은 정보를 분명하게 만들며, 이에 대한 학습자의 이해를 촉진한다.

초점 맞추기: 인간기억 모형에서 설명되었듯, 주의 집중은 정보를 처리하는 시발점이며, 초점 맞추기는 주의를 이끌어 내고 유지시키는 기제를 제공한다.

피드백: 귀인이론에 의하면 사람들은 그들의 성공과 실패를 이해하려는 타고난 욕구를 가지며 피드백은 이 욕구의 성취를 돕는다.

질문하기: 학습을 촉진하기 위해 학생들은 인지적으로 적극적인 역할을 해야 하며, 질문은 교사가 인지적 활동을 촉진하기 위해 가장 폭넓게 활용 가능한 도구다. 질문은 또한 학생들이 그들의 근접발달영역을 통해 발전할 수 있도록 돕는 가장 중요한 형태의 발판 중 하나다.

복습과 종결: 새 정보를 이해하려면 학습자들은 그것을 장기기억에 이미 존재하는 정보에 연결시켜야 한다. 복습은 정보 처리를 더 진행하기 위해 장기기억으로부터 작업기억으로 정보를 이동시킨다. 종결은 도식을 만들어 가는 과정을 도와 의미 있는 부호화로 이끈다.

> 수업에 대한 많은 연구들은 학생들이 높은 성취를 얻기 위해 수업자료를 자습하는 것이 아니라 교사에 의한 적극적 수업을 요구한다는 것을 보여 준다(Brophy, 2004: 155).

학생들에 대한 일반적 기술인 이 인용문은 도시 학생들에게는 더욱더 중요하다. 질문하기는 학생들이 이해한 것을 언어화하도록 격려하며, 질문에 대해 대답하는 것은 학생들이 이런 능력을 개발하는 데 가장 효과적 방법이다.

'나는 학생들에게 질문하고 호명하려 하지만 학생들은 대답할 능력도 의지도 없는 것 같다.' 는 것은 일상화된 불평이다. 이것이 개방형 질문과 촉진이 매우 중요한 이유다. 처음에는 당신의 학생들이 학습과 관련한 언어를 사용하는 것에 대한 경험이 많지 않기 때문에 어려움을 경험할 것이다. 그러나 근접발달영역의 활용과 격려를 통해 학생들은 시간이 지날수록 발전할 것이며, 그 결과 동기를 향상시키고 더 많은 학습을 할 것이다.

마지막으로 주의를 기울여 질문을 모든 학생에게 균등하게 하는 것은 도시 지역 학급에서 필수적이다. 골고루 질문하기가 당신의 학급에서 일반적 현상이 되면 그것은 모든 학생이 학습하고 있으며, 당신이 그것을 학생들에게 기대하고 있다는 당신의 믿음을 전달하는 무엇보다 더 좋은 수단이 될 것이다.

피드백

피드백은 도시 지역의 학생들과 함께 공부할 때 태도, 질문만큼, 아니 어쩌면 훨씬 더 중요하다. 이 학생들의 지식구조는 그들 경험과 사전지식의 다양성으로 인해 상이하기 쉽다.

이는 자습과 과제, 그리고 쪽지시험의 결과에 대한 상세한 토의가 도시 지역 학생들과 학습할 때 필요함을 의미한다. 피드백을 제공하기 위해 사용되는 시간은 당신과 당신의 학생들과의 연대를 촉진하며 학생들을 지식 구성의 과정으로 이끈다.

웹 자료실

안 교사가 필수 수업 기술을 실행하는 것을 더 자세히 살펴보기 위해 www.myeducationlab.com에 접속하고, 13장 '교수기술과 성향 개발'의 'Essential Teaching Skills in an Urban Classroom' 에피소드를 보라. 그리고 이어지는 물음에 답하라.

◈ 이해 점검 활동

2.1 필수 수업 기술에 대해 기술하고 왜 그것이 중요한지에 대해 설명하라.

2.2 각 장에서 저자들이 논의하고 있는 내용에 대하여 기술하는 글쓰기 틀을 만들려 한다. 각 장의 내용에 대한 도입부에서 주의를 끌기 위해 저자들은 무엇을 할 것인가?

2.3 이 책의 각 장에서 저자들이 사용한 최소 두 가지 이상의 필수 수업 기술을 확인하라.

교수모형

교수모형
(Models of instruction)
학생들이 특정 형태의 지식에 대한 깊은 이해를 성취하도록 촉진하기 위해 고안된 강의에 대한 규범적 접근

유능한 교사는 그들의 모든 학습활동에 필수 수업 기술을 적용한다. 이와 비교하여, **교수모형**은 학생들이 특정 형태의 지식에 대한 깊은 이해를 성취하도록 촉진하기 위해 고안된, 강의에 대한 규범적 접근이다. 교수모형은 연구에 의해 지지받은 학습이론에 기초를 두고 있으며 학생들이 특정 학습목표를 달성하도록 돕기 위해 설계된 일련의 단계를 포함한다.

필수 수업 기술은 모든 교수모형을 지원한다. 예를 들어, 모든 내용 영역에서 읽는 것이 학생의 주요 학습도구인 것처럼 조직, 명확한 의사소통, 그 밖의 다른 필수 수업 기술은 사용되는 모형이 무엇이든 중요하다.

연구들은 어느 한 교수모형이 모든 학생에게 혹은 학생들이 모든 학습목표를 성취하는 것을 촉진하는 데 가장 효과적일 수는 없음을 지적한다(Knight, 2002; Kroesbergen & van Luit, 2002; Marzano, 2003b). 이 절에서 저자들은 보다 폭넓게 사용되는 네 가지 모형에 대해 다룰 것이다.

- 직접 교수법
- 토의를 활용한 강의
- 유도된 발견
- 협동학습

직접 교수법
(Direct instruction)
미래 학습에 필요한 잘 정의된 지식과 기술을 가르치기 위해 고안된 교수모형

직접 교수법

효과적 교사들은 학생들이 그들의 학습목표를 성취하도록 돕기 위해 다양한 교수모형을 활용한다.

직접 교수법은 미래 학습에 필요한 잘 정의된 지식과 기술을 가르치기 위해 고안된 교수모형이다(Eggen & Kauchak, 2006; Kuhn, 2007; Rosenshine & Stevens, 1986). 이 기술의 예는 당신의 학생들이 수학문제를 풀기 위해 기본 계산을 사용하고 작문에서 문법과 구두점 사용법을 활용하며 화학수업에서 학생들이 화학방정식 사용하기 등을 포함한다. 직접 교수법은 기술이 구체적 단계를 포함할 때 효과적이며 낮은 성취를 보이거나 특수아들과 학습할 때 특히 효과적이다(M. M. Flores & Kaylor, 2007; Leno & Dougherty, 2007; Turnbull et al., 2004). 직접 교수법은 매우 구조화되고 거의 대본

화된 그리고 어느 정도 행동주의적 접근에 의한 것부터(Carnine, Silbert, Kame' enui, Tarver, & Jongjohann, 2006) 보다 유연하고 인지적인 것까지(Eggen & Kauchak, 2006; Rosenshine & Stevens, 1986) 걸쳐 있다. 저자들은 여기서 후자에 대해 논의하며, 그것은 전형적으로 네 단계로 이루어졌다.

- 도입과 복습
- 이해 발달
- 지도에 의한 연습
- 개별 연습

직접 교수법에 대한 인지적 접근은 모델링, 비고츠키(Vygotsky, 1978)의 비계라는 개념과 함께 인간기억 모형에 기초를 두고 있다. 〈표 13-4〉는 인지 기반의 직접 교수법에서의 단계와 인지학습이론과의 관계를 개괄하고 있다.

일리노이(Illinois) 주의 대형 초등학교 교사인 조 교사가 가르치는 2학견 수학수업에서 이 단계를 살펴보자. 그의 수업에서 조 교사가 달성하려는 기준은 다음과 같다.

6.B.1 한 자리 그리고 두 자리 정수의 덧셈, 뺄셈, 곱셈, 나눗셈 문제를 푼다(Illinois State Board of Education, 2008).

조 교사는 "우리는 OHP에서 제시된 덧셈 문제를 풀기 위하여 지금까지 배운 방식에서 한 발자국 더 나아가 보겠어요."라고 말한 뒤, 두 자릿수의 덧셈에 대한 수업을 시작하며 다음 문장을 OHP를 통해 보여 주었다.

영희와 순이는 친구다. 그들은 무료 CD를 얻기 위해 특정 음료 캔을 모았다. 그들은 35개의 캔을 모으면 CD를 받을 수 있다. 영희는 15개, 순이는 12개의 캔을 가지고 있다. 그들은 합쳐서 몇 개의 캔을 모았나?

조 교사는 학생들이 문제를 읽을 수 있게 몇 초의 시간을 준 후 이 문제가 무엇을 요구하는지 그리고 그것이 왜 중요한지를 물었다.

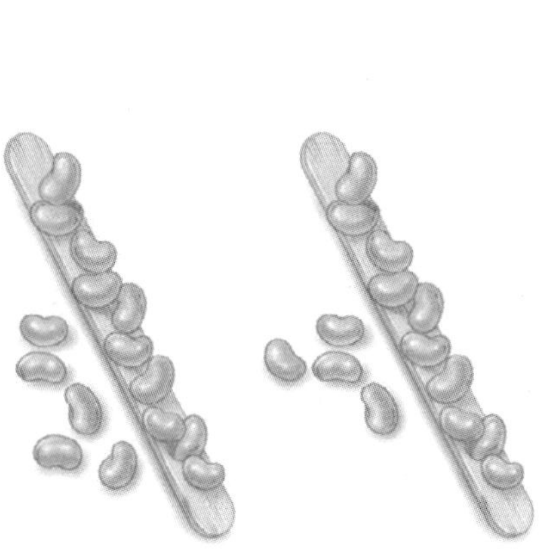

조 교사의 학생들은 각자의 책상 위에 여러 개의 개별 콩과 10개의 콩이 붙어 있는 나무막대를 담고 있는 상자를 가지고 있다. 조 교사는 학생들에게 이 막대와 콩을 이용하여 8 + 7과 9 + 5의 계산을 보이게 함으로써 한 자릿수 덧셈을 복습하였다.

그는 다시 OHP의 문제로 돌아와 학생들이 콩을 이용하여 15와 12를 나타내게 하고, 다음과 같이 칠판 위에 썼다.

$$\begin{array}{r} 15 \\ +\ 12 \\ \hline \end{array}$$

이어 "이제 우리가 해야 할 것을 살펴보자."라고 말했다. "5와 2를 더했을 때 결과는 무엇일까? 이에 대해 생각해 보자. ……5 더하기 2는 7이다. 칠판 위에 7을 써 보자." 그는 칠판으로 다가가 숫자 7을 썼다.

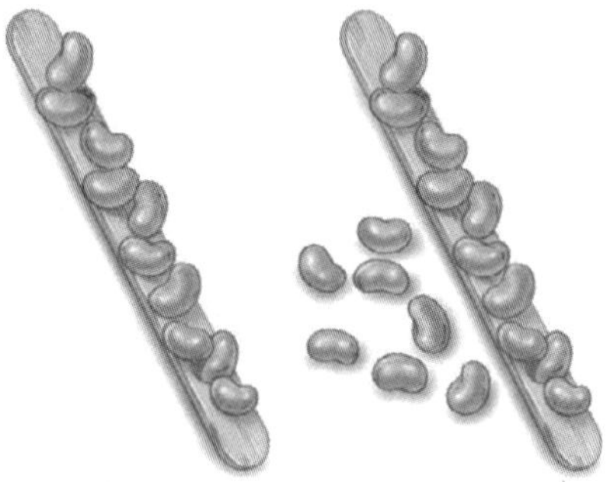

"너희가 가진 콩을 가지고 이것을 내게 보여라." 그는 학생들이 책상 위에서 5와 2를 합하는 것을 살펴보았다.

"아직 우리는 10의 자리를 더하여야 한다. 10의 자리를 더한 결과는 무엇이지? 함께 살펴보자. 10과 10을 더하면 20이다. 이제 내가 어디에 2를 쓰는지 보아라. 2는 10의 자리에 써야 하는데 왜냐하면 2는 10이 두 번 있다는 것을 의미하기 때문이다."

이렇게 말하며 그는 칠판에 다음과 같이 썼다.

$$\begin{array}{r} 15 \\ +\ 12 \\ \hline 27 \end{array}$$

"자, 영희와 순이는 모두 몇 개의 캔을 모았지? 채영아?"

표 13-4 table

인지 기반 직접 교수법에서 각 단계와 인지 학습 요소 간 관계

단계	인지 학습 요소
도입과 복습: 교사는 주의를 끄는 것으로 수업을 시작하고 이전 학습을 복습한다.	• 주의 끌기 • 장기기억으로부터 사전지식 상기하기
이해 발달: 교사는 기술을 진술하고 본보기로 실행하며 개념의 예를 설명하고 제시한다.	• 기술 혹은 개념에 대한 서술적 지식 획득하기 • 서술적 지식을 장기기억으로 부호화하기
지도에 의한 연습: 학생은 기술을 연습하거나 개념에 대한 예를 더 확인하며 교사는 비계를 제공한다.	• 과정 지식을 발달시키는 연합 단계를 통해 더 익히기
개별 연습: 학생들은 스스로 연습한다.	• 기술이나 개념을 자동적으로 적용할 수 있을 정도로 익히기

잠깐 동안 생각한 후 채영이는 27이란 답을 내놓았다.

"좋았어, 그들은 27개를 모았다."

조 교사는 학생들이 콩을 이용하여 27이란 수에서 7과 2가 의미하는 것이 무엇인지를 설명하고 표현하게 한 후, "이제 우리는 내가 10의 자리에 대한 계산을 하기 전 5와 2를 먼저 더하는 것을 보았습니다. 내가 왜 그렇게 하였다고 생각합니까? 대답할 사람 없니?"

"……당신은 일의 자리의 합이 10을 넘어가는지 먼저 확인해야 하기 때문입니다." 종숙이가 대답했다.

"맞았어요, 종숙아."

"다시 살펴봅시다." 그는 수업을 이어 갔다.

"(27에서의 2를 가리키며) 이 2와 (12에서의 2를 가리키며) 이 2 사이에는 중요한 차이가 있어요. 그 차이가 무엇이지? ……명혜야?"

"저 2는…… 10이 두 개인 것이고 저것은 그냥 단지 2일 뿐이에요."

"명혜야, 잘했어요. 아주 잘했어요. 모두 (조 교사는 27의 2를 지적하며) 이 2를 보여 주어요."

학생들은 10개의 콩이 각각 붙어 있는 막대 2개를 집었다.

"잘했다. 이제 이 2를 보여 주어요." 조 교사는 12의 2를 가리켰고 학생들은 두 개의 콩을 집었다.

"훌륭해요." 조 교사는 미소를 지었다. 그는 학생들에게 또 다른 세 문제에 대해 답을 보여 주도록 시켰고 각각에 대해 자세히 토론하였으며, 그 후 "이 문제들을 이해했다는 것이 확실하도록 충분히 막대들과 콩들을 가지고 연습한 다음에야 우리는 그냥 숫자만 가지고 연습할 거에요. 이 문제들에 대해 매우 익숙해지면 우리는 오래 생각하지 않고도 문제들을 풀 수 있어요."라고 말했다.

그는 다섯 문제를 더 주었고 학생들이 각자의 자리에서 연습하는 것을 주의 깊게 관찰했다.

이제 조 교사가 학생들에게 직접 교수법을 사용한 바를 살펴보자. 독자들은 다음 절을 읽으면서 [그림 7-1]의 인간기억 모형을 염두에 두고 직접 교수법의 각 단계가 모형의 서로 다른 측면에 어떻게 연관되어 있는지 주목하라.

도입과 복습 학습은 주의 집중에서 시작되므로 조 교사는 주의를 끄는 특성을 가진 실생활 문제를 활용하여 수업을 시작하였다. 그는 문제가 무엇을 묻고 있는지를 학생들에게 설명하게 함으로써 학생들의 지각을 검토하였고, 장기기억에서 사전지식을 상기하도록 이미 해온 것을 복습하였다. 이 과정의 가치는 연구들(Brophy, 2006c; Evertson, Anderson,

Anderson, & Brophy, 1980)에 의해 잘 검증되었으며 인지학습이론에 의해 지지되고 있다(Kirschner, Sweller, & Clark, 2006). 이에 대한 중요성이 명백하지만 많은 교사는 주의를 끌거나 관련 사전지식을 활성화시키려는 노력을 거의 하지 않고 수업을 시작한다(Brophy, 2004).

이해 발달 과정 지식을 장기기억으로 부호화할 때 필수적인 부분은 과정 기술을 언제 어떻게 사용할지를 아는 것을 포함한다. 두 번째 단계는 교사가 그 기술을 사용하는 것을 보이고 그것이 언제 어떻게 사용될 것인지를 설명할 때 이에 대한 필요성을 언급한다. 조 교사는 "자, 내가 여기서 하는 것을 보라." 고 말하면서 과정 기술을 보여 주었고, "내가 5와 2를 더하면 얻을 답은 무엇이니? 그에 대해 생각해 보자. ……5와 2를 더하면 7이야. 칠판에 7을 적어 보자." 라고 말하며 인지적으로 계산과정을 보여 주었다. 그가 과정을 인지적으로 보여 준 것은 학생의 이해를 발달시키는 데 중요하다(Braaksma et al., 2004).

이 단계에서 학생들은 서로 다른 조건에서 그들의 과정 지식을 언제 적용해야 하는지를 조절하도록 허용하는 서술적 · 조건적 지식을 획득한다. 그들이 과정 지식을 서술적 · 조건적 지식과 관련시키지 못할 때 학생들은 과정을 기계적으로 적용하거나 수학 문제에서 '얼마나 더 많이' 란 어구를 보면 뺄셈을 하는 것과 같은 피상적 전략을 사용한다(Jitendra et al., 2007; R. Mayer, 2008).

조 교사가 얼마나 이해를 강조했는지를 보기 위해 그의 수업에서 대화의 일부를 살펴보자.

조 교사: 다시 살펴봅시다. (27에서의 2를 가리키며) 이 2와 (12에서의 2를 가리키며) 이 2 사이에는 중요한 차이가 있어요. 그 차이가 무엇이지? 명혜야?

명혜: 저 2는…… 10이 두 개인 것이고…… 저것은 그냥 단지 2일 뿐이에요.

조 교사: 명혜야, 잘했어요. 아주 잘했어요, 모두…… (조 교사는 27의 2를 지적하며) 이 2를 보여 주어요.

학생들은 10개의 콩이 각각 붙어 있는 막대 2개를 집었다.

조 교사: 잘 했다. 이제 이 2를 보여 주어요(조 교사는 12의 2를 가리켰다).

학생들은 두 개의 콩을 집었다.

직접 교수법의 이해 발달단계에서는 상호작용이 많이 일어난다.

조 교사는 이 단계에서 질문과 실례를 사용하

였고 이 두 가지는 모두 중요하다. 질문은 학생들이 인지적으로 적극적 역할을 하게 하였고 설명을 작은 단위로 나누어 학생들의 작업기억에의 인지적 부담을 줄였으며, 부호화를 촉진하였다. 실세의 사례를 통해 작업기억의 분산 처리 능력도 활용하였다.

교사들이 암기를 강조할 때 이 단계에서 이해를 충분히 발달시키지 못하며 충분히 질문하지 못하거나 너무 빨리 연습단계로 진행한다(Rittle-Johnson & Alibali, 1999). 때로 교사들은 학생들이 실습활동에 참가하도록 만들지만 나무막대와 콩과 같은 자료와 교사들이 제시한 추상적 개념(칠판 위에 적은 숫자) 간 관계를 확립시키지 못한다(Ball, 1992).

지도에 의한 연습 일단 학생들이 과정에 대한 이해를 발달시키면 그들은 교사의 도움과 함께 연습을 시작하며, 그것은 학생들이 과정 지식을 획득하기 시작하는 데 도움을 준다. 처음, 교사는 쉽게 답을 할 수 있도록 충분한 비계를 제공하는 질문을 사용하지만 학생들의 도전의식을 감소시킬 만큼 과도한 비계를 사용하지는 않는다(Gersten, Taylor, & Graves, 1999; Rosenshine & Meister, 1992). 연습은 학생의 지식 장기 보유와 동기를 향상시킨다(Brophy, 2004). 학생들은 연습을 거듭함에 따라, 자동화를 발달시키고 새 내용에 대한 더 많은 확신을 가지게 된다(Péladeau, Forget, & Gagné, 2003). 조 교사는 학생들이 문제를 다루는 것을 돕고 그가 학생들의 이해를 평가하는 동안 학생들은 문제에 대해 주의 깊게 토론했다. 그는 모든 학생이 스스로 문제를 다룰 준비가 될 때까지 지도에 의한 연습을 계속 제공하였다.

개별 연습 이는 직접 교수법의 마지막 단계로, 교사는 학생들이 점차 기술에 대해 조심스럽게 생각하는 것에서 자동적으로 기술을 수행할 수 있을 정도까지의 전환을 점차 이룰 수 있도록 돕는다. 교사는 비계를 줄이고 학생들에게 책임을 위임한다. 목표는 자동화이며 이로 인해 상위 수준의 응용이 가능하도록 작업기억의 여유가 확보된다(Feldon, 2007a).

교사의 관찰은 계속 중요하다. 유능한 교사는 주의 깊게 학생들이 그들의 이해 발달을 평가하는 것을 관찰한다(Brophy, 2006c; Safer & Fleischman, 2005). 상대적으로 유능하지 못한 교사는 단지 학생들이 작업을 하고 있는지만 관찰하는 경향이 있다.

과제 과제는 개별 연습의 일반적 형태지만 놀랍게도 논쟁거리가 있다. 어떤 저자들은 그것이 비효과적이며 심지어 해롭기까지 하다고 주장한다(Kohn, 2006a; 2006b). 다른 저자들은 다른 선진국 학생들보다 더 많은 과제를 부과받지만 국제학업성취 비교에서 더 낮은 점수를 받는 것에 주목한다(Baines, 2007).

그러나 연구들은 꾸준히 적절하게 구성되고 실행되는 과제는 학습자들이 그것을 완성시켜야 하는 책임을 지기 때문에 성취와 자기통제의 발달을 진전시킨다고 지적한다(H.

Cooper, Robinson, & Patall, 2006; Marzano & Pickering, 2007). '적절히 구성되고 실행되는' 이란 특성이 중요하다. 그냥 부과되는 과제는 성취를 높이지도 않으며 더 많은 과제가 더 좋은 것도 아니다. 기대를 높인다거나 혹은 학업성취를 높인다는 미명하에 과제의 양을 늘리는 것은 잘해야 비효율적인 것으로 그치며 나쁘게는 동기와 성취 모두에 해롭다(D. Baker & Letendre, 2005; Marzano & Pickering, 2007).

과제를 완성하기 위해 학생들이 투입하는 노력의 양은 그 효과성에 영향을 미치는 주 요인이며(Trautwein & Ludtke, 2007), 인지동기이론은 무엇이 노력에 영향을 미치는지에 대해 우리의 이해를 돕는다(Trautwein, Ludtke, & Schnyder, 2006). 최소한 세 가지 요인이 관련되어 있다. 첫째는 가치다. 10장에서 보았듯이 "과업에 대한 지각된 가치는 왜 개인이 학문적 활동 혹은 과업에 몰입하게 되고 그 몰입을 유지하기를 원하는 것인지에 대한 강력한 결정 요인이다" (Anderman & Wolters, 2006: 373). 만약 학생들이 과제가 자신들의 이해를 높이기 위해 가치 있다고 믿는다면 그들은 과제를 완성하기 위한 성실한 노력을 다할 것이다. 단순히 시간을 보내기 위한 혹은 불필요한 것으로 여겨지는 과제는 동기를 손상시키고 학습을 촉진하는 데 도움이 되지 않을 것이다. 이는 특히 보다 성숙한 학생들에게 명백하다. 둘째, 학생들은 부과된 과제에서 일반적으로 성공적이어야 한다. 성공은 유능감과 자기효능감을 증가시킨다. 셋째, 부모들이 과제에 대해 알고 있고 학생들이 과제를 수행하는 정도를 관찰할 때, 학생들은 과제를 할 가능성이 커진다. 부모들은 방해받지 않고 과제를 할 수 있는 조용한 장소를 제공해야 한다.

연구는 효과적 과제가 가지는 몇 가지 특성을 확인하였다(Brophy, 2006c; H. Cooper et al., 2006; Marzano & Pickering, 2007; Mulholland & Cepello, 2006). 이들 특성은 초등학교와 중등학교 학생들 간 발달적 차이와 함께 〈표 13-5〉에 정리되어 있다.

표 13-5 table

초등학교와 중 · 고등학교 수준에서의 효과적 과제가 가지는 특징

수준	특징
모든 수준	• 학습목표 및 학습활동과의 일치 • 분명한 지시 • 높은 성공률 • 피드백의 제공 • 부모 관여
초등학교	• 방해받지 않으며 과제를 할 수 있는 조용한 장소 • 정규 수업 절차의 한 부분
중 · 고등학교	• 과제가 중요한 명백한 이유 • 학점에 도움이 되는 점수와 같은 보상

〈표 13-5〉에서 보았듯이, 모든 학생은 과제에서 대개 성공적일 필요가 있으며 그들의 노력에 대해 피드백을 받아야 하고 과제는 명확해야 하며 학습목표에 일치해야 한다. 모든 수준에서 학부모의 지지가 요구된다. 12장에서 독자들이 익힌 부모의 협력을 얻는 전략은 과제에 대한 학부모의 지지를 구하는 데 효과적일 것이다.

어린 아동들을 위한 학습기술과 주의 집중 방법은 아직 잘 개발되어 있지 않지만 방해받지 않는 조용한 장소는 그들을 위해 특히 중요하다. 또한 과제가 정규 수업 절차의 부분이라면 학생들은 과제를 수행하는 것을 잘 잊어버리지 않을 것이다. 더 성숙한 학생들은 과제의 가치에 대해 의문을 품곤 하며 보상이 없는 과제를 완수하려 하지 않는다.

마지막으로 교사들은 주의를 기울여 부과하는 과제의 양을 결정하여야 한다. 학습을 극대화하는 데 필요한 이상의 과제를 부과하는 것은 역효과가 있으며 동기와 학습 모두를 감소시킨다.

토의를 활용한 강의

토의를 활용한 강의는 학생들이 조직화된 지식구조를 획득하도록 촉진하기 위해 고안된 수업 모형이다. **조직화된 지식구조**는 사실, 개념과 원리를 연결 짓는 총체적 법칙이며 이들 간 관계를 명확하게 만든다(Eggan & Kauchak, 2006; Rosenshine, 1987). 예를 들어, 학생들은 조직화된 지식구조를 다음 활동에 관여하면서 획득한다. 문학 과목에서 모비 딕(Moby Dick)과 같은 소설의 줄거리, 성격, 상징 간 관계를 다루고, 지리 과목에서 여러 나라의 지형, 기후와 경제 등을 학습하며, 혹은 생물 과목에서 기생충과 비기생충을 비교하고 그들 간 차이가 그들의 신체 구조에 얼마나 반영되는지를 탐색한다.

토의를 활용한 강의 (Lecture-discussion)
학생들이 조직화된 지식구조를 획득하도록 촉진하기 위해 고안된 수업 모형

조직화된 지식구조 (Organized body of knowledge)
사실, 개념과 원리를 연결 짓는 총체적 법칙이며 이들 간 관계를 명확하게 만드는 것

토의를 활용한 강의는 전통적 강의를 수정한 것이고, 전통적 강의는 가장 일반적인 수업 방법이기 때문에 토의를 활용한 강의에 대해 논의하기 전 전통적 강의에 대해 먼저 간단하게 다룰 것이다.

강의

수업방법으로서 강의가 널리 사용되는 것은 역설적이다. 모든 수업방법 중 가장 비판받고 있음에도 불구하고 그것은 계속 가장 널리 사용된다(Cuban, 1993). 강의의 인기는 부분적으로 다음과 같은 이점 때문이다.

- 강의는 다른 방법으로는 학생들이 쉽게 접근할 수 없는 정보를 획득하도록 돕는다. 학생들이 스스로 찾기에는 시간이 걸리는 정보를 학생들에게 제공하는 것이 수업목적이라면 강의는 효과적일 것이다(Ausubel, 1968).
- 강의는 학생들이 다양한 원천으로부터의 정보를 통합하는 것을 돕는다.

- 강의는 다양한 관점에 학생들을 노출시킨다.

교사가 이 중 하나 이상을 성취하려 한다면 강의는 효과적일 수 있다. 강의는 세 가지 부가적 장점을 가진다. 첫째, 내용을 조직하는 데 할당된 시간이 제한되어 있기 때문에 강의는 효율적이다. 둘째, 강의는 유연하다. 강의는 실제 어떤 내용 영역에도 적용할 수 있다. 셋째, 강의는 단순하다. 교사의 인지적 부하가 낮으며 교사의 모든 작업기억 공간이 내용을 조직하고 제시하는 데 사용될 수 있다. 초보 교사라도 학습을 통해 괜찮은 강의를 할 수 있다.

쉽고 효율적이며 널리 사용됨에도 불구하고 강의는 몇 가지 단점을 가진다.

- 강의는 학습자가 인지적으로 수동적 역할을 하게 한다. 이것은 학습의 인지적 관점과 일치하지 않으며 분명히 강의의 주된 단점이 된다.
- 강의는 효과적으로 학생의 주의를 끌지도 유지하지도 못한다. 우리는 강의를 들으며 그저 시간을 빨리 보내려는 목적만으로 멍하니 앉아 있다.
- 강의는 교사들이 학생들의 인지와 그들이 이해를 발달시키고 있는지를 확인하는 것을 허용하지 않는다. 교사들은 학생들이 정보를 정확하게 해석하고 있는지를 알 수 없다.
- 교사의 인지적 부하를 줄이는 대신 강의는 학습자들에게 무거운 인지적 부하를 부과하며, 따라서 정보는 장기기억으로 부호화되기 전에 작업기억에서 소멸되곤 한다.

강의는 어린 학생들의 경우 그들의 짧은 주의 집중 시간과 제한된 어휘력 때문에 특히 문제가 되며, 또한 수업목표가 고차적 사고에 있다면 강의는 효과적이지 않다. 강의와 토의를 비교한 일곱 연구에서 모두 토의는 기억과 고차적 사고에 더 효과적이었다. 더불어 학생들의 태도와 동기에 대한 아홉 연구 중 일곱 연구에서 토의는 더 우월한 결과를 보였다.

강의의 약점 극복하기: 토의를 활용한 강의

토의를 활용한 강의는 짧게 정보를 제공하는 사이사이에 교사가 체계적으로 질문함으로써 강의의 약점을 극복하도록 돕는다.

토의를 활용한 강의는 네 단계로 이루어진다.

- 도입과 복습
- 정보 제공
- 이해도 관찰
- 통합

표 13-6 table

토의를 활용한 강의의 단계와 인지학습요소 간 관계

단 계	인지학습요소
도입과 복습: 교사는 주의를 끌면서 수업을 시작하고 지금까지 학습한 것을 복습한다.	• 주의 끌기 • 장기기억으로부터 사전지식 상기하기
정보 제공: 교사는 정보를 제공한다. 교사는 짧은 단위로 정보를 제공하여 학습자의 작업기억에의 과부하를 방지한다.	• 주제에 대한 서술적 지식 획득
이해도 관찰: 교사는 일련의 질문을 통해 학습자의 이해를 점검한다.	• 학생들의 지각 점검 • 학생들이 인지적으로 적극적 역할하게 하기 • 도식 구성하게 하기
통합: 교사는 부가 질문을 통해 학습자들이 새 지식과 이전 지식을 통합하도록 돕는다.	• 정보를 조직하고 인지적 부하를 줄여 주는 통합적 도식 구성

토의를 활용한 강의는 인간기억 모형과 구성주의 모두를 아우르는 인지학습이론에 근거를 두고 있다. 〈표 13-6〉은 토의를 활용한 강의 단계와 각 단계가 학습이론과 어떻게 관련 있는지를 소개한다.

학생들과 함께 이 단계들을 실행하기 위해 고등학교 1학년 미국 역사교사가 어떤 시도를 하는지 살펴보자.

정 교사는 미국 독립전쟁을 이끈 사건에 대해 토론하고 있다. 그녀는 복습과 함께 수업을 시작하였다. 그녀는 칠판 위 연대기표를 가리키며 "어디까지 살펴보았지요?" 라고 물었다.

"저기까지요." 제동이가 1700년대 중반을 가리키며 대답했다.

"좋아요." 정 교사는 웃음을 지어 보였다.

"우리는 독립전쟁을 다루기 직전에 있어요. 하지만 그전에 먼저 어떤 일들이 일어났는지 이해할 필요가 있기 때문에 1,600년대 초로 돌아가려 해요. 오늘 수업을 마치면 우리는 독립전쟁이 우연히 일어난 것이 아니란 것을 알게 될 거예요. 독립전쟁을 피하기 어렵게 한, 그래서 독립전쟁으로 이끈 사건이 있었어요."

그러고 나서 그녀는 "영국이 1,607년 제임스타운(jamestown)을 건설했다는 것을 배웠지만, 이 신세계에 프랑스의 진출이 있었다는 것을 눈여겨보지 않았어요. 다시 지도를 봅시다. 여기에 제임스타운이 있고, 동시에 프랑스 탐험가 샹플랭(Champlain)이 세인트 로렌스(Saint Lawrence) 강에 도착하여 여기에 퀘벡(Quebec) 시를 건설했지요. 여러 해가 지나 50개 주 중 35개 주가 프랑스에 의해 발견되거나 측량되었고 디트로이

토의를 활용한 강의는 사회적 상호작용을 촉진시켜 강의의 약점을 극복하게 한다.

트(Detroit), 세인트 루이스(Saint Louis), 뉴 올리언스(New Orleans), 데스 모이네스(Des Moines)와 같은 여러 개의 미국의 대도시들을 건설했습니다." 라고 말하며 지도상에 그녀가 표시해 둔 지점을 차례로 계속하여 가리켰다.

"자, 양측의 위치에 대해 너희가 주목한 것은 무엇이니?"

"프랑스가 캐나다의 많은 지역을 차지하였고, 그들은 이쪽도 차지한 것처럼 보이네요." 계남이가 지도의 북쪽과 서쪽을 가리키며 대답했다.

"동쪽은 영국이, 서쪽은 프랑스가 차지한 것으로 보여요." 성남이가 덧붙였다.

"그래요, 이 일들이 거의 동시에 일어났다는 것을 기억하세요." 정 교사는 계속 수업을 진행했다.

"또한 프랑스는 영국보다 미대륙의 원주민과 더 우호적이었습니다. 프랑스는 영주제도라 하는 것을 운용했고 이주자들은 군에 복무하면 그 제도에 의해 땅을 불하받았습니다. 따라서 이것이 프랑스 군대의 전력에 대해 말해 주는 것은 무엇입니까?"

"아마 강력했을 겁니다" 민기가 제안했다.

"군에 복무하면 사람들은 땅을 가졌습니다."

"그리고 미국 원주민들도 프랑스에 우호적이었기 때문에 아마 협조적이었을 겁니다." 수희가 덧붙였다.

"자, 여기서 너희가 주목한 또 다른 측면은 무엇이니?" 정 교사는 지도의 중간에서 손을 위아래로 움직이며 물었다.

"산맥?" 가희가 확신 없이 대답하였다.

"그래, 맞아. 왜 산맥이 중요할까?"

"영국은 포위당한 형국이었고, 프랑스는 원하는 대로 할 수 있었겠지요."

"좋아. 이제 상황은 분명해졌다. 영국은 땅을 원했고 확장하기를 바랐어. 그들이 산맥을 넘어 서쪽으로 향하면 누구와 충돌한다고 생각했을까? 진희야?"

"프랑스인들?" 진희가 답했다.

"맞았어! 그리고 갈등이 폭발했지. 이제 프랑스와 영국이 싸울 때 프랑스가 처음 영국보다 더 유리했던 이유가 무엇이라고 생각하니? 진수야?"

"흠, 그들은 영주제도를 운영했고, 그래서 그들은 땅과 모든 것을 얻기 위해 더 열심히 싸웠을 겁니다."

"다른 의견은? 유이야?"

"미국의 원주민도 그런 상황의 한 부분이었다고 생각합니다. 프랑스인들은 그들과 잘 지냈고 그래서 그들은 프랑스인들을 도왔어요."

"그래, 좋아, 이제 영국에게 유리했던 점에 대해 생각해 보자."

정 교사가 토의를 활용한 강의를 활용하는 것에 대해 살펴보자. 그녀는 복습과 함께 수업을 시작했고 미국 원주민과의 전쟁 및 독립전쟁과 프랑스를 연결시키면서 학생들의 주의를 집중시키고자 했다. 그 후 그녀는 제임스타운, 퀘벡, 그리고 오늘날 미국 영토에서의 프랑스인의 정착에 대한 정보를 제공하였다. 이와 같은 간단한 정보를 제공 후 정 교사는 학생들을 이해 수준 관찰단계로 이끄는 질문을 사용하였다. 예시를 위해 수업의 한 부분을 돌이켜 보자.

정교사: 자, 양측의 위치에 대해 너희가 주목한 것은 무엇이니?

계남: 프랑스가 캐나다의 많은 지역을 차지하였고, 그들은 이쪽도 차지한 것처럼 보이네요(지도의 북쪽과 서쪽을 가리키며).

성남: 동쪽은 영국이, 서쪽은 프랑스가 차지한 것으로 보여요.

정 교사의 질문은 학생들을 인지적으로 적극적인 역할로 이끌고 그들의 지각을 점검하며 도식을 만드는 과정을 시작하게 하기 위해 의도된 것이었다. 학생들의 지각이 정확함을 확인하고 "그래요, 이 일들이 거의 동시에 일어났다는 것을 기억하세요."라고 말하면서 정 교사는 정보를 제공하는 단계로 돌아갔다. 정 교사는 계속하여 프랑스의 영주제도에 대해 간단히 진술하였고 프랑스인들과 미국 원주민 간의 우호적 관계를 지적하였다.

그 후 정 교사는 다시 학생들에게로 시선을 돌렸다.

정 교사: 그래서 이것이 프랑스 군대의 전력에 대해 말해 주는 것은 무엇입니까?

민기: 아마 강력했을 겁니다. 군에 복무하면 사람들은 땅을 가졌습니다.

수희: 그리고 미국 원주민들도 프랑스에 우호적이었기 때문에 아마 협조적이었을 겁니다.

이 두 부분은 유사하지만 중요한 차이점이 있다. 앞선 예시에서 정 교사는 이해를 점검했다. "자, 양측의 위치에 대해 너희가 주목한 것은 무엇이니?" 라는 질문에 대한 학생들의 대답을 통해 그녀는 앞 예시에서 그녀가 제공한 것에 대한 학생들의 인식을 평가하였다. 두 번째 예시에서, 그녀는 학생들이 영주제도와 프랑스 군의 강력함, 그리고 프랑스인들과 미국 원주민 간의 관계를 통합하도록 도와주면서 도식을 구성하게 하였다.

정보 제공, 이해 점검 그리고 통합이란 주기를 마친 후 그녀는 다시 이 과정을 반복했고 두 번째에서 처음보다 더 폭넓은 통합으로 이어졌다. 전체 수업에 대한 정 교사의 목표는 미 독립전쟁과 원주민 및 프랑스인들과의 전쟁 간 인과관계에 대한 학생들의 이해를 보여주는 복잡한 도식의 발달에 있었다.

토의를 활용한 강의에 대한 효과성은 수업 중 토의의 질에 달려 있다. 학생들은 그들 자신의 지식을 구성하기 때문에 그들이 구성하는 도식은 교사의 지식체제 구성을 그대로 반영하지는 않는다. 간단한 토의는 교사가 도식 구성과정을 평가하고 학생들이 필요할 때 그들의 이해를 재구성하는 것을 도울 수 있게 한다. 이것이 전통적 강의보다 토의를 활용한 강의가 더 효과적인 이유다.

유도된 발견

유도된 발견 (Guided discovery)

학생이 개념과 개념 간 관계를 구성하도록 교사가 비계를 제공하는 것을 포함하는 수업 모형

유도된 발견은 학생이 개념과 개념 간 관계를 구성하도록 교사가 비계를 제공하는 것을 포함하는 수업 모형이다(Eggan & Kauchak, 2006; R. Mayer, 2008). 이 모델을 사용할 때 교사는 학습목표를 확인하고, 정보를 정리하여, 경향성을 발견하게 함으로써 학생들을 학습목표로 이끈다(R. C. Clark & Mayer, 2003; Moreno, 2004).

유도된 발견은 때로 오해를 받아 교사들은 가르쳐야 하는 개념을 학생들이 스스로 '발견하도록' 해야 한다고 잘못 믿곤 한다(Kirschner et al., 2006). 이것은 사실이 아니다. 유도된 발견(그리고 다른 형태의 학습자 중심 수업, 예를 들어 질문과 문제에 기초한 학습)은 높은 수준의 비계를 제공하며 교사들은 학생들이 학습에서 성과를 얻도록 유도하는 데 필수적 역할을 한다(Hmelo-Silver, Duncan & Chinn, 2007; Schmidt, Loyens, van Gog, & Paas, 2007).

비구조화된 발견은 학생들이 제한된 비계를 제공받는 학습활동으로 구성되어 있다. 연구들은 학습활동 중 학생들이 최소한의 안내만 받는 것은 학생들을 좌절하게 하고 개념을 잘못 형성하며 시간을 낭비하게 함을 지적하였다(R. C. Clark & Mayer, 2003; Kirschner et al., 2006; R. Mayer, 2002, 2004). 그 결과 비구조화된 발견은 학생 주도의 프로젝트나 탐구를 제외하면 현대의 수업에서 거의 보이지 않는다.

연구들은 잘 수행되기만 하면 유도된 발견은 효과적임을 지지한다(R. Mayer, 2008; R. E. Mayer & Wittrock, 2006). "유도된 발견은 과업에 따라 설명식 수업보다 다소 시간이 걸리기도 하지만 설명식 수업보다 장기기억의 유지와 전환에 더 좋은 결과를 가져온다"(R. Mayer, 2002: 68).

유도된 발견은 학습주제에 대한 학생들의 내적 흥미를 높일 수 있다.

유도된 발견을 사용할 때 교사들은 설명에 더 적은 시간을 사용하고 질문하는 데 더 많은 시간을 사용하여 그 결과 학생들이 생각을 나누고 그들이 발달시킨 이해를 언어화하는 더 많은 기회를 가진다(Dean & Kuhn, 2007; Moreno & Duran, 2004). 또한 유도된 발견은 높은 수준의 학생 참여를 촉진하기 때문에 그들이 학습하고 있는 주제에 대한 자신들의 내적 흥미를 높이는 경향이 있다(Lutz, Guthrie, & Davis, 2006).

유도된 발견은 다섯 단계로 구성된다.

- 도입과 복습
- 개방된 결론단계
- 수렴단계
- 종결
- 적용

유도된 발견은 인간기억 모형과 사회 구성주의를 포함하는 학습에 대한 인지이론에 바탕을 두고 있다. 〈표 13-7〉은 유도된 발견의 단계와 각 단계의 학습요소와의 관련성을 소개한다.

612쪽과 613쪽의 베르누이의 원리에 대한 안 교사의 수업은 유도된 발견이 적용된 것이다. 당신은 다음 절을 학습하기 전 해당 부분을 다시 읽을 필요가 있다. 이들 단계에 대한 안 교사의 적용을 살펴보자.

도입과 복습 안 교사는 수업을 힘의 개념과 "물체는 더 큰 힘의 방향으로 움직인다."라는 원리를 복습하면서 시작하였다. 복습은 학생들의 사전지식을 활성화시켰고, 칠판을 밀거나 스테이플러를 당기는 등의 그가 복습에서 사용한 예들은 학생들의 주의를 끌었다.

개방된 결론 단계 안 교사는 종이 위에, 종이 사이에, 깔때기의 목을 통해 학생들이

표 13-7
table

유도된 발견에서 각 단계와 인지학습요소 간의 관계

단계	인지학습요소
도입과 복습: 교사는 수업을 시작하면서 주의를 이끌어 내고 이전 작업을 복습한다.	• 주의 끌기 • 사전지식 활성화
개방된 결론 단계: 교사는 사례를 제공하고 관찰과 비교를 요구한다.	• 학습자가 지식을 구성할 수 있는 경험의 제공 • 사회적 상호작용 촉진
수렴단계: 교사는 학생들을 지도하여 그들이 사례에서 경향성을 찾도록 한다.	• 도식 생산의 시작 • 사회적 상호작용 촉진
종결: 교사의 지도에 의해 학생들은 개념의 정의 혹은 개념 간 관계를 진술한다.	• 도식 형성의 완성
적용: 교사는 학생들이 개념 혹은 원리를 사용하여 다른 (이상적인) 실생활의 사례를 설명하게 한다.	• 전이 촉진

입바람을 불게 하여 개방된 결론단계를 수행했다. 각각은 베르누이의 원리를 시연한 예였다. 학생들이 각 사례를 수행한 후 안 교사는 "종이 위쪽으로 입바람을 불었을 때 너희는 무엇을 관찰했니? 준표야?" 그리고 "여기서 너는 무엇에 주목했니? 세린아?" 와 같이 관찰한 것에 대해 질문했다. 결론이 열려 있는 질문은 적극적 관여를 촉진하고 학생들이 도식의 형성 과정을 시작하게 한다.

수렴단계 수렴단계는 계속하여 사회적 상호작용을 이용하고 도식 형성을 촉진한다. 안 교사는 칠판 위에 그림을 그리고 학생들이 관찰한 것과 결론을 재진술하게 하면서 수렴단계로 이동하였다. 이 과정을 보여 주는 예화의 일부를 다시 살펴보자.

> 안 교사: 나는 위쪽과 아래쪽 중 어느 쪽 위로 입바람을 불었지? 인숙? (첫 번째 그림을 언급하며)
>
> 인숙: 위쪽으로 불었습니다.
>
> 안 교사: 그런 후 어떤 일이 일어났지? 양순아?
>
> 양순: 종이가 위로 올라왔어요.

안 교사는 두 번째, 세 번째 예에 대하여 유사한 분석을 한 후 학생들을 지도하여 결론을 이끌게 하였다.

> 안 교사: 여기서 힘에 대해 생각해 보자. 어떤 힘이 종이에 작용하고 있을까? 노현?

노현: 중력.

안 교사: 어느 방향으로 당기는 걸까?

노현: 아래쪽.

안 교사: 다른 어떤 힘이 종이에 작용하고 있을까? 병철아?

병철: 공기(윗 방향을 가리키며).

안 교사: 그것이 미는 힘임을 어떻게 알았니?

병철: 종이가 위로 움직였으니까요.

안 교사는 두 번째와 세 번째 예에 대한 유사한 분석을 이끌었고 그 후 수업은 종결단계로 이동하였다. 질문과 촉진 형태의 교사 지도는 학생이 학습목표에 이르기 위해 필수적이다(Moreno, 2004; Moreno & Duran, 2004).

종결 종결은 내용 목표를 확인함에 의해 도식 형성의 과정을 완성하는 것이다. 안 교사는 "자, 힘과 우리가 입바람을 분 곳을 살펴보자. 그림을 주의하여 학습하고 이 둘 사이에 어떤 종류의 관계가 있는지 살펴보자."라고 물으면서 종결단계로 이동하였다. 학생들은 그들이 이해한 것을 언어화하려 할 때 비계를 제공받았다. 언어는 학습도구이자 발달도구이며 종결단계에서 이해한 것을 정확하게 표현하는 훈련은 이 과정에서 중요하다.

종결은 유도된 발견을 사용할 때 특히 중요한데 직접 교수법이나 토의를 활용한 강의의 수업보다 유도된 발견의 수업이 덜 분명하며 강의의 방향이 덜 명확하기 때문이다. 개념의 정의를 분명히 표현하는 것 혹은 안 교사의 수업에서와 같이 원리를 진술하는 것은 학생들의 사고에 남아 있는 불명확함을 없애는 데 도움이 된다.

독자들이 이미 학습한 몇몇 수업은 2장의 나 교사의 수업, 그리고 4장에서 175쪽의 심 교사의 수업과 183쪽의 김 교사의 수업에서와 같이 다양한 수준에서 유도된 발견을 사용하였다. 독자들은 유도된 발견의 또 다른 예로서 이들 사례연구를 다시 살펴볼 수 있다.

웹 자료실

5학년 교사가 학생들과 함께 유도된 발견 모형을 사용하려 한 것에 대한 분석을 위해 www.myeducationlab.com에 접속하고, 13장 '활동 및 적용'을 '초등학교에서의 유도된 발견'이란 동영상을 보라. 그리고 이어지는 물음에 답하라.

적용 적용은 전이를 촉진하기 위해 필수적이다. 예를 들어, 안 교사는 베르누이의 원리를 비행기가 어떻게 하늘을 날 수 있는지를 설명하는 데 적용하도록 함으로써 전이를 촉진시키려 하였다. 그는 학생들에게 다음 그림을 보여 준 후 날개의 만곡이 위쪽에서의 공기 흐름을 더 빠르게 만들어 날개 위의 압력을 날개 아래의 압력보다 감소시켜 결국 비행기가 날 수 있게 된다고 학생들이 결론을 내리도록 유도하였다.

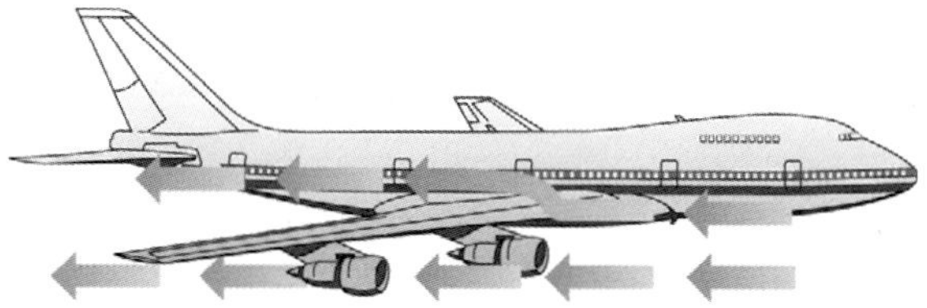

협동학습

협동학습 (Cooperative learning)
학생들이 특정 학습목표, 그리고 특정 사회적 상호작용 목표에 이르도록 다양한 수준의 능력을 지닌 학생 집단에서 작업하는 일군의 수업 모형

협동학습은 학생들이 특정 학습목표, 그리고 특정 사회적 상호작용 목표에 이르도록 다양한 수준의 능력을 지닌 학생 집단에서 작업하는 일군의 수업 모형이다. 협동학습은 인지발달을 촉진하는 기제로서 사회적 상호작용을 강조하는 비고츠키(1978, 1986)의 저작에 바탕을 두었다. 연구들은 학습자 집단이 개인보다 더 강력한 이해를 형성한다고 제안한다(R. Anderson et al., 2001; Hadjioannou, 2007; Y. Li et al., 2007). 이렇게 공동으로 형성한 지식은 개인에 의해 고유하게 내면화된다.

협동학습은 또한 동기를 증진시킨다. 효과적으로 수행된다면 협동학습은 모든 학생을 참여시키는데 그것은 대단위의 집단에서는 어려운 일이다. 학급 전체의 토론에서는 자신감이 적은 학생들이 참여할 기회를 얻기 어려우며, 따라서 그들은 겉돌게 된다.

웹 자료실
수업 모형에 대한 다른 교사의 적용을 분석하려면 www.myeducationlab.com에 접속하고 13장 '활동 및 적용'의 '수업모형'이란 사례연구를 보라. 그리고 이어지는 물음에 답하라.

독자들이 이미 살펴본 몇몇 교사는 수업의 일부로 협동학습을 활용하였다. 이것은 오늘날 학교에서 가장 폭넓게 사용되는 수업의 접근법 중 하나가 되었다. 한 연구는 초등학교 교사의 90% 이상이 어떤 형태로든 그들의 학급에서 협동학습을 활용한다고 보고하고 있다(Antil, Jenkins, Wayne, & Vadasy, 1998). 그러나 많은 교사가 어떤 형태든 학생들을 집단으로 묶은 수업을 협동학습으로 여기고 있으며 학습을 촉진시키는 필수 요소에 대한 연구들은 눈여겨보지 않는 경향이 있다(E. Cohen, 1994; D. W. Johnson & Johnson, 2006).

단일 관점은 존재하지 않지만, 대부분의 연구자는 협동학습이 충분히 작은 인원으로(전형적으로 2~5명) 구성된 집단에서 공동작업을 하는 학생들로 이루어지며 따라서 모든 학생들이 명확히 할당된 과업에 참여할 수 있다는 것에 동의한다(E. Cohen, 1994; D. W. Johnson & Johnson, 2006; Slavin, 1995).

협동학습은 또한 네 가지 다른 특성을 공유한다.

협동학습 활동은 사회적 상호작용을 통해 지식 형성을 촉진한다.

- 학습목표가 집단활동을 정한다.
- 학습활동은 사회적 상호작용을 요구한다.
- 교사는 학생들에게 각자 자신의 이해에 대한 책임을 부여한다.
- 학습자는 목표에 이르기 위해 서로 의지한다.

긍정적 상호의존(D. W. Johnson & Johnson, 2006) 혹은 호혜적 상호 의존(E. Cohen, 1994)이라 하는 마지막 특성은 학습에 있어 또래 협력의 역할을 강조하기 때문에 중요하다. 책임감 또한

다양성 탐색

협동학습을 통해 학급에서 다양성 활용하기

지식 형성의 중요성에도 불구하고 사회적 상호작용은 항상 자연스럽고 편안하게 일어나는 것은 아니다. 사람들은 자신들 사이의 다양성에 대해 경계하는 경향이 있다. 사회적 상황에서 흔히 나타나듯, 이런 경향성은 교실에서도 일어난다. 특정 민족집단의 학생들은 함께 대부분의 시간을 보내는 경향이 있으며, 따라서 그들은 우리 모두가 다른 점보다는 서로 유사한 점이 훨씬 더 많다는 것을 배우지 못한다(Juvonen, 2006; Okagaki, 2006).

교사들은 서로 다른 배경을 지닌 학생들 간의 관용, 신뢰와 우정을 강요할 수 없다. 교사들은 다른 수단을 필요로 하며 협동학습은 그중 하나가 될 수 있다. 협동적 집단에서 작업을 수행하는 학생들은 그들의 사회적 기술을 발달시키고 특수아를 수용하며 성취, 민족, 성에서 서로 다른 사람들에 대한 우정과 긍정적 태도를 발달시킬 수 있다(D. W. Johnson & Johnson, 2006; Vaughn & Bos, 2006).

학생들의 협동의 이득은 다음 네 가지 요인에서 온다.

- 다양한 배경의 학생들이 함께 작업한다.
- 집단 구성원은 동등한 지위를 가진다.
- 학생들은 한 개인으로서 서로에 대해 배운다.
- 교사는 모든 학생 사이에서 협동의 가치를 강조한다 (Slavin, 1995).

학습자들이 함께 작업하면서 그들은 자주 서로 공통점이 많다는 것을 알게 된다. 8학년 수학교사인 소 교사가 학급에서 의사소통을 증진시키기 위해 어떻게 노력하였는지에 대해 살펴보자.

소 교사는 학생들이 작업하는 것을 관찰하면서 만족스러우면서도 한편으로는 불편하였다. 학생들은 수학에서 많은 발전을 이루었지만 소수 민족 학생들과 주류 민족 학생들 간 교류가 거의 없었다. 또한 집단 간 교류마저도 없었다. 그녀는 영어에 어려움이 있는 중남미 출신의 여섯 학생과 별도의 도움을 받기 위해 매일 그녀의 수업을 벗어나는 네 명의 특수아에 대해 걱정했다.

더 응집력 있는 환경을 만들기 위해, 소 교사는 주말 동안 네 명으로 구성된 집단을 조직하고 각 집단에 동일한 수의 우수학생과 저성취 학생을 포함시키려 애를 썼다. 그녀는 성과 민족도 다양하게 집단을 구성하였으며, 어떤 집단도 영어가 모국어가 아닌 사람 혹은 특수아가 한 명이 넘어가지 않도록 하였다.

월요일 그녀는 학생들이 어떻게 함께 작업해야 하는지 설명하였다. 과정을 소개하기 위해 그녀는 한 집단과 함께하며 협동과 다른 사람들을 돕는 것의 본보기가 되었다. 그녀는 문제 풀이 수업을 마친 후 각 집단을 자습을 위해 교실의 서로 다른 장소로 보냈다. 각 집단의 개인 학생은 문제 풀이를 하였고 집단원들과 자신들의 답을 비교하였다. 그들이 문제를 제대로 다룰 수 없을 때 혹은 차이를 해소할 수 없을 때는 소 교사가 개입하였다. 그녀는 각 학생이 서로 의논하기 전 먼저 각자 문제 풀이를 하는지를 주의 깊게 관찰하였다.

모든 집단을 관찰한다는 것은 어렵지만 그녀의 첫 시도는 매우 성공적이었다. '휴~.' 그녀는 그날을 마치며 '쉽지 않았지만 벌써 훨씬 나아지고 있어.' 라고 스스로 생각했다.

소 교사의 노력을 좀 더 자세히 살펴보자.

첫째, 그녀의 목표는 상호 관계의 증진이었기 때문에 그녀는 집단을 고능력 학생과 저능력 학생, 소년과 소녀, 소수 민족 학생과 주류 민족 학생, 그리고 특수아와 비장애아가 동등하게 포함되도록 집단을 조직했다. 초보 교사가 저지르는 가장 흔한 실수 중 하나는 학생들이 스스로 자신의 집단을 구성하게 하는 것이다.

둘째, 효과적 상호작용은 계획되고 지도되어야 함을 인식하고, 그녀는 지지적이며, 경청하고 질문하며, 과업에 집중하는 등의 바람직한 행동의 본보기가 되었다. 교사들은 또한 직접 상호작용 전략을 가르치거나 역할연습과 효과적 집단의 동영상을 이용하여 학생들이 협동기술을 배우는 것을 도울 수 있다 (Blaltchford et al., 2006; Vaughn, Bos, Cadace, & Schumm, 2006). 이들 기술은 종종 도움을 구하고 주는 것을 주저하는 소수계 집단 출신의 학생들에게 특히 중요하다.

셋째, 그녀는 협동학습 모형인 학생 협력 성취 집단의 적용을 통하여 협동과 의사소통을 촉진하였고, 마지막으로 그녀는 학생들이 작업할 때 주의 깊게 그들을 관찰하였다. 도입기의 훈련만으로는 협동을 확신할 수 없다. 집단들은, 특히 어린 아동들의 경우 혹은 협동학습이 처음 도입되었을 때, 일관된 관찰과 지지를 요구한다(Blaltchford et al., 2006; Vaughn et al., 2006). 문제가 계속되면 교사들은 더 많은 훈련을 위해 학급을 다시 소집할 필요가 있다.

중요한데 그것이 학생들로 하여금 목표에 집중하게 하고 학습이 활동의 목표라는 점을 일깨우기 때문이다(Antil et al., 1998; Slavin, 1995).

우리가 논의해 온 첫 세 모델과는 달리 협동학습 활동은 일련의 특정 단계를 따르지 않는다. 그러나 협동학습 활동의 성공적 수행은 신중한 생각과 계획을 요구한다. 다음 절에서 저자들은 협동학습의 성공에 영향을 미치는 요인을 다룰 것이다.

협동학습의 소개

학생들을 협동학습으로 이끄는 것은 신중한 계획을 요구한다(Blatchford, Baines, Rubie-Davies, Bassett & Chowne, 2006; Saleh, Lazonder, & Jong, 2007). 어설프게 구성된 활동은 전체 집단을 대상으로 하는 수업보다 학습 효과가 낮은 결과를 초래할 수 있다.

초기 협동학습 활동의 계획과 구성을 위한 제안은 다음과 같다.

- 집단원을 함께 앉혀 집단 작업과 학급 전체의 활동 간 자유로운 전환을 큰 어려움 없이 할 수 있게 한다.
- 각 집단에 배포하기 용이하도록 자료를 미리 준비한다.
- 짧고 간단한 과업을 통해 학생들에게 협동학습을 소개하며, 목표와 지시를 명확히 한다.
- 과업을 성취하기 위해 사용 가능한 시간을 정하며, 이 시간은 비교적 짧게 한다.
- 학생들이 작업하는 동안 집단을 관찰한다.
- 활동의 결과로 특정 문제에 대한 서면의 답과 같은 결과물을 학생들이 만들어 내도록 요구한다.

앞서 언급한 교사들의 수업 각각은 이들 특징을 보여 준다. 모든 사례에서, 교사들은 집단원을 함께 앉혔고, 과업은 명백하고 구체적이었으며, 교사들은 학생들이 결론을 서면으로 작성하기를 요구하였고, 집단 작업을 주의 깊게 관찰하였다.

협동학습 모형

사회적 구성주의는 모든 형태의 협동학습에 대한 틀을 제공하지만 각각은 서로 다른 목표를 두고 있다. 보다 많이 사용되는 협동학습 모형 중 일부는 〈표 13-8〉에 소개되어 있다.

또 다른 협동학습 전략이 존재하며, 이들은 형태가 다름에도 불구하고 모든 전략은 앞서 기술된 제안을 포함한다. 모든 수업 모형처럼 단일한 협동학습 모형이 모든 학습목표를 달성할 수 없으며 협동학습이 과도하게 사용되지 않아야 한다.

표 13-8
table

협동학습 모형

모형	설명	예
상호 질문하기	두 명이 짝을 지어 수업내용 혹은 교과서에 대해 서로 묻고 답하기	'요약하면……' 혹은 '왜 ……이 중요할까?' 와 같은 질문의 뼈대를 교사가 제공하고 학생들은 이 뼈대를 사용하여 주제에 대한 구체적인 질문을 만들어 낸다.
정교화 협동	두 명이 짝을 지어 서로의 생각을 정교화하기	수학: 두 명 중 한 명이 문제의 해결책을 제안한다. 다른 한 사람은 그것을 정교화하며, 이 과정을 반복한다. 읽기: 두 명이 짝을 이루어 한 문단을 읽고, 첫 학생은 이에 대해 요약한다. 두 번째 학생은 이를 정교화하며 이 과정을 반복한다.
전문가되어 보기	한 학생이 수업 주제의 한 부분에 대한 전문가가 되어 집단의 다른 학생들에게 가르치기	한 학생이 어느 한 지역의 지리에 대해, 다른 학생은 경제에 대해, 세 번째 학생은 기후에 대해 연구한다. 각 학생은 '전문가' 모임에 참여한 후 '전문가'가 되어 집단에 돌아와 다른 집단원에게 해당 내용을 가르친다.
학생 협력 성취 집단	사회적 상호작용을 통해 학생들이 사실, 개념, 기술을 배우도록 돕기	직접 교수법의 개별 연습단계가 집단학습으로 대체되며, 집단학습을 하는 동안 집단원은 서로의 대답에 대해 비교하고 검토한다. 집단학습 다음 쪽지시험이 이어지며, 집단원 각각이 오른 성적에 의해 집단이 보상을 받는다.

협동학습과 관련하여 고려할 점

협동학습을 다룬 연구들은 그것이 학생 성취를 높이고 문제해결능력과 학습과정에 대한 태도를 개선하며 의사소통과 상호작용 기술을 발전시킨다고 밝힌다(Gao, Losh, Shen, Turner, & Yuan, 2007; Keefer et al., 2000; Roseth et al., 2007).

다른 한편으로, 학생들을 단순히 집단에 소속시키는 것만으로 향상된 성취나 동기의 증진을 가져오지 못한다. 예를 들어, 한 집단을 다양한 능력을 가진 학생들로 구성할 때, 우수아들은 지진아들에 의해 이용당한다고 여기며 사실 그들은 종종 집단보다는 홀로 작업하는 것을 더 선호한다(Su, 2007). 또한 보통 능력을 가진 학생들은 능력이 서로 다른 학생들로 구성된 집단에서의 학습에서 큰 이점을 찾지 못하는데, 이는 우수아들이 집단의 상호작용을 지배하는 경향이 있기 때문이다(Saleh et al., 2007).

이런 결과들은 교사들에게 두 가지 함의를 제공한다. 첫째, 신중한 계획은 다른 어떤 모형 못지않게 협동학습에서도 중요하다. 예를 들어, 교사들이 학생들에게, 모든 집단 구성

교실에의 적용

당신의 학급에서 수업 모형을 효과적으로 사용하기

직접 교수법

1. 직접 교수법은 도입과 복습, 이해 발달, 시도에 의한 연습과 개별 연습 단계를 포함한다. 이해를 강조하고 자동화를 발달시키기 위한 연습을 제공하라.

- 초등학교: 4학년 교사는 소유격에 대한 수업에서 먼저 단수와 복수의 소유격에 대해 설명한 후 학생들이 다음 문장을 소유격을 나타내는 데 적절한 구두점을 부가함으로써 완성하도록 하였다.

  The students books were lost when he forgot them on the bus.

  The students books were lost when they left them on the playground.

  Who can describe the boys adventure when he went to the zoo?

  Who can describe the boys adventure when they swam the river?

  그런 후 그는 학생들이 단수와 복수의 소유격 모두가 포함된 문단을 쓰도록 시켰다.

- 중학교: 백분율과 십진법 단원에서 수학교사는 주립 대학의 스타 쿼터백(Quarterback)이 지난 경기에서 21개의 패스 중 14개를 성공시켰다고 말했다. "그것은 무엇을 의미하니? 잘한 것일까 못한 것일까? 그것은 상대팀 쿼터백이 17개 패스 중 12개를 성공한 것보다 더 잘한 것일까?" 라고 그녀는 물었다. 그녀는 학생들에게 백분율 계산하는 법을 설명한 후 다른 실생활 문제에서 백분율을 구하는 연습을 시켰다.
- 고등학교: 9학년 지리교사는 지도와 일련의 특정 질문을 이용하여 과정 '따라하기' 를 통해 학생들이 그들이 사는 도시의 경도와 위도를 확인하는 것을 도왔다. 그는 학생들에게 다른 도시들의 경도와 위도를 찾는 연습을 시켰고 주요 도시의 경도와 위도도 확인하도록 하였다.

토의를 활용한 강의

2. 토의를 활용한 강의는 도입과 복습, 정보가 제공되는 단계, 이해 점검과 통합으로 이루어진다. 정보 제공은 짧게 하고 높은 수준의 상호작용을 이용하여 학생들의 주의를 유지하고 도식 형성을 촉진하라.

- 초등학교: 1학년 교사는 그녀의 학생들이 가축과 애완동물 간 유사성과 차이를 알게 되기를 원한다. 그녀는 양쪽의 사진을 포함한 커다란 도표를 만들었다. 그들이 두 종류의 동물에 대해 토의하는 동안 그녀는 학생들에게 두 집단에 대한 유사성과 차이를 확인하는 질문을 계속하였다.
- 중학교: 미국 역사교사는 19세기와 20세기 초의 이민에 대해 이야기하면서 과거의 이민자 집단과 현대의 플로리다(Florida) 주 마이애미(Miami)의 쿠바계 주민 및 텍사스(Texas) 주의 산 안토니오 시의 멕시코계 이민자를 비교하였다. 그는 학생들에게 이민자들이 만나게 되는 어려움과 미국 삶의 방식에로 동화되는 비율과 관련하여 두 집단 간 유사점과 차이점에 대해 요약하도록 하였다.
- 고등학교: 생물교사는 세포 안팎의 액체 투과와 관련한 정보를 제공하였으며 이 과정을 설명하는 몇몇 개념들을 확인하고 도해로 보여 주었다. 대략 3분 후 그녀는 정보를 제공하는 것을 멈추고 물었다.

  "한 번은 낮은 침투압의 용액에 다음번에는 높은 침투압의 용액에 세포를 담근다고 생각해 보자. 이 두 경우의 차이는 무엇인가? 각각의 경우 세포에는 어떤 일이 일어나는가?"

유도된 발견

3. 교사들이 유도된 발견 교수모형을 사용할 때 그들은 학생들에게 사례를 제시하고 학생들이 지식을 구성하도록 안내한다. 학생들이 주제를 이해하는 데 필요한 모든 정보를 포함하는 사례를 제공하고 학생들의 상호작용을 유도한다.

- 초등학교: 5학년 교사는 뱀과 거북이를 교실로 가지고 와 파충류에 대한 단원을 시작한다. 그는 도마뱀, 악어, 바다 거북의 원색 사진을 함께 보여 준다. 그는 학생들이 동물과 사진들에 대해 진술하도록 하였고 파충류의 중요한 특성에 대한 이해로 학생을 유도하였다.
- 중학교: 7학년 영어교사는 문장의 맥락에 따른 단수와 복수 명사의 소유격에 대한 사례를 소개하였다. 그 후 그녀는 학생들

이, 예를 들어 "The girls' and boys' accomplishments in the middle school were noteworthy, as were the children's efforts in the elementary school."과 같은 특정 문장에서 사용된 형식으로 구두점이 사용되어야 하는지에 대한 이유를 설명할 수 있도록 학생들의 토의를 이끌었다.

- 고등학교: 세계사 교사는 다음과 같은 일화를 학생들에게 제시하였다.

  당신이 고고학 조직의 일원이며 한 지역에서 약간의 창촉을 발견하였다. 단단한 돌을 정밀하게 쪼아 만든 창촉은 오래되었음에도 불구하고 여전히 상당히 날카롭다. 당신은 또한 몇몇 소와 양의 두개골과 거칠게 짜인 천 조각으로 보이는 섬유 일부를 보았다.

  그는 그 유물들이 신석기 시대의 사회상을 대표한다고 결론짓도록 학생들을 이끌었다.

협동학습

4. 협동학습은 학생들이 학습목표에 이르기 위해 함께 작업할 것을 요구한다. 집단들에게 명확하게 지시하고, 학생들이 작업하는 것을 주의 깊게 관찰하라.

- 초등학교: 2학년 교사는 짧은 문장의 수학 문제를 집단이 함께 풀도록 하면서 새 학년을 시작하였다. 학생들이 협력하지 못할 때 그녀는 집단을 중지시키고, 즉각 학급 전체와 이 문제에 대해 논의하였다.
- 중학교: 생물교사는 학생들이 단세포 동물의 특성, 세포 기관과 환경에 대한 질문을 만들고 답하도록 시켰다. 그는 두 명으로 이루어진 각 조가 더 의미 있는 질문을 하도록 돕기 위해 학생들에게 주기적으로 도움이 되는 제안을 하였다.
- 고등학교: 기하학 교사는 학생들의 쌍이 정교회 협동 모형을 사용하여 증명 문제를 풀도록 하였다. 학생들이 어려움을 겪을 때 그녀는 학생들이 계속하여 더 나아갈 수 있도록 단서를 제공하였다.

5. 집단의 상호 의존성에 대한 강조 때문에 협동학습은 서로 다른 배경을 지닌 학생들 간의 바람직한 상호작용을 촉진한다. 다양한 학습자들이 학급에 제공하는(역주: 배경지식의) 풍부함을 이용하기 위해 협동학습 집단을 활용하고 집단 협동을 요구하는 과업을 고안하라.

- 초등학교: 2학년 교사는 새 학년이 된 지 3주가 되기를 기다려 협동학습 집단을 구성하였다. 그 시간 동안 그녀는 학생들을 관찰하고 그들의 흥미, 재능, 친구 관계에 대한 정보를 모았다. 그 후 그녀는 이 정보를 활용하여 각 집단을 어떤 학생들로 구성할지에 대한 결정을 하였다.
- 중학교: 6학년 수학교사는 협동학습 집단을 활용하여 문장으로 된 문제들을 연습하게 하였다. 그는 학급을 두 명으로 구성된 쌍으로 조직하였는데, 가능한 한 소수계 학생과 주류 민족 학생으로 구성된 쌍, 특수아와 비특수아로 구성된 쌍, 그리고 소년과 소녀로 구성된 쌍으로 조직하였다.
- 고등학교: 영어교사는 학생들이 서로의 작문에 대한 피드백을 주도록 네 명으로 구성된 집단에서 작업하게 하였다. 교사는 각 집단이 소년과 소녀, 소수계와 주류계, 혹은 장애아와 비장애아의 수가 같게 구성되도록 모든 집단을 조직하였다.

학교급별 적용 *Developmentally appropriate*

다양한 연령의 학습자를 위한 교수모형 활용

이 절에서 논의한 교수모형은 모든 수준에서 사용할 수 있지만, 학생들의 발달상 차이를 수용하기 위한 변화는 필요하다. 다음 문단은 이 발달상 차이에 대응하기 위한 몇 가지 제안을 소개한다.

직접 교수법은 기초 기술을 가르치는 데 효과적이어서 아마 초등학교 저학년을 대상으로 가장 광범위하게 사용되는 교수모형일 것이다. 어린 아동들을 대상으로 직접 교수법을 사용할 때 이해 발달과 지도에 의한 연습단계는 개별 학습의 기초를 쌓는 것이기 때문에 중요하다. 지도에 의한 연습이 이루어지는 동안 학습자의 성취를 관찰하고, 다수의 학생들이 독립적으로 연습하는 동안 낮은 성취자들에게는 더 많은 시간을 투입하는 것은 어린 아동들에게 효과적인 적용일 것이다.

토의를 활용한 강의는 어린 아동들에게는 조심해서 사용되어야 하는데, 이는 아동들의 짧은 주의 유지 시간과 사전지식의 부족 때문이다. 설명 시간은 짧아야 하며, 아동들을 살피면서 이해를 촉진하는 예화를 자주 사용해야 한다. 어린 아동들에게는 토의를 활용한 강의 이외의 모형이 종종 더 효과적일 것이다.

갑각류, 분수, 연설의 한 부분과 같은 구체적 사례로 보여 줄 수 있는 주제를 학생들이 이해하는 것이 학습목표라면 유도된 발견은 어린 아동들에게 특히 효과적이다. 어린 아동들에게 유도된 발견 모형을 사용할 때 교사들은 언어적으로 가르치려는 개념과 사례를 연결시키고 새 용어를 강조해야 한다.

어린 아동들은 집단에서 효과적으로 작업하려면 많은 양의 비계와 연습을 필요로 한다. 자료를 제출하거나 활동에 참가하는 절차를 명백히 기술하는 것 또한 중요하다.

중학교에서 직접 교수법은 예비 대수학, 대수학, 언어기술과 같은 영역에서의 훈련에 필요한 절차적 기술을 학습하는 데 효과적 모형이다. 저학년들에게 이해 발달과 지도에 의한 연습단계는 성공적인 활동을 위해 필수적이다.

유도된 발견은 중학교 학생들에게 가장 효과적 모형 중 하나지만 학습활동을 하는 동안 서로를 존중하고 예의 있게 대하는 규칙은 이들에게 중요하다. 교사가 높은 수준의 사례를 사용한다면 중학교 학생들은 생명과학에서 대칭 동물구조와 비대칭 동물구조, 사회학에서의 문화와 같은 보다 추상적 개념을 학습할 수 있다. 유도된 발견은 여전히 구체적 사례에 의해 표현되는 개념을 가르치는 효과적 모형이다.

협동학습은, 소 교사가 그녀의 8학년 학생들과의 수업에서 보였듯이, 직접 교수법을 보완하기 위해 효과적으로 사용할 수 있다. 협동학습은 또한 중학생들이 사회적 목표에 도달하고 의사소통 기술, 타인 관점 조망, 그리고 협력 등을 발달시키도록 하는 데 도움이 된다.

토의를 활용한 강의는 과학, 문학, 사회과학에서의 조직된 지식구조를 가르치는 데 효과적이다.

고등학생들은 어린 학생들에 비해 대개 관리의 어려움은 적지만 수동적으로 앉아 있으려고만 하는 경향성이 더 크다는 것이 문제다. 단순히 강의만 하는 것보다는 대안으로 토의를 활용한 강의를 적용하는 것이 바람직하다.

다른 모형 각각은 교사의 수업목표에 따라 강의 대안으로서 효과적일 수 있다. 고등학생들이 이전에 이 모형을 경험하였다면 이를 모형에 대해 친숙할 것이다. 학습목표에 맞추어 수업이 잘 이루어지는지 자주 관찰하는 것은 여전히 필요하다.

원에게서 조언을 구하도록 하는 것과 같이, 협력에 대한 명확한 지시를 줄 때, 상호작용은 증진된다(Saleh et al., 2007). 둘째, (한 집단의 모든 학생이 같은 점수를 받도록 하는 학점 부과 방식인) 집단에 대한 성적 매기기는 사용되지 않아야 한다. 개인의 책임이 중요하다(Su, 2007).

적절히 수행될 때의 다른 어떤 모형처럼 협동학습은 다양한 목적에 이르는 데 효과적이며, 그것이 효과적이 되면 신중한 계획과 실행이 필요하다.

◈ 이해 점검 활동

3.1 필수 수업 기술을 기반으로, 직접 교수법, 토의를 활용한 강의, 그리고 유도된 발견 모형에서 교수단계가 중요한 이유를 설명하라.

3.2 직접 교수법의 어떤 단계가 개별 학습을 성공적으로 만들기 위해 가장 중요한지 설명하라.

3.3 저자들은 "적절하게 수행된다면 유도된 발견의 효과성은 연구에 의해 지지된다."라고 이야기하였다. '적절히 수행되기' 위해 수업에서 필요한 것은 무엇인지 설명하라.

3.4 한 교사가 3학년 학생들을 3명씩의 집단으로 조직하고 각 집단에 동전, 숟가락, 알루미늄 호일, 고무줄, 나무 연필, 종이 집게와 못을 담고 있는 상자와 자석을 주었다. 그녀는 각 집단에게 10분간 자석과 물체를 가지고 실험한 후 자석에 붙는 물체와 붙지 않는 물체 간 차이에 대해 쓰도록 지시했다. 학생들이 작업할 때 그녀는 학생들의 질문에 답하고 조언하기도 하였다. 학급 전체는 다시 모여 그 결과에 대해 토의했다. 이 교사는 얼마나 효과적으로 학생들에게 집단학습에 대해 소개하였는가? 당신의 결론을 지지하는 증거를 이 사례에서 찾아 인용하라.

평가와 학습: 평가를 학습도구로 활용하기

평가는 계획—실행—평가주기의 세 번째 요소다. 안 교사의 평가가 그의 학생들의 학습에 어떻게 기여하는지 살펴보자. 다음은 그의 금요일 쪽지시험 문항과 학생들의 대답이다.

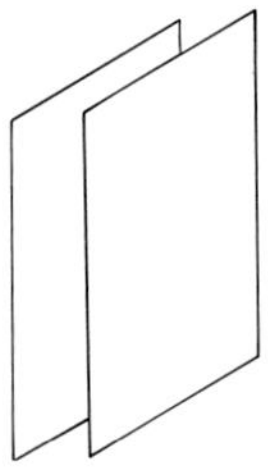

수업에서 사용하였던 두 장의 종이를 묘사한 그림을 살펴보자. 무엇이 두 장의 종이가 서로 더 밀착하도록 만들었는지 설명하라. 당신이 두 장의 종이 사이로 입바람을 불었을 때 공기의 흐름이 어떤지를 보여 주는 그림을 그려라. 수업 중 우리가 하였던 것처럼 그림에 표시한 힘을 명명하라.

다음은 종이 사이의 공기 흐름에 대한 두 학생의 그림 묘사다.

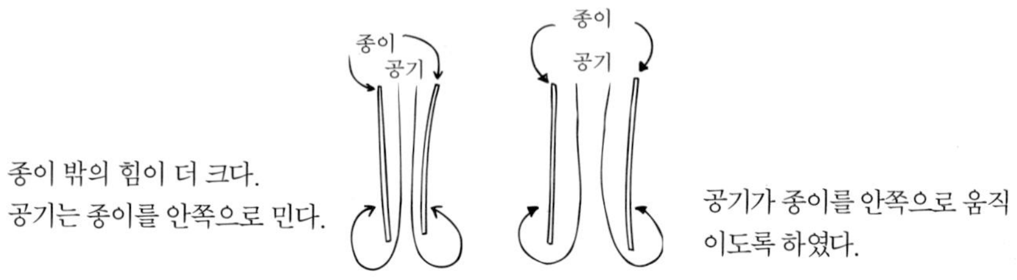

학생들의 응답은 효과적인 평가의 필수 특성을 보여 준다. 평가는 학생들이 생각하고 있는 것에 대한 정보를 제공해야 한다(Stiggins, 2007). 예를 들어, 그림에서 보여진 응답은 두 학생이 종이를 안으로 미는 종이 외부의 힘(압력)이 종이를 밖으로 미는 종이 사이의 힘(압력)보다 더 크다고 결론지었음을 보여 준다. 그러나 수업에서 이미 이 결론을 강조하였기 때문에, 이것이 학생들의 이해와 관련한 많은 증거를 제공하지는 않는다.

설명과 연계된 공기 흐름에 대한 학생들의 그림은 더 많은 것을 보여 준다. 그들은 종이의 아래쪽을 돌아 흐른 공기가 종이를 밀착하게 밀었다고 결론 내렸으며 그것은 잘못된 생각을 보여 준다[(종이 안쪽의) 표면 위에서 움직이는 공기 흐름의 속도가 빨라지면서 (종이 간 안쪽의) 표면에 작용하는 압력이 감소하였고, 두 장의 종이 바깥의 공기는 종이를, 우측 그림에서 보듯, 바깥에서 여전한 힘으로 밀고 있다. 이것이 베르누이의 원리를 적용한 것이다].

만약 안 교사가 글과 그림으로 된 설명을 모두 요구하지 않았다면, 그는 학생들이 잘못된 생각을 가지고 수업을 마쳤는지를 알 수 없었을 것이다.

평가는 이처럼 교사가 학생들의 잘못된 개념화를 직접 살펴볼 수 있는 기회를 제공한다. 예를 들어, 이 응답에 대하여 (공기는 모든 방향으로 압력을 가하고 공기 분자를 포함한 모든 물체는 자신에게 힘이 가해지지 않는 한 일직선으로 움직이는 것을 보여 주는) 부가적 예와 함께 자세한 논의를 하는 것은 과학에서의 기본 원리에 대한 학생들의 이해를 크게 확장한다. 사실 평가 후 이 원리들을 가르치는 것은 미리 이 원리들을 가르치려 애쓰는 것보다 더 많은 학습이 일어나게 하는데, 이는 학생들이 평가에 응답하는 것이 학습을 위한 맥락과 동기 모두를 제공하기 때문이다. 이상적으로 모든 평가는 학습을 확장하는 유사한 기회를 제공한다. 저자들은 다음 장에서 이 생각을 보다 자세히 다룰 것이다.

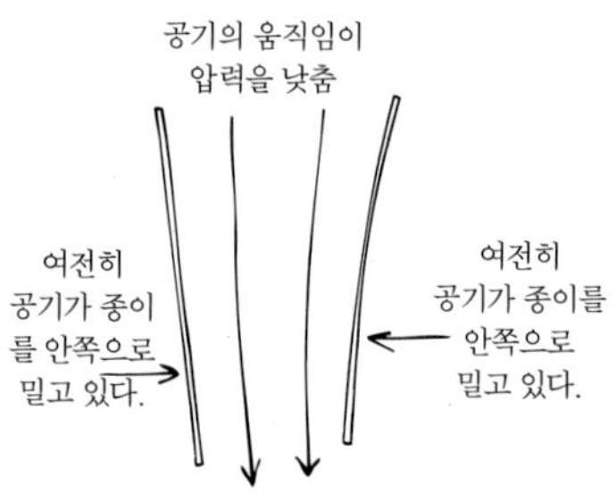

◈ 이해 점검 활동

4.1 효과적 평가의 주요 특성 두 가지를 확인하라.

4.2 평가가 학생들의 학습을 증진시키기 위해 교사가 평가와 연계하여 사용해야 할 필수 수업 기술을 확인하라.

4.3 영어교사가 학생들이 작문에서 직유, 은유, 의인화 등 비유적 언어를 사용하기를 원한다. 그는 학생들에게 이에 대한 몇 가지 예를 제시한 후 또 다른 비유적 언어의 사례를 확인하도록 요구하는 쪽지시험을 학생들에게 실시하였다. 그 효과성과 관련하여 이 교사의 평가를 평가하라.

✽ 학습목표별 요약

1. 교수를 위한 계획의 필수 요소를 기술하라.

- 교수를 위한 계획을 할 때 교사들은 학생들이 배워야 할 중요한 주제를 확인하고 학급목표를 구체화하며, 학습활동을 준비하고 조직하며 평가를 고안해야 한다.
- 기준에 기초한 교수를 계획할 때 교사들은 먼저 기준을 해석하고 학생들이 이 기준에 이르도록 돕는 학습활동과 기준에 도달했는지를 확인할 수 있는 평가를 고안할 필요가 있다.

2. 필수 수업 기술을 기술하고 그것이 왜 중요한지 설명하라.

- 필수 수업 기술은 모든 효과적인 교사들이 소유해야 할 능력과 태도다. 이 태도에는 교사에게 학생 학습에 대한 책임이 있고 교사가 학생 학습을 높일 수 있다는 믿음을 의미하는 높은 개인 강의 효능감을 포함한다. 이 태도는 또한 배려, 본보기 되기, 열정과 학생의 성취 및 행동에 대한 높은 기대감 능을 포함한다.
- 필수 능력에는 효과적으로 조직하고 명확하게 의사소통하며 학생의 주의를 끌고 유지하며 정보가 있는 피드백을 제공하고 간결한 복습을 제시하는 능력이 포함된다.
- 질문하기는 가장 중요한 필수 수업 기술 중 하나다. 효과적인 질문하기의 특징에는 질문을 자주하며 질문을 모든 학생에게 골고루 하며 학생들이 대답하지 못할 때 촉진하며, 학생들이 자신들의 대답에 대하여 생각할 충분한 시간을 주는 것 등이 포함된다.

3. 필수 수업 기술과 교수모형 간 관계를 설명하고 각 모형의 요소를 분석하라.

- 필수 수업 기술은 모든 교수모형을 지원하며 모든 모형에 통합된다.
- 직접 교수법은 학생들에게 추후 학습을 위해 필요한 지식과 필수 기술을 가르치기 위해 고안된 교수모형이다. 교사들은 네 단계로 직접 교수법을 수행한다. ⓐ 도입과 복습 단계에서는 학생의 주의를 끌어내고 사전지식을 활성화시키며, ⓑ 이해 발달 단계에서는 기술에 대한 서술적 지식을 획득하게 하며, ⓒ 지도에 의한 연습단계에서는 절차적 지식의 발달이 시작되며, ⓓ 개별연습단계에서는 기술이 자동화에 이르도록 더욱 발달시킨다.
- 토의를 활용한 강의는 학생들이 조직된 지식체제를 획득하도록 돕기 위해 고안된 교수모형이다. 이것은 ⓐ 학생들의 주의를 이끌고, 사전지식을 활성화하는 도입과 복습 단계, ⓑ 지식을 제시하는 정보제공단계, ⓒ 학생들의 지각을 점검하는 이해도 관찰단계, ⓓ 도식 형

성을 촉진하는 통합단계로 구성되어 있다.

- 유도된 발견은 학생들이 개념과 개념 간 관계를 학습하도록 돕는 교수모형이다. 이것은 ⓐ 학생들의 주의를 이끌고, 사전지식을 활성화하는 도입과 복습단계, ⓑ 학생들이 사례를 관찰하는 개방된 결론단계, ⓒ 교사가 유형을 확인하고 도식 형성을 시작하는 수렴단계, ⓓ 교사가 도식 형성을 완성하고 학습목표를 분명히 하는 종결단계, ⓔ 전이를 촉진하도록 돕는 적용단계로 구성된다.
- 협동학습은 특정 학습목표에 이르기 위해 집단 상호작용을 활용하는 일련의 교수모형이다. 교사는 개인이 이해에 대한 책임을 지우며 학습자는 목표에 이르기 위해 서로 의지한다.

4. 효과적 평가의 필수 특성을 확인하라.

- 생산적 학습환경은 평가중심적이다. 이것은 평가가 교수-학습과정에서 필수적 부분이며 학습목표와 활동에 연계되었음을 의미한다.
- 효과적 평가는 교사에게 학생의 사고에 대한 정보를 제공하며 학생이 바르게 답하였는지 아닌지를 결정하는 것으로 그치는 것이 아니다.
- 효과적 평가는 상세한 피드백과 논의를 통해 학생들의 이해를 증진시킬 기회를 제공한다. 평가 후 토의는 단지 학습활동 자체를 제공하는 것 이상으로 이해를 증진시킨다.

✎ 전문성 발달: 자격증 시험 대비 연습

이 장에서 독자들은 어떻게 안 교사가 자신의 수업을 계획하는지, 필수 수업 기술을 보여 주는지, 학생들의 학습을 평가하는지를 보았다. 이제 9학년 학생들의 지리수업에서 한 교사가 작업하는 것을 살펴보자. 이 사례연구를 읽으면서 독자들이 이 장에서 학습한 정보들을 이 교사가 자신의 수업에서 어느 정도 적용하는지 살펴보라. 사례연구를 읽고 이어 질문에 답하라.

9학년 지리교사인 하 교사는 미국의 기후대에 대한 단원을 학생들에게 수업한다. 학급은 집단으로 나누어 플로리다, 캘리포니아, 뉴욕, 알래스카의 지리, 경제, 민족집단, 미래 문제들에 대한 정보를 모으기 위해 작업해 왔고 이 정보들을 표의 각 칸에 기입하였다. 표의 첫 두 세로줄은 다음 쪽에 나타나 있다.

오늘 수업에서, 하 교사는 학생들이 각 지역의 지리가 경제에 어떻게 영향을 미치는지에 대하여 이해하기를 원했다.

수업의 시작을 알리는 수업종이 멈추었을 때 하 교사는 교실 앞에 걸어 놓은 도표를 학생들에게 보여 주었다. 그녀는 학생들에게 이 주들의 정보에서 유사점과 공통점을 찾아보아야 함을 환기시킨 후, 학생들을 두 명씩 짝지우고, "나는 너희가 도표상의 지리적 정보를 보고 너희가 찾은 차이점 세 가지와 유사점 세 가지를 짝과 함께 써 보기 바란다."라는 말로 수업을 시작하였다.

각 집단은 작업을 시작하였고 하 교사는 교실을 순회하면서 질문에 답하고 간단한 제안을 하기도 했다.

몇 분의 시간이 지났을 때, 하 교사는 학생들을 다시 제자리로 돌아 앉게 하였다.

"너희 모두 열심히 한 것 같다. ……좋아, 준비된 듯 하구나."

"시작할까, 송이야?" 하 교사는 도표를 가리키며 수업을 재개했다.

"음, 플로리다를 제외하면 다른 모든 주에는 산맥이 있어요."

"좋아, 플로리다를 제외한 다른 주에는 모두 산맥이 있지." 하 교사는 반복하였고 이 정보를 칠판 위의 '유사점'

이란 단어 아래 썼다.

"다른 것은 계상아?"

"그 주들은 모두 대양에 접해 있습니다."

"다른 것은? 가희?"

"뉴욕과 플로리다는 연안 평야를 가지고 있어요."

학급은 몇 분 동안 계속하여 유사점을 확인하였고 그 후 하 교사는 다시 물었다.

"차이점은 어떨까? 태식?"

"기온 차가 심하네요."

"좋아. 남훈아?"

"다른 기후대에 있어요."

"알래스카는 평균기온이 화씨 0도 이하로 내려가는 유일한 주입니다." 호연이가 덧붙여 말했다.

"이현아, 더 추가할 것이 없을까?"

"알래스카를 제외한 모든 주는 겨울에 강우량이 4인치 이하입니다." 이현이가 대답하였다.

플로리다	**지리**			**경제**
	연안 평야			오렌지 산업
	플로리다 산지			관광산업
	허리케인 시즌			어로
	난류			임업
		기온	강우량	목축
	12월	69	1.8	
	3	72	2.4	
	6	81	9.3	
	9	82	7.6	

캘리포니아	긴 해안선			오렌지 산업
	폭포			포도주/포도 재배
	시에라네바다산맥			어로
	중앙 계곡			목재업
	사막			방송/영화
		기온	강우량	관광업
	12월	54	2.5	컴퓨터
	3	57	2.8	

	6	66	T	
	9	69	.3	

뉴욕	대서양 연안 평야			채소 재배
	뉴잉글랜드 산지			어로
	애팔래치아 고원			사과 재배
	애디론댁산맥			임업
		기온	강우량	전구 제조업
	12월	37	3.9	오락/방송
	3	42	4.1	
	6	72	3.7	
	9	68	3.9	

알래스카	로키산맥			광업
	브룩스산맥			어로
	팬 핸들 지대			사냥
	산맥 간 고원			목재/임업
	섬/나무 없는 지역			석유/파이프라인
	난류			관광업
		기온	강우량	
	12월	-7	.9	
	3	11	.4	
	6	60	1.4	
	9	46	1.0	

학생들이 차이점에 대해 몇 가지를 더 이야기한 후 하 교사는 "좋아, 너희의 목록 안에 있는 것을 다 말했니? 누구 또 더 할 것이 없니?"라고 물었다.

하 교사는 몇 초간 기다린 후 말했다.

"좋아, 이제 경제 칸을 보자, 너희가 앞에서 한 것과 같은 것을 하였으면 해. 경제 칸에서 세 가지 유사점과 차이점을 찾아 써 보렴. 3분을 주마."

학생들이 각자의 집단으로 돌아가 작업할 때, 하 교사는 이전처럼 그들을 관찰하였다.

학생들이 작업을 마쳤을 때 하 교사는 다시 학생들을 호명하고 경제 칸의 정보를 기초로 한 많은 유사점과 차이점을 얻었다. 그 후 그녀는 다음과 같이 말하며 수업 방향을 전환하였다.

"좋아, 잘했다. ……이제 지리적 여건과 경제를 연관시킬 수 있는지 살펴보자. 예를 들어, 그들이 어업을 해 온 이유는?"

그녀는 물었고 교실 뒤로 걸어가면서 학급 전체를 가로질러 손을 흔들어 가리켰다.

"남훈아?"

"이 주들은 모두 바다에 접해 있어요."

"음, 왜 그들은 모두 임업에 종사하지? 좋아, 동국?"

"이 주들에는 나무가 많아요."

동국이는 자신의 뻔한 결론에 대한 학급 친구들의 웃음과 함께 말했다.

"자, 만약 이 주들에 나무가 많다면, 이것이 그들의 기후에 대해 제공하는 정보는 무엇이지?"

"나무가 자라기에 적합한 날씨와…… 토양…… 그리고 충분한 강우량."

"잘 대답했어요, 동국아." 하 교사는 웃음지었고 계속 수업을 진행했다.

"자, 우리 도표를 다시 보자. 캘리포니아와 플로리다에서는 과일이 생산된다. 이 주들에서 오렌지 산업이 발달한 이유는?"

"……기후 때문이지요." 송이가 주저하며 대답했다.

"맞아, 기후 때문이야. 어떤 기후조건에서 오렌지 산업이 가능할까? ……성기?"

"……습한 아열대."

"습한 아열대 기후는 무엇을 의미하지. 계속해 봐."

"……길고 습한 여름, 짧고 건조한 겨울." 성기가 몇 초간 생각한 후 대답했다.

"이제 관광산업을 보자. 각 지역에서 관광산업이 일어난 이유는?" 하 교사는 계속 말했다.

"좋아, 범근?"

"이 주들은 모두 멀리 흩어져 있어요. 그들은 미국의 네 귀퉁이에 있고 관광지로서 인기 있는 때가 서로 다르지요."

"잘 대답했어요, 범근아." 하 교사는 머리를 끄덕였고, 수업을 마칠 시간이 다가오고 있다는 것을 깨달은 후 말했다.

"난 기후가 이들 지역의 경제에 어떤 영향을 미쳤는지에 대해 너희가 짧게 요약해 주기 바란다."

그녀는 학생들에게 다시 짝을 지어 작업할 시간을 몇 분간 준 후 수업을 이어 나갔다.

"자, 너희가 어떤 결론에 이르렀는지 보자. 덕구야, 말해 보렴."

"지역에 산이 많다면 우리는 농장을 일굴 수 없어요." 그가 대답했다.

"좋아, 다른 것은? ……경미?"

"기후는 무엇이 경작될 수 있고 그 지방 안에서 어떤 산업이 일어날 수 있는지에 영향을 미칩니다."

"좋아, 잘했다. 기후는 무엇이 경작되는지에 영향을 미치고…… 뒷부분이 뭐였지?"

하 교사의 지도에 따라 학급은 지역의 기후가 지역 경제를 결정하는 데 중요한 영향을 미친다는 것을 지적하는 요약을 하였고, 하 교사는 수업을 마쳤다.

단답형 질문

이들 질문에 답하면서 이 장의 정보를 활용하고 사례에서의 구체적 정보와 당신의 답을 연관시켜라.

1. 수업을 준비하면서 하 교사의 생각에 대해 기술하라. 그녀가 수업을 계획하며 내린 최소 세 가지의 결정에 대해 확인하라.
2. 하 교사가 어떻게 교수활동의 조화를 이루고 있는지 분석하라. 수업을 목표와 더 잘 연계시키기 위해 당신이 생각하고 있는 제안을 제시하라.
3. 수업에서 하 교사의 필수수업 적용을 분석하라. 그녀는 기술들 중 어떤 것을 가장 효과적으로 보여 주었는가? 어떤 기술이 가장 비효과적인 것으로 보이는가?

중요개념

감각 주의 끌기(Sensory focus)
강조(Emphasis)
골고루 질문하기(Equitable distribution)
교수모형(Model of Instruction)
교수활동의 조화(Instructional alignment)
과제 분석(Task analysis)
기준(Standard)
대답 기다리기(Wait-time)
명확한 언어(Precise language)
복습(Review)
유도된 발견(Guided discovery)
인지 영역(Cognitive domain)
잘 연결된 강의(Connected discourse)
전환신호(Transition signal)
조직화된 지식구조(Organized body of knowledge)
종결(Closure)
직접 교수법(Direct instraction)
질문 빈도(Questioning frequency)
촉진하기(Prompting)
토의를 활용한 강의(Lecture-discussion)
피드백(Feedback)
필수 수업 기술(Essential teaching skill)
학습목표(Learing objective)
협동학습(Cooperative learning)
효과적 수업(Effective teaching)

14

교실에서의 학습평가하기

chapter outline

학급평가
- 학습을 위한 평가
- 타당도: 적절한 평가 결정 내리기
- 신뢰도: 평가의 일관성

비공식적 평가
- 학습활동 중 비공식적 평가
- 학교 맥락에서의 비공식적 평가
- 비공식적 평가의 신뢰도

공식적 평가
- 필기시험 문항
- 상업적으로 마련된 시험 문항
- 수행평가
- 포트폴리오 평가: 학생을 평가과정에 개입시키기
- 공식적인 평가의 틀을 균형감 있게 바라보기

효과적인 평가 시행
- 평가 계획하기
- 학생 평가에 준비시키기
- 평가 실시하기
- 결과 분석하기
  - 이론에서 실제로: 평가의 질 향상시키기

성적 매기기와 보고: 총체적인 평가체계
- 형성평가와 총합평가
- 채점체계 고안하기
- 성적 부여하기: 학습과 동기 증진시키기
  - 다양성 탐색: 다양한 배경을 지닌 학생들을 위한 효과적인 평가 실행
  - 학교급별 적용: 연령대별 학습평가

learning 학습목표 objectives

이 장의 공부를 마치고 나면, 여러분은 다음과 같은 것을 할 수 있어야 한다.

1. 학습을 위한 평가에 대해 설명할 수 있고, 타당도와 신뢰도가 어떻게 학습을 위한 평가와 관련이 있는지를 설명할 수 있다.

2. 비공식적인 평가에 관해 설명할 수 있고, 비공식적 평가가 왜 학습을 위한 평가에서 중요한지를 설명할 수 있다.

3. 공식적 평가에 관해 설명할 수 있고, 공식적 평가를 위한 문항의 질을 평가할 수 있다.

4. 효과적인 평가 실행에 관해 설명할 수 있고, 그것이 어떻게 학생들의 학습을 향상시키는지를 설명할 수 있다.

5. 총체적인 평가체계를 구안하는 것에 포함되어 있는 요소와 결정에 관해 설명할 수 있다.

학생들을 가르치고 수업을 준비하지만, 아이들이 수업을 이해했다는 것을 어떻게 알 수 있을까? 이 질문은 가르치고 배우는 과정에 존재하는 가장 기본적인 질문이며, 왜 그토록 평가가 중요한지를 알게 해 주는 질문이다. 다음에 제시된 사례(11장에서 언급했던 사례)를 읽으면서, 5학년을 가르치고 있는 고 교사가 학생들의 이해도를 측정하기 위해 어떻게 평가를 사용하는지, 그리고 더 중요한 것은 평가를 사용해서 어떻게 학생들의 학습을 증진시키는지 생각해 보자.

고 교사는 분수에 관한 단원을 시작하려 하고 있다. 학생들이 4학년 때 분수를 배웠다는 것을 알고는 있지만, 고 교사는 학생들이 얼마나 많이 기억하고 있는지 자신이 없었다. 그래서 우선 사전검사(pretest)를 실시하였다. 사전검사를 채점했을 때, 다음과 같은 반응이 있었음을 확인할 수 있었다.

각각의 분수를 나타내는 그림을 그리시오.

¾ 3/8 1/3

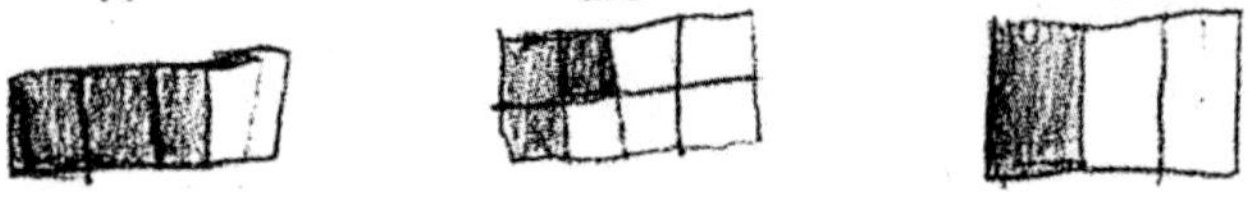

당신에게는 상자를 묶기 위한 3개의 끈이 있다. 끈의 길이는 각각 2 5/16, 4 2/16, 1 3/16cm이다.
끈의 길이를 모두 합하면 얼마인가?

$7\frac{10}{16}$

따라서 학생들은 분수에 대한 기본적인 개념을 이해하고 있는 것으로 보이며, 분모가 같은 분수를 더하는 것을 이해하고 있음을 알 수 있다. 그러나 학생들은 다음에 제시된 문제, 즉 분모가 다른 분수를 더하는 것은 힘들어했다.

영철이는 토요일에 저전거로 12 1/2km를 여행했다.
일요일엔 8 3/5km를 탔다.

a. 영철이는 토요일과 일요일에 총 몇 km를 자전거로 탔습니까?

21

b. 영철이는 일요일에 비해 토요일에 자전거를 몇 km
더 탔습니까?

4 miles more.

이러한 결과를 바탕으로 고 교사는 첫 수업에서 등가분수(equivalent fractions)에 초점을 두기로 계획을 세운다. 이는 학생들이 분모가 다른 분수를 더하기 위해서는 등가분수의 개념을 이해하는 것이 필요하다고 판단했기 때문이다.

고 교사는 수업을 시작하면서 12개의 조각으로 이루어진 초콜릿바를 학생들에게 나눠 주면서, 3/12이 어떻게 1/4과 같고, 6/12이 1/2과 같으며, 8/12이 2/3와 같은지를 설명하라고 학생들에게 요구하였다. 그런 다음 고 교사는 칠판으로 가서 어떻게 숫자를 사용해서 등가분수를 만들 수 있는지를 보여 주었다. 그리고 수업 말미에 학생들에게 다음과 같은 숙제를 내주었다.

각각의 그림에서 색칠한 부분을 나타내는 등가분수를 두 개 적으시오.

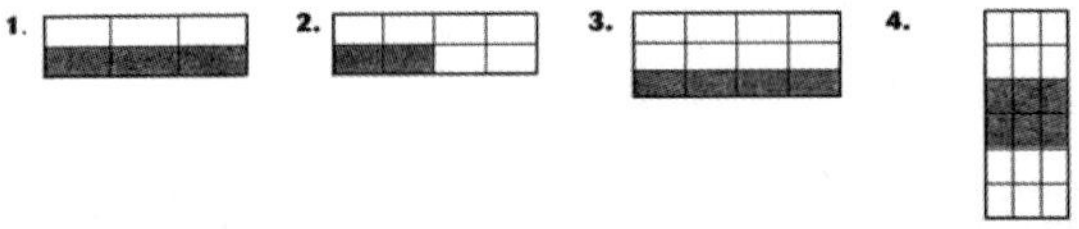

_______ _______ _______ _______

학생들이 제출한 과제물을 채점한 결과, 몇몇 학생이 여전히 등가분수 문제를 푸는 것을 힘들어하고 있음을 알게 되었다.

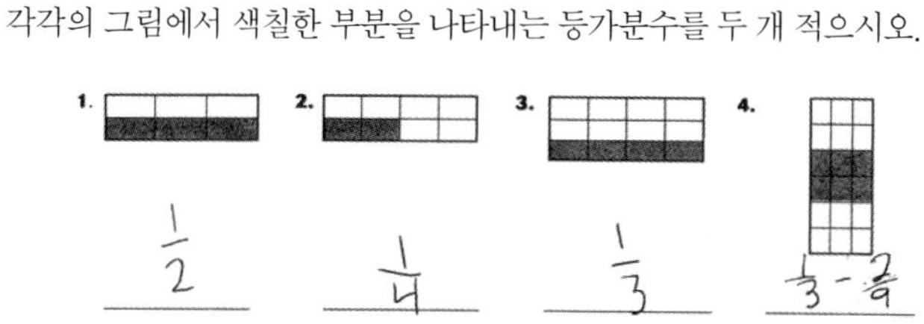

따라서 고 교사는 다음 날 등가분수의 개념을 설명하기 위해 한 가지 활동을 구안하는데, 우선 학생들에게 동일한 길이의 거리로 이루어진 분수도시를 만들어 보라고 요청한다.

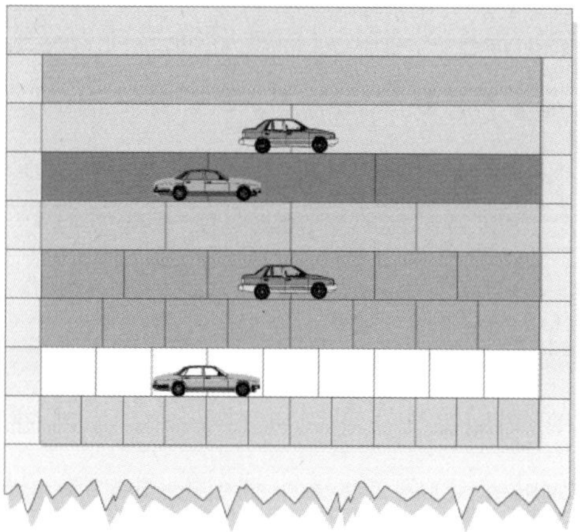

학생들이 분수도시를 만든 후, 고 교사는 학생들에게 장난감 차로 거리를 이동하면서 어떻게 1/2이 3/6과 같고 1/3이 3/9과 같은지 설명하라고 요청한다. 그런 다음 고 교사는 자동차와 거리를 이용해서 분모가 같은 분수들을 더하는 방법을 예를 들어 설명해 준다. 또한 자동차와 거리를 사용해서 분모가 다른 분수들을 더하는 방법을 보여 준다.

마지막으로, 고 교사는 칠판으로 가서 숫자를 가지고 동일한 계산을 수행하는 법을 보여 주고, 분모가 다른 분수를 더하는 숙제를 내준다(우리는 이 장 후반부에서 고 교사의 수업으로 다시 돌아올 것이다).

며칠 후, 고 교사는 학생들이 분수에 대해 얼마나 이해했는지를 확인하기 위해 시험을 실시한다. 학생들의 답을 검토한 결과, 학생들이 등가분수를 이해하고 있고, 분모가 다른 분수를 어떻게 더하는지를 이해하고 있는 것처럼 보였다.

등가분수를 적으시오.

$\frac{2}{3}=\frac{8}{12}$ $\frac{3}{8}=\frac{6}{16}$ $\frac{4}{5}=\frac{16}{20}$ $\frac{5}{6}=\frac{50}{60}$

가장 간단한 값을 사용해서 각각의 분수를 적으시오.

$\frac{5}{10}=\frac{1}{2}$ $\frac{8}{12}=\frac{2}{3}$ $\frac{4}{20}=\frac{1}{5}$ $\frac{9}{27}=\frac{1}{3}$

$\frac{24}{30}=\frac{4}{5}$ $\frac{16}{18}=\frac{8}{9}$ $\frac{35}{49}=\frac{5}{7}$ $\frac{32}{40}=\frac{4}{5}$

지구에서 멀리 떨어진 행성에 사는 외계인이 지구에 착륙했다. 자신의 행성을 떠날 때 연료를 가득 싣고 떠났는데, 자신의 별로 다시 돌아가기 위해서는 전체 연료의 3/8이 필요하다는 것을 알게 되었다. 지구에 도착했을때 연료의 반을 썼다면, 이 외계인은 총 얼마만큼의 연료를 사용했는가?

$$\frac{3}{8}+\frac{1}{2}=$$

$$\frac{3}{8}+\frac{4}{8}=\frac{7}{8}$$

이 장을 시작하면서 다음과 같은 질문을 고려해 보기 바란다.

- 학급평가란 무엇이고, 그것이 어떻게 학습에 기여하는가?
- 고 교사가 실시한 평가의 주된 목적은 무엇이었는가?
- 고 교사는 어떤 형태의 평가를 사용하였는가?

학급평가와 관련된 연구들은 이러한 질문에 답하는 데 도움을 준다. 이 장에서는 이러한 연구를 어떻게 학생들에게 적용할 수 있는지, 그 방법을 검토할 것이다.

학급평가

학급평가(Classroom assessment)
학생들의 학업 향상에 대한 결정을 내리는 것과 관련된 모든 과정

학급평가에는 학생들의 학업향상과 관련된 결정을 내릴 때 개입되는 모든 과정이 포함되는데(Nitko, 2004; J. McMillan, 2007), 앞에서 제시한 첫 번째 질문에 대한 답을 제공한다. 학급평가에는 학생들이 작성한 글, 교사의 질문에 대한 대답, 교사가 직접 제작한 시험이나 표준화된 시험에서 학생들이 보인 수행 등이 포함된다. 또한 학급평가에는 수행평가가 포함되는데, 초등학교 1학년 학생들이 그림을 그린 것, 미술을 전공하는 학생들이 도자기를 만드는 것을 관찰한 것 등이 포함된다. 또한 학급평가에는 어떤 주제를 다시 가르칠지 또는 점수를 부여할지를 결정하는 것도 포함된다. 고 교사의 경우, 등가분수에 관한 수업을 먼저 하기로 결정한 것이 평가과정의 일부분이었다. 마찬가지로, 그 주제에 대해 다시 수업을 하고, 언제 시험을 실시할지를 결정한 것 또한 평가과정이라고 볼 수 있다.

평가는 교수-학습과정에서 없어서는 안 될 중요한 요소다. 평가가 중요하고 이에 많은 시간이 소요됨에도 불구하고(전문가들은 교사가 자신의 전문적 활동에 소비하는 전체 시간 중에서 3분의 1을 평가에 할애하는 것으로 추정한다), 정작 교사들은 이러한 요구에 응할 준비가 잘 안 되어 있다고 느낀다(Stiggins, 2004, 2005). 이 장을 기술하는 목적은 여러분이 이러한 기본적인 교수과정을 더 잘 준비할 수 있도록 돕는 데 있다.

학습을 위한 평가

역사적으로, 평가는 한 단원의 끝이나 또는 한 과목을 다 배운 후 학생들이 지금까지 얼마만큼 배웠는지를 결정하기 위해 사용되어 왔다. 반면, **학습을 위한 평가**는 평가를 학생들의 학습을 지지하고 증진시키기 위해 고안된 과정으로 변화시킨다(Beers, 2006; Stiggins, 2007; Stiggins & Chappuis, 2006). 학습을 위한 평가는 총체적인 교수-학습과정의 필수불가결한 요소다.

학습을 위한 평가(Assessment for learning)

학습을 지지하고 향상시키기 위해 고안된 과정으로써의 평가

우리가 교사로서 내리는 모든 결정은 학생들의 학습을 향상시켜야 하고, 이러한 정의는 이 장 처음에 제시했던 두 번째 질문에 대한 답을 제공한다. "고 교사가 사용한 평가의 주된 목적은 무엇이었는가?" 그 목적은 학습을 증진시키는 것이다.

좋은 결정을 내리기 위해서는 학생들에 관한 정보가 필요하다. 현재 학생들의 이해 수준, 배우고자 하는 동기, 자신의 학업에 대해 얼마나 책임감을 느끼고 있는지, 그리고 학습목표에 도달했는지를 알아야 한다. 학습을 위한 평가는 이러한 정보를 제공하는 데 도움이 된다(Santi & Vaughn, 2007).

진단평가: 현재의 이해도 측정하기

언제 학생들을 평가해야 하는가? 이 질문에 답하기 위해, 다시 고 교사가 학생들에게 한 것을 살펴보자. 고 교사는 단원을 시작하기 전에, 학생들의 현재 이해 수준을 알아보기 위해 사전검사를 실시하였다. 고 교사는 학생들이 분수에 대한 개념을 이해하고 있다는 것을 알게 되었고, 분모가 같은 분수들을 더할 수는 있지만 분모가 다른 분수를 더하는 것에 대해서는 잘못된 개념을 지니고 있음을 알게 되었다. 결국, 고 교사의 첫 번째 학습목표는 학생들이 등가분수의 개념을 이해하는 것이었고, 두 번째 학습목표는 학생들이 분모가 다른 분수를 더할 수 있게 하는 것이었다.

고 교사가 실시한 사전검사는 **진단평가**의 한 형태라고 볼 수 있다. 진단평가는 학생들의 사전지식에 관한 정보뿐 아니라 잘못된 생각을 파악하는 데 도움을 준다(Burns, 2005). 진단평가는 교사로 하여금 학생들의 근접발달영역을 확인하게 하고, 학생들이 그러한 영역을 통과하는 데 있어 교사가 비계를 제공할 수 있게 해 준다.

진단평가(Diagnostic assessment)

학습활동을 시작하기 전에 학생들의 선행지식을 파악하고 어떤 오해를 지니고 있는지를 알아보기 위한 평가

고 교사가 학생들에게 내준 과제 또한 진단평가 형태를 띠고 있다. 예를 들어, 고 교사는 학생들이 첫 번째 네 문제에 대해 다음과 같이 답한 것을 알게 되었다.

각각의 그림에서 색칠한 부분을 나타내는 등가분수를 두 개 적으시오.

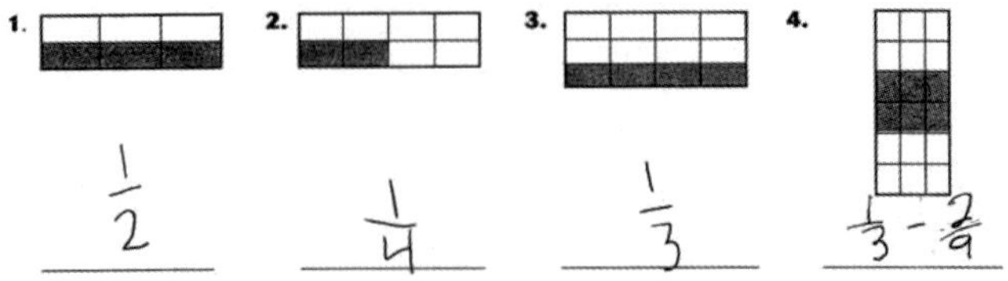

이것은 학생들이 여전히 등가분수를 잘못 이해하고 있음을 시사한다. 왜냐하면 학생들은 첫 번째 세 문항에 대해서는 정답을 적었지만, 네 번째 문항에 대해서는 틀린 답을 적었기 때문이다. 결국, 고 교사는 등가분수를 가르치기 위해 두 번째 학습활동을 구안하였다. 이는 학습을 위한 평가에 있어 진단평가가 어떤 역할을 하는지를 보여 주는 것이다.

학습동기 증진시키기

여러분이 수업시간에 경험했던 것을 생각해 보자. 어떤 경우에 가장 많이 배우고 가장 열심히 공부하였는가? 대부분의 경우, 철저히 평가받고 자주 피드백을 받는 수업에서 더 많이 노력하고 더 많이 배우게 된다. 이 분야에서 수행된 연구들은 이 점을 재확인시켜 준다. 잘 구안된 평가는 학습과 학습하려는 동기를 모두 증가시킨다(Brookhart, 2007/2008; Stiggins, 2005).

학습동기를 향상시키는 평가는 다음과 같은 특징을 지니고 있다(Brookhart, Walsh, & Zientarski, 2006; Schunk, Pintrich, & Meece, 2008).

- 학습목표와 일치한다.
- 숙달목표 및 향상에 초점을 둔다.
- 사회적인 비교를 피한다.
- 높은 수준의 학습을 측정한다.

평가가 학습목표와 일치할 경우, 학생들은 스스로의 노력에 집중하게 되고 성공 가능성을 높이는 데 필요한 정보를 제공받게 된다. 학생들이 성공했고 성공한 이유를 자신의 노력에 귀인할 경우, 배우려는 동기와 자기효능감이 향상된다. 숙달목표와 향상에 초점을 두고, 사회적인 비교를 피하며, 높은 수준의 성과를 측정하는 것 또한 자율성과 유능감을 증진시키는데, 자율성과 유능감은 학습동기를 향상시킨다. "높은 성취 기준을 설정하고 학생들이 그것에 도달하도록 책임감을 느끼게 하면, 학생들에게 더 잘하려는 동기가 생길 수 있다(Schunk et al., 2008: 371).

자기조절 발달시키기

목표에 대한 진척 상황을 살펴보는 일은 자기조절에서 중요한 부분이다. 이 과정에서 평가는 학업 진척에 대한 피드백을 제공해 준다. 또한 양질의 평가는 학생들이 자신의 노력에 집중하는 데 도움이 되는 정보를 제공해 줌으로써 자기조절에 기여한다. 예를 들어, 평가에서 사실적 정보를 암기하는 것 이상의 것을 요구하게 되면, 학생들은 자신의 학업습관을 수정하게 되고 보다 더 깊은 수준의 이해에 초점을 두게 된다. 어떤 전문가들은 평가가 다른 어떤 교수-학습과정보다도 학생들의 학습방법에 더 많은 영향을 미친다고 생각한다 (Crooks, 1988; Stiggins, 2007).

교사는 자신이 기대하고 있는 것을 명확하게 알려 주고, 학습을 향상시키기 위해 평가가 마련되었음을 강조하며, 평가와 학습목표를 일치시키고, 모든 평가에 대해 자세한 피드백을 제공함으로써 학습자의 자기조절에 기여하게 된다(Stiggins, 2007; Stiggins & Chappuis, 2006).

성취 측정하기

마지막으로, 평가는 학생, 학부모, 교사, 학교 행정가들에게 학습자의 성취에 관한 정보를 제공해 준다(J. McMillan, 2007). 역사적으로 이것이 평가의 역할이었지만, 이 장에서 살펴본 것처럼 학습을 위한 평가는 진단기능과 학습에 대한 동기 및 자기조절을 향상시키는 기능 또한 포함하고 있다. 평가과정 간의 관계가 [그림 14-1]에 제시되어 있다.

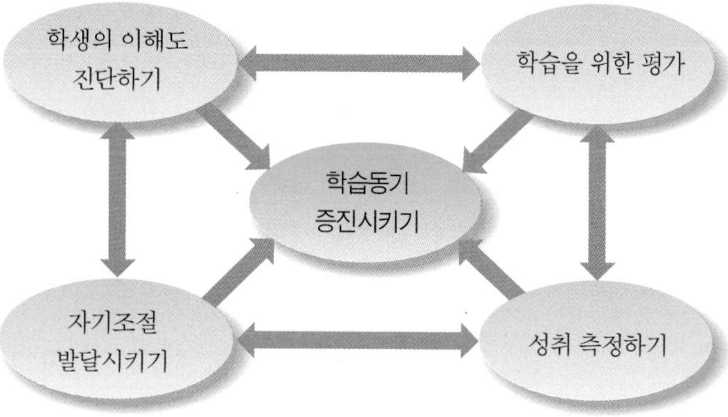

[그림 14-1] 학습을 위한 평가

타당도: 적절한 평가 결정 내리기

타당도(Validity)
어떤 평가가 원래 측정하려고 했던 것을 실제로 측정하는 정도

타당도란 어떤 평가가 원래 측정하기로 되어 있는 것을 실제로 측정하고 있는 정도를 의미한다(Miller, Linn, & Gronlund, 2009). 어떤 평가가 학습목표와 일치하면 그 평가는 타당한 것이다. 예를 들어, 학습목표가 미국 남북전쟁의 원인을 이해하는 것이었는데 퀴즈에서는 단순히 사람 이름, 날짜, 장소 등을 물어봤다면, 이 퀴즈는 타당하지 않은 것이 된다. 퀴즈 결과를 바탕으로 학생들이 학습목표를 달성했다고 결론지을 수 있겠지만, 사실은 학생들이 남북전쟁의 원인을 이해하고 있는지에 관해 충분한 정보를 수집하지 않은 것이 된다.

만일 학습목표와 관련이 없는 성격, 외모 또는 다른 요인에 바탕을 두고 평가와 관련한 결정을 내린다면, 이 또한 타당하지 않은 것이 된다. 예를 들어, 학생의 필적이 나쁘다고 해서 주관식 문항에 낮은 점수를 주는 것은 타당하지 않다(Lambating & Allen, 2002). 보통 이런 행위는 무의식적으로 일어나는데, 이를 인식하지 못할 경우 내용보다는 겉모습에 기초해서 평가를 내리게 된다.

타당한 평가를 제작하는 것은 도전이 되는 일이지만 불가능한 것은 아니다. 시험, 퀴즈 또는 그 밖의 다른 형태의 평가를 개선시킬 수 있는 방법을 모색하고, 학생들의 반응 패턴과 경향을 분석해서 평가를 꼼꼼히 수정한다면, 타당도는 증가할 것이다. 평가를 타당하게 제작하는 것은 전문가가 되기 위한 한 과정이다.

신뢰도: 평가의 일관성

신뢰도(Reliability)
평가가 일관되고 측정오류가 없는 정도

신뢰도는 직관적으로 이해할 수 있는 개념으로서, 평가가 일관되고 측정의 오류가 없는 정도를 의미한다(Miller et al., 2009). 예를 들어, 저울이 신뢰롭다면 당신의 몸무게는 변하지 않을 것이며, 몸무게의 눈금은 날마다 다른 것을 가리키지 않을 것이다. 마찬가지로 우리가 어떤 학생에게 신뢰로운 시험을 반복해서 보게 한다면, 추가적인 학습이 일어나지 않고 학습내용을 잊어버리지 않았다고 가정했을 때, 그 학생은 동일한 시험점수를 얻게 될 것이다. 신뢰롭지 않은 평가는 타당할 수 없는데, 이는 평가가 비록 교사의 학습목표와 일치한다고 하더라도 일관되지 못한 정보를 제공하기 때문이다.

애매한 문항, 명료하지 않은 지시문, 그리고 주관식 시험에서 보편적으로 관찰할 수 있는 일관되지 않은 채점 등이 신뢰도를 떨어뜨리는 요인이다. 예를 들어, 연구에 따르면 비슷한 배경을 지닌 교사들이 동일한 기준을 사용해서 채점했을 경우, '매우 우수'에서 '매우 나쁨'까지 점수를 주는 것으로 나타났다(Gronlund, 2003). 만일 채점에 일관성이 없다면, 신뢰도 부족으로 인해 그 과정이 타당하지 않게 된다. 신뢰도를 향상시키는 방법에는 다음과 같은 것들이 있다.

- 평가도구에 충분히 많은 문항 또는 과제를 포함시킨다. 예를 들어, 15문항으로 구성된 퀴즈는 5문항으로 구성된 퀴즈보다 더 신뢰할 수 있다.
- 평가 문항에 답하기 위한 요구사항을 명확히 설명한다.
- 주관식 문항의 채점기준을 미리 구체적으로 설명한다. 특정 문항에 대해 모든 학생들의 응답을 채점한 후, 다음 문항으로 넘어간다.
- 학생들에 대한 기대가 채점과정에 영향을 미치지 않도록 익명으로 채점한다. 부분점수를 제공하는 주관식 문항이나 문제의 해결 정도를 채점할 경우 이 점에 특히 유의해야 한다. 예를 들어, 퀴즈의 마지막 페이지에 이름을 적게 해서, 누구의 퀴즈를 채점하고 있는지 몰라야 한다.

신뢰도와 타당도의 관계를 생각해 볼 수 있는 한 가지 방법은, 과녁과 그 과녁에 화살을 쏘는 궁사를 머릿속에 그려 보는 것이다(Miller et al., 2009). 타당하고 신뢰로운 궁사라면 과녁 정중앙에 화살을 쏠 것이다. 일관되지만 타당하지 못한 궁사는 화살이 비슷한 지점에 보이기는 하지만 과녁 정중앙을 맞히지는 못할 것이다. 마지막으로, 과녁 이곳저곳에 화살을 쏘는 궁사는 타당하지도 신뢰롭지도 않은 평가도구와 유사하다. 이런 관계가 [그림 14-2]에 제시되어 있다.

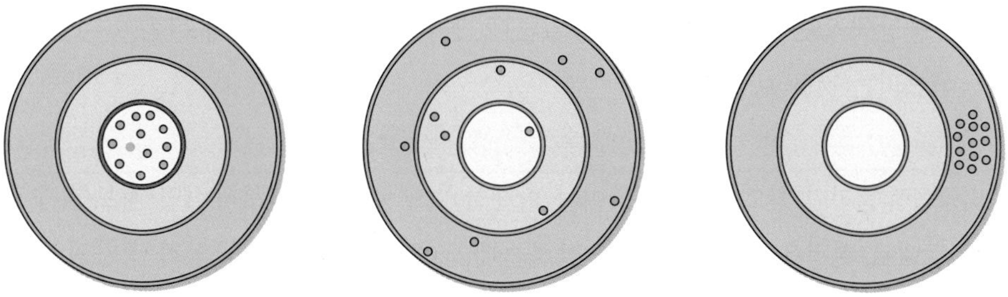

[그림 14-2] 타당도와 신뢰도의 관계

출처: Miller, Limm, & Gromlund, 2009.

◈ 이해 점검 활동

1.1 학습을 위한 평가란 무엇이고, 타당도와 신뢰도는 학습을 위한 평가와 어떻게 관련이 있는가?

1.2 한 8학년 역사교사가 표현에 있어서 정확한 문법과 구두법이 중요하다는 점을 학생들에게 상기시키기 위해, 주관식 문항에 대해 역사의 내용에 대한 점수와 문법 및 구두법에 대한 점수 두 가지를 부여했다. 이 교사의 평가는 타당한가? 왜 그런지 또는 왜 그렇지 않은지 그 이유를 설명하라.

1.3 어느 고등학교 과학교사는 학생들이 실험을 효과적으로 설계할 수 있기를 원했다. 학생들과 실험설계 과정을 논의한 후, 실험실에서 실험을 설계하는 과제를 학생들에게 내주었다. 이 교사는 금요일에 실험을 설계하는 단계를 순서대로 제시하는 내용의 퀴즈를 실시하였다. 이 교사의 평가는 타당한가? 왜 그런지 또는 왜 그렇지 않은지 그 이유를 설명하라. 이 교사의 퀴즈는 신뢰로운가? 이유를 설명하라.

비공식적 평가

다음과 같은 경우를 생각해 보자.

- 수학 자습시간에 한 학생이 세 문제에서 동일한 실수를 반복하는 것을 발견하였다.
- 수업을 진행하고 있는데, 한 학생이 잠을 자고 있는 것을 발견하였다.
- 운동장에 있는 학생들을 보고 있었는데, 몸집이 큰 남자아이가 작은 아이를 밀어 넘어뜨리는 것을 보았다.

비공식적 평가
(Informal assessment)

학업 진척 사항이나 다른 측면의 학생 행동에 대해 부차적인 정보를 수집하고 이를 바탕으로 결정을 내리는 과정

비공식적 평가란 학업 진척 사항이나 학생들의 행동에 대한 부차적인 정보를 수집해서 그것을 토대로 결정을 내리는 과정을 말하는데, 당신의 관찰이 비공식적 평가의 일부분이 된다. 앞에서 제시한 사례의 경우, 당신은 사전에 그러한 정보를 수집할 계획을 세우지 않았고, 모든 학생으로부터 동일한 정보를 구한 것도 아니다. 예를 들어, 한 학생이 계속해서 실수를 했다고 해서 다른 학생 또한 같은 실수를 저지른다는 것을 의미하지는 않는다.

교사들은 비공식적 평가를 통해 학업 진척 사항에 관한 정보를 수집하고 그것을 토대로 결정을 내린다.

비공식적 평가는 총체적인 평가과정에서 필수적인 부분이다. 왜냐하면 교사들은 비공식적 평가를 통해 매일매일 결정을 내리기 때문이다(P. Black, Harrison, Lee, Marshall, & William, 2004). 다음에서 이러한 과정을 더 자세히 살펴볼 것이다.

학습활동 중 비공식적 평가

유능한 교사는 비공식적인 평가를 통해 가르치는 것과 관련된 결정을 내린다. 그 방법을 구체적으로 살펴보기 위해, 고 교사가 학생들과 한 일을 다시 살펴보도록 하자. 수업내용은 분모 도시를 사용해서 분모가 다른 분수를 더하는 것이었고, 고 교사는 학생들이 구체적인 예를 사용하지 않고서도 분모가 다른 분수를 더할 수 있기를 원하고 있다.

지금까지 한 것을 검토해 보죠. 분수 도시를 다시 한 번 보세요. 그리고 자동차 하나를 4번가의 첫 번째 거리로 옮겨 보세요. 그리고 다른 자동차를 8번가의 첫 번째 거

리로 이동해 보세요. 두 개의 자동차가 움직인 거리는 모두 얼마나 되나요? ……이제는 분수를 사용해서 종이에 문제를 적어 보세요.

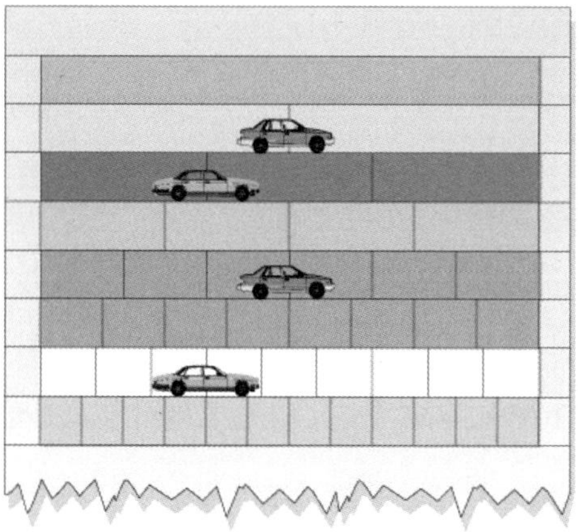

고 교사는 희철이가 종이에 다음과 같이 문제를 작성한 것을 보았다.

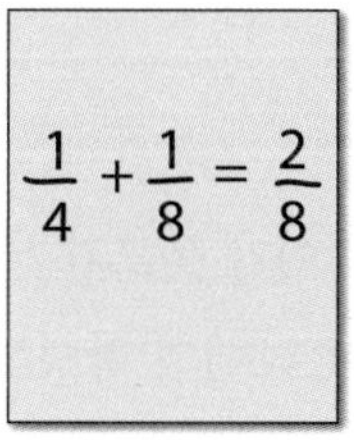

또한 고 교사는 영희, 철수, 보경이가 1/4 + 1/8 = 2/12라고 종이에 적은 것을 보았다.

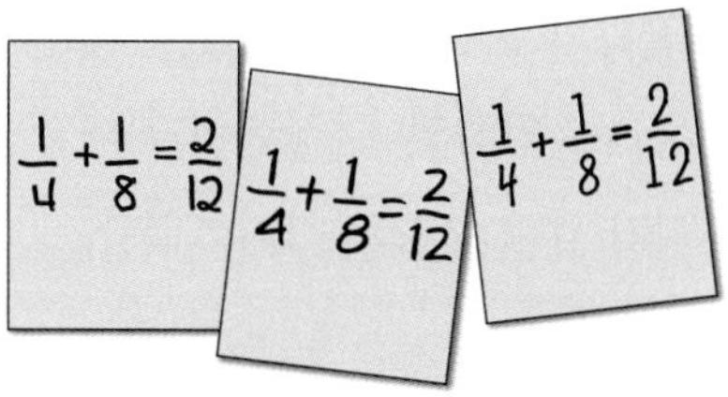

고 교사는 '자습문제를 내주고 아이들과 함께 풀어야지.'라고 생각했다. 고 교사는 학생들이 다 풀 때까지 기다린 후, 윤주가 정답을 맞힌 것을 보았다.

"윤주야, 이리로 와서 네가 어떻게 문제를 풀었는지 우리에게 보여 줄 수 있겠니?" 윤주는 칠판으로 가서 다음과 같이 적었다.

$$\frac{2}{2} \times \frac{1}{4} = \frac{2}{8}$$

"상현아, 어떻게 해서 윤주가 2/2 곱하기 1/4이 2/8라고 적을 수 있었는지 설명해 보렴."

"……."

"2/2와 같은 것이 무엇이지?"

"……1이요." 상현이가 대답했다.

"좋아,…… 우리가 어디에다 1을 곱하면 그 값은 변하지 않지. 그러니까 윤주가 뭘 할 수 있을까? ……지연아?"

"……2/8와 1/8을 더해서 3/8이 되네요."

"잘했어 지연아!" 고 교사는 미소를 지었다.

"이젠 이걸 한 번 해 보자." 고 교사는 학생들에게 다른 문제를 내주고, 학생들이 어떻게 푸는지 관찰하였다. 그런 후, 첫 번째 문제처럼 토론을 했다. 고 교사는 문제 두 개를 학생들에게 내준 후 자습을 하게 했고, 희철, 영희, 철수, 보경이를 교실 뒤 책상으로 불러 추가적으로 개념에 대해 설명해 주었다.

이 짧은 시간에, 고 교사는 적어도 세 가지 방식으로 비공식적인 평가를 사용하였다. 예를 들어,

- 고 교사는 희철, 영희, 철수, 보경이가 분모가 서로 다른 분수를 더하는 것에 대해 잘못 이해하고 있음을 알게 되었고, 나머지 학생들이 자습하고 있는 동안 추가적인 도움을 주기로 결정하였다.
- 고 교사는 자신이 해결책을 제시해 줄 수도 있었지만, 윤주를 또래 역할 모델로 활용하여 해결책을 제시하도록 하였다.
- 윤주에게 어떻게 2/2 곱하기 1/4을 할 수 있었는지 설명하라고 요청하는 대신, 상현이를 불러서 답해 보라고 요청하였다. 상현이가 대답 못할 경우에도 다른 학생에게 물어보기보다는 상현이가 답해 보라고 격려하였다.

이렇듯 고 교사는 일련의 결정을 내림으로써 학생들의 학습을 촉진시켰다. 이런 결정은 모두 비공식적 평가의 일부분이었는데, 만일 비공식 평가가 없었다면 결정을 내리는 것이 불가능했을 것이다(K. Rose, Williams, Gomez, & Gearon, 2002).

학생들이 만들어 내는 것 또한 비공식적 평가의 중요한 부분이다. 예를 들어, 희철, 영희, 철수, 보경이의 오류를 관찰했기 때문에, 고 교사는 이 학생들에게 추가적으로 개념 설명을 해 주기로 결정할 수 있었던 것이다.

학교 맥락에서의 비공식적 평가

비공식적 평가는 교수–학습과정에서 필수적인 부분이지만, 보다 큰 학교 맥락에서도 중요하다. 어떤 학생이 다른 학생을 넘어뜨리는 것을 목격하는 것이 한 예가 될 수 있다. 개인적 · 사회적 · 도덕적 성장은 학생의 전체적인 발달에서 중요한 부분이기 때문에, 사실상 이러한 맥락에서 교사들이 내리는 모든 결정이 비공식적인 평가라고 할 수 있다. 예를 들어, 학생들이 서로 잘 어울리지 못할 때 중재하기로 결정하거나, 한 학생을 상담실에 의뢰하기로 결정하거나, 또는 문제가 있어 보이는 학생에게 방과 후 면담을 하자고 요청하는 것 등이 비공식적 평가의 예가 될 수 있다. 비공식적 평가는 교사가 담당하고 있는 중요한 역할 중 하나다.

비공식적 평가의 신뢰도

교실과 학교가 기능하는 데 있어 비공식적인 평가가 필수적임에도 불구하고, 비공식적 평가는 학습에 대한 불완전한 그림을 제공하고, 신뢰도가 문제가 될 수 있다(S. Green & Mantz, 2002). 예를 들어, 소수(주로 손을 드는 학생들)의 반응을 토대로 모든 학생이 어떤 개념을 이해했다고 결론 내리는 것은 교사들이 종종 범하는 실수 중 하나다. 그리고 교사들은 성적을 매기는 것과 같이 중요한 결정을 내릴 때 비공식적 평가에 기초를 두기도 한다. 예를 들어, 즉각적으로 응답하고, 적극적인 성격을 지니고 있으며, 신체적으로 매력적인 학생들이 그렇지 않은 학생들에 비해 더 좋은 점수를 받는다(Ritts, Patterson, & Tubbs, 1992).

마찬가지로, 운동장에서 한 번 일어난 사건을 토대로 어떤 학생을 약한 사람을 괴롭히는 아이라고 결론 내리고 비난하게 되면 그 아이에게 정서적인 상처를 줄 수 있다. 교사들은 비공식적인 평가가 잠재적으로는 신뢰롭지 않을 수 있음을 유념해야 하고, 불충분한 증거를 토대로 상처가 될 수 있는 결정을 내리지 않아야 한다. 이런 이유 때문에 공식적인 평가를 논하게 된다.

◈ 이해 점검 활동

2.1 비공식적 평가를 설명하고, 왜 비공식적 평가가 학습을 위한 평가에서 중요한 부분인지 설명하라.

2.2 학생들의 학습 및 발달 측면 중에서 거의 전적으로 비공식적인 평가에 의존하는 것은 무엇인가? 왜 그런지 이유를 설명하라.

3.3 비공식적 평가의 단점 한 가지를 기술하라. 교사들이 이러한 단점을 인식하는 것이 왜 중요한가?

교실에의 적용

교실에서 비공식적 평가 활용하기

1. 비공식적 평가는 학습 도중 또는 다른 학교활동 중에 정보를 수집하고 그러한 정보에 기초해서 학습을 향상시키기 위한 결정을 내리는 과정을 말한다. 가능한 체계적으로 비공식적 평가를 하려고 노력하라.
   - 초등학교: 1학년 교사가 학생 중 한 명이 학습활동 중에 열의가 없고 가끔씩 잠을 자는 것을 발견하였다. 교사는 며칠 동안 이 학생을 관찰한 후 학교 상담사에게 연락했다.
   - 중학교: 한 수학교사가 학생 중 한 명이 분수와 관련해서 글로 제시하는 문제를 정확히 풀지 못하는 것을 알게 되었다. 이 교사는 학생에게 답을 다시 한 번 검토하라고 말했고, 학급 전체가 동일한 문제를 지니고 있는지를 확인하기 위해 다른 학생들의 답을 검토하였다.
   - 고등학교: 한 역사교사는 학생들이 마르코 폴로(Marco Polo)가 극동지방을 방문한 것과 포르투갈(Portugal) 탐험자들, 그리고 콜럼버스(Columbus)의 신대륙 여행 간에 어떤 관련성이 존재하는지를 이해하고 있는지 알고 싶었다. 몇몇 학생은 개방형 질문에 답했지만, 대부분은 침묵을 지키고 앉아 있었다. 그래서 이 교사는 수업의 방향을 바꿔 주요 개념을 짧게 설명한 후, 학생들에게 각각의 사건에 포함된 사실을 설명하고 사건 간 관련성을 검토하라고 요청하였다.

공식적 평가

앞에서 우리는 고 교사가 비공식적 평가를 어떻게 활용하는지 살펴보았다. 그러나 비공식적 평가는 평가의 한 측면일 뿐이다. 예를 들어, 고 교사는 다음과 같은 것을 동시에 활용하였다.

- 진단을 위해 사전검사를 활용하였는데, 고 교사는 이 검사를 통해 학생들이 분모 및 분모를 더하는 것을 얼마나 이해하고 있는지를 알 수 있었다.
- 과제를 사용해서 학생들이 등가분수를 이해하고 있는지, 그리고 분모가 다른 분수들을 더하는 법을 이해하고 있는지를 측정하였다.
- 분모를 더하는 것과 관련된 모든 측면에 대해 단원평가를 실시하였다.

공식적 평가(Formal assessment)

모든 학생에게서 동일한 종류의 정보를 체계적으로 수집하는 과정

이것이 모두 공식적 평가의 유형이다. 공식적 평가는 모든 학생에게서 동일한 종류의 정보를 체계적으로 수집하는 과정인데, 이 장을 시작하면서 제시했던 세 번째 질문에 대한 답을 제공해 준다. "고 교사는 가르치면서 어떤 형태의 평가를 활용했는가?" 공식적 평가는 비공식적 평가와 함께 고 교사 수업에서 필수적인 부분이었다. 예를 들어, 고 교사가 과제로 다음과 같은 문항을 학생들에게 내주었을 때, 모든 학생이 동일한 문제에 응답하였다. 공식적 평가는 비공식적 평가에 수반되는 신뢰도 문제를 극복하도록 구안된다. 따라서 이

두 가지 종류의 평가를 조합해서 사용하게 되면, 교수와 관련된 결정을 내리는 데 있어 정확한 정보를 수집할 가능성이 높아진다.

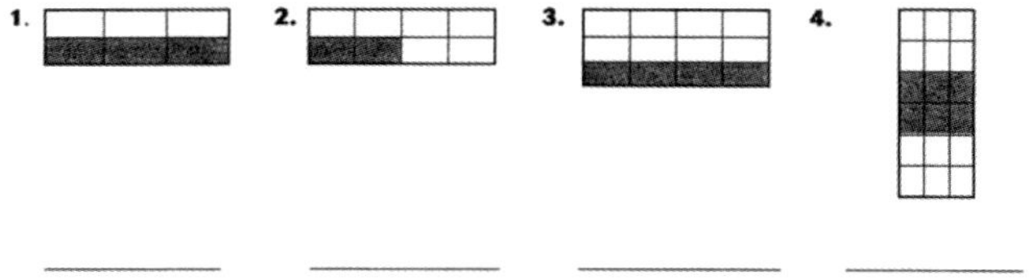

대부분의 공식적 평가는 보통 다음 세 가지 형태를 취한다.

- 선다형 문항과 논술형 문항 등 필기시험 문항
- 학생의 발표 등 수행평가
- 시간이 흐르면서 학생의 향상 정도를 측정하기 위한 작업 모음집인 포트폴리오

각각에 대해 다음에서 다룰 것이다.

필기시험 문항

보통 교육자들은 필기시험 문항을 선택-반응 유형(selected-response format) 또는 공급 유형(supply format)으로 분류한다. 선택-반응 유형에는 선다형, 진위형, 배합형 등이 있는데, 일련의 선택지에서 정답을 고를 것을 요구한다. 공급 유형에는 완성형 또는 논술형이 있는데, 학생들에게 답을 제공하라고 요구한다(Stiggins, 2005). 필기시험 문항을 분류하는 또 다른 방법은 객관식 또는 주관식으로 분류하는 것이다. 선다형 문항과 같은 선택-반응 유형은 객관식이다. 왜냐하면 채점하는 사람이 답의 질을 평가할 필요가 없기 때문이다. 공급 유형, 특히 논술형 문항은 주관식인데, 왜냐하면 채점자의 판단이 한 요인으로 작용하기 때문이다(Miller et al., 2009).

문항 유형이 선택-반응형이냐 공급형이냐 또는 객관식이냐 주관식이냐에 상관없이, 문항이 타당하고 신뢰로운지를 결정하는 데 있어 중요한 두 가지 요인이 있다. 첫째, 문항이 타당하기 위해서는 학습목표 및 기준과 일치해야 한다. 이것을 보장하기 위한 최선의 방법은 수업을 준비하면서 문항을 작성하는 것이다. 둘째, 교사는 반드시 문항에 대한 학생의 반응을 분석해야 하고, 필요할 경우 문항을 더 효과적으로 만들기 위해 문항을 수정해야 한다.

일반적으로 볼 수 있는 필기시험 유형을 살펴보자.

선다형 문항(Multiple-choice)

필기시험의 한 형태로 줄기라고 하는 문제 또는 진술문과 방해자로 불리는 틀린 선택지로 구성됨

방해자(Distracters)

선다형 문항에 있는 틀린 선택지로 평가하려는 주제에 대해 학생들이 지니고 있는 잘못된 개념을 확인하는 데 사용됨

선다형 문항

선다형 문항은 줄기(stem)라고 하는 문제(question) 또는 진술문과 틀린 선택지 또는 방

해자라고 하는 일련의 선택지로 구성된 평가 형태다. 방해자라고 하는 이유는 내용을 이해하지 못한 학생을 혼란시킬 목적으로 부정확한 대안이 구안되기 때문이다(Miller et al., 2009). 줄기는 생각해 봐야 할 질문 또는 문제를 제시해야 하고, 방해자는 학생들이 지니고 있을 법한 잘못된 개념을 다루어 나중에 학생들이 피드백을 받을 때 확인하고 논의될 수 있어야 한다(Ciofalo & Wylie, 2006).

선다형은 다른 수준의 사고를 평가하기 위한 문항을 마련할 때 효과적인데, 대부분의 표준화된 시험이 선다형 문항을 사용하고 있고 교사들에게도 인기가 많다(Gronlund, 2003; Kahn, 2000). 선다형 문항을 작성하기 위한 지침이 〈표 14-3〉에 제시되어 있다.

문항을 제작할 때는 오직 한 선택지만 옳게 만들 수도 있고, 두 개 또는 그 이상의 선택지들이 부분적으로는 옳지만 하나의 선택지가 다른 선택지보다 더 명백히 옳게 만들 수도 있다. 후자의 경우가 더 어려운데, 상위 수준의 사고를 묻고, 좀 더 복잡한 성취를 측정한다. 이 교재에 나온 내용을 당신이 얼마나 이해하고 있는지를 평가하는 대부분의 선다형 문항들이 이러한 유형의 문항을 사용하고 있다.

선다형 문항이 지니고 있는 문제점 중 하나는, 학생들이 내용을 모르고도 정답을 고를 수 있도록 방해자(틀린 선택지) 안에 단서가 포함되어 있는 경우다. '이해 점검 활동' 문항 3.2에서 [그림 14-3]에서 제시한 지침과 일치하지 않는 시험문항의 특성을 확인할 수 있을 것이다.

수준 높은 학습 평가하기. 많은 경우 교사는 사실적 지식수준에서 선다형 문항을 제작한다(13장 [그림 13-2]에 제시된 용어표 참조). 그러나 선다형 또한 수준 높은 사고를 평가하는 데 효과적으로 사용될 수 있다(Braun & Mislevy, 2005). '해석 연습(interpretive exercise)'에서 학생들은 수업시간에 제시되었던 정보를 다른 맥락에서 보게 된다. 이때 방해자들은 자

1. 문항의 줄기에 한 개의 문제를 명료하게 제시한다.
2. 모든 방해자를 그럴듯하고 매력적으로 만든다.
3. 정답의 위치를 무선으로 배치한다. 3번이 정답인 문항이 너무 많지 않게 한다.
4. 문제에 대한 진술문과 정답에 해당되는 선택지의 문구가 서로 유사하지 않게 제작한다.
5. 정답인 선택지를 만들 때, 오답보다 기술적인 용어를 더 많이 사용하지 않도록 한다.
6. 정답과 오답의 길이를 비슷하게 만든다. 더 길거나 짧은 답은 항상 오답이 되게 한다.
7. 오답지에 절대적인 용어(항상, 절대로)를 사용하는 것을 피한다.
8. 줄기와 방해자의 문법이 서로 일치하게 만든다.
9. 두 개의 방해자가 서로 같은 의미를 지니지 않도록 만든다.
10. 부정적인 단어를 사용할 경우 밑줄을 그어 강조한다.
11. '모두 답이 아님' 이라는 선택지는 주의해서 사용하고, '모두가 답임' 이라는 선택지는 가급적 사용하지 않는다.

[그림 14-3] 선다형 문항 제작 지침

출처: N. Gronlund, 1988.

료에 대한 다른 해석을 나타낸다(Gronlund, 2003). 이때 제시되는 자료는 그래프나 도표, 표, 지도, 그림 또는 일화가 될 수 있다.

이 수업 중에 보게 될 퀴즈에 나오는 대부분의 고차원적인 문항은 해석 연습에 해당된다고 볼 수 있다. [그림 14-4]는 과학에서 상위 수준의 학습을 평가하도록 고안된 해석 연습의 한 예를 보여 주고 있다. 이 경우, 교사의 목표는 과학수업을 듣는 학생들이 열, 확산, 질량, 부피, 밀도와 같은 개념을 특정 상황에 적용하게 하는 것이다. 이런 식의 연습을 통해 배운 지식을 전이하는 것이 증가하고 비판적 사고가 발달하며 학습자의 동기 또한 향상될 수 있다.

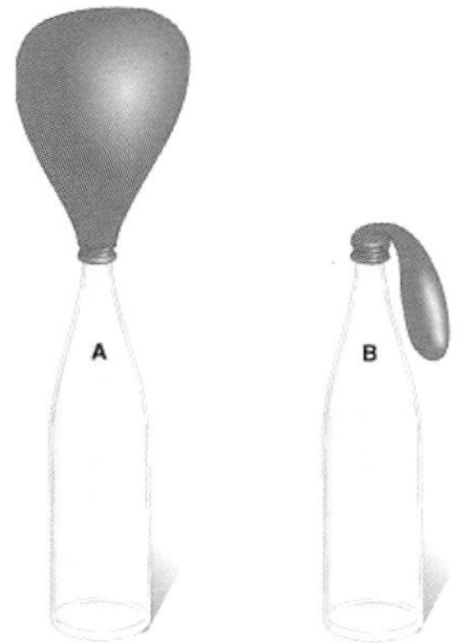

동일한 풍선으로 덮여 있는 두 개의 음료수 병이 책상 위에 있다. A에 열을 가했다. 이때 가장 적절한 설명은?

a. A에서의 공기 밀도가 B에서의 공기 밀도보다 더 크다.
*b. A에서의 공기 밀도가 B에서의 공기 밀도보다 작다.
c. A에서의 공기 밀도는 B에서의 공기 밀도와 같다.
d. A에서의 공기 밀도와 B에서의 공기 밀도를 비교할 만큼 정보가 충분하지 않다.

[그림 14-4] 해석 연습을 선다형 문항과 함께 사용한 예

배합형 문항

다음에 제시된 것처럼 모든 문항이 같은 형태의 정답을 요구할 경우 선다형 문항은 비효율적일 수 있다(별표는 정답을 나타낸다).

1. "이해한다는 것은 마치 당신 머릿속에 전구가 켜지는 것과 같다."라는 진술문은,
   *a. 직유법의 한 예다.
   b. 은유법의 한 예다.
   c. 과장법의 한 예다.
   d. 의인화의 한 예다.

2. "그 말은 지금까지 했던 말 중에 가장 훌륭한 말이다."는,
   a. 직유법을 사용한 진술문이다.
   b. 은유법을 사용한 진술문이다.
   *c. 과장법을 사용한 진술문이다.
   d. 의인화를 사용한 진술문이다.

배합형
(Matching format)
필기시험 문항의 일종으로서, 동일한 대안을 사용하는 일련의 예를 분류할 것을 요구하는 문항

앞과 같은 문제들은 **배합형**을 사용해서 효율적으로 평가할 수 있는데, 배합형은 학습자에게 동일한 대안을 활용하는 일련의 예를 분류하라고 요구한다. 앞에서 제시한 선다형 문항을 배합형으로 바꾸어 다음에 제시하였다.

왼쪽에 제시된 각 진술문을 오른쪽에 나와 있는 어법과 연결하라. 진술문 왼쪽에 있는 빈칸에 적절한 어법을 나타내는 글자를 적되, 어법은 한 번 이상 사용할 수 있고 또는 전혀 사용하지 않을 수도 있다.

_____ 1. 이해는 머리에 전구가 켜지는 것과 같다.	a. 두운법
_____ 2. 그 말은 지금까지 했던 말 중 가장 훌륭한 말이다.	b. 과장법
_____ 3. 그의 웅변술은 그 사람 영혼의 깊은 곳에서	c. 은유법
뿜어 나오는 용암이다.	d. 인격화
_____ 4. 적절한 태도는 늘 이로움을 준다.	e. 직유법
_____ 5. 그녀의 두 눈은 동경의 맑은 저수지다.	
_____ 6. 그는 막대기처럼 꼿꼿이 서 있었다.	
_____ 7. 내가 무엇을 하던 이 물건을 갖지 못할 것이다.	
_____ 8. 그가 입은 셔츠의 색깔은 그가 살았던 세상을 묘사했다.	

앞에 제시한 예는 효과적인 배합형 문항의 네 가지 특징을 지니고 있다. 첫째, 내용이 동질적이다. 모든 진술문이 어법이고, 어법만이 선택지로 제시되어 있다. 배합형으로 적합한 또 다른 주제로는 인물과 그들의 업적, 역사적 사건과 날짜, 용어와 정의, 저자와 그들의 작품, 그리고 원리와 실례가 해당된다(Miller et al., 2009). 둘째, 제거 과정을 통해 정답을 찾는 것을 방지하기 위해, 진술문이 선택지보다 많아야 한다. 셋째, 선택지는 한 번 이상 또는 전혀 사용되지 않을 수 있다. 마지막으로, 한 문제 전체가 한 페이지에 맞게 작성된다. 10개 이상의 진술문을 담은 문제는 두 개의 문제로 나누어야 하는데, 이것은 학생들의 작업기억에 부담을 주지 않기 위해서다.

진위형 문항

진위형은 학생들로 하여금 진술문이 옳은지 또는 틀린지를 판단할 것을 요구한다. 보통 진위형 문항은 낮은 수준의 성과를 측정하고 정답을 추측할 확률이 50대 50이기 때문에, 자주 사용하지 않아야 한다(Miller et al., 2009). 진위형 문항의 효과성을 높이기 위해서는 다음에 제시한 지침을 참고하기 바란다.

진위형(True-false)
필기시험 문항의 한 형태로 문항의 내용이 참 또는 거짓인지를 판단할 것을 요구하는 문항

- 참인 문항보다는 거짓인 문항을 더 많이 작성한다. 교사들은 이와 정반대로 문항을 만드는 경향이 있는데, 학생들은 잘 모를 때 참이라고 답하는 경향이 있다.
- 각각의 문항에는 한 개의 명확한 진술문이 담기도록 작성한다.
- 문항의 내용을 완전히 이해하지 않고도 답을 맞힐 수 있게 하는 단서를 포함시키지 않는다. 예를 들어, '가장'이라는 말은 참인 진술문을 가리키는 경향이 있고, '결코'라는 말은 거짓인 진술문을 암시하기 때문에 단서가 될 수 있다.

완성형 문항

완성형은 질문 또는 불완전한 진술에 적절한 단어나 숫자 또는 상징을 채워 넣어야 하는 측정 형태다. 다음에 두 개의 예가 제시되어 있다.

완성형(Completion)
필기시험 문항의 한 형태로 질문이나 불완전한 문장에 적절한 단어나 숫자 또는 상징을 채워 넣어야 하는 문항

1. 의견이란 무엇인가? ____________________
2. ____________________은(는) 캐나다의 수도다.

첫 번째 예처럼, 질문으로 구성되어 있는 문항은 단답형 문항(short-answer item)이라고도 한다. 이런 형태의 문항이 교사들에게 인기가 높은데, 질문을 작성하기가 쉬워 보이기 때문인 듯하다. 그러나 이것은 매우 잘못된 생각일 수 있다. 완성형 문항에는 두 가지 심각

표 14-1 table

완성형 문항 작성 지침

지침	이유
괄호는 한 개만 사용하고 진술문의 요점과 관련되게 작성한다.	괄호가 여러 개면 혼란을 야기하고, 한 개의 답은 다른 답에 의존할 수 있다.
완전한 문장 뒤에 물음표 또는 마침표를 찍는다.	완전한 문장은 학생들이 진술문의 전체 의미를 파악하도록 도와준다.
괄호의 길이는 동일하게 만든다.	긴 괄호는 정답에 대한 단서를 제공한다.
숫자를 기입해야 할 경우, 정확도와 단위를 명시한다.	과제를 명료화하고, 한 문항에 불필요하게 많은 시간을 소요하는 것을 방지할 수 있다.

한 단점이 있다. 첫 번째 단점은 오로지 한 가지 답만이 정답이 되도록 문제를 작성하기가 어렵다는 것이다. 예를 들어, 문항 1과 같은 경우에는 가능한 정답이 아주 많을 수 있다. 완성형 문항을 과도하게 사용할 경우, 학생들은 자신이 옳다고 생각하는 답을 적기보다는 교사가 원하는 답을 추측하게 된다.

두 번째 단점은 만일 문항이 문제를 해결할 것을 요구하는 것이 아니라면, 대부분의 경우 2번 문항처럼 사실적인 정보를 기억하고 있는지를 측정한다는 것이다. 이러한 단점 때문에 교사는 완성형 문항을 자주 사용해서는 안 된다(Gronlund, 2003). 〈표 14-1〉은 완성형 문항을 작성하는 지침을 제시하고 있다.

논술(Essay)

필기시험의 한 형태로서, 학생들은 문제나 질문에 대해 확장된 반응을 글로 표현함

논술형 문항: 복잡한 학습성과 측정하기

교사들은 다른 형태의 시험문항이 측정할 수 없는 복잡한 성과를 측정하기 위해 논술형 문항을 사용한다.

논술은 질문이나 문제에 대해 확장된 서술반응을 요구하는 측정형태다. 논술형 문항은 최소한 세 가지 이유 때문에 가치가 있다. 첫째, 논술형 문항은 다른 형태의 문제로는 측정할 수 없는 창의적이고 비판적인 사고를 측정할 수 있다. 둘째, 학생들이 작문을 통해 자신의 사고를 조직하고 어떤 주장을 하고 방어하며, 자신의 이해 정도를 묘사하도록 가르치는 것은 교과과정 전체에 걸친 중요한 목적인데, 논술형 문항은 학생들이 이러한 목적을 얼마만큼 달성하고 있는지를 측정할 수 있는 방법 중 하나다(Stiggins, 2005). 셋째, 논술형 문제는 학생들의 공부하는 방식을 향상시킬 수 있다. 학생들이 시험에 논술형 문제가 나온다는 것을 알게 되면, 배운 것들 간의 관련성을 찾게 되고 의미 있는 방식으로 정보를 조직할 가능성이 더 높아진다(Shepard, 2001).

1. '설명하시오' '비교하시오'와 같은 용어를 사용해서 상위 수준의 사고를 이끌어 낸다. 학생들로 하여금 사실을 토대로 자신의 답을 정당화하게 한다.
2. 각 문항에 대해 모범답안을 작성한다. 모범답안은 채점할 때 그리고 피드백을 줄 때 사용한다.
3. 모든 학생이 모든 문항에 답하도록 요구한다. 학생들이 특정한 문항을 고르도록 허용하게 되면 학생 간 비교가 어렵고 신뢰도가 떨어진다.
4. 채점기준을 미리 마련해 둔다.
5. 한 문항에 대해 모든 학생의 답을 채점하고, 다음 문항으로 이동한다.
6. 가능하면 한 문제에 대해 학생들의 답을 한자리에서 채점한다. 이렇게 함으로써 채점의 신뢰도가 높아진다.
7. 학생의 신분을 모른 채 채점한다. 이렇게 하면 학생들의 과거 수행 정도나 교사의 기대가 미치는 영향을 줄일 수 있다.
8. 요점이 다 들어간 모범답안을 작성한 후, 이것을 몇몇 학생의 답과 비교하고, 채점기준을 수정할 필요가 있는지 살펴본다.

[그림 14-5] 논술형 문항을 작성하고 채점하기 위한 지침

그러나 논술형 문항에도 단점이 있다. 완성하는 데 시간이 많이 걸리기 때문에, 다양한 영역에 걸친 학습을 평가할 수 없다. 또한 논술형 문제를 채점하는 데 시간이 많이 걸리고, 때로는 채점이 신뢰롭지가 않다. 문법, 철자, 필적과 같은 글쓰기 기술이 점수에 영향을 끼치기도 한다(Haladyna & Ryan, 2001; Nitko, 2004).

논술형 문항은 작성하기가 쉬워 보이지만 모호할 수 있기 때문에 학생들은 어떻게 반응해야 할지 당황스러워할 수 있다. 결국, 교사의 질문을 이해할 수 있는 학생의 능력을 측정하는 경우가 있다. [그림 14-5]는 논술형 문항을 작성하고 채점하기 위한 일반적인 지침을 제시하고 있다(Stiggins, 2005). 이러한 제안뿐만 아니라 다음 절에서 기술하고 있는 채점 규정이 논술형 문항을 신뢰롭게 채점하는 데 도움이 될 수 있다.

규정 사용하기

규정은 채점 기준을 기술하는 채점척도(scale)다(Andrade, 2007/2008; Stiggins, 2005). 원래 규정은 논술형 문항을 채점하는 것을 돕기 위해 만들어졌지만, 학생들의 연설이나 발표, 과학 작품과 같은 제작물(products)을 평가하는 데에도 유용하게 사용할 수 있다.

규정(Rubric)
채점을 위한 기준을 설명하는 채점 척도

채점규정은 교사들이 수업을 준비하고 실제로 가르칠 때 도움을 줄 수 있다. 수업을 준비하면서 채점규정을 만들면, 교사가 수업 중에 초점을 두고 강조해야 할 점에 대해 보다 명료하게 생각할 수 있게 된다. 전문가들은 채점규정을 만들 때 다음 네 단계를 따를 것을 권장한다(Huba & Freed, 2000).

- 논술문에 반드시 있어야 할 주요 요소를 토대로 기준을 마련한다.
- 각 기준에 대해 성취수준의 수를 정한다.
- 각 성취수준에 대해 명확히 설명한다.
- 전체 규정에 대한 채점척도를 정한다.

[그림 14-6]은 문단구조를 평가하기 위해 사용된 규정이다. 여기서 우리는 교사가 주제문, 지원 문장 및 요약 문장이 효과적인 문단으로 제시되어야 한다고 믿고 있음을 알 수 있다. 주요 요소는 규정표 왼쪽에 있는 세로줄에 나타나 있다. 그다음 규정은 각 요소에 대한 성취수준을 명료하게 기술하고 있다. 명확한 설명은 학생들이 글을 쓸 때 이끌어 주고, 또한 교사들이 채점을 할 때 구체적인 관점의 틀을 제공한다. 규정을 마련하는 마지막 단계로서, 교사는 채점기준을 정하게 된다. 예를 들어, 9점이 A에 해당하고, 7~8점은 B, 5~6점은 C가 되게 정할 수 있다. 따라서 어떤 학생이 A를 받기 위해서는 세 개 기준에서 3점을 받아야 한다. 또한 B를 받기 위해서는 두 개 요소에서 2 수준이고 나머지 요소에서 3 수준을 받아야 한다.

또한 수업 도중에 수업의 목표를 전달하기 위해 채점규정을 사용할 수 있다. 예를 들어, 교사들이 [그림 14-6]에 제시된 규정을 학생들에게 보여 주면, 학생들은 작문에서 필수적인 요소에 관심을 기울이게 된다(Andrade, 2007/2008; Saddler & Andrade, 2004).

채점규정은 평가단계에서 신뢰도를 향상시키기 위해 필수적이다. 예를 들어, 학생이 작성한 문구를 채점할 때, [그림 14-6]에 제시된 성취수준과 영역을 사용하면 일관성 있게 평가할 수 있다. 규정을 지침으로 사용하지 않을 경우에는 채점의 불일치성이 높아질 수 있다.

	성취 수준		
기준	1	2	3
주제문	주제문이 없음: 문단의 내용이 무엇에 관한 것인지 명확하지 않음	주제문은 있으나, 무엇에 관한 내용인지가 불명확함	전체적인 개관이 명료하게 제시되어 있음
지원하는 문장	두서가 없고 주제문과 관련이 없음	추가 정보가 있지만 모두 주제문에 초점을 두고 있는 것은 아님	주제문과 관련된 지지문장이 자세히 제시되어 있음
요약문	요약문이 없거나 이전 문장들과 관련이 없음	주제문과 관련이 있으나 문단의 내용을 요약하고 있지 않음	문단의 내용을 정확이 요약하고 있고, 주제문과도 관련이 있음
전체 점수(9점)			

[그림 14-6] 문단구조에 대한 규정

상업적으로 마련된 시험 문항

대부분의 교사가 바쁘기 때문에 교과서에 포함된 시험이나 교사를 위한 지침서, 그리고 상업적으로 마련된 자료에 의존한다. 이런 자료를 사용하면 시간이 절약되지만, 세 가지 이유 때문에 조심해서 사용해야 한다(Nitko, 2004; Popham, 2007).

- **학습목표와의 조화**: 교과과정 개발자의 학습목표는 당신의 목표와 다를 수 있다. 시험문항이 당신의 수업목표를 반영하지 않는다면, 그런 문항은 타당하지 않다.
- **한결같지 않은 질(quality)**: 상업적으로 마련된 시험들이 질적으로 수준이 낮은 경우가 많다.
- **낮은 수준의 문항을 강조함**: 보통 상업적으로 작성된 문항은 지식을 기억하는 수준에서 측정한다.

웹 자료실

교사의 공식적 평가를 분석하기 위해서는 www.my-educationlab.com에 접속하고, 14장 '교수기술과 성향 개발'의 '식민지 시대의 미국 시험'을 찾아보라. 그리고 이어지는 물음에 답하라.

상업적으로 마련된 문항을 사용해서 시간과 노력을 절약할 수 있는 것은 중요한 장점이다. 다음과 같은 지침을 따르면 이러한 혜택을 누릴 수가 있다.

• 당신의 학습목표와 일치하는 문항을 선택하고, 컴퓨터에 파일로 저장한다.
• 학생들로부터 받은 피드백과 시험 결과를 분석해서 효과적이지 않은 문항을 수정한다.
• 학생들의 이해도를 정확히 측정하는 데 도움이 되는 문항을 추가적으로 작성한다.

오직 당신만이 당신의 목표를 알고 있기 때문에, 상업적으로 작성된 문항이 얼마만큼 이러한 목표를 평가하는지 또한 여러분이 가장 잘 판단할 수 있다.

수행평가

선다형 시험으로 대변되는 전통적인 필기시험 평가는 타당성이 부족하다는 비판을 받아 왔다(Corcoran et al., 2004; D. French, 2003). 이러한 비판에 대해 교육자들은 **수행평가**, 즉 '학교 밖의 삶과 관련된 과제들(특히 언어 영역)에 대해 학생들의 수행을 직접 평가하는 것' (Frey & Schmitt, 2005; Popham, 2005)을 강조해 왔다. 다음의 두 사례를 살펴보자.

수행평가(Performance assessment)
학교 밖의 삶과 관련된 과제에 대해 학생의 수행을 직접 평가하는 것

> 어느 고등학교의 영어교사가 학생들이 글을 설득력 있게 쓸 수 있기를 원했다. 이 영어교사는 학생들에게 잘된 글과 잘못된 글을 보여 주었다. 학생들은 두 글의 차이점에 관해 토론하였고, 설득력 있으면서 수준 높은 글의 기준이 무엇인지에 대해 합의를 이끌어 냈다. 그런 후, 자신들의 글을 작성하였다(Stiggins, 2007).

> 한 보건교사가 전문학술지에서 응급처치와 관련된 기사를 읽었는데, 그 글에서는 응급처치를 적용하는 데 있어 사람들이 지니고 있는 가장 큰 문제는 응급처치의 방법 그 자체가 아니라 무엇을 해야 하고, 또 언제 해야 하는지를 아는 데 있다고 지적하였다. 교사는 이 문제를 해결하기 위해 정기적으로 '재난일'을 계획하였는데, 이날에는 학생들이 교실로 들어서면서 상처를 입은 희생자와 마주치게 된다. 학생들은 문제를 진단하고 응급처치를 적용해야만 했다. 교사는 학생들이 문제를 해결하는 것을 지켜보고, 수집된 정보를 토론과 평가에 활용하였다.

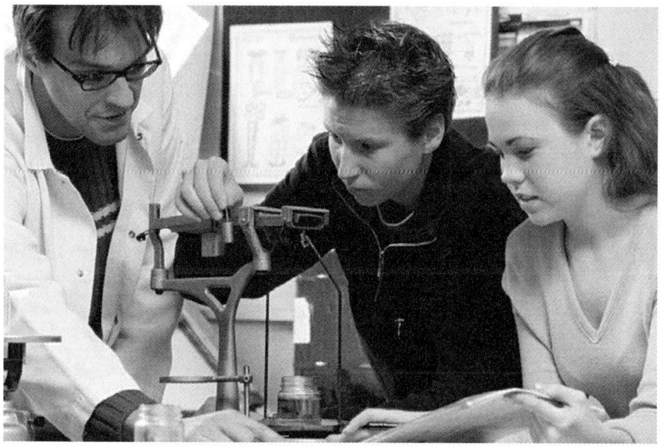
교사는 수행평가를 활용해서 실제 바깥세상에서 요구하는 능력과 유사한 것들을 측정한다.

수행평가라는 용어는 과학이나 행위예술과 같은 영역에서 처음 사용되었는데, 이러한 영역에서는 실험실에서 실험을 수행하거나 연주를 하는 등 실제 상황에서 능력을 보여 줄 것을 요구한다.

수행평가를 타당하고 신뢰롭게 고안하기 위해

서는 다음 세 단계를 포함해야 한다.

- 평가하려는 수행의 종류를 자세히 기술한다.
- 실제와 안전 등 다른 문제가 균형을 이루도록 평가환경을 구성한다.
- 분명한 기준을 가지고 평가절차를 구안한다.

수행요소 상술하기

측정하려고 하는 요소를 상세히 기술하는 것은 모든 평가에서 첫 번째 단계에 속한다. 수행을 명확히 기술해 주면 학생들은 무엇이 요구되는지를 이해할 수 있고, 교사 또한 적절한 교수법을 고안할 수 있다. [그림 14-7]은 설득력 있게 글을 쓰는 것과 관련된 요소를 상술하고 있다.

어떤 경우에는 수행요소가 과정이 될 수 있고, 또 어떤 경우에는 결과물이 될 수 있다. 처음에는 과정에 초점을 맞추다가 절차가 숙달되면 결과물로 초점이 이동되는 경우 또한 종종 있다(Gronlund, 2003). 〈표 14-2〉에 과정 또는 결과물이 수행평가의 요소인 예가 제시되어 있다.

설득력 있는 논술
1. 논술의 목적을 상술한다.
2. 목적을 지지하는 증거를 제시한다.
3. 글을 읽는 청중을 확인한다.
4. 예상되는 반론을 상술한다.
5. 반론을 일소하는 증거를 제시한다.

[그림 14-7] 설득력 있는 글쓰기의 구성요소

표 14-2 table 수행요소로서의 과정 및 결과물

내용 영역	결과물	과 정
수학	정답	정답에 이르는 문제해결 단계
음악	악기로 작품 연주하기	운지법과 숨 고르기
영작	논술, 보고서 또는 작문	원고 준비 및 사고과정
문서 처리	최종 원고 또는 편지	자판 치기 및 원고 제시 기술
과학	결과에 대한 설명	설명을 준비하는 데 포함된 사고과정

평가환경 구성하기

수행평가는 실생활과 관련한 과제를 강조하기 때문에 가치가 있다. 하지만 시간, 비용, 안전과 관련한 문제들 때문에 실생활에서의 수행을 나타내는 것이 힘들 수 있는데, 이런 이유 때문에 중간 단계가 필요하다. 예를 들어, 운전교육의 목표는 안전운전을 하는 운전자를 양성하는 것이다. 그러나 초보운전자를 교통이 혼잡한 상황에 처하게 하는 것은 비현실적일 뿐만 아니라 위험하기까지하다. 따라서 운전교육자는 우선 글로 된 사례에 피교육자가 반응하게 하고, 모의장치를 사용하며, 교통이 혼잡하지 않은 길에서 운전하게 한 다음, 마지막으로 모든 종류의 상황에서 운전하는 식으로 운전교육을 실시할 수 있다. 피교육자의 운전기술이 향상됨에 따라 좀 더 현실과 가까운 단계로 나아가는 것이다.

현실성이 높은 상황에서 교육하는 것이 가능하지 않을 경우, 모의실험을 통해 학생의 수행을 측정할 수 있다. 운전 모의장치가 한 예가 될 수 있다. 또 다른 예로, 만일 학생들이 기후와 지리가 도시 위치에 미치는 영향을 이해하고 있는지 알고 싶다면, 지리교사는 [그림 14-8]에 제시된 정보를 학생들에게 보여 줄 수 있을 것이다. 학생들은 이 모의과제에서 섬 안에 도시가 위치하기 가장 좋은 장소를 가리키고, 그러한 결정을 내리는 데 사용한 기준을 설명해야 한다. 이를 통해 교사는 학생들이 어떤 생각을 지니고 있는지에 관해 통찰을 얻을 수 있다.

평가절차 고안하기

효과적인 수행평가를 제작하는 데 있어 마지막 단계는 평가절차를 고안하는 것이다. 이때 논술문항에서 사용했던 것과 유사한 채점 규정이 신뢰도와 타당도를 높일 수 있다 (Mabry, 1999; Stiggins, 2005).

학습자의 수행을 평가하기 위한 세 가지 다른 전략인 (a) 체계적 관찰, (b) 체크리스트, (c) 평가척도를 살펴보도록 하자.

체계적 관찰(Systematic observation)
특정 활동에서 수용될 수 있는 수행에 대한 기준을 상술하고 이러한 기준을 토대로 기록하는 과정

체계적 관찰 교사는 늘 학급에서 학생들을 관찰한다. 그러나 이러한 관찰은 대개 체계적이지 않으며, 기록으로 남겨 놓는 경우도 드물다. 이런 문제를 해결하려는 시도가 **체계적 관찰**이다. 체계적 관찰은 어떤 활동에서 수용할 수 있는 수행의 기준을 상술하고, 그러한 기준에 기초해서 기록하는 과정을 말한다. 예를 들어, 학생들에게 과학적인 방법을 사용하는 능력이 얼마나 있는지를 측정하고 싶다면, 교사는 다음과 같은 기준을 마련할 수 있을 것이다.

- 문제 또는 질문을 기술한다.
- 가설을 기술한다.
- 독립변인, 종속변인, 통제변인을 상술한다.
- 자료를 수집하고 전시한다.

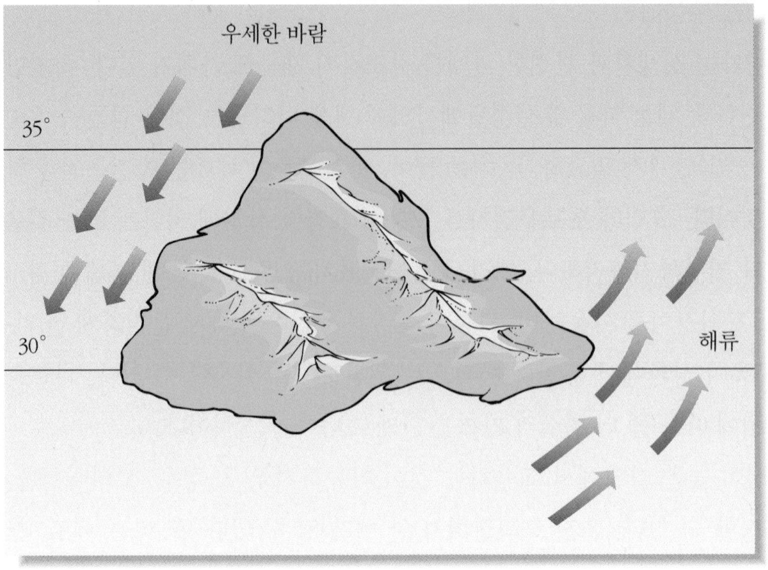

[그림 14-8] 지리 모의실험

체크리스트(Checklist)

만족할 만한 수행에 포함되어야 할 차원을 글로 기술해 놓은 것

평정척도(Rating scale)

만족스러운 수행의 차원과 각 차원이 평가되는 값의 척도를 글로 기술해 놓은 것

• 자료에 기초해서 가설을 평가한다.

따라서 교사는 학생들의 수행이 이러한 기준에 얼마나 부합하는지를 기록하고, 또한 이러한 기준을 모든 학생에게 일관되게 적용해야 한다. 기록을 토대로 학생들에게 피드백을 제공할 수 있으며, 미래의 학습을 계획하는 데 유용한 정보를 얻을 수 있다.

체계적 관찰, 체크리스트, 평정척도는 수행평가의 신뢰도를 향상시키는 데 도움이 된다.

체크리스트 **체크리스트**는 만족할 만한 수행에 포함되어야 할 차원을 글로 기술해 놓은 것으로, 수행에서의 중요한 측면을 상세히 기술하고 이를 학생들과 공유함으로써 체계적 관찰을 확장시킨다. 바람직한 차원을 기록하기보다는 바람직한 차원에 표시하는 것이 특징이다. 예를 들어, 앞서 들었던 예에서 과학교사는 5개 기준 중에 학생들의 보고서에 나타난 것을 표시할 수 있다.

체크리스트는 학생들이 '가설을 기술하라.'와 같은 기준을 충족시켰는지를 정할 수 있기 때문에 유용하다. 그러나 '자료에 기초해서 가설을 평가하라.'와 같은 기준은 명백한 결정을 내리기가 쉽지 않다. 또한 어떤 평가는 다른 것에 비해 좀 더 철저하고 정확한 경향이 있다. 평정척도는 이러한 문제를 해결해 준다.

평정척도 **평정척도**는 만족스러운 수행의 차원과 각 차원이 평가되는 값의 척도를 글로 기술해 놓은 것이다. 교사는 [그림 14-9]에

효과성 개념	1	2	5
수업 범위	어떤 학습목표도 뚜렷하지 않음. 수업의 초점과 범위가 불확실함	학습목표가 명확하지 않음. 수업에서 너무 많거나 또는 너무 적은 내용을 다루고 있음	뚜렷한 학습목표가 존재함. 수업의 범위는 목표 달성을 위해 효과적임
구성	수업 전에 자료가 준비되어 있지 않음. 수업의 흐름이 뚜렷하지 않음. 수업시간이 낭비되고 있음	약간의 자료가 미리 준비되어 있고, 수업의 흐름 또한 뚜렷하게 존재함. 수업시간이 합리적으로 잘 활용되고 있음	수업시간이 미리 준비된 자료와 함께 최적화되어 있고, 수업의 흐름 또한 잘 확립되어 있음
실례와 비실례의 질	실례와 비실례를 사용하지 않음	실례와 비실례를 사용하기는 하지만, 주제를 정확히 반영하고 있지 못함	맥락에 맞는 양질의 사례를 다양하게 사용함으로써, 해당 주제를 반영하고 있음
복습	지난 시간에 했던 것을 복습하지 않음	지난 시간에 했던 것을 짧고 피상적으로 복습함	현재 다루고 있는 주제를 이해하는 데 필요한 개념을 철저히 복습함
질문하는 빈도	교사가 강의함. 거의 질문하지 않음	몇 개의 질문이 있었음. 강의 내용의 대부분을 강의로 전달함	전체적으로 강의가 질문과 함께 전개됨
질문의 균등한 분포	질문이 구체적으로 학생들에게 향하지 않음	몇몇 질문은 학생 개인에게 향함. 손을 들어 자원하는 학생들에게 가장 많이 기회를 줌	가능한 공평하게 교실에 있는 모든 학생에게 기회가 부여되었고, 학생의 이름을 불러서 질문함
기다리는 시간과 격려	기다리는 시간이 거의 없었음. 학생이 답을 하지 못할 경우 다른 학생에게 질문을 돌림	몇몇 경우에는 적절히 기다렸을 뿐 아니라 간헐적으로 도와줌	지속적으로 학생들을 기다렸고, 학생들이 정확히 답하지 못할 때 격려해 줌
종결	수업에서의 종결이 부족함	교사가 요약해 주고 수업을 종료함	학생들이 수업에서의 주요 요점을 말하도록 교사가 이끌어 줌
수업의 정렬	학습목표, 학습활동, 평가가 일치되지 않음	목표, 학습활동, 평가가 부분적으로 일치함	학습목표, 학습활동, 평가가 명백히 일치함

[그림 14-9] 교수 효과에 대한 평정척도

나타난 것처럼 글 · 도표 · 숫자로 평정척도를 구성할 수 있다.

그림에서 볼 수 있듯이, 평정척도는 이 장 앞부분에서 다루었던 채점 규정과 유사하다. 평정척도를 사용하면 더 정확한 정보를 모을 수 있으며, 체크리스트보다 더 구체적인 피드백을 얻을 수 있다.

포트폴리오 평가: 평가과정에 학생 개입시키기

포트폴리오 평가는 미리 정한 기준을 사용해서 학생과 교사가 함께 평가한 학생의 작품

포트폴리오 평가 (Portfolio assessment)
미리 정한 기준을 사용해서 학생과 교사가 공동으로 평가한 학생의 작품집을 선별하는 과정

표 14-3
table

다른 내용 영역에서 사용되고 있는 포트폴리오의 예

내용 영역	예
초등학교 수학	숙제, 퀴즈, 시험, 일정 기간에 걸쳐 완성된 프로젝트
작문	다양한 발달단계에서 작성한 설명문 · 논술문 · 시모음
미술	1년에 걸쳐 수행한 프로젝트로서, 영역에 대한 관점이 성장하는 것을 보여 주는 것들을 수집함
과학	학습의 진척 상황을 나타내는 실험실 보고서, 프로젝트, 수업시간에 작성한 노트, 퀴즈, 시험 등

집을 선별하는 과정을 말한다(Popham, 2005; Stiggins, 2005). 포트폴리오는 논술, 퀴즈, 프로젝트, 시집, 실험실 보고서, 그리고 녹화한 수행 등과 같은 실제 작품을 모은 것이다. 포트폴리오를 사용하는 것은 인기가 있는데, 학교에서 실패할 위험이 있는 아동의 준비도를 측정하는 것(J. Smith, Brewer, & Heffner, 2003)에서부터 생물학도가 복잡한 생명체를 이해하는 정도를 평가하는 것(Dickson, 2004)까지 매우 다양한 영역에서 활용되고 있다. 기술이 발전하면서 전자 포트폴리오 또한 점점 더 대중화되고 있다(C. Lambert, DePaepe, & Lambert, 2007). 〈표 14-3〉에는 서로 다른 내용 영역에서 사용되고 있는 포트폴리오 평가가 예시되어 있다.

포트폴리오 평가는 시험에 포함시킬 자료를 수집하고 평가하는 과정에 학생을 개입시킨다.

포트폴리오는 두 가지 특징을 지니고 있다. 첫째, 포트폴리오는 일정 기간에 걸쳐 작품의 견본을 수집하기 때문에 학습의 향상 정도를 반영해 준다. 예를 들어, 글쓰기 견본은 특정 기간 동안 글쓰기 기술이 얼마나 향상되었는지를 보여 준다.

둘째, 포트폴리오 평가는 포트폴리오에 포함될 자료를 계획하고, 수집하며, 평가하는 과정에 학생을 개입시킨다. 학생들로 하여금 자신의 작품을 평가하게 하면, 학생들은 자신의 학습방법에 대해 보다 더 메타인지적이 되고 자기조절능력 또한 향상된다(Juniewicz, 2003). 또한 학습장애가 있는 사람들뿐만 아니라 그렇지 않은 사람들 또한 포트폴리오 평가를 실시할 경우 자율성을 더 많이 느낀다는 증거가 있다(Ezell & Klein, 2003).

다음은 포트폴리오를 효과적인 학습도구로 만들기 위한 지침이다.

- 당신의 교수 행위에 포트폴리오를 포함시키고, 가르치면서 종종 그것을 언급한다.
- 학생들에게 포트폴리오를 소개할 경우 그 예를 보여 준다.
- 작품을 선택하고 평가하는 과정에 학생들을 개입시킨다.

- 학생들이 각 포트폴리오에 대해 개괄적으로 설명하게 하고, 작품을 포트폴리오에 포함시킨 이유를 설명하게 하고, 평가 시 사용했던 기준을 설명하게 하고, 진척 상황에 대해 요약하게 한다.
- 교사는 학생들의 결정에 대해 자주, 그리고 자세히 피드백을 제공해 준다.

학생들이 주도해서 발표회를 여는 것은, 포트폴리오를 통해 이룬 학업성취를 학부모에게 알려 주는 매우 효과적인 방법이다(Juniewicz, 2003). 여러 연구에서 이러한 모임이 학생들의 책임감과 자부심을 증가시키고, 집과 학교 간 협력 및 학생과 부모 간 관계를 향상시키는 것으로 나타났다(Stiggins, 2005). 시행과정에서의 세부적인 사항과 시간적인 제약 때문에 이러한 발표회를 전면적으로 실시하는 것이 어렵지만, 학습자의 개입과 주도성이 증진된다는 교육적인 이로움이 이러한 한계를 상쇄시킬 수 있다.

공식적 평가의 틀을 균형감 있게 바라보기

이 절에서는 세 가지 종류의 공식적인 평가에 관해 논하였다. 필기시험 문항, 수행평가, 포트폴리오. 각각은 다른 방식으로 논란의 여지가 있다. 예를 들어, 필기시험 문항에 대해 비판하는 사람들은 필기시험 문항이 낮은 수준의 지식과 기술에 초점을 맞추고 있으며, 학습자가 이해한 것을 얼마나 실제 생활에 적용할 수 있는지를 측정하지 못하고 단지 결과만을 측정하기 때문에, 이러한 평가는 학생들의 사고에 대해 어떠한 통찰도 제공해 주지 못한다고 주장한다(Bandalos, 2004; D. French, 2003; Popham, 2004c; Solley, 2007). 수행평가와 포트폴리오 평가를 지지하는 사람들은 수행평가와 포트폴리오가 높은 수준의 사고와 문제해결기술을 측정하고, 실제 생활에 대한 적용력을 강조하며, 또한 결과물을 만들어 내기 위해 학습자가 사용한 과정에 초점을 맞춘다고 주장한다(Cizek, 1997; D. French, 2003; Paris & Paris, 2001).

반면, 수행평가가 필기시험에 비해 고차원적인 사고를 더 잘 측정한다는 주장을 뒷받침할 만한 증거는 충분하지 않다(Terwilliger, 1997). 뿐만 아니라, 현재 교육은 책무성과 위험부담이 큰 시험(high-stakes testing)이라는 시대적 요구에 당면하고 있고, 위험부담이 큰 시험은 대부분 선다형 문항을 주요 시험방식으로 채택하고 있다. 표준에 기초한 책무성의 요구에 직면하고 있는 교사들로서는 학생들을 좀 더 전통적인 고부담 시험에 준비시켜야 하는 압력을 느낄 수밖에 없다(Blocher et al., 2002).

포트폴리오 평가를 위해 신뢰할 수 있는 기준을 마련하는 것은 또 다른 논란거리다(E. S. Johnson & Arnold, 2007; Tillema & Smith, 2007). 조금만 주의를 기울인다면 수행평가와 포트폴리오에서도 만족할 만한 신뢰도를 확보하는 것이 가능하지만(Barnes, Torrens, & George, 2007; M. Wilson, Hoskens, & Draney, 2001), 실제로는 이것이 문제점으로 지적되어 왔다(Haertel, 1999; Shepard, 2001). 이러한 논란거리에 대한 반응으로, 미국의 몇몇 주에서

웹 자료실

초등학생을 위한 과학 포트폴리오 입문을 분석하기 위해서는 www.myeducationlab.com에 접속하고, 14장 '활동 및 적용'의 '돼지 폐 해부'를 찾아보라. 그리고 이어지는 물음에 답하라.

웹 자료실

고 교사가 수행한 평가에 관해 더 자세히 분석하려면 www.myeducationlab.com에 접속하고, 14장 '활동 및 적용'의 '의사결정 시 평가 활용하기' 비디오를 보라. 그리고 이어지는 물음에 답하라.

◈ 이해 점검 활동

3.1 공식적 평가를 설명하고, 그것이 어떻게 비공식적 평가와 다른지 설명하라.

3.2 다음의 각 문항에는 내용을 완전히 이해하지 않고서도 정답을 고를 수 있게 하는 틀린 선택지가 포함되어 있다. 어느 것이 결함이 있는 틀린 선택지인가?

1. 다음 중 순환계의 기능은?
   a. 몸의 주요 기관을 지지한다.
   *b. 몸 전체를 통해 피를 순환시킨다.
   c. 신경자극을 뇌로부터 근육으로 전이시킨다.
   d. 몸에 있는 대근육의 운동을 제공한다.
2. 다음 중 인구밀도의 정의는?
   a. 특정 도시에 살고 있는 사람의 수
   b. 지난 대통령 선거에서 투표한 사람의 수
   *c. 1제곱미터당 사람 수
   d. 작은 도시에 비해 큰 도시에 살고 있는 사람의 수
3. 다음 중 제2차 세계대전이 발생한 이유로 가장 적절한 것은?
   a. 대영제국에 대한 미국의 원조
   b. 이탈리아가 에티오피아를 정복함
   c. 일본과 중국 간 전쟁
   *d. 베르사유 조약으로 인한 독일 경제의 악화
4. 다음 중 곤충에 대해 가장 잘 기술한 것은?
   a. 머리에 늘 한 쌍의 안테나가 있다.
   *b. 세 개의 몸통으로 이루어져 있다.
   c. 물에서는 살지 않는다.
   d. 폐로 숨 쉰다.
5. 다음 중 파충류가 아닌 것은?
   a. 악어
   b. 도마뱀
   *c. 개구리
   d. 거북이

3.3 양질의 선다형 문항을 제작할 때 어떤 사람의 수행을 평가할 수 있는 평정척도를 어떻게 제작할 수 있는지 한 가지 예를 들어 설명하라.

3.4 논술형 문항은 수행평가인가? 지금까지 제공된 정보를 활용해서 당신의 답을 방어하라.

는 포트폴리오 사용(특히, 영어 학습자들을 위한 포트폴리오 사용)을 줄였다(Zehr, 2006).

학급 수준에서 포트폴리오의 내용을 학생들이 결정하도록 허용하는 것은 또 다른 문제를 야기한다. 예를 들어, 학생들이 포트폴리오에 다른 내용물을 포함시켰을 때 학생 간 비교가 힘들고, 따라서 신뢰도를 감소시키게 된다. 전문가들은 이러한 문제를 해결하기 위한 방법으로 전통적인 측정방법을 함께 사용해서 포트폴리오를 보완할 것을 제안한다(Stiggins, 2005).

학습 및 교수와 관련된 다른 측면에서처럼 평가는 복잡하므로 식견이 있고 숙련된 교사를 필요로 한다. 그들만이 필기시험 문항, 수행평가, 포트폴리오를 결합해서 학생들의 학습을 최대화시킬 수 있는 평가를 제작할 수가 있다.

교실에의 적용

타당하고 신뢰할 만한 평가 제작하기

1. 타당도는 평가도구가 원래 측정하기로 되어 있는 것을 측정하는 정도를 나타낸다. 평가에 앞서 주의 깊게 계획함으로써 타당도를 높일 수 있다.
   - 초등학교: 초등학교 3학년 교사는 자신이 만든 퀴즈, 시험, 숙제에 나온 문항을 교과과정 지침 및 자신의 단원 계획의 목표와 비교해 봄으로써, 모든 수업목표가 다루어지고 있는지를 확인한다.
   - 중학교: 사회교사는 매번 수업이 끝날 때마다 시험문제 초안을 작성함으로써, 시험에서 강조하는 것이 자신의 수업내용과 일치되게 한다. 실제 시험문제를 제작할 때에는 모든 내용영역과 난이도가 다루어지고 있는지를 확인한다.
   - 고등학교: 생물교사는 시험문제를 작성한 후, 시험문항을 다시 읽고 학생들을 혼동시키거나 너무 수준이 높은 문구를 삭제한다.

2. 수행평가는 학생들이 학교 밖의 실생활에서 수행할 것으로 기대되는 과제와 유사한 과제를 수행할 수 있는 능력을 직접적으로 조사한다. 적절한 시점에서 수행평가를 사용함으로써 평가의 타당도를 증가시킬 수 있다.
   - 초등학교: 1학년 교사는 평정척도를 사용해서 학생들의 구두 읽기 능력을 평가한다. 교사는 학생들이 읽는 것을 들으면서, 학생 개개인의 장단점을 메모해 둔다.
   - 중학교: 수학교사는 소수와 백분율을 가르치면서 학생들에게 세 군데의 슈퍼마켓에 가서 다섯 개의 가정용품에 대한 가격을 비교하라는 숙제를 내주었다. 학생들은 어느 가게가 가장 좋은 가격을 제시하고 있고, 각 품목에 대한 백분율 차이를 확인해야 했다.
   - 고등학교: 경영기술 교사는 학생들에게 신문에 난 일자리공고를 보고 편지를 써 보게 했다. 그런 후 학급 전체가 편지의 구성, 문법, 구두점 및 명료성에 대해 비평하였다.

3. 포트폴리오 평가는 평가과정에 학생들을 개입시킨다. 포트폴리오를 사용해서 학습자의 자기조절 능력을 향상시킬 수 있다.
   - 초등학교: 4학년 교사가 자신의 언어학습 교과과정에 포트폴리오를 사용하였다. 학생들은 1년 동안 작품을 모으고, 자신이 속한 작문 팀의 다른 구성원과 함께 포트폴리오를 평가하고 공유하였다.
   - 중학교: 수학교사는 학생들에게 포트폴리오를 모아서 학부모-교사 회의에서 발표하게 하였다. 교사는 회의 전에 학생들을 만나서 개개인의 장단점을 파악하는 것을 도와주었다.
   - 고등학교: 자동차정비 교사는 지금까지 학생들이 숙달한 능력과 기술을 책임지고 숙지할 것을 요구하였다. 교사는 학생들에게 서류철을 주고 각 작업장에서 완성한 것을 기록하게 하였다.

효과적인 평가 시행

지금까지 우리는 다양한 형태의 비공식적 평가와 공식적 평가뿐만 아니라 타당도 및 신뢰도와 같은 평가의 기본 개념에 대해 검토하였다. 하지만 학습을 극대화하기 위해서는 교사가 개별 문항을 시험으로 조합해야 하고, 적절한 시기에 수행평가와 포트폴리오 사용을 계획해야 하며, 그런 다음에 평가를 실시하고, 채점하고 분석해서 결과를 논의해야 한다. 이 절에서는 다음과 같은 사항을 고려해 보고자 한다.

- 평가 계획하기
- 학생을 평가에 준비시키기
- 평가 실시하기
- 결과 분석하기

평가 계획하기

평가를 학습목표와 일치되게 하려면, 수업을 준비하는 단계에서 평가를 마련해야 한다. 이 과정이 간단하게 보이지만, 대개 교사들은 수업이 끝난 후에 시험문제를 제작하기 때문에 문제가 발생하게 된다. 예를 들어, 수업 중에 별로 강조하지 않았던 주제가 시험에 출제되기도 하고, 수업 중에 강조했던 주제가 시험에 출제되지 않을 수도 있다. 또한 수업 시간에는 특정 주제를 적용하는 단계까지 다루었지만, 정작 시험에서는 단순 지식을 회상하는 문항이 출제되기도 한다. 그리고 수업에서의 목표가 어떤 기술을 직접 수행하도록 요구하는 것이었지만, 평가는 선다형 문항로 출제되기도 한다. 이런 모든 상황이 평가의 타당도를 떨어뜨리게 된다.

검사문항 명세표: 계획을 통해 타당도 증가시키기

검사문항 명세표
(Table of specification)
교사로 하여금 학생들의 인지 수준 또는 내용 영역에 따라 학습목표를 조직하는 데 도움을 주는 행렬표

수업목표와 평가가 일치되는지를 확인하는 한 가지 방법은 **검사문항 명세표**를 마련하는 것이다. 검사문항 명세표는 교사가 학생들의 인지 수준 또는 내용 영역에 따라 학습목표를 만들고 조직하는 데 도움을 준다(Guskey, 2005; Notar, Zuelke, Wilson, & Yunker, 2004). 예를 들어, 어떤 지리교사는 다음에 제시된 목적에 따라 중동지방에 관한 수업을 준비하였다.

도시의 위치를 이해한다.
① 위치에 대해 말한다.
② 도시로 정착하기까지 역사적 요인을 확인한다.

기후를 이해한다.
① 주요 기후 지역을 확인한다.
② 현재의 기후에 대한 이유를 설명한다.

경제에 영향을 미치는 요인을 이해한다.
① 이 지역에 있는 국가들의 경제를 설명한다.
② 각국의 경제적 특성을 확인한다.
③ 경제가 어떻게 기후, 자연적 특성과 관련이 있는지 설명한다.

자연적인 특성의 영향을 이해한다.
① 지형학에 대해 설명한다.
② 자연적 특성을 기후와 연계해서 설명한다.
③ 자연적 특성이 도시의 위치에 미치는 영향을 설명한다.
④ 자연적 특성이 경제에 미치는 영향을 분석한다.

〈표 14-4〉는 이러한 목표에 기초해서 내용 수준에서 명세표를 작성한 것이다. 교사는 다른 주제보다도 자연적인 특성을 더 강조하면서 문항을 마련하였다. 이것은 자연적인 특성이 도시의 위치와 기후, 그리고 그 지역의 경제에 미치는 영향을 강조하려는 교사의 수업목표를 반영하는 것이다. 또한 이것은 다른 지역에 관해 수업할 때와 마찬가지의 수업방식이다. 이렇게 수업목표와 수업내용, 그리고 평가를 일치시킴으로써 평가의 타당도를 향상시키는 것이 검사문항 명세표의 주요한 기능이다.

수행평가에서는 기준을 확립하는 것이 명세표를 작성하는 것과 비슷한 역할을 한다. 기준은 수행을 정의하고, 강조할 점을 결정하고, 학습목표와 평가가 일치하는지를 확인해 준다.

학생을 평가에 준비시키기

이 장 처음에 나왔던 고 교사가 단원 시험을 실시하기 전날 학생들과 함께했던 작업을 살펴보자.

"여러분이 가지고 있는 흑판과 분필을 꺼내세요."

고 교사는 교실 앞에 있는 칠판을 가리키면서, "내일 시험이 있죠? 시험에서는 등가분수를 찾는 문제와 분수를 더하는 문제가 나올 거예요. 그리고 그 시험은 여러분의 포트폴리오에 들어갈 거예요. 어떤 문제들은 여러분이 생각을 해야 하는 문제들이에요.

표 14-4 table

검사문항 명세표 견본

	결과			
내용	지식	이해	고차원적 사고와 문제해결	각 내용 영역에서의 전체 문항 수
도시	4	2	2	8
기후	4	2	2	8
경제	2	2	–	4
자연적 특성	4	9	7	20
전체 문항 수	14	15	11	–

선생님은 여러분이 지금까지 열심히 공부했고 잘하고 있으니까 그 문제도 풀 수 있을 거라고 생각해요. 여러분은 저와 한 팀이고, 여러분이 시험을 잘 통과할 거라 믿어요."

"시험에 나올 문제들과 비슷한 문제들을 풀어 보도록 하죠. 다음 문제를 여러분이 가지고 있는 흑판에 적어 보세요."

$$\frac{1}{3}+\frac{1}{4}=? \quad \frac{2}{7}+\frac{4}{7}=?$$

고 교사는 학생들이 문제 푸는 것을 지켜보았고, 문제를 다 푼 학생들은 흑판을 들어 올렸다. 고 교사는 세 명의 학생이 첫 번째 문제를 틀린 것을 확인하고, 전체 학급과 함께 그 문제를 검토하였다. 그런 후 다음 세 문제를 출제하였다.

$$\frac{2}{3}+\frac{1}{6}=? \quad \frac{4}{9}+\frac{1}{6}=? \quad \frac{2}{9}+\frac{4}{9}=?$$

두 명의 학생이 두 번째 문제를 틀렸기 때문에, 고 교사는 다시 한 번 이 문제를 신중하게 검토하였다.

고 교사는 흑판에 다음과 같은 문제를 제시하면서, "자, 한 문제 더 풀어 보도록 하죠."라고 말했다.

당신은 5명의 사람들과 피자파티에 왔고, 피자 2조각을 주문했습니다. 2조각의 피자는 같은 크기지만, 하나는 다시 4조각으로 나누어져 있고 다른 하나는 8조각으로 나누어져 있습니다. 당신은 각각의 피자조각에서 하나씩을 먹었습니다. 당신은 지금까지 전체 몇 조각의 피자를 얼마나, 많이 먹었습니까?

고 교사는 학생들이 문제 푸는 모습을 지켜보았고, 학생들이 문제를 다 푼 후에 학생들과 함께 답을 검토하였다. 이 과정에서 고 교사는 "이 문제에서 어떤 정보가 중요하죠?" "문제에서 관련이 없는 것은 무엇인가요?" "이 문제를 풀기 위해 처음에 해야 할 것이 무엇일까요?" 라고 학생들에게 질문했다.

문장으로 기술된 두 개의 문제를 추가로 제시한 후, 고 교사는 "오늘 우리가 연습했던 문제들과 비슷한 문제들이 시험에 나올 거예요." 라고 말했다. 학생들에게 질문이 있는지 물어본 후 "좋아요. 우리가 시험 볼 때 항상 해야 할 것이 무엇이죠?" 라고 질문했다.

"지시문을 조심해서 읽어야 해요." 라고 학생들이 일제히 소리쳤다.

"좋아요. 그럼 어떤 문제가 어렵게 느껴지면 어떻게 해야 하죠?"

"시간이 모자라지 않도록 다음 문제로 넘어가요."

"그러면 반드시 잊지 말아야 할 건 뭐죠?"

"안 풀고 넘어갔던 문제로 다시 돌아가서 풀어야 해요."

학생들을 시험에 준비시킬 때, 교사는 장기적인 목적과 단기적인 목적을 모두 지니고 있다. 장기적으로는, 학생들이 시험을 치르는 절차와 전략을 이해하고 자신 있게 시험 상황에 들어가는 것이다. 단기적으로는, 학생들이 시험 형태와 시험볼 내용을 이해하는 것이다. 학생들을 준비시킴으로써 이 두 가지 목적을 달성할 수 있다.

시험 보는 전략 가르치기

교사는 학생들에게 다음과 같은 전략을 가르침으로써, 학생들의 시험 전략을 향상시킬 수 있다.

- 시간을 효율적으로 사용하고, 자신의 페이스에 맞게 시험을 본다.
- 지시문을 주의 깊게 읽는다.
- 문제에 있는 중요한 정보를 파악한다.
- 시험 형태가 요구하고 있는 것을 이해한다.
- 문제가 어떻게 채점되는지 파악한다.

효과를 극대화하기 위해서는 구체적인 예를 들면서 이러한 전략을 보여 줘야 한다. 학생들은 다양한 시험 형태와 시험 상황에서 이러한 전략을 연습할 필요가 있다. 연구에 따르면, 시험전략을 가르치면 학생들의 수행이 향상되고, 시험본 경험이 적은 학생들, 특히 어리고 능력이 떨어지는 소수 민족 학생들이 가장 많은 혜택을 보는 것으로 나타났다(Pressley & Hilden, 2006).

교사는 평가 횟수를 늘리고 평가내용을 명확히 설명해 줌으로써 학생들의 시험불안을 감소시킬 수 있다.

시험불안(Test anxiety)

시험 상황에 대한 불쾌한 정서적 반응으로써 수행을 떨어뜨릴 수 있음

시험불안 감소시키기

많은 사람들이 시험불안을 경험해 본 적이 있을 것이다. 시험불안은 시험 상황에 대한 불쾌한 정서적 반응으로써, 수행을 떨어뜨린다. 대개 시험불안은 순간적이고 그리 심각하지 않지만, 많게는 학생 중 약 10% 정도가 심각한 문제를 경험하고 있는 것으로 알려져 있다(Cassady & Johnson, 2002).

연구에 따르면, 시험불안은 정의적 요소와 인지적 요소 둘 다 포함하고 있다(Schunk et al., 2008). 정의적 요소에는 생리적 증상 또한 포함될 수 있는데, 맥박 수가 증가하거나 입이 마르고, 두통, 공포, 무기력 그리고 간혹 백지상태로 가는 것 같은 느낌을 수반하다. 시험불안의 인지적 요소, 즉 걱정은 시험의 난이도에 대해 지나치게 생각하거나, 점수가 안 좋을 경우 부모님께서 염려하실 것을 생각하는 것 등이 포함된다. 이러한 생각들이 작업기억의 공간을 차지하고, 따라서 문항을 분석할 공간이 많이 남지 않게 된다.

시험불안은, 첫째 성공에 대해 압력을 느끼고, 둘째 학생들이 어렵다고 인지하며, 셋째 시간 제한이 있고, 넷째 익숙하지 않은 문항이나 문제유형이 포함되어 있는 상황에서 촉발된다(Cassady & Johnson, 2002). 특히, 예고 없이 치르는 시험이 높은 시험불안을 야기할 수 있다.

교사는 시험불안을 최소화하기 위해 여러 방법을 사용할 수 있는데, 가장 성공적인 방법은 걱정 그 자체를 겨냥하는 것이다(Schunk et al., 2008). 다음과 같은 제안을 참고하기 바란다.

- 준거-참조(criterion-referenced)평가를 사용해서 시험의 경쟁적인 측면을 최소화하고, 학생들의 성적을 공개하는 것과 같은 사회적 비교를 피한다.
- 퀴즈와 시험의 횟수를 증가시킨다.
- 시험 보기 전에 시험의 내용과 절차를 토의하고, 문항에 반응하는 데 필요한 지시문을 명료하게 제시한다.
- 학생들에게 시험 보는 기술을 가르치고, 시험을 치를 때 학생들에게 충분한 시간을 제공한다.
- 다양한 측정방법을 사용해서 학생들의 이해와 기술을 측정한다.

구체적인 시험 준비 절차

시험 전에 교사는 학생들이 시험 내용과 절차를 이해하고 있는지 확인하고 싶어 하고, 학생들이 시험에서 성공하기를 기대한다. 교사는 다음과 같은 일을 할 수 있다.

- 시험에 어떤 문제가 나올지 구체적으로 설명할 수 있다.
- 시험 상황과 비슷한 조건에서 학생들이 비슷한 문제를 연습할 수 있는 기회를 제공할 수 있다.
- 학생들에게 긍정적인 기대감을 불러일으키고, 학생들이 성공을 노력과 연결시키도록 격려할 수 있다.

교사가 시험형태와 내용을 명료하게 설명해 주면, 학생들은 시험에 대한 체계를 나름대로 세울 수 있고, 결국 시험불안이 감소하게 된다. 시험에 무엇이 나오는지 그리고 문제의 형식이 어떤지 알게 되면 모든 학생의 성적이 올라가게 되는데, 특히 능력이 부족한 학생들의 성적이 올라간다.

그러나 시험의 내용을 자세히 설명해 주는 것만으로는 충분하지가 않은데, 이것은 특히 나이가 어린 학생들에게 그러하다. 따라서 시험에 나올 문제와 유사한 형태를 지닌 연습문제를 학생들에게 내주는 것이 중요하다. 예를 들어, 수학 기술을 학습시킴에 있어 고 교사는 학생들에게 우선 분모가 같은 분수를 더하는 것을 연습하게 했고, 그런 다음 등가분수를 찾는 것을 가르쳤으며, 마지막으로 분모가 다른 분수들을 더하게 했다. 하지만 시험에서는 이러한 문제들이 섞여 있기 때문에, 고 교사는 시험 전에 이러한 기술을 통합적으로 연습할 수 있는 기회를 학생들에게 제공하였다.

마지막으로, 고 교사는 학생들이 시험을 잘 볼 것을 믿는다고 분명히 이야기했다. 긍정적인 기대가 학생들의 동기에 이로운 영향을 미친다는 것은 지난 수세기 동안에 걸친 연구를 통해 입증된 사실이다(Schunk et al., 2008; Stipek, 2002). 또한 고 교사는 학생들이 지금까지 열심히 노력했다는 것을 강조하였는데, 이것은 능력이 증가한다는 견해를 모범적으로 보여 준 것이다("여러분은 지금까지 열심히 공부했고, 점점 더 똑똑해지고 있어요. 시험을 잘 볼 거예요"). 학생들에게 능력은 증가하는 것이며 노력에 의해 향상될 수 있다는 믿음을 고취시키는 것은, 현재 당면하고 있는 수행뿐만 아니라 장기적인 동기 부여에도 이로움을 준다는 사실은 10장과 11장에서 이미 다루었던 내용이다.

평가 실시하기

교사는 평가를 실시할 때, 시험을 통해 학생들이 무엇을 알고 있고 무엇을 할 수 있는지가 나타나도록 상황을 조성하고 싶어 한다. 고 교사의 학급으로 다시 돌아가 보자.

목요일 아침 10시에 고 교사는 배달차량 때문에 밖이 시끄러워서 창문을 닫았다. 책상들을 다시 배치하고 싶었지만, 시험이 끝난 후에 하기로 결정했다.

"자, 여러분. 수학시험 볼 준비를 하세요."

학생들이 책을 책상 밑으로 내려놓았다.

고 교사는 잠시 기다리다가 학생들의 책상에 아무것도 없는 것을 확인하고, "시험을 다 보고 나면, 시험지를 덮으세요. 그럼 선생님이 가서 시험지를 거둘 거예요. 자, 칠판을 보세요. 시험을 다 보았으면 칠판에 적힌 과제를 하고 다른 친구들이 다 끝날 때까지 기다리세요."

고 교사는 시험지를 나누어 주면서, "교실이 너무 더우면 손을 드세요. 그럼 선생님이 에어컨을 켤 테니까요. 밖이 시끄러워서 창문을 닫았어요."

모든 학생이 시험지를 받았을 때, "신중하게 푸세요."라고 말했다.

"여러분 모두 열심히 공부했으니까 잘할 수 있을 거라 믿어요. 시간은 필요한 만큼 사용하세요."

학생들은 문제를 풀기 시작했고, 고 교사는 창문 옆에 서서 학생들이 시험 보는 것을 지켜보았다.

몇 분 후, 고 교사는 어떤 학생 하나가 시험지 위에 낙서를 하고 있고 가끔씩 교실을 두리번거리는 것을 발견하였다. 고 교사는 그 학생에게로 가서 어깨 위에 손을 얹고 시험지에 있는 몇몇 문제를 가리키면서 "이 문제들은 잘 푸는 것 같은데."라고 말했다. "조금만 더 집중해 보세요. 다 잘 풀 수 있을 거예요."

고 교사는 미소를 띠고 다시 문 옆에 섰다.

고 교사는 다른 학생이 손을 들었기 때문에 그 학생 옆으로 갔다.

"연필심이 부러졌어요, 선생님."

"그럼, 이걸 쓰렴." 고 교사는 자신의 연필을 건네주었다.

학생들이 시험을 마친 후, 고 교사는 학생들의 시험지를 거두었고 학생들은 칠판에 있는 과제를 하기 시작했다.

고 교사가 시험을 실시하면서 어떤 행동을 했는지 살펴보자. 첫째, 고 교사는 편안하고 주의를 집중할 수 있는 환경을 조성하였고, 수업할 때와 비슷한 환경을 만들어 주었다. 주의를 산만하게 하는 요소는, 특히 어리고 능력이 부족한 학생들의 시험 수행을 떨어뜨릴 수 있다. 둘째, 고 교사는 시험을 어떻게 치를지, 어떻게 시험지를 거둘지 그리고 시험시간 이후에 학생들이 어떻게 시간을 보내야 할지에 대해 명확한 지침을 전달하였다. 이러한 지침은 학급의 질서를 유지시키고, 시험을 늦게 끝내는 학생들의 주의를 산만하지 않게 한다.

마지막으로, 고 교사는 시험시간 내내 학생들을 주의 깊게 관찰하였다. 이렇게 함으로써 시험 중에 당황한 학생들을 격려했을 뿐 아니라, 학생들의 부정행위를 방지할 수 있었다. 불행하게도 어떤 학생들은 기회가 있을 때마다 부정행위를 하려고 한다(Bracey, 2005). 그러나 시험을 얼마나 잘 보느냐보다는 배운 것 자체를 강조하고 학생들이 학습공동체의 일원이라는 느낌을 조성하려고 노력하면 부정행위의 가능성은 줄어든다(K. Finn & Frone, 2004;

Murdock, Hale, & Weber, 2001). 또한 교사가 학급을 비우는 것과 같은 외적인 요인이 부정행위를 하려는 학생들의 내재적 요인보다 부정행위에 더 많은 영향을 미치는 것으로 밝혀졌다(Blackburn & Miller, 1999; Newstead, Franklyn-Stokes, & Armstead, 1996).

고 교사의 경우, 시험감독의 역할을 했다기보다는 지지해 주는 것에 더 가깝다. 고 교사는 산만한 학생에 즉시 개입해서 격려했고, 좀 더 집중해서 시험을 보도록 권유하였다.

이론에서 실제로

평가의 질 향상시키기

평가는 교수-학습과정에서 가장 중요한 요소 중 하나다. 그러나 양질의 평가를 제작하는 것은 힘든 과정이다. 다음에 제시된 지침이 당신이 제작할 평가의 질을 향상시키고 평가과정을 좀 더 효율적으로 만드는 데 도움이 될 것이다.

① 필기시험 문항 파일을 만들어 컴퓨터에 저장하고, 그것을 사용해서 시험과 퀴즈를 제작한다.
② 학생들이 자주 틀리는 필기시험 문항과 수행평가 결과에 대한 피드백을 자세히 제공해 준다.
③ 평가들을 모아서 학생을 위한 파일로 보관해 둔다.
④ 필기시험 문항과 수행평가 문항을 수정해서 문항의 질을 향상시킨다.

교사들의 업무량을 고려해 보면, 왜 대부분의 교사들이 학습목표와 일치되지 않고 수준이 낮은 교과서 평가 문항을 사용하는지 이해할 수 있다.

사실적 정보를 회상하는 것 이상의 수준을 지닌 평가 문항을 계속해서 새롭게 개발하는 것은 사실상 불가능하다. 그러나 양질의 문항으로 이루어진 문항 파일을 점진적으로 개발할 수 있고, 그렇게 되면 문항 파일로부터 나만의 개인적인 평가를 제작할 수 있다. 이렇게 하면 시간을 절약할 수 있고, 양질의 평가에 기여할 수 있으며, 수업목표와 일치되는 평가를 시행할 수 있게 된다. 이것이 첫 번째 지침에 해당되는 내용이다.

학생들에게 평가 결과를 돌려준 후, 문항에 대해 철저히 토의함으로써 두 번째 지침을 적용할 수 있다. 예를 들어, 만약 당신이 사용한 문항이 개념적 지식과 절차적 지식을 적용하고 분석하며([그림 13-2] 참조) 평가하는 수준의 학습을 측정하고 있다면, 학생들은 교수-학습과정의 다른 어떤 측면에서보다도 평가 문항과 피드백에 대해 토론함으로써 더 많이 배울 것이다(Crooks, 1988). 이것이 바로 학습을 위한 평가의 핵심이고, 그것에 할애된 수업시간은 매우 가치로운 것이 된다(Stiggins, 2007).

셋째, 시험과 퀴즈를 실시한 후 학생들을 위한 파일에 문항을 모아 둘 경우, 그 문항들은 나중에 다시 활용할 수 있다. 물론, 계속해서 양질의 시험 문항을 제작하는 것은 불가능한 일이다. 학생들을 위한 파일로 보관해 두면, 학생들이 와서 문항들을 다시 볼 수 있게 된다.

마지막으로, 사실적 정보를 회상하는 것 이상의 수준을 요구하는 문항은 해석 연습이 될 필요가 있는데, 어떤 학생들은 이런 문항들을 잘못 해석하는 경향이 있다. 토의하고 피드백을 주고받으면 오해의 소지가 있는 문항의 어법을 확인할 수 있고, 그러한 문항을 더 명료하게 고칠 수 있다. 개정된 문항은 다시 사용할 수 있고, 문항의 질은 계속 향상될 수 있다. 이런 과정은 시간과 노력을 요하는 일이지만, 일단 양질의 문항 파일을 제작하고 나면 당신의 평가는 진정 학습을 위한 것이 될 것이다.

이러한 격려는 산만해지는 경향이 있는 저성취 학생들과 시험불안을 지니고 있는 학생들에게 특히 중요한다(J. Elliott & Thurlow, 2000).

결과 분석하기

"선생님, 시험 채점 다 하셨어요?" 금요일 아침에 학생들이 질문하였다.

"물론이지." 고 교사는 시험문제를 돌려주면서 답했다.

"여러분 모두 잘했어요. 여러분이 자랑스러워요. 열심히 한 보람이 있네요. 그런데 몇몇 문제는 다시 풀어 봐야 할 것 같아요. 13번 문제가 조금 어려웠나 봐요. 모든 학생이 같은 실수를 했어요. 다시 한 번 그 문제를 풀어 보죠."

고 교사는 학생들이 그 문제를 읽고 있는 동안 잠시 기다렸고 다음과 같이 질문했다.

"지영아, 이 문제에서 어떤 것이 주어졌지?"

"김 씨가 두 다스의 연필을 가지고 있어요."

"맞아요. 그러면 두 다스는 몇 개지, 영빈아?"

"음…… 두 다스는 24개입니다."

"좋아요. 그 밖에 이 문제에서 무엇을 알 수 있지, 인영아?"

고 교사는 계속 그 문제를 설명했다. 그런 후 학생들이 많이 틀린 다른 두 문제에 대해서도 검토하였다. 이 과정에서 고 교사는 시험지 위에 메모하면서 어려웠던 문제를 확인했다. 한 문제 옆에 '모호함'이라고 적었고 몇몇 문구에 밑줄을 그었다. 또 다른 문제에는 '학생들에게 문제의 도해를 그리는 법을 가르칠 것'이라고 적었다. 마지막으로 고 교사는 시험지를 서류철에 끼워 넣고, 다시 학급을 향해 섰다.

고 교사의 노고는 시험을 실시하는 것에서 끝나지 않았다. 시험을 채점했고, 다음 날 학생들에게 돌려주었으며, 시험 결과에 대해 학생들과 토의했고, 가능한 신속히 학생들에게 피드백을 제공해 주었다. 피드백을 통해 학습자의 일반적인 오해가 사라지고, 시험 결과를 알게 됨으로써 학생들의 학습동기는 향상된다(Brookhart, 2007/2008). 틀린 문제를 토의하는 동안 학생들의 주의력이 고조되기 때문에, 많은 교사들은 원래 수업시간보다 이 상황에서 학생들이 더 많은 것을 배우게 된다고 믿는다(Haertel, 1986).

또한 고 교사는 학생들의 수행에 대해 긍정적인 말을 잊지 않았다. 이러한 요인을 조사한 한 연구에서는, 시험을 잘 보았다고 들은 학생들은 시험을 잘 보지 못했다고 들은 학생들에 비해 그다음 시험에서 더 좋은 성적(이 두 집단의 학생들은 첫 번째 시험에서 같은 점수를 받았다)을 얻었다(Bridgeman, 1974). 다른 연구들 또한 격려하는 말이 이롭다는 것을 지지한다. "훌륭해! 계속 그렇게 해." "잘했다, 계속 그걸 유지해."라는 말을 들은 학생들은 그다음 시험에서 더 잘하는 것으로 나타났다(Page, 1992).

마지막으로, 고 교사는 서류철을 하기 전에 시험지에 메모를 했다. 메모에 따르면 한 문제의 문구가 학생들에게 오해를 불러일으킬 수 있고, 따라서 고 교사는 그 문제를 고칠 수 있었다. 이런 과정을 통해 미래의 수업과 평가를 준비하는 데 도움을 얻었을 것이다.

교실에의 적용

학급에서 효과적인 평가 시행하기

1. 수업을 계획하면서 동시에 평가를 준비하면, 학습목표와 일치되는 평가를 시행할 수 있다. 수업을 계획하면서 평가를 준비하라.

- 초등학교: 3학년 교사는 독해 수업의 일환으로 저자의 의도와 인과관계에 초점을 두고 수업을 계획하고 있다. 이 교사는 수업을 계획하면서, 연습하는 데 사용할 수 있고 또한 이러한 두 영역에서 학생들의 능력을 평가하는 데 사용할 수 있는 인용문을 찾아냈다.
- 중학교: 사회 과목을 담당하고 있는 교사가 산업혁명과 같은 사건과 사회변화 간 관계에 초점을 두고 수업을 계획하고 있다. 이 교사는 수업을 계획하면서, 학생들의 이해도를 평가하는 데 사용할 수 있는 짧은 논술형 문제를 작성하였다.
- 고등학교: 기하학 교사가 선분과 각도, 각의 이등분선, 그리고 평행선과 직각을 이루는 선을 구성하는 것에 대한 수업을 준비하고 있다. 수업을 준비하면서 학생들의 이해도를 측정하기 위한 문항을 제작하였다.

2. 시험에 대비하는 구체적인 절차를 학생들에게 설명해 주면, 학생들의 성적이 향상될 뿐 아니라 시험불안을 감소시킨다. 시험에 나올 문항과 유사한 문항을 제공해서 학생들로 하여금 연습하게 하고, 좋은 성적을 거둘 수 있다는 긍정적인 기대를 전달하라.

- 초등학교: 3학년 교사는 학생들에게 인용문을 제공하고, 각각의 경우에 해당하는 저자의 목적과 인과적 관련성을 확인하게 하였다.
- 중학교: 사회교사는 시험에서 사용할 논술형 문항과 비슷한 문항에 대한 모범답안을 학생들에게 제공하였다. 학생들은 교사의 지도에 따라 잘 쓴 답과 못 쓴 답을 확인하였고, 그 둘의 차이를 설명하였다.
- 고등학교: 기하학 교사는 시험에 나올 문제와 유사한 문제를 학생들에게 제공하고 연습하게 하였다.

3. 시험 문항에 대해 피드백을 제공하고 토론하면 주제에 대한 학생들의 이해도가 향상된다. 자주 틀리는 문항에 대해 피드백을 자세히 제공하라.

- 초등학교: 3학년 교사는 학생들의 시험지를 돌려주면서 각 문항에 대해 자세히 이야기했다.
- 중학교: 사회교사는 논술형 문제에 대한 모범답안을 작성한 후, 학생들로 하여금 모범답안의 특성을 확인하도록 하였다.
- 고등학교: 기하학 교사는 시험에 나온 문항 각각에 대해 선을 어떻게 그릴 수 있는지 설명해 주었다. 학생들은 교사의 지도에 따라 어떻게 다른 방식으로 선을 그릴 수 있는지에 관해 토론하였다.

웹 자료실

중학교 교사의 평가시행을 분석하기 위해서는 www.myeducationlab.com에 접속하고, 14장 '활동 및 적용'의 '중학교 수학평가와 관련된 사례연구'를 보라.

◈ 이해 점검 활동

4.1 효과적인 평가 시행에 관해 설명하고, 이것이 어떻게 학생들의 학습을 증진시킬 수 있는지 설명하라.

4.2 검사문항 명세표를 제작하는 것은 효과적인 평가 행위로 간주할 수 있다. 검사문항 명세표를 제작하는 주된 목적과 언제 제작해야 하는지 설명하라.

4.3 학생들은 시험 보는 전략을 배워야 한다. 고 교사가 학생들에게 강조했던 시험 보는 전략 세 가지를 기술하라.

성적 매기기와 보고: 총체적 평가체계

지금까지 우리는 공식적인 평가와 비공식적 평가, 그리고 학생들을 준비시키고 평가를 시행하고 결과를 해석하는 등의 평가과정을 살펴보았다. 총체적인 평가체계를 구안할 경우에는 다음과 같은 결정을 추가적으로 해야 한다.

- 형성평가와 총합평가를 어떻게 사용해야 하는가?
- 시험과 퀴즈를 얼마나 자주 실시해야 하는가?
- 수행평가는 어떻게 사용할 것인가?
- 숙제는 어떻게 점수화할 것인가?
- 협동성이나 노력과 같은 정의적인 차원은 어떻게 평가하고 보고할 것인가?

관련 경험이 많지 않을 경우 이런 결정이 위협적으로 느껴질 수 있지만, 결국 교사의 책임이다. 이러한 결정이 당신의 책임이라는 것을 알게 되면, 어느 정도의 불확실성은 제거될 수 있다. 이 절에서 이러한 문제를 다루고자 한다.

형성평가와 총합평가

형성평가(Formative assessment)
성적에 대한 결정을 내리기 위해 평가를 사용하는 것이 아니라, 학생들의 학업 향상에 대한 피드백을 제공할 목적으로 공식적 평가와 비공식적 평가를 사용하는 과정

우리는 종종 시험과 퀴즈를 실시하는 목적이 성적을 부여하는 데 있다고 생각하지만, 가장 중요한 기능은 학업 향상에 관한 정보를 제공하는 데 있다(Stiggins, 2007). 학습을 위한 평가는 학생들이 현재 지니고 있는 이해 정도를 진단하고 학습이 향상된 정도를 평가하고 피드백을 제공하는 것을 포함한다. 교사들은 종종 학업을 향상시키기 위해 평가를 사용하고 성적을 매길 목적으로는 활용하지 않는데, 이 과정을 **형성평가**라고 한다(Chappuis & Chappuis, 2007/2008; Guskey, 2007/2008).

사실 모든 형태의 비공식적 평가가 형성평가다. 예를 들어, 교사가 문제에 대한 학생들의 반응을 토대로 그다음 학습활동으로 넘어가야 할지를 결정할 경우, 교사는 점수를 매기기 위해 그러한 정보를 사용하지는 않는다. 사전 테스트, 작품 견본, 작문 과제 또한 자주 사용되는 형성평가의 예다. 이러한 활동의 주요 목적은 학생들에게 피드백을 제공해 주는 것인데, 학생들의 동기를 향상시키고 학생 스스로 자신이 나아지고 있는 정도를 감찰하도록 도와준다(Frey & Schmitt, 2005; Stiggins, 2007). 이러한 관점에서 형성평가는 학습하는 동안 학생들을 조력해 주는 교수적 발판의 한 형태라고 할 수 있다(Shepard, 2005). 이러한 긍정적인 영향에도 불구하고, 교사들이 형성평가를 자주 사용하지 않는다는 보고가 있다(Frey & Schmitt, 2005).

총합평가(summative assessment)
교육 후에 성적을 매기기 위해 평가 결과를 활용하는 과정

총합평가는 교육 후에 평가하는 것으로, 평가 결과를 활용해서 성적을 매기는 과정을 말한다. 비록 총합평가가 성적을 매기기 위해 사용되지만, 총합평가에 대한 피드백 또한 필수적이다. 총합평가 또한 학습을 향상시키기 위해 효과적일 수 있다. 공립학교에서는 대부분의 평가들이 총합적인 목적을 위해 사용된다. 그러나 적절히 사용하면 형성평가와 총합평가 모두 교육과 관련된 결정을 내리고 학생들의 학습동기를 향상시키는 데 도움이 된다.

채점체계 고안하기

효과적인 채점체계는 학생들에게 피드백을 제공하고, 학습동기를 향상시키며, 자기조절능력을 기를 수 있도록 도와준다. 또한 교사와 학부모 간 의사소통에 도움을 준다(Guskey, 2002). 다음에 제시된 몇 가지 지침이 채점체계를 고안하는 데 도움이 될 수 있다.

- 명료하고, 이해할 수 있고, 학교 및 학군의 정책과 부합하는 채점체계를 마련한다.
- 학생들로부터 빈번히 그리고 체계적으로 정보를 수집함으로써, 학습과 교육을 지원할 수 있도록 채점체계를 고안한다.
- 관찰할 수 있는 자료를 토대로 성적을 부여한다.
- 학생들의 성별, 인종, 사회경제적 지위와 상관없이 일관되게 성적을 부여한다.

필요할 경우, 부모나 행정가들에게 당신이 고안한 채점체계의 정당성을 자신 있게 방어할 수 있어야 한다(Miller et al., 2009).

규준참조 채점(Norm-referenced grading)
한 학생의 수행을 평가함에 있어 다른 학생들의 수행과 비교해서 결정하는 채점체계

규준참조 채점체계, 준거참조 채점체계

학생이 한 일에 대해 값을 부여하는 것은 평가에서 매우 중요한 부분이다. 규준참조체계와 준거참조 체계는 학생들의 수행에 대해 값을 부여하는 두 가지 방법이다. **규준참조 채**

점에서는 교사가 한 학생의 수행을 다른 학생들의 수행과 비교해서 평가 관련 결정을 내린다. 규준참조라는 말은 정상분포곡선에서 그 이름을 따왔는데(15장 [그림 15-4] 참조), 교사는 다음과 같은 채점체계를 마련할 수 있다.

A	상위 15%에 해당되는 학생들
B	그다음 20%에 해당되는 학생들
C	그다음 30%에 해당되는 학생들
D	그다음 20%에 해당되는 학생들
F	하위 15%에 해당되는 학생들

준거참조 채점(Criterion-referenced grading)
미리 정해 놓은 기준에 따라 교사가 평가와 관련된 결정을 내리는 채점체계

준거참조 채점에서는 미리 정해 놓은 기준에 따라 교사가 평가 관련 결정을 내린다. 예를 들어, 90점 이상을 받은 학생들은 A를 받고, 80점 이상을 받은 학생들은 B를 받는 것이 한 예다. 이러한 기준은 학군, 심지어 학교에 따라 달라질 수 있다. 간혹 학군이나 학교 차원에서 기준이 결정되는 경우도 있지만, 대부분의 경우 교사가 결정한다.

준거참조체계는 규준참조체계와 비교했을 때 두 가지 장점을 지니고 있다(Haladyna, 2002; Stiggins, 2005). 첫째, 준거참조체계는 학습목표가 달성된 정도를 나타내기 때문에 내용숙달을 기술하는 데 더 효과적이다. 둘째, 준거참조는 경쟁을 강조하지 않는다. 경쟁을 강조하는 채점체계를 사용하면 학생들이 서로 돕지 않고, 친구관계가 위협을 받으며, 학습동기를 떨어뜨린다(P. Black & William, 1998a; Stipek, 1996). 규준참조가 비록 표준화된 시험을 위해 중요하지만, 학급에서의 평가체계로는 거의 사용되지 않는다.

필기시험과 수행평가

초등학교 고학년, 중학교, 고등학교 교사들에게 시험과 퀴즈는 채점체계의 초석이다. 어떤 교사들은 시험과 퀴즈를 더해서 전체 점수의 비율로 계산하는 반면, 어떤 교사들은 시험과 퀴즈에 다른 가중치를 부여해서 성적을 매긴다.

만일 당신이 수행평가나 포트폴리오를 평가체계의 일부분으로 사용하고 있다면, 성적을 결정하는 데 있어 그것들을 포함시켜야 한다. 만일 그렇게 하지 않는다면, 수행평가나 포트폴리오가 필기시험에 비해 덜 중요하다는 것을 학생들에게 전달하게 된다. 만일 당신이 잘 정의된 기준에 따라 학생들의 수행을 평가한다면 채점은 바람직한 신뢰도를 갖출 것이고, 수행평가와 포트폴리오는 당신의 전체 평가체계에서 중요한 부분이 될 수 있다.

숙제

13장에서 살펴본 것처럼 적절히 고안된 숙제는 학습에 기여한다. 가장 효과적이기 위해서는 숙제를 거두고 채점해서 채점체계에 포함시켜야 한다(Cooper et al., 2006; Marzano,

표 14-5
table

숙제 평가에 대한 몇 가지 대안

대안	장점	단점
모든 숙제를 당신이 채점한다.	학습을 증진시킨다. 학생들을 진단할 수 있다. 학생들의 노력을 증가시킨다.	교사에게 너무 벅차다.
견본을 채점한다.	첫 번째 선택에 비해 교사의 일이 줄어든다.	학생의 수행에 대한 전체적인 그림을 제공하지 못한다.
시간 간격을 무작위로 해서 과제를 회수한다.	교사의 업무량이 줄어든다.	자주 숙제를 회수하지 않으면 학생들의 노력이 줄어든다.
학생들끼리 숙제를 바꿔서 채점한다.	교사는 최소한의 노력으로 피드백을 제공한다.	수업시간을 소비한다. 학생들이 한 것에 대해 피드백을 제공하지 못한다.
학생들이 자신의 숙제를 채점한다.	교사는 최소한의 노력으로 피드백을 제공한다. 학생 스스로 자신이 범한 실수를 보게 한다.	평가 목적으로는 정확하지 못하다. 학생들이 숙제를 해 오지 않고 수업시간에 베낄 가능성이 있다.
학생들은 숙제를 완성해 온 것에 대해 점수를 받는다.	수업시간에 숙제에 관해 토의할 때 학생들에게 피드백을 제공할 수 있다.	동기 부여가 안 되어 있는 학생은 노력을 덜 할 수가 있다.
숙제를 채점하지 않고, 짧은 퀴즈를 자주 낸다.	나이가 많고 동기 부여가 잘 되어 있는 학생들에게 효과적이다.	동기 부여가 안 되어 있는 학생들은 노력을 덜 할 수가 있다.

2007). 하지만 이 분야에서 진행된 관련 연구들은 교사가 숙제를 어떻게 관리해야 하는지에 대한 지침을 거의 제공하고 있지 못하다. 책무성, 피드백 그리고 교사 자신의 업무량 등이 이러한 결정에 영향을 미친다. 〈표 14-5〉는 숙제를 평가하는 것에 대한 몇 가지 대안을 개략적으로 보여 주고 있다.

표에서 볼 수 있는 것처럼 각각의 과제 평가는 장점과 단점을 동시에 지니고 있다. 최선의 전략은, 당신에게 지나치게 많은 시간과 노력을 요구하지 않으면서 학습자로 하여금 일관되고 신중한 노력을 기울이게 하는 것이다.

성적 부여하기: 학습과 동기 증진시키기

시험, 퀴즈, 수행평가, 포트폴리오 및 숙제에 대한 결정을 내렸다면, 이제 당신은 전체적인 채점체계를 고안할 준비가 되어 있는 것이다. 여기서 두 가지 결정을 내려야 한다. 첫째 무엇을 포함시킬 것인지, 둘째 각각의 요소에 부여할 가중치를 결정해야 한다.

효과적인 교사는 학생들의 학업 진척 사항에 대한 정보를 제공해 주기 위해 성적을 활용한다.

필기시험과 수행평가, 숙제와 더불어 학생이 기울인 노력이나 수업 참여도, 그리고 학습태도와 같은 요인을 포함시키는 교사들도 있다. 비록 이러한 행위가 학급에서는 많이 일어나지만, 전문가들은 권장하지 않는 사항이다(Miller et al., 2009). 정의적인(affective) 변인에 관한 정보를 체계적으로 수집하는 것은 어려운 일이며, 그것을 평가하는 것 역시 상당히 주관적이다. 더욱이 노력에 기초해서 높은 점수를 부여할 경우, 중요한 내용을 학습하지 않았음에도 불구하고 마치 학습한 것처럼 학생과 부모에게 전달할 수 있다. 노력, 협동성, 출석과 같은 요인은 성적표상에서 다른 영역에 반영되어야 한다.

예외적인 학생들에게 성적을 부여하는 것은 특히 도전이 되는 일이다. 연구에 따르면, 이러한 예외적인 학생들 대부분이 일반 학급에서 평균 이하의 점수를 받는다(Munk, 2003). 다른 학생들을 따라잡으려고 노력하는 일로 이미 좌절을 겪은 학생들에게는 이렇게 낮은 점수를 받는 것이 치명적일 수 있다.

이와 같은 문제를 해결하기 위해 종종 교사들은 향상된 정도에 점수를 부여하기도 한다. 과정과 결과에 대해 따로 점수를 매기거나, 학생 개개인에 대한 개별화된 교육 프로그램(IEP)에서 목표를 달성한 정도를 토대로 점수를 부여하기도 한다(Venn, 2000). 교사에게 딜레마는, 학업이 향상된 정도를 정확히 평가하면서도 어떻게 학생들의 동기를 증진시키느냐에 있다(Tomlinson, 2005).

두 교사가 어떻게 성적을 부여하는지 살펴보도록 하자.

김 교사(중학교 과학교사)		진 교사(고등학교 수학교사)	
시험과 퀴즈	50%	시험	45%
숙제	20%	퀴즈	45%
수행평가	20%	숙제	10%
프로젝트	10%		

앞에서 볼 수 있듯이, 두 교사는 매우 다른 채점체계를 지니고 있다. 중학교 2학년 과학교사인 김 교사는 숙제와 대안적 평가(프로젝트와 수행평가) 모두를 강조하고 있다. 전통적인 시험과 퀴즈는 단지 50%만을 차지하고 있다. 반면, 진 교사는 시험과 퀴즈가 전체 성적의 90%를 차지할 만큼 시험과 퀴즈에 더 큰 비중을 두고 있다. 각각의 경우에 대한 근거는 간

단하다. 김 교사는 학생들의 학습에서 숙제가 중요하다고 믿고 있으며, 숙제를 강조하지 않을 경우 학생들이 숙제를 하지 않을 것으로 믿고 있다. 또한 김 교사는 프로젝트를 중요한 일부분으로 생각하고 있는데, 학생들이 프로젝트를 수행하면서 과학을 배울 수 있다고 믿고 있다. 김 교사는 수행평가를 적용해서 학생들이 실험을 하거나 다른 실험실 활동을 하면서 나타내는 진척 사항을 도표로 만들고 있다. 반면, 수학교사인 진 교사는 학생들이 시험이나 퀴즈를 잘 보기 위해서는 숙제를 해야 한다는 것을 충분히 이해했다고 생각했기 때문에, 이 부분(숙제)을 강조하지 않는다. 대신, 매주 퀴즈를 내고 9주 동안 세 번의 시험을 실시하였다.

학습을 증진시키기 위해서는 학생들이 교사의 평가체계를 이해하고 있어야 한다. 어린 학생들조차 자주 평가받고 숙제에 점수가 부여되는 것을 알면, 노력과 성적의 관계를 이해할 수 있다. 반대로, 성적체계가 너무 복잡하면 고등학생들조차 성적체계를 이해하는 데 어려움을 겪을 수 있다(E. Evans & Engelberg, 1988).

학부모 역시 자녀의 학습에 적극적으로 참여하기 위해서는 교사의 평가체계를 이해해야 한다(Guskey, 2002). 학부모들은 성적표뿐만 아니라 학부모-교사회의, 그리고 점수가 부여된 아이들의 작품을 통해 자녀의 학업 향상에 대한 귀중한 정보를 얻는다고 생각한다.

다양성 탐색

다양한 배경을 지닌 학생들을 위한 효과적인 평가 실행

이전 장들에서 살펴본 것처럼 학습자의 다양성은 여러 측면에서 교수와 학습에 영향을 미친다. 평가과정은 가장 중요한 것 중 하나다.

표준(standard)을 강조하는 최근의 개혁운동으로 인해, 다양한 배경을 지닌 학생들을 교육하는 문제에 대한 인식이 고양되어 왔다. 문제는 다양성이 가장 현저하게 드러나는 도시 상황에서 특히 민감하다는 것이다(Armour-Thomas, 2004).

학생의 다양성은 적어도 세 가지 방식으로 학급평가에 영향을 미친다. 첫째, 다양한 배경을 지닌 학습자들은 일반적인 시험 절차에 대해 경험이 부족할 수 있고, 다른 시험 유형 과 시험을 보는 전략에 대해서도 경험이 부족할 수 있다. 둘째, 이들은 평가가 학습을 증진시킨다는 것을 온전히 이해하지 못할 수 있는데, 대신 평가를 처벌을 위한 것으로 인식할 수 있다. 셋째, 대부분의 시험이 언어에 기초를 두고 있기 때문에, 언어 장애가 될 수 있다(E. Garcia, 2005).

다음은 이러한 문제점에 대해 추천할 만한 대응 방안이다(Heubert & Hausser, 1999; Popham, 2005).

- 11장에서 논했던 것처럼 숙달하는 것에 초점을 두는 학급환경을 조성한다. 평가가 학습을 증진시킨다는 사실을 강조하고, 피드백을 제공하며, 학업의 향상 정도를 측정한다.
- 성적을 덜 강조하고, 모든 평가 결과를 사적인 것으로 다뤄서 비밀을 유지한다. 학생들이 자신의 점수를 다른 학생들과 공유하지 않는다는 규칙을 정한다(사실 이것을 시행하기가 어렵지만, 규칙을 세우는 것이 하나의 상징적 의미가 될 수 있고, 잘하고 싶지만 잘하지 못하도록 친구들로부터 압력을 받고 있는 아이들을 보호할 수 있다).
- 평가의 횟수를 늘리고, 모든 문항에 대해 자세하고 정확한 피드백을 제공해 준다. 시험문항에 대해 질문하도록 학생

평가 횟수를 늘리고 자세히 피드백을 제시해 주면, 다양한 배경을 지닌 학생들을 효과적으로 평가할 수 있다.

들을 격려하고, 틀렸을 경우 학생들로 하여금 자신이 쓴 답에 대해 설명할 수 있는 기회를 제공한다. 실수가 학습의 한 부분이라는 점을 강조하고, 학생들이 향상되고 있다는 증거를 제시한다.

- 한 학기에 예고 없이 한두 번의 퀴즈를 실시하고, 이를 성적에 반영한다. 이렇게 하면 학생들의 시험불안을 줄일 수 있고, 당신이 학생들 편에 있고 학생들이 잘하기를 원한다는 것을 전달할 수 있다. 또한 학급 분위기를 좋게 만들 수 있다.
- 모국어가 다른 학생들에게 추가 시간을 제공하고, 평가에 포함된 언어적인 측면에 대해 추가로 도움을 제공한다.

앞에서 제시한 추천사항 중 가장 중요한 것은 피드백과 토론이다. 비록 피드백과 토론이 모든 상황에서 중요하지만, 다양한 배경을 지닌 학습자들을 효과적으로 평가하기 위해서는 피드백과 토론이 필수적이다. 우선, 학생들이 자신이 작성한 답을 설명하게 되면 잘못 이해한 부분이 드러나게 되고, 교사는 이를 다룰 수 있게 된다. 둘째, 피드백을 통해 교사가 만든 문제에 편견이 포함되어 있는지를 확인할 수 있다(Popham, 2005). 예를 들어, 어떤 학생들은 진공청소기와 같은 전자제품을 다뤄 본 경험이 부족할 수 있고, 캠핑이나 하이킹과 같은 여름 활동, 밴조 같은 악기, 또는 케이블카와 같은 운송수단을 경험한 적이 없을 수 있다(Cheng, 1987). 만일 평가 문항이 이러한 것에 대한 지식이나 경험을 요한다면, 당신은 평가하려는 주제뿐만 아니라 학생들의 일반적인 지식을 측정하는 셈이 되고, 결국 평가의 타당도는 떨어지게 된다. 이러한 편견의 잠재적 원천을 확인할 수 있는 유일한 방법은 사후에 평가 문항에 관해 토의하는 것이다. 그렇게 하면, 평가 문항을 수정하고 좀 더 주의 깊게 문항을 만들어 편견을 없앨 수 있게 된다.

만일 모국어가 다른 학생들이 학급에 있다면, 문항의 내용에 편견이 존재할 가능성은 더 커지게 된다. 이러한 학생들을 돕기 위한 지침은 다음과 같다(Abedi, Hofstetter, & Lord, 2004)

- 시험볼 때 추가 시간을 제공한다.
- 시험보는 동안 사전 사용을 허용한다.
- 지시사항을 큰 소리로 읽어 준다(만일 교사가 학생의 모국어로 지시문을 읽어 줄 수 있다면 더욱 좋다).
- 다른 시간에 시험을 볼 수 있게 한다. 시험을 읽어 주고, 잘못 이해하고 있는 것을 명료하게 설명해 준다.

일반적으로 평가의 주요 기능은 능력이 향상되고 있다는 증거를 제공하는 것인데, 평가의 이러한 기능은 다양한 배경을 지닌 학습자들에게 특히 중요하다. 학업 향상의 증거를 제시하는 일은 학습동기의 주요 원천이 될 수 있다.

원점수 아니면 백분율?

평가에 점수를 부여할 때 교사에게는 두 가지 대안이 있다. 백분율 체계를 사용하면, 교사는 각 점수를 백분율로 전환하고 학기가 진행되면서 백분율로 평균을 낸다. 원점수를 사용할 경우, 교사는 원점수를 모아서 학기 말에 백분율로 전환시킨다.

백분율에 기초한 평가는 중요한 단점을 지니고 있다. 예를 들어, 한 학생이 10문제 중 한 문제를 틀렸다면, 학생의 점수는 90퍼센트가 된다. 그리고 다음 시험에서 이 학생이 5문제 중 3문제를 맞혔었다면 백분율은 60%가 되고, 두 개의 백분율을 평균하면 75%가 될 것이다. 이 방법은 첫 번째 퀴즈가 두 번째 퀴즈보다 두 배나 많은 문항으로 구성되어 있음에도 불구하고 모든 퀴즈에 동일한 가중치를 부여하고 있는 것이다. 만일 교사가 원점수 평가체계를 사용한다면, 이 학생은 전체 15문항 중 12문항을 맞힌 것이 되고, 결국 80%가 최종 점수가 될 것이다.

백분율을 평균 내는 것에 결함이 있다면 왜 그렇게 널리 사용되는 것일까? 주된 이유는 간단하기 때문이다. 교사가 관리하기 쉬울 뿐만 아니라 학부모나 학생들에게 전달하기가 쉽다. 많은 교사, 특히 초등학교와 중학교에 재직하고 있는 교사들은 학생들의 압력 때문에 원점수 체계를 사용했다가 다시 백분율 체계로 돌아갔다.

가르치는 것과 관련된 다른 측면처럼 어떤 채점체계를 선택하느냐는 전문적으로 판단할 문제다. 만일 과제들의 길이가 비슷하고, 시험 또한 길이에서 비슷하며, 퀴즈나 과제보다 시험에 더 많은 비중을 두면 백분율 체계가 공정하다. 반면, 학생들이 자신의 점수의 총합을 기록하고, 교사가 학생들에게 A, B 또는 다른 등급을 받기 위해 필요한 점수가 무엇인지 자주 알려 준다면 원점수 체계가 효과적일 수 있다.

교실에의 적용

학급에서 효과적인 평가체계 고안하기

1. 형성평가는 주로 학생들에게 피드백을 제공하기 위해 사용되고, 총합평가는 점수를 부여하기 위해 사용되는데, 둘 다 학습을 위한 평가와 부합된다. 당신의 평가체계에 형성평가와 총합평가를 둘 다 사용하라.
- 초등학교: 한 2학년 교사는 수학숙제 중 몇몇 학생이 틀린 문제에 관해 이야기한 후, 그 학생들에게 그 문제를 다시 풀라고 요청한다. 학생들이 여전히 그 내용을 어려워할 경우, 성적에 반영될 평가를 실시하기 전에 그 내용을 다시 가르친다.
- 중학교: 과학교사는 자신의 컴퓨터에 문제은행을 만들어 놓았다. 이 교사는 몇 개의 문항으로 '모의고사'를 실시하였고, 학생들은 모의고사가 끝난 후 그 문항들에 관해 이야기했다. 그런 후 교사는 문제은행에 있는 다른 문제들을 사용해서 총합평가를 실시하였다.
- 고등학교: 10학년 영어교사는 학생들이 제출한 보고서에 대해 매우 자세한 피드백을 제공해 준다. 또한 모든 학생에게서 나타나는 공통적인 문제 영역을 확인한 후, 모든 학생에게 피드백을 주기 위해 몇 명의 학생이 작성한 보고서를 익명으로 선별해서 사용한다.

2. 자주 그리고 철저하게 평가하고 이에 대한 피드백을 제공하면 학습이 증진된다. 모든 학생으로부터 체계적인 정보를 수집하는 일이 당신의 일상이 되도록 평가체계를 고안하라.
- 초등학교: 2학년 교사는 전날 다뤘던 주제와 관련해서 2개의 수학문제를 내주고 학생들로 하여금 풀게 한다. 당일 다뤄야 할 주제로 넘어가기 전에 학생들이 문제의 해답에 관해 이야기하게 한다.
- 중학교: 지리교사는 한 학기 동안 매주 퀴즈를 내고 세 번의 시험을 실시하는데, 문제의 대부분은 사실적인 정보를 기억하는 것 이상의 수준을 요구하는 것들이다. 교사는 각 문항에 대해 자세한 피드백을 제공하고, 다음에 사용할 수 있도록 문제를 회수한다.
- 고등학교: 역사교사는 매주 적어도 한 번 이상의 퀴즈를 실시하는데, 학생들은 다음과 같은 문항에 답해야 한다. "남북전쟁 전 남부는 공업보다는 주로 농업에 근간을 두고 있었다.

이것이 어떻게 남북전쟁의 결과에 영향을 미쳤을지 설명하라." 퀴즈 다음 날 교사는 문항에 대한 모범답안뿐만 아니라 이에 못 미치는 답 또한 학생들에게 보여 주고, 학생들로 하여금 둘의 차이점에 관해 토의하게 한다.

3. 학생과 학부모 모두 효과적인 채점체계를 이해할 수 있다. 학교 정책과 부합하도록 채점체계를 고안하라.

- 초등학교: 어느 4학년 교사가 재직 중인 학교에서는 90~100은 A, 80~89는 B, 70~79는 C로 점수를 매기는 채점체계를 사용하고 있다. 교사는 이와 같은 채점체계를 설명하는 편지를 학부모들에게 발송하고, 학생들의 학업 향상을 보여 줄 수 있도록 학생들이 작성한 보고서를 정기적으로 집에 보내고 있다.
- 중학교: 수학교사는 자신이 사용하고 있는 채점체계를 차트로 작성해서 교실 벽에 전시하였다. 이 차트에는 학생들에게 요구하고 있는 사항이 무엇인지가 기술되어 있다. 교사는 자신의 채점체계가 학습을 증진시키기 위해 고안되었다는 점을 강조하고, 학생들의 학업 향상을 주지시키기 위해 정기적으로 학생들과 함께 차트를 살펴본다.
- 고등학교: 소수 민족 학생들이 많은 학교에 재직 중인 역사교사는 교사-학부모회의 시간에 자신이 각 학생의 점수를 어떻게 매겼는지 설명한다. 학생들이 만든 견본을 모아 두었다가 회의시간에 학부모들과 함께 이야기한다.

◈ 이해 점검 활동

5.1 총체적인 평가체계를 고안하는 데 있어 포함시켜야 할 요소와 결정사항을 기술하라.

5.2 형성평가와 총합평가의 차이점에 관해 기술하라.

5.3 평가에 있어서 백분율 체계와 원점수 체계의 장점과 단점을 각각 기술하라.

학교급별 적용

Developmentally appropriate

연령대별 학습평가

평가의 많은 측면, 가령 평가를 학습목표와 일치시키고, 타당하고 신뢰할 만한 평가를 제작하며, 모든 학년에서 학습을 증진시킬 수 있도록 평가를 사용하는 것 등은 모든 발달단계에 적용되는 일이지만, 중요한 차이점이 존재한다. 이러한 차이점에 대응하기 위한 방법을 다음에 간략히 제시하였다.

초등학생들의 활동

초등학교 저학년 학생들의 경우, 교사는 읽기와 수학을 강조하고, 고학년에서보다 수행평가가 더 두드러진다. 예를 들어, 1학년의 경우 모음 및 두 개의 글자로 이루어진 자음의 소리를 식별하고, 단어를 해독하며, 글자를 글로 쓴다. 수학의 경우, 숫자를 쓰고, 100 또는 그 이상까지 정수를 일렬로 나열하고, 일련의 숫자로 표현된 선상에서 숫자를 말로 표현한다. 이러한 과제들은 수행평가를 포함하고 있다.

초등학교에서는 비공식적 평가와 함께 "다른 친구들과 사이좋게 지낸다."와 같이 정의적인 측면을 평가하는 것이 두드러진다.

이러한 점 때문에, 평가가 신뢰할 만하지 않거나 타당하지 않을 수도 있다는 사실을 인식하는 것이 중요하다. 어린 학생들의 지식과 기술을 평가할 때에는, 모든 학생으로부터 동일한 정보를 수집하고 평가의 빈도를 증가시키는 것이 도움이 될 수 있다.

중학생에 대한 인지적 요구는 상당 부분 증가하게 되는데, 이때 교사들은 초등학교 교사들보다 훨씬 더 많이 필기시험을 통해 평가를 실시한다. 예를 들어, 사회 과목의 경우 2학년은 건축, 언어, 신념이 한 사회에서 다른 사회로 전이되는 방식 등을 이해해야 한다. 과학에서는 부피와 무게의 차이점을 이해해야 하고, 온도와 분자의 움직임 간 관련성을 이해해야 한다. 수학에서는 일차함수에 관한 문제를 풀 수 있어야 하고, 어문학에서는 운율이나 비유적인 문체 등 문학적 장치를 이해해야 한다.

이러한 모든 것이 추상적인 개념인데, 이러한 주제들을 효과적으로 평가하는 열쇠는 교육적으로 정렬하는 것이다. 만일 교사의 수업방식이 추상적이라면 이러한 주제들은 학생들에게 의미가 없을 것이고, 학생들은 단지 평가에서 점수를 잘 받기 위해 암기하려고 할 것이다. 이러한 주제들이 의미가 있으려면, 양질의 사례를 사용하고 토론을 많이 하는 것이 필요하다. 또한 평가 시 [그림 14-4]에 제시된 연습문제와 같은 예를 활용한다면, 학습을 증진시키는 데 효과적일 수 있다.

일반적으로 고등학생들에게는 상당한 정도의 추상적 사고가 요구된다. 예를 들어, 어문학에서는 작가들이 어떻게 과장법이나 수사적 질문, 그리고 화려한 일반론을 사용해서 설득하고 있는지를 이해해야 한다. 과학에서는 원자이론을 이해해야 하고, 사회과목에서는 메소포타미아, 이집트, 인도 강변의 고대 문명이 왜 출현했고 성공했는지를 이해해야 한다. 중학교 학생들처럼, 의미 있는 교육이 부재할 경우 학생들은 단순히 평가에서 살아남기 위해 정보를 암기하려 할 것이고, 평가 이후에는 급격히 정보를 잊어버리게 될 것이다. 그러한 정보를 의미 있게 만들기 위해서는, 교사들이 일화, 역사상의 유물, 잘 고안된 모델 등과 같이 다양한 방식으로 주제를 설명해 줘야 한다. 주제를 의미 있게 가르칠 경우, 평가는 교수와 일치하게 되고, 교사들은 학습을 위한 평가를 달성할 수 있게 된다.

✾ 학습목표별 요약

1. '학습을 위한 평가'가 무엇인지 기술하고, 타당도와 신뢰도가 이것과 어떻게 관련이 있는지 설명하라.

- 학습을 위한 평가에서 평가는 교수-학습과정의 필수불가결한 요소로, 학습을 지원하고 증진시킬 목적으로 고안된다.
- 모든 형태의 평가는 타당해야 하는데, 이는 원래 측정하려고 하는 것을 측정하는 것을 의미한다.
- 모든 형태의 평가는 가능한 한 신뢰할 만해야 하는데, 이는 평가가 일관되게 해석되는 것을 의미한다. 신뢰롭지 않은 평가는 타당할 수 없다.

2. 비공식적 평가에 관해 기술하고, 이것이 왜 학습을 위한 평가에서 중요한 부분인지 설명하라.

- 비공식적 평가란 학습활동 중 또는 다른 학급활동 중에 정보를 수집하고 결정을 내리는 과정을 의미한다.
- 비공식적 평가는 교사가 매일매일 내리는 교수 관련 결정에서 필수적인 부분이다. 이러한 결정에는 누구의 이름을 부를지, 얼마나 빨리 다른 학습활동으로 넘어갈지, 학생들이 대답하기까지 얼마나 오래 기다릴지 등이 있다.

3. 공식적 평가를 정의하고, 공식적 평가 문항의 질을 평가하라.

- 공식적 평가란 모든 학생으로부터 동일한 종류의 정보를 체계적으로 수집하는 과정을 말한다.
- 필기시험 문항, 수행평가, 포트폴리오 등은 모두 공식적 평가로 유용하다.
- 교사들은 각 평가 형태에 대한 구체적인 기준을 사용해서 공식적 평가를 분석할 수 있다.
- 효과적인 평가 시행에 관해 기술하고, 그것이 어떻게 학생들의 학업을 향상시키는지 설명하라.
- 교사가 ① 학습목표 및 교육과 일치되고, 평가에서 다루는 내용을 이야기해 주며, 학생들이 시험에 출제되는 문제와 유사한 문제를 연습할 수 있도록 학생들에게 기회를 허용하는 식의 평가를 고안할 때, ② 학생들에게 시험을 치르는 기술을 가르칠 때, 마지막으로 ③ 학생들의 수행에 대해 긍정적인 기대를 표현할 때, 효과적으로 평가를 시행하고 있다고 말할 수 있다.
- 효과적인 평가 시행에는 학생들의 시험불안을 감소시키려는 노력 또한 포함되는데, 가령 시험 횟수를 증가시키거나, 준거참조 평가를 사용하거나, 시험에 관해 명확한 정보를 제공하고, 학생들에게 충분히 시간을 부여하는 것 등이 해당된다.
- 효과적으로 평가를 시행할 경우 학습이 향상되는데, 이는 기대하고 있는 것이 무엇인지 명료하게 설명함으로써, 학생들에게 연습할 기회를 제공함으로써, 그리고 피드백을 자세히 제공함으로써 가능하다.

5. 총체적인 평가체계를 고안하는 데 포함되는 요소와 결정에 관해 기술하라.

- 총체적인 평가체계에는 전통적인 평가와 대안적인 평가를 제작하는 것이 포함되고, 학생들을 준비시키는 것 또한 포함되며, 평가를 실시하고 결과를 분석해서 점수를 부여하는 것 등이 포함된다.
- 총체적인 평가체계를 고안하는 것과 관련된 결정 중에는 시험과 퀴즈를 얼마나 자주 실시할지, 대안적인 평가를 사용할 것인지, 평가 문항의 수준을 단순 지식으로 할 것인지 아니면 적용이나 분석 수준으로 할 것인지, 성적에서 숙제가 차지하는 비중을 얼마로 할 것인지, 그리고 협동성이나 노력과 같은 정의적 차원을 평가하고 보고할 것인지 등이 포함된다.

✚ 전문성 발달: 자격증 시험 대비 연습

당신은 이 장을 시작하면서 고 교사가 어떻게 평가에 대한 지식을 활용해서 학생들의 성취를 향상시키고, 자신의 수업을 학생들의 학습욕구와 일치시키는지를 보았다.

이제 우리는 도시에 있는 중학교 영어교사인 조 교사가 대명사에 대한 학생들의 이해도를 평가하는 것을 살펴볼 것이다. 사례를 읽고, 이어지는 문제에 답하라.

"오늘 우리는 대명사의 격에 관해 배울 겁니다. 484쪽을 펴 보세요. 우리가 표준 영어를 정확히 사용하고 쓰기 위해서는 대명사가 매우 중요한데, 많은 사람이 이것을 잘못 사용하고 있어요. 오늘 수업을 들으면, 여러분 모두 대명사를 정확히 사용할 수 있을 거예요."

조 교사는 칠판에 다음과 같이 적었다.

대명사가 주어와 서술어일 경우 주격을 사용한다. 대명사가 직접목적어, 간접목적어 또는 전치사의 목적어일 경우에는 목적격을 사용한다.

"같이 살펴보죠." 조 교사는 직접목적어, 간접목적어, 서술어, 전치사의 목적어에 대해 간략히 설명했다.

"또 다른 예를 살펴보도록 하죠." 조 교사는 다음 네 개의 문장을 칠판에 적었다.

① Did you get the card from Esteban and (I, me)?
② Will Meg and (she, her) run the concession stand?
③ They treat (whoever, whomever) they hire very well.
④ I looked for someone (who, whom) could give me directions to the theater.

"좋아. 첫 번째 문장을 보자. 어느 것이 맞지, 선영아?"

"Me요."

"좋아. 그럼 두 번째 문장은, 정민아?"

"Her요."

"그렇지 않지. 문장을 약간 바꿔 보자. 'Meg and her will run the concession stand.' 이상하지 않니? 'Meg and she' 까지가 주어야. 주어는 주격을 사용하잖아. 정민아, 알겠니?" 정민이가 고개를 끄덕였다.

"세 번째 문장으로 가 보자. 채연아?"

"잘 모르겠는데요, whoever인가요?"

"이 문제는 약간 까다롭구나. Whoever는 주격이고 whomever는 목적격이야. 이 문장에서 whomever는 직접 목적어이기 때문에 whomever가 정답이야."

조 교사는 학생들에게 몇 개의 문장을 더 주고 대명사의 정확한 형태를 고르게 하였다. 화요일에 조 교사는 학생들이 제출한 숙제를 검토한 후, who, whom, whoever, whomever를 사용한 문장을 몇 개 더 보여 주었다. 그런 후, 대명사는 반드시 대명사 앞에 나오는 단어와 성별, 수와 일치해야 한다는 규칙을 설명해 주었다.

수요일에 조 교사는 다시 한 번 대명사와 선행 단어에 관해 설명했고, 사람을 나타내는 대명사의 선행 단어로서 부정대명사(anyone, either, each, one, someone)에 관해 설명하고, 몇 개의 예를 들어 주었다.

목요일 수업 말미에 조 교사는 다음과 같이 말했다.

"내일은 대명사의 격, 대명사와 선행 단어 그리고 부정대명사에 관해 시험을 보겠어요. 열심히 공부하세요. 질문 없나요? 좋아요. 여러분 모두 잘할 거라 믿어요. 내일 봐요."

금요일 아침 수업종이 울리고 학생들이 교실로 들어올 때, 조 교사는 책상에서 학생들의 시험지를 집어 들었다. 시험은 총 30문항으로 구성되었고, 목적격, 선행 단어, 부정대명사에 관한 문제가 각각 10문제씩 출제되었다. 시험의 마지막 부분에서 학생들은 작문을 해야 했다. 다음은 시험에 나온 몇 개의 예문이다.

Part I. 다음 각각의 문장에 대해 목적격이 맞으면 A를, 틀리면 B를 적으시오. 잘못된 목적격을 사용했으면 올바른 목적어로 바꾸시오.

① Be careful who you tell.
② Will Rennee and I be in the outfield?
③ My brother and me like water skiing.

Part II. 빈칸에 올바른 목적격을 사용해서 문장을 완성하시오.

① Arlene told us about _______ visit to the dentist to have braces put on.
② The Wilsons planted a garden in _______ backyard.
③ Cal read the recipe and put _______ in the file.
④ Each of the girls on the team wore _______ school sweater to the game.
⑤ None of the brass has lost _______ shine yet.
⑥ Few of the boys on the team have taken _______ physicals yet.

시험 마지막 부분에 대한 지시문은 다음과 같다.

Part III. 적어도 두 개의 주격 대명사와 목적격 대명사를 포함하고 있는 짧은 구절을 작성하시오(각각의 대명사를 동그라미로 표시하고 대명사의 격을 적으시오). 또한 선행 단어와 일치하는 대명사를 적어도 두 개 포함하시오. 중요한 것은, 이 구절이 단지 몇 개의 문장을 나열해서 이루어지는 것이 아니라 앞뒤로 의미가 서로 통해야 한다는 것이다.

조 교사는 학생들이 문제 푸는 것을 지켜보았는데, 수업시간이 15분 남은 것을 확인하던 차에 몇몇 학생이 이제 막 구절을 작성하기 시작한 것을 알게 되었다. "이제 15분 남았어요. 시간을 잘 조절해서 빨리 마치도록 하세요."라고 말했다. 수업종료까지 10분, 5분 남았을 때에도 얼마나 시간이 남았는지 알려 주었다.

수업이 끝나고 조 교사는 복도를 걸어가던 창식이를 불러, "잘 했니?"라고 물어보았다.

"괜찮게 한 것 같아요. 마지막 부분만 빼고는요. 어려웠어요. 시작도 못하겠던데요."

"그래, 어떻게 했는지 한번 봐야겠다."

월요일에 조 교사는 시험지를 돌려주면서, "여기 시험지가 있어요. 문장은 잘했는데, 구절은 좀 더 많이 공부해야 할 것 같더군요. 연습은 많이 했는데, 어떤 부분이 어려웠죠?"

"선생님, 어려웠어요."

"시간도 충분하지 않았고요."

"쓰는 건 정말 싫어요."

조 교사는 인내심 있게 학생들이 하는 이야기를 듣고, "잊지 말고 노트에 여러분이 얻은 점수를 적어 놓으세요. 자, 다 적었죠? 질문이 있나요?"

"3번 문제요." 인성이가 말했다.

"좋아. 3번 문제를 보도록 하자. 'My brother and me like water skiing.' 이 문장에서 대명사는 주어의 한 부분이네. 그렇다면, me가 아니라 I가 되어야 하겠지."

"다른 질문?"

여기저기서 질문이 쏟아졌다.

"이 모든 걸 다 다룰 시간은 없어요. 세 개만 더 해 보죠."

조 교사는 손을 많이 흔드는 세 명의 학생으로부터 질문을 받고 답해 주었다. 그런 후 조 교사는 시험지를 거두고, 형용사와 부사에 관한 수업을 시작하였다.

단답형 질문

이 장에서 다룬 주요 내용과 앞에서 제시한 사례의 구체적인 정보를 서로 연결시키면서, 다음 질문에 답하라.

1. 조 교사의 교과과정과 평가는 서로 얼마나 일치하는지 구체적으로 설명하라. 교과과정과 평가가 더 일치되게 하려면 무엇을 해야 하는가?
2. 우리는 효과적인 평가 시행에 관한 절에서 학생들을 평가에 준비시키고, 평가를 실시하며, 결과를 분석하는 것에 관해 이야기했다. 조 교사는 각각의 과제를 얼마나 효과적으로 수행하였는가? 조 교사가 각 영역에서 더 효과적이기 위해서는 무엇을 했어야 했는지 구체적으로 설명하라.
3. 조 교사는 도시에서 가르치고 있고, 따라서 매우 다양한 배경을 지닌 학생들을 가르치고 있을 가능성이 높다. 조 교사의 수업과 평가는 도시 학생들에게 얼마나 효과적이었다고 생각하는가?
4. 조 교사의 수업과 평가방식에서 주요한 장점은 무엇이라고 생각하는가? 단점은 무엇인가? 이 장에서 다룬 내용을 기초로 교수와 평가에 관해 조 교사에게 제안한다면, 어떤 제안을 하겠는가? 구체적으로 설명하라.

중요개념

검사문항 명세표(Table of specifications)
공식적 평가(Formal assessment)
규정(Rubric)
규준참조 채점(Norm-referenced grading)
논술(Essay)
대안적 평가(Alternative assessment)
배합형(Matching format)
비공식적 평가(Informal assessment)
선다형(Multiple-choice)
수행평가(Performance assessment)
시험불안(Test anxiety)
신뢰도(Reliability)
완성형(Completion)
준거참조 채점(Criterion-referenced grading)
진단평가(Diagnostic assessment)
진위형(True-false)
체계적 관찰(Systematic observation)
체크리스트(Checklist)
총합평가(Summative assessment)
타당도(Validity)
방해자(Distracters)
평정척도(Rating scale)
포트폴리오 평가(Portfolio assessment)
학급평가(Classroom assessment)
학습을 위한 평가(Assessment for learning)
형성평가(Formative assessment)

15

표준화 검사를 통한 평가

chapter outline

구성 개요

표준화 검사
- 표준화 검사의 기능
- 표준화 검사의 유형
- 표준화 검사 평가하기: 타당도

표준화 검사 점수를 이해하고 해석하기
- 기술통계
- 표준화 검사 결과 해석하기

표준화 검사에서의 책무성 문제
- 표준중심교육 및 책무성
- 교사를 대상으로 하는 시험
- 표준화 검사에서의 책무성: 교사를 위한 시사점

다양성과 표준화 검사
- 학생의 다양성과 평가의 편파성
  - 이론에서 실제로: 표준화 검사에서 교사의 역할
  - 학교급별 적용: 다양한 연령대의 학습자를 위한 표준화 검사

learning objectives

학습목표

이 장의 공부를 마치고 나면, 여러분은 다음과 같은 것을 할 수 있어야 한다.

1. 전체적인 평가과정에서 표준화 검사의 기능에 관해 기술할 수 있다.
2. 통계치와 표준점수를 사용한 표준화 검사 결과를 해석할 수 있다.
3. 표준에 기초한 교육과 책무성, 그리고 표준화 검사 간 관계를 기술할 수 있다.
4. 학생들의 다양성이 어떻게 표준화된 검사의 타당도에 영향을 미치는지 설명할 수 있다.

책무성(accountability)을 강조하는 사회 분위기 때문에, 표준화 검사는 교사의 삶에서 점점 더 중요한 일부분이 되고 있다. 다음 사례를 읽으면서, 표준화 검사가 교사의 역할에 어떤 영향을 미치는지 생각해 보자.

"수영이 어머님. 이렇게 와 주셔서 감사합니다." 4학년 담임인 서 교사는 수영이 어머니를 반갑게 맞이했다.

"안녕하세요. 수영이가 학교에서 어떻게 지내는지 알고 싶습니다. 그 애 누나는 늘 잘했거든요."

"한 번 보시죠." 서 교사는 수영이 어머니에게 의자를 건네면서 이렇게 말했다.

"여기 지난 6월에 치른 전국모의고사 결과가 있습니다. 여러 정보가 있는데, 하나씩 살펴보시죠."

수영이 어머니에게 얼마 동안 점수표를 보게 한 후, 서 교사는 읽기점수를 가리키면서, "우선 읽기점수부터 보시죠. 어휘력, 이해, 그리고 전체 점수가 있습니다. 이해 부분은 잘했습니다. 이 지역 학생들과 비교했을 때, 백분위가 80에 해당됩니다."

"여기 5.6은 무엇을 의미하죠?" 수영이 어머니가 '학년점수'를 가리키며 질문했다.

“수영이가 5학년에 있어야 한다는 의미인가요?”

“그렇지는 않습니다. 수영이의 읽기점수가 6개월 된 5학년 학생들의 평균성적과 같다는 것을 의미합니다. 읽기에서 잘했다는 것을 의미할 뿐이고, 학생들이 어떤 학년에 배치되어야 한다는 것을 말해 주지는 않습니다.”

“어머니께서도 알다시피 수영이가 읽기점수는 반에서 최상위 집단에 속합니다. 이 모의고사는 수영이의 성적을 다시 확인해 준 것입니다. 제가 가지고 있는 기록부에는 몇 가지 다른 자료가 있습니다.”

“수영이가 읽기를 잘한다는 것은 이미 알고 있는 사실인데, 모의고사의 요지는 무엇이죠? 단지 수영이만 긴장시키는 것 같은데요.”

“좋은 지적이십니다. 사실 저희는 몇 가지 이유 때문에 표준화 검사를 사용합니다. 우선 저희 학생들이 전국에 있는 다른 학생들과 비교해서 얼마나 잘하는지 알려 줍니다. 객관적인 외부 측정치를 제공해 주는 거죠. 그리고 수학과 같이 문제가 있는 과목들을 지적해 줍니다. 수영이의 수학점수는 읽기점수와 비교했을 때 그만큼 좋지가 않습니다.”

“수영이는 수학을 좋아하지 않는다고 말해요.”

“수영이가 그렇게 이야기는 하지만, 과연 그게 전부인지 확실치 않습니다. 여기를 보세요. 수 개념에서 가장 낮은 점수를 받았네요. 백분위로는 21입니다. 다른 영역에 비해 낮습니다. 이것은 수영이가 수 개념을 이해하는 데 어려움을 겪고 있다는 것을 의미합니다.”

“말씀 잘하셨어요. 종종 집에 와서 선생님께서 내주신 문제들에 대해 불평하곤 합니다. 정답을 아는데 선생님께서는 계속 ‘왜?’라고 물어보신다는 겁니다.”

“흥미롭네요. 왜냐하면 이 모의고사는 제가 수업시간에 수영이에 대해 관찰했던 점을 말해 주고 있거든요. 수영이가 제 수업시간에 하는 것을 보면, 이전의 수학수업에서 주제에 대한 이해력을 증진시키기보다는 암기하는 것에만 의존하지 않았나 하는 생각이 듭니다. 수영이가 4학년이기 때문에, 저는 수영이가 지금 하고 있는 것을 왜 하는지 이해하도록 도와주려고 노력하고 있습니다. 수영이가 지금처럼만 계속한다면, 분명 수영이에게 도움이 될 거라 믿습니다. 어머니와 제가 수영이를 격려해 준다면요.”

“글쎄요. 선생님께서 그렇게 생각하신다면, 계속 그렇게 하는 것이 좋겠죠.” 수영이 어머니는 확실치 않게 말했다.

“수영이 어머님, 전반적으로 저는 수영이 성적에 대해 매우 만족하고 있습니다.” 서 교사는 수영이 어머니의 말에서 불확실성을 감지하고 불쑥 말을 꺼냈다. “수영이가 읽기점수를 계속 유지하고 내년까지 수학점수를 올릴 수 있다면, 수영이가 많이 향상될 겁니다.”

이 장을 시작하면서 다음 두 가지 질문에 대해 생각해 보자.

- 1. 표준화된 검사의 목적은 무엇인가?
- 교사는 학생들의 학습 증진을 위해 표준화 검사 결과를 어떻게 활용할 수 있는가?

표준화 검사에 관한 연구를 살펴보면 앞의 질문뿐 아니라 다른 질문에 대한 답을 찾는 데 도움이 된다. 이 장을 진행하면서 이러한 연구를 검토해 볼 것이다.

표준화 검사

표준화 검사는 동일한 조건에서 많은 수의 학생을 대상으로 시행되고(많은 경우 전국적으로 시행) 동일한 절차에 따라 채점되고 보고되는 평가도구다. 우리는 이런 검사에 익숙하다. 우리는 초등학교에서 표준화 학업성취검사를 보아 왔고, 대학 진학을 위해 수능시험을 치렀다. 그리고 책무성을 강조하는 최근의 추세로 인해, 표준화 검사는 교사의 삶에서 점점 더 중요한 부분이 되고 있다.

표준화 검사(Standardized test)
동일한 조건에서 많은 수의 학생을 대상으로 시행되고, 동일한 절차에 따라 채점되고 보고되는 평가도구

표준화 검사는 교사가 만든 평가도구만을 사용해서는 답하기 어려운 다음과 같은 질문에 답하도록 고안되어 있다.

- 어떻게 내 학급에 있는 학생들을 다른 지역의 학생들과 비교할 것인가?
- 우리의 교과과정은 학생들의 대학 진학이나 미래의 훈련에 얼마나 잘 준비시키고 있는가?
- 어떻게 특정 학생을 유사한 능력을 소유한 다른 학생들과 비교할 것인가(Haladyna, 2002; Nitko & Brookhart, 2007)?

앞의 세 가지 질문에 답하기 위해서는, 학생들의 점수를 **규준집단**의 점수와 비교해야 한다. 규준집단이란 대표성을 띠는 사람들의 집단으로서, 이러한 사람들의 표준화 점수가 전국적인 비교를 목적으로 축적된다. 일반적으로 규준집단은 서로 다른 지역에 거주하는 학생들, 사립학교와 공립학교에 재학 중인 학생들, 남학생과 여학생을 포함한다(Miller, Linn, & Gronlund, 2009). **전국규준**은 전국에서 선발된 대표적인 학생들이 표준화 검사에서 획득한 점수인데, 한 학생의 점수가 이 전국규준과 비교된다.

규준집단(Norming group)
대표성을 띠는 사람들의 집단으로서, 이러한 사람들의 표준화 점수가 전국적인 비교를 목적으로 축적됨

전국규준(National norm)
전국에서 선발된 대표적인 학생들이 표준화 검사에서 획득한 점수로서, 한 학생의 점수가 이 전국적인 규준과 비교됨

표준화 검사의 기능

표준화 검사는 세 가지 주된 기능을 수행한다(Aiken, 2003; Stiggins, 2005).

- 학습평가와 진단
- 신발과 배치
- 프로그램 평가와 책무성

학습평가 및 진단

교사의 관점에서 표준화 검사가 지닌 가장 중요한 기능은, 학생들의 학업 향상에 관한 정보를 외부에서 객관적으로 제공해 준다는 것이다. 서 교사 학급을 예로 들면, 수영이가 읽기에서 지속적으로 A를 받았지만, 이것이 전국에 있는 다른 학생들과 비교했을 때 어느 정도인지를 말해 주지는 않는다. 수영이가 받은 A는 높은 성취 때문일까 아니면 점수가 관대했기 때문일까? 표준화 검사는 학생의 향상에 대한 완전한 정보를 제공하도록 도와준다.

또한 표준화 검사는 학생들의 장점과 단점을 진단하는 데 도움이 된다(Popham, 2005). 예를 들어, 수영이의 수학성적이 낮은 것을 서 교사가 알게 되었다면, 수영이로 하여금 표준화된 진단검사를 치르게 할 수 있다. 교사들은 이러한 검사들을 개별적으로 실시하는데, 목적은 특정 내용 영역에서 학생의 성취에 관한 정보를 습득하기 위함이다.

선발과 배치

어떤 학생을 특별한 목적의 수업에 선발·배치하는 것은 표준화 검사의 또 다른 기능이다. 예를 들어, 고등학교에 입학하는 학생들은 매우 다른 유형의 중학교를 졸업하고 다양한 배경과 능력을 지니고 있을 가능성이 높다. 따라서 교사는 표준화 검사에서 학생들이 획득한 점수를 토대로 학생들의 배경과 능력에 맞는 학급 배치를 실시할 수 있다.

또한 교육자들은 표준화 검사 결과를 사용해서 영재교육 프로그램과 같은 고급 프로그램에 학생들을 배치하고, 대학 입학 허가와 관련된 결정을 내린다. 대부분의 대학생이 인지하고 있듯이, 수능점수와 같은 표준점수는 학생들이 선택한 대학교에 입학할 수 있는지를 결정하는 데 중요하다. 또한 표준화 검사 점수는 학생들을 영재교육 프로그램에 추천할 때 고려하는 한 가지 기준이다.

프로그램 평가와 책무성

또한 표준화 검사는 교수 프로그램의 질에 관한 정보를 제공해 준다. 예를 들어, 한 초등학교 교사가 전통적인 읽기교육에서 쓰기와 문학을 강조하는 다른 종류의 읽기교육으로 전환했다고 가정하자. 교사는 이러한 변화의 효과를 평가하기 위해 표준화 검사 결과를 활용할 수 있다.

학생들의 학습에 대한 학교와 교사들의 책임이 점점 더 증가하고 있다(Miller et al., 2009). 학부모와 학교 이사회, 정부관리 및 정책결정자들은 국민의 세금이 효율적으로 사용되고 있는지에 대한 증거를 요구하고 있다. 표준화 검사 점수는 이러한 효과성에 대한 한 가지 지표를 제공해 준다(이 장 후반부에서 책무성의 문제를 더 자세히 다룰 것이다).

규준참조 표준화 검사 대 준거참조 표준화 검사

우리는 14장에서 규준참조 채점이 한 학생의 수행을 학급의 다른 학생들의 수행과 비교하는 것인 반면, 준거참조 채점은 미리 정한 기준에 따라 성적을 부여하는 것으로 정의한 바 있다(예, 90+=A, 80-90=B). 이와 비슷하게, **규준참조 표준화 검사**는 한 학생의 수행을 다른 학생들의 수행과 비교한다. **준거참조 표준화 검사**는 종종 기준참조, 내용참조, 또는 영역참조 검사로 불리기도 하는데, 이것은 수행을 미리 정한 기준과 비교하는 것이다. 준거참조 표준화 검사는 기준이 학습목표의 형태를 띨 경우 목표에 기초한 검사로 불리기도 한다(Mertler, 2007).

교육자들은 표준화된 검사를 사용해서 학습을 평가·진단하고, 배치 관련 결정을 내리고, 프로그램을 평가한다.

규준참조 검사와 준거참조 검사의 주요 차이점은 점수가 보고되는 방식에 있다. 예를 들어, 규준참조 표준화 검사에서는 학생들의 성적을 백분위 순위로 보고한다(백분위 순위는 이 장 후반부에서 다룰 것이다). 이러한 유형의 정보는 각 지역의 학생들을 전국의 학생들과 비교할 때 유용하다.

그러나 규준참조 표준화 검사는 실제로 학생들이 무엇을 알고 있는지에 관해 교사들에게 구체적인 정보를 알려 주지 못한다. 이 점 때문에 준거참조 표준화 검사가 유용한데, 이 검사는 두 자리 숫자를 더하는 능력이나 문단의 주제를 파악하는 능력과 같이 구체적인 학습목표를 달성했는지에 관한 정보를 제공해 준다. 준거참조 검사에서 보고되는 점수들은 일반적으로 정답의 빈도나 비율 또는 합격-불합격이나 상중하와 같이 보다 일반적인 용어를 사용한다.

기준 및 책무성에 대한 사회적 관심 때문에, 의사결정자들은 준거참조 점수를 더 많이 강조하고 있다. 전국 단위에서는 규준참조 표준화 검사가 여전히 인기가 있는데, 왜냐하면 지역 간 비교를 가능하게 하고, 시험 내용의 일반적인 특성 때문에 다양한 상황에서 사용할 수 있기 때문이다.

두 검사 모두 유용하고, 평가목적에 따라 달리 활용된다. 규준참조 검사는 광범위한 비교를 가능하게 하고, 준거참조 검사는 구체적인 목표 달성에 관한 정보를 제공해 준다.

규준참조 표준화 검사 (Norm-referenced standardized test)
특정 학생이 수행을 다른 학생들의 수행과 비교하는 표준화된 검사

준거참조 표준화 검사 (Criterion-referenced standardized test)
특정 학생의 수행을 미리 정한 수행 기준에 비교하는 표준화된 검사

표준화 검사의 유형

다섯 가지 종류의 표준화 검사가 교육현장에서 사용되고 있다.

- 성취도 검사
- 진단검사
- 지능검사
- 적성검사
- 준비도 검사

성취도 검사

성취도 검사
(Achievement test)
학생들이 특정 내용 영역에서 얼마나 많이 배웠는지를 평가하기 위해 고안된 표준화된 검사

성취도 검사는 가장 널리 사용되는 표준화 검사로서, 학생들이 특정 내용 영역에서 얼마나 많이 배웠는지를 평가한다. 일반적으로 읽기, 언어, 수학과 같은 내용 영역에서의 학습을 평가하지만, 과학, 사회, 컴퓨터 문해, 비판적 사고 등에서의 학습을 평가하기도 한다(Hogan, 2007; Mertler, 2007). 보통 이러한 영역은 좀 더 구체적인 기술(skill)에 관한 설명으로 세분화된다. 예를 들어, 수영이의 수학성적은 수학 총점뿐만 아니라 수 개념, 계산, 적용에 대한 점수를 포함하고 있다.

표준화된 성취도 검사는 일반적으로 몇 개의 하위검사로 구성되며, 며칠 동안 실시된다. 이런 검사들은 대부분의 학교에 공통적으로 적용되는 교과과정을 반영하고 있는데, 이는 특정 학교의 전체 교육목표가 아니라 몇 가지 목표를 평가함을 의미한다. 이것이 장점이기도 하고 단점이기도 하다. 표준화 검사가 많은 학교를 위해 고안되었기 때문에 다양한 지역에서 활용될 수 있는 장점이 있다. 반면, 한 가지 검사가 모든 학교에 적합하다는 식의 접근은 특정 교과과정이 성취하고 있는 것을 정확히 측정하지 못할 수 있다는 단점을 지니고 있다. 예를 들어, 한 연구에 따르면, 많이 사용되는 표준화 성취검사가 측정하고 있는 수학 내용 중 절반 이하만이 일반적으로 많이 사용되고 있는 수학 교과서의 내용과 일치하는 것으로 나타났다(Berliner, 1984).

진단검사

진단검사(Diagnostic test)
특정 기술 영역에 대한 학습자의 장점과 단점을 상세히 설명해 주도록 고안된 표준화된 검사

성취도 검사가 다양한 영역의 교과내용에 대한 학생들의 발달을 측정하는 반면, **진단검사**는 특정한 기술 영역에서 학생들이 어떤 장점과 단점을 지니고 있는지를 상세하게 설명해 준다. 이런 검사들은 초등학교 학생들에게 많이 사용되는데, 학생의 발단단계와 부합되도록 고안되었다. 진단검사는 보통 개별적으로 실시되는데, 성취도 검사에 비해 문항 수가 많고, 더 많은 하위검사로 구성되어 있으며, 좀 더 구체적인 영역에 대해 점수를 제공한다

(Thorndike, 2005). 예를 들어, 읽기에 대한 진단검사는 글자 재인, 단어분석능력, 맥락에서의 어휘력과 읽기이해능력을 측정한다.

지능검사

지능검사는 지식을 습득하고 활용하며, 문제를 해결하고, 새로운 과제를 달성할 수 있는 개인의 능력을 측정하도록 고안된 표준화 검사다. 가장 널리 사용되고 있는 지능검사에는 스탠퍼드-비네(Stanford-Binet) 검사와 웩슬러 검사(Wechsler Scales)가 있다(Salvia & Ysseldyke, 2004).

지능검사
(Intelligence test)
지식을 습득하고 활용하며, 문제를 해결하고, 새로운 과제를 달성하는 개인의 능력을 측정하도록 고안된 표준화된 검사

스탠퍼드-비네검사 스탠퍼드-비네검사는 개인별로 실시되는 지능검사로서 몇 개의 하위검사로 이루어져 있다. 이 검사는 검사 매뉴얼과 함께 그림이나 물건 등을 이용한 검사항목을 포함하고 있다. 초기에 만들어진 검사는 언어과제를 강조했지만, 가장 최근에 나온 것은 다섯 가지 요인(유동적 추론, 지식, 수리적 추론, 시공간 처리, 작업기억)을 측정하고 있으며, 이들 요인은 언어적 하위검사와 비언어적 하위검사를 포함하고 있다. 〈표 15-1〉은 최신판에 포함된 몇 개의 하위검사를 보여 주고 있다.

스탠퍼드-비네검사 5판(Roid, 2003)은 기술적으로 견고한 도구로, 웩슬러 검사 다음으로 인기가 높다. 스탠퍼드-비네검사는 여러 차례 개정되고 재규준화(renormed)되었는데, 2003년도에는 경제적 지위, 지역, 공동체 크기에 따라 계층화된 4,800명의 학령기 아동을 대상으로 개정되었다. 검사 개발자들은 2000년도 미국 인구조사를 활용함으로써, 백인, 흑인, 스페인계, 아시아계, 그리고 아시아/태평양 군도의 하위문화가 비율적으로 대표성을 띠도록 하였다.

표 15-1 table

스탠퍼드-비네 5판의 하위검사 문항의 예

하위검사	문항
비언어적 지식	학생들에게 우스꽝스러운 그림(예: 눈 속에서 수영복을 입고 있는 남자)을 보여 주고 이를 설명하게 한다.
언어적 지식	학생들로 하여금 일반적으로 사용되는 어휘의 의미를 설명하게 한다.
비언어적 작업기억	학생들에게 나무토막의 패턴을 보여 주고, 잠시 후에 패턴을 설명하거나 동일하게 만들어 보라고 요청한다.
언어적 작업기억	학생들에게 문장을 제시하고, 잠시 후에 핵심 단어를 제시하라고 요구한다.

출처: Riverside Publishing. 2003.

웩슬러 검사 웩슬러 검사는 40년에 걸쳐 웩슬러(David Wechsler)에 의해 개발되었고, 현재 가장 많이 사용되고 있는 지능검사다(Salvia & Ysseldyke, 2004). 학령기 이전의 아동과 초등학생, 그리고 성인을 대상으로 하는 세 가지 웩슬러 검사가 있는데, 언어와 수행이라는 두 개의 주요 부분으로 구성되어 있다.

아동용 웩슬러 지능검사 4판(Wechsler, 2003)은 13개의 하위검사(6개의 언어와 7개의 수

표 15-2 table

아동용 웩슬러 검사 문항의 예

	언어 영역
하위검사	설명/예
정 보	이 하위검사는 미국문화에 대한 일반적인 지식을 다루고 있다. 1. 새는 몇 개의 날개를 가지고 있습니까? 2. 증기는 무엇으로 만들어져 있습니까? 3. 『톰 소여의 모험』은 누가 지었습니까? 4. 후추는 무엇입니까?
산 수	이 하위검사는 기본적인 수학지식과 기술에 관한 검사로, 셈하기와 덧셈부터 나눗셈까지를 포함하고 있다. 1. A는 사탕 세 개를 가지고 있었는데, B가 A에게 사탕 네 개를 주었다. A는 총 몇 개의 사탕을 가지고 있습니까? 2. 3명의 여자가 18개의 골프공을 똑같이 나누어 가졌다. 세 명의 여자는 각각 몇 개의 골프공을 갖게 되었습니까? 3. 두 개의 단추 가격이 20원이라면, 단추 12개의 가격은 얼마입니까?
유사성	이 하위검사는 유추를 사용해서 추상적이고 논리적인 사고를 측정하도록 고안되어 있다. 1. 사자와 호랑이는 어떤 점에서 비슷합니까? 2. 톱과 망치는 어떤 점에서 비슷합니까? 3. 한 시간과 한 주는 어떤 점에서 비슷합니까? 4. 원과 삼각형은 어떤 점에서 비슷합니까?
	수행 영역
하위검사	설명/예
그림 완성	학생들은 몇 가지 요소가 빠져 있는 그림을 보고, 어느 부분이 빠져 있는지를 확인해야 한다. 이 하위검사는 시각적인 이해뿐만 아니라 일반적인 지식을 측정한다.
블록 디자인	이 하위검사는 수많은 추상적인 그림에 초점을 맞춘다. 시각-운동 협응능력을 측정하기 위해 고안된 이 검사에서 학생들은 검사자가 제시하는 패턴의 짝을 맞추어야 한다.
	그림 완성  블록 디자인 

행)로 이루어져 있고, 개인별로 실시되는 지능검사다(〈표 15-2〉에 문항의 예가 제시되어 있다). 개발자들은 초기 지능검사들이 지나치게 언어적인 측면을 강조했다는 불만을 받아들여 수행영역을 추가하였다. 스탠퍼드-비네검사처럼, 웩슬러 검사 역시 기술적으로 견고한 검사로 평가받는다(Kaufman & Lictenberger, 2002; Salvia & Ysseldyke, 2004).

웩슬러 검사는 언어점수와 수행점수를 보고하는데, 이것이 이 검사의 장점이다. 예를 들어, 언어점수에 비해 수행점수가 훨씬 더 높게 나왔다면, 이는 읽는 것이 서툴거나 또는 문화적 차이로 인한 언어상의 문제가 있음을 시사한다. 수행검사는 최소한의 언어능력을 요구하기 때문에, 장애가 있는 학생들, 학교교육을 많이 받지 못한 사람들, 그리고 학교에서 하는 과제를 싫어하는 학생들을 연구하는 데 도움이 된다.

적성검사

비록 적성(aptitude)과 지능(intelligence)이 종종 동의어로 사용되기도 하지만, 적성은 지식을 습득하는 능력으로서 지능의 한 특성이라고 할 수 있다. 적성이라는 개념은 직관적으로 쉽게 이해할 수 있다. 예를 들어, 사람들은 "나는 수학에 적성이 없어." 라고 말하는데, 이것은 수학을 학습할 잠재성이 제한적이라는 것을 의미한다.

적성검사는 미래의 학습에 대한 잠재성을 예측하거나 오랜 기간에 걸쳐 개발된 일반적인 능력을 측정하기 위해 고안된 표준화 검사다. 일반적으로 교육자들은 선발과 배치에 관한 결정을 내릴 때 적성검사를 사용하며, 이러한 검사들은 성취도 검사와 높은 상관을 보인다(Miller et al., 2009; Popham, 2005).

> 적성검사 (Aptitude test)
> 미래의 학습 잠재성을 예측하기 위해 고안, 표준화된 검사로 오랜 기간에 걸쳐 개발됨. 일반적인 능력을 측정함

대학수학능력시험은 대표적인 적성검사다. 이 시험은 대학에서 성공하기 위한 잠재성을 측정하도록 고안되었다. 그러나 경험이 중요한데, 수학능력시험에서 좋은 점수를 얻기 위해서는 언어와 수학 등 교실에서 배운 지식이 필수적이다. 그러나 이 시험은 신뢰할 만하기 때문에, 교사의 편견을 제거하고 채점체계가 달라서 발생하는 차이를 제거해 준다. 이런 측면에서 이 시험은 대학에서의 성공을 예측하는 데 귀중한 정보를 제공해 준다.

준비도 검사

준비도 검사는 아동이 진학 또는 진학 전 프로그램에 얼마나 준비되어 있는지를 평가하는 표준화된 검사다(Gullo, 2005). 교육자들은 아동이 유치원 또는 초등학교 1학년에서 학업할 준비가 되어 있는지를 평가하기 위해 준비도 검사를 사용한다. 이런 측면에서, 준비도 검사는 적성검사와 성취도 검사의 특성을 모두 지니고 있다. 학생들의 미래 학습 잠재성을 평가한다는 점에서 적성검사와 유사하다. 그러나 대부분의 준비도 검사는 학생들이 읽기와 수학에서 기초가 되는 위아래, 좌우, 또는 대소와 같은 기본적인 개념을 얼마나 숙달했는지를 측정한다. 이점이 성취도 검사와 유사하다고 할 수 있다.

> 준비도 검사 (Readiness test)
> 아동이 진학 또는 진학 전 프로그램에 얼마나 준비되어 있는지를 평가하는 표준화된 검사

표준화된 준비도 검사는 적어도 두 가지 이유 때문에 논란거리가 되어 왔다. 첫째, 아

동이 준비도 검사에서 잘하지 못하면 유치원이나 1학년에 입학하는 것을 지연시키는 경향이 있다는 것이다. 이것은 일종의 유급으로서, 아동의 이후 발달과정에 부정적인 영향을 미칠 수 있다(Alexander, Entwisle, Dauber, & Kabboni, 2004; Beebe-Fankenberger, Bocian, MacMillan, & Gresham, 2004). 또한 비평가들은 준비도 검사가 단지 인지적인 요인만을 평가할 뿐 동기나 자기조절과 같이 성공적인 학교생활에 영향을 미치는 특성을 간과하고 있다고 비판한다(Stipek, 2002).

준비도 검사는 다른 표준화 검사와 마찬가지로 교육적인 의사결정을 위해 귀중한 정보를 제공한다. 그러나 이 검사가 아동의 미래 학교교육을 위한 준비도를 측정하기 위한 유일한 기준이 되어서는 안 된다. 사실상 모든 5~6세 아동에게 학교경험은 유익할 수 있으며, 학교 환경에서 아동이 기능하는 능력을 관찰하는 것 또한 평가 과정의 일부가 되어야 할 것이다(Stipek, 2002).

표준화 검사 평가하기: 타당도

표준화된 검사의 주요 소비자가 학교 교사들이기 때문에 표준화 검사의 타당도는 중요하다. 타당도가 어떻게 교사의 삶에 영향을 미치는지 살펴보자.

이미 14장에서 언급했듯이, 타당도는 어떤 평가가 원래 측정하려던 것을 측정하는 정도를 의미한다(Miller et al., 2009). 교사 스스로 시험을 제작할 때에는, 검사가 학습목표와 일치되는 정도를 고려함으로써 타당도를 확보한다. 그러나 표준화된 검사는 이미 만들어져 있기 때문에, 교사는 그 검사가 특정 목적을 위해 알맞은 것인지를 판단해야 한다. 이 경우 타당도는 검사 자체가 어떻게 고안되었는지보다는 검사를 적절히 사용하는 것과 더 관련이 있다.

전문가들은 세 가지 종류의 타당도(내용 타당도, 예언 타당도, 구성 타당도)를 강조하는데, 각각의 타당도는 검사를 적절히 사용하는가와 관련된 문제에 대해 다소 다른 관점을 제공한다.

내용 타당도

내용 타당도 (Content validity)

가르친 내용을 정확히 조사하고, 학습자들이 이것을 이해하고 있는 정도를 측정하는 검사의 능력

예언 타당도 (Predictive validity)

미래의 수행을 측정하는 검사의 능력

내용 타당도는 교육한 내용을 정확히 선별하고 학습자들이 그것을 이해하고 있는 정도를 측정할 수 있는 검사의 능력을 지칭한다(Kane, 2006; Webb, 2006). 내용 타당도는 시험내용과 교과과정의 목표를 비교함으로써 확인할 수 있는데, 표준화된 성취도 검사를 고려할 때 주요 관심사가 된다(Hogan, 2007).

예언 타당도

예언 타당도는 미래의 수행을 측정하는 검사의 능력을 말한다(Miller et al., 2009). 대학

수학능력시험은 고등학생들이 대학에 가서 공부할 수 있는 잠재성을 측정하기 위해 만들어졌다.

예언타당도는 보통 두 개의 변인, 예를 들어 표준화 검사에서 얻은 점수와 학생의 성적 간에 상관관계를 살펴봄으로써 수량화된다.

구인 타당도

구인 타당도는 검사와 그 검사가 측정하려는 것 사이의 논리적인 연결을 나타낸다(Miller et al., 2009). 구인 타당도는 다소 추상적인 개념이지만, 타당도의 전체 개념을 이해하는 데 있어 중요하다(Gronlund, 2003). 구인 타당도는 "이 문항들은 실제로 검사가 측정하고자 하는 개념을 측정하고 있는가?"라는 질문에 대한 답을 제공한다. 예를 들어, 대학수학능력시험에 나오는 문제들은 단어나 수에 대해 추상적인 사고를 할 수 있는 능력을 측정하는데, 이런 것들은 학생들이 대학에서 다루어야 할 과제다. 따라서 수능시험은 구인 타당도를 지니고 있다고 할 수 있다.

구인 타당도
(Construct validity)
검사와 그 검사가 측정하고자 하는 것 사이의 논리적 연결에 대한 지표

◈ 이해 점검 활동

1.1 총체적인 평가과정에서 표준화 검사의 기능에 관해 기술하라.

1.2 어느 학군의 공무원들이 표준화된 수학검사를 조사하면서, 어떤 것들은 수학의 개념과 기술에 관해 폭넓게 다루고 있는 반면, 다른 검사들은 수학에 대한 학생 개개인의 장점과 단점에 대해 자세한 정보를 제공하고 있었다. 이 학군에서 고려하고 있는 두 가지 유형의 표준화 검사는 무엇인가?

1.3 어느 위원회에서 교사들은 자신들이 원하는 검사가 무엇인지에 대해 다른 견해를 표현했다. 한 교사는 "저는 표준화 검사와 우리의 교육철학이 일치되는지 확인하고 싶습니다."라고 말했다. 또 다른 교사는 "하지만 표준화 검사는 우리가 가르치고자 하는 개념 및 기술과도 부합되어야 합니다."라고 말했다. 또 다른 교사는 "다 맞습니다. 하지만 표준화 검사는 우리 학생들이 대학에서 가르치는 수학을 성공적으로 수행할 것인지를 말해 주어야 합니다."라고 주장했다. 교사들이 언급하고 있는 타당도는 각각 무엇인가?

웹 자료실

표준화된 검사의 타당도 유형에 관해 좀 더 검토하려면, www.myeducationlab.com에 접속하고, 15장 '활동 및 적용'의 '표준화 검사 타당도 사례연구'를 보라.

표준화 검사 점수를 이해하고 해석하기

수천 명의 학생들이 표준화 검사를 보고 이를 전국에 있는 학생들 또는 전 세계에 있는 학생들과 비교한다는 점은 표준화 검사가 지니고 있는 장점 중 하나다. 그러나 이렇게 큰 표본은 방대한 양의 자료를 생산해 낸다. 방대한 양의 자료를 처리하고 사람들로 하여금 개인

의 수행을 비교하게 하기 위해, 검사를 제작한 측에서는 통계적인 방법을 사용해서 결과를 요약해 준다.

기술통계

통계치를 사용해서 정보를 요약한 예가 〈표 15-3〉에 제시되어 있다. 표는 각각 31명으로 구성된 두 학급의 학생들이 50문항으로 구성된 시험을 치른 결과를 보여 주고 있다(표준화 검사의 경우 31명보다 훨씬 더 많은 학생들이 시험을 보고, 문항 또한 훨씬 더 많다는 것을 기억하라).

각 학급에 대한 점수들이 최고 점수부터 최하 점수까지 등위가 매겨져 있고, 평균값, 중앙치 및 최빈치가 표시되어 있다(평균값, 중앙치, 최빈치에 관한 설명은 다음 단락에서 제시할 것이다). 표에서 볼 수 있는 것처럼, 비록 점수들이 순위대로 나열되어 있기는 하지만 단순히 점수들을 배열하는 것은 성가실 뿐만 아니라 많은 정보를 제공해 주지도 않는다. 좀 더 효율적으로 정보를 요약할 수 있는 방법이 필요하다.

빈도분포

빈도분포
(Frequency distribution)

각각의 점수를 취득한 사람들이 몇 명인지를 나타내는 분포

빈도분포는 각 점수를 취득한 사람들이 몇 명인지를 보여 주는 점수의 분포다. 빈도분포는 여러 방식으로 나타낼 수 있는데, 한 가지 방법은 가능한 점수를 x축에 표시하고, 각 점수를 획득한 사람들의 수를 y축에 표시하는 것이다.

〈표 15-3〉에 제시된 두 학급에 대한 빈도분포가 [그림 15-1]에 제시되어 있다. 이 빈도분포 또한 개략적인 정보를 제공하고 있지만, 우리는 이 빈도분포를 통해 두 학급 간 차이를 볼 수 있다. 예를 들어, 첫 번째 학급이 두 번째 학급보다는 좀 더 넓은 점수분포를 보이고

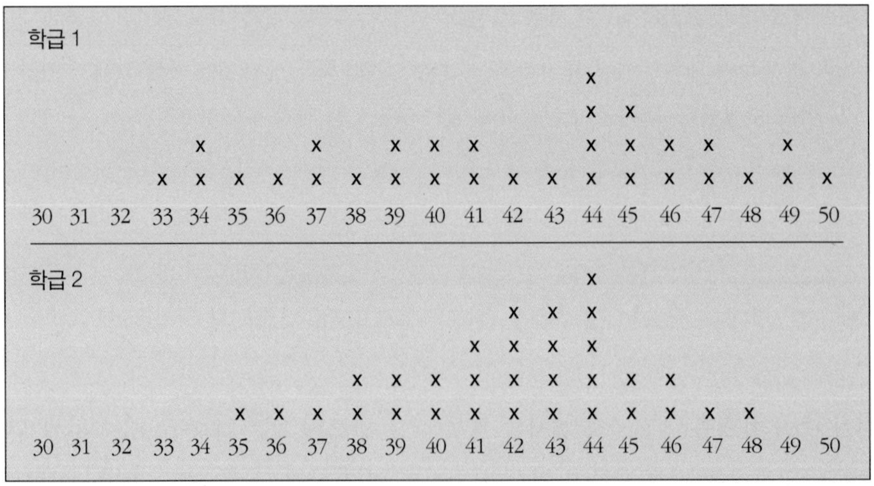

[그림 15-1] 50문항 검사에 대한 두 학급의 빈도분포

표 15-3
table

50문항으로 구성된 시험에서 두 학급의 시험 점수

학급 1	학급 2
50	48
49	47
49	46
48	46
47	45
47	45
46	44(최빈치)
46	44(최빈치)
45	44(최빈치)
45	44(최빈치)
45	44(최빈치)
44(최빈치)	43
44(최빈치)	43
44(최빈치)	43
44(최빈치)	43
43(중앙치)	42(중앙치 및 평균값)
42(평균값)	42
41	42
41	42
40	41
40	41
39	41
39	40
38	40
37	39
37	39
36	38
35	38
34	37
34	36
33	35

있고, 두 번째 학급에서 점수들이 중앙에 집중하는 경향이 강함을 알 수 있다. 하지만 이런 분포는 질적인 기술 이외에는 특별하게 도움이 되는 정보를 제공하지 못한다. 우리는 정보를 양적으로 요약할 수 있는 보다 나은 방법이 필요하다. 집중경향치가 바로 이런 역할을 수행한다.

집중경향치

집중경향치(Measures of central tendency)
특정 집단의 전체적인 수행을 양적으로 기술한 것

평균값(Mean)
점수분포에서의 산술 평균

중앙치(Median)
점수들의 분포에서 정중앙에 위치한 값

최빈치(Mode)
점수분포에서 가장 빈번하게 발생한 점수

평균값, 중앙치, 최빈치와 같은 **집중경향치**는 한 집단이 전체적으로 어떻게 수행했는가를 양적으로 기술한다. 점수의 분포에서, **평균값**은 산술적 평균점수이고, **중앙치**는 분포에서 정중앙에 위치한 점수이고, **최빈치**는 가장 빈도가 높은 점수다.

평균값을 얻기 위해서는 점수들을 합해서 점수의 수로 나눈다. 위에서 제시한 두 학급의 점수분포에서 42(1,302/31)점이 평균값이다. 학급평균 42점은 각 학급이 전체적으로 어떻게 수행했는지를 나타내는 지표다.

첫 번째 분포에서 중앙치는 43점인데, 점수들의 반(15)이 43점과 같거나 그 이상이고 나머지 반이 43점과 같거나 그 이하이기 때문이다. 같은 과정을 거치면 두 번째 분포의 중앙치가 42점인 것을 알 수 있다.

중앙치는 극단적으로 높거나 낮은 점수들이 평균값을 왜곡시켜서 표본에 대해 잘못된 정보를 제공할 때 유용하다. 예를 들어, 당신은 "2008년 인구조사에 의하면 4인 가족을 기준으로 할 때, 가계소득의 중앙치는……"과 비슷한 통계치를 듣거나 읽었을 것이다. 소득의 중앙치가 보고되는 이유는 소수의 백만장자들의 소득 때문에 전체 인구의 평균소득이 높아지고 평균적인 가계의 생활수준에 대해 잘못된 정보를 제공하기 때문이다. 중앙치는 이런 극단적인 점수에 영향을 받지 않으며 좀 더 현실에 가까운 일반적인 가계소득을 나타낸다. 중앙치는 검사점수에 사용될 때도 동일한 기능을 수행한다.

두 점수분포를 다시 한 번 살펴보면, 각 분포에서 가장 빈도가 높은 점수가 44점인 것을 알 수 있는데, 이것이 바로 최빈치다. 사례 수가 적은 분포에서는 종종 한 개 이상의 최빈치를 갖기도 하는데, 이 경우 '양봉분포(兩峰分布, bimodal distribution)' 또는 '삼봉분포(三峰分布, trimodal distribution)'를 보이게 된다.

집중경향치를 사용하면 두 집단의 점수분포가 매우 비슷하다고 생각할 수 있는데, 이는 두 분포의 평균값이 같고, 중앙치도 거의 동일하며, 또한 동일한 최빈치를 가지고 있기 때문이다. 하지만 빈도분포를 검토해 보면 이것이 전부가 아님을 알게 된다. 점수분포가 비슷한지를 확인하기 위해서는 '변산도(變酸度, variability)'를 이해할 필요가 있다.

변산도(Variability)
평균값에서 벗어난 정도

범위(Range)
분포에서 최댓값과 최솟값의 거리

변산도 측정치

표본에 대해 좀 더 정확한 정보를 얻으려면 점수들이 서로 얼마나 다른지를 살펴봐야 한다. **변산도**는 평균에서 벗어난 정도를 의미한다. 변산도의 한 측정치가 **범위**인데, 분포에서 가장 높은 점수와 가장 낮은 점수 간 거리다. 첫 번째 학급의 범위는 17이고, 두 번째 학급의 범위는 13인데, 빈도분포상의 점수를 이용해서 범위를 확인할 수 있다. 범위는 쉽게 계산할 수 있지만, 극단적인 점수에 의해 지나치게 영향을 받는다.

표준편차는 점수들이 퍼져 있는 정도를 나타내는 통계치인데, 극단적인 점수들이 많은 영향을 미치지 못하기 때문에 범위가 지닌 문제가 줄어든다. 예를 들어, 만일 우리가 고등학교 전체 학급을 대상으로 성취도 검사를 실시한다면, 동일한 검사를 잘하는 학생들만을 모아 놓은 학급에 실시했을 때보다 표준편차가 더 커질 것이다. 전체 학급에서 점수의 가변성은 더 클 것이다.

표준편차
(Standard deviation)
점수들이 퍼져 있는 정도를 나타내는 통계치

컴퓨터를 사용하기 때문에 교사들이 표준편차를 손으로 계산하는 일이 드물지만, 표준편차의 개념을 이해하도록 돕기 위해 계산절차를 간략히 설명하고자 한다. 표준편차를 구하기 위해서는,

① 평균값을 계산한다.
② 각각의 점수에서 평균값을 뺀다.
③ 이렇게 얻은 모든 점수를 제곱한다(이렇게 하면 음수가 사라진다).
④ 제곱한 점수를 더한다.
⑤ 이 값을 점수의 수로 나눈다.
⑥ 이 값의 제곱근을 구한다.

앞에서 제시한 분포의 경우 표준편차가 각각 4.8과 3.1이다. 단순히 두 개의 빈도분포를 관찰해도 첫 번째 분포가 더 넓게 퍼져 있다는 것을 알 수 있는데, 이와 관련해서 표준편차는 양적인 측정치를 제공해 준다.

정상분포

표준화 검사는 많은 수의 학생에게 실시되는데, 이때 점수들은 정상분포에 가까워진다. 이 개념을 이해하기 위해서는 두 개의 점수분포를 다시 한 번 살펴볼 필요가 있는데, 특히 두 번째 분포에 초점을 맞추기 바란다. 빈도분포 꼭대기에 선을 그리면, [그림 15-2]와 같은 모양이 된다.

이제 일반적인 표준화 검사에서 볼 수 있는 매우 많은 점수의 표본을 상상해 보자. 그러면 [그림 15-3]과 같은 모양의 곡선과 비슷해지는 것을 알 수 있다. 이것이 **정상분포**인데, 평균값과 중앙값 및 최빈치가 모두 동일하고, 점수들이 좌우대칭을 이루면서 종모양의 분포를 이룬다. 키나 몸무게와 같은 인간의 특성은 대부분 표준화 검사처럼 이런 형태의 분포를 이룬다.

정상분포
(Normal distribution)
평균값과 중앙치 및 최빈치가 모두 동일하고, 점수들이 좌우대칭을 이루면서 종모양의 곡선을 이루는 점수분포

[그림 15-2]에 있는 점수의 평균과 중앙값은 42이지만, 최빈치는 44이다. 따라서 이 분

포의 집중경향치는 정상분포에 딱 맞아떨어지지 않는다. 또한 [그림 15-3]에서 볼 수 있듯이, 점수의 68%가 평균값에서 1표준편차 범위 내에 분포하지만, [그림 15-2]에 있는 점수들은 71%가 평균으로부터 1표준편차 범위 내에 분포한다. 대부분 학급점수는 표본이 작기 때문에 정상분포를 이루지 않는다.

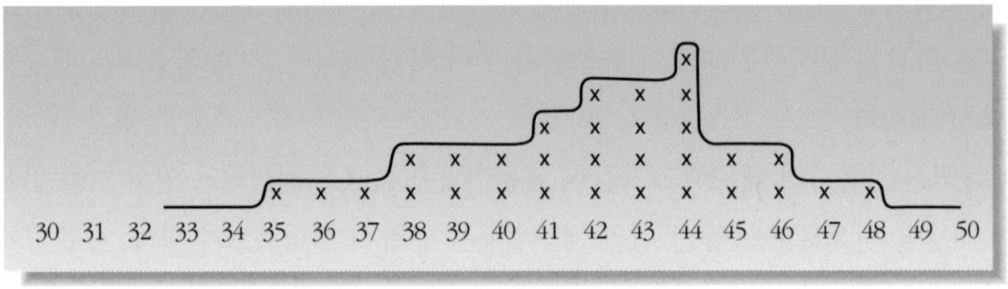

[그림 15-2] 두 번째 학급의 빈도분포

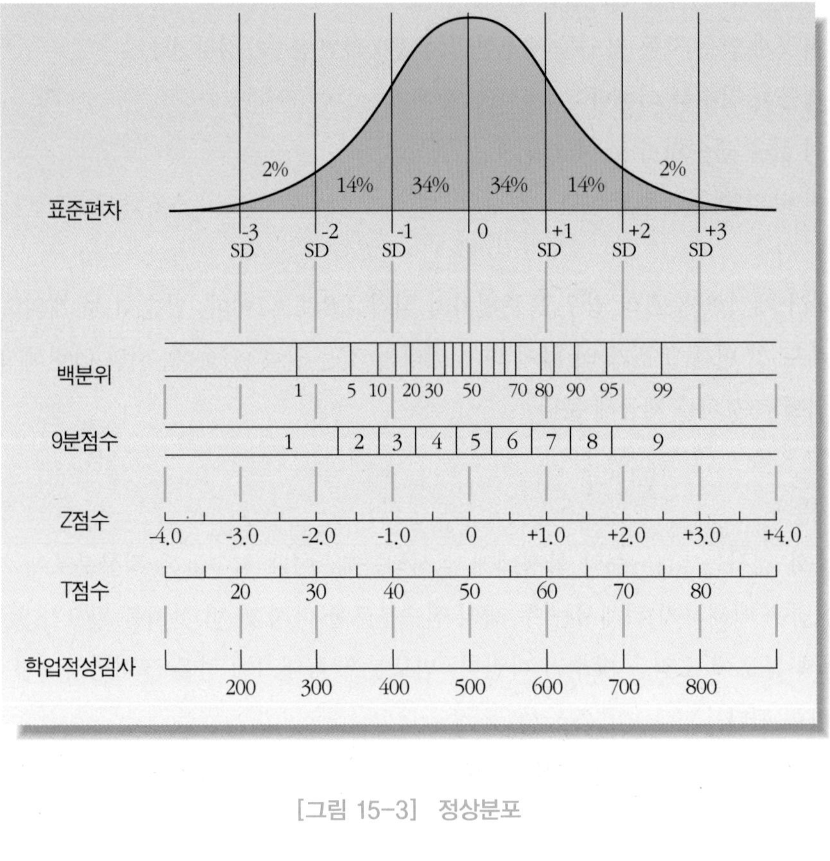

[그림 15-3] 정상분포

표준화 검사 결과 해석하기

지금까지 우리는 두 학급을 예로 들면서 표준화 검사 점수를 요약하는 방법에 관해 살펴보았다. 표준화 검사에서 얻어진 자료는 수천 명의 학생들로부터 나온 것임을 다시 한 번 기억할 필요가 있다. 표준화 검사를 사용하는 주요 목적은 서로 다른 학교, 학군, 지역, 심지어 서로 다른 나라에 살고 있는 학생들과 비교하는 것이다. 이런 비교를 위해 검사제작자는 원점수, 백분위, 9분점수, 학년점수, 그리고 표준점수를 사용한다.

원점수

모든 표준화 검사는 **원점수**에 기초를 두고 있는데, 원점수는 한 개인이 표준화 검사 또는 그 하위검사에서 정확하게 반응한 문항 수를 말한다. 하지만 한 학생의 원점수를 안다고 해서 시험이 쉬웠는지 또는 어려웠는지, 다른 학생들과 비교해서 얼마나 잘했는지를 알 수는 없다. 한 학생의 원점수가 다른 학생들의 점수와 비교되기 전까지 원점수는 우리에게 많은 정보를 제공해 주지 못한다. 백분위, 9분점수, 학년점수, 표준점수 등이 이런 정보를 제공해 준다.

원점수(Raw score)
한 개인이 표준화 검사 또는 그 하위검사에서 정확하게 반응한 문항 수

백분위

백분위는 표준화 검사에서 가장 일반적으로 보고되는 점수 중 하나다. **백분위**[(percentile 또는 percentile rank(PR)]는 어떤 원점수 또는 그 이하의 점수를 취득한 학생들의 퍼센트를 나타낸다. 예를 들어, A라는 학생이 전국적으로 72 백분위 점수를 얻었다고 하자. 이것은 이 학생의 점수가 전국에서 시험을 본 학생 중 72%가 얻은 점수와 같거나 더 높다는 것을 의미한다.

백분위(Percentile)
규준집단에서 어느 원점수 이하의 점수를 받은 학생들의 퍼센트

종종 학부모와 학생들은 백분위를 퍼센트와 혼동한다. 퍼센트는 전체 문항 중 몇 개의 정답을 맞혔는지를 나타내는 반면, 백분위는 한 학생이 다른 학생들과 비교해서 얼마나 잘했는지를 말해 준다.

백분위는 간단하고 명료하기 때문에 사용된다. 백분위는 등위인데, 등위 간 차이는 동일하지가 않다(Miller et al., 2009). 예를 들어, 앞에서 예를 든 31명의 분포에서, 48점은 90 백분위이고, 46점은 80 백분위이며, 44점은 60 백분위, 43점은 50 백분위다. 이 분포에서 90 백분위와 80 백분위 간 점수 차이는 60 백분위와 50 백분위 간 점수 차이(1점)의 두 배(2점)다. 표본의 크기가 커지면 이러한 차이는 더욱 두드러진다. 분포에서 극단에 위치한 점수를 받은 학생들은 중간점수를 얻은 학생들에 비해 더 큰 차이를 나타낸다. 예를 들면, [그림 15-3]에서 백분위 50～60 사이의 점수 범위와 백분위 90～99 사이의 점수 범위를 살펴보면, 후자가 훨씬 더 크다는 것을 확인할 수 있다.

백분위 신뢰구간은 표준화 검사에서 백분위 점수의 범위다. 이것의 장점은 측정오류의

백분위 신뢰구간(Percentile bands)
표준화 검사에서 백분위 점수의 범위

가능성을 고려한다는 것이다(McMillan, 2004). 백분위 신뢰구간은 한 개인의 검사점수가 실제로 위치할 수 있는 백분위 점수의 범위를 나타내 준다. 이런 점에서 백분위 신뢰구간은 9분점수와 비슷한 기능을 지니고 있다.

9분점수

9분점수(Stanine)

개인의 표준화점수를 1부터 9까지 분포하는 척도를 사용해서 기술하는 것

9분점수 역시 표준화 검사 점수를 기술하기 위해 일반적으로 사용되는 방법이다. 9분점수(stanine 또는 standard nine)는 어떤 개인이 표준화 검사에서 얻은 점수를 1점에서 9점까지 척도를 사용해서 기술하는 것이다. 9분점수 5는 분포의 중앙에 위치하고, 평균값 위아래로 1/4 표준편차 내에 있는 모든 점수를 포함한다. 9분점수 4, 3, 2는 각각 9분점수 5 밑에 위치하는 폭이 1/2 표준편차인 점수의 띠다. 9분점수 6, 7, 8은 각각 9분점수 5 위에 위치하는 폭이 1/2 표준편차인 점수의 띠다. 9분점수 1과 9는 분포의 꼬리 부분에 해당한다. 어떤 학생의 점수가 평균값에서 1 표준편차 위에 위치하면 9분점수 7에 해당한다. 평균값에서 2 표준편차 위에 위치하면 9분점수 9에 해당한다. [그림 15-3]은 9분점수가 어떤 측정값에 대응하는지를 보여 준다.

9분점수는 사용하기가 간단하고, 교사와 학부모들이 학생들의 성적을 미세하게 구분하기보다는 가능한 범위에 기초해서 점수를 해석하도록 권장하기 때문에 많이 사용된다(McMillan, 2004). 예를 들어, 백분위 57에 해당되는 점수는 백분위 52에 해당되는 점수와 비교했을 때, 한 하위검사에서 1점 내지는 2점을 더 획득했기 때문에 얻어질 수 있다. 따라서 이 둘의 차이는 별로 의미가 없다. 실제 두 점수 모두 9분점수 5에 해당된다. 9분점수는 시험에서의 수행을 가능한 점수들의 범위로 묘사하기 때문에, 보다 현실적인 측정값이라고 할 수 있다. 그러나 점수들을 9분점수로 줄이게 되면 그만큼 정보를 희생하게 된다. 따라서 교사는 9분점수의 장단점을 염두에 두고 표준화 검사 점수를 학생과 학부모에게 해석해 주어야 한다.

학년점수

학년점수(Grade-equivalent score)

어떤 학생이 표준화 검사에서 획득한 점수를 특정 나이집단에 속한 학생들의 점수와 비교하는 것

학년점수 역시 많이 보고되는 점수인데, 어떤 학생이 표준화 검사에서 획득한 점수를 특정 나이집단에 속한 학생들의 점수와 비교하는 것이다. 첫 번째 숫자는 학년을 나타내고 두 번째 숫자는 학년의 달을 나타낸다. 예를 들어, A라는 학생이 읽기에서 5.6의 학년점수를 얻었다면, 이것은 이 학생이 5학년 6개월에 해당되는 학생들의 평균점수를 획득했다는 것을 의미한다.

학년점수를 잘못 이해할 가능성이 있는데, 그 이유는 학년점수가 시험 결과를 너무 단순화시킬 뿐만 아니라 이러한 비교가 반드시 타당하지 않기 때문이다(Hogan, 2007). 만일 4학년 학생이 5.6의 학년점수를 얻었다면, 이것은 이 학생이 해당 과목에서 약간 진보했다는 것을 의미할 뿐 5학년으로 진급해야 한다는 것을 의미하지는 않는다. 학생에 대해 이런

결정을 내리기 위해서는 사회성 발달, 동기, 학급에서의 행동 및 교사가 제작한 시험에서의 성적 등과 같이 다른 요인을 함께 고려해야 한다. 이런 제한점과 오해의 소지 때문에 어떤 표준화 검사들은 더 이상 학년점수를 사용하지 않는다. 교사가 학생과 학부모에게 이 점수를 보고할 경우에는 특별히 주의를 기울여야 하고, 다른 측정값과 함께 제시해야 한다 (Miller et al., 2009; Salvia & Ysseldyke, 2004).

표준점수

백분위에 관한 논의에서 살펴본 것처럼 원점수에서의 차이가 백분위에서는 동일한 차이로 귀결되지 않는다. 예를 들어, 백분위 50에서 60으로 이동하기 위해서는 원점수 1점을 더 획득해야 하지만, 백분위 80에서 90으로 이동하기 위해서는 원점수 2점을 더 받아야 한다. 이러한 유형의 차이를 다루기 위해 표준점수가 개발되었다. **표준점수**는 표준화 검사에서 학생이 얼마나 잘했는지를 표준편차를 기본 단위로 해서 기술한 것이다(Miller et al., 2009; McMillan, 2004). 표준화 검사를 제작한 사람들은 평균과 표준편차를 사용해서 표준점수를 보고한다.

표준점수의 한 유형인 **z점수**는 평균값에서 몇 표준편차만큼 떨어져 있는지를 나타낸다. 예를 들어, z점수 2는 평균에서 2 표준편차 위에 위치하며, z점수 −1은 평균에서 1표준편차 밑에 위치한다는 것을 말한다. **T 점수**는 평균값이 50이고 표준편차가 10인 표준점수다. T점수 70은 평균에서 2표준편차 위에 위치하며, z점수 2에 해당한다.

z점수와 T점수 등 표준점수를 사용하면 비교가 수월해진다. 이러한 표준점수는 동일한 측정단위에 기초하고 있기 때문에 집단 간, 검사 간 비교를 가능하게 한다.

표준점수
(Standard score)
표준편차를 기본 단위로 사용해서 표준화 검사에서의 수행을 기술하는 것

z점수(z-score)
평균으로부터 몇 표준편차만큼 떨어져 있는지를 나타냄

T점수(T-score)
평균이 50이고 표준편차가 10인 표준점수

측정의 표준오차

표준화 검사가 기술적으로는 세련되지만 측정오차를 지니고 있다. 즉, 점수는 학생의 '진(眞)점수'의 근사치에 불과하다. 가설적으로는, 동일한 검사를 반복해서 실시하면 학생의 점수가 변하는 것을 발견하게 된다. 이때, 이 점수들의 평균값을 구하면 이 학생의 '진(眞)점수'에 대한 추정치를 얻게 된다. **진점수**는 이상적인 조건에서 반복적인 검사가 가능할 경우 얻게 되는 개인점수의 가설적인 평균값이다. 비록 한 개인에게 동일한 검사를 반복해서 시행하는 것이 실제적이지 않지만, **측정의 표준오차**를 사용해서 진점수의 추정치를 얻을 수 있다. 측정의 표준오차는 한 개인의 진점수가 위치할 가능성이 있는 점수의 범위다. 이 범위는 때로는 신뢰구간(confidence interval), 점수 띠(score band), 또는 프로파일 띠(profile band)라는 용어로 표현된다. 예를 들어, 측정의 표준오차가 4인 검사에서 A라는 학생의 원점수는 46이고, B라는 학생의 원점수는 52라고 가정하자. 이것은 A의 진점수가 42점과 50점 사이에 위치한다는 것이고, B의 진점수는 48점과 56점 사이에 위치한다는 것을 의미한다. 얼핏 보기에는 B가 훨씬 더 높은 점수를 얻은 것처럼 보이지만 표준오차를 고려하면 둘의

진점수(True score)
이상적인 조건에서 반복적인 측정이 가능할 경우 얻을 수 있는 점수의 가설적인 평균값

측정의 표준오차
(Standard error of measurement)
진점수가 포함될 가능성이 있는 점수의 범위

점수가 같을 수도 있고, 오히려 A의 진점수가 B의 진점수보다 더 높을 가능성도 있다. 표준화 검사를 바탕으로 어떤 결정을 내려야 할 때 표준오차의 개념을 이해하는 것이 중요하다. 예를 들어, 원점수만을 기초로 A와 B를 다른 능력집단에 배치하는 것은 현명하지 못한 결정이 될 수 있다.

교실에의 적용

학급에서 표준화 검사를 효과적으로 사용하기

1. 표준화 성취도 검사의 타당도는 학습목표와 검사내용이 일치하는가에 달려 있다. 수업과 시험의 연계를 향상시키기 위해 신중하게 결과를 분석하라.
   - 초등학교: 지난해의 검사점수를 검토해서 좀 더 주의를 기울여야 하는 교과 영역을 확인한다.
   - 중학교: 수학교사들이 표준화 검사에서 나온 결과를 문항별로 검토해서 자신들의 교수방법의 장단점을 파악한다. 많은 학생이 특정 문항을 틀린 것을 발견하고, 이 주제를 더 강조하기로 계획한다.
   - 고등학교: 영어교사들이 채점기준을 사용해서 전국적으로 실시된 논술검사에서의 학생들의 성적을 분석한다. 교사들은 이 채점기준을 학생들과 공유하고 학생들의 작문능력이 향상될 수 있도록 도와준다.

2. 소비자의 입장에서 표준화 검사 점수가 지닌 가치는 소비자가 그러한 결과를 얼마나 잘 이해하는가에 달려 있다. 시험 결과를 학생과 학부모에게 명료하게 전달하라.
   - 초등학교: 3학년 교사는 표준화 검사 점수를 설명하기 위한 교사-학부모 모임을 위해 자료를 준비한다. 이 자료에는 자주 나오는 문제에 대한 답과 예가 포함되어 있다.
   - 중학교: 어떤 교사가 표준화 검사 점수를 평가자료의 일부로 포함시켰다. 학생과 학부모를 만났을 때, 학생 개개인의 장점과 향상이 필요한 영역을 알려 주었다.
   - 고등학교: 영어교사들은 학기 초 학부모들을 대상으로 한 오리엔테이션에서, 학생들이 앞으로 학교에서 보게 될 영어시험 문제의 유형과 학부모들에게 전달될 시험 결과에 대해 설명해 주었다. 학부모와의 개별적인 만남에서는, 학생들이 취득한 점수에 대해 구체적인 정보를 제공해 주었다.

◈ 이해 점검 활동

2.1 수진이는 수개념에서 96백분위 점수를 얻었다. 수진이 친구인 민정이와 수연이는 각각 86백분위 점수와 76백분위 점수를 얻었다. 수진이와 민정이의 점수 차이는 민정이와 수연이의 차이보다 더 큰가 아니면 반대인가? 이에 관해 설명하라.

2.2 〈표 15-3〉에서 봤던 첫 번째 학급의 학생이 시험에서 47점을 받았다. 이 점수의 9분점수는 무엇인가? 두 번째 학급에서 47점을 받았다면, 9분점수는 무엇인가?

2.3 어느 4학년생이 표준화 검사에서 학년점수가 6.7점이었다면, 이것이 의미하는 것이 무엇인지 설명하라. 이것이 당신의 교수방법에 시사하는 것은 무엇인가?

표준화 검사에서의 책무성 문제

표준화 검사는 최근 학술논문과 대중매체 모두에서 주목하는 두 가지 영역의 중심에 있다. 첫째, 표준중심교육 및 책무성, 그리고 둘째 교사를 대상으로 한 시험이다.

표준중심교육 및 책무성

표준중심교육이란 교육과정과 교수활동을 미리 정해진 교육목표에 초점을 두고 운영하는 것을 일컫는다. 표준(standard)이란 특정한 나이의 학생들이 특정한 내용영역에서 무엇을 알아야 하고 무엇을 할 수 있어야 하는지에 관해 교육자들이 결정한 것을 의미한다.

책무성은 학생들에게는 구체적인 기준을 충족시켰다는 것을 증명하도록 요구하고, 교사들에게는 학생들의 수행에 대해 책임지게 하는 과정을 의미한다. 표준화된 검사는 학생들이 일정한 기준에 도달했는지 아닌지를 결정하기 위해 사용된다.

이렇게 책임을 요구하는 이유는, 학생들이 기본적인 내용을 숙달하지 않고서도 상급학년으로 진급하며, 읽기, 쓰기, 수학에서 적절치 못한 능력을 지닌 채 고등학교를 졸업하고 있다는 비판 때문이다(Lewis, 2007; Tacker, 2007).

표준중심교육(Standards-based education)
미리 정한 목표 또는 기준에 초점을 두고 교육과정과 교육을 실시하는 과정

책무성(Accountability)
학생들에게는 미리 정한 기준을 충족하는지를 보여 줄 것을 요구하고, 교사들에게는 학생들의 수행에 대해 책임지게 하는 과정

고부담 검사

고부담 검사는 학생, 교사, 학교, 학군에 영향을 미치는 중요한 결정을 내리기 위해 교육자들이 사용하는 표준화된 검사다(Au, 2007; Miller et al., 2009). 고부담검사는 최소능력검사(minimum competency testing)라고도 불리는데, 세 가지 요소를 가지고 있다. 첫째, 수용 가능한 수행에 대해 기준이 마련되어 있다. 둘째, 특정 학년의 모든 학생이 시험을 치러야 한다. 셋째, 시험 결과를 사용해서 진급과 졸업에 대한 결정을 내린다. 시험에서 실패했기 때문에 다음 학년으로 진급하지 못하거나 졸업할 수 없을 때, 개인에게 미치는 위험부담은 매우 높다. 따라서 이러한 검사를 고부담검사라고 한다.

고부담 검사(High-stake test)
학생, 교사, 학교, 학군에 영향을 미치는 결정을 내리기 위해 교육자들이 사용하는 표준화된 검사

고부담 검사는 논란의 여지가 많다. 옹호론자들은 고부담 검사가 학교 시스템의 목표를 분명하게 하고, 학생들에게는 그들이 무엇을 배워야 하는지에 대해 명확한 메시지를 전달하며, 또한 일반 대중에게는 학교의 효과성에 대해 믿을 수 있는 증거를 제공한다고 주장한다(Hirsch, 2000, 2006; Phelps, 2005). 옹호론자들은 교사들의 준비도나 자료 및 시험 자체가 더 향상되어야 한다는 것에는 동의하지만, 고부담 검사가 모든 학생에게 양질의 교육을 제공하기 위한 가장 공정하고 가장 효과적인 수단이라고 주장한다. 허시(Hirsch, 2000: 64)는 고부담 검사 옹호론자들의 주장을 다음과 같이 요약했다. "표준과 그 표준의 성취를 측

고부담 검사와 책무성은 교사와 학생 모두에게 새로운 부담을 안겨 주고 있다.

정하는 시험은 지난 반세기 동안 일어났던 교육사건 중 가장 의미 있는 발전이었다."

비평가들은 교사들이 너무 많은 시간을 들여서 학생들이 시험에 대비하는 것을 도와주어야 하고, 시험 자체는 교과과정을 반영하지 못하며, 시험은 학생들의 학습을 정확히 평가하지 못한다고 빈론을 제기한다(Amrein & Barliner, 2003; Behuniak, 2002; Berliner, 2004). 또한 비평가들은 합격점수(cut-off score)가 작위적이고, 검사도구가 너무 조잡해서 학생, 교사, 학교에 관한 중요한 결정을 내리는 데 사용할 수 없다고 주장한다(Popham, 2004b). 더욱이, 고부담 검사가 소수 민족 학생들, 특히 영어구사능력이 제한적인 학생들에게 지나치게 불리하다는 지적도 있다(Neill, 2003; Popham, 2003).

이러한 비판에도 불구하고 미국에서는 표준중심교육과 고부담 검사가 광범위하게 사용되고 있다. 예를 들어, 모든 주에서 검사를 대행하는 프로그램을 설치하여 학생들이 미리 정한 기준을 충족시키는지를 측정하고 있다. 또한 학생들이 취득한 점수를 토대로 학교의 전체적인 평가점수를 발표하도록 요구하고 있다. 낙제점수를 받은 것으로 확인된 학교에 대해서는 문을 닫게 하거나 철저히 조사하는 등의 조치를 취하고 있다(Jennings & Rentner, 2006; Swanson, 2008).

교사를 대상으로 하는 시험

점차적으로 교사들 역시 화학, 역사 또는 영어와 같은 영역에서의 배경지식을 측정하거나 학습과 교수에 대한 이해도를 측정하거나, 또는 기본적인 기술을 수행할 수 있는 능력을 측정하는 능력시험을 통과할 것을 요구받고 있다. 미국의 경우 이미 많은 주에서 교사자격증을 취득하기 전에 교과지식을 묻는 시험뿐만 아니라 기본적인 기술을 묻는 시험을 통과할 것을 요구하고 있다(Wayne & Young, 2003).

교사를 대상으로 시험을 실시하는 것 역시 두 가지 측면에서 논쟁의 대상이 되어 왔다. 첫째, 비평가들은 교사가 학급에서 수행하는 일은 시험에서 측정하고 있는 지식 이외의 다른 요인에 의존한다고 주장한다. 이런 요인 중 가장 강력한 영향을 미치는 요인은 학급에서 발생하는 여러 복잡한 일을 관리하고 학생들과 함께 일할 수 있는 능력이다(Cochran-Smith, 2005). 둘째, 시험에 실패한 교사 지원자 중 매우 많은 사람이 문화적으로 소수자라는 점이다(McIntosh & Norwood, 2004). 이러한 논쟁에도 불구하고, 미국의 경우 교사들을 대상으로 하는 시험이 적절히 개발되고 타당화가 되었을 때, 법정에서 지지되고 있다(L. Fischer, Schimmel & Stellman, 2006).

표준화 검사에서의 책무성 문제: 교사를 위한 시사점

표준화 검사와 관련된 쟁점이 교사와 어떤 관계가 있는가? 적어도 세 가지 시사점이 있다. 첫째, 표준화 검사에 대한 논쟁이 계속되고 있지만, 표준화 검사는 학교교육에서 빠질 수 없는 부분이고 계속 유지될 것이 거의 확실하다. 이 장에서 살펴본 것처럼 당신은 기준을 해석해야 하고, 당신의 수업을 그 기준에 맞추어야 하며, 학생들을 시험에 대비시켜야 할 것이다. 또한 당신은 교사로서 학생들의 성적에 대해 책임질 가능성이 점차로 커질 것이다.

둘째, 앞으로 당신은 더 많은 것을 알고, 더 많은 일을 하도록 요구받게 될 것이다. 아마도 과거에 교사들에게 요구되었던 것보다 더 많은 수의 수업을 영어, 수학, 과학, 역사과목에서 들어야 할 것이다. 또한 학생들을 이해해야 하고, 어떻게 하면 학생들이 이해할 수 있도록 내용을 전달해야 할지 알아야 할 것이다.

셋째, 당신은 표준화 검사의 장점과 한계를 잘 알고 있어야 한다. 검사 편파성이 존재할 수 있다는 사실을 알면, 당신은 시험에서의 결과를 토대로 학생들에 대한 기대를 낮춘다거나 학생들에 대해 편견을 갖는 것을 피해야 한다. 학부모를 제외하면 교사는 학생의 교육질을 결정하는 가장 중요한 인물인데, 더 많이 알수록 최선의 결정을 내리게 될 것이다.

◈ 이해 점검 활동

3.1 표준중심교육과 책무성, 그리고 표준화된 검사 간 관련성에 대해 기술하라.

3.2 고부담 검사를 찬성하는 이유와 반대하는 이유를 적어도 두 개 이상 기술하라.

3.3 교사들이 시험을 치러야 하는 세 가지 주요 영역을 확인하고, 그것이 교육과 어떤 관련이 있는지를 설명하라.

다양성과 표준화 검사

표준화 검사와 관련된 가장 큰 논란은 표준화 검사가 문화적 소수자들에게 불리한 편향을 지녔다는 것이다(Platt, 2004). 본질적인 질문은 "학생들의 성과를 측정하고 향상시키기 위해 점점 더 많이 사용되고 있는 표준화 검사를 문화적 소수자들에게 사용하는 것이 공정한가?"이다.

물론 옹호론자들과 비평가들은 서로 다른 입장을 지니고 있고, 표준화 검사를 소수집단에게 사용하는 것과 관련해서 세 가지 주요 쟁점은 여전히 미해결 과제로 남아 있다. 첫 번째 쟁점은 학생들의 학업에 관한 의사결정을 내림에 있어 검사 결과를 사용하는 것을 정당화시키는 것이 충분히 타당한가라는 것이다(D. D. Johnson et al., 2008; G. Jones et al., 2003). 두 번째 쟁점은 소수집단 학생들을 검사하는 것에 포함된 기술적인 문제와 관련이 있다(Geisinger, 2005). 검사 결과가 성취에서의 차이를 반영하는지, 아니면 단순히 문화적 · 언어적 차이를 반영하는 것인지에 대한 문제는 여전히 논란거리다. 세 번째 쟁점은, 교육전문가 사이에서 단 한 번의 시험점수를 토대로 진급이나 졸업에 관한 의사결정을 내리는 것에 대해 비판적인 견해가 증가하고 있다는 것이다.

학생의 다양성과 평가의 편파성

평가 편파성 (Assessment bias)

일종의 차별로서, 검사 또는 다른 형태의 검사도구가 성별, 민족, 인종 또는 사회경제적 지위에 따라 학생을 불리하게 대하는 것

표준화 검사를 둘러싼 논쟁 때문에 교육자들과 정책입안자들은 과연 평가의 편파성이 존재하는지에 관심을 두고 있다. **평가 편파성**은 일종의 차별로서, 검사 또는 다른 형태의 검사도구가 성별, 민족, 인종, 또는 사회경제적 지위에 따라 학생들을 불리하게 대하는 것을 의미한다.

측정전문가들은 검사의 타당성을 희석시키는 세 가지 유형의 편파성을 확인하였다(Miller et al., 2009).

- 내용의 편파성
- 검사절차의 편파성
- 검사의 해석과 사용의 편파성

이러한 주제들에 관해 공부하면서, 집단 간 평균의 차이가 반드시 편파성을 나타내는 것이 아님을 기억해야 한다. 이러한 차이가 기저의 원인, 예를 들어 가난이나 부적절한 교육 때문에 발생할 수도 있다(Nitko & Brookhart, 2007).

내용의 편파성

모든 학생이 다 알 것 같지 않은 내용을 문제에 출제할 경우, 관련 배경지식이 없는 학생들에게는 공정하지 못한 시험이 될 것이다. 예를 들어, 다음에 제시된 문항은 6학년 학생들의 지식을 측정하기 위해 표준화된 과학시험에 출제되었던 것이다.

다른 행성에 산이나 강이 있는지 알고 싶으면, 다음 중 어떤 도구를 사용해야 하는가?

a. 쌍안경

b. 현미경

c. 망원경

d. 사진기(Popham, 2004b: 48)

이 질문에 대한 답은 학생들의 사회경제적 지위 또는 현미경이나 망원경과 같은 값비싼 도구를 접해 본 경험에 의해 영향을 받을 수 있다(Popham, 2004b).

편파성은 난어 문제에서도 발생할 수 있다(Miller et al., 2009). 예를 들어,

> 야구선수 김영민은 지금까지 100번 타석에 들어서서 .310의 타율을 기록하고 있다. 이후 세 번의 타석에서 1루타, 2루타, 홈런을 때렸다면, 그의 평균 타율은 얼마일까?

이 문제를 풀기 위해서는 평균 타율을 어떻게 계산하는지, 그리고 2루타와 홈런을 1루타보다 더 많이 계산해야 하는지를 알고 있어야 한다.

교사는 검사의 내용, 절차 및 사용에 있어서 편파성이 발생하지 않도록 지속적으로 노력해야 한다.

학생들의 문화적 배경과 검사내용이 서로 불일치할 경우에도 내용 편파성 문제가 발생할 수 있다. 예를 들어, 섬마을에 살고 있는 학생이 다음과 질문을 받았다고 가정하자. "만약 당신이 다쳐서 병원에 가야 한다면, 다음 중 어떤 것이 당신을 병원에 데려다 줄 것이라고 생각하는가?" '정답' 은 구급차이지만, 섬마을에 살고 있는 학생은 비행기라고 답할 것이다. 왜냐하면 이것이 섬마을에서 긴급한 의료 지원을 받는 방법이기 때문이다(Platt, 2004)

검사 절차의 편파성

문화적 배경이 다른 학생들은 검사환경에 대해 달리 반응하기 때문에, 검사 절차에도 편파성이 발생할 수 있다. 예를 들어, 한 연구 결과에 따르면 미국 인디언 나바호(Navaho)족 학생들은 시험성적이 안 좋을 경우 어떤 결과가 초래되는지 모르고 있었고, 시험을 게임과 같은 사건으로 인식하는 것으로 나타났다(Deyhle, 1987). 다른 연구에서는 어떤 소수 민족 학생들은 검사가 편향되어 있다고 믿고 있었으며, 그 결과 시험을 잘 보려고 노력하지 않는 것으로 나타났다(Morgan & Mehta, 2004; Ryan & Ryan, 2005).

검사의 해석과 사용의 편파성

편파성은 검사 결과를 해석하고 사용할 때에도 발생할 수 있다. 미국의 경우 표준화 학업성취검사 결과를 소수 민족 학생들과 영어를 사용하지 않는 학생들에게 적용하면, 이들이 상급학년으로 올라갈 때나 대학으로 진학할 때 불리한 방식으로 사용된다는 비판이 있다(D. D. Johnson et al., 2008; G. Jones et al., 2003).

이론에서 실제로

표준화 검사에서 교사의 역할

교사는 표준화 검사 점수가 학생들의 실제 학습 정도를 반영하고 있는지를 확인하는 중요한 역할을 수행한다. 당신은 교사로서 검사 결과를 학생과 학부모에게 전달하고, 시험 결과를 바탕으로 당신의 교수법을 개선할 것이다. 아래에 제시된 원리가 이러한 필수적인 기능을 수행하는 데 있어 좋은 지침이 될 것이다.

① 시험 결과가 학생들이 알고 있고 할 수 있는 것을 정확히 반영하도록 학생들을 시험에 준비시켜라.
② 학생들의 수행을 최대화할 수 있는 방식으로 시험을 실시하라.
③ 학생과 학부모에게 시험 결과를 전달하라.
④ 표준화 검사 결과를 다른 자료와 함께 사용해서 교육적인 결정을 내려라.

학생들을 준비시키기 이 장 초반부에서 살펴본 것처럼, 표준화 검사의 타당도는 검사와 그 검사를 사용하는 목적이 일치하는지에 달려 있다. 최근에는 시험에 나오는 내용을 학생들이 배웠는지를 확인하는 것은 교사들의 몫이 되었다(Miller et al., 2009; Popham, 2004a).

학생들이 준비되었는지를 확인하는 것은 교수법의 효과성에 달려 있다. 학생들은 시험에 나오는 내용을 자세히 공부해야 하며, 시험에 나오는 문제와 비슷한 형식의 문제를 가지고 연습할 기회를 가져야 한다(Mertler, 2007). 예를 들어, 교사들은 보통 학생들이 알아야 할 단어의 철자를 정확히 쓰게 하는 퀴즈를 내서 철자를 평가한다. 그러나 표준화 검사의 맞춤법 검사에서는 사지선다 형식으로 정답과 유사한 단어들이 제시되고, 그중에서 하나를 골라야 한다. 이러한 문제를 잘 풀기 위해서는, 학생들이 비슷한 유형의 문제들을 가지고 연습해 봐야 한다.

또한 학생들은 14장에서 공부했던 것과 유사한 시험전략을 배워야 한다. 이러한 전략은 특히 문화적 소수자, 모국어가 다른 학생들, 그리고 사회경제적 지위가 낮은 학생들에게 중요하다. 학생들을 표준화 검사에 대비시키기 위한 전략은 다음과 같다.

- 모든 지시문을 읽고 따르라.
- 문제가 어떻게 채점되는지 확인하라. 예를 들어, 철자나 문법에서 오류가 있거나 선다형문항 문제에서 추측하는 것에 대해 점수가 깎이는지 확인하라.
- 추측하는 것에 벌점이 적용되지 않을 경우, 선다형 문항에서 오답이 확실한 선택지를 먼저 제거하고 나머지 문항에 대해서는 추측하라.
- 모든 질문에 답할 수 있을 만큼 충분한 시간을 가질 수 있도록 속도를 조절하라.
- 쉬운 문제를 먼저 풀고, 시간이 남으면 답을 다시 검토하라.
- 정답지의 답과 시험지의 문항 수가 일치하는지 확인하라(Miller et al., 2009; Niko & Brookhart, 2007).

검사 실시하기 표준화 검사에서 나온 결과가 타당하기 위해서는 모든 사람에게 검사를 동일하게 실시해야 한다. 표준화 검사를 개발한 사람들은 검사 실시방법에 대해 자세히 설명하고 있다(McMillan, 2004; Niko & Brookhart, 2007). 검사지침서에는 전체 검사뿐만 아니라 각각의 하위검사에 얼마나 많은 시간을 할애해야 하는지가 상술되어 있고(교사는 이러한 정보를 칠판에 적어야 한다), 각 하위검사를 어떻게 소개하고 설명해야 하는가에 대한 매뉴얼이 제시되어 있다. 이러한 절차를 정확히 따르지 않는다면, 검사 결과는 타당하지 않을 수 있다.

검사 결과 해석하기　일단 학생들이 검사 결과를 받게 되면, 검사 결과를 학생과 학부모에게 설명해 주고 검사 결과를 사용해서 교수방법을 개선하는 것은 교사의 책임이다. 교수법의 어떤 부분이 향상되어야 하는지를 결정하기 위해, 보통 교사들은 특정 연도의 점수와 이전 연도의 점수를 비교한다(Nichols & Singer, 2000).

시험 결과를 전달할 때, 교사는 시험점수뿐만 아니라 학생에 대한 다른 정보를 함께 제공해야 한다. 이때 시험 점수는 단지 학생이 지니고 있는 능력의 근사치임을 강조해야 한다. 또한 가능하다면 결과를 설명할 때 기술적인 용어를 사용하는 것을 피해야 한다.

추가적인 자료를 사용하라　검사 전문가들은 '어떤 검사도 개별 학생에 대한 교육적 결정을 내리는 데 있어 유일한 자료로 사용되어서는 안 된다.'는 점에 동의한다(Miller et al., 2009). 학교 수준에서 교사는 개별 학생에 대한 결정을 내릴 때 학교에서의 성적, 학교에서 만든 것들, 그리고 수업 중 관찰한 내용을 함께 사용해야 한다. 정책적인 수준에서, 교사는 광범위한 평가자료를 사용해서 이러한 결정을 내리는 것에 찬성하는 입장을 표명할 수 있다.

마지막으로, 학생에 대해 결정을 내릴 때 표준화 검사 결과뿐만 아니라 교사가 실시한 퀴즈, 시험, 숙제, 그리고 비공식적인 관찰 등 다양한 자료를 사용하라. 이것이 모든 학생에게 중요하지만, 문화적 소수자나 모국어가 다른 학생들에게 특히 중요하다. 이러한 자료들이 의사결정을 위한 가장 소중한 정보가 될 수 있다.

◈ 이해 점검 활동

4.1 학생들의 다양성이 표준화 검사의 타당도에 어떻게 영향을 미칠 수 있는지 설명하라.

4.2 표준화 검사를 실시할 때 내용의 편파성을 최소화하기 위해 사용할 수 있는 가장 효과적인 전략을 기술하라.

교실에의 적용

학급에서 검사 편파성 없애기

1. 검사의 타당도는 문화적 요인이 검사 수행에 부당한 영향을 미칠 때 위태로워진다. 학습자의 다양성이 평가수행에 미칠 수 있는 잠재적인 영향을 이해하려고 노력하라.

- 초등학교: 모국어가 다른 학생에게 과연 특수교육이 필요한지를 진단하기 위한 검사에 의뢰하기 전에, 1학년 교사는 학교상담사와 이야기하고 그 학생의 배경과 언어 패턴을 설명해 준다.
- 중학교: 전국적으로 치러지는 수학 모의고사를 실시하기 앞서, 교사는 시험의 목적과 형식을 설명하고, 학생들이 시험에 나오는 문제들과 유사한 문제를 연습할 수 있도록 기회를 제공한다. 교사는 시험에 대한 지시문을 천천히 그리고 명료하게 읽어 주고, 칠판에 시간이 얼마나 남았는지 적는다.
- 고등학교: 고등학교 국어교사는 미국에서 태어나 한국말이 서툰 학생을 대상으로 방과 후에 보충수업을 실시해서 국어 시험에 대비할 수 있도록 도와준다. 교사는 시험의 목적과 형식을 설명해 주고, 연습문제를 내주고 시간 내에 풀게 한다.

2. 시험절차는 학생들의 성과에 영향을 미치며 궁극적으로는 검사의 타당도에도 영향을 미친다. 모든 학생의 요구에 부응하도록 시험절차를 변경하라.

- 초등학교: 3학년 교사는 학생들이 표준화 검사를 준비하는 동안 모든 학생에게 잘할 수 있을 것이라는 긍정적인 기대감을 표현하고, 시험을 보는 동안 학생들이 시험에 집중하고 있는지 주의 깊게 관찰한다.
- 중학교: 매년 표준화 검사가 실시되기 전에, 수학교사는 시험 보는 전략을 가르쳐 준다. 본인이 직접 전략을 사용하는 것을 학생들에게 보여 주고, 시험과 비슷한 상황에서 학생들이 연습할 수 있도록 기회를 제공해 준다.
- 고등학교: 수학교사는 표준화 검사에 나오는 어휘를 학생들이 이해하고 있는지 확인하기 위해 특별한 노력을 기울인다. 시험 전에, 교사는 학생들이 배웠던 주요 개념을 복습시킨다.

학교급별 적용 *Developmentally appropriate*

다양한 연령대의 학습자를 위한 표준화 검사

표준화 검사를 사용해서 효과적으로 평가하기 위해 교사는 학생들의 발달을 고려해야 한다. 다음에 학생들의 발달수준을 고려하는 방법을 개략적으로 제시하였다.

아동의 발달 특성은 표준화 검사의 타당도에 영향을 줄 수 있다. 아동의 짧은 집중력과 제한된 언어능력은 그들의 수행에 영향을 끼칠 것이며, 아이들이 검사의 중요성을 이해하지 못하기 때문에 검사를 잘 수행하기 위해 노력하지 않을 것이다. 많은 아이들에게 표준화 검사는 단지 끝마쳐야 하는 또 하나의 문제지일 뿐이다(Gullo, 2005). 또한 그들은 표준화 검사에서 일반적으로 적용되는 시간 제한이나 선다형 문항에 대한 경험도 부족하다. 지시사항을 따르지 않을 수도 있고, 충동적인 경향 때문에 그럴듯해 보이는 첫 번째 답을 선택하거나 더 재미있는 활동으로 돌아가기 위해 서둘러 검사를 마칠지도 모른다(Stipek, 2002).

검사에서 요구하는 것과 학생들의 발달상의 한계 사이에 존재하는 불일치 때문에, 교사는 표준화 검사 결과를 회의적으로 다룰 필요가 있다. 특히, 표준화 검사 결과가 아동이 학급에서 수행한 것과 일치하지 않을 경우에는 이러한 필요성이 더욱 증대된다. 가장 중요한 것은, 표준화 검사 결과를 토대로 학생들의 잠재성에 대해 장기적으로 예측하지 말아야 한다는 것이다.

일반적으로 중학생은 표준화 검사의 중요성을 이해하고 있는데, 긍정적으로도 부정적으로도 영향을 미칠 수 있다. 잘하려는 동기를 증가시키기도 하지만, 시험불안을 증가시켜 수행을 감소시킬 수 있다.

일반적으로 중학생은 초등학생에 비해 표준화 검사에 반응하는 능력이 충분히 발달되어 있지만, 아이들마다 많은 차이를 보인다. 어떤 학생들은 공부습관, 자기조절능력, 시간 제한이 있는 표준화 검사를 성공적으로 치르는 데 필요한 시험전략을 이미 습득하고 있지만, 어떤 학생들은 그렇지 못하다(Schunk, 2005; Zimmerman, 2005).

이러한 차이를 수용하기 위해 교사는 자기조절 및 개인적 책임을 강조해야 하고, 시험 보는 전략을 가르쳐야 하며, 학생들이 치르게 될 표준화 검사에 나올 문제와 유사한 문제를 가지고 충분히 연습할 수 있게 해야 한다. 또 다른 유용한 전략으로는, 표준화 검사 결과가 학생들의 장점과 좀 더 공부해야 할 부분이 무엇인지를 알려 준다는 것을 이야기해 주어야 하고, 시험을 잘 볼 것이라는 긍정적 기대를 표현해 주며, 최선을 다하라고 격려하는 것 등이 있다.

고등학생들의 활동

고등학생이 되기까지 학생들은 상당히 많은 표준화 검사들을 치러 왔다. 그 결과 표준화 검사의 형태 및 절차에 익숙한데, 표준화 검사와 관련해서 부정적인 경험이 있었던 학생들에게는 동기가 문제가 될 수 있다(Ryan, Ryan, Arbuthnot, & Samuels, 2007). 성적이 저조한 학생들에게 동기가 특별히 문제가 될 수 있는데, 이러한 문제 때문에 종종 자신이 지닌 능력만큼 성취하지 못한다. 어떤 청소년은 어려운 문제에 직면했을 때 다음과 같이 말한다.

"이 문제 틀릴 줄 알았어……. 그래, 내가 틀릴 줄 아는데 뭣하러 노력하겠어" (Ryan et al., 2007: 9).

고등학교 교사들은 표준화 검사 결과가 정보를 제공하기 위해 존재하며, 검사 결과가 학생들이 정보를 지닌 인간으로서의 가치에 관해 어떤 것도 말해 줄 수 없으며, 학생들이 인생에서 성공할지 아닐지를 결정하는 것도 아니라는 점을 강조해야 한다. 가능한 최선을 다하는 것이 중요한데, 그래야 검사 결과가 가장 유용한 정보를 제공해 줄 수 있기 때문이다.

또한 고등학생들에게 표준화 검사 결과를 해석하는 데 도움을 주어야 하는데, 특히 검사 결과가 진로를 결정하는 데 어떻게 활용될 수 있는지를 이해해야 한다. 검사 결과는 혼란스러울 수 있기 때문에, 학생과 학부모 모두 검사 결과를 이해하고 검사 결과를 유용한 정보로 전환시킬 수 있도록 도움을 주어야 한다(Carr, 2008). 학생들이 검사 결과를 이해하는 데 도움을 줄 수 있는 사람은 결국 교사다. 또한 교사는 학생들이 학급에서 어떻게 수행하는지 잘 알고 있기 때문에, 학생들이 미래에 대한 중요한 결정을 내리는 데 도움을 줄 수 있는 최선의 위치에 서 있다.

✿ 학습목표별 요약

1. 전체적인 평가과정에서 표준화 검사의 기능을 기술하라.
   - 표준화 검사의 주요 기능은 학생들의 학습발달을 평가하고, 학생들의 장점과 단점을 진단하며, 학생들을 적절한 교수 프로그램에 배치시키는 데 필요한 정보를 제공하는 것이다. 이러한 검사들은 프로그램을 평가하고 향상시키기 위한 정보를 제공하기 위해 사용될 수도 있다.
   - 성취도 검사는 학생들의 학습에 관한 정보를 제공한다. 진단검사는 학생들의 장점과 단점에 대한 깊이 있는 분석을 제공해 준다. 지능검사는 학생들의 지식습득 및 활용능력, 문제해결능력, 그리고 새로운 과제를 달성할 수 있는 능력을 측정한다. 적성검사는 미래의 학습잠재력을 예측한다.
   - 타당도는 검사가 특정 목적에 얼마나 부합하는지를 측정하는데, 내용 타당도, 예언 타당도, 구인 타당도 등이 있다.

2. 통계치와 표준점수를 사용한 표준화 검사 결과를 해석하라.
   - 교육자들은 학생의 점수를 규준집단의 점수와 비교하는 기술통계치를 사용해서 표준화 검사 점수를 해석한다.
   - 평균값, 중앙치 및 최빈치는 집중경향치를 나타내며, 표준오차와 표준오차 범위는 변산도에 관한 측정치다.
   - 백분위, 9분점수, 학년점수, 표준점수 등은 학생들의 점수를 규준집단의 점수와 비교해서 산출한다.

3. 표준중심교육과 책무성, 표준화 검사 간 관련성에 대해 기술하라.
   - 표준중심교육(standards-based education)이란 미리 정해진 교육목표나 기준에 초점을 두고 교육과정과 교수활동을 운영하는 것을 말한다. 그리고 책무성은 학생들에게는 그들이 구체적인 기준을 충족시켰다는 것을 증명하도록 요구하고, 교사들에게는 학생들의 수행에 대해 책임지게 하는 과정을 말한다. 교육자들은 학생들이 일정 기준에 도달했는지를 결정하기 위해 고부담 검사의 형태로 표준화 검사를 사용한다.
   - 책무성을 옹호하는 사람들은 표준화 검사가 많은 학생들의 교육적 성취를 효율적으로 측정한다고 주장한다. 반면, 비평가들은 표준화 검사를 잘못 사용할 경우 학생들의 창의성을 위축시키고, 시험을 위한 교육을 부추긴다고 주장한다.
   - 책무성 운동은 교사들을 겨냥하고 있다. 이제 교사 지망생들은 기본적인 기술과 내용영역에서의 지식 및 교수법에 대한 능력을 보여 줘야 한다.

4. 학습자의 다양성이 어떻게 표준화 검사의 타당도에 영향을 미칠 수 있는지 설명하라.
   - 문화적 소수자나 모국어가 다른 학생들에게 검사의 편파성이 존재할 경우, 학습자의 다양성은 표준화 검사의 타당도에 영향을 미칠 수 있다.
   - 검사문항에 포함된 정보가 문화적 소수자들에게 불리하게 작용할 때, 내용의 편파성이 발생한다.
   - 학생들이 검사절차와 시간 제한의 의미를 충분히 이해하지 못할 때, 검사절차의 편파성이 발생한다.
   - 교육자들이 검사만 사용해서 학생들에 관한 중요한 결정을 내릴 경우, 검사 결과를 사용하는 것에서 편파성이 발생한다.

✚ 전문성 발달: 자격증 시험 대비 연습

우리는 이 장 초반부에서 서 교사가 학부모에게 표준화된 검사를 해석해 주는 것을 보았다. 이제는 표준화 검사를 사용해서 학습 및 교수에 관한 질문에 대답하는 다른 상황을 살펴보도록 하자. 다음 사례를 읽고 이어지는 질문에 답하라.

양 교사는 수학 문제지를 채점하다가 손 교사가 교무실에 들어오는 것을 보았다.

"잘 돼 가세요?" 손 교사가 물었다.

"네. 그럭저럭요. 어제 본 중간고사 시험지를 채점하고 있었어요. 이 시험에서는 문제해결능력을 강조했어요. 이제는 많은 학생이 응용문제를 푸는 수준까지 왔는데, 모둠에서 하는 것을 좋아해요. 문제는 몇몇 학생이 힘들어 한다는 것이에요. 그래서 제가 좀 혼란스러워요."라고 양 교사가 말했다.

"저한테 그런 문제가 있었으면 좋겠네요. 학생들이 배우고 있는 것 같고, 그리고 적어도 몇몇 학생은 심지어 좋아하기까지 하잖아요."

"예. 알아요. 학생들이 수학을 좋아하게 된 것 자체가 큰 성과겠죠. 하지만 여전히 의아한 것은, 학생들이 배워야 할 것을 모두 배우고 있는지 확신이 서질 않아요. 이 학급이 작년 학급보다 더 잘하고 있는지도 모르겠고, 현재 다른 학급의 학생들과 비교해서도 얼마나 잘하는지 모르겠어요. 저는 학급마다 다른 시험문제를 출제하거든요. 제 생각엔 아이들이 문제해결에 대해서는 더 잘하고 있는데, 솔직히 말하면 많은 학생이 문제 푸는 기술에 대해서는 어려움을 겪고 있거든요. 물론 학급에서도 문제 푸는 기술을 가르치긴 하지만 다른 학급에서만큼은 아니에요. 제 말은 제가 수업에서 적절한 주제를 강조하고 있는지 자신이 없다는 겁니다."

"좋은 지적이에요. 저도 어떤 변화를 줄 때는 늘 의심해요. 뭔가를 더 강조하면, 다른 뭔가를 빠뜨리고 있는 것은 아닌지 의심하게 되죠?"

"마찬가지로 중요한 것이, 이 학생들이 대학에 진학했을 때 얼마나 잘할 수 있을까 궁금해요. 사실 이 반의 많은 학생이 대학에 진학할 거거든요. 뭐 좋은 아이디어가 없으세요?" 양 교사가 질문했다.

"좋은 질문이긴 하지만, 저 역시 딱히 답이 없네요. 이런 게 가르치는 한 부분이 아닐까 생각이 듭니다만." 손 교사가 대답했다.

"맞아요. 마치 교사는 뭔가 더 좋은 정보를 가지고 있어야 할 것 같은 그런 기분이 들어요. 사실 몇몇 학생은 이해하지 못한다는 것을 알고 있어요. 노력은 하는 데 기초가 약해요. 아이들이 예전에 치른 표준화 검사 점수를 봤는데, 수학점수가 썩 나쁘지는 않았어요. 기초가 문제가 아닐지도 모르겠어요. 아마도 제 수업과 잘 안 맞는 것 같아요."

"고전하고 있는 아이들에 대해 말해 보세요." 손 교사가 제안했다.

"혜영이는 정말 열심히 하고, 진석이는 계산은 정말 잘하는데 생각하라고 시키면 힘들어해요. 성재는 문제를 푸는 기교는 뛰어난데 말로 제시하는 문제들은 힘들어해요. 예를 들어, 며칠 전 학생들을 자극하려고 우리 학교 야구부 시합 성적을 가지고 몇 가지 문제를 냈어요. 대부분의 아이가 좋아했고, 세 문제를 제외하곤 다 맞혔어요."

"양 선생님. 명 선생님과 이야기를 해 보는 것이 좋을 것 같습니다. 명 선생님도 이런 문제로 고민한 적이 있거든요. 선생님이 처한 상황에서 도움이 될 만한 검사들을 알고 있을 겁니다."

단답형 질문

이 장에서 다룬 주요 내용과 위에서 제시한 사례내용을 서로 연결시켜서 다음 질문에 대한 답을 구체적으로 작성하라.

1. 양 교사는 정말로 이 학급이 작년에 가르쳤던 학급 또는 올해 다른 학급과 비교해서 더 잘하고 있는지 궁금하다. 어떤 유형의 표준화 검사가 이러한 질문에 답해 줄 수 있을 것으로 생각하는가?
2. 만일 이 검사를 사용한다면 어떤 타당도가 주요 관심사이겠는지 설명하라.
3. 양 교사는 학생들의 선행지식을 염려하고 있다. 이러한 염려와 관련된 자료를 수집하기 위해 양 교사는 어떤 유형의 표준화 검사를 사용할 수 있을까?
4. 양 교사는 학생들이 수학에서 겪고 있는 문제를 조사하면서 이전에 치렀던 표준화 검사 결과를 살펴보았다. 그 밖에 양 교사가 할 수 있는 것은 무엇일까?

중요개념

9분점수(Stanine)
T 점수(T-score)
z 점수(z-score)
고부담 검사(High-stake test)
구인 타당도(Construct validity)
규준집단(Norming group)
규준참조 표준화 검사(Norm-referenced standardized test)
내용 타당도(Content validity)
백분위(Percentile, percentile rank: PR)
백분위 신뢰구간(Percentile band)
범위(Range)
변산도(Variability)
빈도분포(Frequency distribution)
성취도 검사(Achievement test)
예언 타당도(Predictive validity)
원점수(Raw score)
적성검사(Aptitude test)
전국규준(National norm)
정상분포(Normal distribution)
준거참조 표준화 검사(Criterion-referenced standardized test)
준비도 검사(Readiness test)
중앙치(Median)
지능검사(Intelligence test)
진단검사(Diagnostic test)
진점수(True score)
집중 경향값(Measures of central tendency)
책무성(Accountability)
최빈치(Mode)
측정의 표준오차(Standard error of measurement)
평가 편파성(Assessment bias)
평균값(Mean)
표준점수(Standard score)
표준중심교육(Standards-based education)
표준편차(Standard deviation)
표준화 검사(Standardized test)
학년점수(Grade equivalent score)

참고문헌

Abe, J. A., & Izzard, C. E. (1999). Compliance, noncompliance strategies, and the correlates of compliance in 5-year-old Japanese and American children. *Social Development, 8,* 1-20.

Abedi, J. (2006). Language issues in item development. In S. Downing, & T. Haladyna (Eds.), *Handbook of test development*(pp. 377-398). Mahwah, NJ: Erlbaum.

Abedi, J., & Gandara, P. (2006). Performance of English language learners as a subgroup in large-scale assessment: Interaction of research and policy. *Educational Measurement: Issues and Practice, 25*(4), 36-46.

Abedi, J., Hofstetter, C., & Lord, C. (2004). Assessment accommodations for English language learners: Implications for policy-based empirical research. *Review of Educational Research, 74*(1), 1-28.

Aboud, F., & Skerry, S. (1984). The development of ethnic identity: A critical review. *Journal of Cross-Cultural Psychology, 15,* 3-34.

Ackerman, P., & Lohman, D. (2006). Individual differences in cognitive function. In P. A. Alexander & P. H. Winne (Eds.), *Handbook of educational psychology*(2nd ed., pp. 139-162). Mahwah, NJ: Lawrence Erlbaum Associates.

Aiken, L. R. (2003). *Psychological testing and assessment*(11th ed.). Boston: Allyn & Bacon.

Airasian, P., & Walsh, M. (1997). Constructivist cautions. *Phi Delta Kappan, 78*(6), 444-449.

Alberto, P., & Troutman, A. (2006). *Applied behavior analysis for teachers*(7th ed.). Upper Saddle River, NJ: Merrill/Pearson.

Alder, N. (2002). Interpretations of the meaning of care: Creating caring relationships in urban middle school classrooms. *Urban Education, 37*(2), 241-266.

Alexander, J. M., Johnson, K. E., & Leibham, M. E. (2005). Constructing domain-specific knowledge in kindergarten: Relations among knowledge, intelligence, and strategic performance. *Learning and Individual Differences, 15,* 35-52.

Alexander, K., Entwisle, D., Dauber, S., & Kabboni, N. (2004). Dropout in relation to grade retention: An accounting of the Beginning School Study. In H. Walberg, A. Reynolds, & M. Wang (Eds.), *Can unlike students learn together? Grade retention, tracking, and crowding* (pp. 5-34). Greenwich, CT: Information Age Publishing.

Alexander, P. (2003). The development of expertise: The

journey from acclimation to proficiency. *Educational Researcher, 32*(8), 10-14.

Alexander, P. (2006). *Psychology in learning and instruction.* Upper Saddle River, NJ: Merrill/Pearson.

Alexander, P., Graham, S., & Harris, K. (1998). A perspective on strategy research: Progress and prospects. *Educational Psychology Review, 10*(2), 129-153.

Alexander, P., & Jetton, T. (2000). Learning from text: A multidimensional and developmental perspective. In M. Kamil, P. Mosenthal, P. D. Pearson, & R. Barr (Eds.), *Handbook of reading research*(Vol. 3, pp. 285-310). Mahwah, NJ: Erlbaum.

Allen, J. (2007). *Creating a welcoming school: A practical guide to home-school partnerships with diverse families.* New York: Teachers College Press.

Allington, R. L., & McGill-Franzen, A. (2003). The impact of summer setback on the reading achievement gap. *Phi Delta Kappan, 85*(1), 68-71.

Alparsian, C., Tekkaya, C., & Geban, Ö (2004). Using the conceptual change instruction to improve learning. *Journal of Biological Education, 37,* 133-137.

Alperstein, J. F. (2005). Commentary on girls, boys, test scores and more. *Teachers College Record.* Retrieved June 21, 2005, from http://tcrecord.org/Content.asp?ContentID=11874

Altermatt, E., Jovanovic, J., & Perry, M. (1998). Bias or responsivity? Sex and achievement-level effects on teachers' classroom questioning practices. *Journal of Educational Psychology, 90*(3), 516-527.

American Association of University Women. (1998). *Gender gaps: Where schools still fail our children.* Annapolis Junction, MD: Author.

American Association on Mental Retardation. (2002). *Mental retardation: definition, classification, and systems of supports*(10th ed.). Washington, DC: Author.

American Educational Research Association, American Psychological Association, & National Council on Measurement in Education. (1999). *Standards for educational and psychological testing*(2nd ed.). Washington, DC: Author.

American Psychiatric Association. (2000). *Warning signs.* Retrieved December 16, 2007, fromhttp://apahelpcenter.org/ featuredtopics/feature.php?id=38

American Psychological Association Board of Educational Affairs. (1995). *Learner-centered psychological principles: A framework for school redesign and reform.* Retrieved October 1, 2002, from http://www.apa.org/ed/lcp.html

Ames, C. (1990). Motivation: What teachers need to know. *Teachers College Record, 91,* 409-421.

Ames, C. (1992). Classrooms: Goals, structures, and student motivation. *Journal of Educational Psychology, 84*(3), 261-271.

Amrein, A., & Berliner, D. (2003). The effects of high-stakes testing on student motivation and learning. *Educational Leadership, 60*(5), 32-38.

Anderman, E. M., & Maehr, M. (1994). Motivation and schooling in the middle grades. *Review of Educational Research, 64,* 287-309.

Anderman, E. M., & Wolters, C. A. (2006). Goals, values, and affect: Influences on motivation. In P. A. Alexander & P. H. Winne (Eds.), *Handbook of educational psychology*(2nd ed., pp. 369-389). Mahwah, NJ: Erlbaum.

Anderson, D., & Nashon, S. (2007). Predators of knowledge construction: Interpreting students' metacognition in an amusement park physics program. *Science Education, 91,* 298-320.

Anderson, J., Reder, L., & Simon, H. (1996). Situated learning and education. *Educational Researcher, 25*(4), 5-10.

Anderson, J. R. (2005). *Cognitive psychology and its implications*(6th ed.). New York: Worth.

Anderson, J. R. (2007). Information-processing modules and their relative modality specificity. *Cognitive Psychology, 54*(3), 185-217.

Anderson, K., & Minke, K. (2007). Parent involvement in education: Toward an understanding of parents' decision making. *Journal of Educational Research, 199*(5), 311-323.

Anderson, L., Evertson, C., & Brophy, J. (1979). An experimental study of effective teaching in first-grade reading groups. *Elementary School Journal, 79,* 193-223.

Anderson, L., & Krathwohl, D. (Eds.). (2001). *A taxonomy for learning, teaching, and assessing: A revision of Bloom' s taxonomy of educational objectives.* New

York: Addison Wesley Longman.

Anderson, P. M., & Summerfield, J. P. (2004). Why is urban education different from suburban and rural education? In S. R. Steinberg & J. L. Kinchloe (Eds.), *19 urban questions: Teaching in the city*(pp. 29-39). New York: Peter Lang.

Anderson, R., Nguyen-Jahiel, K., McNurlen, B., Archodidou, A., Kim, S., Reznitskaya, A., Tillmanns, M., & Gilbert, L. (2001). The snowball phenomenon: Spread of ways of talking and ways of thinking across groups of children. *Cognition and Instruction, 19*(1), 1-46.

Andrade, H. (2007/2008). Self-assessment through rubrics. *Educational Leadership, 65*(4), 60-63.

Andrew, L. (2007). Comparison of teacher educators' instructional methods with the constructivist ideal. *The Teacher Educator, 42*, 157-184.

Antil, L., Jenkins, J., Wayne, S., & Vadasy, P. (1998). Cooperative learning: Prevalence, conceptualizations, and the relation between research and practice. *American Educational Research Journal, 35*(3), 419-454.

Applebee, A., Langer, J., Nystrand, M., & Gamoran, A. (2003). Discussion-based approaches to developing understanding: Classroom instruction and student performance in middle and high school English. *American Educational Research Journal, 40*(3), 685-730.

Armour-Thomas, E. (2004). What is the nature of evaluation and assessment in an urban context? In S. R. Steinberg & J. L. Kincheloe (Eds.), *19 Urban questions: Teaching in the city*(pp. 109-118). New York: Peter Lang.

Arnett, J. J. (2002). High hopes in a grim world: Emerging adults' views of their futures and of "Generation X." *Youth and Society, 31*, 267-286.

Aronson, E., Wilson, T., & Akert, R. (2005). *Social psychology*.(5th ed.). Upper Saddle River, NJ: Pearson.

Aronson, J. Fried, C., & Good, C. (2002). Reducing the effects of stereotype threat on African American college students: The role of theories of intelligence. *Journal of Experimental Social Psychology, 33*, 113-125.

Aronson, J., & Inzlicht, M. (2004). The ups and downs of attributional ambiguity: Stereotype vulnerability and the academic self-knowledge of African American college students. *Psychological Science, 15*, 829-836.

Asian-Nation. (2005). Retrieved February 17, 2005, http://www.asian-nation.org/modelminority.shtml

Aspy, C. B., Oman, R. F., Vesely, S. K., McLeroy, K., Rodine, S., & Marshall, L. (2004). Adolescent violence: The protective effects of youth assets. *Journal of Counseling and Development, 82*, 268-276.

Atkinson, J. (1958). *Motives in fantasy, action, and society.* Princeton, NJ: Van Nostrand.

Atkinson, R., & Shiffrin, R. (1968). Human memory: A proposed system and its control processes. In K. Spence & J. Spence (Eds.), *The psychology of learning and motivation: Advances in research and theory*(Vol. 2). San Diego, CA: Academic Press.

Atkinson, R. K., Renkl, A., & Merril, M. M. (2003). Transitioning from studying examples to solving problems: Effects of self-explanation prompts and fading worked-out steps. *Journal of Educational Psychology, 95*, 774-783.

Au, K. (1992, April). *"There's almost a lesson here": Teacher and students' purposes in constructing the theme of a story*. Paper presented at the annual meeting of the American Educational Research Association, San Francisco.

Au, W. (2007). High-stakes testing and curricular control: A qualitative metasynthesis. *Educational Researcher, 36*(5), 258-267.

Austin, J. L., Lee, M., & Carr, J. P. (2004). The effects of guided notes on undergraduate students' recording of lecture content. *Journal of Instructional Psychology, 31*, 314-320.

Ausubel, D. P. (1963). *The psychology of meaningful verbal learning*. New York: Grune & Stratton.

Ausubel, D. P. (1968). *Educational psychology: A cognitive view*. New York: Holt, Rinehart & Winston.

Ausubel, D. P. (1977). The facilitation of meaningful verbal learning in the classroom. *Educational Psychologist, 12*, 162-178.

Avramidis, E., Bayliss, P., & Burden, R. (2000). Student teachers' attitudes toward the inclusion of children with special education needs in the ordinary school. *Teaching and Teacher Education, 16*, 277-293.

Azevedo, R., & Cromley, J. (2004). Does training on self-regulated learning facilitate students' learning with hypermedia? *Journal of Educational Psychology, 96*(3), 523–535.

Babad, E., Avni-Babad, D., & Rosenthal, R. (2003). Teachers' brief nonverbal behaviors in defined instructional situations can predict students' evaluations. *Journal of Educational Psychology, 95*, 553–562.

Babad, E., Bernieri, F., & Rosenthal, R. (1991). Students as judges of teachers' verbal and nonverbal behavior. *American Educational Research Journal, 28*(1), 211–234.

Baddeley, A. (2001). Is working memory still working? *American Psychologist, 56*, 851–864.

Baddeley, A. D. (1986). *Working memory: Theory and practice.* London, UK: Oxford University Press.

Bae, G. (2003, April). *Rethinking constructivism in multicultural contexts: Does constructivism in education take the issue of diversity into consideration?* Paper presented at the annual meeting of the American Educational Research Association, Chicago.

Bailey, S. (1993). The current status of gender equity research in American Schools. *Educational psychologist, 28*, 321–339.

Baines, L. (2007). Learning from the world: Achieving more by doing less. *Phi Delta Kappan, 89*, 98–100.

Baker, D. (2006). For Navajo, science and tradition intertwine. *Salt Lake Tribune*, pp. D1, D5.

Baker, D., & Letendre, G. (2005). *National differences, global similarities: World culture and the future of schooling.* Sanford, CA: Stanford University Press.

Baker, S., Gersten, R., Haager, D., & Dingle, M. (2006). Teaching practice and the reading growth of first-grade English learners: Validation of an observation instrument. *Elementary School Journal, 107*(2), 199–220.

Baldwin, J. D., & Baldwin, J. I. (2001). *Behavior principles in everyday life*(4th ed.). Upper Saddle River, NJ: Prentice Hall.

Ball, D. (1992, Summer). Magical hopes: Manipulatives and the reform of math education. *American Educator*, pp. 28–33.

Ball, D., & Forzine, F. (2007). What makes education research "educational"? *Educational Researcher, 36*(9), 529–540.

Bandalos, D. L. (2004). Introduction to the special issue on Nebraska' s alternative approach to statewide assessment. *Educational Measurement, 23*(2), 6–8.

Bandura, A. (1986). *Social foundations of thought and action: A social cognitive theory.* Upper Saddle River, NJ: Prentice Hall.

Bandura, A. (1989). Social cognitive theory. In R. Vasta (Ed.), *Annals of child development*(Vol. 6, pp. 1–60). Greenwich, CT: JAI Press.

Bandura, A. (1997). *Self-efficacy: The exercise of control.* New York: Freeman.

Bandura, A. (2001). Social cognitive theory. *In Annual Review of Psychology.* Palo Alto, CA: Annual Review.

Bandura, A. (2004, May). *Toward a psychology of human agency.* Paper presented at the meeting of the American Psychological Society, Chicago.

Banks, J. (2008). *An introduction to multicultural education*(4th ed.). Boston: Allyn & Bacon.

Barak, M., & Dori, Y. J. (2005). Enhancing undergraduate students' chemistry understanding through project-based learning in an IT environment. *Science Education, 89*, 117–139.

Baringa, M. (1997). New insights into how babies learn language. *Science, 277*, 641.

Barnes, S. P., Torrens, A., & George, V. (2007). The use of portfolios in coordinated school health programs: Benefits and challenges to implementation. *The Journal of School Health, 77*, 171–179.

Barnett, J. E. (2001, April). *Study strategies and preparing for exams: A survey of middle and high school students.* Paper presented at the annual meeting of the American Educational Research Association, Seattle.

Barone, M. (2000). In plain English: Bilingual education flunks out of schools in California. *U.S. News and World Report, 128*(21), 37.

Barr, R., D., & Parrett, W. H. (2001). *Hope fulfilled for at-risk and violent youth*(2nd ed.). Boston: Allyn & Bacon.

Barrett, T. M., Davis, E. F., & Needham, A. (2007). Learning about tools in infancy. *Developmental Psychology, 43*, 352–368.

Barron, B. (2000). Problem solving in video-based microworlds: Collaborative and individual outcomes of high-achieving sixth-grade students. *Journal of Educational Psychology, 92*(2), 391–398.

Barry, C., & Wentzel, K. (2006). Friend influence on prosocial behavior: The role of motivational factors and friendship characteristics. *Developmental Psychology, 42*(1), 153-163.

Barth, R. (2002). The culture builder. *Educational Leadership, 59*(8), 6-12.

Barton, P. (2004). Why does the gap persist? *Educational Leadership, 62*(3), 9-13.

Batsashaw, M. L. (2003). Children with disabilities(5th ed.). Baltimore, MD: Paul H. Brookes.

Bauerlein, M. (2008). *The dumbest generation: How the digital age stupefies young Americans and jeopardizes our future (or, don' t trust anyone under 30)*. New York: Tarcher/Penguin.

Baumeister, R., Campbell, J., Krueger, J., & Vohs, K. (2005). Exploding the self-esteem myth. *Scientific American, 292*(1), 84-92.

Baumeister, R. F., & DeWall, C. N. (2005). The inner dimension of social exclusion: Intelligent thought and self-regulation among rejected persons. In K. D. Williams, J. P. Forgas, & W. von Hippel (Eds.), *The social outcast: Ostracism, social exclusion, rejection, and bullying* (pp. 53-73). New York: Psychology Press.

Baumrind, D. (1991). The influence of parenting style on adolescent competence and substance use. *Journal of Early Adolecence, 11*, 56-95.

Becker, B. E., & Luther, S. S. (2002). Social-emotional factors affecting achievement outcomes among disadvantaged students: Closing the achievement gap. *Educational Psychologist, 37*, 197-214.

Beebe-Fankenberger, M., Bocian, K., MacMillan, D., & Gresham, F. (2004). Sorting second grade students with academic deficiencies: Characteristics differentiating those retained in grade from those promoted to third grade. *Journal of Educational Psychology, 96*, 204-215.

Beers, B. (2006). *Learning-driven schools: A practical guide for teachers and principals*. Alexandria, VA: Association for Supervision and Curriculum Development.

Behuniak, P. (2002). Consumer-referenced testing. *Phi Delta Kappan, 84*, 199.206.

Beirne-Smith, M., Ittenbach, R. F., & Patton, J. R. (2002). *Mental retardation* (6th ed.). Upper Saddle River, NJ: Merrill/Pearson.

Benner, A., & Mistry, R. (2007). Congruence of mother and teacher educational expectations and low-income youth's academic competence. *Journal of Educational Psychology, 99*(1), 140-153.

Bennett, C. (2007). *Multicultural education* (6th ed.). Boston: Allyn & Bacon.

Bennett, N., & Blundel, D. (1983). Quantity and quality of work in rows of classroom groups. *Educational Psychology, 3*, 93-105.

Benson, P., Scales, P., Hamilton, S., & Sesma, A. (2006). Positive youth development: Theory, research, and applications. In R. Lerner (Vol. Ed.), *Handbook of child psychology: Vol. 1. Theoretical models of human development* (6th ed., pp. 894-941). Hoboken, NJ: John Wiley & Sons, Inc.

Bental, B., & Tirosh, E. (2007). The relationship between attention, executive functions and reading domain abilities in attention deficit hyperactivity disorder and reading disorder: A comparative study. *The Journal of Child Psychology and Psychiatry and Allied Disciplines, 48*, 455-463.

Bereiter, C., & Scardamalia, M. (2006). Education for the knowledge age: Design-centered models of teaching and instruction. In P. A. Alexander & P. H. Winne (Eds.), *Handbook of educational psychology* (2nd ed., pp. 695-714). Mahwah, NJ: Lawrence Erlbaum Associates.

Berger, K. (2007). Update on bullying at school: Science forgotten? *Developmental Review*, 90-126.

Berk, L. (2003). *Child development* (6th ed.). Boston: Allyn & Bacon.

Berk, L. (2008). *Infants & children* (6th ed.). Boston: Allyn & Bacon.

Berliner, D. (1984). *Making our schools more effective: Proceedings of three state conferences*. San Francisco: Far West Laboratory.

Berliner, D. (1994). Expertise: The wonder of exemplary performances. In J. Mangieri & C. Collins (Eds.), *Creating powerful thinking in teachers and students* (pp. 161-186). Fort Worth, TX: Harcourt Brace.

Berliner, D. (2004). If the underlying premise for No Child Left Behind is false, how can that act solve our problems? In K. Goodman, P. Shannon, Y. Goodman, & R. Rapoport

(Eds.), *Saving our schools*. Berkeley, CA: RDR Books.

Berliner, D. C. (1986). In pursuit of the expert pedagogue. *Educational Researcher, 15*, 5-13.

Berliner, D. C. (2000). A personal response to those who bash education. *Journal of Teacher Education, 51*, 358-371.

Berliner, D. C. (2005). *Our impoverished view of educational reform. Teachers College Record,* August 2. ID Number: 12106. Retrieved January 12, 2006, from http://www.tcrecord.org

Berliner, D. C. (2006). Educational psychology: Searching for essence throughout a century of influence. In P. A. Alexander & P. H. Winne (Eds.), *Handbook of educational psychology* (2nd ed., pp. 3-42). Mahwah, NJ: Erlbaum.

Berndt, T. (2002). Friendship quality and social development. *Current Directions in Psychological Science, 11*, 7-10.

Berninger, V. (2006). A developmental approach to learning disabilities. In K. A. Renninger, & I. Sigel (Vol. Eds.), *Handbook of child psychology: Vol. 4. Child psychology in practice* (6th ed., pp. 420-452). Hoboken, NJ: John Wiley & Sons, Inc.

Berninger, V., & Richards, T. (2002). *Brain literacy for educators and psychologists*. San Diego, CA: Academic Press.

Bernstein, D. K., & Tiegerman-Farber, E. (2002). *Language and communication disorders in children* (5th ed.). Boston: Allyn & Bacon.

Berrill, D., & Whalen, C. (2007). "Where are the children?" Personal integrity and reflective teaching portfolios. *Teaching and Teacher Education, 23*, 868-884.

Bertman, S. (2000). Cultural amnesia: America' s future and the crisis of memory. Westport, CT: Praeger.

Berzonsky, M. D., & Kuk, L. S. (2000). Identity status, identity processing style, and the transition to university. *Journal of Adolescent Research, 15*, 81-98.

Bettis, P., & Adams, N. (Eds.) (2005). *Geographies of girlhood: Identities in-between*. Mahwah, NJ: Lawrence Erlbaum.

Bialystok, E. (2001). *Bilingualism in development: Language, literacy, and cognition*. Cambridge, England: Cambridge University Press.

Biddle, B. J. (2001). Poverty, ethnicity, and achievement in American Schools. In B. J. Biddle (Ed.), *Social class, poverty, and education* (pp. 1-30). New York: Routlege Falmer.

Biddle, B., & Berliner, D. (2002). Unequal school: Funding in the United States. *Education Leadership, 59*(8), 48-59.

Bielenberg, B., & Fillmore, L. W. (2005). The English they need for the test. *Educational Leadership, 62*(4), 45-49.

Biemiller, A. (2005). Addressing developmental patterns in vocabulary. In E. H. Hiebert, & M. L. Kamil (Eds.), *Teaching and learning vocabulary*. Mahwah, NJ: Erlbaum.

Biscaro, M., Broer, K., & Taylor, N. (2004). Self-efficacy, alcohol expectancy and problem-solving appraisal as predictors of alcohol use in college students. *College Student Journal, 38*, 541-555.

Black, A., & Deci, E. (2000). The effects of instructors' autonomy support and students' autonomous motivation on learning organic chemistry: A self-determination theory perspective. *Science Education, 84*, 740-756.

Black, P., Harrison, C., Lee, C., Marshall, B., & William, D. (2004). Working inside the black box: Assessment for learning in the classroom. *Phi Delta Kappan, 86*(1), 9-21.

Black, P., & William, D. (1998a). Assessment and classroom learning. *Assessment in Education: Principles, Policy and Practice, 5*(1), 7-75.

Black, P., & William, D. (1998b). Inside the black box. *Phi Delta Kappan, 80*(2), 139-148.

Black, S. (2007). Apprenticeships: A tradition that works. *American School Board Journal, 194*(2), 38-40.

Blackburn, M., & Miller, R. (1999, April). *Intrinsic motivation for cheating and optimal challenge: Some sources and some consequences*. Paper presented at the annual meeting of the American Educational Research Association, Montreal, Canada.

Blair, J. (2000). AFT urges new tests, expanded training for teachers. *Education Week, 19*(32), 11.

Blanchett, W. (2006). Disproportionate representation of African American students in special education: Acknowledging the role of white privilege and racism. *Educational Researcher, 35*(6), 24-28.

Blatchford, P, Baines, E., Rubie-Davies, Ch, Bassett, P., & Chowne, A. (2006). The effect of a new approach to group work on pupil-pupil and teacher-pupil interactions. *Journal of Educational Psychology, 98*(4), 750–765.

Bleeker, M. M., & Jacobs, J. E. (2004). Achievement in math and science: Do mothers' beliefs matter 12 years later? *Journal of Educational Psychology, 96*(1), 97–109.

Blocher, M., Echols, J., Tucker, G., de Montes, L., & Willis, E. (2002, April). *Re-thinking the validity of assessment: A classroom teacher's dilemma*. Paper presented at the annual meeting of the American Educational Research Association, New Orleans.

Block, M. (2007). Climate changes lives of whalers in Alaska. All Things Considered. National Public Radio. Retrieved September 17, 2007, from http://www.npr.org/templates/story/story.php? storyId=14428086

Bloom, B., Englehart, M., Furst, E., Hill, W., & Krathwohl, O. (1956). *Taxonomy of educational objectives: The classification of educational goals: Handbook 1. The cognitive domain.* White Plains, NY: Longman.

Bloom, C. M., & Lamkin, D. M. (2006). The Olympian struggle to remember the cranial nerves: Mnemonics and student success. *Teaching of Psychology, 33*, 128–129.

Bloom, L. (1998). The intentionality model of language development: How to learn a word, any word. In R. Golinkoff, K. Hirsh-Pasek, N. Akhtar, L. Bloom, G. Hollich, L. Smith, M. Tomasello, & A. Woodward (Eds.), *Becoming a word learner: A debate on lexical acquisition*. New York: Oxford University Press.

Blum, R. (2005). A case for school connectedness. *Educational Leadership, 62*(8), 16–19.

Blumenfeld, P., Kempler, T., & Krajcik, J. (2006). Motivation and cognitive engagement in learning environments. In R. K. Sawyer (Ed.), *Cambridge handbook of the learning sciences* (pp. 475–488). Cambridge, MA: Cambridge University Press.

Blumenreich, M., & Falk, B., (2006). Trying on a new pair of shoes: Urban teacher.learners conduct research and construct knowledge in their own classrooms. *Teaching and Teacher Education, 22*, 864–873.

Boekaerts, M., & Koning, E. (2006). Goal-directed behavior and contextual factors in the classroom: An innovative approach to the study of multiple goals. *Educational Psychologist, 41*, 33–51.

Bogdan W., & Struzynska-Kujalowicz, A. (2007). Power influences self-esteem. *Social Cognition, 25*, 472–494.

Bohn, C. M., Roehrig, A. D., & Pressley, M. (2004). The first days of school in the classrooms of two more effective and four less effective primary-grades teachers. *Elementary School Journal, 104*(4), 269–288.

Bong, M. (2001). Between- and within-domain relations of academic motivation among middle and high school students: Self-efficacy, task-value, and achievement goals. *Journal of Educational Psychology, 93*, 23–34.

Bong, M., & Skaalvik, E. (2003). Academic self-concept and self-efficacy: How different are they really? *Educational Psychology Review, 15*, 1–40.

Borko, H., & Putnam, R. (1996). Learning to teach. In D. Berliner & R. Calfee (Eds.), *Handbook of educational psychology* (pp. 673–708). New York: Macmillan.

Borman, G. D., & Overman, L. R. (2004). Academic resilience in mathematics among poor and minority students. *Elementary School Journal, 104*(3), 177–196.

Bortfeld, H., & Whitehurst, G. (2001). Sensitive periods in first language acquisition, In D. Bailey, Jr., J. Bruer, F. Symons, & J Lichtman (Eds.), *Critical thinking about critical periods* (pp. 173–192). Baltimore: Brookes.

Bourne, L. (1982). Typicality effects in logically defined categories. *Memory & Cognition, 10*, 3–9.

Braaksma, M., Rijlaarsdam, G., van den Bergh, H., & van Hout-Wolters, B. (2004). Observational learning and its effects on the orchestration of writing processes. *Cognition & Instruction, 22*(1), 1–36.

Bracey, G. (2005). A nation of cheats. *Phi Delta Kappan, 86*(5), 412–413.

Brainerd, C. (2003). Jean Piaget, learning research, and American education. In B. Zimmerman, & D. Schunk (Eds.), *Educational psychology: A century of contributions* (pp. 251–287). Mahwah, NJ: Erlbaum.

Bransford, J. (1993). Who ya gonna call? Thoughts about teaching problem solving. In P. Hallinger, K. Leithwood, & J. Murphy (Eds.), *Cognitive perspectives on educational leadership* (pp. 2–30). New York: Teachers College Press.

Bransford, J., Brown, A., & Cocking, R. (Eds.). (2000). *How people learn: Brain, mind, experience, and school.* Washington, DC: National Academy Press.

Bransford, J., Darling-Hammond, L., & LePage, P. (2005).

Introduction. In L. Darling-Hammond & J. Bransford (Eds.), *Preparing teachers for a changing world: What teachers should learn and be able to do* (pp. 1-39). San Francisco: JosseyBass/Wiley.

Bransford, J., Derry, S., Berliner, D., Hammerness, K, & Beckett, K. L. (2005). Theories of learning and their roles in teaching. In L. Darling-Hammond & J. Bransford (Eds.), *Preparing teachers for a changing world: What teachers should learn and be able to do* (pp. 40-87). San Francisco: John Wiley & Sons.

Bransford, J., & Stein, B. (1984). *The IDEAL problem solver.* New York: Freeman.

Bransford, J. D., & Johnson, M. K. (1972). Contextual prerequisites for understanding: Some investigations of comprehension and recall. *Journal of Verbal Learning and Verbal Behavior, 11*, 717-726.

Braun, H., & Mislevy, R. (2005). Intuitive test theory. *Phi Delta Kappan, 86*(7), 489-497.

Brehmer, Y., & Li, S-C. (2007). Memory plasticity across the life span: Uncovering children's latent potential. *Develop mental Psychology, 43,* 465-478.

Brendgen, M., Vitar, F., Boivin, M., Dionne, G., & Perusse, D. (2006). Examining genetic and environmental effects on reactive versus proactive aggression. *Developmental Psychology, 42*(6), 1299-1312.

Brenner, M., Mayer, R., Moseley, B., Brar, T., Durán, R., Reed, B., & Webb, D. (1997). Learning by understanding: The role of multiple representations in learning algebra. *American Educational Research Journal, 34*(4), 663-689.

Bridgeman, B. (1974). Effects of test score feedback on immediately subsequent test performance. *Journal of Educational Psychology, 66*, 62-66.

Bronfenbrenner, U., & Morris, P. (2006). The bioecological model of human development. In R. Lerner (Ed.), *Handbook of child psychology: Vol. 1 Theoretical models of human development* (6th ed., pp. 793-828). Hoboken, NJ: John Wiley & Sons, Inc.

Brookhart, S. (2007/2008). Feedback that fits. *Educational Leadership, 65*(4), 54-59.

Brookhart, S. M., Walsh, J. M., & Zientarski, W. A. (2006). The dynamics of motivation and effort for classroom assessments in middle school science and social studies. *Applied Measurement in Education, 19,* 151-184.

Brophy, J. (1981). On praising effectively. *Elementary School Journal, 81*, 269-278.

Brophy, J. (1999a). Perspectives of classroom management. In J. Freiberg (Ed.), *Beyond behaviorism: Changing the classroom management paradigm* (pp. 43-56). Boston: Allyn & Bacon.

Brophy, J. (1999b). Research on motivation in education: Past, present, and future. In M. L. Maehr & P. R. Pintrich (Series Eds.) & T. C. Urdan (Vol. Ed.), *Advances in motivation and achievement: Vol. 11*. The role of context (pp. 1-44). Stamford, CT: JAI.

Brophy, J. (2004). *Motivating students to learn* (2nd ed.). Boston: McGraw-Hill.

Brophy, J. (2006a) Graham Nuttall and social constructivist teaching; Research-based cautions and qualifications. *Teaching and Teacher Education, 22*, 529-537.

Brophy, J. (2006b). History of research on classroom management. In C. M. Evertson & C. S. Weinstein (Eds.), *Handbook of classroom management: Research, practice, and contemporary issues* (pp. 17-43). Mahwah, NJ: Erlbaum.

Brophy, J. (2006c).Observational research on generic aspects of classroom teaching. In P. A. Alexander & P. H. Winne (Eds.), *Handbook of educational psychology* (2nd ed., pp. 755-780). Mahwah, NJ: Erlbaum.

Brophy, J., & Alleman, J. (2003). Primary-grade students' knowledge and thinking about the supply of utilities (water, heat, and light) to modern homes. *Cognition & Instruction, 21*(1), 79-112.

Brophy, J., & Good, T. (1986). Teacher behavior and student achievement. In M. Wittrock (Ed.), *Handbook of research on teaching* (3rd ed., pp. 328-375). New York: Macmillan

Brosvic, G. M., Epstein, M. L., Dihoff, R. E., & Cook, M. J. (2006). Feedback facilitates the acquisition and retention of numerical fact series by elementary school students with mathematics learning disabilities. *The Psychological Record, 56*, 35-54.

Brouwers, A., & Tomic, W. (2001). The factorial validity of the Teacher Interpersonal Self-Efficacy Scale. *Educational and Psychological Measurement, 61*, 433-445.

Brown, A., Bransford, J., Ferrara, R., & Campione, J. (1983).

Learning, remembering, and understanding. In J. Flavell & E. Markman (Eds.), *Handbook of child psychology: Vol. 3. Cognitive development* (4th ed., pp. 77–166). New York: Wiley.

Brown, A., & Campione, J. (1994). Guided discovery in a community of learners. In K. McGilly (Ed.), *Classroom lessons: Integrating cognitive theory and classroom practice* (pp. 229–270). Cambridge, MA: MIT Press.

Brown, D. (2004). Urban teachers' professed classroom management strategies: Reflections of culturally responsive teaching. *Urban Education, 39*(3), 266–289.

Brown, J., Collins, A., & Duguid, P. (1989). Situated cognition and the culture of learning. *Educational Researcher, 18,* 32–42.

Brown, K., Anfara, V., & Roney, K. (2004). Student achievement in high performing, suburban middle schools and low performing, urban middle schools: Plausible explanations for the differences. *Education and Urban Society, 36*(4), 428–456.

Brown, R., & Evans, W. (2002). Extracurricular activity and ethnicity: Creating greater school connections among diverse student populations. *Urban Education, 37*(1), 41–58.

Brown-Chidsey, R. (2007). No more "waiting to fail." *Educational Leadership, 62*(2), 40–46.

Bruer, J. T. & Greenough, W. T. (2001). The subtle science of how experience affects the brain. In D. B. Bailey, Jr., J. T. Bruer, F. J. Symons, & J. W. Lichtman (Eds.), *Critical thinking about critical periods* (pp. 209–232). Baltimore: Brookes.

Bruner, J. (1973). *Beyond the information given: Studies in the psychology of knowing*. New York: Norton.

Bruner, J. (1990). *Acts of meaning*. Cambridge, MA: Harvard University Press.

Bruner, J., Goodenow, J., & Austin, G. (1956). *A study of thinking*. New York: Wiley.

Bruner, J. S. (1960). *The process of education*. Cambridge, MA: Harvard University Press.

Bruner, J. S. (1966). *Toward a theory of instruction*. New York: Norton.

Bruning, R. H., Schraw, G. J., Norby, M. M., & Ronning, R. R. (2004). *Cognitive psychology and instruction* (4th ed.). Upper Saddle River, NJ: Prentice Hall.

Bryan, C. L., & Solmon, M. A. (2007). Self-determination in physical education: Designing class environments to promote active lifestyles. *Journal of Teaching in Physical Education, 26,* 260–278.

Buck, G., Kostin, I., & Morgan, R. (2002). *Examining the relationship of content to gender-based performance difference in advanced placement exams.* (Research Report No. 2002-2012). New York: College Board.

Bulgren, J., Deshler, D., Schumaker, J., & Lenz, B. K. (2000). The use and effectiveness of analogical instruction in diverse secondary content classrooms. *Journal of Educational Psychology, 92*(3), 426–441.

Bullough, R., Jr. (1989). *First-year teacher: A case study*. New York: Teachers College Press.

Burack, J., Flanagan, T., Peled, T., Sutton, J., Zygmuntowicz, C., & Manley, J. (2006). Social perspective-taking skills in maltreated children and adolescents. *Developmental Psychology, 42,* 207–217.

Burbules, N., & Bruce, B. (2001). Theory and research on teaching as dialogue. In V. Richardson (Ed.), *Handbook of research on teaching* (4th ed., pp. 1102–1121). Washington, DC: America Educational Research Association.

Burhans, K., & Dweck, C. S. (1995). Helplessness in early childhood: The role of contingent worth. *Child Development, 66,* 1719–1738.

Burke, L. A., Williams, J. M., & Skinner, D. (2007). Teachers' perceptions of thinking skills in the primary curriculum. *Research in Education, 77,* 1–13.

Burns, M. (2005). Looking at how students reason. *Educational Leadership, 63*(3), 26–31.

Burstyn, J., & Stevens, R. (1999, April). *Education in conflict resolution: Creating a whole school approach*. Paper presented at the annual meeting of the American Educational Research Association, Montreal, Canada.

Burstyn, J., & Stevens, R. (2001). Involving the whole school in violence prevention. In J. Burstyn, G. Bender, R. Casella, H. Gordon, D. Guerra, K. Luschen, R. Stevens, & K. Williams (Eds.), *Preventing violence in schools: A challenge to American democracy* (pp. 139–158). Mahwah, NJ: Erlbaum.

Byrnes, J. P. (2001a). *Cognitive development and learning in instructional contexts* (2nd ed.). Boston: Allyn &

Bacon.

Byrnes, J. P. (2001b). *Minds, brains, and learning: Understanding the psychological and educational relevance of neuroscientific research*. New York: Guilford Press.

Byrnes, J. P. (2003). Factors predictive of mathematics achievement in White, Black, and Hispanic 12th graders. *Journal of Educational Psychology, 95*, 316-326.

Byrnes, J., & Fox, N. (1998). The educational relevance of research in cognitive neuroscience. *Educational Psychology Review, 10*, 297-342.

California State Board of Education. (2008). *Grade Ten. History-Social Science Content Standards*. Retrieved January 25, 2008, from http://www.cde.ca.gov/be/st/ss/hstgrade10.asp

Cameron, J., Pierce, W. D., & Banko, K. M. (2005). Achievement-based rewards and intrinsic motivation: A test of cognitive mediators. *Journal of Educational Psychology, 97*, 641-655.

Campbell, F. A., Pungello, E. P., Miller-Johnson, S., Burchinal, M., & Ramey, C. T. (2001). The development of cognitive and academic abilities: Growth curves from an early childhood educational experiment. *Developmental Psychology, 37*, 231-243.

Canter, A. (2004). A problem-solving model for improving student achievement. *Principal Leadership, 5*, 11-15.

Canter, L. (1996). First the rapport. then the rules. *Learning, 24*, 12-13.

Canter, L., & Canter, M. (1992). *Assertive discipline: Positive behavior management for today's classrooms*. Santa Monica, CA: Lee Canter and Associates.

Caplan, N., Choy, M., & Whitmore, J. (1992). Indochinese refugee families and academic achievement. *Scientific American, 266*(2), 36-42.

Caprara, G. V., Barbaranelli, C., Borgogni, L., & Steca, P. (2003). Efficacy beliefs as determinants of teachers' job satisfaction. *Journal of Educational Psychology, 95*, 821-832.

Carey, B. (2007, September 4). Bipolar illness soars as a diagnosis for the young. *New York Times*, pp. A1, A15.

Carlson, C., Uppal, S., & Prosser, E. (2000). Ethnic differences in processes contributing to self-esteem of early adolescent girls. *Journal of Early Adolescence, 20*, 44-67.

Carlson, N. (1999). *Foundations of physiological psychology*. Boston: Allyn & Bacon.

Carnine, D., Silbert, J., Kameenui, E., Tarver, S., & Jongjohann, K. (2006). *Teaching struggling and at-risk readers: A direct instruction approach*. Upper Saddle River, NJ: Merrill/Pearson.

Carpendale, J. (2000). Kohlberg and Piaget on stages and moral reasoning. *Developmental Review, 20*, 181-205.

Carr, N. (2008). Talking about test scores. *American School Board Journal, 195*(1), 38-39.

Carrier, D. (2007). Double jeopardy: Repeat births to teens: One in five teens giving birth are already mothers. *Child Trends* [Online]. Retrieved from http://www.childtrends.org/_pressrelease_page.cfm?LID=F9DF71F0B45F-4396-9F537D6C0577B220

Carter, K., & Doyle, W. (2006). Classroom management in early childhood and elementary classrooms. In C. M. Evertson & C. S. Weinstein (Eds.), *Handbook of classroom management: Research, practice, and contemporary issues* (pp. 373-406). Mahwah, NJ: Erlbaum.

Carver, S. (2006). Assessing for deep understanding. In R. K. Sawyer (Ed.), *Cambridge handbook of the learning sciences* (pp. 205-224). Cambridge, MA: Cambridge University Press.

Case, R. (1992). *The mind's staircase: Exploring the conceptual underpinnings of children's thought and knowledge*. Hillsdale, NJ: Erlbaum.

Case, R. (1998). The development of central conceptual structures. In D., Kuhn, & R. Siegler (Eds.), *Handbook of child psychology: Vol. 2. Cognition, perception, and language* (5th ed., pp. 745-800). New York: Wiley.

Cassady, J. (1999, April). *The effects of examples as elaboration in text on memory and learning*. Paper presented at the annual meeting of the American Educational Research Association, Montreal, Canada.

Cassady, J. C., & Johnson, R. E. (2002). Cognitive anxiety and academic performance. *Contemporary Educational Psychology, 27*, 270-295.

Castellano, J. A., & Diaz, E. (Eds.). (2002). *Reaching new horizons: Gifted and talented education for culturally and linguistically diverse students*. Boston: Allyn & Bacon.

Castle, S., Deniz, C., & Tortora, M. (2005). Flexible grouping and student performance. *Contemporary Educational Psychology, 27,* 270-295.

Cattel, R. (1963). Theory of fluid and crystallized intelligence: A critical experiment. *Journal of Educational Psychology, 54,* 1-22.

Cattel, R., (1987). *Intelligence: Its structure, growth, and action.* Amsterdam: North-Holland.

Cazden, C. B. (2002). *Classroom discourse: The language of teaching and learning* (2nd ed.). Portsmouth, NH: Heineman.

Ceci, S., & Williams, W. (1997). Schooling, intelligence, and income. *American Psychologist, 53,* 185-204.

Chaffen, R., & Imreh, G. (2002). Practicing perfection: Piano performance and expert memory. *Psychological Science, 13,* 342-349.

Chao, R. (1994). Beyond parental control and authoritarian parenting style: Understanding Chinese parenting through the cultural notion of training. *Child Development, 65,* 1111-1119.

Chao, R. (2001). Extending research on the consequences of parenting style for Chinese American and European Americans. *Child Development, 72,* 1832-1843.

Chapman, J. W., Tunmer, W. E., & Prochnow, J. E. (2000). Early reading-related skills and performance, reading self-concept, and the development of academic self-concept: A longitudinal study. *Journal of Educational Psychology, 92,* 703-708.

Chappuis, S., & Chappuis, J. (2007/2008). The best value in formative assessment. *Educational Leadership, 65*(4), 14-18.

Charles, C. M. (2002). *Essential elements of effective discipline.* Boston: Allyn & Bacon.

Charles, C. M., & Senter, G. W. (2005). *Building classroom discipline* (8th ed.). Boston: Allyn & Bacon.

Charner-Laird, M., Watson, D., Szczesuil, S., Kirkpatrick C., & Gordon, P. (2004, April). *Navigating the "Culture Gap:" New teachers experience the urban context.* Paper presented at the annual meeting of the American Educational Research Association, San Diego.

Chatterji, M., (2008). Synthesizing evidence from impact evaluations in education to inform action. *Educational Researcher, 37*(1), 23-26.

Chavous, T. M., Bernat, D. H. Schmeelk-Cone, K., Caldwell, C. H., Kohn-Wood, L., & Zimmerman, M. A. (2003). Racial identity and academic attainment among African American Adolescents. *Child Development, 74,* 1076-1090.

Chekley, K. (1997). The first seven . . . and the eighth. *Educational Leadership, 55,* 8-13.

Chen, J. (2004). Theory of multiple intelligences: Is it a scientific theory. *Teachers College Record, 106,* 17-23.

Chen, Z., & Siegler, R. (2000). Intellectual development in childhood. In R. J. Sternberg (Ed.), *Handbook of intelligence* (pp. 92-116). New York: Cambridge University Press.

Cheng, L. R. (1987). *Assessing Asian language performance.* Rockville, MD: Aspen.

Children's Defense Fund. (2004). *The state of America's children yearbook 2004.* Washington, DC: Author.

Choi, N. (2005). Self-efficacy and self-concept as predictors of college students' academic perfor-mance. *Psychology in the Schools, 42*(2), 197-205.

Chomsky, N. (1959). A review of Skinner's verbal behavior. *Language, 35,* 25-58.

Chomsky, N. (1972). *Language and mind* (2nd ed.). Orlando, FL: Harcourt Brace.

Chomsky, N. (1976). *Reflections on language.* London: Temple Smith.

Chomsky, N., & Miller, G. (1958). Finite-state languages. *Information and Control, 1,* 91-112.

Chorzempa, B., & Graham, S. (2006). Primary-grade teachers' use of within-class ability grouping in reading. *Journal of Educational Pyschology, 98*(3), 529-541.

Christenson, S., & Havsy, L. (2004). Family-school-peer relationships: Significance for social, emotional, and academic learning. In J. Zins, R. Weissberg, M. Wang, & H. Walberg (Eds.), *Building academic success on social and emotional learning* (pp. 59-75). New York: Teachers College Press.

Christian, K., Bachnan, H. J., & Morrison, F. J. (2001). Schooling and cognitive development. In R. J. Sternberg & E. L. Grigorenko (Eds.), *Environmental effects on cognitive abilities.* Mahwah, NJ: Erlbaum.

Chronicle, E., MacGregor, J., & Ormerod, T. (2004). What makes an insight problem? The roles of heuristics, goal conception, and solution recoding in knowledge-learn problems. *Journal of Experimental Psychology:*

Learning, Memory, and Cognition, 30(1), 14-217.

Chumlea, W., Schubert, C., Roche, A., Kulin, H., Lee, P., Himes, J., & Sun, S. (2003). Age at menarche and racial comparisons in U.S. girls. *Pediatrics, 111*(1), 110-113.

Cimera, R. (2006). *Mental retardation doesn't mean "stupid"! A guide for parents and teachers*. New York: Rowman & Littlefield, Lanham.

Ciofalo, J. F., & Wylie, E. G. (2006, January 10). Using diagnostic classroom assessment: One question at a time. *Teachers College Record*, Retrieved June 20, 2007, from http://www.tcrecord.org/Content.asp.?ContentID=12285

Cizek, G. (1997). Learning, achievement, and assessment: Constructs at a crossroads. In G. Phye (Ed.), *Handbook of classroom assessment* (pp. 1-31). San Diego, CA: Academic Press.

Clark, J., & Paivio, A. (1991). Dual coding theory and education. *Educational Psychology Review, 3*, 149-210.

Clark, K., & Clark, M. (1939). The development of consciousness of self and the emergence of racial identification in Negro preschool children. *Journal of Social Psychology, 10*, 591-599.

Clark, R. C., & Mayer, R. E. (2003). *e-learning and the science of instruction: Proven guidelines for consumers and designers of multimedia learning*. San Francisco: Pfeiffer/Wiley.

Clarke, A. (2006). The nature and substance of cooperating teacher reflection. *Teaching and Teacher Education, 22*, 910-921.

Cochran-Smith, M. (2005). The new teacher education: For better or for worse? *Educational Researcher, 34*(6), 1-17.

Cochran-Smith, M., & Lytle, S. (2006). Troubling images of teaching in No Child Left Behind. *Harvard Educational Review, 76*(4), 668-697.

Coffield, F., Moseley, D., Hall, E., & Ecclestone, K. (2004). *Learning styles and pedagogy in post-16 learning: A systematic and critical review*. London: Learning and Skills Research Centre/University of Newcastle upon Tyne.

Cohen, E. (1994). Restructuring the classroom: Conditions for productive small groups. *Review of Educational Research, 64*, 1-35.

Cohen, J., Collins, R., Darkes, J., & Gwartney, D. (2007). A league of their own: Demographics, motivations and patterns of use of 1,955 male adult non-medical anabolic steroid users in the United States. *Journal of the International Society of Sports Nutrition* [Online]. Retrieved from http://www.jissn.com/imedia/1374735248154681_article.pdf?random=454689

Coiro, J., & Dobler, E. (2007). Exploring the online reading comprehension strategies used by sixth-grade skilled readers to search for and locate information on the Internet. *Reading Research Quarterly, 42*, 214-257.

Colangelo, N., & Davis, G. (Eds.). (2003). *Handbook of gifted education* (3rd ed.). Boston: Allyn & Bacon.

Cole, D. A., Maxwell, S. E., Martin, J. M., Peeke, L. G., Seroczynski, A. D., Tram, J. M., Hoffman, K. B., Ruiz, M. D., Jacquiz, F., & Maschman, T. (2001). The development of multiple domains of child and adolescent self-concept: A cohort sequential longitudinal design. *Child Development, 72*, 1723-1746.

Cole, M. (1996). *Cultural psychology: A once and future discipline*. Cambridge, MA: Harvard University Press.

Cole, M., Cole, S. R., & Lightfoot, C. (2005). *The development of children* (5th ed.). New York: W. H. Freeman.

Coleman, M. C., & Webber, J. (2002). *Emotional and behavioral disorders: Theory and practice* (4th ed.). Boston: Allyn & Bacon.

Coles, G. (2004). Danger in the classroom: "Brain glitch" research and learning to read. *Phi Delta Kappan, 85*(5), 344-351.

Coll, C., Bearer, E., & Lerner, R. (Eds.). (2004). *Nature and nurture: The complex interplay of genetic and environmental influences on human behavior and development*. Mahwah, NJ: Erlbaum.

College Entrance Examination Board. (2003). *School AP grade distributions, national totals*. Princeton, NJ: Author.

Collins, A. (2006). Cognitive apprenticeship. In R. K. Sawyer (Ed.), *Cambridge handbook of the learning sciences* (pp. 47-60). Cambridge, MA: Cambridge University Press.

Collins, W. A., Maccoby, E. E., Steinberg, L., Hetherington, E.M., & Bornstein, M. H. (2000). Contemporary research on parenting: The case for nature and nurture. *American Psychologist, 55*, 218-232.

Collins, W. A., & Steinberg, L. (2006). Adolescent development in interpersonal context. In N. Eisenberg (Vol. Ed.,), *Handbook of child psychology, Vol. 3. Social, emotional, and personality development* (6th ed., pp. 1003-1068). Hoboken, NJ: John Wiley & Sons, Inc.

Comer, J., Joyner, E., & Ben-Avie, M. (Eds.). (2004). *Six pathways to healthy child development and academic success*. Thousand Oaks, CA: Corwin Press.

Comstock, G., & Scharrer, E. (2006). Media and popular culture. In K. Renninger, & I. Sigel (Vol. Eds.), *Handbook of child psychology: Vol. IV. Child psychology in practice* (6th ed., pp. 817-863). Hoboken, NJ: John Wiley & Sons.

Comunian, A. L., & Gielan, U. P. (2000). Sociomoral reflection & prosocial & antisocial behavior: Two Italian studies. *Psychological Reports, 87,* 161-175.

Conchas, G., & Noguera, P. (2006). *The color of success: Race and high achieving urban youth*. New York: Teachers College Press.

Conti-Ramsden, G., & Durkin, K. (2007). Phonological short-term memory, language and literacy: Developmental relationships in early adolescence in young people with SLI. *The Journal of Child Psychology and Psychiatry and Allied Disciplines, 48,* 147-156.

Cook, B. G. (2001). A comparison of teachers' attitudes toward their included students with mild and severe disabilities. *Journal of Special Education, 34*(4), 203-213.

Cook, B. G. (2004). Inclusive teachers' attitudes toward their students with disabilities: A replication and extension. *Elementary School Journal, 104*(4), 307-320.

Cooper, D., & Snell, J. (2003). Bullying-not just a kid thing. *Educational Leadership, 60*(6), 22-25.

Cooper, H. (2006). Research questions and research designs. In P. Alexander & P. Winne (Eds.), *Handbook of educational psychology* (2nd ed., pp. 849-879). Mahwah, NJ: Lawrence Erlbaum Associates.

Cooper, H., Robinson, J. C., & Patall, E. A. (2006). Does homework improve academic achievement? A synthesis of research, 1987-2003. *Review of Educational Research, 76,* 1-62.

Cooper, J., Horn, S., Strahan, D., & Miller, S. (2003, April). *"If only they would do their homework:" Promoting self-regulation in high school English classes*. Paper presented at the annual meeting of the American Educational Research Association, Chicago.

Corbett, D., & Wilson, B. (2002). What urban students say about good teaching. *Educational Leadership, 60*(1), 18-22.

Corcoran, C. A., Dershimer, E. L., & Tichenor, M. S. (2004). A teacher's guide to alternative assessment: Taking the first steps. *The Clearing House, 77*(5), 213-216.

Cornelius-White, J. (2007). Learner-centered teacher-student relationships are effective: A meta-analysis. *Review of Educational Research, 77,* 113-143.

Corno, L., Cronbach, L. J., Kupermintz, H., Lohman, D. F., Mandinach, E. B., Porteu, A. W., & Talbert, J. E. (2002). *Remaking the concept of aptitude: Extending the legacy of Richard E. Snow*. Mahwah, NJ: Erlbaum.

Costa, D. S. J., & Boakes, R. A. (2007). Maintenance of responding when reinforcement becomes delayed. *Learning & Behavior, 35,* 95-105.

Council for Exceptional Children (2005). Retrieved May 17, 2005, from http://www.CEC.sped.org.IDEALaw&resources

Covington, M. (1992). *Making the grade: A self-worth perspective on motivation and school reform*. Cambridge, MA: Harvard University Press.

Covington, M. (1998). *The will to learn: A guide for motivating young people*. New York: Cambridge University Press.

Covington, M. (2000). Intrinsic versus extrinsic motivation in schools: A reconciliation. *Current Directions in Psychological Science, 9,* 22-25.

Covington, M. V., & Müeller, K. J. (2001). Intrinsic versus extrinsic motivation: An approach/avoidance reformulation. *Educational Psychology Review, 13,* 157-176.

Covington, M., & Omelich, C. (1987). "I knew it cold before the exam": A test of the anxiety blockage hypothesis. *Journal of Educational Psychology, 79,* 393-400.

Craig, D. (2003). Brain-compatible learning: Principles and applications in athletic training. *Journal of Athletic Training, 38*(4), 342-350.

Craik, F. I. M. (1979). Human memory. *Annual Review of Psychology, 30,* 63-102.

Craik, F. I. M., & Lockhart, R. S. (1986). CHARM is not enough: Comments on Eich's model of cued recall. *Psycholo-*

gical Review, 93, 360-364.

Crick, N. R., Grotpeter, J. K., & Bigbee, M. A. (2002). Relationally and physically aggressive children's intent attributions and feelings of distress for relational and instructional peer provocation. *Child Development, 73*, 1134-1142.

Crippen, K. J., & Earl, B. L. (2007). The impact of web-based worked examples and self-explanation on performance, problem solving, and self-efficacy. *Computers & Education, 49*, 809-821.

Crockett, C. (2004). What do kids know-and misunderstand-about science? *Educational Leadership, 61*(5), 34-37.

Crooks, T. (1988). The impact of classroom evaluation practices on students. *Review of Educational Research, 58*, 438-481.

Crosnoe, R. (2005). Double disadvantage or signs of resilience? The elementary school contexts of children from Mexican immigrant families. *American Educational Research Journal, 42*(2), 269-303.

Cross, T. L., (2001). Gifted children and Erikson's theory of psychosocial development. *Gifted Child Today, 24*(1), 54-55, 61.

Crow, S., R., (2007). Information literacy: What's motivation got to do with it? *Knowledge Quest, 35*, 48-52.

Cruickshank, D. (1985). Applying research on teacher clarity. *Journal of Teacher Education, 35*(2), 44-48.

Cuban, L. (1993). *How teachers taught: Constancy and change in American classrooms: 1890-1990* (2nd ed). New York: Teachers College Press, Teachers College, Columbia University.

Cuban, L. (2001). *Computers in the classroom: Oversold and underused*. Cambridge, MA: Harvard University Press.

Cuban, L. (2004). Assessing the 20-year impact of multiple intelligences on schooling. *Teachers College Record, 106*(1), 140-146.

Cummins, J. (2000). *Language, power, and pedagogy: Bilingual children in the crossfire*. Clevedon, UK: Multilingual Matters.

Curtindale, L., Laurie-Rose, C., & Bennett-Murphy, L. (2007). Sensory modality, temperament, and the development of sustained attention: A vigilance study in children and adults. *Developmental Psychology, 43*(3), 576-589.

Cushman, K. (2003). *Fires in the bathroom: Advice for teachers from high school students*. New York: The New Press.

d' Ailly, H. (2003). Children's autonomy and perceived control in learning: A model of motivation and achievement in Taiwan. *Journal of Educational Psychology, 95*, 84-96.

D' Arcangelo, M. (2000). How does the brain develop? *Educational Leadership, 58*(3), 68-71.

Darden, E. (2007). Autism, the law, and you. *American School Board Journal, 194*(9), 60-61.

Darling-Hammond, L., & Baratz-Snowdon, J. (Eds.). (2005). *A good teacher in every classroom: Preparing the highly qualified teachers our children deserve*. San Francisco: Jossey-Bass/Wiley.

Darling-Hammond, L., & Bransford, J. (Eds.) (2005). *Preparing teachers for a changing world: What teachers should learn and be able to do*. San Francisco: Jossey-Bass.

Davidson, B., Dell, G., & Walker, H. (2001, April). *In-school clubs: Impacting teaching and learning for at-risk students*. Paper presented at the annual meeting of the American Educational Research Association, Seattle.

Davidson, J., & Sternberg, R. (Eds.). (2003). *The psychology of problem solving*. Cambridge: Cambridge University.

Davis, A. (2004). The credentials of brain-based learning. *Journal of Philosophy of Education, 38*(1), 21-35.

Davis, G. (2003). Identifying creative students, teaching for creative growth. In N. Colangelo, & G. Davis (Eds.), *Handbook of gifted education* (3rd ed., pp. 311-324). Boston: Allyn & Bacon.

Davis, G., & Rimm, S. (2004). *Education of the gifted and talented* (5th ed.). Boston: Allyn & Bacon.

Davis, H. A. (2003). Conceptualizing the role and influence of student-teacher relationships on children's social and cognitive development. *Educational Psychologist, 38*, 207-234.

Davis, H. A. (2006). Conceptualizing the role and influence of student-teacher relationships on children's social and cognitive development. *Educational Psychologist, 38*, 207-234.

Davis, S. D., & Piercy, F. P. (2007). What clients of couple therapy model developers and their former students say about change, part I: Model-dependent common factors across three models. *Journal of Marital and Family Therapy, 33*, 318-343.

Davis-Kean, P. E., & Sandler, H. M. (2001). A metaanalysis of measures of self-esteem for young children: A framework for future measurers, *Child Development, 72,* 887-906.

DeCorte, E. (2003). Transfer as the productive use of acquired knowledge, skills, and motivations. *Current Directions in Psychological Science, 12,* 142-146.

De Corte, E. (2007). Learning from instruction: the case of mathematics. *Learning Inquiry, 1,* 19-30.

De Lisi, R., & Straudt, J. (1980). Individual differences in college students' performance on formal operations tasks. *Journal of Applied Developmental Psychology, 1,* 201-208.

De Simone, C. (2007). Applications of concept mapping. *College Teaching, 55,* 33-36.

Dean, D. Jr., & Kuhn, D. (2007). Direct instruction vs. discovery: The long view. *Science Education, 91,* 384-397.

deCharms, R. (1968). *Personal causation.* San Diego: Academic Press.

deCharms, R. (1984). Motivation enhancement in education settings. In R. Ames & C. Ames (Eds.), *Research on motivation in education* (Vol. 1, pp. 275-310). New York: Academic Press.

Deci, E., & Ryan, R. (1987). The support of autonomy and the control of behavior. *Journal of Personality and Social Psychology, 53,* 1024-1037.

Deci, E., & Ryan, R. (2000). The "what" and "why" of goal pursuits: Human needs and the self-determination of behavior. *Psychological Inquiry, 11,* 227-268.

Deci, E., & Ryan, R. (Eds.). (2002). *Handbook of self-determination research.* Rochester, NY: University of Rochester Press.

Delpit, L. (1995). *Other peoplè s children: Cultural conflict in the classroom.* New York: The New Press.

Demetriou, A., Christou, C., Spanoudis, G., & Platsidou, M. (2002). The development of mental processing: Efficiency, working memory, and thinking. *Monographs of the Society for Research in Child Development* (Serial No. 268, Vol. 67, No. 1). Boston: Blackwell Publishing.

DeMeulenaere, E. (2001, April). *Constructing reinventions: Black and Latino students negotiating the transformation of their academic identities and school performance.* Paper presented at the annual meeting of the American Educational Research Association, Seattle.

Dempster, R., & Corkill, A. (1999). Interference and inhibition in cognition and behavior: Unifying themes for educational psychology. *Educational Psychology Review, 11,* 1-88.

Denig, S. J. (2003, April). *A proposed relationship between multiple intelligences and learning styles.* Paper presented at the annual meeting of the American Educational Research Association, Chicago.

Dennis, T. A., Cole, P. M., Zahn-Waxler, C., & Mizuta, I. (2002). Self in context: Autonomy and relatedness in Japanese and U. S. mother-preschooler dyads. *Child Development, 73,* 1803-1817.

Denzin, N., & Lincoln, Y. (2007). *The landscape of qualitative research* (3rd ed.). Thousand Oaks, CA: Sage.

Derry, S. (1992). Beyond symbolic processing: Expanding horizons for educational psychology. *Journal of Educational Psychology, 84,* 413-419.

Deutsch, N., & Hirsch, B. (2001, April). *A place to call home: Youth organizations in the lives of inner city adolescents.* Paper presented at the biennial meeting of the Society for Research in Child Development, Minneapolis, MN.

DeVries, R. (1997). Piaget's social theory. *Educational Researcher, 26*(2), 4-18.

DeVries, R., & Zan, B. (2003). When children make rules. *Educational Leadership, 61,* 64-67.

Dewey, J. (1938). *Experience and education.* New York: Macmillan.

Deyhle, D. (1987). Learning failure: Tests as gatekeepers and the culturally different child. In H. Trueba (Ed.), *Success or failure?* (pp. 85-108). Cambridge, MA: Newbury House.

Deyhle, D., & LeCompte, M. (1999). Cultural differences in child development: Navajo adolescents in middle schools. In R. H. Sheets & E. R. Holins (Eds.), *Racial and ethnic identity in school practices: Aspects of human development* (pp. 123-139). Mahwah, NJ: Erlbaum.

Diamond, J., & Gomez, K. (2004). African American parents' educational orientations: The importance of social class and parents' perceptions of schools. *Education and Urban Society, 36*(4), 383-427.

Dickson, S. M. (2004). Tracking concept mastery using a biology portfolio. *The American Biology Teacher, 66*(9), 628-634.

Dien, T. (1998). Language and literacy in Vietnamese American communities. In B. Pérez (Ed.), *Sociocultural contexts of language and literacy*. Mahwah, NJ: Erlbaum.

Ding, M., Li, X., Piccolo, D., & Kulm, G. (2007). Teacher interventions in cooperative-learning mathematics classes. *Journal of Educational Research, 100*(3), 162-176.

diSessa, A. (2006). A history of conceptual change research: Threads and fault lines. In R. K. Sawyer (Ed.), *Cambridge handbook of the learning sciences* (pp. 265-282). Cambridge, MA: Cambridge University Press.

Do, S. L., & Schallert, D. L. (2004). Emotions and classroom talk: Toward a model of the role of affect in students' experiences of classroom discussions. *Journal of Educational Psychology, 96*, 619-634.

Dochy, F., & McDowell, L. (1997). Introduction: Assessment as a tool for learning. *Studies in Educational Evaluation, 23*(4), 279-298.

Dodge, K., Coie, J., & Lynam, D. (2006). Aggression and antisocial behavior in youth. In N. Eisenberg (Ed.,), *Handbook of child psychology: Vol. 3. Social, emotional, and personality development* (6th ed., pp. 719-788). Hoboken, NJ: John Wiley & Sons.

Dodge, K. A., Lansford, J. E., Burks, V. S., Bates, J. E., Pettit, G. S., Fontaine, R., & Price, J. M. (2003). Peer rejection and social information-processing factors in the development of aggressive behavior problems in children. *Child Development, 74*, 374-393.

Dolezal, S., Welsh, L., Pressley, M., & Vincent, M. (2003). How nine third-grade teachers motivate student academic engagement. *Elementary School Journal, 103*, 239-268.

Doll, B., Zucker, S., & Brehm, K. (2004). *Resilient classrooms: Creating healthy environments for learning*. New York: Guilford Press.

Donovan, M. S., & Bransford, J. D. (2005). Introduction. In M. S. Donovan & J. D. Bransford (Eds.), *How students learn: History, mathematics, and science in the classroom* (pp. 1-26). Washington, DC: National Academies Press.

Douglas, N. L. (2000). Enemies of critical thinking: Lessons from social psychology research. *Reading Psychology, 21*, 129-144.

Downey, J. (2003, April). *Listening to students: Perspectives of educational resilience from children who face adversity*. Paper presented at the annual meeting of the American Educational Research Association, Chicago.

Dowson, M., & McInerney, D. (2001). Psychological parameters of students' social and work avoidance goals: A qualitative investigation. *Journal of Educational Psychology, 93*, 35-42.

Doyle, W. (1986). Classroom organization and management. In M. Wittrock (Ed.), *Handbook of research on teaching* (3rd ed., pp. 392-431). New York: Macmillan.

Doyle, W. (2006). Ecological approaches to classroom management. In C. M. Evertson & C. S. Weinstein (Eds.), *Handbook of classroom management: Research, practice, and contemporary issues* (pp. 97-125). Mahwah, NJ: Erlbaum.

Driscoll, M. (2005). *Psychology of learning for instruction* (3rd ed.). Needham Heights, MA: Allyn & Bacon.

Dubois, D. L. (2001). Family disadvantage, the self, and academic achievement. In B. J. Biddle (Ed.), *Social class, poverty, and education* (pp. 133-174). New York: Routledge Falmer.

Duke, N. (2000). For the rich it' s richer: Print experience and environments offered to children in very low- and very high-socioeconomic status first-grade classrooms. *American Educational Research Journal, 37*, 441-478.

Dwairy, M. (2005). Using problem-solving conversation with children. *Intervention in School and Clinic, 40*, 144-150.

Dweck, C. (1975). The role of expectations and attributions in the alleviation of learned helplessness. *Journal of Personality and Social Psychology, 31*, 674-685.

Dweck, C. (1999). Self-theories and goals: Their role in motivation, personality, and development. In R. Dienstbier (Ed.), *Perspectives on motivation: Nebraska Symposium on Motivation 1990* (Vol. 38, pp. 199-325). Lincoln: University of Nebraska Press.

Dweck, C. (2000). *Self-theories: Their role in motivation, personality, and development*. Philadelphia, PA:

Psychology Press.

Dweck, C., & Leggett, E. (1988). A social-cognitive approach to motivation and personality. *Psychological Review, 95*, 256-273.

Dwyer, K., & Osher, D. (2000). *Safeguarding our children: An action guide.* Washington, DC: U.S. Department of Education and Justice, American Institutes for Research. Retrieved June 13, 2005, from http://www.ed.gov/pubs/edpubs. html

Dynarski, M., & Gleason, P. (1999, April). *How can we help? What we have learned from evaluations of federal dropout-prevention programs.* Paper presented at the annual meeting of the American Educational Research Association, Montreal, Canada.

Eccles, J., Templeton, J., Barber, B., & Stone, M. (2003). Adolescence and emerging adulthood: The critical passage ways to adulthood. In M. Bornstein, L. Davidson, C. Keyes, K. Moore, & The Center for Child Well-Being (Eds.), *Wellbeing: Positive development across the life course* (pp. 383-406).

Eccles, J., Wigfield, A., Flanagan, C., Miller, C., Reuman, D., & Yee, D. (1989). Self-concepts, domain values, and self-esteem: Relations and changes at early adolescence. *Journal of Personality, 57,* 283-310.

Eccles, J. S., Wigfield, A., & Schiefele, U. (1998). Motivation to succeed. In W. Damon (Series Ed.) & N. Eisenberg (Vol. Ed.), *Handbook of child psychology: Vol. 3. Social, emotional, and personality development* (5th ed., pp. 1017-1095). New York: Wiley.

Echevarria, J., & Graves, A. (2007). *Sheltered content instruction* (3rd ed.). Boston: Allyn & Bacon.

Echevarria, J., Vogt, M., & Short, D. (2004). *Making content comprehensible to English learners: The SIOP model.* Boston: Allyn & Bacon.

Eckardt, N. (2007, November 8). The prevalence of qualitative methodology at AERA's annual meeting and the potential consequences. *Teachers College Record,* ID Number 14741. Retrieved March 21, 2008, from http//:www.tcrecord.org

Edens, K. M., & Potter, E. F. (2001). Promoting conceptual understanding through pictorial representation. *Studies in Art Education, 42,* 214-233.

Education Vital Signs. (2005). Poverty. *American School Board Journal, February,* 22-23.

Educational Testing Service. (2008a). The Praxis Series™ *2007-2008: Information Bulletin.* Retrieved from http://www.etsliteracy.org/Media/Tests/PRAXIS/pdf/01361.pdf

Educational Testing Service. (2008b). *The Praxis Series™: Principles of Learning and Teaching: Grades 7.12 (0524).* Retrieved from http://www.ets.org/Media/Tests/PRAXIS/pdf/0524.pdf

Eggen, P. (1997, March). *The impact of frequent assessment on achievement, satisfaction with instruction, and intrinsic motivation of undergraduate university students.* Paper presented at the annual meeting of the American Educational Research Association, Chicago.

Eggen, P. (1998, April). *A comparison of urban middle school teachers' classroom practices and their expressed beliefs about learning and effective instruction.* Paper presented at the annual meeting of the American Educational Research Association, San Diego.

Eggen, P. (2001, April). *Constructivism and the architecture of cognition: Implications for instruction.* Paper presented at the annual meeting of the American Educational Research Association, Seattle.

Eggen, P. (2004, April). *A longitudinal study of teachers' and educational leaders' conceptions of classroom interaction.* Paper presented at the annual meeting of the American Educational Research Association, San Diego.

Eggen, P., & Gonzales, C. (2005, April). *A cross-cultural study of teachers' and educational leaders' conceptions of classroom interaction.* Paper presented at the annual meeting of the American Educational Research Association, Montreal.

Eggen, P., & Gonzalez, C. (2007, April). *An examination of the relationships between elementary teachers' understanding of educational psychology and their pedagogical practice.* Paper presented at the annual meeting of the American Educational Research Association, Chicago.

Eggen, P., & Kauchak, D. (2002, April). *Synthesizing the literature of motivation: Implications for instruction.* Paper presented at the annual meeting of the American Educational Research Association, New Orleans, LA.

Eggen, P., & Kauchak, D. (2006). *Strategies and models for teachers: Teaching content and thinking skills* (5th ed.). Boston: Allyn & Bacon.

Eilam, B., & Aharon, I. (2003). Students' planning in the process of self-regulated learning. *Contemporary Educational Psychology, 28,* 304–334.

Eisenberg, N., Fabes, R., & Spinrad, T. (2006). Prosocial development. In N. Eisenberg (Vol. Ed,), *Handbook of child psychology: Vol. 3. Social, emotional, and personality development* (6th ed., pp. 646–718). Hoboken, NJ: John Wiley & Sons.

Eisenman, L. T. (2007). Self-determination interventions: Building a foundation for school completion. *Remedial and Special Education, 28,* 2–8.

Elbaum, B., & Vaughn, S. (2001). School-based interventions to enhance the self-concept of students with learning disabilities: A meta-analysis. *Elementary School Journal, 101*(3), 303–330.

Elder, L., & Paul, R. (2007). Critical thinking: The nature of critical and creative thought: Part II. *Journal of Developmental Education, 30,* 36–37.

Elias, M. (2004). Strategies to infuse social and emotional learning into academics. In J. Zins, R. Weissberg, M. Wang, & H. Walberg (Eds.), *Building academic success on social and emotional learning* (pp. 113–134). New York: Teachers College Press.

Elias, M. J., & Schwab, Y. (2006). From compliance to responsibility: Social and emotional learning and classroom management. In C. M. Evertson & C. S. Weinstein (Eds.), *Handbook of classroom management: Research, practice, and contemporary issues* (pp. 309–341). Mahwah, NJ: Erlbaum.

Elliot, A., & McGregor, H. (2000, April). Approach and avoidance goals and autonomous-controlled regulation: Empirical and conceptual relations. In A. Assor (Chair), *Self-determination theory and achievement goal theory: Convergences, divergences, and educational implications.* Symposium conducted at the annual meeting of the American Educational Research Association, New Orleans.

Elliot, A., & Thrash, T. (2001). Achievement goals and the hierarchical model of achievement motivation. *Educational Psychology Review, 13,* 139–156.

Elliott, J., & Thurlow, M. (2000). *Improving test performance of students with disabilities.* Thousand Oaks, CA: Corwin Press.

Emerson, M. J., & Miyake, A. (2003). The role of inner speech in task switching: A dual-task investigation. *Journal of Memory and Language, 48,* 148–168.

Emmer, E. T., Evertson, C. M., & Anderson, L. (1980). Effective classroom management at the beginning of the school year. *Elementary School Journal, 18,* 219–231.

Emmer, E. T., Evertson, C. M., & Worsham, M. E. (2006). *Classroom management for middle and high school teachers* (7th ed.). Boston: Allyn & Bacon.

Emmer, E. T., & Gerwels, M. C. (2006). Classroom management in middle and high school classrooms. In C. M. Evertson & C. S. Weinstein (Eds.), *Handbook of classroom management: Research, practice, and contemporary issues* (pp. 407–437). Mahwah, NJ: Erlbaum.

Emmer, E. T., & Stough, L. M. (2001). Classroom management: A critical part of educational psychology with implications for teacher education. *Educational Psychologist, 36,* 103–112.

Englert, C., Berry, R., & Dunsmoore, K. (2001). A case study of the apprenticeship process. *Journal of Learning Disabilities, 34,* 152–171.

Epstein, J. (2001, April). *School, family, and community partnerships: Preparing educators and improving schools.* Paper presented at the annual meeting of the American Educational Research Association, Seattle.

Ericsson, K. A. (2003). The acquisition of expert performance as problem solving: Construction and modification of mediating mechanisms through deliberate practice. In J. E. Davidson and R. J. Sternberg (Eds.), *The psychology of problem solving* (pp. 31–83). Cambridge, UK: Cambridge University Press.

Erikson, E. (1968). *Identity: Youth and crisis.* New York: Norton.

Erikson, E. (1980). *Identity and the life cycle* (2nd ed.). New York: Norton.

Evans, C., Kirby, U., & Fabrigar, L. (2003). Approaches to learning, need for cognition, and strategic flexibility among university students. *The British Journal of Educational Psychology, 73,* 507–528.

Evans, E., & Engelberg, R. (1988). Student perceptions of

school grading. *Journal of Research and Development in Education, 21*(2), 45-54.

Evans, G. W., & English, K. (2002). The environment of poverty: Multiple stressor exposure, psychophysiological stress, and socioemotional adjustment. *Child Development, 73,* 1238-1248.

Evans, L., & Davies, K. (2000). No sissy boys here: A content analysis of the representation of masculinity in elementary school reading texts. *Sex Roles, 42,* 255-270.

Everson, H., & Tobias, S. (1998). The ability to estimate knowledge and performance in college: A metacognitive analysis. *Instructional Science, 26*(1-2), 65-79.

Evertson, C., Anderson, C., Anderson, L., & Brophy, J. (1980). Relationships between classroom behaviors and student outcomes in junior high mathematics and English classes. *American Educational Research Journal, 17,* 43-60.

Evertson, C. M., Emmer, E. T., & Worsham, M. E. (2006). *Classroom management for elementary teachers* (7th ed.). Boston: Allyn & Bacon.

Evertson, C. M., & Weinstein, C. S. (2006). Classroom management as a field of inquiry. In C. M. Evertson & C. S. Weinstein (Eds.), *Handbook of classroom management: Research, practice, and contemporary issues* (pp. 3-15). Mahwah, NJ: Erlbaum.

Exline, R. (1962). Need affiliation and initial communication behavior in problem solving groups characterized by low interpersonal visibility. *Psychological Reports, 10,* 405-411.

Ezell, D., & Klein, C. (2003). Impact of portfolio assessment on locus of control of students with and without disabilities. *Education and Training in Developmental Disabilities, 38*(2), 220-228.

Fabiano, G. A., Pelham, W. E., Jr., & Gnagy, E. M. (2007). The single and combined effects of multiple intensities of behavior modification and methylphenidate for children with attention deficit hyperactivity disorder in a classroom setting. *The School Psychology Review, 36,* 195-216.

Faiman-Silva, S. (2002). Students and a "culture of resistance" in Provincetown's schools. *Anthropology & Education Quarterly, 33*(2), 189-212.

Fair Test. (2008). SAT I: *A faulty instrument for predicting college success.* Fair Test: The National Center for Fair and Open Testing. Retrieved January 9, 2008, from http://www.fairtest.org

Farkas, R. (2003). Effects of traditional versus learning-styles instructional methods on middle school students. *Journal of Educational Research, 97*(1), 42-51.

Fauth, R., Roth, J., & Brooks-Gunn, J. (2007). Does the neighborhood context alter the link between youth's after-school time activities and developmental outcomes? A Multilevel analysis. *Developmental Psychology, 43*(3), 760-777.

Feiman-Nemser, S. (2001). From preparation to practice: Designing a continuum to strengthen and sustain teaching. *Teachers College Record, 103,* 1013-1055.

Feldhusen, J. (1998a). Programs and service at the elementary level. In J. VanTassel-Baska (Ed.), *Excellence in educating gifted and talented learners* (3rd ed., pp. 211-223). Denver: Love.

Feldhusen, J. (1998b). Programs and services at the secondary level. In J. VanTassel-Baska (Ed.), *Excellence in educating gifted and talented learners* (3rd ed., pp. 225-240). Denver: Love.

Feldon, D. F. (2007a). Cognitive load and classroom teaching: The double-edged sword of automaticity. *Educational Psychologist, 42,* 123-137.

Feldon, D. F. (2007b). The implications of research on expertise for curriculum and pedagogy. *Educational Psychology Review, 19*(2), 91-110.

Ferguson, R. (2003). Teachers' perceptions and expectations and the black-white test score gap. *Urban Education, 38*(4), 460-507.

Fernandez-Berrocal, P., & Santamaria, C. (2006). Mental models in social interaction. *The Journal of Experimental Education, 74*(3), 229-248.

Ferrari, M., & Elik, N. (2003). Influences on intentional conceptual change. In G. M. Sinatra & P. R. Pintrich (Eds.), *Intentional conceptual change* (pp. 21-54). Mahwah, NJ: Erlbaum.

Finn, J., Gerber, S., & Boyd-Zaharias, J. (2005). Small classes in the early grades, academic achievement, and graduating from high school. *Journal of Educational Psychology, 97*(2), 214-223.

Finn, J., Pannozzo, G., & Achilles, C. (2003). The "why's" of class size: Student behavior in small classes. *Review of Educational Research, 72*(3), 321-368.

Finn, K., & Frone, M. (2004). Academic performance and cheating: Moderating role of school identification and self-efficacy. *Journal of Educational Research, 97*(3), 115-122.

Fischer, K., & Bidell, T. (2006). Dynamic development of action and thought. In R. Lerner (Vol. Ed.), *Handbook of child psychology: Vol. 1. Theoretical models of human development* (6th ed., pp. 313-399). Hoboken, NJ: John Wiley & Sons.

Fischer, L., Schimmel, D., & Stellman, L. (2006). *Teachers and the law.* New York: Longman.

Fishman, B., & Davis, E., (2006). Teacher learning research and the learning sciences. In R. K. Sawyer (Ed.), *Cambridge handbook of the learning sciences* (pp. 535-550). New York: Cambridge University Press.

Flavell, J., Miller, P., & Miller, S. (2002). *Cognitive development* (4th ed.). Upper Saddle River, NJ: Prentice Hall.

Fleming, V., & Alexander, J. (2001). The benefits of peer collaboration: A replication with a delayed posttest. *Contemporary Educational Psychology, 26*, 588-601.

Flores, E., Cicchetti, D., & Rogosch, F. A. (2005). Predictors of resilience in maltreated and nonmaltreated Latino children. *Developmental Psychology, 41*(2), 338, 351.

Flores, M. M., & Kaylor, M. (2007). The effects of a direct instruction program on the fraction performance of middle school students at-risk for failure in mathematics. *Journal of Instructional Psychology, 34*, 84-94.

Florida Department of Education. (2007). *Grade level expectations for the Sunshine State Standards: Science Grades 6-8*. Retrieved January 25, 2008, from http://etc.usf.edu/flstandards/sss/pdf/science6.pdf

Forness, S., Walker, H., & Kavale, K. (2005). Psychiatric disorders and treatments: A primer for teachers. In K. Freiberg (Ed.), *Educating exceptional children 05/06* (7th ed., pp. 107-115). Dubuque, IA: McGraw-Hill/Dushkin.

Fowler, R. (1994, April). *Piagetian versus Vygotskian perspectives on development and education.* Paper presented at the annual meeting of the American Educational Research Association, New Orleans, LA.

Fredericks, J. A., & Eccles, J. S. (2006). Is extracurricular participation associated with beneficial outcomes? Concurrent and longitudinal relations. *Developmental Psychology, 42*(4), 698-713.

Freeman, J., McPhail, J., & Berndt, J. (2002). Sixth graders' views of activities that do and do not help them learn. *Elementary School Journal, 102*(4), 335-347.

Freeman, K. E., Gutman, L. M., & Midgley, C. (2002). Can achievement goal theory enhance our understanding of the motivation and performance of African American young adolescents? In C. Midgely (Ed.), *Goals, goal structures and patterns of adaptive learning* (pp. 175-204). Mahwah, NJ: Erlbaum.

Freiberg, J. (Ed.). (1999a). *Beyond behaviorism: Changing the classroom management paradigm.* Boston: Allyn & Bacon.

Freiberg, J. (1999b). Consistency management and cooperative discipline. In J. Freiberg (Ed.), *Beyond behaviorism: Changing the classroom management paradigm* (pp. 75-97). Boston: Allyn & Bacon.

Freiberg, J. (1999c). Sustaining the paradigm. In J. Freiberg (Ed.), *Beyond behaviorism: Changing the classroom management paradigm* (pp. 164-173). Boston: Allyn & Bacon.

French, D. (2003). A new vision of authentic assessment to overcome the flaws in high-stakes testing. *Middle School Journal, 35*(1), 14-23.

French, S., Seidman, E., Allen, L., & Aber, J. (2006). The development of ethnic identity during adolescence. *Developmental Psychology, 42*, 1-10.

Frey, B., & Schmitt, V. (2005, April). *Teachers' classroom assessment practices.* Paper presented at the annual meeting of the American Educational Research Association, Montreal, Canada.

Friedel, J. M., Cortina, K. S., & Turner, J. C. (2007). Achievement goals, efficacy beliefs and coping strategies in mathematics: The roles of perceived parent and teacher goal emphases. *Contemporary Educational Psychology, 32*, 434-458.

Friedman, I. A. (2006). Classroom management and teacher stress and burnout. In C. M. Evertson & C. S. Weinstein (Eds.), *Handbook of classroom management: Research, practice, and contemporary issues* (pp. 925-944). Mahwah, NJ: Erlbaum.

Fry, R. (2007). The changing racial and ethnic composition of U.S. public schools. *Pew Hispanic Center*. Retrieved November 16, 2007, from http://www.pewhispanic.org/reports/report.php?ReportID=79

Fuchs, D. (2006). Cognitive profiling of children with genetic disorders and the search for a scientific basis of differentiated education. In P. Alexander & P. Winne (Eds.), *Handbook of educational psychology* (2nd ed., pp. 187-206). Mahwah, NJ: Erlbaum .

Fuchs, L. S., Fuchs., D., Prentice, K., Burch, M., Hamlett, C. L., Owen, R., Hosp, M., & Jancek, D. (2003). Explicitly teaching for transfer: Effects on third-grade students' mathematical problem solving. *Journal of Educational Psychology, 95*, 295-305.

Fujimura, N. (2001). Facilitating children's proportional reasoning: A model of reasoning processes and effects of intervention on strategy change. *Journal of Educational Psychology, 93*, 589-603.

Furrer, C., & Skinner, E. (2003). Sense of relatedness as a factor in children's academic engagement and performance. *Journal of Educational Psychology, 95*, 148-162.

Gagne, E. D., Yekovich, F. R., & Yekovich, C. W. (1997). *The cognitive psychology of school learning* (2nd ed.). Boston: Allyn & Bacon.

Gall, M., Gall, J., & Borg, W. (2007). *Educational research: An introduction* (8th ed.). Boston: Allyn & Bacon.

Gallini, J. (2000, April). *An investigation of self-regulation developments in early adolescence: A comparison between non at-risk and at-risk students*. Paper presented at the annual meeting of the American Educational Research Association, New Orleans.

Gao, H., Losh, S. C., Shen, E., Turner, J. E., & Yuan, R. (2007, April). *The effect of collaborative concept mapping on learning, problem solving, and learner attitude*. Paper presented at the annual meeting of the American Educational Research Association, Chicago.

Garcia, E. (2005, April). *A test in English is a test of English: Assessment's new role in educational equity*. Paper presented at the annual meeting of the American Educational Research Association, Montreal, Canada.

Gardner, H. (1983). *Frames of mind: The theory of multiple intelligences*. New York: Basic Books.

Gardner, H. (1993). *Creating minds: An anatomy of creativity seen through the lives of Freud, Einstein, Picasso, Stravinsky, Elliot, Graham, and Gandhi*. New York: Basic Books.

Gardner, H. (1995). Reflections on multiple intelligences: Myths and messages. *Phi Delta Kappan, 77*, 200-209.

Gardner, H., & Hatch, T. (1989). Multiple intelligences go to school. *Educational Researcher, 18*(8), 4-10.

Gardner, H., & Moran, S. (2006). The science of multiple intelligences theory: A response to Lynn Waterhouse. *Educational Psychologist, 41*(4), 227-232.

Garrahy, D. (2001). Three third-grade teachers' gender-related beliefs and behavior. *Elementary School Journal, 102*, 81-94.

Gaskill, P. J., & Murphy, P. K. (2004). Effects of a memory strategy on second-graders' performance and self efficacy. *Contemporary Educational Psychology, 29*, 27-49.

Gathercole, S. E., Pickering, S. J., Ambridge, B., & Wearing, H. (2004). The structure of working memory from 4 to 15 years of age. *Developmental Psychology, 49*(2), 177-190.

Gay, B. (2000). Educational equality for students of color. In J. Banks & C. Banks (Eds.), *Multicultural education: Issues and perspectives* (4th ed., pp. 195-228). Boston: Allyn & Bacon.

Gay, G. (2005). Politics of multicultural teacher education. *Journal of Teacher Education, 56*(3), 221-228.

Gay, G. (2006). Connections between classroom management and culturally responsive teaching. In C. Evertson, & C. Weinsten (Eds.), *Handbook of classroom management: Research, practice, and contemporary issues* (pp. 343-370). Mahwah, NJ: Erlbaum.

Gay, L., Mills, G., & Airasian, P. (2006). *Educational research* (8th ed.). Upper Saddle River, NJ: Merrill/Pearson.

Gehlbach, H., & Roeser, R. (2002). The middle way to motivating middle school students: Avoiding false dichotomies. *Middle School Journal, 33*, 39-46.

Geisinger, K. (2005). The testing industry, ethnic minorities, and individuals with disabilities. In R. Phelps (Ed.), *Defending standardized testing* (pp. 187-204). Mahwah, NJ: Erlbaum.

Gelman, S., & Kalish, C. (2006). Conceptual development. In W. Damon & R. Lerner (Series Eds.), D. Kuhn & R. Siegler (Vol. Eds.), *Handbook of child psychology: Vol.*

II. Cognition, perception, and language (pp. 687-733, 6th ed.). New York: Wiley.

Genessee, F. (2004). What do we know about bilingual education for majority-language students? In T. Bhatia & W. Ritchie (Eds.), *The handbook of bilingualism*. Oxford, UK: Blackwell.

Gentile, J. (1996). *Setbacks in the advancement of learning Educational Researcher, 25*, 37-39.

Gersten, R., Taylor, R., & Graves, A. (1999). Direct instruction and diversity. In R. Stevens (Ed.), *Teaching in American schools* (pp. 81-106). Upper Saddle River, NJ: Merrill/Pearson.

Gettinger, M., & Kohler, K. M. (2006). Process-outcome approaches to classroom management and effective teaching. In C. M. Evertson & C. S. Weinstein (Eds.), *Handbook of classroom management: Research, practice, and contemporary issues* (pp. 73-95). Mahwah, NJ: Erlbaum.

Gholson, B., & Craig, S. D. (2006). Promoting constructive activities that support vicarious learning during computer-based instruction. *Educational Psychology Review, 18*, 119-139.

Gijbels, D., Dochy, F., Van den Bossche, P., & Segers, M. (2005). Effects of problem-based learning: A meta-analysis from the angle of assessment. *Review of Educational Research, 75*(1), 27.61.

Gillies, R. M. (2003). The behaviors, interactions, and perceptions of junior high school students during small-group learning. *Journal of Educational Psychology, 95*, 137-147.

Gilligan, C. (1977). In a different voice: Women' s conceptions of the self and of morality. *Harvard Educational Review, 47*, 481-517.

Gilligan, C. (1982). *In a different voice: Psychological theory and women' s development*. Cambridge, MA: Harvard University Press.

Gilligan, C. (1998). *Minding women: Reshaping the education realm*. Cambridge, MA: Harvard University Press.

Gilligan, C., & Attanucci, J. (1988). Two moral orientations: Gender differences and similarities. *Merrill-Palmer Quarterly, 34*, 223-237.

Gillison, F. B., Standage, M., & Skevington, S. M. (2006). Relationships among adolescents' weight perceptions, exercise goals, exercise motivation, quality of life and leisure-time exercise behavior: A self-determination theory approach. *Health Education Research, 21*, 836-847.

Gimbel, P. (2008). Helping new teachers reflect. *Principal Leadership (High School Ed.), 8*, 6-8.

Ginsberg, A. E., Shapiro, J. P., & Brown, S. P. (2004). *Gender in urban education: Strategies for student achievement*. Portsmouth, NH: Heinemann.

Glassman, M. (2001). Dewey and Vygotsky: Society, experience, and inquiry in educational practice. *Educational Researcher, 30*(4), 3-14.

Glassman, M., & Wang, Y. (2004). On the interconnected nature of interpreting Vygotsky: Rejoinder to Gredler and Shields *Does no one read Vygotsky' s words? Educational Researcher, 33*(6), 19-22.

Goddard, R. D. (2001). Collective efficacy: A neglected construct in the study of schools and student achievement. *Journal of Educational Psychology, 93*, 467-476.

Goddard, R. D., Hoy, W. K., & Woolfolk Hoy, A. (2004). Collective efficacy beliefs: Theoretical developments, empirical evidence and future directions. *Educational Researcher, 33*, 3-13.

Godley, A., Sweetland, J., Wheeler, R., Minnici, A., & Carpenter, B. (2006). Preparing teachers for dialectally diverse classrooms. *Educational Researcher, 35*(8), 30-37.

Goldstein, R. A. (2004). Who are our urban students and what makes them so different? In S. R. Steinberg & J. L. Kincheloe (Eds.), *19 Urban questions: Teaching in the city* (pp. 41-51). New York: Peter Lang.

Goleman, D. (2006). *Social intelligence*. New York: Westlake Books.

Gollnick, D., & Chinn, P. (2006). *Multicultural education in a pluralistic society* (7th ed.). Upper Saddle River, NJ: Merrill/Pearson.

Gomes, H., Sussman, E., & Ritter, W. (1999). Electrophysiological evidence of developmental changes in the duration of auditory sensory memory. *Developmental Psychology, 35*(1), 294-302.

Gonzales, P., Guzman, J. C., Partelow, L., Pahlke, E., Jocelyn, L., Kastberg, D., & Williams, T. (2004). *Highlights from the trends in international mathematics and science study (TIMSS) 2003 (NCES 2005-2005). U.S. Department of Education.* Washington, DC: National Center for Educational Statistics.

Good, T. (1987a). Teacher expectations. In D. Berliner & B. Rosenshine (Eds.), *Talks to teachers* (pp. 159-200). New York: Random House.

Good, T. (1987b). Two decades of research on teacher expectations: Findings and future directions. *Journal of Teacher Education, 37*(4), 32-47.

Good, T., & Brophy, J. (1986). School effects. In M. Wittrock (Ed.), *Handbook of research on teaching* (3rd ed, pp. 570-604). New York: Macmillan.

Good, T. L., & Brophy, J E. (2008). *Looking in classrooms* (10th ed.). Boston: Allyn & Bacon.

Goodman, J. (2005). How bad is cheating? *Education Week, 24*(16), 32, 35.

Goodman, J., & Balamore, U. (2003). *Teaching goodness: Engaging the moral and academic promise of young children.* Boston: Allyn & Bacon.

Gootman, M. E. (1998). Effective in-house suspension. *Educational Leadership, 56*(1), 39-41.

Gordon, T. (1974). *Teacher effectiveness training.* New York: Wyden.

Gordon, T. (1981). Crippling our children with disruption. *Journal of Education, 163,* 228-243.

Gottfredson, P. (2001). *Schools and delinquency.* Cambridge, England: Cambridge University Press.

Gragg, C. I. (1940). Because wisdom can' t be told. *Harvard Alumni Bulletin* (October 19), 78-84.

Graham, S. (2006). Writing. In P. Alexander, & P. Winne (Eds.), *Handbook of educational psychology* (2nd ed., pp. 457-478). Mahwah, NJ: Erlbaum.

Graham, S., & Barker, G. (1990). The downside of help: An attributional-developmental analysis of helping behavior as a low ability cue. *Journal of Educational Psychology, 82,* 7-14.

Graham, S., Berninger, V., Weintraub, N., & Schafer, W. (1998). Development of handwriting speed and legibility in grades 1-9. *Journal of Educational Research, 92,* 42-49.

Graham, S., & Weiner, B. (1996). Theories and principles of motivation. In D. Berliner & R. Calfee (Eds.), *Handbook of educational psychology* (pp. 63-84). New York: Macmillan.

Grant, L. W. (2006). Persistence and self-efficacy: A key to understanding teacher turnover. *The Delta Kappa Gamma Bulletin, 72*(2), 50-54.

Gray, T., & Fleischman, S. (2005). Successful strategies for English language learners. *Educational Leadership, 62*(4), 84-85.

Gray-Little, B., & Hafdahl, A. R. (2000). Factors influencing racial comparisons of self-esteem: A quantitative review. *Psychological Bulletin, 126,* 26-54.

Gredler, M., & Shields, C. (2004). Does no one read Vygotsky' s words? Commentary on Glassman. *Educational Researcher, 33*(2), 21-25.

Green, C. L., Walker, J. M., Hoover-Dempsey, K. V., & Sandler, H. M. (2007). Parents' motivations for involvement in children' s education: An empirical test of a theoretical model of parental involvement. *Journal of Educational Psychology, 99,* 532-544.

Green, S., & Mantz, M. (2002, April). *Classroom assessment practices: Examining impact on student learning.* Paper presented at the annual meeting of the American Educational Research Association, New Orleans.

Greenberg, M., Weissberg, R., O' Brien, M., Zins, J., Fredericks, L., Resnik, H., & Elias, M. (2003). Enhancing school-based prevention and youth development through coordinated social, emotional, and academic learning. *American Psychologist, 58,* 466-474.

Greene, J. A., & Azevedo, R. (2007). A theoretical review of Winne and Hadwin' s model of self-regulated learning: New perspectives and directions. *Review of Educational Research, 77,* 334-372.

Greenfield, P., Trumbull, E., Keller, H., Rothstein-Fisch, C., Suzuki, L., & Quiroz, B. (2006). Cultural conceptions of learning and development. In P. Alexander & P. Winner (Eds.), *Handbook of educational psychology* (2nd ed., pp. 675-692). Mahwah, NJ: Erlbaum.

Greeno, J., Collins, A., & Resnick, L. (1996). Cognition and learning. In D. Berliner & R. Calfee (Eds.), *Handbook of educational psychology* (pp. 15-46). New York: Macmillan.

Greeno, J., & van de Sande, C. (2007). Perspectival understanding of conceptions and conceptual growth in interaction. *Educational Psychologist, 42*(1), 9-24.

Gregory, A., & Weinstein, R. (2004, April). *Toward narrowing the discipline gap: Cooperation or defiance in the high school classroom*. Paper presented at the annual meeting of the American Educational Research Association, San Diego.

Griffith, D. (1992, April). Prenatal exposure to cocaine and other drugs: Developmental and educational prognoses. *Phi Delta Kappan, 74,* 30–34.

Griffith, D., Hayes, K., & Pascarella, J. (2004). Why teach in urban settings? In S. Steinberg & J. Kincheloe (Eds.), *19 Urban questions: Teaching in the city* (pp. 267–280). New York: Peter Lang.

Gronlund, N. (2003). *Assessing student achievement* (7th ed.). Needham Heights, MA: Allyn & Bacon.

Gronlund, N. (2004). *Writing instructional objectives for teaching and assessment* (7th ed.). Upper Saddle River, NJ: Merrill/Pearson.

Gschwend, L., & Dembo, M. (2001, April). *How do high-efficacy teachers persist in low-achieving, culturally diverse schools?* Paper presented at the annual meeting of the American Educational Research Association, Seattle.

Gullo, D. (2005). *Understanding assessment and evaluation in early childhood education* (2nd ed.). New York: Teachers College Press.

Gurian, M., & Stevens, K. (2005). What is happening with boys in school? *Teachers College Record.* Retrieved June 21, 2005, from http://www.tcrecord. org/Content.asp?ContentID=11854

Guskey, T. (2002, April). *Perspectives on grading and reporting: Differences among teachers, students, and parents.* Paper presented at the annual meeting of the American Educational Research Association, New Orleans.

Guskey, T. (2005). Mapping the road to proficiency. *Educational Leadership, 63*(3), 32–38.

Guskey, T. (2007/2008). The rest of the story. *Educational Leadership, 65*(4), 28–35.

Gutiérrez, K., Asato, J., Pacheco, M., Moll, L., Olson, K., Horng, E., Ruiz, R., García, E., & McCarty, T. (2002). "Sounding American": The consequences of new reforms on English language learners. *Reading Research Quarterly, 37*(2), 328–343.

Hacker, D., Bol, L., Horgan, D., & Rakow, E. (2000). Test prediction and performance in a classroom context. *Journal of Education Psychology, 92,* 160–170.

Hadjioannou, X. (2007). Bringing the background to the foreground: What do classroom environments that support authentic discussions look like? *American Educational Research Journal, 44*(2), 370–399.

Haertel, E. (1986, April). *Choosing and using classroom tests: Teachers' perspectives on assessment.* Paper presented at the annual meeting of the American Educational Research Association, San Francisco.

Haertel, E. (1999). Performance assessment and education reform. *Phi Delta Kappan, 80*(9), 662–666.

Hakuta, K. (1999). The debate on bilingual education. *Developmental & Behavioral Pediatrics, 20,* 36–37.

Hakuta, K., Bialystok, E., & Wiley, E. (2003). Critical evidence: A test of the critical-period hypothesis for second-language acquisition. *Psychological Science, 14,* 31–38.

Haladyna, T. H. (2002). *Essentials of standardized achievement testing: Validity and accountability.* Boston: Allyn & Bacon.

Haladyna, T., & Ryan, J. (2001, April). *The influence of rater severity on whether a student passes or fails a performance assessment.* Paper presented at the annual meeting of the American Educational Research Association, Seattle.

Halford, G., & Andrews, G. (2006). Reasoning and problem solving. In D. Kuhn, & R. Siegler (Vol. Eds.), *Handbook of child psychology: Vol. 2. Cognition, perception, and language* (6th ed., pp. 557–608). Hoboken, NJ: John Wiley & Sons.

Hallahan, D., & Kauffman, J. (2009). *Exceptional children* (11th ed.). Needham Heights, MA: Allyn & Bacon.

Halpern, D. F. (2006). Assessing gender gaps in learning and academic achievement. In P. A. Alexander & P. H. Winne (Eds.), *Handbook of educational psychology* (2nd ed., pp. 635–653). Mahwah, NJ: Erlbaum.

Halpern, D., & LaMay, M. (2000). The smarter sex: A critical review of sex differences in intelligence. *Educational Psychology Review, 12*(2), 229–245.

Halpern, S. (2008). *Can't remember what I forgot: The good news from the front lines of memory research.* Chatsworth, CA: Harmony Books.

Hamilton, R. (1997). Effects of three types of elaboration on learning concepts from text. *Contemporary Education Psychology, 22*, 299–318.

Hamilton, S. L., Seibert, M. A., Gardner, III, R., & Talbert-Johnson, C. (2000). Using guided notes to improve the academic achievement of incarcerated adolescents with learning and behavior problems. *Remedial and Special Education, 21*, 133–140.

Hamm, J., & Coleman, H. (1997, March). *Adolescent strategies for coping with cultural diversity: Variability and youth outcomes*. Paper presented at the annual meeting of the American Educational Research Association, Chicago.

Hampton, J. (1995). Testing the prototype theory of concepts. *Journal of Memory and Language, 32*, 686–708.

Hancock, D. R. (2001). Effects of test anxiety and evaluative threat on students' achievement and motivation. *The Journal of Educational Research, 94*, 284–290.

Hanich, L., Jordan, N., Kaplan, D., & Dick, J. (2001). Performance across different areas of mathematical cognition in children with learning difficulties. *Journal of Educational Psychology, 93*(3), 615–626.

Hansbery, L. (1959). *A raisin in the sun*. New York: Random House.

Harackiewicz, J., Barron, K., Taurer, J., Carter, S., & Elliot, A. (2000). Short-term and long-term consequences of achievement goals: Predicting interest and performance over time. *Journal of Educational Psychology, 92*, 316–330.

Hardman, M., Drew, C., & Egan, W. (2008). *Human exceptionality* (9th ed.). Needham Heights, MA: Allyn & Bacon.

Hardre, P. L., & Reeve, J. (2003). A motivational model of rural students' intentions to persist in, versus drop out of, high school. *Journal of Education Psychology, 95*, 347–356.

Hardy, L. (2002). A new federal role. *American School Board Journal, 18*(9), 20–24.

Harriet, A. W., & Bradley, K. D. (2003). "You can't say you can't play:" Intervening in the process of social exclusion in the kindergarten classroom. *Early Childhood Research Quarterly, 18*, 185–205.

Harry, B. (1992). An ethnographic study of cross-cultural communication with Puerto Rican American families in the special education system. *American Educational Research Journal, 29*(3), 471–488.

Harry, B., & Klingner, J. (2007). Discarding the deficit model. *Educational Leadership, 64*(5), 16–21.

Hatano, G., & Oura, Y. (2003). Commentary: Reconceptualizing school learning using insight from expertise research. *Educational Researcher, 32*(8), 26–29.

Hattie, J., & Timperley, H. (2007). The power of feedback. *Review of Educational Research, 77*(1), 81–112.

Hawkins, M. (2004). Researching English language and literacy development in schools. *Educational Researcher, 33*(3), 14–25.

Haycock, K. (2001). Closing the achievement gap. *Educational Leadership, 58*(6), 6–11.

Hayes, J. R. (1988). *The complete problem solver* (2nd ed.). Mahwah, NJ: Erlbaum.

Hayes, K., & Salazar, J. (2001, April). *Evaluation of the Structured English Immersion Program, final report: Year 1*. Paper presented at the annual meeting of the American Educational Research Association, Seattle.

Hayes, S., Rosenfarb, I., Wulfert, E., Munt, E., Korn, Z., & Zettle, R. (1985). Self-reinforcement effects: An artifact of social standard setting? *Journal of Applied Behavior Analysis, 18*, 201–214.

Heath, S. B. (1982). Questioning at home and at school: A comparative study. In G. Spindler (Ed.), *The ethnography of schooling: Educational anthropology in action*. New York: Holt, Rinehart & Winston.

Heath, S. B. (1983). *Ways with words: Language, life, and work in communities and classrooms*. Cambridge, England: Cambridge University Press.

Heath, S. B. (1989). Oral and literate traditions among Black Americans living in poverty. *American Psychologist, 44*, 367 373.

Helsing, D. (2007). Regarding uncertainty in teachers and teaching. *Teaching and Teacher Education, 23*, 1317–1333.

Henricsson, L., & Rydell, A. M. (2004). Elementary school children with behavior problems: Teacher-child relations and self-perception. A prospective study. *Merrill-Palmer Quarterly, 50*, 111–138.

Henson, R. K., Kogan, L. R., & Vacha-Haase, T. (2001). A

reliability generalization study of the Teacher Efficacy Scale and related instruments. *Educational and Psychological Measurement, 61*, 404-420.

Herbert, J., & Stipek, D. (2005). The emergence of gender differences in children's perceptions of their academic competence. *Journal of Applied Developmental Psychology, 26*, 276-295.

Hergenhahn, B. R., & Olson, M. H. (2001). *An introduction to theories of learning* (6th ed.). Upper Saddle River, NJ: Merrill/Pearson.

Herzig, A. (2004). Becoming mathematicians: Women and students of color choosing and leaving doctoral mathematics. *Review of Educational Research, 74*(2), 171-214.

Heubert, J., & Hauser, R. (Eds.). (1999). *High stakes testing for tracking, promotion, and graduation*. Washington, DC: National Academy Press.

Heward, W. (2009). *Exceptional children* (9th ed.). Upper Saddle River, NJ: Merrill/Pearson.

Hickey, D. T., & Zuiker, S. J. (2005). Engaged participation: A sociocultural model of motivation with implications for educational assessment. *Educational Assessment, 10*, 277-305.

Hidi, S. (2001). Interest, reading, and learning: Theoretical and practical considerations. *Educational Psychology Review, 13*, 191-209.

Hidi, S. (2002). An interest researcher's perspective: The effects of extrinsic and intrinsic factors on motivation. In C. Sansone & J. Harackiewicz (Eds.), *Intrinsic and extrinsic motivation: The search for optimal motivation and performance* (pp. 309-339). San Diego: Academic Press.

Hidi, S., & Renninger, K. A. (2006). The four-phase model of interest development. *Educational Psychologist, 41*(2), 111-127.

Hidi, S., Renninger, K. A., & Krapp, A. (2004). Interest, a motivational variable that combines affecting and cognitive functioning. In D. Dai & R. Sternberg (Eds.), *Motivation, emotion, and cognition: Integrative perspectives on intellectual functioning and development* (pp. 89-155). Mahwah, NJ: Erlbaum.

Hiebert, E. H., & Kamil, M. L. (Eds.). (2005). *Teaching and learning vocabulary*. Mahwah, NJ: Erlbaum.

Hiebert, J., Gallimore, R., & Stigler, J. (2002). A knowledge base for the teaching profession: What would it look like and how can we get one? *Educational Researcher, 31*(5), 3-15.

Higgins, A. T., & Turnure, J. E. (1984). Distractibility and concentration of attention in children's development. *Child Development, 55*, 1799-1810.

Hilbert, T. S., & Renkl, A. (2008). Concept mapping as a follow-up strategy to learning from texts: What characterizes good and poor mappers? *Instructional Science, 36*, 53-73.

Hill, K., & Wigfield, A. (1984). Test anxiety: A major educational problem and what can be done about it. *Elementary School Journal, 85*, 105-126.

Hill, W. F. (2002). *Learning: A survey of psychological interpretations* (7th ed.). Boston: Allyn & Bacon.

Hirsch, E. (2000). The tests we need and why we don't quite have them. *Education Week, 19*(21), 40-41.

Hirsch, E. (2006). Knowledge deficit: Closing the shocking education gap for American children. Boston: Hougton Mifflin.

Hmelo-Silver, C. E. (2004). Problem-based learning: What and how do students learn? *Educational Psychology Review, 16*, 236-266.

Hmelo-Silver, C. E., Duncan, R. G., & Chinn, C. A. (2007). Scaffolding and achievement in problem-based and inquiry learning: A response to Kirschner, Sweller, and Clark (2006). *Educational Psychologist, 42*, 99-107.

Hodapp, R., & Dykens, E. (2006). Mental retardation. In K. A. Renninger, & I. Sigel (Vol. Eds.), *Handbook of child psychology: Vol. 4. Child psychology in practice* (6th ed., pp. 453-496). Hoboken, NJ: John Wiley & Sons.

Hoff, D. (2003). Adding it all up. *Education Week, 22*(23), 28-31.

Hoffman, J., Assaf, L., & Paris, S. (2001). High-stakes testing in reading: Today in Texas, tomorrow? *Reading Teacher, 54*(5), 482-491.

Hoffman, L. (2002). Promoting girls' interest and achievement in physics classes for beginners. *Learning and Instruction, 12*, 447-465.

Hoffman, L. (2003). *Overview of public elementary and secondary schools and districts: School year 2001-02* (NCES 2003-411). U.S. Department of Education,

National Center for Education Statistics. Washington, DC: U.S. Government Printing Office.

Hogan, T. (2007). *Educational assessment: A practical introduction*. Hoboken, NJ: John Wiley & Sons.

Hogan, T., Rabinowitz, M., & Craven, J. (2003). Representation in teaching: Inference from research on expert and novice teachers. *Educational sychologist, 38*, 235–247.

Hohn, R. L., & Frey, B. (2002). Heuristic training and performance in elementary mathematical problem solving. *The Journal of Educational Research, 95*, 374–390.

Holahan, C., & Sears, R. (1995). *The gifted group in later maturity*. Stanford, CA: Stanford University Press.

Holliday, D. (2002, April). *Using cooperative learning to improve the academic achievements of inner-city middle school students*. Paper presented at the annual meeting of the American Educational Research Association, New Orleans.

Holloway, J. (2001). Inclusion and students with learning disabilities. *Educational Leadership, 58*(6), 86–88.

Holloway, J. (2004). Family literacy. *Education Leadership, 61*(6), 88–89.

Hong, S., & Ho, H. (2005). Direct and indirect longitudinal effects of parental involvement on student achievement: Second-order latent growth modeling across ethnic groups. *Journal of Educational Psychology, 97*(1), 32–42.

Honora, D. (2003). Urban African American adolescents and school identification. *Urban Education, 38*(1), 58–76.

Horst, S. J., Finney, S. J., & Barron, K. E. (2007). Moving beyond academic achievement goal measures: A study of social achievement goals. *Contemporary Educational Psychology, 32*, 667–698.

Howard, P. (2000). The owner's manual for the brain: Everyday applications from mid-brain research (2nd ed.). Atlanta, GA: Bard Press.

Howard, T. (2001). Powerful pedagogy for African American Students: A case of four teachers. *Urban Education, 36*(2), 179–202.

Howe, K., & Berv, J. (2000). Constructing constructivism, epistemological and pedagogical. In D. Phillips (Ed.), *Constructivism in education: Opinions and second opinions on controversial issues* (pp. 19–40). Chicago: National Society for the Study of Education.

Howe, M. L. (2004). The role of conceptual recoding in reducing children's retroactive interference. *Developmental Psychology, 40*, 131–139.

Hoy, W., Tarter, C. J., & Hoy, A. (2006). Academic optimism of schools: A force for student achievement. *American Educational Research Journal, 43*(3), 425–446.

Huan, V. S., Yeo, L. S., & Ang, R. P. (2006). The influence of dispositional optimism and gender on adolescents' perception of academic stress. *Adolescence, 41*, 533–546.

Huba, M., & Freed, J. (2000). *Learner-centered assessment on college campuses*. Boston: Allyn & Bacon.

Huber, J. A. (2004). A closer look at SQ3R. *Reading Improvement, 41*, 108–112.

Hughes, D., Rodriguez, J., Smith, E., Johnson, D., Stevenson, H., & Spicer, P. (2006). Parents' ethnic-racial socialization practices: A review of research and directions for future study. *Developmental Psychology, 42*(5), 747–770.

Hughes, T. L., & McIntosh, D. E. (2002). Differential ability scales: Profiles of preschoolers with cognitive delay. *Psychology in the Schools, 39*, 19–29.

Hulse, C. (2006, May 16). Senate passes a bill that favors English. *New York Times*, p. A19.

Hunt, N., & Marshall, K. (2002). *Exceptional children and youth: An introduction to special education* (3rd ed.). Boston: Houghton Mifflin.

Huntsinger, C. S., Jose, P. E., Larsen, S. L. (1998). Do parent practices to encourage academic competence influence the social adjustment of young European American and Chinese American children? *Developmental Psychology, 34*, 747–756.

Hvitfeldt, C. (1986). Traditional culture, perceptual style, and learning: The classroom behavior of Hmong adults. *Adult Education Quarterly, 36*(2), 65–77.

Hyman, I., Kay, B., Tabori, A., Weber, M., Mahon, M., & Cohen, I. (2006). Bullying: Theory, research, and interventions. In C. M. Evertson & C. S. Weinstein (Eds.), *Handbook of classroom management: Research, practice, and contemporary issues* (pp. 855–884). Mahwah, NJ: Erlbaum.

Igo, L. B., Bruning, R., & McCrudden, M. (2005). Exploring

differences in students' copy-and-paste decision making and processing: A mixed-methods study. *Journal of Educational Psychology, 97*(1), 103-116.

Igo, L. B., Kiewra, K., & Bruning, R. (2004). Removing the snare from the pair: Using pictures to learn confusing word pairs. *Journal of Experimental Education, 72*(3), 165-178.

Ilg, T., & Massucci, J. (2003). Comprehensive urban high school: Are there better options for poor and minority children. *Education and Urban Society, 36*(1), 63-78.

Illinois State Board of Education. (2008). *Illinois learning standards: Mathematics, State Goal 6: Number sense.* Retrieved from http://www.isbe.net/ils/math/pdf/goal6.pdf

Ingersoll, R. (2003). *Who controls teachers' work?* Cambridge, MA: Harvard University Press.

Ingersoll, R., & Smith, T. (2004). What are the effects of induction and mentoring on beginning teacher turnover? *American Educational Research Journal, 41*(3), 681-714.

Inhelder, B., & Piaget, J. (1958). *The growth of logical thinking from childhood to adolescence* (A. Parsons & S. Milgram, Trans.). New York: Basic Books.

Iyengar, S., & Lepper, M. (1999). Rethinking the role of choice: A cultural perspective on intrinsic motivation. *Journal of Personality and Social Psychology, 76*, 349-366.

Jackson, P. (1968). *Life in classrooms.* New York: Holt, Rinehart & Winston.

Jacobs, G. M. (2004). A classroom investigation of the growth of metacognitive awareness in kindergarten children through the writing process. *Early Childhood Journal, 32*, 17-23.

Jacobs, J. E., Lanza, S., Osgood, D. W., Eccles, J. S., & Wigfield, A. (2002). Changes in children's self-competence and values: Gender and domain differences across grades one through twelve. *Child Development, 73*, 509-527.

Jalongo, R., Rieg, S., & Hellerbran, V. (2007). *Planning for learning.* New York: Teachers College Press.

Jenkins, H., Bailey, J., & Fraser, B. (2004, April). *Predictors of mathematics skills in boys with and without attention deficit hyperactivity disorder (ADHD).* Paper presented at the annual meeting of the American Educational Research Association, San Diego.

Jennings, J., & Rentner, D. (2006). Ten big effects of the No Child Left Behind Act on public schools. *Phi Delta Kappan, 88*(2), 110-113.

Jesse, D., & Pokorny, N. (2001, April). *Understanding high achieving middle schools for Latino students in poverty.* Paper presented at the annual meeting of the American Educational Research Association, Seattle.

Jetton, T., & Alexander, P. (1997). Instruction importance: What teachers value and what students learn. *Reading Research Quarterly, 32*, 290-308.

Jitendra, A., Haria, P., Griffin, C., Leh, J., Adams, A., & Kaduvettoor, A. (2007). A comparison of single and multiple strategy instruction on third-grade students' mathematical problem solving. *Journal of Educational Psychology, 99*(1), 115-127.

Johnson, A. P. (2005). *A short guide to action research* (2nd ed.). Boston: Pearson.

Johnson, B., & Christensen, L. (2008). *Educational research: Quantitative, qualitative and mixed approaches* (3rd ed.). Los Angeles: Sage.

Johnson, D. D., Johnson, B., Farenga, S., & Ness, D. (2008). *Stop high-stakes testing: An appeal to American's conscience.* Lanham, MD: Rowan & Littlefield.

Johnson, D. W., & Johnson, R. (2004). The three Cs of promoting social and emotional learning. In J. Zins, R. Weissberg, M. Wang, & H. Walberg (Eds.), *Building academic success on social and emotional learning* (pp. 40.58). New York: Teachers College Press.

Johnson, D. W., & Johnson, R. (2006). *Learning together and alone: Cooperation, competition, and individualization* (8th ed.). Needham Heights, MA: Allyn & Bacon.

Johnson, E. S., & Arnold, N. (2007). Examining an alternate assessment. *Journal of Disability Policy Studies, 18*, 23-31.

Johnson, J. (2002). Will parents of special-needs children endorse reform in special ed? *Phi Delta Kappan, 84*(2), 160-163.

Johnson, J., & Duffett, A. (2002). *When it's your own child: A report on special education and the families who use it.* New York: The Public Agenda.

Johnson, L. (2002). "My eyes have been opened": White teachers and racial awareness. *Journal of Teacher*

Education, 53(2), 153-167.

Johnson, L. (2004). Down with detention. *Education Week, 24*(14), 39-40.

Johnson, S., & Birkeland, S. (2003, April). *Pursuing a "sense of success:" New teachers explain their career decisions.* Paper presented at the annual meeting of the American Educational Research Association, New Orleans, LA.

Johnson, W., & Bouchard, T. (2005). The structure of human intelligence: It is verbal, perceptual, and image rotation (VPR), not fluid and crystallized. *Intelligence, 33*, 393-416.

Jonassen, D., Howland, J., Moore, J., & Marra, R. (2003). *Learning to solve problems with technology* (2nd ed.). Upper Saddle River, NJ: Merrill/Pearson.

Jones, G., Jones, B., & Hargrove, T. (2003). *The unintended consequences of high-stakes testing.* Lanham, MD: Rowman & Littlefield.

Jones, M. (1999). *Identity as strategy: Rethinking how African American students negotiate desegregated schooling.* Paper presented at the annual meeting of the American Educational Research Association, Montreal, Canada.

Jones, N., Kemenes, G., & Benjamin, P. (2001). Selective expression of electrical correlates of differential appetitive classical conditioning in a feedback network. *Journal of Neurophysiology, 85*, 89-97.

Jones, S. M., & Dindia, K. (2004). A meta-analytic perspective on sex equity in the classroom. *Review of Educational Research, 74*(4), 443-471.

Jones, V. F., & Jones, L. S. (2004). *Comprehensive classroom management: Creating communities of support and solving problems* (7th ed.). Boston: Allyn & Bacon.

Jordan, W. (2001). Black high school students' participation in school-sponsored sports activities: Effects on school engagement and achievement. *Journal of Negro Education, 68*(1), 54-71.

Jorgenson, O. (2003). Brain scam? Why educators should be careful about embracing "brain research." *The Educational Forum, 67*, 364-369.

Judson, M. (2004, April). *Smaller learning communities in urban high schools: Increasing communication among teachers and students.* Paper presented at the annual meeting of the American Educational Research Association, San Diego.

Juniewicz, K. (2003). Student portfolios with a purpose. *The Clearing House, 77*(2), 73-77.

Juvonen, J. (2006). Sense of belonging, social bonds, and school functioning. In P. A. Alexander & P. H. Winne (Eds.), *Handbook of educational psychology* (2nd ed., pp. 655-674). Mahwah, NJ: Erlbaum.

Juvonen, J. (2007). Reforming middle schools: Focus on continuity, social connectedness, and engagement. *Educational Psychologist, 42*, 197-208.

Kafai, Y. (2006). Constructionism. In R. K. Sawyer (Ed.), *The Cambridge handbook of the learning sciences* (pp. 35-46). New York: Cambridge University Press.

Kaff, M. S., Zabel, R. H., & Milham, M. (2007). Revisiting cost-benefit relationships of behavior management strategies: What special educators say about usefulness, intensity, and effectiveness. *Preventing School Failure, 51*, 35-45.

Kahlenberg, R. (2006). Integration by income. *American School Board Journal, 193*(4), 51-52.

Kahn, E. (2000). A case study of assessment in a grade 10 English course. *Journal of Educational Research, 93*(5), 276-286.

Kahng, S. W., & Iwata, B. A. (1999). Correspondence between outcomes of brief and extended functional analyses. *Journal of Applied Behavior Analysis, 32*, 149-159.

Kakkarainen, O., & Ahtee, M. (2007). The durability of conceptual change in learning the concept of weight in the case of a pulley in balance. *International Journal of Science and Mathematics Education, 5*, 461-482.

Kalyuga, S., Ayres, P., Chandler, P., & Sweller, J. (2003). The expertise reversal effect. *Educational Psychologist, 38*(1), 23-31.

Kamil, M., & Walberg, H. (2005). The scientific teaching of reading. *Education Week, 24*(20), 38, 40.

Kane, M. (2006). Content-related validity evidence in test development. In S. Dowing & T. Haladyna (Eds.), *Handbook of test development* (pp. 131- 154). Mahwah, NJ: Erlbaum Associates.

Karateken, C. (2004). A test of the integrity of the components of Baddeley's model of working memory in attention-deficit/hyperactivity disorder (ADHD). *The Journal of Child Psychology and Psychiatry and Allied Disciplines, 45*(5), 912-926.

Karten, T. (2005). *Inclusion strategies that work: Research-*

based methods for the classroom. Thousand Oaks, CA: Corwin Press.

Kastens, K., & Liben, L. (2007). Eliciting self-explanations improves children's performance on a field-based map skills task. *Cognition and Instruction, 25*(1), 45-74.

Kato, T., & Manning, M. (2007). Content knowledge-The real reading crisis. *Childhood Education, 83*, 238-239.

Kauchak, D., & Eggen, P. (2007). *Learning and teaching: Research-based methods* (5th ed.). Needham Heights, MA: Allyn & Bacon.

Kauffman, J., McGee, K., & Brigham, M. (2004). Enabling or disabling? Observations on changes in special education. *Phi Delta Kappan, 85*(8), 613-620.

Kaufman, A. S., & Lictenberger, E. O. (2002). *Assessing adolescent and adult intelligence* (2nd ed.). Boston: Allyn & Bacon.

Kaufman, J. C., & Sternberg, R. J. (2007). Creativity. *Change, 39*, 55-58.

Kavale, K. A., & Forness, S. R. (2000). History, rhetoric, and reality. *Remedial and Special Education, 21*(5), 279-296.

Kazden, A. (2001). *Behavior modification in applied settings* (6th ed.). Belmont, CA: Wadsworth.

Keating, D. P. (2004). Cognitive and brain development. In R. Lerner & L. Steinberg (Eds.), *Handbook of adolescent psychology* (2nd ed.). New York: Wiley.

Keefer, M., Zeitz, C., & Resnick, L. (2000). Judging the quality of peer-led student dialogues. *Cognition and Instruction, 18*(1), 53-81.

Kerman, S. (1979). Teacher expectations and student achievement. *Phi Delta Kappan, 60*, 70-72.

Kibby, M. Y., Marks, W., & Morgan, S. (2004). Specific impairment in developmental reading disabilities: A working memory approach. *Journal of Learning Disabilities, 37*(4), 349-363.

Kidron, Y., & Fleischman, S. (2006). Promoting adolescents' prosocial behavior. *Educational Leadership, 63*(7), 90-91.

Kim, Y., & Baylor, A. L. (2006). A social-cognitive framework for pedagogical agents as learning companions. *Educational Technology Research and Development, 54*, 569-596.

Kincheloe, J. (2004). Why a book on urban education? In S. Steinberg & J. Kincheloe (Eds.), *19 Urban questions: Teaching in the city* (pp. 1-27). New York: Peter Lange.

Kindler, A. L. (2002). *Survey of the states' limited English proficient students and available educational programs and services, 2000-2001 Summary Report*. Washington, DC: National Clearinghouse for English Language Acquisition and Language Instruction Educational Programs.

King-Friedrichs, J., & Browne, D. (2001). Learning to remember. *The Science Teacher, 68*, 44-46.

Kirschner, P. A., Sweller, J., & Clark, R. E. (2006). Why minimal guidance during instruction does not work: An analysis of the failure of constructivist, discovery, problem-based, experiential, and inquiry-based teaching. *Educational Psychologist, 41*, 75-86.

Kitsantas, A., Zimmerman, B., & Cleary, T. (2000). The role of observation and emulation in the development of athletic self-regulation. *Journal of Educational Psychology, 92*(4), 811-817.

Kliewer, C., Fitzgerald, L., Meyer-Mork, J., Hartman, P., English-Sand, P., & Raschke, D. (2004). Citizenship for all in the literate community: An ethnography of young children with significant disabilities in inclusive early childhood settings. *Harvard Educational Review, 74*(4), 373-403.

Kluth, P., Villa, R., & Thousand, J. (2002). "Our school doesn't offer inclusion" and other legal blunders. *Educational Leadership, 83*(4), 24-27.

Knapp, M. S. (2001). Policy, poverty, and capable teaching: Assumptions and issues in policy design. In B. J. Biddle (Ed.), *Social class, poverty, and education* (pp. 175-212). New York: Routlege Falmer.

Knight, J. (2002). Crossing the boundaries: What constructivists can teach intensive-explicit instructors and vice versa. *Focus on Exceptional Children, 35*, 1-14, 16.

Kober, N. (2006). *A public education primer: Basic (and sometimes surprising) facts about the U.S. education system*. Washington, DC: Center on Education Policy.

Koc, K., & Buzzelli, C. A. (2004). The moral of the story is ...Using children's literature in moral education. *Young Children, 59*(1), 92-97.

Kodjo, C. M., Auinger, P., & Ryan, S. (2003). Demographic, intrinsic, and extrinsic factors associated with weapon carrying at school. *Archives of Pediatrics & Adolescent Medicine, 157*, 96–103.

Kohlberg, L. (1963). The development of children's orientation toward moral order: Sequence in the development of human thought. *Vita Humana, 6*, 11–33.

Kohlberg, L. (1969). Stage and sequence: The cognitive-developmental approach to socialization. In D. Goslin (Ed.), *Handbook of socialization theory and research*. Chicago: Rand McNally.

Kohlberg, L. (1975). The cognitive development approach to moral education. *Phi Delta Kappan, 56*, 670–677.

Kohlberg, L. (1981). *Philosophy of moral development*. New York: Harper & Row.

Kohlberg, L. (1984). *Essays on moral development: Vol. 2*. The psychology of moral development. New York: Harper & Row.

Kohn, A. (1993). *Punished by rewards: The trouble with gold stars, incentive plans, A's, praise, and other bribes*. Boston: Houghton Mifflin.

Kohn, A. (1996a). *Beyond discipline: From compliance to community*. Alexandria, VA: Association for Supervision and Curriculum Development.

Kohn, A. (1996b). By all available means: Cameron and Pierce's defense of extrinsic motivators. *Review of Educational Research, 66*, 1–4.

Kohn, A. (2004). Challenging students—and how to have more of them. *Phi Delta Kappan, 86*(3), 184–194.

Kohn, A. (2005a). *Unconditional parenting: Moving from rewards and punishments to love and reason*. New York: Atria Books.

Kohn, A. (2005b). Unconditional teaching. *Educational Leadership, 63*(1), 20–24.

Kohn, A. (2006a). *The homework myth: Why our kids get too much of a bad thing*. Cambridge, MA: Da Capo Press.

Kohn, A. (2006b). Abusing research: The study of homework and other examples. *Phi Delta Kappan, 88*, 9–22.

Kornhaber, M., Fierros, E., & Veenema, S. (2004). *Multiple intelligences: Best ideas from research and practice*. Boston: Allyn & Bacon.

Kounin, J. (1970). *Discipline and group management in classrooms*. New York: Holt, Rinehart & Winston.

Kozhevnikov, M., Hegarty, M., & Mayer, R. (1999, April). *Students' use of imagery in solving qualitative problems in kinematics*. Paper presented at the annual meeting of the American Educational Research Association, Montreal, Canada.

Kozol, J. (2005). *The shame of the nation: The restoration of apartheid schooling in America*. New York: Crown.

Kozol, J. (2006). Success for all: Trying to make an end run around inequality and segregation. *Phi Delta Kappan, 87*(8), 624–626.

Kozulin, A. (1998). *Psychological tools: A sociocultural approach to education*. Cambridge: Harvard University Press.

Kozulin, A. (Ed.). (2003). *Vygotsky's educational theory in cultural context*. Cambridge, UK: Cambridge University Press.

Krajcik, J., & Blumenfeld, P. (2006). Project-based learning. In R. K. Sawyer, (Ed.), *Cambridge handbook of the learning sciences* (pp. 317–334). Cambridge, MA: Cambridge University Press.

Kramer, P. A. (2003). The ABC's of professionalism. *Kappa Delta Pi Record, 40*(1), 22–25.

Krashen, S. (2005). Skyrocketing scores: An urban legend. *Educational Leadership, 62*(4), 37–39.

Kratzig, G., & Arbuthnott, K. (2006). Perceptual learning style and learning proficiency: A test of the hypothesis. *Journal of Educational Psychology, 98*(1), 238–246.

Krebs, D., & Denton, K. (2005). *A guide for establishing prosocial communities*. New York: Springer.

Kress, J., & Elias, M. (2006). School-based social and emotional learning programs. In K. A. Renninger & I. Sigel (Vol. Eds,), *Handbook of child psychology: Vol. 4. Child psychology in practice* (6th ed., pp. 592–618). Hoboken, NJ: John Wiley & Sons.

Kritt, D. (2004). Strengths and weaknesses of bright urban children: A critique of standardized testing in kindergarten. *Education and Urban Society, 36*(4), 466–467.

Kroesbergen, E. H., & van Luit, E. H. (2002). Teaching multiplication to low math performers: Guided versus structured instruction. *Instructional Science, 30*, 361–378.

Kroger, J. (2000). *Identity development: Adolescence through adulthood*. Thousand Oaks, CA: Sage.

Kuhn, D. (1999). A developmental model of critical thinking.

Educational Researcher, 28(2), 16–26, 46.

Kuhn, D. (2001). Why development does (and does not) occur: Evidence from the domain of inductive reasoning. In J. L. McClelland & R. S. Seigler (Eds.), *Mechanisms of cognitive development: Behavioral and neural perspectives* (pp. 221–249). Mahwah, NJ: Erlbaum.

Kuhn, D. (2007). Is direct instruction the right answer to the right question? *Educational Psychologist, 42*, 109–113.

Kuhn, D., & Dean, D., Jr. (2004). Metacognition: A bridge between cognitive psychology and educational practice. *Theory Into Practice, 43*(4), 268–273.

Kuhn, D., & Franklin, S. (2006). The second decade: What develops (and how). In D. Kuhn & R. Siegler (Vol. Eds.), *Handbook of child psychology: Vol. 2. Cognition, perception, and language* (6th ed., pp. 953–994). Hoboken, NJ: John Wiley & Sons.

Kuhn, D., & Park, S.-H. (2005). Epistemological understanding and the development of intellectual values. *International Journal of Educational Research, 43*, 111–124.

Kumar, R., Gheen, M. H., & Kaplan, A. (2002). Goal structures in the learning environment and students' disaffection from learning and schooling. In C. Midgely (Ed.), *Goals, goal structures and patterns of adaptive learning* (pp. 143–173). Mahwah, NJ: Erlbaum.

Kuther, T., & Higgins-D' Alessandra, M. (1997, March). *Effects of a just community on moral development and adolescent engagement in risk*. Paper presented at the annual meeting of the American Educational Research Association, Chicago.

Labov, W. (1972). *Language in the inner city: Studies in the "Black" English vernacular*. Philadelphia: University of Pennsylvania Press.

Lajoie, S. P. (2003). Transitions and trajectories for studies of expertise. *Educational Researcher, 32*, 21–25.

Lalli, J. S., & Kates, K. (1998). The effects of reinforcer preference on functional analysis outcomes. *Journal of Applied Behavior Analysis, 31*, 79–90.

Lam, S-F., & Law, Y-K. (2007). The roles of instructional practices and motivation in writing performance. *The Journal of Experimental Education, 75*, 145–164.

Lambating, J., & Allen, J. (2002, April). *How the multiple functions of grades influence their validity and value as measures of academic achievement*. Paper presented at the annual meeting of the American Educational Research Association, New Orleans.

Lambert, C., DePaepe, J., & Lambert, L. (2007). e-portfolios in action. *Kappa Delta Pi Record, 43*, 76–81.

Lambert, N., & McCombs, B. (1998). Introduction: Learner-centered schools and classrooms as a direction for school reform. In N. Lambert & B. McCombs (Eds.), *How students learn: Reforming schools through learner-centered education* (pp. 1–22). Washington, DC: American Psychological Association.

Lan, W., Repman, J., & Chyung, S. (1998). Effects of practicing self-monitoring of mathematical problem-solving heuristics on impulsive and reflective college students' heuristics knowledge and problem-solving ability. *Journal of Experimental Education, 67*(1), 32–52.

Landrum, T. J., & Kaufman, J. M. (2006). Behavioral approaches to classroom management. In C. M. Evertson & C. S. Weinstein (Eds.), *Handbook of classroom management: Research, practice, and contemporary issues* (pp. 47–71). Mahwah, NJ: Erlbaum.

Landry, S., Smith, K., & Swank, P. (2006). Responsive parenting: Establishing early foundations for social, communication, and independent problem-solving skills. *Developmental Psychology, 42*(4), 627–642.

Landsman, J. (2004). Confronting the racism of low expectations. *Educational Leadership, 62*(3), 28–32.

Lareau, A. (2003). *Unequal childhoods: Class, race, and family life*. Berkeley, CA: University of California Press.

Larrivee, B. (2002). The potential perils of praise in a democratic interactive classroom. *Action in Teacher Education, 23*(4), 77–88.

Lave, J. (1997). The culture of acquisition and the culture of understanding. In D. Kirshner & J. A. Whitson (Eds.), *Situated cognition: Social, semiotic, and psychological perspectives* (pp. 17–35). Mahwah, NJ: Erlbaum.

Lave, J., & Wenger, E. (1991). *Situated learning: Legitimate peripheral participation*. Cambridge, UK: Cambridge University Press.

Lawson, A., & Childs, R. (2001, April). *Making sense of large-scale assessments: Communicating with teachers*. Paper presented at the annual meeting of the American Educational Research Association, Seattle.

Lee, J., & Reigeluth, C. M. (2003). Formative research on the heuristic task analysis process. *Educational Technology Research and Development, 51*, 5-24.

Lee, J. D. (2002). More than ability: Gender and personal relationships influence science and technology involvement. *Sociology of Education, 75*, 349-373.

Lee, R., Sturmey, P., & Fields, L. (2007). Schedule-induced and operant mechanisms that influence response variability: A review and implications for future investigations. *The Psychological Record, 57*, 429-465.

Lee, V. (2000). Using hierarchical linear modeling to study social contexts: The case of school effects. *Educational Psychologist, 35*, 125-141.

Lee, V. E., & Burkam, D. T. (2002). *Inequality at the starting gate: Social background differences in achievement as children begin school.* Washington, DC: Economic Policy Institute.

Lee, V. E., & Burkam, D. T. (2003). Dropping out of high school: The role of school organization and structure. *American Educational Research Journal, 40*(2), 353-393.

Lei, J. L. (2003). (Un)necessary toughness? Those "loud Black girls" and those "quiet Asian boys." *Anthropology & Education Quarterly, 34*(2), 158-181.

Leinhardt, G. (2001). Instructional explanations: A commonplace for teaching and location for contrast. In V. Richardson (Ed.), *Handbook of research on teaching* (4th ed., pp. 333-357). Washington, DC: American Educational Research Association.

Leinhardt, G., & Steele, M. (2005). Seeing the complexity of standing to the side: Instructional dialogues. *Cognition and Instruction, 23*(1), 87-163.

Lemke, M., Sen A., Pahlke, E., Partelow, L., Miller D., Williams, T., Kastberg, D., & Jocelyn, L. (2004). *International outcomes of learning in mathematics literacy and problem solving: PISA 2003 results from the U.S. perspective (NCES 2005-003).* U.S. Department of Education. Washington, DC: National Center for Education Statistics.

Leno, L. C., & Dougherty, L. A. (2007). Using direct instruction to teach content vocabulary. *Science Scope, 31*, 63-66.

Leonard, L. B., Weismer, S. E., & Miller, C. A. (2007). Speed of processing, working memory, and language impairment in children. *Journal of Speech, Language, and Hearing Research, 50*, 408-428.

Leont'ev, A. (1981). The problem of activity in psychology. In J. Wertsch (Ed.), *The concept of activity in Soviet psychology* (pp. 37.71). Armonk, NY: Sharpe.

LePage, P., Darling-Hammond, L., & Akar, H., with Gutierrez, C., Jenkins-Gunn, E., & Rosebrock, K. (2005). Classroom management. In L. Darling-Hammond & J. Bransford (Eds.), *Preparing teachers for a changing world: What teachers should learn and be able to do* (pp. 327-357). San Francisco: Jossey-Bass/Wiley.

Lepper, M., & Hodell, M. (1989). Intrinsic motivation in the classroom. In C. Ames & R. Ames (Eds.), *Research on motivation in education* (Vol. 3, pp. 73-105). San Diego: Academic Press.

Lerner, R. (2002). *Adolescence: Development, diversity, context, and application.* Upper Saddle River, NJ: Prentice Hall.

Lerner, R. (2006). Developmental science, developmental systems, and contemporary theories of human development. In W. Damon & R. Lerner (Series Eds.), R. Lerner (Vol. Ed.), *Handbook of child psychology: Vol. I. Theoretical models of human development* (6th ed., 1-17). New York: Wiley.

Levesque, C., Stanek, L., Zuehlke, A. N., & Ryan, R. (2004). Autonomy and competence in German and American university students: A comparative study based on self-determination theory. *Journal of Educational Psychology, 96*(1), 68-84.

Lew, J. (2004). The "other" story of model minorities: Korean American high school dropouts in an urban context. *Anthropology and Education Quarterly, 35*(3), 303-323.

Lewis, A. (2001). There is no "race" in the schoolyard: Colorblind ideology in an (almost) all White school. *American Educational Research Journal, 38*(4), 781-811.

Lewis, A. (2007). Looking beyond NCLB. *Phi Delta Kappan, 88*(7), 483-484.

Lewis, C. C. (1995). *Educating hearts and minds: Reflections on Japanese preschool and elementary education.* Cambridge, UK: Cambridge University Press.

Lewis, J. L., & Kim, E. (2008). A desire to learn: African

American children' s positive attitudes toward learning within school cultures of low expectations. *Teachers College Record, 110*, 1304–1329. Retrieved June 4, 2008, from http:// tcrecord:org/Content.asp?ContentID=14749

Lewis, R. (2001). Classroom discipline & student responsibility: The students' view. *Teaching and Teacher Education, 17*, 307–319.

Lewis, V. (2002). *Development and disability* (2nd ed.). Malden, MA: Blackwell.

Li, J. (2004). High abilities and excellence: A cultural perspective. In L. V. Shavininina & M. Ferrari (Eds.), *Beyond knowledge: Extracognitive aspects of developing high ability* (pp. 187–208). Mahwah, NJ: Erlbaum.

Li, J. (2005). Mind or virtue: Western and Chinese beliefs about learning. *Current Directions in Psychological Science, 14*, 190–194.

Li, J., & Fischer, K. W. (2004). Thought and affect in American and Chinese learners' beliefs abut learning. In D. Y. Dai & R. J. Sternberg (Eds.), *Motivation, emotion, and cognition: Integrative perspectives in intellectual functioning and development* (pp. 385–418). Mahwah, NJ: Erlbaum.

Li, Y., Anderson, R., Nguyen-Jahiel, K., Dong, T., Archodidou, A., Kim, I., Kuo, L., Clark, A., Wu, X., Jadallah, M., & Miller, B. (2007). Emergent leadership in children' s discussion groups. *Cognition and Instruction, 25*, 75–111.

Lillard, A. S. (1997). Other folks' theories of mind and behavior. *Psychological Science, 8*, 268–274.

Lin, J-R. (2007). Responses to anomalous data obtained from repeatable experiments in the laboratory. *Journal of Research in Science Teaching, 44*(3), 506–528.

Linnenbrink, E. A., & Pintrich, P. R. (2003). Achievement goals and intentional conceptual change. In G. M. Sinatra & P. R. Pintrich (Eds.), *Intentional conceptual change* (pp. 347–374). Mahwah, NJ: Erlbaum.

Linnenbrink, E. A., & Pintrich, P. R. (2004). Role of affect in cognitive processing in academic contexts. In D. Y. Dai & R. J. Sternberg (Eds.), *Motivation, emotion, and cognition: Integrative perspectives on intellectual functioning and development* (pp. 57–87). Mahwah, NJ: Erlbaum.

Lippa, R. A. (2002). *Gender, nature, and nurture*. Mahwah, NJ: Erlbaum.

Lipson, M. Y., & Wixson, K. K. (2003). *Assessment and instruction of reading and writing disability* (3rd ed.). New York: Longman.

Liston, D., Whitcomb, J., & Borko, H. (2007). NCLB and scientifically-based research: Opportunities lost and found. *Journal of Teacher Education, 58*(2), 99–107.

Liu, X. (2004). Using concept mapping for assessing and promoting relational conceptual change in science. *Science Education, 88*, 373–396.

Lohman, D. (2001, April). *Fluid intelligence, inductive reasoning, and working memory: Where the theory of multiple intelligences falls short*. Paper presented at the annual meeting of the American Educational Research Association, Seattle.

Lopes, P., & Salovey, P. (2004). Toward a broader education: Social, emotional, and practical skills. In J. Zins, R. Weissberg, M. Wang, & H. Walberg (Eds.), *Building academic success on social and emotional learning* (pp. 76–93). New York: Teachers College Press.

Lopez, N. (2003). *Hopeful girls, troubled boys: Race and gender disparity in urban education*. New York: Routledge.

Lopez del Bosque, R. (2003). Sticks and stones: What words are to self-esteem. *Intercultural Development Research Association Newsletter, 27*(5), 4–7, 16.

Loughran, J., Mulhall, P., & Berry, A. (2004). In search of pedagogical content knowledge in science: Developing ways of articulating and documenting professional practice. *Journal of Research in Science Teaching, 41*, 370–391.

Lovelace, M. (2005). Meta-analysis of experimental research based on the Dunn and Dunn Model. *Journal of Educational Research, 98*(3), 176–183.

Lowrie, T., & Kay, R. (2001). Relationship between visual and nonvisual solution methods and difficulty in elementary mathematics. *Journal of Educational Research, 94*(4), 248–255.

Luft, P., Brown, C. M., & Sutherin, L. J. (2007). Are you and your students bored with the benchmarks? Sinking under the standards? *Teaching Exceptional Children, 39*, 39–46.

Lumeng, J. C., & Cardinal, T. M. (2007). Providing information about a flavor to preschoolers: Effects on liking and memory for having tasted it. *Chemical Senses, 32*, 505-513.

Luna, B., Garver, K. E., Urban, T. A., Lazar, N. A., & Sweeny, J. A. (2004). Maturation of cognitive processes from late childhood to adulthood. *Child Development, 75*, 1357-1372.

Lundberg, U., Granqvist, M., Hansson, T., Magnusson, M., & Wallin, L. (1989). Psychological and physiological stress responses during repetitive work at an assembly line. *Work & Stress, 3*, 143-153.

Lunenberg, M., Korthagen, F., & Swennen, A. (2007). The teacher educator as a role model. *Teaching and Teacher Education, 23*, 586-601.

Luria, A. R. (1976). *Cognitive development: Its cultural and social foundations*. Cambridge, MA: Harvard University Press.

Lutz, S., Guthrie, J., & Davis, M. (2006). Scaffolding for engagement in elementary school reading instruction. *Journal of Educational Research, 100*(1), 3-20.

Luyckx, K., Goossens, L., & Soenens, B. (2006). A developmental contextual perspective on identity construction in emerging adulthood: Change dynamics in commitment formation and commitment evaluation. *Developmental Psychology, 42*(2), 366-380.

Lynch, M. (2001). *Fostering creativity in children, K-8: Theory and practice*. Boston: Allyn & Bacon.

Ma, X. (2001). Bullying and being bullied: To what extent are bullies also victims? *American Educational Research Journal, 38*(2), 351-370.

Maag, J. (2001). Rewarded by punishment: Reflections on the disuse of positive reinforcement in schools. *Exceptional Children, 67*, 173-186.

Mabry, L. (1999). Writing to the rubrics: Lingering effects of traditional standardized testing on direct writing assessment. *Phi Delta Kappan, 80*, 673-679.

Macionis, J. (2006). *Society: The basics* (8th ed.). Upper Saddle River, NJ: Prentice Hall.

Macionis, J., & Parillo, V. (2007). *Cities and urban life* (4th ed.). Upper Saddle River, NJ: Prentice Hall.

MacNeil, M. S. (2007). Concept mapping as a means of course evaluation. *Journal of Nursing Education, 46*, 232-234.

Macpherson, R., & Stanovich, K. E. (2007). Cognitive ability, thinking dispositions, and instructional set as predictors of critical thinking. *Learning and Individual Differences, 17*, 115-127.

Maehr, M., & Midgley, C. (1991). Enhancing student motivation: A schoolwide approach. *Educational Psychologist, 26*, 399-427.

Mager, R. (1962). *Preparing instructional objectives*. Palo Alto, CA: Featon.

Mager, R. (1998). *Preparing instructional objectives: A critical tool in the development of effective instruction* (3rd ed.). Atlanta, GA: Center for Effective Performance.

Mahoney, J., Larson, R., & Eccles, J. (2005). *Organized activities as contexts of development: Extracurricular activities*. New York: Routledge.

Mainela-Arnold, E., & Evans, J. L. (2005). Beyond capacity limitations: Determinants of word recall performance on verbal working memory span tasks in children with SLI. *Journal of Speech, Language, and Hearing Research, 48*, 897-909.

Manouchehri, A. (2004). Implementing mathematics reform in urban schools: A study of the effect of teachers' motivation style. *Urban Education, 38*, 472-508.

Manzo, K. (2000). Book binds. *Education Week, 19*(17), 29-33.

Manzo, K. (2008). Researchers propose NAEP look beyond academic measures. *Education Week, 27*(25), 8.

Marchand, G., & Skinner, E. A. (2007). Motivational dynamics of children's academic help-seeking and concealment. *Journal of Educational Psychology, 99*, 65-82.

Marcia, J. (1980). Identity in adolescence. In J. Adelson (Ed.), *Handbook of adolescent psychology*. New York: Wiley.

Marcia, J. (1987). The identity status approach to the study of ego identity development. In T. Honess & K. Yardley (Eds.), *Self and identity: Perspectives across the life span*. London: Routledge & Kegan Paul.

Marcia, J. (1999). Representational thought in ego identity, psychotherapy, and psychosocial development. In I. E. Sigel (Ed.), *Development of mental representation: Theories and applications*. Mahwah, NJ: Lawrence Erlbaum.

Marinoff, L. (2003). *The big questions: How philosophy can change your life*. New York: Bloomsbury.

Marion, S., & Pellegrino, J. (2006). A validity framework for evaluating the technical quality of alternate assessments. *Educational Measurement: Issues and Practices, 25*(4), 47–57.

Marsh, H. (1990). Causal ordering of academic self-concept and academic achievement: A multi-wave, longitudinal panel analysis. *Journal of Educational Psychology, 82*, 646–656.

Marsh, H., & Ayotte, V. (2003). Do multiple dimensions of self-concept become more differentiated with age? The differential distinctiveness hypothesis. *Journal of Educational Psychology, 95*, 687–706.

Marsh, H., Kong, C., & Hau, K. (2001). Extension of the internal/external frame of reference model of self-concept formation: Importance of native and non-native languages for Chinese students. *Journal of Educational Psychology, 93*(3), 543–553.

Martin, G., & Pear, J. (2002). *Behavior modification* (7th ed.). Upper Saddle River, NJ: Merrill/Pearson.

Martin, J. (1993). Episodic memory: A neglected phenomenon in the psychology of education. *Educational Psychologist, 28*(2), 169–183.

Martin, J. (2006). Social cultural perspectives in educational psychology. In P. A. Alexander & P. H. Winne (Eds.), *Handbook of educational psychology* (2nd ed., pp. 595–614). Mahwah, NJ: Erlbaum.

Marzano. R. J. (2003a). *Classroom management that works: Research-based strategies for every teacher.* Alexandria, VA: Association for Supervision and Curriculum Development.

Marzano, R. J. (2003b). *What works in schools: Translating research into action.* Alexandria VA: Association for Supervision and Curriculum Development.

Marzano, R. J. (2007). *Classroom assessment and grading that work.* Alexandria VA: Association for Supervision and Curriculum Development.

Marzano, R. J., & Pickering, D. J. (2007). Errors and allegations about research on homework. *Phi Delta Kappan, 88*, 507–513.

Maslow, A. (1968). *Toward a psychology of being* (2nd ed.). New York: Van Nostrand.

Maslow, A. (1970). *Motivation and personality* (2nd ed.). New York: Harper & Row. (Original work published 1954)

Maslow, A. H. (1987). *Motivation and personality* (3rd ed.). New York: Harper & Row.

Mason, L. (2007). Introduction: Bridging the cognitive and sociocultural approaches in research on conceptual change: Is it feasible? *Educational Psychologist, 42*(1), 1–8.

Mastropieri, M., Scruggs, T., & Berkeley, S. (2007). Peers helping peers. *Educational Leadership, 64*(5), 54–58.

Maughan, A., & Ciccetti, D. (2002). Impact of child maltreatment and interadult violence on children' s emotion regulation abilities and socioemotional adjustment. *Child Development, 73*, 1525–1542.

Mawhinney, T., & Sagan, L. (2007). The power of personal relationships. *Phi Delta Kappan, 88*(6), 460–464.

Mayer, R. (1996). Learners as information processors: Legacies and limitations of educational psychology' s second metaphor. *Educational Psychologist, 31*(4), 151–161.

Mayer, R. (1997). Multimedia learning: Are we asking the right questions? *Educational Psychologist, 32*(1), 1–19.

Mayer, R. (1998). Cognitive theory for education: What teachers need to know. In N. Lambert & B. McCombs (Eds.), *How students learn: Reforming schools through learner-centered instruction* (pp. 353–378). Washington, DC: American Psychological Association.

Mayer, R. (1999). *The promise of educational psychology: Learning in the content areas.* Upper Saddle River, NJ: Merrill/Pearson.

Mayer, R. (2002). *The promise of educational psychology: Volume II. Teaching for meaningful learning.* Upper Saddle River, NJ: Merrilll/Pearson.

Mayer, R. (2008). *Learning and instruction* (2nd ed.). Upper Saddle River, NJ: Pearson.

Mayer, R. E. (2004). Should there be a three-strikes rule against pure discovery learning? *American Psychologist, 59*, 14–19.

Mayer, R. E., & Wittrock, M. C. (2006). Problem solving. In P. A. Alexander & P. H. Winne (Eds.), *Handbook of educational psychology* (2nd ed., pp. 287–303). Mahwah, NJ: Erlbaum.

Mazur, J. E. (2006). *Learning and behavior* (6th ed.). Upper Saddle River, NJ: Merrill/Pearson.

McAllister, G., & Ervine, J. J. (2002). The role of empathy in teaching culturally diverse students: A qualitative study of teachers' beliefs. *Journal of Teacher Education 53*, 433–443.

McCaughtry, N. (2004). The emotional dimensions of a teacher's pedagogical content knowledge: Influences on content, curriculum, and pedagogy. *Journal of Teaching in Physical Education, 23*, 30–47.

McCleery, J., Twyman, T., & Tindal, G. (2003, April). *Using concepts to frame history content with explicit instruction*. Paper presented at the annual meeting of the American Educational Research Association, Chicago.

McCoach, D. B., O'Connell, A., & Levitt, H. (2006). Ability grouping across kindergarten using an early childhood longitudinal study. *Journal of Educational Research, 99*(6), 339–346.

McCombs, B. L. (2001, April). *What do we know about learners and learning? The learner-centered framework*. Paper presented at the annual meeting of the American Educational Research Association, Seattle.

McCombs, B., & Miller, L. (2007). *Learner-centered classroom practices and assessment*. Thousand Oaks, CA: Corwin.

McCombs, J. (2005, March). *Progress in implementing standards, assessment for highly qualified teacher provisions of NCLB: Initial finding from California, Georgia, and Pennsylvania*. Paper presented at the annual meeting of the American Educational Research Association, Montreal.

McCurdy, B. L., Kunsch, C., & Reibstein, S. (2007). Secondary prevention in the urban school: Implementing the behavior education program. *Preventing School Failure, 51*, 12–19.

McCutchen, D. (2000). Knowledge, processing, and working memory: Implications for a theory of writing. *Educational Psychologist, 35*(1), 13–23.

McDermott, R., Goldman, S., & Varenne, H. (2006). The cultural work of learning disabilities. *Educational Researcher, 35*(6), 12–17.

McDevitt, T., Spivey, N., Sheehan, E., Lennon, R., & Story, R. (1990). Children's beliefs about listening: Is it enough to be still and quiet? *Child Development, 61*, 713–721.

McDougall, D., & Granby, C. (1996). How expectation of questioning method affects undergraduates' preparation for class. *Journal of Experimental Education, 65*, 43–54.

McIntosh, S., & Norwood, P. (2004). The power of testing: Investigating minority teachers' responses to certification examination questions. *Urban Education, 39*(1), 33–51.

McKeachie, W., & Kulik, J. (1975). Effective college teaching. In F. Kerlinger (Ed.), *Review of research in education: Vol. 3* (pp. 24–39). Washington, DC: American Educational Research Association.

McLeod, J., & Yates, L. (2006). *Making modern lives: Subjectivity, schooling, and social change*. Albany, NY: State University of New York Press.

McLoyd, V. C. (1998). Socioeconomic disadvantage and child development. *American Psychologist, 53*, 185–204.

McMahon, S., Rose, D., & Parks, M. (2004). Multiple intelligences and reading achievement; An examination of the Teele Inventory of Multiple Intelligences. *Journal of Experimental Education, 73*(1), 41–52.

McMillan, J. (2004). *Classroom assessment* (3rd ed.). Boston: Allyn & Bacon.

McMillan, J. (2007). *Classroom assessment: Principles and practices for effective standards-based instruction* (4th ed.). Boston: Allyn & Bacon.

McMillan, J. H. (2008). *Educational research: Fundamentals for the consumer* (5th ed.). Boston: Allyn & Bacon.

McNeil, L. (2000). *Contradictions of school reform: Educational costs of standardized testing*. New York: Routledge.

Md-Yunus, S. (2007). How parents can encourage creativity in children. *Childhood Education, 83*, 236–237.

Medin, D., Proffitt, J., & Schwartz. H. (2000). Concepts: An overview. In A. Kazdin (Ed.), *Encyclopedia of psychology* (Vol. 2, pp. 242–245). New York: Oxford University Press.

Meece, J. L. (2002). *Child and adolescent development for educators* (2nd ed.). New York: McGraw-Hill.

Meek, C. (2006). From the inside out: A look at testing special education students. *Phi Delta Kappan, 88*(4), 293–297.

Meichenbaum, D. (2000). *Cognitive behavior modification: An integrative approach*. Dordrecht, Netherlands: Kluwer Academic Publishers.

Meltzer, L., Pollica, L., & Barzillai, M. (2007). Executive function in the classroom: Embedding strategy instruction into daily teaching practices. In L. Meltzer, (Ed.), *Executive function in education: From theory to practice* (pp. 165-193). New York: Guilford Press.

Mercer, J. (1973). *Labeling the mentally retarded.* Berkeley: University of California Press.

Merisuo-Storm, T. (2007). Pupils' attitudes towards foreign-language learning and the development of literacy skills in bilingual education. *Teacher & Teacher Education, 23,* 226-235.

Merkley, D., & Jefferies, D. (2001). Guidelines for implementing a graphic organizer. *Reading Teacher, 54*(4), 350-357.

Mertler, C. (2007). *Interpreting standardized test scores: strategies for data-driven instructional decision making.* Los Angeles: Sage Publications.

Merzenich, M. M. (2001). Cortical plasticity contributing to child development. In J. L. McClelland & R. S. Siegler (Eds.), *Mechanisms of cognitive development: Behavioral and neural perspectives* (pp. 67-95). Mahwah, NJ: Erlbaum.

Meter, P., & Stevens, R. (2000). The role of theory in the study of peer collaboration. *Journal of Experimental Education, 69*(1), 113-127.

Middleton, M. J. (1999). *Classroom effects on the gender gap in middle school students' math self-efficacy.* Paper presented at the annual meeting of the American Educational Research Association, Montreal, Canada.

Middleton, M., & Midgley, C. (1997). Avoiding the demonstration of lack of ability: An underexplored aspect of goal theory. *Journal of Educational Psychology, 89,* 710-718.

Midgley, C. (2001). A goal theory perspective on the current status of middle level schools. In T. Urdan & F. Pajares (Eds.), *Adolescence and education* (Vol. I, pp. 33-59). Greenwich, CT: Information Age Publishing.

Midgley, C., Kaplan, A., & Middleton, M. (2001). Performance-approach goals. Good for what, for whom, under what circumstances, and at what cost? *Journal of Educational Psychology, 93,* 77-86.

Midgley, C., & Urdan, T. (2001). Academic self-handicapping and achievement goals: A further examination. *Contemporary Educational Psychology, 26,* 61-75.

Miller, G. (1956). The magical number seven, plus or minus two: Some limits on our capacity for processing information. *Psychological Review, 63,* 81-97.

Miller, M. D., Linn, R. L., & Gronlund, N. E. (2009). *Measurement and assessment in teaching* (10th ed.). Upper Saddle River, NJ: Merrill/Pearson.

Miller, P. (2002). *Theories of developmental psychology* (4th ed.). New York: Worth.

Mills, G. (2002, April). *Teaching and learning action research.* Paper presented at the annual meeting of the American Educational Research Association, New Orleans.

Milner, H. R. (2006). Classroom management in urban classrooms. In C. M. Evertson & C. S. Weinstein (Eds.), *Handbook of classroom management: Research, practice, and contemporary issues* (pp. 491-522). Mahwah, NJ: Erlbaum.

Miltenberger, R. (2004). *Behavior modification: Principles and procedures* (3rd ed.). Belmont, CA: Wadsworth.

Moll, L. C., & Whitmore, K. (1993). Vygotsky in classroom practice: Moving from individual transmission to social transaction. In E. Forman, N. Minick, & C. Stone (Eds.), *Contexts for learning* (pp. 19-42). New York: Oxford University Press.

Moreno, R. (2004). Decreasing cognitive load for novice students: Effects of explanatory versus corrective feedback in discovery-based multimedia. *Instructional Science, 32,* 99-113.

Moreno, R., & Duran, R. (2004). Do multiple representations need explanations: The role of verbal guidance and individual differences in multimedia mathematics learning. *Journal of Educational Psychology, 96,* 492-503.

Moreno, R., & Mayer, R. (2000). Engaging students in active learning: The case for personalized multimedia messages. *Journal of Educational Psychology, 92*(4), 724-733.

Moreno, R., & Mayer, R. (2005). Role of guidance, reflection, and interactivity in an agent-based multimedia game. *Journal of Educational Psychology, 97*(1), 117-128.

Moreno, R., & Valdez, A. (2007). Immediate and delayed effects of using a classroom case exemplar in teacher education: The role of presentation format. *Journal of Educational Psychology, 99*(1), 194-206.

Morgan, P. L., & Fuchs, D. (2007). Is there a bidirectional

relationship between children's reading skills and reading motivation? *Exceptional Children, 73,* 165–183.

Morgan, S. L., & Mehta, J. D. (204). Beyond the laboratory: Evaluating the survey evidence for the disidentification explanation of black-white differences in achievement. *Sociology of Education, 77*(1), 82–101.

Morrone, A., Harkness, S., D' Ambrosio, B., & Caulfield, R. (2003, April). *Patterns of instructional discourse that promote the perception of mastery goals in a social constructivist mathematics course.* Paper presented at the annual meeting of the American Educational Research Association, Chicago.

Moshman, D. (1997). Pluralist rational constructivism. *Issues in Education: Contributions From Educational Psychology, 3,* 229–234.

Mulholland, R., & Cepello, M. (2006). What teacher candidates need to know about academic learning time. *International Journal of Special Education, 21,* 63–73.

Munakata, Y. (2006). Information processing approaches to development. In D. Kuhn & R. Siegler (Vol. Eds.), *Handbook of child psychology: Vol. 2. Cognition, perception, and language* (6th ed., pp. 426–463). Hoboken, NJ: John Wiley & Sons.

Munby, H., Russel, T., & Martin, A. (2001). Teachers' knowledge and how it develops. In V. Richardson (Ed.), *Handbook of research on teaching* (4th ed., pp. 877–904). Washington, DC: American Educational Research Association.

Munk, D. (2003). Grading students with disabilities. *Educational Leadership, 61*(2), 38–43.

Murdock, T., Hale, N., & Weber, M. (2001). Predictors of cheating among early adolescents: Academic and social motivations. *Contemporary Educational Psychology, 26*(2), 96–115.

Murdock, T. B., & Anderman, E. A. (2006). Motivational perspectives on student cheating: Toward an integrated model of academic dishonesty. *Educational Psychologist, 41,* 129–145.

Murdock, T. B., Miller, A., & Kohlhardt, J. (2004). Effects of classroom context variables in high school students' judgments of the acceptability and likelihood of cheating. *Journal of Educational Psychology, 96*(4), 765–777.

Murphy, J. C. (2007). Hey, Ms. A! One student teacher's success story. *Kappa Delta Pi Record, 43,* 52–55.

Murphy, P. K., & Alexander, P. (2000). A motivated exploration of motivation terminology. *Contemporary Educational Psychology, 25,* 3–53.

Myers, C. (1970). Journal citations and scientific eminence in contemporary psychology. *American Psychologist, 25,* 1041–1048.

Myers, K. M., & Davis, M. (2007). Mechanisms of fear extinction. *Molecular Psychiatry, 12,* 120–150.

Nagy, W., & Scott, J. (2000). Vocabulary processes. In M. L. Kamil, & P. B. Mosenthal (Eds.), *Handbook of reading research* (Vol. 3, pp. 269–284). Mahwah, NJ: Erlbaum.

Nansel, T. R., Overpeck, M., Pilla, R. S., Ruan, W. J., Simmons-Morton, B., & Scheift, P. (2001). Bullying behaviors among U.S. young: Prevalence and association with psychosocial adjustment. *Journal of the American Medical Association, 285,* 2094–2100.

Nasir, N., Rosebery, A., Warren, B., & Lee, C. (2006). Learning as a cultural process: Achieving equity through diversity. In R. K. Sawyer (Ed.), *The Cambridge handbook of the learning sciences* (pp. 489–504). New York: Cambridge University Press.

National Assessment of Educational Progress. (2001). *National report: 2000.* Washington, DC: National Center for Educational Statistics.

National Center for Education Statistics. (2007). *The condition of education 2007.* Washington, DC: U.S. Department of Education.

National Center for Research on Teacher Learning. (1993). *Findings on learning to teach.* East Lansing: Michigan State University.

National Commission on Excellence in Education. (1983). *A nation at risk: The imperative for educational reform.* Washington, DC: Government Printing Office.

National Council on Disability (2000, January). *Achieving independence: The challenge for the 21st century.* Washington, DC: Author.

National Education Association. (2007). *Status of the American school teacher, 2006-2007.* Washington, DC: Author.

National excellence: A case for developing America's talent. (1993). Washington, DC: U.S. Department of Education, Office of Educational Research and Improvement.

National Joint Committee on Learning Disabilities. (1994). Learning disabilities: Issues on definition. A position paper of the National Joint Committee in Learning Disabilities. In *Collective perspectives on issues affecting learning disability: Position papers and statements.* Austin, TX: Pro-Ed.

National Law Center on Homelessness and Poverty. (2007). *2007 Annual Report.* Retrieved August 9, 2008, from http://www.nlchp.org/content/pubs/ 2007_Annual_Report1.pdf

Neill, M. (2003). High stakes, high risk. *American School Board Journal, 190*(2), 18-21.

Neisser, U. (1967). *Cognitive psychology.* New York: Appleton-Century-Crofts.

Neisser, U., Boodoo, G., Bouchard, A., Boykin, W., Brody, N., Ceci, S., Halpern, D., Loehlin, J., Perloff, R., Sternberg, R., & Urbina, S. (1996). Intelligence: Knowns and unknowns. *American Psychologist, 51,* 77-101.

Nelson, C., Thomas, K., & de Haan, M. (2006). Neural bases of cognitive development. In D. Kuhn, & R. Siegler (Vol. Eds.), *Handbook of child psychology: Vol. 2. Cognition, perception, and language* (6th ed., pp. 3-57). Hoboken, NJ: John Wiley & Sons.

Nesbit, J., & Adesope, O. (2006). Learning with concept and knowledge maps: A meta-analysis. *Review of Educational Research, 76*(3), 413-448.

Nesbit, J., & Hadwin, A. (2006). Methodological issues in educational psychology. In P. A. Alexander & P. H. Winne (Eds.), *Handbook of educational psychology* (2nd ed., pp. 825-848). Mahwah, NJ: Erlbaum.

New Commission on the Skills of the American Workforce. (2007). *Tough choices or tough time.* Retrieved December 9, 2007, from: http://www.skillscommission.org/executive.htm

Newman, R., & Murray, B. (2005). How students and teachers view the seriousness of peer harassment: When is it appropriate to seek help? *Journal of Educational Psychology, 97,* 347-365.

Newstead, J., Franklyn-Stokes, A., & Armstead, P. (1996). Individual differences in student cheating. *Journal of Educational Psychology, 88*(2), 229-241.

Niaz, M. (1997). How early can children understand some form of "scientific reasoning"? *Perceptual and Motor Skills, 85,* 1272-1274.

Nicholls, J. (1984). Achievement motivation: Conceptions of ability, subjective experience, task choice, and performance. *Psychological Review, 91,* 328-346.

Nichols, B., & Singer, K. (2000). Developing data mentors. *Educational Leadership, 57*(5), 34-37.

Nichols, S., & Berliner, D. (2005). *The inevitable corruption of indicators and educators through high-stakes testing.* Tempe, AZ: Education Policy Studies Laboratory.

Nilsson, L., & Archer, T. (1989). Aversively motivated behavior: Which are the perspectives? In T. Archer & L. Nilsson (Eds.), *Aversion, avoidance and anxiety.* Hillsdale, NJ: Erlbaum.

Nitko, A. (2004). *Educational assessment of students* (4th ed.). Upper Saddle River, NJ: Pearson.

Nitko, A., & Brookhart, S. (2007). *Educational assessment of students* (5th ed.). Upper Saddle River, NJ: Merrill/Pearson.

No Child Left Behind Act of 2001. *Public Law 107-110* (8 January 2002). Washington, DC: U.S. Government Printing Office.

Noddings, N. (1992). *The challenge to care in schools: An alternative approach to education.* New York: Teachers College Press.

Noddings, N. (2001). The caring teacher. In V. Richardson (Ed.), *Handbook of research on teaching* (4th ed., pp. 99.105). Washington, DC: American Educational Research Association.

Noddings, N. (2002). *Educating moral people: A caring alternative approach to education.* New York: Teachers College Press.

Noguera, P. (2003a). *City schools and the American dream: Reclaiming the promise of public education.* New York: Teachers College Press.

Noguera, P. (2003b). The trouble with black boys: The role and influence of environmental and cultural factors on the academic performance of African American males. *Urban Education, 38*(4), 431-459.

Nokelainen, P., & Flint, J. (2002). Genetic effects on human cognition: Lessons from the study of mental retardation syndromes. *Journal of Neurology, Neurosurgery, and Psychiatry, 43,* 287-296.

Northwest Regional Laboratory. (2003). *In context: English language learners and NO Child Left Behind*. Retrieved January, 13, 2007, from http://www.NWREL.org/request/2003May/incontext.html Accessed 1/13/07.

Nosek, B., Banaji, M., & Greenwald, A. (2002). Math = male, me = female, therefore math [not equal to] me. *Journal of Personality and Social Psychology, 83*, 44–59.

Notar, C. E., Zuelke, D. C., Wilson, J. D., & Yunker, B. D. (2004). The table of specifications: Ensuring accountability in teacher made tests. *Journal of Instructional Psychology, 31*(2), 115–129.

Nucci, L. (1987). Synthesis of research on moral development. *Educational Leadership, 44*(5), 86–92.

Nucci, L. (2001). *Education in the moral domain*. Cambridge, England: Cambridge University Press.

Nucci, L. (2006). Classroom management for moral and social development. In C. Evertson & C. Weinstein (Eds.), *Handbook of classroom management: Research, practice, and contemporary issues* (pp. 711–731). Mahwah, NJ: Erlbaum.

Nuthall, G. (1999a). Learning how to learn: The evolution of students' minds through the social processes and culture of the classroom. *International Journal of Educational Research, 31*(3), 141–256.

Nuthall, G. (1999b). The way students learn: Acquiring knowledge from an integrated science and social studies unit. *Elementary School Journal, 99*(4), 303–342.

Nuthall, G. A. (2000). The role of memory in the acquisition and retention of knowledge in science and social studies units. *Cognition and Instruction, 18*(1), 83–139.

Nystrand, M., & Gamoran, A. (1989, March). *Instructional discourse and student engagement*. Paper presented at the annual meeting of the American Educational Research Association, San Francisco.

Oakes, J. (2005). *Keeping track: How schools structure inequality* (2nd ed.). New Haven, CT: Yale University Press.

O' Brien, L., & Crandall, C. (2003). Stereotype threat and arousal: Effects on women' s math performance. *Personality and Social Psychology Bulletin, 29*, 782–789.

O' Brien, T. (1999). Parrot math. *Phi Delta Kappan, 80*, 434–438.

O' Conner, C., & Fernandez, S. (2006). Race, class, and disproportionality: Reevaluating the relationship between poverty and special education placement. *Educational Researcher, 35*(6), 6–11.

O' Connor, E., & McCartney, K. (2007). Examining teacher-child relationships and achievement as part of an ecological model of development. *American Educational Research Journal, 44*(2), 340–369.

Odom, A. L., Stoddard, E. R., & LaNasa, S. M. (2007). Teacher practices and middle-school science achievements. *International Journal of Science Education, 29*, 1329–1346.

O' Donnell, A. (2006). The role of peers and group learning. In P. Alexander & P. Winne (Eds.), *Handbook of educational psychology* (2nd ed., pp. 781–802). Mahwah, NJ: Erlbaum.

Ogbu, J. (1992). Understanding cultural diversity and learning. *Educational Researcher, 21*(8), 5–14.

Ogbu, J. (1999a). Beyond language: Ebonics, proper English, and identity in a Black-American speech community. *American Educational Research Journal, 36*(2), 147–184.

Ogbu, J. (1999b, April). *The significance of minority status*. Paper presented at the annual meeting of the American Educational Research Association, Montreal, Canada.

Ogbu, J. (2002). *Black American students in an affluent suburb: A study of academic disengagement*. Mahwah, NJ: Erlbaum.

Ogbu, J. U. (2003). *Black American students in an affluent suburb: A study of academic disengagement*. Mahwah, NJ: Erlbaum.

Ogbu, J., & Simons, H. (1998). Voluntary and involuntary minorities: A cultural-ecological theory of school performance with some implications for education. *Anthropology & Education Quarterly, 29*(2), 155–188.

Okagaki, L. (2006). Ethnicity, learning. In P. A. Alexander & P. H. Winne (Eds.), *Handbook of educational psychology* (2nd ed., pp. 615–634). Mahwah, NJ: Erlbaum.

Olson, J., & Clough, M. (2004). *What questions do you have?* In defense of general questions: A response to Croom. ID=11366. Retrieved August 20, 2004, from http://www.tcrecord.org/content.asp?content

O' Mara, A., Marsh, H., Craven, R., & Debus, R. (2006). Do self-concept interventions make a difference? A synergistic blend of construct validation and meta-analysis. *Educational Psychologist, 41*(3), 181-206.

Opdenakker, M. C., & Van Damme, J. (2006). Teacher characteristics and teaching styles as effectiveness enhancing factors of classroom practice. *Teaching and Teacher Education, 22,* 1-21.

O' Reilly, T., Symons, S., & MacLatchy-Gaudet, H. (1998). A comparison of self-explanation and elaborative interrogation. *Contemporary Educational Psychology, 23,* 434-445.

Orr, A. (2003). Black-white differences in achievement: The importance of wealth. *Sociology of Education, 76*(October), 281-304.

Osterman, K. F. (2000). Students' need for belonging in the school community. *Review of Educational Research, 70,* 323-367.

Owens, R. E., Jr. (2005). *Language development* (6th ed.). Boston: Allyn & Bacon.

Paas, F., Renkl, A., & Sweller, J. (2004). Cognitive load theory: Instructional implications of the interaction between information structures and cognitive architecture. *Instructional Science, 32*(1), 1-8.

Packer, M., & Goicoechea, J. (2000). Sociocultural and constructivist theories of learning: Ontology, not just epistemology. *Educational Psychologist, 35*(4), 227-241.

Padilla, A. (2006). Second language learning: Issues in research and teaching. In P. Alexander & P. Winne (Eds.), *Handbook of educational psychology* (2nd ed., pp. 571-592). Mahwah, NJ: Erlbaum.

Page, E. (1992). Is the world an orderly place? A review of teacher comments and student achievement. *Journal of Experimental Education, 60*(2), 161-181.

Paivio, A. (1986). *Mental representations: A dual-coding approach.* New York: Oxford University.

Paivio, A. (1991). Dual coding theory: Retrospect and current status. *Canadian Journal of Psychology, 45,* 255-287.

Pajares, F., & Valiante, G. (1999, April). *Writing self-efficacy of middle school students: Relation to motivation constructs, achievement, gender, and gender orientation.* Paper presented at the annual meeting of the American Educational Research Association, Montreal, Canada.

Pajares, R., & Schunk, D. H. (2002). Self and self-belief in psychology and education: A historical perspective. In J. Aronson & D. Cordova (Eds.), *Improving academic achievement: Impact of psychological factors on education* (pp. 3-21). New York: Academic Press.

Palincsar, A. (1998). Social constructivist perspectives on teaching and learning. *Annual Review of Psychology, 49,* 345-375.

Paris, S. G., Morrison, F. J., & Miller, K. F. (2006). Academic pathways from preschool through elementary school. In P. A. Alexander & P. H. Winne (Eds.), *Handbook of educational psychology* (2nd ed., pp. 61-85). Mahwah, NJ: Erlbaum.

Paris, S. G., & Paris, A. H. (2001). Classroom application of research on self-regulated learning. *Educational Psychologist, 36,* 89-101.

Parish, J., Parish, T., & Batt, S. (2001, April). *Academic achievement and school climate-interventions that work.* Paper presented at the annual meeting of the American Educational Research Association, Seattle.

Pashler, H., & Carrier, M. (1996). Structures, processes, and the flow of information. In E. Bjork & R. Bjork (Eds.), *Memory* (pp. 3-29). San Diego, CA: Academic Press.

Patrick, B. C., Hisley, J., & Kempler, T. (2000). "What's everybody so excited about?:" The effects of teacher enthusiasm on student intrinsic motivation and vitality. *The Journal of Experimental Education, 68,* 217-236.

Patrick, H., Anderman, L., Ryan, A., Edelin, K., & Midgley, C. (1999, April). *Messages teachers send: Communicating goal orientations in the classroom.* Paper presented at the annual meeting of the American Educational Research Association, Montreal, Canada.

Patrick, H., Anderman, L. H., & Ryan, A. M. (2002). Social motivation and the classroom social environment. In C. Midgley (Ed.), *Goals, goal structures, and patterns of adaptive learning* (pp. 85-108). Mahwah, NJ: Erlbaum.

Pavlov, I. P. (1927). *Conditioned reflexes* (G. V. Anrep, Trans.). London: Oxford University Press.

Peevely, G., Hedges, L., & Nye, B. A. (2005). The relationship of class size effects and teacher salary. *Journal of Education Finance, 31*(1), 101-109.

Pekrun, R., Goetz, T., Titz, W., & Perry, R. (2002). Academic emotions in students' self-regulated learning and achievement: A program of qualitative and quantitative research. *Educational Psychologist, 37,* 91-105.

Péladeau, N., Forget, J., & Gagné, F. (2003). Effect of paced and unpaced practice on skill application and retention: How much is enough? *American Educational Research Journal, 40*(3), 769–801.

Pellegrini, A. D. (2002). Bullying, victimization, and sexual harassment during the transition to middle school. *Educational Psychologist, 37*, 151–163.

Peregoy, S., & Boyle, O. (2001). *Reading, writing, and learning in ESL* (3rd ed.). New York: Longman.

Peregoy, S., & Boyle, O. (2005). *Reading, writing, and learning in ESL* (4th ed.). New York: Longman.

Perkins-Gough, D. (2004). A two-tiered education system. *Educational Leadership, 62*(3), 87–88.

Perkins-Gough, D. (2006). Do we really have a "boy crisis"? *Educational Leadership, 64*(1), 93–94.

Perry, N. (1998). Young children's self-regulated learning and contexts that support it. *Journal of Educational Psychology, 90*(4), 715–729.

Perry, N. E., Turner, J. C., & Meyer, D. K. (2006). Classrooms as contexts for motivating learning. In P. A. Alexander & P. H. Winne (Eds.), *Handbook of educational psychology* (2nd ed., pp. 327–348). Mahwah, NJ: Erlbaum.

Perry T., Steele, C., & Hilliard, A. (2003). *Young, gifted, and Black: Promoting high achievement among African American students.* Boston: Beacon Press.

Peterson, C. C. (2002). Drawing insight from pictures: The development of concepts of false drawing and false belief in children with deafness, normal hearing, and autism. *Child Development, 73*, 1442–1459.

Peverly, S. P., Brobst, K. E., & Graham, M. (2003). College adults are not good at self-regulation: A study on the relationship of self-regulation, note taking, and test taking. *Journal of Educational Psychology, 95*, 335–346.

Peverly, S., Ramaswamy, V., Brown, C., Sumowski, J., Alidoost, M., & Garner, J. (2007). What predicts skill in lecture note taking? *Journal of Educational Psychology, 99*(1), 167–180.

Pfiffner, L., Rosen, L., & O'Leary, S. (1985). The efficacy of an all-positive approach to classroom management. *Journal of Applied Behavior Analysis, 18*, 257–261.

Phelps, L., McGrew, K., Knopik, S., & Ford, L. (2005). The general (g), broad, and narrow CHC stratum characteristics of the WJ III and WISC-III tests: A confirmatory cross-battery investigation. *School Psychology Quarterly, 20*, 66–88.

Phelps, R. (Ed.) (2005). *Defending standardized testing.* Mahwah, NJ: Erlbaum.

Phillips, D. (1995). The good, the bad and the ugly: The many faces of constructivism. *Educational Researcher, 24*(7), 5–12.

Phillips, D. (1997). How, why, what, when, and where: Perspectives on constructivism in psychology and education. *Issues in Education, 3*, 151–194.

Phillips, D. (2000). An opinionated account of the constructivist landscape. In D. Phillips (Ed.), *Constructivism in education: Opinions and second opinions on controversial issues* (pp. 1.16). Chicago: National Society for the Study of Education.

Phye, G. D. (2001). Problem-solving instruction and problem-solving transfer: The correspondence issue. *Journal of Educational Psychology, 93*, 571–578.

Phye, G. (2005). Transfer and problem solving: A psychological integration of models, metaphors, and methods. In J. Royer (Ed.), *The cognitive revolution in educational psychology* (pp. 249–292). Greenwich, CT: Information Age Publishing.

Piaget, J. (1926). *The language and thought of the child.* New York: Harcourt; Brace & World. Piaget, J. (1952). *Origins of intelligence in children.* New York: International Universities Press.

Piaget, J. (1959). *Language and thought of the child* (M. Grabain, Trans.). New York: Humanities Press.

Piaget, J. (1965). *The moral judgment of the child.* New York: Free Press. (Original work published 1932)

Piaget, J. (1970). *The science of education and the psychology of the child.* New York: Orion Press.

Piaget, J. (1977). Problems in equilibration. In M. Appel & L. Goldberg (Eds.), *Topics in cognitive development: Vol. 1. Equilibration: Theory, research, and application* (pp. 3–13). New York: Plenum Press.

Piaget, J. (1980). *Adaptation and intelligence: Organic selection and phenocopy* (S. Eames, Trans.). Chicago: University of Chicago Press.

Piaget, J., & Inhelder, B. (1956). *The child's conception of space.* Boston: Routledge and Kegan-Paul.

Pianta, R., Belsky, J., Houts, R., Morrison, F., & NICHD Early

Child Care Research Network. (2007). Opportunities to learn in America' s elementary classrooms. *Science, 315,* 1795-1796.

Pierangelo, R., & Guiliani, G. (2006). *Assessment in special education* (2nd ed.). Boston: Allyn & Bacon.

Pintrich, P. (2000). Multiple goals, multiple pathways: The role of goal orientation in learning and achievement. *Journal of Educational Psychology, 92,* 544-555.

Pittman, K., & Beth-Halachmy, S. (1997, March). *The role of prior knowledge in analogy use.* Paper presented at the annual meeting of the American Educational Research Association, Chicago.

Plake, B., Impara, J., & Spies, R. A. (Eds.). (2003). *The fifteenth mental measurements yearbook.* Lincoln: University of Nebraska Press.

Plant, E. A., Ericsson, K. A., & Hill, L. (2005). Why study time does not predict grade point average across college students: Implications of deliberate practice for academic performance. *Contemporary Educational Psychology, 30,* 96-116.

Plata, M., Trusty, J., & Glasgow, D. (2005). Adolescents with learning disabilities: Are they allowed to participate in activities? *Journal of Educational Research, 98*(3), 136-143.

Platt, R. (2004). Standardized tests: Whose standards are we talking about? *Phi Delta Kappan, 85*(5), 381-382.

Plucker, J. A., Beghetto, R. A., & Dow, G. T. (2004). Why isn' t creativity more important to educational psychologists? Potentials, pitfalls, and future directions in creativity research. *Educational Psychologist, 39,* 83-96.

Pomerantz, E., & Dong, W. (2006). Effects of mothers' perceptions of children' s competence: The moderating role of mothers' theories of competence. *Developmental Psychology, 42*(5), 950-961.

Popham, W. (2003). The seductive lure of data. *Educational Leadership, 60*(5), 48-51.

Popham, W. J. (2004a). A game without winners. *Educational Leadership, 62*(3), 46-50.

Popham, W. J. (2004b). *American' s failing schools: How parents and teachers can cope with No Child Left Behind.* New York: Routledge Falmer.

Popham, W. J. (2004c). "Teaching to the test:" An expression to eliminate. *Educational Leadership, 62*(3), 82-83.

Popham, W. J. (2005). *Classroom assessment: What teachers need to know* (4th ed.). Boston: Pearson.

Popham, W. J. (2007). Who should make the test? *Educational Leadership, 65*(1), 80-82.

Potter, R. L. (1999). Technical reading in the middle school. *Phi Delta Kappa Fastbacks, 456,* 7-56.

Powell, R., & Caseau, D. (2004). *Classroom communication and diversity.* Mahwah, NJ: Erlbaum.

Prawat, R. (1989). Promoting access to knowledge, strategy, and disposition in students: A research synthesis. *Review of Educational Research, 59,* 1-41.

Premack, D. (1965). Reinforcement theory. In D. Levine (Ed.), *Nebraska Symposium on Motivation* (Vol. 13, pp. 3-41). Lincoln: University of Nebraska Press.

Pressley, M., & Harris, K. R. (2006). Cognitive strategies instruction: From basic research to classroom instruction. In P. A. Alexander & P. H. Winne (Eds.), *Handbook of educational psychology* (2nd ed., pp. 265-286). Mahwah, NJ: Erlbaum.

Pressley, M., & Hilden, K. (2006). Cognitive strategies. In D. Kuhn & R. Siegler (Eds.), *Handbook of child psychology* (6th ed., Vol. 2, pp. 511-556). Hoboken, NJ: John Wiley & Sons.

Pressley, M., Raphael, L., & Gallagher, J. G. (2004). Prodience-St. Mel School: How a school that works for African American students works. *Journal of Educational Psychology, 96*(2), 216-235.

Pritchard, R. (1990). The effects of cultural schemata on reading processing strategies. *Reading Research Quarterly, 25,* 273-295.

Pulliam, J., & Van Patten, J. (2007). *History of education in America* (9th ed.). Upper Saddle River, NJ: Merrill/Pearson.

Puntambekar, S., & Hübscher, R. (2005). Tools for scaffolding students in a complex learning environment: What have we gained and what have we missed? *Educational Psychologist, 40*(1), 1-12.

Purdie, N., Hattie, J., & Carroll, A. (2002). A review of the research on interventions for attention deficit hyperactivity disorder: What works best? *Review of Educational Research, 72*(1), 61-100.

Putnam, R., & Borko, H. (2000). What do new views of knowledge and thinking have to say about research on teacher learning? *Educational Researcher, 29*(1), 4-15.

Pyryt, M., & Mendaglio, S. (2001, April). *Intelligence and moral development: A meta-analytic review.* Paper presented at the annual meeting of the American Educational Research Association, Seattle.

Qian, G., & Pan, J. (2002). A comparison of epistemological beliefs and learning from science text between American and Chinese high school students. In B. K Hofer & P. R. Pintrich (Eds). *Personal epistemology: The psychology of beliefs about knowledge and knowing* (pp. 365-385). Mahwah: NJ; Erlbaum.

Quihuis, G., Bempechat, J., Jiminez, N., & Boulay, P. (2002). Implicit theories of intelligence across academic domains: A study of meaning making in adolescents of Mexican descent. In J. Bempechat, & J. Elliott (Eds.), *Learning in culture and context: Approaching the complexities of achievement motivation in student learning* (pp. 87-100). San Francisco: Jossey-Bass.

Quinn, P. C. (2002). Category representation in your infants. *Current Directions in Psychological Science, 11*, 66-70.

Quiocho, A., & Ulanoff, S. (2002, April). *Teacher research in preservice teacher education: Asking burning questions.* Paper presented at the annual meeting of the American Educational Research Association, New Orleans.

Rainwater, L., & Smeedings, T. (2003). *Poor kids in a rich country.* New York: Russell Sage Foundation.

Ramey, C. T., Ramey, S. L., & Lanzi, R. G. (2001). Intelligence and experience. In R. J. Sternberg & E. L. Grigorenko (Eds.), *Environmental effects on cognitive abilities.* Mahwah, NJ: Erlbaum.

Raskauskas, J., & Stoltz, A. (2007). Involvement in traditional and electronic bullying among adolescents. *Developmental Psychology, 43*(3), 564-575.

Reiner, M., Slotta, J. D., Chi, M. T. H., & Resnick, L. B. (2000). Naïve physics reasoning: A commitment to substance-based conceptions. *Cognition and Instruction, 18*, 1-34.

Reis, S. M., Colbert, R. D., & Hébert, T. P. (2005). Understanding resilience in diverse, talented students in an urban high school. *Roeper Review, 27*(2), 110-120.

Reisberg, D. (2006). *Cognition: Exploring the science of the mind* (3rd ed.). New York: Norton.

Renkl, A., Stark, R., Gruber, H., & Mandl, H. (1998). Learning from worked-out examples: The effects of example variability and elicited self-explanations. *Contemporary Educational Psychology, 23*, 90-108.

Renninger, K. A. (2000). Individual interest and its implications for understanding intrinsic motivation. In J. M. Harackiewicz & C. Sansone (Eds.), *Intrinsic and extrinsic motivation: The search for optimal motivation and performance* (pp. 373-404). San Diego, CA: Academic Press.

Renzulli, J., & Reis, S. (2003). The schoolwide enrichment model: Developing creative and productive giftedness. In N. Colangelo, & G. Davis (Eds.), *Handbook of gifted education* (3rd ed., pp. 184-203). Boston: Allyn & Bacon.

Resnick, L., & Klopfer, L. (1989). Toward the thinking curriculum: An overview. In L. Resnick & L. Klopfer (Eds.), *Toward the thinking curriculum: Current cognitive research* (pp. 1-18).

Rest, J., Narvaez, D., Bebeau, M., & Thoma, S. (1999). A neo-Kohlbergian approach: The DIT and schema theory. *Educational Psychology Review, 11*, 291-324.

Reutzel, D., & Cooter, R. (2008). *Teaching children to read: The teacher makes the difference* (5th ed.). Upper Saddle River, NJ: Merrill/Pearson.

Reys, B., Reys, R., & Chávez, O. (2004). Why mathematics textbooks matter. *Educational Leadership, 62*(5), 61-66.

Richardson, V., & Placier, P. (2001). Teacher change. In V. Richardson (Ed.), *Handbook of research on teaching* (4th ed., pp. 905-950). Washington, DC: American Educational Research Association.

Ridley, D., McCombs, B., & Taylor, K. (1994). Walking the talk: Fostering self-regulated learning in the classroom. *Middle School Journal, 26*(2), 52-57.

Riehl, C. (2006). Feeling better: A comparison of medical and education research. *Educational Researcher, 35*(5), 24-29.

Riley, M., Greeno, J., & Heller, J. (1982). The development of children's problem-solving ability in arithmetic. In H. Ginsburg (Ed.), *Development of mathematical thinking.* San Diego, CA: Academic Press.

Rimm-Kaufman, S. E., & Sawyer, B. E. (2004). Primary-grade teachers' self-efficacy beliefs, attitudes toward teaching, and discipline and teaching practice priorities in relation to the Responsive Classroom approach. *Elementary School Journal, 104*(4), 321-341.

Rittle-Johnson, B., & Alibali, M. (1999). Conceptual and procedural knowledge of mathematics: Does one lead to the other? *Journal of Educational Psychology, 91*(1), 175-189.

Ritts, V., Patterson, M., & Tubbs, M. (1992). Expectations, impressions, and judgments of physically attractive students: A review. *Review of Educational Research, 62*, 413-426.

Roberts, S. (2007). In name count, Garcias are catching up to Joneses. *New York Times*. Retrieved November 17, 2007, from http://www.nytimes.com/2007/11/17/us/17surnames.html?th&emc=th

Robertson, J. (2000). Is attribution training a worthwhile classroom intervention for K-12 students with learning difficulties? *Educational Psychology Review, 12*(1), 111-134.

Roblyer, M. (2006). *Integrating educational technology into teaching* (4th ed.). Upper Saddle River, NJ: Merrill/Pearson.

Roeser, R. W., Mariachi, R., & Gehlbach, H. (2002). A goal theory perspective on teachers' professional identities and the contexts of teaching. In C. Midgley (Ed.), *Goals, goal structure, and patterns of adaptive learning* (pp. 205-241). Mahwah, NJ: Erlbaum.

Roeser, R. W., Peck, S. C., & Nasir, N. S. (2006). Self and identity processes in school motivation, learning and achievement.). In P. A. Alexander & P. H. Winne (Eds.), *Handbook of educational psychology* (2nd ed., pp. 391-424). Mahwah, NJ: Erlbaum.

Rogers, C. (1959). A theory of therapy, personality, and interpersonal relationships, as developed in the client-centered framework. In S. Koch (Ed.), *Psychology: A study of a science* (Vol. 3, pp. 184-256). New York: McGraw-Hill.

Rogers, C. (1963). Actualizing tendency in relation to motives and to consciousness. In M. Jones (Ed.), *Nebraska Symposium on Motivation* (Vol. 11, pp. 1-24). Lincoln: University of Nebraska Press.

Rogers, C., & Freiberg, H. J. (1994). *Freedom to learn* (3rd ed.). Upper Saddle River, NJ: Merrill/Pearson.

Rogoff, B. (1998). Cognition as a collaborative process. In W. Damon (Series Ed.), D. Kuhn, & R. S. Siegler (Vol. Eds.), *Handbook of child psychology: Vol. 2* (5th ed., pp. 679-744). New York: Wiley.

Rogoff, B. (2001). *Everyday cognition: Its development in social context*. New York: Replica Books.

Rogoff, B. (2003). *The cultural context of human development*. Oxford, England: Oxford University Press.

Rogoff, B., Turkanis, C., & Bartlett, L. (Eds.). (2001). *Learning together: Children and adults in a school community*. New York: Oxford University Press.

Roid, G. (2003). *Stanford-Binet Intelligence Scales, Fifth Edition*. Itasca, IL: Riverside Publishing.

Romboy, D., & Kinkead, L. (2005). Surviving in America. *Deseret Morning News, 155*(303), *April 14*, pp. 1, 11, 12.

Rose, K., Williams, K., Gomez, L., & Gearon, J. (2002, April). *Building a case for what our students know and can do: How trustworthy are our judgments?* Paper presented at the annual meeting of the American Educational Research Association, New Orleans.

Rose, L., & Gallup, A. (2000). The 32nd annual Phi Delta Kappa/Gallup Poll of the public's attitudes toward the public schools. *Phi Delta Kappan, 82*, 41-58.

Rose, L. C., & Gallup, A. M. (2007). The 39th annual Phi Delta Kappa/Gallup poll of the public's attitudes toward the public schools. *Phi Delta Kappan, 89*, 33-48.

Rosen, L., O'Leary, S., Joyce, S., Conway, G., & Pfiffner, L. (1984). The importance of prudent negative consequences for maintaining the appropriate behavior of hyperactive students. *Journal of Abnormal Child Psychology, 12*, 581-604.

Rosenfield, P., Lambert, S., & Black, R. (1985). Desk arrangement effects on pupil classroom behavior. *Journal of Educational Psychology, 77*, 101-108.

Rosenshine, B. (1987). Explicit teaching. In D. Berliner & B. Rosenshine (Eds.), *Talks to teachers*. New York: Random House.

Rosenshine, B. (2006). The struggles of the lower-scoring students. *Teaching and Teacher Education, 22*, 555-562.

Rosenshine, B., & Meister, C. (1992, April). *The use of scaffolds for teaching less structured academic tasks*. Paper presented at the annual meeting of the American

Educational Research Association, San Francisco.

Rosenshine, B., & Stevens, R. (1986). Teaching functions. In M. Wittrock (Ed.), *Handbook of research on teaching* (3rd ed., pp. 376-391). New York: Macmillan.

Roseth, C. J., Johnson, D. W., Johnson, R. T., Fang, F., Hilk, C. L., & Fleming, M. A. (2007, April). *Effects of cooperative learning on elementary school students' achievement: A meta-analysis.* Paper presented at the annual meeting of the American Educational Research Association, Chicago.

Ross, B., & Spalding, T. (1994). Concepts and categories. In R. Sternberg (Ed.), *Handbook of perception and cognition* (Vol. 12). New York: Academic Press.

Roth, W., & Lee, Y. (2007). "Vygotsky's neglected legacy:" Cultural-historical activity theory. *Review of Educational Research, 77*(2), 186-232.

Rothstein, R. (2004a). *Class and schools: Using social, economic, and educational reform to close the black-white achievement gap.* New York: Teachers College Press.

Rothstein, R. (2004b). The achievement gap. *Educational Leadership, 62*(3), 40-43.

Rotter, J. (1966). Generalized expectancies for internal versus external control of reinforcement. *Psychological Monographs, 80*(1, Whole No. 609).

Rowe, M. (1974). Wait-time and rewards as instructional variables, their influence on language, logic, and fate control: Part I. Wait-time. *Journal of Research in Science Teaching, 11*, 81-94.

Rowe, M. (1986). Wait-time: Slowing down may be a way of speeding up. *Journal of Teacher Education, 37*(1), 43-50.

Royer, J. (Ed.) (2005). *The cognitive revolution in educational psychology.* Greenwich, CT: Information Age Publishing.

Rubin, K., Bukowski, W., & Parker, J. (2006). Peer interactions, relationships, and groups. In N. Eisenberg (Vol. Ed,), *Handbook of child psychology: Vol. 3. Social, emotional, and personality development* (6th ed., pp. 571-645). Hoboken, NJ: John Wiley & Sons.

Rubinson, F. (2004). Urban dropouts: Why so many and what can be done? In S. R. Steinberg & J. L. Kincheloe (Eds.), *19 Urban questions: Teaching in the city* (pp. 53-67). New York: Peter Lang.

Ruble, D., Martin, C., & Berenbaum, S. (2006). Gender development. In W. Damon & R. Lerner (Series Eds.), N, Eisenberg (Vol. Ed.), *Handbook of child psychology: Vol. III. Social, emotional, and personality development* (6th ed., pp. 858-932). New York: Wiley.

Rudolph, K. D., Caldwell, M. S., & Conley, C. S. (2005). Need for approval and children's wellbeing. *Child Development, 72*, 309-323.

Rudolph, K. D., Lambert, S. F., Clark, A. G., & Kurlakowsky, K. D. (2001). Negotiating the transition to middle school: The role of self-regulatory processes. *Child Development, 72*, 926-946.

Runco, M. A. (2004). Creativity as an extracognitive phenomenon. In L. V. Shavinina & M. Ferrari (Eds.), *Beyond knowledge: Extracognitive aspects of developing high ability* (pp. 17-25). Mahwah, NJ: Erlbaum.

Rutter, M., Maughan, B., Mortimore, P., Ousten, J., & Smith, A. (1979). *Fifteen thousand hours. Secondary schools and their effects on children.* Cambridge, MA: Harvard University Press.

Ruzic, R. (2001, April). *Lessons for everyone: How students with reading-related learning disabilities survive and excel in college courses with heavy reading requirements.* Paper presented at the annual meeting of the American Educational Research Association, Seattle.

Ryan, J. B., Katsiyannis, A., & Peterson, R. (2007). IDEA 2004 and disciplining students with disabilities. *NASSP Bulletin, 91*, 130-140.

Ryan, K. E., & Ryan, A. M. (2005). Psychological processes of stereotype threat and standardized math test performance. *Educational Psychologist, 40*(1), 53-63.

Ryan, K. E., Ryan, A. M., Arbuthnot, K., & Samuels, M. (2007). Students' motivation for standardized math exams. *Educational Researcher, 36*(1), 5-13.

Ryan, R., & Deci, E. (1996). When paradigms clash: Comments on Cameron and Pierce's claim that rewards do not undermine intrinsic motivation. *Review of Educational Research, 66*, 33-38.

Ryan, R., & Deci, E. (2000). Intrinsic and extrinsic motivations: Classic definitions and new directions. *Contemporary Educational Psychology, 25*, 54-67.

Saarni, C., Campos, J., Camras, L., & Witherington, D. (2006).

Emotional development: Action, communication, and understanding. In N. Eisenberg (Vol. Ed,), *Handbook of child psychology: Vol. 3. Social, emotional, and personality development* (6th ed., pp. 226-299). Hoboken, NJ: John Wiley & Sons.

Sack-Min, J. (2007). The issues of IDEA. *American School Board Journal, 194*(3), 20-25.

Saddler, B., & Andrade, H. (2004). The writing rubric. *Educational Leadership, 62*(2), 48-52.

Sadoski, M., & Paivio, A. (2001). *Imagery and text: A dual coding theory of reading and writing.* Mahwah, NJ: Erlbaum.

Safer, N., & Fleischman, S. (2005). How student progress monitoring improves instruction. *Educational Leadership, 62*(5), 81-83.

Sailor, W., & Roger, B. (2005). Rethinking inclusion: Schoolwide applications. *Phi Delta Kappan, 86*(7), 503-509.

Saleh, M., Lazonder, A. W., & Jong, Ton de. (2007). Structuring collaboration in mixed-ability groups to promote verbal interaction, learning, and motivation of average-ability students. *Contemporary Educational Psychology, 32,* 314-331.

Salend, S., & Salinas, A. (2003). Language differences or learning difficulties. In K. Freiberg (Ed.), *Educating exceptional children 05/06* (7th ed., pp. 70-77). Dubuque, IA: McGraw-Hill/Dushkin.

Salvia, J., & Ysseldyke, J. (2004). *Assessment in special and remedial education* (9th ed.). Boston: Houghton Mifflin.

San Antonio, D., & Salzfass, E. (2007). How we treat one another in school. *Educational Leadership, 64*(8), 32-38.

Sand, B. (2004, April). *Toward a definition of creativity: Construct validation the cognitive components of creativity.* Paper presented at the annual meeting of the American Educational Research Association, San Diego.

Sanders, J., & Nelson, S. C. (2004). Closing gender gaps in science. *Educational Leadership, 62*(3), 74-77.

Sansone, C., & Harackiewicz, J. (Eds.). (2000). *Intrinsic and extrinsic motivation: The search for optimal motivation and performance.* San Diego: Academic Press.

Santi, K., & Vaughn, S. (2007). Progress monitoring: An integral part of instruction, *Reading and Writing, 20,* 535-537.

Sapon-Shevin, M. (2007). *Widening the circle: The power of inclusive classrooms.* Boston: Beacon Press.

Sattler, J. M. (2001). *Assessment of children: Cognitive applications* (4th ed.). San Diego, CA: Jerome M. Sattler.

Sawyer, R, K. (2006). Introduction: The new science of learning. In R. K. Sawyer (Ed.), *The Cambridge handbook of the learning sciences* (pp. 1.18). New York: Cambridge University Press.

Schacter, D. (2001). *The seven deadly sins of memory.* Boston: Houghton Mifflin.

Schank, R. C., & Abelson, R. (1977). *Scripts, plans, goals, and understanding.* Mahwah, NJ: Erlbaum.

Schellenberg, S., & Eggen, P. (2008, March). *Educational psychology students' awareness of moral issues in classroom instruction: A developmental analysis.* Paper presented at the annual meeting of the American Educational Research Association, New York.

Schiever, S., & Maker, C. J. (2003). New directions in enrichment and acceleration. In N. Colangelo, & G. Davis (Eds.), *Handbook of gifted education* (3rd ed., pp. 163-173). Boston: Allyn & Bacon.

Schlesinger, A. (1992). *The disuniting of America: Reflections on a multicultural society.* New York: Norton.

Schlozman, S., & Schlozman, V. (2000). Chaos in the classroom: Looking at ADHD. *Educational Leadership, 58*(3), 28-33.

Schmidt, H. G., Loyens, S. M., van Gog, T., & Paas, F. (2007). Problem-based learning is compatible with human cognitive architecture: Commentary on Kirschner, Sweller, and Clark (2006). *Educational Psychologist, 42,* 91-97.

Schneider, B. (2002). Social capital: A ubiquitous emerging conception. In D. L. Levinson, P. W. Cookson, Jr., & A. R. Sadovnik (Eds.), *Education and sociology: An encyclopedia* (pp. 545-550). New York: Routledge Falmer.

Schneider, W., & Lockl, K. (2002). The development of metacognitive knowledge in children and adolescents. In T. J. Perfect & B. L. Schwartz (Eds.), *Applied metacognition* (pp. 224-257). Cambridge, UK: Cambridge University Press.

Schneider, W., & Shiffrin, R. (1977). Controlled and automatic human information processing: Detection, search, and attention. *Psychological Review, 84,* 1–66.

Schoenfeld, A. H. (1991). On mathematics as sense making: An informal attack on the unfortunate divorce of formal and informal mathematics. In J. Voss, D. Perkins, & J. Segal (Eds.), *Informal reasoning and education* (pp. 311–343). Hillsdale, NJ: Erlbaum.

Schoenfeld, A. H. (2006). Mathematics teaching and learning. In P. A. Alexander & P. H. Winne (Eds.), *Handbook of educational psychology* (2nd ed., pp. 479–510). Mahwah, NJ: Erlbaum.

Scholl, B. J. (2001). Objects and attention: The state of the art. *Cognition, 80,* 1–46.

Schommer, M. (1994). An emerging conceptualization of epistemological beliefs and their role in learning. In R. Garner & P. Alexander (Eds.), *Beliefs about text and instruction with text* (pp. 211–243). Hillsdale, NJ: Erlbaum.

Schraw, G. (2006). Knowledge structures and processes. In P. A. Alexander & P. H. Winne (Eds.), *Handbook of educational psychology* (2nd ed., pp. 245–263). Mahwah, NJ: Erlbaum.

Schraw, G., Flowerday, T., & Lehman, S. (2001). Increasing situational interest in the classroom. *Educational Psychology Review, 13*(3), 211–224.

Schraw, G., & Lehman, S. (2001). Situational interest: A review of the literature and directions for future research. *Educational Psychology Review, 13*(1), 23–52.

Schraw, G., & Moshman, D. (1995). Metacognitive theories. *Educational Psychology Review, 7,* 351–371.

Schult, C. A. (2002). Children' s understanding of the distinction between intentions and desires. *Child Development, 73,* 1737–1747.

Schulz, L., & Bonawitz, E. (2007). Serious fun: Preschoolers engage in more exploratory play when evidence is confounded. *Developmental Psychology, 43*(4), 1045–1050.

Schunk, D. (2004). *Learning theories: An educational perspective* (4th ed.). Upper Saddle River, NJ: Merrill/Pearson.

Schunk, D. (2005). Self-regulated learning: The educational legacy of Paul R. Pintrich. *Educational Psychologist, 40*(2), 85–94.

Schunk, D. & Ertmer, P. (2000). Self-regulation and academic learning: Self-efficacy enhancing interventions. In M. Boekaerts, P. Pintrich, & M. Zeidner (Eds.), *Handbook of self-regulation* (pp. 631–649). San Diego: Academic Press.

Schunk, D. H., & Pajares, F. (2004). Self-efficacy in education revisited: Empirical and applied evidence. In D. M. McInerney & S. Van Etten (Eds.), *Sociocultural influences on motivation and learning: Vol. 4. Big theories revisited* (pp. 115–138). Greenwich, CT: Information Age.

Schunk, D. H., Pintrich, P. R, & Meece, J. L. (2008). *Motivation in education: Theory, research, and applications* (3rd ed.). Upper Saddle River, NJ: Merrill/Pearson.

Schunk, D. H., & Zimmerman, B. J. (2006). Competence and control beliefs: Distinguishing the means and the ends. In P. A. Alexander & P. H. Winne (Eds.), *Handbook of educational psychology* (2nd ed., pp. 349–367). Mahwah, NJ: Erlbaum.

Schutz, A. (2004, April). *Home is a prison in the global city: A critical review of urban school -community relationships.* Paper presented at the annual meeting of the American Educational Research Association, San Diego.

Schwartz, D., Bransford, J., & Sears, D. (2005). Efficiency and innovation in transfer. In J. Mestre (Ed.), *Transfer of learning from a modern multidisciplinary perspective* (pp. 1–51). Greenwich, CT: Information Age Publishing.

Schwartz, D., & Heiser, J. (2006). Spatial representations and imagery in learning. In R. K. Sawyer (Ed.), *The Cambridge handbook of the learning sciences* (pp. 283–298). New York: Cambridge University Press.

Schwartz, N., Ellsworth, L., Graham, L., & Knight, B. (1998). Accessing prior knowledge to remember text: A comparison of advance organizers and maps. *Contemporary Educational Psychology, 23,* 65–89.

Schweinle, A., Meyer, D. K., & Turner, J. C. (2006). Striking the right balance: Students' motivation and affect in elementary mathematics. *The Journal of Educational Research, 99,* 271–293.

Segall, A. (2004). Revising pedagogical content knowledge: The pedagogy of content/the content of pedagogy. *Teaching and Teacher Education, 20,* 489–504.

Selingo, J. (2004). The cheating culture. *ASEE Prism, 14*(1), 24–30.

Selwyn, D. (2007). Highly quantified teachers: NCLB and teacher education. *Journal of Teacher Education, 58*(2), 124–137.

Serafino, K., & Cicchelli, T. (2003). Cognitive theories, prior knowledge, and anchored instruction on mathematical problem solving and transfer. *Education and Urban Society, 36*(1), 79–93.

Serafino, K., & Cicchelli, T. (2005, April). *Mathematical problem-based learning: Theories, models for problem solving and transfer.* Paper presented at the annual meeting of the American Educational Research Association, Montreal, Canada.

Shahid, J. (2001, April). *Teacher efficacy: A research synthesis.* Paper presented at the annual meeting of the American Educational Research Association, Seattle.

Shapiro, A. (2004). How including prior knowledge as a subject variable may change outcomes of learning research. *American Educational Research Journal, 41*(1), 159–189.

Shaw, P., & Rapoport, J. (2007). Attentiondeficit/hyperactivity disorder is characterized by a delay in cortical maturation. *Proceedings of the National Academy of Sciences, 104*(49), 19649–19654.

Shaywitz, S. E., & Shaywitz, B. A. (2004). Reading disability and the brain. *Educational Leadership, 61*(6), 7–11.

Shea, D., Lubinski, D., & Benbow, C. (2001). Importance of assessing spatial ability in intellectually talented young adolescents: A 20-year longitudinal study. *Journal of Educational Psychology, 93*(3), 604–614.

Sheets, R. (2005). *Diversity pedagogy: Examining the role of culture in the teaching*-learning process. Boston: Allyn & Bacon.

Sheldon, S. (2007). Improving student attendance with school, family, and community partnerships. *Journal of Educational Research, 199*(5), 267–275.

Shen, B., Chen, A., & Guan, J. (2007). Using achievement goals and interest to predict learning in physical education. *The Journal of Experimental Education, 75*, 89–108.

Shepard, L. (2001). The role of classroom assessment in teaching and learning. In V. Richardson (Ed.), *Handbook of research on learning* (4th ed., pp. 1066–1101). Washington, DC: American Educational Research Association.

Shepard, L. (2005). Linking formative assessing to scaffolding. *Educational Leadership, 63*(3), 66–71.

Sheppard, J. A., & McNulty, J. K. (2002). The affective consequences of expected and unexpected outcomes. *Psychological Science, 13*, 85–88.

Shermer, M. (2002). *Why people believe weird things: Pseudoscience, superstition, and other confusions of our time.* New York: Freeman.

Shields, P., & Shaver, D. (1990, April). *The mismatch between the school and home cultures of academically at-risk students.* Paper presented at the annual meeting of the American Educational Research Association, Boston.

Shirin, A. (2007). *Can deaf and hard of hearing students be successful in general education classes?* Retrieved May 21, 2007, from http://www.tcrecord.org/Content.asp?ContentID=13461

Short, D., & Echevarria, J. (2004/2005). Promoting academic literacy for English language learners. *Educational Leadership, 62*(4), 8–13.

Short, E., Schatschneider, C., & Friebert, S. (1993). Relationship between memory and metamemory performance: A comparison of specific and general strategy knowledge. *Journal of Educational Psychology, 85*(3), 412–423.

Shuell, T. (1996). Teaching and learning in a classroom context. In D. Berliner & R. Calfee (Eds.), *Handbook of educational psychology* (pp. 726–764). New York: Macmillan.

Shulman, L. (1986). Those who understand: Knowledge growth in teaching. *Educational Researcher, 15*(2), 4–14.

Shulman, L. (1987). Knowledge and teaching: Foundations of the new reform. *Harvard Educational Review, 57, 1–22. Teachers College Record, 110*, 1304–1329. Retrieved June 4, 2008, from http://www.tcrecord.org/Content.asp?Content ID=14749

Shute, V. J. (2008). Focus on formative feedback. *Review of Educational Research, 78*, 153–189.

Siegel, M. (2002, April). *Models of teacher learning: A study of case analyses by preservice teachers.* Paper presented at the annual meeting of the American Educational Research Association, New Orleans.

Siegler, R. (2006). Microgenetic analyses of learning. In D.

Kuhn, & R. Siegler (Vol. Eds.), *Handbook of child psychology: Vol. 2. Cognition, perception, and language* (6th ed., pp. 464-510). Hoboken, NJ: John Wiley & Sons.

Simon, H. (2001). Learning to research about learning. In S. M. Carver & D. Klake (Eds.), *Cognition and instruction.* Mahwah, NJ: Erlbaum.

Simonton, D. K. (2000). Creativity: Cognitive, personal, developmental, and social aspects. *American Psychologist, 55,* 151-158.

Sinatra, G. M., & Pintrich, P. R. (2003). The role of intentions in conceptual change learning. In G. M. Sinatra & P. R. Pintrich (Eds.), *Intentional conceptual change* (pp. 1-18). Mahwah, NJ: Erlbaum.

Singh, N. N., Lancioni, G. E., Joy, S. D. S., Winton, A. S. W., Sabaawi, M., Wahler, R. G., & Singh, J. (2007). Adolescents with conduct disorder can be mindful of their aggressive behavior. *Journal of Emotional and Behavioral Disorders, 15,* 56-63.

Skiba, R. J., Michael, R. S., Nardo, A. C., & Peterson, R. L. (2002). The color of discipline: Sources of racial and gender disproportionality in school punishment. *The Urban Review, 34,* 317-342.

Skiba, R. J., Peterson, R. L., & Williams, T. (1997). Office referrals and suspensions: Disciplinary intervention in middle schools. *Education and Treatment of Children, 20,* 295-315.

Skinner, B. F. (1953). *Science and human behavior.* New York: Macmillan.

Skinner, B. F. (1954). The science of learning and the art of teaching. *Harvard Educational Review, 24,* 86-97.

Skinner, B. F. (1957). *Verbal behavior.* Upper Saddle River, NJ: Prentice Hall.

Slavin, R. (1987). Ability grouping and student achievement in elementary schools: A best-evidence synthesis. *Review of Educational Research, 57,* 293-336.

Slavin, R. (1995). *Cooperative learning: Theory, research, and practice* (2nd ed.). Needham Heights, MA: Allyn & Bacon.

Slavin, R. (2008). What works? Issues in synthesizing educational program evaluations. *Educational Researcher, 37*(1), 5-14.

Slavin, R., & Cheung, A. (2004). *Effective reading programs for English language learners: A best-evidence synthesis.* Baltimore: Center for Research on the Education of Students Placed At Risk, Johns Hopkins University. Retrieved January 12, 2008, from www.csos.jhu.edu/ crespar/techReports/Report66.pdf

Sloane, F. (2008). Through the looking glass: Experiments, quasi-experiments, and the medical model. *Educational Researcher, 37*(1), 41-46.

Smith, A., & Bondy, E. (2007). "No! I won' t!" Understanding and responding to defiance. *Childhood Education, 83,* 151-157.

Smith, F. (2005). Intensive care. *Edutopia, 1*(9), 47-49.

Smith, J., Brewer, D. M., & Heffner, T. (2003). Using portfolio assessments with young children who are at risk for school failure. *Preventing School Failure, 48*(1), 38-40.

Smith, K. S., Rook, J. E., & Smith, T. W. (2007). Increasing student engagement using effective and metacognitive writing strategies in content areas. *Preventing School Failure, 51,* 43-48.

Smith, P., & Fouad, N. (1999). Subject-matter specificity of self-efficacy, outcome expectancies, interest, and goals: Implications for the social-cognitive model. *Journal of Counseling Psychology, 46,* 461-471.

Smith, T., Polloway, E., Patton, J., & Dowdy, C. (2004). *Teaching students with special needs in inclusive settings* (4th ed.). Boston: Allyn & Bacon.

Smokowski, P. (1997, April). *What personal essays tell us about resiliency and protective factors in adolescence.* Paper presented at the annual meeting of the American Educational Research Association, Chicago.

Snary, J. (1995). In a communitarian voice: The sociological expansion of Kohlbergian theory, research, and practice. In W. Kurtines & J. Gewirtz (Eds.), *Moral development: An introduction.* Boston: Allyn & Bacon.

Snow, C., Griffin, P., & Burns, M. S. (2005). *Knowledge to support the teaching of reading: Preparing teachers for a changing world.* San Francisco: Jossey-Bass.

Snow, C., & Kang, J. (2006). Becoming bilingual, biliterate, and bicultural. In K. A. Renninger & I. Sigel (Vol. Eds.), *Handbook of child psychology: Vol. 4. Social, emotional, and personality development* (6th ed., pp. 75-102). Hoboken, NJ: John Wiley & Sons.

Snow, R., Corno, L., & Jackson, D. (1996). Individual

differences in affective and cognitive functions. In D. Berliner & R. Calfee (Eds.), *Handbook of educational psychology* (pp. 243-310). New York: Macmillan.

Soenens, B., Vansteenkiste, M., Lens, W., Luyckx, K., Goossens, L., Beyers, W., & Ryan, R. (2007). Conceptualizing parental autonomy support: Adolescent perceptions of promotion of independence versus promotion of volitional functioning. *Developmental Psychology, 43*(1), 633-646.

Solano-Flores, G., & Li, M. (2006). The use of generalizability (G) theory in the testing of linguistic minorities. *Educational Measurement: Issues and Practices, 25*(1), 13-22.

Solley, B. A. (2007). On standardized testing. *Childhood Education, 84*, 31-37.

Son, L. (2004). Spacing one' s study: Evidence for a metacognitive control strategy. *Journal of Experimental Psychology: Learning, Memory, and Cognition, 3*(3), 601-604.

Southerland, S., Kittleson, J., & Settlage, J. (2002, April). *The intersection of personal and group knowledge construction: Red fog, cold cans, and seeping vapor or children talking and thinking about condensation in a third grade lassroom*. Paper presented at the annual meeting of the National Association for Science Teaching, New Orleans.

Southerland, S. A., & Sinatra, G. M. (2003). Learning about biological evolution: A special case of intentional conceptual change. In G. M. Sinatra & P. R. Pintrich (Eds.), *Intentional conceptual change* (pp. 317-345). Mahwah, NJ: Erlbaum.

Spearman, C. (1927). *The abilities of man: Their nature and measurement*. New York: Macmillan.

Spencer, M. B., Noll, E., Stoltzfus, J., & Harpalani, V. (2001). Identity and school adjustment: Revisiting the "acting White" phenomenon. *Educational Psychologist, 36*, 21-30.

Spiro, R., Feltovich, P., Jacobson, M., & Coulson, R. (1992). Knowledge representation, content specification, and the development of skill in situation-specific knowledge assembly: Some constructivist issues as they relate to cognitive flexibility theory and hypertext. In T. Duffy & D. Jonassen (Eds.), *Constructivism and the technology of instruction: A conversation* (pp. 121-127). Hillsdale, NJ: Erlbaum.

Spor, M., & Schneider, B. (1999). Content reading strategies: What teachers know, use, and want to learn. *Reading Research and Instruction, 38*, 221-231.

Stahl, R., DeMasi, K., Gehrke, R., Guy, C., & Scown, J. (2005, April). *Perceptions, conceptions and misconceptions of wait time and wait time behaviors among pre-service and in-service teachers*. Paper presented at the annual meeting of the American Educational Research Association, Montreal, Canada.

Stahl, S. (2002). Different strokes for different folks? In L. Abbeduto (Ed.), *Taking sides: Clashing on controversial issues in educational psychology* (pp. 98-107). Guilford, CT: McGraw-Hill/Duskin.

Standage, M., Treasure, D. C., Hooper, K., & Kuczka, K. (2007). Self-handicapping in school physical education: The influence of the motivational climate. *The British Journal of Educational Psychology, 77*, 81-99.

Stanovich, K. (1998). Cognitive neuroscience and educational psychology: What season is it? *Educational Psychology Review, 10*, 419-426.

Stanton-Salazar, R. D., & Spina, S. U. (2003). Informal mentors and role models in the lives of urban Mexican-origin adolescents. *Anthropology & Education Quarterly, 34*(3), 231-254.

Staples, M. (2007). Supporting whole-class collaborative inquiry in a secondary mathematics classroom. *Cognition and Instruction, 25*, 161-217.

Star, J. (2004, April). *The development of flexible procedural knowledge in equation solving*. Paper presented at the annual meeting of the American Educational Research Association, San Diego.

Star, J. R. (2005). Reconceptualizing Procedural Knowledge. *Journal for Research in Mathematics Education, 36*(5), 404-411.

Steinberg, L. (1996). *Beyond the classroom: Why school reform has failed and what parents need to do*. New York: Touchstone.

Steiner, H. H., & Carr, M. (2003). Cognitive development in gifted children: Toward a more precise understanding of emerging differences in intelligence. *Educational Psychology Review, 15*, 215-246.

Stengel, B., & Tom, A. (2006). *Moral matters*. New York: Teachers College Press.

Stephens, K., & Karnes, F. (2000). State definitions for the gifted and talented revisited. *Exceptional Children, 66*(2), 219–238.

Sternberg, R. (1998a). Applying the triarchic theory of human intelligence in the classroom. In R. Sternberg & W. Williams (Eds.), *Intelligence, instruction, and assessment* (pp. 1–16). Mahwah, NJ: Erlbaum.

Sternberg, R. (1998b). Metacognition, abilities, and developing expertise: What makes an expert student? *Instructional Science, 26*(1–2), 127–140.

Sternberg, R. (2003a). *Cognitive psychology* (3rd ed.). Belmont, CA: Wadsworth.

Sternberg, R. (2003b). *Wisdom, intelligence, and creativity synthesized*. Cambridge: Cambridge University Press.

Sternberg, R. (2004). Culture and intelligence. *American Psychologist, 59*, 325–338.

Sternberg, R. (2006). Recognizing neglected strengths. *Educational Leadership, 64*(1), 30–35.

Sternberg, R. (2007). Who are bright children? The cultural context of being and acting intelligent. *Educational Researcher, 36*(3), 148–155.

Sternberg, R., & Grigorenko, E. (2001). Learning disabilities, schooling, and society. *Phi Delta Kappan, 83*(4), 335–338.

Stevenson, H., & Fantuzzo, J. (1986). The generality and social validity of a competency-based self-control training intervention for underachieving students. *Journal of Applied Behavior Analysis, 19*, 269–276.

Stevenson, H., Lee, S., & Stigler, J. (1986). Mathematics achievement of Chinese, Japanese, and American children. *Science, 231*, 693–699.

Stewart, E., Stewart, E., & Simons, R. (2007). The effect of neighborhood context on the college aspirations of African American adolescents. *American Educational Research Journal, 44*(4), 896–919.

Stiggins, R. (2004). New assessment beliefs for a new school mission. *Phi Delta Kappan, 86*(1), 22–27.

Stiggins, R. (2005). *Student-centered classroom assessment* (4th ed.). Upper Saddle River, NJ: Merrill/Pearson.

Stiggins, R. (2007). Assessment through the student' s eyes. *Educational Leadership, 64*(8), 22–26.

Stiggins, R. J., & Chappuis, J. (2006). What a difference a word makes: Assessment FOR learning rather than assessment OF learning helps students succeed. *Journal of Staff Development, 27*, 10–14.

Stigler, J., & Hiebert, J. (2000). *The teaching gap*. New York: Free Press.

Stipek, D. (1996). Motivation and instruction. In D. Berliner & R. Calfee (Eds.), *Handbook of educational psychology* (pp. 85–113). New York: Macmillan.

Stipek, D. (2002). *Motivation to learn* (4th ed.). Boston: Allyn & Bacon.

Strickland, B. B., & Turnbull, A. P. (1990). *Developing and implementing individualized education programs* (3rd ed.). Upper Saddle River, NJ: Merrill/Pearson.

Stright, A., Neitzel, C., Sears, K., & Hoke-Sinex, L. (2001). Instruction begins in the home: Relations between parental instruction and children' s self-regulation in the classroom. *Journal of Educational Psychology, 93*(3), 456–466.

Strong, R., Silver, H., Perini, M., & Tuculescu, G. (2003). Boredom and its opposite. *Educational Leadership, 61*(1), 24–29.

Stuebing, K., Fletcher, J., LeDoux, J., Lyon, G., Shaywitz, S., & Shaywitz, B. (2002). Validity of IQ-discrepancy classifications of reading disabilities: A meta-analysis. *American Educational Research Journal, 39*(2), 469–518.

Su, A. Y-L. (2007). The impact of individual ability, favorable team member scores, and student perception of course importance on student preference of team-based learning and grading methods. *Adolescence, 42*, 805–826.

Sungur, S., & Tekkaya, C. (2006). Effects of problem-based learning and traditional instruction on self-regulated learning. *Journal of Educational Research, 99*(5), 307–318.

Swanson, C. (2008). Grading the states. *Education Week, 27*(18), 36–38.

Swanson, J. M., & Volkow, N. D. (2002). Pharmacokinetic and pharmacodynamic properties of stimulants: Implications of the design of new treatments for ADHD. *Behavior and Brain Research, 130*, 73–80.

Swanson, T. (2005). Providing structure for children with

learning and behavior problems. *Intervention in School and Clinic, 40,* 182-187.

Sweller, J. (2003). Evolution of Human Cognitive Architecture. *The Psychology of Learning and Motivation, 43,* 215-266.

Sweller, J., van Merrienboer, J., & Paas, F. (1998). Cognitive architecture and instructional design. *Educational Psychology Review, 10,* 251-296.

Tamis-LeMonda, C. S., Bornstein, M. H., & Baumwell, L. (2001). Maternal responsiveness and children's achievement of language milestones. *Child Development, 72,* 748-767.

Tannenbaum, A. (2003). Nature and nurture of giftedness. In N. Colangelo, & G. Davis (Eds.), *Handbook of gifted education* (3rd ed., pp. 45-59). Boston: Allyn & Bacon.

Tanner, D., & Tanner, L. (2007). *Curriculum development: Theory into practice* (4th ed.). Upper Saddle River, NJ: Merrill/Prentice Hall.

Tannock, R., & Martinussen, R. (2001). Reconceptualizing ADHD. *Educational Leadership, 59*(3), 20-25.

Taraban, R., Anderson, E. E., & DeFinis, A. (2007). First steps in understanding engineering students' growth of conceptual and procedural knowledge in an interactive learning context. *Journal of Engineering Education, 96,* 57-68.

Taylor, B., Pearson, P. D., Peterson, D., & Rodriguez, M. (2003). Reading growth in high-poverty classrooms: The influence of teacher practices that encourage cognitive engagement in literacy learning. *Elementary School Journal, 104*(1), 3-28.

Tenenbaum, H., & Leaper, C. (2003). Parent-child conversations about science: The socialization of gender inequities? *Developmental Psychology, 39,* 34-47.

Tennyson, R., & Cocchiarella, M. (1986). An empirically based instructional design theory for teaching concepts. *Review of Educational Research, 56,* 40-71.

Terhune, K. (1968). Studies of motives, cooperation, and conflict within laboratory microcosms. In G. Snyder (Ed.), *Studies in international conflict* (Vol. 4, pp. 29-58). Buffalo, NY: SUNY Buffalo Council on International Studies.

Terman, L., Baldwin, B., & Bronson, E. (1925). Mental and physical traits of a thousand gifted children. In L. Terman (Ed.), *Genetic studies of genius* (Vol. 1). Stanford, CA: Stanford University Press.

Terman, L., & Oden, M. (1947). The gifted child grows up. In L. Terman (Ed.), *Genetic studies of genius* (Vol. 4). Stanford, CA: Stanford University Press.

Terman, L., & Oden, M. (1959). The gifted group in mid-life. In L. Terman (Ed.), *Genetic studies of genius* (Vol. 5). Stanford, CA: Stanford University Press.

Terry, S. (2006). *Learning and memory: Basic principles, process, and procedures* (3rd ed.). Boston: Allyn & Bacon.

Terwilliger, J. (1997). Semantics, psychometrics, and assessment reform: A close look at "authentic assessments." *Educational Researcher, 26,* 24-27.

Texas Education Agency. (2006). *Texas Assessment of Knowledge and Skills (TAKS)—Spring 2006.* Retrieved January 26, 2008, from http://scotthochberg.com/files/taas/math3.pdf

Texas Education Agency. (2008). *Chapter 111. Texas essential knowledge and skills for mathematics. Grade 3.* Retrieved January 25, 2008, from http://www.tea.state.tx.us/rules/tac/ch111. html#s11111

Tharp, R., & Gallimore, R. (1991). *The instructional conversation: Teaching and learning in social activity.* Washington, DC: National Center for Research on Cultural Diversity and Second Language Learning.

Thiede, K. W., & Anderson, M. C. M. (2003). Summarizing can improve metacomprehension accuracy. *Contemporary Educational Psychology, 28,* 129-160.

Thiede, K. W., Anderson, M. C. M., & Therriault, D. (2003). Accuracy of metacognitive monitoring affects learning of texts. *Journal of Educational Psychology, 95,* 66-73.

Thirunarayanan, M. O. (2004). The "significantly worse" phenomenon: A study of student achievement in different content areas by school location. *Education and Urban Society, 36*(4), 467-481.

Thompson, G. (2007). *Up where we belong: Helping African American and Latino students rise in school and in life.* San Francisco: Jossey-Bass.

Thorndike, E. (1924). Mental discipline in high school studies. *Journal of Educational Psychology, 15,* 1-2, 83-98.

Thorndike, R. M. (2005). *Measurement and evaluation in psychology and education* (7th ed.). Upper Saddle River, NJ: Merrill/Pearson.

Tillema, H., & Smith, K. (2007). Portfolio appraisal: In search of criteria. *Teaching and Teacher Education, 23,* 442–456

Titsworth, S. (2004). Students' notetaking: The effects of teacher immediacy and clarity. *Communication Education, 53,* 305–320.

Tollefson, N. (2000). Classroom applications of cognitive theories of motivation. *Educational Psychology Review, 12,* 63–83.

Tomasello, M. (2006). Acquiring linguistic constructions. In D. Kuhn, & R. Siegler (Vol. Eds.), *Handbook of child psychology: Vol. 2. Cognition, perception, and language* (6th ed., pp. 255–298). Hoboken, NJ: John Wiley & Sons.

Tomlinson, C. (2005). *How to differentiate instruction in mixed-ability classroom* (2nd ed.). Upper Saddle River, NJ: Pearson.

Tomlinson, C. A. (2006). *Fulfilling the promise of the differentiated classroom: Strategies and tools for responsive teaching.* Alexandria, VA: Association for Supervision and Curriculum Development.

Tompkins, G. (2006). *Literacy for the 21st century: A balanced approach* (4th ed.). Upper Saddle River, NJ: Merrill/Pearson.

Topping, D. H., & McManus, R. A. (2002). A culture of literacy in science. *Educational Leadership, 60,* 30–33.

Townsend, B. L. (2000). The disproportionate discipline of African American learners: Reducing school suspension and expulsions. *Exceptional Children, 66,* 381–391.

Trautwein, U., & Ludtke, O. (2007). Students' self-reported effort and time on homework in six school subjects: Between-student differences and within-student variation. *Journal of Educational Psychology, 99,* 432–444.

Trautwein, U., Ludtke, O., & Schnyder, I. (2006). Predicting homework effort: Support for a domain-specific, multilevel homework model. *Journal of Educational Psychology, 98,* 438–456.

Trawick-Smith, J. (2003). *Early childhood development: A multicultural perspective* (3rd ed.). Upper Saddle River, NJ: Merrill/Pearson.

Triona, L., & Klahr, D. (2003). Point and click or grab and heft: Comparing the influence of physical and virtual instructional materials on elementary school students' ability to design experiments. *Cognition and Instruction, 2*(2), 149–173.

Trotter, A. (2005). Tool helps Washington teachers write learning plans. *Education Week, 24*(23), 6.

Trzesniewski, K., Donnellan, M., Moffitt, T., Robins, R., Poulton, R., & Caspi, A. (2006). Low self-esteem during adolescence predicts poor health, criminal behavior, and limited economic prospects during adulthood. *Developmental Psychology, 42*(2), 381–390.

Tschannen-Moran, M., & Barr, M. (2004). Fostering student achievement: The relationship between collective teacher efficacy and student achievement. *Leadership and Policy in Schools, 3,* 187–207.

Tschannen-Moran, M., Woolfolk-Hoy, A., & Hoy, W. (1998). Teacher efficacy: Its meaning and measure. *Review of Educational Research, 68*(2), 202–248.

Tseng, S-S., Sue, P-C., & Su, J.-M. (2007). A new approach for constructing the concept map. *Computers and Education, 49,* 691–707.

Tucker, M. (2007). Charting a new course for schools. *Educational Leadership, 64*(7), 48–52.

Tulving, E. (2002). Episodic memory: From mind to brain. *Annual Review of Psychology, 53,* 1–25.

Tunteler, E., & Resing, W. C. (2007). Effects of prior assistance in using analogies on young children's unprompted analogical problem solving over time: A microgenetic study. *The British Journal of Educational Psychology, 77,* 43–68.

Turiel, E. (2006). The development of morality. In N. Eisenberg (Vol. Ed,), *Handbook of child psychology: Vol. 3. Social, emotional, and personality development* (6th ed., pp. 789–857). Hoboken, NJ: John Wiley & Sons.

Turnbull, A., Turnbull, R., Shank, M., Smith, S., & Leal, D. (2004). *Exceptional lives: Special education in today's schools* (4th ed.). Upper Saddle River, NJ: Merrill.

Turnbull, A., Turnbull, R. &. Wehmeyer, M. L. (2007). *Exceptional lives: Special education in today's schools* (5th ed.). Upper Saddle River, NJ: Merrill/Pearson.

Twenge, J. M., & Campbell, W. K. (2001). Age and birth cohort differences in self-esteem: A cross temporal meta-analysis. *Journal of Personality and Social Psychology Review, 5,* 321–344.

Tyler, R. (1950). *Basic principles of curriculum and instruction*. Chicago: University of Chicago Press.

Urdan, T. (2001). Contextual influences on motivation and performance: An examination of achievement goal structures. In F. Salili, C. Chiu, & Y. Hong (Eds.), *Student motivation: The culture and context of learning* (pp. 171-201). New York: Kluer/Plenum.

Urdan, T. C., & Maehr, M. L. (1995). Beyond a two-goal theory of motivation and achievement: A case for social goals. *Review of Educational Research, 65*, 213-243.

U.S. Bureau of Census. (2003). *Statistical abstract of the United States* (123rd ed.). Washington, DC: U.S. Government Printing Office.

U.S. Bureau of Census. (2004). *The foreign-born population in the United States: 2003*. Washington, DC: U.S. Government Printing Office.

U.S. Bureau of Census. (2007). *Income, earnings, and poverty estimates released in American Fact Finder, 8/28/07*. Retrieved December 19, 2007, from http://factfinder.census.gov/home/saff/main.html?_lang=en

U.S. Department of Agriculture. (2007). *Healthy food: Healthy communities*. Retrieved December 9, 2007, from http://www.csrees.usda.gov/newsroom/news/2007news/cfp_report.pdf

U.S. Department of Education. (1999). *34 Federal Code of Regulation 300.7 9(c)(6)*. Retrieved December 16, 2007, from http://www.nectac.org/idea/300regs.asp

U. S. Department of Education. (2004). *Twenty-sixth annual report to Congress on the implementation of the Individuals With Disabilities Education Act*. Washington, DC: U.S. Government Printing Office.

U.S. Department of Education. (2005). *Education for homeless children and youth*. Washington, DC: U.S. Printing Office. Retrieved July, 12, 2006, from www.ed.gov//programs/homeless/index.html

U.S. Department of Education. (2008a). *Provisions related to children with disabilities enrolled by their parents in private schools*. Retrieved August 9, 2008, from http.//www.rrfcnetwork.org/images/stories/FRC/IDEA/idea.pdf

U.S. Department of Education. (2008b). *Thirtieth annual report to Congress on the implementation of the Individuals With Disabilities Education Act*. Washington, DC: U.S. Government Printing Office.

U. S. English. (2005). Retrieved March 5, 2008, from http://www.usenglish.org

U.S. English, Inc. (2007). Official English still overwhelmingly popular despite divided nation. Retrieved September 13, 2007, from http://www.us-english.org

Uygur, T., & Ozdas, A. (2007). The effect of arrow diagrams on achievement in applying the chain rule. *Primus, 17*, 131-147.

Vacca, R., & Vacca, J. (2008). *Content area reading* (9th ed). Boston: Allyn & Bacon.

Valenzeno, L., Alibali, M., & Klatsky, R. (2003). Teachers' gestures facilitate students' learning: A lesson in symmetry. *Contemporary Educational Psychology, 28*, 187-204.

Valenzuela, A. (1999). *Subtractive schooling: U.S-Mexican youth and the politics of caring*. Albany: State University of New York Press.

van Gelder, T. (2005). Teaching critical thinking: Some lessons from cognitive science. *College Teaching, 53*, 41-46.

VanDeWeghe, R. (2007). How does assessment affect creativity? *English Journal, 96*, 91-93.

van Gog, T., Paas, F., & van Merrienboer, J. (2004). Process-oriented worked examples: Improving transfer performance through enhanced understanding. *Instructional Science, 32*(1-2), 83-98.

Van Horn, R. (2008). *Bridging the chasm between research and practice*. Lanham, MD: Rowman & Littlefield.

van Merriënboer, J., Kirschner, P., & Kester, L. (2003). Taking the load off a learner' s mind: Instructional design for complex learning. *Educational Psychologist, 38*(1), 5-13.

van Meter, P. (2001). Drawing construction as a strategy for learning from text. *Journal of Educational Psychology, 93*(1), 129-140.

Vang, C. T., (2003). Learning more about Hmong students. *Multicultural Education, 11*(2), 10-14.

VanLeuvan, P. (2004). Young women' s science/mathematics career goals from seventh grade to high school graduation. *Journal of Educational Research, 97*(5), 248-262.

Vansteenkiste, M., Lens, W., & Deci, E. L. (2006). Intrinsic versus extrinsic goal contents in self-determination theory: Another look at the quality of academic motivation. *Educational Psychologist, 41*, 19-31.

Vansteenkiste, M., Zhou, M., Lens, W., & Soenens, B. (2005). Experiences of autonomy and control among Chinese learners: Vitalizing or immobilizing. *Journal of Educational Psychology, 97*, 468-483.

Vaughn, S., & Bos, C. S. (2006). *Strategies for teaching students with learning and behavior problems* (6th ed.). Boston: Allyn & Bacon.

Vaughn, S., Bos, C., Candace, S., & Schumm, J. (2006). *Teaching exceptional, diverse, and at-risk students in the general education classroom* (3rd ed.). Boston: Allyn & Bacon.

Vaughn, S., & Fuchs, L. (2003). Redefining learning disabilities as inadequate response to instruction: The promise of potential problems. *Learning Disabilities Research and Practice, 18*(3), 137-146.

Vavilis, B., & Vavilis, S. (2004). Why are we learning this? What is this stuff good for, anyway?: The importance of conversation in the classroom. *Phi Delta Kappan, 86*(4), 282-287.

Veenman, M. V., & Spaans, M. A. (2005). Relation between intellectual and matacognitive skills: Age and task differences. *Learning and Individual Differences, 15*, 159-176.

Veenman, S. (1984). Perceived problems of beginning teachers. *Review of Educational Research, 54*, 143-178.

Venn, J. J. (2000). *Assessing students with special needs* (2nd ed.). Upper Saddle River, NJ: Merrill/Pearson.

Verkoeijen, P. P., Rikers, R. M., & Schmidt, H. G. (2005). The effects of prior knowledge on study-time allocation and free recall: Investigating the discrepancy reduction model. *The Journal of Psychology, 139*, 67-79.

Vermeer, H. J., Boekaerts, M., & Seegers, G. (2000). Motivational and gender differences: Sixth-grade students' mathematical problem-solving behavior. *Journal of Educational Psychology, 92*, 308-315.

Viadero, D. (2003). Two studies highlight links between violence, bullying by students. *Education Week, 22*(36), 6.

Viadero, D. (2007a). ADHD experts fear brain-growth study being misconstrued. *Education Week, 27*(14), 1, 14.

Viadero, D. (2007b). Teachers say NCLB has changed classroom practice. *Education Week, 26*(42), 6, 22.

Villegas, A. (1991). *Culturally responsive pedagogy for the 1990s and beyond*. Princeton, NJ: Educational Testing Service.

Von der Linden, N., & Roebers, C. M. (2006). Developmental changes in uncertainty monitoring during an event recall task. *Metacognition and Learning, 1*, 213-228.

von Károlyi, C., Ramos-Ford, V., & Gardner, H. (2003). Multiple intelligences: A perspective on giftedness. In N. Colangelo & G. Davis (Eds.), *Handbook of gifted education* (3rd ed., pp. 100-112). Boston: Allyn & Bacon.

Vosniadou, S. (2007). The cognitive-situative divide and the problem of conceptual change. *Educational Psychologist, 42*(1), 55-66.

Vygotsky, L. (1978). *Mind in society: The development of higher psychological processes* (M. Cole, V. John-Steiner, S. Scribner, & E. Souberman, Eds. & Trans.). Cambridge, MA: Harvard University Press.

Vygotsky, L. (1986). *Thought and language*. Cambridge, MA: MIT Press.

Wadsworth, B. J. (2004). *Piaget's theory of cognitive and affective development* (5th ed.). Boston: Pearson Education.

Walker, J. E., Bauer, A. M., & Shea, T. M. (2004). *Behavior management: A practical approach for educators* (8th ed.). Upper Saddle River, NJ: Merrill/Pearson.

Walker, J. M., & Hoover-Dempsey, K. V. (2006). Why research on parents' involvement is important to classroom management. In C. M. Evertson & C. S. Weinstein (Eds.), *Handbook of classroom management: Research, practice, and contemporary issues* (pp. 665-684). Mahwah, NJ: Erlbaum.

Walpole, M., McDonough, P. M., & Bauer, C. J. (2005). This test is unfair: Urban African American and Latino high school students' perceptions of standardized college admissions tests. *Urban Education, 40*(3), 321-349.

Walsh, D., & Bennett, N. (2004). *Why do they act that way?: A survival guide to the adolescent brain for you and your teen*. New York: Free Press.

Ware, H., & Kitsantas, A. (2007). Teacher and collective efficacy beliefs as predictors of professional commitment. *Journal of Educational Research, 100*(5), 303-310.

Warner, L., & Lynch, S. (2005). Classroom problems that don't go away. In K. Freiberg (Ed.), *Educating exceptional children 05/06* (7th ed., pp. 128-131). Dubuque, IA: McGraw-Hill/Dushkin.

Waterhouse, L. (2006). Multiple intelligences, the Mozart effect, and emotional intelligence: A critical review. *Educational Psychologist, 41*(4), 217-225.

Watson, M., & Battistich, V. (2006). Building and sustaining caring communities. In C. M. Evert-son & C. S. Weinstein (Eds.), *Handbook of classroom management: Research, practice, and contemporary issues* (pp. 253-279). Mahwah, NJ: Erlbaum.

Watson, M., & Ecken, L. (2003). *Learning to trust: Transforming difficult elementary classrooms through developmental discipline.* San Francisco: Jossey-Bass.

Waxman, H., Huang, S., Anderson, L., & Weinstein, T. (1997). Classroom process differences in inner-city elementary schools. *Journal of Educational Research, 91*(1), 49-59.

Waxman, S., & Lidz, J. (2006). Early word learning. In W. Damon & R. Lerner (Series Eds.), D. Kuhn & R. Siegler (Vol. Eds.), *Handbook of child sychology: Vol. II. Cognition, perception, and language* (6th ed., pp. 299-335). New York: Wiley.

Way, N., Reddy, R., & Rhodes, J. (2007). Students' perceptions of school climate during the middle school years: Associations with trajectories of psychological and behavioral adjustment. *American Journal of Community Psychology, 40*, 194-213.

Wayne, A., & Youngs, P. (2003). Teacher characteristics and student achievement gains: A review. *Review of Educational Research, 73*, 89-122.

Webb, N. (2006). Indentifying content for student achievement tests. In S. Downing & T. Haladyna (Eds.), *Handbook of test development* (pp. 155-180). Mahwah, NJ: Erlbaum.

Webb, N., Farivar, S., & Mastergeorge, A. (2002). Productive helping in cooperative groups. *Theory Into Practice, 41*(1).

Wechsler, D. (2003). *Wechsler Intelligence Scale for Children* (4th ed.) San Antonio, TX: Psychological Corporation.

Weigel, D., Martin, S., & Bennett, K. (2005). Ecological influences of the home and the child-care center on preschool-age children' s literacy development. *Reading Research Quarterly, 40*(2), 204-228.

Weiland, A., & Coughlin, R. (1979). Self-identification and preferences: A comparison of White and Mexican American first and third graders. *Journal of Social Psychology, 10*, 356-365.

Weiler, B. (1998). *Children' s misconceptions about science: A list compiled by the AIP Operation Physics Project* [Online]. Retrieved from www.amasci.com/miscon/opphys.html

Weiner, B. (1992). *Human motivation: Metaphors, theories, and research.* Newbury Park, CA: Sage.

Weiner, B. (1994). Ability versus effort revisited: The moral determinants of achievement evaluation and achievement as a moral system. *Educational Psychologist, 29*, 163-172.

Weiner, B. (2000). Interpersonal and intrapersonal theories of motivation from an attributional perspective. *Educational Psychology Review, 12*, 1-14.

Weiner, B. (2001). Intrapersonal and interpersonal theories of motivation from an attribution perspective. In F. Salili, C. Chiu, & Y. Hong (Eds.), *Student motivation: The culture and context of learning* (pp. 17-30). New York: Kluer Academic/Plenum.

Weiner, L. (2002, April). *Why is classroom management so vexing to urban teachers? New Directions in theory and research about classroom management in urban schools.* Paper presented at the annual meeting of the American Educational Research Association, New Orleans.

Weiner, L. (2006). *Urban teaching: The essentials* (2nd ed.). New York: Teachers College Press.

Weinstein, C. S., Curran, M., & Tomlinson-Clarke, S. (2003). Culturally responsive classroom management: Awareness into action. *Theory Into Practice, 42*, 269-276.

Weinstein, C. S., & Mignano, A. J., Jr. (2007). *Elementary classroom management: Lessons from research and practice* (4th ed.). New York: McGraw-Hill.

Weinstein, C. S., Tomlinson-Clarke, S. & Curran, M. (2004). Toward a conception of culturally responsive classroom management. *Journal of Teacher Education, 55*, 25-38.

Weinstein, R. (2002). *Reaching higher: The power of expectations in schooling.* Cambridge, MA: Harvard University Press.

Weinstock, J. (2007). Don' t call my kid smart. *T.H.E.*

Journal, 34,6.

Weiss, H., Mayer, E., Kreider, H., Vaughan, M., Dearing, E., Hencke, R., & Pinto, K. (2003). Making it work: Low-income working mothers' involvement in their children's education. *American Educational Research Journal, 40*(4), 879-901.

Weiss, I., & Pasley, J. (2004). What is high-quality instruction? *Educational Leadership, 61*(5), 24-28.

Weissglass, S. (1998). *Ripples of hope: Building relationships for educational change*. Santa Barbara, CA: Center for Educational Change in Mathematics & Science, University of California.

Wenner, G. (2003). Comparing poor, minority elementary students' interest and background in science with that of their white, affluent peers. *Urban Education, 38*(2), 153-172.

Wentzel, K. (1996). Social goals and social relationships as motivators of school adjustment. In J. Juvonen & K. Wentzel (Eds.), *Social motivation: Understanding children's school adjustment* (pp. 226-247). Cambridge, England: Cambridge University Press.

Wentzel, K. (1999a). Social influences on school adjustment: Commentary. *Educational Psychologist, 34*(1), 59-69.

Wentzel, K. (1999b). Social-motivational processes and interpersonal relationships: Implications for understanding students' academic success. *Journal of Educational Psychology, 91*, 76-97.

Wentzel, K. (2000). What is it that I'm trying to achieve? Classroom goals from a content perspective. *Contemporary Educational Psychology, 25*, 105-115.

Wentzel, K. R. (2002). The contribution of social goal setting to children's school adjustment. In A. Wigfield & J. S. Eccles (Eds.), *Development of achievement motivation* (pp. 221-246). New York: Academic Press.

Wentzel, K. R. (2003). Sociometric status and adjustment in middle school: A longitudinal study. *Journal of Early Adolescence, 23*, 5-28.

Wentzel, K. R., & Wigfield, A. (1998). Academic and social motivational influences on students' academic performance. *Educational Psychology Review, 10*, 155-175.

Wentzel, K. R., & Wigfield, A. (2007). Motivational interventions that work: Themes and remaining issues. *Educational Psychologist, 42*, 261-271.

Wertsch, J. (1991). *Voices of the mind: A sociocultural approach to mediated action*. Cambridge, MA: Harvard University Press.

Wessler, S. (2003). It's hard to learn when you're scared. *Educational Leadership, 61*(1), 40-43.

Whalen, C. K., Jamner, L. D., Henker, B., Delfino, R. J., & Lozano, J. M. (2002). The ADHD spectrum and everyday life: Experience sampling of adolescent moods, activities, smoking, and drinking. *Child Development, 73*, 209-227.

Whitcomb, J., Borko, H., & Liston, D. (2006). Living in the tension—Living with the heat. *Journal of Teacher Education, 57*(5), 447-453.

White, P., Sanbonmatsu, D., Croyle, R., & Smittipatana, S. (2002). Test of socially motivated underachievement: "Letting up" for others. *Journal of Experimental Social Psychology, 38*, 162-169.

White, R. (1959). Motivation reconsidered: The concept of competence. *Psychological Review, 66*, 297-333.

Wigfield, A. (1994). Expectancy-value theory of achievement motivation: A developmental perspective. *Educational Psychology Review, 6*, 49-78.

Wigfield, A., Byrnes, J., & Eccles, J. (2006). Development during early and middle adolescence. In P. Alexander & P. Winne (Eds.), *Handbook of educational psychology* (2nd ed., pp. 87-114). Mahwah, NJ: Erlbaum.

Wigfield, A., & Eccles, J. (1992). The development of achievement task values: A theoretical analysis. *Developmental Review, 12*, 265-310.

Wigfield, A., Eccles, J., & Pintrich, P. (1996). Development between the ages of 11 and 25. In D. Berliner & R. Calfee (Eds.), *Handbook of educational psychology* (pp. 148-185). New York: Macmillan.

Wigfield, A., & Eccles, J. (2000). Expectancy-value theory of achievement motivation. *Contemporary Educational Psychology, 25*, 68-81.

Wigfield, A., & Eccles, J. S. (2002). The development of competence beliefs, expectancies for success, and achievement values from childhood through adolescence. In, A. Wigfield & J. S. Eccles (Eds.), *Development of achievement motivation. A volume in the educational psychology series* (pp. 91-120). San

Diego, CA: Academic Press.

Wigfield, A., Guthrie, J., Tonks, S., & Perencevich, K. (2004). Children' s motivation for reading: Domain specificity and instructional influences. *Journal of Educational Research, 97*(6), 299–310.

Wilder, M. (2000). Increasing African American teachers' presence in American schools: Voices of students who care. *Urban Education, 35*(2), 205–220.

Wiley, D., & Harnischfeger, A. (1974). Explosion of a myth: Quantity of schooling and exposure to instruction, major education vehicles. *Education Researcher, 3*, 7–12.

Williams, C., & Zacks, R. (2001). Is retrieval-induced forgetting an inhibitory process? *American Journal of Psychology, 114*, 329–354.

Willingham, D. T. (2004). *Cognition: The thinking animal* (2nd ed.). Upper Saddle River, NJ: Merrill/Pearson.

Willingham, D. T. (2006). "Brain-based" learning: More fiction than fact. *American Educator, 30*(3), 27–30, 40–41.

Willingham, D. T. (2007). Critical thinking: Why is it so hard to teach? *American Educator, 31*, 8–19.

Willis, J. (2006). *Research-based strategies to ignite student learning: Insights from a neurologist and classroom teacher*. Alexandria, VA: ASCD.

Willis, J. (2007). Which brain research can educators trust? *Phi Delta Kappan, 88*(9), 697–699.

Willoughby, T., Porter, L., Belsito, L., & Yearsley, T. (1999). Use of elaboration strategies by students in grades two, four, and six. *Elementary School Journal, 99*(3), 221–232.

Wilson, B. L., & Corbett, H. D. (2001). *Listening to urban kids: School reform and the teachers they want*. Albany, NY: State University of New York Press.

Wilson, K., & Swanson, H. (1999, April). *Individual and age-related differences in working memory and mathematics computation*. Paper presented at the annual conference of the American Educational Research Association, Montreal, Canada.

Wilson, M., Hoskens, M., & Draney, K. (2001, April). *Rater effects: Some issues, some solutions*. Paper presented at the annual meeting of the American Educational Research Association, Seattle.

Winitzky, N. (1994). Multicultural and main-streamed classrooms. In R. Arends (Ed.), *Learning to teach* (3rd ed., pp. 132–170). New York: McGraw-Hill.

Winne, P. (2001). Self-regulated learning viewed from models of information processing. In B. J. Zimmerman & D. H. Schunk (Eds.), *Self-regulated learning and academic achievement: Theoretical perspectives* (2nd ed.). Mahwah, NJ: Erlbaum.

Winsler, A., & Naglieri, J. (2003). Overt and covert verbal problem-solving strategies: Developmental trends in use, awareness, and relations with task performance in children aged 5 to 17. *Child Development, 74*, 659–678.

Wolf, L., Smith, J., & Birnbaum, M. (1997, March). *Measure-specific assessment of motivation and anxiety*. Paper presented at the annual meeting of the American Educational Research Association, Chicago.

Wolters, C. (2003). Understanding procrastination from a self-regulated learning perspective. *Journal of Educational Psychology, 95*, 179–187.

Wolz, D. J. (2003). Implicit cognitive processes as aptitudes for learning. *Educational Psychologist, 38*, 95–104.

Wood, D., Bruner, J., & Ross, S. (1976). The role of tutoring in problem solving. *British Journal of Psychology, 66*, 181–196.

Wood, E., Willoughby, T., McDermott, C., Motz, M., Kaspar, V., & Ducharme, M. (1999). Developmental differences in study behavior. *Journal of Educational Psychology, 91*(3), 527–536.

Wood, M. (2005). *High school counselors say they lack skills to assist gay, lesbian students*. Retrieved July 14, 2006, from www.bsu.edu/news

Woolfolk Hoy, A., Davis, H., & Pape, S. J. (2006). Teacher knowledge and beliefs. In P. A. Alexander & P. H. Winne (Eds.), *Handbook of educational psychology* (2nd ed., pp. 715–737). Mahwah, NJ: Erlbaum.

Wortham, S. (2004). The interdependence of social identification and learning. *American Educational Research Journal, 41*(3), 715–750.

Worthy, J., Moorman, M., & Turner, M. (1999). What Johnny likes to read is hard to find in school. *Reading Research Quarterly, 34*, 12–27.

Wright, S., & Taylor, D. (1995). Identity and the language of the classroom: Investigating the impact of heritage versus second-language instruction on personal and collective self-esteem. *Journal of Educational Psychology, 87*(2),

241-252.

Wubbels, T., Brekeimans, M., den Brok, P., & van Tartwijk, J. (2006). An interpersonal perspective on classroom management in secondary classrooms in the Netherlands. In C. M. Evertson & C. S. Weinstein (Eds.), *Handbook of classroom management: Research, practice, and contemporary issues* (pp. 1161-1191). Mahwah, NJ: Erlbaum.

Yeager, M. (2007). *Understanding NAEP: Inside the nation' s education report card.* Retrieved March 8, 2008, from http://www. educationsector.org/analysis/analysis_show.htm?doc_id=560606

Yeh, Y.-C. (2006). The interactive effects of personal traits and guided practices on preservice teachers' changes in personal teaching efficacy. British *Journal of Educational Technology, 37,* 513-526.

Yell, M. L., Robinson, T. R., & Drasgow, E. (2001). Cognitive behavior modification. In T. J. Zirpoli & K. J. Melloy, *Behavior management: Applications for teachers* (3rd ed., pp. 200-246). Upper Saddle River, NJ: Merrill/Pearson.

Yeung, A. S., McInerney, D. M., Russell-Bowie, D., Suliman, R., Chui, H., & Lau, I. C. (2000). Where is the hierarchy of academic self-concept? *Journal of Educational Psychology, 92,* 556-567.

Yip, D. Y. (2004). Questioning skills for conceptual change in science instruction. *Journal of Biological Education, 38,* 76-83.

York-Barr, J., Sommers, W. A., Ghere, G. S., & Montie, J. (2001). *Reflective practice to improve schools: An action guide for educators.* Thousand Oaks, CA: Corwin Press.

Young, B., & Smith, T. (1999). *The condition of education, 1996: Issues in focus: The social context of education.* Washington, DC: U.S. Department of Education. Retrieved October 1, 2002, from http://nces.ed.gov/pubs99/condition99

Young, M., & Scribner, J. (1997, March). *The synergy of parental involvement and student engagement at the secondary level: Relationships of consequence in Mexican-American communities.* Paper presented at the annual meeting of the American Educational Research Association, Chicago.

Yussen, S., & Levy, V. (1975). Developmental changes in predicting one' s own span of short-term memory, *Journal of Experimental Child Psychology, 19,* 502-508.

Zahorik, J. (1996). Elementary and secondary teachers' reports of how they make learning interesting. *The Elementary School Journal, 96*(5), 551-564.

Zambo, D. (2003). *Uncovering the conceptual representations of students with learning disabilities.* Unpublished doctoral dissertation, Arizona State University, Tempe.

Zaragoza, N. (2005). Including families in the teaching and learning process. In J. Kincheloe (Ed.), *Classroom teaching: An introduction.* New York: Peter Lang.

Zeelenberg, R., Wadenmakers, E.-J., & Rotteveel, M. (2006). The impact of emotion on perception: Bias or enhanced processing. *Psychological Science, 17,* 287-291.

Zehr, M. A. (2006). Reacting to reviews, states cut portfolio assessments for ELL students. *Education Week, 26*(12), 7.

Zeidner, M. (1998). *Test anxiety: The state of the art.* New York: Plenum Press.

Zhou, L., Goff, G., & Iwata, B. (2000). Effects of increased response effort on self-injury and objective manipulation as competing responses. *Journal of Applied Behavioral Analysis, 33,* 29-40.

Zhou, Q., Hofer, C., & Eisenberg, N. (2007). The developmental trajectories of attention focusing, attentional and behavioral persistence, and externalizing problems during school-age years. *Developmental Psychology, 43,* 369-385.

Zimmerman, B. (2005, April). *Integrating cognition, motivation and emotion: A social cognitive perspective.* Paper presented at the annual meeting of the American Educational Research Association, Montreal, Canada.

Zimmerman, B., & Schunk, D. (Eds.). (2001). *Self-regulated learning and academic achievement: Theoretical perspectives* (2nd ed.). Mahwah, NJ: Erlbaum.

Zimmerman, B. J., & Schunk, D. H. (2004). Self-regulating intellectual process and outcomes: A social cognitive perspective. In D. Y. Dai & R. J. Sternberg (Eds.), *Motivation, emotion, and cognition: Integrative perspectives on intellectual functioning and development* (pp. 323-349). Mahwah, NJ: Erlbaum.

Zins, J., Bloodworth, M., Weissberg, R., & Walberg, H. (2004).

The scientific base linking social and emotional learning to school success. In J. Zins, R. Weissberg, M. Wang, & H. Walberg (Eds.), *Building academic success on social and emotional learning* (pp. 3-22). New York: Teachers College Press.

Zirkel, S. (2008). The influence of multicultural educational practices on student outcomes and intergroup relations. *Teachers College Record, 110,* 1147-1181. Retrieved June 4, 2008, from http://tcrecord.org/Content.asp?Content ID=14711

Zirpoli, T. J., & Melloy, K. J. (2001). *Behavior management: Applications for teachers*. Upper Saddle River, NJ: Merrill/Pearson.

Zook, K. (1991). Effects of analogical processes on learning and misrepresentation. *Educational Psychology Review, 3,* 41-72.

Zull, J. E. (2004). The art of changing the brain. *Educational Leadership, 62*(1), 68-72.

Zwiers, J. (2005). The third language of academic English. *Educational Leadership, 62*(4), 60-63.

용어해설

9분점수(Stanine) 개인의 표준화점수를 1부터 9까지 분포하는 척도를 사용해서 기술하는 것

T점수(T-score) 평균이 50이고 표준편차가 10인 표준점수

z점수(z-score) 평균으로부터 몇 표준편차만큼 떨어져 있는지를 나타냄

가역성(Reversibility) 현재의 상태에서 이전의 상태로 되돌리는 과정을 정신적으로 추적하는 능력

가치(Value) 개인이 과제나 활동에 참여함으로써 유발될 수 있다고 믿는 이득, 보상, 또는 혜택

간격 계획(Interval schedule) 예측할 수 있는 시간(고정) 또는 예측할 수 없는 시간(변동)이 경과한 뒤에 일어난 행동이 강화되는 간헐 강화 계획

간섭(Interference) 이전에 한 학습이나 이후에 한 학습이 현재의 이해를 방해하기 때문에 정보를 소실하는 것

간헐적 강화 계획(Intermittent reinforcement schedule) 모든 바람직한 행동이 아니라 일부 행동만 강화를 하는 것

감각 주의 끌기(Sensory focus) 학습활동 동안 주의를 유지하기 위해 사용된 자극의 결과

감각기억(Sensory memory) 환경으로부터 들어온 자극을 처리될 때까지 잠시 보관하는 저장소

감성지능(Emotional intelligence) 수치심과 죄책감, 공감 등과 같은 감정을 이해하는 능력

강조(Emphasis) 학생들에게 수업 중 중요한 정보에 주의를 기울이게 하는 언어적 음성적 신호

강화 계획(Reinforcement schedule) 강화인의 빈도와 강화인이 주어지는 시점에 대한 패턴을 의미

강화(Reinforcement) 행동을 증가시키기 위해 강화인을 제공하는 과정

강화인(Reinforcer) 어떤 행동이 또 발생할 가능성을 높이는 행동의 결과

개념(Concept) 범주의 예와 비예를 구분할 수 있도록 하는 범주에 대한 마음의 구조 혹은 표상

개념도 그리기(Concept mapping) 개념 간의 시각적 관계를 학습자가 구성하는 학습전략

개방형 질문(Open-ended question) 다양한 대답이 나올 수 있는 질문

개별화 교육 프로그램(IEP) 각 개인에 맞게 처방된 교수계획으로 특수교사, 일반교사, 전문가, 부모(때로는 학생 자신도 포함됨)에 의해 고안됨

개별화(Personalization) 한 주제를 설명하기 위해 지적 또는 감정적으로 관련된 예를 사용하는 과정

개인적 교사효능감(Personal teaching efficacy) 그 또는 그녀가 학생들의 사전지식이나 능력에 관계없이 모든 학생을 배우게 할 수 있다는 신념

개인적 흥미(Personal interest) 개인이 지속적으로 좋아함, 마음이 끌림, 또는 영역, 학과 분야, 주제, 활동에 대한 개인적 선호

개인적 · 사회적 · 정서적 발달(Personal, Social, and Emotional development) 우리의 성격, 다른 사람과 상호작용하는 방식, 감정을 다루는 능력의 변화

거시체계(Macrosystem) 발달하는 아이에게 영향을 미치는 브론펜브레너 모형의 네 번째 수준으로 발달에 미치는 문화적 영향을 포함

검사문항 명세표(Table of specification) 교사로 하여금 학생들의 인지 수준 또는 내용 영역에 따라 학습목표를 조직하는데 도움을 주는 행렬표

결과(Consequence) 행동이 일어난 뒤에 따라오는 것으로 그 행동이 반복될 가능성에 영향을 주는 사건(자극)

결정 지능(Crystallizedintelligence 문화에 따라 규정되는 정신능력으로 경험과 학교교육의 영향을 받음

결핍 욕구(Deficiency needs) 충족되지 않았을 때, 인간으로 하여금 그것을 충족하고자 노력하게 하는 욕구

계속 강화 계획(Continuous reinforcement schedule) 처음에는 모든 바람직한 행동에 강화인을 주는 것

고부담 검사(High-stake test) 학생, 교사, 학교, 학군에 영향을 미치는 결정을 내리기 위해 교육자들이 사용하는 표준화된 검사

고전적 조건화(Classical conditioning) 어떤 사람이 본능적 또는 반사적인 반응과 흡사한 불수의적 정서반응 또는 생리적 반응을 일으키도록 하는 학습의 한 유형

골고루 질문하기(Equitable distribution) 학급에서 학생의 호명을 가능한 한 동등하게 하는 과정

공감(Empathy) 다른 누군가가 느끼고 있는 감정을 경험할 수 있는 능력

공부전략(Study strategies) 학습자가 글로 기록된 교재와 교사가 제시해 주는 것들에 대해 자신의 이해력을 높이기 위해 사용하는 구체적인 기술

공식적 평가(Formal assessment) 모든 학생에게서 동일한 종류의 정보를 체계적으로 수집하는 과정

과소 일반화(Undergeneralization) 아동이 한 단어를 지나치게 좁은 범위로 사용하는 언어 패턴

과잉 일반화(Overgeneralization) 아동이 한 단어를 해당 범위 이상으로 넓게 사용하는 언어 패턴

과제 분석(Taskanalysis) 내용을 부분 요소로 나누고 이 부분 요소를 배열하는 과정

과제 이해(Task comprehension) 학습자가 학습하기로 되어 있는 것이 무엇인지에 대한 학습자의 지각과 왜 그 과제가 중요하고 가치 있는지에 대한 이해

과학기반연구(Scientifically based research 묘사나 질적 연구 방법을 대신해 과학적 접근의 전통적인 방식인 실험연구를 강조한 연구

관계성(Relatedness) 사회환경 속에서 다른 사람들과 연관되어 있다는 느낌, 사랑과 존경받을 가치가 있다는 느낌

관점 수용(Perspective taking) 다른 사람의 생각과 느낌을 이해하는 능력

교과 교수법 지식(Pedagogical content knowledge) 특정 교과의 내용을 배우기 쉽거나 어렵게 하는 것이 무엇인지를 아는 것뿐만 아니라, 특정 교과의 내용을 학습자가 쉽게 이해할 수 있도록 하기 위해 어떻게 가르칠 것이냐를 아는 것

교사의 귀인방식(Attributional statements) 교사가 학생의 수행 원인에 대해 하는 말

교수모형(Models of instruction) 학생들이 특정 형태의 지식에 대한 깊은 이해를 성취하도록 촉진하기 위해 고안된 강의에 대한 규범적 접근

교수활동의 조화(Instructionalalignment) 학습목표, 학습활동, 그리고 평가 간의 일치

교육과정에 기반한 평가(curriculum-based assessment) 교육과정 특정 영역에서 학생의 수행 정도를 측정하는 것

교육심리학(Educational Psychology) 인간의 교수와 학습에 관심을 갖는 학문적 영역

교육혁신(Reform) 학생들의 학습을 증대시키기 위한 교수활동과 교사 훈련 등의 변화 운동

구문(Syntax) 단어들의 결합을 통하여 의미 있는 문장을 구성하는 규칙

구성주의(Constructivism) 다른 근거로부터 지식을 전달받기보다는 학습자가 스스로 지식을 만든다고 주장하는 학습이론

구인 타당도(Construct validity) 검사와 그 검사가 측정하고자 하는 것 사이의 논리적 연결에 대한 지표

귀인(Attribution) 수행의 원인에 대한 믿음

귀인이론(Attribution theory) 성공과 실패의 원인에 대한 학습자의 믿음과 이러한 믿음이 어떻게 학습동기에 영향을 미치는지에 대해 체계적인 설명을 시도하는 동기에 대

한 인지이론

규정(Rubric) 채점을 위한 기준을 설명하는 채점 척도

규준집단(Norming group) 대표성을 띠는 사람들의 집단으로서, 이러한 사람들의 표준화 점수가 전국적인 비교를 목적으로 축적됨

규준참조 채점(Norm-referenced grading) 한 학생의 수행을 평가함에 있어 다른 학생들의 수행과 비교해서 결정하는 채점체계

규준참조 표준화 검사(Norm-referenced standardized test) 특정 학생의 수행을 다른 학생들의 수행과 비교하는 표준화된 검사

규칙(Rule) 수용될 수 있는 행동의 기준에 대한 기술

그물망(Network) 비위계적 관계를 보여 주는 개념도

근접발달영역(Zone of proximal development) 한 개인이 혼자 해결할 수 없지만 다른 사람의 도움을 받아 해결할 수 있는 과제의 범위

긍정적 학급환경(Positive classroom climate) 학습공동체로서 교사와 학생들이 모든 학생의 성취를 돕기 위해 함께 노력하는 학급환경

기대(Expectation) 미래 결과에 대한 믿음

기대×가치이론(expectancy×value theory) 인간은 자신이 성공할 것이라는 기대에 그 성공에 대해 개인이 부여하는 가치를 곱한 값만큼 동기화될 것이라고 학습자 동기를 설명하는 이론

기술연구(Descriptive Research) 상황 혹은 현상에 대한 특징이나 상태를 기술하기 위해 설문, 조사, 면접, 관찰 등을 이용하는 연구

기억술(Mnemonic devices) 내용 속에 자연적인 상태에서는 없었던 연합을 억지로 만들어 내는 기억전략

기억저장소(Memory stores) 정보를 보관하는 창고이며, 어떤 경우에는 가공이 안 된 상태로 정보를 보관하고 어떤 경우에는 조직화되고 의미 있는 형식으로 보관

기준(Standard) 지정된 기간 동안의 학습을 마치면 학생들이 할 수 있거나 알아야 할 것들에 대한 기술

기질(Temperament) 우리가 사회적 · 물리적 자극에 반응하는 방식에 영향을 주는 상대적으로 안정적이고 고유한 특성

나-대화법(I-message) 행동과 그 행동이 말하는 사람에게 준 영향 및 일으킨 느낌을 지적하지만 비난하지는 않는 표현법

내면화(Internalization) 학습자가 외부의 사회적 활동과 내면의 인지적 과정을 결합할 때 거치는 과정

내용 타당도(Content validity) 가르친 내용을 정확히 조사하고, 학습자들이 이것을 이해하고 있는 정도를 측정하는 검사의 능력

내재 동기(Intrinsic motivation) 활동 그 자체를 위해 참여하는 동기

논리적 귀결(Logical consequence) 잘못된 행동과 개념적으로 관련 있는 결과

논술(Essay) 필기시험의 한 형태로서, 학생들은 문제나 질문에 대해 확장된 반응을 글로 표현함

농아(Deaf) 의사소통을 위해 다른 감각(보통은 시각)을 사용해야만 할 정도로 청각이 완전히 손상된 상태

뉴런(Neuron) 세포체, 수상돌기, 축색돌기로 이루어진 신경세포. 뇌의 학습능력을 만들어 냄

능력별 집단편성(Ability grouping) 비슷한 능력을 지닌 학생들을 같은 집단으로 편성하고, 각 집단의 요구에 맞는 수업을 진행하려는 시도

단기기억 상실(Short-term memory) 특정한 사건이나 사람의 이름을 기억하는 데 어려움을 겪는 사람을 지칭하기 위해 사용되던 문구

단호한 훈육(Assertive discipline) 명확하고 단호한 반응 방식을 촉진하는 학급관리 접근법

달성가치(Attainment value) 개인이 과제를 잘 수행하는 것에 대해 부여하는 중요성

대답 기다리기(Wait-time) 학생을 지명하기 전후의 잠시 동안의 침묵

대리학습(Vicarious learning) 사람들은 다른 사람의 행동 결과를 관찰하고 그에 따라 자신의 행동을 적절히 조절함으로써 학습 조절하는 과정

대상 영속성(Object permanence) 사물이 자기 자신과 분리되어 존재한다는 이해

도덕성 발달(Moral development) 정직, 공정, 다른 사람에 대한 존경과 같은 친사회적인 행동과 특질에서의 변화

도덕적 딜레마(Moral dilemma) 사람들의 의사결정을 요구하는 애매하고 혼란스러운 상황

도식 활성화(Schema activation) 새로운 지식이 기존 지식과 연결될 수 있도록 적절한 사전지식을 활성화시키는 부호화 전략

도식(Schema) 정보를 장기기억 속에 있는 유의미한 체제로 조직화하는 인지적 구성체

도식(Schemes) 세계에 대한 구조화된 이해를 나타내는 정신적 조작

동기(Motivation) 목표 지향적인 활동이 유발되고 지속되는 과정

동화(Assimilation) 새로운 경험이 기존의 도식에 통합되는 적응의 한 형태

마음이론(Theory of mind) 각각의 사람들에게 저마다의 지각, 감정, 욕구, 신념 등이 존재한다는 것을 이해하는 것

말하기 장애(Speech disorders) 소리를 형성하고 순서에 맞게 배열하는 데 심각한 문제를 가진 장애

망각(Forgetting) 장기기억으로부터 정보를 소실하거나 인출할 수 없는 것

메타기억(Metamemory) 기억전략에 대한 지식과 통제

메타인지(Metacognition) 자신의 인지과정에 대한 자각과 통제

메타주의(Meta-attention) 주의를 기울이는 자신의 능력에 대한 자각과 통제를 의미하며, 메타인지의 한 형태

명확한 언어(Precise language) 설명하거나 학생의 질문에 답할 때 불명확한 단어를 사용하지 않는 교사의 강의

모델링(Modeling) 한 명 또는 여러 사람의 모델을 관찰한 결과로 발생한 행동, 인지, 정서 변화를 지칭하는 일반적 용어

목표(Goal) 개인이 달성하고자 희망하는 결과

무선배정(Random assignment) 연구 내에서의 개인이 각 집단에 속할 확률이 동일하도록 하기 위한 연구설계방법

무조건 반응(Unconditioned response) 무조건 자극에 의한 본능적 또는 반사적(학습되지 않은) 생리반응 또는 정서반응

무조건 자극(Unconditioned stimulus) 본능적 또는 반사적(학습되지 않은) 생리반응 또는 정서반응을 일으키는 사물이나 사건

무조건적인 긍정적 존중(Unconditional positive regard) 인간이 그들의 행동과는 무관하게 본래적으로 가치 있다는 믿음

문제(Problem) 문제해결자가 목표가 있지만 목표를 성취하기 위한 분명한 방법이 부족한 상태

문제중심학습(Problem-based learning) 내용, 기술, 자기-조절의 발달에 초점을 둔 문제를 활용한 교수전략

미시체계(Microsystem) 브론펜브레너의 생물생태학적 이론에서 아동 가까이에 있는 사람과 활동들

민족적 정체성(Ethnic identity) 민족 구성원에 대한 인식 및 민족의 태도 가치 행동에 대한 약속

믿음(Belief) 그것을 지지할 분명한 증거 없이도 진실이라고 받아들이는 인지적 생각

반성적 실행(Reflective Practice) 교수 상황에서 이루어지는 비판적 자기 관찰 수행과정

반응개입모델(Response to intervention model of identification) 교사가 사용하는 교수법 변용과 그에 따른 학생의 학습 성공 여부에 따라 학습장애 학생들을 변별해 내는 방법

반응의 대가(Respones cost) 주고 있던 강화인을 더 이상 주지 않는 것

발견법(Heuristics) 일반적으로 광범위하게 적용 가능한 문제해결 전략

발달(Development) 유년기부터 성인기까지 인간에게 일어나는 변화

발산적 사고(Divergent thinking) 질문이나 문제에 대해 다양하면서도 독창적인 해답을 만들어 내는 능력

발판 또는 비계(scaffolding) 아동이 독립적으로 할 수 없는 과제를 완성하도록 하는 도움

방해자(Distracters) 선다형 문항에 있는 틀린 선택지로 평가하려는 주제에 대해 학생들이 지니고 있는 잘못된 개념을 확인하는 데 사용됨

배려(Caring) 어린 아동들을 보호하고 발달하도록 교사의 공감과 노력을 투입하는 것

배려하고 신뢰하는 공동체(Community of caring and trust) 학습자가 물리적으로, 그리고 정서적으로 안전함을 느끼고 소속되고 관계 맺고자 하는 욕구를 만족시켜 주는 학급환경

배합형(Matching format) 필기시험 문항의 일종으로서, 동일한 대안을 사용하는 일련의 예를 분류할 것을 요구하는 문항

백분위 신뢰구간(Percentile bands) 표준화 검사에서 백분위

점수의 범위

백분위(Percentile) 규준집단에서 어느 원점수 이하의 점수를 받은 학생들의 퍼센트

벌(Punishment) 행동을 감소시키기 위해 벌인을 사용하는 과정

벌인(Punishers) 행동을 약화시키거나 재발할 가능성을 감소시킴

범위(Range) 분포에서 최댓값과 최솟값의 거리

법과 질서(Law and order)의 단계 법과 질서를 그 자체로 따르는 결정을 통해 도덕적 추론을 하는 단계

변별(Discrimination) 관련 있지만 동일하지 않은 자극에 다른 반응을 보이는 것

변산도(Variability) 평균값에서 벗어난 정도

변형(Transformation) 한 상태에서 다른 상태로 변화하는 과정을 정신적으로 기록하는 능력

보존(Conservation) 모양이나 나뉜 조각의 개수와 상관없이 항상 어떤 물질의 양이나 수가 일정하게 유지된다는 것

보편적 원리(Universal principles) 사회의 법을 초월한 추상적이고 보편적 원리에 의해 도덕적 추론을 하는 단계

복습(Review) 학생들이 이미 배운 것과 다음 학습활동에서 배울 것을 서로 관련시킬 수 있도록 도와주는 요약 활동

부분적 청각 손상(Partial hearing impairment) 보조 청각기구를 사용하면 음성적 채널을 통해 충분히 학교교육을 받을 수 있는 정도의 손상

부적 강화(Negative reinforcement) 혐오자극을 회피하거나 제거함으로써 행동을 증가시키는 과정

부호화(Encoding) 장기기억에 정보를 표상하는 과정

분류(Classification) 사물을 잘 알려진 특징에 기초하여 묶는 과정

불리(Bully) 동료 학생들을 자주 위협하거나 괴롭히고 신체적 부상을 입히는 학생

불안(Anxiety) 불확실한 결과가 도출되는 상황과 연관된 전반적인 걱정과 긴장감

비계(Scaffolding) 건축공사 때 높은 곳에서 일할 수 있도록 설치하는 임시 가설물. 재료운반이나 작업원의 통로 및 작업을 위한 발판이 됨

비공식적 평가(Informal assessment) 학업 진척 사항이나 다른 측면의 학생 행동에 대해 부차적인 정보를 수집하고 이를 바탕으로 결정을 내리는 과정

비용(Cost) 개인이 과제에 참여하기 위해 포기해야 하는 것에 대한 고려

비율 계획(Ratio schedule) 예측할 수 있게(고정) 또는 예측할 수 없게 특정한 행동이 강화되는 간헐 강화 계획

비판적 사고(Critical thinking) 증거에 근거해서 결론을 내리는 개인의 능력과 경향

빈도분포(Frequency distribution) 각각의 점수를 취득한 사람들이 몇 명인지를 나타내는 분포

사례연구(Case Studies) 교실에서 발생하는 실제 교수-학습 상황에 대한 이야기

사적 언어(Private speech) 사고와 행동을 유도하는 혼잣말

사회경제적 지위(SES) 부모의 수입, 직업, 그리고 교육 수준의 조합으로 사회 내에서 개인이나 가족의 상대적인 위치를 설명해 줌

사회문화이론(Sociocultural theory) 학습의 사회적 측면을 강조하지만 학습이 일어나는 문화적 맥락에 강조점을 둔 사회구성주의의 한 형태

사회문화적 발달이론(Sociocultural theory of development) 문화적 맥락 속에 내포된 사회적 상호작용과 언어가 개인의 인지발달에 미치는 영향을 강조하는 이론

사회성 발달(Social development) 다른 사람과 상호작용하고 잘 지내는 능력에 있어서 사람들이 보이는 변화

사회인지학습이론(Social cognitive theory) 다른 사람을 관찰함으로써 발생하는 행동의 변화에 초점을 두는 학습 이론

사회적 경험(Social experience) 다른 사람들과 상호작용하는 과정

사회적 계약(Social contract) 사회적으로 합의된 규칙에 의해 도덕적 추론을 하는 단계

사회적 관습(Social convention) 특정 상황에서 행동하는 사회적 규범과 방법

사회적 구성주의(Social constructivism) 학습자들이 먼저 사회적 맥락 안에서 지식을 구성하고 그다음에 개개인이 이것을 내면화한다고 보는 구성주의의 관점

사회적 목표(Social goal) 특정한 사회적 결과나 사회적 상호작용을 달성하려는 목표

사회적 문제해결력(Social problem solving) 해당된 사람 모두

에게 유익한 방법으로 갈등을 해결하는 능력

상관(Correlation) 정적이든 부적이든 둘 혹은 그 이상의 변인 간에 존재하는 관련성

상관연구(Correlation research) 인과관계를 의미하지 않은 채 연구자가 한 변인의 변화가 다른 변인의 변화와 관련이 있다고 생각하는 둘 이상의 변인 간의 관계를 살펴보는 연구 방법

상보적 인과관계(Reciprocal causation) 학습에서 환경, 행동, 개인적 요인이 상호 의존하는 것

상황인지(Situated cognition) 학습이 그것이 일어나는 맥락과 분리될 수 없다고 보는 사회적 구성주의의 이론적 입장

상황적 흥미(Situational interest) 개인의 현재의 즐거움, 기쁨, 또는 당면한 환경에 의해 유발된 만족감

생득이론(Nativist theory) 유전적 측면에 초점을 맞추고 있으며, 모든 인간은 유전적으로 언어를 배우도록 설계되어 있다고 주장하는 언어발달이론

생산적 학습환경(Productive learningenvironment) 질서 있고 학습에 초점이 맞추어진 교실

서열화(Seriation) 대상을 길이, 무게, 부피 등이 큰 혹은 작은 순서대로 배열하는 능력

선다형 문항(Multiple-choice) 필기시험의 한 형태로 줄기라고 하는 문제 또는 진술문과 방해자로 불리는 틀린 선택지로 구성됨

선언적 지식(Declarative knowledge) 사실 · 개념 · 절차 · 규칙에 대한 지식

선행자극(Antecedents) 행동에 선행하면서 그 행동을 이끌어 내는 자극

성 정체성(Sexual identity) 성적 성향과 관련해 자기 자신이 어떤 사람인지에 대해 스스로 내린 정의

성격 발달(Personal development) 성격에서 연령과 연관된 변화를 의미하며, 환경에 반응하는 개인의 방식

성숙(Maturation) 유전적 요인에 의해 결정, 각 개인의 연령에 따라 일어나는 변화

성역할 정체감(Gender role identity) 각각의 성에 적합한 성격과 행동 등에 관한 믿음을 의미

성장 욕구(Growth needs) 인간이 경험하게 되면서 더 증가하는 지적 성취와 심미적 인식에 대한 욕구

성적 성향(Sexual orientation) 개인이 낭만적으로, 성적으로 이끌리는 성

성취도 검사(Achievement test) 학생들이 특정 내용 영역에서 얼마나 많이 배웠는지를 평가하기 위해 고안된 표준화된 검사

소거(Extinction) 무조건 자극이 주어지지 않고 조건자극만 반복적으로 주어져 조건자극이 더 이상 조건반응을 이끌어 내지 못하게 되는 것

속진(Acceleration) 같은 교과과정을 좀 더 빨리 학습하도록 하는 영재 및 재능이 있는 학생을 위한 프로그램

수단목표 분석(Means-ends analysis) 문제를 하위 목표로 나누고 각각의 목표를 해결하는 발견법

수상돌기(Dendriter) 뉴런에 속하는 가지와 같은 구조. 세포체로부터 뻗어 나가고 다른 뉴런으로부터 메시지를 전달받음

수업 서두에 초점 맞추기(Introductory focus) 주의를 끌고 수업에 대한 개념적 틀을 제공하는 수업의 시작

수여성 벌(Presentation punishment) 벌인을 제시받은 결과로 학습자의 행동이 감소할 때 일어남

수준별 이동식 수업(Joplin plan) 읽기수업을 위해서는 비슷한 능력을 지닌 학생들로 구성된 동질적인 집단을 활용하나, 다른 과목에서는 다양한 능력의 학생들로 구성된 이질적 집단을 활용하여 수업을 진행하는 것

수치심(Shame) 자신이 옳다고 믿는 방식대로 행동하거나 생각하지 않았을 때 일어나는 고통스런 감정

수행목표(Performance goal) 학습자의 능력과 다른 사람과 비교된 역량에 초점을 둔 목표

수행접근목표(Performance-approach goal) 유능하게 보이는 것과 다른 사람으로부터 호의적인 평가를 받는 것을 강조하는 목표

수행중심환경(performance-focused environment) 높은 학점, 능력을 공개적으로 드러내는 것. 다른 사람과 비교된 수행을 강조하는 교실환경

수행평가(Performance assessment) 학교 밖의 삶과 관련된 과제에 대해 학생의 수행을 직접 평가하는 것

수행회피목표(performance-avoidance goal) 무능력하게 보이는 것을 피하고, 호의적이지 않은 평가를 피하는 것에 초점을 둔 목표

숙달중심환경(Mastery-focused environment) 노력, 지속적인 향상, 이해를 강조하는 교실 환경

숙달목표(Mastery goal) 과제를 달성하는 것. 향상, 이해 증진에 초점을 둔 목표. 때로는 학습목표라고 일컬음

순행간섭(Proactive interference) 이전 학습이 새로운 학습을 방해하는 것

스크립트(Script) 몇 년간의 경험을 통해 발달하며 특수한 상황에서 행동을 안내

시각장애(Visual disability) 학습에 방해가 되는, 교정할수 없는 시각적 손상

시간체계(Chronosystem) 일시적이거나 시간 종속적인 발달에 미치는 영향을 포함하는 생물생태학적 이론에서의 마지막 수준

시공간 스케치판(Visual-spatial sketchpad) 시각정보와 공간정보를 단기간 저장하는 체제

시냅스(Synapses) 한 뉴런에서 다른 뉴런으로 메시지 전달을 가능하게 하는 뉴런 사이의 매우 작은 틈

시장 교환(Market exchange) 다른 사람과의 상호적 행동에 기초하여 도덕적 추론을 하는 단계

시험불안(Test anxiety) 시험 상황에 대한 불쾌한 정서적 반응으로서 수행을 떨어뜨릴 수 있음

신념 보존(Belief preservation) 증거에 기반한 믿음이라기 보다 증거를 자신의 믿음에 귀속시키려는 경향성

신뢰도(Reliability) 평가가 일관되고 측정오류가 없는 정도

신체적 발달(Psysical development) 몸의 크기, 형태, 기능의 변화

신피아제 이론(Neo-piag etian theory) 피아제의 단계적 접근을 수용하지만 정보처리 효율성과 능력 차원에서 발달적인 변화를 설명하려고 시도하는 이론

실례(Exemplars) 개념학습이론에서 어떤 개념의 가장 전형적인 예

실세계 과제(Real-world task, authentic task) 학생들이 실세계에서 요구하는 것과 유사한 사고과정을 연습하는 학습활동

실험연구(Experimental Research) 한 변인을 체계적으로 조작하는 것이 다른 변인의 변화를 가져오는지를 확인함으로써 두 변인 간의 인과관계를 확인하는 연구방법

심상(Imagery) 개념에 대한 마음속 그림을 만드는 과정

심화(Enrichment) 영재 및 재능이 있는 학생에게 좀 더 수준이 높은 내용을 다양하게 제공하는 프로그램

안내된 노트(Guided note) 교수하고자 하는 핵심 아이디어와 관계를 기록할 수 있도록 단서와 함께 학생들의 생각을 기록할 공간을 제공함으로써 안내 역할을 하는 유인물

알고리듬(Algorithm) 문제를 해결하기 위한 일련의 구체적인 단계

양육 방식(Parenting style) 아이들을 훈육하고 아이들과 상호작용하는 일반적인 방식

억제(Inhibition) 자신의 행동에 스스로 부여한 구속

언어습득장치(Language acquisit-ion device: LAD) 아동으로 하여금 언어를 다루는 규칙을 이해하고 학습할 수 있게 해 주는 생득적 장치

언어장애(수용언어 장애) (Language disorders) 생각을 표현하기 위해 언어를 사용하거나, 언어를 이해하는 데 심각한 문제를 가진 장애

역행간섭(Retroactive interference) 복수명사의 소유격에 관한 규칙이 이전의 학습에 혼동을 초래하는 것

연구결과물(Research) 현상에 대해 제기되는 질문에 대해 경험적 대답을 하기 위해 체계적으로 수행되는 정보의 수집 및 분석 과정 또는 활동

영재(Gifts and talents) 자신이 지닌 잠재성을 충분히 발휘하기 위해 추가적인 지원을 필요로 하는 최상위의 능력

예언 타당도(Predictive validity) 미래의 수행을 측정하는 검사의 능력

오개념(Misconception) 증거 혹은 일반적으로 받아들이는 설명과 모순되는 믿음

완성형(Completion) 필기시험 문항의 한 형태로 질문이나 불완전한 문장에 적절한 단어나 숫자 또는 상징을 채워 넣어야 하는 문항

외재 동기(Extrinsic motivation) 최종 목표를 얻기 위한 수단으로서의 어떤 활동에 참여하는 동기

외재적 도덕성(External morality) 개인이 도덕을 고정되고 영구적이며, 권위 있는 인물에 의해 외적으로 부과되는 것으로 보는 도덕 발달단계

외체계(Exosystem) 생물생태학적 이론에서 미시체계와 중간체계 모두에 영향을 주는 사회적 영향

요약하기 (Summarizing) 말이나 글로 된 단락을 간결하게 기술하는 과정

욕구(Need) 어떤 상태나 대상을 얻기 위한 내적인 힘 또는 추동

우열반 편성(Tracking) 학업성취도에 따라 서로 다른 학급이나 교육과정에 학생들을 배치하는 것

원점수(Raw score) 한 개인이 표준화 검사 또는 그 하위검사에서 정확하게 반응한 문항 수

원형(Prototype) 개념학습이론에서 범주나 부류를 가장 잘 대표하는 표상

위기(Crisis) 발달과정상 나타나는 사회심리적인 도전 및 갈등

위험에 처해 있는 학생(Students placed at risk) 현대사회에서 성공을 위해 필수적으로 지니고 있어야하는 기술을 습득하지 못하고 학교를 떠날 위험에 처해 있는 학습자

유능성(Competence) 환경에서 효과적으로 기능하는 능력

유도된 발견(Guided discovery) 학생이 개념과 개념 간 관계를 구성하도록 교사가 비계를 제공하는 것을 포함하는 수업 모형

유동 지능(Fluid intelligence) 융통성 있게 새로운 환경에 적응하는 정신능력으로 문화에 상관없음

유의미(Meaningful) 도식의 개별 요소가 장기기억 속에서 서로 연결되어 있는 정도가 높다는 뜻

유지시연(Maintenance rehearsal) 정보의 형태를 변화시키지 않고 정도를 반복하는 과정

유추(Analogiy) 모든 점이 동일하지는 않지만 어느 정도 유사성을 가지는 관계

유추하기(Drawing analogies) 이미 해결한 문제와 현재 해결하고자 하는 친숙하지 않은 문제의 비교활동을 통해 문제를 해결하고자 하는 발견법

음운고리(Phonological loop) 단어와 소리를 단기간 저장하는 체제이며 계산을 다할 때까지 공식과 도형의 차원을 일시적으로 보관

응용행동분석(Applied behavior analysis: ABA) 학생의 행동을 변화시키기 위해 행동주의 원리를 체계적으로 응용하는 것

의미기억(Semantic memory) 선언적 지식을 개념 · 원리 · 관계에 대한 기억

의미론(Semantics) 단어의 의미와 이들 간의 결합에 관한 이론

의사소통장애(Communication disorders) 다른 사람으로부터 정보를 받아 이해하고, 자신의 생각을 표현하는 능력에 심각한 제한을 가지고 있는 상태

이상(Disorder) 정신적 · 신체적 · 심리적 과정에서의 전반적인 수행의 불능

이중부호화이론(Dual-coding theory) 장기기억이 언어정보와 심상정보를 저장하는 두 가지의 다른 기억체계를 가지고 있다고 주장

이해점검(Comprehension monitoring) 듣거나 읽은 내용을 이해하고 있는지를 검토하는 과정

이행성(Transitivity) 제3의 사물과의 관계성을 매개로 두 사물 간의 관계를 유추하는 능력

인습 도덕(Conventional morality) 옳고 그름에 대한 사회적 관습의 무비판적인 수용과 관련된 도덕 경향

인정 욕구(Need for approval) 다른 사람에 의해 수용되고 긍정적으로 평가받고자 하는 욕구

인지 영역(Cognitive domain) 적용 및 분석 같은 메타인지과정에 초점을 맞춘 학습 영역

인지도구(Cognitive tool) 사람들이 생각하고, 문화 안에서 기능하도록 하는 실제적 도구와 함께 쓰이는 개념과 상징(숫자와 언어)

인지적 구성주의(Cognitive constructivism) 지식의 개인 내적 구성에 초점을 둔 구성주의자의 관점

인지적 도제(Cognitive apprenticeship) 인지기술의 발전을 위해 기술이 부족한 학습자가 전문가와 함께 학습하는 과정

인지적 모델링(Cognitive modeling) 행동 뒤에 숨어 있는 생각을 말로 표현하는 것과 시범으로 보여 주는 것을 통합한 과정

인지적 발달(Cognitive development) 학습, 성숙, 경험의 결과에 따라 나타나는 사고의 변화

인지적 행동수정(Cognitive behavior modification) 자기대화(self-talk)나 자기교수(self-instruction)로 학생의 행동을 수정하기 위해 행동적 원리와 인지적 원리를 결합한 과정

인지적 부하(Cognitive load) 당신이 주의 집중해야 하는 요소의 수는 인지적 부하에 영향을 주는 한 요인

인지학습이론(Cognitive learning theories) 학습을 통해 지식을 획득하고, 조직하고, 사용할 때 관여하는 정신구조와 과정의 변화

인출(Retrieval) 정보를 장기기억으로부터 작업기억으로 이끌어 내는 과정

일반교수법 지식(General pedagocial knowledge) 특정한 내용이나 교과를 넘어서서 일반적인 교수전략이나 학급관리와 관련된 지식

일반전이(General transfer) 하나의 맥락에서 학습한 지식이나 기술을 여러 다른 맥락에 적용할 수 있는 능력

일반화(Generalization) 똑같지 않은 비슷한 자극이 동일한 조건반응을 이끌어 내는 것

일화기억(Episodic memory) 개인적 경험에 대한 기억

자기가치(Self-worth) 자기에 대한 정서적 반응 또는 평가

자기개념(Self-concept) 자신의 신체적 · 사회적 · 학업 능력에 대한 인지적 평가

자기결정(Self-determination) 자신의 환경에 따라 행동하고 환경을 통제하고자 하는 동기적 욕구

자기실현(Self-actualization) 우리의 최대한의 잠재력에 도달하고 우리가 될 수 있는 전부가 되고자 하는 욕구

자기조절(Self regulation) 목표를 세우고, 그 목표에 도달할 수 있도록 이끌어 주는 동기, 사고과정, 전략, 행동을 통합하는 과정

자기존중감(Self-esteem) 자기 자신에 대한 정서적인 반응이나 평가

자기중심성(Egocentrism) 다른 사람이 자기가 세상을 보는 대로 본다고 믿는 경향성

자기충족적 예언(Self-fulfilling prophecy) 개인의 수행이 그 또는 그녀의 능력에 대한 믿음에서 기인하고 이를 확증할 때 일어나는 현상

자기효능감(Self-efficacy) 개인이 특정한 과제를 수행할 수 있다는 믿음

자동화(Automaticity) 자각이나 의식적인 노력 없이 수행할 수 있는 정신적 조작을 수행할 수 있는 능력

자율성(Autonomy) 독립성과 필요할 때 환경을 바꿀 수 있는 개인의 능력

자율적 도덕성(Autonomous morality) 공정함과 정의는 타인과의 상호적 과정에서 중요한 것이라는 믿음으로 특징지어지는 도덕 발달단계

자폐 스펙트럼 장애(Autism spectrum disorder) 손상된 사회적 관계와 기술을 보이는 일군의 장애를 지칭하며, 종종 극히 비정상적인 행동을 보임

작업기억(Working memory) 정보를 처리하고 의미 있게 만드는 동안 정보를 보관하는 저장소. 의식적인 사고가 발생하는 마음의 작업대이며, 지식을 구성하는 장소

잘 연결된 강의(Connected discourse) 주제가 명확하고 초점 있는 교수

잘 정의되지 않은 문제(Ill-defined problem) 하나 이상의 가능한 해결책이 있으며, 다소 목표가 모호하며, 답을 찾기 위해 많은 사람이 동의하는 일반적 전략을 가지고 있지 않은 문제

잘 정의된 문제(Well-defined problem) 명확한 답이나 해결책이 있는 문제

장기기억(Long-term memory) 영구적인 정보저장소

장애(Disability) 특정 행동을 할 능력이 없거나 기능적으로 제한이 있는 상태

적대적 귀인 편향(Hostile attributional bias) 다른 사람의 행동을 적대적이거나 공격적으로 보는 경향

적법한 절차(Due process) 부모로서 자녀의 장애를 규명하고 특수교육 프로그램에 배치하는데 참여할 권리, 학교의 기록에 접근할 수 있는 권리, 그리고 학교에서 시행된 검사 결과에 만족하지 못할 때 다른 전문가들로부터 평가받게 할 수 있는 권리에 대한 보증

적성검사(Aptitude test) 미래의 학습 잠재성을 예측하기 위해 고안, 표준화된 검사로 오랜 기간에 걸쳐 개발된 일반적인 능력을 측정함

적응 유연성(Resilience) 역경에도 불구하고 학교나 이후 삶에서 성공의 가능성을 증진시키는 학습자 특성

적응(Adaptation) 평형화를 유지하기 위해 도식과 새로운 경험을 서로 조정하는 과정

적응적 일치(Adaptive fit) 학생이 특정 학교에서 요구하는 바를 충족시킬 수 있는 정도와 학교가 학생의 욕구를 수용해 줄 수 있는 정도를 뜻함

적응행동(Adaptive behavior) 일상생활을 영위하는 데 필요한 기능을 수행하는 개인의 능력

전국규준(National norm) 전국에서 선발된 대표적인 학생들이 표준화 검사에서 획득한 점수로서, 한 학생의 점수가 이 전국적인 규준과 비교됨.

전략(Strategies) 과제를 수행하기 위해 요구되는 통상적 활동을 뛰어 넘는 인지적 조작

전문가(Expert) 특정 영역에서 높은 수준의 지식과 기술을 겸비한 사람

전이(Transfer) 하나의 맥락에서 이해한 것을 다른 맥락으로 적용하거나 응용할 수 있는 능력

전인습적 도덕(Preconventional morality) 옳고 그름의 내재화된 기준이 결여된 자기 중심적인 경향

전환신호(Transition signal) 하나의 주제가 끝나고 다른 주제가 시작된다는 것을 알리는 언어 표현

절차(Procedure) 연필을 깎거나 한 활동에서 다른 활동으로의 전환과 같은 반복되는 과업의 성취를 위한 지침

절차적 지식(Procedural knowledge) 과제를 수행하는 방법에 대한 지식

정교한 질문하기(Elaborative questioning) 공부하고 있는 내용에 대해 추론 유도, 예시 확인, 관계를 형성하는 과정

정교화(Elaboration) 기존의 지식에 새로운 정보를 연결함으로써 새로운 정보의 유의미성을 증가시키는 부호화 전략

정보처리이론(Infornation procesing theory) 기억하기나 문제해결과 같은 인지적 과제를 해내기 위해 학습자들이 사용하는 복잡한 전략의 관점에서 인지발달을 설명하는 이론

정상분포(Normal distribution) 평균값과 중앙치 및 최빈치가 모두 동일하고, 점수들이 좌우대칭을 이루면서 종모양의 곡선을 이루는 점수분포

정적 강화(Positive reinforcement) 강화인이 제공된 뒤에 행동의 빈도나 강도가 증가되는 과정

정지명령(Desist) 교사가 학생의 행동을 중단시키기 위해 사용하는 언어적 또는 비언어적 의사소통

정체성(Identity) 개인이 자기 자신 및 자기 존재의 의미, 삶에서 자신이 추구하는 것에 대한 인식

제거형 벌(Removal punishment) 자극을 제거한 결과나 정적 강화를 얻지 못한 결과로 행동이 감소될 때 일어남

제지(Desist) 어떤 행동을 멈추게 하기 위해 교사가 사용하는 언어적 · 비언어적 의사소통

조건반응(Conditioned response) 무조건 반응과 동일하지만 학습된 생리반응 또는 정서반응

조건자극(Conditioned stimulus) 이전에 중성자극이었으나 무조건 자극과 연합이 이루어진 자극

조건적 지식(Conditional knowledge) 언제 어디서 선언적 지식과 절차적 지식을 사용할 것인지에 대한 지식

조울증(Bipolar disorder) 우울과 조증의 일화가 번갈아가며 나타나는 것으로 특징지워지는 조건

조작적 조건화(operant conditioning) 관찰 가능한 반응이 행동한 뒤에 따라오는 결과에 의해 빈도나 지속시간이 변화하는 것

조절(Accommodation) 새로운 경험에 대한 반응으로 기존의 도식이 수정되고 새로운 도식이 만들어지는 적응의 한 형태

조직화(Organization) 미리 학습자료를 준비하고 정각에 수업과 활동을 시작하며 재빨리, 그리고 부드럽게 전환하고 잘 확립된 일상의 절차를 만드는 전문적 기술

조직화된 지식구조(Organized body of knowledge) 사실, 개념과 원리를 연결 짓는 총체적 법칙이며 이들 간 관계를 명확하게 만드는 것

종결(Closure) 수업 마지막에 수행되는 복습의 한 형태

죄책감(Guilty) 다른 사람의 마음에 고통을 주었음을 알 때 느끼는 불편한 감정

주류화(Mainstreaming) 특수성을 지닌 학생을 분리된 환경보다는 일반 학급에서 일반 학생들과 함께 학습하도록 하는 것

주의(Attention) 자극에 의식적으로 초점을 두는 과정이다

주의력 결핍/과잉행동장애(Attention deficit hyperactivity disorder: ADHD) 일종의 학습문제로 주의를 유지하기 어려운 특성이 있음

준거참조 채점(Criterion-referenced grading) 미리 정해 놓은 기준에 따라 교사가 평가와 관련된 결정을 내리는 채점 체계

준거참조 표준화 검사(criterion-referenced standardized test) 특정 학생의 수행을 미리 정한 수행 기준에 비교하는 표준화된 검사

준비도 검사(Readiness test) 아동이 진학 또는 진학 전 프로그램에 얼마나 준비되어 있는지를 평가하는 표준화된 검사

중간체계(Mesosystem) 브론펜브레너의 이론에서 아동의 미시체계 요소 간의 상호작용과 연관성

중성자극(Neutral stimulus) 애초에 행동에 아무런 영향을 주지 않는 사물이나 사건

중심화(Centration or centrating) 사물이나 사건의 지각적으로 가장 두드러지는 특징에 집중하고, 다른 중요한 측면은 간과하는 경향성

중앙집행기(Central executive) 감독체제로 다른 요소로 정보를 보내거나 받아들이는 흐름을 통제

중앙치(Median) 점수들의 분포에서 정중앙에 위치한 값

지각(Perception) 자극에 의미를 부여하기 위해 사람들이 사용하는 과정

지능(Intelligence) 지식을 습득할 수 있는 능력, 추상적으로 생각하고 추론할 수 있는 능력, 새로운 환경에 잘 적응할 수 있는 능력

지능검사(Intelligence test) 지식을 습득하고 활용하며, 문제를 해결하고, 새로운 과제를 달성하는 개인의 능력을 측정하도록 고안된 표준화된 검사

지능에 대한 고정적 관점(Entity view of intelligence) 지능은 본질적으로 고정되어 있고 시간이 지나도 별로 변하지 않는다는 믿음

지능에 대한 유전론의 관점(Nature view of intelligence) 지능이란 본질적으로 유전에 의해 결정된다는 주장

지능에 대한 증가적 관점(Incremental view of intelligence) 지능은 안정적이지 않고 노력으로 증가될 수 있다는 믿음

지능에 대한 환경론의 관점(Nurture view of intelligence) 지능에 대한 환경의 영향을 강조하는 주장

지적 장애(Intellectual disability) 적응행동 및 지적 기능에 심각한 제한을 가진 장애

직접 교수법(Direct instruction) 미래 학습에 필요한 잘 정의된 지식과 기술을 가르치기 위해 고안된 교수모형

진단검사(Diagnostic test) 특정 기술 영역에 대한 학습자의 장점과 단점을 상세히 설명해 주도록 고안된 표준화된 검사

진단평가(Diagnostic assessment) 학습활동을 시작하기 전에 학생들의 선행지식을 파악하고 어떤 오해를 지니고 있는지를 알아보기 위한 평가

진위형(True-false) 필기시험 문항의 한 형태로 문항의 내용이 참 또는 거짓인지를 판단할 것을 요구하는 문항

진점수(True score) 이상적인 조건에서 반복적인 측정이 가능할 경우 얻을 수 있는 점수의 가설적인 평균값

질 높은 예(High-quality examples) 학습자가 주제를 이해하기위해 필요한 정보를 모두 포함하고 있는 예

질문빈도(Questioningfrequency) 학습활동 동안 교사가 주는 질문 수

질서와 안전(Order and safety) 예측 가능한 학습환경을 만들고 학습자에게 신체적 · 정서적 안전감과 더불어 자율성을 지지해 주는 환경요소

질적 연구(Qualitative research) 단어나 그림 등의 숫자가 아닌 자료 형태를 이용해 복잡한 교육현상을 '총체적으로' 기술하고자 하는 연구방법

집단적 교사효능감(Collective efficacy) 교수진이 전체로서 학생들에게 긍정적인 영향을 줄 수 있다는 신념

집단적 자기존중감(Collective self-esteem) 자신이 속한 집단의 상대적 가치에 대한 개인적 인식

집중경향치(Measures of central tendency) 특정 집단의 전체적인 수행을 양적으로 기술한 것

차이모델(Discrepancy model of identification) 학업성취도와 지능검사 점수 간의 차이 또는 각 검사 내의 하위검사 간의 차이를 활용하여 학습장애 학생들을 변별해 내는 방법

참여(Involvement) 학생들이 적극적으로 학습활동에 개입하려는 정도

창의성(Creativity) 생산적 문제에 대한 독창적인 해결책 혹은 산물을 만들어 내는 능력

책무성(Accountability) 학생들에게 구체화된 기준을 달성했는지를 증명하도록 요구하고 교사들에게는 학생들의 수행에 대한 책임감을 갖도록 하는 활동

처벌-복종(Punishment-obedience)단계 잡히거나 처벌받을 가능성에 기초하여 도덕적 추론을 하는 단계

청킹(Chunking) 정보의 별개의 항목을 보다 크고 의미 있는 단위로 묶는 정신과정

체계적 관찰(Systematic observation) 특정 활동에서 수용될 수 있는 수행에 대한 기준을 상술하고 이러한 기준을 토대로 기록하는 과정

체크리스트(Checklist) 만족할 만한 수행에 포함되어야 할 차원을 글로 기술해 놓은 것

촉진하기(Prompting) 학생이 올바른 답을 하지 못한 뒤 교사가 적절한 학생의 응답을 이끌어 내기 위해 사용하는 추가질문 혹은 진술

총합평가(Summative assessment) 교육 후에 성적을 매기기 위해 평가 결과를 활용하는 과정

최빈치(Mode) 점수분포에서 가장 빈번하게 발생한 점수

최소한으로 제한된 환경(LRE) 특수학생들의 특수한 욕구를 만족시키면서도 가능한 일반 학급에 배치하는 방침

축색돌기(Axons) 밖으로 나가는 메시지를 다른 뉴런으로 전달하는 뉴런의 구성요소

측정의 표준오차(Standard error of measurement) 진점수가 포함될 가능성이 있는 점수의 범위

타당도(Validity) 어떤 평가가 원래 측정하려고 했던 것을 실제로 측정하는 정도

타인과의 조화단계(Interpersonal harmony) 충성심, 다른 사

람의 기대, 사회적 인습 등을 기초로 도덕적 추론을 하는 단계

타임아웃(Timeout) 학생을 교실 밖으로 내보내는 것으로 또래학생에게서 격리시키는 것

태만(Negligence) 학생들이 다치지 않도록 충분히 돌보는 것에 대한 실패

텍스트 장치(Text signal) 글 속에서 텍스트 조직과 핵심 아이디어를 알려 주는 요소

토의를 활용한 강의(Lecture-discussion) 학생들이 조직화된 지식구조를 획득하도록 촉진하기 위해 고안된 수업 모형

통합(Inclusion) 특수성을 지닌 학생의 교육을 위해 필요한 모든 종류의 서비스를 체계적이고 잘 조정된 서비스 망으로 구성하여 제공하는 종합적 접근

특성(Characteristics) 개념을 정의하는 요소

특수교육(Special education) 특수성을 지닌 학생들의 독특한 욕구를 충족시키기 위해 설계된 교육

특수성을 지닌 학습자(Learner with exceptionalities) 자신이 지닌 잠재성을 충분히 발휘하기 위해 특별한 도움과 자원을 필요로 하는 학생

특수전이(Specific transfer) 하나의 맥락에서 학습한 정보를 그와 유사한 맥락에 적용할 수 있는 능력

파악(Withitness) 교사가 교실의 모든 곳에서 일어나고 있는 일에 대해 알고 있는 것, 그리고 알고 있음을 학생들에게 전달하는 것

패거리(Clique) 지지와 일시적 정체성을 제공하는 소규모의 또래관계

평가 편파성(Assessment bias) 일종의 차별로서, 검사 또는 다른 형태의 검사도구가 성별, 민족, 인종, 또는 사회경제적 지위에 따라 학생을 불리하게 대하는 것

평균값(Mean) 점수분포에서의 산술 평균

평정척도(Rating scale) 만족스러운 수행의 차원과 각 차원이 평가되는 값의 척도를 글로 기술해 놓은 것

평형화(Equilibrium) 기존의 이해를 통해 새로운 경험을 설명할 수 있는 인지적 상태

포트폴리오 평가(Portfolios assessment) 미리 정한 기준을 사용해서 학생과 교사가 공동으로 평가한 학생의 작품집을 선별하는 과정

포화(Satiation) 강화인을 너무 자주 사용하여 더 이상 행동을 강화하는 힘을 상실하는 과정

표준점수(Standard score) 표준편차를 기본 단위로 사용해서 표준화 검사에서의 수행을 기술하는 것

표준중심교육(Standards-based education) 미리 정한 목표 또는 기준에 초점을 두고 교육과정과 교육을 실시하는 과정

표준편차(Standard deviation) 점수들이 퍼져 있는 정도를 나타내는 통계치

표준화 검사(Standardized test) 동일한 조건에서 많은 수의 학생을 대상으로 시행되고, 동일한 절차에 따라 채점되고 보고되는 평가도구

프리맥 원리(Premack principle) 더 선호하는 행동이 덜 선호하는 행동을 증가시키기 위한 정적 강화인으로 작용한다는 것

피드백(Feedback) 학습자가 그들의 언어적 대답과 글로 쓴 작업에 대한 정확성 혹은 적절성에 대해 받는 정보

필수 수업 기술(Essential teaching skill) 모든 교사가 학생들의 학습을 극대화하기 위해 소유해야만 하는 기초 능력

학급관리(Classroom management) 학문적, 사회-심리적 학습을 지지하고 촉진하는 환경을 조성하도록 교사가 수행하는 행동

학급평가(Classroomassessment) 학생들의 학업 향상에 대한 결정을 내리는 것과 관련된 모든 과정

학년점수(Grade-equivalent score) 어떤 학생이 표준화 검사에서 획득한 점수를 특정 나이집단에 속한 학생들의 점수와 비교하는 것

학습(Learning) 경험의 결과로 발생한 것으로 관찰 가능한 비교적 지속적인 행동의 변화

학습동기(Motivation to learn) 학생들이 학습활동의 의미와 가치를 발견하고 그 학습활동이 목표로 하는 학업적 이득을 얻기 위해 노력하는 이들의 경향성

학습된 무력감(Learned helplessness) 개인이 과제를 달성할 능력이 없고 환경을 거의 통제할 수 없다고 믿는 개인을 무력화시키는 믿음

학습목표(Learning objective) 학습 주제 혹은 과정과 관련하여 학생이 알아야 할 것 혹은 할 수 있어야 할 것을 규정하는 기술

학습양식(Learning Style) 학습, 문제해결, 그리고 정보 처리에 이용하는 학생 개인의 독특한 방식

학습을 위한 평가(Assessment for learning) 학습을 지지하고 향상시키기 위해 고안된 과정으로서의 평가

학습자 공동체(Community of learners) 학습목표를 모두 성취할 수 있도록 교사와 학생 모두가 서로 협력하는 학습 환경

학습자 다양성(Learner diversity) 학생들에게서 볼 수 있는 집단 및 개인의 차이

학습장애(Learning disabilities) 읽기, 쓰기, 추론하기, 듣기, 또는 수학적 능력을 습득하고 활용하는 데 어려움이 있는 장애

핸디캡(Handicap) 인의 기능 때문에 부과된 상태로 그 개인의 능력에 제한을 가함

행동 형성(Shaping) 강화를 통해 어떤 목표행동에 점진적으로 접근하도록 돕는 하나의 도구

행동장애(Behavior disorder) 사회적 갈등, 개인의 불행, 그리고 학교에서의 실패에 이르게 하는 심각하고 지속적인, 나이에 적합하지 않은 행동

행동주의(Behaviorism) 관찰 가능한 행동과 그 행동이 환경 속에 있는 자극으로부터 영향을 받는 방법을 이용하여 학습을 설명하는 이론

현장연구(Action research) 특정한 학교나 학급과 관련한 문제에 대해 해답을 얻기 위해 설계, 실시되는 응용연구

협동학습(Cooperative learning) 학생들이 특정 학습목표 그리고 특정 사회적 상호작용 목표에 이르도록 다양한 수준의 능력을 지닌 학생 집단에서 작업하는 일군의 수업 모형

형성평가(Formative assessment) 성적에 대한 결정을 내리기 위해 평가를 사용하는 것이 아니라, 학생들의 학업 향상에 대한 피드백을 제공할 목적으로 공식적 평가와 비공식적 평가를 사용하는 과정

효과적 수업(Effectiveteaching) 학생들의 학습을 극대화하는 수업

효용가치(Utility value) 주제, 활동 또는 전공이 직업목표를 포함하여 미래의 목표에 도달하는 데 유용할 것이라는 믿음

후인습 도덕(Postconventional morality) 추상적이고 자기 자신의 원리로 윤리적 문제를 바라보는 도덕 경향

훈육(Discipline) 학생의 잘못된 행동에 대한 교사의 반응

찾아보기